法研教科书 上册

债法总论
（第二版）

The General Theory of Obligation Law
(2nd Edition)

王洪亮 著

图书在版编目(CIP)数据

债法总论：上、下 / 王洪亮著. -- 2版. -- 北京：北京大学出版社，2025.3. --（法研教科书）.

ISBN 978-7-301-35974-7

Ⅰ. D923.31

中国国家版本馆 CIP 数据核字第 2025QD3511 号

书　　　名	债法总论（第二版）（上、下）
	ZHAIFA ZONGLUN（DI-ER BAN）（SHANG、XIA）
著作责任者	王洪亮　著
责 任 编 辑	钱　玥　张赟洁
标 准 书 号	ISBN 978-7-301-35974-7
出 版 发 行	北京大学出版社
地　　　址	北京市海淀区成府路 205 号　100871
网　　　址	http://www.pup.cn
新 浪 微 博	@北京大学出版社　@北大出版社法律图书
电 子 邮 箱	编辑部 law@pup.cn　总编室 zpup@pup.cn
电　　　话	邮购部 010-62752015　发行部 010-62750672　编辑部 010-62752027
印 刷 者	北京宏伟双华印刷有限公司
经 销 者	新华书店
	730 毫米×1020 毫米　16 开本　58.5 印张　1320 千字
	2016 年 5 月第 1 版
	2025 年 3 月第 2 版　2025 年 3 月第 1 次印刷
定　　　价	168.00 元（上、下）

未经许可，不得以任何方式复制或抄袭本书之部分或全部内容。
版权所有，侵权必究
举报电话：010-62752024　电子邮箱：fd@pup.cn
图书如有印装质量问题，请与出版部联系，电话：010-62756370

第二版序言

债法总论第一版出版于2016年,迄今为止,已逾八年。在此期间,民法乃至债法经历了宏大的历史变革。《民法典》于2020年颁布,并于2021年实施。随之,最高人民法院修改了一系列民法司法解释,并新制定了《民法典总则编解释》《民法典担保制度解释》《民法典合同编通则解释》等。其中,《民法典合同编通则解释》条文有六十余条,保守估计,其含有的规则不下二百个;在立法水平方面,也多有可圈可点之处。称之为中国债法的现代化,亦不为过。

本次修订,更新、增补了截至2024年8月的现行法规则以及主要典型案例,更新了参考文献以及脚注,力图穷尽所有的有关债法的现行法,对每一个债法问题论证到底。

特别感谢北京大学出版社钱玥编辑、张赟洁编辑,她们对于文字、内容的修改、润色贡献不小。也特别感谢李依怡、张梓萱、易江鹏、赵慧慧、牛志恒博士,他们进行了辛勤的校对、更新、补充等工作。两位编辑以及五位博士的帮助,大大促进了第二版的出版速度,也大大提升了第二版的质量。最后也是最重要的感谢要给与戴孟勇教授,他通读全文,并提出建设性的意见。学术友谊,铭记在心。

最后,我还想表达的是,文责自负,期待读者宝贵的建议与批评。

2025年2月于清华法图

序　言

如何将债法规则写成教科书，写成什么样的教科书，一直是萦绕在我心头的问题。按理说，教科书是用于教学的，当全面、体系化地阐述现行法知识体系；在解释现行法时，概念必须精准，制度内容描述必须到位；为了理解抽象法律规则，必须从案例出发进行解说。但考察我国债法总则规则，却发现其散见于《合同法》《民法通则》、司法解释乃至指导性案例之中，几无体系可言，在具体内容上，有些规则比较清楚，而有些规则却比较粗糙，甚至有的规则还尚付阙如。而且，即使规则清楚的地方，也有不合理之处。

面对这样的现行法局面，如何撰写教科书？思考之初，得出的结论似乎是，撰写教科书是一个不可能完成的任务。不过，深入探究，转变视角，或许还是有出路的。面对现实，或许无法写成完美的教科书，但展望未来，又似乎可以达成目的，至少可以写成"学术型"的教科书。学术型的教科书，这一称谓还是具有诱惑力的，几乎成为我写作的动力来源。在写作时，我时常想，在欧洲法律史上，不是存在过法学实证主义阶段吗？普赫塔所倡导的法律起源于民族精神的观念，最终不也是走向了法律人法（Juristenrecht）吗？

我国重启民法典编撰工作，拟第一步完成民法总则的编撰，第二步完成民法典的编撰。法典化是一个科学化、体系化的过程，立法者所要做的工作，是从法律内在体系价值出发，穷尽安排所有的法律素材，通过提取公因式的方法，达成法典的外在体系。法律体系并不以社会生活为对象，而是以抽象的一般概念与形式化的类型描述现实。这样编撰民法典的目的在于封闭地穷尽法律规则，力求法律无漏洞，使法官受法律的约束。如维亚克尔所言，法典化的理论基础来自于理性法学的确信，只要统治者或民族的普遍意志在伦理上遵循理性而行，就可以创造更好的社会。理性法则为此指示了一条比较可靠的道路，质言之，要统治者准备好伦理、理性之社会的一般方案，并且使其充满希望，认为可以一次发现足以判别所有法规范内容正确与否的标准。

在这一理论前提下的法典化，需要法学的理性化与科学化。针对法律问题，解决方案多种多样，但总有一个规则是合理的、科学的、经得起考验的，即使这个方案未必是现行法选择的方案，但最终只有最为合理的、具有科学性的方案才能胜出。基于这样的思考,在撰写教科书时,对于现行法,我试图阐述每个具体制度的规范目的以及规范基础,解释其中的规则,并整理其中的体系关联。就现行法上规定得比较粗糙甚至不合理的地方,我进行了比较学理化的解释,并力求找到能够合理解决实践问题的规则。

从法律发展史上来看,现代法律几乎都是继受的。德国法继受的是潘德克顿体系,而法国法继受的是法学阶梯体系。在此之后,日本法等继受了德国法,拉美国家继受了法国法。法律的发展似乎就是在传承已有的人类解决纠纷的规则,不要说创新,能够原汁原味地继受,已属难事。

在法律继受过程中,通常并非简单地进行法条移植,而是需要进行理论继受。正如树木移植,不能孤单地搬来树木,还需寻找适宜的气候与土壤。日本法在立法时,采用法国法条文,但在解释适用时,采用的却是德国法的理论。北川善太郎将这一过程总结为理论继受,即对既有的法律,以某一外国法律科学为导向进行体系化,但对该外国法学的规范整体,即使不是全部的,也是在重要的关键点上进行偏离与重构。理论包括规则、概念、原则等,所继受的理论可能与现行法有冲突或者有差别,但也可能无阻碍地被成功继受,而理论继受的前提不必是源自于相关母法的可继受的法律秩序本身也被继受。理论继受是否成功决定本国法律能否存活、能否独立,进而可以期望成为法律发展史中的一环,甚或成为他国继受的对象。

中国法的继受肇始于清末,其间断断续续、弯弯曲曲地进行理论继受。而理论继受的法律一定是质量比较高的法律,所以,从清末以来,在主流上,中国一直以德国法为继受对象。理论继受是法律历史传承的有效管道,对于现行法规则,若在适用上出现问题,就可以"返回原厂"进行修理,最终得出科学、合理的解决方案;而对于现行法上没有规定的规则,通过比较法予以补充,也可得出科学、妥适的解释规则。

理论继受,并非意味着脱离现行法,重构空中楼阁,反而是从现行法出发,借用外国法理论,予以解释,最终确定在司法实践中应适用的规则。正如朱庆育教授所认为的那样,法律科学的任务在于解释,而解释就要从规范文本出发,发现规范的意旨,其本身就是创造规范意义的活动。理论继受,无他,不过是解释的通道罢了。所以,读者阅读本书时,在欣赏完迷人的理论之后,还是要费些力气查阅每个制度设计对应的具体法律条文,明白其规范目的,并在整体上把握解释的结果,最终能具体适用到事实构成,解决具体法律问题。

债法主要调整的是商品交易活动。在现代社会,商品交易活动频繁,其中的纠纷日益增多,这就导致债法规则适用得最为广泛。故此,对债法总论的研究,极为重要。而债法总论涉及制度繁多,理论精深,非倾尽全力而不可得其要。但本书写作的过程并未因此而变得艰苦乏味,而是如小溪般静静流淌,不那么喧闹,还有点寂寞,但总是在悄悄地、欢快地前行。

付梓之时,尤其感谢北京大学出版社郭薇薇编辑,她不仅给出很多宝贵的修改意见,而且时常予以督促,对于她的专业精神与专业热忱,深表敬佩。同时感谢薛爱好同学、郑灿同学、柯勇敏同学以及王萍博士。在本书的写作过程中,他们帮助搜集资料、校对,付出诸多辛苦。

本书中观点若有不合理或者表述不清楚之处,敬请批评指正,以便我继续学习、改进,在此表示衷心的感谢。

法规缩略语表

法律：

简称	全称
（现行有效）	
《保险法》	《中华人民共和国保险法》
《产品质量法》	《中华人民共和国产品质量法》
《城市房地产管理法》	《中华人民共和国城市房地产管理法》
《电力法》	《中华人民共和国电力法》
《电子签名法》	《中华人民共和国电子签名法》
《电子商务法》	《中华人民共和国电子商务法》
《法官法》	《中华人民共和国法官法》
《公司法》	《中华人民共和国公司法》
《海商法》	《中华人民共和国海商法》
《劳动法》	《中华人民共和国劳动法》
《劳动合同法》	《中华人民共和国劳动合同法》
《立法法》	《中华人民共和国立法法》
《律师法》	《中华人民共和国律师法》
《民法典》	《中华人民共和国民法典》
《民事诉讼法》	《中华人民共和国民事诉讼法》
《拍卖法》	《中华人民共和国拍卖法》
《票据法》	《中华人民共和国票据法》
《商业银行法》	《中华人民共和国商业银行法》
《土地承包法》	《中华人民共和国农村土地承包法》
《消费者权益保护法》	《中华人民共和国消费者权益保护法》
《医师法》	《中华人民共和国医师法》
《招标投标法》	《中华人民共和国招标投标法》
《证券法》	《中华人民共和国证券法》
《职业病防治法》	《中华人民共和国职业病防治法》

《文物保护法》　　　　　《中华人民共和国文物保护法》
《个人信息保护法》　　　《中华人民共和国个人信息保护法》
《信托法》　　　　　　　《中华人民共和国信托法》
《旅游法》　　　　　　　《中华人民共和国旅游法》
《合伙企业法》　　　　　《中华人民共和国合伙企业法》
《消费者权益保护法》　　《中华人民共和国消费者权益保护法》
《专利法》　　　　　　　《中华人民共和国专利法》
《著作权法》　　　　　　《中华人民共和国著作权法》
《商标法》　　　　　　　《中华人民共和国商标法》
《反不正当竞争法》　　　《中华人民共和国反不正当竞争法》
《刑事诉讼法》　　　　　《中华人民共和国刑事诉讼法》
《社会保险法》　　　　　《中华人民共和国社会保险法》
《国家赔偿法》　　　　　《中华人民共和国国家赔偿法》
《民用航空法》　　　　　《中华人民共和国民用航空法》
《邮政法》　　　　　　　《中华人民共和国邮政法》
《食品安全法》　　　　　《中华人民共和国食品安全法》
《药品管理法》　　　　　《中华人民共和国药品管理法》
《种子法》　　　　　　　《中华人民共和国种子法》
《环境保护法》　　　　　《中华人民共和国环境保护法》
《税收征收管理法》　　　《中华人民共和国税收征收管理法》
《海事诉讼特别程序法》　《中华人民共和国海事诉讼特别程序法》
《企业破产法》　　　　　《中华人民共和国企业破产法》
（非现行有效）
《经济合同法》　　　　　《中华人民共和国经济合同法》
《涉外经济合同法》　　　《中华人民共和国涉外经济合同法》
《担保法》　　　　　　　《中华人民共和国担保法》
《民法通则》　　　　　　《中华人民共和国民法通则》
《民法总则》　　　　　　《中华人民共和国民法总则》
《技术合同法》　　　　　《中华人民共和国技术合同法》
《合同法》　　　　　　　《中华人民共和国合同法》
《侵权责任法》　　　　　《中华人民共和国侵权责任法》
《物权法》　　　　　　　《中华人民共和国物权法》

行政法规：

《劳动合同法实施条例》　《中华人民共和国劳动合同法实施条例》

《招标投标法实施条例》	《中华人民共和国招标投标法实施条例》
《电信条例》	《中华人民共和国电信条例》
《消费者权益保护法实施条例》	《中华人民共和国消费者权益保护法实施条例》

司法解释：

（现行有效）

《工会法解释》	《最高人民法院关于在民事审判工作中适用〈中华人民共和国工会法〉若干问题的解释》（2020年修正）
《矿业权司法解释》	《最高人民法院关于审理矿业权纠纷案件适用法律若干问题的解释》（2020年修正）
《民法典总则编解释》	《最高人民法院关于适用〈中华人民共和国民法典〉总则编若干问题的解释》（2022年）
《买卖合同解释》	《最高人民法院关于审理买卖合同纠纷案件适用法律问题的解释》（2020年修正）
《融资租赁合同解释》	《最高人民法院关于审理融资租赁合同纠纷案件适用法律问题的解释》（2020年修正）
《商品房买卖合同解释》	《最高人民法院关于审理商品房买卖合同纠纷案件适用法律若干问题的解释》（2020年修正）
《房屋租赁合同解释》	《最高人民法院关于审理城镇房屋租赁合同纠纷案件具体应用法律若干问题的解释》（2020年修正）
《技术合同解释》	《最高人民法院关于审理技术合同纠纷案件适用法律若干问题的解释》（2020年修正）
《民间借贷解释》	《最高人民法院关于审理民间借贷案件适用法律若干问题的规定》（2020年第二次修正）
《建设工程施工合同解释（一）》	《最高人民法院关于审理建设工程施工合同纠纷案件适用法律问题的解释（一）》（2020年）
《物业服务司法解释》	《最高人民法院关于审理物业服务纠纷案件适用法律若干问题的解释》（2020年修正）
《建筑物区分所有权司法解释》	《最高人民法院关于审理建筑物区分所有权纠纷案件适用法律若干问题的解释》（2020年修正）
《国有土地使用权合同解释》	《最高人民法院关于审理涉及国有土地使用权合同纠纷案件适用法律问题的解释》（2020年修正）
《农村土地承包司法解释》	《最高人民法院关于审理涉及农村土地承包纠纷案件适用法律问题的解释》（2020年修正）

《银行卡民事纠纷规定》	《最高人民法院关于审理银行卡民事纠纷案件若干问题的规定》(2021年)
《期货纠纷规定》	《最高人民法院关于审理期货纠纷案件若干问题的规定》(2020年修正)
《信用证纠纷规定》	《最高人民法院关于审理信用证纠纷案件若干问题的规定》(2020年修正)
《企业改制民事纠纷规定》	《最高人民法院关于审理与企业改制相关的民事纠纷案件若干问题的规定》(2020年修正)
《独立保函纠纷规定》	《最高人民法院关于审理独立保函纠纷案件若干问题的规定》(2020年修正)
《票据纠纷规定》	《最高人民法院关于审理票据纠纷案件若干问题的规定》(2020年修正)
《旅游纠纷规定》	《最高人民法院关于审理旅游纠纷案件适用法律若干问题的规定》(2020年修正)
《商品房消费者权利保护批复》	《最高人民法院关于商品房消费者权利保护问题的批复》(2023年)
《诉讼时效规定》	《最高人民法院关于审理民事案件适用诉讼时效制度若干问题的规定》(2020年修正)
《人身损害赔偿解释》	《最高人民法院关于审理人身损害赔偿案件适用法律若干问题的解释》(2022年修正)
《食品安全纠纷解释（一）》	《最高人民法院关于审理食品安全民事纠纷案件适用法律若干问题的解释（一）》(2020年)
《食品药品纠纷规定》	《最高人民法院关于审理食品药品纠纷案件适用法律若干问题的规定》(2021年)
《铁路运输人身损害赔偿解释》	《最高人民法院关于审理铁路运输人身损害赔偿纠纷案件适用法律若干问题的解释》(2021年修正)
《利用信息网络侵害人身权益民事纠纷规定》	《最高人民法院关于审理利用信息网络侵害人身权益民事纠纷案件适用法律若干问题的规定》(2020年修正)
《侵害信息网络传播权民事纠纷规定》	《最高人民法院关于审理侵害信息网络传播权民事纠纷案件适用法律若干问题的规定》(2020年修正)
《网络消费纠纷规定（一）》	《最高人民法院关于审理网络消费纠纷案件适用法律若干问题的规定（一）》(2022年)
《精神损害赔偿解释》	《最高人民法院关于确定民事侵权精神损害赔偿责任若干问题的解释》(2020年修正)

《道路交通事故损害赔偿解释》	《最高人民法院关于审理道路交通事故损害赔偿案件适用法律若干问题的解释》(2020年修正)
《证券市场虚假陈述侵权民事赔偿规定》	《最高人民法院关于审理证券市场虚假陈述侵权民事赔偿案件的若干规定》(2022年)
《侵害知识产权惩罚性赔偿解释》	《最高人民法院关于审理侵害知识产权民事案件适用惩罚性赔偿的解释》(2021年)
《环境侵权责任司法解释》	《最高人民法院关于审理环境侵权责任纠纷案件适用法律若干问题的解释》(2020年修正)
《生态环境损害赔偿规定》	《最高人民法院关于审理生态环境损害赔偿案件的若干规定(试行)》(2020年修正)
《民法典时间效力规定》	《最高人民法院关于适用〈中华人民共和国民法典〉时间效力的若干规定》(2020年)
《民法典总则编解释》	《最高人民法院关于适用〈中华人民共和国民法典〉总则编若干问题的解释》(2022年)
《民法典物权编解释(一)》	《最高人民法院关于适用〈中华人民共和国民法典〉物权编的解释(一)》(2020年)
《民法典继承编解释(一)》	《最高人民法院关于适用〈中华人民共和国民法典〉继承编的解释(一)》(2020年)
《民法典婚姻家庭编解释(一)》	《最高人民法院关于适用〈中华人民共和国民法典〉婚姻家庭编的解释(一)》(2020年)
《民法典担保制度解释》	《最高人民法院关于适用〈中华人民共和国民法典〉有关担保制度的解释》(2020年)
《民法典合同编通则解释》	《最高人民法院关于适用〈中华人民共和国民法典〉合同编通则若干问题的解释》(2023年)
《生态环境纠纷适用惩罚性赔偿解释》	《最高人民法院关于审理生态环境侵权纠纷案件适用惩罚性赔偿的解释》(2022年)
《民事诉讼法解释》	《最高人民法院关于适用〈中华人民共和国民事诉讼法〉的解释》(2022年修正)
《仲裁法解释》	《最高人民法院关于适用〈中华人民共和国仲裁法〉若干问题的解释》(2008年调整)
《刑事诉讼法解释》	《最高人民法院关于适用〈中华人民共和国刑事诉讼法〉的解释》(2021年)
《保险法解释(二)》	《最高人民法院关于适用〈中华人民共和国保险法〉若干问题的解释(二)》(2020年修正)

《保险法解释(三)》	《最高人民法院关于适用〈中华人民共和国保险法〉若干问题的解释(三)》(2020年修正)
《检察公益诉讼解释》	《最高人民法院、最高人民检察院关于检察公益诉讼案件适用法律若干问题的解释》(2020年修正)
《消费民事公益诉讼解释》	《最高人民法院关于审理消费民事公益诉讼案件适用法律若干问题的解释》(2020年修正)
《企业破产法规定(二)》	《最高人民法院关于适用〈中华人民共和国企业破产法〉若干问题的规定(二)》(2020年修正)
《涉新冠肺炎疫情民事案件指导的意见(一)》	《关于依法妥善审理涉新冠肺炎疫情民事案件若干问题指导意见(一)》(2020年)
《涉新冠肺炎疫情民事案件指导的意见(二)》	《关于依法妥善审理涉新冠肺炎疫情民事案件若干问题指导意见(二)》(2020年)
《涉新冠肺炎疫情民事案件指导的意见(三)》	《关于依法妥善审理涉新冠肺炎疫情民事案件若干问题指导意见(三)》(2020年)
《网络司法拍卖规定》	《最高人民法院关于人民法院网络司法拍卖若干问题的规定》(2016年)
《执行财产调查规定》	《最高人民法院关于民事执行中财产调查若干问题的规定》(2020年修正)
《执行中查封、扣押、冻结财产的规定》	《最高人民法院关于人民法院民事执行中查封、扣押、冻结财产的规定》(2020年修正)
《执行工作规定》	《最高人民法院关于人民法院执行工作若干问题的规定(试行)》(2020年修正)
《执行异议复议规定》	《最高人民法院关于人民法院办理执行异议和复议案件若干问题的规定》(2020年修正)
《外商投资企业纠纷规定(一)》	《最高人民法院关于审理外商投资企业纠纷案件若干问题的规定(一)》(2020年修正)
《会计师事务所侵权赔偿规定》	《最高人民法院关于审理涉及会计师事务所在审计业务活动中民事侵权赔偿案件的若干规定》(2007年)
《以第三方支付款项为付款前提条款效力的批复》	《最高人民法院关于大型企业与中小企业约定以第三方支付款项为付款前提条款效力问题的批复》(2024年)
《医疗损害责任解释》	《最高人民法院关于审理医疗损害责任纠纷案件适用法律若干问题的解释》(2020年修正)
《食品药品惩罚性赔偿解释》	《最高人民法院关于审理食品药品惩罚性赔偿纠纷案件适用法律若干问题的解释》(2024年)

（非现行有效）

《民法总则诉讼时效解释》	《最高人民法院关于适用〈中华人民共和国民法总则〉诉讼时效制度若干问题的解释》（2018年）
《担保法解释》	《最高人民法院关于适用〈中华人民共和国担保法〉若干问题的解释》（2000年）
《合同法解释（一）》	《最高人民法院关于适用〈中华人民共和国合同法〉若干问题的解释（一）》（1999年）
《合同法解释（二）》	《最高人民法院关于适用〈中华人民共和国合同法〉若干问题的解释（二）》（2009年）
《民通意见》	《最高人民法院关于贯彻执行〈中华人民共和国民法通则〉若干问题的意见（试行）》（1988年）
《继承法意见》	《关于贯彻执行〈中华人民共和国继承法〉若干问题的意见》（1985年）
《借贷案件司法解释》	《最高人民法院关于人民法院审理借贷案件的若干意见》（2008年调整）

司法文件：

《民商事合同指导意见》	《最高人民法院关于当前形势下审理民商事合同纠纷案件若干问题的指导意见》（2009年）
《九民纪要》	《全国法院民商事审判工作会议纪要》（2019年）
《民法典会议纪要》	《全国法院贯彻实施民法典工作会议纪要》（2021年）
《执行案件规范》	《人民法院办理执行案件规范（第二版）》（2022年）
《制裁规避执行行为意见》	《最高人民法院印发〈关于依法制裁规避执行行为的若干意见〉的通知》（2011年）
《适用合同法解释（二）服务党和国家工作大局通知》	《最高人民法院关于正确适用〈中华人民共和国合同法〉若干问题的解释（二）服务党和国家的工作大局的通知》（2009年）

简目 CONTENTS

上

001	第一章	债之关系概述
001	第一节	债法
013	第二节	债之关系
027	第三节	给付
042	第四节	债权
051	第二章	债之关系的产生
051	第一节	概述
063	第二节	合同之债的成立
124	第三节	缔约过失
162	第三章	债之关系的内容
162	第一节	诚实信用原则
170	第二节	给付内容的确定
177	第三节	给付义务的客体
193	第四节	给付的方式
208	第五节	履行抗辩权

242	**第四章　债的保全**
242	第一节　债的保全概述
243	第二节　债权人代位权
269	第三节　债权人撤销权

下

297	**第五章　清偿与清偿替代**
297	第一节　清偿
327	第二节　债务的抵销
349	第三节　提存与自助出卖
359	第四节　清偿替代方式以及其他债之关系消灭的方式

372	**第六章　债之关系的障碍与法律救济**
373	第一分章　概述
373	第一节　债之关系的障碍概述
382	第二分章　给付义务的消灭
382	第二节　因给付不能而消灭给付义务
402	第三分章　损害赔偿请求权
402	第三节　损害赔偿请求权与归责原则
413	第四节　无过错责任与免责事由
426	第五节　过错责任
439	第六节　因义务违反产生的简单损害赔偿
448	第七节　迟延损害赔偿
460	第八节　替代给付的损害赔偿
481	第九节　因预期违约产生的损害赔偿请求权
488	第十节　瑕疵担保的法律救济
509	第十一节　惩罚性损害赔偿
526	第四分章　对待给付义务的消灭
526	第十二节　解除与对待给付义务的消灭

539	第五分章	其他给付障碍的情形
539	第十三节	债权人迟延
548	第十四节	情势变更

第七章 债的关系的解除 — 566

569	第一节	解除概述
573	第二节	解除权
604	第三节	协议解除与合同终止
614	第四节	消费者撤回权

第八章 损害法 — 627

627	第一节	损害赔偿法概述
633	第二节	赔偿义务人与赔偿权利人
637	第三节	损害的概念与类型
644	第四节	因果关系与损害的归责
657	第五节	损害赔偿的方式与范围
684	第六节	受害人的共同责任

第九章 违约金与定金 — 694

694	第一节	违约金
727	第二节	定金

第十章 当事人的更换 — 738

738	第一节	债权让与
774	第二节	债务承担与债务加入
786	第三节	合同承担

第十一章 涉他合同 — 790

791	第一节	利他合同
803	第二节	由第三人履行的合同

805	第十二章	多数债权人与多数债务人
807	第一节	概述
809	第二节	多数债权人
816	第三节	多数债务人

838	术语索引
861	条文索引

详目 CONTENTS

法规缩略语表 / 001

上

第一章 债之关系概述 / 001

第一节 债法 / 001
一、债法的内涵 / 002
二、债法的功能 / 003
　（一）债法的动态功能 / 003
　（二）债法的经济与社会功能 / 003
三、债法的法政策基础思想 / 003
四、债法在民法中的地位、债法的构造及合同编通则的适用 / 004
　（一）债法在民法中的地位 / 004
　（二）债法的构造 / 005
　（三）合同编通则的适用 / 007
五、债法与物权法 / 008
六、债法的法律渊源 / 008
　（一）法律 / 009
　（二）习惯 / 009
　（三）行政法规 / 009
　（四）地方性法规、自治条例与单行条例 / 009
　（五）司法解释、司法文件与指导案例 / 009
　（六）国际公约 / 010
　（七）参照适用的法源 / 011
七、债法的时间效力 / 011
八、论述思路 / 013

第二节 债之关系 / 013
一、债法之客体：债之关系 / 014
　（一）内涵 / 014
　（二）狭义债之关系与广义债之关系 / 016
　（三）不同视角下的债之关系 / 016
二、债之关系的特性 / 017
　（一）债之关系为当事人之间的法律关系 / 017
　（二）特别结合关系 / 018
三、债之关系的类型 / 018
　（一）意定之债与法定之债 / 018
　（二）基于单方法律行为的债之关系与基于双方法律行为或多方法律行为的债之关系 / 018
　（三）单务合同与双务合同 / 019
　（四）通常的双务合同与相互的双务合同 / 019
　（五）典型债之关系与非典型债之关系 / 020
　（六）有因的债之关系与抽象的债之关系 / 021
　（七）一时性债之关系、继续性债之关系与定期行为 / 021
四、债务与责任 / 023
　（一）区分 / 023
　（二）责任的标的 / 024
　（三）人的责任 / 024

（四）无责任之债务 / 024
（五）无债务之责任 / 025
五、情谊行为 / 025
（一）情谊行为的判定 / 025
（二）情谊关系与保护义务 / 026
（三）情谊行为与侵权责任 / 026
第三节 给付 / 027
一、给付的概念：行为或者结果 / 029
二、给付的内容：作为与不作为 / 030
三、给付义务的类型 / 031
（一）原给付义务与次给付义务 / 031
（二）主给付义务与从给付义务 / 032
（三）附随义务 / 033
（四）附随义务与给付义务的区别 / 038
四、不真正义务 / 039
五、先合同义务与后合同义务 / 039
六、给付的确定 / 041
七、不利益的给付 / 042
第四节 债权 / 042
一、债权与物权的不同性质 / 043
（一）债权为相对权 / 043
（二）物权为绝对权 / 044
（三）债权平等原则 / 044
（四）物权的优先效力 / 045
二、债权相对性的例外 / 045
（一）整个债对第三人发生效力 / 045
（二）债的个别关系对第三人发生效力 / 046
（三）债务人以其对债权人的其他义务对抗债权人 / 046
三、债权的可实现性 / 047

（一）完全债权 / 047
（二）不完全债权 / 048
（三）债权与请求权 / 050

第二章 债之关系的产生 / 051

第一节 概述 / 051
一、基于法律行为产生的债之关系 / 052
（一）基于合同产生的债之关系 / 052
（二）基于单方法律行为产生的债之关系 / 053
（三）基于多方行为产生的债之关系 / 057
二、法定债之关系 / 058
三、事实合同 / 058
（一）事实合同理论 / 058
（二）事实合同的反驳 / 059
（三）事实合同制度的反思 / 060
四、缔约过失 / 060
五、法定之债与意定之债的并存 / 061
第二节 合同之债的成立 / 063
一、合同之债 / 068
（一）合同自由 / 068
（二）合同自由的功能 / 070
（三）合同必要规则 / 070
二、合同的订立 / 070
（一）概述 / 070
（二）要约、承诺方式订立合同 / 071
（三）以要约承诺方式订立合同的变化形式 / 085
（四）要约承诺模式以外的合同订立模式 / 086
（五）合意 / 089

(六) 不合意 / 092
(七) 修改要约的承诺 / 096
(八) 格式之争 / 097
(九) 合同成立的时间与地点 / 99
(十) 合同是否成立作为争议焦点 / 100
三、强制缔约 / 100
(一) 法定强制缔约 / 100
(二) 一般性的强制缔约 / 102
(三) 法律效果 / 103
四、形式要件 / 103
(一) 形式要件的类型 / 103
(二) 形式要件的功能 / 106
(三) 违反形式要件的后果 / 106
五、通过格式条款成立的合同之债 / 107
(一) 格式条款的含义与构成 / 107
(二) 非格式条款的优先效力 / 109
(三) 格式条款的订入 / 110
(四) 格式条款的解释 / 114
(五) 格式条款的内容控制 / 114
六、预约 / 118
(一) 预约的概述 / 118
(二) 区别 / 119
(三) 预约的订立 / 119
(四) 预约向本约的转化 / 119
(五) 预约合同的违反 / 120
(六) 违反预约合同的法律效果 / 120
七、框架合同 / 123

第三节 缔约过失 / 124
一、缔约过失责任法律规则概况 / 126
(一)《民法典》第 500 条 / 126
(二)《民法典》第 500 条与第 157 条的关系 / 126

(三)《民法典》第 500 条与第 501 条的关系 / 128
二、缔约过失的发展史 / 128
(一) 耶林的发现 / 128
(二)《德国民法典》对缔约过失制度的接受 / 129
(三) 缔约过失制度的正当性理由 / 129
(四) 司法实践中的发展 / 130
(五)《德国民法典》的一般性规定 / 132
三、缔约过失责任的一般构成要件 / 133
(一) 在合同订立过程中 / 133
(二) 义务违反 / 134
(三) 过错 / 134
(四) 损害 / 135
(五) 因果关系 / 135
四、缔约过失责任的性质 / 136
五、违反人身、财产保护义务类型的缔约过失责任 / 138
(一) 违反人身、财产保护义务 / 138
(二) 法律效果 / 142
六、违反诚信缔约义务与信息提供义务类型的缔约过失责任 / 142
(一) 虚假磋商 / 142
(二) 中断磋商 / 143
(三) 违反说明义务 / 145
(四) 法律效果 / 148
七、合同需要批准时的缔约过失责任 / 149
(一) 针对物权合同的批准 / 149
(二) 针对债权合同的批准 / 150

（三）法律效果 / 151
八、涉及合同效力类型的缔约过失
　　责任 / 153
　　（一）合同被撤销或无效情况下的缔约
　　　　过失责任 / 153
　　（二）合同不成立情况下的缔约过失
　　　　责任 / 154
　　（三）法律效果 / 156
九、担保合同无效类型的缔约过失
　　责任 / 158
十、第三人欺诈、胁迫的缔约过失
　　责任 / 159
　　（一）基本内涵 / 159
　　（二）第三人缔约过失责任的构成 / 160
　　（三）其他法律、司法解释规定的第三人
　　　　责任 / 161

第三章　债之关系的内容 / 162

第一节　诚实信用原则 / 162
一、诚实信用原则概述 / 163
二、诚实信用原则与其他原则的区分 / 165
　　（一）与作为法律行为解释因素的诚实
　　　　信用原则的区分 / 165
　　（二）与公序良俗原则的区分 / 165
三、诚实信用原则的具体适用 / 166
　　（一）对债之关系（给付方式）
　　　　的补充 / 166
　　（二）债之关系中义务的确立 / 166
　　（三）权利滥用之限制 / 166
　　（四）法律与合同的修正 / 169
第二节　给付内容的确定 / 170
一、概述 / 170
二、通过解释与法律规定确定

　　给付内容 / 171
　　（一）确定给付内容的方法 / 172
　　（二）方法的适用顺序 / 172
三、合同内容的单方确定 / 173
　　（一）由一方当事人确定给付内容 / 174
　　（二）第三人的给付确定权 / 175
第三节　给付义务的客体 / 177
一、种类之债 / 178
　　（一）概述 / 178
　　（二）债务人的选择权 / 178
　　（三）债务人的购置（设法取得）
　　　　义务 / 179
　　（四）特定化（具体化） / 179
　　（五）特定化的效力 / 180
二、选择之债、任意之债与选择性
　　竞合 / 182
　　（一）选择之债 / 182
　　（二）任意之债 / 184
　　（三）请求权选择性竞合 / 185
三、金钱之债与利息之债 / 185
　　（一）金钱之债 / 185
　　（二）利息之债 / 188
　　（三）货币贬值 / 192
第四节　给付的方式 / 193
一、部分给付 / 194
二、第三人给付 / 195
　　（一）构成要件 / 195
　　（二）法律效果 / 196
　　（三）第三人代为履行 / 198
三、向第三人给付 / 200
四、给付地 / 200
　　（一）概念 / 200
　　（二）给付地与结果地的意义 / 200

（三）给付地、结果地与债务类型　/ 201
　（四）给付地的确定　/ 203
五、给付时间　/ 204
　（一）概念　/ 204
　（二）履行期限的确定　/ 205
　（三）履行期限的效力　/ 206
　（四）期限利益　/ 206
六、给付费用　/ 207
第五节　履行抗辩权　/ 208
一、留置抗辩权　/ 210
　（一）留置抗辩权的内涵　/ 210
　（二）留置抗辩权与其他制度
　　　的区别　/ 210
　（三）留置抗辩权的构成要件　/ 211
　（四）留置抗辩权的排除　/ 213
　（五）留置抗辩权的行使　/ 214
　（六）法律效果　/ 214
二、双务合同情况下的同时履行
　　抗辩权　/ 214
　（一）基本思想　/ 215
　（二）同时履行抗辩权的性质　/ 217
　（三）同时履行抗辩权的功能　/ 218
　（四）同时履行抗辩权的构成要件　/ 218
　（五）同时履行抗辩权的排除　/ 226
　（六）行使同时履行抗辩权的法律
　　　效果　/ 226
三、先履行抗辩权　/ 229
　（一）概念　/ 229
　（二）先给付义务的类型　/ 230
四、不安抗辩权　/ 231
　（一）不安抗辩权的概念　/ 231
　（二）不安抗辩权的构成要件　/ 232

　（三）不安抗辩权的行使方式：
　　　通知　/ 233
　（四）行使不安抗辩权的法律效果　/ 234
　（五）与预期违约制度的关系　/ 237
　（六）加速到期　/ 239

第四章　债的保全　/ 242

第一节　债的保全概述　/ 242
一、概念　/ 242
二、意义　/ 242
第二节　债权人代位权　/ 243
一、债权人代位权概述　/ 244
　（一）概念　/ 244
　（二）制度价值　/ 244
　（三）性质　/ 245
　（四）类型　/ 245
　（五）债权人代位权与代位执行　/ 245
　（六）债权人代位权诉讼与
　　　破产程序　/ 246
二、收取型代位权的构成要件　/ 247
　（一）债权人对债务人享有债权　/ 247
　（二）债务人须怠于行使其对相对人之债
　　　权及与债权有关的从权利　/ 248
　（三）债务人怠于行使其债权、影响债权
　　　人的到期债权实现　/ 250
　（四）债权人的债权到期　/ 251
　（五）证明责任　/ 252
三、收取型代位权的客体　/ 252
　（一）可以成为收取型代位权客体
　　　的权利　/ 252
　（二）不得由债权人代位行使
　　　的权利　/ 256

四、收取型代位权的行使 / 257
　　（一）行使主体 / 257
　　（二）行使方法：诉讼 / 257
　　（三）行使范围 / 259
五、行使收取型代位权的效力 / 260
　　（一）对债务人处分权的限制 / 260
　　（二）相对人的抗辩权 / 261
　　（三）诉讼时效的中断 / 261
　　（四）费用的负担 / 262
六、行使收取型代位权的法律效果 / 262
　　（一）入库规则 / 262
　　（二）直接归属于代位权人 / 262
　　（三）数个行使代位权的债权人的按
　　　　比例受偿 / 265
　　（四）代位权判决的既判力问题 / 266
七、保存型代位权 / 267
　　（一）行使保存型代位权的必要性 / 268
　　（二）保存型代位权的构成要件 / 268

第三节　债权人撤销权 / 269
一、债权人撤销权的概念与本质 / 270
　　（一）概念 / 270
　　（二）规范目的 / 271
　　（三）性质 / 271
　　（四）制度关联 / 273
二、无偿行为中债权人撤销权的
　　构成要件 / 276
　　（一）债权人对债务人享有债权 / 276
　　（二）债务人为无偿处分财产权益
　　　　行为 / 279
　　（三）债务人的行为具有财产属性 / 282
　　（四）债务人的行为影响债权人的债权
　　　　实现 / 284
　　（五）债务人的诈害行为与债务人无资力
　　　　之间须具有相当因果关系 / 285

三、有偿行为中债权人撤销权的构成
　　要件 / 286
　　（一）债务人为有偿诈害行为 / 286
　　（二）相对人知道或应当知道 / 290
四、债权人撤销权的行使 / 290
　　（一）当事人 / 290
　　（二）行使方式 / 290
　　（三）管辖 / 291
　　（四）行使范围 / 291
　　（五）行使期间 / 291
五、法律效果 / 292
　　（一）自始没有法律拘束力 / 292
　　（二）债权人请求相对人向债务人
　　　　返还 / 292
　　（三）债权人在相对人处受偿 / 293
　　（四）费用承担 / 294
　　（五）撤销权诉讼判决的扩张效力 / 294
六、债权人对转得人的撤销权 / 295
　　（一）受益人恶意 / 296
　　（二）转得人恶意 / 296

下

第五章　清偿与清偿替代 / 297

第一节　清偿 / 297
一、清偿 / 298
　　（一）概念的界定 / 298
　　（二）给付人 / 299
　　（三）给付受领人 / 300
　　（四）清偿之效果 / 302
　　（五）清偿的证明负担 / 303
　　（六）给付的抵充 / 305

（七）清偿的性质 / 309
二、代物清偿 / 313
　（一）代物清偿的概念 / 313
　（二）代物清偿的性质 / 314
　（三）代物清偿发生清偿效果的构成要件 / 315
　（四）法律效果 / 320
　（五）与代替权的区别 / 321
三、新债清偿 / 322
　（一）概述 / 322
　（二）与代物清偿的区别 / 323
　（三）适用情况 / 326
　（四）法律效果 / 326
　（五）与代替权的区别 / 327

第二节　债务的抵销 / 327
一、抵销概述 / 328
二、抵销的功能 / 329
三、抵销的性质 / 329
四、抵销与折抵 / 330
五、抵销的前提 / 330
　（一）二人相互享有债权 / 330
　（二）给付标的同种类 / 333
　（三）主动债权的可实现性 / 334
　（四）被动债权的存在、可履行 / 334
六、例外情况 / 335
七、抵销的排除 / 336
　（一）依照法律规定不得抵销 / 336
　（二）依照债权性质不能抵销 / 337
　（三）约定禁止抵销 / 339
八、抵销的行使 / 339
　（一）抵销应由抵销人以意思表示进行 / 340

（二）抵销不得附有条件或期限 / 341
九、抵销的效力 / 341
　（一）消灭债权的效力 / 342
　（二）溯及力的问题 / 342
　（三）抵销的范围 / 344
　（四）多个债权情况下的抵销 / 345
十、被抵销人的异议 / 345
十一、诉讼抵销 / 346
十二、合意抵销 / 347
　（一）概念 / 347
　（二）性质 / 348
　（三）区别 / 348
　（四）合意抵销与法定抵销的区别 / 348
　（五）效力 / 349

第三节　提存与自助出卖 / 349
一、提存的概念 / 350
二、提存的性质 / 350
三、提存的构成要件 / 351
　（一）债务人享有给付的权利 / 351
　（二）提存的事由 / 351
　（三）提存能力 / 352
　（四）提存的成立 / 353
四、提存程序 / 353
　（一）提存部门 / 353
　（二）提存的申请、受理、审查与复议 / 353
　（三）提存的通知 / 353
　（四）提存书的交付与领取 / 354
五、提存的效力 / 354
　（一）提存物的取回权 / 354
　（二）取回权被排除情况下的提存效力 / 354

（三）取回权保留情况下的提存
　　　　效力 / 355
　　（四）债权人的提存物领取请求权 / 356
　　（五）提存标的物所有权的移转 / 356
　　（六）领取请求权与对待给付的同时
　　　　履行 / 356
　　（七）债务人的其他义务 / 357
　　（八）提存标的物的风险负担、提存物的
　　　　孳息、提存费用 / 357
　六、自助出卖 / 358
第四节　清偿替代方式以及其他债之关系
　　　　消灭的方式 / 359
　一、债务的免除 / 359
　　（一）免除概述 / 359
　　（二）与原因行为的关系 / 361
　　（三）法律效果 / 361
　二、消极债务承认 / 362
　三、混同 / 363
　　（一）混同概述 / 363
　　（二）混同发生的事由 / 363
　　（三）混同的例外 / 363
　　（四）混同的法律效果 / 364
　四、债之关系的变更与更新 / 364
　　（一）债之关系的变更 / 364
　　（二）债之更新 / 365
　五、废止合同 / 366
　六、和解 / 367
　　（一）概述 / 367
　　（二）构成要件 / 368
　　（三）和解基础错误 / 369
　　（四）和解的无效与撤销 / 369
　　（五）和解的效果 / 370

第六章　债之关系的障碍与法律救济 / 372

第一分章　概述 / 373
第一节　债之关系的障碍概述 / 373
　一、债之关系的障碍 / 374
　　（一）给付障碍法的构建 / 374
　　（二）一般给付障碍法与特别给付
　　　　障碍法 / 375
　　（三）给付障碍类型 / 375
　二、义务违反作为损害赔偿与解除的
　　本质要素 / 378
　三、给付障碍体系 / 379
　　（一）给付义务的命运 / 380
　　（二）次位请求权体系 / 380
　　（三）对待给付义务的命运 / 380
　四、混合体系 / 381
第二分章　给付义务的消灭 / 382
第二节　因给付不能而消灭给付
　　　　义务 / 382
　一、继续履行请求权及其性质 / 383
　二、给付不能与原给付义务消灭 / 385
　三、真正的给付不能 / 385
　　（一）给付不能的原因 / 386
　　（二）给付客体：种类物情况下的特殊
　　　　规则 / 389
　　（三）部分不能 / 390
　　（四）一时不能 / 391
　四、规范性不能 / 392
　　（一）履行费用过高的障碍 / 392
　　（二）标的不适于强制履行的障碍 / 396
　　（三）性质 / 397

五、法律效果 ／397
　　　　（一）原给付义务消灭 ／398
　　　　（二）对待给付义务消灭 ／398
　　　　（三）损害赔偿 ／398
　　　　（四）直接请求违约人承担第三人替代履行费用 ／398
　　六、其他排除给付义务的原因 ／400
　　七、金钱之债的履行不能 ／401

第三分章　损害赔偿请求权 ／402
第三节　损害赔偿请求权与归责原则 ／402
　　一、可归责与归责原则 ／403
　　二、归责原则分析 ／404
　　　　（一）严格责任 ／404
　　　　（二）过错责任 ／405
　　　　（三）二元归责原则 ／406
　　　　（四）本书观点 ／406
　　三、严格责任与过错责任的比较 ／407
　　　　（一）对严格责任的评价 ／407
　　　　（二）对过错责任的评价 ／409
　　　　（三）过错责任与严格责任 ／410
　　四、损害赔偿请求权体系 ／410
　　　　（一）给付障碍法中的损害类型 ／410
　　　　（二）法律上规定的损害赔偿请求权体系 ／412
第四节　无过错责任与免责事由 ／413
　　一、无过错责任的构成 ／415
　　二、不可抗力 ／415
　　　　（一）不可抗力的构成 ／415
　　　　（二）具体情形 ／417
　　　　（三）不可抗力作为免责事由的适用范围 ／418

　　　　（四）不可抗力发生免责效力的前提 ／419
　　　　（五）因不可抗力免责的效力 ／419
　　　　（六）通知义务 ／420
　　三、意外事件 ／420
　　　　（一）意外事件作为免责事由 ／420
　　　　（二）意外事件的构成要件 ／421
　　四、为履行辅助人或第三人承担责任 ／422
　　　　（一）为履行辅助人承担责任 ／422
　　　　（二）为第三人承担责任 ／423
　　五、债权人原因造成不履行 ／424
第五节　过错责任 ／426
　　一、过错责任 ／427
　　　　（一）适用范围 ／427
　　　　（二）举证责任分配 ／427
　　　　（三）过错与义务违反的区分 ／427
　　　　（四）过错的结合点 ／428
　　二、可归责类型 ／428
　　三、为自己的过错承担责任 ／429
　　　　（一）过错归责 ／429
　　　　（二）过错能力 ／429
　　　　（三）过错形式 ／429
　　四、无过错责任 ／434
　　五、免责事由 ／435
　　六、为他人过错承担责任 ／435
　　　　（一）为履行辅助人行为承担责任 ／435
　　　　（二）为法定代理人承担责任 ／438
　　　　（三）雇主责任 ／439
第六节　因义务违反产生的简单损害赔偿 ／439
　　一、简单损害赔偿的界定 ／440
　　二、附随义务之违反 ／440

（一）合同框架内的附随义务之
　　　　违反 / 440
　　（二）先合同关系中的附随义务
　　　　违反 / 441
　　（三）后合同附随义务的违反 / 442
　　（四）法律效果 / 442
　　（五）举证责任 / 443
　　（六）预防性请求权 / 443
　三、不完全给付 / 443
　　（一）不完全给付的内涵 / 444
　　（二）瑕疵损害与瑕疵结果损害的
　　　　区分 / 445
　　（三）加害给付损害之赔偿 / 446
　　（四）用益丧失损害 / 447
　　（五）法律效果 / 448
　　（六）与侵权损害赔偿请求权的
　　　　竞合 / 448
第七节　迟延损害赔偿 / 448
　一、债务人迟延的界定 / 449
　二、构成要件 / 450
　　（一）有效、到期并可实现的
　　　　请求权 / 450
　　（二）催告 / 451
　　（三）债务给付期经过而债务人
　　　　未给付 / 454
　　（四）可归责 / 455
　　（五）债务人迟延的开始与结束 / 456
　三、债务人迟延的法律效果 / 456
　　（一）迟延损害赔偿 / 457
　　（二）迟延利息 / 457
　　（三）责任之加重 / 459
　　（四）大型企业迟延支付中小企业账款的

　　　　法律责任 / 460
第八节　替代给付的损害赔偿 / 460
　一、给付不能（自始与嗣后不能）/ 462
　　（一）嗣后不能情况下的损害赔偿 / 462
　　（二）自始不能情况下的损害赔偿 / 464
　　（三）替代整个给付的损害赔偿 / 467
　二、给付迟延与不完全给付 / 469
　　（一）原给付义务优先 / 469
　　（二）履行请求权与损害赔偿请求权
　　　　之间的顺位关系 / 469
　　（三）构成要件 / 470
　　（四）法律效果 / 473
　三、保护义务的违反 / 475
　　（一）概述 / 475
　　（二）构成要件 / 476
　　（三）不可期待的判断标准 / 476
　四、履行利益的赔偿方法 / 477
　　（一）代位理论与差额理论 / 477
　　（二）差额理论优先适用 / 478
　　（三）债权人选择差额理论与代位理论
　　　　的权利 / 478
　五、代偿请求权 / 479
第九节　因预期违约产生的损害赔偿
　　　　请求权 / 481
　一、预期违约的含义 / 482
　二、预期违约与拒绝给付 / 483
　三、预期违约的规范基础 / 483
　四、预期违约的类型与构成要件 / 484
　　（一）宣布放弃 / 484
　　（二）预期不能 / 485
　　（三）作为不能的疏忽 / 485
　五、预期违约的法律效果 / 486

（一）债权人的选择权 /486
　　（二）债权人接受预期违约的情况 /486
　　（三）债权人不接受预期违约的情况 /488
第十节　瑕疵担保的法律救济 /488
　一、瑕疵担保责任的界定 /489
　二、瑕疵担保责任的构成要件 /491
　　（一）标的物存有瑕疵 /491
　　（二）标的物的瑕疵须在风险移转时已经存在 /493
　　（三）买受人适时地进行了检验并提出了瑕疵异议 /494
　　（四）买受人知道或者应当知道 /499
　三、瑕疵担保义务违反的法律救济 /500
　四、补救履行请求权 /500
　　（一）补救履行的优先顺位 /501
　　（二）修理或更换 /503
　　（三）退货 /506
　五、解除权 /507
　六、减价权 /508
　七、损害赔偿 /509
　　（一）与给付并存的损害赔偿 /509
　　（二）迟延损害 /509
　　（三）替代给付的损害赔偿 /509
第十一节　惩罚性损害赔偿 /509
　一、惩罚性赔偿的产生与发展 /511
　　（一）消费者保护层面的惩罚性赔偿规则 /511
　　（二）知识产权方面的惩罚性赔偿规则 /512
　　（三）《民法典》中的惩罚性赔偿规则 /513

　二、惩罚性赔偿的功能 /513
　三、惩罚性赔偿与价款返还、损害赔偿的关系 /514
　四、针对欺诈行为的惩罚性赔偿请求权 /514
　　（一）针对欺诈行为的惩罚性赔偿请求权的构成要件 /514
　　（二）法律效果 /517
　五、针对产品质量的惩罚性赔偿请求权 /517
　　（一）构成要件 /517
　　（二）法律效果 /518
　六、食品药品惩罚性赔偿 /518
　　（一）构成要件 /519
　　（二）法律效果 /522
　　（三）惩罚性赔偿规范竞合 /522
　七、侵害知识产权惩罚性赔偿 /522
　　（一）构成要件 /523
　　（二）法律效果 /523
　八、侵害环境、生态的惩罚性赔偿 /524
　　（一）构成要件 /524
　　（二）法律效果 /525
　九、诉讼 /526
　　（一）诉讼 /526
　　（二）公益诉讼与惩罚性赔偿 /526

第四分章　对待给付义务的消灭 /526
第十二节　解除与对待给付义务的消灭 /526
　一、对待给付义务消灭的概述 /528
　二、解除消灭模式 /529
　　（一）与替代给付损害赔偿的平行结构 /529

(二)无须可归责要件 / 530
(三)解除与损害赔偿 / 530
三、自动消灭模式 / 530
(一)对待给付义务消灭的一般规则及其
正当性 / 530
(二)对待给付义务消灭的例外:风险负
担规则 / 536
(三)返还已经履行的对待给付 / 538
(四)解除 / 538

第五分章 其他给付障碍的情形 / 539

第十三节 债权人迟延 / 539
一、债权人迟延的基本结构与功能 / 539
二、构成要件 / 540
(一)债权人协助的必要性 / 540
(二)可履行性 / 541
(三)依债务本旨提出给付 / 541
(四)给付可能 / 542
(五)未受领给付或者拒绝为对待
给付 / 543
三、法律效果 / 544
(一)原给付义务并不免除 / 544
(二)债务人责任的减轻 / 545
(三)风险移转 / 545
(四)利息义务消灭 / 546
(五)用益返还的限制 / 547
(六)放弃占有 / 547
(七)增加费用的赔偿 / 547
(八)中止履行 / 547
(九)价格制裁 / 547
四、债权人迟延作为义务违反的情况 / 548

第十四节 情势变更 / 548
一、基本原理 / 550

二、适用范围 / 551
(一)意思自治优先 / 551
(二)法定分配合同风险的情况 / 552
三、情势变更制度与其他法律制度的
界限 / 552
(一)与给付不能的区别 / 552
(二)情势变更与错误 / 553
(三)情势变更与不可抗力 / 554
四、构成要件 / 555
(一)作为交易基础条件的情势的
存在 / 555
(二)交易基础发生重大变更 / 556
(三)不可预见性 / 557
(四)不可预见的风险没有依法或者依约
归属于一方当事人 / 558
(五)当事人坚守合同的不可
期待性 / 559
五、情势变更的具体类型 / 560
(一)对价关系的障碍
(Äquivalenzstörung) / 560
(二)目的障碍(Zweckvereitelung) / 561
(三)对于重大情势的双方错误 / 562
(四)法律变动 / 562
(五)特定法律关系的存续 / 562
六、法律效果 / 562
(一)再交涉义务 / 563
(二)中止履行 / 563
(三)变更合同 / 563
(四)解除合同 / 564
(五)变更与解除合同的适用顺序 / 564
(六)变更与解除合同时间的确定 / 565
(七)损失分担 / 565

第七章 债的关系的解除 /566

第一节 解除概述 /569
一、解除的内涵 /569
（一）解除的概念 /569
（二）解除权的性质 /569
（三）解除的功能 /569
二、解除规则的适用范围 /569
三、解除权的类型 /570
（一）法定解除权与约定解除权 /570
（二）任意解除 /571
（三）协议解除 /572
（四）终止权 /572
（五）司法终止权 /573
（六）期间届满后合同关系结束 /573

第二节 解除权 /573
一、解除权模式 /573
二、解除权的构成 /574
（一）违约行为的存在 /575
（二）存在解除行为 /584
三、解除权的行使 /584
（一）解除权人 /584
（二）享有解除权 /585
（三）解除的意思表示 /585
（四）相对人异议与解除权确认之诉 /586
（五）解除的时点 /587
（六）解除权行使期限 /588
四、解除法律效果的理论 /590
（一）解除效力的学理基础 /590
（二）溯及力 /592

五、解除的法律效果 /592
（一）未履行给付义务的消灭 /592
（二）受领给付的返还 /593
（三）事实上收取的用益的返还 /594
（四）返还不能时的价值补偿 /595
（五）特殊的利益衡量：返还义务人的特权 /597
（六）未收取的用益以及费用的赔偿 /599
（七）同时履行抗辩权 /601
（八）违约损害赔偿 /601
（九）返还关系中的损害赔偿 /602
（十）担保权 /603
（十一）结算和清理条款 /604

第三节 协议解除与合同终止 /604
一、协议解除（废止合同）/604
（一）协议解除（废止合同）的内涵 /604
（二）协议解除（废止合同）的订立 /605
（三）法律效果 /605
二、终止权 /606
（一）问题的提出 /606
（二）德国法上的终止制度 /606
（三）普通终止 /607
（四）特别终止 /609
（五）终止权的行使 /610
（六）法律效果 /610
（七）竞合 /610
三、司法终止权 /611
（一）问题的提出 /611

（二）构成 / 612
　　（三）终止时间 / 613
第四节　消费者撤回权 / 614
　一、消费者撤回权概述 / 615
　　（一）概念 / 615
　　（二）消费者撤回权与合同严守
　　　　原则 / 615
　　（三）消费者撤回权的正当性基础 / 616
　　（四）消费者撤回权的归类 / 619
　二、消费者撤回权的构成要件 / 619
　　（一）当事人之间应是消费者与经营者
　　　　的关系 / 619
　　（二）远程交易 / 620
　　（三）客体要件 / 621
　　（四）退货的商品完好 / 622
　三、消费者撤回权的行使 / 622
　　（一）作出撤回权的意思表示 / 622
　　（二）撤回期间与告知义务 / 622
　　（三）经营者提供退货地址等信息等
　　　　义务 / 624
　四、撤回权的法律效果 / 624
　　（一）返还 / 624
　　（二）费用承担 / 625
　　（三）货物毁损灭失情况下的价值
　　　　补偿 / 625
　　（四）其他法律效果的排除 / 626
　五、权利滥用 / 626

第八章　损害法 / 627

第一节　损害赔偿法概述 / 627
　一、责任成立与责任范围的损害赔偿
　　　规则 / 629
　　（一）责任成立的损害赔偿规则 / 629
　　（二）责任范围的损害赔偿规则 / 630
　二、损害赔偿法的适用范围 / 631
　三、损害赔偿法的功能 / 631
　　（一）补偿功能 / 631
　　（二）预防功能 / 631
　　（三）抚慰功能 / 632
　　（四）惩罚功能 / 632
　　（五）分担损害风险功能 / 632
　四、损害赔偿与保险 / 632
　五、完全赔偿原则 / 632
　六、本章考察思路 / 633
第二节　赔偿义务人与赔偿
　　　　权利人 / 633
　一、赔偿义务人 / 634
　二、赔偿权利人 / 634
　三、第三人损害清算 / 635
　　（一）间接代理 / 635
　　（二）债法上损害的转移 / 636
　　（三）信托关系 / 636
　　（四）保护第三人财产 / 636
　　（五）附保护第三人作用的合同 / 637
　　（六）店主的责任 / 637
第三节　损害的概念与类型 / 637
　一、损害的概念 / 638
　　（一）自然损害与规范损害 / 638
　　（二）损害的界定：差额理论 / 638
　　（三）损害与费用 / 639
　二、损害类型 / 639
　　（一）财产损害与非财产损害 / 639

(二) 侵害结果与结果性损害 / 641
(三) 履行损害、信赖损害与维持
利益 / 642
第四节 因果关系与损害的归责 / 644
一、概述 / 644
(一) 原因 / 644
(二) 责任成立的原因与责任范围的
原因 / 644
二、自然科学意义上的因果关系 / 645
(一) 对等理论
(Äquivalenztheorie) / 645
(二) 合乎规律条件说（Lehre von der
gesetzmäßigen Bedingung) / 646
(三) 规范上限制的必要性 / 646
三、违约损害的可预见性 / 646
(一) 可预见性规则的内涵 / 646
(二) 适用范围 / 647
(三) 可预见性规则的构成 / 648
四、侵权法上损害的归责标准 / 651
(一) 相当性作为归责标准 / 651
(二) 相当性的考察 / 651
五、其他归责标准 / 653
(一) 规范保护目的说 / 654
(二) 单纯的概率判断 / 655
(三) 合法的选择性行为 / 656
(四) 假定因果关系 / 656
(五) 受害人自己或者第三人的肇因贡献
度 / 657
第五节 损害赔偿的方式与范围 / 657
一、损害赔偿的方式 / 659

(一) 恢复原状 / 660
(二) 金钱赔偿 / 661
(三) 恢复原状与金钱赔偿的关系 / 661
(四) 受害人的处分自由 / 663
二、损害类型 / 664
(一) 实际损失 / 664
(二) 可得利益 / 664
(三) 因违约而落空的费用 / 665
(四) 违约获利的返还 / 667
(五) 边缘情况 / 667
三、损害计算 / 668
(一) 具体的损害计算 / 668
(二) 抽象的损害计算 / 671
(三) 继续性合同中可得利益的
计算 / 673
四、人身损害赔偿 / 674
(一) 一般人身损害赔偿 / 674
(二) 残疾损害赔偿 / 676
(三) 死亡赔偿 / 677
(四) 被扶养人生活费赔偿 / 678
五、精神损害赔偿 / 678
(一) 概述 / 678
(二) 精神损害赔偿请求权构成
要件 / 680
(三) 精神损害赔偿的计算 / 681
六、损益相抵 / 681
(一) 内涵 / 681
(二) 损益相抵与因果关系 / 682
(三) 保险金作为获益 / 682
(四) 第三人给付 / 682

（五）因受害人行为而获益　/ 683
　　（六）节省的费用　/ 683
　　（七）节省的税收　/ 683
　　（八）以新换旧赔偿情况下的获益　/ 683
　　（九）损益相抵与赔偿请求权的
　　　　让与　/ 684
第六节　受害人的共同责任　/ 684
　一、概述　/ 685
　　（一）受害人共同责任的概念　/ 685
　　（二）比例分担原则　/ 686
　　（三）共同责任的基本思想　/ 686
　　（四）适用范围　/ 686
　二、共同责任的构成要件　/ 687
　　（一）不真正义务的违反　/ 687
　　（二）受害人的过错或者危险　/ 688
　　（三）归责关联（因果关系）　/ 689
　三、自甘风险行为　/ 690
　四、法律效果　/ 690
　五、减损不真正义务与警告不真正
　　　义务　/ 691
　　（一）减损不真正义务　/ 691
　　（二）警告不真正义务　/ 692
　　（三）法律效果　/ 692
　六、受害人的法定代理人或者辅助人的共同
　　　过错　/ 692

第九章　违约金与定金　/ 694

第一节　违约金　/ 694
　一、违约金概述　/ 695
　　（一）内涵　/ 695
　　（二）性质　/ 695
　　（三）适用范围　/ 695
　二、违约金的功能　/ 696
　　（一）履行压力功能　/ 696
　　（二）损害赔偿功能　/ 696
　　（三）双重功能　/ 697
　三、赔偿性违约金与惩罚性违约金　/ 698
　　（一）违约金的赔偿性　/ 698
　　（二）赔偿性违约金与惩罚性违约金区分
　　　　困难　/ 698
　　（三）"补偿为主、惩罚为辅"原则的
　　　　弊端　/ 699
　四、赔偿性违约金与损害赔偿总额
　　　预定　/ 700
　五、违约金的法律结构　/ 702
　六、违约金与其他制度的区分　/ 702
　　（一）与独立的违约金的区分　/ 702
　　（二）与失权约款的区分　/ 703
　　（三）与违约定金的区分　/ 703
　　（四）与解约金的区分　/ 704
　　（五）与解约定金的区分　/ 704
　　（六）与社团罚的区分　/ 704
　　（七）与企业罚的区分　/ 704
　七、违约金的构成要件　/ 705
　　（一）有效的违约金约定　/ 705
　　（二）被担保义务的违反　/ 706
　　（三）过错　/ 707
　　（四）债权人没有违约　/ 707
　　（五）主债务继续存在　/ 708
　八、违约金请求权与履行请求权的
　　　关系　/ 708
　　（一）债务人不履行的情况　/ 708

（二）债务人履行不符合约定的
情况　／709
九、违约金请求权与损害赔偿请求权的
关系　／710
（一）违约金请求权与损害赔偿请求权指
向利益同一性的判断　／710
（二）违约金作为最低损害赔偿额　／712
十、合同解除与违约金请求权　／714
（一）合同解除不影响违约金
请求权　／714
（二）合同解除后违约金请求权与损害赔
偿请求权的关系　／714
十一、违约金请求权与诉讼时效　／715
十二、违约金的司法调整　／716
（一）违约金数额的增加　／716
（二）违约金数额的减少　／717
十三、逾期付款违约金　／726

第二节　定金　／727
一、定金制度史略　／727
二、概述　／729
（一）概念　／729
（二）类型　／729
三、违约定金　／729
（一）概念与功能　／729
（二）定金的识别　／730
（三）构成要件　／730
（四）定金数额的上限　／731
（五）法律效果　／732
（六）违约定金与实际履行　／734
（七）违约定金与损害赔偿　／734
（八）违约定金与违约金　／734

四、成约定金　／735
五、立约定金　／736
六、解约定金　／736

第十章　当事人的更换　／738

第一节　债权让与　／738
一、债权让与概述　／740
（一）问题点　／740
（二）概念　／740
（三）债权让与的结构　／741
（四）债权让与的原因行为　／743
（五）意定与法定原因行为类型　／744
（六）特殊类型的债权让与　／744
（七）债权让与和其他制度的区别　／746
二、债权让与的构成要件　／748
（一）债权让与合同　／748
（二）债权的存在　／748
（三）债权的可让与性　／752
（四）债权的可确定性　／757
三、债权让与的效力　／757
（一）债权的移转　／757
（二）从权利以及优先权利的移转　／759
（三）原债权人的义务　／761
四、债务人保护：抗辩与抵销　／762
（一）债务人须主张与无须主张的
抗辩　／762
（二）抵销　／764
五、债务人保护：通知　／766
（一）未通知债务人的情况　／766
（二）通知债务人的情况　／768
六、多重让与　／771

（一）根据让与时点确定债权归属　/771
　　（二）保理情况下根据公示确定债权顺位　/772
　　（三）《民法典合同编通则解释》采取的模式　/773
第二节　债务承担与债务加入　/774
　一、债务承担　/775
　　（一）概念　/775
　　（二）与履行承担的区分　/776
　二、免责的债务承担　/776
　　（一）新债务人与债权人之间的合同　/776
　　（二）新旧债务人之间订立合同　/777
　　（三）抵押权承担　/779
　三、免责的债务承担的法律效果　/779
　　（一）债务人变更　/779
　　（二）可以主张的抗辩　/780
　　（三）债务承担合同瑕疵的效力　/780
　　（四）从权利或优先权利　/781
　　（五）诉讼时效中断　/782
　　（六）债务承担人与原债务人之间的法律关系　/782
　四、债务加入　/782
　　（一）概念　/782
　　（二）债务加入合同　/782
　　（三）与保证的区别　/783
　　（四）法律效果　/784
　五、法定的债务加入情况　/786
第三节　合同承担　/786
　一、概述　/786
　　（一）概念　/786
　　（二）基础结构　/786

　二、意定承担　/787
　　（一）构成要件　/787
　　（二）相对人的保护　/788
　　（三）效果　/788
　三、合同加入　/788
　四、法定承担　/788

第十一章　涉他合同　/790

第一节　利他合同　/791
　一、利他合同概述　/791
　二、真正的利他合同与不真正的利他合同　/792
　　（一）规范基础　/792
　　（二）真正利他合同与非真正利他合同的区别与解释规则　/793
　三、利他合同的理论基础　/793
　　（一）利他合同的性质与功能　/793
　　（二）第三人负担合同　/794
　　（三）通过利他合同仅能给与第三人债权　/794
　　（四）利他合同与处分行为　/794
　四、区别　/795
　　（一）与代理的区别　/795
　　（二）与债权让与的区别　/795
　五、利他合同的订立　/795
　　（一）订立与当事人　/795
　　（二）形式要件　/795
　　（三）构成要件　/796
　　（四）意思瑕疵　/796
　　（五）第三人的拒绝　/797
　六、当事人间的法律关系　/797
　　（一）补偿关系　/797

（二）对价关系 / 798
（三）执行关系 / 798
（四）允诺人须主张的抗辩与无须主张的抗辩 / 799
七、权利取得及其时点 / 800
八、给付障碍 / 800
　（一）允诺受领人造成给付障碍 / 800
　（二）允诺人造成给付障碍 / 801
　（三）第三人造成给付障碍 / 802
九、债权人的撤回权与更改权 / 802
第二节　由第三人履行的合同 / 803
一、由第三人履行的合同的内涵 / 803
二、由第三人履行的合同的效力 / 804

第十二章　多数债权人与多数债务人 / 805

第一节　概述 / 807
一、多数人之债的个数 / 807
二、债权人多数 / 807
　（一）按份债权 / 807
　（二）连带债权 / 807
　（三）共同债权（Mitgläubigerschaft） / 808
三、债务人多数 / 808
　（一）按份债务(Teilschuld) / 808
　（二）连带债务(Gesamtschuld) / 808
　（三）不真正连带债务（unechte Gesamtschuld） / 808
　（四）债务人共同体（Schuldnergemeinschaft） / 809
第二节　多数债权人 / 809
一、意义 / 809
二、多数债权人的类型 / 809
　（一）按份债权（Teilgläubigerschaft） / 810

（二）连带债权（Gesamtgläubigerschaft） / 811
（三）债权人共同体（Gläubigergemeinschaft） / 813
（四）给付不可分情况下的共同债权 / 815
第三节　多数债务人 / 816
一、概述 / 816
二、按份债务 / 816
　（一）按份债务的意义 / 816
　（二）按份债务的成立 / 817
　（三）按份债务的效力 / 817
三、连带债务(Gesamtschuld) / 818
　（一）连带债务概述 / 818
　（二）一般性连带债务的构成要件 / 818
　（三）连带债务的产生 / 819
　（四）对外关系：债务人与债权人的关系 / 822
　（五）对内关系 / 827
　（六）连带债务人追偿的障碍 / 830
四、不真正连带债务 / 831
　（一）真正连带债务与不真正连带债务的区分 / 831
　（二）不真正连带债务的内容 / 833
　（三）补充责任 / 834
　（四）法律效果 / 835
五、债务人共同体（Schuldnergemeinschaft） / 835
　（一）产生 / 835
　（二）法律效果 / 837

术语索引 / 838

条文索引 / 861

第一章 债之关系概述

第一节 债 法

✍ 【文献指引】

薛军:《论未来中国民法典债法编的结构设计》,载《法商研究(中南政法学院学报)》2001年第2期;梁慧星主编:《中国民法典草案建议稿》,法律出版社2003年版;覃有土、麻昌华:《我国民法典中债法总则的存废》,载《法学》2003年第5期;崔建远:《债法总则与中国民法典的制定——兼论赔礼道歉、恢复名誉、消除影响的定位》,载《清华大学学报(哲学社会科学版)》2003年第4期;王利明主编:《中国民法典草案建议稿及说明》,中国法制出版社2004年版;柳经纬:《我国民法典应设立债法总则的几个问题》,载《中国法学》2007年第4期;柳经纬:《当代中国债权立法问题研究》,北京大学出版社2009年版;许中缘:《合同的概念与我国债法总则的存废——兼论我国民法典的体系》,载《清华法学》2010年第1期;刘承韪:《契约法理论的历史嬗迭与现代发展 以英美契约法为核心的考察》,载《中外法学》2011年第4期;常鹏翱:《债权与物权在规范体系中的关联》,载《法学研究》2012年第6期;龙卫球:《当代债法改革:观察与解读》,载《南昌大学学报(人文社会科学版)》2012年第3期;王竹:《民法典起草实用主义思路下的"债法总则"立法模式研究》,载《四川大学学报(哲学社会科学版)》2012年第3期;王利明:《法律体系形成后的民法典制定》,载《广东社会科学》2012年第1期;李永军:《论债的科学性与统一性》,载《法律科学(西北政法大学学报)》2013年第1期;崔建远:《中国债法的现状与未来》,载《法律科学(西北政法大学学报)》2013年第1期;李永军:《论债法中本土化概念对统一的债法救济体系之影响》,载《中国法学》2014年第1期;陆青:《债法总则的功能演变——从共同规范到体系整合》,载《当代法学》2014年第4期;李世刚:《中国债编体系构建中若干基础关系的协调——从法国重构债法体系的经验观察》,载《法学研究》2016年第5期;王利明:《准合同与债法总则的设立》,载《法学家》2018年第1期;黄茂荣:《民法典之债法的编纂》,载《环球法律评论》2018年第2期;黄家镇:《论民法典编纂中债法总则的存废——以德国潘德克顿法学的法源思想与体系构造方法为视角》,载《现代法学》2018年第6期;韩世远:《民法典合同编一般规定与合同订立的立法问题》,载《法学杂志》

2019年第3期;杨立新:《侵权责任法回归债法的可能及路径——对民法典侵权责任编草案二审稿修改要点的理论分析》,载《比较法研究》2019年第2期;朱虎:《债法总则体系的基础反思与技术重整》,载《清华法学》2019年第3期;龙卫球:《民法"合同编"的编纂进展、主要发展与完善思路》,载《内蒙古社会科学(汉文版)》2019年第4期;王利明:《论民法典合同编发挥债法总则的功能》,载《法学论坛》2020年第4期;翟远见:《论〈民法典〉中债总规范的识别与适用》,载《比较法研究》2020年第4期;崔建远:《中国债法体系的解释论整合》,载《政法论坛》2020年第5期;柳经纬、吕辰:《"债的一般规范"的识别及其对非合同之债的适用——以〈民法典〉第468条为中心》,载《北方法学》2020年第5期;于飞:《我国民法典实质债法总则的确立与解释论展开》,载《法学》2020年第9期;徐国栋:《〈民法典〉不采用债法总则的本国立法史和比较法依据》,载《法治研究》2020年第6期。

🔖 【补充文献】

徐国栋:《论〈民法典〉采用新法学阶梯体系及其理由——兼榷〈民法典〉体系化失败论》,载《财经法学》2021年第2期;江平:《中国民法典的三个创新》,载《政法论坛》2022年第1期;朱庆育:《债法总则消亡史》,载《法学研究》2022年第4期。

一、债法的内涵

债法是私法的一部分,调整的是单个平等主体之间的债之关系。对于上下级主体之间的关系,由公法调整。债法的客体是债之关系。基于债之关系,从债务人视角来看,债务人对债权人负有给付义务或者附随义务;从债权人视角来看,债权人对债务人享有债权。

债法中最为重要的概念是债之关系。债之关系存在于债权人与债务人之间,涉及的是债法所调整的经济与交易生活之过程,债务人所负担的给付大部分情况下都属于经济形式,如向债权人付款或送交货物等。

从债法制度的内容来看,诸如产生、消灭、障碍等制度均是针对债务而设立的,从实质内容判断,债法是从债务的角度进行规定的,故债法的本质是债务法,其客体是债之关系。但从技术意义角度来看,在具体规则中,债法是从请求权基础的思维出发,规定债权人对债务人享有何种特定之请求权,所以,债法又是请求权法。

根据请求权基础思想,进行法律适用时,一直要考察的问题是谁得向谁基于什么请求什么,债法规定的就是"基于什么"的问题。所有主张的请求权均需一个法律基础,没有法律基础不得判与请求权,法律中既存的、赋予请求权的规定被称为请求权基础。债法中包含了许多重要的请求权基础,如合同法中的违约情况下的损害赔偿请求权基础(《民法典》第577条以下)、侵权法中的损害赔偿请求权基础(《民法典》第1165条以下)等。

二、债法的功能

(一) 债法的动态功能

债之关系通过给付义务创设出债权人与债务人之间的紧张关系,而该紧张关系又迫使债务人通过清偿予以消除。该紧张关系被消除后,债权人就获得其应得的给付,由此债法促成了金钱、货物以及服务的流动。因此,债法具有动态功能,也被称为"动的安全"。与此相对的是物权法的稳定性,也即"静的安全",其主要功能在于确定物权归属。[1]

债之关系作为物资流动的媒介,不仅以过去及现在的财富为目标,还可以将来可能发生的社会财富为内容,这一方面使得信用经济制度得以确立,另一方面使得财富融通更加频繁,最终加速与促进经济的发展。[2]

(二) 债法的经济与社会功能

债法在经济社会中具有重要的作用,不仅规定了经济社会中最终的经济生活过程规则,还处理消费者争议、房屋租赁争议以及劳动争议等社会问题。

债法首先处理合同问题,借助合同,当事人以双方同意的模式达成对自己在法律上有拘束力的规则。其次,债法处理法定债之关系,具体包括不当得利、无因管理、侵权等类型。例如,有过错地、不法地侵害他人权利者,须承担损害赔偿责任(《民法典》第1165条)。

为保护消费者,《消费者权益保护法》加重了经营者的说明义务以及瑕疵担保责任,并赋予了消费者"无理由退货"的权利(第25条)。《劳动合同法》规定了有利于劳动者的合同订立、终止等规则。《民法典》规定了保护承租人的买卖不破租赁规则(第725条)以及承租人优先购买权(第726条)、优先承租规则(第734条第2款),以保护作为社会弱者的承租人。《民法典》第9条还规定,民事主体从事民事活动,应当有利于节约资源、保护生态环境。《民法典》第509条规定,当事人在履行合同过程中,应当避免浪费资源、污染环境和破坏生态。

基于互联网的兴起,人类进入到信息时代。对于电子合同、数据、个人信息等新兴权利客体,《民法典》予以回应,规定了电子合同订立、数据权属以及个人信息侵权法保护等规则。《电子商务法》《电子签名法》等还专门规定了电子签名、电子支付、电子合同履行等规则。

三、债法的法政策基础思想

债法规则是为法律意义上的人而设定的。借助债法,法律意义上的人以自己承

---

[1] 史尚宽:《债法总论》,中国政法大学出版社2000年版,第4页。
[2] 孙森焱:《民法债编总论(上册)》,法律出版社2006年版,第4页。

担责任为前提满足自身的经济需要,并能自由决定。债法背后的自己责任理念具有丰富的伦理内涵,是自由的本质表现。

中国实行社会主义市场经济体制,合同、侵权行为规则等债法制度为市场经济提供法律制度基础。合同法以合同自由为基础,基于当事人的意思自由移转与分配财产,促进个人自由与经济发展,当事人亦为自己的自由承担责任,诚实生活,各得其所。在改革开放前,我国曾经尝试过计划经济体制,财物的移转与分配完全依赖于行政机关的计划,但最终限制了个人的自由发展,经济发展止步不前。

侵权行为法亦以行为自由与权益保护的平衡为己任。在本质上,竞争往往伴随着对他人权益的侵害,而侵权行为法不禁止这种行为,反而鼓励、允许适当的竞争,以保持市场活力,刺激经济发展;但侵权行为法禁止不正当的竞争。通过侵权责任构成的界定,明确权益保护的范围,以合理地限制行为自由。

为了保障个人活动之自由,侵权法奉行无过失即无责任的原则,但自工业社会以来,机器发生危险的可能性增加,环境污染日益严重,为补救受害人所受损害,无过失责任适用的情况日益增多,在产品责任、机动车交通事故责任、环境污染致人损害责任上均采无过失责任,原本在侵权人与被侵权人之间的损害赔偿问题,转为社会全体分担损害的制度。但由此能否认为债法个人本位之立场转为社会本位之立场[①],尚有疑问。从上述现象观察,只能说出现了社会本位之情况,但尚不足以否认个人本位之主流。

四、债法在民法中的地位、债法的构造及合同编通则的适用

(一)债法在民法中的地位

从民法的内容来看,债法调整的生活范围最为广泛,不仅调整财产交换关系,还调整损害赔偿关系。在财物以及货币世界中,债法服务于个人利益的满足;而物权法规定的是人在物上的权利;婚姻家庭法处理的则是配偶关系以及家庭成员之间的关系;继承法处理的是自然人死亡之后的法律后果问题。民法总则提取各个法领域的基本原则以及共同适用部分,予以规定。

1981年颁布的《经济合同法》,适应了社会经济体制向社会主义商品生产与交换模式的转变,是中国合同法进入新阶段的标志性成果。1985年颁布的《涉外经济合同法》,满足了涉外贸易等需要。1986年颁布的《民法通则》规定了民法中的主要制度,既含有法律行为、诉讼时效等总则制度,也包含债之关系。1987年颁布的《技术合同法》专门规范了技术合同问题。为了修正《经济合同法》与20世纪90年代经济发展之间的不协调关系,1993年,第八届全国人民代表大会常务委员会作出了《关于修改〈中华人民共和国经济合同法〉的决定》。1999年颁布的《合同法》统合了上述三部合

---

① 孙森焱:《民法债编总论(上册)》,法律出版社2006年版,第5页以下。

同法,全面规范了合同之债以及债法总则的规则。① 围绕上述法律,最高人民法院分别颁布了《民通意见》(1988 年)、《借贷案件司法解释》(1991 年)、《合同法解释(一)》(1999 年)、《合同法解释(二)》(2009 年)等司法解释。

《民法典》整合了《合同法》《侵权责任法》《物权法》等法律以及相关司法解释的规则,在第三编规定了合同,在第四编规定了人格权,在第七编规定了侵权责任,形成了独具特色的民法典体系。②

尤其值得关注的是,《民法典》并没有规定债法总则部分,其原因有二:一是政治经济学视角下的财产所有与财产流转二分格局替代了规范效力视角下的物债二分体系;二是从责任视角理解侵权,当事人之间的平行请求关系转换为国家与侵权人之间的垂直惩罚关系。③ 二者结合,一方面使得合同法可以替代债法总则,一方面也使得合同法与侵权法分立两端。

(二)债法的构造

在 2002 年年底提交审议的《中华人民共和国民法(草案)》中并未规定债法总则,而只规定了"合同法编"与"侵权责任法编";相反,在梁慧星教授主持完成的《中国民法典草案建议稿》中规定了债权总则、合同和侵权行为等三编④,王利明教授主持完成的《中国民法典草案建议稿》也规定了债法总则、合同和侵权行为等三编⑤。

《民法典》最终没有规定形式意义上的"债编",也没有规定形式意义上的"债法总则"与"债法分则"。不过,《民法典》总则编规定了法律行为、意思表示的一般规则,债的定义,无因管理与不当得利的一般规则等,合同编规定了通则、典型合同、准合同等三个分编内容,另外,人格权编以及侵权责任编也规定了债的规则。这些编章,构成了实质性的债法总则以及债法分则的内容。一方面,债之关系也要适用《民法典》总则编的规则。另一方面,债法规则也适用于物权关系、婚姻家庭关系、继承关系、人格权关系等。

尤其值得强调的是,《民法典》规定了债法总则的基本规则。首先,《民法典》总则编第 118 条第 2 款规定:债权是因合同、侵权行为、无因管理、不当得利以及法律的其他规定,权利人请求特定义务人为或者不为一定行为的权利。这一规则确立了债权的概念,在体系上界定了债法的范围。《民法典总则编解释》第 1 条第 1 款规定,《民法典》第二编至第七编对民事关系有规定的,人民法院直接适用该规定;《民法典》第二编至第七编没有规定的,适用《民法典》第一编的规定,但是根据其性质不能适用的除外。其次,《民法典》合同编也规定了债的消灭、债权让与、多数人之债等债

---

① 崔建远主编:《合同法》(第八版),法律出版社 2024 年版,第 6 页以下。
② 江平:《中国民法典的三个创新》,载《政法论坛》2022 年第 1 期,第 39 页。
③ 朱庆育:《债法总则消亡史》,载《法学研究》2022 年第 4 期,第 52 页以下。
④ 梁慧星主编:《中国民法典草案建议稿》,法律出版社 2003 年版,第 129 页以下。
⑤ 王利明主编:《中国民法典草案建议稿及说明》,中国法制出版社 2004 年版,第 157 页以下。

法总则规则。最后,《民法典》第 468 条规定:非因合同产生的债权债务关系,适用有关该债权债务关系的法律规定;没有规定的,适用该编通则的有关规定,但是根据其性质不能适用的除外。基于该规则,合同法通则即可以发挥债法总则的功能。① 应当说,规定"适用规则",基本上解决了债法规则适用于具体的债法分则乃至物权法的问题,但"适用规则"还是替代不了债法总则。在未来的修法中,还是应采纳债法总则的模式,该模式的优点如下:

首先,设立债法总则可以使《民法典》的规定更为简约,避免许多不必要的重复规定②;更重要的是,可以避免因为分散规定而带来的内在体系中的价值冲突,不能同样情况同样处理、不同情况不同处理的问题。

其次,债法分为总则与分则,是基于清晰和简单表达的需要③,使得学生容易学习。而对于受过法律训练的人,如此区分则大大减轻了法律适用的工作负担。

最后,债之关系与债权等主观权利的构建具有重大的法教义学功能,主观权利与法律关系是法学理论的核心概念,决定着法律制度的构建质量。④ 在法教义学功能下,债法总则的结构为法学研究提供了研究的基础,同时对于法律适用也意义重大,在法律解释与漏洞填补上,债法总则是重要的裁判规则。⑤

如果规定债法总则,在法律适用上,需要遵循先特别后一般的规则。在《德国民法典》中,债法独立成编,债编分为债法通则(简称为"债总")和各种之债(简称为"债各")两部分。债各里又可分为合同之债、无因管理之债、不当得利之债和侵权行为之债。在适用法律时,首先看债各是否有规定,如债各有规定,则首先适用债各之规定;如债各无规定,则适用债总的规定。在我国,也是按照这一模式适用法律的。例如甲于 3 月 21 日将汽车出卖给乙,约定 4 月 1 日交付,交付后证实该汽车曾发生过车祸。此时,该车祸瑕疵是不可以去除的,故出现了给付不能的情况,可以适用总则的违约责任规则(《民法典》第 577 条以下),乙得主张损害赔偿请求权。但依照《民法典》第 615 条,出卖人就交付的标的物,负有保证符合约定或该类物通常应具有的质量的义务。此时,应当优先适用《民法典》第 615 条及其以下的规则,如检验以及异议规则,在买受人于订立合同时知道或者应当知道买卖标的物有瑕疵的,出卖人即不负有物的瑕疵担保义务。

债法总则构成的根据并不在于各种类债构成要件的一致性,而是在于各种类债

---

① 黄薇主编:《中华人民共和国民法典合同编解读(上册)》,中国法制出版社 2020 年版,第 27 页。
② 崔建远、韩世远、于敏:《债法》,清华大学出版社 2010 年版,第 36 页;崔建远:《债法总则与中国民法典的制定——兼论赔礼道歉、恢复名誉、消除影响的定位》,载《清华大学学报(哲学社会科学版)》2003 年第 4 期,第 71 页以下。
③ Heck, *Grundriß des Schuldrechts*, 1929, §3, S. 11.
④ 〔德〕彼得·A. 温德尔:《民法体系中的债法总则》,李运杨译,载梁慧星主编:《民商法论丛》,社会科学文献出版社 2019 年版,第 263 页。
⑤ 同上。

法律效果的相同性,即一方当事人得向另一方当事人请求特定给付。① 生活中常见的、属性不同的买卖、租赁、侵权、家庭法中的抚养、继承法中的继承和遗赠中,均出现了一方对另一方的请求之法律效果。

在法律适用时,债的关系的构成规则可能在分则中,而其法律效果在总则中;反过来,亦是可能。而且,要在编纂上达到内在与外在的体系化,还需要在法律上规定法律援引条款。但这样一来,若不经过专门法律训练,很难掌握其中的适用关系。

债法总则应规定在债法开头部分,统领债法分则。但债法总则中的请求权规则,不仅适用于债法关系,还广泛适用于物权法、家庭法和继承法,如物权法中的占有关系回复规则,所有权人与用益物权人、担保物权人之间的关系,家庭法中的抚养义务,继承法中的遗嘱与遗赠等。所以,在逻辑上,债法总则中关于请求权的一般规则应规定在民法总则部分。② 不过,对于请求权规则的一般抽象,学术上尚未完成,就目前状况而言,只能将债法总则内容放在债法开头部分。

(三) 合同编通则的适用

《民法典》第468条规定:非因合同产生的债权债务关系,适用有关该债权债务关系的法律规定;没有规定的,适用本编通则的有关规定,但是根据其性质不能适用的除外。对这一规则,需要解释。

非因合同产生的债之关系,主要指因侵权行为、无因管理、不当得利以及基于法律的其他规定而产生的债之关系(《民法典》第118条)。而法律的其他规定主要是总则、物权法、婚姻家庭法、继承法中的债之关系,例如总则编第26条规定的父母对未成年子女的抚养、教育和保护的义务。③ 再如总则编第171条关于无权代理人责任的规则。

对于因合同产生的债之关系,首先要适用有关该债之关系的法律规定。如对于侵权之债,《民法典》侵权责任编有详细规定,但同时也存在《产品质量法》《消费者权益保护法》等特别法的规定。所以,在法律适用上,对于侵权之债,首先适用侵权责任法的特别法,再适用《民法典》侵权责任编。

对于非因合同产生的债之关系,有关该债之关系的法律没有规定的,则应适用合同编通则的规则。具体如对于侵权之债的履行以及义务违反,侵权责任编以及特别法没有规定,就要适用合同编通则的相应规则。再如婚姻、收养、监护等有关身份关系的协议,适用有关该身份关系的法律规定;没有规定的,可以根据其性质参照适用合同编的相关规定(《民法典》第464条第2款)。

在对非因合同产生的债之关系进行法律适用时,要在如下几个层面进行考察:

---

① Larenz, *Schuldrecht AT*, 14. Aufl., 1987, §1, S. 5.
② 〔德〕彼得·A. 温德尔:《民法体系中的债法总则》,李运杨译,载梁慧星主编:《民商法论丛》,社会科学文献出版社2019年版,第264页。
③ 黄薇主编:《中华人民共和国民法典合同编解读(下册)》,中国法制出版社2020年版,第897页。

第一个层面,要区分出狭义的债法总则规则。在《民法典》合同编通则的规则表述中,如果使用了债、债权、债务等术语,即为狭义的债法总则规则,可以适用于非因合同产生的债之关系。具体如第 514 条关于金钱之债履行地的规则,第 515 条关于选择之债的规则,第 517 条以下规定的多数人之债规则,第 545 条以下关于债权债务移转的规则,第 557 条以下关于清偿、清偿替代、终止和更新的规则等①。

第二个层面,非因合同产生的债之关系,也可能适用合同编分则的规则,比如,撤销之后的债之关系可能适用不当得利的规则,受遗赠人要求继承人给付遗赠标的物的权利也可能适用不当得利的规则。

第三个层面,要区分出合同法总则规则,即仅适用于合同的规则。具体如合同订立的规则,双务合同特别规则,情势变更规则,利他合同规则,违约金、定金规则,合同的终止、解除以及任意撤回(无理由退货)规则等。格式条款规则的内容较多,原则上也仅适用于合同。给付障碍法(违约责任法)原则上可以适用于所有债之关系,但给付不能规则仅适用于合同,而第 584 条的损害赔偿规则也仅适用于合同。我国法在损害赔偿法中区分了合同与侵权规则,分别予以规定。

第四个层面,要考察根据非合同之债的性质不能适用某项规则的情况,即某项规则依照其性质只能适用于合同之债的情况。另外,依照侵权之债的性质,原则上不能以之为主动债权而主张抵销(《民法典合同编通则解释》第 57 条)。

五、债法与物权法

债法与物权法调整的对象不同。债法调整的是人与人之间的关系,如出卖人与买受人、出租人与承租人之间的关系等;物权法调整的则是人与物之间的关系,并不直接调整人与人之间的关系,而是通过物间接地调整人与人之间的关系,如原物返还请求权。

物权在性质上是绝对性权利,对任何人均具有效力;而债权是相对性权利,仅在债权人与债务人之间具有效力。对于物权的保护方式与对于债权的保护方式因此而有所不同,对物权通过物上请求权或者侵权法上请求权予以保护,而对债权主要是通过违约责任或者给付障碍法予以保护。例如,当事人一方违反买卖合同的义务,其应当依据违约责任规则承担责任,通常不能依据侵权责任法处理。

六、债法的法律渊源

法律渊源,是指作为法院或仲裁机关裁判依据的法的存在形式。根据《民法典》第 10 条,法律渊源主要是法律与习惯。除此之外,还包括当事人之间的合同。当事

---

① 〔德〕彼得·A. 温德尔:《民法体系中的债法总则》,李运杨译,载梁慧星主编:《民商法论丛》,社会科学文献出版社 2019 年版,第 267—268 页。

人之间的合同并不具有普适性,只能适用于当事人之间,但也是一种裁判依据。

(一) 法律

狭义的法律是由全国人民代表大会及其常务委员会制定的,是绝对的法源。《民法典》于第一编、第三编、第四编、第七编规定了债法的主要规则。除此之外,《土地承包法》《劳动合同法》《海商法》《票据法》《保险法》《证券法》《拍卖法》《招标投标法》等法律中亦有债之关系规则。

立法解释,与法律具有同等效力。所谓立法解释是指全国人民代表大会常务委员会的法律解释。民事方面的立法解释,如《全国人民代表大会常务委员会关于〈中华人民共和国民法通则〉第九十九条第一款、〈中华人民共和国婚姻法〉第二十二条的解释》。

(二) 习惯

依据《民法典》第10条,法律没有规定的,可以适用习惯,但是不得违背公序良俗。这就意味着,习惯也是一种法源。而习惯是指在一定地域、行业范围内长期为一般人确信并普遍遵守的民间习惯或商业惯例。①《民法典总则编解释》第2条规定,在一定地域、行业范围内长期为一般人从事民事活动时普遍遵守的民间习俗、惯常做法等,可以认定为《民法典》第10条规定的习惯。当事人主张适用习惯的,应当就习惯及其具体内容提供相应证据;必要时,人民法院可以依职权查明。适用习惯,不得违背社会主义核心价值观,不得违背公序良俗。

(三) 行政法规

行政法规是国务院制定的规范性文件。名称上多为条例、规定和办法等。规定有债法规则的如:《商业特许经营管理条例》《物业管理条例》《劳动合同法实施条例》《彩票管理条例》《招标投标法实施条例》等。

(四) 地方性法规、自治条例与单行条例

各省、直辖市人大及其常委会制定的与宪法、法律和行政法规不相抵触的地方性法规,民族自治地方的人大制定的自治条例和单行条例,人民法院在审理当事人双方属于本行政区内的民事和经济纠纷案件时,也可引用。②

(五) 司法解释、司法文件与指导案例

《立法法》第119条第1款规定,最高人民法院、最高人民检察院作出的属于审判、检察工作中具体应用法律的解释,应当主要针对具体的法律条文,并符合立法的目的、原则和原意。遇有该法第48条第2款规定情况的,应当向全国人民代表大会常务委员会提出法律解释的要求或者提出制定、修改有关法律的议案。据此,司法解释为《立法法》所承认。而依据《最高人民法院关于裁判文书引用法律、法规等规范性法

---

① 黄薇主编:《中华人民共和国民法典合同编解读(上册)》,中国法制出版社2020年版,第27页。
② 《最高人民法院关于裁判文书引用法律、法规等规范性法律文件的规定》(法释〔2009〕14号)。

律文件的规定》第4条,民事裁判文书应当引用法律、法律解释或者司法解释。

在民事领域,最高人民法院颁布了《工会法》(2020年修正)、《矿业权司法解释》(2020年修正)、《买卖合同解释》(2020年修正)、《融资租赁合同解释》(2020年修正)、《商品房买卖合同解释》(2020年修正)、《房屋租赁合同解释》(2020年修正)、《技术合同解释》(2020年修正)、《民间借贷解释》(2020年第二次修正)、《建设工程施工合同解释(一)》(2020年修正)、《物业服务司法解释》(2020年修正)、《建筑物区分所有权司法解释》(2020年修正)、《国有土地使用权合同解释》(2020年修正)、《农村土地承包司法解释》(2020年修正)、《银行卡民事纠纷规定》(2021年)、《期货纠纷规定》(2020年修正)、《担保法解释》(2000年)、《信用证纠纷规定》(2020年修正)、《企业改制民事纠纷规定》(2020年修正)、《独立保函纠纷规定》(2020年修正)、《票据纠纷规定》(2020年修正)、《旅游纠纷规定》(2020年修正)、《商品房消费者权利保护批复》(2023年)、《诉讼时效规定》(2020年修正)。

在侵权法领域,最高人民法院还颁布了《人身损害赔偿解释》(2022年修正)、《食品安全纠纷解释(一)》(2020年修正)、《食品药品纠纷规定》(2021年修正)、《铁路运输人身损害赔偿解释》(2021年修正)、《利用信息网络侵害人身权益民事纠纷规定》(2020年修正)、《侵害信息网络传播权民事纠纷规定》(2020年修正)、《网络消费纠纷规定(一)》(2022年)、《精神损害赔偿解释》(2020年修正)、《道路交通事故损害赔偿解释》(2020年修正)、《证券市场虚假陈述侵权民事赔偿规定》(2022年修正)、《侵害知识产权惩罚性赔偿解释》(2021年)、《环境侵权责任司法解释》(2020年修正)、《生态环境损害赔偿规定》(2020年修正)。

随着《民法典》出台,最高人民法院又颁布了《民法典时间效力规定》(2020年)、《民法典总则编解释》《民法典物权编解释(一)》(2020年)、《民法典继承编解释(一)》(2020年)、《民法典婚姻家庭编解释(一)》(2020年)、《民法典担保制度解释》(2020年)、《民法典合同编通则解释》(2023年)。

司法解释具体包括解释、规定、批复和决定等四种形式,除此之外的司法性文件,在审判中仅具有参考作用,如《民商事合同指导意见》(2009年)、《九民纪要》(2019年)、《民法典会议纪要》(2021年)。

2010年11月26日,《最高人民法院公布关于案例指导工作的规定》(法发〔2010〕51号),对于最高人民法院发布的指导性案例,要求各级人民法院审判类似案例时应当参照(第7条)。2011年12月20日《最高人民法院关于发布第一批指导性案例的通知》(法〔2011〕354号),经最高人民法院审判委员会讨论通过,决定将上海中原物业顾问有限公司诉陶德华居间合同纠纷案等四个案例作为第一批指导性案例予以公布。

(六)国际公约

根据《民法通则》第142条第2款,对于涉外民事法律关系,如果我国缔结或参加的国际条约与我国的民事法律有不同规定的,适用国际条约的规定,但我国声明保留的条款除外。这一规定包含如下三点内容:(1) 中国缔结或参加的国际条约具有法源地位;(2) 对于涉外关系的案件,优先适用国际条约;(3) 对于国际条约规定的适用,我国声明保留的除外。例如,我国参加了《联合国国际货物销售合同公约》,但是保留如下两个条款:其一,第一章第 1 条的(1)款(b)项,关于国际私法规则导致适用某一缔约国的法律的规定。其二,第二章第 11 条以及与第 11 条内容有关的规定,即关于合同以及合同的修改、终止、要约和承诺可以书面形式以外的任何形式作出的规定。2013 年 11 月 16 日,我国政府撤回了第二项保留。

对于《联合国国际货物销售合同公约》,无须经过转化的立法程序即可适用,而对于 TRIPs 协定,则须转化为国内法方可适用。①

根据《民法通则》第 142 条第 3 款,如果我国法律或者缔结、参加的国际公约没有规定的,可以适用国际惯例。这里的国际惯例是属于法律范畴的国际惯例,系指作为通例之证明而经接受为法律者。② 根据第 142 条的文义,国际惯例也只能适用于涉外法律关系。

由于《涉外民事关系法律适用法》与《民法典》均没有规定《民法通则》的上述规则,因此在《民法典》实施后,依然要适用《民法通则》第 142 条的规则。③

(七) 参照适用的法源

对于国务院各部委发布的命令、指示和规章,各市、县人民代表大会通过和发布的决定和决议,地方各级人民政府发布的决定、命令和规章,人民法院可以作为裁判说理的依据(《最高人民法院关于裁判文书引用法律法规等规范性法律文件的规定》)。

七、债法的时间效力

根据《民法典时间效力规定》第 1 条、第 2 条的规定,《民法典》原则上没有溯及力,但是适用《民法典》的规定更有利于保护民事主体合法权益,更有利于维护社会和经济秩序,更有利于弘扬社会主义核心价值观的除外。"民法典施行前的法律事实引起的民事纠纷案件,当时的法律、司法解释没有规定而民法典有规定的,可以适用民法典的规定,但是明显减损当事人合法权益、增加当事人法定义务或者背离当事人合理预期的除外。"(《民法典时间效力规定》第 3 条)"民法典施行前的法律事实引起的民事纠纷案件,当时的法律、司法解释仅有原则性规定而民法典有具体规定的,适用当时的法律、司法解释的规定,但是可以依据民法典具体规定进行裁判说理。"(《民法

---

① 王利明:《民法总则研究》,中国人民大学出版社 2003 年版,第 62 页。
② 黄进主编:《国际私法》,法律出版社 1999 年版,第 82 页。
③ 李宇:《民法总则要义:规范释论与判解集注》,法律出版社 2017 年版,第 59 页。

典时间效力规定》第 4 条）

《民法典时间效力规定》第 6 条至第 19 条还规定了具有溯及力的情形，比如"《中华人民共和国民法总则》施行前，侵害英雄烈士等的姓名、肖像、名誉、荣誉，损害社会公共利益引起的民事纠纷案件，适用民法典第一百八十五条的规定"（第 6 条）。

《民法典时间效力规定》第 20 条至第 27 条规定了衔接适用的情形，比如"民法典施行前成立的合同，依照法律规定或者当事人约定该合同的履行持续至民法典施行后，因民法典施行前履行合同发生争议的，适用当时的法律、司法解释的规定；因民法典施行后履行合同发生争议的，适用民法典第三编第四章和第五章的相关规定"（第 20 条）。另《民法典时间效力规定》第 1 条第 3 款规定："民法典施行前的法律事实持续至民法典施行后，该法律事实引起的民事纠纷案件，适用民法典的规定，但是法律、司法解释另有规定的除外。"

司法解释一般都具有溯及力，比如《民法典合同编通则解释》第 69 条规定："本解释自 2023 年 12 月 5 日起施行。民法典施行后的法律事实引起的民事案件，本解释施行后尚未终审的，适用本解释；本解释施行前已经终审，当事人申请再审或者按照审判监督程序决定再审的，不适用本解释。"而且，司法解释即使没有溯及力，但有的情况下也可以作为说理根据，比如《最高人民法院关于认真学习、贯彻〈最高人民法院关于适用〈中华人民共和国民法典〉合同编通则若干问题的解释〉的通知》（法〔2023〕239 号）第 2 条规定："《解释》第 69 条第 2 款就民法典施行后的法律事实引起的民事案件是否适用《解释》作出了规定。对于民法典施行前的法律事实引起的民事案件，依据《最高人民法院关于适用〈中华人民共和国民法典〉时间效力的若干规定》的规定，如果民法典合同编通则的条文具有溯及既往的效力，则《解释》就该条的法律适用进行的规定也应具有溯及力。此外，如果审理的案件应适用原合同法的规定，而民法典对该规定并无实质性修改，则《解释》施行后，人民法院在审理一、二审案件时，可以在裁判文书'本院认为'部分，将《解释》对该规定的理解作为裁判说理的依据。"

值得注意的是，在《民法典》颁布之前，2017 年曾经颁布过《民法总则》，由此导致法律适用更为复杂。例如，2018 年《民法总则诉讼时效解释》第 1 条规定："民法总则施行后诉讼时效期间开始计算的，应当适用民法总则第一百八十八条关于三年诉讼时效期间的规定。当事人主张适用民法通则关于二年或者一年诉讼时效期间规定的，人民法院不予支持。"《民法总则诉讼时效解释》第 2 条规定："民法总则施行之日，诉讼时效期间尚未满民法通则规定的二年或者一年，当事人主张适用民法总则关于三年诉讼时效期间规定的，人民法院应予支持。"《民法总则诉讼时效解释》第 3 条规定："民法总则施行前，民法通则规定的二年或者一年诉讼时效期间已经届满，当事人主张适用民法总则关于三年诉讼时效期间规定的，人民法院不予支持。"

最后，值得注意的是，《九民纪要》等最高人民法院的会议纪要是有溯及力的，并且，即使其针对的法律已经被废止，这些会议纪要仍然具有效力。

八、论述思路

本书将先在第一章阐述债之关系的基本理论,具体涉及概念、类型以及区分等问题;然后拟根据请求权基础思维模式论述债法总则中的具体制度。依次论述债之关系的产生、内容、正常消灭(即清偿)、给付障碍(或称"非正常消失")及其法律后果(主要是损害赔偿的问题)。在我国法律上,还规定了特殊的债之保全制度,本书拟在债之关系的内容之后以专章论述。

在处理完债之关系的产生、内容以及正常与非正常消灭之后,本书会论述债务人与债权人变更、利他合同以及多数债权人或债务人等制度。

第二节 债之关系

【文献指引】

诸葛鲁:《债务与责任》,载郑玉波主编:《民法债编论文选辑(上)》,五南图书出版股份有限公司1984年版,第20页以下;林诚二:《论债之本质与责任》,同上书,第26页以下;詹森林:《非典型契约之基本问题》,载《月旦法学杂志》1997年第7期,另载詹森林:《民事法理与判决研究》,中国政法大学出版社2002年版;龙卫球:《债的本质研究:以债务人关系为起点》,载《中国法学》2005年第6期;黄锡生、关慧:《论好意施惠引发纠纷的处理》,载《河北法学》2005年第4期;孙国瑞、丁海俊:《民事责任与私法自治——兼论民事权利、义务与责任的关系》,载《法学杂志》2006年第3期;[德]赫尔曼·魏特瑙尔:《物权化的债之关系》,张双根译,载王洪亮等主编:《中德私法研究》(第1卷),北京大学出版社2006年版;刘承韪:《合同相对性理论的起源与流变——现代意义合同相对性在两大法系确立过程之比较》,载《南京大学法律评论》2007年春/秋季号;郭平宜:《好意施惠之法律思考》,载《法学杂志》2008年第1期;邱鹭风:《论情谊行为侵权责任——以一起"情谊行为侵权案"的判决为分析样本》,载《南京大学学报(哲学·人文科学·社会科学版)》2008年第5期;刘保玉、周彬彬:《民事责任与义务的界分问题再思考》,载《政法论丛》2009年第4期;屈茂辉、张红:《继续性合同:基于合同法理与立法技术的多重考量》,载《中国法学》2010年第5期;宁红丽:《论合同类型的认定》,载《法商研究》2011年第6期;李永军:《自然之债源流考评》,载《中国法学》2011年第6期;徐静:《对突破合同相对性原则的再认识——兼及对〈德国民法典〉第359条之借鉴》,载《法学论坛》2012年第1期;李建华、彭诚信:《论合同相对性原则在处理商品房买卖合同纠纷中的司法适用——基于最高人民法院相关司法解释及其判决的评判和反思》,载《法律科学(西北政法大学学报)》2012年第5期;郭栋:《论债(务)与责任的关系——兼谈我国债法总则的存废问题》,载

《山东社会科学》2012年第8期;谢鸿飞:《论创设法律关系的意图:法律介入社会生活的限度》,载《环球法律评论》2012年第3期;王雷:《论情谊行为与民事法律行为的区分》,载《清华法学》2013年第6期;魏振瀛:《债与民事责任的起源及其相互关系》,载《法学家》2013年第1期;黄凤龙:《"买卖不破租赁"与承租人保护——以对〈合同法〉第229条的理解为中心》,载《中外法学》2013年第3期;王文军:《关系合同与继续性合同——一个比较分析框架》,载《法学论坛》2013年第4期;王轶:《作为债之独立类型的法定补偿义务》,载《法学研究》2014年第2期;董万程:《我国民法典制定中的情谊行为立法问题研究》,载《政法论丛》2015年第5期;施鸿鹏:《自然债务的体系构成、形成、性质与效力》,载《法学家》2015年第3期;崔建远:《民法总则应如何设计民事责任制度》,载《法学杂志》2016年第11期;张翔:《论效果意思的辨别》,载《法律科学(西北政法大学学报)》2019年第6期。

【补充文献】

郝丽燕:《〈民法典〉中继续性合同解除制度的多元化发展》,载《社会科学研究》2021年第2期;崔建远:《论合同相对性原则》,载《清华法学》2022年第2期;袁野:《"债权物权化"之范畴厘定》,载《法学研究》2022年第4期;朱虎、张梓萱:《买卖不破租赁:价值的确立、贯彻与回调》,载《苏州大学学报(法学版)》2022年第3期;陈醇:《论衍生合同》,载《北方法学》2022年第4期;王文军、吕巧珍:《关系合同理论要义——兼论对我国合同法的借鉴》,载《南京航空航天大学学报(社会科学版)》2022年第4期;殷玥:《论非典型合同及其法律适用问题》,载《广西社会科学》2022年第10期;王竹、李春宏:《好意同乘致害减责规则的正当性》,载《西南石油大学学报(社会科学版)》2023年第1期;王雷:《非典型合同和典型合同中的参照适用》,载《财经法学》2023年第3期;陈醇:《非典型合同纠纷案中相似性的结构识别法》,载《经贸法律评论》2023年第3期;李永军:《论我国民法上的合同第三人效力》,载《法学评论》2023年第6期;崔雪炜:《合同类型复合的本质表现与规范适用》,载《法制与社会发展》2024年第2期。

一、债法之客体:债之关系

(一)内涵

债之关系(简称债)是一种法律关系,其内容是一人对另一人的一个私法义务或多个私法义务。① 债之关系中一方的义务,即为另一方的权利,前者被称为债务,后者被称为债权。

债之关系可以源于不同之生活事实。首先,可以源于合同的约定,由双方当事人

---

① Larenz, *Schuldrecht AT*, 14. Aufl., 1987, §1, S. 1.

约定对他们有法律约束力的规则。其次,可以源于法律的规定。人们在生活中进行交易的法律形式主要就是合同,如买卖合同、租赁合同、借贷合同等。与基于当事人意思而产生的债之关系相对的是法律规定的债之关系,第一种是侵权的债之关系,侵害他人权利或者法益者,应承担损害赔偿责任;第二种是无因管理的债之关系,在没有法定或者约定义务的情况下,管理他人事务的,构成无因管理关系;第三种是法定的不当得利之债,无法律原因而获得财产利益的情况下,负有返还所得之义务。法定的债之关系还可以是法律规定的其他债之关系,如无权代理人对相对人应当承担的责任。最后,债的发生原因,还可以是单方行为,如遗赠①、悬赏广告之债。

基于物权法上的事实构成,也可以产生法定债之关系,比如抵押权人与所有权人之间的关系,所有权人与无权占有人之间的关系(《民法典》第458条以下)。在家庭法中,亦存在法定债之关系,比如抚养义务。对于这些债法之外的法定债之关系,也适用债法的基本规则。

值得思考的是,上述生活事实各有不同,何以能统合在债之关系这一框架之下？原因在于:上述生活事实虽然各有不同,但其构成的债之关系会产生统一法律效果。②债之关系的法律效果体现为给付,即一方得向另一方请求积极的作为或者消极的不作为(《民法典》第118条第2款)。③ 指向作为的义务,如损害赔偿、送交汽车等。指向不作为的义务,如竞业禁止、基于违约金约定的不作为义务等。值得注意的是,不得侵权的一般性法律义务并非这里的不作为义务,因为任何人都负有不得侵犯他人权利的义务,在此,特定债务人与债权人之间并无特别的结合关系。但是,不得侵权的一般性义务可以作为合同约定的内容,物权法上的不作为义务也可以成为约定的内容,从而成为约定的不作为义务。例如,当事人可以约定不再侵犯著作权的义务。在法律上,这样的约定可以避免关于某一行为是否构成侵权的争论,也可以减轻举证困难。④

除了给付义务以外,基于诚实信用原则,债之关系还使各方负有照顾另一方权利、权益以及利益的义务(《民法典》第509条第2款)。

给付义务通常指向的是财产的变动,比如移转房屋所有权,也可能是财产的保管,避免财产损坏,二者的内容均是给付或与给付等同的利益;而照顾等保护义务所指向的是完整性利益或固有利益,是合同标的之外的财产与人身利益。⑤ 在合同订立前,保护义务就已经产生,并在合同履行阶段持续存在,即便在合同履行完毕后,基于诚实信用原则,保护义务也会继续存在。

---

① 有学者认为遗赠是单方行为,史尚宽:《继承法论》,中国政法大学出版社2000年版,第498页。
② 王泽鉴:《债法原理》(第二版)(重排版),北京大学出版社2022年版,第3页。
③ Larenz, *Schuldrecht AT*, 14. Aufl., 1987, §1, S. 5.
④ Medicus/Lorenz, *Schuldrecht AT*, 22. Aufl., 2021, §1, Rn. 5.
⑤ A. a. O., Rn. 6-7.

(二) 狭义债之关系与广义债之关系

债之关系有狭义与广义之分,狭义债之关系,指个别的给付请求权,即债权人对债务人享有的债权。在《民法典》中,通常使用的是狭义债之关系,如连带之债、按份之债、债的转让等。例如在买卖合同中,负有给付义务的债务人支付价款后,其消灭的就是狭义债之关系,而并未消灭广义债之关系。

而广义债之关系,是指债权群或义务束。以物的买卖合同为例,其包含了四种给付义务,即交付、使对方获得所有权、支付价金(《民法典》第595条、第598条)以及交付无瑕疵物的义务;除此以外,还包含其他给付义务,如交付单证义务、订立费用承担义务、包装义务等。在给付义务之外,还存在其他的照顾、注意等"行为义务",也即附随义务、保护义务。债之关系是一个过程,是一个具有意义的"有机体"(sinnhaftes Gefüge),基于这一有机体,可以不断地产生一系列请求权与义务。① 其本身也存在产生、生长以及死亡的过程。

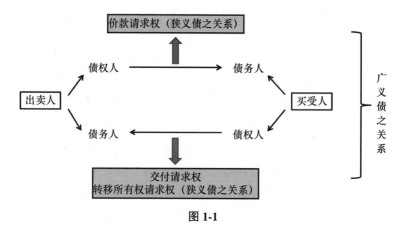

图 1-1

在下文中,使用"债之关系"或"债"的术语时,仅指广义债之关系;具体使用"债权"或"债务"的术语时,是指狭义债之关系。

(三) 不同视角下的债之关系

债法调整的内容既包括当事人之间特定的权利,亦包括当事人之间特定的义务,故所谓债之关系,是指债权债务之综合。② 自债权人角度而言,其得向债务人要求给付的权利,可以被称为请求权(Anspruch),即向另一方要求作为或者不作为的权利(《民法典》第118条第2款)。但请求权不仅仅存在于债法上,在物权法、家庭法中也存在物上请求权以及抚养请求权等请求权制度。在债权让与以及抵销等场合,还会使用"债权"(Forderung)这一术语,用以表达债法上的请求权。

---

① Larenz, *Schuldrecht AT*, 14. Aufl., 1987, § 2 V, S. 27.
② 崔建远、韩世远、于敏:《债法》,清华大学出版社2010年版,第3页;史尚宽:《债法总论》,中国政法大学出版社2000年版,第1页。

债权人要求给付的权利,自债务人角度而言是一种义务,即债务人负有给付的义务,在术语上,可以称之为债或债务(Verbindlichkeit)。而从第三人角度来看,债权人与债务人之间的关系就是债之关系。

二、债之关系的特性

(一) 债之关系为当事人之间的法律关系

在债之关系中,所有的权利与义务均产生于当事人之间,仅对当事人有拘束力,对第三人并无拘束力(《民法典》第 465 条第 2 款、第 119 条),所以,债之关系具有相对性(Relativität)。

> 例如,甲将房屋出卖给乙,价款 200 万元。在未办理移转登记前,甲又将房屋出卖给丙。

本案中,甲乙之间的买卖合同与甲丙之间的买卖合同都是有效的,甲丙之间的买卖合同不因成立在甲乙之间的买卖合同之后而无效。甲对于乙负有交付房屋并移转所有权之义务,而甲对丙也负有交付房屋并移转所有权之义务,在此情况下,原本依据债的相对性本质,应由甲自行选择向乙或丙交付并移转所有权,但对于动产交付与移转所有权义务,《买卖合同解释》第 6 条、第 7 条规定了优先顺位规则,主要是出于审判便利、社会稳定的考虑,但却违反了债之关系的相对性原则。在本质上,债之关系的相对性原则是符合当事人意思自由的原则,是适应市场经济的原则。违反之,只能使得交易关系不透明、不便捷。

在前述案例中,甲乙之间的买卖合同与乙丙之间的买卖合同均有效成立,依照甲乙之间的买卖合同,甲仅对乙负有交付房屋并移转所有权之义务,对丙并不负有此义务,丙不得基于乙丙之间的买卖合同向甲主张权利;同样,丙仅对乙负有支付价金之义务,甲亦不得基于甲乙之间的买卖合同向丙请求价金。

基于债之关系的相对性,债之关系仅在当事人之间有效力,第三人不得主张基于债之关系所产生的权利,债之关系的当事人也不得对第三人主张其权利;另外,债之关系的当事人,也不得为第三人设定义务。

《民法典》第 465 条规定了合同的相对性,但同时规定,法律另有规定的除外。法律规定突破合同相对性的,如《民法典》第 522 条第 2 款规定的利他合同,基于当事人的约定,第三人对债务人享有请求权。但是,有些法律规定的突破合同相对性的规则未必有合理性,比如《民法典》第 388 条第 1 款规定,担保合同是主债权债务合同的从合同。主债权债务合同无效的,担保合同无效。然而,在逻辑上,主债权债务合同与担保合同是各自独立的合同,担保物权担保的是合同背后的债权而非合同本身,有附随性的应当是担保物权与被担保债权。①

与债权相对性相对应的是物权绝对性。物权是对物的支配权,无须他人事先同意,物权权利人即可直接支配其物。在物权归属范围内,任何第三人均需予以尊重。原则上,物权本身不能产生针对特定人的请求权,但第三人妨害物权行使或扣留物不予返还的情况下,物权人对其享有物上请求权。在构成上,物上请求权既不要求有特定债之关系的存在,也不要求有过错,实为物权支配性、绝对性之反映。

(二) 特别结合关系

债之关系为当事人之间的特别结合(Sonderverbindung)关系。基于法律规定,过错侵犯他人权利者,应承担损害赔偿责任,请求权人与请求权相对人均为特定人;基于合同关系产生请求权的情况下,请求权人与请求权相对人亦均为特定人。而一旦进入债之关系,当事人之间即形成特别结合关系。

由此特别结合关系,发展出债的有机体概念,债之关系的内容不限于债发生后固有的个别债权债务,还包括因债之关系的演变产生的其他义务,如附随义务②,债之关系当事人相互负有注意与保护对方利益的义务。尤其在既无法律规定,又无约定的情况下,亦可通过诚实信用原则(《民法典》第 7 条)赋予债务人以保护义务或附随义务。

三、债之关系的类型

根据不同标准,可以对债之关系进行不同的分类,其中比较有意义的分类如下:

(一) 意定之债与法定之债

按照债之关系的发生原因,债之关系可以被分为意定之债与法定之债。每种债之关系都会带来义务并限制债务人的一般行为自由,对此需要正当化理由。正当化理由来自债务人法律行为上的同意者,被称为意定之债,其典型者为合同之债;正当化理由来自法律规定者,被称为法定之债,具体包括侵权之债、无因管理之债与不当得利之债等。

(二) 基于单方法律行为的债之关系与基于双方法律行为或多方法律行为的债之关系

基于法律行为的债之关系可以被分为基于单方法律行为的债之关系与基于双方法律行为或多方法律行为的债之关系,简称为单方债之关系与双方或多方债之关系。该区分的意义在于债之关系的成立只需要债务人作出法律行为方式的表示还是仍需要债权人的共同作用,单方债之关系包括基于悬赏广告③、基金会(财团)设立行为、

---

① 崔建远:《论合同相对性原则》,载《清华法学》2022 年第 2 期,第 130 页。
② 陈自强:《契约之内容与消灭——民法讲义Ⅱ》,新学林出版股份有限公司 2013 年版,第 3 页。
③ 其性质存在争议,有不同观点采合同说。王泽鉴:《债法原理》(第二版)(重排版),北京大学出版社 2022 年版,第 193 页。

遗赠等而产生的债之关系,除此之外的、通过法律行为确立的债之关系均为双方或多方之债的关系。双方债之关系,典型的如合同。多方债之关系,如合伙协议或决议等。

双方的合同比较常见,如买卖合同;而多方的合同,主要是三方以上的主体之间订立的合同,具体如股份让与合同、收购合同、担保合同等情况。

(三) 单务合同与双务合同

合同是双方或多方的法律行为,债法、婚姻法、物权法以及公法上均有合同的存在。

根据当事人参与的方式,债法上的合同还可以被区分为单务合同与双务合同。在前者,只有一方负有义务,相应地只存在一个请求权,具体如赠与合同、无偿保管合同、不收利息的借贷合同与无偿委托合同等;而在后者,双方相互负有义务,相应地存在两个请求权,当事人互为债权人与债务人,具体如买卖合同、租赁合同等。

合同法通则的规范对象主要是双务合同。双务合同的主要特点在于给付与对待给付之间的牵连关系。首先,在义务的发生上具有牵连性,一方的给付义务不发生,另一方的对待给付义务也不发生。具体如限制行为能力人未经法定代理人同意为法律行为,与相对人订立买卖合同,该合同通常是效力待定。限制行为能力人不因与相对人达成合意而负担交付标的物、转移所有权的义务,基于发生的牵连性,相对人支付价款的义务,也不应该产生。其次,在义务的履行上具有牵连性,一方的给付义务与另一方的对待给付义务之间存在同时履行抗辩关系(《民法典》第 525 条)。再次,在义务的存续上具有牵连性,给付义务陷入不能的,对待给付义务自动消灭。《德国民法典》第 326 条、我国台湾地区"民法"第 266 条均规定了存续上的牵连性,但我国《民法典》合同编没有规定存续上的牵连性规则。最后,在义务的恢复上具有牵连性,具体如在合同解除时,双方的返还义务之间也存在牵连关系。①

在双务合同中,有风险负担规则的适用空间,但在单务合同中,出现给付不能的,应由债务人自行承担风险,没有风险负担移转的问题。②

(四) 通常的双务合同与相互的双务合同

双务合同又可被区分为通常的双务合同与相互的双务合同,前者如委托合同、借用合同,又被称为不完全的双务合同;后者如买卖合同、租赁合同,又被称为完全双务合同。二者的区别在于作为法律行为内容的动机关系不同,即在该动机关系中,是否存在相互的或牵连的义务与权利。

在通常的双务合同中,当事人的义务是有先后履行顺序的。如在委托合同中,受

---

① 陈自强:《契约之内容与消灭——民法讲义 Ⅱ》,新学林出版股份有限公司 2013 年版,第 41—42 页。
② 崔建远主编:《合同法》(第八版),法律出版社 2024 年版,第 19 页。

托人须先完成受托事项,委托人再补偿费用;在使用借贷合同中,出借人负有在借用期限内允许借用人无偿使用的义务,而借用人则在合同到期后负有返还借用物的义务。而在相互的双务合同中,基于当事人的意思,双方的权利与义务联系紧密,一方当事人之所以负有给付义务,是因为相对人负有对等的给付义务,二者处于交换关系或者对待给付关系中,具有所谓的相互性或牵连性(Synallagma)。① 例如在买卖合同中,出卖人之所以负有给付货物的义务,是因为买受人负有支付价款的义务,买卖双方彼此所负的义务互相依赖,如果一方同意负担交付与移转所有权的义务,相对方却不愿意承担支付价款的义务,则合同无法成立。

通常的双务合同与相互的双务合同在产生上并无差别,但在存续上差别甚大。基于当事人在订立合同时的意思,一方义务的不履行或者不完全履行均会对对待给付义务产生影响。故在相互的双务合同中,会存在同时履行抗辩权、不安抗辩权等制度,在履行不能的时候,对待给付义务自然消灭;在合同解除时,亦需特别考虑对待给付的命运。②

我国学者一般将通常的双务合同认定为单务合同③,也就是说,在中国法上,单务合同被区分为两种:一种是纯粹的单务合同,如赠与合同;一种是通常的双务合同,如使用借贷合同、委托合同。

债法总则规则的主要适用对象为双务合同,合同法总则的主要适用对象更应如此,然而,《民法典》合同编规则不仅没有以双务合同为规则重点,而且,其基本思路是从合同一方角度规定规则的,没有考虑对待给付义务的命运问题。

相互的双务合同还可以被区分为交换合同与合伙合同,买卖、租赁等合同均为交换合同,当事人追求的经济目的是相对立的;而在合伙合同中,当事人追求的目的是一致的。对于合伙合同,能否适用同时履行抗辩权,争议很大。对此,本书将在同时履行抗辩权部分进行论述。

(五)典型债之关系与非典型债之关系

根据合同类型学说,债之关系可以被区分为典型债之关系与非典型债之关系。典型债之关系是《民法典》或者其他法律中明文规定的类型,如《民法典》合同编第二分编规定的买卖、租赁、赠与等合同,《保险法》规定的保险合同以及《劳动合同法》规定的劳动合同。《民法典》规定的典型合同,一般是最小单位的典型合同。一方面为当事人订立合同提供范本以及构成当事人任意组合的依据,另一方面也为法律适用提供了可操作的规范。

非典型债之关系是《民法典》或者其他法律没有规定的类型,其当事人享有决定

---

① 陈自强:《契约之内容与消灭——民法讲义Ⅱ》,新学林出版股份有限公司2013年版,第40页。
② 不同观点,见崔建远:《合同法总论(上卷)》,中国人民大学出版社2024年版,第177—179页。
③ 崔建远主编:《合同法》(第八版),法律出版社2024年版,第19页。

合同类型以及内容的自由。对于在商业实践中产生的新的合同类型或者混合合同,可以参照适用相应的典型合同规则(《民法典》第467条第1款)。

对于法定之债,只有典型的债之关系,如无因管理、不当得利等。

(六) 有因的债之关系与抽象的债之关系

根据债之关系存在基础的抽象程度,债之关系可以被区分为有因的债之关系与抽象的债之关系。

从债的视角来看,作为履行行为的处分行为的目的在于清偿债务,所以设定该债务的债权行为为原因行为,该法律原因被称为清偿原因。法律原因因债权行为的有偿与无偿而各有不同,在有偿的债权行为中,法律原因为相对人愿意支付对价之义务,也被称为负担原因;在无偿的债权行为中,法律原因为赠与原因。[①]

有因行为,是指法律上的给予原因属于行为自身内容的法律行为。原则上,债之关系均为有因的,债权的确立以及终止受之前的法律行为的效力影响,尤其是其中的抗辩的影响。

抽象债之关系的上位概念是抽象法律行为。所谓抽象法律行为,是指在法律上,某一法律行为的效力不依附于另一法律行为的效力,自后一法律行为产生的抗辩对于前一法律行为没有影响。民法中存有多种类型的抽象法律行为,例如授权独立于授权人与代理人之间的对内关系并不受其瑕疵的影响,又如所有权让与独立于买卖以及赠与等义务行为,并不受其瑕疵影响。

在债法上,还存在所谓的抽象的债务合同,也即抽象债之关系,具体如债务允诺与债务承认、无记名债券以及票据行为等债权行为,再如免除、债权让与、抵销等债权处分行为。抽象债务合同情况下,债权的确立以及终止并不受以前法律行为中的抗辩的影响,这样的债权对于债权人而言特别安全,也有较强的流通性,特别便于让与,新的债权人无须考虑先前基础关系中的抗辩。而且,对于第一个新的债权人,由于举证责任倒置,其在证明责任的分配上也处在非常有利的地位。[②] 在贷款合同中,债权人为了担保其基于贷款合同的债权,可以要求债务人进行债务承认或者签发票据,以此阻止债务人以贷款合同的瑕疵为由对抗债权或者支票的受让人。

(七) 一时性债之关系、继续性债之关系与定期行为

根据受时间因素的影响大小,债之关系可以被区分为一时性债之关系与继续性债之关系以及定期行为。《民法典》合同编的规则大都是从一时性债之关系出发的,对于继续性债之关系仅规定了一些特别规则。如《民法典》第563条第2款规定,以持续履行的债务为内容的不定期合同,当事人可以随时解除合同。《劳动合同法》第37条规定,劳动者提前三十日以书面形式通知用人单位,可以解除劳动合同。劳动者

[①] 朱庆育:《民法总论》(第二版),北京大学出版社2016年版,第174页。
[②] Fikentscher/Heinemann, *Schuldrecht AT & BT*, 12. Aufl., 2022, §12, Rn. 60.

在试用期内提前三日通知用人单位,可以解除劳动合同。

1. 一时性债之关系与继续性债之关系

所谓一时性债之关系,是指一次给付便能实现的债之关系,具体如买卖合同、赠与合同。这里的"一次给付"既包括纯粹的一次履行完毕,也包括总的给付自始确定、时间因素对给付的内容和范围并没有影响的分期给付。①

继续性债之关系(Dauerschuldverhältnis),也被称为长期债之关系,是指需要持续性给付方能实现的债之关系,其内容或者是持续的行为或者是在特定时间内反复的单个给付。对于继续性债之关系,时间决定了给付的内容与范围,最为典型的是租赁合同关系、保管合同关系、有偿委托合同关系、劳动合同关系以及合伙合同关系。以租赁合同为例,出租人的租金给付请求权与其提供租赁物供承租人使用的期间长短成正比,提供租赁物使用的时间越长,其租金给付请求权就越多。

连续供给合同,也被称为持续供应合同(Sukzessivlieferungsvertrag),属于特殊类型的继续性债之关系,其给付标的的数量并非自始确定,而是随着时间的经过而逐渐增加,如甲为乙餐厅长期提供蔬菜的合同。

更为特殊的是所谓的认购合同(Bezugsvertrag),如认购水、电、煤气的合同以及电话合同等。该类合同的特殊性在于,即使消费者没有消费,供应企业也处于随时给付状态;在对价计算上采取双层结构,首先是基本费率,即作为维持随时给付状态的对价,其次是实际使用的对价。这种合同也被称为重复债之关系或者回归性之债(Wiederkehrschuldverhältnis)②,因为在基本关系框架内,就个别消费或者至少在每个计算期间内都会产生一个新的债之关系。

2. 区分一时性债之关系与继续性债之关系的意义

继续性债之关系具有长期性甚至是期间不确定性,在此期间,与债之关系相关的重要情况会发生变化。所以,在不定期继续性合同中,当事人可以任意解除合同(《民法典》第563条第2款),并且不承担损害赔偿责任。在学理上,继续性合同的解除也被称为合同的终止。另外,继续性债之关系通常以特别的信赖关系为前提,当事人一方在获取利益以及实施债务行为时,需要特别照管或考虑相对方的利益。在信赖关系被破坏的情况下,当事人得终止继续性合同。一般而言,继续性债之关系的终止只向将来发生效力。③

3. 定期行为

定期行为有绝对定期行为与相对定期行为之分。所谓绝对定期行为,是指依照事务性质或者约定,给付与特定时限相关联,特定期限经过后,给付对于债权人即绝

---

① 王泽鉴:《债法原理》(第二版)(重排版),北京大学出版社2022年第2版,第129页。
② 黄立:《民法债编总论》(修正三版),元照出版有限公司2006年版,第5页;崔建远、韩世远、于敏:《债法》,清华大学出版社2010年版,第33页。
③ 崔建远:《合同法总论(上卷)》,中国人民大学出版社2024年版,第202页。

对不具有意义。例如在交响乐队演出合同中,小提琴手错过了演出时间,其再也不可能进行给付,此时应适用给付不能规则。所谓相对定期行为,是指依照当事人的意思,非于一定时期内给付,即不能达到合同目的,但债务人迟延的情况下,尚可补救履行。① 例如甲委托乙制作手工艺品,并告知其是为了赠与当月 6 号出国的友人,故必须在 5 号完成交付。如果乙没有在 5 号完成交付,虽然甲不能当面赠与出国友人,但还可以通过事后邮寄等方式赠送,故此,应适用给付迟延规则,由甲决定是否要求乙继续履行。

四、债务与责任

(一) 区分

债务是债务人应当为一定给付的义务,而责任则是债务人对债权人的强制干涉的服从状态。债务人必须为其债务服从干涉的情况,被称为责任(Haftung)。责任因此也被称为履行义务的担保。②

在现行法上,责任还具有其他含义,在过错责任、危险责任、履行辅助人责任、机关责任等表述中,其含义是为自己或者他人的行为或特定风险承担损害赔偿义务;责任也常被用于指代债务,如加害人需负损害赔偿责任;除此之外,责任还具有需承担产生的损害之意,如父母为其未成年子女承担责任。责任限额中的"责任",是指损害赔偿范围。而有限责任则是指民事主体(如抵押人)以其特别财产承担责任。

《民法典》接受了《民法通则》单独规定民事责任的做法,在总则编专门规定了民事责任一章。民事主体承担民事责任的主要方式包括停止侵害、排除妨碍、消除危险、返还财产、恢复原状、继续履行等(《民法典》第 179 条)。民事责任的思路源于法理学的理解。按照法理学的理解,法律责任,是指违法行为或违约行为的后果,也即未履行合同义务或法定义务,或仅因法律规定,而应承受的某种不利的法律后果③,还有学者将责任总结为违反第一性义务而招致的第二性义务。④ 民法学界深受法理学界的影响,有民法学者将责任界定为"民事主体违反民事义务而依法应承担的法律后果"⑤,甚至有民法学者进一步明确,民事责任是民事主体违反第一性义务所产生的第二性义务。⑥ 也有民法学者更强调制裁,认为责任是不履行法律义务而

---

① 姚志明:《债务不履行之研究(一)——给付不能、给付迟延与拒绝给付》,元照出版有限公司 2003 年版,第 239 页。
② 王泽鉴:《债法原理》(第二版)(重排版),北京大学出版社 2022 年版,第 22 页。
③ 沈宗灵:《法理学》,高等教育出版社 1994 年版,第 404 页。
④ 张文显:《法哲学范畴研究》,中国政法大学出版社 2001 年版,第 122 页。
⑤ 魏振瀛主编:《民法》(第九版),北京大学出版社 2024 年版,第 56 页;王利明:《债法总则研究》,中国人民大学出版社 2018 年版,第 85 页。
⑥ 崔建远:《民法总则应如何设计民事责任制度》,载《法学杂志》2016 年第 11 期,第 24 页。

应受的某种制裁。①

本书认为,民事责任是在广义上对民事义务的再分类,与既有的民法上关于原给付义务、次给付义务的分类是相冲突的,民事责任涵盖了原给付义务、次给付义务。而且,民事责任是否为债之关系,如果是债之关系,就有适用债法的问题,那么,责任能否被让与、保全、担保?另外,"《民法典》第171条适用的是代理人责任"的表述并不准确,因为在此情况下,无权代理人对本人并不负有债务,只能依据法律规定赋予无权代理人以义务。

(二) 责任的标的

通常情况下,债务人要以其财产承担责任,此即为作为责任标的的责任财产。债务人需以其责任财产的全部担保债务的履行,负无限责任。责任与债务形影不离,如影随形。承担债务者,不仅使自己承担了法律上具有约束力的义务,而且会使自己陷入因强制执行而丧失全部财产的危险。例外情况下,债务人以其部分财产承担责任(特别财产)。如在德国法上,继承的情况下,继承人可以通过开启支付不能程序等将遗产与其他财产区别开来,从而将责任限定于遗产范围内(有限财产责任是可以约定的)。

同时,即使债务人以其全部财产承担责任,但债权人还是可能无法获得清偿,这可能是因为债务人财产不足,也可能是因为存在其他债权人,使得债权人的权利行使受到限制。

为了保障债权的实现,债权人可以在特定的标的物上设定担保物权,如抵押权或者质权,在债务人不履行的情况下,债权人可以就该担保物优先受偿。在强制执行的情况下,抵押权优先于在先进行强制执行的债权;在债务人破产的情况下,抵押权人享有别除权,其可以就标的物全额优先受偿,而其他一般债权人只能就剩余财产平等受偿。

(三) 人的责任

在财产责任之外,还有人的责任。如果债务人负有行为之义务,只能由其自己决定是否行为,但如果其不履行,法院可以通过罚款或者拘留予以强制执行,在某种意义上,这就是一种人的责任。在我国法律上,还存在消除影响、恢复名誉、赔礼道歉的救济方式,如果债务人不主动履行该义务,人民法院可以采取在报刊、网络等媒体上发布公告或者公布生效裁判文书等方式执行,产生的费用由债务人负担(《民法典》第1000条)。

(四) 无责任之债务

如果债权人不能强制债务人履行债务,即该债务不具有可诉性,该债务即为无责任之债务,也被称为自然之债、不完全之债,具体包括经过诉讼时效的债务以及赌博、

---

① 梁慧星:《民法总论》(第三版),法律出版社2007年版,第83页。

游戏等情况下的债务。不过,"无责任之债务"的表述在逻辑上存在矛盾,既然是债务,一定是具有可诉性的,何来没有责任的债务。

（五）无债务之责任

在为他人债务提供担保的情况下,担保人与债权人之间并无债务,但担保人需对债权人承担担保责任,此即无债务之责任。在债务人不履行到期债务的情况下,债权人得就抵押物获得清偿,若抵押物不足以清偿被担保债权的,则债权人得就担保人的其他财产获得清偿。

五、情谊行为

（一）情谊行为的判定

债之关系属于法律范畴,而情谊关系或好意施惠关系（Gefälligkeitsverhältnis）[①]属于非法律的日常生活领域。债之关系具有法律约束力,而情谊关系并不具有法律约束力,也不会使当事人负担义务。债之关系与情谊关系的区分点在于,当事人是否具有可探知的受法律约束之意思（Rechtsbindungswille）。只有在给付人愿意让其行为受到法律约束,且受领给付人在此意义上受领给付的情况下,情谊行为才具有法律行为的特征。[②]

例如,甲答应带乙搭顺风车上班,此时,二者之间的关系为情谊关系,乙并不能要求甲履行义务;但是,如果二人约定分摊汽油费用,则可以由此认定当事人具有受法律约束之意思,此时,二者之间的关系为债之关系,乙可以请求甲履行义务,如果甲未履行或不完全履行义务,乙可以请求甲承担损害赔偿责任。但值得注意的是,无偿与否并非区分债之关系与情谊关系的唯一标准,民法中也有很多无偿合同,如赠与合同、借用合同、委托合同等。

具体情形下,要根据交易观念以及具体情况确认当事人是否有受法律约束之意思,比如委托物的价值、事务的经济价值、受益人的利益、给付人的利益等。[③] 例如在博彩共同体案中,甲乙丙相互之间结成博彩共同体,委托乙购买彩票,一次,乙忘记购买彩票,其是否需要赔偿其他博彩人所错过的收益？在无法确定委托人与受托人意思的情况下,应考虑双方的利益,根据诚实信用原则以及交易习惯进行考察。首先是委托人的利益,尤其是经济利益;其次,由于受托购买彩票的行为具有无偿性,就受托人而言,由于忘记购买彩票而造成的损害是否属于可合理期待相对人承担风险的范

[①] 王泽鉴:《债法原理》（第二版）（重排版）,北京大学出版社 2022 年版,第 186 页。
[②] Bork, *AT des BGB*, 4. Aufl. , 2016, § 17, Rn. 676; Larenz/Wolf, *AT des BGB*, 9. Aufl. , 2004, § 22, Rn. 24.
[③] Fikentscher/Heinemann, *Schuldrecht AT & BT*, 12. Aufl. , 2022, § 6, Rn. 29;董万成:《我国民法典制定中的情谊行为立法问题研究》,载《政法论丛》2015 年第 5 期,第 59 页。

畴。最终,德国联邦法院认定委托购买彩票行为为情谊行为。①

一般来讲,基于情谊行为,不能产生债之关系,也不能产生给付请求权。但是,有疑问的是,是否一旦实际履行情谊行为,情谊行为即成为相对人保有该给付的原因,即不构成不当得利。② 一般来讲,情谊行为本身不属于法律调整的对象,在逻辑上不属于受领给付的法律原因,但是基于特定的价值衡量与逻辑推论,比如亲属之间的小额金钱交往,还是可以认为相对人得保留该情谊给付,并不构成不当得利。③

(二) 情谊关系与保护义务

值得注意的是,在有些情况下,情谊关系与法律关系会发生混合,可能引发法律义务。此种情况下,可能不存在规定初始给付义务的合同,但仍存在保护义务。例如,某人自愿为邻居或熟人照看小孩,医生自愿提供免费治疗。此种情况下,通过意思表示解释规则(《民法典》第 142 条)确定当事人的意思,当事人应负有特定的保护与注意义务。④

在判断是否构成情谊关系时,应区分主给付义务与附随或保护义务。在借用司机案⑤中,KSG 是被告的姊妹公司,从事运输业,在工会的介绍下,受托于原告(经营运输的商人)运输特定物资到 Herford 等北德城市。1949 年 6 月 2 日,在货仓 D 中,在原告的卡车已经被卸空后,连接拖车与车头的时候,驾驶卡车的原告的丈夫不幸遇难。为了征召司机,上述工会的负责人代理原告求助于 KSG 的雇员 F,F 与被告的雇员取得了联系。于是,受雇于被告的司机 H 供原告调遣,驾驶卡车运输。在 H 驾车回程时,由于发动机受损,卡车抛锚在 Bruchsal 南部,需被拖行。原告为此花费了 8085.10 马克。本案中,当事人之间就主给付义务并未形成债之关系,但并不意味着当事人不负有保护义务。该案中,被告没有委派值得信赖的司机或者没有告知原告其委派的司机不值得信赖,因此违反了保护义务,而且对此具有过错,因此应当承担损害赔偿责任。在此原告与被告之间形成了债的关系,即特别结合关系。但基于该债之关系,被告并无主给付义务,仅负担保护义务。在性质上,当事人因违反保护义务而应承担的责任,属于缔约过失责任(比较《民法典》第 500 条)。

(三) 情谊行为与侵权责任

在情谊关系下,当事人虽然没有合同法上的义务,但其行为可能会构成侵权行为。比如邻居答应晚上帮助照顾孩子,但却忘记了,于是孩子因睡觉未盖被子而得病;又如,好意搭载他人,过错导致车祸,导致同乘人受伤的情况。此时,虽然上述情

---

① 邵建东编著:《德国民法总则编典型判例 17 则评析》,南京大学出版社 2005 年版,第 23 页以下。比较王雷:《论情谊行为与民事法律行为的区分》,载《清华法学》2013 年第 6 期,第 157 页以下。
② 张平华:《君子协定的法律分析》,载《比较法研究》2006 年第 6 期,第 78 页。
③ 谢鸿飞:《论创设法律关系的意图:法律介入社会生活的限度》,载《环球法律评论》2012 年第 3 期,第 15 页以下。
④ 朱庆育:《民法总论》(第二版),北京大学出版社 2016 年版,第 80 页。
⑤ BGH NJW 1956, 1313=BGHZ 21, 102.

形不构成合同型债之关系,但相关行为有可能构成侵权行为,施惠人应当为其过错承担责任。

在缔约过失责任以及侵权责任中,均存在过错标准如何确定的问题,类比《民法典》中无偿合同情况下的责任减轻规则(如第897条、第929条),应当认为,情谊行为当事人应仅对故意或重大过失负责,因为其没有理由较无偿合同的当事人承担更重的责任。所以,情谊行为当事人在违反保护义务或实施侵权行为的情况下,理应享有责任优待,仅对故意或重大过失负责。《民法典》第1217条从减轻责任的思路进行规定,非营运机动车发生交通事故造成无偿搭乘人损害,属于该机动车一方责任的,应当减轻其赔偿责任。如果该机动车使用人有故意或者重大过失的,则不减轻其赔偿责任。

第三节 给 付

【文献指引】

林诚二:《论附随义务之不履行与契约之解除》,载《中兴法学》1982年第3期;另载郑玉波主编:《民法债编论文选辑(中)》,五南图书出版股份有限公司1984年版,第863页以下;詹文馨:《债之关系上之附随义务》,台大法律学研究所1989年硕士论文;道文:《试析合同法上的附随义务》,载《法学》1999年第10期;焦富民:《论诚实信用原则和合同义务的扩张》,载《扬州大学学报(人文社会科学版)》2001年第2期;李伟:《德国新债法中的附随义务及民事责任》,载《比较法研究》2004年第1期;彭诚信、朱琨:《合同履行中违反附随义务的法律效果》,载《政法论丛》2005年第5期;叶榅平:《附随义务与合同对第三人的保护效力》,载《中南民族大学学报(人文社会科学版)》2006年第2期;陈任:《合同义务扩张的比较研究》,载《西北大学学报(哲学社会科学版)》2007年第5期;侯国跃:《契约附随义务研究》,法律出版社2007年版;邱雪梅:《试论民法中的保护义务——"两分法"民事责任体系之反思》,载《环球法律评论》2007年第5期;叶榅平:《民法中的保护义务——以其具体适用为中心》,载《法律科学(西北政法大学学报)》2008年第6期;李昊:《德国新债法中附随义务的构造》,载《环球法律评论》2009年第5期;叶榅平:《合同中的保护义务研究》,法律出版社2010年版;迟颖:《我国合同法上附随义务之正本清源——以德国法上的保护义务为参照》,载《政治与法律》2011年第7期;侯国跃:《合同附随义务的司法认定》,载《法学杂志》2011年第5期;王利明:《侵权责任法与合同法的界分——以侵权责任法的扩张为视野》,载《中国法学》2011年第3期;刘毅强:《附随义务侵害与合同解除问题研究——以德国民法典第324条为参照》,载《东方法学》2012年第3期;张家勇:《合同保护义务的体系定位》,载《环球法律评论》2012年第6期;赵文杰:《给付概念和不当得利返还》,载《政治与法律》2012年第6期;郗伟明:《论合同保护义务的应然范围》,载《清华法学》2015年第6期。

✎ 【补充文献】

孟勤国、王厚伟:《从附随义务到合作义务——兼论未来民法典合同编应明确规定合作义务》,载《北方法学》2019年第3期;李宇:《后合同义务之检讨》,载《中外法学》2019年第5期;汪倪杰:《我国〈民法典(草案)〉中附随义务体系之重构——以中、德附随义务学说溯源为视角》,载《交大法学》2020年第2期;汪倪杰:《论〈民法典〉中合同与侵权的开放边界——以附随义务的变迁为视角》,载《法学家》2022年第4期;陈晨:《〈民法典〉债权人协力义务的体系化分析》,载《经贸法律评论》2023年第5期;张力毅:《被保险人违反减损义务的法律漏洞及规则续造——保险法不真正义务体系下总体类推方法之适用》,载《保险研究》2023年第9期;张力毅:《解释论视角下保险事故发生通知义务司法适用之检讨——基于366个二审裁判文书之整理》,载《保险研究》2024年第4期。

《民法典》上规定的债务,大体上包含给付义务与附随义务两部分。《民法典》中并未使用"给付"(Leistung)这一术语,取而代之的为"义务""责任"以及"履行"(Erfüllung)(《民法典》第509条以下)。但在论及债务的内容时,学理上多使用给付之概念,并区分给付义务与附随义务,以及主给付义务与从给付义务;在表述债之关系正常消灭的原因时,法律上使用的术语亦为履行,即"债务已经按照约定履行",在学理上称之为清偿。①

本书认为以"义务"取代"给付",有以上位阶概念取代下位阶概念之问题;以"履行"取代给付,不仅体现不出债之关系的内容,而且会失去给付本身所具有的含义,债之关系作为债法体系的核心,亦无从确立。有鉴于此,有必要区别"给付"与"履行",统一使用"给付"之概念,澄清"给付"之内涵。

给付具有多重含义,在民法中有多处体现,其中最为重要的有两处,一处是债之关系的内容,一处是不当得利。不当得利制度上的给付,是指有意识地、基于意定目的而增加他人的财产,此给付概念是对债法上的一般给付概念的限缩。② 我们在这里仅阐述作为债之关系内容的给付。

---

① 履行与清偿均译自"Erfüllung",与给付并非同一概念,清偿是指所负担的给付在债权人处产生效果(《德国民法典》第362条第1款),故在清偿这一概念下,给付指向的是给付结果。进一步而言,"Erfüllung"翻译为清偿亦不准确,不若翻译为履行,因为对于不作为义务,称不作为义务的清偿,并不符合语法逻辑。

② 王千维:《在给付行为之当事人间基于给付而生财产损益变动之不当性》,新学林出版股份有限公司2007年版,第5页。

一、给付的概念:行为或者结果

债之关系是一种法律关系,据此,债权人享有要求给付的权利,债务人负有使给付发生效力的义务,前者被称为债权,后者被称为债务。而所谓给付(Leistung),是指债权人得向债务人要求的、而债务人必须向债权人作出的行为。[1] 给付是债之关系内容的指标。[2]《民法典》第118条第2款规定了债权的内容,即权利人请求特定义务人为或者不为一定行为。

负有给付义务的债务人负担的是给付行为还是给付结果(给付效果),素有争议。债务人义务以及诚实信用原则意义上的给付强调的是债务人的给付行为,而"履行或清偿"意义上的给付指向的则是给付结果。在给付不能的情况下,给付的含义也包括出现给付结果。在给付地点的判定上,给付指向的是债务人的给付行为。在运送之债中,判断债务人是否给付,并不以运送给债权人的货物是否到达指定地点并为债权人所支配为根据,而是以债务人是否已经及时地完成了他那一方给付所必须的行为为准。就运送之债而言,债务人将标的物交给承运人即为完成了给付所必须的行为。在债务人迟延的情况下,给予其以一定的履行期,其只要在期满之前将标的物交给承运人即可,而不需要标的物到达约定地点并为债权人所能接受。所以,运送之债中最重要的是给付行为,而非给付结果。

在具体的合同类型上,给付是指给付行为还是给付效果,不能一概而论,而应根据债务的目的与意义进行判断。如在技术开发合同中,技术开发方仅负有从事合同约定的技术开发活动之义务,而无提供成熟技术成果之义务;医生通常仅负有为健康服务之义务,而无提供健康之义务或者治愈之义务;乙受雇于甲,种植果树,只要乙为种植、养护等行为即可,即使果树未能丰收,其亦有报酬请求权。上述情况下,给付指的是给付行为。但裁缝则负有完成西服制作之义务;出卖人负有使买受人获得物的占有以及所有权的义务。这些情况下,给付以发生给付结果为必要。

由上可知,给付概念本身具有内在矛盾性,其具有两个方面的内涵,在内在体系上,这两个方面并不协调。给付既可以被理解为关于债务人行为义务的制度,也可以被理解为关于给付结果的制度,也即通过给付实现债权人利益的制度。前者将给付视为应当行为,后者则将给付视为利益实现;前者是从个人法律义务的设想出发的,后者则是从债权人所得到的利益,或者因给付障碍所应得的利益成为不可能的设想

---

[1] Fikentscher/Heinemann, *Schuldrecht AT & BT*, 12. Aufl., 2022, §7, Rn. 33.
[2] 张俊浩主编的《民法学原理》(修订第三版)(下册),中国政法大学出版社2000年版,第616页处对给付一词进行了梳理,但在路径上存在问题,其从债的客体、债的内容言及给付,并认为用Leistung来表示履行、清偿等给付行为,可以和Inhalt(内容)这一利益对象的抽象概念相区别,由此主张二者为两个层次之概念,但从德国法本身的逻辑出发,给付即为债之内容,亦可称为债之客体。

出发的。①

在法国法上,以发生一定给付结果为内容的债务被称为结果债务,反之,则为手段债务。这一区分,对于给付障碍的判断甚至是否需要归责事由要件产生了重大影响。② 违反手段债务的,债务人承担过错责任;违反结果债务的,债务人承担无过错责任;违反担保性义务的,债务人承担无过错责任,但不能以意外事件免责。③

本书认为,《民法典》中使用的"履行"的概念,更强调效果,并不能涵盖行为这一内涵;而且根据履行这一概念,无法分析其包含的内容,更不能细致划分其中包含多少义务内容。

二、给付的内容:作为与不作为

给付的内容既可以是作为(Tun),也可以是不作为(Unterlassung)(《民法典》第118条第2款)。容忍(Duldung)属于不作为的一种,所谓容忍,是指对侵入自己权利范围的第三人的作为不进行异议或者行为的义务。④ 例如,在买卖合同中,出卖人提供标的物以及使买受人获得标的物之义务即为作为义务,同时其亦负有不进行有违诚实信用地阻碍买卖合同效果出现之行为的义务,如将标的物出卖给第三人。该不作为义务可能并没有约定在合同中,但基于诚实信用原则,出卖人仍负有该不作为义务。在这个例子中,作为是主义务,而不作为是从义务。不过,当事人也可以约定不作为是主给付义务,如在服务合同期间不得与委托人竞业。

不作为义务有独立与非独立之分,独立的不作为义务涉及的大多是合同上约定的独立的给付义务,如债务人在合同上负有不将房屋用于经营饭店的义务,又如竞业禁止义务之约定,再如银行承担对客户的资料与评价保密的义务。这里涉及的都是对债务人权利空间的限制,以促进债权人权利之扩张,如果没有合同约定,债权人不能要求权利之扩张。⑤

所谓非独立的不作为义务,是指自债务人所负担的积极给付义务的意义与目的可当然推导出的不作为义务。比如,有学者认为,作为出卖人不得通过向第三人让与所有权的方式而使标的物所有权移转成为不能,再如,星期一需要工作的工人不得在同一时间为另一雇主工作。⑥ 对于非独立的不作为义务,债权人可以请求债务人为积极给付,在违反非独立的不作为义务的情况下,债权人亦有权主张损害赔偿,但是并不存在以履行非独立的不作为义务为内容的不作为请求权。

---

① Wieacker, Leistungshandlung and Leistungserfolg in Bürgerlichen Schuldrecht, in: FSfür Nipperdey, Bd. I, 1965, S. 783.
② 尹田:《法国现代合同法》,法律出版社1995年版,第303页以下。
③ 朱广新:《合同法总则》(第二版),中国人民大学出版社2012年版,第548页。
④ MüKoBGB/Bachmann, 9. Aufl., 2022, §241, Rn. 24.
⑤ Henckel, Vorbenender Rechtsschutz in Zivilrecht, AcP 174 (1974), S. 124.
⑥ Köhler, Vertragliche Unterlassungspflichten, AcP 190 (1990), S. 504.

不作为之诉,是一种对将来的给付的诉,对于过去与现在的给付,不能通过诉讼主张不作为请求权,因为只要不作为之诉涉及的是过去与现在的债务,其就被"清偿"了,如果债务人已经作出了有违不作为义务的行为,就不可能再有债务清偿的问题。

在实质上,给付义务的内容通常为变更财产,但也可以是保护另一方当事人的财产免受减损,如保管合同。不实施侵权行为也可以成为给付的内容,例如向邻居负有不制造噪声的义务。

三、给付义务的类型

在给付制度上,要区分三个问题:首先,债务人负有什么义务?其次,债务人是否还要另外承担责任?对此要根据过错等归责因素予以确定。最后,什么可以使债务人免责?前两个问题都是给付的问题,涉及的是给付类型的划分;最后一个问题则不属于给付的问题,但与给付相关。

通过债之关系的确立,可以使债务人负担多种义务。债务有原义务与次义务之分,原义务又包含原给付义务与附随义务,而在次给付请求权中也可以产生附随义务。① 次义务,是指违反原义务而产生之义务。

债之关系的核心在于给付,故给付义务是债最原本的义务内涵。根据现代债法理论发展出的"债之关系义务群"理论,不论是基于合同产生的债,还是基于法律规定产生的债,债之关系的内容都不限于给付义务,还可能产生从给付义务以及附随义务等义务群。债法体系构成与变迁之典型,即为债之关系义务群制度的联立与发展。② 可以说,义务群之构成与发展,实属现代债法之最大成就之一。

下文按照给付义务与附随义务分类的思路进行论述。

(一) 原给付义务与次给付义务

1. 原给付义务

债务人首要的义务是给付义务。给付义务是债务人所负有的与债权人的债权相应的义务,基于约定或者法律规定而产生。给付义务具有独立的可诉性。③ 给付义务又有原给付义务与次给付义务之分,原给付义务,又被称为第一次给付义务,是伴随债之关系产生的、决定债之关系内容的义务。④ 例如,在买卖合同中,出卖人负有的交付标的物以及移转标的物所有权的义务,即为原给付义务,具体为主给付义务(《民法典》第 595 条)。又如,受托人应将委托事务之状况报告给委托人,此也为原给付义务,具体为从给付义务。与原给付义务相对的是其他的行为义务,也被称为附随义

---

① Larenz, *Schuldrecht AT*, 14. Aufl., 1987, § 2 I, S. 9.
② 王泽鉴:《债法原理》(第二版)(重排版),北京大学出版社 2020 年版,第 27 页。
③ Brox/Walker, *Allgemeines Schuldrecht*, 46. Aufl., 2022, § 2, Rn. 5.
④ Larenz, *Schuldrecht AT*, 14. Aufl., 1987, § 2 I, S. 8.

务、保护义务或注意义务,在性质上,可以被称为原义务,但并非原给付义务。

2. 次给付义务

所谓次给付义务,又被称为第二次给付义务,指在原给付义务的履行过程中,因特定事由演变而生的义务。其既可以与原给付义务并存,也可以替代原给付义务而独立存在。比如,因给付迟延、给付不能或不完全给付而生之损害赔偿义务,即为次给付义务。合同解除时所生的恢复原状之义务,也是次给付义务。次给付义务与原给付义务之间具有同一性,债的效力不变,不仅其原有的利益(如时效利益)以及各种抗辩不因此而受影响,其从权利(如担保)在原则上也继续存在。①

3. 区分意义

区分原给付义务与次给付义务的意义在于:原给付义务产生之时,为诉讼时效起算点;而对于次给付义务,只有在违反时,诉讼时效期间才起算。

原给付义务的构成,并不需要过错或者可归责要件,只要存在当事人约定即可;但对于次给付义务,一般需要过错或者可归责要件。

(二) 主给付义务与从给付义务

1. 主给付义务

所谓主给付义务是指债之关系(尤其是合同)上固有、必备并用以决定债之关系类型的基本义务(债之关系的要素)。《民法典》第 563 条第 1 款第 3 项使用了"主要债务"这一术语,与主给付义务应属同义。② 如在买卖合同中,出卖人交付无瑕疵的物以及移转所有权的义务为主给付义务,而买受人支付价款的义务亦为主给付义务,因其与出卖人的主给付义务相对,故又被称为对待给付义务(依据《民法典》第 595 条、第 598 条以及第 610 条的反面解释)。

在双务合同中,双方的主给付义务处于交换关系,基于此交换关系会产生同时履行抗辩,一方当事人在对方当事人未为对待给付前,得拒绝自己的给付;在解除双务合同时,需要单独规定对待给付以及损害赔偿的规则。

在无因管理、不当得利与侵权行为等法定债之关系中,债之关系因主给付义务的发生而发生。③ 如在侵权之债中,损害赔偿义务即为主给付义务,损害赔偿义务一旦构成,债之关系即产生。

2. 从给付义务

从给付义务是所有的与债务人自己的主给付义务提出与使用相关的义务、也即与债权人的履行利益相关的义务,其目的在于辅助、确保债权人的给付利益能够获得最大的满足。④ 从给付义务亦是独立可诉的。

---

① 王泽鉴:《债法原理》(第二版)(重排版),北京大学出版社 2022 年版,第 30 页。
② 崔建远、韩世远、于敏:《债法》,清华大学出版社 2010 年版,第 3 页。
③ 陈自强:《契约之内容与消灭——民法讲义Ⅱ》,新学林出版股份有限公司 2013 年版,第 96 页。
④ 王泽鉴:《债法原理》(第二版)(重排版),北京大学出版社 2022 年版,第 29 页。

不仅合同关系中存在从给付义务,在法定之债中,也存在从给付义务,如无因管理人也负有计算义务等从给付义务。但是,是否具有从给付义务以及在多大范围内负有从给付义务,取决于具体的债之关系,例如双方可以约定出卖人负有运送、保管标的物的义务。

从给付义务可以基于法律的明文规定而产生。例如,《民法典》第 599 条规定,出卖人应当按照约定或者交易习惯向买受人交付提取标的物单证以外的有关单证和资料。《买卖合同解释》第 4 条规定:"民法典第五百九十九条规定的'提取标的物单证以外的有关单证和资料',主要应当包括保险单、保修单、普通发票、增值税专用发票、产品合格证、质量保证书、质量鉴定书、品质检验证书、产品进出口检疫书、原产地证明书、使用说明书、装箱单等。"又如委任人的告诉义务、承揽人的保密义务(《民法典》第 590 条第 1 款、第 785 条、第 922 条)。从给付义务也可以基于约定而产生,如甲购买乙的企业,约定乙得提供客户名单。另外,从给付义务亦可基于诚实信用原则及补充的合同解释而产生(《民法典》第 142 条、第 510 条),如汽车出卖人应交付必要的文件;房屋所有权移转登记后,出卖人应交付相关的文件,如物业资料。而对于主给付义务,因其涉及合同主要要素,当事人未约定或约定有漏洞的,不能通过补充解释填补。

3. 区分意义

基于给付的相互性或牵连性,债务人不履行主给付义务,其相对人得主张同时履行抗辩权;债务人不履行从给付义务,其相对人原则上不得主张同时履行抗辩权,只有在债务人违反从给付义务严重影响合同目的实现的情况下,其相对人才可以主张同时履行抗辩权。① 例如,债务人对债权数额计算有误或者利息计算有误,相对人不得主张同时履行抗辩权。

债务人违反主给付义务,相对人得解除合同,但债务人违反从给付义务,能否作为解除合同的事由,应看该义务对合同目的达成是否必要而定(《民法典》第 563 条第 1 款第 4 项),只有在不能实现合同目的的情况下,相对人才可以解除合同(《买卖合同解释》第 19 条、《民法典合同编通则解释》第 26 条)。

对于合同类型的认定与识别,需根据主给付义务判断,而不能根据从给付义务判断。例如,双方当事人约定一方当事人移转标的物,另一方当事人支付价金的,即可以依据《民法典》第 595 条、第 598 条认定该约定为买卖合同。

(三) 附随义务

1. 概念

与给付义务相对的是附随义务(Nebenpflicht),也被称为其他的行为义务、照顾义务、注意义务、非独立的从义务等,具体如通知、协助、保密等义务(《民法典》第 509 条

---

① 崔建远:《债法总论》,法律出版社 2013 年版,第 9 页。

第 2 款）。有学者认为，附随义务是主给付义务、从给付义务以外的义务，是随着债之关系发展，于个别情况下要求一方当事人作为的义务，以维护相对人的利益的义务。① 但从《民法典》第 509 条第 2 款的文义出发，附随义务主要包括两种：第一种是辅助实现债权人之给付利益的义务，并非给付义务以外的义务；第二种是避免侵害债权人之人身或财产上的固有利益或完整性利益的义务。② 有学者认为，附随义务可以区分为与给付有关之附随义务以及与给付无关之附随义务。③ 有的附随义务兼有这两种特征，如锅炉出卖人对使用注意事项等的告知义务，既有使给付利益获得满足的作用，也有维护人身或财产上利益的作用。④

第一种类型的附随义务的目的在于辅助给付利益的实现，在功能上，与从给付义务并无区别。在理论上，一般通过义务是否具有独立可诉性区分附随义务和从给付义务，对于附随义务，无法实现诉请履行，在债务人违反附随义务时，只会发生损害赔偿请求权。⑤ 但实际上，区别二者，实在困难，以包装义务为例，其应当是从给付义务，但认其为附随义务，亦无不可；另外，义务是否有诉求力或者强制履行力，应由法律从保护当事人的立场出发加以允许，在技术上不存在难题，并不能交由学说区分。如果权利人有提起诉讼请求履行的正当利益，且在诉讼上能够具体化，即没有不准许的道理。⑥ 由此，第一种类型的所谓的附随义务应归之于从给付义务。在结果上，附随义务仅指第二种类型的义务，即保护义务，其目的在于保护债权人人身、财产等完整性利益，即固有利益。而给付义务针对的是合同等债之关系本身的利益。根据保护的是固有利益还是合同利益，能够清楚地区分附随义务与给付义务。

附随义务产生之根据在于当事人处于特别结合关系中，此时一方当事人对其他当事人的权利、法益或者利益产生影响之可能性大增⑦，故在实现债之关系时，应特别注意避免另一方受到损害，其本质是一种保护义务。

值得注意的是，附随义务并不一定以给付义务为前提，存在独立的没有原给付义务的附随义务，如在缔约、合同准备以及类似的交易接触情况下的附随义务。⑧ 对此，本书将在缔约过失一节详细论述（《民法典》第 500 条、第 501 条）。同时，本书认为，

---

① 王泽鉴：《债法原理》（第二版）（重排版），北京大学出版社 2022 年版，第 31 页以下；崔建远：《债法总论》，法律出版社 2013 年版，第 9 页以下。
② 韩世远：《合同法总论》（第四版），法律出版社 2018 年版，第 344 页。汪倪杰：《论〈民法典〉中合同与侵权的开放边界——以附随义务的变迁为视角》，载《法学家》2022 年第 4 期，第 16 页；王泽鉴：《债法原理》（第二版）（重排版），北京大学出版社 2022 年版，第 32 页以下。
③ 詹森林、魏大喨：《"最高法院"裁判与民事契约法之发展》，载《台湾法学杂志》2011 年第 6 期，第 89 页以下。
④ 韩世远：《合同法总论》（第四版），法律出版社 2018 年版，第 344 页。
⑤ 同上书，第 343 页。
⑥ 陈自强：《契约之内容与消灭——民法讲义 II》，新学林出版股份有限公司 2013 年版，第 104 页以下。
⑦ MüKoBGB/Bachmann, 9. Aufl., 2022, §241, Rn. 57.
⑧ Larenz, *Schuldrecht AT*, 14. Aufl., 1987, §2 I, S. 14.

保护义务的存在不以合同是否成立、是否有效为前提,这意味着,保护义务既没有"附随"于合同关系,也没有"附随"于给付义务,所以,称其为附随义务,有些词不达意,不若径行称其为保护义务。

2. 性质

附随义务,本质上是附加的行为义务,已经脱离了给付的范畴,属于债务的范畴。有争议的是,在存在合同的情况下,附随义务根据的是当事人之间存在的债之关系,还是法定债之关系。从附随义务的产生来看,附随义务的产生通常是以已经存在一个债之关系为前提的,但在缔约前,没有产生原给付义务的情况下,也可能产生独立的附随义务。所以,附随义务属于独立的法定之债。①

3. 功能

附随义务针对的是相对人的完整性利益(Integritätsinteresse),其目的是使相对人免受债之关系实现过程中产生的损害。② 基于附随义务,任何一方都有义务使对方免受财产损害以及合同实施过程中产生的财产利益之损害的义务(保护义务),并有义务维持长期债之关系产生的信赖关系(忠诚义务)。③

附随义务具有保护功能,其与侵权法中的交往安全义务(Verkehrssicherungspflicht)或安全保障义务相当。在德国法上,合同法上保护义务发达的原因在于德国侵权法的结构局限,侵权法保护的权利范围是有限的,故通过扩展保护义务来保护侵权法难以涵盖的利益。我国侵权责任法中规定了安全保障义务(《民法典》第1198条),宾馆、商场、银行、车站、机场、体育场馆、娱乐场所等经营场所和公共场所的经营者、管理者或者群众性活动的组织者负有保障他人人身财产安全的注意义务,违反该义务者,应承担侵权责任④,纯粹经济损失亦在侵权法的保护范围之内。⑤ 债之关系中的附随义务针对的也是债权人的固有利益,包括纯粹经济损失。所以,值得思考的是,合同法上的保护义务与侵权法上的交往安全义务或者安全保障义务之间关系如何,如何处理二者的竞合关系。在侵权法上,权益以及财产地位也受保护,但附随义务保护的宽度与强度要大于侵权法上的行为义务,保护义务之客体不仅包括相对人的权利、权益,也包括利益,比如相对人决定自由之利益,亦在保护之列。⑥ 对于权益的保护,有些情况下,侵权法上要求以故意悖俗为限,而保护义务违反之构成,并不以故意悖俗为要件。比如凶宅买卖情况下,出卖人不告知信息,其违反了保护义务,但并没有违反安全保障义务。

---

① Medicus/Lorenz, *Schuldrecht AT*, 22. Aufl., 2021, §7, Rn. 4.
② Brox/Walker, *Allgemeines Schuldrecht*, 46. Aufl., 2022, §2, Rn. 12.
③ Larenz, *Schuldrecht AT*, 14. Aufl., 1987, S. 10.
④ 程啸:《侵权责任法》(第三版),法律出版社2021年版,第518页。
⑤ 葛云松:《纯粹经济损失的赔偿与一般侵权行为条款》,载《中外法学》2009年第5期,第689—736页。
⑥ Canaris, Die Reform des Rechts der Leistungsstörungen, JZ 2001, 519.

在"王利毅、张丽霞诉上海银河宾馆赔偿纠纷案"中,法院即采取了合同法上保护义务的思路保护了原告的权利。该案中,原告之女居住于被告处期间,被犯罪分子杀害并抢劫,原告认为被告未尽到合理义务,应赔偿损失。被告主张其已经尽到注意义务,不应赔偿。法院判决,被害人与被告之间已经构成了合同关系,被告未尽到保护的附随义务,应赔偿合理损失。①

在"顾骏诉上海交行储蓄合同纠纷案"中,法院也承认了银行保护客户财产的附随义务:依照《商业银行法》第6条的规定,商业银行应当对利用自助银行和ATM机实施的各种犯罪承担防范责任。犯罪分子以在自助银行门禁系统上安装盗码器的方法,窃取储户的银行卡信息和密码造成储户损失的,如储户无过错,商业银行应承担赔偿责任。②

保护义务的产生依据为诚实信用原则,保护义务的范围与强度,因合同类型所要求的信赖程度、当事人协力必要程度、保护必要程度的不同而有所不同,并不能一并规定统一规则。③

如果当事人违反了保护义务,相对人可以主张损害赔偿请求权,此时,符合侵权法上构成要件的,亦可能产生侵权责任,二者形成竞合关系。不过,在法律适用上,适用侵权法上的安全保障义务还是合同法上的附随义务,归责原则均是过错责任,损害赔偿范围也没有区别。④

4. 内容与范围

债之关系中必然具有附随义务。债务人须保护债权人人身、财产等固有利益免受损害。根据《民法典》第509条第2款,当事人应当遵循诚实信用原则,根据合同的性质、目的和交易习惯履行通知、协助、保密等义务。

值得注意的是,不仅债务人负有保护义务,债权人也负有保护义务。例如,雇主不能对债务人提出过分的要求,伤及债务人的健康。⑤ 债务人与债务人都负有保护义务,如装修委托人保护装修人,装修人也保护委托人。

附随义务可能基于法律规定而产生,比如《民法典》第652条规定了供电人的通知义务,供电人因供电设施计划检修、临时检修、依法限电或者用电人违法用电等原因,需要中断供电时,应当按照国家有关规定事先通知用电人;《律师法》第38条第2款规定了律师的保密义务,律师对在执业活动中知悉的委托人和其他人不愿泄露的有关情况和信息,应当予以保密;《职业病防治法》第33条第1款规定:用人单位与劳动者订立劳动合同(含聘用合同,下同)时,应当将工作过程中可能产生的职业病危害

---

① 《中华人民共和国最高人民法院公报》2001年第2期(总第70期),第55页。
② 《中华人民共和国最高人民法院公报》2005年第4期(总第102期),第42—45页。
③ 陈自强:《契约之内容与消灭——民法讲义Ⅱ》,新学林出版股份有限公司2013年版,第107页。
④ 郗伟明:《论合同保护义务的应然范围》,载《清华法学》2015年第6期,第88页以下。
⑤ Larenz, *Schuldrecht AT*, 14. Aufl., 1987, § 2 I, S. 10.

及其后果、职业病防护措施和待遇等如实告知劳动者,并在劳动合同中写明,不得隐瞒或者欺骗。

附随义务也可能基于诚实信用原则而产生,但其内容与强度并不确定,具体要根据补充解释规则以及诚实信用原则予以确定。例如,出卖一只患有传染病的动物的人,如果其知道或者应当知道有传染风险,就必须告知买受人该动物的传染风险。又如在转账时,在银行知道收款人经济崩溃或者有理由怀疑相对人通过犯罪行为侵害其客户的情况下,有义务指示或者警告客户。①

附随义务的内容与范围会因债之关系类型或者强度的不同而不同,继续性债之关系中的附随义务要强于一次性债之关系中的附随义务。如果债之关系具有很强的人身依附性,如合伙合同,其附随义务的范围会更大。

在合同无效或者被撤销的情况下,也可能产生附随义务,但是如果未成年人法律行为效力规则或者缺乏代理权规则限制了附随义务,则没有此附随义务。②

任何合同当事人都不得向相对人主张对方没有负担的义务,如请求支付未到期的买卖价款,也不能在没有法定撤销事由的情况下主张解除。③ 在债务人违反的是没有原给付义务的附随义务的情况下,债务人应当承担缔约过失责任。

附随义务的内容是行为,只要义务人实施了特定的对其而言具有实施可能性的行为,即为履行义务,并不要求特定结果的出现。所以,附随义务的未履行,也属于义务违反的情况。例如,在债之关系的实现过程中,债务人细心地保护着债权人委托的物,采取了充分的保护措施,使其免受风吹日晒,水淹火烧,但尽管如此该物还是因为意外事件而受损,此时,债务人已经履行了自己的附随义务,故无从产生损害赔偿义务。④

5. 独立可诉性

因为附随义务的受益人并无请求对方注意或照管的权利,所以对于附随义务,并无独立的可诉性。⑤

但在债务人违反附随义务的情况下,会产生损害赔偿请求权,这是一种次位请求权,对于该损害赔偿请求权,则是可以起诉的。如果保护义务要求采取特定的措施,而义务人拒绝采取措施,为避免极可能发生之危险,例外之情况下应当允许权利人起诉义务人采取措施。⑥ 如甲在乙家学钢琴,乙家有一条恶犬,甲可以请求乙将恶犬拴起来并戴上口套,如果乙不履行,则甲可以诉至法院。⑦

---

① BGH NJW 2008, 2245, 2246.
② Brox/Walker, *Allgemeines Schuldrecht*, 46. Aufl., 2022, §2, Rn. 14.
③ BGH NJW 2009, 1262.
④ Larenz, *Schuldrecht AT*, 14. Aufl., 1987, §2 I, S. 13.
⑤ Brox/Walker, *Allgemeines Schuldrecht*, 46. Aufl., 2022, §2, Rn. 11.
⑥ Stürner, Der Anspruch auf Erfüllung von Treue-und Sorgfaltspflichten, JZ 1976, 384.
⑦ Kötz, Vertragsrecht, 2. Aufl., 2012, §10, Rn. 768.

当事人自己可以通过约定将某些本属于附随义务的特定行为上升为从给付义务，从而使其具有独立的可诉性。① 如果不作为义务被特定类型的作为所违反或者会有反复被该作为所违反之虞的，权利人可以起诉其不作为，类似侵权法上的预防性的不作为之诉（vorbeugende Unterlassungsklage）。

（四）附随义务与给付义务的区别

1. 附随义务与主给付义务的区别

主给付义务自始确定，并决定债之关系的类型；但附随义务并非自始确定，而是随着债之关系逐渐发生的。② 对于主给付义务，具有独立的可诉性；而对于附随义务，原则上不具有独立可诉性。给付义务还可以包含给付效果；而保护义务只要求义务人实施特定的、对其而言是可能的行为。

附随义务并没有被纳入双务关系，故并无同时履行抗辩权的适用空间（《民法典》第525条）。如债务人不告知相关危险，相对人并不可以行使同时履行抗辩权。另外，履行不能规则只能适用于给付义务，而不能适用于附随义务。③

债务人违反附随义务，是否会产生解除权或者损害赔偿请求权，学说上存有争议。有观点认为，违反附随义务，亦可发生解除权之效果，但需要以不可期待债权人继续维持合同效力为前提。④ 我国有学者认为，违反附随义务原则上并不会产生解除权，但附随义务之违反会影响合同目的实现的，如投保人故意隐瞒事实、不履行告知义务的情况，则会产生解除权。⑤ 本书赞同这一观点。

当事人可以约定保护相对人为给付义务之客体，如歌星的保镖的给付义务即为保护义务。在以保护财产利益或完整利益为内容的合同中，保护义务就是主给付义务。

2. 附随义务与从给付义务的区别

附随义务与从给付义务的区别首先在于，附随义务并不具有独立可诉性。此外，从给付义务的意义在于促使履行利益得到基本满足，从而实现债权利益的最大化；附随义务则是为了确保合同双方当事人的固有利益不受损害，是一种保护义务。如甲出卖某车给乙，交付该车并移转其所有权为甲的主给付义务，提供必要文件（如行车执照或保险合同书）为从给付义务，告知该车的特殊危险性，则为附随义务。附随义务与从给付义务可能是一致的，如机器买卖合同中提供使用说明指南的义务。在有些情况下，如计算机买卖合同中，说明义务甚至可以成为主给付义务。

---

① Larenz, *Schuldrecht AT*, 14. Aufl., 1987, §2 I, S. 12.
② A. a. O., S. 11.
③ Looschelders, *Schuldrecht AT*, 21. Aufl., 2023, §1, Rn. 24.
④ A. a. O., §27, Rn. 38.
⑤ 韩世远：《合同法总论》（第四版），法律出版社2018年版，第664页。

综上所述,给付可能由一群义务组成,如作为义务以及不作为义务,主给付义务、从给付义务以及保护义务。对于清偿请求权(Erfüllungsanspruch)、相互性问题、有利于第三人合同中的权利以及给付障碍,须从给付的单个构成角度予以考察。

值得注意的是,违反保护义务导致的是损害赔偿义务,是次义务的一种。

四、不真正义务

所谓不真正义务(Obliegenheit),是一种行为之要求,其赋予权利主体以权利,权利主体却不能请求负有不真正义务的另一方作出相应的行为。如果负担不真正义务者没有履行该义务,则由其自行承担法律的不利益。[①] 以下为几种常见的不真正义务:

第一,与有过失(《民法典》第592条第2款)。此时,债权人亦应承担部分损害。如甲明知乙无驾照而搭乘其车,对损害的发生与有过失,乙的损害赔偿额会因此减少,但甲不会因此而需要向乙承担损害赔偿责任。

第二,债权人的受领义务。一般情况下,债权人不负担受领义务,债权人不受领的,并不负有违约责任,但债权人违反该义务,须承担不利的后果。

第三,守约方防止损失扩大的义务。当事人一方违约后,对方应当采取适当措施防止损失扩大,没有采取适当措施致使损失扩大的,不得就扩大的损失请求赔偿(《民法典》第591条)。此时,虽然守约方没有不损害自己权益的义务,但因其疏忽造成损害发生或扩大时,依照公平原则,应当减免侵害人相应的损害赔偿数额。[②]

第四,债权人迟延时承担给付风险的义务(《民法典》第605条)。

第五,《保险法》第21条规定的被保险人或受益人的关于保险事故的通知义务,也是一种不真正义务,被保险人或受益人违反该义务的,保险人对无法确定的部分,不承担赔偿或者给付保险金的责任,但保险人通过其他途径已经及时知道或者应当及时知道保险事故发生的除外。

在性质上,不真正义务并非债务,亦不属于给付。但当事人可以通过约定将不真正义务转化为义务,从而属于给付义务。

五、先合同义务与后合同义务

所谓先合同义务,是指当事人在合同磋商、准备或者类似的交易过程中,基于诚实信用原则而发生的各种说明、告知、注意、保密以及保护等义务,违反该义务,即构成缔约过失,造成损害的,承担损害赔偿责任(《民法典》第500条、第501条)。

---

① Fikentscher/Heinemann, *Schuldrecht AT & BT*, 12. Aufl., 2022, §7, Rn. 44.
② 王泽鉴:《债法原理》(第二版)(重排版),北京大学出版社2022年版,第37页。

《民法典》第558条规定,债权债务终止后,当事人依照诚实信用原则,根据交易习惯应负有某种作为或者不作为义务,如通知、协助、保密、旧物回收等义务。实际上,这里的债权债务终止主要是指合同终止的情况,并非是指广义的债之关系的终止。所以,该条规定的主要是后合同义务。① 后合同义务是基于诚实信用原则产生的义务,后合同义务的内容、范围乃至期限应从个案出发,具体依据诚实信用原则予以判断。进一步讲,后合同义务的内容还需根据交易习惯确定,而交易习惯既包括民商事活动中的习惯,也包括当事人双方在长期交易关系中形成的习惯。② 对于交易习惯上存在后合同义务的证明,应当由请求履行后合同义务的一方承担。③

在性质上,后合同义务也是一种附随义务④,其功能是保护债权人的固有利益。有不同观点认为,后合同义务是一种独立的法定义务,其功能是维护已经完成的合同履行效果,并保护固有利益。⑤ 本书认为,这种观点是建立在对附随义务的误读基础之上的,其认为附随义务仅存在于合同履行阶段,那么合同终止后的义务就只能是一种独立的法定义务。其实,基于债的有机体理念,附随义务可以产生在合同前、合同中,也可以产生于合同后。如在租赁关系终止后,出租人及时通知承租人取回物品的义务;合同终止后,对于需要保管的标的物帮助保管的义务;劳动合同结束后,雇主提供服务证明书的义务;治疗完毕后,医院提供病历的义务;合同终止后债务人负有的保密义务。合同终止后,无从谈起保护合同的履行利益,后合同义务保护的利益只能是债权人的固有利益。

相比于《合同法》第92条,《民法典》第558条还规定了旧物回收的后合同义务。旧物回收的后合同义务也需根据诚实信用原则、并参酌交易习惯确定。不过,《民法典》第625条规定依照法律、行政法规的规定或者按当事人的约定,标的物在有效使用年限届满后应予回收的,出卖人负有自行或者委托第三人对标的物予以回收的义务。由此,依据法律、行政法规的规定或者当事人的约定,一方当事人负有旧物回收义务,那么,在合同终止后,该当事人应向对方回收旧物。

后给付义务是债之关系中义务群的一种,债务人违反后给付义务的,与违反一般的附随义务无异,依据《民法典》第577条,需承担违约责任。

---

① 李宇:《后合同义务之检讨》,载《中外法学》2019年第5期,第1296页,该文认为后合同义务没有存在的正当性。
② 黄薇主编:《中华人民共和国民法典合同编解读(下册)》,中国法制出版社2020年版,第1067—1068页。
③ 李宇:《后合同义务之检讨》,载《中外法学》2019年第5期,第1296页。
④ 史尚宽:《债法总论》,中国政法大学出版社2000年版,第345页;韩世远:《合同法总论》(第四版),法律出版社2018年版,第351页。
⑤ 最高人民法院民法典贯彻实施工作领导小组主编:《中华人民共和国民法典合同编理解与适用(一)》,人民法院出版社2020年版,第605页以下。

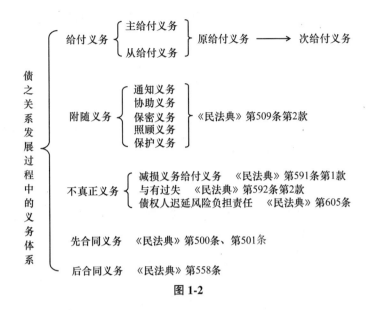

图 1-2

六、给付的确定

给付必须确定,或者至少是可确定的,因为给付应当是可以被诉的并可以被强制执行的。作为给付,至少在三个方面是可确定的:首先是债权人,其次是债务人,最后是给付内容。①

当事人可以通过约定确定债的内容,并可以通过约定改变债之内容,二者均属于当事人意思形成之自由。在法定债之关系中,其内容是由法律确定的,但是当事人有改变其内容之自由。例如,甲过失损坏了乙的自行车,甲应根据《民法典》第 1165 条承担损害赔偿责任,损害赔偿之内容根据的是《民法典》第 1184 条,甲须向乙以金钱进行损害赔偿,但是甲乙也可以约定,甲为乙购买同样品质的自行车,以替代金钱损害赔偿。

依照事理,如果作为合同客体的给付既没有被确定,也不能根据合同内含的规则予以确定,那么合同应当无效。因为,只有在合同内容充分确定的情况下,债务人才会受其法律上的约束(《民法典》第 472 条,要约内容须具体确定)。

进一步而言,虽然合同没有约定给付的方式、标的、时间、地点等内容,但如果这些内容是可确定的,那么合同亦会有效成立。

首先,合同内容可以通过解释客观确定(该解释应当是补充性解释,《民法典》第 466 条、第 142 条);其次,可以通过另一个债的义务确定债的内容;最后,在合同之债的情况下,当事人不必自己确定给付义务,而是可以赋予当事人一方或者第三人事后

---

① Fikentscher/Heinemann, *Schuldrecht AT & BT*, 12. Aufl., 2022, §7, Rn. 45.

确定合同内容的权利。如果通过上述规则仍不能确定的，则可通过任意性法律规定予以补充。

七、不利益的给付

有学者认为，给付的内容只能是有意识地、有目的地增加他人财产。① 但由此就将债法限定在交换或保护实体财产的范围之内了。这是与现行法不符合的，旅游合同、委托合同的给付内容就不一定是财产利益，又如荣誉之授予也不具有财产价值。不过，非财产利益必须是确定或者可确定的，例如，得当的举止就不可确定，不能作为给付的内容。

进一步的问题是，给付是否必须是一种利益呢？有学者认为，给付不能是一种不利益。② 相反观点认为，即使合同为债权人带来的是不利益，合同也具有拘束力。因为债权人不能根据交易自始无利益，就主张合同无效。③

第四节 债 权

【文献指引】

王伯琦：《论自然债务——民法上自然债务体系之试拟》，载《法学丛刊》1957年第3期；另载郑玉波主编：《民法债编论文选辑（上）》，五南图书出版股份有限公司1984年版，第490页以下；郑玉波：《论债之效力及一般担保》，载《法学丛刊》1981年第4期；李锡鹤：《对债权不可侵性和债权物权化的思考——兼论物权与债权之区别》，载《华东政法学院学报》2003年第3期；董万程：《论物权与债权关系的发展趋向》，载《中国法学》2004年第6期；陈华彬：《物权与债权二元权利体系的形成以及物权和债权的区分》，载《河北法学》2004年第9期；金可可：《债权物权区分说的构成要素》，载《法学研究》2005年第1期；王利明：《论债权请求权的若干问题》，载《法律适用》2008年第9期；李永军：《物权与债权的二元划分对民法内在与外在体系的影响》，载《法学研究》2008年第5期；李永军：《自然之债源流考评》，载《中国法学》2011年第6期；谭远春：《论"赌债"分离可能性及其司法处理——自然债之于传统问题民法新视角的贡献》，载《河北法学》2011年第9期。

【补充文献】

唐勇：《债权质权：物债二分体系下的"骑墙者"》，载《中外法学》2013年第6期；张鹏：《物债二分体系下的物权法定》，载《中国法学》2013年第6期；张力毅：《通过契

---

① Gernhuber, Das Schuldverhältnis, §1, S. 4.
② Larenz, *Schuldrecht AT*, 14. Aufl., 1987, §2 Ⅰ, S. 8.
③ Fikentscher/Heinemann, *Schuldrecht AT & BT*, 12. Aufl., 2022, §7, Rn. 46.

约实现的物之支配关系——债权物权化的另一种解释论框架》,载《东方法学》2015年第6期;冉昊:《论"义务人的知晓"对物权/债权二元区分的改善》,载《法学》2015年第3期;赵忠奎:《债权实现中的私力救济现象研究——以民间借贷纠纷为视角》,载《海南大学学报(人文社会科学版)》2015年第5期;彭诚信:《〈民法总则(草案)〉债权规定的相关问题及修改建议》,载《东方法学》2016年第5期;郑观、徐伟、熊秉元:《为何民法要分物权和债权?》,载《浙江大学学报(人文社会科学版)》2016年第6期;李永军:《论自然之债在我国未来民法典债法体系中的地位》,载《比较法研究》2017年第1期;田土城、王康:《〈民法总则〉中财产权的体系化解释》,载《河北法学》2018年第12期;许德风:《公司融资语境下股与债的界分》,载《法学研究》2019年第2期;黄泷一:《"物权法定原则"的理论反思与制度完善》,载《交大法学》2020年第1期;朱庆育:《大民法典与法典新范式》,载《南大法学》2022年第3期;袁野,《"债权物权化"之范畴厘定》,载《法学研究》2022年第4期;张永健:《债的概念:解构与重构》,载《中外法学》2023年第1期;王利明:《物债二分视角下的物权请求权》,载《政法论坛》2023年第4期。

一、债权与物权的不同性质

民法是以权利为核心的,具体可分为绝对权与相对权。其中,绝对权以物权为典型,相对权以债权为典型。基于对绝对权与相对权保护方式的不同,形成了民事权利的保护体系。

(一) 债权为相对权

基于债之关系,债权人可以获得针对债务人的债权,债权的效力是相对的,本质上为相对权(relatives Recht)。

首先,债权不是对人的支配,债权人只能向债务人请求,而不能支配债务人的人身;其次,债权不是对债务人给付行为的支配,债权人不能直接支配债务人的给付行为;最后,债权也不是对给付标的的支配,债权人只能请求债务人为一定行为或不为一定行为。①

债权人原则上仅能请求债务人为给付,而不能直接向第三人请求给付。反过来讲,基于债之关系产生的义务仅由债务人承担,第三人通常不承担此义务(《民法典》第465条第2款)。例如在一物二卖的情况下,如果出卖人已经将标的物交付或者登记给第二买受人,第一买受人只能追究出卖人的责任,而不能向第二买受人请求返还。买受人仅对出卖人享有要求移转标的物所有权的权利,对于制造标的物的生产商并无此权利。

在给付障碍的情况下,债权人亦只能向其债务人请求损害赔偿,而不得向第三人

---

① Larenz, *Schuldrecht AT*, 14. Aufl., 1987, §2 Ⅱ, S. 16 f.

请求给付。如甲向乙购买电视机,交付后发现电视机构造有缺陷,基于买卖合同,其只能向乙请求,要求其承担瑕疵担保责任,而不能向制造商主张瑕疵担保责任。

债务人也只能向债权人给付。例如,甲欠乙1000元,乙的妻子请求甲向其清偿,甲同意并给付后,并不具有给付效果,因为其并未向真正的债权人乙清偿。

另外,第三人亦不承担对债权人之债权的一般注意义务,只有在故意悖俗或者违反"反不正当竞争法"的情况下,才可能构成侵害债权。之所以如此安排,其目的在于保障经济行为之自由。例如,甲向乙购买汽车一辆,约定3月8日交付,但在3月5日为丙所盗窃。此时,汽车所有权尚未移转(《民法典》第224条、第225条),甲仍为汽车所有权人,乙仅享有请求交付汽车并让与所有权的债权,故甲可以基于原物返还请求权(《民法典》第235条)请求丙返还,同时亦对丙有侵权法上的请求权;而债权人乙则无原物返还请求权,亦不能基于侵权法,请求丙赔偿损害。

(二) 物权为绝对权

与债权相对的是物权,了解物权的属性,有利于更深一层理解债权的本质。

物权是权利人直接支配物并排除他人干涉的权利,本质是支配权,其效力是绝对的。如所有权原则上赋予所有权人任意的对物支配权,对任何第三人均有效力,所有权的存续原则上无须考虑其他人的存在。基于该绝对性,对于侵占以及妨害所有物的人,所有权人得主张原物返还请求权、排除妨害请求权以及妨害防止请求权(《民法典》第235条以下)、侵权法上请求权。

(三) 债权平等原则

基于债权的相对性,债权并无排他的效力,就同一标的物,得成立数个内容相同的债权,不论其发生先后,均以同等地位并存,此即为债权的平等性。① 例如甲将其房屋出卖给乙、丙、丁时,乙、丙、丁均有请求交付该物并进行所有权移转登记的权利。但有些法院的司法解释文件,根据债权人是否占有房屋、是否交付价款甚至合同订立先后,确立了数个债权之间的优先顺位规则。②

在债务人破产的情况下,不论债权的发生先后,债权人只能依照其债权比例参加分配。

---

① 王泽鉴:《债法原理》(第二版)(重排版),北京大学出版社2022年版,第8页。
② 《北京市高级人民法院关于审理房屋买卖合同纠纷案件适用法律若干问题的指导意见(试行)》(2010年12月22日,京高法发〔2010〕458号)第13条规定:"出卖人就同一房屋分别签订数份买卖合同,在合同均为有效的前提下,买受人均要求继续履行合同的,原则上应按照以下顺序确定履行合同的买受人:(1)已经办理房屋所有权转移登记的;(2)均未办理房屋所有权转移登记,已经实际合法占有房屋的;(3)均未办理房屋所有权转移登记,又未合法占有房屋,应综合考虑各买受人实际付款数额的多少及先后、是否办理了网签、合同成立的先后等因素,公平合理的予以确定。买受人中之一人起诉要求出卖人继续履行买卖合同,出卖人以房屋已转让给他人为由提出抗辩的,法院可以根据案件具体情况决定是否追加其他买受人作为第三人参加诉讼;其他买受人另行提起诉讼要求继续履行合同的,应当依据前款原则协调处理。"

（四）物权的优先效力

物权是对物的归属性权利，是支配物的权利，而债权是对人的请求给付的权利，二者性质不同，在涉及同一标的物的情况下，物权的效力会优先于债权的效力。例如，甲将房屋出借给乙使用之后，又将房屋抵押给丙，在甲不能清偿到期债务时，丙得对标的物强制执行，乙不得以其债权对抗。

在同一标的物上设定他物权时，一般他物权的效力会优于所有权；而在设立多个他物权的情况下，通常成立在先的他物权优先于成立在后的他物权。但不相容的物权相互之间具有排斥效力，如设定典权的情况下，就不能再设定用益性物权。

二、债权相对性的例外

在特定情况下，债之关系对第三人亦具有效力，也就是说，债权具有了物权绝对性的特征，此种现象被称为债权物权化。[①] 主要分为如下三种情况：

（一）整个债对第三人发生效力

在预告登记、买卖不破租赁、债务作为占有权利对抗第三取得人的情况下，债的关系对第三人均发生效力。

1. 预告登记

预告登记是为了保障买卖不动产中旨在取得物权的债权人能够依据合同的约定获得物权，而在物权变动之前，通过向登记机关申请而预先登记，赋予债权对抗第三人效力的一项登记制度。预告登记后，未经预告登记的权利人同意而处分该不动产的，不发生物权效力（《民法典》第221条）。例如，甲出卖房屋于乙，订立合同后，乙与甲可以约定就房屋所有权让与请求权进行预告登记，预告登记后，甲就该房屋再进行出卖或者设定抵押权的，固然可以登记，但对于乙不生效力，基于预告登记，乙的房屋所有权让与请求权获得了对第三人的效力。

2. 买卖不破租赁

《民法典》第725条规定，租赁物在承租人按照租赁合同占有的期限内发生所有权变动的，不影响租赁合同的效力。在出租人将标的物所有权移转给第三人时，第三人概括继受出租人与承租人的租赁合同，成为租赁合同的出租方。[②] 也就是说，租赁合同在整体上对第三人产生了效力。

3. 债务作为占有权利对抗第三取得人

在比较法上，根据《德国民法典》第986条第2款，对动产享有相对占有权（relatives Besitzrecht）（比如基于合同）的占有人，相对于物的取得人，受到特别的保护。比

[①] 袁野：《"债权物权化"之范畴厘定》，载《法学研究》2022年第4期，第75页以下。
[②] 张双根：《谈"买卖不破租赁"规则的客体适用范围问题》，载王洪亮等主编：《中德私法研究》（第1卷），北京大学出版社2006年版，第3页以下。

如,在物是通过让与返还请求权的方式进行让与的情况下(《德国民法典》第 931 条),物的直接占有人可以以其对"被让与的返还请求权"的抗辩对抗新的所有权人。比如建筑企业 A 将其出租的建筑吊车按照《德国民法典》第 931 条规定的方式让与给银行作为担保,即将基于第 546 条第 1 款的租赁法上的返还请求权让与给银行,此时,只要租赁关系没有结束,承租人就有对抗银行的抗辩权。① 由此,债权性的占有即对第三人具有了效力。②

（二）债的个别关系对第三人发生效力

有的情况下,债的个别关系会对第三人发生效力,具体如利他合同、代偿请求权、债权人代位权和债权人撤销权。

1. 利他合同

在真正的利他合同中,当事人以外的第三人获得了一个对债务人的直接请求权(《民法典》第 522 条第 2 款),通过利他合同,债权人对债务人的请求权对第三人发生了效力。如甲与乙保险公司订立人寿保险合同,指定丙为受益人,丙即获得一个对保险公司的直接请求权。

2. 代偿请求权

债务人陷于给付不能的,免除给付义务。如果债务人因给付不能事由而对第三人有损害赔偿请求权的,债权人可以要求债务人返还其所获得的赔偿或者赔偿请求权,该制度被称为代偿请求权制度。③

3. 债权人代位权

所谓债权人代位权是指在债务人怠于行使其对第三人享有的到期债权并危及债权人债权的实现时,债权人为保全自己的债权,可以向人民法院请求以自己的名义行使债务人对第三人享有的债权(《民法典》第 535 条)。代位权可以干涉债务人对第三人享有的债权,实质上是打破了债务人与第三人之间的合同的相对性。

4. 债权人撤销权

所谓债权人撤销权,是指债权人对于债务人所为的危害债权的行为,可以撤销的权利(《民法典》第 538 条)。撤销权人可以干涉债务人与第三人之间的合同等行为,实质上是打破了债务人与第三人之间的合同的相对性。

（三）债务人以其对债权人的其他义务对抗债权人

有些情况下,债务人可以以其对债权人的其他义务对抗债权人,具体如赠与中的贫困抗辩权或特别需要抗辩权。《民法典》第 666 条规定,赠与人的经济状况显著恶

---

① 该结构类似于债权让与中的抗辩权随主债权移转规则(《德国民法典》第 404 条);在不动产情况下,与《德国民法典》第 986 条第 2 款功能类似的还有"买卖不破租赁"规则等。
② Wieling, Sachenrecht, 6. Aufl., 2020, §12, Rn. 12.
③ 韩世远:《合同法总论》(第四版),法律出版社 2018 年版,第 533 页;姚志明:《债务不履行之研究(一)——给付不能、给付迟延与拒绝给付》,元照出版有限公司 2003 年版,第 125 页。

化,严重影响其生产经营或者家庭生活的,可以不再履行赠与义务。

三、债权的可实现性

债权的可实现性(Durchsetzbarkeit)属于债权的本质属性,可实现的债权被称为完全债权。但亦存在可实现性上存在缺陷的债权,即不完全债权。

(一) 完全债权

一个可实现的债权通常具有请求力、强制执行力、依法自力实现力、处分权能及受领保持力。

1. 请求力

基于债之关系,债权人得向债务人请求给付,此即为请求力。如果债务人不自愿履行债务,债权人可以向法院提起诉讼,此即诉请履行力,又被称为诉求力(Klagbarkeit)。没有诉求力的请求力,会受到极大削弱。

在德国法上,原则上,债权均具有诉求力。但在英美法系国家,会区分金钱之债与非金钱之债,对于非金钱之债,原则上不能诉请实际履行(specific performance),对此,本书在给付障碍部分将会专门论述。

2. 强制执行力

如果债权人获得胜诉判决,即可以通过强制执行以实现债权,债权人得依强制执行法的规定对债务人为强制执行以实现债权。其实,属权利者,均有此效力,物权、债权、继承中的权利,均可能在取得执行名义的情况下而获得强制执行力。

3. 依法自力实现力

到法院提起诉讼并强制执行,均是在国家帮助下实现权利,但耗费金钱与成本,故债权人会更倾向于自力实现。为维护法律之和平,现代社会的权利实现方式均以公力救济为主,以自力实现为辅。

《民法典》第1177条规定了自力救济性质的自助制度(Selbsthilfe)。在合法权益受到侵害,情况紧迫且不能及时获得国家机关保护,不立即采取措施将使其合法权益受到难以弥补的损害时,受害人可以在保护自己合法权益的必要范围内采取扣留侵权人的财物等合理措施;但是,应当立即请求有关国家机关处理。受害人采取的措施不当造成他人损害的,应当承担侵权责任。例如,债权人为保护自己的权利,可以限制他人的自由,扣押或毁损他人的财产。

值得注意的是,在本质上,抵销是一种债权人自力实现债权的制度,我国《民法典》中规定有意定抵销、法定抵销制度(《民法典》第568条、第569条)。

4. 处分权能

债权的处分蕴涵着债权实现的机能。虽然债权人的自力实现是受限制的,但其可以自由处分其权利,比如债务免除、债权让与、抵销以及出质等。

5. 受领保持力

最后,债权还具有受领保持力,在债务人自动或受法律的强制而进行给付时,债权人得保有此项给付,不成立不当得利。

(二) 不完全债权

当债权不具备上述所有权能的情况下,该债权被称为不完全债权或自然债权。从债务人角度观察不完全债权,即为不完全债务或不完全义务(unvollkommene Verbindlichkeiten),学说上也多有称其为自然债务(Naturalobligationen)者。① 但从语言的概括力来看,"自然"二字没有反映出这一债权的特征,即债权效力上的不完全性。而且,自然若是没有可诉性的含义,与债务的本质又是矛盾的。再者,债权效力不完全的情况很多,不仅仅是缺少可诉性的问题。所以,本书不采用自然债权的概念,而采用不完全债权的概念。②

1. 不可实现的债权

在不可实现的债权中,债权人可以要求债务人给付,但不能强制其履行。比如,经过诉讼时效的债权,在债务人提出诉讼时效抗辩的情况下,即成为不可实现的债权。但请求给付的权利不受诉讼时效的影响,债务人也可以清偿债务,而担保也继续存在。③ 债务人不知时效而为履行之给付的,不得请求返还(《诉讼时效规定》第19条第1款第二种情况)。

经过诉讼时效的债权是完全的可被履行的债权,只是,如果债务人提出诉讼时效届满的抗辩,法院即不得判决债务人给付,债权人也不得以其诉讼时效已经届满的债权主张抵销。根据《民法典》第188条,债权人在3年内请求保护民事权利的,法院才可以支持。债权人在3年内未行使请求权的,法院即不能支持。《民法典》第419条规定,抵押权人应当在主债权诉讼时效期间行使抵押权;未行使的,人民法院不予保护。

诉讼时效届满之主张是一种抗辩手段,由债务人决定是否行使,是一种需主张的抗辩(《诉讼时效规定》第1条前段、第2条、《民法典》第188条)。④ 债务人也可以不主张,如其认为自己并不负有债务,只是想通过法庭确认,此时根本无须主张诉讼时效。

债务人向债权人作出同意履行的意思表示的,即不得以诉讼时效届满为由进行抗辩(《诉讼时效规定》第19条第1款第一种情况)。

当事人双方就原债务达成新的协议的,债权人可以主张债务人已经放弃诉讼

---

① 李永军:《自然之债论纲——源流、规范体系与效力》,中国政法大学出版社2019年版,第1页以下。
② 王泽鉴:《债法原理》(第二版)(重排版),北京大学出版社2022年版,第21页。
③ Larenz, *Schuldrecht AT*, 14. Aufl., 1987, §2 Ⅲ, S. 20.
④ Medicus/Lorenz, *Schuldrecht AT*, 22. Aufl., 2021, §3, Rn. 10.

时效抗辩权。超过诉讼时效期间,贷款人向借款人发出催收到期贷款通知单,债务人在通知单上签字或者盖章,能够认定借款人同意履行诉讼时效期间已经届满的义务的,贷款人即可主张借款人已经放弃诉讼时效抗辩权(《诉讼时效规定》第19条第2款)。

婚约亦是不可(强制)实现的债务,因为强制实现婚约,有违婚姻的伦理内容。同样原因,债法上对遗嘱自由的限制亦不具有可诉性。在破产完毕后不能履行的债务,亦属于不可实现的债务。

有争议的是,是否允许当事人约定排除请求权的可诉性。从事理上讲,当事人完全可以处分其请求权,甚至可以免除,那么就没有理由不允许其约定排除可诉性,毕竟约定排除可诉性的情况要轻于免除的情况;但持不同意见者认为,约定仲裁地都需要在严格的条件下才可以,完全排除法院主管,应更为严格。[①] 当然,如果只是约定在一段时间内排除可诉性,应当是允许的。

对于某些债,虽然可诉请法院予以实现,但无法进行实物强制执行。如婚姻生活的恢复,是不能执行的,因为强制实现婚姻是没有意义的。不可替代的劳务给付也不能强制执行,但劳务给付可以转化为损害赔偿给付,对损害赔偿给付义务,则可以强制执行。

2. 可被履行的非债权

所谓可被履行的非债权,是指债权人不得要求债务人进行给付,但如果已经给付的,债务人不得请求返还。在实质上,如果一项债权不能被据以起诉、不能被担保或者抵销,则该债权不存在;但基于可履行的特性,不完全债务是存在的。[②]

根据《德国民法典》第762条,赌博或打赌约定并无约束力,债权人不得请求给付,对输家(债务人)也没有次位请求权,如损害赔偿请求权以及违约金请求权,也不可以对输家行使留置权以及抵销,因为二者都要以可实现的债权为前提。但如果债务人已经履行的,债务人不得请求返还,可被履行的债务可以作为保有给付之原因(法律基础应在《德国民法典》第814条)。赌博债权不具有请求力、强制执行力和依法自力实现力。但债权人仍具有处分权能,可以处分赌博之债。之所以不承认赌博债权的约束力,目的在于防止赌博毁掉一个人,但法律不能阻止债务人基于"荣誉"而自愿支付。[③]

不得返还的规则也适用于为了履行赌博或打赌之债而承担的义务,如承认、和解协议等。在技术上,没有规定赌博或打赌合同悖俗,而是规定没有拘束力,主要是为了保护合同当事人免于受到这些运气合同的不可计算的、并威胁生存的危险。[④] 也是

[①] Medicus/Lorenz, *Schuldrecht AT*, 22. Aufl., 2021, §3, Rn. 11.
[②] Fikentscher/Heinemann, *Schuldrecht AT & BT*, 12. Aufl., 2022, §15, Rn. 69.
[③] Medicus/Lorenz, *Schuldrecht AT*, 22. Aufl., 2021, §3, Rn. 8.
[④] Jauernig/Stadler, 19. Aufl., 2023, BGB §762, Rn. 1.

为了遏制对赌博的普遍热情。①

在我国,赌博合同是无效的,而且,赌博合同的无效还会延及担保权利,对于赢家获利请求权的质权,因为缺少需要被担保的债权,也不会发生效力。在债务承担的情况下,新的债务人可以主张赌博合同不生效力,这一抗辩同样也适用于债务加入。赌博合同无效的问题,不需要由输家作为抗辩提出,而是由法院依职权予以考察。反而赢家要承担主张与证明债务已经履行的责任,从而存在请求权事由。在通过承认或和解解决赌博合同的情况下,输家要说明并证明抽象的承认的基础是赌博之债。

值得注意的是,经过国家允许的彩票或者赛事彩票合同是有效的。期货合同也是有效的。

3. 处分权能的排除

在破产程序中,债务人丧失处分财产之权能(《企业破产法》第16条以下);在强制执行中,债务人也丧失处分权能。这两种情况下,处分权能被移转给第三人,债权本身因此而不完全。

(三) 债权与请求权

债权是请求权的一种,基于物权关系、身份关系以及人格权也可以产生请求权,如物上请求权、配偶间同居请求权、侵害除去请求权等。② 而且,债权与请求权的侧重点有所不同,自权利标的观察,为债权;而自权利之作用观察,则为请求权。③ 另外,基于债权可以产生代位权、撤销权、抗辩权、解除权等。④

---

① MüKoBGB/Habersack, 9. Aufl., 2024, BGB §762, Rn. 1.
② 王泽鉴:《民法总则》(重排版),北京大学出版社2022年版,第108页。
③ 郑玉波:《民法债编总论》(第7版),三民书局1978年版,第7页。
④ 孙森焱:《民法债编总论(上册)》,法律出版社2006年版,第14页。

第二章　债之关系的产生

第一节　概　　述

✎【文献指引】

常鹏翱：《悬赏广告生效制度略论》，载《法律适用》1999 年第 6 期；常鹏翱：《悬赏广告的适用范围》，载《法学》2001 年第 6 期；王泽鉴：《事实上之契约关系》，载《民法学说与判例研究(1)》，中国政法大学出版社 1998 年版；王泽鉴：《悬赏广告法律性质之再检讨》，载《民法学说与判例研究(2)》，中国政法大学出版社 1998 年版；张俊岩：《事实契约理论研究》，载《河南社会科学》2003 年第 4 期；朱庆育：《意思表示与法律行为》，载《比较法研究》2004 年第 1 期。

✎【补充文献】

徐涤宇、黄美玲：《单方允诺的效力根据》，载《中国社会科学》2013 年第 4 期；党海娟：《事实契约及其正当性之否定——兼评最高人民法院〈建设工程施工合同司法解释〉第 2 条》，载《西北大学学报(哲学社会科学版)》2015 年第 6 期；彭诚信：《〈民法总则(草案)〉债权规定的相关问题及修改建议》，载《东方法学》2016 年第 5 期；李俊：《论允诺的效力体系》，载《法商研究》2017 年第 6 期；张家骥：《我国民法中悬赏广告的法律性质研究》，载《湖南科技大学学报(社会科学版)》2019 年第 3 期；杨立新：《悬赏广告的单方允许之债属性之辩》，载《扬州大学学报》2021 年第 2 期；姚明斌：《〈民法典〉第 499 条(悬赏广告)评注》，载《南京大学学报(哲学·人文科学·社会科学)》2021 年第 2 期；姚明斌：《悬赏广告"合同说"之再构成——以〈民法典〉总分则的协调适用为中心》，载《法商研究》2021 年第 3 期；朱广新：《悬赏应征人报酬请求权的理论基础及适用条件》，载《中州学刊》2023 年第 5 期；李旭东：《悬赏广告的法律性质及实践辨析》，载《甘肃开放大学学报》2023 年第 4 期；陈醇：《法律行为的模型预设：意思表示与意思形成的区分与互补》，载《北方法学》2023 年第 4 期；杨红朝、周静：《〈民法典〉规范体系下悬赏广告规则的完善》，载《河南工业大学学报(社会科学版)》2023 年第 6 期；寇枫阳：《论意思表示公告方式选择与生效的双层构造》，载《法学论坛》2024 年第 3 期。

债之关系的产生问题,不仅仅具有理论意义,在法律适用上也具有重大意义。在每一个案件的判断过程中,都需要考察当事人之间的请求权是否成立,而大部分请求权都是基于债法上的债之关系而产生的。在请求权体系中,与债法上的请求权并列的是物权法上以实现物权为目的的物上请求权(《民法典》第234条以下)。

债之关系可以因合同、侵权行为、无因管理、不当得利以及法律的其他规定而产生(《民法典》第118条第2款)。法律的其他规定涵盖了法律上规定的所有债之关系,可以是单方法律行为,如遗赠、悬赏广告等;也可以是缔约过失(《民法典》第500条、第501条),这是一种基于交易上的接触而产生的债之关系,性质上属于法定之债,但却可以适用意定之债的规则。除此之外,法律上的规定还指代理、税款、遗失物费用返还等债之关系。概括地讲,债之关系基于法律行为或者依照法律规定而产生。

一、基于法律行为产生的债之关系

基于法律行为产生的债,又被称为意定之债。意定之债法律约束力的基础是人的意思以及法律的认可。意定之债又可以被分为基于合同产生的债之关系、基于单方行为产生的债之关系以及基于多方行为产生的债之关系(《民法典》第134条)。

(一) 基于合同产生的债之关系

《民法典》第464条继受了《民法通则》第85条的规则,规定合同是民事主体之间设立、变更、终止民事法律关系的协议。广义的合同包括物权合同、债权合同以及亲属法上的合同,如婚姻合同、收养、监护合同等。而设立、变更、终止民事法律关系,主要指订立合同,即订立债权让与合同、变更债权内容的合同以及消灭债的合同(如代物清偿合同、抵销合同等)。

《民法典》第464条第2款规定,婚姻、收养、监护等有关身份关系的协议,适用有关该身份关系的法律规定;没有规定的,可以根据其性质参照适用该编规定。据此,结婚、离婚、婚姻财产协议、收养协议、监护协议等,均应首先适用有关该身份关系的法律规定。监护制度规定在总则编,按照其性质,应规定在婚姻家庭编中,这样,对于监护协议,应先适用婚姻家庭编的规则。对于收养协议,首先应适用《民法典》中收养法的规则,收养法没有规定且按照其性质可以参照合同编规则的,适用合同编规则。在逻辑上,收养协议的主体,应当是收养人与被收养人,而且协议收养也应包括收养成年人的情况。

对于该身份关系,如果有关身份关系的法律规则未作规定,则可以参照合同编的规则。对于身份关系协议,如空床费协议、忠诚协议、探望权协议,可以适用合同订立规则,但原则上不能适用违约责任。

产生债之关系的法律行为,通常是合同。基于合同而产生的债之关系以双方意思表示的合致为成立前提,通常的缔约过程是一方要约,另一方承诺,要约与承诺一致时,合同即为成立。

合同成立后,合同当事人即可以基于合同向对方请求给付,如出卖人可以基于买卖合同请求买受人支付价款(《民法典》第 595 条),而如果买受人违反支付价款的义务,则需承担继续履行、损害赔偿等违约责任(《民法典》第 577 条)。

(二) 基于单方法律行为产生的债之关系

基于单方法律行为,也可以产生债之关系,比较典型的情况如悬赏广告、遗赠等。① 基于私法自治理念,基于合同产生的债之关系是最正当的,无须论证;而基于单方法律行为的产生债之关系,则需要法律特别规定,采类型化之模式。

1. 遗赠

遗赠属于死因行为、单方行为,主要考虑遗嘱人或遗赠人具有意志自由,其行为也不影响他人的权利领域。而且,遗赠人也无法与受其行为影响的人达成合意,因为通常受遗赠人在遗赠人死亡后才知道遗赠的存在。

2. 形成权

形成权的行使也是单方行为,但其并非是对债之关系的单方设定,而是对债之关系的单方干涉。权利人单方行使形成权,如撤销权、代理权授予、解除合同、抵销、拒绝继承、追认等,可以产生消灭、变更债之关系的效果。

3. 悬赏广告

所谓悬赏广告,是指以广告声明对完成一定行为之人给予报酬。悬赏人以公开方式声明对完成特定行为的人支付报酬的,完成该行为的人可以请求悬赏人支付报酬(《民法典》第 499 条)。

(1) 悬赏广告的性质

在性质上,悬赏广告为单方行为还是一种合同类型,学说上存在争议。采合同说者认为,悬赏人作出的悬赏广告之意思表示为要约,行为人完成特定行为,即为承诺,二者合致,成立悬赏广告合同。② 司法实践中也多有采合同说的裁决。③ 合同说比较尊重当事人的意思自由,尤其是完成特定行为之人的自由。如果确认悬赏广告为单方行为,也应增加相对人拒绝权的规定,否则会存在强迫相对人得利之虞。在《民法典》中,在未经一方同意而赋予其债权或缩减其债务的加利行为(给与行为)中,一般都会赋予获利方以拒绝权(《民法典》第 522 条第 2 款、第 552 条、第 575 条)。另外,如果将悬赏广告作为合同行为,则相对人可以排除无因管理的适用,主张基于悬赏广

---

① 朱庆育:《民法总论》(第二版),北京大学出版社 2016 年版,第 154 页,遗赠仅使遗赠义务负有移转所给付的财产利益的义务,并不会直接导致受遗赠人获得所有权。
② 崔建远:《合同法总论(上卷)》,中国人民大学出版社 2024 年版,第 303 页;韩世远:《合同法总论》(第四版),法律出版社 2018 年版,第 123 页;王泽鉴:《债法原理》(第二版)(重排版),北京大学出版社 2022 年版,第 193 页。
③ "李珉诉朱晋华、李绍华悬赏广告酬金纠纷上诉案",载《中华人民共和国最高人民法院公报》1995 年第 2 期,第 68 页;"蒋舟敏与上海市公安局悬赏广告合同纠纷案",最高人民法院(2016)最高法民申 1033 号民事裁定书。

告的请求权,但相对人也可以选择适用无因管理的规则。① 比如,甲有一辆珍贵的自行车被损坏,故以广告形式悬赏,奖励修好者 100 元,而乙不知有悬赏广告,见到该自行车损坏,即进行无因管理,修理后完好如初,花费 300 元,此时,在法律适用上,乙即可以主张基于无因管理的费用返还。

在本质上,悬赏广告对于行为人的利益并不会当然形成影响,只有行为人实施了特定行为,方可取得利益,而是否实施特定行为,则是由行为人自由决定的。所以,悬赏广告可以作为单独行为,即广告人的单独行为,行为人方面无须承诺。②

具体在悬赏之人发布悬赏广告之意思表示中,有时行为人在作出特定行为时的确考虑到了此悬赏广告的存在,在解释上,可以认为该行为的作出即为默示的承诺;③有时行为人也可能在不知道该悬赏广告的情况下作出了行为。此时,从利益状况上看,承认其作出行为的效力,使其取得报酬请求权,是比较合理的。所以,悬赏广告是一种单独行为,除非在具体情况下可以将行为人之行为解释为承诺。

根据单独行为说,在行为人为无行为能力人或限制行为能力人的情况下,只要其完成特定行为,即享有报酬请求权;而根据合同说,非完全行为能力人完成特定行为的承诺可能是无效的或者是需要其法定代理人追认的,此时,对于非完全行为能力人的保护不周。

根据单方行为说,悬赏人公开发表允诺,即产生债务,而赏金的请求权产生于完成特定行为之时。特定行为之完成,为悬赏广告之债的停止条件。④ 这里并不需要行为人对该允诺为承诺,故行为人在行为时是否知道该允诺,对赏金请求权不生影响。

为了保护行为人免于强迫受益,可以类推适用利他合同情况下第三人的拒绝权规则(《民法典》第 522 条第 2 款),行为人享有拒绝权。比如,甲丢失小猫一只,遂发布悬赏广告,邻居小孩找到该猫的,也可以拒绝受领报酬。⑤ 汽车俱乐部悬赏收到投诉最多的生产商的,该生产商也可以拒绝受领报酬。⑥

案例:甲在出入境管理局办理签证手续后于返回的路上丢失了户口本、身份证等证件,其遂发出广告,允诺 2000 元酬金给拾到证件者。4 岁的乙拾到证件,但并不知道有此广告。乙将拾到的东西交到了失物招领处,后甲取回。

---

① 姚明斌:《〈民法典〉第 499 条(悬赏广告)评注》,载《南京大学学报(哲学·人文科学·社会科学)》2021 年第 2 期,第 60 页。
② 朱广新:《悬赏应征人报酬请求权的理论基础及适用条件》,载《中州学刊》2023 年第 5 期,第 76 页以下。
③ 苏永钦:《私法自治中的国家强制——从功能法的角度看民事规范的类型与立法释法方向》,载《走入新世纪的私法自治》,中国政法大学出版社 2002 年版,第 29 页以下。苏永钦教授认为法律性质争议意义不大,主要是当事人的意思自由,当事人愿意采单方行为,不必禁止。
④ 史尚宽:《债法总论》,中国政法大学出版社 2000 年版,第 33 页。
⑤ Looschelders, *Schuldrecht AT*, 21. Aufl., 2023, §5, Rn. 3.
⑥ Medicus/Lorenz, *Schuldrecht AT*, 22. Aufl., 2021, §8, Rn. 3.

本案中,甲作出悬赏广告,即产生支付酬金的义务。乙完成了广告中的特定行为,所以,乙对甲应享有要求支付 2000 元酬金的请求权。甲不能以乙是未成年人或者乙不知道广告为由进行抗辩,拒绝支付酬金。如果乙的父母认为乙是在学雷锋做好事,即可代为意思表示,拒绝受领该酬金。

(2) 构成

首先,发出悬赏广告的人,为悬赏人。悬赏人可以是自然人、私法人,也可以是公法人,如公安机关。公安机关发出的提供犯罪线索的悬赏通告,亦属于悬赏广告,任何人按照广告公布的条件,完成了广告所指定的行为,即对公安机关享有酬金请求权。①

其次,悬赏人要以公开方式向不特定的相对人作出意思表示,由于悬赏广告是针对不特定相对人的,所以,悬赏人通常是以发布公告的形式作出意思表示。以公告方式作出的意思表示,公告发布时生效(《民法典》第 139 条)。

最后,意思表示的内容是对完成特定行为的人支付报酬,特定行为应当是依通常观念须经由一定努力完成的行为。所谓特定行为,既可以是特定之"行为",也可以是要发生"特定效果"的行为,既可以是事实行为,也可以是法律行为。② 2017 年《执行财产调查规定》第 24 条第 1 款规定:有关人员提供人民法院尚未掌握的财产线索,使申请发布悬赏公告的申请执行人的债权得以全部或部分实现的,人民法院应当按照悬赏公告发放悬赏金。该规定中所指的特定行为即为以发生特定效果为内容的事实行为。

悬赏广告之目的在于要求他人为一定之行为,至于该行为对于悬赏人是否有利,在所不问,比如广告人表示对于发现其产品瑕疵者给予一定报酬,虽然对于广告人不利,甚或没有经济利益,但也成立悬赏广告。进一步讲,行为人必须完成悬赏人指定的行为。比如,互联网平台发布悬赏广告,对邀请好友注册者奖励现金红包,而行为人专为获得邀请者奖励而组建的微信群、采用另行给付受邀请者金钱的物质奖励方式邀请大量新用户的行为,则不属于完成指定行为。③

悬赏人支付的报酬,可以是金钱利益,也可以是非金钱利益或精神性表彰。

(3) 撤回

悬赏人一旦做出悬赏广告,即发生效力,但在报酬请求权上附有停止条件。所以,在指定行为完成前,悬赏人得撤销悬赏广告(我国台湾地区"民法"第 165 条)。为

---

① "鲁瑞庚诉东港市公安局悬赏广告纠纷案",载《中华人民共和国最高人民法院公报》2003 年第 1 期(总第 81 期),第 30—31 页。
② 姚明斌:《〈民法典〉第 499 条(悬赏广告)评注》,载《南京大学学报(哲学·人文科学·社会科学)》2021 年第 2 期,第 63—64 页。
③ 曹钰:《网络悬赏广告纠纷案——"人工刷量"行为不应得到支持和鼓励》,载《法治论坛》第 57 辑,第 348 页。

了确保相关第三人可推知撤回之意思，对于悬赏广告之撤回，应以与原广告同一之方法为之（《德国民法典》第658条）。悬赏广告人撤回悬赏广告的，将确定地不生悬赏广告之效力。另外，为防止第三人陷于不安，从而妨碍广告目的之达成，允许悬赏广告人抛弃撤回之权利。

有疑问的是，若相对人已经开始准备或实施特定行为，因此支出了费用、劳动，对此可否请求悬赏广告人予以赔偿。在德国法上，悬赏人原则上不负有赔偿义务。但《瑞士债务法》第8条第2款、我国台湾地区"民法"第165条规定，除非广告人证明行为人不能完成其行为，对于行为人因广告善意所受之损害，应负赔偿责任。但以不超过约定报酬额为限。

（4）效力

完成悬赏广告中的指定行为者，可以向悬赏人请求支付报酬。

在物权人悬赏寻找遗失物时，找到并返还该遗失物者，可以请求物权人支付报酬（《民法典》第317条第2款），拾得人返还原物的义务并不影响报酬请求权的成立。但是拾得人侵占遗失物的，即无权请求保管遗失物等支出的费用，也无权请求权利人按照承诺履行义务（《民法典》第317条第3款）。因为，拾得人侵占遗失物的，即没有完成悬赏广告中的指定行为。

在数人完成指定行为的情况下，如果是分别先后完成的，先完成者享有报酬请求权；如果是数人同时分别完成的，则应当平分报酬；如果是数人协力完成的，悬赏人应公平衡量、参酌各人对特定行为完成之贡献，分配该报酬。分配显失公平者，不发生拘束力（《德国民法典》第659条）。在数人完成指定行为时，悬赏人善意支付给最先通知者，其给付义务即消灭（我国台湾地区"民法"第164条第3款）。

《执行财产调查规定》第23条第1款规定了根据先来后到分配报酬的规则，在悬赏公告发布后，有关人员向人民法院提供财产线索的，人民法院应当对有关人员的身份信息和财产线索进行登记；两人以上提供相同财产线索的，应当按照提供线索的先后顺序登记。

4. 优等悬赏广告

所谓优等悬赏广告（Ausschreibung），是指对完成悬赏广告所指定行为的人中被评定为优等者给予报酬之广告（《德国民法典》第661条）。

在优等悬赏广告情况下，报酬请求权的成立，不仅要求完成指定行为，而且完成之行为需被评定为优等。

在构成上，首先，需要悬赏人有对评定为优者给予报酬的意思。其次，应设定一定的应征期限，以有奖应征为内容的悬赏广告，有应征期限的，方为有效。最后，完成指定行为的人存在应征的意思通知。

在有奖应征期内所为之行为，是否合于悬赏广告，或者是否为数个应征行为中的最优者，由广告所指定的人确定，无指定人的，应由悬赏人评定。悬赏人应在悬赏广告中公开声明对完成特定行为者依公告的标准作优劣比较之评价,进而决定报酬归属。悬赏人自行进行优劣比较之评定,无须接受司法审查。①

在悬赏广告中确定应转让工作成果所有权的,悬赏人得请求之。

5. 给奖承诺

经营者向消费者寄送给奖承诺,且因寄送之构成可使人认为消费者已经赢得该奖项的,经营者应向消费者给付该奖项(《德国民法典》第661a条),如游戏公司向用户配送网络游戏包。较之于悬赏广告,给奖承诺缺乏公开悬赏的意思表示,也没有指定完成特定行为;较之于优等悬赏广告,给奖承诺没有竞争行为。所以,本书认为,在立法论上,为保护消费者,应当规定给奖承诺具有单方行为的效力。

6. 单方允诺

单方允诺进行给付,给对方造成信赖的情况下,如果涉及的是订立合同,可以通过中断磋商制度解决;如果涉及的是信息提供或者咨询情况,可以通过说明义务违反型的缔约过失制度处理。

有疑问的是,涉及其他合同内容时应当如何处理。《商品房买卖合同解释》第3条规定:"商品房的销售广告和宣传资料为要约邀请,但是出卖人就商品房开发规划范围内的房屋及相关设施所作的说明和允诺具体确定,并对商品房买卖合同的订立以及房屋价格的确定有重大影响的,构成要约。该说明和允诺即使未载入商品房买卖合同,亦应当为合同内容,当事人违反的,应当承担违约责任。"该规则下,单方允诺会形成合同上的拘束力。《民法典》合同编一审稿第281条将该规则上升为一般性规则,并增加了信赖要件,该条规定:"当事人一方在订立合同前向对方所作的允诺内容具体确定,对合同的订立有重大影响,对方有理由相信其为合同内容的,该允诺视为合同条款。"这样的规则在大陆法系传统下争议很大,因为在大陆法系传统之下,合同要具有拘束力,必须以双方当事人达成合意为前提。不过,具有拘束力的单方允诺倒是英美法系接受的规则。

在英美法系,合同之债的主要构成要件是允诺,通过允诺对待给付,或者通过允诺受领人另外的、统一提供的对待的代价而发生效力,并在这一意义上达成交易。不过,合同要发生拘束力,还需要约因(consideration),约因不仅为私人自治划定了空间,还具有推定功能,推定当事人已经进行了私人自治并且使法律规则发生了效力。所以,具有约因的给付允诺就具有了拘束力。②

(三) 基于多方行为产生的债之关系

除了单方行为,多方法律行为亦可以产生债,如合伙或公司设立行为。在法律上,一般称多方行为为"协议",协议被撤销或无效通常不影响合伙或公司的设立;协

---

① 王泽鉴:《债法原理》(第二版)(重排版),北京大学出版社2022年版,第200页。
② Stoll, Vertrauensschutz bei einseitigen Leistungsversprechen, in: FS für Flume, S. 741 f.

议解除,通常亦采用退伙等形式,其效力不溯及既往,而是向将来发生。

二、法定债之关系

法定债之关系包括缔约过失之债(《民法典》第 500 条、第 501 条)、无因管理之债(《民法典》第 121 条、第 979 条)、物上请求权以及所有权人占有人关系中的债之关系(《民法典》第 234 条以下、第 458 条以下)、侵权之债(《民法典》第 1165 条以下)以及不当得利返还之债(《民法典》第 122 条、第 985 条以下),其构成要件各不相同,但在法律效果上都体现为请求权。

除了这些主要的债之关系,在《民法典》中还有一些其他的法定债之关系,如总则编中的代理权之授予(《民法典》第 161 条)、合同编中的提存之法律关系(《民法典》第 570 条)、买卖不破租赁规则中的债之关系(《民法典》第 725 条),物权编中的共有关系(《民法典》第 307 条)、因相邻关系而生的损害赔偿请求权(《民法典》第 296 条)、遗失物拾得人的报酬请求权(《民法典》第 317 条),婚姻家庭编中的抚养义务、监护人与被监护人之间的关系、遗产继承人与遗产占有人之间的关系等。可以说,法定债之关系贯穿整个民法。

对于法定债之关系的产生,依其性质可以适用合同编通则的,可以适用合同编通则的一般规则,尤其可以适用那些条文中含有债权债务字眼的规则。而对于意定之债,如果没有规定排除条款,即应适用总则规定(如法律行为的规则)。例如,对于不当得利之债以及侵权之债,并不考察行为能力是否完全的问题;对于买卖合同而言,行为能力完全则是合同有效的前提。

三、事实合同

一般而言,合同只能根据当事人意思合致而成立。但有疑问的是,除此之外,合同得否因一定的事实过程而成立?

(一) 事实合同理论

在德国著名的"停车场案"中①,某汽车司机将汽车停在汉堡市政厅的停车场,停车场处标记有"须支付停车费以及受保管"等字眼,但是司机拒绝订立保管合同,因为他认为该停车场应属于无偿使用的公共停车场,也就是说,司机停车了,但明确表示对要约不承诺。联邦法院认为:任何人在营业期间利用停车场之行为,即可作为合同关系成立之基础,至于停放汽车者是否具有此项意思,在所不问,故判决汽车司机支付停车费,这就意味着司机承担了没有合同(即没有合意)的合同性给付义务。

德国学者豪普特由此案出发并结合其他诸如基于团体关系以及社会给付关系而产生的事实的合同关系案例类型,提出了事实合同关系的概念。在不存在法律行为

---

① BGHZ 21 319.

的情况下,基于事实过程(tatsächliche Vorgänge)却产生了合同之法律效果,此种情况被豪普特称为事实合同关系(faktische Vertragsverhältnisse)①,并被视为与法定之债、意定之债并列的第三种债之关系发生的基础。

豪普特教授具体将事实合同分为三种:第一种是基于社会接触而生的事实关系,如缔约过失或好意搭乘情况下的驾驶人责任;第二种是因事实上被纳入团体关系而生的合同关系,如劳动合同被撤销后,效力并不溯及既往,即因劳务提供而产生的事实劳动合同关系仍然存在;第三种是因典型的社会供应义务而产生的事实合同关系,具体如公共汽车、水、电供应等事实合同关系。②

(二) 事实合同的反驳

本书认为,对于第一种类型,大可不必将之统一于事实合同的概念之下,分别通过缔约过失责任或者侵权责任即可处理。

对于第二种类型,德国现代学说更倾向于称其为有瑕疵的合同关系(fehlerhafte Vertragsverhältnisse),有瑕疵的合同关系不能被理解为存续的合同关系。但尽管没有有效的合同关系,在某些情况下基于有瑕疵的合同关系还是会产生一定的合同法上的效果。③

对于第二种类型,豪普特采取的是扩张合同概念的思路,将合同的概念扩张至独立于意思的客观合同,将合同效力之基础确立在所谓的社会典型行为(sozialtypisches Verhalten)之基础上。应当说,以意思为内容的合同是现代私法的最大成就之一,如无特别需要,还是不宜改变的。故应舍弃这种思路,而改采填补法定债之关系的法律漏洞的思路,进行法律续造,构造新的法定之债的类型。

具体而言,对于存在无效或可撤销事由的继续性债之关系,如劳动或者合伙关系,通过不当得利制度救济,的确有些困难,因为无法确定给付以及财产变动,而且债权人和债务人已经信赖合同关系的存在。故学说上认为,该类合同的无效或者可撤销只向将来发生效力,但首先,必须存在一个合同,无论其是否有效;其次,该存在无效或可撤销事由的合同已经被履行。④

2009年的《物业服务司法解释》第10条第2款规定:"物业服务企业拒绝退出、移交,并以存在事实上的物业服务关系为由,请求业主支付物业服务合同权利义务终止后的物业费的,人民法院不予支持。"该规则否定了物业服务事实合同的存在。

对于第三种类型,即基本需求供应合同,如煤气、水、电供应合同、乘公共交通工具或者停车合同,其问题是没有明示的意思表示,也就是说没有作为合同基础的意思

---

① Gerhard Haupt, Über faktische Vertragsverhältnisse, 1941. 另参见王泽鉴:《事实上之契约关系》,载《民法学说与判例研究(第一册)》,北京大学出版社2009年版。
② 刘春堂:《民法债编通则(一)契约法总论》(增修版),作者自版2011年版,第91页。
③ Fikentscher/Heinemann, Schuldrecht AT & BT, 12. Aufl., 2022, §17, Rn. 75.
④ A. a. O., Rn. 77.

表示。有学者认为这类合同履行请求权的基础在于所谓的社会典型行为(sozialtypisches Verhalten)。① 根据该学说,只要一方要求给付,合同就订立了,但这会带来一系列弊端。例如,社会典型行为学说违反了限制行为能力人应受保护的原则,根据该学说,限制行为能力人通过要求给付的行为即订立了合同,如此就不存在考察该行为是否在法律上有利于限制行为能力人之空间。

而且,这些涉及基本需求的供应合同,均可以根据既有的合同订立以及不当得利返还等民法的基本原则予以解决。例如,合同亦可以通过默示的意思表示而成立,乘客购买车票或者刷卡的行为中就存在一个默示的意思表示。问题是,如果在要求给付时,明确表示不愿意订立合同,如上述的停车场案件,如何处理呢?有学者认为,拒绝并不影响对价支付请求权,其思想基础可以在既定法中找到根据,如在承揽、雇佣合同中,单方的意思表示也不能排除支付报酬的义务。② 在结果上,不应根据行为人的主观意思,而应根据其要求提供给付的客观表示来认定默示的意思表示。

在使用人利用并未为其准备的给付时,通常不能作如上解释,即不存在有效的合同。例如,对于逃票等行为,并无法推出默示的意思表示,并无有效的合同,因为法律不能赋予违法者以权利。至于补票等义务属于公法上的义务,并非合同之效果。③

(三) 事实合同制度的反思

虽然事实合同制度并未被学界广泛认可,但其主要观点对于我们理解与认识法律行为仍能够起到"警醒"之作用,对于拒绝购买车票而乘坐公共交通工具者,通过事实合同理论解释,并非完全没有道理。④

我国台湾地区"大众捷运法"第49条第1款即规定:"旅客无票、持用失效车票或冒用不符身分之车票乘车者,除补缴票价外,并支付票价五十倍之违约金。"由此可知,该法采用了事实合同理论。另外,我国台湾地区"电信法"以及"邮政法"均规定,无行为能力人或限制行为能力人为电信或邮政行为,均被视为有行为能力,也可以被认为是事实合同的具体应用。

四、缔约过失

当事人为缔结合同而接触、磋商、谈判直至订立合同,彼此间的信赖随之俱增,权利义务关系有强化的必要。债法基于诚实信用原则,发展出缔约之际即已存在的附随义务或保护义务制度,债务人违反该义务的,即构成"缔约过失"。缔约之际的接触、磋商等行为并未引发给付义务,而是仅产生了保护义务,当事人违反保护义务,也需承担损害赔偿责任。

---

① Gernhuber, Das Schuldverhältnis, 1989, S. 117-122.
② Fikentscher/Heinemann, *Schuldrecht AT & BT*, 12. Aufl., 2022, §17, Rn. 78.
③ A. a. O., Rn. 79 f.
④ 刘春堂:《民法债编通则(一)契约法总论》(增修版),作者自版2011年版,第94页。

《民法典》第 157 条一般性地规定了合同被撤销或者无效情况下的缔约过失损害赔偿责任。《民法典》第 500 条列举了两种具体类型,即"假借订立合同,恶意进行磋商"以及"故意隐瞒与订立合同有关的重要事实或者提供虚假情况";并在第 3 款规定了兜底条款,即其他违背诚实信用原则的行为。《民法典》第 501 条则具体规定了泄露或不正当地使用商业秘密或者信息等类型的缔约过失责任。在订立合同过程中,一方当事人泄露或不正当地使用商业秘密或者信息,造成对方损失的,应当承担损害赔偿责任。

在性质上,缔约过失责任是一种独立的法定责任。[1] 但缔约过失并非传统意义上的法定之债,尤其不能适用侵权法规则。缔约过失亦非合同之债,因为其并不以合同订立为前提,但对于缔约过失,可以适用合同法规则。对债权人而言,在利益状况上,通过合同法规则解决缔约前的责任问题,要优于通过侵权法解决缔约前的责任问题。

五、法定之债与意定之债的并存

法定债之关系与意定债之关系可能并存。具体情形大致可归纳为四类:规范排除的竞合、选择性竞合、请求权聚合与请求权基础竞合。一般而言,在规范排除的竞合中,一个请求权规范会排除另一个请求权规范的适用:高位阶法排除低位阶法,特别法排除一般法,新法排除旧法。在选择性竞合中,就两个以上不同内容的请求权(或一个请求权和一个形成权),当事人可以择一行使。在请求权聚合中,当事人得同时主张数个不同内容的请求权。在请求权基础竞合中,就内容相同的数个请求权,当事人只能择一行使。[2] 此时,一个生活事实可能产生两个或多个请求权基础,即所谓的请求权基础竞合。

> 案例:甲在为乙的汽车保养时,安错了刹车。乙提车后,在行驶中,由于刹车失灵出了车祸。乙因此受伤,汽车也受到严重损害。
> 另假设,甲是派学徒丙进行的保养,如何处理?

在存在多个请求权基础的情况下,必须考察所有的请求权基础。本案中,乙得基于合同而请求甲赔偿其人身损害。同时,亦能根据侵权法上的请求权基础请求甲赔偿。如果是甲委派的学徒丙履行合同而造成的损害,则依据履行辅助人制度,甲得对丙的履行行为承担责任;从侵权法思路出发,丙为甲的雇员,甲亦需对丙的行为承担使用人责任。上述两种情况均构成了请求权基础竞合。

有观点认为,此种情况是请求权规范竞合,只存在一个实体法上的请求权,但在规范上存在多个基础。[3]《民法典》第 186 条即规定,因当事人一方的违约行为,损害

---

[1] Medicus/Lorenz, *Schuldrecht AT*, 22. Aufl., 2021, §40, Rn. 10.
[2] 朱庆育:《民法总论》(第二版),北京大学出版社 2016 年版,第 566 页以下。
[3] Larenz/Wolf, *AT des BGB*, 9. Aufl., 2004, §18, Rn. 36 ff.

对方人身权益、财产权益的,受损害方有权选择请求其承担违约责任或者侵权责任。

该学说固然有利于统一实体法上的请求权与诉讼法上的请求权,但在实体法内部存在重大冲突,因为基于合同的请求权与侵权法上的请求权在构成要件、诉讼时效等方面都存在重大不同。故此,有不同观点认为,对于一个生活事实可能产生两个或多个请求权的现象,虽然债权人只能请求一次给付,但其享有两个实体法上的请求权。① 有学者认为这两种情况均存在,请求权基础竞合是广义的请求权竞合,而两个请求权竞合属于狭义的请求权竞合。例如,在租赁期满的情况下,出租人可以依据《民法典》第 733 条请求承租人返还标的物,也可以基于《民法典》第 235 条主张原物返还请求权,此即为两个实体法上的请求权竞合。② 竞合的所有请求权是针对同一给付的,而对该给付,债权人只能要求一次。如果其中一个请求权得到了履行,则其他请求权随之消灭③,其原因在于各相互竞合的请求权具有同样的经济目的。

在诉讼法上,依据新诉讼标的说,请求权基础并不直接决定诉讼标的,相反,当事人的请求或主张本身才是诉讼标的,故不能在诉讼中分别主张竞合的请求权基础,即使是多个实体法上的请求权,也只构成一个诉讼标的。但是从实体法角度看,请求权之间原则上不相互影响,只有在例外情况下,通过对存在利益的评价而相互影响。④

比如在例外情况下,处于请求权规范竞合关系的合同法规则对侵权法规则会产生影响。例如,在保管合同情况下,无偿保管人仅对故意或重大过失承担损害赔偿责任(《民法典》第 897 条),若保管人应承担的侵权法责任与该责任减轻规则存在内在关联,则该责任减轻规则亦应对侵权法上的请求权产生影响,因为该责任减轻规则的目的在于优待那些行为不是为了自己利益的"侵害人",该规则目的不能因为竞合而被消除。所以,该规则亦应适用于侵权法上请求权的构成。⑤

由于请求权竞合的本质属于法官适用法律的问题,故此,应由法官依职权确定具体规则的适用,而非由当事人自由选择。而根据《民法典》第 186 条,在同一事实既符合违约构成要件,也符合侵权责任构成要件的情况下,当事人可以自己选择请求权基础。实践中实行的案由制度进一步要求当事人必须选择请求权基础。这对于当事人来讲,实质上并非是一种权利,因为当事人一旦选定一种请求权基础,即很可能意味着丧失了其他请求权基础;若选定的请求权基础不构成,再以其他请求权基础起诉,人民法院很可能会以一事不再理原则而判定不予受理。即使人民法院能够受理,当事人也需承担"二次诉讼"的成本。当事人自由选择模式,实在不利于当事人实体权利的实现。

---

① Medicus/Lorenz, *Schuldrecht AT*, 22. Aufl., 2021, §33, Rn. 2.
② 朱庆育:《民法总论》(第二版),北京大学出版社 2016 年版,第 568 页以下。
③ 〔德〕卡尔·拉伦茨:《德国民法通论(上册)》,王晓晔等译,法律出版社 2003 年版,第 351 页。
④ Arens, Zur Anspruchskonkurrenz bei mehreren Haftungsgründen, AcP 170 (1970), 400.
⑤ Medicus/Lorenz, *Schuldrecht AT*, 22. Aufl., 2021, §33, Rn. 5.

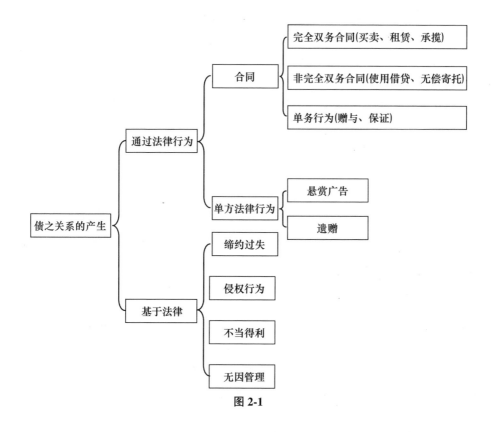

图 2-1

第二节 合同之债的成立

✎ 【文献指引】

合同之债与合同自由：苏明诗：《契约自由与契约社会化》，载郑玉波主编：《民法债编论文选辑（上）》，五南图书出版股份有限公司 1984 年版；尹田：《契约自由与社会公正的冲突与平衡——法国合同法中意思自治原则的衰落》，载梁慧星主编：《民商法论丛》（第 2 卷），法律出版社 1994 年版；姚新华：《契约自由论》，载《比较法研究》1997 年第 1 期；江平、程合红、申卫星：《论新合同法中的合同自由原则与诚实信用原则》，载《政法论坛》1999 年第 1 期；苏号朋：《论契约自由兴起的历史背景及其价值》，载《法律科学（西北政法学院学报）》1999 年第 5 期；李永军：《从契约自由原则的基础看其在现代合同法上的地位》，载《比较法研究》2002 年第 4 期；孙学致：《契约自由、"契约自由权"与契约权利——一个私权逻辑理论视角的分析》，载《吉林大学社会科学学报》2006 年第 5 期；王丽萍：《对契约自由及其限制的理性思考》，载《山东大学学报（哲学社会科学版）》2006 年第 6 期；罗昆：《鼓励交易原则的反思与合理表达》，载《政治与法律》2017 年第 7 期；许德风：《合同自由与分配正义》，载《中外法学》2020

年第4期;谢鸿飞:《〈民法典〉合同编内在体系的变迁》,载《山西大学学报(哲学社会科学版)》2020年第6期。

【补充文献】

杨彪:《协商的代价:数字社会合同自由的认知解释与算法实现》,载《中外法学》2022年第2期。

合同的订立 [德]康拉德·茨威格特、海因·克茨:《三大法系的要约与承诺制度》,孙宪忠译,载《外国法译评》2000年第2期;钱玉林:《论要约内容的确定性》,载《南京大学法律评论》2000年第1期;吴高臣:《要约收购不实披露的民事救济》,载《中国法学》2003年第5期;韩世远:《默示的承诺与意思实现——我国〈合同法〉第22条与第26条的解释论》,载《法律科学(西北政法学院学报)》2003年第1期;隋彭生:《论要约邀请的效力及容纳规则》,载《政法论坛》2004年第1期;尹飞:《要约、要约邀请与预约的要约》,载王利明等主编:《合同法评论》(第3辑),人民法院出版社2004年版;崔建远:《意思实现理论的梳理与评说》,载《河北法学》2007年第5期;王敬华:《论要约邀请的法律意义之有无》,载《武汉大学学报(哲学社会科学版)》2007年第2期;叶金强:《合同法上承诺传递迟延的制度安排》,载《法学》2012年第1期;朱广新:《要约不得撤销的法定事由与效果》,载《环球法律评论》2012年第5期;隋彭生:《合同法律关系成立新探——从"法律事实"出发的理论分析》,载《政治与法律》2012年第7期;李锡鹤:《再论要约何时生效》,载《华东政法大学学报》2013年第2期;朱岩、潘玮璘:《承诺方式制度比较研究——以我国〈合同法〉与〈联合国国际货物销售合同公约〉为例》,载《法学家》2014年第5期。

【补充文献】

[德]扬·冯·海因、[德]莉迪亚·贝伊:《要约通知与单纯沉默》,王蒙译,载《华东政法大学学报》2016年第2期;唐晓晴:《要约与承诺理论的发展脉络》,载《中外法学》2016年第5期;耿林:《论意思表示的到达效力》,载《东南大学学报(哲学社会科学版)》2016年第5期;齐鹏、王荐举:《〈联合国国际货物销售合同公约〉中"镜像规则"之突破——兼评我国合同立法下要约与承诺的合意判定》,载《法学杂志》2017年第5期;王洪亮:《电子合同订立新规则的评析与构建》,载《法学杂志》2018年第4期;杨代雄:《〈合同法〉第14条(要约的构成)评注》,载《法学家》2018年第4期;罗昆:《缔约方式发展与民法典缔约制度完善》,载《清华法学》2018年第6期;韩世远:《民法典合同编一般规定与合同订立的立法问题》,载《法学杂志》2019年第3期;王洪亮:《论合同的必要之点》,载《清华法学》2019年第6期;王保民、庄叔乔:《"一带一路"视域下合同"镜像规则"研究》,载《青海社会科学》2020年第3期;石冠彬:《论民法典网购合同成立时间规则的适用》,载《东方法学》2022年第3期;崔建远:《合同解

释与合同订立之司法解释及其评论》，载《中国法律评论》2023 年第 6 期；石宏：《〈合同编通则司法解释〉对合同订立制度的发展》，载《上海政法学院学报（法治论丛）》2024 年第 2 期；朱李圣：《〈民法典〉第 476 条（要约之可撤销性及其限制）评注》，载《法学家》2024 年第 2 期；李潇洋：《合同订立中的第三人责任——〈民法典合同编解释〉第 5 条的释评与展望》，载《法学家》2024 年第 3 期。

合同的形式：卓小苏：《电子合同形式论》，载《法商研究（中南政法学院学报）》2002 年第 2 期；韩世远：《试论合同的形式》，载《杭州师范学院学报（社会科学版）》2002 年第 2 期；王洪：《合同形式欠缺与履行治愈论——兼评〈合同法〉第 36 条之规定》，载《现代法学》2005 年第 3 期；王洪：《合同形式研究》，法律出版社 2005 年；王雷：《合同形式及其对合同效力的影响》，载《研究生法学》2008 年第 1 期；朱广新：《论违背形式强制的法律后果》，载《华东政法大学学报》2009 年第 5 期；杨代雄：《合同的形式瑕疵及其补正——〈合同法〉第 36 条的解释与完善》，载《上海财经大学学报》2011 年第 6 期；鲁春雅：《论法律行为补正制度的建构》，载《清华法学》2011 年第 4 期。

✒ **【补充文献】**

马新彦：《法律行为形式要件的反思与未来民法典的完善》，载《政法论丛》2016 年第 3 期；唐晓晴：《论法律行为的形式——罗马法的传统与近现代民法的演变》，载《法学家》2016 年第 3 期；肖伟志、汪婷：《论合同书规则的独立性》，载《湘潭大学学报（哲学社会科学版）》2018 年第 6 期；朱广新：《书面形式与合同的成立》，载《法学研究》2019 年第 2 期；高庆凯：《合同形式主义的演进及其影响——消费者保护的视角》，载《法学研究》2022 年第 5 期。

强制缔约：易军、宁红丽：《强制缔约制度研究——兼论近代民法的嬗变与革新》，载《法学家》2003 年第 3 期；崔建远：《强制缔约及其中国化》，载《社会科学战线》2006 年第 5 期；黄龙：《强制缔约批判》，载胡平仁主编：《湘江法律评论》（第 7 卷），湘潭大学出版社 2008 年版；李军：《从"强制缔约"到"承诺在先"——关于公共事业服务中承诺在先原则确立的实证分析》，载《法律适用》2008 年第 1 期；冉克平：《论强制缔约制度》，载《政治与法律》2009 年第 11 期；冉克平：《强制缔约制度研究》，中国社会科学出版社 2010 年版；朱岩：《强制缔约制度研究》，载《清华法学》2011 年第 1 期；瞿艳：《强制缔约制度与经济法的契合性解读》，载《政治与法律》2013 年第 7 期。

✒ **【补充文献】**

沈同仙：《〈劳动合同法〉中劳资利益平衡的再思考——以解雇保护和强制缔约规定为切入点》，载《法学》2017 年第 1 期；肖朦恺：《〈民法典〉中强制缔约义务条款解释论》，载欧阳本祺主编：《东南法学》（第五辑），东南大学出版社 2022 年版；孙清白：

《论大型平台企业数据交易强制缔约义务》，载《中外法学》2024年第1期；谢鸿飞：《普遍服务义务及其私法实现——兼论〈民法典〉第494条内蕴的公法与私法关系》，载《齐鲁学刊》2024年第3期。

格式条款/定型化合同/附合合同：刘宗荣：《论免责约款之订入定型化契约》，载郑玉波主编：《民法债编论文选辑(上)》，五南图书出版股份有限公司1984年版，第248页以下；黄越钦：《论附合契约》，载郑玉波主编：《民法债编论文选辑(上)》，五南图书出版股份有限公司1984年版，第288页以下；刘春堂：《一般契约条款之解释》，载郑玉波主编：《民法债编论文选辑(上)》，五南图书出版股份有限公司1984年版，第221—247页；刘宗荣：《定型化契约论文专辑》，三民书局1993年版；韩世远：《免责条款研究》，载梁慧星主编：《民商法论丛》(第2卷)，法律出版社1994年版；詹森林：《定型化契约之基本问题》，载《月旦法学杂志》1996年第3期；詹森林：《消费者保护法与预售屋买卖定型化契约》，载《台湾大学法学论丛》1998年第4期；王利明：《对〈合同法〉格式条款规定的评析》，载《政法论坛》1999年第6期；王泽鉴：《定型化契约的司法控制》，载《民法学说与判例研究(7)》，中国政法大学出版社1998年版；苏号朋：《格式合同条款研究》，中国人民大学出版社2004年版；王全弟、陈倩：《德国法上对格式条款的规制——〈一般交易条件法〉及其变迁》，载《比较法研究》2004年第1期；高圣平：《格式合同司法规制中的几个问题》，载王利明等主编：《合同法评论》(第4辑)，人民法院出版社2005年版；高圣平：《格式条款识别探析——兼评我国相关地方立法》，载《吉首大学学报(社会科学版)》2005年第2期；朱岩：《格式条款的基本特征》，载《法学杂志》2005年第6期；詹森林：《定型化契约条约效力之规范——2001年台上字第2011号、2002年台上字第2220号、2003年台上字第39号判决之商榷》《"最高法院"与定型化契约法之发展——"民法"第二四七条之一裁判之研究》《消费者保护法之定型化契约的最新实务发展》，载氏著：《民事法理与判决研究》(第四册)，中国政法大学出版社2009年版；杜景林：《合同规范在格式条款规制上的范式作用》，载《法学》2010年第7期；祁春轶：《德国一般交易条款内容控制的制度经验及其启示》，载《中外法学》2013年第3期；解亘：《格式条款内容规制的规范体系》，载《法学研究》2013年第2期；王剑一：《合同条款控制的正当性基础与适用范围——欧洲与德国的模式及其借鉴意义》，载《比较法研究》2014年第1期；马一德：《免除或限制责任格式条款的效力认定》，载《法学》2014年第11期；朱广新：《论合同订立过程中的格式之战问题》，载《法学》2014年第7期。

【补充文献】

马宁：《保险格式条款内容控制的规范体系》，载《中外法学》2015年第5期；马辉：《格式条款规制标准研究》，载《华东政法大学学报》2016年第2期；张友连：《格式条款司法规制的逻辑分析——以〈最高人民法院公报〉案例为对象》，载《河北法学》

2017年第3期;金晶:《合同法上格式之战的学说变迁与规范适用》,载《环球法律评论》2017年第3期;汪洋:《消费者合同中价格条款的法律规制》,载《华东政法大学学报》2017年第5期;卢志刚:《网络第三方支付格式合同再规制研究——基于行为法律经济学视角》,载《政法论丛》2017年第5期;贺栩栩:《〈合同法〉第40条后段(格式条款效力审查)评注》,载《法学家》2018年第6期;胡安琪、李明发:《网络平台用户协议中格式条款司法规制之实证研究》,载《北方法学》2019年第1期;徐涤宇:《非常态缔约规则:现行法检讨与民法典回应》,载《法商研究》2019年第3期;吴逸宁:《格式条款使用人的单方变更之规范构建》,载《北方法学》2020年第2期;宁红丽:《平台格式条款的强制披露规制完善研究》,载《暨南学报(哲学社会科学版)》2020年第2期;贺栩栩:《〈民法典〉格式条款的效力审查规范解读——以零时生效条款与等待期条款为例》,载《苏州大学学报(哲学社会科学版)》2020年第4期;王天凡:《〈民法典〉第496条(格式条款的定义及使用人义务)评注》,载《南京大学学报(哲学·人文科学·社会科学)》2020年第6期;沈小军:《从明确说明义务到信息提供义务——保险消费者自主决定权保障制度再造》,载《法商研究》2021年第2期;杨显滨:《网络平台个人信息处理格式条款的效力认定》,载《政治与法律》2021年第4期;李世刚:《法律行为内容评判的个案审查比对方法——兼谈民法典格式条款效力规范的解释》,载《法学研究》2021年第5期;吕冰心:《论网络格式合同条款的特性与规制》,载《法学杂志》2022年第3期;殷秋实:《〈民法典〉第496条(格式条款的定义与订入控制)评注》,载《中国应用法学》2022年第4期;夏庆锋:《网络合同格式条款提示说明义务的履行瑕疵与完善措施》,载《清华法学》2022年第6期;夏庆锋:《在线订立格式条款的效力分析》,载《环球法律评论》2023年第3期;孟强:《合同格式条款效力的法律控制——以〈民法典〉合同编及其司法解释为中心》,载《广东社会科学》2024年第1期;黄绍坤:《平台规则效力判定标准的重构》,载《法学评论》2024年第3期。

预约:韩强:《论预约的效力与形态》,载《华东政法学院学报》2003年第1期;钱玉林:《预约合同初论》,载《甘肃政法学院学报》2003年第4期;唐晓晴:《预约合同法律制度研究》,澳门大学2004年博士学位论文;白玉:《预约合同的法理及其应用》,载《东岳论丛》2009年第7期;隋彭生:《论试用买卖的预约属性》,载《政治与法律》2010年第4期;王建东、杨国锋:《预约合同的效力及判定——以商品房买卖预约合同为例》,载《浙江学刊》2011年第1期;汤文平:《德国预约制度研究》,载《北方法学》2012年第1期;陆青:《〈买卖合同司法解释〉第2条评析》,载《法学家》2013年第3期;刘承韪:《预约合同层次论》,载《法学论坛》2013年第6期;王利明:《预约合同若干问题研究——我国司法解释相关规定述评》,载《法商研究》2014年第1期;汤文平:《论预约在法教义学体系中的地位——以类型序列之建构为基础》,载《中外法学》2014年第4期。

🔖 **【补充文献】**

叶锋:《论预约合同的出路——以类型系列的构建为分析视角》,载《法律适用》2015 年第 9 期;焦清扬:《预约合同的法律构造与效力认定》,载《社会科学》2016 年第 9 期;耿利航:《预约合同效力和违约救济的实证考察与应然路径》,载《法学研究》2016 年第 5 期;王瑞玲:《预约、本约区分和衔接的主观解释论——兼对客观解释论商榷》,载《政治与法律》2016 年第 10 期;张华:《预约合同的违约救济》,载《法律适用》2019 年第 2 期;黄绍坤:《论强制履行作为预约违约的责任形式》,载《甘肃政法学院学报》2019 年第 6 期;张素华、张雨晨:《〈民法典合同编〉预约制度的规范构造》,载《社会科学》2020 年第 1 期;林洹民:《预约学说之解构与重构——兼评〈民法典〉第 495 条》,载《北方法学》2020 年第 4 期;姜晓华:《我国〈民法典〉视野下的预约合同探析》,载《天津法学》2021 年第 4 期;王俐智:《预约合同违约责任的争议与回应——基于动态缔约观的分析》,载《财经法学》2021 年第 5 期;罗昆:《功能视角下的预约类型论》,载《法学家》2022 年第 4 期;郑天祥:《预约合同的认定及其违约责任——基于〈民法典〉的体系化构建》,载《扬州大学学报(人文社会科学版)》2023 年第 6 期;谢鸿飞:《预约合同认定的理论难题与实践破解》,载《国家检察官学院学报》2024 年第 1 期;朱广新:《预约合同及其违约责任》,载《社会科学研究》2024 年第 1 期;吴光荣:《论预约合同的司法认定与违约救济——以〈合同编通则解释〉的相关规定为中心》,载《法学评论》2024 年第 2 期。

一、合同之债

私法的构建是以"自决"(Selbstbestimmung)原则为出发点的,任何人都享有自由,按照自己的意思形成其私人的法律关系,此即为私的自治(Privatautonomie)。基于此,私法的任务不过就是给予个人自行形成法律关系并自我负责的可能性。① 在合同法领域,合同自由(Vertragsfreiheit)是私的自治的最典型情况。

合同的订立或者变更是一种双方法律行为,不能由一方单独决定合同的订立以及内容,而是要由双方当事人合意来决定,虽然对于单方当事人而言,这是一种对其自由的限制,但对于另一方当事人而言,不啻为对其自决的承认。②

(一) 合同自由

所谓合同自由,是指当事人与其选择的相对人一致同意地、对双方均具有拘束力地、自由规制其法律关系。合同自由具体有两层含义:第一,合同自由意味着行为人

---

① Flume, *Allgemeiner Teil des Bürgerlichen Rechts*, Bd. Ⅱ: *Das Rechtsgeschäft*, 4. Aufl., 1992, §1, S. 1 f.

② Medicus/Lorenz, *Schuldrecht AT*, 22. Aufl., 2021, §8, Rn. 2.

的缔约行为不受国家干涉;第二,依照当事人真实意愿订立的合同才具有效力。①

在合同中,当事人相互约束,每一方约束自己并据此约束对方。合同的基础是每一方当事人的自由自我决定。但是,在合同中实现的当事人各自的决定自由,是以尊重另一方的决定自由为前提的,具体的方式就是当事人双方的合意。②

在债法领域内,当事人通常享有广泛的自由。合同自由首先包括订立自由、形成自由以及形式自由三个方面。在涉外合同领域,合同自由与法律选择自由并存,当事人可以自由选择合同受国内法或者国外法的调整。对于合同内容,当事人可以自始,也可以嗣后变更或者补充。最后,合同自由还包括嗣后订立合同、废止已经订立的合同和终止已经部分履行的合同关系的自由。

1. 订立自由

所谓订立自由,是指任何人都有自由决定是否以及与谁签订合同的自由。在特定情况下,订立自由会受到限制:首先,法律可以规定禁止缔约之情形,如不得与未成年人签订从事危险、有毒劳动的合同(《劳动法》第64条),否则,合同会因为违法而无效(《民法典》第153条)。其次,法律中还存在强制缔约之情况,对于特定之要约,要约相对人具有承诺之义务。例如,从事公共运输的承运人不得拒绝旅客通常、合理的运输要求(《民法典》第810条)。最后,在法律中还有一种所谓的国家强令合同(hoheitlich diktierte Verträge),如在离婚判决中,法官可以判决离婚一方继续租住现居所。在计划经济时代,我国存在的计划合同,亦属于国家强令合同的一种,但随着市场经济体制的推行,计划合同逐渐退出了历史舞台。

2. 形成自由

所谓形成自由,是指合同当事人可以自由决定以什么样的内容订立合同。在债法中,并无类型法定之原则,相反,其奉行的是类型自由(Typenfreiheit)。合同当事人不仅可以自己发明新的合同类型,而且可以对合同法分则中规定的合同类型的内容进行修改。当然,形成自由亦有其界限,违反法律或者善良风俗的合同通常是无效的。

在一定情况下,当事人还可以约定法定债之关系的产生与内容。例如,侵权法中的责任减轻或免责约定,具体如甲同意乙搭乘其汽车,但与乙约定,自己仅就重大过失或者故意承担责任。

3. 形式自由

原则上,对于合同的订立,法律并无形式要求。当事人可以任意选择书面形式、口头形式和其他形式(《民法典》第469条、第135条)。当事人进行可以推出订立合同意思的特定行为,如点头、握手等,也可以有效订立合同。其他形式,也可以包含批

---

① 许德风:《合同自由与分配正义》,载《中外法学》2020年第4期,第975页。
② Larenz, *Schuldrecht AT*, 14. Aufl., 1987, §4, S. 40.

准、报关等形式,但在外商并购合同中,必须要经过反垄断机构审查。

(二) 合同自由的功能

1. 简单化

合同自由可以促使交易变得简单、迅捷。一方面,形式自由大大简化了法律交易,如果要求所有交易都需要行政审批或者公证,就会大大降低法律交易的效率。另一方面,合同法规范的任意性也大大简化了合同的订立。当事人无须就所有合同条款进行完整的约定,没有约定的情况,可以准用合同法规定的任意性规范。

2. 灵活化

合同自由能满足当事人多种多样的自由需要。类型自由以及可协商性使得债法非常灵活,在实践中,形成了多种多样的无名合同;另外,公法人也可以通过私法合同达成通过公法行为无法达成的目标。

(三) 合同必要规则

与合同自由密切关联的是合同必要规则。基于人的自决意志,债之关系原则上不得通过单方允诺确立,也不得通过单方放弃而被废止。《德国民法典》第311条第1款规定:确立或变更债之关系,须有当事人之间的合同。在没有相对人的共同作用时,任何一方当事人均不能改变相对人的利益。其内在理由在于,任何人不能没有任何行为就为债权所强迫。① 即使一方当事人给予相对人的只有好处,也需要合同,具体如赠与、免除等。

合同必要规则也存有例外,比如悬赏广告、利他合同、形成权等,其效力并不以订立合同为前提。免责的债务承担也属于合同必要规则的例外,在此情况下,债务人被免除了债务,虽然没有取得请求权,但也无须做什么。进一步讲,债务人也不可以拒绝,因为如果债务人拒绝,就会使得债权人已经取得的对新的债务负担人的请求权落空。②

二、合同的订立

(一) 概述

所谓合同的订立是指缔约人为意思表示并达成合意的状态。合同一旦订立,即发生合同约束力,当事人不得任意变更或解除合同。

《民法典》选取了最为典型的合同订立模式,即要约承诺模式,规定了合同订立的规则。生活中,还存在其他的合同订立模式(《民法典》第471条)。当事人可以通过要约、承诺方式订立合同,也可以通过书面磋商形式订立合同,还可以通过确认书形式订立合同。有的情况下,当事人还通过拍卖形式或招投标形式订立合同。

---

① Larenz, *Schuldrecht AT*, 14. Aufl., 1987, §12, S. 40.
② Medicus/Lorenz, *Schuldrecht AT*, 22. Aufl., 2021, §33, Rn. 5.

随着电子商务的发展,通过电子形式订立合同的情况越来越多。

(二) 要约、承诺方式订立合同

要约、承诺方式是合同订立的通常方式。

1. 要约

(1) 要约的构成

所谓要约,是希望和他人订立合同的意思表示,其内容具体确定,而且表明经受要约人承诺、要约人即受该意思表示约束(《民法典》第472条)。要约是需要受领的意思表示。

合同基于要约、承诺而成立。要约与承诺是相对应的、内容上一致并相关联作出的、合同当事人的意思表示,在先者为要约,在后者为承诺。要约加承诺,内容上一致,并要求要约具有受领能力,才能构成合意。

要约是一种意思表示,故其首先要符合意思表示的要件,即包含客观要件与主观要件。客观要件即是行为,主观要件包括行为意思、表示意识以及效果意思。不过,欠缺效果意思并不导致意思表示不成立,仅会使其可撤销;学说上多有观点主张欠缺表示意识,也只会导致意思表示可撤销,而非意思表示不成立。[1] 由此可以得出这一结论:只要具备行为与行为意思两个要件,意思表示即构成。[2] 所以,构成要约,首先需要行为与行为意思两个要件。除此之外,依据《民法典》第472条,要约还应具有如下两个要件:第一个要件是要约中必须含有缔结合同的目的,即表明经受要约人承诺,要约人即受该意思表示约束,此即所谓的法律约束力。第二个要件是要约内容必须内容明确,具备合同的主要要素,在发出要约时,主要要素尚不确定,但事后可以确定的,也认为该发出的要约内容明确。[3] 在性质上,这两个要件,均属于效果意思。[4]

① 要约的法律约束力:要约与要约邀请

要约最为关键的内容是要约人缔结合同的目的,即表明经受要约人承诺,要约人即受该意思表示约束。而有些情况下,根据利益衡量,意思表示仅能被评价为要约邀请。《合同法》第15条规定,要约邀请是希望他人向自己发出要约的意思表示。《民法典》第473条第1款第1句规定,要约邀请是希望他人向自己发出要约的表示。《民法典》第473条将"意思"去掉,改为表示,表明要约邀请不是按照当事人意思发生法律效果的意思表示,而是其他行为。与要约不同,发出要约邀请的当事人可以故意给出不完整的内容,或者向不特定人群作出超过其履行能力的表示。

---

[1] 朱庆育:《民法总论》(第二版),北京大学出版社2016年版,第198页。
[2] 有学者认为,行为意思也不是意思表示的必要要件,具体可以通过过错原则或者风险原则予以替代。杨代雄:《意思表示中的意思与意义——重新认识意思表示概念》,载《中外法学》2017年第1期,第128页;纪海龙:《走下神坛的"意思"——论意思表示与风险归责》,载《中外法学》2016年第3期,第662页。
[3] 崔建远:《合同法总论(上卷)》,中国人民大学出版社2024年版,第291—296页。
[4] 杨代雄:《〈合同法〉第14条(要约的构成)评注》,载《法学家》2018年第4期,第179页。

一个行为是否构成要约,是一个利益衡量的问题。一方面,从客观受领第三人的角度出发理解表示的内容,其对表意人为要约之信赖,是否值得保护;另一方面,考虑表意人是否有值得保护的利益,相对人表示同意的情况下,表意人不受拘束,是否公平合理。①

《民法典》第473条第1款第2句规定,商业广告和宣传、寄送的价目表等为要约邀请。但《民法典》第473条第2款紧接着又规定,商业广告和宣传的内容符合要约条件的,构成要约。整体来看,对于商业广告和宣传是否构成要约,是一个解释问题。

案例:甲公司在报纸上刊登广告,特价销售计算机,5000元一台,原价8000元。乙赶到时,只剩下一台机器,尚在柜台中,他冲到收款台,高兴地告诉收款员:我真好运,这是最后一台吧!他这一说,收款员忽然想起,她曾经在电话上答应了一个熟客,为这个顾客保留一台,但由于忙碌,没有放起来。所以,她告诉乙,这台计算机不能卖给他。乙坚持要购买该计算机。

上述案件中,广告中涉及的合同内容具体明确,但在解释上,有疑义的是其是否有一经受要约人承诺,即受该意思表示约束的意思,故需要根据诚实信用原则以及交易习惯进行解释(《民法典》第142条)。特价销售计算机,通常具有缔约意思,但应以其库存为限,否则,要约人承担的提供货物的风险过大。所以,如果甲公司收款员已经将现有的计算机售完,要约的效力即消灭。此时,乙的意思表示为要约,甲可以承诺,也可以拒绝。

如果发布广告的人声称"本月13日在某某分店以5000元每台的价格特惠出售某品牌某型号电视机50台,售完为止",则可以将该广告解释为要约。②

一般来讲,商品房的销售广告和宣传资料为要约邀请,但是出卖人就商品房开发规划范围内的房屋及相关设施所作的说明和允诺具体确定,并对商品房买卖合同的订立以及房屋价格的确定有重大影响的,构成要约。该说明和允诺即使未载入商品房买卖合同,亦应当为合同内容,当事人违反的,应当承担违约责任(《商品房买卖合同解释》第3条)。

《民法典》第473条第1款第2句规定,拍卖公告、招标公告、招股说明书、债券募集办法、基金招募说明书、商业广告和宣传、寄送的价目表等为要约邀请。其中,拍卖公告、招标公告的确属于要约邀请,因为这是《拍卖法》和《招标投标法》的规定。但是,本书认为,招股说明书、债券招募说明书,不一定是要约邀请,需要具体解释。如果作出招股说明书、债券招募说明书者不能证明是要约,应当就是要约邀请。

商店的标价或者橱窗陈列,原则上为要约邀请,因为从中很难推断出含有订立合

---

① 陈自强:《契约之成立与生效——契约法讲义Ⅰ》(第四版),元照出版有限公司2018年版,第67页。
② 朱广新:《合同法总则》(第二版),中国人民大学出版社2012年版,第58页。

同的目的。而且,若认为其为要约,则一旦顾客承诺,店主即负有履行合同的义务,如此其可能会与无履约能力之人缔约,甚或会超出店主的履行能力而导致违约责任,故将标价或橱窗陈列理解为要约,实在不符合当事人客观之意思。不同意见认为,超市与自助商店中陈列的商品为要约,购买人向款台出示为承诺。①

案例:甲在逛超市时,发现一双鞋的标价非常便宜,遂决定购买。但在交款时,售货员发现其标签与货物不对应,可能是第三人给换掉了。

在本案中,若标价不是要约,则甲将货物拿到收款台的行为可以被视为要约,而且是以标价为价款的要约,此时,若售货员发现标签与实际价格不符合,自可以拒绝承诺。此时,顾客也可以决定是否继续要约。

电子合同缔结过程中,电子商务经营者通过网络发布商品信息,包括名称、外观、规格、型号、售价、库存状态等,网络用户在线选择购买商品,填写送货、付款等订单信息、完成付款之后确认订单。整个过程透明,各个步骤都会留下电子证据。但对于这一交易构成,何时形成要约,何时为承诺,何时又达成合意,有不同看法。

在司法实践中,多数裁判认为,网站上公布的商品信息,内容确定具体,网站用户可根据上述商品信息自由选择购买,故在网站上公布商品信息的行为已符合要约的特性。②

少数裁判采不同观点③:乙公司通过乙网站推出名牌手表促销活动,其面对的是数量不特定的网络客户群体,客观上乙公司对其所能提供的货品数量的控制能力有限,因此,该促销信息的发布应属要约邀请,客户对应所下的订单应视为要约。但需要注意的是,该案涉及的是数量有限的促销活动。

电子商务经营者在网络上提供商品或服务的标价点击页面,内容具体确定,但从客观受领第三人的角度来解释,是否表明经受要约人承诺,要约人即受该意思表示约束呢?与橱窗的情况类似,考虑网络经营者的履行能力以及顾客的信用能力,应当认

---

① 崔建远:《合同法总论(上卷)》,中国人民大学出版社2024年版,第301页;韩世远:《合同法总论》(第四版),法律出版社2018年版,第123页。

② "北京某贸易有限公司与施某某买卖合同纠纷案",上海市浦东新区人民法院(2016)沪0115民初30669号民事判决书,由于网站系统升级,原告员工将原本价为人民币1000多元的儿童安全座椅错标为119元;"艺鉴典藏(北京)网络科技有限公司与王猛网络购物合同纠纷上诉案",北京市第三中级人民法院(2015)三中民(商)终字第04671号民事判决书;"北京世纪卓越信息技术有限公司与宁炳峰买卖合同纠纷上诉案",北京市第三中级人民法院(2014)三中民终字第09381号民事判决书;"张某某与北京某科技发展有限公司、浙江某网络有限公司买卖合同纠纷案",广东省东莞市第一人民法院(2015)东一法东民二初字第588号民事判决书;"淄博某经贸有限公司与凤某某买卖合同纠纷上诉案",山东省淄博市中级人民法院(2015)淄商终字第89号民事判决书,均是相同观点。

③ "陈某诉深圳某网络科技有限公司网络购物合同纠纷上诉案",上海市第一中级人民法院(2012)沪一中民一(民)终字第1696号民事判决书。

为,网络经营者的标价点击页面的表示并非要约而是要约邀请。① 但是,如果网络经营者可以提示与控制货物数量,在没有存货的情况下,若网络用户无法点击购买,则网络经营者展示的商品与服务页面中的意思表示属于要约。②

从网络用户的角度来看,当网络用户在商品点击购买页面上点选了"加入购物车",链接进入商品暂存页面,在此页面上再次选定商品,或消费者直接点击"立即购买"等按键,在链接页面上均会出现要求消费者再次确定所选购商品的名称、型号、数量、价格、送货方式及配送费用、送货地址、付款方式等的窗口,上述行为可以与在商店或超市购买商品放入购物车的行为类比,并不属于要约,而是要约邀请。而客户点击"提交订单"按键,则可以属于要约。用户可以将商品放入购物车而不受约束,理由很简单,因为此时尚没有要约。

② 内容的确定性

依据《民法典》第472条,要约内容必须具体明确。要约内容是否明确,是否符合确定性要求,需要通过解释确定。对此,首先要考察要约受领人是否同意了要约人的内在主观意思,如果是,则以此主观意思为准,此即所谓"误载无害真意";如果要约受领人得对客观上不明确之要约为特定含义之理解,则要约以此内容发生效力,即使与要约人主观意思不符合,也是如此。③

进一步来看,具体明确的内容是什么,也需要说明。一般认为,要约中需要确定合同的必备要素(essentialia negotii),又称"必要之点"。在当事人发生争议的情况下,到法院诉讼,法官只有在现存的约定的合同规则的帮助下,才知道需要适用哪些法律规范,继而才可能适用任意法。如果某一义务在任何要点上都是不能实现的义务,那么就构不成法律意义上的义务,也就不会存在合同。④ 对于没有合同必要之点的合意,法官无法适用法律。若允许法官对于没有必要之点的合意进行法律适用,势必存在有违当事人意思自治之危险。⑤

那么,何为合同的必备要素呢?基于《民法典》第470条,合同条款一般包括当事人的名称或者姓名和住所,标的,数量,质量,价款或者报酬,履行期限、地点和方式,违约责任和解决争议的方法等。该规则仅是示范性规范,并没有规范合同必备要素之目的。在订立合同时,也不能要求当事人发出的要约中含有上述所有的合同条款。《民法典合同编通则解释》第3条第1款对此予以限缩,要约的必备要素仅限于"当事

---

① MüKoBGB/Busche, 6. Aufl., 2012, §145, Rn. 38.；吴瑾瑜:《论网站标价错误之法律效力》,载《月旦法学杂志》2010年第12期,第55页。
② 王天凡:《网络购物标价错误的法律规制》,载《环球法律评论》2017年第2期,第152页。
③ Leenen/Häublein, BGB AT, 3. Aufl., 2021, S. 196 ff.
④ Jung, Die Einigung über die essentialia negotii als Voraussetzung für das Zustandekommen eines Vertrages, JuS 1999, S. 29.
⑤ 王洪亮:《论合同的必要之点》,载《清华法学》2019年第6期,第124页。

人姓名或者名称、标的和数量"。①

首先,一个合同的成立,要求有确定的当事人,因为当事人的具体化不能通过法律或者法院确定,而通常只能通过当事人自由决定。② 但是,确定当事人并不意味着一定要明确当事人的姓名与名称。《民法典合同编通则解释》第 3 条第 1 款规定当事人的姓名与名称为必备要素,但从实践来看,是否具有当事人的姓名或名称,并不妨碍法官判断合同属性,进行法律适用。例如,在为将来的本人代理或者本人不透露真名的情况下,只要当事人可确定,也不妨碍合同的成立。③ 在向不特定人发出要约的情况下,合同当事人也是不确定的,不过又是可确定的,此时,没有当事人的姓名或名称也不影响合同的成立。对于作为合同必备要素的合同义务,需要根据具体的合同类型予以确认。例如买卖合同,根据《民法典》第 595 条,首先,要确定要约人是想出卖还是购买,其次,要确定或可确定买卖标的物,再次,由于买卖合同是有偿合同,需要在要约中明确价款;而就承揽合同而言,固然需要明确承揽委托还是受托、承揽标的,但对于报酬,依照交易习惯,可由承揽人确定或者默示约定了合同价款,故此,要约中不含有报酬数额,也符合要约具有必备要素的要件。另外,对于当事人角色的分配,也需当事人合意确定④,如在赠与合同中,应当明确谁是赠与人,谁是受赠人。否则,法院无法找到当事人价值判断的根据,在法律适用时,不能前后一贯地完成考察,更无法补充解释。在德国帝国法院的一个裁判中,双方作出的都是出卖货物的意思表示,无法确定谁是买方、谁是卖方,所以,合同因缺少当事人角色的分配而不成立。⑤

其次,要约中必须具备"标的"这一要素。但对于标的的理解,要区分单务合同与双务合同进行扩张解释。以双务合同为例,要约中要含有进行给付的意思,并且该给付与对待给付之间存在牵连关系,还要含有给付方式的内容,才可以判断合同的类型,是买卖合同还是承揽合同。

最后,《民法典合同编通则解释》第 3 条第 1 款还规定,数量也是必备要素。对于数量是否为必备要素,有不同观点。主张数量为必备要素者认为,在缺少数量条款的情况下,无法根据合同法规定的合同漏洞补充方法予以补充,合同无法履行;不同观点则认为,仍然可以通过补充方法确定,而且,在持续供货合同中,当事人本就不会自

---

① 《合同法解释(二)》第 1 条第 1 款也将合同必备条款限定于"名称或者姓名、标的和数量"等少量的必要之点,其目的在于鼓励交易、增进社会财富。参见最高人民法院研究室编著:《最高人民法院关于合同法司法解释(二)理解与适用》,人民法院出版社 2009 年版,第 15 页。
② Medicus/Lorenz, *Schuldrecht AT*, 22. Aufl., 2021, §9, Rn. 2.
③ 陈聪富:《民法总则》(修订二版),元照出版有限公司 2016 年版,第 328 页以下。
④ Erman/Hefermehl, 17, Aufl., 2023, BGB §241, Rn. 2.
⑤ RGZ 104, 265 (266).

始约定标的物数量。① 该规则受到了《美国统一商法典》(Uniform Commercia Code)第2-201(1)条的影响,该条规定:缺乏数量条款的,不存在货物买卖协议。但实际上,在最新版的《美国统一商法典》中,数量条款也已经不再被认为是合同的主要条款,而可以由当事人根据交易习惯、缔约的过程以及产出与需求等因素来合理确定。② 如果对于数量没有达成合意,虽然法院无法知道出卖人与买受人的义务,也无法计算损害赔偿的数额,但是对于法官选择合同类型进行法律适用,并不产生影响,而且可以通过补充解释予以确认。

有争议的是,价款或对待给付范围是否也是要约的必备要素。《民法典合同编通则解释》第3条第1款并没有将价款或者报酬作为必备要素。如果当事人没有约定价款、报酬等,那么首先要看当事人是否愿意让合同成立,如果当事人的意思是合同成立,那么,对合同欠缺的内容,人民法院应当依据《民法典》第510条、第511条等规定予以确定(《民法典合同编通则解释》第3条第2款)。而依据《民法典》第511条,价款或者报酬不明确的,按照订立合同时履行地的市场价格履行;依法应当执行政府定价或者政府指导价的,依照规定履行。有问题的是,如果没有市场价,如何确定合同价款。有学者认为,此时的没有包含价款的意思并非要约,而是一种要约邀请。③ 对此,本书持不同观点,即使没有市场价,也不妨碍法官可以基于当事人可推知的意思予以补充解释,确定价格。反过来讲,缺少对待给付义务范围上的合意,并不影响法官对合同具体的法律适用,所以,没有理由认为对待给付义务是要约的必备要素。

例如,甲书店通过电话告诉乙,来了新版《民法总论》,是否购买?乙说,好的,我马上来取。

这里的要约虽然没有含有价款,但可以通过补充解释认为,按照甲书店自定的价格或者该书的定价来确定价格。

与必备要素相对的是非必备要素,也被称为补充要素(accidentalia negotii),是在上述必备要素之外在要约中居于补充性地位的要素。即使要约中缺少非必备要素,也可以通过任意法,以及《民法典》第510条、第511条、第466条、第142条予以补充(《民法典合同编通则解释》第3条第2款),若还存在漏洞,则可以通过补充解释予以填补。

实际上,不论何种条款,当事人都可以有意、无意地不予以规定,此时会形成漏洞,若法官对此能够予以填补,则通过填补,拟制形成合意,合同得以产生、有效;若无

---

① 最高人民法院研究室编著:《最高人民法院关于合同法司法解释(二)理解与适用》,人民法院出版社2009年版,第15页。

② Stone, *Uniform Commercial Code in a Nutshell*, 2005, p. 8; Nellie Eunsoo Choi, Contracts with Open or Missing Terms Under the Uniform Commercial Code and the Common Law: A Proposal for Unification, *Columbia Law Revlew*, Vol. 103, No. 1, 2003, pp. 50-51.

③ 杨代雄:《〈合同法〉第14条(要约的构成)评注》,载《法学家》2018年第4期,第180页。

法填补,则无法形成合意。而在填补时则需考察必备要素与非必备要素,如果涉及必备要素,则合同不成立;若涉及非必备要素,合同还是可以通过填补成立的。如果就合同非必备要素没有合意,则构成不合意;如果就合同必备要素没有合意,则不存在合同。①

（2）要约生效

要约是须受领的意思表示,故需要经过发出与到达,方能产生效力。

① 要约的到达

要约于到达受要约人时生效(《民法典》第474条、第173条)。据此,有学者认为,要约到达受要约人即生效,无须受要约人了解。② 但基于利益平衡原则,这对受要约人有所不公,尤其在承认要约撤回制度以及允许要约订有期限的情况下,对不知情的受要约人不公。故所谓到达,是指意思表示到达对方可支配的范围内,并可能为对方了解。在对话的情况下,如面谈或打电话等,意思表示一旦作出,即到达相对人可支配的范围内并为相对人可能了解。特别情况下,如对于聋哑人以普通语言表示,并未以手语表示,即使作出的意思表示到达对方可支配的范围,也不可能为对方知道,故不构成到达。在非对话的情况下,如发信的情况,信件发出并到达对方住所或信箱时,通常即到达其可支配的范围并为其可能了解。

无行为能力人发出要约的,该要约无效。要约人基于虚伪的意思表示发出要约,要约也可能无效。要约人基于错误或者欺诈发出要约的,可撤销要约。但由于存在撤回或者撤销制度,故要约基于上述情形的无效或可撤销,实践意义不大。

② 电子要约的到达

要约人以非对话方式作出的采用数据电文形式的意思表示,相对人指定特定系统接收数据电文的,该数据电文进入该特定系统时生效(《民法典》第137条第2款第2句第1种情况)。

在相对人提供多个系统而又没有指定特定系统的情况下,《合同法》第16条第2款规定该数据电文进入收件人的任何系统的首次时间,视为到达时间(《电子签名法》第11条也有相同的规则)。这无疑是在要求接受数据电文的相对人一天24小时必须守候在系统终端,或者随时查阅。这对于电子商务经营者或者一般的用户而言,都是不合理的。另外,系统不兼容、电子故障导致信息无法识别的风险完全由相对人承担,也过于苛刻。③ 所以,《民法典》第137条对此予以修改,规定未指定特定系统的,相对人知道或者应当知道该数据电文进入其系统时生效。

对于指定系统或者未指定系统的要约,根据意思自治原则,当事人对采用数据电

---

① Rüthers/Stadler, *AT des BGB*, 21. Aufl., 2022, §18, Rn. 2.
② 崔建远:《合同法总论(上卷)》,中国人民大学出版社2024年版,第305页。
③ 赵旭东主编:《电子商务法学》,高等教育出版社2019年版,第208页。

文形式的意思表示的生效时间均可另行约定。

(3) 要约的拘束力

要约的拘束力,有实质拘束力与形式拘束力之分,前者为对于相对人的效力,后者为对于要约人的效力。

实质拘束力,是指要约一发生效力,要约受领人即取得依其承诺成立合同的地位,也被称为承诺能力或承诺适格。① 实质拘束力有其存续期间,要约确定了存续期间的,相对人必须在该期间内承诺,否则要约即失去实质拘束力;要约没有确定存续期间的,要区分在场的要约还是非在场的要约。在在场的要约中,相对人要立即承诺;而在非在场要约中,相对人要在合理期间内承诺。要约人在要约中排除要约之实质拘束力者,会导致其不成为要约,而变为要约邀请。②

形式拘束力,是指要约人于要约产生效力后,为要约所拘束,不得撤回其要约,也被称为要约的拘束力。③

要约一旦到达,对于要约人而言,即应产生形式拘束力,但根据《民法典》第475条、第476条,要约人不仅可以撤回要约,还可以撤销要约,故在我国法上,要约原则上并无形式拘束力。不过,要约人还是可以在要约中排除形式约束力的,进一步明确在承诺人的承诺到达之前,要约人可以撤销要约。但形式拘束力的排除,并不影响实质拘束力,要约仍可被承诺,相对人承诺到达要约人的,合同即成立。④

依据《民法典》第475条,要约可以撤回。要约的撤回适用《民法典》第141条的规定,行为人可以撤回意思表示。撤回意思表示的通知应当在意思表示到达相对人前或者与意思表示同时到达相对人。要约被撤回之时,即不生效力,在本质上,此时要约即失效。⑤

案例:A于3月1日寄信,为要约,3月3日下午到达B。A于3月2日以限时挂号信表示撤回,邮差于3月3日上午送达时,B外出,于是,邮差留下领取通知书。B在3月3日下午发出承诺信件,在3月5日前往邮局取信时,B才知道A撤回要约之事,并立即发迟到通知。

在本案中,应当可以确认的是,要约到达时间为3月3日,而撤回要约意思表示的到达时间为3月5日,迟于要约的到达时间,故不能发生撤回之效力。

对于要约,其到达后即具有拘束力,相对人得对要约之拘束力发生信赖。依照

---

① 史尚宽:《债法总论》,中国政法大学出版社2000年版,第21页。
② 陈自强:《契约之成立与生效——契约法讲义Ⅰ》(第四版),元照出版有限公司2018年版,第75页。
③ 史尚宽:《债法总论》,中国政法大学出版社2000年版,第23页。
④ 陈自强:《契约之成立与生效——契约法讲义Ⅰ》(第四版),元照出版有限公司2018年版,第74页。
⑤ 注意:《民法典》第478条中并没有规定撤回要约的要约失效规则。

《德国民法典》第145条之规定，除非明示排除要约之效力，否则要约即不可撤销，故要约对于受要约人而言构成一种稳定的财产利益，得为让与。尤其在要约人赋予受要约人长期的、稳定的地位的情况下，承诺地位的财产利益更为明显，受要约人可以对市场情况进行观察，利用最好的时机。这种不可撤销的、承诺期限很长的要约提供了一种选择权，当事人可以就此签订选择权合同（Optionsvertrag），相对人须支付相应的对价，以补偿要约人承担的风险。[1]

我国法律允许要约人撤回要约以及撤销要约，既然如此，应认为受要约人并未因要约形成财产地位，故不得为让与。[2] 不过，在解释上，如果要约人的要约内容属于非人身属性的财产，则受要约人可以让与该地位。例如，甲对乙发出要约，欲以1万元购买新笔记本电脑一台，则该受要约人地位可转让。[3]

《民法典》第476条规定，要约可以撤销。之所以允许要约人撤销要约，其主要原因在于，不应允许受要约人通过让要约人承担风险而进行投机，如果要约人受要约约束，而承诺人不受约束，就会使要约人面临受要约人在市场价格波动时投机的风险。[4]

《民法典》第477条规定，撤销要约的意思表示以对话方式作出的，该意思表示的内容应当在受要约人作出承诺之前为受要约人所知道；撤销要约的意思表示以非对话方式作出的，应当在受要约人作出承诺之前到达受要约人。在以非对话方式作出要约时，依据要约原则上没有形式拘束力的逻辑，在承诺通知到达之前，要约人应当均可以撤销，不限于在承诺作出之前。所以，在解释上，对于以非对话方式作出的要约，在承诺生效前要约人可任意撤销要约。[5]

要约人确定了承诺期限或者以其他形式明示要约不可撤销，或者受要约人有理由认为要约是不可撤销的，并已经为履行合同做了合理准备工作的，要约人不可撤销要约（《民法典》第476条）。值得注意的是，"要约人确定承诺期限"并不意味着一定不可撤销，还要参酌其他因素予以判断，尤其是表明要约不可撤销的意思。因为明示这个词翻译自英文"indicate"，意为"表明"，将之翻译成明示并不准确，明示与默示相对，只是意思表示的一种方式。"其他形式表明要约不可撤销"主要包括要约人明确表示不撤销要约、要约人坚持受要约人予以答复以及从行为中推定要约系不可撤销等情况。[6] 另外，"并已经为履行合同做了准备工作"中的"准备工作"不一定是为了

---

[1] Leenen/Häublein, *BGB AT*, 3. Aufl., 2021, S. 171.
[2] 崔建远：《合同法总论（上卷）》，中国人民大学出版社2024年版，第309页。
[3] 赵文杰：《要约》，载王洪亮等主编：《中德私法研究》（第13卷），北京大学出版社2016年版，第273页以下。
[4] 〔美〕E.艾伦·范斯沃思：《美国合同法》，葛云松、丁春艳译，中国政法大学出版社2004年版，第156—157页。
[5] 赵文杰：《要约》，载王洪亮等主编：《中德私法研究》（第13卷），北京大学出版社2016年版，第273页以下。
[6] 崔建远：《合同法总论（上卷）》，中国人民大学出版社2024年版，第312页。

履行合同,为了订立合同而做准备,也是可以的。

(4) 特殊要约

① 反要约

所谓反要约是指相对人将要约的内容扩张、限制或变更后所作的"承诺",性质上属于要约(《民法典》第488条)。

② 现物要约

所谓现物要约是指未经订购而当事人一方向相对人径直邮寄物品的行为。

案例:A邮给B一本书,内附邮局划款单及说明书,记载:一周以内,未退还者,视为承诺,请即至邮局办理划拨。

对于现物要约,相对人不负有承诺义务,也不负有退回物品的义务,但不得丢弃、损毁,在要约人来取回前,有保管的义务。① 故在本案中,B并无承诺义务,合同未成立。

如果消费者使用该邮寄物品的,推定合同成立。但其因保管而发生的费用,相对人得请求要约人偿还。

在德国法上,在经营者发出现物要约的情况下,消费者未订购的,经营者对消费者不享有请求权;但是,在寄错或者误以为订购的情况下,如果消费者知道或尽到必要注意义务就可以知道,那么经营者对其享有法定请求权,但不享有合同上请求权(《德国民法典》第241a条)。据此,在现物要约中,经营者的合同请求权、法定请求权均被排除。不过,应当认为,此时经营者的物上请求权是没有被排除的。德国在立法政策上,通过排除经营者的请求权,实际上达到了禁止现物要约的目的。

(5) 要约的消灭

要约的消灭,是指其形式拘束力与实质拘束力均消灭的情形。要约消灭的具体情形如下:

① 拒绝要约的通知到达要约人(《民法典》第478条第1项),要约即丧失实质拘束力。在拒绝通知到达要约人之前,受要约人得为撤回,撤回拒绝通知须在拒绝通知之前或者与拒绝通知同时到达要约人(《民法典》第141条)。如果受要约人在拒绝通知到达后反悔,另行发出承诺的通知的,可被视为新要约。

② 要约被依法撤销(《民法典》第478条第2项),要约也失去其效力。这里的撤销,既包括要约的撤销(《民法典》第476条),也包括因要约瑕疵而被撤销(《民法典》第147条以下)。

要约的撤回,可以消灭要约之拘束力。在撤回通知迟到的情况下,受要约人需要

---

① 王泽鉴教授认为此处相对人没有保管义务,王泽鉴:《债法原理》(第二版)(重排版),北京大学出版社2022年版,第177页。

通知要约人,否则视为未迟到。①

③ 承诺期限届满,受要约人未作出承诺(《民法典》第 478 条第 3 项),要约也失效。要约中规定了承诺期限的,该期间届满时,要约即失去效力,即失去可经承诺成立合同的可能。承诺期限的起算时间原则上是要约发出之时。

如果要约中未规定承诺期限的,则需要根据要约作出的方式进行处理:要约采对话方式的,受要约人未立即承诺,要约即失去效力;要约采非对话方式的,在要约人于承诺所需的合理期限内未收到承诺时,要约即失去效力(《民法典》第 481 条)。这里的合理期限的确定须考虑一切交易上重要的情事,包括要约人使用通讯手段的速度。②

一般情况下,受要约人超过承诺期限发出承诺,或者在承诺期限内发出承诺、按照通常情形不能及时到达要约人的,为新要约。但是,要约人可以及时通知受要约人,认可该承诺有效,此时,要约具有效力,承诺也发生效力,合同即成立(《民法典》第 486 条)。

④ 受要约人对要约的内容作出实质性变更(《民法典》第 478 条第 4 项),要约失效。承诺的内容不能对要约的内容进行实质性的变更;受要约人对要约的内容作出实质性变更的,为新要约(《民法典》第 488 条),对方的要约也因此立即失效。

有关合同标的、数量、质量、价款或者报酬、履行期限、履行地点和方式、违约责任和解决争议方法等的变更,是对要约内容的实质性变更。受要约人对要约的内容作出实质性变更的,为新要约。受要约人对要约进行实质性变更的,一般不可以期待要约人以变更后的内容为准订立合同。

对于要约其他事项的变更为非实质性变更。此时,除要约人及时表示反对或者要约表明承诺不得对要约的内容作出任何变更外,该承诺有效,合同的内容以承诺的内容为准(《民法典》第 489 条)。这里的变更指的是对要约内容的扩张、限缩以及其他变更。

案例:甲对乙发出出售《神雕侠侣》全集的要约,而乙仅对购买第四册作出承诺。

如果受要约人在承诺中对要约的内容加以扩张、限缩和其他变更的,即不构成承诺,基于鼓励交易的精神,此时视为对要约的拒绝,但"承诺"构成新要约。本案中,乙变更了要约的内容,应为新要约。

案例:甲公司向巴西乙公司发出传真,急购白砂糖 200 吨,每吨 250 美元,CIF

---

① 史尚宽:《债法总论》,中国政法大学出版社 2000 年版,第 24 页。
② 《联合国国际货物销售合同公约》第 18 条第 2 款中相关规定的英文原文为:"if no time is fixed, within a reasonable time, due account being taken of the circumstances of the transaction, including the rapidity of the means of communication employed by the offeror."

广州,2004年4月20日至25日装船。乙公司回电,完全接受你方条件,2004年4月23日装船。

变化:如果乙公司回电,完全接受你方条件,每吨价格优惠为240美元,又如何?

在原案例中,要约与承诺合致,合同成立。而在变化后的案例中,承诺对要约的主要要素进行了变更,应为新要约。

⑤ 要约人或受要约人死亡

要约人或受要约人死亡时,要约是否失效,法律上并没有明文规定。原则上,在要约人死亡之后,要约并不失效。在一定条件下,如合同的履行不具有特定的人身性质,定约目的并非仅为本人利益,受要约人可以向要约人的继承人作出承诺。

案例:某大学法学教授甲于9月5日向乙发出购书通知后死亡,甲的儿子是医生,要约是否消灭?

此案中,由于甲是法学教授,故其拟购买之图书均与法学相关,订约之目的仅为本人利益,并非可以为继承人利益,故该要约因甲死亡而消灭。有问题的是,如果受要约人不知道要约人死亡而作出了承诺通知,要约人的继承人应当如何处理。为了保护受要约人的信赖利益,要约人的继承人应当在收到承诺通知后立即通知受要约人,否则,应赔偿受要约人的信赖利益损失。①

如果受要约人在要约到达前即死亡,那么要约无法到达受要约人,因而无从发生效力,此时应当认为要约不会发生效力。如果受要约人在要约到达之后死亡的,要约人对要约效力的意思是否会受到受要约人死亡的影响,对此要具体解释。如果要约人的意思是要约不因受要约人死亡而失效,则受要约人的继承人可以在承诺期限内承诺;如果要约人的意思是,受要约人死亡、要约即失效,则在受要约人死亡时,要约即失去效力。

2. 承诺

(1) 概念

承诺是受要约人向要约人发出的无条件同意要约内容,决定以要约内容为合同内容,与要约人订立合同的意思表示。要约一旦到达,受要约人即获得一种承诺地位,受要约人承诺的,即可以形成合同。不过,受要约人不能单方形成合同,需要要约人的意思才可以形成合同,所以,受要约人享有的承诺权利并不是一种形成权。受要约人因要约获得的是一种承诺地位,而非承诺权。受要约人的承诺地位原则上是可以继承的。②

---

① 赵文杰:《要约》,载王洪亮、张双根、田士永等主编:《中德私法研究》(第13卷),北京大学出版社2016年版,第273页以下。

② Leenen/Häublein, *BGB AT*, 3. Aufl., 2021, S. 171.

承诺生效后,合同即告成立(《民法典》第483条)。具体当事人哪一方的意思是要约,哪一方的意思是承诺,要根据当事人的约定,没有约定的根据诚实信用原则兼顾交易习惯进行解释。例如当事人一方通过互联网等信息网络发布的商品或者服务信息符合要约条件的,对方选择该商品或者服务并提交订单成功时合同成立(《民法典》第491条第2款),提交订单成功被解释为承诺。

(2) 构成要件

① 承诺的意思表示须向要约人作出。一般来讲,承诺是需要受领的单方意思表示,故要约系向特定人发出的,承诺必须由受要约人作出;要约向不特定人发出的,不特定人中之任何人,都得为承诺。在要约人有代理人时,承诺也可向要约人的代理人作出。要约人死亡而其要约不丧失效力的情况下,承诺可以对其继承人作出。

② 承诺须以成立合同的意思为之。受要约人进行承诺的目的是,以要约内容为合同内容,与要约人订立合同。

③ 承诺内容须与要约内容一致。受要约人进行承诺的内容是同意要约的内容。

(3) 承诺的作出方式

受要约人作出承诺,既可以是明示的,也可以是默示的。默示行为通常是指受要约人使用要约人提供的给付,或者承诺人自己提出给付等情况。有疑问的是,承诺能否以沉默的方式作出。所谓沉默,是指既不表示同意,也不表示反对的行为。原则上沉默不具有法律行为上同意的表示意义,即沉默视为同意,但在法律规定、当事人有约定或者符合当事人之间的交易习惯的情况下,可以将之视为意思表示(《民法典》第140条)。基于合同自由,当事人约定沉默作为承诺意思表示的情况下,沉默即发生承诺之效力。除此之外,只有在法律规定的情况下,沉默才具有承诺的意义。例如,在试用买卖中,试用期限届满,买受人对是否购买标的物未作表示的,视为购买(《民法典》第638条)。沉默有时被视为拒绝,如在限制行为能力人订立合同的情况下,相对人催告后,法定代理人未作表示的,视为拒绝追认(《民法典》第145条第2款)。

沉默被视为意思表示的正当性在于,沉默人已通过法律之规定或当事人之约定意识到沉默的效力,沉默本身的表示意识缺失被弥补。①

(4) 承诺的生效

承诺应当在要约确定的期限内到达要约人(《民法典》第481条第1款)。如果要约中并未确定承诺期限的,则要视要约是否以对话方式作出而分别对待,要约以对话方式作出的,应当即时作出承诺;要约以非对话方式作出的,承诺应当在合理期限内到达(《民法典》第481条第2款)。

以通知方式作出的承诺的生效时间,也要区分是以对话方式作出还是以非对话

---

① 石一峰:《沉默在民商事交往中的意义——私人自治的多层次平衡》,载《法学家》2017年第6期,第43—57页。

方式作出而分别对待。承诺以对话方式作出的,则在相对人知道其内容时生效。承诺以非对话方式作出的,则在到达相对人时生效。以非对话方式作出的采用数据电文形式的承诺,相对人指定特定系统接收数据电文的,该数据电文进入该特定系统时生效;未指定特定系统的,相对人知道或者应当知道该数据电文进入其系统时生效。当事人对采用数据电文形式的承诺的生效时间另有约定的,按照其约定(《民法典》第484条、第137条)。

承诺不需要通知的,根据交易习惯或者要约的要求作出承诺的行为时生效(《民法典》第484条第2款)。

承诺可以撤回,但撤回承诺的通知应当在承诺通知到达受要约人之前或者与承诺通知同时到达受要约人(《民法典》第485条、第141条)。

由于承诺一生效,合同即成立(《民法典》第483条),故对于承诺并无撤销之可能。但值得注意的是,承诺一生效,合同即成立的规则有例外。如在采用合同书形式订立合同的场合,若承诺生效的时间与双方当事人签字或盖章的时间一致,那么承诺生效之时为合同成立之时;反之,则最后签字或者盖章的时间为合同成立之时(《民法典》第490条)。

承诺不同于意思通知,意思通知不能导致法律行为的法律效果发生,仅具有告知相对人信息的作用,即相对人的要约到达了。[1]

(5) 承诺的迟到

承诺必须在要约确定的承诺时期内发出;受要约人超过承诺期限发出承诺的,或者在承诺期限内发出承诺通知,按照通常情形不能及时到达要约人的,该承诺为新要约。但是,要约人及时通知受要约人该承诺有效的除外(《民法典》第486条)。受要约人超过承诺期限而承诺的情况下,要约也已经失效了,合同也即不能因为承诺而成立。但为了促进交易,该规则将这种情况下迟到的承诺视为新要约。不过,按照《民法典》第486条,迟到的承诺是承诺还是新要约,会由要约人决定,由此可能使要约人获得了投机的机会。如果要约人为出卖人,在价格上涨的情况下,要约人可能就会接受承诺;如果在价格下降的情况下,要约人可能就会拒绝承诺,此时,迟到的承诺被视为新要约。

受要约人在承诺期限内发出承诺通知,按照通常情形能够到达要约人,但因其他原因(如电报丢失)承诺未在承诺期限内到达要约人的,此时,原则上该承诺有效。要约人可以拒绝该承诺,但需要发出承诺迟到通知(《民法典》第487条)。在逻辑上,要约人拒绝承诺要以其知道承诺超出期限为前提,否则,无法要求其作出承诺迟到通知。具体来讲,要约人拒绝迟到的承诺的意思要发生效力,必须具备如下要件:首先,承诺之通知须已经在承诺期限内发出,而且可以在承诺期限内到达要约人;其次,承

---

[1] Leenen/Häublein, *BGB AT*, 3. Aufl., 2021, S. 172.

诺期限经过后,承诺之通知还是到达了要约人;最后,承诺之通知已经在适当时期发出的事实,须为要约人知道或者应当知道,如通过邮局的印戳等得知。①

该通知为事实通知,以要约人将迟到事实通知承诺人即为已足,而且,一发出即生效力。承诺迟到的通知义务为不真正义务,违反之并不产生损害赔偿责任,而是将承诺视为未迟到,合同成立。②

如果要约人不拒绝该承诺,合同在承诺实际到达时成立。

案例:甲拟购买乙的洗衣机,乙于11月4日收到甲的要约信,价格1000元。乙于11月7日发出书面的承诺,但由于邮局原因,12月10日才送达给甲。甲将之扔入废纸篓。12月20日,乙要求甲履行合同。

在本案中,乙的承诺按照通常情形能够到达甲,但由于邮局原因而迟到,此时,甲应该为迟延通知,但其怠于履行该义务,故此,应视承诺未迟到,合同成立。

(三) 以要约承诺方式订立合同的变化形式

1. 交叉要约

所谓交叉要约,又被称为交错要约,是指当事人双方同时发出内容相同的要约。只不过双方的订约目的不同,一方在于获得商品或服务,另一方在于获得价款。故交叉要约互达于相对人时,即后到达要约到达之时或同时到达之时,合同成立。

案例:甲于11月1日在报上刊登广告出售玉器,价格100万元。乙于11月3日写信给甲,愿意以60万元购买。甲于11月6日回信愿意以90万元价格出卖,但应在一周内答复,乙未在期间内承诺。11月26日,甲再次给乙写信表示,愿意以70万元价格出卖。乙不知道来信,于11月27日写信给甲,愿意以70万元购买。甲信于11月28日到达,乙信于11月29日到达。

本案中出现了交叉要约的情况,在11月29日乙的要约到达时,合同成立,此时并不需要甲再为承诺。

2. 意思实现

意思实现是指若依据交易习惯,承诺之到达是不被期待的或者被放弃的,或者根据要约的性质,无须承诺到达的,则即使承诺未到达,合同也成立。例如向饭店预订包间,即使饭店不回复即进行备餐,合同也可以成立;再如,甲向乙邮购的,乙将货物直接邮寄或快递给甲,合同即成立。

甲欠乙一笔钱,但对于具体数额,双方存在争议。于是甲发出要约信,表示要减少债务数额,分期偿还,并随信附上一张支票,用以支付第一期债务。乙收到后,即兑付了该支票,并书面回复表示不接受乙的建议。甲认为,乙已经以自己的行为表示同

---

① 史尚宽:《债法总论》,中国政法大学出版社2000年版,第27—28页。
② 崔建远:《合同法总论(上卷)》,中国人民大学出版社2024年版,第320页。

意接受要约,无须承诺到达,债务部分免除合同已经成立。乙有通过行为作出承诺的一面,又有书面表达不同意要约的一面。所以,从整体上看,乙的行为并不足以构成无须承诺到达的行为。

《德国民法典》第151条并不是表明完整的承诺是不必要的,而是该承诺到达合同的另一方不是必要的。① 对于我国《民法典》第480条亦可作相同解释。因此,在任何情况下,受要约人都应向外作出承诺表示,只不过这个意思表示并不都需要受领。② 例如在邮售商店订购商品的例子:虽然客户的订单是合同订立时的要约,但是以发送货物作为承诺意思的表示已经足够了,因此合同随着发货已经成立。③

就意思实现而言,相较于一般的承诺过程,其省略了承诺到达的步骤,承诺一旦作出,合同即成立,由此加速了合同形成过程。但需要注意的是,承诺的作出,仅有内在受领意思并不足够,还需外部可认知的形式,须有承诺表示,只是无须对方受领。

(四) 要约承诺模式以外的合同订立模式

1. 书面订立

实践中,比较常见的是通过书面形式订立合同,尤其在经济价值比较大的交易中更是如此。在此模式下,当事人共同起草合同,就当事人一方甚或第三方提供的合同文本,逐条谈判,然后确定,最终共同签字成立合同。这一模式并没有要约承诺过程,合同以最后签字时成立。其中有两个阶段,第一个是合同文本协商阶段,第二个是签字生效阶段。如果双方当事人约定以书面形式订立合同,在有疑问的情况下,若没有完成书面合同,则合同没有成立。

《德国民法典》第154条第1款第2句规定,对于合同具体要素所达成的理解,即使做成草约,也没有拘束力。《德国民法典》第154条第2款规定,如果当事人约定了以书面形式或者公证书形式订立合同,在存有疑义时,在书面形式或者公证书形式做成前,合同不成立。

2. 拍卖模式

拍卖是指以公开竞价的形式,将特定物品或者财产权利转让给最高应价者的买卖方式(《拍卖法》第3条)。在拍卖模式下,不能适用要约承诺模式的规则。竞买人的最高应价经拍卖师落槌或者以其他公开表示买定的方式确认后,拍卖成交(《拍卖法》第51条)。采取现场拍卖公开竞价方式订立合同,合同自拍卖师落槌成交时成立(《民法典合同编通则解释》第4条第2款第1句)。也就是说,拍卖于报价拍定时成立。但是,报价高者并没有拍定请求权,因为更高的报价又会导致较低报价的消灭。

在网络拍卖中,由于没有拍卖人,合同依据指定时间经过后最高的出价订立。所

---

① Rüthers/Stadler, AT des BGB, 21. Aufl., 2022, § 17, Rn. 29.
② A. a. O.
③ A. a. O.

以,在网络拍卖中,依然适用要约与承诺的规则。对于意思表示的到达,平台经营者被赋予了消极的代理权。网络拍卖可以采要约模式,即出卖人在网络拍卖开始时发出要约,在规定时间内出价最高者为承诺;网络拍卖也可以采取承诺方式,出卖人作出不可撤销的、对将来报价最高者发出要约的承诺。

在网络拍卖实践中,出价最高者在规定时间内承诺后,会被电子交易系统确认为买受人。例如,网络司法拍卖成交的,由网络司法拍卖平台以买受人的真实身份自动生成确认书并公示(《网络司法拍卖规定》第22条第1款)。该确认书为承诺的具体表现形式。采取网络拍卖公开竞价方式订立合同的,合同自电子交易系统确认成交时成立(《民法典合同编通则解释》第4条第2款第1句)。①

合同成立后,当事人拒绝签订成交确认书的,人民法院应当依据拍卖公告、竞买人的报价等确定合同内容(《民法典合同编通则解释》第4条第2款第2句),并据此判决当事人承担违约责任。②

产权交易所等机构主持拍卖、挂牌交易,其公布的拍卖公告、交易规则等文件公开确定了合同成立需要具备的条件,当事人请求确认合同自该条件具备时成立的,人民法院应予支持(《民法典合同编通则解释》第4条第3款)。

3. 互联网上订立合同

《民法典》第491条第2款也规定:"当事人一方通过互联网等信息网络发布的商品或者服务信息符合要约条件的,对方选择该商品或者服务并提交订单成功时合同成立,但是当事人另有约定的除外。"

《电子商务法》第49条规定,电子商务经营者发布的商品或者服务信息符合要约条件的,用户选择该商品或者服务并提交订单成功,合同成立。当事人另有约定的,从其约定。电子商务经营者不得以格式条款等方式约定消费者支付价款后合同不成立;格式条款等含有该内容的,其内容无效。

4. 招投标方式

在招投标订约模式中,有招标、投标、开标、评标与中标等过程,并形成招标文件、投标标书、中标通知书这三份主要文件。中标后,招标人向中标人发出中标通知书(《招标投标法》第45条)。中标通知书中含有中标人名称、项目名称、中标价、工期、工程质量、签订合同时间等。在性质上,中标通知书应属于预约。在中标通知书发出之日起30日内,双方当事人按照招标文件和中标人的投标文件订立书面合同(《招标投标法》第46条),即本约。③

---

① 最高人民法院民事审判第二庭、研究室编著:《最高人民法院民法典合同编通则司法解释理解与适用》,人民法院出版社2023年版,第81页。
② 同上。
③ 朱庆育:《民法总论》(第二版),北京大学出版社2016年版,第152页。

《民法典合同编通则解释》反对中标通知书预约说,并认为中标通知书为本约。[1]其第4条第1款规定,采取招标方式订立合同,当事人请求确认合同自中标通知书到达中标人时成立的,人民法院应予支持。合同成立后,当事人拒绝签订书面合同的,人民法院应当依据招标文件、投标文件和中标通知书等确定合同内容。在某物业管理有限公司与某研究所房屋租赁合同纠纷案中,人民法院认为,招投标程序中,中标通知书送达后,一方当事人不履行订立书面合同的义务,相对方请求确认合同自中标通知书到达中标人时成立的,人民法院应予支持。[2]

本书认为,本约说存有问题:一是不符合《招标投标法》第46条的规定。该条规定,当事人要在中标通知书发出之日起30日内,按照招标文件和中标人的投标文件订立书面合同,如果中标通知书是本约,当事人还有必要签订书面合同吗?如果签订了书面合同,该书面合同与中标通知书是什么关系?二是,如果中标通知书为预约,嗣后订立的书面合同对中标通知书还可以细化甚至修改,而根据《民法典合同编通则解释》第4条第1款的规定,中标通知书为本约,当事人只能通过补充协议细化或者修改。三是,如果中标通知书是本约,但是,当事人还是要在中标通知书发出之日起30日内签订一个书面合同,那么该书面合同是合同关系成立后法律要求的书面确认形式,而非新的合同。[3] 值得怀疑的是,此时签订书面合同的意义何在?合同成立后,拒绝签订书面合同的,人民法院应当依据招标文件、投标文件和中标通知书等确定合同内容。如果人民法院依据招标文件、投标文件和中标通知书等确定的合同内容与中标通知书的内容有不同之处,应以何者为准?而且,人民法院为什么有权力确定合同内容?为什么还要依据招标文件、投标文件和中标通知书等确定合同内容?中标通知书不就是本约吗?合同内容不是已经确定了吗?因此,在实践中,《民法典合同编通则解释》第4条第1款的规则必将使得当事人左右为难,签订书面合同没有必要,但不签订书面合同,可能又面临人民法院依职权确定合同内容的风险。

基于上述论证,本书仍然认为,中标通知书应属于预约,而按照招标文件和中标人的投标文件订立的书面合同为本约。

依据《招标投标法》第45条第2款,中标通知书对招标人和中标人具有法律效

---

[1] 最高人民法院民事审判第二庭、研究室编著:《最高人民法院民法典合同编通则司法解释理解与适用》,人民法院出版社2023年版,第77页。
[2] 最高人民法院发布十起《关于适用〈中华人民共和国民法典〉合同编通则若干问题的解释》相关典型案例,案例一:2021年7月8日,某研究所委托招标公司就案涉宿舍项目公开发出投标邀请。2021年7月28日,某物业管理有限公司向招标公司发出《投标文件》,表示对招标文件无任何异议,愿意提供招标文件要求的服务。2021年8月1日,招标公司向物业管理公司送达中标通知书,确定物业管理公司为中标人。2021年8月11日,研究所向物业管理公司致函,要求解除与物业管理公司之间的中标关系,后续合同不再签订。物业管理公司主张中标通知书送达后双方租赁合同法律关系成立,研究所应承担因违约给其造成的损失。研究所辩称双方并未签订正式书面租赁合同,仅成立预约合同关系。
[3] 最高人民法院民事审判第二庭、研究室编著:《最高人民法院民法典合同编通则司法解释理解与适用》,人民法院出版社2023年版,第82页。

力。中标通知书发出后,招标人改变中标结果的,或者中标人放弃中标项目的,应当依法承担法律责任。这里的法律责任指的是违约责任。①

(五) 合意

承诺与要约内容一致时,合同方为成立,承诺与要约内容的一致即为合意。承诺与要约内容是否一致,须从受领人角度予以客观解释。

1. 合意作为合同成立的前提

合同被界定为两个或多个指向合同订立的意思表示之间的合致。而双方相互作出的意思表示一致或合一,即为合意。② 订立合同须订立合同者相互表示其一致的意思。《民法典》第464条虽然对合同进行了定义,但落脚点是协议,这里的协议可以解释为合意,所以,可以认为我国《民法典》规定了合同订立以达成合意为前提。而且,从《民法典》第471条的规定来看:当事人订立合同,可以采取要约、承诺方式或者其他方式。该条规范意旨并非在于规定订立合同一定要采取某种方式,而是在强调通过要约、承诺方式达成合意是合同订立的典型方式。③《民法典》第488条第1句规定承诺的内容应当与要约的内容一致。所以,虽然《民法典》没有明确将合同界定在合意之上,但从体系解释可以得出,合同的成立需要合同当事人双方意思表示的一致,也即合意。

对于合意的判断,可以从两个层次进行判断。

第一,如果通过解释可以确定当事人之间的实际意思的合致,那么当事人之间即达成事实上的合意。④ 通过解释确定当事人之间的实际合意,通常是甲所意欲规定的,且乙从甲的表示中可推断的,也可以是合同当事人知道相对人的内心意思,如甲出卖黑板,价格为190元,错打为109元,如果乙知道甲的意思是190元,则合同以190元的价格为内容成立。进一步而言,如果当事人双方的内心意思是一致的,即使表示的文义为其他的意思甚至无意义,合同也以此内心意思为内容成立,此即所谓的"误载无害真意"(falsa demonstratio non nocet)(《民法典合同编通则解释》第1条第2款)。

第二,如果当事人的内心意思没有实际的合致,则可以考虑是否存在规范意义上的合意,即从客观第三受领人的角度理解合同双方表意人的意思,考察二者在客观上是否达成一致。

---

① 最高人民法院民事审判第二庭、研究室编著:《最高人民法院民法典合同编通则司法解释理解与适用》,人民法院出版社2023年版,第77页。
② 崔建远:《合同法总论(上卷)》,中国人民大学出版社2024年版,第289页;王利明:《合同法研究》(第一卷)(修订版),中国人民大学出版社2011年版,第211页;韩世远:《合同法总论》(第四版),法律出版社2018年版,第101页。
③ 除了要约与承诺方式外,还有对文本同意方式、网络上订约方式、拍卖以及招投标方式等。Leenen/Häublein, *BGB AT*, 3. Aufl., 2021, S. 183 ff.
④ 朱庆育:《民法总论》(第二版),北京大学出版社2016年版,第268页。

2. 受领人理解视角下的客观解释

在法律世界中,合意并非一个自然物理过程,而是规范上的结果。当任何一方当事人作出一个意思表示时,该意思表示即进入规范世界,需要从法律视角予以解释并最终确定。在意思表示的解释上,不应拘泥于文字,而应探究当事人的真意。但问题是,探求的对象是什么?是内心的意思,还是外在的表示?在合同情况下,如果探求当事人"内心意思",就会导致如下结果:缔约人虽然使用了同样的文字,但各自理解的意义不同,因此往往会达不成合意。这是任何法律秩序都不希望发生的结果,不仅会造成大量合同不成立的情况,而且会造成交易费用的浪费。① 因此,在解释意思表示时,探求的是外在表示的含义,合同的成立原则上不取决于双方"意思"的合致,而是"表示"的相互一致。②

进一步来看,是谁理解的客观表示呢,或者说是从什么角度确认客观表示的呢?《民法典》第 142 条关于意思表示解释的规则并没有明确规定解释的视角。《国际商事合同通则》(Principles of International Commercial Contracts)第 4.1 条第 2 款规定,合同应根据一个与各方当事人具有同等资格的、通情达理的人在处于相同情况下时,对该合同应有的理解来解释。③

依照我国学说的观点,对于表意人之表示应根据"与合同无利害关系的理性第三人通常理解"④,在此作为根据的并非受领人对表示的实际理解,而是理智的人处于受领人地位时根据情况需理解的含义。⑤ 司法实践中也认为,在目的解释上,并非只按一方当事人期待实现的合同目的进行解释,而应按照与合同无利害关系的理性第三人通常理解的当事人共同的合同目的进行解释。⑥ 也就是说,表示既不是表意人实际所欲的,也不是具体受领人所理解的那样,而是一种规范上的从受领人理解的层面确定的表示。⑦

那么,如何确定受领人理解的层面(Verständnishorizont des Empfängers)呢?首先应将自身置于受领人的地位,并考量所有情况,但只包括那些在表示到达时对于他来讲是知道的或者可能知道的情况⑧,即那些对受领人而言进行适当注意即可认知的情况。例如在超市为顾客无偿提供保管箱的情况下,双方订立的到底是寄存合同还是借用合同,并不取决于超市内在的意思,而取决于从客观受领第三人的视角如何理解

---

① 韩世远:《合同法总论》(第四版),法律出版社 2018 年版,第 102 页。
② 崔建远:《合同法总论(上卷)》,中国人民大学出版社 2024 年版,第 289 页;Diederichsen, Der logische Dissens, 1984, S. 82.
③ 对外贸易经济合作部条约法律司编译:《国际商事合同通则》,法律出版社 1996 年版,第 74 页。
④ 崔建远:《合同法》(第二版),北京大学出版社 2013 年版,第 412 页。
⑤ HKK/Vogenauer, 2013, BGB § §133, 157, S. 585.
⑥ "枣庄矿业(集团)有限公司柴里煤矿与华夏银行股份有限公司青岛分行、青岛保税区华东国际贸易有限公司联营合同纠纷案",最高人民法院(2009)民提字第 137 号民事判决书。
⑦ HKK/Vogenauer, 2013, BGB § §133, 157, Rn. 35.
⑧ Larenz, Methodenlehre der Rechtswissenschaft, 6. Aufl., 1991, S. 299.

该意思表示,因此,应将表示内容解释为无偿保管合同,而非借用合同。①

在合同模式下,要从熟悉情况的理性第三人的视角,确定当事人双方表示的客观意义是否一致。② 例如,在甲的橱窗中有两套西服,蓝色的为120元,灰色的为220元。乙步入该商店,向店主说:我想要橱窗中的蓝色西服。店主为其找到合适的号码,乙试穿后决定购买蓝色西服,此时才发现价格标错了,蓝色西服的价格应为220元。根据上述的对表示的理解理论,对于乙的要约内容,应从客观受领第三人的角度解释,乙拟以120元的价格购买西服。而在本案中,橱窗中的蓝色西服的价格被标错了,甲的内心意思是220元,而不是像上述乙的要约那样是120元。但与上述的解释视角一样,承诺合同的意思表示并不取决于表示人的内心意思,而是取决于客观受领第三人的视角。该承诺之意思表示是对乙发出的,所以要根据诚实信用原则、并综合考虑本案的具体情况,考察一般人站在乙的角度应如何理解。由于甲是从乙的要约出发的,乙的要约内容为以120元购买蓝色西服,甲对其进行承诺,所以,从客观受领第三人的角度来看,承诺内容包含着的价款是橱窗中的标价,也即120元。也就是说,甲对乙的要约不加更改地进行了承诺。买卖蓝色西服的合同因此成立,价款为120元。从结果上看,从客观受领第三人角度解释客观表示,一方当事人的内心意思与外在表示可能是不一致的,比如上述案例中,价款120元的表示与买受人的内心意思一致,但与出卖人的内心意思是不一致的。如果强调内心意思,只能说,这里实现的只不过是一半的自治,即仅实现一方的意思。③

在客观受领第三人视角下的客观解释,即使内在或自然的合意未达成,也可能达成规范的合意。任何一方内心意思与外在表示不一致的,只能基于错误予以撤销。④ 如美国人与加拿大人在澳大利亚订立买卖合同,约定价款是1000 Dollars,则依据客观受领第三人视角予以规范解释,这里的Dollar应是澳大利亚Dollar,要约与承诺合致,合同成立,但规范的意思可能与当事人双方的意思都不符合,此时,当事人双方都享有基于错误撤销的权利。

有鉴于此,有学者即提出,自客观受领第三人视角解释合同,常常会出现非表示人所愿或者非受领人所愿的结果,违背了当事人的真实意思。⑤ 但在实际上,从客观受领第三人视角理解合同,并不意味着当事人自决的意思完全没有了意义,在探求该真意时,并不能完全脱离表示人的设想。⑥ 而且,在当事人的内心意思与外在表示发

---

① 类似的问题,参见汤征宇、陈亚男:《车辆保管合同与场地租赁合同之辨》,载《人民司法(案例)》2011年第4期。
② Kötz, *Europäisches Vertragsrecht*, 2. Aufl., 2015, S. 221.
③ Leenen/Häublein, *BGB AT*, 3. Aufl., 2021, S. 93 ff.
④ Diederichsen, *Der logische Dissens*, 1984, S. 83.
⑤ 李永军:《论合同解释对当事人自治否定的正当性与矫正性制度安排》,载《当代法学》2004年第2期,第53—57页。
⑥ Larenz/Wolf, *AT des BGB*, 9. Aufl., 2004, §28, Rn. 13.

生分歧时,可以通过错误等规则予以撤销,最终实现自己的意思。

那么,为什么要从客观受领第三人的角度理解意思表示呢？其一,意思表示所产生的效果侵入了受领人的权利范围,受领人需为此做准备工作,所以,只能按照其所理解的含义对自己产生影响。其二,表示人可以控制其使用的表达方式以及表达形式。所以,表示人应当对受领人所理解的客观表示含义负责。法律秩序保护表示受领人的信赖,使表示在其根据情况应该并且能够理解的含义上发生效力。① 表示主义的基础并不是受领人主观的甚或不理智的理解,而是对表示通常含义的有权信赖,所以,又被称为信赖理论。② 作为个人自治工具的意思表示并不存在于社会真空中。通过表示主义乃至效力主义解释观,在自由主义立场上的合同理论转化为人之行为的社会结果视角。③

(六) 不合意

当事人对于合同内容未达成一致意见的,即为不合意。按照意思自治的模式,合同双方当事人的意思表示应就所有合同条款均达成合意。在概念上,可以区分两种类型的不合意。第一种是当事人对合同的本质要素(或必要之点)没有达成合意,而从合同概念就可以得出,缺少本质要素,合同就不成立。④ 基于这一逻辑,这种类型的不合意,也被称为逻辑上的不合意。第二种是当事人主要对合同的非本质要素没有达成合意,根据解释规则确定当事人没有达成合意,所以,也被称为解释上的不合意。⑤

1. 逻辑上的不合意

在当事人没有就特定合同类型的本质要素(必备要素)达成一致,在逻辑上,就没有订立合同,此时,并无适用实体解释规则或者程序解释规则的余地。

本质要素(essentialia negotii)是每种合同类型的主要成分,是通过任意法规定的自然因素(naturalia negotii),如买卖合同中的当事人、标的等。⑥ 如果当事人想变更或者补充合同类型的自然构成,就要另行规定合同因素,这些因素被称为非本质要素(accidentalia negotii)。当事人对于本质要素是有公开的或隐藏的不合意,法律效果都是不构成法律行为,并没有解释的空间。

进一步的问题是,在当事人没有就本质要素达成合意的情况下,为什么合同不成立。主要的原因在于当事人若就本质要素没有达成合意,那么其真实的意思就是合

---

① Larenz/Wolf, AT des BGB, 9. Aufl., 2004, §28, Rn. 6.
② HKK/Vogenauer, 2013, BGB §§133, 157, Rn. 35.
③ Zimmermann, the Law of Obligations: Roman Foundations of the Civilian Tradition, 1996, pp. 621-650.
④ Mugdan, Die gesammten Materialien zum Bürgerlichen Gesetzbuch für das Deutsche Reich, 1899 (neudruck 1979), S. 623; Flume, Allgemeiner Teil des Bürgerlichen Rechts, Bd. Ⅱ: Pas Rechtsgeschäft, 4. Aufl., 1992, §34 6 b; Diederichsen, Der logische Dissens, 1984, S. 81.
⑤ Diederichsen, Der logische Dissens, 1984, S. 81.
⑥ A. a. O., S. 90.

同尚未成立，并不具有拘束力。而且，在诉讼中，法官只有在现存合同规则的帮助下，才能够借助任意法或者通过补充解释填补约定中的漏洞。

2. 解释上的不合意

即使当事人是对于非本质要素没有达成合意，合同也应该是没有成立的。否则，合同就成了一方将意志强加给另一方的工具。但如此又会产生一方当事人利用合同未达成合意，而在事后情况变化时，主张合同不成立之问题，故此，有必要在法律上规定相应的解释规则。

在进行合同漏洞补充之前，还需考察当事人是否愿意合同成立。在技术上，不是从正面再要求当事人协商确认，而是从反面看，是否出现了公开不合意与隐藏不合意，通过解释规则，尊重当事人的消极自由（《民法典合同编通则解释》第3条第1款但书部分第二种情况）。这两种规则的本质特征均为解释，故又被称为解释之不合意。

如果合同通过当事人的意思一致而产生，那么问题是，在意思一致存在瑕疵的情况下，法律效果如何。从客观受领第三人视角进行解释，如果涉及的是表示与意思不一致，就是错误的问题。但如果当事人有意识地不就所有对一方很重要的事项达成一致，那么有疑问时，合同不成立，此即所谓的公开不合意；如果当事人一方或双方错误地认为对于所有要点均已经达成一致，则存在隐藏不一致；如果可以推定，要点未达成一致时合同也可以成立，那么约定才发生拘束力。①

（1）公开不合意

公开不合意是指当事人对合同的内容没有完全达成合意、而且明知存在合意瑕疵的情况。当事人对合同内容公开不合意的，无论是对本质要素还是非本质要素公开不合意，合同都不成立。对于公开不合意，可能是双方当事人一致同意就部分要点先不达成合意，也有可能是一方当事人认为某一要点是合同的必要之点，但双方没有达成合意。当事人甚至可能通过默示行为形成公开的不合意，如建筑合同文本与附件文本就合同要点规定了不同的内容。② 对于格式条款是否订入合同，当事人之间也可能存在公开的不合意。需要注意的是，在通过书面谈判模式缔约的情况下，即使双方当事人已经就部分合同要点签订了草约，也不构成公开不合意，而是不具有拘束力。

公开不合意的问题，本质上是一个解释问题。在一般情况下，当事人之间公开不合意，合同当然不应成立。比如当事人约定，就价款等重要条款嗣后另行商议或另行达成协议，此时，当事人的意思通常应是合同不成立。但是在当事人有相反的行为或

---

① HKK/Oestmann, 2003, BGB §§145-156, Rn. 7；最高人民法院民事审判第二庭、研究室编著：《最高人民法院民法典合同编通则司法解释理解与适用》，人民法院出版社2023年版，第66页。

② Palandt/Ellenberger, 80 Aufl., 2021, BGB §154, Rn. 1.

者相反的意思的情况下,应当认为合同还是成立了。比如,双方当事人同意开始履行该不完全的合同,或者基于交易习惯可以推出即使部分未合意、当事人也受约束的情形。① 一方当事人或者双方当事人负有强制缔约义务的情况下,也可以推出合同成立。再比如,当事人通过诉讼行为排除了疑义,如以合同成立为前提主张违约责任。②

例如:甲装修房屋,安装了橱柜与卫生间家具,共计 20000 元。甲装修完之后将房屋出卖给乙。在就家具是否一并转让的问题进行谈判时,二人没有就买卖价格达成协议。但甲还是将家具交付给了乙。后来二人就家具的价款产生争议,甲要求乙支付 25000 元,而乙只支付了 20000 元。

本案中,当事人就价款范围存在公开的不合意,但从当事人之间交付与受领家具的行为判断,合意是不存在疑义的,故此,合同已经成立。至于合同价款的范围,可以通过任意法规则或者解释规则予以确定。

不合意的法律效果如何,现行法并没有规定。有学说认为,当事人未达成合意,合同不成立。③ 另外,还有一种思路,即在公开不合意时,订约人的意思恰恰是合同还没有订立,因此不能发生效力,可以类推适用部分无效原则上导致全部无效之规则。如果原则上认为公开不合意有效,然后通过法官的决定补充未规定之点,无疑是在对当事人的意思实施暴力。只有当事人有意识地同意,尽管存在合同漏洞,还是可以通过实施行为而使合同发生效力,才能认为当事人在未约定之点方面也受拘束。然后,可以根据已经约定并发生效力的必备要素,公平解释出未规定之点。④

另外,值得注意的是公开不合意与《民法典》第 488 条、第 489 条的关系的问题。这两条规定的是修改要约之承诺规则,主要继受的是《联合国国际货物销售合同公约》第 19 条的规则。修改要约之承诺规则与解释上的不合意制度解决的并不是同一个问题,修改要约之承诺规则指向的并非不合意,而是一方修改了对方要约的情况。而且,二者的适用范围也不同,公开不合意是有意识的、当事人双方合意地从合意中排除某点;而修改要约的承诺则是承诺人表达了完整的承诺,但是在本质要素上与要约并不相同。⑤ 根据《民法典》第 489 条,如果承诺对要约所作的修改并非实质性要素,那么最终应当以承诺内容为准成立合同。但本书认为,这样在结果上并不符合当事人的意思,也没有道理。

(2) 隐藏不合意

在当事人没有意识到没有完全达成合意或者错误地认为已经达成合意的情况

---

① MüKoBGB/Busche, 9. Aufl., 2022, §154, Rn. 6 f.
② Jauernig/Mansel, 19. Aufl. 2023, BGB §154, Rn. 3.
③ 崔建远主编:《合同法》(第八版),法律出版社 2024 年版,第 49 页。
④ Flume, *Allgemeiner Teil des Bürgerlichen Rechts, Bd Ⅱ: Das Rechesgeschäft*, 4. Aufl., 1992, Rechtsgeschäft, 4. Aufl., §34, S. 634.
⑤ Rüthers/Stadler, *AT des BGB*, 21. Aufl. 2022, §19, Rn. 40.

下,即为隐藏不合意。只有一方当事人错误地认为合同已经订立,而另一方当事人知道存在合意瑕疵的情况,也构成隐藏不合意。① 所以在是否约定了价款的问题上,没有达成合意的,合同即不成立,没有补充解释或者适用实体解释规则的余地。《民法典》第511条第2项针对的是价款或者报酬不明确的情况,也就是说,针对的是当事人还是约定了价格,或者就合同的有偿性达成了合意,只是对于价款多少以及范围没有达成合意的情况。

隐藏不合意具体可以分为如下几种类型:第一种是一方在订立合同时忽视了至少按照一方的表示需要达成一致的合同要素,比如忘记或者忽略了需要约定的要点,即所谓的隐藏的不完整。第二种是由于没有排除误解,双方的意思表示没有达成一致,也就是说,双方作出了外在并不相同的表示,而且意思也不相同,当时当事人却认为,意思表示是一致的。② 比如双方听错了或者读错了,甲的要约是原装IBM印刷盒,乙的承诺是IBM印刷盒,当事人在表示上不合意。③ 第三种是一方使用了多义的概念,而另一方又理解不透,即所谓的表见合意,比如自有资本、股票等概念就是多义的。④ 再如甲向乙购买"最好的CD",什么是最好的CD是有多义的,甲与乙的理解各有不同。

如前所述,如果当事人双方对合同的本质要素没有达成合意,那么合同无论如何都不会成立,此即所谓逻辑上的不合意。比如,一方当事人想出卖某物,而另一方当事人意思是作为赠品赠与,此时,合同就确定地不成立。

如果双方当事人对非本质要素没有达成合意,依照当事人的意思,原则上合同也应是不成立的。但在隐藏不合意的情况下,虽然合同不完整,但假若因此而阻碍合同规则发生效力,那么法律行为交易会负担严重的不确定性,会招致当事人滥用该规则阻碍合同成立的危险。⑤ 而且,如果这里的约定无例外地都被处理为不生效力,那么也违背交易上尽量维持合同利益的原则。所以,应当认为,如果未约定之点对于当事人而言是如此的不重要,即使他们知道对该点没有达成一致,也会认为合同订立了,那么约定还是发生效力的。⑥ 该缺少的合同要素对于当事人是否重要,需要根据当事人可推知的意思通过解释予以确定。⑦ 例如,甲乙两开发商约定共同投标买地,取得土地使用权的一方,将项目公司股权的49%转让给对方,但未约定股权价格以及移转时间等,之后甲取得了土地使用权,乙主张49%的股权。现双方就股权价格及移转时

---

① Palandt/Ellenberger, 80 Aufl., 2021, BGB §155, Rn. 1.
② Leenen, Abschluss, Zustandekommen und Wirksamkeit von Verträgen, AcP 188 (1988), S. 407.
③ Hamm, NJW-RR 1998, 1747.
④ Palandt/Ellenberger, 80 Aufl., 2021, BGB §155, Rn. 4.
⑤ Leenen, Abschluss, Zustandekommen und Wirksamkeit von Verträgen, AcP 188 (1988), S. 404.
⑥ Flume, *Allgemeiner Teil des Bürgerlichen Rechts*, Bd Ⅱ: *Das Rechesgeschäft*, 4. Aufl., 1992, §34, S. 634.
⑦ Rüthers/Stadler, *AT des BGB*, 21. Aufl. 2022, §19, Rn. 43.

间产生争议,对此两个要素,当事人之间存在隐藏不合意,通常情况下当事人还是认为这两个要素是可以嗣后补充约定,并不是重要的、足以影响合同是否订立的。对于格式条款的订入,存在隐藏不合意的,解释上一般不影响合同的成立。

对于所欠缺的对非必备要素,可以通过任意性法规、补充解释以及实体解释规范予以填补。根据《民法典合同编通则解释》第3条第2款,当事人对非本质要素未达成合意的,不影响合同成立,人民法院应当依据《民法典》第510条、第511条等规定予以确定。可以说,只要双方当事人就订立合同的标的和数量达成一致,合同就无可争议地成立了,之后,就是法官进行漏洞填补的事情了,其间并没有不合意解释规则的适用空间,但这样一来,就忽视了当事人退出合同的消极自由。

最后,值得注意的是,如果一方当事人因其可归责的行为(如多义的表述)导致不合意,基于缔约过失,需要承担损害赔偿责任。①

(七) 修改要约的承诺

从合同的定义出发,承诺要与要约完全一致,合同方可成立(《民法典》第488条第1句)。据此,对要约进行任何改动的承诺,都不能发生合同成立的效力。所以,《德国民法典》第150条第2款规定,对要约扩张、限制或变更的承诺,视为拒绝要约,但该修改要约的承诺被拟制为新要约,这一规则被称为"镜像规则(mirror image rule)"。②

如果承诺修改的是要约中不重要的要素,而要约人在事后发现合同无利可图,就主张不成立,有可能构成投机行为。尤其在商人之间,此种行为更容易发生。所以,《联合国国际货物销售合同公约》采取了不同的立法模式,区分承诺修改的要素重要与否而为判断。如果修改的要素不重要,除非要约人及时反对,否则仍构成承诺,合同内容以要约内容以及承诺所载的变更为准。如果修改的要素重要,修改要约的承诺,才为拒绝要约,而该承诺被拟制为新的要约。③ 变更货物价格、付款、货物质量和数量、交货地点和时间、赔偿责任范围或解决争端等,均为实质变更。

我国《民法典》原则上继受了《联合国国际货物销售合同公约》第19条的规则(《民法典》第488条、第489条)。但没有强调承诺不得修改要约的原则,而仅规定了在非实质变更情况下,除了毫不迟延提出异议或要约表明不得对要约内容作出任何变更外,变更要约的承诺有效,合同的内容以承诺的内容为准。另外,《民法典》在实质变更的范围上也有所不同,增加了标的、履行方式,并将"赔偿责任"这一要点扩大为"违约责任"。

---

① Palandt/Ellenberger, 80. Aufl., 2021, BGB §155, Rn. 5.
② Staudinger BGB/Bork, 16. Aufl., 2020, §150, Rn. 7.
③ 《联合国国际货物销售合同公约》第19条;《欧洲共同销售法》(Common European Sales Law)第38条;《欧洲合同法原则》(Principles of European Contract Law)第2:208条;《国际商事合同通则》第2.1.11条第2款。

对于这一规则,首先可以质疑的是,《联合国国际货物销售合同公约》第19条的规则主要是为商人之间的交易起草的,故对镜像规则进行了一定的松动,但我国《民法典》继受这一规则,并将之适用于私人之间乃至私人与商人之间,有对私人参与的交易要求过高之嫌。

其次,在承诺对要约进行非实质变更的情况下,要以承诺的内容为合同的内容成立合同,但从当事人意思出发,为什么不能让原来的要约继续有效,进而以要约的内容为合同的内容呢?①

最后,何为实质性变更,其范围无法通过法律确定。比如甲对乙发出要约出卖商品,乙对免责条款进行了修改,此时是否构成实质性变更呢?对此,还应从解释出发,具体确定该条款对于要约人的重要性。如果对于要约人很重要,即应认为对于该要约内容的修改为重大变更,但依照此思路,任何合同要素对于当事人而言都可能很重要。《民法典》在继受《联合国国际货物销售合同公约》(CISG)的规则上也体现出了随意性,增加了标的、履行方式,并将赔偿责任扩大为违约责任。

实质上,《联合国国际货物销售合同公约》第19条第3款列举的实质性变更要约的条款,不过是解释性条款的,是否为实质性变更,需要根据交易惯例或习惯判断。例如争议解决条款通常具有实质性,但如果在交易中,仲裁是争议解决的通常做法,那么承诺人将要约人的解决争议条款改为仲裁条款,即并非实质性改变要约。②

在性质上,《民法典》第489条属于实体解释规则。在承诺对要约进行并非重大变更(非本质性变更)的情况下,只要不会导致要约人受到损害,理性的一般人都会认为要约人会同意这些非本质性变更。③

(八) 格式之争

所谓格式之争(battle of the forms),是指以格式条款方式订立合同时,一方以其格式条款变更相对人的格式条款所导致的合同是否成立以及以哪一个格式条款为内容成立的争议。④

例如,受要约人在确认信里,表明以要约人的格式条款为准,但又对要约人的要约格式条款进行了实质性修改,而此时要约人没有明示或默示的意思表示,而是沉默,并进行了履行。那么有疑问的是,此时合同是否成立了?

> 案例:甲公司向乙公司发出要约,出卖给乙公司350吨煤,价格确定,分批交货;甲公司要约中有管辖权条款,乙公司在寄回的合同书中删除了该条款,并加入了一个仲裁条款。合同书被甲公司员工放在经理的办公桌上。甲公司随后转

---

① Kötz, *Europäisches Vertragsrecht*, 2. Aufl., 2015, S. 43 f.
② 欧洲民法典研究组、欧盟现行私法研究组编著:《欧洲私法的原则、定义与示范规则:欧洲示范民法典草案(第二卷)合同及其他法律行为》(全译本),高圣平等译,法律出版社2014年版,第298页。
③ Kötz, *Europäisches Vertragsrecht*, 2. Aufl., 2015, S. 44.
④ 金晶:《合同法上格式之战的学说变迁与规范适用》,载《环球法律评论》2017年第3期,第85页。

运了第一批货物,乙公司也受领了。第二批货物装运前,煤炭价格上涨,甲公司主张合同不成立。①

此时,可以将履行行为视为默示的承诺。但是,如果该履行并非是在合理期间进行的,那么根据《民法典》第 481 条,该履行不能被认定为承诺,反而是新要约,此时,又需要相对人的承诺。所以,这里的问题是,在格式条款相左的情况下,如果双方当事人已经履行了,是否为通过默示行为予以确认呢? 如上所述,在最后一个格式条款的到达与履行行为之间间隔比较长的情况下,履行行为会超过作为默示行为的合理期间而成为无效的承诺,从而会被认为是新要约。而且,在格式条款中有防御条款的情况下,双方最终都要求以自己的格式条款为准,也无法通过默示行为确认是否达成合意。

进一步的疑问还有,如果双方采取格式条款的形式进行要约、承诺,而承诺修改要约的,应当如何处理? 如果双方都要求以自己的格式条款为准,如何处理?《荷兰民法典》第 6:225 条第 3 款采取的是最先一击规则(the first blow doctrine):"如果要约和承诺涉及不同的格式条款和条件的,承诺没有明确拒绝适用要约中的格式条款,那么承诺中的格式条款和条件不发生效力 ……"据此,要约人的格式条款优先。但要约人的格式条款要优先并无充分的正当性基础,为什么要约人有权利决定合同内容。而且,该规则不符合交易习惯,要约与反要约不断进行,何以确定是哪个要约。对此规则,《荷兰民法典》规定有例外,若承诺中明确通过所谓的防御条款(Abwehrklauseln)来拒绝适用要约中的格式条款,最终要求以自己的格式条款为准,那么,不适用要约人格式条款优先规则。但在现实中,很多当事人都会在自己的格式条款中设立这种防御条款,所以,该规则并没有真正解决问题。

对于格式之争问题,国际上更为常见的解决规则是最后言词规则(the last shot doctrine),我国学说上也接受这一规则②,从要约承诺、合同即成立规则也可以解释出我国采取的是最后言辞规则。最后言词规则给予了最后发出的意思以优先地位,例如买受人无异议地接受货物,可以评价为买受人实际上同意了出卖人的格式条款。最后言词规则有利于出卖人,缺点比较明显,会导致不好的结果:如果买受人要拒绝适用出卖人最后发出的格式条款,那么买受人必须首先拒绝受领,以免自动将该格式条款订入合同,然后通过法律专业人士找到分歧之处,再与出卖人进行谈判。但在实践中,当事人通常不会这么做,因为会产生很大的交易费用,甚至大于因谈判取得的有利于自身的规则所产生的收益。而且,谁的格式条款在最后,实属偶然。所以,德

---

① 欧洲民法典研究组、欧盟现行私法研究组编著:《欧洲私法的原则、定义与示范规则:欧洲示范民法典草案(第二卷)合同及其他法律行为》(全译本),高圣平等译,法律出版社 2014 年版,第 299 页。

② 朱广新:《论合同订立过程中的格式之战问题》,载《法学》2014 年第 7 期,第 78 页;韩世远:《合同法总论》(第四版),法律出版社 2018 年版,第 149 页。

国联邦法院拒绝了最后言词规则。① 而且,一方当事人不顾格式条款间有矛盾而进行履行,不能认为其服从了或同意了相对方的格式条款。② 所以,依照德国通说,此时应认为相互矛盾的条款均没有订入合同,在通过不合意规则确定合同可以成立后,应当以任意法替代③矛盾的格式条款或对之进行补充解释,这一规则又被称为相互击倒规则。④ 在格式条款中含有防御条款的情况下,在解释结论上,也是合同当事人没有同意对方增加的条款。

《民法典》合同编草案室内稿第 42 条曾规定:双方当事人在订立合同时都提供了格式条款,并对格式条款之外的内容协商一致的,合同根据当事人一致同意的内容及实质上相同的格式条款订立,但这些内容不具备合同的主要条款,或者当事人一方事先明确表示或者事后及时通知对方其不愿意接受这种合同拘束的除外。从内容上来看,该规定采纳的是类似德国法的模式,只有双方当事人一致同意的条款才订入合同,然后判断缺少的条款是否为主要条款(必要之点),如果缺少主要条款,合同还是不成立;如果缺少非主要条款,则要看当事人一方的明确表示以及嗣后通知与否,在本质上,这是在判断当事人是否存在疑义,只有不存在疑义时,合同才成立。

(九) 合同成立的时间与地点

1. 成立时间

双方当事人采用要约承诺形式订立合同的,要约与承诺达成一致,合同即应成立。但采用要约承诺以外形式订立合同的,确立合同成立时间的规则各不相同。

当事人采用合同书形式订立合同的,自双方当事人签名、盖章或者按指印时合同成立(《民法典》第 490 条第 1 款)。当事人采用信件、数据电文等形式订立合同要求签订确认书的,签订确认书时合同成立(《民法典》第 491 条第 1 款)。值得注意的是,在签订确认书的情况下,也必须有当事人的签字或盖章,合同才成立。

2. 成立地点

承诺生效的地点为合同成立的地点。采用数据电文形式订立合同的,收件人的主营业地为合同成立的地点;没有主营业地的,其住所地为合同成立的地点。当事人另有约定的,按照其约定(《民法典》第 492 条)。当事人采用合同书形式订立合同的,最后签名、盖章或者按指印的地点为合同成立的地点,但是当事人另有约定的除外(《民法典》第 493 条)。

---

① BGHZ 18, 212; Bamberger/Roth/Becker, 6. Aufl., 2023, BGB § 305, Rn. 82; Palandt/Grueneberg, 80. Aufl., 2021, BGR § 305, Rn. 55.

② BGH NJW 1985, 1839.

③ Bamberger/Roth/Becker 6. Aufl., 2023, BGB § 305, Rn. 82; Kötz, *Europäisches Vertragsrecht*, 2. Aufl., 2015, S. 45.

④ 金晶:《合同法上格式之战的学说变迁与规范适用》,载《环球法律评论》2017 年第 3 期,第 86 页以下。

(十) 合同是否成立作为争议焦点

合同是否成立的争议不同于合同无效、被撤销或者解除的争议。但是,在双务合同中,原告起诉请求确认合同有效并请求继续履行合同,被告主张合同无效的,或者原告起诉请求确认合同无效并返还财产,而被告主张合同有效的,都要防止机械适用"不告不理"原则,仅就当事人的诉讼请求进行审理,而应向原告释明变更或者增加诉讼请求,或者向被告释明提出同时履行抗辩,尽可能一次性解决纠纷(《九民纪要》第36条第1款第1句)。第一审人民法院未予释明,第二审人民法院认为应当对合同不成立、无效或者被撤销的法律后果作出判决的,可以直接释明并改判。当然,如果返还财产或者赔偿损失的范围确实难以确定或者双方争议较大的,也可以告知当事人通过另行起诉等方式解决,并在裁判文书中予以明确(《九民纪要》第36条第2款)。

当事人按照释明变更诉讼请求或者提出抗辩的,人民法院应当将其归纳为案件争议焦点,组织当事人充分举证、质证、辩论(《九民纪要》第36条第3款)。《民法典合同编通则解释》第3条第3款也规定:"当事人主张合同无效或者请求撤销、解除合同等,人民法院认为合同不成立的,应当依据《最高人民法院关于民事诉讼证据的若干规定》第五十三条的规定将合同是否成立作为焦点问题进行审理,并可以根据案件的具体情况重新指定举证期限。"

三、强制缔约

(一) 法定强制缔约

对于合同订立自由,合同法上存有限制。首先,国家根据抢险救灾、疫情防控或者其他需要下达国家订货任务、指令性任务的,有关民事主体之间应当依照有关法律、行政法规规定的权利和义务订立合同(《民法典》第494条第1款)。强制缔约只能解决与谁订约以及是否订约的问题,而不能解决合同内容的问题。在上述指令合同的情况下,合同内容不是通过人的意思表示确定的,而是通过形成私权的行政行为确定的,例如经济适用房、限购房买卖合同。

其次,依照法律、行政法规的规定负有发出要约义务的当事人,应当及时发出合理的要约(《民法典》第494条第2款)。这里的法律是狭义的法律,仅指全国人民代表大会及其常务委员会制定的法律,行政法规仅指国务院制定的法规。[①] 具体如《证券法》第65条至第70条、第73条规定了强制投资者、收购人向上市公司所有股东发出收购要约的规则。而要约是否合理则需要根据具体情况综合判断。

最后,强制缔约中最为典型的是强制作出承诺。依照法律、行政法规的规定负有作出承诺义务的当事人,不得拒绝对方合理的订立合同要求(《民法典》第494条第3款)。即个人或企业负有应相对人的请求,就特定的标的以合理的条件,与其订立合

[①] 黄薇主编:《中华人民共和国民法典释义(中)》,法律出版社2020年版,第946页。

同的义务。也有学者认为,强制作出承诺,是指一方当事人对相对人的要约负有非基于正当理由不得拒绝承诺的义务。① 强制性合同的成立,仍采用要约与承诺的方式,与一般合同订立不同的是,一方当事人负有必须承诺的义务。强制缔约仍然要经过要约与承诺的过程,不过一方必须作出承诺,一方作出承诺之前,合同不成立。②

强制缔约的义务通常包括公用事业的缔约义务、医疗合同的缔约义务、出租车司机的缔约义务以及其他事实上具有独占地位而供应重要民生必需品的企业的缔约义务。例如,从事公共运输的承运人不得拒绝旅客、托运人通常、合理的运输要求(《民法典》第810条)。在实践中,有法院认为,国际海上集装箱班轮运输是服务于国际贸易的商事经营活动,不属于公用事业,不具有公益性,也不具有垄断性,故不属于公共运输。托运人或者其货运代理人请求从事国际海上集装箱班轮运输的承运人承担强制缔约义务,没有法律依据,应予驳回。③ 再如,投保人在投保时应当选择从事机动车交通事故责任强制保险业务的保险公司,被选择的保险公司不得拒绝或者拖延承保(《机动车交通事故责任强制保险条例》第10条第1款)。《电信条例》第17条第2款规定,主导的电信业务经营者不得拒绝其他电信业务经营者和专用网运营单位提出的互联互通要求。再有,供电营业区内的供电营业机构,对本营业区内的用户有按照国家规定供电的义务;不得违反国家规定对其营业区内申请用电的单位和个人拒绝供电(《电力法》第26条第1款,注意《民法典》第656条准用条款)。向社会公众供电的供电人,不得拒绝用电人合理的订立合同要求(《民法典》第648条第2款)。

另外,对需要紧急救治的患者,医师应当采取紧急措施进行诊治,不得拒绝急救处置(《医师法》第27条),也就是说,医师或者医院对于患者,负有一般的强制缔约义务。

《民法典》第359条第1款第1句规定:住宅建设用地使用权期限届满的,自动续期。该条虽然没有明确规定土地使用权出让方的要约或承诺义务,但明确表达了,原来的合同继续有效,期间延展,在本质上属于一种间接的强制缔约。

缔约义务人对要约的沉默,通常可认为具有承诺效力。④ 缔约义务人拒绝缔约时,相对人得提起诉讼。有观点认为,缔约义务人在无正当理由的情况下拒绝缔约,法院得判决缔约义务人与相对人订立合同。⑤ 何为正当理由,应当结合法律规范的目

---

① 易军、宁红丽:《强制缔约制度研究——兼论近代民法的嬗变与革新》,载《法学家》2003年第3期,第72—81页。
② 王利明:《合同法研究》(第一卷)(修订版),中国人民大学出版社2011年版,第280页。
③ "马士基(中国)航运有限公司及其厦门分公司与厦门瀛海实业发展有限公司、中国厦门外轮代理有限公司国际海上货运代理经营权损害赔偿纠纷再审案",载《中华人民共和国最高人民法院公报》2011年第10期(总第180期),第36—43页。
④ 崔建远:《强制缔约及其中国化》,载《社会科学战线》2006年第5期,第214—221页。
⑤ 同上。

的与客观情势等予以综合考察。① 不过，依照《民法典》第 494 条的规定，缔约义务人有没有正当理由，都不得拒绝，反过来，相对人提出的要约则必须是合理的。

强制订立的合同内容应具有合理性，不能由强制缔约方确定，应当由行政机关或者中立的第三人认定。

负有强制缔约义务的一方拒绝承诺的，导致对方损害的，其应负损害赔偿责任，请求权基础被规定在侵权责任法中。

（二）一般性的强制缔约

在市场经济体制下，人们需要多种多样的商品与服务。而满足人们多种多样的需要，则应有多个提供者，这样，才能形成竞争，从而使买受人获得比较有利于自己的合同。但是，如果没有竞争，而是形成垄断，那么买受人有可能不能以比较有利的价格购买或者根本购买不到特定的商品或服务。因此，只要被请求的企业具有垄断地位或者市场强制地位，而顾客没有其他选择的可能，且企业拒绝订立合同没有正当理由的，即存在一般性的缔约义务。例如，铁路运输、邮政运输、航空运输以及其他运输企业和能源企业均负有强制缔约义务。而生活用品行业以及银行却不负有强制缔约义务，因为在大部分地区都有多家选择的可能。

在德国法上，市场垄断地位企业、合法的卡特尔以及受价格约束的企业，不得直接或间接地不当阻止其他企业或不当地对同样类型的企业不同对待。在适用范围上，只针对企业，不针对最终消费者。在规范目的上，该规定一是为了维持竞争，二是为了保护受害者的利益。

有争议的是，在通常的生活范围内一般人所需要的给付是否也存在强制缔约之必要。例如，食杂店老板与一家庭主妇的丈夫敌对，不卖给她生活用品。一般认为，此时，扩张强制缔约的范围并没有正当性。但可以在特定情况下，承认强制缔约之义务。

有学者认为，只有在拒绝缔约构成故意悖俗损害的情况下，才可以由此推导出强制缔约义务。例如，某剧院不喜欢戏剧评论家的观点，拒绝其到剧院看戏，而该剧院在该市是垄断的，此时，剧院主观上是故意的，而且从利益衡量上看，考察评论家言论自由、新闻自由、职业自由等利益以及剧院的缔约自由，可以判断拒绝戏剧评论家观看即构成悖俗。此时剧院负有强制缔约义务，不履行此义务的，构成悖俗侵权。② 在基于种族或者伦理原因而歧视的情况下，也可以通过悖俗侵权模式予以救济。

案例：2000 年 5 月 4 日傍晚，刘某约几个客户到樱花咖啡厅，进入大堂后，樱花咖啡厅的服务员用日文询问，当知道刘某及其客户为中国人时，服务员告知刘某："本咖啡厅不接待中国人，只接待日本人。"并以店堂告示为凭，拒绝刘某及其

---

① 冉克平：《论强制缔约制度》，载《政治与法律》2009 年第 11 期，第 89—96 页。
② Looschelders, *Schuldrecht AT*, 21. Aufl., 2023, §6, Rn. 7.

客户入座。刘某十分恼怒质问其原因,并发生冲突,引起纠纷。①

根据宪法所保护的基本权的基本价值,因为国籍而拒绝订立合同构成歧视,该行为违背善良风俗,构成侵权。

(三) 法律效果

在德国法上,受益人可以要求供应者、即强制缔约义务人履行缔约义务,如果缔约义务人被判决须作出意思表示,则在该判决具有既判力之时,即视为意思表示已经作出(《德国民事诉讼法》第894条)②。

违反强制缔约义务是否构成悖俗侵权,对于这一问题,在司法实践中,法院会比较谨慎,因为拒绝缔约不一定在道德上应受谴责。

在缔约义务人违反强制缔约义务的情况下,其应承担什么责任,学界有不同看法。有学者认为,缔约义务人拒绝发出要约的,可成立缔约过失责任或侵权责任;缔约义务人违反强制承诺义务的,在不违反伦理的情况下,应当强制缔约义务人与相对人订立合同,同时承担损害赔偿责任。③ 不同观点认为,在上述情况下,涉及的是排除妨碍请求权以及妨害防止请求权,即不会涉及损害赔偿的问题,而是对将来妨碍的防止。④ 不过,拉伦茨认为,拒绝缔约不一定产生损害,因为强制缔约的规范目的不在于排除已经产生的损害,而在于避免将来损害的产生,这里的归责以过错为要件,但过错又或多或少是拟制的。另外,损害的要件也是多余的,因为不得拒绝缔约是一种命令,拒绝缔约就是违反了该命令。⑤

四、形式要件

(一) 形式要件的类型

民事法律行为的成立,尤其是合同的订立,现行法采形式自由原则,可以采用书面形式、口头形式或者其他形式(《民法典》第135条)。其他形式主要是指表明已经作出相应意思表示,并符合民事法律行为成立条件的"实施行为"(《民法典总则编解释》第18条)。形式自由可以通过约定或者法律规定予以限制。当事人可以约定合同须采取书面形式,或者须经过公证,或者合同应使用英语。法律、行政法规规定或者当事人约定采用特定形式的,应当采用特定形式。在现行法上,该特定形式主要是合同书形式。

---

① 李仁玉、陈敦编著:《民法教学案例》,法律出版社2004年版,第3页。
② Larenz, *Schuldrecht AT*, 14. Aufl., 1987, §4 I, S. 49.
③ 崔建远:《债权:借鉴与发展》,中国人民大学出版社2012年版,第162页。
④ Bezzenberger, Ethnische Diskriminierung, Gleichheit und Sittenordnung in bürgerlichen Recht, AcP 196 (1996), S. 428 f; Bydlinski, Zu den dogmatischen Grundfragen des Kontrahierungszwangs, AcP 180 (1980), S. 11 ff.
⑤ Larenz, *Schuldrecht AT*, 14. Aufl., 1987, §4 I, S. 45 f.

书面形式是指合同书、信件、电报、电传、传真等可以有形地表现所载内容的形式（《民法典》第 135 条、第 469 条第 2 款）。

书面形式有狭义的书面形式与广义的书面形式之分。狭义的书面形式主要是合同书形式。所谓合同书，是指当事人双方签名、盖章或者按指印的合同文本（《民法典》第 490 条第 1 款）。双方的签名通常要自己手写，并要列在文末。在商业实践中，有当事人会在骑缝处签字，这样可以保障合同书的完整性、真实性以及指向签名人。① 另外，当事人应在同一文本上签名，如果有数个文本，则当事人于为他方制作之文件上签名，即为已足。有疑问的是，签名与盖章是否必须同时具备才构成合同书。从《民法典》第 490 条第 1 款的文义上看，签名、盖章与按指印是并列的，只要具备其中一项，即可构成合同书。②

在票据以及自书遗嘱中，书面形式要件的要求更为严格，内容、签名都需要自己手写。

在德国法上，保证人一方的保证的意思表示必须采书面形式，不能以电子方式为之（《德国民法典》第 766 条）。我国法律规定保证合同可以是单独订立的书面合同，也可以是主债权债务合同中的保证条款，第三人单方以书面形式向债权人作出保证，债权人接收且未提出异议的，保证合同成立（《民法典》第 685 条）。

《民法典》第 491 条第 1 款还规定，当事人采用信件、数据电文等形式订立合同要求签订确认书的，签订确认书时合同成立。确认书来自我国外贸商业实践，当事人通过函电等方式达成一致后，一方当事人还会提供一式两份的销售确认书，邮寄给对方交换签字后，合同才正式成立。③ 由此可知，确认书上也有双方的签字盖章，也是一种合同书。

在比较法上，合同确认书制度，主要有两个方面的内容：一方面，如果合同确认书与之前达成的协议有出入，一方当事人提出确认书，而相对人沉默的，则视为以确认书内容为准订立合同；另一方面，如果发出确认书的一方故意对之前达成的协议作出修改的，则应基于诚实信用原则认定合同没有成立。④ 我国法律上并没有规定该确认书规则。

广义的书面形式包括了信件、电报、电传、传真等可以有形地表现所载内容的形式（《民法典》第 469 条第 2 款）。如果这些载体的内容与合同书一致，就没有必要另行列举规定。所以，这些列举的类型应当是指当事人没有手写签名，只在表示内容结束处复制其签名、扫描签名或者附加其他可识别方式（如附加本文件无须签名）的情

---

① 最高人民法院民法典贯彻实施工作领导小组主编：《中华人民共和国民法典合同编理解与适用（一）》，人民法院出版社 2020 年版，第 194—195 页。
② 同上书，第 198 页。
③ 黄薇主编：《中华人民共和国民法典释义（中）》，法律出版社 2020 年版，第 941 页。
④ Leenen/Häublein, *BGB AT*, 3. Aufl., 2021, Rn. 205 f.

况(《德国民法典》第 126b 条)。

根据《民法典》第 469 条第 3 款,以电子数据交换、电子邮件等方式能够有形地表现所载内容,并可以随时调取查用的数据电文,视为书面形式。数据电文,是指以电子、光学、磁或者类似手段生成、发送、接收或者储存的信息(《电子签名法》第 2 条第 2 款)。数据电文也需要当事人签名,而电子签名,是指数据电文中以电子形式所含、所附用于识别签名人身份并表明签名人认可其中内容的数据(《电子签名法》第 2 条第 1 款)。《电子签名法》第 3 条规定:"民事活动中的合同或者其他文件、单证等文书,当事人可以约定使用或者不使用电子签名、数据电文。当事人约定使用电子签名、数据电文的文书,不得仅因为其采用电子签名、数据电文的形式而否定其法律效力。前款规定不适用下列文书:(一)涉及婚姻、收养、继承等人身关系的;(二)涉及停止供水、供热、供气等公用事业服务的;(三)法律、行政法规规定的不适用电子文书的其他情形。"

保证合同的书面形式要件以及债务承认的书面形式要件,规范目的都在于防止当事人过于草率。所以,在保证合同中,数据电文并不符合书面形式要件的要求。

《德国民法典》第 129 条第 1 款规定了认证的形式,认证之目的,在于确认文件制作人的签名为真,而不在于确认文件内容清楚正确。比如,在债权人不返还负债字据的情况下,债务人得请求债权人出具承认债务消灭的认证(《德国民法典》第 371 条)。

依据《德国民法典》第 311b 条第 1 款,使当事人一方负有移转或取得土地所有权之义务的合同,应公证。设置公证形式要件的规范目的在于避免当事人过于轻率。《德国公证法》(Beurkundungsgesetz)第 17 条规定:"查明当事人的意思,解释交易的内容,对交易的法律后果进行指导,明确而无歧义地记录当事人的意思表示。在做这些事的时候,他应该注意避免错误和疑问,注意防止缺乏知识和经验的当事人受有不利益。"

对于赠与合同,如果是即时交付的赠与,无形式要件要求;但在允诺赠与的情况下,则需要采取公证形式(《德国民法典》第 516 条、第 518 条)。德国法要求所有的赠与允诺都要采取公证形式,但瑞士法只在允诺赠与的财产是不动产时才要求采取公证形式,在其他情况下,书面形式就足够了(《瑞士债务法》第 242 条、第 243 条)。意大利法要求得更严一些,只有赠与的财产是价值适当的动产时,赠与才不要求采取特定的形式(《意大利民法典》第 782 条、第 783 条)。

对于允诺型赠与合同,我国法律并没有采取形式要件规制模式,而是规定,赠与人在赠与财产的权利转移之前可以撤销赠与,但是,经过公证的赠与合同或者依法不得撤销的具有救灾、扶贫、助残等公益、道德义务性质的赠与合同,赠与人不得撤销(《民法典》第 658 条)。本书认为,这样的规定令人质疑,赠与合同还是有拘束力的合同吗?在法律效果上,其实际上类似于情谊行为。

(二) 形式要件的功能

《民法典》规定的形式要件,主要是书面形式要件。不同情况下的形式要件具有不同的功能。

书面形式具有使当事人订立的合同内容清晰的功能,并具有一定的证据保全作用;通过口头形式或者通过握手等形式订立合同,只能达到明确合同成立的功能,但不能使得合同内容清晰。

法律之所以要求某些合同的订立须采用书面形式,其主要是因为需要保存证据以及防止仓促决定。① 例如,保证合同以及涉及不动产买卖与抵押的合同需要书面形式,就是为了避免当事人过于轻率地订立合同。《民法典》第707条规定,租赁期限在六个月以上的,应当采用书面形式。当事人未采用书面形式,无法确定租赁期限的,视为不定期租赁。这里规定书面形式要件的主要目的在于使第三人可认知。租赁,尤其是不动产租赁,使承租人获得了一个生产经营场所或者一个"家",第三人意欲取得或者承租该不动产时,可以明确知道其上已经存在租赁关系。

如果订立合同需要公证,那么公证形式要件还具有使当事人获得专业指导的功能,比如《德国民法典》第311b条第1款规定土地所有权移转合同需要公证,这里的公证要件,即具有使当事人获得专业指导的功能。②

在合同的生效需要行政机关批准的情况下,批准这一要件具有监督维护共同体利益的功能。③

(三) 违反形式要件的后果

法律、行政法规规定或者当事人约定采用特定形式缔约的,应当采用特定形式(《民法典》第135条)。不过,如果当事人未采用该特定形式,法律后果如何,法律上并没有规定,需要对形式要件的法律规定或者约定的目的进行解释才能确定。例如,如果约定的形式要件主要是为了证明新合同订立,或者仅是为了准确表达合同内容,那么,违反该约定并不会导致新合同无效。比如当事人约定了合同以及相关文件均应使用英文,但嗣后补充协议并没有使用英文,此时,约定使用英文,无非是为了准确表达合同内容,所以,违反之并不会导致合同无效。对于约定的形式要件,当事人可以随时废止,而废止的意思表示形式自由。比如当事人约定合同及其补充协议应以英文表达,但在合同签订后,当事人通过邮件以汉语修改了合同,通过使用汉语这一行为即可以推定,当事人废止了约定的形式要件。④

票据行为或者自书遗嘱不符合形式要件的,不发生效力。

---

① Brox/Walker, *Allgemeines Schuldrecht*, 46. Aufl., 2022, §4, Rn. 18.
② Karl Heldrich, Die Form des Vertrages——Vorschläge zur Neugestaltung des Rechts auf Grund eines Referates, Archiv für die civilistische Praxis, 147. Bd., H. 2 (1941), S. 89-129.
③ A. a. O.
④ 朱庆育:《民法总论》(第二版),北京大学出版社2016年版,第305页。

如果书面形式要件的功能在于防止当事人订立合同过于轻率,如保证合同的书面形式要件,土地使用权出让、房地产转让、房地产抵押合同的书面形式要件(《城市房地产管理法》第15条、第41条、第50条),那么,当事人未采用书面形式,原则上应为无效,但一方已经履行主要义务,对方接受的,该合同成立(《民法典》第490条)。所谓"一方已经履行主要义务",是指履行了主给付义务,比如房屋买卖合同中卖方的主要义务是交付房屋的义务,而且,只要一方履行主要义务即可。对方接受,是指受领了一方履行的主要义务。①

租赁期限六个月以上,当事人未采用书面形式的,并不适用《民法典》第490条的规则,而应适用《民法典》第707条,无法确定租赁期限的,视为不定期租赁。其主要原因在于租赁期限书面形式要件的规范目的不在于防止当事人轻率订立合同。

五、通过格式条款成立的合同之债

(一)格式条款的定义与构成

1. 定义

格式条款是当事人为了重复使用而预先拟定,并在订立合同时未与对方协商的条款(《民法典》第496条第1款)。② 格式条款可能涉及合同的全部,也可能只涉及合同的部分。格式条款不仅适用于债权合同,也适用于物权合同,如所有权保留合同;不仅可以针对合同约定格式条款,也可以针对法定责任,如针对侵权行为约定格式条款。

2. 构成

格式条款由如下构成要素构成:

首先,格式条款必须是合同条款。一般理解上,以订立合同方式作为内容的条款,并不是合同条款。关于合同订立方式的条款,通常也不是需要法律调整的格式条款。其次,格式条款必须是为了重复使用而预先拟定的。"为了重复使用"的要件主要是为了明确判断"未与对方协商"。所谓的"为了重复使用",并非是指格式条款提供方重复使用了多次,而是指其具有重复使用的目的。③ 从事经营活动的当事人一方(格式条款提供方)不能以合同条款未实际重复使用而抗辩认为其不属于格式条款,但其能够证明该条款不是为了重复使用而预先拟定的除外(《民法典合同编通则解

---

① 最高人民法院民法典贯彻实施工作领导小组主编:《中华人民共和国民法典合同编理解与适用(一)》,人民法院出版社2020年版,第196页。
② 我国关于格式条款的规则首见于1993年《消费者权益保护法》第24条:经营者不得以格式合同、通知、声明、店堂告示等方式作出对消费者不公平、不合理的规定,或者减轻、免除其损害消费者合法权益应当承担的民事责任。格式合同、通知、声明、店堂告示等含有前款所列内容的,其内容无效。
③ 黄薇主编:《中华人民共和国民法典释义(中)》,法律出版社2020年版,第963页。

释》第 9 条第 2 款)。① 在德国法上,格式条款提供人计划重复使用该条款三次以上,即可以认定具有重复使用之目的。②

再次,格式条款必须是预先拟定的,而格式条款是提供人自己拟定的还是第三人拟定的,也在所不问。比如建设工程合同、商品房买卖合同,可能是政府主管部门提供的范本。合同条款符合《民法典》第 496 条第 1 款规定的情形,当事人仅以合同系依据合同示范文本制作为由主张该条款不是格式条款的,人民法院不予支持(《民法典合同编通则解释》第 9 条第 1 款)。

最后,格式条款必须是未与相对人协商的。对于格式条款的内容,相对人仅能表示同意或不同意,而无变更、修改的权利。如果格式条款提供人提供"相对人可以删掉具体其不愿意订入的条款"之条款,并不足以构成"与相对人协商"。

案例:某晚,某市居民李某家中的电话突然不能通话,李某十分着急,他立刻与该市电信局联系,查询原因,得知是因其逾期交费而被停机。李某认为电信局停机不合理,电信局提出,根据上级主管部门的规定,用户不按时交纳电话费,电信局有权停机。在用户安装电话时,电信局曾给每个用户开具了一个收据,收据的反面都印有"用户须知",其中便列有一条规定,即"用户不按时交纳电话费,电信局有权停机"。李某认为,他从没注意到收据的反面印有"用户须知",即使知道这一规定,停机也是不合理的,因为电信局在停机前未通知李某,也没有催促其交费。由于电信局突然停机使其遭受巨大损失,李某要求电信局赔偿损失,电信局拒绝赔偿,李某便起诉到法院。

该案中,"用户不按时交纳电话费,电信局有权停机"的条款符合"一方当事人为了重复使用而预先拟订的"特征,并且是定型化的,具有不可协商性。所以该条款是格式条款,应适用《民法典》第 496 条以下的规则。

格式条款规则属于强制性规定,如果合同条款符合《民法典》第 496 条第 1 款规定的情形,当事人仅以双方已经明确约定合同条款不属于格式条款为由主张该条款不是格式条款的,人民法院不予支持(《民法典合同编通则解释》第 9 条第 1 款)。但是,格式条款规则是单方强制规则,仅对提供格式条款一方具有强制力。也就是说,格式条款的相对人可以主张不适用格式条款规则,在逻辑上,相对人也可以双方明确约定合同条款不属于格式条款为由主张该条款不是格式条款。

3. 格式条款的优点与缺点
(1) 格式条款的合理性
格式条款虽然在某种意义上有违合同自由原则,但其存在有经济上的合理性。

---

① 最高人民法院民事审判第二庭、研究室编著:《最高人民法院民法典合同编通则司法解释理解与适用》,人民法院出版社 2023 年版,第 129 页。
② Leenen/Häublein, BGB AT, 3. Aufl., 2021, §20, Rn. 7.

首先,格式条款有利于节约大量的磋商与准备成本,将成本分摊给多个相对人。其次,某些格式条款有利于实现合同的公平。再次,格式条款尚有补充法律规定不足之功能,新型交易形态之定式合同,使法律无规定或规定不足的法律关系明确化,并使合同更为规范、严谨。从保险、特许经营等新的经济形式发展而来的规则,参考的都是格式条款。① 最后,详细、准确的格式条款可以事先约定可能的障碍,并借此限定风险以及更好地预期、规划。

(2) 格式条款的弊端

格式条款的弊端在于,格式条款提供人可能通过格式条款将风险转嫁给另一方当事人,仅仅是使用格式条款就已经构成对相对人的危险。② 基于这一考量,格式条款规则的适用范围不限于消费者作为合同一方当事人的情况,在法人之间、自然人之间使用格式条款的,也适用格式条款规则。

我国《消费者权益保护法》第 26 条也规定了格式条款规则,其理由在于:当事人地位的不平衡,有可能违背合同自由原则。同时具有一定经济实力和经济上处于优势地位的交易人,往往会制定大量的条款,使消费者或经济上处于弱势地位的交易人丧失选择的机会,从而使交易双方利益失衡。这种失衡或不平等主要体现在格式条款对当事人权利义务责任分配的不合理性。例如,减轻或免除一方之责任,约定一方仅就故意或重大过失之行为负责;加重相对人之责任,约定合同相对人对于不可抗力亦应负责;限制或剥夺相对人之权利,在某些消费者合同中,供应方会在合同中规定消费者预先放弃某项权利。另外,相对人没有时间仔细阅读格式条款,不合理条款容易进入到合同约定中,而且,相对人发现了这些不合理不公平的条款,也不一定会提出异议。这样就会导致既有的法律规则被大范围地改变的局面。③

(二) 非格式条款的优先效力

格式条款和非格式条款不一致时,应当采用非格式条款(《民法典》第 498 条第 2 句)。例如,如果格式条款中的免责条款与消费者保证品质之特约有冲突时,冲突部分归于无效。个别约定的非格式条款是双方自由协商的结果,也可能是当事人特别指出某些格式条款出错了,与格式条款相比,其更符合当事人的意思。④

所谓非格式条款,也被称为个别条款,是指当事人具体协商的条款。原则上,只有经过双方讨论的条款才是非格式条款。如果一方当事人只是要求去掉自己不满意的段落,则不构成个别条款。而通常在合同中由个人填写的部分,是非格式条款。

---

① 陈自强:《契约之成立与生效——契约法讲义Ⅰ》(第四版),元照出版有限公司 2018 年版,第 187 页以下。
② 〔德〕莱纳·舒尔策、〔波兰〕弗里德里克·佐尔:《欧洲合同法》,王剑一译,中国法制出版社 2019 年版,第 213 页。
③ 陈自强:《契约之成立与生效——契约法讲义Ⅰ》(第四版),元照出版有限公司 2018 年版,第 188—189 页。
④ 黄薇主编:《中华人民共和国民法典释义(中)》,法律出版社 2020 年版,第 967 页。

个别约定的条款既可以与格式条款载于同一文件,也可以载于另一个单独的文件,尤其对于那些无法从外在识别的修改、删除和增加,不好判断是否为非格式条款,宜单独记载。格式条款与非格式条款的认定,应以当事人的缔约意思、缔约能力、专业知识、一般商业知识以及经验等诸多事实加以判断。

主张条款为非格式条款者,应负证明责任。

(三) 格式条款的订入

《民法典》第 496 条第 2 款规定了格式条款的订入规则,提供格式条款的一方未履行提示或者说明义务,致使对方没有注意或者理解与其有重大利害关系的条款的,对方可以主张该条款不成为合同的内容。在性质上,其属于单方强制规则,只有格式条款提供人的相对人才可以主张格式条款未订入。不过,相对人或消费者也可以主张该条款仍构成合同之内容。

1. 格式条款订入的要件

在存在格式条款的情况下,对于合同订立规则,除了一般的要约、承诺以及合意要求外,还需要当事人对格式条款订入的约定。订入约定并非单独法律行为,而是合同的一部分。格式条款订入约定的前提是格式条款提供人履行了提示及说明义务,只有在相对人对要约内容知晓并理解后作出承诺,才构成合意。① 由此,格式条款的订入,需要如下要件:

(1) 对格式条款的提示

格式条款的订入,需要格式条款提供人提示。在逻辑上,任何格式条款都必须由条款的提供人向相对人提请注意,只不过对于格式化的免责条款,条款的提供人应当尽到更高的提请注意的义务。② 但是,如果要求格式条款提供人提示所有的格式条款,可能导致信息量过大,反而导致相对人无法注意到重要的合同条款。所以,《民法典》第 496 条第 2 款规定,提供格式条款的一方应当采取合理的方式提示对方注意免除或者减轻其责任等与对方有重大利害关系的条款。《民法典合同编通则解释》第 10 条第 1 款进一步将提示的格式条款的范围限定在"与对方有重大利害关系的异常条款",同时,也补充规定了"排除或者限制对方权利等"与对方有重大利害关系的异常条款。③

对于"与对方有重大利害关系的异常条款",需要根据具体情况确定。有法律规定的,根据法律规定确定。例如,《消费者权益保护法》第 26 条第 1 款规定:经营者在

---

① 贺栩栩:《〈合同法〉第 40 条后段(格式条款效力审查)评注》,载《法学家》2018 年第 6 期,第 177 页。
② 崔建远:《合同法总论(上卷)》,中国人民大学出版社 2024 年版,第 385—393 页;王利明:《合同法研究》(第一卷)(修订版),中国人民大学出版社 2011 年版,第 416 页。
③ 最高人民法院民事审判第二庭、研究室编著:《最高人民法院民法典合同编通则司法解释理解与适用》,人民法院出版社 2023 年版,第 133 页。

经营活动中使用格式条款的,应当以显著方式提请消费者注意商品或者服务的数量和质量、价款或者费用、履行期限和方式、安全注意事项和风险警示、售后服务、民事责任等与消费者有重大利害关系的内容,并按照消费者的要求予以说明。

《保险法》第 17 条第 2 款将提示、说明义务限定在免责条款的范围内:对保险合同中免除保险人责任的条款,保险人在订立合同时应当在投保单、保险单或者其他保险凭证上作出足以引起投保人注意的提示,并对该条款的内容以书面或者口头形式向投保人作出明确说明;未作提示或者明确说明的,该条款不产生效力。

进一步需要考虑的是,何为"采取合理的方式提示对方注意"。《民法典合同编通则解释》第 10 条第 1 款将其解释为,提供格式条款的一方在合同订立时采用通常足以引起对方注意的文字、符号、字体等明显标识。也就是说,提请合同相对人注意时,须采取合理的方式,使合同相对人能够了解格式条款的内容。比如,在文件之封面显著订明或指向该条款,字体要清晰可读;在网络上,格式条款须可以点击阅读并可以被打印。在格式条款相对人视力障碍的情况下,需要特殊的提示。① 格式条款越是异乎寻常或出乎意料,将其订入合同所需要的明示程度也越高。"如果标准条款中某个条款是对方不能合理预见的,则该条款无效,除非对方明确地表示接受"(参照《国际商事合同通则》第 2.1.20 条第 1 款)。

在上述的电信局案中,收据的反面印有"用户须知",虽然格式条款提供人履行了提示义务,但其方式并不合理。由此,可以认为,"用户不按时交纳电话费,电信局有权停机"条款并未订入合同。

(2)相对人知道的可能性

格式条款提供人采取合理的方式提示,还必须达到通常足以引起对方注意的程度(《民法典合同编通则解释》第 10 条第 1 款),也即相对人有知道以格式条款为内容订立合同的可能性。提示相对人注意,既包括以明示方式个别提出,也包括以店堂告示等方式予以告知。通常以"个别提请注意为原则",以"公开张贴公告"为例外,即在个别明示有困难时,才能采取公开张贴公告的方式,例如公交运输合同中因缺乏个别接触消费者之可能而无法向个别消费者提请注意的情况。在线上订立合同的情况下,一般要求在订购处有可以看到的链接,以便当事人能够下载、打印格式条款。

(3)按照对方的要求予以说明

只有在合同相对人要求的情况下,格式条款提供人才有义务说明"与对方有重大利害关系的异常条款"(《民法典》第 496 条第 2 款,《民法典合同编通则解释》第 10 条第 2 款)。

有疑问的是,履行说明义务应达到何种标准?《民法典合同编通则解释》第 10 条

---

① "龙江银行股份有限公司哈尔滨哈西支行与哈尔滨翼鹏鸿昌经贸有限公司等借款合同纠纷上诉案",黑龙江省高级人民法院(2017)黑民终 105 号民事判决书。

第 2 款规定,提供格式条款的一方应就与对方有重大利害关系的异常条款的概念、内容及其法律后果以书面或者口头形式向对方作出通常能够理解的解释说明。也就是说,原则上应以理性人的认识水平和判断能力为标准,但应兼顾智力障碍者、文盲、盲人等群体的特殊情形,如果他们尽到最大注意义务还是无法理解免责条款的内容,应认为免责条款没有订入合同。①

在特别法上,《保险法》规定了格式条款提供人具有一般性的说明义务,无须合同相对人的要求。根据《保险法》第 17 条的规定,订立保险合同,保险人应当向投保人说明保险合同的条文内容。保险合同中规定有免除保险人责任的条款的,保险人在订立保险合同时应当向投保人明确说明,未明确说明的,该条款不产生效力。如果保险合同当事人就保险人是否履行了该项告知义务发生争议,保险人应当提供其对有关免责条款内容作出明确解释的相关证据,否则该免责条款不产生效力。②

对于格式条款中存在的纯粹复述实定法规范的内容,通常无须特别说明。《保险法解释(二)》第 10 条规定,保险人将法律、行政法规中的禁止性规定情形作为保险合同免责条款的免责事由,保险人对该条款作出提示后,投保人、被保险人或者受益人以保险人未履行明确说明义务为由主张该条款不成为合同内容的,人民法院不予支持。

保险人对保险合同中有关免除保险人责任条款的概念、内容及其法律后果以书面或者口头形式向投保人作出常人能够理解的解释说明的,人民法院应当认定保险人履行了《保险法》第 17 条第 2 款规定的明确说明义务(《保险法解释(二)》第 11 条第 2 款)。

通过网络、电话等方式订立的保险合同,保险人以网页、音频、视频等形式对免除保险人责任条款予以提示和明确说明的,人民法院可以认定其履行了提示和明确说明义务(《保险法解释(二)》第 12 条)。

(4) 对格式条款的同意

在格式条款提供人提示合同相对人注意、并按照相对人的要求说明以后,尚需要合同相对人同意该格式条款具有效力,该格式条款才订入合同。同意具有效力(Geltung),不是对内容的同意,而是对适用格式条款的同意。

另外,根据《民法典》第 496 条第 2 款,提供格式条款的一方应当遵循公平原则确定当事人之间的权利和义务。公平之意甚为广泛,在这里,主要是指格式条款不能不同寻常。作为合同相对人,其得信赖格式条款并未超出该类型合同中通常得期待的内容。也就是说,格式条款使用人不得拟定使相对人吃惊、无法预期的条款。否则,

---

① 崔建远:《合同法总论(上卷)》,中国人民大学出版社 2024 年版,第 388 页。
② "段天国诉中国人民财产保险股份有限公司南京市分公司保险合同纠纷案",载《中华人民共和国最高人民法院公报》2007 年第 3 期(总第 173 期),第 46—48 页。

也会被视为未订入合同。①

案例:在中国移动通信集团江苏有限公司徐州分公司业务受理单所附的《中国移动通信客户入网服务协议》中,双方对各自的权利和义务进行了约定,其中第四项"特殊情况的承担"中的第1条为:在下列情况下,乙方有权暂停或限制甲方的移动通信服务,由此给甲方造成的损失,乙方不承担责任:(1) 甲方银行账户被查封、冻结或余额不足等非乙方原因造成的结算时扣划不成功的;(2) 甲方预付费使用完毕而未及时补缴款项(包括预付费账户余额不足以扣划下一笔预付费用)的。②问:格式条款提供者是否履行了提示义务或者说明义务,该格式条款是否订入合同?

在该案中,经营者在格式合同中未明确规定对某项商品或服务的限制条件,且未能证明在订立合同时已将该限制条件明确告知消费者并获得消费者同意的,该限制条件对消费者不产生效力。

2. 与错误规则的关系

如果当事人对合同内容产生了错误,则适用错误撤销规则。如果当事人对格式条款提供人产生错误,或者对一般条款或者某些条款的理解与其主观设想相反,则该条款不应成为合同部分,此时撤销权规则为格式条款订入规则排除,应优先适用格式条款订入规则。

3. 证明责任

格式条款提供人对已尽合理提示及说明义务承担证明责任(《民法典合同编通则解释》第10条第3款第1句)。在实践中,格式条款提供人会提供其已经尽到合理提示及说明义务的条款,并要求相对人签字、盖章。在此种情况下,一般可以认定,格式条款提供人尽到了合理提示及说明义务。但相对人可以提供证据证明提供格式条款一方未履行合理提示及说明义务,从而推翻自己签字、盖章的确认(比较《保险法解释(二)》第13条第2款)。

对于通过互联网等信息网络订立的电子合同,提供格式条款的一方仅以采取了设置勾选、弹窗等方式为由主张其已经履行提示义务或者说明义务的,人民法院不予支持。提供格式条款的一方采取了设置勾选、弹窗等方式,但能够证明自己依据《民法典合同编通则解释》第10条第1款、第2款的规定履行了提示义务或者说明义务的除外(《民法典合同编通则解释》第10条第3款第2句)。③

---

① 刘璐、高圣平:《格式条款之订入合同规则研究》,载《广西社会科学》2005年第2期,第72—74页。
② "刘超捷诉中国移动通信集团江苏有限公司徐州分公司电信服务合同纠纷案",江苏省徐州市泉山区人民法院(2011)泉商初字第240号民事判决书。
③ 最高人民法院民事审判第二庭、研究室编著:《最高人民法院民法典合同编通则司法解释理解与适用》,人民法院出版社2023年版,第135页。

(四) 格式条款的解释

格式条款的解释规则是合同解释的特别规则,意为对格式条款的理解发生争议的,应当按照通常理解予以解释,按照通常理解有两种以上解释的,应当作出不利于提供格式条款一方的解释(《民法典》第498条第1句)。

所谓通常理解,就是以合理的客观标准为尺度进行解释,而不以当事人主观的意思为准,因为格式条款是一方制定的,内容上没有经过个别、具体的协商,具有交易上制度或规范的性质。① 在格式条款提供人使用特殊(专门)的术语或文句,因而使该条款中的某些规定具有特别意义时,要区分情况解释。如果一方当事人是消费者,应以消费者合理的理解为标准加以解释;在商业性合同中,即格式条款适用于具有专门知识的商人时,如海上保险条款、交易所交易条款等,则对于条款上所使用的特殊术语,当依该术语所具有的特殊意义加以解释。在实务中,行业间的特殊用语或文句,应以该行业中共同的一般认识或理解为解释的基础。对合理理解的判断,须按照条款所使用的词句,结合相关条款、行为的性质和目的、习惯以及诚实信用原则予以确定。

免责条款若使用一般用语,而该用语之免责范围可能涵盖两种以上的义务或责任,但该免责条款所欲免除的义务或责任之种类又不明确时,应选择"最狭义"或"非法定"之义务或责任作为免责条款的内容,以保护格式条款相对人的利益。

(五) 格式条款的内容控制

为避免格式条款中权利义务及责任分配的不均衡,控制和防止不公平条款对相对人利益之减损,法律对格式条款的调整往往较一般合同条款严格,对于优势地位一方拟定的格式条款所带来的权利义务责任分配不平等,可以通过格式条款订入规则、解释规则以及效力规则予以抵销。

1. 格式条款效力规则的适用范围

格式条款效力规则主要适用于格式条款提供人不合理免除或者减轻己方责任、加重对方责任、限制对方主要权利的情况。

根据《民法典》第497条第1项的规定,格式条款具有《民法典》第一编第六章第三节以及《民法典》第506条规定的无效情形,格式条款无效。《民法典》第一编第六章第三节规定的法律行为无效情形主要是无民事行为能力人实施的法律行为无效、虚假法律行为无效、违反法律的行为无效、悖俗无效以及恶意串通行为无效。《民法典》第506条规定则是造成对方人身损害的免责条款以及因故意或者重大过失造成对方财产损失的免责条款无效。应当说,这些法律行为无效规则是一般性的规则,所有的法律行为出现这些无效事由均为无效。在法律适用上,格式条款出现这些无效事由,应当直接适用《民法典》第一编第六章第三节以及《民法典》第506条规定的无

---

① 崔建远主编:《合同法》(第八版),法律出版社2024年版,第292页。

效规则,而无须适用格式条款效力规则。①

案例:1986年10月,天津市塘沽区生产服务管理局建筑工程公司第七施工队将承包的天津碱厂部分房拆除工程转包给张学珍(塘沽工人新村青年合作服务站业主),并签订了承包合同。同年11月17日,张学珍之夫徐少秋作为服务站全权代理人,组织、指挥施工。在拆除第1—5根水泥大梁时,出现梁身裂缝、折裂,但未引起徐少秋的重视。当拆除第6根时,梁身从中折断,站在大梁上工作的徐少秋和民工张国胜均未系安全带,滑落坠地。张国胜受伤,11月21日进入医院治疗,因局部组织感染、坏死,致脓毒败血症死亡。张国胜之父张连起及其女儿张国莉向法院起诉,请求被告张学珍赔偿全部经济损失。被告辩称:张国胜入站签写登记表时,同意表上注明的"工伤概不负责",因此,无法满足原告的要求,只能给予一定的生活补助。②

在本案中,被告制定了格式条款,从内容来看,该条款免除了"造成对方人身损害"应承担的责任,根据《民法典》第506条,该条款无效。

对于具体描述与确定给付义务或对待给付义务的条款,通常是由市场经济自身决定的,对其不应进行格式条款效力审查。比如,对于关于价金、报酬的格式条款,法官不应进行格式条款效力审查,否则会使得法官介入当事人之间的意思自治范畴。

另外,对于复述任意法规范的格式条款,法官也不能进行效力审查,否则会有法官审查法律效力之嫌。

2. 格式条款效力审查的标准

《民法典》第497条第2项规定:提供格式条款一方不合理地免除或者减轻其责任、加重对方责任、限制对方主要权利的格式条款无效。

格式条款多体现为免除或者减轻己方责任、加重对方责任、限制对方主要权利的内容,但是,不能一概而论地认为,所有免除或者减轻己方责任、加重对方责任、限制对方主要权利的格式条款都无效,而是应当加上"不合理"的限制。但有疑问的是,什么是不合理的格式条款,如何判断格式条款的不合理? 在具体界定上,需要从利益衡量的角度界定不合理,不合理之所以是不合理,是因为其不合理地减损了相对人的利益。而对于不合理减损利益的判断,需要综合考虑交易的性质以及双方当事人承担的交易风险和负担等各种因素。③ 除此之外,可以考虑的因素还有合同的类型、目的、相关利益,格式条款使用人的经营效率,相对人的合理信赖,交易成本以及交易习惯

---

① 贺栩栩:《〈合同法〉第40条后段(格式条款效力审查)评注》,载《法学家》2018年第6期,第178、181页。
② "张连起、张国莉诉张学珍损害赔偿纠纷案",载《中华人民共和国最高人民法院公报》1989年第1号(总17号)。
③ 黄薇主编:《中华人民共和国民法典释义(中)》,法律出版社2020年版,第966页。

等。不过,这种利益衡量方法是法官裁量案件时一般的法律适用方法。针对格式条款"不合理"的判断,存在更为便捷、有效的方法。在典型合同中约定格式条款的情况下,可以只评价结构性和典型性的利益和行为预期,如果格式条款违背了任意法规范中的公平和对等性基本思想,即构成不合理之格式条款。① 具体如买卖合同中的风险负担规则(《民法典》第604条),格式条款使用人偏离该规则另行提供免责条款的,该格式条款即为无效。不过在判断格式条款偏离任意法的问题上,还需要从整体上考察全部格式条款的叠加效应,也就是说,单个格式条款没有对相对人造成不合理的利益减少,但多个格式条款联系起来可能就构成对相对人的利益减少。相反,也有可能某一格式条款是对相对人利益的不合理减损,但其他条款赋予的利益又对相对人有所补偿。② 此外,格式条款对于任意法的偏离必须重大,须造成相对人严重的利益减损。比如二手货买卖中,免除格式条款提供人瑕疵担保责任的条款对相对人的利益减损即未必严重。

  案例:当事人在中信银行股份有限公司福州分行的《个人购房借款合同》及其附件《补充协议》中约定,如债务人未能按期还款,中信银行有权从金辉公司账户中直接扣划,金辉公司自愿放弃《担保法》第28条项下的针对中信银行的所有抗辩。③

  《担保法》第28条第1款规定:"同一债权既有保证又有物的担保的,保证人对物的担保以外的债权承担保证责任。"这一规则是任意法规则,《担保法》并没有禁止当事人自行约定物的担保与保证的实现顺序。而依据这一规则,金辉公司作为保证人,在涉讼债权既有债务人提供的抵押担保又有金辉公司提供的保证担保的情况下,金辉公司仅需对债务人提供的抵押物不足以清偿的部分承担保证责任。也就是说,上述格式条款偏离了《担保法》的任意法规则,加重了金辉公司的责任,即减损了金辉公司的利益,而且比较重大,所以,该格式条款应为无效。

  进一步来看,在典型合同的情况下,格式条款没有可参照的任意法规范,或者对于非典型合同,《民法典》合同编分则并无任意法规范,但存在一些准用或适用规则,如第646条规定:法律对其他有偿合同有规定的,依照其规定;没有规定的,参照适用买卖合同的有关规定。对于有偿的无名合同中格式条款效力的判断,可以根据其是否偏离买卖合同中的任意法规则予以判断。如果的确没有任意法规范作为参照,那么,只能根据格式条款是否与合同性质以及合同目的(合同利益)相违背、是否影响当

---

① 贺栩栩:《〈合同法〉第40条后段(格式条款效力审查)评注》,载《法学家》2018年第6期,第183页。
② 同上。
③ "中信银行股份有限公司福州分行诉金辉集团有限公司等金融借款合同纠纷案",福建省高级人民法院(2014)闽民申字第2284号民事裁定书。

事人合同利益的实现来判断。若基于合同本质所生之主要权利义务,因受格式条款之限制而危及合同目的之达成,格式条款即为无效。具体如中介房屋买卖合同的格式条款规定委托人只要看房就收中介费,在健身房合同中通过格式条款规定健身者不使用器材也收费。①

  案例:交通银行借记卡章程中写明,凡使用密码进行的交易,均视为持卡人本人所为。

  在上述情况下,第一步需要确认,该条款是否为一方当事人即交通银行提供的格式条款。本案中,法院认定:交通银行借记卡章程中的该项约定,是交行东湖支行在姜建国开户办卡时提供的格式条款。② 第二步需要判断,该格式条款是否无效。该条款在效果上免除了交通银行赔偿盗刷借记卡的责任,而对于银行赔偿盗刷借记卡的责任,并没有任意法规则。所以,要根据合同目的、当事人利益与信赖予以综合判定,并确认是否通过限制主要权利、义务而造成了相对人的不合理利益减损。在借记卡合同中,银行负有一定的保证账户安全的义务,客户是否有使用密码,均不会影响银行的安全保护义务,客户也可以信赖,在使用密码的情况下,银行账户更加安全,所以,该格式条款是不合理地免除或减轻了银行的责任,应为无效格式条款。

  《民法典》第497条第3项规定:提供格式条款一方排除对方主要权利的格式条款无效。在这里,并没有规定"不合理"或者"减损对方利益"的要件。其原因在于,格式条款提供人通过格式条款排除对方主要权利本身即违背了公平原则,故可以直接认定为无效。③

  《网络消费纠纷规定(一)》第1条采取了黑名单模式,具体列明了无效的格式条款,电子商务经营者提供的格式条款有以下内容的,人民法院应当依法认定无效:收货人签收商品即视为认可商品质量符合约定;电子商务平台经营者依法应承担的责任一概由平台内经营者承担;电子商务经营者享有单方解释权或者最终解释权;排除或者限制消费者依法投诉、举报、请求调解、申请仲裁、提起诉讼的权利;其他排除或者限制消费者权利、减轻或者免除电子商务经营者责任、加重消费者责任等对消费者不公平、不合理的内容。

3. 法律效果

  依据《民法典》第496条之规定,不合理的格式条款仅会导致其本身无效,不会影响合同其他条款的效力。也就是说,民事法律行为部分无效,不影响其他部分效力的,其他部分仍然有效(《民法典》第156条)。但是,如果格式条款的无效导致其他条

---

① Rüthers/Stadler, AT des BGB, 21. Aufl., 2022, §21, Rn. 25 f.
② "姜建国、交通银行股份有限公司武汉东湖新技术开发区支行银行卡纠纷再审案",湖北省高级人民法院(2018)鄂民再223号民事判决书。
③ 黄薇主编:《中华人民共和国民法典释义(中)》,法律出版社2020年版,第966页。

款也无效的,则应适用《民法典》第 157 条,民事法律行为无效后,行为人因该行为取得的财产,应当予以返还;不能返还或者没有必要返还的,应当折价补偿。有过错的一方应当赔偿对方由此所受到的损失;各方都有过错的,应当各自承担相应的责任。法律另有规定的,依照其规定。

主张格式条款无效者,应负担证明责任。法官发现格式条款无效的,可以依照职权认定格式条款无效,而无须当事人主张。

六、预约

(一) 预约的概述

预约是指为合同一方当事人或双方当事人设定将来订立本约义务的合同(《民法典合同编通则解释》第 6 条第 1 款)。当事人还可能约定,一方当事人向另一方当事人负有义务或者双方负有义务,与另一方当事人指定的第三人订立合同。预约在本质上是基于合同基础的订立义务。① 反过来,当事人通过签订意向书或者备忘录等方式,仅表达交易的意向,未约定在将来一定期限内订立合同,或者虽然有约定但是难以确定将来所要订立合同的主体、标的等内容,一方主张预约合同成立的,人民法院不予支持(《民法典合同编通则解释》第 6 条第 2 款)。②

值得注意的是,在当事人约定定金用以担保将来订立本约或者履行预约给付义务(即立约定金,参见《民法典合同编通则解释》第 67 条第 2 款)的情况下,可以由此行为推定在当事人之间存在一个以将来订立本约为内容的主合同,即预约合同。③ 所以,当事人为担保在将来一定期限内订立合同交付了定金,而且能够确定将来所要订立合同的主体、标的等内容的,人民法院即应当认定预约合同成立(《民法典合同编通则解释》第 6 条第 1 款)。

在实践中,当事人未必直接使用"预约"的表达,可能会使用认购书、订购书、预订书等表达。在识别认购书、订购书、预订书等是否为预约的时候,具体要考察当事人的意思表示是否为将来订立本约或与一方当事人指定的第三人订立本约的意思(《民法典》第 495 条第 1 款),以及当事人约定的内容是否包含将来本约的主要要素。而对这一意思的判断,可以结合磋商过程、约定的内容以及约定的法律后果等因素予以认定。

预约在性质上就是合同,与本约并无主从关系。④

---

① Larenz, *Schuldrecht AT*, 14. Aufl., 1987, §7 I, S. 85.
② 崔建远:《合同法总论(上卷)》,中国人民大学出版社 2024 年版,第 251—252 页。
③ 最高人民法院民事审判第二庭、研究室编著:《最高人民法院民法典合同编通则司法解释理解与适用》,人民法院出版社 2023 年版,第 103 页。
④ 最高人民法院民事审判第二庭编著:《最高人民法院关于买卖合同司法解释理解与适用》,人民法院出版社 2012 年版,第 53 页。

若采纳物权行为独立无因制度的立法例,财货流转的计划与实施可分为两个阶段,一旦双方达成物权合意,实施阶段即使延迟也有保障。尤其在不动产交易中,一旦达成物权合意,即可以此为据,进行登记,故此预约在不动产交易实践中的意义并不大。而且,当事人还可以通过约定不可撤销的要约或者签订合同后推迟给付期限来达到同样的目的。

我国台湾地区"民法"第465条之一的规范理由表明,预约通常在要式或要物合同中始有其存在价值。使用借贷为要物合同,常先有预约之订立,但其为无偿合同,故于预约成立后,预约贷与人如不欲受预约之拘束,法律应允许其撤销预约,始为合理。但预约借用人已请求履行预约而预约贷与人未及时撤销者,应限制其撤销预约的权利。不过,陈自强教授认为,承认预约效力与要物性相违背。①

(二) 区别

预约与附停止条件之合同不同。在后者,本约于订约时已经成立。而且,对于不得附条件的合同,仍可以订立预约,如婚姻及收养。

预约与选择权合同(Optionsvertrag)也不相同。在后者,一方有权利通过表示确定买卖关系,所以,该权利是一种形成权;通过一方给予另一方长期有效要约,也可以达到同样目的。

(三) 预约的订立

预约的订立,须遵循合同订立的一般规则。预约以订立本约之义务为内容,至少从其表述中能推断出本约的内容。而且,本约之内容是可确定的,预约应具备将来所要订立合同的主体、标的等内容(《民法典合同编通则解释》第6条第1款)。以商品房买卖预约为例,商品房预约合同至少应当包括标的物房屋的基本情况以及将来依预约签订本约的意思表示。②

如果法律上对于本约有形式要件要求的,原则上预约也需采取与本约相同的形式要件。不过,具体还要看形式要件的目的,如果形式要件是为了防止当事人过于轻率或者不慎重而订约,则预约应为要式,如设定不动产担保的预约;但是,如果形式要件为意思表示明确或采为证据之方法,则为不要式,如结婚之合同。③

(四) 预约向本约的转化

《商品房买卖合同解释》第5条规定:商品房的认购、订购、预订等协议具备《商品房销售管理办法》第16条规定的商品房买卖合同的主要内容,并且出卖人已经按照约定收受购房款的,该协议应当认定为商品房买卖合同。出卖人收受价款,已经是在

---

① 陈自强:《契约之成立与生效——契约法讲义Ⅰ》(第四版),元照出版有限公司2018年版,第105页。
② 最高人民法院民事审判第二庭编著:《最高人民法院关于买卖合同司法解释理解与适用》,人民法院出版社2012年版,第52页。
③ 史尚宽:《债法总论》,中国政法大学出版社2000年版,第13页。

履行合同了。所以,从收受价款的行为可以推定当事人具有订立本约的意思。

《民法典合同编通则解释》第 6 条第 3 款对《商品房买卖合同解释》第 5 条的规则进行了一般化规定。当事人订立的认购书、订购书、预订书等已就合同标的、数量、价款或者报酬等主要内容达成合意,符合该解释第 3 条第 1 款规定的合同成立条件,未明确约定在将来一定期限内另行订立合同,或者虽然有约定但是当事人一方已实施履行行为且对方接受的,人民法院应当认定本约合同成立。也就是说,如果合同名为预约,但实际上当事人约定了本约的主要内容,没有进一步签订本约的计划,而且当事人的履行行为足以表明已经作出订立本约的意思表示,那么就应根据解释规则直接认定其为本约。[1]

(五)预约合同的违反

预约合同生效后,双方当事人均应当按照约定履行自己的义务。在逻辑上,如果义务人拒绝履行签订本约的义务,当然构成对预约合同的违反。但是,一方面,预约合同的内容可能不完整;另一方面,就尚未协商一致的内容,当事人仍需进一步谈判。所以,在实践中,不好判断当事人是否违反预约合同。预约合同订立后,当事人经诚信协商仍未达成一致,人民法院就不能认定当事人任何一方有违反预约合同的行为。但是,预约合同生效后,当事人一方拒绝订立本约合同或者在磋商订立本约合同时违背诚实信用原则导致未能订立本约合同的,人民法院应当认定该当事人不履行预约合同约定的义务(《民法典合同编通则解释》第 7 条第 1 款)。人民法院认定当事人一方在磋商订立本约合同时是否违背诚实信用原则,应当综合考虑该当事人在磋商时提出的条件是否明显背离预约合同约定的内容以及是否已尽合理努力进行协商等因素(《民法典合同编通则解释》第 7 条第 2 款)。[2]

(六)违反预约合同的法律效果

1. 继续履行

有争议的是,违反预约合同的当事人是否负有继续履行的义务,以及应当如何继续履行?

有一种观点是磋商义务说,主张当事人违反预约的,仅负有善意磋商义务,并不负有继续履行的义务。如在"张励与徐州市同力创展房地产有限公司商品房预售合同纠纷案"中,人民法院认为:"预约合同的目的在于当事人对将来签订特定合同的相关事项进行规划,其主要意义就在于为当事人设定了按照公平、诚实信用原则进行磋商以达成本约合同的义务。"[3]《民法典合同编通则解释》第 8 条即采纳了这一立场,违约人不负有继续履行即订立本约的义务,主要理由是现行法并无对意思表示进行

---

[1] 最高人民法院民事审判第二庭、研究室编著:《最高人民法院民法典合同编通则司法解释理解与适用》,人民法院出版社 2023 年版,第 105 页。
[2] 同上书,第 110 页。
[3] 载《中华人民共和国最高人民法院公报》2012 年第 11 期(总第 193 期)。

强制执行的规定。①

主流的观点是应当缔约说，主张如果义务人拒绝履行签订本约的义务，权利人可以诉请法院判决该义务人作出相应之意思表示②，最高人民法院采纳了该模式。预约订立后，预约双方须依诚实信用原则进行磋商，除不可归责于双方的事由外，应当缔结本约。③ 在"俞财新与福建华辰房地产有限公司、魏传瑞商品房买卖（预约）合同纠纷案"中，人民法院认定商铺认购书是预约合同，被告应当在"收到订金后30日内领取商品房预售许可证并与俞财新签订购房合同"。④

《民法典》第495条第2款规定：当事人一方不履行预约合同约定的订立合同义务的，对方可以请求其承担预约合同的违约责任。而根据《民法典》第577条之规定，违反预约的责任包括继续履行、采取补救措施或损害赔偿。所以说，一方当事人违反预约的，另一方当事人可以请求其继续履行，也即订立本约。不过，在现行法上，并没有规定通过判决替代当事人作出同意的意思表示之机制。

在德国法上，如果另一方当事人拒绝签订本约的，预约权利当事人可以诉请另一方作出同意的表示。如此判决的强制执行根据是《德国民事诉讼法》第894条，即在判决发生既判力时即视为另一方当事人作出了同意本约的意思表示⑤。在我国台湾地区，债权人可以请求债务人继续履行预约。债务人不为意思表示的，可以自判决确定时视为已经作出意思表示。⑥

本书认为，在立法上，可以仿照德国法的规则。一方当事人违反预约的，另一方当事人可以起诉要求该当事人作出必要的同意的意思表示；一旦法院作出生效判决，即视为另一方当事人作出了意思表示。如果预约中已经标明了主合同内容，那么借助拟制的同意，主合同即成立。但如果预约合同中并没有完全确定主合同内容，那么只能通过补充解释予以补充。如果预约中没有确定合同的必备要素，比如买卖不动产，没有确定标的或者没有约定要支付价格；又如设立商事公司，没有约定公司形式，在这些情况下，预约无法实现，应当不生效力。如果预约中仅是缺少非主要要素，比如支付条件、交付时间等，则可以基于诚实信用原则以及交易习惯予以确定。⑦ 本约为要物合同时，债权人还有权请求交付合同标的物。守约人可以合并提起履行预约之诉与请求履行本约上债务之诉。⑧

---

① 最高人民法院民事审判第二庭、研究室编著：《最高人民法院民法典合同编通则司法解释理解与适用》，人民法院出版社2023年版，第118页以下。
② 王泽鉴：《债法原理》（第二版）（重排版），北京大学出版社2022年版，第137页。
③ 最高人民法院民事审判第二庭编著：《最高人民法院关于买卖合同司法解释理解与适用》，人民法院出版社2012年版，第55页。
④ 最高人民法院（2010）民一终字第13号民事判决书。
⑤ Larenz, *Schuldrecht AT*, 14. Aufl., 1987, §7 I, S. 86.
⑥ 史尚宽：《债法总论》，中国政法大学出版社2000年版，第13页。
⑦ Larenz, *Schuldrecht AT*, 14. Aufl., 1987, §7 I, S. 86 f.
⑧ 史尚宽：《债法总论》，中国政法大学出版社2000年版，第13页。

2. 损害赔偿

如果被告不同意缔结本约,在逻辑上,原告可以要求赔偿损失,也可以请求解除合同并赔偿损失。因为预约也是合同,违反之,与违反合同的法律效果不应有所不同,所以,违反预约的合同当事人,应赔偿对方的履行利益。[①] 如果缔结本约在短期内可能成为定局,要求违反本约者承担履行利益赔偿,并无不可。[②] 但如果当事人虽然具有缔结本约的意思,但本约内容欠缺,而且需要投资建设与审批等手续,是否能够缔结本约,并不可知,要求违反缔约人承担履行利益赔偿,就不合理。故最高人民法院认为,违反预约的行为,也可视为是本约的缔约过失行为,由此推论,违反预约的损害赔偿范围为违反本约的信赖利益,而且不超过履行利益[③],包括缔约费用、准备履行费用、已经给付金钱之利息损失、提供担保所造成的损失等。[④] "仲崇清诉金轩公司案"二审的主审法官撰文剖析损害赔偿决定过程时认为,预约违约所要赔偿的固然是履行利益,但是预约履行利益不是本约的履行利益,而应该是相对于本约的信赖利益。[⑤] 其实,即使在这种情况下,违反预约人也应赔偿违反预约的履行利益,只是在损害赔偿上,需要考虑订立预约的费用以及因订立本约而丧失的订立其他合同的机会损失。在确定机会损失时,应当根据对方当事人的信赖、订立本约合同机会的客观现实性、从订立本约合同机会中获益的可能性,以及违约方在订立预约合同时预见到或者应当预见到的因违反预约合同可能造成的损失等因素予以确定。

《民法典合同编通则解释》综合考虑了上述立场,一方面,参照本约的信赖利益计算违反预约的损害可能导致预约合同的功能丧失,另一方面,参照本约的履行利益计算违反预约的损害会导致本约与预约的区分没有必要。所以,应当在本约的信赖利益与履行利益之间,根据交易的成熟度进行酌定。[⑥] 预约合同生效后,当事人一方不履行订立本约合同的义务的,对方可以请求其赔偿因此造成的损失。这里的损失赔偿,当事人有约定的,按照约定;没有约定的,人民法院应当综合考虑预约合同在内容上的完备程度以及订立本约合同的条件的成就程度等因素酌定(《民法典合同编通则解释》第 8 条)。本书认为,这一规定否定了预约与本约作为合同的相对性,违反了预约的损害赔偿及其数额应当根据违反预约所造成的损失来计算、而不是根据本约以

[①] 王利明:《合同法研究》(第一卷),中国人民大学出版社 2002 年版,第 41 页;崔建远:《合同法总论(上卷)》,中国人民大学出版社 2024 年版,第 250 页。

[②] 汤文平:《论预约在法教义学体系中的地位——以类型序列之建构为基础》,载《中外法学》2014 年第 4 期,第 995 页。

[③] 最高人民法院民事审判第二庭编著:《最高人民法院关于买卖合同司法解释理解与适用》,人民法院出版社 2012 年版,第 61 页。

[④] 同上书,第 61—62 页。

[⑤] "仲崇清诉上海市金轩大邸房地产项目开发有限公司合同纠纷案",载《中华人民共和国最高人民法院公报》2008 年第 4 期(总第 138 期),第 43—48 页。

[⑥] 最高人民法院民事审判第二庭、研究室编著:《最高人民法院民法典合同编通则司法解释理解与适用》,人民法院出版社 2023 年版,第 115 页以下。

及接近缔结本约的程度来确定的规则。

3. 解除合同

除了继续履行这一救济措施外,当事人还可以解除预约合同并主张损害赔偿。①

预约订立后,本约订立前,出现情势变更的,若原有目的消灭或者一方对相对人丧失信任的,即可适用情势变更规则,预约当事人可以主张解除预约。

4. 违约金与定金

当事人在预约合同中约定了违约金或者交付了定金的,守约方可以要求违约方支付违约金或者承担定金责任(《民法典合同编通则解释》第67条第2款)。

《商品房买卖合同解释》第4条规定,出卖人通过认购、订购、预订等方式向买受人收受定金作为订立商品房买卖合同担保的,如果因当事人一方原因未能订立商品房买卖合同,应当按照法律关于定金的规定处理;因不可归责于当事人双方的事由,导致商品房买卖合同未能订立的,出卖人应当将定金返还买受人。该条主要规定了出卖人违反预约的责任,并且仅规定了"定金"罚则。其主要原因是商品房出卖人收受定金后又因各种原因而不能履行合同,此时,为保护消费者,区分是否可以归责于出卖人,来确定出卖人是承担双倍返还定金还是仅返还定金的责任。不过,预约情况下的定金应是立约定金。②

七、框架合同

所谓框架合同(Rahmenvertrag),是指当事人为将来订立个别合同而约定基本条件,将来发生的合同均以该基本条件确定其内容。但框架合同中并不包含当事人缔约之义务,只有在将来个别合同订立时,订立合同的当事人才有义务将框架合同中确定的内容确定为个别合同的内容。③ 框架合同实质上是预先确定了将来合同的部分内容。

框架合同和框架协议在中国的交易实践中被广泛使用,尤其是在一些大企业的采购以及销售过程中。例如甲与出版社订立丛书出版框架合同,约定由出版社出版丛书,但每本著作出版时,出版社还需与每个作者分别缔结出版合同。

框架合同在效力上与普通合同无异,适用合同成立、形式要件、无效、可撤销以及违约等规则。

----

① 司法判例中更多的是违约责任救济思路,参见"仲崇清诉上海市金轩大邸房地产项目开发有限公司合同纠纷案",载《中华人民共和国最高人民法院公报》2008年第4期(总第138期),第43—48页。

② 这一条之所以仅规定了"定金"的法律效果,没有规定违反预约的违约责任,一是因为在2003年《商品房买卖合同解释》公布时,尚没有关于预约违约责任的规定;二是因为作为出卖人的开发商一般会要求买受人支付定金,以解决违约预约的损害赔偿数额不好确定的问题。最高人民法院民事审判第一庭编著:《最高人民法院关于审理商品房买卖合同纠纷案件司法解释的理解与适用》,人民法院出版社2003年版,第61页。

③ Larenz, *Schuldrecht AT*, 14 Aufl., 1987, §7 Ⅱ, S. 88.

在将来的个别合同于框架合同当事人之间订立时,框架合同中约定的条件对于个别合同当然具有约束力。如果将来的个别合同是在框架合同当事人一方与第三人或者仅在第三人之间订立的,那么框架合同对于第三人原则上没有效力,因为原则上不能通过合同为第三人设定负担。故框架合同中不利的条款,如果没有第三人的同意,对第三人不生效力。但是对于框架合同中的有利于第三人的条款,则可依据利他合同规则(详见本书第十一章第一节)处理。至于何为有利条款,则需根据具体情况,尤其考虑第三人利益予以判断。①

由于个别合同通常成立在框架合同之后,如果个别合同的约定与框架合同的约定有冲突,则一般视为个别合同变更了框架合同的内容,应以个别合同的内容为准。②

第三节 缔约过失

【文献指引】

林诚二:《民法上信赖利益赔偿之研究》,载《法学丛刊》1973年第4期;尹鲁先:《缔约上过失责任初探》,载《法学研究》1990年第1期;刘春堂:《契约对第三人之保护效力》,载《辅仁法学》1985年第4期;刘春堂:《契约磋商与契约磋商者之责任》,载《保险专刊》1989年第18辑;刘春堂:《缔约上过失责任之研究》,台湾大学法律学研究所1983年博士论文;詹文馨:《契约法上之附随义务——以德国法契约责任之扩大为中心》,台湾大学法律学研究所1990年硕士论文;崔建远:《缔约上过失责任论》,载《吉林大学社会科学学报》1992年第3期;陈丽苹、黄川:《论先契约义务》,载《中国法学》1997年第4期;陈忠五等:《法律行为绝对无效与相对无效之区别》,载《台湾大学法学论丛》1998年第4期;刘得宽:《契约缔结过程上的情报提供义务——消费者保护重要课题之一》,载《法学丛刊》1998年第3期;陈洸岳等:《"中断交涉"与缔约上过错责任的序论研究》,载《法学丛刊》1999年第4期;黄越钦:《契约给付义务新论》,载《私法论文集》,世纪书局1980年版;钱玉林:《缔约过失责任与诚信原则的适用》,载《法律科学(西北政法学院学报)》1999年第4期;林美惠:《侵权行为法上交易安全义务之研究》,台湾大学法律学研究所2000年博士论文;陈聪富:《履行辅助人与缔约上过失》,载《台湾本土法学杂志》2003年第48卷;[德]Kurt Siehr:《德国新债法之缔约过失》,侯英泠译,载《月旦法学杂志》2003年第7期;王泽鉴:《缔约上之过失》,载《民法学说与判例研究(1)》,中国政法大学出版社1998年版;丁勇:《论德国法中的第三人缔约过失责任》,载《法律科学(西北政法学院学报)》2004年第3期;韩世远:《我国合同法中的缔约上过失问题研究》,载《法学家》2004年第3期;王洪亮:《物上瑕疵担

---

① Fikentscher/Heinemann, *Schuldrecht AT & BT*, 12. Aufl., 2022, §24, Rn. 139.
② 崔建远主编:《合同法》(第八版),法律出版社2024年版,第26—27页。

保责任、履行障碍法与缔约过失责任》，载《法律科学（西北政法学院学报）》2005年第4期；王洪亮：《缔约过失责任的历史嬗变》，载《当代法学》2005年第5期；许德风：《论瑕疵责任与缔约过失责任的竞合》，载《法学》2006年第1期；卢谌、杜景林：《论缔约过失的基本问题及体系建构》，载《甘肃政法学院学报》2007年第1期；冉克平：《缔约过失责任性质新论——以德国学说与判例的变迁为视角》，载《河北法学》2010年第2期；张金海：《耶林式缔约过失责任的再定位》，载《政治与法律》2010年第6期；叶金强：《论中断磋商的赔偿责任》，载《法学》2010年第3期；韩成军：《缔约过失责任的理论逻辑与实证注解》，载《河北法学》2011年第7期；张虹：《缔约磋商中保密义务的法律适用研究——以〈中华人民共和国合同法〉第43条为中心》，载《法商研究》2011年第2期；汤文平：《批准（登记）生效合同、"申请义务"与"缔约过失"——〈合同法解释（二）〉第8条评注》，载《中外法学》2011年第2期；张家勇：《论前合同责任的归责标准》，载《法学家》2014年第1期；尚连杰：《先合同说明义务违反视角下的缔约过失与瑕疵担保关系论——德国法的启示与中国法的构造》，载《政治与法律》2014年第11期；Klaus Luig：《保护第三人之契约作用及第三人责任之契约作用》，载杨振山、〔意〕桑德罗·斯奇巴尼："罗马法·中国法与民法法典化"——物权和债权之研究》，中国政法大学出版社2001年版。

✎ 【补充文献】

刘勇：《缔约过失与欺诈的制度竞合——以欺诈的"故意"要件为中心》，载《法学研究》2015年第5期；张家勇：《论前合同损害赔偿中的期待利益——基于动态缔约过程观的分析》，载《中外法学》2016年第3期；尚连杰：《缔约过失与欺诈的关系再造——以错误理论的功能介入为辅线》，载《法学家》2017年第4期；尚连杰：《凶宅买卖的效果构造》，载《南京大学学报（哲学·人文科学·社会科学）》2017年第5期；孙维飞：《〈合同法〉第42条（缔约过失责任）评注》，载《法学家》2018年第1期；林洹民：《论基于缔约过失之合同变更权》，载《内蒙古社会科学（汉文版）》2019年第4期；于程远：《论先合同信息风险分配的体系表达》，载《环球法律评论》2020年第6期；刘颖：《经营者沉默欺诈认定的矫正与回归——基于裁判分歧的分析与展开》，载《华东政法大学学报》2020年第5期；吴至诚：《违法无效合同不当得利返还的比例分担——以股权代持为中心》，载《中外法学》2021年第3期；李潇洋：《民法典中缔约信赖保护的规范路径》，载《法学》2021年第6期；陈梦真：《探析违反待批准合同报批义务的裁判规则——以缔约过失责任为理论基础》，载《东南大学学报（哲学社会科学版）》2022年第24卷增刊；李伟群、施啸波：《保险人说明义务制度新论——基于保险合同构造和缔约过程的思考》，载《保险研究》2022年第1期；沈小军：《德国法上保险人的信息提供义务——兼论我国保险人明确说明义务的完善》，载《保险研究》2022年第5期；崔建远：《论机会利益的损害赔偿》，载《法学家》2023年第1期；潘重阳：《论信赖利益与信赖的剥离》，载《华东政法大学学报》2023年第3期；孙娟：《第三人缔约过失的责任性质及规则适用》，载《财经法学》2023年第5期；缪宇：《合同未获追认时限制民事行为能力人的缔约过失责任》，载《法学》2023年第10期；张红、孙悦：《论第三人缔约过失责任》，载《福建师范大学学报（哲学社会科学版）》2024年第2期；王洪亮：《〈民法典合同编通则解释〉第三人缔约过失责任制度的创设与再发展》，载《浙江工商大学学报》2024年第2期；许中缘：《给付障碍责任：一种被忽略的合同责任形态》，载《法制与社会发展》2024年第2期；俞彦韬：《不实告知误导缔约场景下的合同解消》，载《清华法学》2024年第3期。

一、缔约过失责任法律规则概况

本着诚实信用原则，缔约当事人在订立合同的过程中负有必要的注意、保护等义务（准用《民法典》第509条第2款）。如果因一方当事人不谨慎或其他可归咎于他的原因而违反保护、保密等先合同保护义务的，应当赔偿另一方当事人因此遭受的损失（《民法典》第500条、第501条）。

（一）《民法典》第500条

《民法典》第500条首先列举了两种类型的缔约过失责任，包括在订立合同的过程中假借订立合同恶意磋商和故意隐瞒与订立合同有关的重要事实或者提供其他虚假情况。第501条规定了泄露或不正当地使用商业秘密或者信息的情况。《民法典》第500条第3款规定了兜底条款，即其他违背诚实信用原则的行为，在解释上，结合《民法典》第509条第2款可以认为，这里的违背行为，应是违反保护义务的行为。值得注意的是，尽管《民法典》规定了缔约过失的兜底条款，但并没有明确提炼出缔约过失的一般构成要件，在不符合《民法典》列举的情况时，单纯引用或参照第500条第3款，有依据空白条款裁判的问题，在说理上会存在困难。① 故应在既有规范的基础上，提炼缔约过失责任的主要构成要素，并予以类型化，方能合理地适用缔约过失制度，调整缔约前的特别结合关系。

（二）《民法典》第500条与第157条的关系

有学者认为，《合同法》第58条第3句（现为《民法典》第157条第2句）规定中关于损害赔偿的规则，是《合同法》第42条（现为《民法典》第500条）的特别法，依照特

---

① 如在"中国科技资料进出口总公司诉凯马特远东有限公司缔约过失赔偿案"的一审判决中，法院认为："在商业活动中，当事人应谨慎要求特定交易对象为一定义务。一旦要求交易对象为一定义务并为对方接受履行，当事人就应受到一定范围的约束。本案被告在谈判之始，即要求原告严格按照样品复样。根据复样程序，原告必须制作模具。制作模具即有费用投入。原告开模，是对被告签约的信赖及为履行被告的复样要求，此时合同虽未成立，但开模是为签订合同做准备，与签订合同联系密切。原告复样，符合被告的要求。合同不成立，并非复样问题。原告数次确认被告提议的价格，被告仍以价格问题终止谈判。对此，被告违背了民事活动的诚实信用，负有过错。被告应赔偿原告为准备签订合同支付的费用。"见上海市第二中级人民法院（2000）沪二中经终字第1115号民事判决书。

别法优先于一般法的法理,应当优先适用。① 而且,该学者还认为,《合同法》第 58 条第 3 句规定的损害赔偿请求权,在构成上有两处限制:一是在"合同无效或者被撤销后"才能请求缔约过失之损害赔偿,二是损失必须是"合同无效或者被撤销"引起的。②

对此,本书有不同意见。从产生历史上,无效情况下的缔约过失之损害赔偿规则早于缔约过失的一般规则。1981 年《经济合同法》第 16 条第 1 款及 1986 年《民法通则》第 61 条第 1 款部分吸纳了缔约过失制度,规定了合同无效情况下的缔约过失责任。有学者曾建议应将之扩于合同不成立的情况,但不能扩及于合同有效成立的情况。③ 在没有《合同法》第 42 条之前,无效情况下的缔约过失规则发挥了一般性缔约过失规则的功能。

在《合同法》立法时,并没有将无效情况下的缔约过失之损害赔偿规则纳入第 42 条范畴的立法计划。④ 而在产生《合同法》第 42 条之后,无效情况下的缔约过失规则的构成要件就被统合了。在适用《合同法》第 58 条第 3 句(现为《民法典》第 157 条第 2 句)规定中关于损害赔偿的规则时,须转引《合同法》第 42 条(现为《民法典》第 500 条)的规则。另外,在适用司法解释中关于合同无效情况下缔约过失之损害赔偿规则也须转引《民法典》第 500 条。否则,同样是缔约上过失责任,其构成要件却有所不同,更会造成缔约过失责任的构成必须以合同无效或者被撤销为前提的错误认识。

另外,尤其值得注意的是,并不是所有的无效事由或者可撤销的事由都可以产生缔约过失之损害赔偿责任,例如在违法无效的情况下,原则上是不会构成缔约过失之损害赔偿责任的。但如果当事人违反的是管理性法规,则一方当事人可能因为违反义务而向另一方当事人承担损害赔偿责任。在司法实践中,如果双方都知道违法,法院有可能根据过错裁决当事人分担损害。⑤ 此时,还得求助于《民法典》第 500 条规定的一般的缔约过失责任构成,具体判断当事人是否违反说明义务或者保护义务,进而才能判断是否构成缔约过失之责任。

不过,在司法实践中,涉及合同无效返还以及损害赔偿的问题,人民法院一般都会适用《民法典》第 157 条。《民法典合同编通则解释》第 25 条还进一步解释了无效情况下的返还以及损害赔偿规则。

---

① 孙维飞:《〈合同法〉第 42 条(缔约过失责任)评注》,载《法学家》2018 年第 1 期,第 182 页。
② 同上文,第 183 页。
③ 崔建远主编:《合同法》(第八版),法律出版社 2024 年版,第 93 页以下。
④ 全国人大常委会法制工作委员会民法室编著:《〈中华人民共和国合同法〉及其重要草稿介绍》,法律出版社 2000 年版。《合同法》的试拟稿、征求意见稿乃至草案,均分别规定了缔约过失责任与合同无效或可撤销后的损害赔偿责任。
⑤ "李玉兰与马海涛房屋买卖合同纠纷案",北京市第二中级人民法院(2009)二中民终字第 00769 号民事判决书。

(三)《民法典》第 500 条与第 501 条的关系

从体系上来看,《民法典》第 501 条关于违反保密义务的缔约过失责任规则属于第 500 条的特别法,依照特别法优先于一般法的法理,应当优先适用。而且,应当注意的是,第 500 条明文规定"无论合同是否成立",都可成立缔约过失责任。由此可以反推,在第 500 条的一般规则下,也是"无论合同是否成立",都可成立缔约过失责任。①

二、缔约过失的发展史

(一)耶林的发现

早在 1861 年,耶林在其论文中提出了缔约过失(culpa in contrahendo)之学说,主要是指在合同没有有效成立的情况下,有过失一方应赔偿对方信赖合同有效成立所遭受的损害。②

在普通法上,当事人没有恶意的情况下合同不完善导致的损害赔偿问题,恶意之诉(actio doli)以及阿奎利亚法之诉(actio legis Aquiliae)都不能解决,因为二者的规范目的不是保护财产,而是保护对具体财产标的的侵害。耶林力图通过缔约过失制度填补过错财产损害的漏洞。

依据当时的普通法,一方发生错误时,并不需要赔偿对方的损失。耶林认为,如此处理,甚为不公。耶林从罗马法这一实证法出发,发现在罗马法上,不融通物(res extra commercium)买卖以及不存在继承财产之买卖无效,买主得基于买主诉权(actio empti),向卖主请求赔偿因合同无效所受之损害。

将买主诉权的程序法外衣剥开后,耶林发现了下面的内容:合同的缔结不单单会产生履行义务,当这种效力由于法定阻碍事由而被排除时,也会产生一种损害赔偿义务,依照罗马法以及现在的语言方式,合同无效的表述仅指合同缺乏效力的其中之一,而不是根本没有效力。③ 也就是说,虽然不融通物的性质排除了履行的必要性,但社会上仍存在其他值得保护的利益,所以,受害人可以请求返还或损害赔偿。同时,耶林认为损害赔偿义务的要件为义务人过失,而非相对人善意,而这里的过失是指出卖人未能保障合同有效却参与缔结合同,使相对人误认为有效,因而造成损害。这里的过失概念并不是主观性的,而是客观性的,而且对于过失的证明责任也是倒置的。也就是说,存在"足以引发他人误解合同有效"的情况,即足以构成过失。

耶林就此认为:从事合同缔结的人,是从合同交易外的消极义务范畴,进入合同

---

① 孙维飞:《〈合同法〉第 42 条(缔约过失责任)评注》,载《法学家》2018 年第 1 期,第 183 页。
② Jhering, Culpa in contrahendo oder Schadensersatz bei nichtigen oder nicht zur Perfection gelangten Verträgen, in *Jahrbücher für die Dogmatik des heutigen römischen und deutschen Privatrechts*, Bd. 4, 1861, S. 1-112.
③ A. a. O., S. 29 f.

上的积极义务范畴,法律使其承担默示担保没有过错或者合同要件存在的义务。缔约过失所违反之义务为注意义务,合同上的注意命令(das Gebot der contractlichen diligentia)不仅适用于已经形成的合同关系,而且适用于正在形成中的合同关系,以损害赔偿为目的的合同之诉建立在对此义务的违反之上。法律所保护的并非仅是一个业已存在的合同关系(die bestehenden Contractsverhältnisse),正在发生的合同关系(die entstehenden Contractsverhältnisse)也应被包括在内。否则,合同交易将暴露于外,不受保护,缔约当事人一方不免因而成为他方疏忽或不注意的牺牲品。①

耶林提出的缔约过失责任主要适用于三种情况:无行为能力、标的物不存在或者不能流通、错误等。

耶林界定了缔约过失的概念:已经订立的合同以及正在订立中的合同中均存在注意义务,在合同已经订立以及在合同订立中违反注意义务者,均应承担损害赔偿责任。②

(二)《德国民法典》对缔约过失制度的接受

德国债法改革前的《德国民法典》接受了耶林的缔约过失学说,并规定了错误损害赔偿、自始不能损害赔偿、信赖无权代理损害赔偿等缔约过失责任规则(旧法第122条、第179条、第307条、第309条、第463条第2句、第523条第1款、第524条第1款,第600条、第663条、第694条)。嗣后修法增加的第611a条第2款,规定的是雇主对员工在性别歧视情况下的损害赔偿责任。

在这里,值得注意的是,在《德国民法典》第122条中,撤销权人的损害赔偿义务是撤销的代价;而在第179条中,无权代理对于被代理人是没有不利益的,因为合同对其并未生效。另外,因为第122条、第179条与违法或者义务违反行为并不关联,所以并不以责任人的过错为损害赔偿要件。这两个规则将法律行为的特定风险分配给造成该风险以及最能控制该风险的人。而缔约过失制度调整的是在合同关系准备阶段有过错地违反合同前注意义务的责任。故此,严格来讲,撤销人的损害赔偿责任并非耶林所发明的缔约过失责任。

(三) 缔约过失制度的正当性理由

有疑问的是,合同保护为什么能延伸到合同准备阶段,即缔约前呢?其一,为了促进合同当事人法律行为上的意思形成,尽可能使合同达到当事人试图达到的目的;其二,在订立合同的准备过程中,每一方当事人的法益面临为另一方损害的风险。针对这种增加的干涉可能性,应给予更强的保护,即超出一般侵权法的保护。③

另外,德国法上之所以发展出了一般化的缔约过失制度,尤其是权益保护类型的

---

① 刘春堂:《缔约上过失责任之研究》,台湾大学法律学研究所1983年博士论文,第3页。
② 〔德〕鲁道夫·冯·耶林:《论缔约过失》,沈建峰译,商务印书馆2016年版,第69页。
③ Leenen/Häublein, *BGB AT*, 3. Aufl., 2021, §17, Rn. 1.

缔约过失制度,主要原因还在于德国侵权法是小侵权法,由此在利益或纯粹经济损失的救济上存在漏洞。首先,侵权法上没有一般性的侵权责任条款,而是针对绝对权、违反保护法以及悖俗等三种情况规定了三个小的一般条款,对于所谓的纯粹财产损失保护存有漏洞;其次,对于事务执行人,事务主人(雇主)有免责之可能(《德国民法典》第831条),而适用合同责任,对于履行辅助人行为(《德国民法典》第278条),合同当事人并无免责之可能;最后,在侵权法上,受害人必须承担全部的举证责任,包括对过错的举证责任,而适用合同法时,适用的是过错推定责任。

例如,甲想购买一辆汽车,故在乙的员工陪驾监督下试驾。由于乙的员工的过错,汽车在一个偏远的地区抛锚了。甲必须自己乘出租车返回并支付了高额的出租车费。甲可以对乙请求损害赔偿吗?在此案中,合同还没有成立,故甲不能依据合同法请求损害赔偿;甲也不能根据《德国民法典》第823条以下的侵权法规则,请求损害赔偿,因为这里的财产损失不是绝对权,也不是保护法保护之范围,更不存在悖俗加害的情况。所以,在结果上,甲只能在缔约过失框架内获得救济,因为缔约过失责任的成立并不取决于是否订立了合同。退一步讲,即使符合《德国民法典》第823条规定的构成要件,第831条也是个麻烦,雇主可以举证证明自己已经尽到了选任与监督之义务而免责,本案中的甲仍不能获得救济。而自缔约过失思路,进入合同法领域,即可适用《德国民法典》第278条,乙对其雇员的行为承担无过错责任。而且,适用缔约过失规则,请求权基础在于《德国民法典》第280条,作为构成要件的过错是推定的,而在侵权法上,过错并非推定的,受害人负举证责任,两相比较,根据缔约过失主张权利,甲的利益会受到更好的保障。

(四) 司法实践中的发展

对于缔约过失,1900年生效的《德国民法典》并未形成一般化的规则。德国立法者将这一任务让诸于判例学说予以发展。① 之后,德国司法实践中逐渐发展出若干新的缔约过失类型。

缔约过失最早涉及的是关于合同没有有效成立的案例类型。② 在早期的司法实践中,还发展出了前合同阶段对交易上(人身)安全义务之违反的类型,典型的如地毯案。③ 其具体案情为:一位母亲带着孩子走入商店,拟选购亚麻仁油布地毯。在与店员谈判时,没有放好的地毯倒下,砸到母亲与孩子,导致两人摔倒在地。两人由于受

---

① Motive I, S. 15; II, S. 745.

② Jhering, Culpa in contrahendo oder Schadensersatz bei nichtigen oder nicht zur Perfection gelangten Verträgen, in *Jahrbücher für die Dogmatik des heutigen römischen und deutschen Privatrechts*, Bd. 4, 1861, S. 1-112;错误赔偿、自始不能赔偿等规则已经被规定在《德国民法典》中:§§119, 120, 122, 130, 145, 149, 153, 179, 307, 309 BGB.

③ RGZ 78, 239.

到惊吓,于是没有订立买卖合同。帝国法院第一次支持了当事人所主张的基于合同的损害赔偿请求权,即使合同没有订立,当事人也可以获得损害赔偿;因为通过合同谈判,在当事人之间形成了一种为买卖而准备的法律关系,而此种法律关系具有"类似合同"的性质。

在合同谈判过程中,一方当事人使另一方当事人信赖合同能够有效订立,而后又无理由中断磋商等,此时应承担缔约过失责任。司法实践中发展的中断磋商类型(Abbruch der Vertragsverhandlungen)的缔约过失责任,与耶林处理的类型并不相同,其区别在于:前者的受害人并没有信赖有效合同的现实成立,而是信赖将来的成立。耶林认为在受害人于订立合同前信赖合同订立而支出费用,受害人自己即具有过错,不得请求损害赔偿。①

信息义务违反责任(die Haftung für Informationspflichtverletzung)以及第三人责任(die Eigenhaftung Dritter, Sachwalterhaftung)这两种类型的缔约过失责任则是后来在司法实践中出现的。这两种类型的出现,使缔约过失制度从补充性制度转变为一个真正独立的制度,成为合同与侵权请求权以外的独立请求权基础。

在信息义务违反责任中,合同已经有效订立,但合同当事人(在买卖合同中主要是卖方)故意或者过失地进行错误陈述或者违反披露义务(Aufklärungspflicht)而不作陈述,而这些信息对买方作出购买之决定是有意义的。② 在较新的判例中,还要求不提供这些信息会阻碍谈判对方的合同目的达成,而且按照交易观念,对这些信息的告知是人们所期待的。③ 给予错误陈述是积极行为,在这种情况下,不以披露义务存在为归责前提,违反披露义务是消极行为,要以披露义务的存在为前提。

在合同谈判阶段,常有代理人参与其中,在有权代理情况下,法律行为效果归于本人,但是,如果代理人在代理行为中为自己的利益行为或使另一方产生了信赖,那么代理人就应承担缔约过失责任。④ 1928年,德国帝国法院第一次裁定代理人承担自己责任(Eigenhaftung),帝国法院认为,尽管该代理人具有外观上的代理人身份,但实质上真正独立地参与了合同关系,是一种作为"自己事务的代理人"(procurator in rem suam),代理人应当对谈判相对人的损失承担个人责任。⑤

在代理人个人责任的基础上,德国联邦法院又向前走了一步。如果代理人在合同磋商中不是自己引导另一方进入合同磋商,而是作为其事务的管理人(Sachwalter)

---

① Medicus, Zur Entdeckungsgeschichte der culpa in contrahendo, in: FS für Kaser, 1986, S. 177.
② Mertens, Culpa in contrahendo beim zustande gekommenen Kaufvertrag nach der Schuldrechtsreform, AcP 203 (2003), 819.
③ BGH NJW 2001, 2163.
④ Ballerstedt, Zur Haftung für culpa in contrahendo bei Geschaeftsabschluss durch Stellvertreter, AcP 151 (1950/51), S. 501.
⑤ BGHZ 120, 249, 252 ff;李静:《有限责任公司经理人的缔约上过失责任——德国法上制度考察》,载《比较法研究》2006年第4期,第121页以下。

参加进磋商中,并对交易的完成共同起作用,甚至其在某种程度上基于其职业地位或事务专家身份而使相对人对其信赖不断增加,并使相对人产生一种印象,即其将对合同的执行是有帮助的,其不必一定与合同交易的相对人有合同关系,只要使相对人产生了信赖就可以构成事务管理责任,在此,事务管理人负有注意义务。① 就事务管理责任,德国司法实践发展出了特别的缔约过失责任事实构成要件,第三人以超常的程度(in besonderen Maße)使他人对其产生信赖,并且因此而对合同谈判或者合同缔结产生了重大影响。该第三人必须直接或者间接通过为其谈判的人参与了谈判,而且该第三人通过其本人的出场提供了一种超出对通常合同谈判之信赖、个人对合同的严肃性与成功性的担保。② 对于风险投资中介人,也有类似的责任。

第三人在具有经济利益的情况下,也可能承担缔约过失责任。这涉及的主要类型是二手车经销商的责任,其在法律上只是中介人而非所有人,但根据事务本性以及经济利益,其实质上是合同当事人,所以要为其陈述承担责任。③

(五)《德国民法典》的一般性规定

通过2002年的债法改革,德国完成了缔约过失制度的一般化。根据《德国民法典》第311条第2款,债之关系可以通过合同谈判开始(die Aufnahme von Vertragsverhandlungen)、合同准备(die Anbahnung eines Vertrags)或者类似的交易上接触(ähnliche geschäftliche Kontakte)而产生。在构成要件上,除了上述前提以外,尚需要行为人具有过错、违反保护义务等要件。缔约过失制度不仅保护权利(Rechte)、法益(Rechtsgüter)不受损害,而且也保护利益(Interessen)不受损害。

《德国民法典》第311条第3款规定了第三人的自己责任(die Eigenhaftung Dritter)。第311条第3款第1句规定的是代理人或磋商辅助人的自己责任,在作为代理人或者单纯的合同辅助人参与合同谈判,使合同另一方当事人产生了超过一般程度的信赖,而且合同谈判以及合同订立因此被显著影响的情况下,该第三人要自己承担赔偿责任。代理人的自己责任并不以其具有代理权为前提。代理人与本人对相对人承担连带责任,而且代理人自己责任的范围不超过本人的责任范围。④

第311条第3款第2句规定的是事务管理人责任(Sachwalterhaftung)、专家责任以及其他咨询人的责任⑤,这是一个开放的条款。⑥ 除了第311条第3款第2句规定的情况,还有其他案例类型。⑦ 比如,第三人与合同标的物的关联是如此的紧密,以至

---

① Larenz, *Schuldrecht AT*, 14. Aufl., 1987, S. 115; Volker Emmerich, Zum gegenwärtigen Stand der Lehre von der culpa in contrahendo, Jura 1987, S. 561.
② BGH NJW 83, 2696, NJW-RR 91, 1242, 1341, 06, 993.
③ BGH WM 1991, 1730; BGH ZIP 1992, 662.
④ MüKoBGB/Emmerich, 9. Aufl., 2022, § 311, Rn. 206-218.
⑤ Jauernig/Stadler, 19. Aufl. 2023, BGB § 311, Rn. 49.
⑥ Palandt, *Gesetz zur Modernisierung des Schuldrechts*, 61. Aufl., 2002, S. 171.
⑦ Medicus/Lorenz, *Schuldrecht AT*, 22. Aufl., 2021, § 40, Rn. 28.

于他事实上是在同时经营着自己的事务,而且从经济角度考察的话,他就是另一方当事人的合同相对人①,具体如二手车销售商责任。

缔约过失的法律后果应当转引《德国民法典》第280条,该条的内容是违反《德国民法典》第241条第2款之保护义务的后果。违反缔约前保护义务者,须基于第280条第1款负有赔偿因此产生的损害的义务,但债务人能够证明自己不存在过错的除外。

三、缔约过失责任的一般构成要件

《民法典》第500条规定了缔约过失责任的一般构成要件,但并没有规定清晰的构成要件。在判断是否构成缔约过失责任时,仍需结合具体类型予以确定。

(一)在合同订立过程中

《民法典》第500条规定,缔约过失责任的构成一定是合同当事人"在订立合同过程中"。先合同义务应发生在合同成立前,此点应无疑问。但其始点为何,有学者认为,先合同义务一般应发生在合同要约生效之后,因为要约生效前,双方只是一般人之间的信用,谈不上缔约双方之间的信用,也谈不上对该信用的违反。② 本书认为,先合同义务应产生于当事人为合同订立而接触之际,例如某顾客去商场打算购买洗衣机一台,在乘坐电梯之际,由于电梯出现故障而摔伤,商场显然违反了对顾客的保护义务,而应对其负缔约过失的赔偿责任。而此时,当事人显然尚未进入要约阶段,但合同前之保护义务已存在。再如,甲公司意欲举办产品展销订货会,向乙发出邀请函,邀请函附有产品介绍,后该展销订货会因某种原因取消,但未通知乙,乙派业务员二人前往,花费交通费、住宿费若干元,显然在本案情形下,甲对乙发出了要约邀请,并无要约,但由于双方已进入缔约接触阶段,乙负有合同前的通知义务。可见先合同义务应发生在当事人为缔约而开始接触之时。进一步来看,合同谈判、合同准备与类似的交易关系均属于合同订立的过程。

具体来讲,只要存在一方当事人采取足够促使相对人订约的措施,就可以构成合同谈判,如引人误解的广告措施特别是不正确的产品说明。为订约目的而向潜在的顾客开放自己的营业场所即可构成合同准备,此时的经营者,对于进入其经营场所的顾客的权利、法益以及利益的干涉可能性大大增加,反过来,作为购买者的利益、权利也高度地受到了企业的影响,这是对合同谈判这种情况的补充。类似的交易关系是兜底情形,以交易接触为前提,而且要求当事人因接触产生信赖关系,单纯的社会接触并不构成类似的交易关系。此外,在不以订约为目的的情谊关系中,也可能构成缔约过失责任。

---

① Lorenz/Riehm, *Lehrbuch zum neuen Schuldrecht*, 2002, S. 191.
② 崔建远主编:《合同法》(第八版),法律出版社2024年版,第94页。

从《民法典》第 500 条的文义来看，缔约过失责任并不以合同无效、可撤销为前提。① 即使合同有效成立，并无可撤销或者无效的情况，也存在适用缔约过失责任之可能。②《民法典》第 501 条明文规定违反保密义务的缔约过失责任可以适用于合同有效的情况。另外，《国际商事合同通则》第 3.18 条规定：无论合同是否无效，知道或者应当知道无效理由的一方当事人应承担损害赔偿责任，以使相对人恢复到未曾订立合同时的地位。

在以缔结合同或者其他交易行为为目的而接触的情况下，即出现了对相对人法益、权利与利益影响之可能。由此时点，在当事人的法益、权利或者利益受到另一方较大影响的情况下，就产生了特别结合关系。

(二) 义务违反

从《民法典》第 500 条的文义来看，该条并未明确规定构成缔约过失责任须违反先合同义务。但从其表述"订立合同过程中"，以及列举的恶意磋商、欺诈、其他违反诚实信用原则的行为的表述，可以推知，缔约过失损害赔偿责任的构成，需要行为人违反先合同义务。

这里缔约人所违反的义务并非给付义务，而是附随义务或保护义务。③ 从体系上看，《民法典》第 509 条第 2 款规定的附随义务发生在合同履行阶段。但对于合同成立前的附随义务，也可以类推适用，以附随义务为内容的债之关系在先合同阶段即已经产生，在性质上属于没有原给付义务的债之关系。

对于缔约之际附随义务的表述，我国学者多将其概括为先合同义务。④ 有学者直接运用"先合同义务"⑤的表述。先合同义务的内容极为丰富，包括保护、保密、告知、说明等内容。除此之外，缔约当事人于订立合同过程中，应保护相对人的生命、健康等固有利益，负有保护、维护、注意之义务⑥，以及协助义务与告知义务。

(三) 过错

从《民法典》第 500 条列举的情况来看，恶意磋商需要恶意的要件，欺诈需要故意隐瞒或者提供虚假情况的要件，由此似乎可以推断出缔约过失责任的构成需要以故意为要件。但从作为该条文立法参考的《国际商事合同通则》第 2.1.15 条以及《欧洲合同法原则》第 2:301 条来看，这似乎是个翻译问题，原文中的"bad faith"或者"contrary to good faith"，是指无意缔结合同而与对方进行合同磋商这一不诚信行为，并不

---

① 韩世远：《合同法总论》(第四版)，法律出版社 2018 年版，第 162 页以下。
② 朱广新：《合同法总则研究(上册)》，中国人民大学出版社 2018 年版，第 208 页。
③ 卢谌、杜景林：《论缔约过失的基本问题及体系建构》，载《甘肃政法学院学报》2007 年第 1 期，第 81—86 页。
④ 韩世远：《合同法总论》(第四版)，法律出版社 2018 年版，第 171 页以下。
⑤ 崔建远教授、韩世远教授持此观点，参见崔建远主编：《合同法》(第八版)，法律出版社 2024 年版，第 94 页。
⑥ 刘春堂：《民法债编通则(一)契约法总则》(增修版)，作者自版 2011 年版，第 180 页。

是行为人故意加害之含义。① 合同法起草人将之翻译为恶意,实为误译。

对于欺诈类型的缔约过失,"恶意"指向的多是磋商,而"故意"指向的是隐瞒行为与提供虚假信息,均是未尽到交易上必要注意的情况。再结合第三项"其他违反诚信的行为",可以解释出,除了客观的义务违反行为,构成缔约过失责任还需要达到未尽到交易上必要注意的程度,而未尽到交易上必要的注意,即为过错。在"违反诚信"与"过错"的关系上,过错与不诚信在归责标准方面具有一致性,都表现为对不侵犯他人权益的正当行为要求的违反,过错本身即属不诚信。②

《九民纪要》第 35 条即规定,在确定损害赔偿范围时,要根据当事人的过错程度合理确定。这表明缔约过失责任仍是过错责任。

根据《德国民法典》第 280 条第 1 款,过错(可归责,Vertretenmüssen)为损害赔偿责任承担的要件,而根据该款第 2 句,过错是被推定的,即债务人自己必须证明,他对债权人所遭受的损害是没有过错的。也就是说,被法典化的积极违反债权、缔约过失以及瑕疵担保责任都要适用过错推定规则。从我国缔约过失责任的发展历史与继受过程来看,这里的过错应是推定的,在诉讼中,应由被告负担证明责任。

所谓过错,就是未尽到交易上必要的注意义务,而订立合同过程中的注意程度,与履行合同过程中应尽的注意程度并无区别。

(四) 损害

缔约过失责任成立,亦以有损害为必要。如果缔约过程中的过失没有导致损害,则缔约过失责任不成立。缔约过失制度不仅保护权利(Rechte)、权益(Rechtsgüter)不受损害,也保护利益(Interessen)不受损害。

作为缔约过失责任要件的损害为对信赖利益的损害,既包括其直接损失(积极损失),也包括间接损失(消极损失)。后者如订立准备订立合同或磋商而丧失的与第三人订立合同的机会而造成的损害,前者如由于合同过程中支出的车马费、鉴定费、估价费等。

(五) 因果关系

要构成缔约过失责任,义务违反与损害之间须存在因果关系,侵害人造成了损害,而且侵害人的行为必须是损害的原因。有学者认为,构成自然规律上的原因仅是缔约过失损害赔偿归责的最低前提,除此之外,尚须具备规范意义上的归责标准,以避免侵害人责任过于泛滥。具体应当根据相当性标准判断,还需要考虑被违反的规范的保护目的、合法的选择行为、假定因果关系以及受害人自己或者第三人的肇因贡献度等。③ 这些标准涉及的并非自然之因果关系,而是在评价若干关键点之后的规范

---

① 张家勇:《论前合同责任的归责标准》,载《法学家》2014 年第 1 期,第 104 页。
② 同上文,第 108 页。
③ Brox/Walker, *Allgemeines Schuldrecht*, 46. Aufl., 2022, § 30, Rn. 7.

意义上的归责。

基于下文的主张,认定缔约过失责任可以适用合同法规则。所以,在归因上,也是可以适用可预见性规则。

不同观点认为,认定缔约过失责任无法适用可预见性规则,因为此时,合同不一定都能成立生效,那么就无法确定《民法典》第584条但书部分所规定的时点。不过,在违反预约承担损害赔偿责任的情况下,可以使用可预见性规则。①

四、缔约过失责任的性质

从体系上看,缔约过失责任是一种独立的给付障碍类型②,义务违反人违反的是合同成立前的保护义务。但进一步来看,缔约过失责任的性质是侵权责任还是合同责任,则存在争议。由于缔约过失责任规则比较少,在发生损害赔偿的法律效果时,需要判断适用侵权法规则还是合同法规则。

对于侵权责任学说,我国理论界支持者颇多:"以侵权行为来解释缔约过失行为更符合实际情况,更符合民法规则体系化的要求。"③"缔约过失责任本质上是一种特殊的侵权责任形式。"④"合同不成立或无效时的纯粹经济损失赔偿来说,首先应明确其侵权责任性质。"⑤缔约过失责任是一种侵权责任,侵权法上的义务强度也足以维护缔约当事人的利益,具有"特别结合关系"的强度。⑥

侵权责任说的主要理由如下:

1. 缔约过失行为本质上是一种过失致人损害的行为,其本质不在于缔约行为。缔约过失行为所违反的义务实际上为法定一般义务,其核心是不得侵害他人财产和利益。⑦

2. 结合德国判例学说的发展情况,对缔约过失性质的认识由侵权责任转向合同责任的原因在于其民法典侵权法的特有缺陷,并非侵权法理论的缺陷⑧,也非缔约过

---

① 姚明斌:《第584条:违约损害赔偿范围》,载朱庆育主编:《中国民法典评注条文选注(第2册)》,中国民主法制出版社2021年版,第248页。
② 韩世远:《合同法总论》(第四版),法律出版社2018年版,第161页。
③ 董安生:《民事法律行为》,中国人民大学出版社2002年版,第116—117页。
④ 冉克平:《缔约过失责任性质新论——以德国学说与判例的变迁为视角》,载《河北法学》2010年第2期,第115—120页。
⑤ 张金海:《耶林式缔约过失责任的再定位》,载《政治与法律》2010年第6期,第98—111页。该文作者还引用《欧洲合同法原则》的评论与注释支持自己的观点,详见该文脚注72。
⑥ 张金海:《耶林式缔约过失责任的再定位》,载《政治与法律》2010年第6期,第98—111页;叶金强:《论中断磋商的赔偿责任》,载《法学》2010年第3期,第99—104页。
⑦ 详细论证参见董安生:《民事法律行为》,中国人民大学出版社2002年版,第116页;冉克平:《缔约过失责任性质新论——以德国学说与判例的变迁为视角》,载《河北法学》2010年第2期,第115—120页。
⑧ 张金海:《耶林式缔约过失责任的再定位》,载《政治与法律》2010年第6期,第98—111页。

失理论的缺陷。① 而从比较法角度来看,将缔约过失责任作为侵权责任的一种类型更普遍②,将缔约过失行为纳入侵权行为的控制轨道实际上是许多大陆法系国家民法实践中的现实。③

3. 从规则适用的实践方面看,解决有关责任发生时间和请求权时效的问题都不能脱离侵权法规则。④

4. 在理论上可以避免一些矛盾。学者将违反后合同义务所承担的责任和违反商业秘密条款所承担的赔偿责任均理解为侵权责任,为了不产生解释上的矛盾,也应将违反先合同义务承担的缔约过失责任理解为侵权责任。且如果承认缔约过失责任为独立的责任类型,那么理论上应当构建所谓的缔约过失责任能力。⑤

5. 从我国立法实践角度来看,我国侵权法并不存在如德国侵权法般法律技术层面的缺陷。缔约过失责任也不存在独立的调整范围,且不宜将侵权法的调整范围限制在"一般普通关系"层面。⑥ 因此,可通过将缔约过失责任作为一种特殊的侵权责任予以规范,克服其作为一般侵权责任保护范围过窄的缺点。⑦ 并且立法已将安全保障义务纳入侵权法的调整范围之中,许多学者也将纯粹经济损失、后合同义务作为侵权法的保护客体,将缔约过失责任纳入侵权责任范畴在立法技术和民事责任体系上都不存在障碍。⑧

本书认为,缔约过失责任在性质上是一种类似于合同责任的独立责任类型。在法律适用上,应适用合同法关于损害赔偿的规则。

首先,缔约过失责任面临的问题,诸如中断磋商、违反说明义务等都是在特定义务人之间的法律关系,即使是缔约之际的人身、财产保护义务,也是与交易关系有着某种联系的,合同责任是以因合同相结合而具有债权债务关系之特定当事人之间的法律问题为对象,损害行为来自特定债务人;侵权责任则以不问当事人间是否存有此种特殊关系,而是以均得发生之法律问题为对象,任何人均得为此项侵害行为,所以一般针对特定的绝对权,并有过失或恶意的主观要件,注意标准较高,否则将影响人们的自由生活。所以缔约过失从逻辑上应归属于合同责任。

其次,我国法上,侵权法保护的权利范围虽然不限于绝对权利,但也不是任意的权益都保护,而且,对于权益的保护,也应增加故意悖俗等要件。所以,缔约过失所保

---

① 冉克平:《缔约过失责任性质新论——以德国学说与判例的变迁为视角》,载《河北法学》2010年第2期,第115—120页。
② 李中原:《缔约过失责任之独立性质疑》,载《法学》2008年第7期,第132—144页。
③ 董安生:《民事法律行为》,中国人民大学出版社2002年版,第116页。
④ 同上。
⑤ 冉克平:《缔约过失责任性质新论——以德国学说与判例的变迁为视角》,载《河北法学》2010年第2期,第115—120页。
⑥ 李中原:《缔约过失责任之独立性质疑》,载《法学》2008年第7期,第132—144页。
⑦ 董安生:《民事法律行为》,中国人民大学出版社2002年版,第116—117页。
⑧ 陈吉生:《论缔约过失责任》,法律出版社2012年版,第87—88页。

护的某些权益,并不是侵权法能保护的。

再次,侵权法上,雇主要对雇员的侵权行为承担责任,但需要雇员是在履行职务行为。而根据一般给付障碍法中的履行辅助人制度,债务人要对履行辅助人的行为承担无过错责任,该履行辅助人为雇员时,在结果上,适用雇主责任还是履行辅助人规则,结果差别不大。只不过,在适用侵权法时,要证明雇员在履行职务;而在适用履行障碍法时,则只需证明债务人为了履行而派遣雇员的行为即可。

另外,如果辅助履行债务的人并非雇员,而是承揽人等无指示服从关系的人的情况下,那么在侵权法上,不能适用雇主责任规则,只能根据一般的过错侵权责任规则处理。但若适用缔约过失规则,则可适用履行辅助人制度,履行辅助人的行为可直接归之于债务人。①

最后,在损害赔偿范围上,合同法适用的是可预见性规则,更多考虑当事人的主观意思;而在侵权法上,则适用客观的相当因果关系规则。

综上所述,本书认为,缔约过失责任区别于侵权责任,有其独立的作用,应适用债法一般规则。但考虑到我国法上并没有形式意义上的债法总则或债法,所以,缔约过失责任作为一种独立的责任,应适用合同编通则的规则,尤其是合同编通则第四章至第七章(《民法典》第468条)的规则。

五、违反人身、财产保护义务类型的缔约过失责任

(一) 违反人身、财产保护义务

1. 违反保护生命、身体、健康与财产义务的缔约过失责任

在订立合同过程中,一方当事人影响范围内的过失导致相对人生命、身体、健康、财产等固有法益受到损害的情况下,该方当事人应承担损害赔偿责任。

如上所述,德国法上之所以存在这种类型的缔约过失责任,源于其侵权法的结构。在我国法上,似乎不存在同样的问题,因为我国法上的雇主责任规则实行的是无过错责任,即雇主对于雇员的行为承担无过错责任(《民法典》第1192条)。但是,在诉讼时效上,侵权法上请求权与合同法上请求权还是存在差别的,如造成人身伤害的情况下,侵权法上请求权的诉讼时效为1年,而合同法上请求权的诉讼时效为2年;另外,合同法上的损害赔偿责任的构成一般不以过错为要件,即使以过错为要件,一般也会倒置举证责任,较有利于债权人。

在合同订立过程中,交易双方将自己的人身与财产"暴露"给对方,任何交易参与人都负有保护交易相对人人身、财产的义务,若一方有过错地违反了该义务,应当负有损害赔偿义务。也就是说,任何合同缔约人都享有特别的完整性利益之保护。在

---

① 孙维飞:《〈合同法〉第42条(缔约过失责任)评注》,载《法学家》2018年第1期,第180页以下。

功能上,缔约过失提供了一种比侵权法上对固有的利益保护更为有利的保护。

如果在既有的合同框架内,针对侵害合同相对人身体与财产法上完整性的情况,侵害人应当根据合同法基本规则承担责任,那么符合逻辑的是,合同法规则同样适用于作为订立合同必要过程的合同准备。若根据缔约时间点区别对待侵权行为,会导致法院完全依据侵害行为是在缔约前还是缔约后这一偶然时间而适用不同规则。所以,将合同法的附随义务前移至合同准备阶段,是具有正当性的。该阶段的保护义务独立于已经经过合同谈判的、嗣后的合同订立。最终,适用于合同各个阶段的保护义务产生了。①

> 案例:由于乙的售货员没有放好货架,货架倾倒,砸伤了甲。
> 如果甲无家可归,步入乙的商店是为了取暖,又应如何处理。

上述案例中,乙构成缔约过失,甲得对乙请求损害赔偿。如果甲无家可归进入商店是为了取暖,则因为双方没有交易接触,而不构成缔约过失。

2. 违反保密义务的缔约过失责任

《民法典》第501条规定:当事人在订立合同过程中知悉的商业秘密或者其他应当保密的信息,无论合同是否成立,不得泄露或者不正当地使用;泄露、不正当地使用该商业秘密或者信息,造成对方损失的,应当承担赔偿责任。

(1) 被保护的秘密与信息

《合同法》第43条仅涉及"订立合同过程中知悉的商业秘密"。②《民法典》第501条对此予以补充,保护的对象除了商业秘密之外,还有"其他应当保密的信息"。商业秘密,是指在谈判过程中被当事人作为秘密提供给相对人的信息。而其他应当保密的信息,是指没有进入公共领域,因此没有保有人同意不得披露给第三人的信息。这里的应当保密的信息比较类似隐私或个人信息,包括各种涉及个人因素的情况,比如健康、身份或家庭等。而秘密只是那些在性质上不为公众所知的,与私密、家庭或个人事情相关的个人信息的结果。③

(2) 保密义务的产生

在磋商阶段,当事人可以自由决定向相对人披露哪些与交易有关的信息,所以,相对人通常无须将他们所交换的信息视为秘密,因而可以将之披露给第三人或自己使用。也就是说,当事人原则上享有披露以及使用谈判中所获得的信息的自由。④ 只有在例外情况下,当事人才承担保密责任,法院才会将在谈判中获得的信息认定为保

---

① Soergel/Wiedemann, Bd. Ⅱ, 12. Aufl., 1990, BGB § 275, Rn. 122.
② 崔建远主编:《合同法》(第八版),法律出版社2024年版,第95页。
③ Jansen/Zimmerman(eds.), *Commentaries on European Contract Laws*, 2018, p. 904.
④ Vogenauer/Zuloaga Rios, Art. 2.1.16, [8].

密信息。①

所以,对《民法典》第 501 条中的"当事人在订立合同过程中知悉的商业秘密或者其他应当保密的信息"应当予以限缩解释,当事人并不需要对所有在订立合同过程中知悉的信息承担保密责任,否则会影响正常的竞争与创新。根据《国际商事合同通则》第 2.1.16 条需要一方当事人以保密性质提供信息的情况下,相对人才负有保密义务。有学者也持类似观点。②

具体而言,在当事人有明确约定的情况下,当事人即负有保密义务。在国际商事合同中,当事人经常会约定预备性协议或者保密、不得披露信息等条款,在并购交易中,也常有类似条款。此外,一方也可能明示告诉对方哪些其提供的信息是秘密的,而对方在接收这些信息或者磋商过程中会默示同意将这些信息作为秘密。保密条款中会界定哪些信息是秘密信息,并约定禁止将该类信息披露给第三人,在法律效果上会约定违约金、损害赔偿金以及禁令规则,在一方当事人违反保密义务的情况下,无论合同是否订立,都会使相对人承担违约金、损害赔偿金等责任,该责任在性质上属于合同责任。③ 在商业实践中,当事人通常会约定保密期间,如果约定的保密期间过长,则会违反有关禁止过严商业习惯的法律规则。④

同时,在当事人之间没有明确约定的情况下,如果从特别情况可以推出默示的保密义务,当事人也负有保密义务。特别情况可以是信息的性质以及当事人的职业性质⑤,信息一般是指与行业有关的技术、私人或秘密信息,有的信息在一个行业是秘密信息,在另一个行业则未必是。《民法典》第 501 条使用的术语是"商业秘密",这里的商业秘密可以是狭义的商业秘密,根据《反不正当竞争法》第 9 条的规定,商业秘密是指不为公众所知悉、具有商业价值并经权利人采取相应保密措施的技术信息和经营信息等;商业秘密也可以是技术的、商业的或工业的秘密(know-how),战略选择,客户与供应商或者对商业伙伴尽职调查的结果,资产负债表的细节,审计结果等。⑥ 而在当事人的职业性质方面,之所以存在保密义务,是因为磋商另一方或第三人是潜在的竞争者。另外,值得注意的是,保密的信息,也不限于具有经济利益的信息,还可以是隐私或其他个人信息。

另有观点认为,具体考量因素包括信息的性质、合同的客体以及当事人在磋商阶

---

① 对外贸易经济合作部条约法律司编译:《国际商事合同通则》,法律出版社 1996 年版,第 40 页。
② 张虹:《缔约磋商中保密义务的法律适用研究——以〈中华人民共和国合同法〉第 43 条为中心》,载《法商研究》2011 年第 2 期,第 140—146 页。
③ Jansen/Zimmerman(eds.) *Commentaries on European Contract Laws*, 2018, p.906.
④ 对外贸易经济合作部条约法律司编译:《国际商事合同通则》,法律出版社 1996 年版,第 41 页。
⑤ 同上;Vogenauer/Zuloaga Rios, Art. 2.1.16, [11].
⑥ 胡康生主编:《中华人民共和国合同法释义》(第 3 版),法律出版社 2013 年版,第 83 页;Vogenauer/Zuloaga Rios, Art. 2.1.16, [9].

段的期待。具体如签约过程比较秘密，就可以推定担保义务。① 在"Thomas Marshall (Exports) Ltd v. Guinle"一案中，法官提出了四个因素以确定哪些信息是秘密的：第一个是信息保有者相信信息的泄露会导致其受损或者使竞争者获得经济利益；第二个是信息保有者相信其他人不知道该信息；第三个是上述两个相信是有理由的；第四个是上述三个标准须根据相关行业的习惯进行判断。② 根据《欧洲示范民法典草案》第Ⅱ-3:302条第2款，还应当考虑获得信息的一方当事人是否知道或有理由被期望知道该信息对另一方属于秘密。最终，根据上述因素综合判断不当披露与不当使用是否违反诚实信用原则。比如，乙与丙是两家主要的轿车生产商，在甲与乙订立合资企业协议的磋商阶段，甲获得了乙的新型车设计方案详细资料，对此甲应当负有保密义务。③ 在这种情况下，当事人之间没有合同，需要直接适用保密义务规则，因此，违反保密义务在性质上只能构成独立的缔约过失责任。

《民法典》第501条规定，无论合同是否成立，都有可能构成违反保密义务。也就是说，违反保密义务有可能发生在磋商之后已订立合同的情况下。如果秘密信息不是在合同订立过程中提供的，而是在已经订立的合同的履行过程中提供的，则超出了该规则的范围，但也可以准用该规则。④

（3）义务违反方式

根据《民法典》第501条，违反保密义务的方式有两种，第一种是泄露，第二种是不正当地使用该商业秘密或者信息。"泄露"的表述参照了《国际商事合同通则》第2.1.16条的"disclose"，应被理解为"披露"，而且通常是指向第三人披露，包括各种故意或过失地传输信息，即使不是为了使第三人知道的披露信息，也属于违反保密义务的披露。⑤ 而"不正当地使用"的表述参照了《国际商事合同通则》第2.1.16条"use it improperly for its own purposes"，其判断关键在于使用目的是否正当，如果为了自己的目的使用，但使用目的正当，则不构成不正当使用。这里强调"为了自己的目的"主要是为了将"不正当地使用"区别于"披露"。而是否不正当，则需根据信息的性质以及信息被使用的目的来确定，与披露给第三人的判断标准并没有什么不同。在秘密信息的使用使侵害人获利或者一方的获利与信息持有人的损失相关联的情况下，即可以认定滥用了秘密信息。比如在英国的案例里，被告申请一个"地毯把手"的专利，与其在与原告谈判的过程中获得的非专利设施很类似⑥，被告的行为即违反了保密

---

① Jansen/Zimmerman(eds.), *Commentaries on European Contract Laws*, 2018, p.907.
② Thomas Marshall (Exports) Ltd v. Guinle [1979] Ch 227, 248. cited in Jansen/Zimmerman(eds.), *Commentariers on European Contract Laws*, 2018, p.907.
③ 胡康生主编：《中华人民共和国合同法释义》（第3版），法律出版社2013年版，第83页。
④ Vogenauer/Zuloaga Rios, Art. 2.1.16, [9].
⑤ Vogenauer/Zuloaga Rios, Art. 2.1.16, [16].
⑥ Vogenauer/Zuloaga Rios, Art. 2.1.16, [17].

义务。

(二) 法律效果

当事人在缔约之际侵犯相对人的身体健康或财产权,构成缔约过失责任的,即应赔偿受害人的人身损害以及财产权损害。该损害是当事人在将来拟订立合同之外的人身与财产利益,属于维持利益或者固有利益,在数额上,有可能超出履行利益的数额。

违反保护义务造成相对人人身损害的,可以参照侵权责任法上关于人身损害赔偿范围的规定,如在一方当事人侵害另一方当事人身体和健康的情况下,加害方应当赔偿受害人的各种医疗、救护、误工及精神损害赔偿等费用。在造成受害人死亡的情况下,应当赔偿丧葬费、死者生前抚养人的生活费,如果受害人经治疗无效后死亡,赔偿尚应包括其进行治疗的花费。在一方当事人侵害另一方当事人人身利益的情况下,还须承担精神损害赔偿责任。

六、违反诚信缔约义务与信息提供义务类型的缔约过失责任

(一) 虚假磋商

"假借订立合同、恶意进行磋商"这一类型的缔约过失制度参考了《国际商事合同通则》第2.15条第2款和《欧洲合同法原则》第2:301条第2款中的虚假磋商(sham negotiating)制度。① 主要是指当事人自始或嗣后缺乏缔约的意图,但却继续谈判,而且并未披露其内心的保留。② 《国际商事合同通则》第2.15条给出的案例模型主要涉及的是,一方当事人在无意与对方达成协议的情况下,开始或继续与相对人进行谈判。③

虚假磋商具体又可以被划分为虚假开始磋商与虚假继续磋商两种情况。虚假开始磋商情况,是指当事人在磋商开始之际即没有订立合同的意图,例如:A了解到B有转让餐馆的意图。A根本没有购买餐馆的想法,但他仅为防止B将餐馆卖给竞争对手C,就与B进行了长时间的谈判。当C买了另一家餐馆时,A中断了谈判,B后来只能以比C的出价更低的价格将餐馆转让了。对此,A应向B赔偿这两种价格的差价。而虚假继续磋商,是指当事人开始是具有订立合同的意图,但在嗣后的谈判过程中改变了主意,例如:甲开始与乙磋商订立雇佣合同,但甲在谈判过程中拟做同样的生意,为了掌握乙的生产与销售信息,仍继续与乙进行磋商。④ 所以,在解释上,《民法典》第500条第1项规定的虚假磋商类型的缔约过失责任,包括开始磋商与继续磋商

---

① 韩世远:《合同法总论》(第四版),法律出版社2018年版,第162页。
② Jansen/Zimmermann(eds.), *Commentaries on European Contract Laws*, 2018, p. 889.
③ Vogenauer/Zuloaga Rios, Art. 2.1.15, [27].
④ 韩世远:《合同法总论》(第四版),法律出版社2018年版,第163页。

两种类型。①

虚假磋商是比较极端的不诚信缔约行为,当事人假借订立合同,恶意进行磋商,无疑是在欺骗或戏弄对方,对此,各国法律都会规定先合同责任。② 假借订立合同,恶意进行磋商的目的可能是避免竞争对手与相对人订立合同,与在第三人的合同中抬高价格或者获得相对人的商业秘密。③ 这些案例中,当事人一方达到目的后,都会中断磋商。所以,虚假磋商与中断磋商很难予以区分。而且,在中断磋商的情况下,当事人承担责任的原因并非中断磋商这一状态,而是中断磋商的行为。这也导致了区分虚假磋商与中断磋商存在困难。

(二) 中断磋商

当事人在为订约而接触之初,往往是以追求利润为目的,但经过谈判接触,若发现交易无利可图或另发现更为有利的交易相对人,就会决定中断磋商。在一般情况下,当事人就中断磋商而给对方造成损失并无须负责,谈判失败是交易当事人应当承担的合理风险。但在中断磋商的一方在此之前的行为(作为或不作为)足以使相对人产生对合同能够缔结的信赖并支出费用,而且中断磋商的一方主观上存在过错的情况下,则存在适用缔约过失责任之余地。也就是说,在以合同自由为基本原则的前提下,当事人中断磋商并不必然导致承担责任,相反,与中断磋商的自由相比,其构成法律上的责任只能算是一种例外。

所谓中断磋商,是指当事人已经进行缔约磋商,但因当事人一方的过失,致使意图或期待之合同未能缔结,该当事人应承担相对人因信赖合同得以缔结而遭受的损害。④

从《民法典》第 500 条第 1 项的文义上看,这一条文并没有规定中断磋商这一缔约过失责任类型,而只是规定了虚假磋商,但此处的虚假磋商与中断磋商并非完全不同,而是可以涵盖一定情况下的中断磋商。据此,某些中断磋商案件,也可以适用第 500 条第 1 项。进一步来看,《民法典》第 500 条参考《国际商事合同通则》第 2.15 条,而该条包括两种情况:一是有违诚信地进行谈判,二是有违诚信地中断谈判。所以,从法律继受的角度出发,可以扩张解释《民法典》第 500 条第 1 项,将中断磋商包含在该项之中。有学者即认为中断磋商是假借订立合同、恶意磋商的一种。⑤ 不过,也有学者认为,《合同法》第 42 条第 1 项(现为《民法典》第 500 条第 1 项)的目的仅在于发挥示范作用,而非自我限制,因此在现实中大量存在的中断磋商并不能被涵盖于"假

---

① 韩世远:《合同法总论》(第四版),法律出版社 2018 年版,第 163 页。
② Cartwright and Hesselink (eds.), *Precontractual Liability in European Private Law*, 2008, p. 60-63, 90-92.
③ Vogenauer/Zuloaga Rios, Art. 2.1.15, [26].
④ 刘春堂:《民法债编通则(一)契约法总则》(增修版),作者自版 2011 年版,第 174 页。
⑤ 韩世远:《合同法总论》(第四版),法律出版社 2018 年版,第 164 页。

借订立合同,恶意进行磋商"的范围中。在部分合同法释义书中,执笔人也认为中断磋商是《合同法》第 42 条第 3 项(现为《民法典》第 500 条第 3 项)所规定的"有其他违背诚实信用原则的行为"。① 所以,综合上述分析,中断磋商类型的缔约过失责任的规范基础在于《民法典》第 500 条第 3 项。

首先,要构成中断磋商,必须有缔约人的义务违反行为。义务违反行为的具体表现是一方缔约人造成了相对人信赖后中断磋商的行为,因为该行为自相矛盾,应当予以禁止。在性质上,禁止中断磋商属于禁止自相矛盾行为(Verbot des venire contra factum proprium)的一种子类型。② 例如,一方缔约人为合同订立设立一定前提,但在该前提具备后,又拒绝缔约。但中断磋商不必是一方缔约人已经确定要订约,而嗣后又拒绝订立合同;也不必是已经达到了确定要订约的程度,而嗣后又拒绝订立合同。在谈判当事人有过错地导致对方信赖合同关系会长期存在或者合同会续期,又没有正当理由而消灭合同或者拒绝延期时,也准用中断磋商规则。在有过错一方有理由放弃缔约的情况下,如果其使相对人信赖其会订立合同并知道相对人因信赖这一点而支付了费用,则也需要通知相对人其不愿意继续谈判了。③

其次,要构成中断磋商的责任,还需要:基于中断磋商一方的行为,相对人可以合理信赖合同会被订立。④ 原则上,中断磋商产生的损害,应由双方当事人各自承担,但在合同订立阶段,一方当事人言行或举动导致相对人得信赖合同能够订立,该方当事人事后又无正当理由而中断磋商,相对人却已基于此信赖而放弃其他订约机会或支出费用,那么,造成他人信赖的一方,应负损害赔偿责任。⑤ 例如,应聘者因信赖受到录用而辞去现在的工作,最终却未被录用。

最后,只有在当事人有正当理由的情况下,才可以自由中断磋商。其理由在于,即使在合同成立后,在满足一定要件的情况下(如不可抗力),债务人方可免除给付义务。则在仍属缔约准备阶段之情形中,依举重以明轻的法则⑥,如一方当事人有正当理由而中断磋商,自无要其负责之理。对于是否有正当理由的判断,要兼顾信赖合理性程度与过错程度,比较权衡、谨慎限定。⑦

---

① 胡康生主编:《中华人民共和国合同法释义》(第 3 版),法律出版社 2013 年版,第 81—82 页。
② Soergel/Wiedemann, Bd. Ⅱ, 12. Aufl., 1990, vor BGB §275, Rn. 136.
③ BGH NJW 1996, 1884.
④ Vogenauer/Zuloaga Rios, Art. 2.1.15, [34].
⑤ NJW 1975, 1774;王利明:《合同法研究》(第一卷)(修订版),中国人民大学出版社 2011 年版,第 346 页。
⑥ 关于举重以明轻,可见王泽鉴:《民法学说与判例研究》(重排合订本),北京大学出版社 2015 年版,第 39 页。
⑦ 叶金强:《论中断磋商的赔偿责任》,载《法学》2010 年第 3 期,第 99—104 页。

(三) 违反说明义务

1. 故意违反说明义务

根据《民法典》第 500 条第 2 项,在订立合同的过程中,当事人故意隐瞒与订立合同有关的重要事实或提供虚假情况,造成对方损失的,要承担缔约过失损害赔偿责任。在此种情况下,根据《民法典》第 148 条,当事人也构成欺诈。① 而根据《民法典》第 157 条第 2 句前段,欺诈之人须赔偿相对人的损失,该责任在性质上也是缔约过失责任。不过,适用《民法典》第 157 条第 2 句前段的前提是,法律行为因欺诈而被撤销,所以,依据《民法典》第 157 条第 2 句前段主张缔约过失责任者,须证明相对人的行为构成欺诈,而且须作出撤销的意思表示,并在一年内提出,否则即丧失撤销权。而如果当事人根据《民法典》第 500 条主张缔约过失责任的,只要证明相对人故意隐瞒与订立合同有关的重要事实或提供虚假情况即可,无须证明自己是否陷入错误并基于错误作出意思表示等要件。而且,此时的损害赔偿请求权适用一般的三年诉讼时效。

2. 过失违反说明义务

《民法典》第 500 条第 2 项并没有规定当事人过失不提供信息或者提供虚假信息的情况。不过,类推适用《民法典》第 509 条第 2 款,当事人在缔约时也负有通知、协助、保密等附随义务,从"等"字可以解释出,当事人在缔约时负有说明义务。当事人违反该附随义务时,依据《民法典》第 500 条第 3 项应当承担缔约过失责任。

在一方当事人询问相对人的情况下,被询问人原则上应负有答询义务或者提供信息义务。② 也就是说,相对人在被询问有关情况时,应负担说明义务。③ 例如,《保险法》第 16 条第 1 款规定,订立保险合同,保险人就保险标的或者被保险人的有关情况提出询问的,投保人应当如实告知。但是,说明义务与答询义务在内容和可诉性上均有不同。在一方当事人违反说明义务时,相对人没有获得其先前行为指向的信息,但这些没有被告知的信息大部分嗣后都为人所知,或者先前行为已经作出,这些信息已经没有价值,所以对于违反说明义务的行为是不能诉讼的。而答询请求权(Auskunftsanspruch)与其不同,违反答询义务的行为是可以被诉的,因为答询的信息是用来确定将来的行为的。④

3. 说明义务产生的根据

基于缔约之际的保护义务的要求,当事人须诚实信用地交易,不得使相对人对于

---

① 韩世远:《合同法总论》(第四版),法律出版社 2018 年版,第 175 页。
② 刘得宽:《契约缔结过程上的情报提供义务——消费者保护重要课题之一》,载《法学丛刊》1998 年第 3 期。
③ Friedrich Kessler, Edith Fine, Culpa in Contrahendo, Bargaining in Good Faith, and Freedom of Contract: A Comparative Study, *Harvard Law Review*, Vol. 71, No. 3, 1964.
④ MüKoBGB/Bachmann, 9. Aufl., 2022, §241, Rn. 79.

合同的成立产生错误的设想。如果已存在的行为导致合同相对人产生错误，当事人即负有说明义务。比如，投资顾问或经纪人造成了客户的错误认识，或者说明书嗣后出现了不正确的情况，投资顾问或经纪人均需要进行说明，予以纠正。① 而且，当事人负有义务尽可能地避免发生另一方并不知道的不生效力的事由。②

法律上多有规定当事人说明义务者且说明义务的来源多基于法律上保护特定人群的需要。比如，消费者保护法规定了经营者对消费者的说明义务，其正当性在于消费者之保护，如《消费者权益保护法》第 8 条、第 18 条、第 19 条、第 21 条就规定了经营者对消费者负有信息提供义务。在互联网合同中，《消费者权益保护法》还规定了经营者向消费者提供经营地址、联系方式、商品或者服务的数量和质量、价款或者费用、履行期限和方式、安全注意事项和风险警示、售后服务、民事责任等信息的义务（第 28 条）。

在法律没有明确规定说明义务的情况下，值得探讨的是，在何种条件下，才能够认定存在说明义务，也即信息提供义务（Informationspflichten）？即一方当事人在什么条件下以及在何种程度上必须向对方当事人提供信息？而且，类推适用《民法典》第 500 条第 2 项，说明义务的内容也必须是与订立合同有关的重要事实，主要是财产状况、履约能力、瑕疵产品性能和使用方法等信息。③ 所以，对于说明义务的产生根据、内容与范围，不能一概而论，要根据交易的类型、个案的情况以及当事人的情况而定。

有学者对此提出了四要素动态系统论：第一个要素是信息的重要性，这是从信息本身的特性确定的要素；第二个要素是披露可能性，这是从提供信息义务人角度确定的要素；第三个要素是期待合理性，则是从信息权利人角度确定的要素；第四个要素是信赖紧密度。④ 具体来看：

（1）在信息的重要性层面，考虑的是信息是否会影响当事人订立合同，是否会阻碍合同目的的实现。

（2）在披露可能性层面，考虑的是哪一方拥有信息。拥有信息的一方，才可能负有提供信息的义务，也就是说，说明义务人要知道相关事实。特定领域的专家通常拥有专业知识，比如在票据往来、期货投机中，具有专门知识的人就应负有向相对人说明的义务，经营者对消费者也负有提供能左右缔约之信息的义务。知识上或者经济上的优势地位越大，说明义务也就越多，比如银行与保险公司对消费者所负的说明义务。⑤

在特定情况下，说明义务人须从其可接触的来源获得相关信息。比如企业在其

---

① MüKoBGB/Emmerich, 9. Aufl., 2022, §311, Rn. 97-152.
② Weber, Haftung für in Aussicht gestellten Vertragsabschluβ, AcP 192(1992), S.390.
③ 王利明：《合同法研究》（第一卷）（第三版），中国人民大学出版社 2015 年版，第 348 页。
④ 尚连杰：《缔约过程中说明义务的动态体系论》，载《法学研究》2016 年第 3 期，第 112 页以下。
⑤ Volker Emmerich, Das Recht der Leistungsstörungen, 6. Aufl., 2005, S. 87.

负责范围内必须采取相应的组织措施,其从中可以获得并提供相应的商业秘密以及信息。①

(3) 期待合理性层面,考虑的是信息需求方的身份类型。如果金融产品的买受人是普通消费者,那么其对销售方提供信息的期待是合理的;如果买受人是商人,则其对信息披露的期待合理性就比较弱。②

(4) 信赖紧密度层面,可以考虑合同关系的类型及其持续性。如果当事人准备缔结的是长期合同关系,尤其是合伙合同,当事人的说明义务就会广泛一些;而在投机交易的情况下,当事人可能就完全没有说明义务。③

4. 说明义务违反与合同有效订立

在合同缔结过程中,当事人因信息提供不充分或不实等违反说明义务,其所能导致的结果有两种形态:(1) 缔结与表意者之目的不相符之合同。(2) 该契约缔结后,惟因信息之不充分或不实在,而未能获得预期之效果。④ 该种合同的订立与说明义务的违反有一定的因果关系。

5. 竞合

(1) 与瑕疵担保责任的竞合

值得注意的是,当事人过失违反说明义务时,有可能同时构成瑕疵担保责任,如出卖出过车祸的汽车。此时,瑕疵担保责任规则属于特别法,如规定有特殊的检验期与异议规则,应当优先适用。而在出卖人故意提供虚假信息的情况下,就没有通过检验期规则、瑕疵担保排除规则优待出卖人之必要,所以,应当否认瑕疵担保责任的优先适用性,适用缔约过失责任。虽然在逻辑上,如果法律承认后续履行优先,对于故意违反说明义务的行为也不应适用缔约过失责任,否则会使得后续履行优先规则的规范目的落空,但基于恶意出卖人不值得保护的理念,还是应当在故意提供虚假信息的情况下排除瑕疵担保责任的优先适用性。

《民法典》中合同编部分所规定的"瑕疵"概念比较狭窄,只能包括主观瑕疵与客观瑕疵,并不能涵盖与周围环境的社会、经济或文化上的关联。所以,在说明义务对象针对的是物本身以外的因素的时候,只能通过缔约过失制度予以救济。比如在实践中,凶宅本身无法被视为"瑕疵",从而对凶宅出卖人不能追究瑕疵担保责任,由此,对于此类案件,只能适用缔约过失责任。⑤ 再如出卖人出卖房屋,过失忘记告诉买受人其邻居会经常制造噪声,这不是物的瑕疵,出卖人应承担缔约过失责任。

---

① MüKoBGB/Bachmann, 9. Aufl., 2022, § 241, Rn. 218-221.
② 尚连杰:《缔约过程中说明义务的动态体系论》,载《法学研究》2016 年第 3 期,第 115 页。
③ Volker Emmerich, *Das Recht der Leistungsstörungen*, 6. Aufl., 2005, S. 87.
④ 刘得宽:《契约缔结过程上的情报提供义务——消费者保护重要课题之一》,载《法学丛刊》1998 年第 3 期。
⑤ 有学者主张扩大瑕疵的概念,参见尚连杰:《先合同说明义务违反视角下的缔约过失与瑕疵担保关系论——德国法的启示与中国法的构造》,载《政治与法律》2014 年第 11 期,第 145 页以下。

(2) 与不完全履行竞合

一般来讲,在风险移转之后,才可以追究瑕疵担保责任;在风险移转之前,如果是特定物,在交付前还有修理等余地,而如果是种类物,在交付前还没有选定,均不能在交付前即追究瑕疵担保责任。所以,在风险移转之前,存在缔约过失责任与不完全给付责任之间竞合的可能,但不存在缔约过失责任与瑕疵担保责任之间的竞合。在当事人违反说明义务的情况下,缔约过失责任与不完全给付或者违反附随义务的违约责任之间存在竞合,当事人可以选择。另外,在当事人没有明确预定质量标准时,可以通过缔约过失责任处理标的物质量方面的争议,比如企业出卖人错误告知企业债务状况、企业盈利和营业额、企业员工信息以及隐瞒企业不景气现状等。[①]

(3) 瑕疵结果损害赔偿责任

对于瑕疵结果损害,应区分故意与过失,在出卖人故意造成瑕疵结果损害的情况下,可以适用缔约过失责任,而在出卖人过失造成瑕疵结果损害的情况下,应优先适用瑕疵担保责任。

(四) 法律效果

根据《民法典》第 500 条,缔约过失责任的首要内容就是损害赔偿。损害赔偿的具体内容根据义务违反内容的不同而有所不同。

1. 信赖利益的赔偿

在中断磋商、合同不成立或者无效的情况下,受害人可以请求信赖利益的赔偿,即恢复到合同缔结前无加害行为时所处的状态。信赖利益亦包括两部分,即所受损害与所失利益,前者表现为其财产的减少,如为了缔约而支出的各种费用;后者体现为应当增加的财产没有增加,如由于与合同相对人磋商而丧失了与其他人磋商缔约的机会。

信赖利益具体可以包括:(1) 缔约费用,包括邮电费用、赴订约地或察看标的物所支出的合理费用;(2) 为准备履行或接受履行所支出的费用,如为运送标的物或保管标的物而订立相应合同的费用及因违约而支出的违约金、赔偿金等;(3) 因合同不成立或效力瑕疵而在市场上以合理价格购买同类标的物之差价损失;(4) 因信赖合同有效成立而放弃其他订约机会的损失。

2. 履行利益的赔偿

在当事人不违反说明义务或者履行报批义务,合同就会有效成立的情况下,受害人还可以请求赔偿履行利益。

比如在一方当事人欺诈或者过失违反说明义务,另一方当事人不撤销合同的情况下,就可以要求赔偿费用以及缔约机会以外的损害。

3. 废止合同

在过失违反说明义务的情况下,例如不告知或不正确告知合同标的物的使用可

---

① 许德风:《论瑕疵责任与缔约过失责任的竞合》,载《法学》2006 年第 1 期,第 93 页。

能性或股份价值,当事人之间有效成立的合同并非当事人所希望的合同,该合同被认为是一种损害。受害人可以要求损害赔偿,损害赔偿的内容就是废止合同。①《保险法》第 16 条规定,如投保人故意隐瞒事实,不履行如实告知义务的,或者因过失未履行如实告知义务,足以影响保险人决定是否同意承保或者提高保险费率的,保险人有权解除保险合同。这里所谓的解除合同,即为废止合同。

4. 对履行辅助人过错的承担

在订立合同过程中,缔约人派遣履行辅助人的,因履行辅助人的过错违反附随义务,致使他方当事人受损的,应由该缔约人承担责任。

5. 可预见性的损失

6. 返还过高支出的费用

如果当事人一方违反说明义务,合同还是有效订立,但该合同与相对人的期望相反,那么,相对人还可以要求调整或变更合同,请求返还过高支出的费用。

七、合同需要批准时的缔约过失责任

行政批准通常都是在合同订立之后发生的,所以,行政批准类似于私法上的嗣后追认。但是,行政批准并非私法上的法律行为,而是行政行为。因此,对于行政批准,原则上不适用私法上追认的规则,而是适用行政法上对于行政批准程序的特别规则。在行政法理论上,作为合同生效要件的行政批准通常被认为是"私权形成性行政行为(privatrechtsgestaltende Verwaltungsakte)"。②

值得注意的是,这里的批准,可能针对的是处分行为,也可能针对的是负担行为。在第一种情况下,应当办理申请批准等手续的当事人未履行义务的,对方可以请求其承担违约责任;在第二种情况下,应当办理申请批准等手续的当事人未履行义务的,对方可以请求其承担缔约过失责任。

(一)针对物权合同的批准

就土地使用权、股权、采矿权以及国有资产的转让而言,均存在负担行为与处分行为以及物权合同与债权合同的二元结构。如果批准针对的是土地使用权等绝对权物权合同,则物权合同没有被批准的,不影响债权行为的效力,受害人可以基于债权合同追究违约责任。

在当事人约定转让矿业权的情况下,批准并非转让矿业权合同的生效要件,而是矿业权权利变动的要件。《矿业权司法解释》第 6 条即规定,矿业权转让合同自依法成立之日起具有法律约束力。矿业权转让申请未经自然资源主管部门批准,受让人

---

① Medicus/Lorenz, *Schuldrecht AT*, 22. Aufl., 2021, §40, Rn. 20.
② BeckOGK/Regenfus, 2024, BGB §182, Rn. 217; Staudinger BGB/Klumpp, 2019, Vorbemerkungen zu §§182 ff, Rn. 115.

请求转让人办理矿业权变更登记手续的,人民法院不予支持。当事人仅以矿业权转让申请未经自然资源主管部门批准为由请求确认转让合同无效的,人民法院不予支持。在当事人之间的矿业权转让合同依法成立后,转让人无正当理由拒不履行报批义务,受让人可以请求解除合同,从而请求转让人返还已付转让款及利息,并承担违约责任(《矿业权司法解释》第 8 条)。

在"深圳市标榜投资发展有限公司与鞍山市财政局股权转让纠纷案"[①]中,最高人民法院认为,鞍山财政局无正当理由不履行涉案合同报批义务,其行为已构成《合同法》第 42 条(现为《民法典》第 500 条)规定的"其他违背诚实信用原则的行为",应认定其存在缔约过失。在赔偿范围上,法院认为,除直接损失外,缔约过失人对善意相对人的交易机会损失等间接损失,应当予以适当赔偿。间接损失数额应考虑缔约过失人的过错程度及获得利益情况、善意相对人的成本支出及预期利益等,综合衡量确定。应当说明的是,该案并没有区分债权合同和物权合同的批准。在该案中,债权合同已经成立,需要批准的是股权让与这一物权合同,而物权合同未获得批准时,股份买受人仍可以基于债权合同请求履行利益的赔偿。

(二) 针对债权合同的批准

1. 效力待定

如果批准针对的是债权合同,则会涉及合同是否生效的问题。没有办理批准的合同,也可以嗣后补救。所以,在合同没有获得批准的情况下,其效力待定。合同获得批准前,当事人一方起诉请求对方履行合同约定的主要义务,经释明后拒绝变更诉讼请求的,人民法院应当判决驳回其诉讼请求,但是不影响其另行提起诉讼(《民法典合同编通则解释》第 12 条第 3 款)。不过,在效力待定期间,合同当事人即应受约束,单方解除合同不生效力。[②] 合同在被批准后,溯及既往地发生效力,溯及到合同订立之时。

2. 协作义务

基于所订立合同的目的,缔约当事人原则上负有义务对合同的成立作出自己的

[①] 最高人民法院第二巡回法庭(2016)最高法民终 802 号民事判决书。2012 年 4 月 17 日,鞍山财政局(甲方)与标榜公司(乙方)签订《股份转让合同书》,鞍山财政局将其持有的鞍山银行 8.9987%即 22500 万股以肆亿伍仟万元(每股 2.00 元人民币)的价格转让给标榜公司。《股份转让合同书》约定,审批机关是包括中国银行业监督管理委员会等依法具有审批权限的机关或其他地方授权机关;合同获得有权审批机关批准后生效。2012 年 2 月 10 日,标榜公司将相关报批材料按双方合同约定提交至鞍山银行。鞍山银行向中国银行业监督管理委员会鞍山监管分局报送了《关于标榜公司等 2 家企业受让持股鞍山银行股东资格审查的请求》。中国银行业监督管理委员会鞍山监管分局同意鞍山银行此次股东变更有关行政许可事项。2013 年 6 月 6 日,鞍山财政局向沈交所发出鞍财债[2013]137 号《关于终止鞍山银行国有股权转让的函》,以国有资产明显增值为由终止本次鞍山银行国有及国有法人股的转让。2013 年 6 月 14 日,沈交所根据鞍山财政局的上述文件,向标榜公司、宏运集团及中信红河矿业有限公司、辽宁融信资产经营有限公司发出《关于终止鞍山银行国有股权转让的通知》。

[②] Larenz, *Schuldrecht AT*, 14. Aufl., 1987, §4, S. 59.

贡献,因此要承担清除合同效力障碍的义务。尤其在有批准程序或形式要件的情况下,缔约当事人需要帮助通过批准程序或满足形式要件。在合同已经成立,但因尚未获得批准而效力待定时,如果不使当事人负有报批义务或者促成批准的协作义务,那么就与当事人订立合同的宗旨不相符合。①

双方当事人均负有义务尽最大努力以获得批准,并负有义务不为有碍批准的行为。该义务并非产生于合同本身,而产生于合同前的法律关系。如果一方当事人有过错地阻碍了批准,则在没有该阻碍行为就可获得批准的情况下,阻碍批准行为人须承担赔偿损害责任,并以履行利益为限。② 值得注意的是,如果谈判当事人有过错地对于确保获得批准作出了不正确的陈述,那么也要承担缔约过失责任,这属于违反说明义务类型的缔约过失责任。

有疑问的是,什么是尽最大努力以取得批准的义务?在合同需要批准的情况下,申请批准是必经的程序。在此之前,需要一系列准备,当事人之间需要相互配合,以符合批准的要求;在申请过程中,当事人也要按照行政机关的要求进行配合、协助。所以,这里的当事人义务应作广义理解,包括了协作、配合等义务。③

综上,在合同被批准前,合同本身成立了,但还没有生效。在此阶段,如果一方当事人违反报批义务或者协作义务等附随义务造成对方损害的,也应承担缔约过失责任。④

(三)法律效果

1. 继续履行

合同依法成立后,负有报批义务的当事人不履行报批义务或者履行报批义务不符合合同的约定或者法律、行政法规的规定,对方可以请求其继续履行报批义务(《民法典合同编通则解释》第12条第1款第1分句)。

外商投资企业股权转让合同成立后,转让方和外商投资企业不履行报批义务,受让方以转让方为被告、以外商投资企业为第三人提起诉讼,请求转让方与外商投资企业在一定期限内共同履行报批义务的,人民法院应予支持。受让方同时请求在转让方和外商投资企业于生效判决确定的期限内不履行报批义务时自行报批的,人民法院应予支持(《外商投资企业纠纷规定(一)》第6条第1款)。

2. 解除合同

如果负有报批义务的当事人已经报批,但行政机关决定不予批准,则合同溯及既

---

① 孙维飞:《〈合同法〉第42条(缔约过失责任)评注》,载《法学家》2018年第1期,第185页。
② Larenz, *Schuldrecht AT*, 14. Aufl., 1987, §4, S. 59.
③ 汤文平:《批准(登记)生效合同、"申请义务"与"缔约过失"——〈合同法解释(二)〉第8条评注》,载《中外法学》2011年第2期,第349页。
④ 孙维飞:《〈合同法〉第42条(缔约过失责任)评注》,载《法学家》2018年第1期,第185页。

往地自始确定无效,此时无须适用解除规则。① 如果负有报批义务的当事人不履行报批义务,或报批后行政机关一直未予审批,当事人也不能无穷无尽地受到效力待定合同的约束,此时应当赋予当事人解除合同的权利(《民法典合同编通则解释》第12条第1款)。当报批义务人迟延履行报批义务时,须报批义务人经催告后在合理期限内仍未履行的,相对人才能解除合同,其法律基础是《民法典》第563条第1款第3项。②《外商投资企业纠纷规定(一)》第5条亦规定,转让方和外商投资企业不履行报批义务,经催告后在合理的期限内仍未履行,受让方才可以解除合同。

在相对人诉请报批义务人履行报批义务并获得胜诉判决后,其仍有权行使解除权(《民法典合同编通则解释》第12条第2款),而且无需催告。

3. 变更合同

如果行政机关不予批准的原因是当事人约定的内容不符合批准标准,那么当事人得变更合同从而实际履行合同。例如,德国法上,在合同没有获得批准但具备可批准的价值保证条款的情况下,联邦法院多次判决,合同双方当事人负有同意变更合同的义务,通过合同变更满足批准程序所涉的禁止条款的要求,而且无须再获得批准。③ 在嗣后判决中,法院又通过补充解释,直接将禁止条款转化为无须批准的条款,合同当事人必须予以接受。④ 类似地,在根据1976年《德国建筑法》第19条建筑行政部门没有批准土地所有权让与时,如果变更合同对于出卖人受保护之利益没有影响,但对于买受人却利益重大,那么出卖人就负有义务协助变更合同内容从而排除行政机关批准之必要,并重新进行土地所有权让与。⑤

4. 损害赔偿

相对人在解除合同后可以请求报批义务人承担违反报批义务的赔偿责任(《民法典合同编通则解释》第12条第1款)。在性质上,这里的损害赔偿是信赖利益损害赔偿。⑥

负有报批义务的当事人已经办理申请批准等手续或者已经履行生效判决确定的报批义务,批准机关决定不予批准,对方请求其承担赔偿责任的,人民法院不予支持。但是,因迟延履行报批义务等可归责于当事人的原因导致合同未获批准,对方请求赔偿因此受到的损失的,人民法院应当依据《民法典》第157条的规定处理(《民法典合同编通则解释》第12条第4款)。在逻辑上,还应适用《民法典合同编通则解释》第

---

① 汪洋:《批准生效合同责任承担的体系构造——〈民法典合同编通则解释〉第12条评析》,载《法治研究》2024年第1期,第52—62页。
② 最高人民法院民事审判第二庭、研究室编著:《最高人民法院民法典合同编通则司法解释理解与适用》,人民法院出版社2023年版,第163页。
③ BGH, NJW 1967, 830, 831; Horn, Neuverhandlungspflicht, AcP 181(1981), S. 255, 270.
④ Soergel/Wiedemann, Bd. Ⅱ, 12. Aufl., 1990, vor BGB §275, Rn. 143.
⑤ BGHZ 67, 34, 35.
⑥ 崔建远主编:《合同法》(第八版),法律出版社2024年版,第95页。

24 条、第 25 条的规定。

具体就损害赔偿数额而言,需要结合批准可能性、当事人履行的完成度与成熟度等因素进行综合判断,最高可以很接近整体合同的履行利益,但不能超过整体合同的履行利益。① 如果当事人有过错地违反了协作义务,而一旦其履行协作义务,合同就能获得批准,相对人也可以请求赔偿期待利益。②

值得注意的是,《民法典合同编通则解释》第 12 条第 2 款规定,如果判决一方履行报批义务后其仍不履行的,对方有权主张解除合同并请求其承担赔偿责任,法院应当参照违反合同的违约责任认定损失赔偿额。相较于第 1 款"请求其承担违反报批义务的赔偿责任"的表述,第 2 款增加"参照违反合同的违约责任请求其承担赔偿责任"之计算方式的内容。有观点认为,应将第 1 款解释为只能请求信赖利益损害赔偿,而根据第 2 款则可以请求履行利益损害赔偿。③ 类似地,根据《外商投资企业纠纷规定(一)》第 5 条、第 6 条的规定,外商投资企业股权转让合同被解除后,受让人可以请求损害赔偿。第 5 条规定的赔偿损失是指赔偿信赖利益的损失。第 6 条明确规定赔偿损失的范围可以包括股权的差价损失、股权收益及其他合理损失,则为履行利益的损失。④

令人费解的是,仅因债权人提起实际履行诉讼并获得胜诉判决,其可以获得的损害赔偿额就会增加。本书认为,如果债务人违反合同的主要义务,债权人诉请履行、获得胜诉判决后解除合同时所主张的损害赔偿,与债权人直接解除合同所主张的损害赔偿在性质上没有本质差别。何以在前者的情形下,就需要"加重赔偿"? 事实上,实际履行判决旨在强制债务人履行原给付义务,并不会改变损害的评价与计算方式。因此本书主张,《民法典合同编通则解释》第 12 条第 1 款、第 2 款所规定的损害赔偿在性质与计算方式上没有差别,赔偿的均为债权人的履行利益。

八、涉及合同效力类型的缔约过失责任

(一) 合同被撤销或无效情况下的缔约过失责任

一般认为,合同无效或被撤销情况下的损害赔偿责任,在性质上属于缔约过失责任。⑤《民法典》第 157 条对此作出了规定:合同无效或被撤销的,对合同无效或被撤销有过错的一方应当赔偿对方因此所受到的损失,双方都有过错的,应当各自承担相应的责任。《合同法》第 58 条、《民法通则》第 61 条、《经济合同法》第 16 条第 1 款对

---

① 黄薇主编:《中华人民共和国民法典释义(中)》,法律出版社 2020 年版,第 964 页。
② 王文胜:《论合同生效前当事人的协作义务——以经批准或登记后生效的合同为例》,载陈小君主编:《私法研究》(第 12 卷),法律出版社 2012 年版,第 81 页。
③ 曹守晔主编:《民法典合同编通则司法解释适用指南》,法律出版社 2024 年版,第 154—155 页。
④ 万鄂湘主编:《最高人民法院关于审理外商投资企业纠纷案件若干问题的规定(一)条文理解与适用》,中国法制出版社 2011 年版,第 76、88 页。
⑤ 韩世远:《合同法总论》(第四版),法律出版社 2018 年版,第 322 页。

此都有类似之规定,这些规定曾在法院判决中被大量运用。①

在合同无效或者被撤销导致缔约过失责任的情况下,至少在一方当事人的眼中,谈判已经完成且其信赖已经订立合同的有效性。现在合同无效,其因而遭受了损害,该损害指向的是一开始合同有效而嗣后却溯及既往地无效所造成的损害。

与《合同法》相比,《民法典》第157条增加了"法律另有规定的,按照其规定"的内容。在缔约过失责任的构成要件上,第157条的规定并不完整,应根据《民法典》第500条补充"在订立合同过程中"和"违背诚信原则的行为(既义务违反)"这两个要件。合同无效或可撤销的事由很多,当事人承担缔约过失责任的基础并不在于违法无效或者悖俗无效等无效本身,而是在于其违反了缔约前义务。

当事人义务违反的根据可能在于,其导致了合同效力之障碍的产生或者违反义务地没有排除合同效力之障碍。比如,一方当事人悖俗地对另一方当事人作出了不利于合同订立之行为。在这种情况下,有学者认为应赔偿履行利益,因为没有该导致损害赔偿之事件,合同就会有效订立。② 再如,在一方当事人因重大误解而撤销合同的情况下,如果发生错误的人对于错误的发生有过错,则应赔偿对方因此而遭受的损失。之所以由发生错误的人承担缔约过失责任,是因为其导致了合同效力的障碍。

当事人义务违反的根据还可能在于其没有及时说明合同效力障碍。比如,在欺诈的情况下,欺诈人故意违反说明义务,应承担缔约过失责任;再如,明知或可知合同无效的一方当事人,应对非因过失信其为有效而受损害之他方当事人负赔偿责任。此种情况下,赔偿的应是信赖利益损害,因为如果没有导致损害赔偿义务的事件,合同也不会有效订立。但是,如果一方当事人说明了合同效力之障碍,另一方当事人可能会节省费用或者与他人订立合同。③

(二) 合同不成立情况下的缔约过失责任

在民事法律行为尤其是合同不成立的情况下,当事人请求返还财产、折价补偿或者赔偿损失的,可以参照适用《民法典》第157条的规定(《民法典总则编解释》第23条)。也就是说,在法律行为特别是合同不成立的情况下,有过失的一方当事人也可能向对方承担缔约过失责任。

1. 撤回要约邀请

在司法实践中,撤回要约邀请,造成对方信赖利益损害的,要约邀请人亦需承担缔约过失责任。在"时间集团公司诉浙江省玉环县国土局土地使用权出让合同纠纷案"中,法院认为,根据《合同法》第15条第1款(现为《民法典》第473条第1款)的规

---

① 最高人民法院经济审判庭编著:《合同法解释与适用(上册)》,新华出版社1999年版,第185页。
② Medicus, Verschulden bei Vertragshandlungen, Empfiehlt Sich eine Nomierung der Lehre vom Verschulden bei Vertragshandlungen und eine Neuregelung vorvertraglicher Rechte und Pflichten im BGB, in: Gutachten und Vorschläge zur Überarbeitung des Schuldrechts, Bd. II, Bundesminister der Justiz (Hrsg.), 1981, S.504.
③ A. a. O., S. 505.

定,国有土地使用权出让公告属于要约邀请,竞买人在竞买申请中提出报价并按要约邀请支付保证金的行为,属于要约,双方当事人尚未形成土地使用权出让合同关系。国有土地使用权出让方因出让公告违反法律的禁止性规定,撤销公告后,造成竞买人在缔约阶段受到信赖利益损失的,应对竞买人的实际损失承担缔约过失责任。①

2. 撤销的要约

在相对人还没有发出承诺之前,要约人撤销要约,善意相对人信赖要约并为之付出的,善意相对人有权要求要约人赔偿信赖利益损失。如果要约人撤销要约时未尽通知义务,或通知在受要约人的承诺发出后、生效前到达受要约人(即承诺尚未到达要约人),其法律效果如何,法律规定不甚明了。② 从法律解释上来看,此时应承认要约继续有效,不发生撤销效力,则在受要约人发出的承诺到达要约人时合同成立,此时并不发生可构成缔约过失的中断磋商;如果要约人在未尽通知义务而撤销要约的同时,已就同一标的物,尤其是特定物,与他人另行订立合同,甚至转移了所有权,已属于"一物二卖"的情况,要约人应承担违约责任。可见,在撤销要约时,要约人对受要约人有通知义务,不履行此义务或履行不当的,结果是原要约继续生效,而不生中断磋商的效力。

另外,依据《民法典》第476条,要约人确定了承诺期限或者以其他形式明示③要约不可撤销,或者受要约人有理由认为要约是不可撤销的,并已经为履行合同做了准备工作,要约不可撤销。在此情况下,如果认为要约不可撤销规则只是受要约人主张缔约过失责任的依据,那么要约人仍可以撤销合同,但应当承担缔约过失责任,赔偿对方基于信赖而支出的费用。④

3. 不合意

缔约人或磋商辅助人因过错使用不清楚的表达而产生双方不合意等合同不生效力的情况,缔约人应向相对人承担缔约过失责任。

在德国酒石酸案中,原告寄给被告存货价目表,其上列明酒石酸的价格是68.5马克。被告收到后给原告发了电报:100公斤酒石酸,最优惠价格。两天后,原告回电报:酒石酸价格是128马克,100公斤,货到付款。被告回复,100公斤酒石酸可以,随后发确认函。在确认函到达原告时,原告才发现双方都想卖酒石酸,被告拒绝接受货物和支付货款,原告只能将货物公开拍卖。之后原告起诉被告,要求赔偿其拍卖所得价款与双方达成的协议中载明的价格之间的差额。⑤

---

① "时间集团公司诉浙江省玉环县国土局土地使用权出让合同纠纷案",载《中华人民共和国最高人民法院公报》2005年第5期(总第103期),第21—28页。
② 我国《民法典》第477条仅规定合同要约的撤销通知应于受要约人发出承诺通知前到达受要约人。
③ 在解释上,也可通过默示方式表示要约是不可撤销的。
④ 王利明:《合同法研究》(第一卷)(第三版),中国人民大学出版社2015年版,第260—261页。
⑤ RGZ 104, 265.

法院通过解释,确认双方当事人未达成合意,合同没有成立。双方都没有表述清楚意思,被告在电报中的表述为最优惠的价格,在出售或者购买货物时都可以使用;同样,原告没有使用酒石酸售价为128马克的表述,而是说酒石酸价格是128马克。所以,对于合同成立,双方都有过错,但因为被告开启了谈判,应该更清晰、明确地表达自己的意思,所以,其过失更大。对于原告的损失,双方应该分担,但仅限于消极利益,即拍卖所得价款与双方达成的协议中载明的价格之间的差额。如果双方当事人未达成合意而导致合同没有成立,而且当事人对于合同不成立具有过错,那么双方当事人就都负有损害赔偿的义务,应根据共同责任(与有过失)规则,分配损害赔偿责任。①

(三)法律效果

民事法律行为无效、被撤销或者确定不发生效力后,有过错的一方应当赔偿对方由此所受到的损失;各方都有过错的,应当各自承担相应的责任。法律另有规定的,依照其规定(《民法典》第157条)。《民法典总则编解释》第23条规定,民事法律行为不成立,当事人请求返还财产、折价补偿或者赔偿损失的,参照适用《民法典》第157条的规定。《民法典合同编通则解释》第24条进一步将损害赔偿规则的适用范围扩张到民事法律行为确定不发生效力的情况,主要是指未经批准的合同确定不发生效力、附生效条件的合同因条件不成就而确定不发生效力以及合同因未获得权利人追认而确定不发生效力的情况。②

1. 信赖利益的赔偿范围不得超过履行利益的范围

在合同不成立、无效、被撤销或者确定不发生效力的情况下,有过错的一方应赔偿对方的信赖利益损害。而且,信赖利益损失赔偿范围不得超过履行利益的范围,即不得超过合同有效成立时当事人因合同履行所能取得利益。③《九民纪要》第32条规定,合同不成立、无效或者被撤销情况下,当事人所承担的缔约过失责任不应超过合同履行利益。比如,依据《建设工程施工合同解释(一)》第24条的规定,当事人就同一建设工程订立的数份建设工程施工合同均无效。但建设工程质量合格的,一方当事人可以请求参照实际履行的合同关于工程价款的约定折价补偿承包人。

2. 综合考量确定损害赔偿额

根据《民法典合同编通则解释》第24条第2款,在合同不成立、无效、被撤销或者确定不发生效力的情况下,当事人请求赔偿损失的,人民法院应当结合财产返还或者折价补偿的情况,综合考虑财产的增值收益和贬值损失、交易成本的支出等事实,按

---

① 〔德〕维尔纳·弗卢梅:《法律行为论》,迟颖译,米健校,法律出版社2013年版,第747页。
② 最高人民法院民事审判第二庭、研究室编著:《最高人民法院民法典合同编通则司法解释理解与适用》,人民法院出版社2023年版,第278页。
③ 张广兴:《债法总论》,法律出版社1997年版,第56页;韩世远:《合同法总论》(第四版),法律出版社2018年版,第186页。

照双方当事人的过错程度及原因力大小,根据诚实信用原则和公平原则,合理确定损失赔偿额。也就是说,在合同不成立、无效、被撤销或者确定不发生效力的情况下,损害赔偿是一个综合考量的问题。

首先要考虑财产返还与折价补偿的情况,如果债务人已经返还其受领的财产,那么在损害赔偿时,就要按照财产已经被返还的情况下的损害确定金额。如果应予返还的股权、房屋等财产相对于合同约定价款出现增值或者贬值的,要综合考虑市场因素、受让人的经营或者添附等行为与财产增值或者贬值之间的关联性,在当事人之间合理分配或者分担,避免一方因合同不成立、无效或者被撤销而获益(《九民纪要》第33条)。

> 例如,甲向乙购买小产权房,价格为100万元,嗣后小产权房被征收,补偿款为200万元。在买卖合同被宣告无效后,双方均应返还其所得。

此时就会出现,甲获得100万元,而乙却获得200万元的不平衡问题。那么在乙方赔偿甲方因合同无效而遭受的损害时,就要考虑乙多获得100万元利益的问题,人民法院可以综合考虑双方当事人的过错程度及原因力大小,根据诚实信用原则和公平原则,合理确定损失赔偿额。

此外,关于资金占用费的问题,根据《民法典合同编通则解释》第25条,合同不成立、无效、被撤销或者确定不发生效力,有权请求返还价款或者报酬的当事人一方请求对方支付资金占用费的,人民法院应当在当事人请求的范围内按照中国人民银行授权全国银行间同业拆借中心公布的一年期贷款市场报价利率(LPR)计算。但是,占用资金的当事人对于合同不成立、无效、被撤销或者确定不发生效力没有过错的,应当以中国人民银行公布的同期同类存款基准利率计算。双方互负返还义务,当事人主张同时履行的,人民法院应予支持;占有标的物的一方对标的物存在使用或者依法可以使用的情形,对方请求将其应支付的资金占用费与应收取的标的物使用费相互抵销的,人民法院应予支持,但是法律另有规定的除外。

3. 损害赔偿与追缴、退赔

有疑问的是,涉及诈骗或者敲诈勒索的情况下,民事的损害赔偿与刑事上追缴、退赔等责任的关系如何。《刑事诉讼法解释》第176条规定,被告人非法占有、处置被害人财产的,应当依法予以追缴或者责令退赔。被害人提起附带民事诉讼的,人民法院不予受理。追缴、退赔的情况,可以作为量刑情节考虑。法院之所以在此时不受理被害人提起的附带民事诉讼,原因在于司法机关有义务追缴或退赔损失,无须被害人提起诉讼。①

---

① 李少平主编,《刑事诉讼法》起草小组编著:《最高人民法院关于适用〈中华人民共和国刑事诉讼法〉的解释理解与适用》,人民法院出版社2021年版,第276页。

4. 诉讼时效

对于因缔约过失产生的损害赔偿请求权,适用一般诉讼时效。《诉讼时效规定》第 5 条第 2 款规定:合同被撤销,返还财产、赔偿损失请求权的诉讼时效期间从合同被撤销之日起计算。

九、担保合同无效类型的缔约过失责任

《民法典》第 388 条从主从合同角度出发,规定主债权债务合同无效的,担保合同无效。而担保合同被确认无效后,债务人、担保人、债权人有过错的,应当根据其过错各自承担相应的民事责任。《民法典担保制度解释》第 17 条对此进一步解释,主合同有效而第三人提供的担保合同无效的情况下,债权人与担保人均有过错的,担保人承担的赔偿责任不应超过债务人不能清偿部分的二分之一;担保人有过错而债权人无过错的,担保人对债务人不能清偿的部分承担赔偿责任;债权人有过错而担保人无过错的,担保人不承担赔偿责任。主合同无效而导致第三人提供的担保合同无效,担保人无过错的,不承担赔偿责任;担保人有过错的,其承担的赔偿责任不应超过债务人不能清偿部分的三分之一。

本书认为,首先,该规则误将担保合同与主合同的关系认定为担保物权与被担保债权之间的从属关系。其次,即使认定为从属关系,也应当是抗辩权移转附随性的问题,而非笼统的承担赔偿责任的问题。再次,在主合同无效的情况下,担保物权应不受其影响继续存在;在担保合同无效的情况下,担保物权也并不会当然无效,如果没有同一瑕疵,担保物权还是可以继续存在的。最后,导致无效的原因很多,不能一概规定损害赔偿请求权,具体还是要考察担保人是否阻碍了合同的生效或者违反了说明义务。

对于担保人承担的损害赔偿责任的性质,学界和实务界一般认为是缔约过失责任。[1] 但也如上所述,并不是所有情况下都可以产生缔约过失责任。例如,在违法无效的情况下,各方都知道违法事项,不会存在因信赖或者一方有过失而订立合同的情况。[2] 尤其是,让担保人承担主合同无效的损害赔偿责任的基础何在?担保人若阻碍担保合同发生效力,则其违反了促成合同有效义务,应当承担缔约过失责任。但担保人无论如何不能阻碍主合同效力的产生,要求担保人承担损害赔偿责任,实在没有根据。不过,在实践中,担保合同无效的主要原因是担保主体不适格或者担保人提供的抵押财产之上不得设定担保(《民法典》第 398 条、第 399 条),此种情况下,担保人可能违反了说明义务而应承担缔约过失责任。例如,在"三亚市人民政府与关闭海南发

---

[1] 高圣平:《担保法论》,法律出版社 2009 年版,第 53 页以下;最高人民法院民事审判第二庭:《最高人民法院民法典担保制度司法解释理解与适用》,人民法院出版社 2021 年版,第 208 页。

[2] 许德风:《论合同违法无效后的获益返还——兼议背信行为的法律规制》,载《清华法学》2016 年第 2 期,第 89 页。

展银行清算组借款合同纠纷上诉案"中,三亚市政府下辖的某职能部门为债务人借款提供保证,两审法院均依《担保法》第8条(现为《民法典》第683条第1款)之规定,认定保证无效,同时又认为,对此无效,"双方均有过错,应依法承担相应的过错责任",因而判令三亚市政府就债务人不能清偿的部分承担一定比例的责任。

进一步来看,《民法典担保制度解释》第17条规定,主合同无效导致第三人提供的担保合同无效,担保人有过错的,其承担的赔偿责任不应超过债务人不能清偿部分的三分之一。此时,担保人仅承担缔约过失责任,对于债权人(担保权人)而言甚为不公,因为其本来可以要求担保人承担担保责任,却因为主合同无效,而仅能要求缔约过失责任。而且,如此规定,无疑是要求债权人承担保障担保合同有效的义务。反过来思考,主合同无效而导致第三人提供的担保合同无效时,要求担保人承担缔约过失责任的基础又何在呢?担保人并未阻碍合同的生效,亦未违反说明合同效力瑕疵的义务。

十、第三人欺诈、胁迫的缔约过失责任

(一) 基本内涵

《民法典合同编通则解释》第5条规定,第三人实施欺诈、胁迫行为,使当事人在违背真实意思的情况下订立合同,受到损失的当事人请求第三人承担赔偿责任的,人民法院依法予以支持;当事人亦有违背诚实信用原则的行为的,人民法院应当根据各自的过错确定相应的责任。但是,法律、司法解释对当事人与第三人的民事责任另有规定的,依照其规定。《民法典合同编通则解释(征求意见稿)》第6条第2款还曾规定有参考德国法的"引发信赖、影响缔约"的第三人责任制度:合同的订立基于对第三人的特别信赖或者依赖于第三人提供的知识、经验、信息等,第三人实施违背诚信原则的行为或者对合同不成立、无效、被撤销或者确定不发生效力有过错,受有损失的当事人请求第三人承担赔偿责任的,人民法院应予支持。

这两个规则均有其来源。第三人欺诈、胁迫的缔约过失责任制度来源于《担保法》第30条以及《担保法解释》第40条、第41条,根据这三条规定,主合同债务人采取欺诈、胁迫等手段,使保证人在违背真实意思的情况下提供保证,债权人知道或者应当知道欺诈、胁迫事实的,保证人不承担民事责任;如果债务人与保证人共同欺骗债权人,因此给债权人造成损失的,由保证人与债务人承担连带赔偿责任。① 这里的连带赔偿责任,在性质上属于缔约过失责任。② 第三人责任制度则是受到《九民纪要》第74条特别规定的"金融产品发行人的第三人缔约过失责任"的启发,而该制度

---

① 最高人民法院民二庭(原经济庭)编著:《担保法新释新解与适用——根据最高人民法院关于适用〈中华人民共和国担保法〉若干问题的解释》,新华出版社2001年版,第352—353页。
② "曾继尧与贵阳保捷房地产开发有限公司、熊勇等合同纠纷案",贵州省高级人民法院(2014)黔高民再终字第10号民事判决书。

参考的是德国法上的第三人责任制度。起草人认为,发行人虽然并非合同当事人,但其所作言论往往与合同的订立具有密切关系,协商中的双方当事人往往会依赖其中立的、客观的、独立的判断,提供专业建议的专业人士尤其受到信赖。也就是说,发行人作为销售者与金融消费者合同以外的第三人,承担损害赔偿责任的前提是,发行人引发了金融消费者的信赖,并影响了合同的订立。

(二) 第三人缔约过失责任的构成

1. 第三人

对于《民法典合同编通则解释》第5条中的第三人,司法解释并没有界定。第三人欺诈的情况下,只有在对方当事人知道或者应当知道欺诈的时候,受欺诈的当事人才可以撤销合同(《民法典》第149条)。在本质上,该规则是对合同可撤销情形的限定。原则上,这里的第三人可以是意思表示受领人以外的、站在撤销相对人一侧立场的任何第三人。

如果将《民法典合同编通则解释》第5条类推适用到"引发信赖、影响缔约"的第三人责任中,则这里的第三人还应予以限缩。在存在履行辅助人、代理人的情况下,无论撤销相对人是否知道或者应当知道欺诈,均应对履行辅助人或代理人的行为负责。所以,这里的第三人不应包括履行辅助人、代理人等。① 另外,位于表示受领人一侧的第三人或者表示受领人信赖的人也不是这里的第三人,比如居间人与其他中介人,就不是这里的第三人。②

2. 先合同义务的违反

依据《民法典》第500条结合第157条,并类推适用第509条第2款,在合同缔结过程中,当事人负有促进相对人合同意思形成的先合同义务,当事人违反该义务,造成相对人损害的,当事人应当承担缔约过失损害赔偿责任。如果欺诈人基于诚实信用原则负有信息提供义务,但仍然故意隐瞒真实情况,那么欺诈人违反的是信息提供义务。③ 在胁迫人以给自然人及其近亲属等的人身权利、财产权利以及其他合法权益造成损害或者以给法人、非法人组织的名誉、荣誉、财产权益等造成损害为要挟,迫使表意人基于恐惧心理作出意思表示的情况下,胁迫人违反的是促进相对人合同意思形成的义务。所以,在欺诈、胁迫的情况下,欺诈人与胁迫人应当承担缔约过失损害赔偿责任。④

---

① Leenen/Häublein, BGB AT, 3. Aufl., 2021, §17, Rn. 20; MüKoBGB/Armbrüster, 9. Aufl., 2021, §123, Rn. 73.
② MüKo/Armbrüster, 9. Aufl., 2021, §123, Rn. 74.
③ Leenen/Häublein, BGB AT, 3. Aufl., 2021, §17, Rn. 24.
④ "曾继尧与贵阳保捷房地产开发公司、熊勇等合同纠纷案",贵州省高级人民法院(2014)黔高民再终字第10号民事判决书。

3. 过错

根据对《民法典》第 500 条、第 157 条的体系解释,缔约过失责任的构成应以"过失"为前提。这里的"过失",既包括故意,也包括过失。故意是在存有违法性意识的情况下对结果发生的知道与意愿。① 与故意一样,判断是否构成过失,也需要从两个方面展开,第一是对危险的可预见性,第二是损害结果的可避免性。② 如果第三人没有预见或者不应当预见其行为会导致缔约当事人信赖或者给缔约当事人造成损失,抑或损害结果是不可避免的,则第三人就不存在过失。

4. 损害

受害人的缔约过失损害赔偿请求权的构成还需要第三人违反先合同义务使受害人遭受损害,具体如受害人需要承受合同项下的债务(在无偿合同的场合),或者承受扣除合同项下的权益之后的负担。

(三) 其他法律、司法解释规定的第三人责任

第一,《民法典担保制度解释》第 17 条规定的第三人担保情况下的第三人责任应当优先适用。

第二,会计师责任应当优先适用。《会计师事务所侵权赔偿规定》第 4 条第 1 款明确规定:"会计师事务所因在审计业务活动中对外出具不实报告给利害关系人造成损失的,应当承担侵权赔偿责任,但其能够证明自己没有过错的除外。"第 5 条具体规定了会计师出具不实报告的情形。第 6 条规定了会计师过失的情形。会计师是专业技术人员,并非合同的当事人,只接受合同一方当事人的委托出具审计报告等文件。如果会计师出具不实报告,给另一方当事人造成纯粹的经济损失,会计师应承担侵权法上的损害赔偿责任。③

---

① Fikentscher/Heinemann, *Schuldrecht AT & BT*, 12. Aufl., 2022, §55, Rn. 647.
② Looschelders, *Schuldrecht AT*, 21. Aufl., 2023, §23, Rn. 7-8.
③ 最高人民法院民事审判第二庭编著:《最高人民法院关于会计师事务所审计侵权赔偿责任司法解释理解与适用》,人民法院出版社 2007 年版,第 50 页以下。

第三章 债之关系的内容

第一节 诚实信用原则

【文献指引】

蔡章麟:《私法上诚实信用原则及其运用》,载郑玉波主编:《民法总则论文选辑》,五南图书出版股份有限公司 1984 年版;徐国栋:《民法基本原则解释》,中国政法大学出版社 1992 年版;梁慧星:《诚实信用原则与漏洞补充》,载梁慧星主编:《民商法论丛》(第 2 卷),法律出版社 1994 年版;郑强:《合同法诚实信用原则研究:帝王条款的法理阐释》,法律出版社 2000 年版;徐国栋:《民法基本原则解释——诚信原则的历史、实务、法理研究》,北京大学出版社 2013 年版。

【补充文献】

于飞:《公序良俗原则与诚实信用原则的区分》,载《中国社会科学》2015 年第 11 期;于飞:《民法基本原则:理论反思与法典表达》,载《法学研究》2016 年第 3 期;任超:《德国民法中的一般条款:内涵界定和历史脉络——以诚实信用条款为例》,载《河北法学》2016 年第 2 期;徐化耿:《论私法中的信任机制——基于信义义务与诚实信用的例证分析》,载《法学家》2017 年第 4 期;蒋言:《论权利失效的立法》,载《政治与法律》2018 年第 2 期;李敏:《我国民法上的禁止权利滥用规范——兼评〈民法总则〉第 132 条》,载《法律科学(西北政法大学学报)》2018 年第 5 期;王利明:《论公序良俗原则与诚实信用原则的界分》,载《江汉论坛》2019 年第 3 期;夏昊晗:《诚信原则在"借违法无效之名毁约"案型中的适用》,载《法学》2019 年第 6 期;钟淑健:《论权利失效规则的司法适用——对"阿凡提"著作权纠纷案的体系解释》,载《法学论坛》2020 年第 5 期;于飞:《基本原则与概括条款的区分:我国诚实信用与公序良俗的解释论构造》,载《中国法学》2021 年第 4 期;〔德〕耶尔格·诺伊尔:《合同解释、合同补充与合同修正》,时军燕译,载谢晖、陈金钊主编:《法律方法》(第 29 卷),研究出版社 2020 年版。

在债之关系的内容中,合同之债的内容由当事人的约定或者补充的法律规则确定,根据《民法典》第 511 条,合同的内容应是给付的内容;而法定之债的内容则是由各自对应的法律规范决定的。在债之关系中,当事人应当遵守诚实信用原则:首先,债的内容必须符合诚实信用原则;其次,债权等行使以及债务等履行也必须符合诚实信用原则。

一、诚实信用原则概述

诚实信用原则起源于罗马法的最大善意制度(bona fides),最早主要是作为没有法定的交易行为的诉讼基础,后来则被作为法律关系中个别义务的标准。例如,《德国民法典》第 242 条规定:债务人负有义务,如诚实信用以及交易习惯所要求的那样进行给付。也就是说,在进行给付之时,债务人要按照诚实信用并顾及交易习惯所要求的那样来行为。[1]

《民法典》第 7 条规定:"民事主体从事民事活动,应当遵循诚信原则,秉持诚实,恪守承诺。"这里所称的民事活动含义很广,不仅包含意定法律关系,也包含法定法律关系。例如,在债的抵销中,侵权之债能否抵销,亦须经过诚实信用原则的考量。当事人行使权利、履行义务应当遵循诚实信用原则,特别是债权人在行使权利时,应当遵循诚实信用原则。[2] 另外,不仅在债法关系上要适用诚实信用原则,在物权关系上也要适用诚实信用原则。例如,在相邻关系中对物权进行限制,就需要借助诚实信用原则予以确定。在程序法和公法上,也须遵守诚实信用原则。

《民法典》第 7 条所称的"诚信原则",即诚实信用原则,诚实即指其字面的含义,信用则是指信赖、信任,是人们之间关系不可缺少的基础,不得欺诈、不得滥用,同时,诚实信用原则要求债务人应当如善良思想之人所期待的那样行为。[3] 在诚实信用原则之外,《民法典》第 7 条还特别强调"秉持诚实",实际上是对诚实信用原则中的诚实的重复,而"恪守承诺"则是点出了"信用"的一个重要方面,其中,还含有"善意"的意思。[4]

诚实信用原则是一般性条款,并不含有具体适用要件。因此,在具体适用法律时,对于诚实信用原则就需要具体化。

在当事人没有约定或者法律没有具体规定时,法院可以依据诚实信用原则补充解释合同或者填补法律漏洞。[5] 但是,法官在解释合同、填补合同漏洞以及法律漏洞时,不能抛开法律内含的价值判断而直接以其内心的诚实信用观念为依据进行操作,这样做不仅有违法官必须以法律为准绳之原则(《法官法》第 6 条),而且会危及法律之安定性。尤其是合同漏洞的填补,必须遵循任意法规范以及诚实信用原则进行(比

---

[1] Larenz, *Schuldrecht AT*, 14. Aufl., 1987, § 10 I, S. 125.
[2] 黄薇主编:《中华人民共和国民法典合同编解读(上册)》,中国法制出版社 2020 年版,第 23 页。
[3] Larenz, *Schuldrecht AT*, 14. Aufl., 1987, § 10 I, S. 125.
[4] 黄薇主编:《中华人民共和国民法典合同编解读(上册)》,中国法制出版社 2020 年版,第 24 页。
[5] 同上书,第 25 页。

较《民法典》第510条、第511条)。

在遇到新的社会问题时,亦应由立法者通过立法予以解决,而不能由法官依照诚实信用原则填补法律之漏洞,因为诚实信用原则本身就是需要通过法定价值予以具体化的。诚实信用原则并不具有创设新的法律制度的功能,而只具有进一步表述现有的法律原则或者法律关系以及明确法律地位界限的功能。①

《民法典总则编解释》第1条第3款规定:"民法典及其他法律对民事关系没有具体规定的,可以遵循民法典关于基本原则的规定。"也就是说,在适用法律时,如果存在具体的法定规则,则需首先适用该法律规则,只有在适用规则会由于具体情况的特殊性而对合同当事人一方明显不公正的情况下,才可以诚实信用原则予以平衡,在这个意义上,诚实信用原则具有次位性。②

在具体案件中适用诚实信用原则时,一般应在广泛的利益衡量后对之进行具体化。③ 具体化的价值判断标准是诚实信用以及交易习惯。

1. 诚实(Treu)与信用(Glauben)二者为同义词,均无明确的事实构成与法律效果,只是给出一定的目标方向,即须保障利益衡量的公正性(die Gewährleistung eines gerechten Interessenausgleichs)。在事理上,要求当事人照顾对方的利益、保护合理之信赖,在交易中尽到一般之善意。④

在具体适用诚实信用原则时,还要根据其他规范中的法定利益评价对诚实信用原则进行具体化,尤其是宪法中的基本原则,就具有决定性意义。

2. 交易习惯也是诚实信用原则具体化的根据,尤其在商业实践中,商业习惯是最为重要的具体化诚实信用原则的工具。⑤ 反过来,对于交易习惯,也要进行"诚实信用考察",只有符合诚实信用原则的交易习惯,才是法律上需要考虑的交易习惯。

《民法典合同编通则解释》第2条区分了两种交易习惯:一种是当事人之间在交易活动中的惯常做法,一种是在交易行为当地或者某一领域、某一行业通常采用并为交易对方订立合同时所知道或者应当知道的做法。而且,当事人之间的习惯与特殊地区(行业)习惯均不得违反法律、行政法规的强制性规定,也不得违背公序良俗。

当事人之间的习惯是当事人在交易活动中的惯常做法,在当事人没有明确约定的情况下,通常可以解释为当事人还会延续该惯常作为,所以,可以以交易习惯填补合同漏洞。例如,甲在向乙供货时,一直会提供"环境友好"证明,但在涉诉案件中却没有提供该证明,此时,该案之前的惯常作为即可以被认定为当事人之间的交易

---

① Brox/Walker, *Allgemeines Schuldrecht*, 46. Aufl., 2022, § 7, Rn. 3.
② A. a. O., Rn. 4.
③ MüKoBGB/Schubert, 9. Aufl., 2022, § 242, Rn. 126 ff.
④ Looschelders, *Schuldrecht AT*, 21. Aufl., 2023, § 4, Rn. 8.
⑤ Brox/Walker, *Allgemeines Schuldrecht*, 46. Aufl., 2022, § 7, Rn. 5.

习惯。①

对于特殊地区(行业)习惯,一般要求交易对方在订立合同时知道或者应当知道,也就是说,订立合同时知道或者应当知道特殊地区(行业)习惯的一方,不得向不知道且不应当知道的交易对方主张该交易习惯;但在订立合同时不知道或者不应当知道特殊地区(行业)习惯的一方,若嗣后发现该交易习惯对解释合同有利,也可以主张适用该交易习惯。② 对于交易习惯的存在、告知和说明等,由提出主张的一方当事人承担证明责任。人民法院也可以依照职权取证或者查明。③

二、诚实信用原则与其他原则的区分

(一) 与作为法律行为解释因素的诚实信用原则的区分

《民法典》第 142 条以及《民法典合同编通则解释》第 1 条第 1 款规定的合同解释规则中,诚实信用原则是合同解释的一个标准或者说因素,法官在解释合同时应当予以考虑。在内容上,这里的诚实信用原则与《民法典》第 7 条的诚实信用原则是一致的。但这里的诚实信用原则并非一般条款,而是具体规则。这里的"诚"(Treu),指的是合同当事人之间的关系;而"信",应作信用、信赖(Glauben)理解,指的是合同当事人之间特别的信赖关系。④

在补充解释合同时,诚实信用原则是主要的参考因素。而在解释有争议的合同条款时,应考虑各方当事人的利益和当事人之间其他的法律关系,甚至还要考虑一方合同当事人与第三人订立的合同。⑤ 法官在解释合同时,应同时引用诚实信用原则所涉的两个条款。

(二) 与公序良俗原则的区分

民事主体从事民事活动,应当遵守社会公德,不得扰乱社会经济秩序,损害社会公共利益,此即所谓的公序良俗原则(《民法典》第 8 条)。⑥

公序良俗原则与诚实信用原则有何不同呢?有学者认为,公序良俗原则是针对法律行为的内容进行的"内容审查",诚实信用原则是针对权利的具体行使进行的"行使审查"。⑦ 也有学者认为,诚实信用原则主要适用于权利行使和债务履行的情形,而

---

① 最高人民法院民事审判第二庭、研究室编著:《最高人民法院民法典合同编通则司法解释理解与适用》,人民法院出版社 2023 年版,第 55 页。
② 最高人民法院民事审判第二庭、研究室编著:《最高人民法院民法典合同编通则司法解释理解与适用》,人民法院出版社 2023 年版,第 57 页。
③ 最高人民法院民事审判第二庭、研究室编著:《最高人民法院民法典合同编通则司法解释理解与适用》,人民法院出版社 2023 年版,第 59 页。
④ MüKoBGB/Busche, 9. Aufl., 2021, § 157, Rn. 5.
⑤ A. a. O., Rn. 7.
⑥ 崔建远等著:《民法总论》,清华大学出版社 2010 年版,第 283 页。
⑦ 于飞:《公序良俗原则与诚实信用原则的区分》,载《中国社会科学》2015 年第 11 期,第 150 页以下。

公序良俗原则主要适用于维护国家利益和公共利益的情形。①

基于现行法,公序良俗原则不仅适用于法律行为的内容,也适用于社会风俗、经济和社会秩序等;而诚实信用原则也不仅仅适用于行为行使。从两个原则本身的内涵来看,二者的区别在于,公序良俗意味着每个人都需具备的最基本的道德,而诚实信用则是适用于特别结合关系的严格标准。② 至于公序良俗原则所包含的不得违反经济和社会秩序原则,则与诚实信用原则有重合之处。

三、诚实信用原则的具体适用

(一) 对债之关系(给付方式)的补充

诚实信用原则的最初功能是补充给付义务的内容。例如,在购买衣物时,虽然当事人之间并没有约定包装义务,但基于诚实信用原则,卖方负有包装义务。在没有约定给付的时间、地点的情况下,给付的履行亦应符合诚实信用原则。例如,债务人不能在凌晨2点时返还欠款。又如,在债务人库存货物有限,但对多个债权人负有债务的情况下,依据诚实信用原则,债务人应当对每个债权人等份偿付,反过来,债务人也有权按比例地减少给付。③

值得注意的是,诚实信用原则的补充功能主要体现在与给付相关的附随义务领域,在既不能从法律中、也不能从合同中推导出附随义务的情况下,须根据诚实信用原则予以补充。

(二) 债之关系中义务的确立

在合同关系中,当事人应当依照诚实信用原则履行合同,并避免相对人受到损害。当事人应通过补充性合同解释,确立从给付义务以及保护义务(《民法典》第509条第2款),具体包括通知、协助、保护等义务。违反从给付义务以及保护义务者,应依据《民法典》第577条以下,承担损害赔偿责任。

在合同关系成立前,基于诚实信用原则,缔约人亦负有说明、照顾义务,过失违反这些义务,造成相对人损害的,应承担缔约过失责任(《民法典》第500条、第501条)。

在合同关系结束后,基于诚实信用原则,缔约当事人也负有一定的从给付义务(作为或者不作为),具体包括通知、协助、保密、旧物回收等义务(《民法典》第558条)。

(三) 权利滥用之限制

诚实信用原则还具有限制功能。诚实信用原则不仅要求债务人在履行给付义务时要顾及诚实信用,也要求债权人诚实信用地行使自己的权利。

---

① 王利明:《论公序良俗原则与诚实信用原则的界分》,载《江汉论坛》2019年第3期,第129页以下。
② Medicus/Lorenz, *Schuldrecht AT*, 22. Aufl., 2021, § 14, Rn. 6.
③ Larenz, *Schuldrecht AT*, 14. Aufl., 1987, § 10 Ⅱ, S. 131.

1. 权利滥用的构成

《民法典》第 132 条规定:"民事主体不得滥用民事权利损害国家利益、社会公共利益或者他人合法权益。"所谓滥用,是指权利的行使明显超过正当界限的情况,具体如权利行使的目的违背权利设定的目的,权利行使的方式违背公序良俗等。①

在认定滥用权利时,人民法院可以根据权利行使的对象、目的、时间、方式、造成当事人之间利益失衡的程度等因素作出认定(《民法典总则编解释》第 3 条第 1 款)。(1) 权利行使的对象:权利主体行使权利时,要注意向侵犯其权利的人行使,而不能向其他人行使。(2) 权利行使的目的:权利行使的目的不得违背权利设定的目的,否则会构成权利滥用。(3) 权利行使的时间:权利人行使权利时,要注意时间,通常不能在夜晚、债务人休息的时候行使债权。(4) 权利行使的方式:权利人行使权利的方式要合理,否则也会构成权利滥用。(5) 造成当事人之间利益失衡的程度:权利人所欲取得的利益与由此致人的损害极不相称。例如,在"徐迪与黑龙江天辰燃气有限责任公司、曲焕祥物权保护纠纷案"的一审民事判决书②中,主审法院即认为:"徐迪享有诉争土地的使用权,其合法权益应当得到保护,但天辰燃气公司在诉争土地下铺设天然气管道且已建成并开始供气使用,徐迪要求移出正在使用的天然气管道的诉讼请求,将导致大规模用气人遭受损失,而该损失远远大于徐迪所获得的利益,故徐迪主张移出管道、恢复原状的诉讼请求,本院不予支持。"最后需要强调的是,法官在认定权利滥用时,要结合具体案情进行综合衡量。③

2. 权利滥用的类型

禁止滥用权利本身仍是一般条款,需要在司法实践中予以类型化,目前通过理论研究与司法实践归纳的权利滥用类型有如下几种:

(1) 以损害国家、社会、他人权益为目的的行为

如果行为人以损害国家利益、社会公共利益、他人合法权益为主要目的行使民事权利,人民法院则应当认定构成滥用民事权利(《民法典总则编解释》第 3 条第 2 款)。比如在"王碎永诉深圳歌力思服饰股份有限公司、杭州银泰世纪百货有限公司侵害商标权纠纷案"④中,法院认为,"歌力思"本身为无固有含义的臆造词,具有较强的固有显著性,依常理判断,在完全没有接触或知悉的情况下,因巧合而出现雷同注册的可

---

① 梁慧星:《民法总论》(第六版),法律出版社 2021 年版,第 54 页;最高人民法院民法典贯彻实施工作领导小组编著:《最高人民法院民法典总则编司法解释理解与适用》,人民法院出版社 2022 年版,第 92 页。

② "徐迪与黑龙江天辰燃气有限责任公司、曲焕祥物权保护纠纷案",黑龙江省哈尔滨市松北区人民法院(2018)黑 0109 民初 268 号民事判决书,二审法院裁定撤销了该裁决,并发回重审。

③ 最高人民法院民法典贯彻实施工作领导小组编著:《最高人民法院民法典总则编司法解释理解与适用》,人民法院出版社 2022 年版,第 93 页以下。

④ "王碎永诉深圳歌力思服饰股份有限公司、杭州银泰世纪百货有限公司侵害商标权纠纷案",最高人民法院(2014)民提字第 24 号民事判决书。

能性较低。作为地域接近、经营范围关联程度较高的商品经营者,王碎永对"歌力思"字号及商标完全不了解的可能性较低。在上述情形之下,王碎永仍在手提包、钱包等商品上申请注册"歌力思"商标,其行为难谓正当。王碎永以非善意取得的商标权对歌力思公司的正当使用行为提起的侵权之诉,构成权利滥用。裁判要点被归纳为:"当事人违反诚实信用原则,损害他人合法权益,扰乱市场正当竞争秩序,恶意取得、行使商标权并主张他人侵权的,人民法院应当以构成权利滥用为由,判决对其诉讼请求不予支持。"

(2) 自相矛盾的行为

权利人以其表示或者行为有意识或者无意识地创设了一种事实或者权利状况,相对人对此得产生信赖而且也已经产生信赖,若权利人事后作出与先前表示或者行为相反之行为,即为自相矛盾之行为(venire contra factum proprium)。① 例如,债务人保证还钱,致使对方诉讼时效经过后却不还钱。又如,债务人明确放弃时效抗辩,嗣后却仍提出时效抗辩。

(3) 滥用权利地位的行为

依照诚实信用原则,债权人不得根据非善意取得的权利地位主张权利,即任何人不得自违法或悖俗的行为中获得请求权。

对于滥用权利地位的问题,实定法多有规定,例如滥用代理权规则(《民法典》第164条)、恶意阻止条件成就规则(《民法典》第159条)等。在有具体法律规定的情况下,须直接适用该规定,无须引用诚实信用原则;但在没有具体法律规定的情况下,则可以依照诚实信用原则予以细化,例如以下行为即可能构成权利滥用:① 债权人根据形式无效而主张权利;② 债务人提供了大部分给付,债权人却拒绝受领;③ 债权人要求债务人公开账目,但目的是与其竞争;④ 承租人造成了瑕疵,却向出租人主张瑕疵担保责任。

(4) 失效

失效(Verwirkung)是自相矛盾行为的特例,系指这一种情形:权利人长时间不行使权利,但又未经过诉讼时效,如果其现今行使权利对于相对人而言是过分的,那么该权利即为失效。是否构成失效,需要根据时间要件和状况要件这两个要件进行判断,即债务人是否因债权人长时间不行使权利而得相信而且已经相信债权人不再行使该权利,这里涉及的是债务人客观的判断,而债权人自己是否知道该权利则无关紧要。② 实质上,失效制度保护的是债务人正当的对特定财产地位的信赖。不仅主观权利可以失效,任何可以向他人主张的权利地位也可以失效。合同无效的主张、形成权、起诉,都可以失效。

---

① Medicus/Lorenz, *Schuldrecht AT*, 22. Aufl., 2021, § 14, Rn. 11.
② A. a. O., Rn. 13.

例如,出租人有权终止其与承租人的合同,但如果其在知晓解除原因数月后,仍然不行使终止权,则其就不得再行使该权利。2009 年《房屋租赁合同解释》第 16 条明确规定:"出租人知道或者应当知道承租人转租,但在六个月内未提出异议,其以承租人未经同意为由请求解除合同或者认定转租合同无效的,人民法院不予支持。"《民法典》第 718 条则规定:"出租人知道或者应当知道承租人转租,但是在六个月内未提出异议的,视为出租人同意转租。"

3. 法律效果

《民法典总则编解释》第 3 条第 3 款规定:"构成滥用民事权利的,人民法院应当认定该滥用行为不发生相应的法律效力。滥用民事权利造成损害的,依照《民法典》第七编等有关规定处理。"据此,权利滥用的法律效果有四:(1) 权利人滥用权利的行为不发生相应的法律后果。例如,违约人的违约行为显著轻微,守约人解除合同的行为即构成滥用权利,并不发生法律效力,人民法院可以驳回其行使权利的主张。(2) 相对人可以主张排除妨碍。例如,甲安装的可视门铃位于乙户门的左前方,可以对乙进出住宅等情况自动记录、存储,乙可以主张甲拆除该门铃并删除与其相关的记录资料。① (3) 权利人滥用民事权利造成损害的,依照《民法典》第七编承担侵权责任。而公司股东滥用公司法人独立地位、股东有限责任或者股东权利,损害公司债权人、公司或者其他股东权利的情形,则依照《公司法》等有关规定处理。(4) 权利人有可能丧失该权利。

(四) 法律与合同的修正

诚实信用原则还具有修正法律与合同的功能,但是,法官应当非常谨慎地运用诚实信用原则修正法律与合同。

对于法律的修正,法官只有在立法者不能及时应对新的需求、处理法律紧急状况的时候,才可以适用诚实信用原则修正法律。

对于合同内容的修正,法律已规定了较多特别规则,基本无须适用诚实信用原则,如格式条款内容控制规则(《民法典》第 497 条)、情势变更情况下的调整规则(《民法典》第 533 条)等。在交易基础丧失或者不存在的情况下,当事人可以主张调整合同内容,此即所谓的交易基础丧失制度,我国学者多称该制度为情势变更制度,其制度基础即在于诚实信用原则。而当事人在适用情势变更制度调整合同时,除了根据当事人的意思以外,仍需要根据诚实信用原则。

需要注意的是,合同修正不同于漏洞填补。在漏洞填补中,法律规定仅仅是在填补合同中的漏洞;而在合同修正中,法律规定却是在替代当事人的意思。因此,合同

---

① "潘鑫涛诉姚骏相邻损害防免关系纠纷案",江苏省无锡市梁溪区人民法院(2019)苏 0213 民初 6264 号民事判决书。

修正必须依据诚实信用、信赖保护以及社会责任等原则进行。①

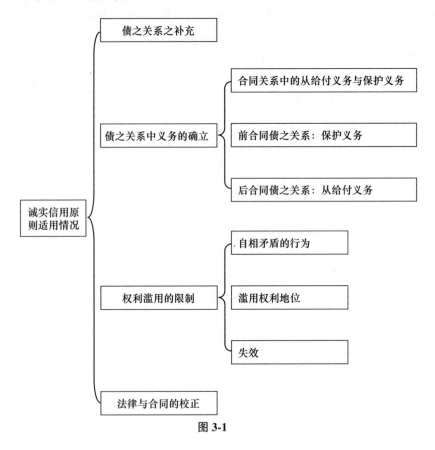

图 3-1

第二节 给付内容的确定

在进行法律适用时,法官须首先考察债之关系是否已经产生,其次确定债之关系的内容(即给付内容),并判断一方向另一方所负债务的内容,再次考察债之关系是否正常地结束了,最后才是是否出现给付障碍的问题。故给付内容的确定是法律适用中的关键一环。

一、概述

当事人可以通过约定确定给付内容,也可以通过约定改变给付内容,二者均属于当事人形成自由的范畴。在法定债之关系中,给付内容是由法律确定的,但是当事人

---

① 〔德〕耶尔格·诺伊尔:《合同解释、合同补充与合同修正》,时军燕译,载谢晖、陈金钊主编:《法律方法》(第 29 卷),研究出版社 2020 年版。

有改变该内容之自由。例如,甲过失损坏了乙的自行车,甲需根据《民法典》第1165条向乙承担损害赔偿责任,损害赔偿的计算根据是《民法典》第1184条。原则上,甲需对乙以金钱进行损害赔偿,但是甲乙也可以约定,甲为乙购买同样品质的自行车,以替代金钱损害赔偿。

《民法典》第143条规定的民事法律行为生效的要件中并不包含"民事法律行为内容确定"这一要件。《民法典合同编通则解释》第3条第1款规定:"当事人对合同是否成立存在争议,人民法院能够确定当事人姓名或者名称、标的和数量的,一般应当认定合同成立。"也就是说,只要当事人的姓名或者名称、标的、数量是可确定的,合同即可成立。

我国学者多认为,民事法律行为的内容应当确定。[1] 在解释上,"确定"既指当事人明确约定民事法律行为内容的情况,也指民事法律行为的内容可以通过解释以及该行为内含的规则予以确定的情况。

依照事理,如果作为合同客体的给付既没有被当事人明确约定,也不能根据合同内含的规则予以确定,那么合同应当无效。因为,只有在合同内容充分确定的情况下,债务人才会受其法律上的约束。

案例:甲到乙所经营的商店,对乙表示想购买货物,乙同意,但甲选来选去,并未发现中意之物。[2]

在上述案件中,标的物是可确定的,甲乙对购买货物达成合意,合同成立;但合同内容无法确定,合同无效,甲乙应不受合同约束。[3]

确定的给付内容是通过清偿消灭债之关系、判断是否构成履行障碍和损害赔偿的前提。法院不能自行作出要求当事人为特定给付的判决并予以强制执行。

二、通过解释与法律规定确定给付内容

虽然给付内容必须确定,但并不是说必须自始确定。而且,即使当事人没有约定给付的方式、标的、时间、地点等内容,但如果这些内容是可以通过解释或法律规定予以确定的,那么合同亦会有效成立。

案例:甲向乙买受某地号土地的一部分,但未指定确定该特定部分的方法。

在上述案件中,根据合同文义无法确定给付标的物,但甲乙均承认买卖合同的效力,此时可以通过解释确定给付标的物。

---

[1] 梁慧星:《民法总论》(第六版),法律出版社2021年版,第179页。
[2] 陈自强:《民法讲义Ⅱ——契约之内容与消灭》,法律出版社2004年版,第53页。
[3] 有不同观点认为,此种情形下当事人并未订约之意思,此固然是一种思路,但依照本案中当事人的意思,应当认为已经要约、承诺,达成合意,只是合同内容不确定。陈自强:《民法讲义Ⅱ——契约之内容与消灭》,法律出版社2004年版,第53页。

（一）确定给付内容的方法

在合同生效后，当事人对于质量、价款或者报酬、履行地点等给付内容没有约定或约定不明确的，可以适用以下方法予以确定：

第一，通过合同解释确定给付内容。即自客观受领人的角度出发，解释当事人客观表示的意思。对意思表示的解释，应从文义入手，再通过体系、目的、习惯以及诚实信用原则等解释方法予以确定（《民法典》第142条）。具体应当结合合同全文、双方当事人经济往来的全过程，对当事人订立合同时的真实意思作出判断，在此基础上再根据诚实信用原则对所涉词语加以解释，而不能简单、片面地强调词语文义上存在的差别。① 在进行目的解释时，不能仅按照一方当事人所期待实现的合同目的进行解释，而应按照与合同无利害关系的理性第三人所通常理解的当事人共同的合同目的进行解释，且目的解释不应导致对他人合法权益的侵犯或与法律法规相冲突。②

若通过合同解释仍不能确定给付内容，而当事人又没有达成补充协议的，法院或仲裁机构得对不确定的给付内容予以补充解释。补充解释所探求的是假设的当事人之意思，即当事人在通常交易中所合理意欲的意思。③ 根据《民法典》第510条，对意思表示进行补充解释的方法有两种：体系解释与依照交易习惯的解释。同时，诚实信用原则亦属于重要的补充解释的依据。

在给付内容根据《民法典》第510条仍不能确定的情况下，当事人还可以根据《民法典》第511条规定的实体解释规则予以确定。《民法典》还规定有确定给付内容的任意性规则，具体如《民法典》第603条、第721条、第730条等。

第二，通过另一个债之关系（如预约或者框架性合同）的内容确定给付内容。

第三，事后确定给付内容。在合同之债中，当事人不必自己确定给付内容，而是可以赋予对方当事人或者第三人在事后确定合同内容的权利。在理论上，还存在三种事后确定给付内容的特殊规则，即种类物具体化规则、选择之债中的选择或决定权规则、行使替代权规则。在种类之债中，至少种类是确定的，通过种类物具体化规则确定的主要是标的物的质量；在种类物没有具体化的情况下，即使种类物灭失，也不会出现给付不能，债务人仍负有购置标的物的义务。

（二）方法的适用顺序

在事后确定给付内容规则和《民法典》第510条的适用顺序上，如果存在种类物的具体化、在选择之债情况下的选择或决定权、行使替代权这三种特殊情况，应当优

---

① "厦门东方设计装修工程有限公司与福建省实华房地产开发有限公司商品房包销合同纠纷案"，载《中华人民共和国最高人民法院公报》2006年第4期（总第114期），第22—29页。

② "枣庄矿业（集团）有限公司柴里煤矿与华夏银行股份有限公司青岛分行、青岛保税区华东国际贸易有限公司联营合同纠纷案"，最高人民法院（2009）民提字第137号民事判决书。

③ 韩世远：《合同法总论》（第四版），法律出版社2018年版，第878页。

先适用特殊规则,并无适用《民法典》第 510 条之可能;在可以赋予当事人一方或者第三人事后确定合同内容的权利时,也无适用《民法典》第 510 条的余地。

在补充解释和实体解释规则的适用顺序上,补充解释优先于实体解释规则。①

在事后确定给付内容规则和实体解释规则的适用顺序上,事后确定给付内容规则也优先于实体解释规则。例如,根据《民法典》第 511 条第 1 项,如果合同的质量要求不明确的,当事人应当按照国家标准、行业标准履行;没有国家标准、行业标准的,应当按照通常标准或者符合合同目的的特定标准履行。

三、合同内容的单方确定

所谓合同内容的单方确定,是指当事人约定合同内容事后由一方当事人或第三人予以确定的情况,通常存在于长期合同(因为其计算基础事后会产生变化,无法自始确定)、一开始尚无法确定给付范围的合同(如技术性给付、艺术性给付、医生的治疗性给付)以及国有企业单方定价的合同(如石油、水、电等供应合同)中。在实践中,该约定最为重要的适用领域是雇主的指示权、长期合同中的价款变动条款以及专家鉴定合同(如道路交通事故专家鉴定报告)。

《合同法》的"建议草案"第 27 条曾规定:若双方都有意订立合同,则即使双方将合同某一条款留待日后商定或者由第三人决定,该合同亦应成立。若此后双方就未定条款未能达成协议,或者第三人未作出决定,但存在其他在当时情况下合理的方法来确定此条款,则合同仍应成立。该条款借鉴了《国际商事合同通则》第 2.14 条的规定,侧重于当事人约定单方确定合同内容时的合同成立问题,但其中也包含了合同内容的单方确定制度及其标准。

一般来讲,只有在不能通过补充解释确定合同内容的情况下,才可以考虑适用合同内容的单方确定规则。如果通过补充解释只能确定费用的最高额和最低额,则仍可以适用合同内容的单方确定规则。值得注意的是,《劳动合同法》对于报酬(工资)数额规定了特别的实体法解释规则(第 11 条、第 18 条),也优先于合同内容的单方确定规则。例如,《劳动合同法》第 11 条规定:"用人单位未在用工的同时订立书面劳动合同,与劳动者约定的劳动报酬不明确的,新招用的劳动者的劳动报酬按照集体合同规定的标准执行;没有集体合同或者集体合同未规定的,实行同工同酬。"

允许事后确定合同内容的法政策基础在于:合同成立之时,当事人一方或双方往往是盲目地受合同内容确定规则的约束,故应予以控制。② 有学者认为,在给付内容由双方当事人通过合同共同形成时,如果当事人的行为能力完全、意思表示无瑕疵,该合同在当事人之间即为公平,无须从客观角度再行检验其公平性;但在给付内容仅

---

① 韩世远:《合同法总论》(第四版),法律出版社 2018 年版,第 879 页。
② Medicus/Lorenz, *Schuldrecht AT*, 22. Aufl., 2021, § 19, Rn. 1.

由一方当事人确定时,并无上述立论基础,故应依照客观标准检验给付内容是否公平。①

当事人可以约定给付内容由一方当事人或第三人确定,具体分述如下:

(一)由一方当事人确定给付内容

当事人可以明示或默示地约定,一方当事人有权确定给付或者对待给付的标的。这里的给付是指当事人基于债之关系所承担的债务,既包括给付义务,也包括附随义务。

> 案例:合伙人甲与乙拟解散合伙并平分合伙财产,故约定由甲进行分配。如果甲进行分配后,乙不同意分配结果,乙应当怎么办?

在这里,实质的问题是,在存在上述约定时,有确定权的当事人应当根据什么原则与标准确定给付内容?

1. 确定给付内容的标准

如果当事人约定了确定给付内容的框架,有确定权的当事人须遵守该框架。如果没有约定框架,则需根据公平之衡量予以确定。例如,甲向乙购买一台尚在研发中的新能源汽车,合同签订时,无法确定价格,故约定由出卖人乙确定价格,在研发完成可以交货时,出卖人乙需根据公平之衡量并兼顾市场情况予以确定。

那么,什么是"公平之衡量"呢?公平之衡量不能取决于当事人的主观判断,而需根据一定的客观标准,具体考察双方当事人之间的利益状况以及类似情况下的交易习惯,最后确定之结果需符合双方之利益。②

客观标准具有如下功能:(1)可以有效地认定合同形成;(2)为法院确定给付内容提供了可操作的标准;(3)在合同当事人迟延确定或者确定不公平的情况下,可以由法官确定其合同之标的。

在诉讼中,对于给付内容的确定是否公平,由确定权人承担证明责任。如果不公平,则该给付内容的确定即无拘束力。③ 此时,法官可以自己确定给付的内容。在确定权人确定迟延时,法官也可以确定给付之内容。

在上述案例中,甲得依据约定确定合伙财产的分配,但需要依据公平之衡量进行分配。乙若不同意分配结果,则可以起诉,由法院依据公平衡量方法处理。

2. 给付内容确定权的行使

给付内容确定权本质上是形成权,确定权人可以以单方之意思表示予以行使,该意思表示无须受领,亦无形式要件之要求,确定权一经行使,给付内容即形成,相对人

---

① 陈自强:《民法讲义Ⅱ——契约之内容与消灭》,法律出版社2004年版,第57页。
② Palandt/Grünberg, 84. Aufl., 2025, § 315, Rn. 10.
③ Staudinger/Rieble, 16. Aufl., 2020, § 315, Rn. 54 ff.

即受约束①,给付内容确定权也即消灭。所确定的给付内容对于确定权人即有约束力,确定权人不能改变也不能撤回该确定。确定权人不行使确定权的,可以类推适用《民法典》第515条第2款,确定权人在约定期限内或者履行期限届满未作确定,经催告后在合理期限内仍未确定的,确定权转移至对方。

在双务合同中,如果没有约定确定权人,可以推定由对待给付的债权人确定给付的内容,如医生可以在费用规章的范围内确定诊费。《德国民法典》第316条即规定:"针对给付而承诺之对待给付,其范围未确定者,有疑义时,请求对待给付之一方有确定之权。"我国《民法典》采取的是实体解释规则路径,《民法典》第511条第2项即规定:"价款或者报酬不明确的,按照订立合同时履行地的市场价格履行;依法应当执行政府定价或者政府指导价的,依照规定履行。"

给付内容可以由单方确定,但对于运送的方式、给付的展期等,则不能适用单方确定规则,而应由债务人自由决定。要求债权人对此作出表示,不太切合实际;即使债权人就这些内容进行了通知,也不得视为有约束力;法院通过形成判决予以确定,也不符合事实状况。债务人可以依据诚实信用原则自由行为,而法官可以对债务人的行为是否符合合同约定作出裁决。②

(二) 第三人的给付确定权

在缔结合同时,如果给付内容无法确定,当事人可以约定由其特别信任的第三人或作为专家的第三人确定给付内容。由第三人确定给付内容,有时是因为该确定需要专家,有时是因为第三人可以保持中立。当事人既可以约定由第三人根据公平之衡量确定给付内容,也可以约定由第三人任意确定给付内容。

1. 第三人根据公平之衡量确定给付内容

第三人根据公平之衡量确定给付内容时,与一方当事人确定给付内容并无不同,亦需考虑双方当事人的利益以及交易习惯。在给付内容的确定存在多种可能时,第三人应选择最为公平的给付内容。一般来讲,对于某一事实构成,只存在唯一真正公平的给付内容。

与一方当事人确定给付内容不同的是,在第三人确定给付内容时,只有在所确定的给付内容明显不公平而非简单不公平的情况下,该内容对于合同当事人才无拘束力,即不发生效力。第三人确定的给付内容明显不公平的,属于严重违反诚实信用原则的情况。所谓明显不公平,是指对于确定的给付内容,专业人士以及中立观察者立刻会产生不公平的感觉。例如,忽视合同内容或者其他重要情况,只顾及一方当事人的利益,提高租金时没有给出计算标准,存在严重的测量错误等。但在可容忍程度上

---

① 陈自强:《民法讲义Ⅱ——契约之内容与消灭》,法律出版社2004年版,第56页。
② Larenz, *Schuldrecht AT*, 14. Aufl., 1987, § 6 Ⅱ, S. 81 f.

的误判,并非明显不公平。①

在第三人确定的给付内容明显不公平的情况下,当事人可以自行协商确定给付内容;当事人不能达成一致或者迟延的,法院得通过判决确定给付内容。

2. 第三人任意确定给付内容

如果当事人约定由第三人任意确定给付内容,那么,该给付内容即使明显不公平也具有约束力,但不能违背公序良俗。其原因在于:在这种情况下,对给付内容的确定是主观的,并无客观之标准,无法通过法院判决予以替代。而如果第三人不予以确定或迟延确定给付内容,法院也不能替代确定,此时,合同无效。

3. 第三人确定给付内容之撤销

在由第三人确定给付内容时,第三人对合同当事人所作的意思表示是不可撤回的。如果第三人的意思表示存在瑕疵(如错误、胁迫、欺诈),享有撤销权者并非该第三人,而是合同的当事人。准确地讲,撤销权人应是承受不利益的当事人。在逻辑上,当事人自无权撤销他人的意思表示,但基于利益衡量,可以赋予当事人撤销他人意思表示的权利。

4. 多个第三人确定给付内容

如果由多个第三人共同确定给付内容,在没有特别约定的情况下,所确定的给付内容需要取得多个第三人的一致同意。如果多个第三人不能达成一致,则可以通过判决予以替代。

5. 专家鉴定合同

在鉴定合同中,可以约定由专家或者仲裁庭甚至行政机关作为第三人,确定合同的事实及其构成,这在交通事故鉴定中最为常见。例如,甲向乙出售一幅古画,但双方无法就价格达成一致,于是二人约定,该画的价格由文物鉴定专家丙决定。丙可以对鉴定合同的内容进行补充性确定,但应受法院监督。

具体而言,受委托的第三人可以进行权利形成性的合同补充,如填补漏洞、变更长期合同;也可以澄清某些外行并不明确而专家很明确且已经客观确定的合同内容,如合适的租金、土地的交易价值、分割之鉴定;还可以确定事实和决定因素,如损害、因果关系、过错的确定、价值和质量的确定以及评估等。

在专家作为第三人鉴定时,应适用一般的由第三人确定合同内容的规则,如在上述的古画案例中,如果丙确定的价格明显不公平,则该确定即为无效;在仲裁庭或者行政机关作为第三人鉴定(即所谓的仲裁鉴定)时,在当事人约定适用一般规则时,也应适用仲裁法以及民事诉讼法的规定。仲裁鉴定合同与仲裁约定的区别在于:在仲裁约定中,仲裁员需对整个法律关系进行裁决;而在仲裁鉴定合同中,仲裁鉴定人虽然可以对一些前置问题予以裁决,但其内容受法院监督。

---

① Larenz, *Schuldrecht AT*, 14. Aufl., 1987, § 6 Ⅱ b, S. 83.

第三节　给付义务的客体

【文献指引】

杨春华:《金钱债权有效实现保障论》,西南政法大学 2007 年博士学位论文;许德风:《论利息的法律管制——兼议私法中的社会化考量》,载《北大法律评论》编辑委员会:《北大法律评论》(第 11 卷第 1 辑),北京大学出版社 2010 年版;张春燕:《第三方支付平台沉淀资金及利息之法律权属初探——以支付宝为样本》,载《河北法学》2011 年第 3 期。

【补充文献】

姚明斌:《金钱债务迟延违约金的规范互动——以实践分析为基础的解释论》,载《华东政法大学学报》2015 年第 4 期;刘勇:《超额利息返还的解释论构成——以法释[2015]18 号第 26 条、第 31 条为中心》,载《法学》2019 年第 4 期;张金海:《论金钱债务的迟延履行利息》,载《法学》2020 年第 11 期;刘勇:《〈民法典〉第 680 条评注(借款利息规制)》,载《法学家》2021 年第 1 期;崔建远:《论利息之债》,载《中州学刊》2022 年第 1 期;蓝寿荣、李圣瑜:《民间借贷超高利息的司法裁决问题——对中国裁判文书网 2016—2019 年发布的 165 份民间借贷裁判文书进行的分析》,载易继明主编:《私法》(第 19 辑第 2 卷),知识产权出版社 2022 年版;任倩霄:《民法典视域下替代履行制度的解释论展开》,载《法学论坛》2022 年第 6 期;王吉中:《借款法上"利息透明"原则之释义与运用》,载《法学》2022 年第 8 期;刘勇:《〈民法典〉第 676 条(逾期利息支付义务)评注》,载《清华法学》2023 年第 4 期;王利明:《论清偿型以物抵债协议产生的选择权——以〈合同编通则解释〉第 27 条为中心》,载《东方法学》2024 年第 2 期。

给付义务的客体是债务人给付所涉及的对象,可以是所有权或其他权利、占有或使用等;也可以是有体物或无体物,有体物可以是一般的物、金钱等,无体物可以是作品、企业或权利等。如果债务人负担的是提供服务的义务,则没有给付义务的客体,此时,给付涉及的只是债务人的给付行为,而不涉及客体。①

根据给付义务涉及的客体的不同,可以区分若干在债法上有意义的债。首先根据在合同订立时客体是确定的,还是需根据一般标准予以确定且需要具体化的,可以将债之关系区分为特定之债和种类之债;根据债务人是否可以在不同客体间进行选择,又可以区分出选择之债;如果债权人享有替代债务人所负担之给付标的、选择其他给付标的的权利,则债权人享有所谓的替代权能,此时的债之关系又被称为任意之债。种类之债、选择之债、任意之债,均是在给付客体相对不确定的情况下产生的债

---

① Larenz, *Schuldrecht AT*, 14. Aufl., 1987, § 11 I, S. 150.

之关系。如果给付义务涉及金钱,则又存在若干特殊规则。

一、种类之债

(一) 概述

在现实经济生活中,种类之债最为常见,意义也较为重大,如购买特定型号的汽车 10 辆、购买特定种类的土豆 10 吨等。所谓种类是指一类客体,其以共同之特征(型号、品牌、类型、系列等)区别于其他客体。由于种类通常包括了众多的标的,故当事人设立种类之债时,必须明确债务人所负担债务的数量。① 故综合而言,种类之债是以物之种类中一定数量的物而为的给付之债。

在特定之债中,客体一旦灭失,债务人即陷入给付不能;而在种类之债中,客体灭失,债务人并不会陷入给付不能,而是负有购置义务、应当继续履行债务。所以,在本质上,种类之债是一种购置之债(Beschaffungsschuld)。

判定种类之债的根据并非客观意义上的种类,而是当事人的约定。被限定的种类,其所包含的物在数量上应比应给付的标的物多一个,即债务人在该种类范围内有选择的空间,方为种类之债。②

种类之债往往会指向可替代物。所谓可替代物,是指按照交易观点不具有独特特征,因而可以被替代的物。替代物的判断标准为客观标准,但种类物的判断标准则为主观标准,取决于当事人的意思。当事人完全可以通过约定将不可替代物划入种类物。例如,画一般具有独特特征,是不可替代的,但当事人可以约定购买某画家创作的所有画中的一幅,这样,画作为不可替代物就成为了种类之债的客体。

金钱虽然是最重要且最典型的可替代物,但通常并非种类之债的标的物,对于金钱之债,债法有特别规则。

(二) 债务人的选择权

在种类之债中,债务人享有自种类中选择给付客体的权利,但是该选择权应是受约束的,即债务人必须自种类中选择具有中等品质的客体。至于何为中等品质,首先取决于当事人的约定;如果当事人没有约定,则取决于该种类物的平均品质。该规则应优先于《民法典》第 511 条第 1 项的实体解释规则适用,但需要强调的是,国家标准、行业标准、通常标准或者符合合同目的的特定标准均是确定平均品质的参考要素。

如果债务人选择的客体不具有中等品质,债权人可以拒绝受领该给付,并要求债务人依照合同进行清偿。如果债务人给付的客体超出中等品质,则债权人不得拒绝受领,债务人也不得嗣后以不负担超出中等品质之债为由而要求返还。如果债权人

---

① Larenz, *Schuldrecht AT*, 14. Aufl., 1987, § 11 I, S. 150.
② 陈自强:《契约之内容与消灭——民法讲义 II》(第四版),元照出版有限公司 2018 年版,第 97 页。

在受领给付后才发现客体不具有中等品质,则债权人可以主张债务人承担违约责任或者瑕疵担保责任。如果债务人无法给付中等品质的客体,那么会出现自始不能。

(三) 债务人的购置(设法取得)义务

在种类之债中,债之关系涉及的不是具体的物,而是一类物,故债务人确定用于给付的物灭失后,并不会导致给付不能。反而,债务人负有义务在市场上设法取得其他该类型的物,除非取得该类物的费用过高,债务人才有拒绝的权利(比较《德国民法典》第 276 条第 1 款第 1 句)。

库存之债是一种特殊的种类之债。在库存之债中,债务人所负的债务是基于详细标示、现存或可预期的库存的一定数量或者根据重量等确定数量的给付,比如一船香蕉中的十吨香蕉。对于库存之债,只有库存货物全部灭失了,债务人才会陷入履行不能。如果库存货物部分灭失或者剩余库存不足以完全偿付所有债权人,则根据诚实信用原则,可以按比例偿付或者按照同样比例减少对所有债权人的给付。

案例:甲向批发商乙购买了 10 吨绿豆,交货前夕,乙存放的绿豆因失火而全部灭失。恰逢此时,绿豆价格飙升,超出原来价格数倍。

在上述案件中,即使乙预计以库存为限履行合同,但由于双方并没有约定将给付标的物特别限定为仓库中存放的绿豆,故乙仍负有使甲获得绿豆占有以及所有权的义务,也就是说,这里的给付需发生给付结果。乙的库存中已经没有了绿豆,但由于在市场上仍存在绿豆,故乙不能主张履行不能而免除原给付义务,相反,乙负有在市场上购置绿豆之义务,以清偿其债务。至于乙从何处获得绿豆,代价如何,在所不论。即使绿豆价格上涨,其购买成本增加,也不构成给付不能。除非乙支出的成本与甲据此所获的利益比较严重不成比例,乙才可以基于给付不能进行抗辩(《民法典》第 580 条第 1 款第 2 项)。

如果债务人不履行或者不及时履行购置义务,则债权人可以根据《民法典》第 577 条请求债务人承担继续履行、损害赔偿等违约责任。

如果当事人约定或者根据合同内容可以解释出,种类物之给付以库存为限,即限制种类之债,则债务人不再负有购置义务。例如,债务人出卖自造或自产之物,如果该种类物的库存全部灭失,则出现给付不能。

(四) 特定化(具体化)

在种类之债中,即使物灭失,债务人亦负有给付义务,为平衡双方利益,应允许债务人限定用于清偿的物,此即种类物特定化,亦被称为具体化。种类之债一经特定化,即成为特定之债,从此即应适用特定之债的规定。在履行阶段,种类物亦需要特定化,否则债务人无法履行。

原则上只要债务人完成了给付所必须的行为,即构成特定化。一经特定化,债务人就完成了他所应该做的,给付风险即应移转给债权人,如果此时标的物灭失,债务人即陷入给付不能,不再承担购置义务。这是特定化制度的主要意义所在。

特定化的一般前提是物的选择与分离,但具体构成会因债的类型不同而不同:

如果是往取之债,债务人只要通知债权人自己已将给付客体分离出来并要求其来取走即可,如果双方约定了债权人取走给付客体的期限,则该期限一经过,即出现特定化。

如果是赴偿之债,债务人须在债权人所在地将选出的物交付给债权人,此时种类之债方为特定化。如果债权人受领了该物,债权即因清偿而消灭,此时种类之债的特定化并无实际意义。但是,如果债权人拒绝受领给付或者没有按照约定的时间受领,此时种类之债也即特定化,同时债权人陷入受领迟延,此后如果标的物灭失,那么债务人的原给付义务就会因为履行不能而消灭。如果债权人明确表示不会受领给付,那么,债务人将物之选择与分离告知给债权人,即完成特定化①,随着这一通知,债权人即陷入受领迟延。债权人受领迟延后,给付风险即移转给债权人。

如果是送付之债,债务人将选出的物交给运输人,自交付给运输人的那一刻起,种类之债即为特定化,如果物在运输途中灭失,那么债务人的原给付义务就会因为履行不能而消灭。②

在种类物运输之债中,出卖人一次托运未经分离的货物用以履行数份合同,或者一次托运超量货物用以履行一份合同,如果货物毁损灭失且没有特定化,则无法确认损毁灭失的是哪个合同的货物或者是否是本合同项下的货物。③ 为避免出卖人任意指称货物毁损灭失的情况发生,《买卖合同解释》第 11 条特别规定,只有在出卖人以装运单据、加盖标记、通知买受人等可识别的方式清楚地将标的物特定于买卖合同的情况下,对待给付风险才移转给买受人,否则对待给付风险会回跳给出卖人。④

(五) 特定化的效力

种类之债特定化后,债务人的原给付义务可能因给付不能而被免除,也就是说,债务人不再负有购置义务,给付风险移转给了债权人。在原给付义务消灭时,对待给付义务亦相应消灭,此时对待给付风险应由价金债权人负担。

这里所称的给付风险(Leistungsgefahr),是指债务人在给付不能时,是否需再次为给付的风险;与其相对的是对待给付之风险(Gegenleistungsgefahr),也被称为价金风险,是指债务人(即价金债权人)因给付不能而未给付,相对人是否需履行其对待给付

---

① MüKoBGB/Emmerich, 9. Aufl., 2022, § 243, Rn. 26.
② 关于往取之债、赴偿之债、送付之债的定义,见本章第四节第四部分中"给付地、结果地与债务类型"部分的内容。
③ 最高人民法院民事审判第二庭编著:《最高人民法院关于买卖合同司法解释理解与适用》,人民法院出版社 2012 年版,第 264—265 页。
④ 该条在 2012 年《买卖合同司法解释》中为第 14 条,制定时借鉴了《联合国国际货物销售合同公约》第 67 条第 2 款。

义务的风险。①

我国现行法中并没有种类物特定化后移转给付风险的规则。但在逻辑上，只有在给付风险移转给买受人之后，也就是出卖人不再负担购置义务的情况下，才会出现出卖人是否可以主张对待给付或者买受人是否仍应支付价金的问题，所以，种类物买卖中的给付风险的移转，要早于对待给付风险的移转。②

在德国法上，在种类物特定化之前，如果债权人受领迟延，那么给付风险在债权人受领迟延时就移转给债权人（《德国民法典》第300第2款）。不过，该规则的适用情况比较有限，主要适用于下列情况：

1. 当事人通过约定推迟了特定化的时点；

2. 在邮寄金钱的情况下，债务人承担给付风险，直到邮寄的钱到达债权人住所，但金钱之债给付地点还是债务人住所，是运送之债，而非付偿之债。这样，如果债权人拒绝受领，金钱之债就没有特定化，尽管如此，债权人仍会陷入受领迟延，根据《德国民法典》第300条第2款（不适用第243条第2款），给付风险移转给债权人。

3. 如果债权人自始就拒绝受领给付，那么债务人口头提供给付后，债权人即陷入迟延（《德国民法典》第295条），该规则对赴偿之债以及运送之债都适用，此时，如果债务人已经区分出标的物，即使没有达到特定化的程度，也不承担给付风险。③

在我国现行法上，瑕疵担保义务是主给付义务，如果种类物有瑕疵，买受人可以将其返还并要求出卖人交付无瑕疵种类物，债务人送交有瑕疵标的物的行为并不会导致债之关系的特定化，也不会导致债权人受领迟延，也就是说，债务人还没有履行。

案例：汽车商甲收到工厂运来的乙订购的汽车，准备好交车，以电话通知乙，而在乙领车前，车因邻居丙的电线走火而焚毁。

对于上述案件，德国法的法律适用思路如下：首先，基于买卖合同，乙得请求甲给付，乙的请求权没有因为清偿等原因而被消灭。其次，因为甲向乙交付汽车的债是种类之债，所以即使标的物毁损、灭失，甲也需承担继续履行的责任。再次，甲已按照乙的要求订购好汽车，种类之债已经特定化，给付风险已经移转，甲不再负担购置义务。出现给付不能时，甲的原给付义务消灭。最后，原给付义务消灭的，原则上对待给付义务也消灭。④ 乙的对待给付义务消灭，甲不得向乙请求支付价金，甲应承担对待给付之风险。而依据我国现行法，乙要想不承担支付价款的义务，原则上要解除买卖合同，方可免于支付价款。当然，乙也可以选择另行提交新的标的物，继续履行合同。

---

① 黄立：《民法债编总论》（修正三版），元照出版有限公司2006年版，第459页。
② 纪海龙：《买卖合同中的风险负担》，载王洪亮等主编：《中德私法研究》（第11卷），北京大学出版社2015年版，第302页。
③ Fikentscher/Heinemann, *Schuldrecht AT & BT*, 12. Aufl., 2022, § 28 V, Rn. 253.
④ 有学者认为，"给付不能时对待给付义务也消灭"的处理方法不符合债务人利益，所以，应允许债务人另行提交。Fikentscher/Heinemann, *Schuldrecht AT & BT*, 12. Aufl., 2022, § 28 V, Rn. 255.

有疑问的是,债务人是否可以撤销对种类物的特定化?有观点认为,债务人不可以撤销特定化,否则有投机的问题,基于诚实信用原则,债务人也不可以撤销特定化。① 但种类物特定化之规范目的在于保护债务人,故债务人可以自由决定是否撤销特定化或者在被特定化的物灭失后,再以其他物给付。② 债务人在撤销特定化或者变更给付物后,应重新承担给付之风险,特定之债又变成了种类之债。例如,在往取之债中,给付物特定化之后又与库存的其他物混在一起;又如,在运送之债中,债务人中途扣下给付物又交付了其他种类物。此时,债权人并不可以拒绝受领或者主张给付不能,甚或要求债务人承担损害赔偿责任,因为,此处债权人并没有正当的值得保护的利益。③

案例:乙超市向水果商甲购买 2000 斤西瓜,约定由甲送货上门。在甲依照约定送货上门时,恰逢乙超市内部修整,无人受领,于是甲将西瓜送给了其他客户。后来西瓜价格下跌,乙超市拒绝受领其他种类品质相同的西瓜。

在上述案件中,甲乙双方约定由甲送货上门,故为赴偿之债,债务人甲需在债权人乙的所在地将选出的西瓜提交给乙,此时种类之债即为特定化。依照逻辑,特定化后,种类物即转化为特定物,如果债务人提交不出该特定物,即应陷入给付不能。但在通常情况下,种类物内部并无个性差异,具有可替代性,撤销特定化而以其他种类物进行交付,均能达到合同原来的目的,除非给付物是房屋这样具有个性差异的物。④ 故在本案中,甲得另行提供相同种类的西瓜,而乙不得拒绝受领。

二、选择之债、任意之债与选择性竞合

(一)选择之债

所谓选择之债,是指债务人、债权人或第三人自多个、不同的给付中择一进行给付的债(《民法典》第 515 条第 1 款)。债之关系成立时,有抽象的数宗给付存在,且为不同类型的给付,在债之关系存续中,有权人得于数宗给付内选定其一,此时,即成立选择之债。在实践中,选择之债的意义并不重大,但也存在若干适用情况。例如,购买北京地铁车票者,可以自由选择搭乘的路线与目的地;向自动售货机投入特定金额的钱币,可以选择该金额的任意商品;餐厅提供 AB 套餐,消费者可以自行选择;旧货市场出售的每件旧货都是 1 元,供顾客选择。

在选择之债下,供选择之物必须不属于同种类的物,否则即构成种类之债。例如,如果债务人提供的房间均是一样的,则为种类之债;如果房间有带浴室的房间以

---

① Brox/Walker, *Allgemeines Schuldrecht*, 46. Aufl., 2022, § 8, Rn. 7.
② Larenz, *Schuldrecht AT*, 14. Aufl., 1987, § 11 I, S. 154.
③ A. a. O.
④ 陈自强:《民法讲义 II——契约之内容与消灭》,法律出版社 2004 年版,第 100 页。

及不带浴室的房间之分,则为选择之债。在选择之债中,确定给付内容者既可以是债务人,也可以是债权人;在种类之债中,确定给付内容者均为债务人。另外,在选择之债中,数个给付间应当有个性差异;而在种类之债中,有待选取的标的物之间并无个性差异。但二者在一点上是相同的,即债务人只负担一个交付标的物的义务,而不是按照其所选取或选择的标的物数量成立数个债之关系。①

1. 选择权

选择权人可以是债权人,可以是债务人,而且不限于当事人,也可以是第三人,比如当事人买卖玉器,可以找专家帮助选择。但是,如果当事人没有约定,亦不能从交易习惯、合同目的等解释出选择权的归属的,选择权应该属于债务人(《民法典》第515条第1款)。也就是说,原则上,债务人为选择权人。

在性质上,选择权属于形成权,在行使时,债务人需以意思表示的形式作出,该意思表示是需受领的意思表示。选择权人为选择之意思表示并到达受领人后,方发生选定的效力。债务人一旦行使了选择权,债务人的给付义务即溯及既往地限定于其所选择的给付之上。在选择之意思表示到达之前,选择权人是可以撤回的。但选择之意思表示到达之后,即不可以改变,受领人必须将其视为最终状态,并根据其形成的状况进行准备、安排。② 当事人嗣后想要改变的,只可以通过变更合同予以改变(《民法典》第516条第1款)。

选择权是选择权人的权利而非义务,故相对人并无请求其作出选择之权利,但如果选择权人不行使选择权,则债的给付内容始终处于不确定状态,为解决这一问题,得设置选择权移转制度。享有选择权的当事人在约定期限内或者履行期限届满未作选择,经催告后在合理期限内仍未选择的,选择权转移至对方(《民法典》第515条第2款)。在第三人为选择权人时,第三人不在约定的期限内或者履行期限届满选择的,债务人催告后,第三人仍不行使的,选择权才移转给债务人。

在债权人迟延行使选择权时,债权人陷入债权人迟延。债务人可以指定期间予以催告,该期间经过后,即由债务人行使选择权。即使债务人在期间内亦不行使选择权,选择权也不会因此消失,反而会再次移转。由此可能导致选择权移转来、移转去,如果债务人不行使,则移转给债权人;如果债权人不行使,又移转给债务人。德国法没有采取选择权移转模式,而是规定选择权属于债务人,如果债务人到期不行使的,债权人可以提起选择给付之诉;到了强制执行阶段,如果债务人还不选择的,债权人才可以选择。不过,只要债权人还没有部分或全部受领其选择的,债务人就还可以另行给付,以清偿债务。

---

① 陈自强:《民法讲义Ⅱ——契约之内容与消灭》,法律出版社2004年版,第102页。
② Larenz, *Schuldrecht AT*, 14. Aufl., 1987, § 11 Ⅱ, S. 157.

2. 给付不能

如果在选择权人作出选择前,可供选择的标的物全部灭失,则整个给付即为不能,原给付义务也即消灭。如果给付不能涉及的只是其中一个标的物,那么给付义务即限定于其他的给付标的。如果非选择权人对于给付不能的出现具有过错或者不能给付的情形是由非选择权人造成,那么选择权人有权选择请求剩余的可能之给付,也有权选择不能之给付(《民法典》第516条第2款)。

具体来讲,如果债权人是选择权人,而给付不能可归责于债务人,则债权人可以选择尚属于可能的给付,也可以选择不能的给付,使给付构成自始不能,从而请求债务人赔偿损害。如果债务人是选择权人,而给付不能可归责于债权人,则债务人可以选择不能的给付,或者基于给付不能免责,同时保留主张对待给付的权利,或者基于侵权请求债权人赔偿因此造成的损害。①

如果在选择权人做出选择后,选择的标的灭失,则构成给付不能。

(二) 任意之债

1. 概述

在实践中,任意之债要比选择之债重要得多。任意之债是含有代替权的债。② 在任意之债中,债务人的义务自始只限于一个给付,但是债务人可以以另一给付代替该给付,债权人也可以要求另一给付。例如,当事人事前约定的代物清偿;当事人约定的替补之债,债务人只负有一个债务,但可以用其他债务作为替补;当事人买卖汽车时,以旧换新,以旧车代替一部分价款。

在任意之债中,作为替代的债灭失,即出现履行不能,就没有行使代替权的问题了;但在选择之债中,选择权人所选择的标的履行不能,剩下的标的履行可能的,债务还是可以继续履行。例如,航空公司在飞机上提供的餐食就是选择之债,如果有的种类没有了,乘客原则上只能选择剩余的种类。

在选择之债或者行使代替权的情况下,所涉及的选择均是有限的;但在选择之债中,债务人自始负有两个以上的给付;而在行使代替权时,债务人自始只负担一个给付,可以是约定,也可以是法定。

代替权人既可能是债务人,也可能是债权人。如果代替权人是债务人,他就享有以其他给付代替清偿的权利。例如,在以旧车折抵新车价金的交易中,买受人(债务人)就新车的全部价金承担债务,但可以以旧车折抵价金以替代清偿。又如,债务人负有给付10吨煤的义务,但可以支付一定的金额予以代替。如果代替权人是债权人,他就有权要求债务人以其他给付代替其所负担的给付。例如,在物被损坏后,债权人可以选择金钱赔偿以代替恢复原状。

---

① Larenz, *Schuldrecht AT*, 14. Aufl., 1987, § 11 Ⅲ, S. 159.
② 崔建远、韩世远、于敏:《债法》,清华大学出版社2010年版,第29页。

2. 任意之债的履行

如果债权人拒绝受领代替之给付,则陷入受领迟延。如果债务人所负担的给付是不可能的,则债务人的原给付义务消灭,即使其他给付是可能的,也是如此;如果只有其他给付不可能但债务人所负担的给付是可能的,则只有代替权消灭,此时,债务人仍需履行原给付义务。① 例如,甲向乙购买新车,约定甲以其旧车折价,如果旧车在折抵前灭失或者丢失,甲即需向乙支付全部价款,也就是说,由甲承担全部风险。之所以如此,是因为该妨害来自甲可支配的范围。反过来,如果甲忘记了折价而误向乙支付了全部价金,此时,给付旧车尚为可能,故甲得基于不当得利要求乙返还该全部价金,并主张通过旧车折价。

在债务人是代替权人的情况下,代替给付是债务人的权利而非义务。债务人作出代替给付的意思表示,并不会改变既存之债,只有债务人实际进行了代替给付,才会发生效力;如果债务人称还是履行原来的债,则视为债务人放弃了代替权。

3. 行使代替权之意思表示的拘束力

代替权是形成权,需要通过意思表示行使。原则上,行使代替权之意思表示到达对方后即具有约束效力,代替权人不得撤回表示,因为代替权是形成权。② 不同观点认为,应根据是享有代替权的是债权人还是债务人,而作不同处理。在代替权人为债权人时,债权人行使代替权,即在行使形成权,原则上不能撤回表示;而在代替权人为债务人时,其意思表示并不具有形成效力,所以,债务人可以在诚实信用原则界限内撤回代替权表示。③ 在代替权人为代替之表示后,相对人得对此产生信赖,所以,无论谁是代替权人,代替权人都不能撤回代替权。④

(三) 请求权选择性竞合

在法律上提供多个请求权或者请求权与形成权的情况下,构成请求权选择性竞合(elektive Konkurrenz)。例如,在债务人承担瑕疵担保责任时,债权人可以决定解除合同还是减价,也可以在减价与广义的损害赔偿之间选择。请求权选择性竞合不同于选择之债,在请求权选择性竞合中,债权人选择之后并不受拘束,还可以再选,而且债权人享有多个请求权;而在选择之债中,当事人仅享有一个请求权。⑤

三、金钱之债与利息之债

(一) 金钱之债

金钱是特别重要的给付标的。在所有的双务合同中,金钱之债均是对待给付之

---

① MüKoBGB/Krüger, 9. Aufl., 2022, § 265, Rn. 15.
② Palandt/Grueneberg, 2020, § 263, Rn. 1; Soergel/Forster, § 263, Rn. 9.
③ MüKoBGB/Krüger, 9. Aufl., 2022, § 263, Rn. 10.
④ Looschelders, *Schuldrecht AT*, 21. Aufl., 2023, § 11, Rn. 15.
⑤ Larenz, *Schuldrecht AT*, 14. Aufl., 1987, § 11 Ⅲ, S. 159.

债;在侵权行为中,损害赔偿通常指向赔偿金钱,而非恢复原状。在实务中,金钱之债是最为重要的债之关系。

1. 金钱之债的界定与内容

所谓金钱之债,是指以给付一定数额的金钱为标的之债,亦被称为货币之债(此处指流通的货币,并非收藏的货币)。

金钱之债给付的数额,原则上,于债之关系成立时即为确定,至少是可确定的,即使履行期限到来之时货币价值有所变化,也不影响原定的给付数额。①

以给付金钱为内容的债,除法律另有规定或者当事人另有约定外,债权人可以请求债务人以实际履行地的法定货币履行(《民法典》第 514 条)。《中国人民银行法》第 16 条规定:"中华人民共和国的法定货币是人民币。"因此,如果合同的实际履行地为中国,则债务人应当支付的货币是人民币。

根据《民法典》第 511 条第 3 项第 1 分句,金钱之债属于赴偿之债。在金钱之债中,债务人原则上应承担送交之风险。债务人将金钱送达债权人住所时,给付风险才移转。如果债权人受领迟延,则由债权人承担给付风险。

金钱之债并非特定之债,也非种类之债。债务人需给付一定数额的金钱,但并不需要给付中等品质的金钱,因为这一要求毫无意义。进而,对于金钱之债也并无特定化或具体化之问题,债务人不能以金钱之债已经特定化为由,主张免除给付义务。在金钱之债中,债务人原则上不能主张履行不能,也就是说,债务人对于其资金给付能力承担无过错责任(《民法典》第 579 条)。从关于金钱之债的破产或执行的规定可以看出,无论支付不能是出于什么原因,都不是免除支付义务的理由。② 金钱之债没有给付不能的规则,来自无限财产责任。③ 债务人履行迟延的,应承担支付法定或约定利息的义务。

2. 金钱之债的支付方式

金钱之债的支付方式,大体有三种:现金支付、转账支付(即通过记账货币支付)、通过指示形式支付(比如支票、汇票、信用卡、支付宝、微信)。在企业交易中,当事人还可以通过转账委托的方式支付,即基于债务人与银行签订的支付服务合同,由银行代为支付账单。

在现实生活中,转账支付的越来越多。但需要注意的是,由于现金是法定货币,在当事人没有特别约定的情况下,债务人还是应以现金支付;而通过转账支付的,一般需要双方当事人约定。

一种事物只要具有表征购买力、作为一般支付工具的功能并为法律所允许,就可

---

① 陈自强:《民法讲义Ⅱ——契约之内容与消灭》,法律出版社 2004 年版,第 107 页。
② Larenz, *Schuldrecht AT*, 14. Aufl. , 1987, 12 Ⅲ, S. 168.
③ Medicus, „Geld mußman haben": Unvermögen und Schuldnerverzug bei Geldmangel, AcP 188(1988), S. 501.

以被认定为金钱。转账支付所用的记账货币主要表现为存款,对于存款,存款人可以自行处分,如用于清偿债务。所以,记账货币与货币具有同等功能。① 记账货币本质上是对银行等金融机构的债权,债务人通过记账货币履行债务,本质上移转的是其对银行的请求权,银行支付之后再与债务人进行清算。

如果当事人明示或默示约定通过转账支付,则一旦达到债务金额的记账货币计入指定的受领账户,即发生清偿效力。

当前,通过信用卡或者电子货币卡支付的情况也日益增多。在性质上,这一支付形式是一种代物清偿。信用卡发放企业向特约商户保证支付信用卡用户负担的金额,这种保证是一种抽象的债务允诺。信用卡发放企业承担信用卡用户不能支付的风险,还承担其一定的滥用风险。②

我国在法律上尚未承认虚拟货币(如比特币)为一般支付工具,所以,虚拟货币并非"金钱"。如果当事人约定以比特币作为支付手段,则应视为当事人特别约定了"代物清偿"协议,而不构成金钱之债。

3. 外币之债

如果金钱之债是以外币表示的,则被称为外币之债。对于外币之债,债务人在本国给付时,可以按照给付时、给付地的市价将之换算成人民币予以支付,其目的在于避免外汇管理制度给债务人造成给付困难,该规则背后的机理是赋予债务人以代替权;但是双方约定必须以外币支付的,则不能换算成人民币予以支付。

4. 特种货币之债

货币本身也可以成为特定之债的标的物,例如收藏货币(具体如袁大头银币),此种情况被称为真正的或者绝对的特种货币之债,而非金钱之债,对之应适用种类物规则调整。与之相区别的是一般的特种货币之债,指当事人约定以特定的货币类型支付,但在支付时该货币没有流通力的情况,如约定以金子、银子支付。当事人如此约定,法律上没有禁止的理由,合同也不会因约定的支付方式障碍而失败,故此,特别货币之债可以转化为一般的金钱之债。

5. 封金

货币也可以作为特定之债的标的物,如封金,即当事人将一定数额的货币以包装物封存。

案例:甲将5000元人民币装入信封,并密封、加盖印章,委托乙交给丙,以清偿对丙的债务。

封金在性质上属于特种货币之债。上述案例中,甲与丙之间的债并非给付一定

---

① Larenz, *Schuldrecht AT*, 14. Aufl., 1987, §12 I, S. 164 f.
② Medicus/Lorenz, *Schuldrecht AT*, 22. Aufl., 2021, §16, Rn. 7.; BGH NJW 2002, 2234.

数额的金钱之债,而是特定之债,如果乙不慎丢失该信封,即出现给付不能。封金是特定物,故也可以成为动产质权的标的。

(二) 利息之债

1. 概念

金钱之债往往都附有利息,所谓利息是指债务人对于金钱或其他可替代物形式的资本移转必须支付的报酬。该报酬的多少根据移交的时间长短计算,大多数情况下均表现为资本的百分比(即利率)。利息并不取决于盈利或者销售额,同时是风险金、金钱贬值之补偿。

利息之债是以给付一定利息为标的的债,利息之债以金钱之债(本金)为前提,是金钱之债的从债。① 其产生与数额均取决于金钱之债,金钱之债消灭的,利息之债也随之消灭。

2. 利息之债的产生原因

利息之债既可以基于意定产生,如借贷合同;也可以基于法定产生,如《民法典》第676条规定了借款人支付逾期利息规则,第921条规定了委托人对受托人垫付的必要费用支付利息;《买卖合同解释》第18条、《建设工程施工合同解释(一)》第25条、第26条规定了按照借款合同的迟延利率基准来计算其他金钱债务的迟延利息;《票据法》第70条第1款第2项、第71条第1款第2项规定了迟延利息之债;《民事诉讼法》第264条规定了被执行人加倍支付迟延履行期间的债务利息。值得注意的是,现行法并没有规定一般的迟延利息规则。

基于金融管制模式,借款合同被区分为金融机构借款和非金融机构借款,《民法典》第680条也是在区分金融机构借款和非金融机构借款的基础上进行规制。该条第2款规定:"借款合同对支付利息没有约定的,视为没有利息。"由于金融机构借款都要依据其内部"自上而下"制定的格式合同,合规的金融机构借款不存在"没有约定利息"的可能,因此该款主要适用于民间借贷;该条第3款规定:"借款合同对支付利息约定不明确,当事人不能达成补充协议的,按照当地或者当事人的交易方式、交易习惯、市场利率等因素确定利息;自然人之间借款的,视为没有利息。"这里的利息约定不明确应是"利率约定不明确"。②

3. 利率

利率是利息与原本之间的比例,通常以百分数表示。利率可分为法定利率与约定利率,前者由法律规定,后者则由当事人约定。

(1) 金融机构利率

过去,我国的法定利率一直采取的是双轨制,金融机构贷款的基准利率由中国人

---

① 崔建远、韩世远、于敏:《债法》,清华大学出版社2010年版,第25页。
② 刘勇:《〈民法典〉第680条评注(借款利息规制)》,载《法学家》2021年第1期,第172、181、185页。

民银行规定,而各商业银行则按照中国人民银行规定的贷款利率的上下限来确定贷款利率(《商业银行法》第 38 条,《合同法》第 204 条)。2019 年 8 月,中国人民银行改采单轨制,以具有一定市场化程度的"贷款市场报价利率"(Loan Prime Rate,简称 LPR)来替代贷款基准利率,中国人民银行每月 20 日发布 LPR。

(2) 民间借贷利率

1991 年,最高人民法院颁布了《关于人民法院审理借贷案件的若干意见》,其第 6 条规定民间借贷的利率"最高不得超过银行同类贷款利率的四倍(包含利率本数)",由此形成了"不得超过四倍银行利率"规则。

最高人民法院 2015 年的《民间借贷解释》改采三区间的固定利率模式。根据该规定第 26 条第 1 款,借贷双方约定的利率未超过年利率 24% 的,出借人可以请求借款人按照约定的利率支付利息。根据该规定第 28 条,借贷双方对前期借款本息结算后将利息计入后期借款本金并重新出具债权凭证,如果前期利率没有超过年利率 24%,重新出具的债权凭证载明的金额可认定为后期借款本金;超过部分的利息不能计入后期借款本金。约定的利率超过年利率 24% 的,当事人可以主张超过部分的利息不计入后期借款本金。借款人在借款期间届满后应当支付的本息之和,不能超过最初借款本金与以最初借款本金为基数,以年利率 24% 计算的整个借款期间的利息之和。出借人不得请求借款人支付超过部分。根据该规定第 26 条第 2 款,借贷双方约定的利率超过年利率 36%,超过部分的利息约定无效。借款人可以请求出借人返还已支付的超过年利率 36% 部分的利息。对于 24% 至 36% 之间的利率,在性质上属于自然之债。根据该规定第 31 条,没有约定利息但借款人自愿支付,或者超过约定的利率自愿支付利息或违约金,且没有损害国家、集体和第三人利益,借款人不得以不当得利为由要求出借人返还,但借款人要求返还超过年利率 36% 部分的利息除外。

在 2020 年 8 月 18 日以及 2020 年 12 月 23 日,最高人民法院两次修改了《民间借贷解》,废止了三区间模式。现行《民间借贷解释》第 25 条规定:出借人请求借款人按照合同约定利率支付利息的,人民法院应予支持,但是双方约定的利率超过合同成立时一年期贷款市场报价利率四倍的除外。前款所称"一年期贷款市场报价利率",是指中国人民银行授权全国银行间同业拆借中心自 2019 年 8 月 20 日起每月发布的一年期贷款市场报价利率。根据《全国银行间同业拆借中心受权公布贷款市场报价利率(LPR)公告》,2024 年 12 月 20 日,1 年期 LPR 为 3.1%。据此,在下一次 LPR 发布前,民间借贷的最高利率降为 12.4%。

4. 逾期利息利率

(1) 金融机构的逾期利息利率

2003 年的《中国人民银行关于人民币贷款利率有关问题的通知》第 3 条规定:"逾期贷款(借款人未按合同约定日期还款的借款)罚息利率由现行按日万分之二点一计收利息,改为在借款合同载明的贷款利率水平上加收 30%—50%;……对逾期或未按合同约定用途使用借款的贷款,从逾期或未按合同约定用途使用贷款之日起,按罚息利率计收利息,直至清偿本息为止。对不能按时支付的利息,按罚息利率计收复利。"

2017年《最高人民法院关于进一步加强金融审判工作的若干意见》规定:"金融借款合同的借款人以贷款人同时主张的利息、复利、罚息、违约金和其他费用过高,显著背离实际损失为由,请求对总计超过年利率24%的部分予以调减的,应予支持,以有效降低实体经济的融资成本。"

(2) 民间借贷的逾期利息利率

民间借贷的逾期利息利率可区分为以下两种情况进行考察:

① 约定逾期利息的情况

2015年《民间借贷解释》第29条第1款规定:"借贷双方对逾期利率有约定的,从其约定,但以不超过年利率24%为限。"现行《民间借贷解释》第28条第1款将约定逾期利息的利率上限改为合同成立时一年期贷款市场报价利率四倍。在性质上,借贷双方约定的逾期利息往往被视为违约金,可以适用《民法典》第585条调整,同时受到《民间借贷解释》第28条第1款规定的利率上限限制。① 在司法实践中,最高人民法院还会统一处理逾期利息、违约金及其他费用。现行《民间借贷解释》第29条即规定,约定的逾期利息、违约金及其他费用的总和不得超过"合同成立时一年期贷款市场报价利率四倍"。

② 未约定逾期利息的情况

未约定逾期利息的情况又可以区分为两种情况:

第一,借贷双方既未约定借期内的利率,也未约定逾期利率。对此,2015年《民间借贷解释》第29条第2款第1项规定:"既未约定借期内的利率,也未约定逾期利率,出借人主张借款人自逾期还款之日起按照年利率6%支付资金占用期间利息的,人民法院应予支持";现行《民间借贷解释》第28条第2款第1项规定:"既未约定借期内利率,也未约定逾期利率,出借人主张借款人自逾期还款之日起参照当时一年期贷款市场报价利率标准计算的利息承担逾期还款违约责任的,人民法院应予支持"。据此,现行《民间借贷解释》将法定逾期利息改为违约责任,也就是说,逾期利息在性质上属于一种损害赔偿。

第二,借贷双方约定了借期内的利率但未约定逾期利率。对此,2015年《民间借贷解释》第29条第2款第2项规定:"约定了借期内的利率但未约定逾期利率,出借人主张借款人自逾期还款之日起按照借期内的利率支付资金占用期间利息的,人民法院应予支持。"现行《民间借贷解释》第28条第2款第2项规定:"约定了借期内利

---

① 最高人民法院民事审判第一庭编著:《最高人民法院新民间借贷司法解释理解与适用》,人民法院出版社2021年版,第409页。

率但是未约定逾期利率,出借人主张借款人自逾期还款之日起按照借期内利率支付资金占用期间利息的,人民法院应予支持。"

对于存量贷款,现行《民间借贷解释》第31条规定了处理规则:"本规定施行后,人民法院新受理的一审民间借贷纠纷案件,适用本规定。2020年8月20日之后新受理的一审民间借贷案件,借贷合同成立于2020年8月20日之前,当事人请求适用当时的司法解释计算自合同成立到2020年8月19日的利息部分的,人民法院应予支持;对于自2020年8月20日到借款返还之日的利息部分,适用起诉时本规定的利率保护标准计算。"

本书认为,以借期利率来计算逾期利息的做法,不能对贷款人形成压力。因为贷款人不还款,无非是继续支付借期利率,这实际上是在鼓励贷款人逾期还款或者不还款。若在该部分利息之外,贷款人仍然可以请求借款人赔偿其他损失,则以借期利率来计算逾期利息才是具有一定合理性的。

值得注意的是,《买卖合同解释》规定了逾期罚息规则。《买卖合同解释》第18条第4款规定:"买卖合同没有约定逾期付款违约金或者该违约金的计算方法,出卖人以买受人违约为由主张赔偿逾期付款损失,违约行为发生在2019年8月19日之前的,人民法院可以中国人民银行同期同类人民币贷款基准利率为基础,参照逾期罚息利率标准计算;违约行为发生在2019年8月20日之后的,人民法院可以违约行为发生时中国人民银行授权全国银行间同业拆借中心公布的一年期贷款市场报价利率(LPR)标准为基础,加计30%—50%计算逾期付款损失。"

在德国法上,金钱之债的法定利率为4%(《德国民法典》第246条);在双方商事交易中,金钱之债的法定利率为5%(《德国商法典》第352条)。为了督促债务人及时偿还债务,迟延利率是要高于法定利率的。一般情况下,迟延利率为基础利率之上增加9%,对于消费者的迟延利率为基础利率上增加5%(《德国民法典》第288条)。迟延利息在性质上是最低损害赔偿额。上述规则也适用于诉讼程序利息(《德国民法典》第291条)。根据《德国民法典》第247条,基础利率每半年变化一次,比如,2021年7月1日的基础利率为-0.88%,那么消费者迟延利率为4.12%。[1]

5. 复利

(1) 民间借贷复利

依计算方法而分,利息不滚入原本生息,为单利;利息滚入原本生息,为复利。在民间借贷中,约定复利是无效的,其原因在于,债务人无法计算复利,其将来的负担是无法预期的,为此,法律应禁止复利。[2]《民通意见》第125条规定,公民之间的借贷,

---

[1] 《德国民法典》第247条第1款第1句规定基础利率为3.62%是债法改革时的基础利率,现在已经没有意义,因为根据该条,基础利率是变化的,2021年7月1日的基础利率为-0.88%。Palandt/Grüneberg, 2020, § 288, Rn. 7; Looschelders, Schuldrecht AT, 21. Aufl., 2023, § 13, Rn. 40.

[2] MüKoBGB/Grundmann, 9. Aufl., 2022, § 248, Rn. 1.

出借人将利息计入本金计算复利的,不予保护。但考虑到最高利率的限制,1991年最高人民法院《关于人民法院审理借贷案件的若干意见》第7条规定:"出借人不得将利息计入本金谋取高利。审理中发现债权人将利息计入本金计算复利的,其利率超出第六条规定的限度时,超出部分的利息不予保护。"也就是说,在最高利率限制的范围以内的复利约定还是有效的,但超出部分则是无效的。

现行《民间借贷解释》第27条也没有完全否定复利约定的效力[1],该条规定:"借贷双方对前期借款本息结算后将利息计入后期借款本金并重新出具债权凭证,如果前期利率没有超过合同成立时一年期贷款市场报价利率四倍,重新出具的债权凭证载明的金额可认定为后期借款本金。超过部分的利息,不应认定为后期借款本金。按前款计算,借款人在借款期间届满后应当支付的本息之和,超过以最初借款本金与以最初借款本金为基数、以合同成立时一年期贷款市场报价利率四倍计算的整个借款期间的利息之和的,人民法院不予支持。"

(2)金融机构借贷复利

在金融机构借款时,金融机构对于逾期贷款是可以"改按罚息利率计收复利"的(中国人民银行《人民币利率管理规定》第20条、第21条),罚息利率是在借款合同载明的贷款利率水平上加收30%—50%。

《最高人民法院关于审理涉及金融资产管理公司收购、管理、处置国有银行不良贷款形成的资产的案件适用法律若干问题的规定》(已失效)第7条规定:"债务人逾期归还贷款,原借款合同约定的利息计算方法不违反法律法规规定的,该约定有效。没有约定或者不明的,依照中国人民银行《人民币利率管理规定》计算利息和复息。"同时,最高人民法院认为,复利的计算基数是借款期限内的应付利息,并不能就逾期利息计算复利。[2]

《德国民法典》第248条原则上禁止约定复利,预先约定届清偿期的利息再生利息者,其约定无效。但是储蓄银行、信用机构及银行业者得预先约定,未收取的投资利息,视为新的计息存款。

(三)货币贬值

金钱之债给付的数额,原则上于债之关系成立时即为确定,至少是可确定的,即使履行期限到来之时货币价值有所变化,也不影响原定的给付数额[3],此即所谓的名义原则(das nominalistische Prinzip)。实质上,这是由债权人承担货币贬值的风险。[4]在远期合同和继续性合同中,货币存在贬值的危险,战争、金融危机等社会经济变化

---

[1] 崔建远:《论利息之债》,载《中州学刊》2022年第1期,第71页。

[2] "招商银行股份有限公司天津分行、四川省川威集团有限公司金融借款合同纠纷案",最高人民法院(2019)最高法民终1990号民事判决书。

[3] 陈自强:《民法讲义Ⅱ——契约之内容与消灭》,法律出版社2004年版,第107页。

[4] Larenz, *Schuldrecht AT*, 14. Aufl., 1987, § 12 I, S. 164 f.

也会导致货币贬值。

对于货币贬值的危险,原则上由债权人承担,除非当事人约定了保值条款。

案例:甲出借100万元给乙,根据借款当日的黄金市价,折合为黄金若干。借款期间届满后,乙即应以黄金清偿本金,或者依照清偿时的黄金市价,折算为本国通用货币偿还。

实践中对于继续性供应合同或长期借款合同,当事人经常在合同中约定调整价格或利率的权利。如银行借款合同中约定:"自_____起,由贷款方向借款方提供_____(种类)贷款(大写)_____,用于_____,还款期限至_____止,利率按月息_____‰计算。如遇国家贷款利率调整,按调整后的新利率和计算方法计算。"

在货币贬值的情况下,还有适用情势变更规则的余地,对此本书将于后文叙述。

第四节 给付的方式

【文献指引】

王轶:《代为清偿制度论纲》,载《法学评论》1995年第1期;施建辉:《第三人代为清偿研究——兼论预备债务抵销抗辩》,载《法学评论》2007年第6期。

【补充文献】

温世扬:《〈民法典〉合同履行规则检视》,载《浙江工商大学学报》2020年第6期;陆家豪:《民法典第三人清偿代位制度的解释论》,载《华东政法大学学报》2021年第3期;李炬枫:《代位清偿的规范解释与体系联动——以〈民法典〉第524条为视角》,载《行政与法》2021年第5期;王利明:《论第三人代为履行——以〈民法典〉第524条为中心》,载《法学杂志》2021年第8期;任翔宇:《第三人代为清偿的规则释论》,载对外经济贸易大学法学院《贸大法学》编委会编:《贸大法学》(第7卷),对外经济贸易大学出版社2023年版;韩京京:《论法国代位清偿制度及对我国的启示》,载《福州大学学报(哲学社会科学版)》2022年第5期;〔德〕索尼娅·梅耶:《历史——比较法视角下的第三人给付》,邬演嘉译,载《南大法学》2022年第6期;石兴熠、楚道文:《民法典视野下第三人代为履行规则的适用探析——基于对103份裁判文书的分析》,载《北京政法职业学院学报》2023年第3期;高圣平、陶鑫明:《论第三人代为清偿的法律适用——以〈民法典合同编通则解释〉第30条为分析对象》,载《社会科学研究》2024年第1期。

基于债之关系,债务人应当按照约定全面履行自己的义务(《民法典》第509条第1款)。债务人须在正确的时间、正确的地点向正确的债权人给付。如果做到这一点,债务人的义务即因清偿而消灭。如果做不到,债权人即有权拒绝受领,且不会因此陷入受领迟延,债务人反而会陷入给付迟延。

一、部分给付

依照债务本旨,债务人无权进行部分给付(《民法典》第 531 条第 1 款),债务人部分给付的,并不能阻止整个债务陷入给付迟延。但是,如果部分给付不损害债权人利益,债务人即有权进行部分给付,也就是说,债权人并无拒绝债务人部分给付之权利。而所谓部分给付不损害债权人利益,是指不损害给付之价值或者不妨害给付目的之实现,可分的给付均符合这一特征,例如金钱债务和以多个物为给付内容的债务。所谓可分的给付,是指即使债务人将给付分割为数部分进行,也无损于给付的整体价值。

案例:债务人甲欠债权人乙 1000 元,但想先支付 700 元。乙拒绝受领,并请求甲支付 1000 元及其迟延利息。

在本案中,由于甲负担的债务为金钱债务,可以部分给付,乙不得拒绝受领。通常债务人进行部分抵销,对债权人是没有损害的,债权人不得拒绝。另外,如果债务剩余比例很小,债权人仍拒绝受领给付的,有违诚实信用原则,此时,应当承认债务人有部分给付的权利。

在德国法上,即使给付是可分的,债务人也无权部分给付(《德国民法典》第 266 条),因为多次分批给付对债权人而言是一种负担甚或困扰,所以债权人拒绝部分给付通常不会陷入受领迟延。[1] 如果债务人无权部分给付却进行了部分给付,债务人即陷入给付迟延。但是,如果部分给付对于债权人而言是可期待的,则债权人拒绝受领部分给付是有违诚实信用原则的。例如在诉讼中,债务人愿意部分给付,就剩余部分的给付则予以否认,此时,债权人不可以拒绝受领。[2] 对于债权人而言,部分给付没有造成负担,债权人获得了部分赔偿,诉讼集中于剩余争议部分。

如果给付是不可分的,如给付标的物是一个整体,债务人就不可以进行部分给付。也就是说,债务人并无进行部分给付的权利。如买卖活体牛一头,出卖人不得将之切割而部分给付。

值得注意的是,债务人部分给付的,债权人可以拒绝部分给付,也可以接受部分给付。即使在给付不可分等部分给付有害于债权人的情况下,债权人也可以自行选择是否接受部分给付。

本质上,出卖人交付不符合质量要求的标的物,也是部分履行,根据《民法典》第

---

[1] Medicus/Lorenz, *Schuldrecht AT*, 22. Aufl., 2021, § 15, Rn. 2.
[2] Fikentscher/Heinemann, *Schuldrecht AT & BT*, 12. Aufl., 2022, § 30, Rn. 265.

610 条,如果出卖人交付有瑕疵的标的物致使合同目的不能实现的,买受人可以拒绝受领标的物。如果出卖人交付有瑕疵的标的物没有致使合同目的不能实现的,依据《民法典》第 531 条第 1 款,买受人也是可以拒绝受领的。

无论给付是可分的还是不可分的,债务人进行部分给付因而给债权人增加费用的,由债务人承担该费用(《民法典》第 531 条第 2 款)。

部分给付,是相对于债务人义务而言不完整的给付。此点与分期给付不同,在分期给付中,每一期均为独立的部分请求权,每一期的给付均为独立部分请求权的完全履行。故《民法典》第 531 条所称的"部分履行"中并不包含分期履行。[①] 不论是法院裁决的,还是债权人同意的分期履行,均是完整履行,并非部分履行。

《民法典》第 531 条为任意性规范,当事人可以约定允许部分给付,无论给付是否可分,均不赋予债权人以抗辩权,也可以约定在给付不可分的情况下,允许债务人为部分给付。

在给付不可分的情况下,如果债务人为部分给付,债权人可以拒绝该部分给付。此时,应认为债务人并未进行给付。债权人并不会因为拒绝部分给付而陷入受领迟延。相反,债务人可能因此而承担整个给付的迟延责任。即使债权人受领部分给付,债权人也可以未给付的部分要求债务人承担替代给付的损害赔偿责任。

二、第三人给付

根据《民法典》第 523 条,当事人可以约定由第三人给付。但是有疑问的是,在当事人没有约定的情况下,第三人是否可以代为给付。一般来讲,第三人给付对债权人只有好处,没有坏处。所以,原则上应允许第三人进行给付,除非给付必须由债务人本人亲自履行。而给付是否需要本人亲自履行,应当根据双方明示或默示的约定;如果没有相应的约定,应进行解释,在解释时,关键看是否存在债权人明显是以本人的给付为出发点的,是否很重视债务人本人为给付等因素。

案例:乙雇佣保姆甲,现在甲想休息三天,请其妹妹代为料理家务。

此时,由于保姆合同是以本人进行给付为出发点的,故雇主乙可以拒绝甲的妹妹来料理家务,并拒绝支付相应的报酬。

根据债之关系的本质也可以推断出一些给付义务须本人履行,例如抚养义务、学术性或艺术性的给付等。

最后,基于法律规定,有些义务也必须由本人履行,如受托人的义务、保管人的义务、劳动合同中雇员的义务等。

(一) 构成要件

所谓第三人给付,是指第三人以自己的名义有意识地为债务人给付。

---

① 不同观点,参见崔建远、韩世远、于敏:《债法》,清华大学出版社 2010 年版,第 49 页。

首先，第三人给付中的第三人必须是进行自己给付的人。在此点上，第三人给付不同于履行辅助人给付，履行辅助人是受债务人委派（Einschaltung）而进行履行的人，而这里的第三人并非受委派而进行履行的人；履行辅助人是为债务人履行义务服务的人，履行辅助人的介入并不能改变"涉及的仅是债务人给付"的事实。

其次，第三人必须是为了他人债务而给付的。而共同债务人或者保证人都是为了自己的债务而给付的，故不属于第三人给付之情形。

最后，需要考虑的是，是否必须有第三人为他人给付的意思。第一种观点认为，第三人在给付时必须明确表示要为债务人给付，也就是说，清偿效力的发生要有第三人"将给付归属于债务人"的内在意思（innere Wille）。如果第三人以为是在清偿自己的债务，那么，债务人并不能因第三人的给付而免除给付义务。此时，该第三人可以基于不当得利请求债权人返还其所进行的给付。第二种观点认为，只要从债权人或者给付受领人的视角可以认定第三人具有为债务人给付的意思即可。第三种观点认为，无须考虑第三人的主观因素，只要根据与他人债务相关的债的原因、欠款金额、支付时间或者类似的标准足以认定第三人是在为债务人给付即可。本书认为，第二种观点原则上是从第三人表示的清偿意思出发的，而且考虑了债权人的利益，值得赞同。①

有疑问的是，第三人是否有权事后变更清偿之指定呢？本书认为，出于保护债权人信赖的考虑，应当不能允许第三人事后变更清偿之指定。

第三人进行给付时，并不会损害债务人的利益，故无须取得债务人的同意。债权人亦无权拒绝受领该给付，否则即陷入受领迟延。但是，基于合同必要规则，准用《民法典》第522条第2款规定的第三人可以在合理期间内拒绝代为给付的规则，如果债务人对第三人给付提出异议的，则债权人有权拒绝第三人给付；当然，此时，债权人亦可不拒绝第三人给付，因为债权人的利益优先于债务人利益。债务人的异议之表示必须在第三人给付前到达第三人或者债权人，方发生效力。已经发生效力并被受领的给付，不会因为债务人异议以及债权人拒绝而不生效力。

之所以赋予债务人异议的权利，也是为了保护债务人自己的履行利益，避免自己在第三人给付之后面临第三人的追偿。

第三人清偿必须采取有效果之行为，如金钱之债的清偿，只能通过支付金钱，而不能通过替代给付、提存或者抵销等方式进行给付。②

（二）法律效果

第三人清偿他人债务的，债权人对债务人享有的债权即为消灭。第三人对债务人是否享有追偿权，根据一般法律规则予以判定，二者之间存在合同关系的，如债

---

① Fikentscher/Heinemann, *Schuldrecht AT & BT*, 12. Aufl., 2022, § 36 Ⅱ, Rn. 287.
② Brox/Walker, *Allgemeines Schuldrecht*, 46. Aufl., 2022, § 12, Rn. 4.

人委托第三人给付的,则第三人可以基于委托合同向债务人求偿;如果没有合同关系,但第三人给付符合债务人可推知的意思,则第三人可以根据无因管理向债务人请求补偿;如果第三人给付属于误偿,则债务人的债务不消灭,债权人仍得向债务人主张权利,而第三人的给付欠缺法律原因,故可以基于不当得利向债权人请求返还。例如,甲认为乙打破了其住宅窗户的玻璃,乙赔偿后发现事实上是丙打破的。此时,乙可以基于不当得利向甲请求返还该赔偿。

第三人不完全给付或者违反附随义务时,由于第三人并非履行辅助人,故债务人对于该第三人的过错行为,并不承担责任。① 但不同观点认为,债权人可以依具体情况拒绝第三人履行,请求债务人完全给付。② 本书认为,这些观点并无错误,但并不全面,具体有如下两方面需要补充:第一,如果第三人给付有瑕疵的,则依据买卖合同法规则,并不能发生清偿的效果,债务人的债务继续存在,此时,债权人自可请求债务人完全履行(《民法典》第 523 条)并承担瑕疵担保责任。第二,如果第三人违反了保护义务(与给付无关的附随义务),则债权人可以依据缔约过失规范请求第三人承担损害赔偿责任。对于结果损害,第三人要承担责任。③

案例:1 月,原告(某食品贸易公司)与被告(某粮油公司)签订了一份大米购销合同,合同规定:原告向被告出售 1500 吨大米,每吨单价 1100 元,3 月底于某火车站交货,货到三天后付款。几天后,原告又与第三人签订了一份同样的大米购销合同,第三人在合同订立后,立即向原告汇出了 500 吨大米的货款,原告在收到该款后,先向第三人通过火车发送了 500 吨大米,十天后,又向被告发送了 1000 吨大米。至 2 月中旬,原告不能收集到余下的 500 吨大米给被告。被告遂多次发函催要,原告遂商请第三人暂时拨出 500 吨大米给被告,以后再由原告向第三人补齐。第三人表示同意,但由于货到后,一部分大米已经售出,仅剩下 400 吨尚未销售,第三人遂向被告发函,称愿帮助原告交付大米 400 吨,货款由第三人与原告结清。被告表示同意接收,但在收到货物以后,以"尚欠 100 吨大米"为由,要求第三人补足,同时拒绝向原告支付 1500 吨大米的全部货款。原告多次催讨未果,遂向法院起诉,要求被告支付 1400 吨大米的货款,同时要求追加第三人。④

在上述案件中,原告而非第三人负有继续给付 100 吨大米的义务,反过来,被告也仅对原告负有支付价款的义务,至于被告是否有同时履行抗辩权,则应具体根据合

---

① 陈自强:《民法讲义Ⅱ——契约之内容与消灭》,法律出版社 2004 年版,第 310 页。
② 韩世远:《合同法总论》(第四版),法律出版社 2018 年版,第 333 页。
③ Rieble, Die schlechte Drittleistung, JZ 1989, 830; Fikentscher/Heinemann, Schuldrecht AT & BT, 12. Aufl., 2022, § 36 Ⅱ, Rn. 287.
④ 王利明主编:《中国民法案例与学理研究·债权篇》(第二版),法律出版社 2003 年版,第 327 页。

同是否约定了先给付义务以及给付比例予以确定。

(三) 第三人代为履行

1. 第三人解销权

如果第三人对于清偿债权人具有特别利益,则其享有解销权。第三人因债权人对标的物申请强制执行而有丧失标的物上权利或占有的危险时,其即具有特别利益,应享有偿还权。在这里受保护的不仅是物权,亦包括占有,如租赁人的占有。物权以及占有丧失的危险通常来源于强制执行,只要债权人提出强制执行申请,即可产生该解销权(《民法典》第 524 条第 1 款)。

对于《民法典》第 524 条第 1 款规定的对履行债务具有合法利益的第三人,《民法典合同编通则解释》第 30 条第 1 款作出了详细列举:

(1) 保证人或者提供物的担保的第三人。所谓提供物的担保的第三人,是指作为抵押人或者质押人的第三人。

(2) 担保财产的受让人、用益物权人、合法占有人、担保财产上的后顺位担保权人。在担保财产被出卖的情况下,债务人不履行债务会导致担保财产被变价,从而影响担保财产的买受人债权的实现,所以,此时买受人可以代为履行。担保财产的用益物权人也可能因为担保财产的变价而受到影响,所以,担保财产的用益物权人也可以代为履行。而担保财产的合法占有人,比如保管人、仓储人,为了维持占有状态,也应该可以代为履行。① 担保财产上的后顺位抵押权人可能因为前顺位抵押权人行使抵押权而受到影响,所以其也可以代为履行。

(3) 对债务人的财产享有合法权益且该权益将因财产被强制执行而丧失的第三人。这里的第三人可以是物权人、承租人、优先购买权人等。②

(4) 债务人的特定关系人,即法人或非法人组织的出资人或者设立人,自然人的近亲属,近亲属包括父母、子女、兄弟姐妹、祖父母、外祖父母、孙子女、外孙子女(《民法典》第 1045 条)。

2. 债权与担保物权的移转

第三人享有解销权的情况下,其法律地位受到强化,亦可通过提存或者抵销等清偿替代方式满足债权人;而且,即使债务人拒绝第三人进行给付,债权人亦无权拒绝该给付。在德国法上,享有解销权的第三人进行给付后,债权人的债权即法定地移转给第三人,第三人对于债务人即享有独立的追偿权。③

《民法典》第 524 条第 2 款规定:"债权人接受第三人履行后,其对债务人的债权转让给第三人,但是债务人和第三人另有约定的除外。"《民法典合同编通则解释》第

---

① 最高人民法院民事审判第二庭、研究室编著:《最高人民法院民法典合同编通则司法解释理解与适用》,人民法院出版社 2023 年版,第 351 页。
② 同上书,第 352 页。
③ Medicus/Lorenz, *Schuldrecht AT*, 22. Aufl., 2021, § 15, Rn. 10.

30 条第 2 款规定:"第三人在其已经代为履行的范围内取得对债务人的债权,但是不得损害债权人的利益。"例如,在第三人代为履行的情况下,债权依法转让给第三人,其上的担保物权也会移转给第三人,那么,第三人行使担保物权即不得损害债权人的利益,因为第三人的担保物权相对于债权人的剩余债权上的担保物权是顺位在后的。又如,甲欠乙 650 万元,第三人丙代为部分履行 600 万元后,依法应获得对甲的 600 万元债权,此时,乙可以要求甲清偿剩余的 50 万元,丙可以要求甲清偿 600 万元,如果甲仅有 50 万元存款,若按比例清偿的话,乙只能获得 3.85 万元,而丙能获得 46.15 万元,如此会损害乙的利益。所以,此时,丙对甲的 600 万元债权要劣后于丙的 50 万元债权。[1]

抵押人(所有权人)和质押人均有权代替债务人清偿债务。在所有权保留的情况下,第三人清偿的,债务人也不得提出异议。《民法典合同编通则解释》第 30 条第 3 款规定,担保人代为履行债务取得债权后,向其他担保人主张担保权利的,适用《民法典担保制度解释》第 13 条、第 14 条、第 18 条第 2 款等担保追偿规则。

《民法典担保制度解释》第 13 条规定:"同一债务有两个以上第三人提供担保,担保人之间约定相互追偿及分担份额,承担了担保责任的担保人请求其他担保人按照约定分担份额的,人民法院应予支持;担保人之间约定承担连带共同担保,或者约定相互追偿但是未约定分担份额的,各担保人按照比例分担向债务人不能追偿的部分。同一债务有两个以上第三人提供担保,担保人之间未对相互追偿作出约定且未约定承担连带共同担保,但是各担保人在同一份合同书上签字、盖章或者按指印,承担了担保责任的担保人请求其他担保人按照比例分担向债务人不能追偿部分的,人民法院应予支持。除前两款规定的情形外,承担了担保责任的担保人请求其他担保人分担向债务人不能追偿部分的,人民法院不予支持。"

《民法典担保制度解释》第 14 条规定:"同一债务有两个以上第三人提供担保,担保人受让债权的,人民法院应当认定该行为系承担担保责任。受让债权的担保人作为债权人请求其他担保人承担担保责任的,人民法院不予支持;该担保人请求其他担保人分担相应份额的,依照本解释第十三条的规定处理。"

《民法典担保制度解释》第 18 条第 2 款规定:"同一债权既有债务人自己提供的物的担保,又有第三人提供的担保,承担了担保责任或者赔偿责任的第三人,主张行使债权人对债务人享有的担保物权的,人民法院应予支持。"

3. 次承租人代为履行

《民法典》第 719 条第 1 款规定:"承租人拖欠租金的,次承租人可以代承租人支付其欠付的租金和违约金,但是转租合同对出租人不具有法律约束力的除外。"据此,

---

[1] 最高人民法院民事审判第二庭、研究室编着:《最高人民法院民法典合同编通则司法解释理解与适用》,人民法院出版社 2023 年版,第 354 页。

无须债权人(出租人)提出强制执行的申请,第三人(次承租人)即可以代替清偿,以消灭债务。在租赁合同中,占有得到了强化。

《民法典》第719条第2款规定:"次承租人代为支付的租金和违约金,可以充抵次承租人应当向承租人支付的租金;超出其应付的租金数额的,可以向承租人追偿。"

案例:王某与房主陈某签订一份租赁合同,约定王某承租陈某一套三室一厅的房子,租金为每月1500元,按季交纳。林某经人介绍,从王某手中租下其中一个房间,租金为每月500元,也是按季交纳。后王某与房主陈某发生矛盾,拒不交付下一季度的租金,陈某便告知王某,如在10天内不交纳租金,则要收回房子。林某害怕到时候被赶出去,便赶紧凑钱交了整套房子的租金。

本案中,林某的履行具有清偿王某租金债务的效力,陈某不可以拒绝林某的履行。林某履行后,就其清偿的数额可以先抵充自己负担的租金债务,超过的部分,林某可以向王某追偿。

三、向第三人给付

如果当事人约定由债务人向第三人履行债务的,债务人履行符合约定的,应当发生债的清偿效力;如果债务人未向第三人履行债务或者履行债务不符合约定的,应当向债权人承担违约责任(《民法典》第522条第1款)。如果债权人事前同意或者事后追认债务人向第三人给付的,则债务人对该第三人的给付也可以消灭债权人的债权,其原因在于,此时的债权人是不值得保护的。

在例外情况下,债务人向第三人给付虽然没有取得债权人的同意或追认,亦发生清偿效力,对此,本书将在与清偿相关的部分详细论述。

此外,基于出资协议或公司设立协议,股东可以要求另一股东向目标公司履行出资义务。

四、给付地

(一) 概念

所谓给付地,是指债务人须为给付行为的地点。我国法律上并无给付地这一术语,多称之为履行地或者履行地点,二者应为同一含义。给付地不同于结果地,结果地是给付结果发生之地。

(二) 给付地与结果地的意义

1. 实体法上的意义

如果债务人没有在给付地为给付行为,则其给付即有违债务本旨,有可能陷入债务人迟延。另外,给付地与结果地在风险分配方面亦有其意义:

（1）给付风险

在种类之债与金钱之债中，如果债务人用于给付的物于给付效果出现前灭失的，债务人仍不能免除清偿义务。在种类物特定化后，给付风险即移转给债权人。依据《民法典》第511条第3项，对于金钱之债，应由债务人承担途中风险，如果金钱没有到达债权人处，债务人需要再为给付。

（2）对待给付风险（价金风险）

在给付不能的情况下，债权人即不能请求债务人再为给付，即便如此，债权人还是需要移交对待给付，即支付对价，这意味着应由债权人承担对待给付风险。

（3）迟延风险

给付是否迟延，根据给付地的不同而不同。在送付之债中，债务人完成邮寄行为即完成给付，即可终止债务人迟延；但在金钱之债中，债务人承担迟延风险，即使及时寄出，但迟延到达债权人处的，债务人也应承担迟延责任。

2. 诉讼法上的意义

给付地不仅在实体法上具有重大意义，在诉讼法上亦具有重大意义，其是确定诉讼管辖的根据之一（《民事诉讼法》第24条）。

> 案例：建筑师甲向乙订购某一类货物，约定由乙承担运输费用。之后货物在途中丢失，甲请求乙再次给付。乙拒绝再次给付并请求甲支付价款。乙应在何地提起诉讼，请求甲支付价款？

本案中，甲乙虽然约定由乙承担运费，但并不能由此推断双方约定的是赴偿之债。即使在寄送买卖中，出卖人原则上承担的也不是赴偿之债。在存疑的情况下，给付地是债务人住所。依据风险负担规则，在出卖人乙把货物交给承运人后，价金风险即移转给买受人甲。故此，货物在途中灭失，甲仍应支付货款，而就货款之债，其给付地为甲的住所地（《民法典》第511条第3项）。故此，乙应在甲的住所地法院起诉要求甲支付货款。

（三）给付地、结果地与债务类型

根据给付地与结果地的各种组合情况，债务大致可以分为往取之债、赴偿之债以及送付之债等。[①] 所谓往取之债，是指债权人必须在债务人处取回给付标的的债务，此时给付地与结果地均在债务人处。在往取之债中，债务人只需准备给付标的，等待债权人前来取走即可。在必要时，债务人需通知债权人。债务人也可以允诺承担运送费用，但不承担运送途中货物灭失的风险。

---

① 1988年《最高人民法院关于如何确定合同履行地问题的批复》（法（经）复〔1988〕20号），使用了"代运制""送货制""由需方自提"等术语，其含义与送付之债、赴偿之债以及往取之债相当。

所谓赴偿之债,是指债务人要在债权人处为给付行为的债务,此时给付地与结果地均在债权人处。例如,甲致电乙订购快餐一份,即使没有约定,依照交易习惯,乙也应将快餐送至甲的所在地。赴偿之债的债务人可以委托他人代为运送,但债务人应承担运送费用,也应承担运送途中货物灭失的风险。

所谓送付之债是指债务人需运送该债权人给付标的的债务,此时给付地在债务人处,而结果地在债权人处。送付之债是往取之债的一种子类型。例如,在邮购买卖中,出卖人选取标的物、包装并交付给邮局或者快递公司,即完成给付标的物必要的行为,但直到标的物到达买受人处,给付结果发生后,出卖人才清偿了其债务(交付义务的履行完毕)。与此不同的是,在判断给付迟延的问题上,只要出卖人将标的物交付给承运人,即为履行,不会陷入给付迟延。在送付之债中,自标的物交给第一承运人时,对待给付风险即移转(《民法典》第607条第2款)。如果出卖人负有义务将标的物运送至买受人指定地点并交付给承运人的,则对待给付风险自出卖人于该地点将标的物交付给承运人时移转(《民法典》第607条第1款)。如果出卖人将交由承运人运输的在途标的物出卖的(即路货买卖),则出卖人不承担运输义务,对待给付风险自合同成立时移转(《民法典》第606条)。

《民法典》第603条第2款规定,对于当事人没有约定交付地点或者约定不明确的,应区分"需要运输"与"不需要运输"两种情况处理。需要运输是指"标的物由出卖人负责办理托运,承运人系独立于买卖合同当事人之外的运输业者的情形"(《买卖合同解释》第8条),其应指向送付之债,不过,送付之债的核心是出卖人仅负责发送,并无运输义务,承运人也并非出卖人的履行辅助人。① 如果标的物不需要运输,出卖人和买受人订立合同时知道标的物在某一地点的,出卖人应当在该地点交付标的物;不知道标的物在某一地点的,应当在出卖人订立合同时的营业地交付标的物。据此,当事人没有明确约定是往取之债还是赴偿之债的情况下,如果当事人知道标的物在某一地点,则推定于该地点交付标的物,此时可能是赴偿之债,也可能是往取之债;如果当事人不知道,则推定出卖人营业地为交付地点,此时的债一般应为往取之债。

案例:某市第三建筑公司为承建某高校礼堂,与某县钢窗厂于5月1日签订了一份钢窗买卖合同,合同约定:钢窗厂应于同年8月前为建筑公司提供一批钢窗,分两次交货,每次交一半,总价款200万元;付款也分两次,每收到货物一次,付款100万元,两次付清,不得拖欠;由钢窗厂负责办理运输。合同未约定具体的交货地点。同年6月下旬,钢窗厂将第一批钢窗用火车运到建筑公司所在市的火车站,并通知建筑公司注意收货。建筑公司立即要求对方将钢窗运到某高校工地上,钢窗厂不同意,认为那样做费用太高,如果要将钢窗再运到某高校工

---

① 吴香香:《第604条:交付移转风险》,载朱庆育主编:《中国民法典评注条文选注(第2册)》,中国民主法制出版社2021年版,第361页。

地,就必须另外增加运费。建筑公司说:"钢窗厂负责运输,就有义务将货物运到我们指定的目的地,而且运费已经包括在钢窗的价款中,不应该再增加运费。"由此双方产生纠纷,建筑公司以钢窗厂未将货物运到指定的目的地为由要求解除合同。①

在本案中,当事人约定由钢窗厂负责办理运输,运费包含在价款中,其运送人并非出卖人的履行辅助人,所以,当事人约定的应是送付之债。基于给付结果判断,应是标的物到达买受人处,给付结果发生时,债务人才清偿了其债务。故此,在本案中,钢窗厂并未履行完其义务,但建筑公司是否可以因此解除合同,需根据《民法典》第563条判断。根据该条,只有在钢窗厂不完全履行导致合同目的不能实现的情况下,建筑公司才有权解除合同。

不同观点认为,标的物交付第一承运人以运交买受人时,出卖人即完成交付。②在买卖合同中,该观点有一定的法律根据(《民法典》第603条第2款第1项)。据此,在本案中,钢窗厂并未违约。

在路货买卖中,要根据出卖人是否交付单证分别判断:出卖人交付提取标的物单证的,给付义务即完成;出卖人不交付提取标的物单证的,出卖人作出的向买受人交货的指示到达承运人时,给付义务即完成。③

一般来讲,在往取与付偿之债中,债务人住所或债权人住所是债务清偿、债务人迟延与受领迟延时的给付地;在运送之债中,给付地决定履行以及债务人迟延的判断,债权人住所决定受领迟延的判断。

(四) 给付地的确定

给付地首先需根据当事人的意思确定(《民法典》第603条第1款)。如果当事人没有约定给付地或者约定不明确的,可以协议补充,但当事人并没有协议补充的义务。如果当事人达不成补充协议的,应按照合同条款或者交易习惯推知当事人的意思,进行补充解释(《民法典》第510条)。例如,生活用品买卖通常的履行地是商店,如果需要将生活用品送进买方住宅,履行地就是买方住宅。又如,房屋维修合同的履行地是房屋所在地。

如果根据补充解释,仍不能确定给付地的,则在履行义务一方所在地履行,也就是说,无法确定给付地的债原则上为往取之债(《民法典》第511条第3项第3种情况)。在利益衡量上,往取之债对于债务人较为有利。

一般来讲,出卖人允诺为买受人邮寄的,并非就意味着给付地在买受人处。但

---

① 房绍坤、郭明瑞主编:《合同法要义与案例析解(分则)》,中国人民大学出版社2001年版,第27页。
② 王利明:《合同法研究》(第三卷)(第二版),中国人民大学出版社2015年版,第63页。
③ 吴香香:《第589条:出卖人主给付义务》,载朱庆育主编:《中国民法典评注条文选注(第2册)》,中国民主法制出版社2021年版,第329页。

是,依据现行法,在买卖合同中,标的物需要运输的,推定为送付之债;不需要运输的,推定为往取之债。该规则为特殊规则,应优先于《民法典》第 511 条适用。①

《电子商务法》第 20 条规定:"电子商务经营者应当按照承诺或者与消费者约定的方式、时限向消费者交付商品或者服务,并承担商品运输中的风险和责任。但是,消费者另行选择快递物流服务提供者的除外。"据此,消费者与电子商务经营者订立的合同,原则上是赴偿之债。德国法对于消费者合同也是如此规定:对于零售中的高价值消费物买卖,在交易习惯上,如果买受人没有立即自己运送,而且运输或者安装该物需要专业知识,通常是赴偿之债。②

对于金钱之债,我国合同法将其规定为赴偿之债。给付货币的,在接受货币一方所在地履行(《民法典》第 511 条第 3 项第 1 种情况),债务人承担途中风险。

德国法上的规则有所不同:金钱之债属于送付之债的特殊形式,给付地是债务人住所地,但债务人负有寄送之义务。与中国法比较,其不同之处在于:依照德国法,债务人承担途中风险,如果金钱没有到达债权人处,则债务人必须再次进行给付。但是,债务人并不承担迟延风险,债务人及时寄送后,债务人即完成了他那一方所应该做的。③ 债务人之所以不应承担迟延风险,是因为债务人可以选择最安全的寄送途径,如平信、挂号信或者指派使者,也可以选择其他支付方式,如支票、转账。④ 上述规则不适用于金钱以外的其他给付请求权或者原物返还请求权,也不适用于指向金钱的费用补偿请求权。

交付不动产的,在不动产所在地履行(《民法典》第 511 条第 3 项第 2 种情况)。此处的所在地,通常被解释为住所。自然人的住所为其户籍登记或者其他有效身份登记记载的居所,经常居所与住所不一致的,经常居所视为住所(《民法典》第 25 条);法人的住所为其主要办事机构所在地,依法需要办理法人登记的,应当将主要办事机构所在地登记为住所(《民法典》第 63 条)。

五、给付时间

(一)概念

给付时间,在《民法典》中被称为"履行期限",简称履行期限,是指债务人依约或依法必须履行债务的时间,可能是一个时间点,也可能是一个时间段。在给付时间是时间段的情况下,给付时间又可以分为两种:到期时点和可履行时点。到期时点是指

---

① 黄薇主编:《中华人民共和国民法典合同编释义》,法律出版社 2020 年版,第 334 页;最高人民法院民法典贯彻实施领导小组主编:《中华人民共和国民法典合同编理解与适用(二)》,人民法院出版社 2020 年版,第 877 页。

② Fikentscher/Heinemann, *Schuldrecht AT & BT*, 12. Aufl., 2022, § 35 II, Rn. 280.

③ Medicus/Lorenz, *Schuldrecht AT*, 22. Aufl., 2021, § 15, Rn. 14.

④ Fikentscher/Heinemann, *Schuldrecht AT & BT*, 12. Aufl., 2022, § 35 II, Rn. 284.

债权人可以向债务人请求给付的时点,债务人在此时点未履行的,即陷入债务人迟延;可履行时点是可以进行给付的时点,自此时点后,债权人即不得拒绝受领,否则陷入债权人受领迟延,但是,债权人在此时点请求给付的,债务人得进行抗辩,而且这是一种无须主张的抗辩。① 例如,当事人约定,出卖人应于 2022 年 1 月 15 日至 2022 年 3 月 17 日送交货物,此时,2022 年 1 月 15 日是可履行时点,2022 年 3 月 17 日是到期时点。《民法典》所称的履行期限,通常指的是到期时点。

(二) 履行期限的确定

对于履行期限,法律有规定的,依照法律规定。例如,《保障中小企业款项支付条例》第 8 条第 1 款规定,机关、事业单位从中小企业②采购货物、工程、服务,应当自货物、工程、服务交付之日起 30 日内支付款项;合同另有约定的,付款期限最长不得超过 60 日。这里规定的货物、工程、服务交付之日应为可履行时点,而自货物、工程、服务交付之日起 30 日则为到期时点。《保障中小企业款项支付条例》第 9 条规定,机关、事业单位和大型企业与中小企业约定以货物、工程、服务交付后经检验或者验收合格作为支付中小企业款项条件的,付款期限应当自检验或者验收合格之日起算。机关、事业单位和大型企业拖延检验或者验收的,付款期限自约定的检验或者验收期限届满之日起算。

对于履行期限,当事人有约定的,按照当事人的约定予以确定;当事人没有约定或者约定不明确的,可以协议补充;不能达成补充协议的,根据合同类型之本质尤其是合同条款,兼顾交易习惯,予以解释补充(《民法典》第 510 条)。

如果补充解释亦不能确定给付时间的,债务人可以随时履行;债权人也可以随时要求履行,但应当给对方必要的准备时间(《民法典》第 511 条第 4 项)。在这里,债权人自可随时向债务人请求给付,但到期时点并不是债务人请求给付时,而是必要的准备时间经过时。例如,对于公民之间的借贷,没有约定返还期限的,出借人可以随时请求返还(《民通意见》第 121 条),但亦需给借款人一定的准备期间,而且,根据《民法典》第 675 条之规定,贷款人须催告并给予借款人一定的合理期间。

对于借款利息的支付期限,如果当事人没有约定或者约定不明确,依据《民法典》第 510 条的规定仍不能确定,借款期间不满一年的,应当在返还借款时一并支付;借款期间一年以上的,应当在每届满一年时支付,剩余期间不满一年的,应当在返还借款时一并支付(《民法典》第 674 条)。

---

① 崔建远主编:《合同法》(第八版),法律出版社 2024 年版,第 142—143 页。
② 《中华人民共和国中小企业促进法》第 2 条、《保障中小企业款项支付条例》第 3 条界定了大型企业、中小企业的内涵:"本条例所称中小企业,是指在中华人民共和国境内依法设立,依据国务院批准的中小企业划分标准确定的中型企业、小型企业和微型企业;所称大型企业,是指中小企业以外的企业。"《保障中小企业款项支付条例》第 3 条第 2 款还规定:"中小企业、大型企业依合同订立时的企业规模类型确定。中小企业与机关、事业单位、大型企业订立合同时,应当主动告知其属于中小企业。"

对于租金的支付期限,如果当事人没有约定或者约定不明确,依据《民法典》第510条的规定仍不能确定,租赁期限不满一年的,应当在租赁期限届满时支付;租赁期限一年以上的,应当在每届满一年时支付,剩余期限不满一年的,应当在租赁期限届满时支付(《民法典》第721条)。

迟延利息的履行期限一般自主债权到期之日起开始计算。例如,工程款利息从应付工程价款之日开始计付。当事人对付款时间没有约定或者约定不明的,下列时间视为应付款时间:(1)建设工程已实际交付的,为交付之日;(2)建设工程没有交付的,为提交竣工结算文件之日;(3)建设工程未交付,工程价款也未结算的,为当事人起诉之日(《建设工程施工合同解释(一)》第27条)。

对于电子合同的交付时间,《民法典》第512条规定了法定推定规则:"通过互联网等信息网络订立的电子合同的标的为交付商品并采用快递物流方式交付的,收货人的签收时间为交付时间。电子合同的标的为提供服务的,生成的电子凭证或者实物凭证中载明的时间为提供服务时间;前述凭证没有载明时间或者载明时间与实际提供服务时间不一致的,以实际提供服务的时间为准。电子合同的标的物为采用在线传输方式交付的,合同标的物进入对方当事人指定的特定系统且能够检索识别的时间为交付时间。电子合同当事人对交付商品或者提供服务的方式、时间另有约定的,按照其约定。"

(三)履行期限的效力

1. 到期时点

到期时点对于判断债务人迟延具有决定性意义。在到期时点后,债务人不履行的,即陷入迟延,无须债权人为催告行为。① 在到期时点经过后、合同目的即不能实现(如定期之债)的情况下,债务即为给付不能。自到期时点起,债权人即得行使债权,时效也开始起算。抵销也以对方的债务到期为前提(《民法典》第568条)。

2. 可履行时点

可履行时点是判断债权人是否受领迟延的根据,通常情况下,当事人不会明确约定可履行时点。根据当事人的意思,债务只有在到期时才具有可履行性。所以,一般来讲,到期时点与可履行时点是一致的,债权人不得在到期前请求给付。但在提前履行不损及债权人利益的情况下,债务人有权在给付到期之前进行给付,即可以先期进行给付,这主要指向无偿合同的情况。此时,可履行时点在到期时点之前。在提前履行无偿债务的情况下,债务人不得收取期限利息。

(四)期限利益

所谓期限利益,是指当事人在期限届满前享有的利益。期限利益有时由债务人享有,如无利息的借款合同中的借款人;有时由债权人享有,如无偿保管合同中有权

---

① 韩世远:《合同法总论》(第四版),法律出版社2018年版,第357页。

请求返还保管物的寄存人;有时由债权人与债务人共同享有,如有利息的借款合同。

原则上,在履行期限届满前,债权人不得请求债务人履行。但有疑问的是,债务人可否提前履行?

案例:甲乙签订借款合同,约定甲向乙借款100万元,年息12%,2022年3月17日到期。2022年2月17日,债务人甲想提前偿还贷款,但债权人乙予以拒绝。

如果债务人提前履行不会损害债权人利益,债权人一般不可以拒绝债务人提前履行债务。但是如果债务人提前履行会损害债权人利益,债权人可以拒绝债务人提前履行债务(《民法典》第530条第1款)。这里所谓的"提前履行损害债权人利益的",主要是指提前履行基于保管合同的给付或者计算利息的给付的情况,在这些情况下,债权人享有期限利益。而所谓的"债权人可以拒绝",其含义应为债权人享有抗辩权。对于抗辩权,债权人可以行使,也可以不行使,如果债权人行使,则债务人提前履行债务的权利即为消灭。

根据《民法典》第530条第1款,对于计算利息的贷款合同,在没有约定期限或者约定不明的情况下,贷款人享有期限利益,借款人提前还款的,贷款人得行使抗辩权。但《民法典》第677条规定:"借款人提前返还借款的,除当事人另有约定外,应当按照实际借款的期间计算利息。"①《民间借贷解释》第30条进一步明确:"借款人可以提前偿还借款,但是当事人另有约定的除外。"而且,借款人可以按照实际借款的期间计算利息。如果贷款人与借款人约定了提前还款的利息问题,则不能适用《民法典》第677条以及《民间借贷解释》第30条的规定,而应根据双方的约定处理利息问题。从特别法优于一般法的原则出发,《民法典》第677条应优先于第530条适用。

在上述案例中,根据《民法典》第677条以及《民间借贷解释》第30条的规定,甲可以提前还款并按照实际借款的期间计算利息,乙不可以拒绝。

债务人提前履行债务给债权人增加的费用,由债务人承担(《民法典》第530条第2款)。从利益衡量出发,此规定并未顾及债权人(即贷款人)享有期限利益的情况,存在利益失衡,债务人提前还款造成债权人损失的,应当赔偿债权人期限利益的损失。

六、给付费用

给付费用,是指债务人进行给付的必要支出,包括包装费、运送费、汇费、登记费、通知费等,主要有固有的给付费用与增加的给付费用两种。此外,还有履行委托、无因管理等而产生的其他费用。

---

① 有观点认为,该规则的含义仍然是借款人提前还款损害贷款人利益的,贷款人有权拒绝,参见黄薇主编:《中华人民共和国民法典合同编解读(下册)》,中国法制出版社2020年版,第1291页。

固有的给付费用根据约定确定,没有约定或者约定不明确的,可以协议补充,不能达成补充协议的,根据合同类型之本质尤其是合同条款,兼顾交易习惯,予以解释补充(《民法典》第510条)。如果补充解释亦不能确定给付费用的负担的,由履行义务的一方负担(第511条第6项)。

而增加的给付费用包括三种情况:(1) 基于债权人原因而增加的给付费用,如因债权人变更住所、受领迟延而增加的给付费用;(2) 基于债务人原因而增加的给付费用,如因为提前履行(《民法典》第530条第2款)或者部分给付(《民法典》第531条第2款)而增加的给付费用;(3) 向第三人履行时增加的给付费用,如果当事人对此没有约定,在解释上应由债权人负担,因为向第三人履行可以省去债权人受领及交付债的负担,故其为实际上的获益人,应当承担因此增加的费用。

第五节　履行抗辩权

【文献指引】

同时履行抗辩权:隋彭生:《先履行抗辩权刍议》,载《政法论坛》1997年第3期;王闯:《论双务合同履行中的同时履行抗辩权——兼释合同法第六十六条及其适用中的相关疑难问题》,载《法律适用》2000年第12期;马强:《试论同时履行抗辩权》,载《法学论坛》2001年第2期;王泽鉴:《物之瑕疵担保责任、不完全给付与同时履行抗辩》《同时履行抗辩:第264条规定之适用、准用及类推适用》,载《民法学说与判例研究(第六册)》,北京大学出版社2009年版;吴明轩:《法院对于被告提出同时履行抗辩之裁判》,载《月旦法学杂志》2003年第1期;詹森林:《物之瑕疵担保、不完全给付与买卖价金之同时履行抗辩——"最高法院"七十七年度第七次民事庭会议决议之研究》,载《民事法理与判决研究(二)》,元照出版有限公司2003年版;李玉文:《论继续性合同中的抗辩权》,载《法商研究》2004年第3期;詹森林:《民事法理与判决研究》,北京大学出版社2005年版;韩世远:《构造与出路:中国法上的同时履行抗辩权》,载《中国社会科学》2005年第3期;朱广新:《先履行抗辩权之探究》,载《河南省政法管理干部学院学报》2006年第4期;崔建远:《履行抗辩权探微》,载《法学研究》2007年第3期;许娟:《同时履行抗辩权在履行迟延中的适用》,载《研究生法学》2009年第5期;崔建远:《先履行抗辩权制度的适用顺序》,载《河北法学》2012年第12期;张金海:《论双务合同中给付义务的牵连性》,载《法律科学(西北政法大学学报)》2013年第2期。

【补充文献】

王洪亮:《〈合同法〉第66条(同时履行抗辩权)评注》,载《法学家》2017年第2

期;李建星:《先履行抗辩权之解构》,载《法学家》2018年第5期;王文军:《继续性合同之同时履行抗辩权探微》,载《南京大学学报(哲学·人文科学·社会科学)》2019年第1期;刘文勇:《论同时履行抗辩权成立时对待给付判决之采用》,载《国家检察官学院学报》2020年第4期;董昊霖:《论同时履行抗辩权——以程序法的基本理论为视角》,载《广东社会科学》2020年第5期;陆家豪:《同时履行抗辩阻却履行迟延之效果研究》,载《法学杂志》2022年第2期;庄加园:《留置抗辩权的体系构建:以牵连关系为中心》,载《法商研究》2022年第3期;韩新磊:《〈民法典〉履行抗辩权条款的体系解释》,载《河南财经政法大学学报》2022年第5期;肖建国、张苏平:《附对待给付义务的诉讼表达与执行法构造》,载《北方法学》2023年第1期;李秋榆、罗玫:《关于同时履行抗辩权制度适用扩张的探讨——对"牵连性"内涵的二元论限定》,载《北京政法职业学院学报》2024年第1期;王利明:《对待给付判决:同时履行抗辩的程序保障——以〈民法典合同编通则解释〉第31条第2款为中心》,载《比较法研究》2024年第1期。

不安抗辩权/预期违约:张谷:《预期违约与不安抗辩之比较》,载《法学》1993年第4期;杨永清:《预期违约规则研究》,载梁慧星主编:《民商法论丛》(第3卷),法律出版社1995年版;蓝承烈:《预期违约与不安抗辩的再思考》,载《中国法学》2002年第3期;葛云松:《不安抗辩权的效力与适用范围》,载《法律科学(西北政法学院学报)》2003年第1期;李中原:《合同期前救济制度的比较研究》,载《法商研究》2003年第2期;叶金强:《不安抗辩与预期违约》,载《南京大学法律评论》2003年春季号;韩桂君、肖广文:《预期违约与不安抗辩权比较研究——兼评我国〈合同法〉第68、69、94和108条的立法缺失》,载《河北法学》2004年第1期;李伟:《不安抗辩权、给付拒绝和预期违约关系的思考——以德国法为中心的考察》,载《比较法研究》2005年第4期;李先波:《预期违约新探》,载《环球法律评论》2008年第2期;傅鼎生:《不安抗辩适用之限定》,载《法学》2008年第8期;张金海:《预期违约与不安抗辩制度的界分与衔接——以不履行的可能性程度为中心》,载《法学家》2010年第3期。

✒ 【补充文献】

尹田:《留置权若干问题研究》,载《中国政法大学学报》2013年第5期;王利明:《预期违约与不安抗辩权》,载《华东政法大学学报》2016年第6期;陈韵希:《合同预期不履行的救济及其法理基础——再论〈合同法〉不安抗辩权和预期违约的界分》,载《比较法研究》2017年第6期;李建星:《法定加速到期的教义学构造》,载《法商研究》2019年第1期;申海恩:《论抗辩权的附随效力》,载《华东政法大学学报》2019年第5期;申海恩:《抗辩权效力的体系构成》,载《环球法律评论》2020年第4期;叶金强:《不安抗辩中止履行后的制度安排——〈民法典〉第528条修正之释评》,载《法律科学(西北政法大学学报)》2020年第5期;李建星:《〈民法典〉第528条(不安抗辩权的效力)评注》,载梁慧星主编:《民商法论丛》(第72卷),社会科学文献出版社2021年版;陈韵希:《论效率减损视角下的不履约风险救济——兼谈〈民法典〉预期违约和不安抗辩权的解释适用》,载《暨南学报(哲学社会科学版)》2023年第6期;张梓萱:《预期违约与继续履行请求权》,载《法学家》2024年第4期。

一、留置抗辩权

(一)留置抗辩权的内涵

在债务人与债权人之间并不存在双务合同关系(即没有相互关系),而是基于相同的法律关系相互负有债务的情况下,如果允许债权人要求债务人给付,自己却不必进行给付,实在有违诚实信用原则。因此,在这种情况下,应赋予债权人与债务人以留置抗辩权,在对方提出自己的给付之前,得拒绝给付,以担保自己债权的实现。

留置抗辩权是实现债务的间接强制手段,具有担保功能。所以,在德国法上,如果相对人提供担保,即可排除留置抗辩权的适用。而且,如果已经存在担保,当事人就不能主张留置抗辩权。

一般认为,《民法典》第525条仅适用于双务合同关系①,但从文义来看,该条并没有将拒绝履行抗辩权的适用范围限定在双务合同中,只要"当事人互负债务"即可,并不要求一定是具有相互性的合同,故可以将之扩展到相互负有牵连债务的情况。可以认为,《民法典》第525条也可以作为留置抗辩权的规范基础。但在具体内容上,则需要进行解释填补。有不同观点认为,留置抗辩权的实质构成要件源于物权留置权,二者都以占有他人标的物或动产为要件,但在适用范围、类型化上都需要借助《民法典》第525条,尤其是要将"当事人互负债务"的情形扩张到包含"具有牵连关系的合同"。②

(二)留置抗辩权与其他制度的区别

1. 留置抗辩权与留置权

留置抗辩权与物权法上的留置权都不能直接或间接地实现债权。《担保法》第84条、《合同法》第422条规定了保管合同、运输合同、加工承揽中债权人享有的留置权,而《民法典》第447条规定的具有物权性的留置权的适用范围则不限于上述合同,只要留置的动产与债权属于同一法律关系即可。而对于企业之间的留置,甚至无须同一法律关系这一要件(《民法典》第448条)。但是,被留置的只能是债务人的动产,如果是债权人的动产,则不存在留置的问题。留置权是物权,如果留置权人丧失占

---

① 韩世远:《合同法总论》(第四版),法律出版社2018年版,第383页。
② 庄加园:《留置抗辩权的体系构建:以牵连关系为中心》,载《法商研究》2022年第3期,第150页以下。

有,留置权即不存在。行使留置权的本质是抗辩,只不过留置权还包括变价权,即留置权人享有变价处理留置物的权利。

一方不履行到期债务而另一方据此拒绝履行自己的给付义务时,留置权的留置效力与留置抗辩权的拒绝给付效力基本相同:行使留置权的结果是拒绝履行交付或者返还财产的给付义务,行使留置抗辩权的结果是"留置"对方的财产。①

2. 留置抗辩权与抵销权

如果债务人与债权人互负同种类债务,债务人得进行抵销(《民法典》第568条),如果是非同种类的债务,经过当事人约定也可以抵销(《民法典》第569条)。而留置抗辩权的行使则不以债务种类是否相同为前提。此外,抵销权是形成权,而留置抗辩权为抗辩权,留置抗辩权的效力弱于抵销权,债权人行使留置抗辩权,并不能直接实现债权。

3. 留置抗辩权与同时履行抗辩权

留置抗辩权与同时履行抗辩权的功能各不相同,在行使同时履行抗辩权时,并不存在通过担保避免抗辩的规则,债务人也无须主张该权利以避免迟延;而在行使留置抗辩权时,债务人需要主张该权利才能避免迟延。但二者也有共同点,即行使留置抗辩权与同时履行抗辩权时,债务人均享有履行拒绝权,均会产生判决同时履行的法律效果,因为同时履行是给付内容(比较《德国民法典》第320条)。在德国法上,如果一方部分给付,另一方可以拒绝全部对待给付;如果一方欠多个人债,在其部分给付的情况下,每一个债权人都可以拒绝全部对待给付。

(三) 留置抗辩权的构成要件

1. 请求权的相互性

双方当事人必须均对另一方享有请求权,也就是说,每一方均既是债权人,又是债务人。其中一人针对第三人享有请求权的,不得以此对抗另一方的请求权。相互享有的请求权既可以是债法请求权,也可以是物上请求权②,但不能是提起确认之诉以及权利形成之诉的权利。

在一方当事人让与债权的情况下,债务人对原债权人享有的留置抗辩权可以对抗新债权人(《民法典》第548条)。因为债权让与虽然无须债务人同意,但不能使债务人受有不利益。

在真正的利他合同中,留置抗辩权对第三人也有效力,允诺人可以以其对允诺受领人的抗辩对抗第三人。

2. 债权的牵连性(Konnexität)

留置抗辩权,对于债权人到期债权的实现而言,是一个妨碍,对此应给予正当化

---

① 尹田:《留置权若干问题研究》,载《中国政法大学学报》2013年第5期,第70页。
② Brox/Walker, *Allgemeines Schuldrecht*, 46. Aufl., 2022, § 13, Rn. 3.

理由。因此,偶然出现的当事人相互享有请求权的情况下,不能赋予双方以留置抗辩权。两个债权之间必须有内在关联,只有如此,才能保障债务人和债权人之间的利益平衡。

债权人的债权与债务人的对待债权必须源自同一法律关系,但对此应作宽泛理解,原则上并不要求二者是基于同一债之关系,内在的、关联的、一体之生活关系,即为已足。反面考量是:如果当事人行使请求权时不考虑另一方与之有内在关联的请求权,即有违诚实信用原则。①

合同无效或者被解除时,双方当事人之间会相互享有返还请求权,这两项请求权之间即具有牵连关系。例如,买卖双方订立不动产买卖合同并转移所有权,事后发现出卖人在合同订立时患有精神病,出卖人对买受人享有的返还不动产请求权与买受人对出卖人享有的价款返还请求权之间即具有牵连关系,在出卖人返还价款前,买受人得拒绝履行返还义务。②

当事人在系列交易或长期交易中的债权也可能存在牵连关系。例如,买受人与出卖人之间存在长期交易关系,买受人要求出卖人提供其于7月1日购买的货物,但出卖人主张,买受人必须先支付其于5月1日购买货物的价款。又如,在酒馆里,甲与乙的大衣弄混了,甲请求乙交出大衣,乙主张,甲必须先将自己拿到的大衣返还给乙,乙才会把大衣返还给甲。

在罗马法上,即存在返还标的物与费用或损害赔偿请求权之间的留置权(jus retentions)制度,但其内涵并不明确,同时包括扣除、抵销、合同同时抗辩权等情形。③《德国民法典》第273条第2款将其明确规定为留置抗辩权。负有返还标的义务之人,若其享有在该标的上支出费用的到期请求权或者到期损害赔偿请求权,则无须考察牵连性,即可认为其享有留置抗辩权,在对方不赔偿其费用或损害的情况下,其得拒绝返还该标的。例如,走失小狗的发现人对小狗的所有权人负有返还原物的义务,如果发现人为小狗支出了饲养费用,则可以费用请求权为根据,主张留置抗辩权。但是,在标的返还债务人故意侵权获得该需返还之标的的情况下,则不能享有留置抗辩权。

对于涉及所有权人占有人关系的留置权,《德国民法典》第1000条有特别规定:占有人在未受费用之偿还前,得拒绝返还原物。占有人故意以侵权行为取得物之占有者,无留置权。

3. 请求权的可执行性

债务人的请求权必须到期。否则,债权人要主张债权,必须于履行到期前先清偿

---

① BGH NJW 2004, 3484.
② 庄加园:《留置抗辩权的体系构建:以牵连关系为中心》,载《法商研究》2022年第3期,第145页。
③ HKK/Gröschler, 1. Aufl., 2007, §§ 273-274, Rn. 10.

自己所负的对待请求权。对于到期,只要在留置给付之时,作为留置抗辩权基础的对待请求权产生了,即为已足。① 对待请求权随着请求权被清偿即到期的,也视为到期。例如,随着债务人的给付,债务人对债权人享有的收取凭证(收据)请求权即产生,而给付与收取凭证的出具,需同时履行。

作为留置抗辩权基础的请求权必须具有可执行性。例如,债务人不得根据赌博之债主张留置抗辩权。但是在当事人针对请求权享有抗辩权的情况下,该请求权虽不可执行,但并不能完全排除留置抗辩权。② 例如,债务人的请求权到期,但已经过了诉讼时效,而在债权人的请求权产生前,其尚未经过诉讼时效,则债务人可以以此为基础主张留置抗辩权。

4. 给付非同种类

如果双方享有的债权是同种类的,则应适用抵销而非行使留置抗辩权。例如甲对乙享有 5000 元的买卖价款之债,而乙对甲享有 5000 元的贷款返还之债。乙可以主张抵销二债。如果此时乙主张留置抗辩权,则可以将该意思表示转化为行使抵销的意思表示。

(四)留置抗辩权的排除

第一,当事人可以通过合同约定排除留置抗辩权。当事人也可以默示排除留置抗辩权,例如当事人约定预先给付的义务、约定商业条款"见票即付"或者约定抵销,由于抵销会排除留置抗辩权,通过当事人约定抵销,就可以推定当事人排除了留置抗辩权。③

第二,根据债之关系的目的与性质,当事人不能进行留置抗辩。例如,对于不作为义务或者定期交易不能进行留置抗辩;对于法律追究与权利保护的辅助请求权,如咨询、计算、返还债权证书、出具发票等,也不能进行留置抗辩;对于交付易腐烂的物、个人证件、驾照的请求权以及不可扣押的工资或者法定养老金请求权等,都不得行使留置抗辩权;对于基于信托或者信赖关系的请求权,如账簿交出、文件、医疗档案,也不能行使留置抗辩权。

第三,基于诚实信用原则,在某些情况下,当事人也不能行使留置抗辩权。例如,债务人不能根据相对微不足道的对待债权,留置价值巨大的债权。对无争议的债权,以很难澄清且耗费时间的对待债权进行留置抗辩,亦有违诚实信用原则。

第四,当事人不能留置基于故意侵权行为而获得的标的,以此可以阻止其自力设定担保。

第五,留置抗辩权可以与抵销制度类比,禁止抵销的情况,通常亦禁止行使留置

---

① Medicus/Lorenz, *Schuldrecht AT*, 22. Aufl., 2021, § 20, Rn. 7.
② Looschelders, *Schuldrecht AT*, 21. Aufl., 2023, § 15, Rn. 5.
③ 庄加园:《留置抗辩权的体系构建:以牵连关系为中心》,载《法商研究》2022 年第 3 期,第 155 页。

抗辩权。

（五）留置抗辩权的行使

留置抗辩权是一种具有迟延作用的抗辩权，债务人必须明确表示自己基于对待债权而拒绝进行所负担的给付。如果债务人不主张，则在诉讼中法官不会考虑该留置抗辩权而径行判决。如果债务人已进行给付，即使是在其不知道自己享有对待债权的情况下，留置抗辩权也消灭。

与同时履行抗辩权不同，留置抗辩权单纯的产生或存在并不能阻碍债务人迟延、解除权以及损害赔偿请求权的产生。当事人必须行使留置抗辩权，方能产生排除迟延等法律效果。

由于留置抗辩权具有担保性，债权人可以通过提供担保避免债务人行使留置抗辩权。但如果债权人提供的是保证，则不能阻止留置抗辩权，因为保证的安全性还不如留置抗辩权。另外，类推适用《民法典》第457条，留置权人接受债务人另行提供担保的，留置权消灭，也可以得出同样的结论，即一方当事人可以通过提供担保避免相对人行使留置抗辩权。

（六）法律效果

留置抗辩权是须主张的抗辩权，法官不得依职权主动考量。在性质上，留置抗辩权是实体法上的抗辩权，不仅可以在诉讼中行使，也可以在法庭外行使。

如果债务人在诉讼中提出留置抗辩权并成立的，法院就不应驳回诉讼请求，而应判决同时履行（Zug um Zug Verurteilung）。债权人若同时提出自己的给付，则可以请求强制执行此判决。如果债务人受领迟延，则债务人请求同时履行给付的权利即消灭。

二、双务合同情况下的同时履行抗辩权

《民法典》第525条规定："当事人互负债务，没有先后履行顺序的，应当同时履行。一方在对方履行之前有权拒绝其履行请求。一方在对方履行债务不符合约定时，有权拒绝其相应的履行请求。"该条参考了《德国民法典》第320条、《意大利民法典》第1460条、《日本民法典》第533条以及我国台湾地区"民法"第264条，尤其参照了《国际商事合同通则》第7.1.3条①，这些规定针对的都是双务合同，所以，虽然第525条的表述是"当事人互负债务"，但在实质上应限定为双务合同或者因合同互负债务的情况。② 另外，有观点认为，《民法典》第525条位于"合同的履行"一章，应该

---

① 姚红主编，全国人大常委会法制工作委员会民法室编：《〈中华人民共和国合同法〉与国内外有关合同规定条文对照》，法律出版社1999年版，第57页。

② 胡康生主编：《中华人民共和国合同法释义》（第3版），法律出版社2013年版，第129页；黄薇主编：《中华人民共和国民法典合同编解读（下册）》，中国法制出版社2020年版，第1005页。

理解为该条仅适用于双务合同。①

从请求权的内容来看,一方当事人享有的是拒绝履行或者拒绝给付的抗辩权,同时履行并非抗辩权的内容,而是判决的主要内容。因此,本书认为,称该抗辩权为同时履行抗辩权并不准确,称作拒绝履行抗辩权更为准确。

《民法典》第525条规定了两种类型的拒绝履行抗辩权,一种是针对相对人不履行的抗辩,即在相对人到期前拒绝履行、到期后迟延履行或者履行不能的情况下可以主张的拒绝履行抗辩权;另一种是针对瑕疵给付或者不完全给付的拒绝履行抗辩权,也被称为未准确履行抗辩权,在一方当事人履行债务不符合约定的情况下,另一方当事人有权拒绝履行。

最后,需要注意的是,《民法典》分别规定了针对"同时履行"情况的拒绝履行抗辩权以及有先后履行顺序的"先履行抗辩权"。该规定继受的是《国际商事合同通则》第7.1.3条,但嗣后的国际协定均抛弃了这一做法。《欧洲合同法原则》第9:201条合并了这两项抗辩权。《欧洲示范民法典草案》第Ⅲ-3:401条也规定为:债权人应在债务人履行之时或之后为对待给付的,在债务人开始履行或履行完毕前,债权人享有对待给付履行拒绝权。

(一) 基本思想

在买卖合同或者租赁合同中,当事人双方互相负有义务,一方支付价金或租金,另一方交付标的物或者房屋。这样的合同存在一个问题:想严守合同的当事人如果不信任相对人或者担心其负债过多,就会迟疑是否提供自己的给付。合同的本意是,一方当事人只有在获得对待给付的那一刻,才应提出自己的给付。而在实际上,一手交钱、一手交货的模式很难实现,尤其在履行地点不同的情况下,这一模式就更无法实现。另外,在诉讼中,是否以及以何种方式考虑债权人保护之必要,又涉及程序法上的问题。

对于上述问题,有多种解决路径。第一,当事人当然可以通过约定先履行义务解决该问题,但在当事人没有约定、法律上又没有规定的情况下,应当如何解决上述的履行风险问题,对此应在立法上提供方案。第二,当事人可以通过行使留置抗辩权解决上述问题。以当事人在履行时点的利益状况为基础,要打消债务人的不信任,也未必需要双方当事人同时履行相互义务,而只需要赋予债务人保留自己给付的权利,直到债权人提供充分的担保,债务人才应提出自己的给付。在行使形式上,留置抗辩权只是一种压力工具,不能强迫债务人通过诉讼行使留置抗辩权。而且,留置抗辩权适用于所有当事人相互享有请求权、债权具有牵连性的情形,而并不限于双务合同(交换关系)中。但在双务合同中适用留置抗辩权,并不符合当事人之间的意思。基于双务合同的概念,双方当事人只有在同时履行的前提下才能要求对方给付,所以一方当

---

① 韩世远:《合同法总论》(第四版),法律出版社2018年版,第386页。

事人仅根据自己准备履行或者另一方受领迟延的事实,主张消灭对方的给付拒绝权,是不充分的。

在买卖合同订立之时,双方当事人的意思是"给付是为了换取对待给付",对之进行一般化,就出现了所谓的"相互性合同"(synallagmatischer Vertrag/gegenseitiger Vertrag)观念。对于相互性合同,我国一般称之为双务合同。为了达到双务合同的目的及本质,赋予一方当事人以针对失信相对人的担保性抗辩权(留置抗辩权)并不足够,需要的是在履行阶段确立一个给付的交换机制,此即所谓的功能上关联。①

但在实体法上,同时履行机制会导致请求权与对待请求权之间相互依赖,呈现出交互(延迟)条件的情况,由此影响诉讼程序的进行,即原告提起诉讼的权益与原告的先履行义务关联在一起,如果原告没有提供对待给付,则无法成功主张自己的请求权。对此,有修正观点认为,在诉讼程序中,法官原则上应当支持原告主张的请求权,除非当时的情形是,该当事人只有在法官面前提出自己负担的给付或者履行该给付,才能使自己免于被驳回诉讼。在这种程序构造下,就要选择是由法庭基于职权考虑该判决前提,还是基于当事人主张的抗辩考虑该判决前提;进一步还可以考虑的程序构造是,基于实体法上双方当事人同时履行义务的原则,规定法官判决同时履行,但在这种构造下,实际履行的问题就被推到了裁判程序之外,即被移转到了强制执行领域。②

如上所述,同时履行抗辩权的基础在于合同的相互关联性。在双务合同中,主给付义务之间存在紧密的关联,二者处于一种交换关系中,一方的给付构成另一方给付的对价。在产生与实现上,相互的给付义务是互相依赖的,如买卖合同、租赁以及支付利息的贷款合同中的给付义务。基于合同的相互性,在对方未履行合同的情况下,一方得拒绝为己方的给付。这种相互的关联被称为双务性、交换性或者相互性(Synallagma)。

双务性又可分为产生上或基因上的双务性(genetische Synallagma)与功能性的双务性(funktionelle Synallagma),前者是指当事人意思表示中的一方给付义务与另一方对待给付义务之间的关联,一方当事人意思表示的无效即导致整个合同的无效;后者则是指在合同实现以及给付障碍的后果方面双方主给付义务的继续的关联。③ 相互依赖的两个处于交换关系中的给付义务还会影响彼此的履行。基于同时履行抗辩权,任意一方当事人只有在其已经准备并能够提供对待给付的时候,方可以要求对方给付。

除了上述两种双务性,还有一种所谓条件性的双务性(konditionelle Synallagma),

---

① HKK/Pennitz, 2007, §§ 320-322, Rn. 4.
② HKK/Pennitz, 2007, §§ 320-322, Rn. 4.
③ Larenz, *Schuldrecht AT*, 14. Aufl., 1987, § 15 I, S. 203.

该双务性是为了保障当事人在合同实现以及恢复时相互交换的给付的依附性,据此,一方的给付障碍会对另一方的给付产生影响,以此避免自己作出了给付、却得不到对待给付。如在不可归责于双方当事人的给付不能的情况下,债务人无须给付,同时对待给付也消灭,对此,风险负担规则有所修正。

(二) 同时履行抗辩权的性质

所谓同时履行抗辩权①,又被称为不履行合同的抗辩(Einrede des nichterfüllten Vertrages)或者拒绝履行权(Leistungsverweigerungsrecht),是指双务合同的当事人一方在对方未为履行或者履行不符合约定的情况下,有权拒绝自己给付的权利(《民法典》第 525 条)。准确地讲,任何一方合同当事人均有权在对方提出给付之前,保留自己的给付。

对于同时履行抗辩权,具体有两种学说:第一种是抗辩权说(Einredetheorie),第二种是交换说(Austauschtheorie)。根据抗辩权说,只有在债务人主张同时履行抗辩权的情况下,在诉讼中才对之予以考虑;而根据交换说,双方的给付义务自始即为合同之内容,在产生法律争议时,即使债务人没有主张同时履行抗辩权,也必须予以考虑。由此,交换的请求权自始在内容上就受到限制。② 拉伦茨认为:每一方的义务通常涉及的并不仅仅是给付,而是与受领对待给付同时给付。③ 根据此交换说,请求权与债务内在地相互限制。

德国立法者采纳了抗辩权说,主要是出于诉讼法上的考虑,据此可以使原告在程序中无需宣称自己已经清偿债务。④ 但是,即使采纳抗辩权说,也不妨碍法官在排除迟延问题上采纳存在效果说(ipso-iure-Wirkung)。根据抗辩权说,任何一方要求其所应得的给付的权利本身没有附加条件,所以,给付拒绝权是一种抗辩权,具有改变请求权以及形成权利的效力。

其实,采用抗辩权说与交换说在结果上差别不大。在诉讼法上,不论根据哪种学说,只有被告主张同时履行抗辩权的时候,法院才会予以考虑。在实体法上,不论根据哪种学说,债务人不主张同时履行抗辩权,都会产生效力⑤;只有在给付障碍法上,两种学说才会有所不同:在发生给付障碍时,根据交换说,如果已构成同时履行抗辩

---

① 所谓抗辩权,是指权利人用以对抗他人请求权的权利,属于形成权的一种。抗辩权的作用是使受抗辩方的权利消灭或使其效力延期发生。根据抗辩权是使受抗辩方的权利消灭还是使其效力延期发生可把抗辩权分为永久的抗辩权和一时的抗辩权,前者如诉讼时效届满后的抗辩权,后者如保证中保证人用以对抗债权人的先诉抗辩权。双务合同时履行抗辩权属于抗辩权的一种。
② MüKoBGB/Emmerich, 9. Aufl., 2022, Vorbemerkung zum § § 320, Rn. 10-12.
③ Larenz, *Schuldrecht AT*, 14. Aufl., 1987, § 15 I, S. 203.
④ H. Jatzow (Ed.), Motive zu dem Entwurfe eines Bürgerlichen Gesetzbuches für das Deutsche Reich, Band Ⅱ: Recht der Schuldverhältnisse, 1888, S. 204; Albrecht Achilles (Ed.) et al., Protokolle der Kommission für die zweite Lesung des Entwurfs des Bürgerlichen Gesetzbuchs, Band I: Allgemeiner Theil und Recht der Schuldverhältnisse Abschn. I, Abschn. Ⅱ Tit. I, 1897, S. 632 f.
⑤ Medicus/Lorenz, *Schuldrecht AT*, 22. Aufl., 2021, § 20, Rn. 27.

权,即使债务人一开始没有主张该权利,该权利也会发挥效力,此时,债务人不必提出自己的给付,不履行并不违反义务,也不会陷入履行迟延。①

给付与对待给付关系如此紧密,只有债权人实际上提供了所负的对待给付,债务人才必须提供自己的给付,若债权人仅仅是能够并准备给付,则其请求债务人给付的依据并不充分。债权人对待给付的提供是债务人给付义务的实质构成要件。如果该要件不存在,则债务人不履行并不违反义务。②

(三) 同时履行抗辩权的功能

同时履行抗辩权能够通过同时履行的方式保护守约一方之利益,其追寻的规范目的是双重的:

第一个规范目的在于强制清偿,基于同时履行抗辩权,被对方(债权人)要求履行的债务人,有权要求对方履行对待给付义务,所谓"你给则我给"。具体而言,同时履行抗辩权制度解决的是守约方不相信对方或者担心对方资不抵债的问题。在该制度下,如果对方不履行合同,守约方即有权拒绝给付,以免在对方没有信用或者资不抵债的情况下,使自己的给付落空。进一步而言,行使同时履行抗辩权的主要目的并不在于担保债权实现,而是在于强制清偿,迫使对方履行合同,所谓"你要我付款,你必须同时交货"。同时履行抗辩权制度追求的并非双方债务的同时履行,而是通过强调双方债务在履行顺序上的制衡关系,敦促欲获对待给付的当事人须先迈出一步。

第二个规范目的在于担保自己债权的实现。对于同时履行抗辩权,当事人不能通过提供担保免除,但该权利还是具有有限的担保作用。也就是说,债务人可以通过行使同时履行抗辩权确保,在没有获得对待给付前,自己得不进行给付,此即所谓的存在效果说,同时履行抗辩权的存在具有排除债务人陷入迟延的效果。

(四) 同时履行抗辩权的构成要件

无论相对方是否陷入迟延,或者是否具有过错,都不影响同时履行抗辩权的行使。

1. 存在相互性的双务合同

要构成同时履行抗辩权,当事人之间须存在一个相互性的双务合同,作为债务人拒绝给付权利基础的债权与债权人的债权必须处于相互关系中。

在理论上,双务合同可被区分为通常的双务合同与相互性的双务合同。通常的双务合同又被称为不完全双务合同,如委托合同、保管合同等。在通常的双务合同中,对方得在获得先履行方的履行利益后,再为对待给付。例如,在无偿委托合同中,受托人负有向委托人转交处理委托事务所得财产的义务(《民法典》第927条),委托人负有偿还受托人垫付费用的义务(《民法典》第921条),委托人履行该义务,并非为

---

① Looschelders, *Schuldrecht AT*, 21. Aufl., 2023, § 15, Rn. 16.
② Looschelders, *Schuldrecht AT*, 21. Aufl., 2023, § 22, Rn. 7.

了获得受托人处理委托事务所得的财产。① 所以,对于通常的双务合同,并不适用同时履行抗辩权。

在相互性的双务合同中,双方当事人的债务之间存在相互性关系。例如,在金钱借贷合同中,金钱的发放与所负担的利息或约定担保的设定之间就存在相互性关系。在有偿保管合同中,也存在相互性关系,寄存人支付的报酬不仅是为了涵盖保管费用,也是为了获得保管服务。版权许可合同、保理合同、融资租赁合同、有偿的承担担保责任允诺都属于相互性的双务合同。

需要注意的是,中介合同并非相互性的双务合同,因为仅委托人负有义务。民事合伙合同也不属于相互性的双务合同,因为民事合伙合同追求的是共同目的,并不存在交换关系。在合伙人之间以及合伙人与合伙之间均不存在相互关系。同样,在成员与社团之间也不存在相互性的双务合同,因为,双方的义务并未处于依赖关系中。

此外,如果在基于相互性的双务合同产生的义务之外,设立一个独立的义务,如抽象的债之承诺或者票据,则该义务与基于相互性的双务合同产生的义务之间没有相互关系。但票据债务人,可以在基础关系中以未履行合同抗辩权对抗债权人或者第一个票据取得人。

最后,基于合同自由,当事人可以将无名合同约定为相互性的双务合同。

在法定债之关系中,也存在相互性债之关系,可以适用同时履行抗辩权。例如,对于无权代理,在本人不追认的情况下,无权代理人与合同相对人之间应当成立相互性的双务合同(《民法典》第 171 条第 3 款)。

2. 给付义务处于相互关系中

要构成同时履行抗辩权,双方当事人的给付义务须处于相互关系,即相互依赖关系中。而且,一方保留的给付必须相对于另一方的给付具有足够的意义,才可以使基于《民法典》第 525 条产生的同时履行抗辩权获得正当性。基于相互性的要求,亦可以推断出,只有针对主给付义务才会形成同时履行抗辩权,针对从给付义务不能形成同时履行抗辩权。②

有争议的是,从给付义务能否作为同时履行抗辩权的基础。原则上,当事人互负债务,一方不得以对方没有履行非主要债务为由拒绝履行自己的主要债务,但是,对方不履行非主要债务致使不能实现合同目的或者当事人另有约定的除外(《民法典合同编通则解释》第 31 条第 1 款)。在司法实践中,人民法院也一直认为,从合同义务

---

① 庄加园:《留置抗辩权的体系构建:以牵连关系为中心》,载《法商研究》2022 年第 3 期,第 144 页。
② Medicus/Lorenz, *Schuldrecht AT*, 22. Aufl., 2021, § 20, Rn. 21.

的履行直接影响到合同目的实现的,可以适用同时履行抗辩权。①

对此,本书持不同观点:从给付义务通常不具有充分的意义,其与主给付义务之间没有相互性,不能作为同时履行抗辩权的基础。如将从给付义务作为行使同时履行抗辩权的根据,会使合同履行陷入停滞,亦不符合诚实信用原则之要求。

例如,在汽车买卖合同中,出卖方负有交付汽车以及移转汽车所有权的主给付义务,而买受方负有支付价金的主给付义务,二者之间存在相互关系。而买受人的受领汽车义务与出卖人的交付汽车与移转汽车所有权的义务并无相互关系。但是,合同当事人可以约定受领汽车义务为主给付义务。主给付义务或从给付义务的区分,对于确定给付义务之间是否具有相互性,仅具有"指引"功能,关键的是当事人的意思,当事人的意思才是合同的构造以及特别利益状况的基础。② 当事人可以通过约定确立从给付义务与对待给付义务处于相互关系中。③

此外,即使给付是以利他方式提出的,也不影响给付义务之间的相互关系。允诺人得以其基于补偿关系产生的同时履行抗辩权对抗有权利的第三人。

在债权人让与债权的情况下,根据《民法典》第548条,债务人可以以其对于让与人的同时履行抗辩权对抗受让人。此时,让与人作为对待给付债务人,也享有同时履行抗辩权。其根据在于,合同相对人不能无根据地获益。这也适用于债权人基于法律规定让与债权但未同时移转债务的情况。让与人通常对受让人负有向债务人行使同时履行抗辩权的义务,以使债务人因为受让人的债权而处于压力之下。④ 而在债务承担的情况下,原债务人和新的(共同)债务人均享有同时履行抗辩权。

在债务人有多个相对的债权人,而多个债权人均得请求部分给付时,也会存在相互关系;债务人得在获得全部给付前拒绝自己的给付。此时,在债权人负有不可分给付或者约定共同负有可分给付的情况下,债权人作为对待给付的共同债务人承担责任,每个债权人均须提供全部对待给付。

3. 对待给付请求权必须有效

要构成同时履行抗辩权,其对待给付请求权必须有效。对待给付请求权经过诉讼时效,并不会导致该权利的消灭,而只是被排除了可实现性,此时,债务人仍然可以主张同时履行抗辩权,但在该权利产生的时点,对待给付请求权须尚未经过诉讼时效。

---

① "东方电气集团东方汽轮机有限公司与大庆高新技术产业开发区大丰建筑安装有限公司、大庆大丰能源技术服务有限公司买卖合同纠纷案",最高人民法院(2019)最高法民终185号民事判决书。其裁判要旨为:从性质上看,交付技术材料是卖方负有的从给付义务,卖方违反该从给付义务,买方可以主张相应的违约责任。除非卖方违反该从给付义务导致买方对所买货物无法正常使用,影响合同目的的实现,否则买方不能基于从给付义务的不履行而拒绝履行给付货款的主给付义务。

② MüKoBGB/Emmerich, 9. Aufl., 2022, § 320, Rn 51.

③ Weiler, *Schuldrecht AT*, 6. Aufl., § 12, Rn. 8.

④ Gernhuber, Synallagma und Zession, in: FS Raiser, S. 73.

在合同无效的情况下,已经履行的,双方须承担相互返还的义务(《民法典》第157条)。在性质上,该返还请求权并非原给付义务,故并无适用同时履行抗辩权之可能,但债务人可以主张留置抗辩权。而且,根据差额理论,不当得利债权人根据不当得利请求债务人返还自己的给付,但必须同时提供自己获得的给付,此时,并没有主张同时履行抗辩权之必要。

有疑问的是,在合同解除的情况下,得否适用同时履行抗辩权。如果认为此时当事人之间的关系为特别清算关系,而非不当得利关系,则当事人之间的返还请求权处于相互关系中,可以准用同时履行抗辩权之规则。

此外,如果原给付请求权转化为继续履行请求权或损害赔偿请求权,亦可成立同时履行抗辩权。

4. 对待给付请求权已经到期

在相互性的双务合同中,一方向另一方请求给付时,该给付请求权必须已经到期,否则另一方自可以拒绝履行,并无行使同时履行抗辩权之必要。在该请求权到期时,尚要求对待给付请求权也要到期,此时,方会产生同时履行抗辩权。

在双方当事人约定了明确的履行期限的情况下,例如,若买卖合同约定买受人支付价款的期限是2月1日,则2月1日经过后,出卖人的请求权即为到期。如果约定的履行期限表现为一段时间,例如,若买卖合同约定出卖人交付货物的期限为2月1日到3月1日,则自3月2日起,买受人的请求权方为到期。在没有约定履行期限或者由于违约产生次位请求权的情况下,实践中有观点认为,只有在请求权人请求对方给付时,对方的给付才到期,如果没有请求,自无同时履行抗辩权行使的可能。① 本书认为,这样的理解并不正确,从保护债权人的角度看,没有约定履行期限的,请求权应当立刻到期。至于何为"立刻",要视情况而定,可以是一天,也可以是几个小时。但无论如何,不能认为只有在债权人请求或者指定合理期间后,请求权才到期。

如果当事人约定了先给付义务,且是固有的先给付义务,那么在先给付义务履行前,对待给付义务原则上不会到期。

另外,作为同时履行抗辩权基础的对待给付义务必须已经产生且未消灭。在合同相对人(原告)就自己的给付出现嗣后(主观或客观)不能的情况下,无论其是否具有过错,对待给付义务均消灭,因为此时对给付进行强制执行根本不可能有结果,若还肯定对待给付请求权存在并判决同时给付,并无意义。

5. 对待给付尚未发生效力

从《民法典》第525条的文义上看,似乎一方只有在对方履行债务不符合约定时,

---

① "上海市卫生局电教制作中心与上海塞纳影视传播有限责任公司播映权转让合同纠纷上诉案",上海市高级人民法院(2002)沪高民三(知)终字第112号民事判决书。

方可行使同时履行抗辩权。① 但从同时履行抗辩权的实质来讲,其与相对人是否违约并不相关,其主要的功能是迫使对方清偿债务。《民法典》第 525 条"对方履行之前"所表达的意思应是在对方清偿之前或者在对方给付发生效果之前,当事人可以拒绝给付。

如果对待给付已经发生效力,即合同相对人已经做了履行所必须做的一切,则同时履行抗辩权丧失。

在债务人部分给付的情况下,债权人原则上可以拒绝受领。进而在债务人请求债权人为对待给付时,债权人也可以拒绝履行相应的给付。如果部分给付对于债权人而言,并不能实现合同目的,则债权人可以拒绝履行全部给付。

瑕疵给付涉及的是出卖人在质量上部分给付的情况,如果瑕疵导致合同目的不能实现,买受人有权拒绝受领或者解除合同(《民法典》第 610 条)。此时,买受人也可以选择行使同时履行抗辩权:在风险移转后,出卖人给付标的物有瑕疵的,买受人有补救履行请求权,此时,买受人得对出卖人的价款支付请求行使同时履行抗辩权。如果买受人没有具体化瑕疵担保权利的内容(如补救履行、替代补救履行的减价等),则不得行使同时履行抗辩权。如果瑕疵不可以去除,或者出卖人有权拒绝补救履行(如修理、更换等),则同时履行抗辩权消灭,因为此时买受人没有可实现的请求权,此外,同时履行抗辩权在程序法上的法律效果也会落空。如果买受人主张减价,或者出卖人已经补救履行或并不负有补救履行的义务,则此时不存在同时履行抗辩权。

如果不完全的对待给付被作为符合约定的给付受领,这与真正的清偿仍不相同,故抗辩权同样存在,只是债务人的地位有所恶化。如果债权人能够证明对待给付已经被作为符合合同约定的清偿而受领,则债务人需证明该给付不完全。而在通常情况下,债权人需证明对待给付已经发生效力。但是,如果对待给付是一种不作为,则债务人自始负有证明义务。如果债务人在受领时对待给付并不完全而仍然受领,则其可能丧失全部法律救济。

《民法典》第 614 条规定:"买受人有确切证据证明第三人对标的物享有权利的,可以中止支付相应的价款,但是出卖人提供适当担保的除外。"据此,首先,买受人必须有确切的证据;其次,第三人确实对标的物享有权利;最后,根据证据所能反映的第三人就标的物享有的权利大小,买受人可以拒绝支付相应数额的价款。②

6. 没有先给付义务

《民法典》第 525 条要求"没有先后履行顺序"的,方可构成同时履行抗辩权。如果一方当事人负有先给付义务,就不得适用同时履行抗辩权之规则,而应适用先履行

---

① 韩世远:《合同法总论》(第四版),法律出版社 2018 年版,第 393 页。
② 黄薇主编:《中华人民共和国民法典合同编解读(下册)》,中国法制出版社 2020 年版,第 1187、1188 页。

抗辩权(《民法典》第 526 条)或不安抗辩权之规则。① 自法律条文及其立法本意来看,该种解释应当有其理由。但如此一来,同时履行抗辩权的基础就不仅仅是给付的相互性或者牵连性,而要包括履行期限相同,这种扩张并无正当理由。而且,这会导致同时履行抗辩权的适用范围大大缩小,仅能适用于履行期限自始相同的情况。实践中,双方约定同时履行给付与对待给付义务者,并不常见。另外,在双方没有约定履行期限的情况下,给予对方一定的准备时间,即可要求对方履行,但此时双方是否就是同时履行,无从判断。因此,即使存在先后履行顺序,同时履行抗辩权仍可成立,只要当事人行使同时履行抗辩权之际,其对待给付请求权已经到期即可。② 但应当注意的是,这种存在先后履行顺序的情况,应当是指顺序不固定的情况,而且只有后履行的一方享有同时履行抗辩权。如果一方给付必须以另一方的给付为前提,则这种先给付义务是固定的,此时就不能构成同时履行抗辩权。

如果按照这种思路,所谓的先履行抗辩权不过是同时履行抗辩权的一种。我国《合同法》起草时参照了《国际商事合同通则》第 7.1.3 条以及《欧洲合同法原则》第 9:201 条的规定,二者区分了同时履行合同义务以及相继履行合同义务的不同情况,但并未将之规定为两个制度。③ 本书认为,这两种情况本质上并无区别,构成上亦无区别,故并无必要区分为两个制度。

值得思考的是,赋予后履行一方以先履行抗辩权(《民法典》第 526 条),如果不加限定,对于后履行一方而言,未必有利。因为,抗辩必须有对抗的对象,即请求权。而在后履行一方的给付义务尚未到期时,先履行一方并不享有请求权,对此,在诉讼中,法庭应依职权予以考察。若于此情况下,直接赋予后履行一方以所谓的先履行抗辩权,则赋予的是一种需主张的抗辩权,以之替代后履行一方未到期的无须主张的抗辩,并不具有正当性。尤其是在缺席审判情况下,后履行一方因未出庭,无从主张先履行抗辩权,法院若认为后履行一方无抗辩事由,则会使后履行一方败诉,结果并不公正。

所以,对于《民法典》第 525 条中的"没有先后履行顺序",应解释为当事人没有约定或法定的先给付义务即可,并非一定要求当事人同时履行。而先给付义务又可分为固定的先给付义务与非固定的先给付义务,对于固定的先给付义务,《民法典合同编通则解释》第 31 条第 3 款规定:"当事人一方起诉请求对方履行债务,被告依据民法典第五百二十六条的规定主张原告应先履行的抗辩且抗辩成立的,人民法院应当驳回原告的诉讼请求,但是不影响原告履行债务后另行提起诉讼。"据此,固定的先给付义务具有基于当事人的意思或法律规定排除同时履行抗辩权的功能,但其并没有

---

① 崔建远主编:《合同法》(第八版),法律出版社 2024 年版,第 119 页。
② 韩世远:《合同法总论》(第四版),法律出版社 2018 年版,第 392 页。
③ 同上书,第 413 页。

改变合同的双务性。

接下来的问题是,先给付义务是如何产生的呢?

首先,先给付义务可以基于约定产生,也可以基于交易习惯或者诚实信用原则产生,更可以基于法律规定产生。在继续性合同中,继续给付方通常有先给付义务;而在分期给付合同中,出卖人通常有先给付义务。

其次,先给付义务可以基于法律规定产生。例如,除非另有约定,房屋承租人的给付义务均是先给付义务。之所以如此,是因为在这些合同关系中给付无法同时履行,承租人持续地使用房屋,如果按照同时履行的模式,承租人也需要持续地按分或秒履行租金义务,这是不可能的,也与实际交易习惯不符合。所以,在技术上,当事人改为按月或特定期间计算租金。此外,承揽人在工作物的制造以及有瑕疵、尚未被受领的工作物的修理等方面也有先给付义务。

最后,先给付义务可以基于明示或默示约定产生,例外情况下,也可以直接基于诚实信用原则产生。只要不是在当事人必须真正获得允诺的对待给付才进行给付的情况下,即存在先给付义务。例如以下情形:

在货到后通过邮局代收货款或者在不能提前验货时,买受人均负有先支付货款的义务。

在发出信用证的场合,当事人也负有先给付义务。如果约定见单付账(Zahlung gegen Dokumente)的,则出卖人在获得信用证文件所需的给付方面负有先给付义务,此外则是买受人负有先给付义务。如果约定见票付账(Kasse gegen Faktura)的,或者出卖人通过邮寄账单表示已经准备运送货物的,买受人负有先给付义务;相反,如果约定货到付款的,则出卖人负有先给付义务。如果当事人约定邮递到达时付款的,买受人不支付价款,邮递员可以不交付货物。

在所有权保留买卖中,在占有移转方面,买受人负有先给付义务,但在所有权移转方面,则是双方当事人同时履行,所以,所有权保留买卖是一种部分的同时履行约定。

在继续性合同中,在某一时间段,一方当事人必须先履行给付义务。例如,在房屋出租合同中,承租人通常需要先给付租金;在劳动合同中,雇主通常需要履行先给付义务。

如果债务人放弃提出同时履行抗辩权,效果上与约定先给付义务相同。同时,同时履行抗辩权是可以附加条件的。由于抗辩权利人通常不会主动缩减自己的权利,所以原则上不得推定其具有放弃之意思。例如,在约定由债务人送交支票的情况下,不能据此推断债务人不论给付结果是否出现均放弃了抗辩权。

如果一方的给付没有明确的期限,另一方的给付有明确的期限,则可以认为当事人没有约定先给付义务,此时即可适用同时履行抗辩权。① 先给付义务人提出给付但相对人拒绝受领、陷入受领迟延的,先给付义务消灭,先给付义务人即可以请求相对人同时履行。相对人无理由拒绝履行自己给付的,先给付义务人也可以请求相对人同时履行。② 除此之外,先给付义务人不得行使同时履行抗辩权,但可以借助不安抗辩权保护自己(《民法典》第 527 条)。在先给付义务人有证据证明相对人财产状况恶化的情况下,其可以中止履行自己的给付,并拒绝给付。

需要注意的是,即使没有先给付义务,同时履行抗辩权也可能由于事实原因而无法行使,如当事人因给付地不同或者给付义务迟缓而无法同时履行的情况。

7. 行使同时履行抗辩权者须遵守合同

在债务人陷入给付不能时,不得主张同时履行抗辩权,因为此时,债务人的给付义务原则上消灭,对待给付义务亦消灭,所以,就不存在凭借同时履行抗辩权实现双方相互给付的问题了。

行使同时履行抗辩权者,原则上需准备提出给付,如果其自己无理由地拒绝履行或者迟延履行,即不得行使同时履行抗辩权。因为同时履行抗辩权的规范目的在于使双方当事人相互地清偿债务。

如果债务人自己拒绝履行给付,即不得主张同时履行抗辩权。债务人自己不能陷入给付迟延,不能基于自己不遵守合同的情况而拒绝给付。行使同时履行抗辩权者,不得同时宣布放弃合同或者拒绝受领对待给付,这是诚实信用原则使然。如果债务人有此意图,则必须通过通常路径,即主张替代给付的损害赔偿或者解除合同以终止合同关系。

但是,债务人迟延给付时,也未必永久丧失了同时履行抗辩权,因为债务人可以通过提供给付而使债权人陷入受领迟延,而债权人受领迟延则可以排除债务人的给付迟延,此时,债务人即可以重新获得同时履行抗辩权。

在双方均陷入给付迟延的情况下,首先要看哪一方先陷入给付迟延,后迟延方仍可以对先迟延方行使同时履行抗辩权,而先迟延方只有在提供给付使相对人陷入受领迟延的情况下,才可以行使同时履行抗辩权。如果陷入给付迟延的一方负有先给付义务,那么,只有在符合不安抗辩权的构成要件的情况下,其才可以要求相对人同时履行对待给付。在真正的持续供应合同或者分期供应合同中,只要出卖人先迟延给付,买受人不支付应付期款也不会构成迟延给付;此外,买受人还有权就出卖人已经提供的部分拒绝给付(分期给付的)付款。③

---

① "上海市卫生局电教制作中心与上海塞纳影视传播有限责任公司播映权转让合同纠纷上诉案",上海市高级人民法院(2002)沪高民三(知)终字第 112 号民事判决书。
② Larenz, *Schuldrecht AT*, 14. Aufl., 1987, § 15 I, S. 207.
③ MüKoBGB/Emmerich, 9. Aufl. 2022, BGB § 320, Rn. 44 f.

行使同时履行抗辩权的债务人受领迟延的,并不排除同时履行抗辩权。① 因为要求当事人同时履行的判决已经充分保护了负有对待给付义务的债权人的利益,也保护了债务人的经济利益。只是在债务人受领迟延的情况下,同时履行抗辩权并不能发挥其全部效力。此时,债权人即使没有进行对待给付也可以要求债务人给付;债权人也可以以其附有抗辩权的债权与债务人行使同时履行抗辩权所依据的债权进行抵销。在此,同时履行抗辩权只具有阻止法院判决债务人单方为给付的功能。

根据《民法典》第525条后段,有学者认为,同时履行抗辩权要以对方未履行或未提出履行债务为构成要件。② 根据该观点,在诉讼中,一方主张同时履行抗辩权的,尚需举证证明对方构成违约,即对方未履行或未完全履行债务等。③ 如此,同时履行抗辩权即丧失了减轻愿意履行债务方的诉讼负担的意义,其存在的意义也值得怀疑。因此,本书认为,《民法典》第525条后段应当被解释为,一方当事人在追究对方的违约责任时,有权拒绝其相应的履行请求。

(五) 同时履行抗辩权的排除

《民法典》第525条是任意法,当事人得通过约定排除。在一方当事人部分提供对待给付的情况下,对相对人的同时履行抗辩权应有所限制。根据《民法典》第525条第3句,此时,相对人仅有权拒绝相应的履行请求。对此,需考虑双方的利益情况,如果一方未履行的部分很少,则对方不得拒绝履行,其根据是诚实信用原则,因为此时若允许对方行使同时履行抗辩权,其对自身权利地位的利用就会不成比例。在此,无论对方是否有意识地将对待给付作为部分给付受领,是否事后才确认该给付在质量或数量上不完全,均适用上述规则。

(六) 行使同时履行抗辩权的法律效果

1. 须主张的抗辩权

在法律效力上,同时履行抗辩权首先表现为给付拒绝权。给付拒绝权并非永久的抗辩权,而是一时的抗辩权,其作用只是暂时地阻碍对方当事人行使请求权,而不是使该请求权归于消灭。如果对方当事人依合同约定履行了义务,在给付效果出现时,同时履行抗辩权即归于消灭。在此之前,在与债权人的关系上,债务人均得尝试阻止进行中的给付过程,比如,阻止尚未承兑的支票进行承兑。

从《民法典》第525条的规定来看,"有权拒绝其履行要求"的规定即明确了同时履行抗辩权为需主张的抗辩。当事人如不为主张,则法院不得依职权主动审查。换言之,在诉讼中,当事人需主张同时履行抗辩权,法官方可进行审查。

对于同时履行抗辩权的主张,法律并无形式要件要求,只要被告请求法院完全驳

---

① Staudinger/Otto, 16. Aufl., 2020, § 320, Rn. 41.
② 韩世远:《合同法总论》(第四版),法律出版社2018年版,第385页。
③ "上海市卫生局电教制作中心与上海塞纳影视传播有限责任公司播映权转让合同纠纷上诉案",上海市高级人民法院(2002)沪高民三(知)终字第112号民事判决书。

回起诉,或者明确提出如果没有收到对待给付即保留自己的给付,即为已足。原告或被告虽未明确主张同时履行抗辩权,但在庭审中作出相关陈述的,也构成主张。

另外,同时履行抗辩权之所以是需要主张的抗辩权,是因为原告请求被告给付,并不需要主张自己已为给付,在实践中,原告忘记主张的也并不少见。① 所以,在缺席审判程序中,未出席的被告就会因为未主张同时履行抗辩权而被判决给付。

对此,有不同观点认为②,基于抗辩权说,在诉讼中,如果原告请求被告履行原给付义务或承担违约责任,而被告主张同时履行抗辩权,则被告需证明同时履行抗辩权的构成,但这会导致被告因证明负担过重而无法行使同时履行抗辩权;此外,抗辩权说认为同时履行抗辩权为真正的抗辩权,并不符合同时履行抗辩权的性质,同时履行抗辩权是基于双务合同的相互性而产生的权利,是内含于请求权本身的权利,而非对抗请求权的权利。在原告起诉被告请求给付时,被告可以行使同时履行抗辩权,主张原告没有履行对待给付,此时,被告实际上并不是在行使"对抗权",而是在主张实体法上请求权自始含有的限制。按照这一逻辑,被告只需主张同时履行抗辩权即可,其后,原告需证明自己的给付请求权存在,也就是说,原告需证明其已经履行对待给付或者被告负有先给付义务,如果原告证明不了,其诉请即无法获得法院支持。

2. 对履行迟延的效力

在实体法上,如果同时履行抗辩权的构成要件已满足,即使债务人不主张同时履行抗辩权,债权人主张的请求权也缺乏可实现性。③ 因为基于双方当事人的意思,只要一方当事人没有准备作出给付,另一方的给付在内容上即缺乏可实现性。④

享有同时履行抗辩权的债务人并不会陷入履行迟延,也就是说,同时履行抗辩权的存在本身即可排除履行迟延的构成⑤,此即存在效果说。存在效果说的理由是,同时履行抗辩权的根据在于给付与对待给付之间的相互性,即二者互为前提,一方未为给付即不得请求对方给付。依据这一理解,即使一方没有主张同时履行抗辩权,其根据依旧存在,因此不会构成债务人迟延。例如,负有先给付义务的债务人陷入履行迟延,而另一方拒绝履行,此时先给付义务即终止,存在适用同时履行抗辩权规则的余地。⑥ 如果双方都享有同时履行抗辩权,则双方的迟延状态都会被治愈。

在考察债权人对债务人的次位请求权时,债务人只要享有同时履行抗辩权,债权

---

① H. Jatzow (Ed.), Motive zu dem Entwurfe eines Bürgerlichen Gesetzbuches für das Deutsche Reich, Band Ⅱ: Recht der Schuldverhältnisse, 1888, S. 204; Albrecht Achilles (Ed.) et al., Protokolle der Kommission für die zweite Lesung des Entwurfs des Bürgerlichen Gesetzbuchs, Band Ⅰ: Allgemeiner Theil und Recht der Schuldverhältnisse Abschn. Ⅰ, Abschn. Ⅱ Tit. Ⅰ, 1897, S. 632 f.

② Larenz, *Schuldrecht AT*, 14. Aufl., 1987, § 15 Ⅰ, S. 207.

③ Looschelders, *Schuldrecht AT*, 21. Aufl., 2023, § 15, Rn. 16; Medicus/Lorenz, *Schuldrecht AT*, 22. Aufl., 2021, § 20, Rn. 27.

④ Larenz, *Schuldrecht AT*, 14. Aufl., 1987, § 15 Ⅰ, S. 207.

⑤ 韩世远:《合同法总论》(第四版),法律出版社2018年版,第399页。

⑥ MüKoBGB/Emmerich, 9. Aufl., 2022, § 320, Rn. 55.

人即不存在可实现的次位请求权,同时履行抗辩权的存在即已经阻止了损害赔偿请求权以及解除权。

3. 对时效的效力

值得注意的是,同时履行抗辩权是延缓性质的抗辩权,行使同时履行抗辩权并不能使债权的时效停止(《德国民法典》第 204 条),因为时效期间的计算与否不能取决于债权人(在这里即为行使同时履行抗辩权的债务人)的单方行为。[①] 而且,如果不这样规定,就会产生强迫享有给付请求权的债权人尽快提供自己的对待给付的效果。不过,如果同时履行抗辩权是约定的,则可具有停止时效的法律效果(《德国民法典》第 205 条)。

4. 对抵销的效力

另外,无论债务人是否主张同时履行抗辩权,债权人都不得以自己附有同时履行抗辩权的债权为主动债权,向债务人主张抵销。因为,如果允许抵销,就无须债务人提出同时履行抗辩,即可阻碍合同的同时履行。

5. 利息

在金钱之债中,也适用存在效果说。只要债务人享有同时履行抗辩权,那么即使债务人迟延,债务人也不负有支付迟延利息以及民事诉讼法上利息的义务。

6. 诉讼上的效力

同时履行抗辩权在诉讼中及诉讼外都可以主张,在债权人起诉请求债务人履行债务时,如果债务人行使同时履行抗辩权,则直到债权人履行对待给付前,债务人均享有拒绝履行权,故法院应判决双方当事人同时履行(《民法典合同编通则解释》第 31 条第 2 款),而不是败诉债务人判决,在性质上,其属于限制债权人请求权的判决。

> 案例:甲向乙购买一幅画,约定价款 5000 元。之后,甲起诉乙,请求乙让与画的所有权。乙主张,甲还没有支付 5000 元的价款,但甲否认其欠有 5000 元,法官应当如何判断?

在上述案件中,如果甲能证明自己已经支付了价款(如提供收据),则法官应判决乙让与画的所有权;如果甲不能证明,则判决双方同时履行。

在一方当事人负有先给付义务的情况下,如果相对人陷入受领迟延,则可以诉请对方受领对待给付后才为自己的给付,法院对此作出的判决是同时履行判决。

当事人一方起诉请求对方履行债务,被告依据《民法典》第 525 条的规定主张双方同时履行的抗辩且抗辩成立,被告未提起反诉的,人民法院应当判决被告在原告履行债务的同时履行自己的债务,并在判项中明确原告申请强制执行的,人民法院应当在原告履行自己的债务后对被告采取执行行为(《民法典合同编通则解释》第 31 条第

[①] MüKoBGB/Emmerich, 9. Aufl., 2022, § 320, Rn. 53

2 款规定的第一种情况)。此时,原告可以向人民法院申请强制执行,但被告不能向法院申请强制执行,而只能另行起诉。① 申请强制执行的标的是原告在起诉时主张的对被告的请求权,而非被告作为抗辩权基础的对待给付债权,所以,原告所负担的对待给付,对于法院的同时履行判决并没有法律效力,被告不能根据此判决对原告的对待给付申请强制执行。如果被告想获得执行的名义,则必须另行起诉。②

如果被告提起反诉,人民法院应当判决双方同时履行自己的债务,并在判项中明确任何一方申请强制执行的,人民法院应当在该当事人履行自己的债务后对对方采取执行行为(《民法典合同编通则解释》第 31 条第 2 款规定的第二种情况)。也就是说,此种情况下,原告被告均可以申请强制执行。

综上,无论如何,在法院判决双方当事人同时履行后,如果作为被告的债务人陷入受领迟延,作为原告的债权人均可以根据此限制判决,不履行(清偿)其所负担的给付,而通过申请强制执行方式实现其请求权。强制执行申请人是债权人,申请强制执行的前提是债务人获得了对待给付、债务人陷入受领迟延或者债权人同时提出了对待给付。③ 依据《民法典合同编通则解释》第 31 条第 2 款,同时履行判决中除了要明确同时履行的内容,还需要载明:原告申请强制执行的,人民法院应当在原告履行自己的债务后对被告采取执行行为。虽然此处的立法本意是使执行法院知道应当如何执行同时履行抗辩判决,但仅规定了一种执行类型,规定得并不完整。本书认为,在解释上,依据同时履行判决,只要债务人陷入了受领迟延或者债权人提出了对待给付,人民法院均可以对债务人采取执行行为。

如果被告在诉讼中主张同时履行抗辩权,诉讼费用原则上由原被告双方各承担一半;如果原告自始即在诉讼中请求法院判决同时履行,或者在被告主张同时履行抗辩权后立刻限制自己的请求,则诉讼费用完全由被告承担。

三、先履行抗辩权

(一) 概念

当事人互负债务,有先后履行顺序,应当先履行债务一方未履行的,后履行一方有权拒绝其履行请求。先履行一方履行债务不符合约定的,后履行一方有权拒绝其相应的履行请求(《民法典》第 526 条)。

对于先履行抗辩权是否系独立的抗辩权,学说上有不同观点。有观点认为,先履行抗辩权可以转化为同时履行抗辩权,在后履行一方所负债务已届清偿期时,先履行一方即可请求后履行一方同时履行。双方所负的给付义务在履行上互为抗辩。由

---

① 最高人民法院民事审判第二庭、研究室编著:《最高人民法院民法典合同编通则司法解释理解与适用》,人民法院出版社 2023 年版,第 363 页。
② MüKoBGB/Emmerich, 9. Aufl., 2022, § 322, Rn. 9.
③ Jauernig/ Stadler, 19. Aufl., 2023, BGB, § 274, Rn. 2.

此,单独规定先履行抗辩权并无必要。①

案例:甲乙之间缔结了买卖合同,出卖人甲应当于1月30日交付标的物,买受人乙应当于2月28日支付价款。

在上述案例中,如果甲一直没有交付标的物,则在2月28日过后,如果乙请求甲交付标的物,甲可以主张同时履行抗辩权。② 对此,反对观点认为,在此种情况下,甲已经违约,此时赋予其同时履行抗辩权,有违逻辑。③

(二)先给付义务的类型

先给付义务可以被分为不固定的先给付义务(unbeständige Vorleistungspflicht)与固定的先给付义务(beständige Vorleistungspflicht)。

所谓不固定的先给付义务,是指当事人就两个给付义务约定的到期时间相互之间不依赖,后给付义务在约定的到期日到期,无须顾及先行到期的先给付义务。在先给付到期一段时间后,后给付也会到期。例如,双方当事人约定,每月1日交付,同月31日付款,则自后给付义务到期之日起,两个给付即处于同时履行关系中,双方当事人均享有同时履行抗辩权。而在此之前,先给付一方只能主张不安抗辩权。至于先给付一方是否有过错地没有及时履行并因此陷入迟延,在所不问。④

所谓固定的先给付义务,是指相对人负有的对待给付义务只有在先给付义务提供后才到期,也就是说,若先履行一方不履行,则后履行一方的履行期限不到来。在诉讼中,法院需考虑当事人的先给付义务,即使法院是自先给付义务人的陈词中知道此事的,亦是如此。只要负有先给付义务的债务人没有提供其给付,负有后给付义务的债权人即不会陷入迟延,即使履行期限日具体明确也是如此。

基于当事人明示或默示的约定,可以产生固定的先给付义务。例如,基于当事人约定的见票付账、见单付账,可以推出当事人约定了固定的先给付义务。再如,在买卖合同中,因为买受人需要时间转卖出卖人出卖的标的物,所以双方约定买受人在货到3个月后付款,据此可以解释出卖人交付标的物的义务固定地先于买受人支付价款的义务。另外,法律上也有规定固定的先给付义务者,例如,出租人需先移转租赁物的占有,承租人再支付租金(《民法典》第721条第2句)。货运合同托运人的货物交付义务固定地先于承运人的运输义务。仓储合同中存货人的仓储物交付义务固定地先于保管人的妥善保管义务(《民法典》第904条)。

对于非固定的先给付义务,在后给付义务到期时,先给付义务人与后给付义务人均享有同时履行抗辩权,其根据是,在相互性的双务合同中,双方当事人各自的请求

---

① 韩世远:《合同法总论》(第四版),法律出版社2018年版,第413页。
② 同上书,第388页以下。
③ 崔建远:《履行抗辩权探微》,载《法学研究》2007年第3期,第47页。
④ MüKoBGB/Emmerich, 9. Aufl., 2022, § 320, Rn. 29.

权中即包含了同时履行抗辩权的约束，即请求对方给付者，必须提供自己的给付。所以，有观点认为，由于《民法典》第525条仅规定了双方履行期限相同时的同时履行抗辩权，《民法典》第526条又赋予了后履行一方以先履行抗辩权，二者结合来看，就会出现法律漏洞，即后履行一方请求先履行一方履行时，先履行一方对其并不能主张同时履行抗辩权。[①] 为填补这一漏洞，该观点主张，在后履行一方未履行到期债务的情况下，应赋予先履行一方以同时履行抗辩权。若依据这一观点，在上述案例中，2月28日过后，甲对乙即享有同时履行抗辩权。

对此，本书认为，在存在先给付义务的场合，应区分固定与不固定的先给付义务进行分析，不履行固定的先给付义务会导致后给付义务持续不届期，在债务未届期时，应适用未届期的抗辩，该抗辩是无须主张的抗辩，即后履行一方无须主张先履行抗辩权。例如，在发包人未按照约定的时间和要求提供原材料、设备、场地、资金、技术资料时，承包人可以顺延工程日期，并有权请求赔偿停工、窝工等损失（《民法典》第803条）。

而对于不固定的先给付义务，后给付义务一旦届期，则当事人的先后履行会转化为同时履行，此时也无须适用先履行抗辩权。但是，基于诚实信用原则的考量，需要对之增加守约的要件，即通常只有守约的一方才享有同时履行抗辩权。但是，先给付义务到期后，如果是往取之债，债权人不往取的，也无法构成债务人迟延，此时，先给付义务人也可能享有同时履行抗辩权。在债权人明确、具体地拒绝履行自己的后给付义务时，债务人的先给付义务即丧失，此时，两个给付义务处于同时履行关系之中。

另外，无论债务人负有固定的还是不固定的先给付义务，在债权人陷入受领迟延时，债务人均可以行使同时履行抗辩权。

四、不安抗辩权

（一）不安抗辩权的概念

所谓不安抗辩权，是指相互性的双务合同中的先给付义务人，在有确切证据证明对方当事人有意逃避债务不为相应给付、丧失或可能丧失履行能力的情况下，在对方当事人提供相应的担保前，有中止履行自己所负债务的权利（《民法典》第527条）。另外，在买卖合同中，如果买受人有先给付义务，则也可以将《民法典》第614条理解为特别的不安抗辩权规则，该条规定："买受人有确切证据证明第三人对标的物享有权利的，可以中止支付相应的价款，但是出卖人提供适当担保的除外。"

不安抗辩权的规范目的在于保护合同中的先给付义务人对于相对人清偿能力的特别信赖，在相对人清偿能力出现问题的时候，赋予其拒绝履行自己给付的权利，免得自己的对待给付请求权落空。

---

① 韩世远：《合同法总论》（第四版），法律出版社2018年版，第392页。

在性质上，不安抗辩权属于交易基础丧失规则（即情势变更规则）的特别规则。

不安抗辩权制度来自大陆法系，但我国合同法在规定这一制度时，吸收了英美法上预期违约制度的部分内容，具体化了行使不安抗辩权的事由，并构造了权利行使的积极法律效果，即当事人在一定条件下可以解除合同①，甚至是请求对方承担违约责任。

（二）不安抗辩权的构成要件

1. 存在相互性的双务合同

只有双方当事人基于相互性的双务合同互负债务的情况下，才可以产生不安抗辩权，而在单务合同或者通常的双务合同中，均不会产生不安抗辩权②，因为在这些合同中，双方当事人互负的债务之间并不具有所谓的牵连关系。

2. 一方当事人负有先给付义务

在相互性的双务合同中，一方当事人需负有先给付义务。如果双方当事人之间的给付义务没有先后顺序，则不适用不安抗辩权的规定。③

3. 后给付义务人有丧失或者可能丧失履行债务能力的危险

后给付义务人有丧失或者可能丧失履行债务能力的危险是否必须在合同订立后发生，方可构成不安抗辩权，《民法典》第527条对此并没有明确的规定。有观点认为，该危险需在合同订立后发生。若在合同订立时该危险已经存在，则当事人得适用错误或诈欺制度撤销合同。④ 但在订立合同时，也可能存在先给付义务人并不知道对待给付已经存在风险的情形，对此若不给予其不安抗辩权作为救济，则有违同样情况同样处理的法理。故本书认为，不应限定后履行一方当事人丧失或者可能丧失履行债务能力的时点，即使这些情形发生在合同订立前，亦可构成不安抗辩权。

后给付义务人丧失或者可能丧失履行债务能力的主要情形一般包括：对方当事人经营状况严重恶化；对方当事人转移财产、抽逃资金，以逃避债务；对方当事人丧失商业信誉；对方当事人有丧失或者可能丧失履行债务能力的其他情形（《民法典》第527条第1款）。

所谓"经营状况严重恶化"，是指后给付义务人的经营状况恶化已经达到丧失或者有可能丧失履行债务能力的程度，这里并不要求达到不能支付到期债务的程度，只要求达到已经严重危及先给付义务人的对待给付请求权实现的程度。

所谓"转移财产、抽逃资金"，是指后给付义务人转移财产、抽逃资金需达到有丧

---

① 崔建远主编：《合同法》（第八版），法律出版社2024年版，第122页。
② 韩世远：《合同法总论》（第四版），法律出版社2018年版，第416页。
③ "沛时投资公司诉天津市金属工具公司中外合资合同纠纷上诉案"，载《中华人民共和国最高人民法院公报》2003年第4期（总第84期），第22—24页。
④ 崔建远主编：《合同法》（第八版），法律出版社2024年版，第123页；史尚宽：《债法总论》，中国政法大学出版社2000年版，第589页。

失或可能丧失履行债务能力的程度,并具有逃避债务的主观恶意。

所谓"丧失商业信誉",通常是指后给付义务人在经济活动中多次违约以致人们对其信用产生怀疑,仅仅一次情节轻微的违约不能被认定为"丧失商业信誉",丧失商业信誉的,原则上亦须达到有丧失或可能丧失履行债务能力的程度。

"其他丧失或者可能丧失履行债务能力的情形"属于兜底条款,包含多种情形。例如,债务人的债务具有人身专属性质,具体如缔结劳务合同的债务人丧失了劳动能力,须亲自完成工作的承揽人丧失了履行能力。[①] 实际上,这些情形,也已经构成人身上的给付不能,债务人自可以主张给付不能的抗辩。在特定物买卖中,基于特定物已出卖给他人或毁损灭失等原因合同不能履行的,也可以适用给付不能规则,但在实践中,亦有主张不安抗辩权者。[②]

本书认为,对于"其他丧失或者可能丧失履行债务能力的情形"应严格解释,《民法典》第527条第1款列举的前三种情形,其实针对的都是债务人的对待给付义务,也即债务人的行为危及了债权人对待给付请求权的实现,如后给付义务人进入了破产程序且破产财产并不充足的、陷入强制执行程序的或者出具"空头支票"的。此外,遭遇进出口禁止、战争事件,已发生或者即将发生义务违反行为,都可以构成"其他丧失或者可能丧失履行债务能力的情形"。

先给付义务人应有确切的证据证明,后给付义务人有丧失或者可能丧失履行债务能力的危险,否则需承担不安抗辩权不成立的风险。先给付义务人没有确切证据证明却主张不安抗辩权进而中止履行合同的,属于违约行为,应向对方当事人承担违约责任(《民法典》第527条第2款)。

4. 后给付义务人丧失或者可能丧失履行债务能力的情况危及对方债权的实现

后给付义务人在有丧失或者可能丧失履行债务能力的危险时,如果提供了适当的履约担保,则先给付义务人的债权实现有了保障,此时先给付义务人不得再行使不安抗辩权(《民法典》第528条第2句)。而在后给付义务人拒绝提供相应的适当担保时,先给付义务人方有权中止履行合同,以维护自己的权益(《民法典》第527条)。

如果对待给付已经获得清偿或者替代清偿,在逻辑上,后给付义务人就不可能再危及对待给付请求权的实现,此时,应不存在不安抗辩权。

值得注意的是,若先给付义务人对先给付权利人(即后给付义务人)存在给付障碍,且该障碍的产生可归责于先给付义务人,也不影响不安抗辩权的成立。

如果先给付义务人明知对方有丧失或者可能丧失履行债务能力的危险仍与之缔约,则不应赋予先给付义务人以不安抗辩权。

(三) 不安抗辩权的行使方式:通知

先给付义务人主张不安抗辩权而欲中止履行时,除需证明对方有丧失或者可能

---

① 崔建远主编:《合同法》(第八版),法律出版社2024年版,第123页。
② 同上。

丧失履行债务能力的危险以外，还应当及时通知后给付义务人(《民法典》第528条第1句)。所谓"及时通知"，通常是指先给付义务人需在了解到相关情事之后的合理期间内通知后给付义务人。①

通知的内容可以是中止履行，也可以是主张不安抗辩权。通知属于准法律行为，其发出、到达与生效可以准用意思表示的规则。对于通知的形式，法律上并没有规定，所以书面与口头均可。

规定"及时通知"的目的在于保护后给付义务人的权益，一方面有利于避免后给付义务人因先给付义务人中止履行而遭受损失②，另一方面便于后给付义务人在及时了解情况后，能够提出异议或者采取提供担保之类的措施以保障合同的履行。如果先给付义务人没有通知，但后给付义务人已经知道先给付义务人行使不安抗辩权并中止履行的，则后给付义务人可以提出异议或者提供担保，此时不再需要先给付义务人进行通知。如果先给付义务人不为通知但在诉讼中主张不安抗辩权，应当认为此时亦发生通知之效果。

《民法典》第528条第1句并没有规定违反通知义务的损害赔偿责任。但在一些专家释义书中，提到《欧洲示范民法典草案》第3-3:401条第3款规定了债权人违反通知义务的损害赔偿责任。③ 多数观点认为，此通知义务为附随义务，违反此义务使对方受到损害的，违反义务人应承担损害赔偿责任。④

（四）行使不安抗辩权的法律效果

不安抗辩权并非请求权内含的内容，而是真正的限制请求权的抗辩权。

1. 对履行迟延的效力

在先给付义务人陷入履行迟延的情况下，如果是在不安抗辩权构成之前即已经陷入迟延，该迟延可以事后为先给付义务人所治愈，即先给付义务人提出自己的给付，但要求后给付义务人同时履行对待给付。如果是在不安抗辩权构成之后才陷入迟延，则不安抗辩权的构成当然排除迟延之发生。因为在构成不安抗辩权的情况下，先给付一方拒绝履行不具有违法性，因此也不应承担迟延责任。

有观点认为，先给付义务人中止履行准备的，应当及时通知对方，否则仍需承担履行迟延责任。⑤ 对此，本书持不同观点，本书认可存在效果说，不安抗辩权的存在即排除迟延。同时，先给付义务人不及时通知的，未给对方提供担保或者异议的机会，

---

① 葛云松：《期前违约规则研究——兼论不安抗辩权》，中国政法大学出版社2003年版，第259页。
② 韩世远：《合同法总论》（第四版），法律出版社2018年版，第422页。
③ 黄薇主编：《中华人民共和国民法典合同编解读（下册）》，中国法制出版社2020年版，第1011页。
④ 韩世远：《合同法总论》（第四版），法律出版社2018年版，第316页；李建星：《〈民法典〉第528条（不安抗辩权的效力）评注》，载梁慧星主编：《民商法论丛》（第72卷），社会科学文献出版社2021年版，第186页。
⑤ 葛云松：《不安抗辩权的效力与适用范围》，载《法律科学（西北政法学院学报）》2003年第1期，第87页。

违反了附随义务,如果对方因此受到损害,则对方可请求先给付义务人承担损害赔偿责任,其依据是附随义务的违反,而非债务人履行迟延。

中止履行亦包括对准备行为的中止履行。先给付义务人对准备行为中止履行后,相对人一旦提供担保,先给付义务人的不安抗辩权即消灭。此时,先给付义务人必须履行,但其又可能因为中止履行而一时无法履行从而构成给付迟延,先给付义务人可能会因此而不敢行使不安抗辩权。为打消这一顾虑,法律应当免除先给付义务人因为中止履行准备行为而可能承担的迟延责任。① 因为只要存在不安抗辩权,其拒绝履行就不具有违法性,所以不承担迟延责任。

2. 中止履行

先给付义务人在后给付义务人有丧失或者可能丧失履行债务能力危险的情况下,可以中止履行。所谓中止履行,既可以是中止债务的履行,也可以是中止准备行为的履行。②

在先给付义务的履行期限到来之前,对于后给付义务人的给付请求,先给付义务人可以主张给付未到期的抗辩,故此时无须根据不安抗辩权中止履行。

> 案例:甲乙于3月1日签订买卖合同,甲是出卖人,乙是买受人,约定乙于6月1日付款,甲于7月1日交付。而在3月30日,甲的工厂在火灾中烧毁。

在上述案件中,由于乙的先给付义务尚未到期,尚无必要行使不安抗辩权。此时,若允许乙行使不安抗辩权,则意味着甲可能要先提供履约担保。③

当事人没有确切证据证明相对人丧失或者可能丧失履约能力就中止履行的,应当承担违约责任(《民法典》第527条第2款)。据此,先给付义务人主张不安抗辩权的,应证明相对人丧失或者可能丧失履约能力;先给付义务人证明不了而又构成违约的,应承担相应的违约责任。

3. 拒绝履行

不安抗辩权并不能完全排除先给付义务,而仅会赋予先给付义务人以拒绝履行权。中止履行不同于拒绝履行,所谓拒绝履行,是指债务人在债务履行期限届满后拒绝给付。中止履行不能涵盖拒绝履行的全部内容。不安抗辩权本质上是抗辩权,拒绝履行权是其应有之义,虽然《民法典》第528条并无"拒绝履行"的字眼,但从规范目的上看,行使不安抗辩权的先给付义务人自然可以拒绝履行。先给付义务人的拒绝履行权是暂时的。如果先给付义务人尚未履行给付,其可以停止给付;如果先给付义

---

① 葛云松:《不安抗辩权的效力与适用范围》,载《法律科学(西北政法学院学报)》2003年第1期,第89页以下。
② 同上文,第87页;韩世远:《合同法总论》(第四版),法律出版社2018年版,第423页。
③ 不同观点参见葛云松:《不安抗辩权的效力与适用范围》,载《法律科学(西北政法学院学报)》2003年第1期,第90页。

务人的给付在运输途中的,其可以召回给付;如果先给付义务人已经履行了一部分给付且对方已经使用了该部分给付,对方应就该部分先给予对待给付。

4. 同时履行请求权

先给付义务人中止给付或拒绝给付而对方又未提供担保的,不应直接进入合同解除阶段,而应补充同时履行规则,以促成给付请求权的实现。也就是说,先给付义务人行使拒绝给付权的,如果对方未提供担保,可以在履行自己的给付义务时,请求对方同时履行其给付义务。在先给付义务人和后给付义务人的债权均到期的情况下,这点并无疑问;但在先给付义务人的债权并非在特定时间点,而是在先给付义务履行后的一段时间才到期,或者在合理时间后才到期时,先给付义务人也应享有同时履行抗辩权。①

其理由在于:如果不赋予先给付义务人以同时履行抗辩权,则其只能冒先为给付的风险,才能使对方遵守合同;而令其避免冒先为给付的风险,恰恰是不安抗辩权的规范目的。另外,基于合同严守原则,当事人也应当补充该漏洞,即增加同时履行请求权。②

5. 担保

如果已构成不安抗辩权,先给付义务人即可要求相对人为对待给付或提供担保。在相对人未为对待给付或提出适当担保前,先给付义务人得拒绝自己的给付。在相对人履行对待给付或提供适当担保后,不安抗辩权即自行消灭,先给付义务人的合同履行义务恢复(《民法典》第 528 条第 2 句)。此外,依据《民法典》第 528 条第 3 句,后给付义务人在合理期限内恢复履行能力的,也可以排除先给付义务人的不安抗辩权。

相对人提供的担保不仅可以是物的担保,也可以是人的担保,而且只需提供适当担保,即担保的额度足以覆盖原给付义务的数额即可。

相对人应在合理期限内提供担保。该期限应以先给付义务人的通知到达后给付义务人时为起算点。③ 而对于何为合理期间,则需根据合同性质、交易习惯并结合当事人提供担保的具体情况予以判断。

如果相对人拒绝提供担保或为对待给付,也不负迟延责任,因为其履行义务的期限尚未届至。

6. 解除合同

先给付义务人在行使不安抗辩权中止履行后,如果后给付义务人在合理期间内未能恢复其履行能力且未提供适当担保,会被视为以自己的行为表明不履行主要债务,则先给付义务人可主张解除合同(《民法典》第 528 条第 3 句第一种情况)。

---

① Larenz, *Schuldrecht AT*, 14. Aufl., 1987, § 15 I, S. 208.
② A. a. O.
③ 葛云松:《不安抗辩权的效力与适用范围》,载《法律科学(西北政法学院学报)》2003 年第 1 期,第 259 页。

《瑞士债务法》第83条第2款规定了解除权,德国在2001年债法改革后也增加规定了解除权(《德国民法典》第321条第2款),先给付义务人确定合理期限同时履行,或者对方提供担保与履行同时进行;合理期间经过,对方没有履行的,先给付义务人方可以解除合同。

先给付义务人主张的不安抗辩权成立的,如果先给付义务人提出自己的给付,后给付义务人需同时提供担保或者同时履行对待给付义务;如果在先给付义务人确定的合理期间内,后给付义务人没有同时提供担保或者同时履行对待给付义务,先给付义务人即可以行使解除权。

之所以需要"合理期间",主要是为了防止后给付义务人恢复履行能力或提供适当担保可能会过于迟延,以致损害中止履行的先给付义务人的利益。至于何为合理期间,则应以合同标的的性质、有关的交易习惯结合当事人的具体情况确定。

不安抗辩权与同时履行抗辩权在诉讼上的法律效果相同,判决内容均为被告在受领原告所作的对待给付之后要履行给付义务。

(五)与预期违约制度的关系

与《民法典》第528条相关联的法条有二:第一个是《民法典》第578条,"当事人一方明确表示或者以自己的行为表明不履行合同义务的,对方可以在履行期限届满前请求其承担违约责任"。该规定借鉴的是英美法系的预期违约制度,包括明示预期违约和默示预期违约。第二个是《民法典》第563条第1款第2项,在履行期限届满前,当事人一方明确表示或者以自己的行为表明不履行合同义务的,对方可以解除合同。

《民法典》第527条列举的"不安"情况大都指向客观情况,只有"转移财产、抽逃资金,以逃避债务"指向了当事人的主观意愿,与"当事人以自己的行为表明不履行主要债务"比较接近。不过,有观点认为,第527条强调先给付义务人有确切证据证明对方具有该情形,在解释上,可以理解为有理由相信,与第578条、第563条第2款的当事人以自己的行为表明不履行主要债务相比,确定性要弱一些。① 也有观点认为,不安抗辩权规则与预期违约规则的区别在于规则适用的对象的不同,前者针对的是不履行可能性较高但尚不确定的情形,后者针对的则是履行期限届满前拒绝履行的情形。② 预期违约通常违约比较明确、强度比较大且达到了足以影响合同目的实现的程度。③ 而在债务人履行期限届满前的拒绝履行或丧失履行能力表现比较弱,或者主

---

① 叶金强:《不安抗辩中止履行后的制度安排——〈民法典〉第528条修正之释评》,载《法律科学(西北政法大学学报)》2020年第5期,第138页。
② 陈韵希:《合同预期不履行的救济及其法理基础——再论〈合同法〉不安抗辩权和预期违约的界分》,载《比较法研究》2017年第6期,第31页以下。
③ 李建星:《不安抗辩权与预期违约的完全区分论》,载《政治与法律》2017年第12期,第132页以下;黄薇主编:《中华人民共和国民法典合同编解读(上册)》,中国法制出版社2020年版,第410页。

观上愿意继续履行但客观上缺乏足够的履行能力的情况下,相对人可以行使不安抗辩权。

《合同法》第 68 条第 1 款第 1 项至第 4 项规定的行使不安抗辩权的事由,与《合同法》第 94 条第 2 项规定的"当事人一方明确表示或者以自己的行为表明不履行主要债务"存在重合,但二者的法律效果不同。根据《合同法》第 69 条,先给付义务人依照《合同法》第 68 条第 1 款第 1 项至第 4 项的规定行使不安抗辩权,需要先中止履行并通知对方,在相对人于合理期间内未恢复履行能力且未提供适当担保时,才可以解除合同;而根据《合同法》第 94 条第 2 项,先给付义务人可以直接解除合同。若发生"不安事由",先给付义务人直接以《合同法》第 94 条第 2 项为据解除合同,则不安抗辩权制度中为保护后履行义务人而规定的措施,形同虚设。[1]

为解决这一问题,《民法典》第 528 条增加了"视为以自己的行为表明不履行主要债务"的表述,并补充规定了违约责任,先给付义务人"中止履行后,对方在合理期限内未恢复履行能力且未提供适当担保的,视为以自己的行为表明不履行主要债务,中止履行的一方可以解除合同并可以请求对方承担违约责任"。通过这一调整,可以将《民法典》第 528 条规范与《民法典》第 578 条、第 563 条第 1 款第 2 项的规范关联在一起,从而引出解除权与违约责任两重效果。如此一来,《民法典》就在既有的预期违约类型之外,规定了一种预期不能履行制度。[2] 但是,先给付义务人需先通知相对人中止履行,等待相对人提供担保,若相对人提供担保,则不安抗辩权消灭;若相对人未提供担保且未恢复履行能力,则构成预期违约,先给付义务人可以要求解除合同或者要求对方承担违约责任。由此可见,先给付义务人要求相对人承担违约责任需要一些前提,是一种渐进式的主张模式。但解除权的构成依据以及损害赔偿的请求权基础,仍是《民法典》第 563 条第 1 款第 2 项、第 578 条、第 577 条。[3]

在立法理由上,曾参与《民法典》起草的专家认为,不安抗辩权具有双层效力:第一层效力是先给付义务人中止履行并及时通知对方,若对方提供适当担保,消除了影响先给付义务人债权实现的情形,先给付义务人自然应当恢复履行;第二层效力是若对方未在合理期限内恢复履行能力并未提供适当担保,则先给付义务人可以解除合同。而且,在与《民法典》第 563 条第 1 款第 2 项的关系上,基于不安抗辩权的解除权是独立的,并不属于该项规定的基于默示预期违约的解除权。[4] 在存在先后履行顺序

---

[1] 李薇、黄辉:《论不安抗辩权与预期违约——兼谈我国法中不安抗辩权制度的协调问题》,载《当代法学》2002 年第 2 期,第 54—57 页。

[2] 叶金强:《不安抗辩与预期违约》,载《南京大学法律评论》2003 年春季号,第 114 页;叶金强:《不安抗辩中止履行后的制度安排——〈民法典〉第 528 条修正之释评》,载《法律科学(西北政法大学学报)》2020 年第 5 期,第 137 页。

[3] 李建星:《〈民法典〉第 528 条(不安抗辩权的效力)评注》,载梁慧星主编:《民商法论丛》(第 72 卷),社会科学文献出版社 2021 年版,第 201 页以下。

[4] 黄薇主编:《中华人民共和国民法典合同编解读(上册)》,中国法制出版社 2020 年版,第 228 页。

的双务合同中,如果先给付义务人行使不安抗辩权,而对方在合理期限内未恢复履行能力且未提供适当担保,即构成违约,应当承担损害赔偿等违约责任。①

综上,《民法典》第 578 条规定的是预期违约制度,包括明示预期违约和默示预期违约;第 528 条补充规定的是预期不能履行制度②。

值得进一步思考的是,对《民法典》第 527 条列举的情况以及第 578 条、第 563 条第 1 款第 2 项规定的情况作不同的评价,是否具有正当性呢?本书认为,一方面,具有不安事由通常并不意味着相对人一定会构成预期履行不能;另一方面,相对人也只有在确定不提供担保且未恢复履行能力时,才会构成履行不能型的预期违约。所以,法律对之在制度上作不同安排,还是有其理由的。当然,在合同履行期限到来之前,相对人不提供担保且未恢复履行能力的,并不一定会达到足以解除合同的程度,只有在导致合同目的不能实现的情况下,先给付义务人才有权解除合同。另外,在无先后履行顺序的合同中,也有可能发生预期不能履行的情况,此时可以类推适用《民法典》第 528 条第 3 句的规则予以解决。③

最后值得注意的是,《民法典》第 527 条、第 528 条不仅适用于相对人的债务还没有到期的情况,也适用于先给付义务人与相对人的债务均到期,只是存在先后履行顺序的情况。

(六) 加速到期

一般来讲,在履行期限没有届满的情况下,债权人请求债务人给付的,债务人得主张未届期抗辩。但是,法律上多有债务人需在履行期限届满前履行债务的规定,大体上可以分为以下四类:

第一种是债务终止型。实践中,当事人可以约定解除事由或附加解除条件,以达到加速到期的目的。依照任意法规则,借款人未按照约定的借款用途使用借款的,贷款人可以停止发放借款、提前收回借款或者解除合同(《民法典》第 673 条)。在实践中,债权人通常会通过解除实现加速到期的目的,但债权人解除的,即不得收取后续利息。在抵押人的行为足以使抵押财产价值减少的情况下,抵押人不恢复抵押财产的价值,也不提供担保的,抵押权人有权请求债务人提前清偿债务(《民法典》第 408 条)。如果抵押担保的是借贷合同项下债权,则抵押权人通常可行使解除权使债务人提前清偿债务。

第二种是双方合意变更履行期限,以达到加速到期的目的。如《民法典》第 433

---

① 黄薇主编:《中华人民共和国民法典合同编解读(上册)》,中国法制出版社 2020 年版,第 410 页。
② 叶金强:《不安抗辩与预期违约》,载《南京大学法律评论》2003 年春季号,第 114 页;叶金强:《不安抗辩中止履行后的制度安排——〈民法典〉第 528 条修正之释评》,载《法律科学(西北政法大学学报)》2020 年第 5 期,第 138 页。
③ 叶金强:《不安抗辩中止履行后的制度安排——〈民法典〉第 528 条修正之释评》,载《法律科学(西北政法大学学报)》2020 年第 5 期,第 138 页。

条规定:"因不可归责于质权人的事由可能使质押财产毁损或者价值明显减少,足以危害质权人权利的,质权人有权请求出质人提供相应的担保;出质人不提供的,质权人可以拍卖、变卖质押财产,并与出质人协议将拍卖、变卖所得的价款提前清偿债务或者提存。"

第三种是所谓的期限利益丧失型加速到期,这是典型的加速到期。分期付款交易系指买受人应先行受领标的物并至少分三期支付价款的合同。《民法典》第634条第1款规定:"分期付款的买受人未支付到期价款的数额达到全部价款的五分之一,经催告后在合理期限内仍未支付到期价款的,出卖人可以请求买受人支付全部价款或者解除合同。"据此,在买受人尚未构成根本违约时,出卖人即可以主张加速到期,造成买受人期限利益的丧失。

第四种是根本违约情况下的加速到期。只有在违约方达到根本违约的程度,即违约导致合同目的不能实现的情况下,守约人才可以主张加速到期。例如,承租人应当按照约定支付租金。承租人经催告后在合理期限内仍不支付租金的,出租人可以请求支付全部租金;也可以解除合同,收回租赁物(《民法典》第752条)。

《民商事合同指导意见》第17条也规定了根本违约情况下的加速到期的制度:"在当前情势下,为敦促诚信的合同一方当事人及时保全证据、有效保护权利人的正当合法权益,对于一方当事人已经履行全部交付义务,虽然约定的价款期限尚未到期,但其诉请付款方支付未到期价款的,如果有确切证据证明付款方明确表示不履行给付价款义务,或者付款方被吊销营业执照、被注销、被有关部门撤销、处于歇业状态,或者付款方转移财产、抽逃资金以逃避债务,或者付款方丧失商业信誉,以及付款方以自己的行为表明不履行给付价款义务的其他情形的,除非付款方已经提供适当的担保,人民法院可以根据合同法第六十八条第一款、第六十九条、第九十四条第(二)项、第一百零八条、第一百六十七条等规定精神,判令付款期限已到期或者加速到期。"该条针对明示预期违约、默示预期违约和预期不能履行的情况,规定了加速到期制度。[①] 此时,债权人可以提起变更履行期限的形成之诉,法院经审理作出形成判决并生效后,履行期限方为变更。

债权人主张加速到期的,一方面可以缩短履行期限,另一方面可以根据继续履行请求权(《民法典》第577条)获得原债之关系所预期的全部履行利益,如全部价款、全部租金等。[②] 由于债权人主张加速到期,目的是让债务人继续履行以获得全部利益,所以,在债权人主张加速到期时,即不得主张解除合同。

例如,甲乙签订汽车买卖合同,出卖人甲负有先给付汽车的义务,给付日期是2月1日,而买受人乙应在5月1日付款。甲在2月1日如期交付汽车,在3月1日发

---

① 李建星:《法定加速到期的教义学构造》,载《法商研究》2019年第1期,第110页。
② 同上文,第114页。

现乙出现了抽逃资金等不安事由,会导致预期履行不能,但由于乙的付款义务还没有到期,此时,按照上述指导意见的逻辑,甲可以主张必要的加速付款期限或者直接认为付款期限已经到期。

进一步有疑问的是,债权人主张提前到期,可以获得全部价款,但是否应从中先行扣除债务人因提前支付损失的使用利益?例如,在融资租赁合同中,债务人分24个月支付租金,每月租金10万元,共计240万元。债务人依照约定支付10个月后,即丧失履行债务能力,构成预期根本违约。此时,债权人可以主张加速到期,请求债务人支付剩余的140万元租金。但这140万元租金在未来的14个月期间,有4万元的使用利益。此时,如果加速到期规则并没有惩罚违约人的规范功能,则应在债务人返还的价款内扣除该使用利益。

第四章 债的保全

第一节 债的保全概述

✍【文献指引】

龙俊:《民法典中的债之保全体系》,载《比较法研究》2020 年第 4 期。

一、概念

所谓债的保全,是指法律为了防止债务人的财产不当减少而给债权人带来危害,赋予债权人代替债务人向第三人履行债务的权利,或者请求法院撤销债务人与第三人之间可能危害债权人债权的行为的制度,具体包括债权人代位权制度和债权人撤销权制度。在债务人消极地任其一般财产减少的情况下,债权人得行使代位权;在债务人积极地为减少其财产的行为的情况下,债权人得撤销该行为。①《民法典》第 535 条至第 537 条规定了债权人代位权制度,第 538 条至第 542 条规定了债权人撤销权制度。《税收征收管理法》第 50 条规定了税务机关援引民法上债权人代位权与撤销权规定的规则。《建设工程施工合同解释(一)》第 44 条规定:"实际施工人依据民法典第五百三十五条规定,以转包人或者违法分包人怠于向发包人行使到期债权或者与该债权有关的从权利,影响其到期债权实现,提起代位权诉讼的,人民法院应予支持。"

二、意义

债的保全制度实际上赋予了一般债权人一种权利,可以干涉债务人对其财产的自由处分。债权人保全作为承担合同责任基础的责任财产,以确保自己债权实现的制度,本质上是债权对外效力的体现。但是债权是一种相对性权利,原则上债权不能对第三人发生效力,债权人也不得干涉债务人与第三人的行为,而债的保全突破了债的相对性,对之需要说明正当性。债权人代位权和债权人撤销权的正当性来自保护债权人的政策倾斜。在特定的历史条件下,债权人代位权可以解决三角债等问题,而

---

① 黄立:《民法债编总论》(修正三版),元照出版有限公司 2006 年版,第 493 页。

债权人撤销权主要针对的是债务人的诈害行为,在债务人为无偿行为或故意的有偿行为危及债务人责任财产的情况下,债权人值得保护。

债权人享有代位权或撤销权以其对债务人享有的债权存在为前提,如果债权消灭,代位权或撤销权即无从依附。

第二节 债权人代位权

【文献指引】

杨立新:《论债权人代位权》,载《法律科学(西北政法学院学报)》1990年第4期;崔建远、韩世远:《合同法中的债权人代位权制度》,载《中国法学》1999年第3期;吴英姿:《代位权确立了民诉法怎么办——债权人代位诉讼初探》,载《法学》1999年第4期;申卫星:《合同保全制度三论》,载《中国法学》2000年第2期;曹守晔:《代位权的解释与适用》,载《法律适用》2000年第3期;赵钢、刘学在:《论代位权诉讼》,载《法学研究》2000年第6期;段匡:《日本债权人代位权的运用》,载梁慧星主编:《民商法论丛》(第16卷),金桥文化出版(香港)有限公司2000年版;戴世瑛:《债权人代位权制度之目的、发展、存废与立法评议》,载梁慧星主编:《民商法论丛》(第17卷),金桥文化出版(香港)有限公司2000年版;王利明:《论代位权的行使要件》,载《法学论坛》2001年第1期;贾玉平:《论债权人代位权》,载《法学评论》2001年第4期;洪学军:《债权人代位权的性质及其构成研究》,载《现代法学》2002年第4期;张玉敏、周清林:《"入库规则":传统的悖离与超越》,载《现代法学》2002年第5期;张驰:《代位权法律制度比较研究》,载《法学》2002年第10期;娄正涛:《债权人代位权制度之检讨》,载《比较法研究》2003年第1期;王薇:《试论代位权的性质及实践操作》,载《当代法学》2003年第2期;巴金:《传统代位权理论的突破与创新——从"入库规则"到"优先受偿"》,载《研究生法学》2005年第1期;丘志乔:《代位权与代位执行:并存还是归一——对我国债权人代位权制度的思考》,载《广东社会科学》2006年第4期;吴光陆:《债权人代位权之研究》,载《法令月刊》2010年第11期;徐澜波:《合同债权人代位权行使的效力归属及相关规则辨析——兼论我国合同代位债权司法解释的完善》,载《法学》2011年第7期;崔建远:《债权人代位权的新解说》,载《法学》2011年第7期;周江洪:《债权人代位权与未现实受领之"代物清偿"——"武侯国土局与招商局公司、成都港招公司、海南民丰公司债权人代位权纠纷案"评释》,载《交大法学》2013年第1期;

【补充文献】

王利明:《债权人代位权与撤销权同时行使之质疑》,载《法学评论》2019年第2期;龙俊:《民法典中的债之保全体系》,载《比较法研究》2020年第4期;崔建远:《论中国〈民法典〉上的债权人代位权》，载《社会科学》2020 年第 11 期；杨巍：《〈民法典〉债权人的代位权解释论研究》，载《江西社会科学》2020 年第 12 期；韩世远：《债权人代位权的解释论问题》，载《法律适用》2021 年第 1 期；金印：《债权人代位权行使的法律效果——以《民法典》第 537 条的体系适用为中心》，载《法学》2021 年第 7 期；张民安：《债权人的直接权研究——现行《法国民法典》新的第 1341-3 条分析》，载《贵州大学学报(社会科学版)》2022 年第 5 期；申卫星、傅雪婷：《论债权人代位权的构成要件与法律效果》，载《吉林大学社会科学学报》2022 年第 4 期；刘俊海：《论公司债权人对瑕疵出资股东的代位权——兼评〈公司法(修订草案二审稿)〉》，载《中国应用法学》2023 年第 1 期；唐力：《〈民法典〉上代位权实现的程序规制》，载《政法论丛》2023 年第 1 期；王炳智：《债权人代位权客体范围及法律效果归属问题研究》，载王竹主编：《民商法争鸣》(第 22 辑)，四川大学出版社 2024 年版；蒲一苇：《〈民法典〉第 537 条(债权人代位权行使效果)诉讼评注》，载《法学杂志》2023 年第 3 期；许德风：《债务人的责任财产——债权人撤销权、代位权及公司债权人保护制度的共同基础》，载《清华法学》2024 年第 1 期；俞彦韬：《债权人代位权的类型化构造》，载《法学研究》2024 年第 2 期；曹舒然：《代位权债权收取功能的解释论重构——以〈民法典〉合同编及司法解释为中心》，载《财经法学》2024 年第 4 期；朱虎、雷志富：《债权人代位权的程序构造》，载《北方法学》2024 年第 4 期。

一、债权人代位权概述

(一) 概念

所谓债权人代位权，是指在债务人怠于行使其对相对人享有的债权或者与该债权有关的从权利，影响债权人的到期债权实现时，债权人为保全自己的债权，可以向人民法院请求以自己的名义代位行使债务人对相对人的权利(《民法典》第 535 条)。具体包括两种情况：一种是在债权人的债权到期后，债权人代位债务人对其相对人行使债权或其从权利，即收取型代位权；一种是在债权人的债权到期前，债权人代位债务人请求其相对人向债务人履行债务、向破产管理人申报或者作出其他必要的行为，即保存型代位权。

案例：甲对乙享有 100 万到期债权，甲向乙请求履行未果。甲发现乙对于丙拥有 50 万元债权，但却不予以行使。

此时，甲即可以向人民法院请求以自己的名义代位乙向丙请求清偿。又如，债务人的债权即将经过诉讼时效，但债务人仍然不主张权利，此时，债权人可以代位债务人向其相对人主张权利，以避免诉讼时效经过。

(二) 制度价值

从《合同法》的立法背景看，债权人代位权主要是为解决三角债问题多提供一个可资利用的手段。① 在连环债务的情况下,前面的债之履行受阻,后面的债之履行即因此遇到障碍,为解决这一个问题,法律特赋予债权人以代位权,尤其针对后面之债的债权人怠于行使其债权的情况。

债之关系成立后,债务人对第三人的权利,也应加入债务人的责任财产中,作为其履行债务的一般担保。因此,依照诚实信用原则,债务人应当及时行使其对第三人的权利,以增强自己对债权人的清偿能力。如果债务人客观上能够行使其对于第三人的权利而怠于行使,使自己本应增加的财产没有增加,从而危害债权人债权的实现时,法律即应允许债权人代为行使债务人的权利,使债务人的财产得以增加,最终实现自己的债权。

(三) 性质

债权人代位权在性质上属于债权的对外效力,属于债权的一个效力,并非从权利。② 债权人代位权是债权请求力以及强制实现力(掴取力)的体现,行使代位权的债权人,以自己的名义,为自己的利益,行使债务人的实体法权利,借以保持债务人的责任财产。代位权的实质是将债权的强制实现力扩展到了债务人的债权。

另外,债权人代位权属于债权在实体法上的效力,并非程序法上的效力。

(四) 类型

债权人代位权有收取型代位权与保存型代位权之分。所谓收取型代位权,是指债务人怠于行使其债权或者与该债权有关的从权利,影响债权人的到期债权实现的,债权人可以向人民法院请求以自己的名义代位行使债务人对相对人的权利。收取型代位权的行使范围以债权人的到期债权为限。债权人行使收取型代位权的必要费用,由债务人负担。相对人对债务人的抗辩,可以向债权人主张。

所谓保存型代位权,是指在债权人的债权到期前,债务人的债权或者与该债权有关的从权利存在诉讼时效期间即将届满或者未及时申报破产债权等情形,影响债权人的债权实现的,债权人可以代位向债务人的相对人请求其向债务人履行、向破产管理人申报或者作出其他必要的行为。

(五) 债权人代位权与代位执行

多有观点认为债权人代位权起源于法国习惯法③,主要原因是法国法没有规定对债务人的债权的强制执行规则。法国法规定了间接诉权或代位诉权,如果债务人怠于行使自己具有财产性质的权利或者提起具有财产内容的诉讼,对其债权人的权利造成损害,后者可以以债务人的名义行使权利或提起诉讼,但该权利或诉讼与债务人人身相关的除外(《法国民法典》第1341-1条)。

---

① 梁慧星:《读条文 学民法》(第二版),人民法院出版社2017年版,第217页。
② 崔建远:《合同法》(第四版),北京大学出版社2021年版,第169页;韩世远:《合同法总论》(第四版),法律出版社2018年版,第436页。
③ 韩世远:《合同法总论》(第四版),法律出版社2018年版,第436页。

在中国法上，债权人对债务人提起诉讼，获得胜诉判决后，可以对债务人的财产采取扣押、冻结、划拨等强制执行措施。其中，债权人可以申请冻结债务人对其相对人的债权。人民法院执行被执行人对他人的到期债权，可以作出冻结债权的裁定，并通知该他人向申请执行人履行。这就是代位执行，其与债权人行使代位权的区别如下：

首先，在法律效果上，债权人对债务人债权的代位执行效力更强，债权人直接从相对人处获得清偿，实际上处于优先受偿的地位。但是一旦相对人对到期债权有异议，申请执行人请求对异议部分强制执行的，人民法院即不予支持（《民事诉讼法解释》第 499 条）。《最高人民法院关于人民法院执行工作若干问题的规定（试行）》第 47 条规定："第三人在履行通知指定的期间内提出异议的，人民法院不得对第三人强制执行，对提出的异议不进行审查。"而在债权人行使代位权时，相对人（次债务人）为被告，即使相对人对到期债权有异议，代位权诉讼程序也不受影响，但是法院要在代位权诉讼中解决相对人抗辩的问题。

其次，债权人代位权的客体不限于金钱债权，还包括不动产登记请求权、形成权和保存行为等，这些都是债权人对债务人债权申请强制执行所不能替代的。有观点也认为，解除权、撤销权等形成权并非代位执行制度的客体，而是债权人代位权的客体，所以，代位执行与债权人代位权不能互相取代。① 而且，以解除权、撤销权为内容的形成判决一经作出即发生效力，无须经过执行程序即可实现。

最后，债权人行使代位权后，可以获得事实上的优先受偿（《民法典》第 537 条）。

所以，总的来讲，即使存在债权人对债务人债权的代位执行程序，也有必要规定债权人代位权。

在实务中，当事人可以自由选择是提起债权人代位权诉讼，还是对债务人的债权申请强制执行。在代位权纠纷的诉讼过程中，债务人的其他债权人依据生效判决就债务人对相对人的到期债权申请强制执行后，相对人据此要求在代位权纠纷中扣减相应款项的，人民法院应予支持。②

债权人代位权诉讼胜诉后，对相对人财产强制执行的，可能会遇到其他债权人对债务人债权进行代位执行的情况，此时，人民法院可以判决在债务人对相对人享有的债权额度内，根据两个债权人各自的债权额按比例进行清偿。③

（六）债权人代位权诉讼与破产程序

在破产申请受理前人民法院已经受理的债权人代位权诉讼，应当中止审理（《企

---

① 李永军：《合同法》（第七版），中国人民大学出版社 2024 年版，第 165 页。
② "姚军诉钱桥建筑安装工程有限公司债权人代位权纠纷案"，江苏省高级人民法院（2017）苏民再 91 号民事判决书，载《人民法院案例选》2019 年第 9 辑（总第 139 辑）。
③ 最高人民法院民事审判第二庭、研究室编著：《最高人民法院民法典合同编通则司法解释理解与适用》，人民法院出版社 2023 年版，第 466 页。

业破产法规定(二)》第21条第1款第1项),因为该代位权诉讼的结果可能损害破产程序中的平等清偿。如果债权人代位权诉讼已经胜诉但尚未执行完毕的,那么在破产申请受理后,执行行为应当依据《企业破产法》第19条中止,债权人应当依法向管理人申报债权(《企业破产法规定(二)》第22条)。

在破产申请受理后,债权人为清偿个人债权而提起代位权诉讼,人民法院不予受理,但是破产管理人可以提起代位权诉讼,而债权人只能通过破产程序获得清偿(《企业破产法规定(二)》第23条)。

二、收取型代位权的构成要件

根据《民法典》第535条,债权人的收取型代位权的构成要件如下:

(一) 债权人对债务人享有债权

债权人代位权属于债权的权能,故作为代位权根据的债权应当现实存在。有观点还认为债权的数额也必须确定,债权数额既可以通过债务人、相对人对债权的认可确定,也可以经人民法院判决或者仲裁机构裁决加以确认。① 不过,本书认为,从《民法典》第535条的文义来看,只要债权人对债务人享有债权即可。在债权人提起代位权诉讼时,债权的数额不必是确定的,否则会增加代位权行使的难度。债权人对债务人的债权数额以及债务人对相对人的债权数额,均在代位权诉讼中予以确认。②

债权人对债务人的债权,必须是到期的。③ 债权不到期的,债务人可以拒绝履行,债权人也自然不能主张代位权。有观点进一步认为,债权人代位权的构成还需要债务人已经陷入给付迟延。④ 不过,本书认为,只要债权人债权到期,即具有诉请力和捆取力,不必等到构成给付迟延才可以主张代位权。而且,《民法典》第535条规定"影响债权人的到期债权实现的",也即要求债权人对债务人的债权是到期的。但在履行期限届满前,基于保存债权的需要,债权人也可以行使代位权,如实施诉讼时效中断

---

① "中国银行股份有限公司汕头分行与广东发展银行股份有限公司韶关分行、珠海经济特区安然实业(集团)公司代位权纠纷再审案",最高人民法院(2011)民提字第7号民事判决书,载《中华人民共和国最高人民法院公报》2011年第11期(总第181期)。

② 最高人民法院民事审判第二庭、研究室编著:《最高人民法院民法典合同编通则司法解释理解与适用》,人民法院出版社2023年版,第437页。

③ "华电国际电力股份有限公司诉安徽国华新材料有限公司、安徽华麟国际能源有限公司债权人代位权纠纷案",最高人民法院(2015)民二终字第238号民事判决书,载《人民法院案例选》2018年第2辑(总第120辑)。关于债权人代位权纠纷案件,债权人提供的证据能够证明其对债务人享有合法到期债权,能够初步证明债务人对次债务人亦享有合法到期债权,债务人怠于行使其债权的,就可以立案受理。经过审理,债权人的代位权请求不能成立的,判决驳回其诉讼请求。见"辉南县汇丰煤炭生产有限公司与抚顺长顺热电有限公司、抚顺长顺能源有限公司、抚顺长顺电力有限公司债权人代位权纠纷案",最高人民法院(2015)民提字第186号民事裁定书。

④ 王利明:《论代位权的行使要件》,载《法学论坛》2001年第1期,第36—45页;胡康生主编:《中华人民共和国合同法释义》,法律出版社1999年版,第122页。

行为、行使买回权、进行破产债权申报等。①

赌博之债等没有诉请力和掴取力的"不完全债权",不能作为债权人代位权的基础。债权人的债权经过诉讼时效的,如果债务人提出抗辩,债权人即不得诉请该债权。但在债务人没有提出时效抗辩的情况下,债权人还是可以基于经过时效的债权行使债权人代位权。

债权人行使代位权所根据的债权既可以是金钱之债,也可以是非金钱之债,如针对特定物的债权。但是,对于不作为债权或者以劳务为标的的债权,原则上不得以之为据行使代位权。② 不过,在不作为债权或者以劳务为标的的债权转化为损害赔偿之债之后,债权人则可以依据损害赔偿之债行使代位权。

有疑问的是,《民法典》第 535 条中的债务人是否包括保证人?本书认为,在法律关系上,保证人并非债权人的债务人,而只是对债权人承担担保责任,所以保证人并不是《民法典》第 535 条中的债务人。但是,在连带保证的情况下,债权人可以选择向债务人主张权利,也可以向保证人主张权利,在这种情况下,保证人可以是《民法典》第 535 条中的债务人。而在一般保证的情况下,保证人享有先诉抗辩权,如果债权人向债务人主张债权未果,债权人即可以向保证人主张债权,此时,保证人也是《民法典》第 535 条所规定的债务人。

进一步有疑问的是,保证人是否是《民法典》第 535 条中的债权人?本书认为,保证人若没有承担保证责任,则不可能是债权人;但是在保证人承担保证责任后,根据《民法典》第 700 条,保证人享有债权人对债务人的权利,也即保证人成为了债务人的债权人,此时,保证人可以成为《民法典》第 535 条中的债权人。

(二)债务人须怠于行使其对相对人之债权及与债权有关的从权利

如果债务人懈怠,坐等自己的债权客观上无法实现,例如坐视自己的请求权因时效经过而消灭、自己的受偿权因不申报破产债权而丧失等,显然会降低自己清偿债务的能力,从而可能会对债权人的债权造成损害。

债务人怠于行使债权,或者怠于行使与该债权有关的从权利,均属于债务人怠于行使权利的范围。

所谓"债务人怠于行使其权利",是指债务人应当行使而且能够行使但却不积极行使其权利。所谓"应当行使",是指债务人若不于其时行使,则权利将有消灭或丧失之虞。所谓"能够行使",是指债务人完全具有行使其对第三人的债权的条件,不存在行使权利的障碍。所谓"不积极行使",是指债务人消极地不作为。据此,债务人只要行使权利即可,无论其方法是否得当,结果如何,都不会构成"怠于"行使其权利,债权

---

① 李永军:《合同法》(第七版),中国人民大学出版社 2024 年版,第 167 页。
② 史尚宽:《债法总论》,中国政法大学出版社 2000 年版,第 464 页。

人也就不能行使代位权。①

不过,《民法典合同编通则解释》第 33 条采取的是行使诉权说,债务人不履行其对债权人的到期债务,又不以诉讼或者仲裁方式向相对人主张其享有的债权或者与该债权有关的从权利,致使债权人的到期债权未能实现的,即构成"债务人怠于行使其债权或者与该债权有关的从权利,影响债权人的到期债权实现"。之所以如此规定,是为了防止债务人与相对人之间虚构通谋。② 但如此规定,无疑是在强迫债务人进行诉讼或仲裁,而且不当地排除了当事人通过其他途径实现权利的可能,尤其排除了债务人直接向相对人主张权利的可能。另外,该规则会导致债务人的负担过重,不符合效益原则。实际上,判断债务人是否怠于行使权利,应兼顾行使权利的结果,而非仅关注行使权利的过程,否则,债务人与相对人完全可以谎称债务人已经行使权利,最终导致该规则毫无意义。③

"诉讼或者仲裁"主要是指民诉法规定的一般诉讼程序以及仲裁法所称的仲裁程序。在"中国农业银行汇金支行诉张家港涤纶厂代位权纠纷案"中,法院认为:债务人在债务到期后,没有以诉讼或者仲裁方式向相对人主张债权,而是与相对人签订协议延长履行债务的期限,将还款时间延长 8 年之久,损害债权人债权的,属于《合同法》第 73 条规定的怠于行使到期债权的行为,债权人可以以自己的名义代位行使债务人的债权。④

《民法典合同编通则解释》第 33 条所称的"诉讼",包括一般诉讼程序,也包括确认调解协议、实现担保物权等特别程序和督促程序等非诉程序,但原则上不包括赋予强制执行效力的公证债权文书的程序。⑤ 债务人起诉后又撤诉的,也构成怠于行使权利。

债务人起诉相对人并获得胜诉判决,但怠于申请强制执行,此时,是否构成怠于行使权利呢?此时,债权人可以代位执行,相对人对于债权人债权有异议的,可以在执行异议程序中解决。⑥ 所以,债务人怠于申请强制执行,并不构成怠于行使权利。

在债务人怠于行使权利时,债权人即可行使代位权,即使债务人为无行为能力人或限制行为能力人,也无须经其法定代理人同意或者追认,因为债权人是在以自己的

---

① 郑玉波:《民法债编总论》(第 15 版),三民书局 1996 年版,第 314 页;韩世远:《合同法总论》(第四版),法律出版社 2018 年版,第 439 页。
② 最高人民法院民事审判第二庭、研究室编著:《最高人民法院民法典合同编通则司法解释理解与适用》,人民法院出版社 2023 年版,第 376 页。
③ 崔建远:《债权人代位权的新解说》,载《法学》2011 年第 7 期,第 134—140 页;崔建远:《论中国〈民法典〉上的债权人代位权》,载《社会科学》2020 年第 11 期,第 96 页。
④ "中国农业银行汇金支行诉张家港涤纶厂代位权纠纷案",载《中华人民共和国最高人民法院公报》2004 年第 4 期,第 30—34 页。
⑤ 最高人民法院民事审判第二庭、研究室编著:《最高人民法院民法典合同编通则司法解释理解与适用》,人民法院出版社 2023 年版,第 376 页。
⑥ 同上书,第 380 页。

名义行使债务人的权利。①

值得注意的是,判断债务人是否怠于行使权利,还应该考虑债务人是否及时行使了权利,如债务人在债权到期后经过很长一段时间(比如1年)方采取诉讼或仲裁方式向债务人主张到期债权的,也构成怠于行使权利。②

(三)债务人怠于行使其债权、影响债权人的到期债权实现

对怠于行使债权的后果,《合同法》第 73 条规定的是"对债权人造成损害",而《民法典》第 535 条第 1 款改为"影响债权人的到期债权实现"。

首先,"影响债权人的到期债权实现"的表达要比"对债权人造成损害"的表达,更为精准。③ 债务人怠于行使其债权的行为虽然使债务人的责任财产没有增加,间接影响了债权人债权的实现,但并没有直接对债权人造成损害。同时,《民法典》增设了保存行为代位制度,在债务人怠于行使保存行为的情况下,其对债权人也没有直接造成损害。

其次,债务人怠于行使债权与债务人的清偿能力之间要存在因果关系,债务人的清偿能力与债权人的债权实现也要存在因果关系。④

最后,债务人怠于行使其债权、影响债权人的到期债权实现必须严重到一定程度,即债务人要陷入无资力状态。所谓债务人无资力,是指债务人责任财产的减少使债权人债权无法获得清偿。⑤ 如果债务人资力雄厚,即使相对人逾期不履行债务,且债务人怠于行使权利致使其财产总额减少,债务人的财产仍足以充分清偿其债务,并未危及债权人债权的实现,债权人即不得行使代位权,而只能诉请法院予以强制执行。也就是说,对于无资力的判断,不能简单地比较债务人的责任财产额与所负的债务总额,而应以债务人现实可直接控制的财产是否可以清偿债务为标准。⑥ 如果债务人责任财产的减少使债权人债权无法获得清偿,即构成无资力。⑦ 在无资力的具体判断上,有观点建议参照《民法典》第 527 条规定的不安抗辩权的构成要件进行判断,比如是否出现了债务人下落不明且不能清偿到期债务等债务人的财产不足以履行全部债务或者丧失履行债务能力的情况。⑧

在司法实践中,如果债务人财产经强制执行仍不能清偿债权人债权,则会构成

---

① 黄立:《民法债编总论》(修正三版),元照出版有限公司 2006 年版,第 496 页。
② 王利明:《合同法研究》(第二卷)(第三版),中国人民大学出版社 2015 年版,第 100 页。
③ 黄薇主编:《中华人民共和国民法典释义(中)》,法律出版社 2020 年版,第 1025 页。
④ 最高人民法院民法典贯彻实施工作领导小组主编:《中华人民共和国民法典合同编理解与适用(一)》,人民法院出版社 2020 年版,第 501 页。
⑤ 韩世远:《合同法总论》(第四版),法律出版社 2018 年版,第 440 页;黄立:《民法债编总论》(修正三版),元照出版有限公司 2006 年版,第 496 页。
⑥ 崔建远:《合同法》(第四版),北京大学出版社 2021 年版,第 179 页。
⑦ 韩世远:《债权人代位权的解释论问题》,载《法律适用》2021 年第 1 期,第 38 页。
⑧ 最高人民法院民事审判第二庭、研究室编著:《最高人民法院民法典合同编通则司法解释理解与适用》,人民法院出版社 2023 年版,第 382 页。

"影响债权人的到期债权实现"。① 如果债务人已陷于欠缺支付能力的状态或者债务人当前可直接控制的财产不能完全清偿债务,那么法院通常都会认定"对债权人造成损害"。② 还有法院直接通过证明责任的分配来解决"影响债权人的到期债权实现"的判断问题,例如,在"杨公明与重庆市开州区交通局债权人代位权纠纷案"中,人民法院认为,旭亮公司和开州区交通局均未举示证据证明旭亮公司已经履行了(2023)渝 0154 民初 2077 号民事判决确定的义务,也未举示证据证明作为债务人的旭亮公司有清偿债务的资力,据此可以认定"影响债权人的到期债权实现"。③

在保全非金钱之债(特定债权)时,不必以债务人无资力为要件,只要存在使债权人不能依债权内容获得满足之危险的情形,即存在保全债权的必要④,此即"特定物债权说"。例如,甲承租乙的房屋,但此时房屋由丙无权占有,甲可以代位对丙行使所有物返还请求权,此时即与乙是否有资力无关。又如,甲购买乙的房屋,并转卖给丙,丙为保全其对甲的登记请求权,可以代位行使甲对乙的登记请求权。但是,在特定物债权中,如果债务人不是请求其相对人交付该特定物,而是主张损害赔偿或支付违约金,债权人行使代位权的,也应以无资力为要件。⑤

(四)债权人的债权到期

《民法典》第 535 条第 1 款明确规定是"到期债权"的实现受到了影响。如果债权人对债务人的债权没有到期,则债务人享有期限利益,可以以债权未到期进行抗辩,债权人不得请求债务人清偿,由此亦可以推出,债权人也不得行使代位权,以实现自己的债权。

有观点进一步认为,要构成债权人代位权,需要债务人已经陷入履行迟延。⑥ 不过,该观点所指的债务人履行迟延主要是指债务人的债务履行期限届满,并非真正意义上的履行迟延。如果当事人明确约定了履行期限,期限会代替催告,即使债权人不催告,债务人也会陷入迟延;如果当事人没有明确约定履行期限,则只有在债权人催告后,债务人才陷入迟延。另外,从《民法典》第 535 条的文义来看,也没有"债务人陷入履行迟延"这一要件的依据。所以,只要债权人的债权到期,债权人即可以行使代位权。

---

① "黑河鑫瑞达典当有限责任公司、谭永刚等债权人代位权纠纷案",最高人民法院(2021)最高法民再 50 号民事判决书。
② "章世银、武汉航科物流有限公司海上、通海水域货物运输合同纠纷案",最高人民法院(2020)最高法民申 677 号民事裁定书。
③ 重庆市开州区人民法院(2023)渝 0154 民初 5350 号民事判决书。
④ 史尚宽:《债法总论》,中国政法大学出版社 2000 年版,第 464 页。
⑤ 崔建远:《债权人代位权的新解说》,载《法学》2011 年第 7 期,第 134—140 页;申卫星:《合同保全制度三论》,载《中国法学》2000 年第 2 期,第 110—116 页。
⑥ 崔建远:《合同法》(第四版),北京大学出版社 2021 年版,第 176 页;韩世远:《合同法总论》(第四版),法律出版社 2018 年版,第 440 页;黄薇主编:《中华人民共和国民法典释义(中)》,法律出版社 2020 年版,第 1026 页。

最后值得注意的是,在债务人已经进入破产程序的情况下,即使满足上述四个构成要件,债权人也不得行使代位权。因为代位权针对的债务人对相对人的债权,属于债务人的破产财产,应当由全体债权人公平受偿,而且,破产程序本身就具有主张债务人对相对人债权的功能。①

(五) 证明责任

首先,债权人要证明债务人对相对人享有权利。在债权人代位权诉讼中,如果苛求债权人逐一提供债务人对相对人的债权是否到期、相对人的履行情况等证据,债权人多力有不逮,故债权人一般只需证明债务人对相对人享有权利即可,相对人抗辩的,应当提供相应证据。②

其次,在诉讼中,本来应由债权人证明债务人怠于行使其对相对人的债权或者与该债权有关的从权利。但是,因为司法解释明确采纳了行使诉权说,所以,债权人只要证明自己已经催告过债务人,而债务人未以诉讼或仲裁方式向第三人主张债权即可。债权人还需要证明债务人怠于行使权利影响债权人债权的实现。

再次,债务人主张自己具有偿还能力、不影响债权人债权实现的,则应由债务人承担举证责任,此即行为意义上的证明责任。③

最后,相对人不认为债务人有怠于行使其到期债权情况的,应当承担举证责任。此处,相对人须证明的内容应不限于债务人曾以诉讼或仲裁方式向自己主张过债权。在"杭州萧山国贸大厦有限公司等诉天津市港龙国际海运有限公司等债权人代位权纠纷案"④中,法院认为,相对人应当对履行合同或者合同变动的事实承担举证责任,但在本案中其并未举证证明其履行了贷款合同项下的还款义务,故应承担举证不能的不利后果。

三、收取型代位权的客体

(一) 可以成为收取型代位权客体的权利

根据《合同法》第 73 条,债权人代位权的客体是"到期债权",并不以金钱债权为限。但根据《合同法解释(一)》第 13 条第 1 款的规定,债权人代位权的客体限于"具有金钱给付内容的到期债权"。之所以将之限定为金钱债权,是因为债权人对非金钱给付内容的权利行使代位权对债权的保障意义不大,又有过多干预债务人权利之嫌,且行使权利的程序复杂,故不宜将其作为代位权的标的。⑤ 本书认为,这个理由并不

---

① 刘言浩主编:《法院审理合同案件观点集成(上册)》,中国法制出版社 2013 年版,第 248 页。
② "富锦市福祥年村儿文化旅游发展有限公司、刘井海债权人代位权纠纷案",黑龙江省高级人民法院(2020)黑民终 512 号民事判决书。
③ 最高人民法院民事审判第二庭、研究室编著:《最高人民法院民法典合同编通则司法解释理解与适用》,人民法院出版社 2023 年版,第 383 页。
④ 最高人民法院(2014)民四终字第 31 号民事判决书。
⑤ 曹守晔:《代位权的解释与适用》,载《法律适用》2000 年第 3 期,第 14—17 页。

具有说服力,因为该司法解释只是对《合同法》第73条规定的其中一种情况的解释,并不意味着将可保全的债权限定在金钱之债中。

《民法典》第535条第1款没有将债权人代位权的客体限定为"金钱债权",反而进一步扩大了客体的范围,包括债权或者与该债权有关的从权利。值得注意的是,这里没有使用"债权的从权利"的表述,而是使用了"与该债权有关的从权利"的表述,就是意在扩大代位权的客体范围。①

1. 债权

第一,对这里的"债权"应作如下理解:(1)包括债务人基于合同产生的债权、缔约过失情况下的损害赔偿请求权、不当得利返还请求权、基于无因管理而产生的偿还请求权、由于侵害财产权或人身权而产生的损害赔偿请求权、违约损害赔偿请求权以及违约金请求权等。对于债务人经过诉讼时效的债权,债权人也可以代位行使。②(2)应当是到期债权,在债权没有到期的情况下,债务人不行使该债权并不构成"怠于行使权利"。不过,在债务人的债权被加速到期或者在相对人预期违约的情况下,未到期债权也可以成为代位权的客体。③

第二,以下债权不能成为代位权的客体:(1)不作为债权、劳务债权,因为其与责任财产无关。(2)特定物债权,因为债权人代位行使特定物债权的行为会与"无资力说"标准相违背。④ 但是应注意的是,特定物债权可以成为保存型代位权的客体。在例外情况下,如果债权人所购买的标的物与债务人向相对人所购买的标的物是同一特定物,则特定物债权可以成为代位权客体。例如,甲乙之间订立了拆迁补偿安置协议,甲据此获得了乙的在建房屋一套。该房屋竣工前,甲又与丙订立了房屋买卖合同,约定将该房屋出卖于丙。该房屋竣工后,乙向甲交付房屋,甲拒绝受领,致使丙无法实现购房目的。此时,法院即判决乙直接向丙交付房屋并协助履行过户手续。⑤ 此案中,债权人丙代位行使的是交付请求权以及转移房屋所有权的请求权。

第三,债权人对于不动产登记请求权能否行使代位权?日本一般不承认对不动产登记请求权的代位,主要原因是债权人代位行使不动产登记请求权会出现中间省略登记的情况,而日本采取的不动产物权变动模式是意思主义加登记对抗主义,如此会导致登记不连续,与物权变动的真实状态不符合。我国就不动产物权变动采取的是登记生效主义,债权人代位行使不动产登记请求权也会出现中间省略登记情况,这有可能使一方当事人丧失抗辩机会,也有可能损害中间环节的其他债权人的利益,还

---

① 龙俊:《民法典中的债之保全体系》,载《比较法研究》2020年第4期,第124页。
② 崔建远:《合同法》(第四版),北京大学出版社2021年版,第171页。
③ 杨巍:《〈民法典〉债权人的代位权解释论研究》,载《江西社会科学》2020年第12期,第162页。
④ 林诚二:《民法债编总论——体系化解说》,中国人民大学出版社2003年版,第408页。
⑤ "景春艳等诉王永房屋买卖合同纠纷案",四川省三台县人民法院(2014)三民初字第692号民事判决书。

可能导致当事人规避国家不动产交易税等税费的问题。不过,法院可以在诉讼中补救上述问题,一方面应保障当事人的抗辩权,另一方面即使判决相对人直接将不动产所有权过户登记给债权人,也应认识到,在逻辑上,在判决生效的那一瞬间,债务人还是先享有了不动产所有权,由此其作为债权人的利益也可以得到保护。至于税收的问题,也应拟制逻辑上的这一瞬间,对相对人向债务人移转不动产所有权的交易征税。

第四,债权人对于物上请求权能否行使代位权?在解释上,物上请求权与债权请求权类似,都是请求权。在规则适用上,对于物上请求权,也可以适用债权请求权的规则。所以,在逻辑上,债权人也可以代位行使债务人的物上请求权。在司法实践中,债权人可以代位行使债务人分割共有财产的请求权。① 根据《执行中查封、扣押、冻结财产的规定》第 12 条第 3 款,申请执行人可代位提起析产诉讼。

第五,债务人的代位权和撤销权能否成为代位权的客体?有观点认为债务人的代位权、撤销权可以成为代位权的客体。② 不同观点认为,债权人不可以代位行使债务人的代位权,因为这样一来,债权人会向相对人的债务人请求履行,与《民法典》第 535 条以下的文义不相符合;但是,债权人可以代位行使债务人的撤销权,因为撤销的对象是相对人与第三人的诈害行为,还在"相对人"的范畴内。③ 本书认为,债务人的代位权和撤销权可以成为代位权的客体,因为代位权、撤销权在性质上并非债权的从权利,而是债的一种效力,可以将其解释为一种债权;而且,允许债权人代位行使代位权、撤销权,可以避免多次诉讼。据此,如果债务人本人对第三人享有代位权或撤销权,但怠于行使该权利,从而危及其债权人的债权实现时,该代位权或撤销权可以成为债权人代位权的标的,债权人可以代债务人之位向第三人及其相对人行使代位权或撤销权。

2. 与该债权有关的从权利

第一,全国人民代表大会法工委释义书认为,"与该债权有关的从权利"主要是指担保权利,具体包括担保物权或保证。④ 担保物权可以涵盖抵押权、质权、留置权、非典型性担保以及建设工程款优先受偿权等。在《民法典》公布施行前,司法实践也承认:债务人怠于行使担保物权的,债权人也可以代位行使。在"张其斌等诉周忠华等债权人代位权纠纷案"⑤中,二审法院即认为:"担保权利是债权的从权利,债权人行

---

① 吴某诉黄某、马某、吕某债权人代位权纠纷案,北京市顺义区人民法院一审判决,【法宝引证码】CLI.C.2448247。债务人有权主张分割与他人按份共有的财产,有权主张分割,如果债务人怠于行使这一权利而对债权人造成损害,债权人有权行使代位权。
② 申卫星:《合同保全制度三论》,载《中国法学》2000 年第 2 期,第 111 页。
③ 杨巍:《〈民法典〉债权人的代位权解释论研究》,载《江西社会科学》2020 年第 12 期,第 163 页。
④ 黄薇主编:《中华人民共和国民法典释义(中)》,法律出版社 2020 年版,第 1025 页。
⑤ 重庆市第二中级人民法院(2017)渝 02 民终 437 号民事判决书;江必新、夏道虎主编:《中华人民共和国民法典重点条文实务详解(上)》,人民法院出版社 2020 年版,第 287 页。

使的是债务人的权利,而不是其自身的权利,债权人代为行使债务人的抵押权并不违反法律的强制性规定。"通常情况下,债权人代位行使债务人的债权可以及于该债权的担保物权。

第二,违约金请求权以及利息之债,也属于"与该债权有关的从权利"。在债务人与相对人约定了违约定金,而债务人的相对人是收受违约定金一方的情况下,则债权人可以代位请求相对人双倍返还定金。

第三,合同解除权能否成为债权人代位权的客体?在性质上,合同解除权是合同效力的体现,其主要功能是使解除权人"从债务中解放出来"。合同解除权并非主债权的从权利,因为合同解除权与主债权之间在产生、存续、变更、移转、消灭等方面并没有同命运的关系。有观点认为,在解释思路上,可以将合同解除权扩张解释为从权利,从而将之纳入代位权客体范围。① 反对意见则认为,合同解除权不能成为代位权的客体,因为解除事由构成时,债务人仍享有多种救济路径,在债务人没有解除合同意思的情况下,允许债权人代位解除合同,有过分干涉他人意思之嫌。②

在司法实践中,有法院支持了债权人代位行使房屋买卖合同解除权的请求。其基本案情为:原告甲对被告乙享有到期金钱债权,乙与丙之间又订立了商品房买卖合同,约定如果丙逾期交房超过90天,乙即有权解除合同,但截至诉讼时,丙仍然没有交房,也无法对该房屋强制执行,合同目的无法实现,但乙仍不行使解除权。法院认为,此时甲有权解除乙与丙之间的商品房买卖合同,最终依据《合同法》第73条判决解除该合同。③

解除合同或者撤销合同的法律效果通常是返还财产、赔偿损害,因此,债权人代位行使合同解除权或撤销权有利于实现其债权。债权人代位行使合同解除权或撤销权的,通常也可以一并请求相对人向自己履行其因合同解除、撤销而产生的对债务人的返还义务和损害赔偿义务。④

第四,具有财产利益的形成权能否成为债权人代位权的客体?在日本法上,具有财产利益的形成权可以是债权人代位权的客体,包括利他合同中受益的意思表示、合同解除权、选择之债的选择权、买回权、抵销权以及对因重大误解或欺诈而成立的民事法律行为的撤销权。⑤

第五,诉讼上的权利能否成为代位权的客体?有观点认为,诉讼上的权利也可以

---

① 韩世远:《债权人代位权的解释论问题》,载《法律适用》2021年第1期,第33页。
② 杨巍:《〈民法典〉债权人的代位权解释论研究》,载《江西社会科学》2020年第12期,第162页。
③ "王志民与泗阳桃源房地产开发有限公司债权人代位权纠纷案",江苏省泗阳县人民法院(2017)苏1323民初2596号民事判决书。
④ 最高人民法院民事审判第二庭、研究室编著:《最高人民法院民法典合同编通则司法解释理解与适用》,人民法院出版社2023年版,第385页。
⑤ 韩世远:《合同法总论》(第四版),法律出版社2018年版,第444页;龙俊:《民法典中的债之保全体系》,载《比较法研究》2020年第4期,第121页。

成为代位权的客体,①如诉前保全、强制执行、代位提起诉讼、申请强制执行催告和登记请求权等。反对观点认为,诉讼上的权利一般不得代为行使,如选择攻击防御方法、提起上诉以及申请异议等。② 从《民法典》第 535 条的文义来看也是如此。同时,既有的诸多程序法规则在很大程度上挤占了代位行使诉讼权利的空间。③ 此外,从立法本意来看,债权人代位权突破了合同相对性,不应使其效力过于强大,原则上应予以限制。所以,本书认为,债权人不应代位行使债务人诉讼上的权利。

第六,应当明确的是,可以代位行使的权利必须是债务人现有的权利。非现实存在的权利,不得成为债权人代位权的客体,所以法律上的可能或者能力不得成为代位权的客体,如对有利合同(如赠与)的承诺能力或者对商业机会的利用等;权利中的一部分权能也不能成为代位权的客体,如债务人对其所有的财产(如房屋、土地等)怠于使用或收益(如怠于出租房屋、耕作土地等),债权人不可代其位而行使,否则将构成对债务人权利的侵犯,也会威胁到债务人的意思自由。④

(二) 不得由债权人代位行使的权利

根据《民法典》第 535 条第 1 款的规定,对于专属于债务人自身的权利,债权人不得代位行使。《民法典合同编通则解释》第 34 条对于"专属于债务人自身的权利"进行了解释,具体如下:

(1) 非财产性权利,主要是指与身份相关的权利,例如,监护权、婚姻撤销权、离婚请求权、非婚生子女的认领权及否认权、婚生子女的否认权等。这些权利的行使虽然会间接地对债务人的责任财产产生影响,但此等权利的行使与否完全取决于权利人本人的身份地位,故他人不得代位行使。

(2) 抚养费、赡养费或者扶养费请求权,这类权利往往涉及对债务人基本生活的保障,因此属于专属于债务人自身的权利,不得被代位行使。

(3) 人身损害赔偿请求权,主要是指因生命、健康、名誉、自由、人格权等受到侵害而产生的损害赔偿请求权。

(4) 劳动报酬请求权,但是超过债务人及其所扶养家属的生活必需费用的部分除外;对于退休金请求权的代位,可以准用这一规则,即超过债务人及其所扶养家属的生活必需费用的部分的退休金也可以作为代位的对象。⑤

(5) 请求支付基本养老保险金、失业保险金、最低生活保障金等保障当事人基本生活的权利。

---

① 韩世远:《合同法总论》(第四版),法律出版社 2018 年版,第 444 页;申卫星,《合同保全制度三论》,载《中国法学》2000 年第 2 期,第 110—116 页。
② 黄立:《民法债编总论》(修正三版),元照出版有限公司 2006 年版,第 497 页。
③ 杨巍:《〈民法典〉债权人的代位权解释论研究》,载《江西社会科学》2020 年第 12 期,第 163 页。
④ 史尚宽:《债法总论》,中国政法大学出版社 2000 年版,第 466 页。
⑤ 最高人民法院民事审判第二庭、研究室编著:《最高人民法院民法典合同编通则司法解释理解与适用》,人民法院出版社 2023 年版,第 392 页。

(6) 其他专属于债务人自身的权利。例如,不得扣押的权利,如被执行人及其所抚养家属的生活必需费用以及必需品,不得扣押(《民事诉讼法》第 254 条、第 255 条),因此债权人也不得代位行使。再如精神损害赔偿请求权,精神损害赔偿的本质在于对被侵权人精神痛苦的抚慰,当然具有人身专属性。[①] 又如对于工伤保险待遇方面的给付请求权,依照《工伤保险条例》第 39 条、第 40 条,其客体包括丧葬补助金、供养亲属抚恤金、一次性工亡补助金、一次性工伤医疗补助金、一次性伤残就业补助金、伤残津贴、生活护理费等。[②]

四、收取型代位权的行使

(一) 行使主体

代位权的行使主体为债权人。债务人有多个债权人的,多个债权人既可以作为共同原告就同一债务人的同一债权主张代位权,也可以分别就同一债务人的同一债权提出代位权诉讼。[③]

保证人承担保证责任后,有权向债务人追偿,故保证人可以就债务人对第三人的债权等权利行使代位权;但尚未承担保证责任的保证人,不能成为债权人代位权的行使主体。一般保证人享有先诉抗辩权,故其一般不是代位权的行使主体;连带债务人可以是债权人代位权的行使主体。[④]

(二) 行使方法:诉讼

债权人行使代位权的,属于行使债权固有的权能,故债权人得以自己的名义对相对人主张权利。根据《民法典》第 535 条第 1 款,债权人行使代位权的,需以诉讼的方式行使,即债权人不能直接向债务人或相对人行使代位权,而只能请求人民法院判决以自己的名义代位行使债务人的债权。法律要求债权人行使代位权须经人民法院裁判,主要是为了保证债权人之间的公平、防止债权人滥用代位权、防止发生不必要的诉讼等。

债权人以诉讼方式行使代位权,仅指提起诉讼,并不包括申请强制执行、提起反诉、上诉、参加诉讼等。

在强制执行程序中,被执行人怠于行使其债权或者与该债权有关的从权利,影响申请执行人的到期债权实现的,执行法院可以告知申请执行人依照《民法典》第 535 条的规定,向有管辖权的人民法院提起代位权诉讼(《执行案件规范》第 433 条)。

[①] 最高人民法院民事审判第二庭、研究室编著:《最高人民法院民法典合同编通则司法解释理解与适用》,人民法院出版社 2023 年版,第 395 页。
[②] 同上书,第 395 页、第 396 页。
[③] 崔建远主编:《合同法》(第八版),法律出版社 2024 年版,第 132 页。
[④] 韩世远:《合同法总论》(第四版),法律出版社 2018 年版,第 347—348 页。

1. 主管

债权人提起代位权诉讼后,债务人或者相对人以双方之间的债权债务关系订有仲裁协议为由对法院主管提出异议的,人民法院不予支持。也就是说,无论仲裁协议是在债权人提起代位权诉讼之前还是之后达成的,代位权诉讼均不受仲裁协议的约束。但是,债务人或者相对人在首次开庭前就债务人与相对人之间的债权债务关系申请仲裁的,人民法院可以依法中止代位权诉讼(《民法典合同编通则解释》第36条)。生效仲裁裁决确定的债务人与相对人之间的债之关系,在代位权诉讼中,人民法院可以直接作为依据,除非有相反证据足以推翻(《民事诉讼法解释》第93条)。

有观点认为,规定代位权行使不受仲裁协议约束可能会产生反向道德风险,即债务人为规避仲裁协议而与债权人通谋,由债权人通过提起代位权诉讼来解决债务人与相对人之间的纠纷,从而损害相对人的民事诉讼主管或者管辖利益。其实,这种担心是没有必要的,因为,在债权人提起代位权诉讼后,相对人还是可以根据《民法典合同编通则解释》第36条申请仲裁。①

2. 管辖

债权人对债务人的相对人提起代位权诉讼的,由被告住所地人民法院管辖,但是依法应当适用专属管辖规定的除外(《民法典合同编通则解释》第35条第1款)。适用专属管辖的纠纷主要有《民事诉讼法》第34条、《民事诉讼法解释》第28条规定的不动产纠纷、港口作业中发生的纠纷、继承遗产纠纷,《民事诉讼法》第279条规定的在中华人民共和国领域内设立的法人或者其他组织的设立、解散、清算及其决议效力的纠纷等,《海事诉讼特别程序法》第7条规定的因沿海港口作业产生的纠纷等。债务人或者相对人以双方之间的债权债务关系订有管辖协议为由提出异议的,人民法院不予支持(《民法典合同编通则解释》第35条第2款)。

债权人以境外当事人为被告提起的代位权诉讼,人民法院应根据《民事诉讼法》第276条的规定确定管辖。而根据《民事诉讼法》第276条,只要在中华人民共和国领域内存在相应的管辖连接点,即可以由中华人民共和国领域内的人民法院管辖。比如,代位权诉讼的被告有财产在中华人民共和国领域内可供扣押,即可由可供扣押的财产所在地的人民法院管辖。

3. 诉讼当事人

《民法典合同编通则解释》第37条第1款规定:"债权人以债务人的相对人为被告向人民法院提起代位权诉讼,未将债务人列为第三人的,人民法院应当追加债务人为第三人。"据此,代位权诉讼的被告是相对人,且人民法院必须将债务人列为第三人。主要理由有三:第一,债务人不参加诉讼,难以查清案件事实、判断代位权是否构

---

① 最高人民法院民事审判第二庭、研究室编著:《最高人民法院民法典合同编通则司法解释理解与适用》,人民法院出版社2023年版,第419页。

成;第二,代位权诉讼的裁决可能会直接影响债权人与债务人、债务人与第三人之间的权利义务关系(《民法典》第 537 条);第三,代位权诉讼也可能裁决债务人承担诉讼保全费等必要费用(《民法典》第 535 条第 2 款)。① 债务人属于无独立请求权的第三人,法院不会裁判债务人承担责任,债务人也不享有当事人的诉讼权利,不承担当事人的诉讼义务。

4. 代位权诉讼与本诉

债权人可以选择只向债务人或者相对人主张权利、提起诉讼,也可以既对债务人主张权利,又向相对人提起代位权诉讼。债权人向人民法院起诉债务人后,又向同一人民法院对债务人的相对人提起代位权诉讼,属于该人民法院管辖的,可以合并审理。不属于该人民法院管辖的,应当告知其向有管辖权的人民法院另行起诉;在起诉债务人的诉讼终结前,代位权诉讼应当中止(《民法典合同编通则解释》第 38 条)。

代位权诉讼并不以本诉为前提。债务人的相对人仅以债权人提起代位权诉讼时债权人与债务人之间的债权债务关系未经生效法律文书确认为由,主张债权人提起的诉讼不符合代位权行使条件的,人民法院不予支持(《民法典合同编通则解释》第 40 条第 2 款)。人民法院受理代位权诉讼后,才会对债权人对债务人的债权进行实质性审查,确定债权是否存在、是否合法。如果经过审理确定债权存在且合法,则可以认定代位权成立。如果经过审理无法确定债权是否存在或者无法确定债权的数额,则可以驳回代位权诉讼。②

(三) 行使范围

《合同法解释(一)》第 21 条规定:"在代位权诉讼中,债权人行使代位权的请求数额超过债务人所负债额或者超过次债务人对债务人所负债额的,对超出部分人民法院不予支持。"《民法典》第 535 条第 2 款延续了该条的精神:"代位权的行使范围以债权人的到期债权为限。"据此,债权人须以债权人对债务人的债权数额为限行使代位权。③ 例如,债权人对债务人享有的债权数额为 100 万元,债务人对相对人享有的债权数额为 200 万元,此时债权人只能请求相对人偿还 100 万元。

在所涉及的债务人对相对人享有的权利的价值超出需要保全的债权的价值时,债权人应先分割债务人的权利再就对应的部分行使代位权;在不能分割时,债权人才能代位行使债务人的全部权利。如果债权人代位行使债务人对相对人享有的一项权利,即足以保全自己的债权,则不应就债务人的其他权利行使代位权。

债权人行使代位权的范围也不得超出债务人对相对人的债权数额。在代位权诉讼中,债权人行使代位权的请求数额超过债务人所负债额或者超过次债务人对债

---

① 最高人民法院民事审判第二庭、研究室编著:《最高人民法院民法典合同编通则司法解释理解与适用》,人民法院出版社 2023 年版,第 422 页。
② 同上书,第 453 页。
③ 同上书,第 436 页。

务人所负债务额的,对超出部分人民法院不予支持(《合同法解释(一)》第 21 条)。

五、行使收取型代位权的效力

(一) 对债务人处分权的限制

债权人通过诉讼行使代位权后,债务人即不得再为妨害代位权行使的处分行为,如抛弃、免除、让与及和解等,否则代位权就面临落空的危险。① 所以,在债权人提起代位权诉讼后,债务人对自己债权的处分应受到限制。但问题在于,对债务人处分债权的权限应限制到什么程度?

债务人减免相对人的债务或者延长相对人的履行期限的,相对人即对债务人的请求权享有抗辩权。依据《民法典》第 535 条第 3 款,相对人对债务人的抗辩,可以向债权人主张。在债权人提起代位权诉讼后,如果债务人无正当理由减免相对人的债务或者延长相对人的履行期限,相对人以此向债权人抗辩的,人民法院不予支持(《民法典合同编通则解释》第 41 条)。在这里,"无正当理由"是指债务人主观上为恶意的单方处分行为(如抛弃、免除等);"减免相对人的债务"主要是指债务人放弃、免除、和解等无偿处分权的情况;"延长相对人的履行期限"主要是指延长的期限超过债权人的债权行使期限,由此可能对债权人债权的实现产生影响。② 在"江阴市中源农村小额贷款有限公司等诉朱仁迪等债权人代位权纠纷案"③中,法院认为,在债权人代位权诉讼审理期间,相对人向债权人主张抵销其与债务人互负的债务,如果法院认定债权人代位权成立,则相对人只能向债权人清偿,其抵销主张不能得到支持。

反过来,债务人善意地与相对人协商变更债务清偿条件的,则是具有正当理由的。但是,法院还需要审查该变更行为的真实性与合理性,根据行为的主观状态、性质等进行综合判断。④ 在"上海永新雨衣染织厂诉同人华塑股份有限公司、上海熙诚置业发展有限公司债权人撤销权纠纷案"⑤中,债权人行使代位权受阻,起诉要求法院撤销债务人与相对人变更债务清偿条件导致履行期限不确定的行为。法院经审查认为,如果变更行为尚属债务人与相对人之间的正常商业行为范畴,无明显证据证明系恶意损害债权人的利益,则一般不宜直接干预,债权人主张撤销权不能支持。

债权人提起代位权诉讼后,债务人对相对人的起诉权会受到限制,债务人不得就

---

① 韩世远:《合同法总论》(第四版),法律出版社 2018 年版,第 448 页。
② 最高人民法院民事审判第二庭、研究室编著:《最高人民法院民法典合同编通则司法解释理解与适用》,人民法院出版社 2023 年版,第 458—460 页。
③ 江苏省无锡市滨湖区人民法院(2015)锡滨商初字第 00819 号民事判决书;江苏省无锡市中级人民法院(2017)苏 02 民终 4767 号民事判决书。
④ 最高人民法院民事审判第二庭、研究室编著:《最高人民法院民法典合同编通则司法解释理解与适用》,人民法院出版社 2023 年版,第 458 页。
⑤ 上海市静安区人民法院(2017)静民二(商)初字第 42 号民事判决书,上海市第二中级人民法院(2017)沪二民四(商)终字第 601 号民事判决书。

代位行使范围内的债权对相对人提起诉讼,否则可能会产生债务人通过该诉讼拖延代位权诉讼的问题。而且,债务人此时对代位权诉讼标的已经不再享有管理处分权和诉讼实施权了,其不再是相关诉讼的适格主体。① 但是,在代位权诉讼中,债务人可以就超过债权人代位请求数额的债权部分起诉相对人,该诉讼与代位权诉讼属于同一人民法院管辖的,可以合并审理。不属于同一人民法院管辖的,应当告知其向有管辖权的人民法院另行起诉;在代位权诉讼终结前,债务人对相对人的诉讼应当中止(《民法典合同编通则解释》第 39 条)。

(二) 相对人的抗辩权

在债权人行使代位权时,相对人有义务对已届清偿期的债务依法进行清偿;相对人可以以其对抗债务人的一切抗辩,对抗债权人(《民法典》第 535 条第 3 款),如债务未到期、权利不发生、同时履行抗辩、时效抗辩等。不过,债务人对相对人享有的债权是否确定、到期,并不是债权人提起代位权诉讼的前提,而是要在代位权诉讼中解决的问题,不能因债务人与相对人之间的债之关系未确定而驳回债权人的起诉。②

如果相对人已经进行了清偿或者替代清偿,比如抵销、代物清偿等,也可以以债权已经消灭为由进行抗辩。③ 在"江阴市中源农村小额贷款有限公司等诉朱仁迪等债权人代位权纠纷案"④中,相对人与债务人在二审庭审过程中就互负债务进行了抵销,此后相对人即对债权人提出债已被清偿的抗辩。但法院认为,被告朱仁迪对中稷公司的债权受让于另一被告邵喜云,受让的时间是本案第二次庭审中,由此,朱仁迪与中稷公司之间的债权抵销适状发生于本案第二次庭审中,而且,法院已经在一审裁决中确定代位权成立,在二审中代位权成立的事实也基本形成,被告在二审庭审中才受让债权、进行抵销,明显具有通过受让对中稷公司的债权使原告代位权诉讼落空之意图。所以,根据诚实信用原则,应当认为被告朱仁迪在滥用权利,不应支持其抗辩。⑤

(三) 诉讼时效的中断

由于债权人是以提起代位权诉讼的方式行使代位权,故代位权的行使具有中断债权人债权和债务人债权诉讼时效的效果(《诉讼时效规定》第 16 条)。

根据《诉讼时效规定》第 9 条的规定,债权人仅对相对人的部分债权主张代位

---

① 最高人民法院民事审判第二庭、研究室编著:《最高人民法院民法典合同编通则司法解释理解与适用》,人民法院出版社 2023 年版,第 465 页。
② "西安新竹防灾救生设备有限公司与中国联合网络通信有限公司山西省分公司等债权人代位权纠纷案",山西省高级人民法院(2013)晋民再字第 67 号民事判决书。
③ 黄立:《民法债编总论》(修正三版),元照出版有限公司 2006 年版,第 502 页以下。
④ 江苏省无锡市滨湖区人民法院(2015)锡滨商初字第 00819 号民事判决书;江苏省无锡市中级人民法院 (2017)苏 02 民终 4767 号民事判决书。
⑤ 不同意见,参见任建华、邱新华:《代位权诉讼中次债务人能否行使抵销权》,载《中国检察官》2020 年第 11 期,第 45 页。

的,剩余债权的诉讼时效也会因代位权诉讼而中断。

(四) 费用的负担

债权人行使代位权的必要费用,由债务人负担(《民法典》第 535 条第 2 款第 2 句)。参照《民法典合同编通则解释》第 45 条第 2 款,这里的必要费用包括律师代理费、差旅费等费用。

六、行使收取型代位权的法律效果

(一) 入库规则

债权人代位权不同于直接受偿权,它并没有改变债务人与相对人之间的债之关系的性质,该相对人依法只对其自己的债权人(即债务人)负有履行义务,因此相对人并无义务向行使代位权的债权人直接进行履行。另外,债务人的财产并非仅是对行使代位权的债权人的责任财产,而是对全体债权人的共同责任财产。故债权人行使代位权时,不得请求相对人直接向自己履行清偿义务,而只能请求相对人向债务人履行义务,也即代位权的行使所得应归入债务人的责任财产。此外,债权人通过行使代位权所得的给付,只能与其债务人的其他一般债权人享有同等的受偿权,而不享有优先受偿权,此即所谓的"入库规则"。① 这里的"库"就是债务人的责任财产。

债权人行使代位权不得超出债权人权利的范围,在相对人向债务人清偿而债务人拒绝受领时,债权人有权代债务人受领。② 但债权人代位受领后不得直接用该给付来清偿自己的债权,而应将之返还给债务人。即使债务人在债务已届清偿期时仍拒绝受领相对人的清偿,债权人也只能请求人民法院强制执行。

在债权人行使代位权获得相对人的清偿后,债务人有权请求债权人交付自己代位接受的清偿。同时,债务人在自己的债务已届清偿期时,有义务向债权人清偿。此外,债务人还负有义务承担债权人因行使代位权所支出的必要费用。

(二) 直接归属于代位权人

《合同法解释(一)》第 20 条规定:"债权人向次债务人提起的代位权诉讼经人民法院审理后认定代位权成立的,由次债务人向债权人履行清偿义务,债权人与债务人、债务人与次债务人之间相应的债权债务关系即予消灭。"该规则并没有采纳入库规则,而是将债权人代位所获得的给付直接归属于债权人自己,此即所谓的"直接受偿说"或"简易回收规则"。有观点认为,在利益衡量上,直接受偿说并不合理,对于其他债权人有不公之处,如果知道债务人债权信息最多、最准确并且反应最迅速者就能获得最优先受偿的机会,实质上会使代位权成为优先受偿的特权,违反了债权平等

---

① 崔建远、韩世远:《合同法中的债权人代位权制度》,载《中国法学》1999 年第 3 期,第 35—36 页。
② 崔建远:《合同法》(第五版),法律出版社 2010 年版,第 157 页。

原则。①

有鉴于此,有观点提出,在金钱之债中,可以借助抵销制度,解释为何行使代位权的法律效果可以归属于行使代位权的债权人;相对人向债权人履行其对债务人负有的债务的,债务人对相对人享有的债权被清偿。但是,债权人代位债务人受领相对人的给付,并没有正当原因,所以,债权人应对债务人负有返还义务。此时,债权人与债务人出现了互相负有债务的情况,符合抵销的构成要件,达成抵销适状。基于法律规定,债权人无须主张抵销,即发生抵销的效果,替代清偿了债权人对债务人享有的债权。②

> 案例:甲、乙、丙三人处于金钱之债中,甲是债权人,乙是债务人,丙是相对人,甲代位行使乙对丙享有的债权。

基于该观点,在上述案件中,如果丙向甲为给付而甲受领的,根据入库规则,甲并无受领给付的权限,也无保有该给付的法律原因,故应向乙返还该给付,但由于乙对甲也负有债务,故甲乙二人的债务处于抵销适状关系,据此,甲对乙享有的债权消灭,而乙对甲享有的不当得利返还请求权也消灭。但该观点不可解释的是,为何乙对丙享有的债权也消灭了,此时甲并无受领丙所为给付的权限,丙对甲为给付并不能达到消灭其与乙之间债之关系的目的。

故此,有观点对《合同法解释(一)》第20条规定的"由次债务人向债权人履行清偿义务"作出了进一步解释,认为其本意并非令债权人就相对人的给付享有优先受偿权,而是指在无其他共同债权人主张时或债务人提出指令时,相对人得向债权人进行给付,由此并未否定"入库规则"。③ 本书认为,该观点有其合理之处,但不符合《合同法解释(一)》的本意。在实质上,《合同法解释(一)》第20条的规范目的本就是使债权人直接获得清偿,也有出于效率原则的考虑,将债权人与债务人和债权人与相对人的两个诉讼合并审理,可以减少诉讼环节,实现诉讼经济。④

在没有抵销的场合,应当由行使代位权的债权人与其他债权人平等受偿。⑤ 例如,在债权人代位行使债务人的担保物权后,不存在抵销适状,债权人只能依照执行程序规则来实现其债权。不过,在解释上,也有观点主张债权人此时有权要求相对人向自己履行,以便尽早着手强制执行,这样既可以激励债权人行使代位权,又可以规避债务人拒绝受领带来的麻烦,还可以避免其他债权人抢先采取强制措施。但是,持

---

① 崔建远:《债权人代位权的新解说》,载《法学》2011年第7期,第134—140页;朱广新:《合同法总则研究(下册)》,中国人民大学出版社2018年版,第445页。
② 韩世远:《债权人代位权的解释论问题》,载《法律适用》2021年第1期,第41页。
③ 崔建远:《债权人代位权的新解说》,载《法学》2011年第7期,第134—140页。
④ 张玉敏、周清林:《"入库规则":传统的悖离与超越》,载《现代法学》2002年第5期,第101—107页。
⑤ 韩世远:《合同法总论》(第四版),法律出版社2018年版,第449页以下。

有这种解释观点的学者,也不排除债权人请求相对人向债务人履行的权利。①

在债务人对相对人享有的债权涉及不动产移转的情况下,如果允许债权人通过行使代位权实现简易回收,就会出现"中间省略登记"的问题,不动产物权会被直接登记在债权人名下,登记簿的记载与物权变动的真实状况不相符合,债务人的其他债权人的利益也可能被忽略。所以,债权人代位行使不动产移转请求权的法律效果应当遵循入库规则,在债务人进入强制执行阶段后,债务人的其他债权人都可以参加执行财产分配,最终各个债权人平等受偿。②

《民法典》第537条修正了《合同法解释(一)》第20条的规则,采纳了直接受偿规则③:"人民法院认定代位权成立的,由债务人的相对人向债权人履行义务,债权人接受履行后,债权人与债务人、债务人与相对人之间相应的权利义务终止。"据此,债权人对相对人享有履行请求权,债权人代位行使债务人的债权时,相对人应当直接向债权人履行。同时,《民法典》第537条将《合同法解释(一)》第20条中的"清偿"改为"履行",并增加了"债权人接受履行后"的表述。据此,有学者提出,《民法典》第537条第1句授予了债权人以自己的名义代替债务人收取债权的权利,因此,相对人对债权人的履行会导致相对人对债务人负有的债务因清偿而消灭。而相对人对债权人的清偿在性质上是"新债清偿",所以,只有在"债权人接受履行后",债权人对债务人享有的债权才会消灭。④ 本书认为,在我国,法律上并没有规定收取债权授权的法律制度,从文义上也无法推出这一制度,"债权人接受履行后"并非"新债清偿"的要件。之所以强调"债权人接受履行后",不过是在强调债权人已经基于相对人向其清偿而获得了不当利益。所以,在《民法典》第537条的框架下,相对人对债务人负有的债务以及债务人对债权人负有的债务得以同时消灭,还是基于法律关系的抵销。

根据《民法典》第537条这一实体法上的依据,债权人可以以自己的名义起诉相对人,并请求相对人向其履行。⑤ 相对人履行后,其对债务人负有的债务和债务人对债权人负有的债务在相同数额内被清偿。相对人不主动履行的,债权人也可以基于胜诉判决,向人民法院申请对相对人所获得的财产进行强制执行。如果债权人代位行使的是抵押权,则可以申请担保物权实现的特别程序,法院作出拍卖变卖担保财产的裁定后,债权人可以依据该裁定申请执行。⑥

---

① 韩世远:《债权人代位权的解释论问题》,载《法律适用》2021年第1期,第42页。
② 比较龙俊:《民法典中的债之保全体系》,载《比较法研究》2020年第4期,第124页。
③ 黄薇主编:《中华人民共和国民法典释义(中)》,法律出版社2020年版,第1031页。
④ 金印:《债权人代位权行使的法律效果——以〈民法典〉第537条的体系适用为中心》,载《法学》2021年第7期,第92页。
⑤ 同上文,第87页。
⑥ 牟瑞瑾,谌宏伟:《论代位权人的直接受偿权》,载《东北大学学报(社会科学版)》2010年第3期,第246—250页。

(三) 数个行使代位权的债权人的按比例受偿

《民法典合同编通则解释》第 37 条第 2 款规定："两个以上债权人以债务人的同一相对人为被告提起代位权诉讼的,人民法院可以合并审理。债务人对相对人享有的债权不足以清偿其对两个以上债权人负担的债务的,人民法院应当按照债权人享有的债权比例确定相对人的履行份额,但是法律另有规定的除外。"法律另有规定的情形主要是指,行使代位权的债权人之间或者行使代位权的债权人与其他债权人的权利发生冲突时,应当按照债权人对债务人及相对人的责任财产采取保全、执行措施等相关规定处理;债务人破产时,应当按照破产法规则处理。① 具体而言,数个行使代位权的债权人中的一个采取了诉前保全措施,则根据保全执行优先受偿规则,该债权人有权就这些财产的变价优先受偿。在执行程序开始后,被执行人的其他已经取得执行依据的债权人发现被执行人的财产不能清偿所有债权的,可以向人民法院申请参与分配(《民事诉讼法解释》第 506 条)。债务人破产的,数个行使代位权的债权人只能申报债权,通过破产程序实现债权。如果相对人在破产申请前六个月内向行使代位权的债权人清偿,破产管理人可以撤销该清偿(《企业破产法》第 32 条)。

债权人提起代位权诉讼的,并不影响其他债权人对债务人提起诉讼。行使代位权的债权人与其他债权人均胜诉的,均可以申请强制执行,在执行程序中,按照强制执行法律规定确定各债权人的债权受偿顺序与份额。②

如果多个债权人均提起代位权诉讼,并均获得胜诉,此时,数个履行请求权之间是平等的,最先提起代位权诉讼者或者最先获得胜诉判决者均无优先受偿的权利,但相对人可以决定先向哪个行使代位权的债权人履行。如果数个行使代位权的债权人均申请了强制执行,则执行法院应按照执行申请的先后发出执行通知书,并根据执行通知书的先后顺序确定这些债权人的受偿顺序(类推适用《执行工作规定》第 55 条第 1 款)。③

值得注意的是,《民法典》第 537 条增加了一个规则:"债务人对相对人的债权或者与该债权有关的从权利被采取保全、执行措施,或者债务人破产的,依照相关法律的规定处理。"也就是说,在债务人尚未进入强制执行、破产等程序时,行使代位权的债权人可以简易回收债权。但是,在债务人进入强制执行、破产等程序时,则应适用债权人平等受偿规则,行使代位权的债权人不能实际优先受偿。④

具体来讲,债务人的一个债权人如果提起代位权诉讼并获得了胜诉判决,就可以

---

① 最高人民法院民事审判第二庭、研究室编著:《最高人民法院民法典合同编通则司法解释理解与适用》,人民法院出版社 2023 年版,第 422 页以下。
② 同上书,第 426 页。
③ 金印:《债权人代位权行使的法律效果——以〈民法典〉第 537 条的体系适用为中心》,载《法学》2021 年第 7 期,第 94 页。
④ 龙俊:《民法典中的债之保全体系》,载《比较法研究》2020 年第 4 期,第 126 页。

申请强制执行,就相对人的财产优先受偿。但是,如果行使代位权的债权人申请强制执行时,其他债权人也对该财产申请了保全或强制执行措施的,那么行使代位权的债权人就不能优先于其他债权人受偿。就同一债务人的债权,行使代位权的债权人只能与其他债权人平等受偿。① 对此,不同意见认为,行使代位权的债权人申请执行的是相对人的财产,而其他债权人申请执行的是债务人的财产,只是恰好针对的是同一标的,但针对的被执行人是不同的,所以,不存在债权人之间按比例参与分配的问题。按照该观点,如果一个债权人提起代位权诉讼时,其他债权人已经对债务人提起了直接诉讼并对该债务人的债权采取了保全措施,在获得胜诉判决后,又对该债务人的债权申请了强制执行,那么此时若考虑采取保全措施的债权人将来可能优先受偿的因素,则行使代位权的债权人败诉;如果行使代位权的债权人胜诉后,其他债权人才采取保全或执行措施,那么在行使代位权的债权人申请执行相对人的财产时,相对人可以提起债务人异议之诉,因为胜诉的行使代位权的债权人可能嗣后失去实体权利(《执行异议复议规定》第 7 条第 2 款)。②

在债务人进入破产程序后,应由破产管理人管理债务人的债权,债权人不得再行使代位权。如果债权人已经提起代位权诉讼,则该诉讼会因破产程序的开始而中止(《企业破产法规定(二)》第 21 条第 1 款第 1 项)。进一步而言,债务人破产后,破产管理人成为了履行受领人(《企业破产法》第 17 条),可以作为第三人请求法院驳回债权人行使代位权的请求。如果在法院受理破产申请前,行使代位权的债权人已经获得了胜诉判决,相对人可以根据《执行异议复议规定》第 7 条第 2 款以该债权人丧失实体权利为由提出执行异议,法院也可以根据《企业破产法》第 19 条、第 20 条中止代位诉讼及其执行。③

如果在人民法院受理债务人破产申请前 6 个月内,债权人获得了代位权诉讼的胜诉判决,相对人向该债权人履行债务,该债权人接受履行后,其债权即获得了清偿,此种清偿与债务人直接向债权人清偿并无不同,那么,依据《企业破产法》第 32 条,破产管理人可以请求人民法院撤销该相对人的清偿。④

(四) 代位权判决的既判力问题

在代位权诉讼中,人民法院经审理认为债权人的主张符合代位权行使条件的,可以作出支持债权人请求的判决;人民法院经审理认为债权人的主张不符合代位权行使条件的,应当驳回其诉讼请求(《民法典合同编通则解释》第 40 条)。代位权的行使条件为实体法条件,因此人民法院应通过判决驳回债权人的诉讼请求。现在有疑问

---

① 黄薇主编:《中华人民共和国民法典释义(中)》,法律出版社 2020 年版,第 1032 页。
② 金印:《债权人代位权行使的法律效果——以〈民法典〉第 537 条的体系适用为中心》,载《法学》2021 年第 7 期,第 94 页。
③ 同上文,第 95 页。
④ 黄薇主编:《中华人民共和国民法典释义(中)》,法律出版社 2020 年版,第 1033 页。

的是,代位权判决是否具有既判力?

债权人行使代位权而对相对人提起诉讼并获得裁判时,该裁判原则上对于债务人以及其他债权人应无约束力。但在代位权诉讼中,应当将债务人列为第三人,而人民法院在裁判时,不仅会判断代位权是否成立,还会判断债务人对相对人是否享有债权,故本书认为,该判决对于债务人应具有约束力。即使债务人没有参加诉讼,裁决对其亦具有效力,债务人不得就债权人行使代位权请求的数额再为请求。① 因为基于《民法典》第537条,债权人在代位权诉讼中胜诉的,相对人向债权人履行义务,债权人接受履行后,债权人与债务人、债务人与相对人之间相应的权利义务均会终止。既然债务人对相对人相应的债权消灭了,那么债务人就该债权自然不得再为请求,如果再为请求,相对人可以以该债权已经被清偿进行抗辩。

如果债权人提起代位权诉讼并获得了胜诉判决,但相对人未全部履行或者债权人对相对人的财产执行未果,那么债权人可以就该笔债务向债务人起诉,并依据其与债务人之间的生效法律文书继续向法院申请执行债务人的财产。② 如果债权人提起了代位权诉讼未获得支持,那么原则上债权人仍可以对债务人提起诉讼。但有观点认为,如果在代位权诉讼中,人民法院已经审查了债权人对债务人的债权关系并确认其不合法或者不存在,则债权人不得对债务人再提起诉讼;但是,如果人民法院认定债权人对债务人的债权关系存在,只是尚未到期或者不确定,那么债权人还是可以对债务人另行提起诉讼的。③

如果债权人提起代位权诉讼未获得支持,那么该判决具有既判力,当事人不得就已经判决的同一案件再行提起诉讼。既判力的基准时为"事实审言辞辩论终结时"。在此之后,如果发生新的事实,债权人可以再次提起代位权诉讼(《民法典合同编通则解释》第40条第1款但书)。比如,在"事实审言辞辩论终结时",债权人的债权未到期,人民法院据此驳回了代位权诉讼;但在此后,债权人的债权到期的,即属于发生新的事实情况,债权人可以再次提起代位权诉讼。

一个债权人行使代位权后,对于其他债权人原则上不具有约束力,因为其他债权人并没有参加诉讼。尤其在该债权人行使代位权败诉时,其他债权人自可以继续主张代位权。但如果该债权人胜诉,则判决之效力应及于其他债权人。④

七、保存型代位权

《民法典》第536条规定:"债权人的债权到期前,债务人的债权或者与该债权有

---

① 黄薇主编:《中华人民共和国民法典释义(中)》,法律出版社2020年版,第1027页。
② "北京大唐燃料有限公司与山东百富物流有限公司买卖合同纠纷案",最高人民法院(2019)最高法民终6号民事判决书,该案例被选为最高人民法院指导案例167号。
③ 最高人民法院民事审判第二庭、研究室编著:《最高人民法院民法典合同编通则司法解释理解与适用》,人民法院出版社2023年版,第450页。
④ 黄立:《民法债编总论》(修正三版),元照出版有限公司2006年版,第504页。

关的从权利存在诉讼时效期间即将届满或者未及时申报破产债权等情形,影响债权人的债权实现的,债权人可以代位向债务人的相对人请求其向债务人履行、向破产管理人申报或者作出其他必要的行为。"

（一）行使保存型代位权的必要性

在债权人的债权到期之前,债务人怠于行使中断诉讼时效、申报债权的行为,也可能导致债务人责任财产的减损,从而影响债权人债权的实现。所以,法律有必要赋予债权人以代位权,即保存型代位权。债权人行使保存型代位权时不必向人民法院请求,只需代位请求相对人向债务人履行、向破产管理人申报或者作出其他必要的行为即可。债权人行使保存型代位权,是为了防止债务人的责任财产减少。

（二）保存型代位权的构成要件

第一,债权人的债权到期与否,均不影响债权人行使保存型代位权。虽然《民法典》第 536 条特别强调债权人可以在债权人的债权到期前实施保存行为,但债权人的债权到期后,债权人也当然可以行使保存型代位权。

第二,债务人的债权或者与债权有关的从权利须存在诉讼时效期间即将届满或者未及时申报破产债权等情形。"诉讼时效期间即将届满"指向的是债务人怠于实施防止诉讼时效经过的行为,只要债务人存在该情形,债权人即可以行使保存型代位权,不必证明诉讼时效是否"即将"届满。"未及时申报破产债权"是指在法院受理相对人的破产申请后,债务人作为相对人的债权人没有及时在法院确定的债权申报期限内向破产管理人申报债权。此时,债权人即可以代位申报债权。债权人可以行使保存型代位权的情形还有很多,例如,在债权人的债权到期前,债权人对债务人自己享有的担保物权可以实施保存行为;对于债务人的应收账款质权,债权人可以代位申请展期,以防止质权消灭;在相对人破产时,如果债务人未及时行使取回权、别除权等权利,债权人可以代位行使;在第三人妨害出租人所有权时,承租人可以代位行使排除妨害请求权;债务人怠于提起第三人异议之诉时,债权人可以代位债务人对相对人提起第三人异议之诉,请求法院剥夺生效给付判决的强制执行力。[①]

第三,债务人怠于实施保存行为影响了债权人的债权实现。因为债权人在债权未到期时也可以行使保存型代位权,所以债务人怠于实施保存行为影响的即使是债权人将来到期的债权也符合保存型代位权的构成要件。

第四,债权人向相对人请求其向债务人履行、向破产管理人申报或者作出其他必要的行为。也就是说,债权人行使保存型代位权不需要采取诉讼方式,可以直接向相对人行使。而且,债权人不必以债务人的名义行使保存型代位权,可以以自己名义行使。[②] 据此,债权人请求相对人向债务人履行,即可以达到中断时效的效果;债权人可

[①] 金印:《诉讼与执行对债权人撤销权的影响》,载《法学》2020 年第 11 期,第 49 页。
[②] 韩世远:《债权人代位权的解释论问题》,载《法律适用》2021 年第 1 期,第 39 页。

以依据法律规定的期限、方式和程序向破产管理人申报债务人对相对人享有的债权；债权人可以代位申请展期、向相对人主张抵销等。

第五，保存型代位权的行使并不以债权人的债权数额为限，因为债权人无法预知债权到期时债务人的实际清偿能力，而且对权利整体行使保存型代位权也不会导致债权人超额受偿。

第三节　债权人撤销权

【文献指引】

张文龙：《债权人撤销权之研究》，载郑玉波主编：《民法债编论文选辑（中）》，五南图书出版股份有限公司1984年版；刘春堂：《特定物债权与撤销权》，载郑玉波主编：《民法债编论文选集（中）》，五南图书出版股份有限公司1984年版，第834页以下；王丽萍：《论撤销权》，载《法学杂志》2000年第3期；申卫星：《论债权人撤销权的构成——兼评我国〈合同法〉第74条》，载《法制与社会发展》2000年第2期；余延满：《合同撤销权的限制与排除问题研究》，载《法学评论》2000年第6期；邹海林：《论我国合同法规定之债权人撤销权》，载《北京市政法管理干部学院学报》2000年第1期；李向前：《论债权人的撤销权》，载《当代法学》2002年第5期；张长青：《论债权人的撤销权行使范围与撤销的优先受偿性》，载《法律适用》2003年第10期；〔日〕下森定：《日本民法中的债权人撤销权制度及其存在的问题》，钱伟荣译，载《清华法学》（第四辑），清华大学出版社2004年版；韩世远：《债权人撤销权研究》，载《比较法研究》2004年第3期；李芳：《债权人撤销权行使的效力问题探讨》，载《中州学刊》2004年第3期；陈雪萍：《债权人撤销权之诉之性质及主体研析》，载《法学杂志》2004年第4期；李锡鹤：《论民法撤销权》，载《华东政法大学学报》2009年第2期；梅瑞琦：《论债权人撤销权的性质及撤销之诉当事人》，载《月旦民商法杂志》2009年第25卷；胡卫：《民法中撤销权的检讨与建构》，载《法学论坛》2011年第3期。

【补充文献】

陈苇、王巍：《论放弃继承行为不能成为债权人撤销权的标的》，载《甘肃社会科学》2015年第5期；茅少伟：《恶意串通、债权人撤销权及合同无效的法律后果——最高人民法院指导案例33号的实体法评释》，载《当代法学》2018年第2期；陈韵希：《论民事实体法秩序下偏颇行为的撤销》，载《法学家》2018年第3期；王利明：《债权人代位权与撤销权同时行使之质疑》，载《法学评论》2019年第2期；崔建远：《论债权人撤销权的构成》，载《清华法学》2020年第3期；龙俊：《民法典中的债之保全体系》，载《比较法研究》2020年第4期；陈韵希：《我国债权人撤销权制度的目标定位和法律效果》，载《求索》2020年第6期；宋史超：《论债权人撤销权判决的实现路径——以指导案例118号为中心》，载《政治与法律》2021年第1期；王洪亮：《〈民法典〉第538条（撤销债务人无偿行为）评注》，载《南京大学学报（哲学·人文科学·社会科学）》2021年第6期；朱晶晶：《论债权人撤销权的私益性及其实现》，载《新疆社会科学》2021年第6期；云晋升：《论债权人撤销权行使的法律效果——以〈民法典〉第542条为中心的分析》，载《社会科学》2022年第3期；夏志毅：《〈民法典〉时代债权人撤销之诉的解释论——以诉讼法视角为切入点》，载《烟台大学学报（哲学社会科学版）》2022年第6期；高旭：《优先主义理念下债权人撤销权的制度重构：以程序法为中心》，载《南大法学》2023年第4期；朱虎：《债权人撤销权的法律效果》，载《法学评论》2023年第6期；朱禹臣：《债权人撤销权程序的诉判关系与审执关系——兼评最高人民法院118号指导案例》，载《法学》2023年第8期；陈龙业：《债权人撤销权规则的细化完善与具体适用》，载《中国法律评论》2024年第1期；蒋家棣：《债权人撤销权的法律效果及债权的实现路径——以〈民法典合同编通则解释〉第46条为中心》，载《中国应用法学》2024年第1期；王利明、潘重阳：《〈论合同编解释〉对撤销权人的三重保护——以〈合同编解释〉第46条为中心》，载《上海政法学院学报》2024年第1期；朱虎：《债权人撤销权和破产撤销权的同频共振》，载《清华法学》2024年第1期；许德风：《债务人的责任财产——债权人撤销权、代位权及公司债权人保护制度的共同基础》，载《清华法学》2024年第1期；任我行：《论撤销债权人的优先受偿地位》，载《南大法学》2024年第1期；张兆函：《不完全契约与公平交易：功能比较视域下债权人撤销权的解释性重构》，载《河北法学》2024年第1期；陈国欣：《论基于债权人撤销权的独立参加》，载《苏州大学学报（法学版）》2024年第2期；黄彦霈：《债权人撤销权对债务人为他人提供担保的适用路径》，载《南大法学》2024年第2期；王洪亮：《债权人撤销权的法律效果及其在程序上的实现》，载《比较法研究》2024年第3期；朱广新：《债权人撤销权行使的法律效果》，载《财经法学》2024年第4期；云晋升：《债权人撤销之诉法律构造的反思与重塑》，载《内蒙古社会科学》2024年第4期；田韶华、赵泽：《离婚协议下债权人撤销权制度的适用》，载《河北法学》2024年第8期。

一、债权人撤销权的概念与本质

（一）概念

所谓债权人撤销权，是指债权人对于债务人所为的影响债权实现的行为，可以撤销的权利（《民法典》第538条、第539条）。

《民法典》规定了两种类型的债权人撤销权：

第一种针对的是债务人的无偿行为以及恶意延长到期债权履行期限的行为。债务人以放弃其债权、放弃债权担保、无偿转让财产等方式无偿处分财产权益，或者恶意延长其到期债权的履行期限，影响债权人的债权实现的，债权人可以请求人民法院撤销债务人的行为(《民法典》第538条)。

第二种针对的是有偿行为。债务人以明显不合理的低价转让财产、以明显不合理的高价受让他人财产或者为他人的债务提供担保,影响债权人的债权实现,债务人的相对人知道或者应当知道该情形的,债权人可以请求人民法院撤销债务人的行为(《民法典》第539条)。

(二) 规范目的

债权人撤销权制度的规范目的在于维持债务人的责任财产,以保障债权人的债权得以实现。债原本具有相对性,债权人不得干涉债务人与相对人之间的行为。但是债务人为无偿行为或者低价处分等行为,危及责任财产,在法律上应予以否定性评价。而对于债务人的行为对责任财产的危害,相对人通常是知道或应当知道的;即使不知道,基于无偿行为或者价值显然失衡的行为而受益,其本身的正当性就有可指责之处。① 所以,债权人撤销权击破债的相对性,有一定的正当性基础。

与同为债权保全制度的债权人代位权制度相比,债权人撤销权制度的效力更强,因为债权人行使代位权系行使债务人现有的权利,这无论对于债务人抑或相对人而言,均为本来应有事态的重申而已;而债权人行使撤销权乃是撤销债务人的行为,从相对人处取回责任财产,是对已成立的法律关系加以破坏,使债务人与相对人之间发生本不应有的事态。所以,对于债权人撤销权应严格限制其行使条件,以免对债务人及相对人造成不可预期的损害,破坏交易安全。

> 案例:债权人甲对债务人乙享有70万元的债权,乙除了一套时价60万元的房产外,并无其他财产。乙以40万元的价格将房产卖与丙,并办理了登记手续。②

本案中,如果乙构成以不合理的低价转让其财产,则甲可以通过行使债权人撤销权保护自己。对于40万元是否属于不合理的低价,要综合考虑乙与丙之间的获利情况以及是否对甲债权的实现产生影响,还要考察丙的主观状态,最终判断甲是否可以撤销乙丙之间的合同。

(三) 性质

1. 形成权说

《民法典》第542条规定:"债务人影响债权人的债权实现的行为被撤销的,自始没有法律约束力。"据此,有观点主张,撤销权在性质上属于一种形成权,而且是一种形成诉权,撤销之诉实为形成之诉。债权人提起撤销之诉并获得胜诉判决的,债务人与相对人之间的放弃债权、无偿转让等行为即自始没有法律拘束力。③ 对于形成权

---

① 龙俊:《民法典中的债之保全体系》,载《比较法研究》2020年第4期,第129页。
② 韩世远:《合同法总论》(第四版),法律出版社2018年版,第454页。
③ 龙俊:《民法典中的债之保全体系》,载《比较法研究》2020年第4期,第127页以下。

说,有批评观点认为,如果所有法律关系均绝对地归于无效,影响剧烈,必然会导致交易关系的混乱。① 按照形成权说,债权人行使撤销权不仅会使已经发生的物权变动直接产生法律上复归的效果,也否定了债务人与相对人之间相对性的法律拘束力。②

值得注意的是,形成权说并不排斥财产返还和价值赔偿。根据一些专家的民法典释义书,债务人放弃其债权的行为被撤销的,债务人的相对人仍对债务人负有债务;债务人放弃其担保的行为被撤销的,担保人仍对债务人负有担保责任;债务人无偿或低价转让、高价受让财产的行为被撤销后,债务人尚未给付的,不得再向相对人给付,相对人也不再享有履行请求权;在债务人已经向相对人给付或者已经相互给付的,债务人及其相对人均负有返还财产、恢复原状的义务,不能返还的,应当折价补偿。③

2. 请求权说

《民法典合同编通则解释》第46条明确规定:"债权人在撤销权诉讼中同时请求债务人的相对人向债务人承担返还财产、折价补偿、履行到期债务等法律后果的,人民法院依法予以支持。"据此,有观点认为,债权人撤销权是债权人向债务人的相对人的债权请求权,债权人可以直接请求相对人返还因诈害行为而获得的财产,而债务人与相对人之间的法律关系不受影响。④ 此即为请求权说。

在德国法上,请求权说是通说。根据旧《德国撤销权法》第7条第1款,从债务人处给出的财产应作为"仍然属于债务人的财产"而被返还。这里有"返还"的字眼,所以,一般认为如果债权人撤销权成立,就会产生"法定的返还债之关系"。⑤ 不过,值得注意的是,在德国法上,相对人的返还,并不是返还给债务人或者债权人,而是恢复执行攫取状况即可。⑥ 为了避免误解,新《德国撤销权法》第11条第1款第1句删除了返还的字眼:"通过可被撤销的法律上行为而由债务人财产中被出让、给出或者放弃的财产,只要对满足债权人的债权是必要的,就必须被置于债权人的支配之下。"据此,被转让、抛弃、给出的财产仍然能为债权人所强制执行。

2017年新修改的《日本民法典》第424条之六的规定与此较为类似:"债权人对受益人请求撤销诈害行为时,得在撤销债务人所作行为的同时,请求返还因其行为而

---

① 韩世远:《合同法总论》(第四版),法律出版社2018年版,第455页。
② 龙俊:《民法典中的债之保全体系》,载《比较法研究》2020年第4期,第127页。
③ 黄薇主编:《中华人民共和国民法典释义(中)》,法律出版社2020年版,第1039页。
④ 崔建远:《合同法》(第四版),北京大学出版社2021年版,第189页;韩世远:《合同法总论》(第四版),法律出版社2018年版,第455页。
⑤ 〔德〕弗里茨·鲍尔、〔德〕霍尔夫·施蒂尔纳、〔德〕亚历克斯·布伦斯:《德国强制执行法(上)》,王洪亮等译,法律出版社2019年版,第532页。
⑥ 此点尤其值得注意,我国学界的债说或者请求权说,多是从日本法借鉴过来的,而日本的撤销权诉讼规定在民法典中,并不一定是发生在强制执行阶段的,而且,旧《日本民法典》并未规定撤销权的返还效力。那么,我国借鉴的学说均没有域外实定法基础。而从其内容表述上看,应该均是来自德国法对于旧《德国撤销权法》第7条的解释。

移转至受益人处之财产。受益人返还其财产有困难时,债权人得请求偿还其价额。"

3. 责任说

保卢斯(Paulus)区分了财产概念上的责任法要素与财产处分法要素,提出了责任说。而撤销法规制的主要是责任法层面,从债权人的视角来看,涉及的是在债务人处责任的缩减;因为债务人所遭受的财产损失,只在同时出现的责任免除方面涉及债权人。① 依据责任说,债权人行使撤销权,只会导致债务人的出让行为在责任法上不生效力,对其在财产处分法上的存续不生影响,这意味着债务人与相对人所意图的权利主管以及财产归属上的变更,会不受限制地生效。据此,被债务人出让的标的物作为责任客体一如既往地需要承受撤销权人的执行攫取。债权人撤销权仅会导致债务人的处分行为在责任法上不生效力,并不是债法上恢复原来的责任财产的请求权。责任说与债权说的区别在于,责任说不需要运用容忍判决模式,不利于债权人的行为(诈害行为)一旦被撤销,债权人即可以在相对人处执行,不需要债务人承担容忍执行义务。或者,准确地讲,债务人不是在容忍私法上的义务,而是像其他执行债务人一样在容忍公法上的义务。②

(四) 制度关联

1. 债权人撤销权与恶意串通无效规则

《民法典》第 154 条规定:"行为人与相对人恶意串通,损害他人合法权益的民事法律行为无效。"此即恶意串通无效规则。《民法典》第 154 条将《合同法》第 52 条第 2 项"损害国家、集体或者第三人利益"的表述修改为"损害他人合法权益",由此可知,违法无效、悖俗无效的情况不再适用恶意串通无效规则。③ 要构成恶意串通,在主观上需要恶意与串通,在客观上需要损害他人的合法权益,有观点认为,客观上必须达到"实际损害他人利益"的程度,方可构成。④ 在恶意与串通的证明上,需要达到"确信该待证事实存在的可能性能够排除合理怀疑的"标准,高于民事盖然性的一般标准(《民事诉讼法解释》第 109 条)。不过,在司法实践中,法院往往会证明降低恶意与串通的主观标准,从客观行为或者关联关系上推断。⑤ 另外,值得注意的是,债权人主张债务人与相对人恶意串通导致合同无效,通常是确认之诉,并不含有返还之诉的内容。在该诉讼中,债务人与相对人均为被告。⑥

---

① Paulus, Sinn und Formen der Gläubigeranfechtung, AcP 155 (1956), S. 300 ff.
② A. a. O., S. 302 f.;许德风:《破产法论——解释与功能比较的视角》,北京大学出版社 2015 年版,第 422 页。
③ 茅少伟:《恶意串通、债权人撤销权及合同无效的法律后果——最高人民法院指导案例 33 号的实体法评释》,载《当代法学》2018 年第 2 期,第 15 页。
④ 同上文,第 16 页。
⑤ 同上文,第 15 页。
⑥ "瑞士嘉吉国际公司诉福建金石制油有限公司等确认合同无效纠纷案",最高人民法院(2012)民四终字第 1 号民事判决书,该案例被选为最高人民法院指导案例 33 号。

在司法实践中，还有法院在债权人行使债权人撤销权时，会依据职权审查合同效力，适用恶意串通无效规则作出裁判。① 也即认为，恶意串通无效规则应优先于债权人撤销权规则适用。不同观点认为，在构成要件与法律效果上，债权人撤销权规则都较为特别，应构成恶意串通无效规则的特别规则。在恶意串通无效规则与债权人撤销权规则竞合时，应当优先适用债权人撤销权规则。②

本书认为，在恶意串通无效规则与债权人撤销权规则竞合时，不能优先适用恶意串通无效规则，债权人应可以在主张合同无效和行使债权人撤销权中作出选择。恶意串通无效规则的适用条件较为宽泛，可以包含构成债权人撤销权的情况，债权人撤销权规则的适用条件较为具体和清晰。在债务人的诈害行为为无偿行为时，债权人无须证明受让人是否知情即可主张债权人撤销权；而在债务人的诈害行为为有偿行为时，由于证明受让人知情或应当知情比证明受让人与债务人恶意串通更为容易，所以，债权人可能更愿意选择主张债权人撤销权。

此外，有较多理论观点主张，在债务人与相对人恶意串通的情况下，只有受损害的相对人可以主张合同无效，在法律效果上，应当依据《民法典》第157条处理，但也只能要求相对人将标的物返还给债务人。在债权人主张债权人撤销权时，诈害行为自始不发生效力，债权人可以要求相对人返还、折价补偿。在债权人对债务人以及相对人获得本诉胜诉判决以及撤销权诉讼胜诉判决时，即可以以此为据申请强制执行，人民法院可以就债务人对相对人享有的权利采取强制执行措施以实现债权人的债权（《民法典合同编通则解释》第46条），在结果上，债权人可以在相对人处实现自己的债权。

2. 债权人撤销权与执行程序中的撤销权诉讼

在债权人已经基于债权对债务人提起了诉讼并获得了胜诉判决，申请对债务人财产进行强制执行时，如果债权人通过执行没有获得清偿，却发现债务人与相对人实施了诈害行为（该诈害行为可能发生在强制执行程序之前，也可能发生在强制执行程序之中），债权人即可以提起撤销之诉。但在此种情况下，执行法院一般不会将相对人直接追加为被执行人，而是先中止本案的执行，然后告知债权人可以对债务人与相对人提起撤销之诉（《制裁规避执行行为意见》第14条）。③ 债权人在强制执行阶段提起撤销之诉的，由于债权人与债务人之间的债权债务关系已经确定，相对人可以作为被告，债务人可以作为无独立请求权的第三人。④

---

① 在江苏省连云港市中级人民法院（2012）苏民终字第0084号民事判决书中，裁判摘要认为：债务人与债权人有关债务纠纷在人民法院作出终审判决前，债务人以抵债为名转让巨额房产给受让人的，如受让人不能举证证明其与债务人之间存在真实债务，也未支付合理对价，可以认定债务人与受让人恶意串通，虚构债务转移财产，故意规避债务履行，该行为损害了他人合法权益，应当认定无效。本案中虽然债权人的诉讼请求是要求撤销该转让协议，但其最终目的是实现其债权，法院经审查认定该协议无效的，可不以债权人撤销权之诉的请求为限，对该协议的效力可直接作出认定。

② 茅少伟：《恶意串通、债权人撤销权及合同无效的法律后果——最高人民法院指导案例33号的实体法评释》，载《当代法学》2018年第2期，第15页。

③ 裴婷、胡建勇：《执行中债权人撤销权的行使要件》，载《人民司法（案例）》2017年第2期，第102页。

④ 高旭：《优先主义理念下债权人撤销权的制度重构：以程序法为中心》，载《南大法学》2023年第4期，第129页。

3. 债权人撤销权与执行异议之诉

如果相对人的债权人对相对人进行强制执行,那么债权人可以基于债权人撤销权提出第三人执行异议之诉。例如,债务人将其财产赠与其子,而其子的债权人扣押了该物,此时,债权人可以以债权人撤销权作为依据提起第三人异议之诉。如果债权人在债务人处强制执行,而相对人提出第三人异议之诉,那么债权人可以将撤销权作为抗辩。[①] 例如,债务人将标的物让与担保给相对人,但仍占有该标的物,此时如果债权人扣押了位于债务人处的标的物,相对人以其享有所有权为由提起第三人异议之诉,债权人即可以撤销权对抗第三人异议之诉。

4. 债权人撤销权与破产法上的撤销权的关系

企业法人不能清偿到期债务,并且资产不足以清偿全部债务或者明显缺乏清偿能力的,可以进入破产程序(《企业破产法》第 2 条第 1 款)。[②] 破产程序开始后,破产管理人可以请求人民法院撤销受理破产申请前一年内的无偿转让财产等行为(《企业破产法》第 31 条),还可以请求人民法院撤销受理破产申请前六个月内的清偿等偏颇行为(《企业破产法》第 32 条)。[③] 破产法上的撤销权与债权人撤销权的共同之处在于排除债务人可撤销行为对债权人的侵害,但二者的程序目的并不相同:破产管理人行使破产法上的撤销权是为了实现债权人共同体的利益,并且力求通过向共同债务人返还财产来补充破产财团,从而实现全体债权人的平等受偿;债权人撤销权是由单个债权人为了个人利益行使的,并以自己的债权额为限,人民法院支持债权人行使撤销权的,相对人原则上应向债务人返还,但根据《民法典合同编通则解释》第 46 条,债权人也可以在相对人处实现债权,该债权是自己的债权而非全体债权人的债权。

在法院裁定债务人的破产程序开始之前,债权人已经提起了债权人撤销权诉讼,审理债权人撤销权诉讼的法院应当中止审理;在债务人被宣告破产后,应当驳回债权人撤销权诉讼。一旦债务人的破产程序开始,债权人就不得行使或者不得终止行使债权人撤销权,而应由破产管理人来行使债权人撤销权。如果破产管理人可以行使破产法上的撤销权,则一般不应允许债权人再行主张民法上的撤销权(即债权人撤销权);但是,如果破产管理人不行使或拒绝行使破产法上的撤销权,那么债权人可以行使民法上的撤销权,请求人民法院撤销债务人的诈害行为,追回财产,并将该财产归入债务人的责任财产之中(《企业破产法规定(二)》第 13 条)。[④] 在破产程序开始后,享有别除权的债权人,仍然可以行使债权人撤销权。之所以原则上将债权人撤销权限制在破产程序之外,一方面是因为债权人撤销权制度考虑的并不是破产财团的利

---

① Kindl/Meller-Hannich, Gesamtes Recht der Zwangsvollstreckung, 4. Aufl., 2021, Vorbemerkung zu §§1 ff., Rn. 8.
② 《企业破产法》仅承认企业法人具有破产能力,其他主体不具有破产能力。
③ 许德风:《破产法论——解释与功能比较的视角》,北京大学出版社 2015 年版,第 373 页。
④ 王欣新:《民法典债权人无偿行为撤销权对破产撤销权的影响》,载《人民法院报》2020 年 9 月 24 日,第 7 版。

益,另一方面是因为债务人在破产程序中新取得的财产利益同样要归入破产财团。在债务人破产时,对债务人财产的分配应适用债权人平等对待原则。在破产程序终结后,债权人如果发现债务人存在可撤销的行为,还是可以行使民法上的撤销权。①

在第三人的破产程序中,如果第三人被宣告破产而破产财团中包含债务人无偿或者以不合理价格转让给第三人的财产,那么,利益受到损害的债权人可以向第三人的破产管理人主张债权人撤销权。

二、无偿行为中债权人撤销权的构成要件

《民法典》第 538 条规定:"债务人以放弃其债权、放弃债权担保、无偿转让财产等方式无偿处分财产权益,或者恶意延长其到期债权的履行期限,影响债权人的债权实现的,债权人可以请求人民法院撤销债务人的行为。"

(一) 债权人对债务人享有债权

1. 债权的类型

债权人行使撤销权的首要逻辑前提是债权人对债务人享有债权,对之具体可作如下探讨:

第一,行使撤销权的债权人所享有的债权不一定是完全的债权。如果该债权负有同时履行抗辩权、不安抗辩权或者未到期的抗辩,债权人也可以行使撤销权。因为债权人行使撤销权之后,财产仍归属于债务人,而债权人向债务人主张债权时,债务人仍可以进行抗辩。

如果债权人的债权已经过诉讼时效、但没有经过判决确定不能行使,在债务人进行无偿诈害行为时,债权人原则上可以基于该已经过诉讼时效的债权主张债权人撤销权,因为已经过诉讼时效的债权并没有消灭。具体而言,在债权人提起债权人撤销权诉讼时,如果债务人主张债权人的债权已经过诉讼时效,请求法院驳回债权人的诉讼请求,法院应当予以支持;如果债务人没有主张债权人的债权已经过诉讼时效,法院应当支持债权人的撤销主张,判决撤销债务人的诈害行为。

债权人对债务人享有的债权未届清偿期的,亦可主张撤销权。具体而言,在债权期限尚未届满的情况下,债务人享有债务未届期的抗辩,得阻止债权人行使债权,此时债权人似乎也无法主张撤销权。但是,从撤销权的功能来看,债务人应以债权产生之时而非债权清偿期届满之时的责任财产为其债务的担保。同时,撤销权针对的是债务人损害债权的积极行为,若债权人不能及时行使撤销权,等到债权期限届满时,损害将无法补救。②

---

① 许德风:《破产法论——解释与功能比较的视角》,北京大学出版社 2015 年版,第 370 页。
② 王利明:《合同法研究》(第二卷)(第三版),中国人民大学出版社 2015 年版,第 133 页;申卫星:《论债权人撤销权的构成——兼评我国〈合同法〉第 74 条》,载《法制与社会发展》2000 年第 2 期,第 41—45 页;最高人民法院民法典贯彻实施工作领导小组主编:《中华人民共和国民法典合同编理解与适用(一)》,人民法院出版社 2020 年版,第 524 页。

第二,债权人行使撤销权时,其债权数额是否必须确定?有观点认为不必确定。[1]但是,《民法典》第540条的规定:"撤销权的行使范围以债权人的债权为限。"据此,如果债权数额尚不确定,债务人实施的法律行为又是可分之债(如赠与金钱、放弃金钱债权等),将无法确定撤销权的行使范围。所以,应当认为,在债权人行使撤销权时,应当提出一个确定的债权数额,并以此为限主张撤销权。

第三,行使撤销权的债权人所享有的债权是否必须为金钱债权,抑或也可以是特定物债权?较多观点认为,基于撤销权旨在保全债务人责任财产,债权人的债权应当为金钱债权,而不能是金钱债权以外的特定物债权。[2] 我国台湾地区"民法"第244条第3项明确规定,"或仅有害于以给付特定物为标的之债权者",不适用债权人撤销权制度保全。也有观点认为,金钱债权不应以现在的金钱债权为限,还应包括将来的金钱债权,尤其是将来可以转化为金钱债权的债权,如因不履行债务而转化的损害赔偿债权。[3]

以一物二卖为例,甲将某物出卖给第一买受人乙后,又将其低价出卖给第二买受人丙、无偿赠与给第三人丙或者已经将该物的所有权移转给丙。此时,若甲作为交付标的物并移转标的物所有权的债务人陷入无资力,第一买受人乙得否撤销甲将该特定物所有权无偿或者低价转让给第三人的行为?

持肯定意见者认为,特定物债权可以作为行使撤销权的依据。[4] 持反对意见者则认为,债权人行使撤销权的目的在于保全债务人的责任财产,而该责任财产又是对全体债权人的总担保,债权人撤销权具有共益性,因此,对于仅有害于个别债权人的特定物债权的行为,不得行使撤销权。在上述案例中,第二个买卖合同是有对价的,并未导致债务人责任财产的减少。而且,在一物二卖的情况下,关键是保障债务人甲能够交付特定物于第一买受人乙,而这是通过行使债权人撤销权所不能达到的目的,因为撤销之后,标的物首先还是会返还给债务人甲。[5] 另外,如果标的物所有权已经移转给第二买受人丙,若第一买受人乙仍得行使撤销权,则无异于赋予了第一买受人乙的债权以绝对优先的效力,行使债权人撤销权还能否定物权变动或处分行为的效力,这与目前的不动产物权变动以登记为要件的规则是相冲突的。

本书认为,行使撤销权的债权人所享有的债权必须是金钱债权,主要理由是:债

---

[1] 韩世远:《合同法总论》(第四版),法律出版社2018年版,第461页。
[2] 韩世远:《债权人撤销权研究》,载《比较法研究》2004年第3期,第34—48页;韩世远:《合同法总论》(第四版),法律出版社2018年版,第460页;王利明:《民商法研究》(第三辑),法律出版社2014年版,第432—433页。
[3] 崔建远、陈进:《债法总论》,法律出版社2021年版,第169—170页。
[4] 徐开墅、张国炎:《论债权的保全制度》,载《中国法学》1991年第4期,第77页;申卫星:《论债权人撤销权的构成——兼评我国〈合同法〉第74条》,载《法制与社会发展》2000年第2期,第41页、第44页。
[5] 韩世远:《债权人撤销权研究》,载《比较法研究》2004年第3期,第34—48页;王轶:《论一物数卖——以物权变动模式的立法选择为背景》,载《清华大学学报(哲学社会科学版)》2002年第4期,第55—61页。

权人撤销权制度是以责任财产的保全为规范目的的制度。① 如果债权人的请求权与责任财产的保全没有关系，则债权人不得以其作为撤销权的基础，例如债权人要求债务人作出意思表示的请求权，要求债务人个人作为或不作为的请求权，要求债务人公开账目、提供担保等请求权，均不得成为债权人撤销权的基础。债权人也不可以根据以劳务为标的的债权行使撤销权，因为以劳务为标的的债权只能间接地影响债务人的责任财产。② 同理，物上请求权产生于对物权的绝对性保护，并且是针对特定物的请求权。而债权人撤销权的规范目的在于保全债务人的责任财产，以保障债权人平等受偿。所以，在个别物上请求权人就特定物享有的请求权被侵害时，不得允许其行使债权人撤销权。

如果债权上附有质权、抵押权等特别担保足以保障债权的实现，则债务人的行为一般不会危害债权的实现。所以，享有担保物权的债权人原则上不得行使撤销权。③ 但在担保物价值低于被担保债权数额的情况下，就不足部分，担保物权人只享有一般债权人的地位，此时其可以就该部分行使撤销权。④

保证人在偿还了债务人对债权人负有的债务后，即享有债权人对债务人的权利（《民法典》第 700 条）。债权人对债务人的债权被法定移转给保证人，保证人也因此获得了从属于该债权的担保权和撤销权（《民法典》第 547 条）⑤，此时，保证人可以行使债权人撤销权。⑥ 如果连带保证人之一对其他连带保证人享有追偿权，其即使自己没有清偿债务，对于其他连带保证人所为的损害其追偿权实现的行为，也可以撤销。⑦

2. 债权产生的时点与债权的继续存在

债权人的债权要产生于诈害行为之前。对于债权人而言，担保债权的责任财产，应是债权成立时的责任财产。法律所保护的是债权产生后，债权人对债务人责任财产的预期。⑧ 而且只有在债权产生之时或之后，债务人所为的诈害行为，才有可能减少担保债权的一般责任财产。⑨

在债权人行使撤销权之时，债权必须继续存在。如果债权消灭，撤销权即消灭；

---

① 韩世远：《债权人撤销权研究》，载《比较法研究》2004 年第 3 期，第 34—48 页。
② 黄立：《民法债编总论》（修正三版），元照出版有限公司 2006 年版，第 511 页。
③ "长城公司武汉办事处诉湖北峰源公司、威邦公司、鸿骏公司确认房产转让合同无效纠纷案"，最高人民法院(2003)民一终字第 71 号民事判决书。在本案中法院认为，债务人为债务提供了足额抵押担保，后债务人转让抵押物以外的财产时，债权人不能请求确认转让行为无效或请求撤销转让行为。
④ 史尚宽：《债法总论》，中国政法大学出版社 2000 年版，第 479 页；徐开墅、张国炎：《论债权的保全制度》，载《中国法学》1991 年第 4 期，第 77 页；申卫星：《论债权人撤销权的构成——兼评我国〈合同法〉第 74 条》，载《法制与社会发展》2000 年第 2 期，第 42 页。
⑤ 黄薇主编：《中华人民共和国民法典释义（中）》，法律出版社 2020 年版，第 1327 页。
⑥ 王利明：《合同法研究》（第二卷）（第三版），中国人民大学出版社 2015 年版，第 131—132 页。
⑦ 史尚宽：《债法总论》，中国政法大学出版社 2000 年版，第 480 页。
⑧ 同上。
⑨ 韩世远：《合同法总论》（第四版），法律出版社 2018 年版，第 462 页；申卫星：《论债权人撤销权的构成——兼评我国〈合同法〉第 74 条》，载《法制与社会发展》2000 年第 2 期，第 41 页。

如果债权被清偿,撤销权也消灭。在债务人为替代清偿的情况下,也可以消灭债权,从而导致债权人撤销权消灭。在债权人提起撤销权诉讼后,债务人进行清偿的,也可以消灭债权,从而阻止债权人行使撤销权。债务人的相对人得自愿清偿,或者在债权人提起撤销权诉讼之后,债务人的相对人可以通过代为清偿阻碍债权人行使撤销权(《民法典》第524条第1款)。① 债务人的相对人清偿以后,债权人对债务人享有的债权会移转给债务人的相对人(《民法典》第524条第2款)。

(二) 债务人为无偿处分财产权益行为

债务人的放弃、转让行为,影响债权人债权实现的,通常称为诈害行为。②《民法典》第538条列举了债务人无偿处分财产权益的行为,具体包括:债务人放弃其债权、放弃债权担保、无偿转让财产等行为,以及恶意延长其到期债权的履行期限的行为。除此之外,该条增加了"等方式无偿处分财产权益"的表述,意图涵盖其他各种类型的无偿处分财产权益的行为。③ 无偿处分财产权益的行为所指的并不是处分行为,而是使债务人的财产发生脱离效果的行为,具体表现为放弃、出让、给出等行为,既可能是无对价减少财产权益的行为,如财产转让、债务免除、权利放弃等,也可能是无对价增加财产权益负担的行为,如无对价承担债务。④

所谓无偿,是指无对价或实质上无对价。在买卖合同中,如果当事人在实质上没有负担给付义务的真实意思,即使双方约定了对待给付义务,也可以被认定为无偿转让行为。⑤ 对于形式无偿性的认定,应以负担行为或者无偿行为做出之时为准。⑥ 一般只考虑负担行为做出之时当事人之间权利义务的对等性。如果履行时约定的价格或对价发生变动,即使已远低于合同订立时的价格或对价,也不会导致债务人的行为成为无偿行为。对于实质无偿性的认定,应以被撤销行为的时点以及法律上取得完

---

① 邱聪智:《新订民法债编通则(下)》,中国人民大学出版社2004年版,第319页。
② 韩世远:《合同法总论》(第四版),法律出版社2018年版,第462页。
③ 黄薇主编:《中华人民共和国民法典释义(中)》,法律出版社2020年版,第1034页。
④ 王欣新:《民法典债权人无偿行为撤销权对破产撤销权的影响》,载《人民法院报》2020年9月24日,第7版。
⑤ 在"中钢集团天津有限公司等诉于景立等买卖合同纠纷、债权人撤销权纠纷案",最高人民法院(2016)最高法民终683号民事判决书中,一审法院认为,虽然《股权转让协议》中约定了股权转让价款,但转让人金航公司和受让人宗国清、唐恩霞均明确表明约定的价款仅是形式,真实意思无需支付股权转让对价,因而可以认定该《股权转让协议》为无对价支付,即金航公司无偿将其裕航公司1.2亿元股权转让给他人。二审法院认为,该协议签订后,宗国清、唐恩霞未按协议约定支付1.2亿元转让款,属于无偿转让。在"天津万亨科技有限公司、天津农村商业银行股份有限公司静海中心支债权人撤销权纠纷案",最高人民法院(2019)最高法民申2666号民事裁定书中,法院认为,百帝公司与万亨公司签订的《土地转让协议》中虽约定转让价为810万元,但百帝公司和万亨公司均不能提供已经支付土地转让款的相关证据。百帝公司、万亨公司主张百帝公司以土地转让款冲抵了百帝公司与案外人天津市磊达钢材有限公司(以下简称磊达公司)的欠款,但百帝公司、万亨公司提交的证据不能证明其与磊达公司之间存在真实有效的欠款关系。故债务人百帝公司将其财产转让给万亨公司,而万亨公司未支付对价,百帝公司的财产转让行为对债权人造成损害,债权人主张行使撤销权符合法律规定。
⑥ 许德风:《破产法论——解释与功能比较的视角》,北京大学出版社2015年版,第389页。

成的时点为准。只有在这一时点上,才可以判断,取得人是否实际上提供了对待给付。

1. 放弃其债权

放弃债权,既可以是放弃全部债权,也可以是放弃部分债权。而放弃部分债权既可以是放弃部分本金债权或者仅放弃利息债权等,也可以是同时放弃部分本金债权及相应的利息债权等。① 放弃的可以是到期的债权,也可以是未到期的债权。②

放弃债权,包括债务免除、和解等以无偿方式处分债权的情况,也包括在诉讼中进行的具有实体法效果的行为,如和解、承认以及放弃请求等行为③,还包括通过法院或仲裁机构制作调解书这种裁判行为放弃到期债权,以及通过达成破产和解协议和重整计划这种决议行为放弃到期债权。④

进一步来看,债务人放弃的可以是债权这种相对性权利,也可以是物权、知识产权等绝对性权利。对于这些绝对权的放弃,被称为抛弃,性质上是单方的处分行为。抛弃一旦做出,即造成了债务人责任财产的减少,从而导致责任财产不足以清偿全部债务,影响债权人债权的实现,因而抛弃也是可撤销的行为。

2. 放弃债权担保

债务人放弃其债权上的担保,表面上不会减少债务人的责任财产,但实际上增加了责任财产减少的风险。所以,对于债务人放弃债权担保的行为,债权人可以撤销。⑤ 在债务人放弃担保物权的情况下,其本应优先受偿的债权就变成了平等受偿的普通债权;在债务人放弃保证的情况下,债务人只能依赖其相对人的责任财产实现债权;在债务人放弃担保且其相对人没有为对待给付的情况下,放弃债权担保即构成无偿行为。不过,债务人放弃债权担保的行为未必都是可撤销的,只有在债务人的相对人的责任财产不足以清偿的情况下,债务人放弃债权担保才会危及债权人债权的实现⑥,债权人才可以行使撤销权。

3. 无偿转让财产

依据《民法典》第538条,无偿转让财产是无偿处分财产权益的方式之一,所以,无偿转让财产通常是指导致物权、债权、股权等发生物权变动的物权行为,或者发生

---

① 戴孟勇:《"债务人放弃到期债权"与债权人撤销权》,载《中国政法大学学报》2014年第5期,第48页。
② 黄薇主编:《中华人民共和国民法典释义(中)》,法律出版社2020年版,第1033页。
③ 崔建远:《合同法》(第四版),北京大学出版社2021年版,第197页。
④ 戴孟勇:《"债务人放弃到期债权"与债权人撤销权》,载《中国政法大学学报》2014年第5期,第48页。
⑤ 最高人民法院民法典贯彻实施工作领导小组主编:《中华人民共和国民法典合同编理解与适用(一)》,人民法院出版社2020年版,第527页。
⑥ 崔建远:《论债权人撤销权的构成》,载《清华法学》2020年第3期,第140页;最高人民法院民法典贯彻实施工作领导小组主编:《中华人民共和国民法典合同编理解与适用(一)》,人民法院出版社2020年版,第527页。

物权变动的物权行为加上作为其原因的债权行为。无偿转让财产既可以是双方法律行为，如订立赠与合同、无息借贷合同；也可以是单方法律行为，如遗赠、遗嘱行为。①

有观点认为，在赠与合同中，如果赠与人没有交付标的物，其是可以撤销赠与合同的，此时，尚难谓作为赠与人的债务人对债权人的债权实现构成了妨害。② 不过，在当事人已经合意订立赠与合同后，赠与合同即已发生拘束力，就可能影响债权人债权的实现，此时，债权人有权撤销债务人的赠与行为，而不必等到债务人去行使赠与合同撤销权。

遗嘱或遗赠等行为属于单方法律行为，在被继承人死亡后才发生效力。而且，继承人继承财产后，应在其继承的财产范围内，承担被继承人的债务。所以，遗嘱或遗赠行为不构成无偿行为。但是如果债务人以遗嘱的形式，实际上通过赠与转让财产，应属于无偿转让财产的行为。在"张永华等与黄德庆债权人撤销权纠纷上诉案"中，两审法院均认为，债务人张永华、薛金侠将其共同共有的房屋以遗嘱形式转移至其女张艳妹名下且办理了房屋过户手续，属于无偿转让财产行为。③

无偿转让财产也可以是移转财产使用权的债权行为，比如订立无息借贷合同、无偿使用合同等。

此外，根据《企业改制民事纠纷规定》第7条，在企业改制过程中，企业以其优质资产与他人组建新公司，而将债务留在原企业，对于债权人的债权，新设公司应当在所接收的财产范围内与原企业共同承担连带责任。此种剥离资产组建新公司的行为，如果债务人没有获得相应的股权对价，对于债权人的责任财产将是极大的减损，属于一种诈害债权的无偿行为，债权人可以进行撤销。④ 债务人通过企业分立，转移责任财产，不当影响债权人债权实现的，债权人可以撤销该分立行为。⑤

4. 恶意延长其到期债权的履行期限

如果债务人延长到期债权履行期限且没有对价，则构成无偿行为。⑥ 债务人延长其到期债权的履行期限，未必会对债权人债权的实现构成影响。对此，需要实质考察，不仅要考察债务人是否资不抵债或者是否已经陷入支付不能，还需考察债务人的主观动机与目的。⑦ 例如，在债务人延长其到期债权的履行期限没有超过债权人债权的履行期限的情况下，就不会影响债权人的债权实现。但是，如果债务人延长的期限超过了债权人债权的履行期限，则是在操纵其责任财产，会导致实质上减少其积极财

---

① 黄薇主编：《中华人民共和国民法典释义（中）》，法律出版社2020年版，第1034页。
② 王利明：《合同法研究》（第二卷）（第三版），中国人民大学出版社2015年版，第135页。
③ 陕西省安康市中级人民法院（2011）安民终字第00107号民事判决书。
④ 胡康生主编：《中华人民共和国合同法释义》（第3版），法律出版社2013年版，第140页。
⑤ 同上书，第141页。
⑥ 崔建远：《论债权人撤销权的构成》，载《清华法学》2020年第3期，第136页。
⑦ 最高人民法院研究室编著：《最高人民法院关于合同法司法解释（二）理解与适用》（第二版），人民法院出版社2015年版，第144页。

产的效果,债权人可能会因此受到不能届期清偿的损害、资金链断裂对交易关系的连锁损害以及交易机会丧失等重大财产利益损害。所以,对于这种对债权人的债权实现构成不当影响的延长期限行为,债权人可以进行撤销。① 实际上,债务人恶意延长其未到期债权的履行期限,也会导致该债权的实际履行期限延长,从而影响债权人债权的实现。所以,在债务人恶意延长未到期债权的履行期限时,可以类推适用本条的规则。在债务人延长其到期债权的履行期限的情况下,还要求债务人是恶意的,债权人才可以撤销。而所谓的恶意,是指债务人知道延长其到期债权的履行期限会危害债权人的债权实现,但仍故意为之或放任危害结果的发生。② 而且,在构成上,法律仅要求债务人恶意,而不要求债务人的相对人也具有此种恶意。

(三) 债务人的行为具有财产属性

依据《民法典》第538条,债务人的诈害行为是一种处分财产权益的行为。所以,债务人的行为必须具备财产属性,其理由也在于,债权人撤销权的目的是保全债务人的责任财产,如果债务人的行为没有财产内容,与责任财产无关,应不在撤销之列。③

债权人撤销权的正当性并不在于撤销相对人的取得行为,而在于撤销债务人的放弃或给付行为。对于债务人没有使责任财产增加的行为,债权人是不得撤销的,比如债务人拒绝合同要约(赠与要约)、不接受遗产或遗赠、不主张特留份请求权等行为。对于这些债务人不作为,债权人可以通过行使代位权保全自己的债权。

对于债务人所为的具有高度人身属性的行为,债权人不得撤销,如结婚、离婚、收养、终止收养、非婚生子女的认领等。④

债务人放弃继承财产的行为,是有财产属性的行为,当无争议。有争议的是,债务人放弃继承权的行为,是否具有财产属性,从而是否可以被债权人撤销。有学者认为,继承权是身份权,基于保障人格自由的思想,是否放弃继承权得由继承人自由决定,不应受他人干涉。而且,放弃继承权具有溯及至继承开始的效力,也即债务人自始未取得财产,何谈放弃自己的财产,故不得撤销。⑤ 不同观点认为,继承开始后,继承人即承受被继承人的所有财产,如果其放弃继承权,实际上是在处分自己已经取得的权利,债权人得予以撤销。⑥ 还有观点进一步认为,继承人放弃的并非继承权,而是对遗产共有份额的权利。所以,如果债务人放弃继承权的行为影响了债权人债权的

---

① 最高人民法院研究室编著:《最高人民法院关于合同法司法解释(二)理解与适用》(第二版),人民法院出版社2015年版,第144页。
② 崔建远:《论债权人撤销权的构成》,载《清华法学》2020年第3期,第140页。
③ 崔建远、陈进:《债法总论》,法律出版社2021年版,第169、173页。
④ 韩世远:《合同法总论》(第四版),法律出版社2018年版,第463页;最高人民法院研究室编著:《最高人民法院关于合同法司法解释(二)理解与适用》(第二版),人民法院出版社2015年版,第141页。
⑤ 黄立:《民法债编总论》(修正三版),元照出版有限公司2006年版,第511页。
⑥ 邱聪智:《新订民法债编通则(下)》,中国人民大学出版社2004年版,第316页;陈小君:《合同法新制度研究与适用》,珠海出版社1999年版,第196页。

实现,当然可以被撤销。① 对此,司法实践也持肯定态度,对于放弃继承权而妨害债权实现的行为,有的法院即认为构成可撤销事由。② 此外,也有判决根据《继承法意见》第 46 条的规定处理,该条规定:"继承人因放弃继承权,致其不能履行法定义务的,放弃继承权的行为无效。"③但在解释上,未履行的债务并不一定是该条规定的"法定义务",所以,不负有法定义务的债务人放弃继承权的,并不当然无效。还是要具体判断,对于债务人放弃继承权的行为,债权人是否可以撤销。④

本书认为,在实质上,债务人作为继承人一旦放弃继承权,即产生溯及至继承开始的效力,债务人即丧失继承人身份,不能获得遗产,也就谈不上应继份,也就不会产生其应继份归属于同顺位其他继承人的法律效果。所以,债务人作为继承人放弃的是继承权而非遗产所有权。按照这样的逻辑,债权人应不能撤销债务人放弃继承权的行为。但在债权人对债务人作为继承人应享有继承权的事实产生合理信赖的情况下,应当允许债权人撤销债务人的放弃继承行为。另外,如果债务人放弃继承就是为了使债权人的债权不能实现,则属于违背诚实信用原则、滥用权利的行为,此时也应当允许债权人撤销债务人放弃继承权的行为。

如果继承人在继承开始前就放弃继承权的,通常不会发生效力。如《北京高院关于审理继承纠纷案件若干疑难问题的解答》第 16 条前段规定:当事人以继承人在继承开始前已明确表示放弃继承期待权为由,请求确认继承权丧失的,人民法院不予支持。据此,债务人在继承前放弃继承权的,不会发生效力,债权人无须行使撤销权;在继承开始前,债务人自己放弃继承权,并指明遗产应由某人继承的,此种继承权转让行为也是无效的。⑤ 在实践中,当事人通常还会通过签订分家析产协议,约定在继承人死亡后,部分子女因承担了赡养父母的主要义务可多继承遗产,部分子女则自愿放弃遗产继承,还涉及对继承权之外的其他权利义务的安排,对此,法院通常认为该协议有

---

① "邓晓克等与张康琼撤销权纠纷案",四川省成都市中级人民法院(2008)成民终字第 1129 号民事判决书。
② "彭元春等诉谢明债权人撤销权纠纷案",重庆市第五中级人民法院(2011)渝五中法民终字第 1994 号民事判决书。
③ 王继然:《拖欠朋友 8 万不还、放着 65 万遗产不要,法院认定恶意放弃行为无效》,载《法制日报》2006 年 9 月 15 日,第 6 版。
④ "邓晓克等与张康琼撤销权纠纷案",四川省成都市青羊区人民法院(2007)青羊民初字第 1247 号民事判决书,四川省成都市中级人民法院(2008)成民终字第 1129 号民事判决书;杨塞兰:《债务人放弃继承危及债权的,债权人可行使撤销权》,载《人民司法》2010 年第 2 期,第 58 页。
⑤ 在继承开始前,自己放弃继承,并指明遗产应由某人继承的,此种继承权转让行为也是无效的,见"陈某穗诉陈某灵等遗嘱继承案",广东省广州市越秀区人民法院(2018)粤 0104 民初 14577 号民事判决书;"苏某甲与苏某乙等继承纠纷上诉案",重庆市第一中级人民法院(2015)渝一中法民终字第 03362 号民事判决书;"程成、程连平与高锋继承纠纷案",陕西省汉中市中级人民法院(2016)陕 07 民终 674 号民事判决书。

效。① 债务人在分家析产协议中放弃继承权的，通常都会有对价，不构成无偿行为，但可能构成不合理低价处分财产权益的行为。在作为继承人的债务人滥用自己的权利影响债权人债权实现，或者导致债权人对债务人享有的继承权信赖落空的情况下，债权人可以基于《民法典》第 539 条予以撤销。②

放弃具有人身属性的债权，如债务人所订立的劳动合同，通常也不是可撤销事由，即使证明债务人可以订立能够获得更高报酬的劳动合同，也不得撤销，原因在于，债权人不得强迫债务人劳动。③ 因此，债务人无偿为第三人劳动、服务均不是可被撤销的行为。如果债务人有偿变价其劳动，并将工资或报酬中可被扣押的部分让与给第三人，或者放弃可被扣押的收入，此时，债权人可以撤销该行为。在企业资产买卖中，要区分买卖的标的物是具体的物、权利还是债务人劳务（个人客户关联、商业秘密），其中，劳务不是撤销权的客体。④

（四）债务人的行为影响债权人的债权实现

1. 影响债权的实现

《合同法》第 74 条要求债务人的行为须对债权人造成损害，而《民法典》第 538 条将其修改为"影响债权人的债权实现的"。在判断诈害行为是否影响了债权人债权的实现时，通说采取的是无资力标准。⑤ 不过，对于无资力的构成，学者之间有不同意见。有学者认为，在判断无资力时，不仅要以有形财产为依据，而且要加上信用及劳务，具体的判断标准是债权支付不能。⑥ 但问题是，不能支付的债权，是指一般债权人的债权还是行使撤销权的债权人的债权呢？有学者认为，诈害性的判断标准是债务人总财产在计数上的变化：处分行为若致使责任财产总额和普通债权总额的差为负数，则为无资力状态；若致使该负数的绝对值进一步增大，即为无资力状态的恶化。⑦ 但如此界定并不好操作，因为债权人没有办法证明债务人无资力，而在法律上，债务

---

① 《北京高院关于审理继承纠纷案件若干疑难问题的解答》第 16 条后段。司法裁判也是如此认定的，参见"田玉珍等诉田石麟等法定继承纠纷案"，北京市西城区人民法院（2006）西民初字第 10728 号民事判决书。

② "李某 1、张某被继承人债务清偿纠纷案"，辽宁省鞍山市中级人民法院（2021）辽 03 民终 2322 号民事判决书。在本案中，杨丽书在尚欠张某债务未清偿的情况下，无偿将案涉房产中属于其的二分之一部分所有权赠与给李某 1 的行为及放弃其应继承争议房产六分之一份额的行为，已对债权人张某实现债权造成了损害，张某有权请求人民法院撤销。

③ 史尚宽：《债法总论》，中国政法大学出版社 2000 年版，第 483 页；"叶某 1、叶某 2 等法定继承纠纷案"，安徽省蚌埠市中级人民法院（2021）皖 03 民终 2084 号民事判决书。

④ Kindl/Meller-Hannich, Gesamtes Recht der Zwangsvollstreckung, 4. Aufl., 2021, AnfG § 1, Rn. 20.

⑤ 崔建远主编：《合同法》（第八版），法律出版社 2024 年版，第 140 页；王利明：《合同法研究》（第二卷）（第三版），中国人民大学出版社 2015 年版，第 140—141 页；韩世远：《合同法总论》（第四版），法律出版社 2018 年版，第 465 页。

⑥ 史尚宽：《债法总论》，中国政法大学出版社 2000 年版，第 486 页；薛荣、李江敏：《论债权人的撤销权》，载《河北法学》2001 年第 5 期，第 149—152 页。

⑦ 陈韵希：《论民事实体法秩序下偏颇行为的撤销》，载《法学家》2018 年第 3 期，第 128 页。

人又不负有信息披露义务。所以,有学者主张,如果债务人在处分其财产后,其可控制的财产不足以清偿债权人的到期债权,就可以认定无资力,从而认定该行为影响债权人的债权实现。①

在比较法上,日本法上目前有力的学说认为,应当采取综合标准判断行为的诈害性,具体综合考察主客观情况,尤其要考虑债务人的行为目的或动机正当与否、行为的手段方法是否妥当等因素。② 综合标准更容易判定行为的诈害性,也方便债权人举证证明债务人行为的诈害性。在一些专家的释义书中,也采纳了类似的观点,认为对"影响债权人的债权实现"的认定,应结合债权人的债权情况、债务人的责任财产状况等在个案中予以判断,不可僵化理解,既要防止对债务人行为的不当、过分干预,也要防止设定过于严苛的条件妨害撤销权的正当行使。③

2. 时点

债务人诈害行为影响债权实现之事实,需于诈害行为时存在。如果在债务人为诈害行为时,债务人财产尚足以清偿债务,即不能认定有害于债权。④ 即使嗣后债务人财产不能清偿到期债权,也不能认为存在有害债权之事实。

如果在债权人主张撤销权时,债务人处于无资力状态,但在行使撤销权的过程中,通常是在庭审辩论结束前,债务人已经恢复资力的,债权人即欠缺行使撤销权的要件。⑤ 但对于资力之恢复,债务人需承担证明责任。

(五) 债务人的诈害行为与债务人无资力之间须具有相当因果关系

债权人撤销权的构成,还需要债务人的诈害行为与债务人无资力之间具有相当因果关系。⑥ 这里的相当因果关系应当是直接因果关系,即债务人通过诈害行为而无须其他行为即导致了对债权实现的影响。如果债务人处分标的物,同时获得了对待

---

① 崔建远:《论债权人撤销权的构成》,载《清华法学》2020年第3期,第145页。类似的观点,见王家福主编:《中国民法学 民法债权》,法律出版社1991年版,第184页;王利明:《民商法研究》(第三辑),法律出版社2014年版,第423页;黄立:《民法债编总论》(修正三版),元照出版有限公司2006年版,第511页;崔建远主编:《合同法》(第八版),法律出版社2024年版,第140页。

② 〔日〕下森定:《日本民法中的债权人撤销权制度及其存在的问题》,钱伟荣译,载《清华法学》(第四辑),清华大学出版社2004年版,第249页。另参考韩世远:《合同法总论》(第四版),法律出版社2018年版,第465页。

③ 黄薇主编:《中华人民共和国民法典释义(中)》,法律出版社2020年版,第1034页;最高人民法院民法典贯彻实施工作领导小组主编:《中华人民共和国民法典合同编理解与适用(一)》,人民法院出版社2020年版,第529页。

④ 史尚宽:《债法总论》,中国政法大学出版社2000年版,第486页以下;最高人民法院民法典贯彻实施工作领导小组主编:《中华人民共和国民法典合同编理解与适用(一)》,人民法院出版社2020年版,第529页。参见"高乃飞等与刘彤债权人撤销权纠纷案",北京市第二中级人民法院(2010)二中民终字第02264号民事判决书,法院认为,对诈害行为之无资力认定的时间应以行为之时为准,即债务人处分财产时,其资力是否因财产处分行为而受影响,致使其无力偿还已有的债务。

⑤ 最高人民法院研究室编著:《最高人民法院关于合同法司法解释(二)理解与适用》(第二版),人民法院出版社2015年版,第142页;最高人民法院民法典贯彻实施工作领导小组主编:《中华人民共和国民法典合同编理解与适用(一)》,人民法院出版社2020年版,第530页。

⑥ 史尚宽:《债法总论》,中国政法大学出版社2000年版,第487页。

给付,则不存在直接的损害,并不需要考虑消耗以及价值增加等因素。例如,债务人实施了无偿处分财产的行为,但在行为时尚具有充足的清偿债务的财产,事后才因经济变动或不可抗力财产减少的,债务人的诈害行为与债务人无资力之间即不具有因果关系。又如,债务人购买股票,嗣后暴跌,成为无资力人,此时,购买股票与无资力之间也无因果关系。

判断因果关系的时点是债务人实施法律行为的时点,也即法律行为发生效力的时点。比如,在登记行为中,判断因果关系的时点是债务人提出申请之时;在存在多个法律行为时,判断因果关系的时点是所有行为完成之时。

三、有偿行为中债权人撤销权的构成要件

债务人以明显不合理的低价转让财产、以明显不合理的高价受让他人财产或者为他人的债务提供担保,影响债权人的债权实现,债务人的相对人知道或者应当知道该情形的,债权人可以请求人民法院撤销债务人的行为(《民法典》第539条)。据此,在债务人的诈害行为为有偿行为时,债权人要行使撤销权,既需要满足客观构成要件,也需要满足主观构成要件。客观构成要件包括债权人对债务人享有债权、债务人为有偿诈害行为、债务人的行为具有财产属性、债务人的行为影响债权人的债权实现以及债务人的诈害行为与债务人无资力之间需具有相当因果关系等,这些要件除债务人为有偿诈害行为要件外,与有偿行为中债权人撤销权的构成要件并无二致,在此不予赘述。下文仅论述债务人为有偿诈害行为要件以及主观构成要件。

(一)债务人为有偿诈害行为

第539条明确列举了三种可以被债权人撤销的有偿诈害行为:债务人以明显不合理的低价转让财产、以明显不合理的高价受让他人财产或者为他人的债务提供担保。前两种行为是最为明显的有偿行为,但是债务人为他人债务提供担保的行为,通常是无偿行为。只是从担保权人的视角来看,担保权人向债务人担保的第三人支付了相应的借款,实质上是有偿取得担保权的。《民法典合同编通则解释》第43条补充规定了其他的有偿诈害行为:债务人以明显不合理的价格,实施互易财产、以物抵债(设定用益物权)、出租或者承租财产、知识产权许可使用等行为。

1. 以明显不合理的低价转让财产

在判断"明显不合理的低价"时,人民法院应当按照交易当地一般经营者的判断,并参考交易时交易地的市场交易价或者物价部门指导价予以认定(《民法典合同编通则解释》第42条第1款)。判断主体应当是一般经营者而非交易当事人,判断时间是交易时,判断空间是交易地。[①]

[①] 最高人民法院民事审判第二庭、研究室编著:《最高人民法院民法典合同编通则司法解释理解与适用》,人民法院出版社2023年版,第470页以下。

《民法典合同编通则解释》第 42 条第 2 款第一种情况规定了认定明显不合理的低价的示范规则,即转让价格未达到交易时交易地的市场交易价或者指导价 70% 的,一般可以认定为"明显不合理的低价"。值得注意的是,这里的表达是"一般""可以",也就是说,在此情况下,人民法院既可以认定价格明显不合理,也可以认定价格合理,并允许当事人举证推翻。例如,抛售换季商品时,即使出卖价格低于市场价格的 70%,也可能被认定为价格合理。另外,即使交易价格达到交易时交易地的市场交易价或者指导价的 70% 也需要按照交易当地一般经营者的判断,参考交易时交易地的市场交易价或者指导价来认定交易价格是否构成"明显不合理的低价"。例如,债务人转让财产的对价是债权,即使该债权的价值能够达到交易价格的 90%,但如果该债权不能实现,此时的转让价格也是明显不合理的。

2. 以明显不合理的高价受让他人财产

债务人以明显不合理的高价受让他人财产,也会导致债务人的责任财产减少,最终影响债权人债权的实现,所以,债权人也可以撤销这一受让行为。对于何为明显不合理的高价,人民法院应当按照交易当地一般经营者的判断,并参考交易时交易地的市场交易价或者物价部门指导价予以认定(《民法典合同编通则解释》第 42 条第 1 款)。

受让价格高于交易时交易地的市场交易价或者指导价 30% 的,一般可以认定为"明显不合理的高价"(《民法典合同编通则解释》第 42 条第 2 款第二种情况)。即使交易价格未超过交易时交易地的市场交易价或者指导价 30%,也需要按照交易当地一般经营者的判断,并参考交易时交易地的市场交易价或者物价部门指导价认定交易价格是否构成"明显不合理的高价"。

3. 亲属关系人、关联关系人交易的情况

债务人与相对人存在亲属关系、关联关系的,二者之间的交易中明显不合理的低价或者高价的判断标准要严于一般市场交易的判断标准,不适用《民法典合同编通则解释》第 42 条第 2 款 70%、30% 的示范规范(《民法典合同编通则解释》第 42 条第 3 款)。只要交易价格异常且存在债务人无资力的情况,就可以考虑构成明显不合理的低价或高价。这里的亲属关系,是指相对人是债务人的近亲属,即配偶、父母、子女、兄弟姐妹、祖父母、外祖父母、孙子女、外孙子女(《民法典》第 1045 条第 2 款)。而关联关系,是指公司控股股东、实际控制人、董事、监事、高级管理人员与其直接或者间接控制的企业之间的关系,以及可能导致公司利益转移的其他关系。但是,国家控股的企业之间不仅因为同受国家控股而具有关联关系(《公司法》第 265 条第 4 项)。

只要债务人与相对人之间存在亲属关系、关联关系,二者之间的交易就存在诈害债权人债权的高度盖然性,交易当事人必须提出相反的证据予以推翻。①

4. 为他人的债务提供担保

如果债务人为其债权人中的一人提供担保,担保其他债权人债权实现的责任财产即为减少,最终会影响其他债权人债权的实现。② 债务人清偿债权人中的一人的债权,也会影响其他债权人债权的实现,这里的清偿包括本旨清偿和替代清偿。③ 这两种情况都会导致债权人之间在债权受偿上的不平等,二者被统称为"偏颇行为"。④ 对于担保型的偏颇行为,已失效的《担保法解释》第 69 条曾规定:"债务人有多个普通债权人的,在清偿债务时,债务人与其中一个债权人恶意串通,将其全部或者部分财产抵押给该债权人,因此丧失了履行其他债务的能力,损害了其他债权人的合法权益,受损害的其他债权人可以请求人民法院撤销该抵押行为。"⑤

《担保法解释》第 57 条第 2 款规定:"债务履行期届满后抵押权人未受清偿时,抵押权人和抵押人可以协议以抵押物折价取得抵押物。但是,损害顺序在后的担保物权人和其他债权人利益的,人民法院可以适用合同法第七十四条、第七十五条的有关规定。"该条为《物权法》第 195 条所继受,而《物权法》第 195 条又为《民法典》第 410 条所继受。《民法典》第 410 条第 1 款规定:"债务人不履行到期债务或者发生当事人约定的实现抵押权的情形,抵押权人可以与抵押人协议以抵押财产折价或者以拍卖、变卖该抵押财产所得的价款优先受偿。协议损害其他债权人利益的,其他债权人可以请求人民法院撤销该协议。"

如果债务人为其债权人以外的第三人的债务提供担保,嗣后责任财产不再充足,影响其债权人债权的实现,则该行为属于无偿行为,其债权人可以基于《民法典》第 538 条请求人民法院撤销。即使担保权人嗣后放弃了对其债务人的债权,也不构成对价。因为,最终担保权人还是要实现其担保权的。

---

① 最高人民法院民事审判第二庭、研究室编著:《最高人民法院民法典合同编通则司法解释理解与适用》,人民法院出版社 2023 年版,第 476 页。
② 韩世远:《合同法总论》(第四版),法律出版社 2018 年版,第 466 页。
③ 对于偏颇清偿等偏颇行为,有学者认为应区别自然人、非法人组织与企业法人,如果债务人是自然人或非法人组织,在强制执行的情况下存在参与分配制度,债权人须公平受偿,故应允许其他债权人撤销该偏颇行为;而如果债务人是法人,则在强制执行中采取优先主义原则,故不应允许其他债权人撤销该偏颇行为。陈韵希:《论民事实体法秩序下偏颇行为的撤销》,载《法学家》2018 年第 3 期,第 129 页以下。
④ 陈韵希:《论民事实体法秩序下偏颇行为的撤销》,载《法学家》2018 年第 3 期,第 127 页。
⑤ 就恶意抵押,在如下司法文件中,并没有要求恶意串通这一要件:(1)《最高人民法院关于债务人有多个债权人而将其全部财产抵押给其中一个债权人是否有效问题的批复》(法复[1994]2 号)(已失效)中就规定:"债务人有多个债权人时,而将其全部财产抵押给其中一个债权人,因此丧失了履行其他债务的能力,损害了其他债权人的合法权益,根据《中华人民共和国民法通则》第四条、第五条的规定,应当认定该抵押协议无效。"(2)《最高人民法院关于对银行贷款抵押财产执行问题的复函》(已失效)第 1 条认为:"依照本院法复[1994]2 号批复的精神,债务人有多个债权人的情况下签订抵押合同,不论是用全部财产,还是部分财产,均不得损害其他债权人的利益,否则抵押合同无效。"该复函扩充了法复[1994]2 号的内容,规定用部分财产设定抵押损害其他债权人的利益的行为无效,并强调之所以在此种情况下应该认定抵押合同无效,是因为违反了(民事活动)不得损害其他债权人的利益的原则(《民法通则》第 5 条)。

有观点认为,由于担保责任的承担只是一种可能性,且被担保的债务人本身也可能具有充足的责任财产。所以,对于债务人为他人的债务提供担保的行为,是否可以撤销,应予以综合实质性判断。例如,在债务人为第三人提供担保时,是否具有转移财产、逃避债务的恶意。① 在"某基金公司诉长恒公司等债权人请求撤销债务人不当提供担保行为案"②中,人民法院认为:"债务人负债超过资产,仍对外提供大额担保,影响债权人的债权实现,在债务人和其相对人不能说明担保的必要性和正当性,亦不能说明担保决策过程和交易过程合理性的情况下,债权人要求撤销上述担保行为的,人民法院应予支持。"

如果债务人为第三人的债务承担保证责任,那么只有在履行担保义务时,即担保权人自保证人处取走财产的那一刻才会损害债权人的利益。此时,债权人撤销的对象应当是担保人履行担保义务的行为。

如果债务人为第三人的既存债务提供担保,而第三人并没有在担保设定后支付对价,应构成无偿行为。此时,债权人撤销的对象应当是债务人的担保行为,债权人可以选择撤销担保合同还是撤销设定担保物权的处分行为,抑或同时撤销二者。债权人同时撤销二者的,并不影响主合同的存在。例如,担保借款的抵押权设定被撤销后,借款合同依然有效。③

如果债务人为第三人的借款提供担保,而担保权人向第三人支付了相应的借款,那么担保权人是有偿取得担保权的。此时,即使债务人作为担保人嗣后承担了担保责任,还是可以向第三人追偿的。在整体上,债务人的责任财产可能并没有减少。④ 而且,如果允许债权人撤销该设定担保物权的行为,则对有偿取得担保权的第三人明显不公平。所以,在这种情况下,债务人为他人的债务提供担保的行为,不得被撤销。

5. 其他不合理交易行为

债务人以明显不合理的价格,实施互易财产、以物抵债(设定用益物权)、出租或者承租财产、知识产权许可使用等行为,影响债权人的债权实现,债务人的相对人知道或者应当知道该情形,债权人请求撤销债务人的行为的,人民法院应当依据《民法典》第539条的规定予以支持(《民法典合同编通则解释》第43条)。该规则是开放性规则,在其列举的情形之外,只要构成以明显不合理的高价或者低价处分财产的行为,即可能被撤销。例如,在运输合同中,债务人以明显不合理的低价承运相对人的

---

① 王利明:《合同法研究》(第二卷)(第三版),中国人民大学出版社2015年版,第139页。另参见"上海秋元华林建筑装饰有限公司与洛阳华厦房地产开发有限公司债权人撤销权纠纷案",河南省高级人民法院(2015)豫法民一终字第236号民事判决书,河南省高级人民法院(2015)豫法民一终字第260号民事判决书。
② "基金公司诉长恒公司等债权人请求撤销债务人不当提供担保行为案",江苏省高级人民法院(2018)苏民终51号民事判决书,载《江苏省高级人民法院公报》2020年第2辑。
③ 胡康生主编:《中华人民共和国合同法释义》(第3版),法律出版社2013年版,第141页。
④ 许德风:《破产法论——解释与功能比较的视角》,北京大学出版社2015年版,第381页。

货物,如果债权人能够证明该运输价格远低于承运成本,明显会降低债务人的清偿能力,而且,相对人知道或应当知道该情形,那么债权人即可以撤销该运输合同。①

(二) 相对人知道或应当知道

在债务人的诈害行为是无偿行为时,债权人要行使撤销权,仅具备客观构成要件即可,无须考察相对人的主观态度;但是,如果债务人的诈害行为是有偿行为,则除具备客观构成要件外,尚需要具备主观构成要件,即相对人知道或者应当知道该情形(《民法典》第 539 条)。其中的利益衡量在于,在无偿行为中,债权人更值得保护,因为相对人并没有支付对价,故即使相对人并非恶意,亦赋予债权人以撤销权,也是合理的;而在有偿行为中,相对人的利益更值得保护,故要求相对人主观上为恶意,更加合理。

在债务人与相对人进行不合理交易时,相对人知道或应当知道价格明显不合理的交易或者担保交易影响债权人债权实现的,均构成恶意。对于相对人的恶意,应由债权人进行证明。在债务人与相对人存在亲属关系、关联关系的情况下,债权人只要证明价格不合理且影响债权实现,即可以推定相对人为恶意。②

《民法典》第 539 条并未明文规定此时债务人主观上也需为恶意。自利益平衡的角度来看,应当要求债务人主观上为恶意方可构成债权人撤销权。同时,对于债务人以不合理的低价处分财产的情况,应采取推定规则,即债务人明知其资产不足以清偿全部债务,仍处分其财产或权利,即推定其恶意处分财产。③

四、债权人撤销权的行使

(一) 当事人

债权人撤销权应由债权人以自己的名义通过诉讼的方式行使。如果有多个债权人,多个债权人可以同时就债务人的特定行为行使撤销权,也可以由每个债权人独立行使。两个以上债权人就债务人的同一行为提起撤销权诉讼的,人民法院可以合并审理(《民法典合同编通则解释》第 44 条第 2 款)。

根据《民法典合同编通则解释》第 44 条第 1 款,债权人提起撤销权诉讼的,应当以债务人和债务人的相对人为共同被告,由债务人或者相对人的住所地人民法院管辖,但是依法应当适用专属管辖规定的除外。若被继承人生前实施了可被撤销的行为,债权人不因被继承人的死亡而丧失撤销权,此时,应以继承人与相对人为被告。

(二) 行使方式

债权人只能通过诉讼方式行使撤销权,不能在诉讼外自行行使撤销权。主要理

---

① 最高人民法院民事审判第二庭、研究室编著:《最高人民法院民法典合同编通则司法解释理解与适用》,人民法院出版社 2023 年版,第 482 页。
② 同上书,第 477 页。
③ 韩世远:《合同法总论》(第四版),法律出版社 2018 年版,第 468 页。

由在于债权人行使撤销权和第三人有重大利害关系,应由法院进行审查。① 债权人可以直接对第三人提起撤销权诉讼,也可以参加债务人与第三人之间的本诉,若债权人胜诉,则会撤销债务人与第三人之间的法律行为,如此会彻底改变本诉的诉讼结果。② 不过,多有观点认为,债权人不能在诉讼中以抗辩的方式行使撤销权。③ 因为是否构成诈害行为并不容易判断,而且,撤销权的行使涉及第三人的利益。④

（三）管辖

债权人撤销权诉讼,由债务人或者相对人的住所地人民法院管辖（《民法典合同编通则解释》第44条第1款）。债权人撤销权诉讼的被告有两个,债务人与相对人,此时,原告可以选择向其中一个被告的住所地法院起诉。如果原告向两个以上有管辖权的法院起诉的,由最先立案的法院管辖（《民事诉讼法》第36条）。债权人与债务人之间或者债务人与相对人之间的协议管辖约定,均不能对抗撤销权诉讼管辖。

在涉及不动产、继承等撤销权诉讼的情况下,应优先适用专属管辖规定（《民法典合同编通则解释》第44条第1款但书部分）。在撤销权诉讼涉及境外当事人的情况下,应当按照《民事诉讼法》第276条的规定确定管辖。

（四）行使范围

撤销权的行使范围应以债权人的债权为限（《民法典》第540条第1句）。有学者认为,在债务人的特定行为涉及的是不可分物的情况下,可以允许债权人超出自己债权数额请求撤销债务人侵害债权的行为。⑤ 例如,债务人甲以不合理的低价处分一套房屋,行使撤销权的债权人乙的债权数额小于房屋价额,此时,因为房屋不可分,所以,乙可以主张撤销整个房屋买卖合同。《民法典合同编通则解释》第45条第1款接受了这一观点,该条规定:"在债权人撤销权诉讼中,被撤销行为的标的可分,当事人主张在受影响的债权范围内撤销债务人的行为的,人民法院应予支持;被撤销行为的标的不可分,债权人主张将债务人的行为全部撤销的,人民法院应予支持。"

在债务人实施了数个处分其财产的行为,而债权人请求人民法院撤销债务人的一种行为即足以保全其债权的情况下,在庭审中,债权人即不得对债务人的其他处分财产的行为主张撤销权。

（五）行使期间

债权人行使撤销权会受到行使期间的限制,该期间为除斥期间,《民法典》第541条规定了两种计算行使期间的方法,一种方法是如果债权人自知道或者应当知道撤

---

① 崔建远:《合同法》（第四版）,北京大学出版社2021年版,第203页。
② 金印:《诉讼与执行对债权人撤销权的影响》,载《法学》2020年第11期,第40页。
③ 韩世远:《合同法总论》（第四版）,法律出版社2018年版,第469页。
④ 崔建远:《合同法》（第四版）,北京大学出版社2021年版,第203页;韩世远:《合同法总论》（第四版）,法律出版社2018年版,第469页。
⑤ 朱广新:《合同法总则研究（下册）》,中国人民大学出版社2018年版,第458页。

销事由之日起一年内未行使撤销权,则该撤销权消灭;另一种计算方法是如果债权人自债务人的行为发生之日起五年内始终未行使撤销权,则该撤销权消灭。在这两种计算方法之中,任何一种行使期间届满,都会直接导致撤销权的消灭。法律就撤销权作此种规定,显然是为了督促债权人尽快行使权利,以免拖延时日后再主张撤销,影响交易安全。

撤销权的行使期间是不变期间,不能中止、中断与延长。另外,该期间属于法院依照职权主动审查的事项,当事人无须主动提出。

五、法律效果

(一) 自始没有法律拘束力

基于《民法典》第542条的规定,诈害行为被撤销的,自始没有法律拘束力。也就是说,相对人因诈害行为获得的财产即丧失了保有的根据。有学者主张相对无效说,即撤销效果仅发生在行使撤销权的债权人和相对人之间,而不发生在债务人和相对人之间。① 根据该条,诈害行为被撤销的,债务人和其相对人之间的法律关系并不受影响,相对人仍然可以依据其与债务人之间的法律关系请求债务人履行价值剩余部分或者自己保有价值剩余部分。②

在某些情况下,被给出的财产会直接恢复到债务人的责任财产范围之内。例如,在债务免除被撤销的情况下,原债之关系即行恢复,其上的保证与担保物权也随之恢复③,债权人即可以在债务人对相对人的债权上进行执行,相对人需进行协助。又如,在债权让与被撤销的情况下,也不需要相对人将债权再返还给债务人,该债权仍然属于债务人,行使撤销权的债权人对该债权进行执行时,相对人负有协助义务。再如,可撤销的行为是债务人对相对人的债权行为,债务人还没有交付标的物供对方使用或者没有提供劳务,则债权人撤销该行为之后,该行为对债务人责任财产的不利影响即为消失。

在债务人恶意延长到期债权的履行期限的情况下,延期的意思表示因撤销权的行使而失去效力。

(二) 债权人请求相对人向债务人返还

《民法典合同编通则解释》第46条第1款规定:"债权人在撤销权诉讼中同时请求债务人的相对人向债务人承担返还财产、折价补偿、履行到期债务等法律后果的,人民法院依法予以支持。"

首先,在撤销权诉讼中,债权人可以仅主张撤销诈害行为,比如在债务人尚未向

---

① 朱虎:《债权人撤销权的法律效果》,载《法学评论》2023年第6期,第88页。
② 云晋升:《论债权人撤销权行使的法律效果——以〈民法典〉第542条为中心的分析》,载《社会科学》2022年第3期,第108页。
③ 许德风:《破产法论——解释与功能比较的视角》,北京大学出版社2015年版,第385页。

相对人履行时;债权人也可以一并主张撤销和财产返还,比如在债务人已经向相对人履行时。不过,即使在债务人已经向相对人履行的情况下,债权人也可以仅主张撤销诈害行为,但是人民法院要予以释明,告知债权人可以一并请求财产返还。当然,债权人此时可以选择单独主张撤销抑或一并主张撤销与财产返还。另外,如果债务人对相对人的债权尚未到期,则债权人只能请求撤销,而不能请求财产返还。[①]

其次,债权人请求撤销诈害行为的,在逻辑上应当是债务人对相对人享有返还财产请求权。债权人何以对相对人享有返还财产请求权,且在内容上竟是请求相对人将财产返还给债务人?对此,最高人民法院的司法解释释义书给出的解释是撤销权具有请求权的法律效果。[②]

最后,行使撤销权的法律效果是多种多样的:在债务人转让财产的行为被撤销后,相对人需要向债务人返还财产,如果返还财产不能,则应当折价补偿;在债务人和相对人订立不动产买卖合同的行为被撤销后,如果债务人已经履行,相对人应恢复不动产登记;在债务人放弃债权或者担保的行为被撤销后,相对人对债务人仍负有债务,担保人仍对债务人负有担保责任;在债务人为相对人提供担保的行为被撤销后,债务人不再负有担保责任,如果债务人已经承担了担保责任,则担保权人对债务人负有返还义务;在债务人恶意延长其到期债权履行期限的行为被撤销后,该到期债权应视为没有被延期,即相对人对债务人的债务已经到期,此时债权人可以请求相对人对债务人履行到期债务。[③]

(三) 债权人在相对人处受偿

《民法典合同编通则解释》第 46 条第 2 款规定,债权人可以请求受理撤销权诉讼的人民法院一并审理其与债务人之间的债权债务关系。债权人若获得本诉的胜诉判决,即对债务人享有债权,并可以据此对债务人的财产进行强制执行,其中包括债务人对相对人享有的债权。债权人若获得撤销权诉讼的胜诉判决,即享有要求相对人将其所得返还或者折价补偿给债务人的权利,进一步而言,债务人对相对人享有财产返还请求权、折价补偿请求权、涂销登记或变更登记请求权等权利。所以,债权人才可以依据其与债务人的诉讼、撤销权诉讼产生的生效法律文书,就债务人对相对人享有的权利申请强制执行以实现自己的债权(《民法典合同编通则解释》第 46 条第 3 款)。[④] 也就是说,为确保债权人胜诉利益的实现,该条直接赋予了债权人向债务人的相对人申请强制执行的权益。[⑤] 值得注意的是,债权人执行的并非债务人对相对人享

---

① 最高人民法院民事审判第二庭、研究室编著:《最高人民法院民法典合同编通则司法解释理解与适用》,人民法院出版社 2023 年版,第 507 页。
② 同上书,第 507 页。
③ 同上书,第 506 页。
④ 同上书,第 509 页。
⑤ 蒋家棣:《债权人撤销权的法律效果及债权的实现路径——以〈民法典合同编通则解释〉第 46 条为中心》,载《中国应用法学》2024 年第 1 期,第 55 页。

有的原物返还请求权或者不当得利返还请求权,而是《民法典合同编通则解释》第 46 条第 1 款规定的债务人对相对人享有的返还请求权等。

如果债务人对相对人享有的是不动产、动产返还请求权,则债权人可以依据《执行中查封、扣押、冻结财产的规定》第 2 条第 3 款对其进行强制执行。如果债务人对相对人享有的是价值返还请求权或者返还价款等金钱债权,则债权人可以依据《民事诉讼法解释》第 499 条对相对人进行强制执行。

(四)费用承担

债权人行使撤销权的必要费用,由债务人承担(《民法典》第 540 条第 2 句)。而"必要费用",是指债权人行使撤销权所支付的合理的律师代理费、差旅费等费用(《民法典合同编通则解释》第 45 条第 2 款)。这里的"等"费用还包括为确定转让或受让财产的价值而发生的评估费用、针对处分标的所采取的财产保全费用、为查明债务人的诈害行为所支出的调查取证费用等必要费用。①

在诉讼中,债权人一般应先行垫付上述费用。在撤销权诉讼成功后,该笔费用应由债务人承担,但如果债务人的财产不足以清偿全部费用与债权,最终行使代位权的债权人也没能实现费用债权,有学者认为,此时应当可以基于无因管理制度,向其他债权人追偿。② 但本书认为,根据《民法典合同编通则解释》第 46 条,撤销权人可以在相对人处实现自己的债权,由此可以推出,撤销权人是在管理自己的事务,并没有管理他人的事务,应当自行承担支出费用的风险。

(五)撤销权诉讼判决的扩张效力

有疑问的是,撤销权诉讼的判决是否具有扩张效力?例如,行使撤销权的债权人以外的其他债权人能否根据胜诉的撤销权判决申请执行其中的给付判项,能否强制执行相对人所获得的财产以清偿自己的债权,抑或能否在撤销权判决生效后另行起诉?

在一些有关《合同法》的专家释义书中,有观点认为,撤销权诉讼判决的既判力应当及于未行使撤销权的其他债权人。③ 一旦债务人的一个债权人提起撤销权诉讼并获得生效判决,其他债权人即不得另行提起诉讼,因为一个债权人获得生效判决后,诈害行为即自始无效。④ 不同观点认为,撤销权诉讼的当事人应受判决效力的拘束,受判决拘束的特定继承人、标的物占有人或其他第三人不得再就该法律关系有所争执,可申请强制执行者亦限于行使撤销权的债权人。至于其他债权人,既然非判决效

---

① 最高人民法院民事审判第二庭、研究室编著:《最高人民法院民法典合同编通则司法解释理解与适用》,人民法院出版社 2023 年版,第 502 页。
② 李永军:《合同法》(第七版),中国人民大学出版社 2024 年版,第 173 页。
③ 胡康生主编:《中华人民共和国合同法释义》(第 3 版),法律出版社 2013 年版,第 141 页。
④ 王洪亮:《〈民法典〉第 538 条(撤销债务人无偿行为)评注》,载《南京大学学报(哲学·人文科学·社会科学)》2021 年第 6 期,第 157 页。

力所及,则不得依该判决申请强制执行。而且,即使债权人败诉,其他债权人仍可就同一诈害行为再行提起诉讼,请求撤销。①

《民法典》第 540 条第 1 句规定:"撤销权的行使范围以债权人的债权为限。"据此,本书认为,在诉讼请求以及强制执行申请上,撤销权诉讼判决的既判力并没有扩张效力。其他债权人在撤销权诉讼系属后仍可以参加诉讼或者另行起诉。在撤销权判决生效后,其他债权人也可以另行起诉。其他债权人不可以根据撤销权诉讼的胜诉判决申请执行其中的给付判项或参与执行分配。

但是,在被撤销行为的标的不可分的情况下,债权人可以主张将债务人的行为全部撤销(《民法典合同编通则解释》第 45 条第 1 款)。此时,其他债权人即具有了根据撤销权诉讼的胜诉判决,申请执行其中的给付判项或者在相对人处进行容忍之强制执行的利益与动力。在逻辑上,应当允许其他债权人依据既有的撤销权诉讼胜诉判决,在相对人处进行强制执行。

六、债权人对转得人的撤销权

所谓受益人是指因债务人的行为直接取得利益的人,转得人是指从受益人处取得利益的人。例如,债务人将其房屋低价出卖给乙,乙又将其转卖给丙,此时,乙为受益人,丙则被称为转得人。

《民法典》第 538 条、第 539 条均没有排除债权人对转得人的撤销权。但在规则上,也并没有完整规定债权人对转得人行使撤销权的构成要件。

有学者认为,可以通过善意取得制度解决转得人保护的问题,转得人只要是善意的,即可以无负担地获得标的物的所有权。② 据此反向推论,债权人得对转得人行使撤销权,但转得人是善意的除外。本书认为,善意取得制度只能解决有体物的情况,而且,在规范目的上,善意取得制度是为了保护交易安全,与债权人撤销权制度的规范目的截然不同。所以,很难类推适用善意取得解决对转得人撤销权的问题。

《日本民法典》第 424 条第 1 款规定,债权人得向法院请求撤销债务人明知有害债权人而所作之行为。但因其行为而受利益之人(以下于本款中称"受益人")于其行为时不知有害债权人的,不在此限。我国台湾地区"民法"第 244 第 4 项也规定:"债权人依第一项或第二项之规定声请法院撤销时,得并声请命受益人或转得人回复原状。但转得人于转得时不知有撤销原因者,不在此限。"

从比较法的解释路径来看,可以根据上述立法例,补充解释《民法典》第 538 条、第 539 条,债务人为处分行为,影响债权人债权实现的,债权人可以撤销债务人对受益人以及受益人对转得人的行为。具体需要受益人是恶意的,转得人也是恶意的。

---

① 崔建远:《合同法》(第四版),北京大学出版社 2021 年版,第 205 页。
② 龙俊:《民法典中的债之保全体系》,载《比较法研究》2020 年第 4 期,第 129 页。

（一）受益人恶意

在受益人方面，如果债务人以不合理的低价处分财产，影响债权人债权实现的，要构成债权人撤销权，受益人应当知道债务人的行为有害于债权人的事实，但无须有诈害故意或者与债务人恶意串通的行为。有观点进一步认为，受益人对于债务人的恶意，也需要有认识。①

受益人通常是与债务人订约的相对人，但在捐助行为中，受益人也可能是债务人设立的财团。第一顺位抵押权之抛弃，以第二顺位的抵押权人为受益人。动产之抛弃，以先占取得人为受益人。②

对受益人恶意的判断，以受益时为准。对于受益人恶意，债权人承担证明责任。债权人需证明，受益人依照当时的具体情形，应能知晓债务人有害于债权的事实。

在债务人延长到期债权的履行期限时，亦需要受益人是恶意的，以此保护受益人的信赖利益。

（二）转得人恶意

债务人将财产以不合理的低价处分给受益人后，受益人亦可能将之出卖或赠与给转得人。对于恶意转得人，债权人亦可撤销受益人与转得人之间的行为；但如果转得人是善意的，债权人即不得撤销该行为。

转得人于转得时知道债务人与受益人之间的行为有害债权的，即为恶意。知道受益人为恶意与否，与转得人恶意之判断无关。

> 案例：甲明知其财产不足以清偿其债务，而将名贵的 A 画低价出卖于乙，并移转其所有权。只有在乙是恶意的情况下，甲的债权人才得撤销甲与乙间的法律行为。如果乙复将该画出卖于善意的丙并移转其所有权，甲的债权人就不能撤销乙与丙之间的法律关系。

---

① 黄立：《民法债编总论》（修正三版），元照出版有限公司 2006 年版，第 516 页。
② 史尚宽：《债法总论》，中国政法大学出版社 2000 年版，第 493 页。

法研教科书　　　　　　　　　　　下册

债法总论
（第二版）

The General Theory of Obligation Law
(2nd Edition)

王洪亮　著

北京大学出版社
PEKING UNIVERSITY PRESS

简目 CONTENTS

上

001	**第一章 债之关系概述**
001	第一节 债法
013	第二节 债之关系
027	第三节 给付
042	第四节 债权

051	**第二章 债之关系的产生**
051	第一节 概述
063	第二节 合同之债的成立
124	第三节 缔约过失

162	**第三章 债之关系的内容**
162	第一节 诚实信用原则
170	第二节 给付内容的确定
177	第三节 给付义务的客体
193	第四节 给付的方式
208	第五节 履行抗辩权

第四章 债的保全

- 242 第一节 债的保全概述
- 243 第二节 债权人代位权
- 269 第三节 债权人撤销权

下

第五章 清偿与清偿替代

- 297 第一节 清偿
- 327 第二节 债务的抵销
- 349 第三节 提存与自助出卖
- 359 第四节 清偿替代方式以及其他债之关系消灭的方式

第六章 债之关系的障碍与法律救济

- 373 第一分章 概述
- 373 第一节 债之关系的障碍概述
- 382 第二分章 给付义务的消灭
- 382 第二节 因给付不能而消灭给付义务
- 402 第三分章 损害赔偿请求权
- 402 第三节 损害赔偿请求权与归责原则
- 413 第四节 无过错责任与免责事由
- 426 第五节 过错责任
- 439 第六节 因义务违反产生的简单损害赔偿
- 448 第七节 迟延损害赔偿
- 460 第八节 替代给付的损害赔偿
- 481 第九节 因预期违约产生的损害赔偿请求权
- 488 第十节 瑕疵担保的法律救济
- 509 第十一节 惩罚性损害赔偿
- 526 第四分章 对待给付义务的消灭
- 526 第十二节 解除与对待给付义务的消灭

539		第五分章 其他给付障碍的情形
539		第十三节 债权人迟延
548		第十四节 情势变更

566	**第七章**	**债的关系的解除**
569		第一节 解除概述
573		第二节 解除权
604		第三节 协议解除与合同终止
614		第四节 消费者撤回权

627	**第八章**	**损害法**
627		第一节 损害赔偿法概述
633		第二节 赔偿义务人与赔偿权利人
637		第三节 损害的概念与类型
644		第四节 因果关系与损害的归责
657		第五节 损害赔偿的方式与范围
684		第六节 受害人的共同责任

694	**第九章**	**违约金与定金**
694		第一节 违约金
727		第二节 定金

738	**第十章**	**当事人的更换**
738		第一节 债权让与
774		第二节 债务承担与债务加入
786		第三节 合同承担

790	**第十一章**	**涉他合同**
791		第一节 利他合同
803		第二节 由第三人履行的合同

805	第十二章　多数债权人与多数债务人
807	第一节　概述
809	第二节　多数债权人
816	第三节　多数债务人

838	术语索引
861	条文索引

详目 CONTENTS

下

第五章 清偿与清偿替代 / 297

第一节 清偿 / 297
 一、清偿 / 298
  (一) 概念的界定 / 298
  (二) 给付人 / 299
  (三) 给付受领人 / 300
  (四) 清偿之效果 / 302
  (五) 清偿的证明负担 / 303
  (六) 给付的抵充 / 305
  (七) 清偿的性质 / 309
 二、代物清偿 / 313
  (一) 代物清偿的概念 / 313
  (二) 代物清偿的性质 / 314
  (三) 代物清偿发生清偿效果的构成要件 / 315
  (四) 法律效果 / 320
  (五) 与代替权的区别 / 321
 三、新债清偿 / 322
  (一) 概述 / 322
  (二) 与代物清偿的区别 / 323
  (三) 适用情况 / 326
  (四) 法律效果 / 326
  (五) 与代替权的区别 / 327
第二节 债务的抵销 / 327
 一、抵销概述 / 328
 二、抵销的功能 / 329
 三、抵销的性质 / 329
 四、抵销与折抵 / 330
 五、抵销的前提 / 330
  (一) 二人相互享有债权 / 330
  (二) 给付标的同种类 / 333
  (三) 主动债权的可实现性 / 334
  (四) 被动债权的存在、可履行 / 334
 六、例外情况 / 335
 七、抵销的排除 / 336
  (一) 依照法律规定不得抵销 / 336
  (二) 依照债权性质不能抵销 / 337
  (三) 约定禁止抵销 / 339
 八、抵销的行使 / 339
  (一) 抵销应由抵销人以意思表示进行 / 340
  (二) 抵销不得附有条件或期限 / 341
 九、抵销的效力 / 341
  (一) 消灭债权的效力 / 342
  (二) 溯及力的问题 / 342
  (三) 抵销的范围 / 344
  (四) 多个债权情况下的抵销 / 345
 十、被抵销人的异议 / 345
 十一、诉讼抵销 / 346
 十二、合意抵销 / 347
  (一) 概念 / 347
  (二) 性质 / 348
  (三) 区别 / 348
  (四) 合意抵销与法定抵销的区别 / 348

（五）效力 / 349
第三节 提存与自助出卖 / 349
一、提存的概念 / 350
二、提存的性质 / 350
三、提存的构成要件 / 351
　（一）债务人享有给付的权利 / 351
　（二）提存的事由 / 351
　（三）提存能力 / 352
　（四）提存的成立 / 353
四、提存程序 / 353
　（一）提存部门 / 353
　（二）提存的申请、受理、审查与
　　　复议 / 353
　（三）提存的通知 / 353
　（四）提存书的交付与领取 / 354
五、提存的效力 / 354
　（一）提存物的取回权 / 354
　（二）取回权被排除情况下的提存
　　　效力 / 354
　（三）取回权保留情况下的提存
　　　效力 / 355
　（四）债权人的提存物领取请求权 / 356
　（五）提存标的物所有权的移转 / 356
　（六）领取请求权与对待给付的同时
　　　履行 / 356
　（七）债务人的其他义务 / 357
　（八）提存标的物的风险负担、提存物的
　　　孳息、提存费用 / 357
六、自助出卖 / 358
第四节 清偿替代方式以及其他债之关系
　　　消灭的方式 / 359
一、债务的免除 / 359
　（一）免除概述 / 359

（二）与原因行为的关系 / 361
（三）法律效果 / 361
二、消极债务承认 / 362
三、混同 / 363
　（一）混同概述 / 363
　（二）混同发生的事由 / 363
　（三）混同的例外 / 363
　（四）混同的法律效果 / 364
四、债之关系的变更与更新 / 364
　（一）债之关系的变更 / 364
　（二）债之更新 / 365
五、废止合同 / 366
六、和解 / 367
　（一）概述 / 367
　（二）构成要件 / 368
　（三）和解基础错误 / 369
　（四）和解的无效与撤销 / 369
　（五）和解的效果 / 370

第六章 债之关系的障碍与法律救济 / 372

第一分章 概述 / 373
第一节 债之关系的障碍概述 / 373
一、债之关系的障碍 / 374
　（一）给付障碍法的构建 / 374
　（二）一般给付障碍法与特别给付
　　　障碍法 / 375
　（三）给付障碍类型 / 375
二、义务违反作为损害赔偿与解除的
　　本质要素 / 378
三、给付障碍体系 / 379
　（一）给付义务的命运 / 380
　（二）次位请求权体系 / 380

（三）对待给付义务的命运 / 380
　四、混合体系 / 381

第二分章　给付义务的消灭 / 382
第二节　因给付不能而消灭给付
　　　　义务 / 382
　一、继续履行请求权及其性质 / 383
　二、给付不能与原给付义务消灭 / 385
　三、真正的给付不能 / 385
　　（一）给付不能的原因 / 386
　　（二）给付客体：种类物情况下的特殊
　　　　规则 / 389
　　（三）部分不能 / 390
　　（四）一时不能 / 391
　四、规范性不能 / 392
　　（一）履行费用过高的障碍 / 392
　　（二）标的不适于强制履行的障碍 / 396
　　（三）性质 / 397
　五、法律效果 / 397
　　（一）原给付义务消灭 / 398
　　（二）对待给付义务消灭 / 398
　　（三）损害赔偿 / 398
　　（四）直接请求违约人承担第三人替代履
　　　　行费用 / 398
　六、其他排除给付义务的原因 / 400
　七、金钱之债的履行不能 / 401

第三分章　损害赔偿请求权 / 402
第三节　损害赔偿请求权与归责
　　　　原则 / 402
　一、可归责与归责原则 / 403
　二、归责原则分析 / 404
　　（一）严格责任 / 404
　　（二）过错责任 / 405
　　（三）二元归责原则 / 406

　　（四）本书观点 / 406
　三、严格责任与过错责任的比较 / 407
　　（一）对严格责任的评价 / 407
　　（二）对过错责任的评价 / 409
　　（三）过错责任与严格责任 / 410
　四、损害赔偿请求权体系 / 410
　　（一）给付障碍法中的损害类型 / 410
　　（二）法律上规定的损害赔偿请求权
　　　　体系 / 412
第四节　无过错责任与免责事由 / 413
　一、无过错责任的构成 / 415
　二、不可抗力 / 415
　　（一）不可抗力的构成 / 415
　　（二）具体情形 / 417
　　（三）不可抗力作为免责事由的适用
　　　　范围 / 418
　　（四）不可抗力发生免责效力的
　　　　前提 / 419
　　（五）因不可抗力免责的效力 / 419
　　（六）通知义务 / 420
　三、意外事件 / 420
　　（一）意外事件作为免责事由 / 420
　　（二）意外事件的构成要件 / 421
　四、为履行辅助人或第三人承担责任 / 422
　　（一）为履行辅助人承担责任 / 422
　　（二）为第三人承担责任 / 423
　五、债权人原因造成不履行 / 424
第五节　过错责任 / 426
　一、过错责任 / 427
　　（一）适用范围 / 427
　　（二）举证责任分配 / 427
　　（三）过错与义务违反的区分 / 427
　　（四）过错的结合点 / 428

二、可归责类型　/ 428
　　三、为自己的过错承担责任　/ 429
　　　（一）过错归责　/ 429
　　　（二）过错能力　/ 429
　　　（三）过错形式　/ 429
　　四、无过错责任　/ 434
　　五、免责事由　/ 435
　　六、为他人过错承担责任　/ 435
　　　（一）为履行辅助人行为承担责任　/ 435
　　　（二）为法定代理人承担责任　/ 438
　　　（三）雇主责任　/ 439
第六节　因义务违反产生的简单损害赔偿　/ 439
　　一、简单损害赔偿的界定　/ 440
　　二、附随义务之违反　/ 440
　　　（一）合同框架内的附随义务之违反　/ 440
　　　（二）先合同关系中的附随义务违反　/ 441
　　　（三）后合同附随义务的违反　/ 442
　　　（四）法律效果　/ 442
　　　（五）举证责任　/ 443
　　　（六）预防性请求权　/ 443
　　三、不完全给付　/ 443
　　　（一）不完全给付的内涵　/ 444
　　　（二）瑕疵损害与瑕疵结果损害的区分　/ 445
　　　（三）加害给付损害之赔偿　/ 446
　　　（四）用益丧失损害　/ 447
　　　（五）法律效果　/ 448
　　　（六）与侵权损害赔偿请求权的竞合　/ 448
第七节　迟延损害赔偿　/ 448

　　一、债务人迟延的界定　/ 449
　　二、构成要件　/ 450
　　　（一）有效、到期并可实现的请求权　/ 450
　　　（二）催告　/ 451
　　　（三）债务给付期经过而债务人未给付　/ 454
　　　（四）可归责　/ 455
　　　（五）债务人迟延的开始与结束　/ 456
　　三、债务人迟延的法律效果　/ 456
　　　（一）迟延损害赔偿　/ 457
　　　（二）迟延利息　/ 457
　　　（三）责任之加重　/ 459
　　　（四）大型企业迟延支付中小企业账款的法律责任　/ 460
第八节　替代给付的损害赔偿　/ 460
　　一、给付不能（自始与嗣后不能）　/ 462
　　　（一）嗣后不能情况下的损害赔偿　/ 462
　　　（二）自始不能情况下的损害赔偿　/ 464
　　　（三）替代整个给付的损害赔偿　/ 467
　　二、给付迟延与不完全给付　/ 469
　　　（一）原给付义务优先　/ 469
　　　（二）履行请求权与损害赔偿请求权之间的顺位关系　/ 469
　　　（三）构成要件　/ 470
　　　（四）法律效果　/ 473
　　三、保护义务的违反　/ 475
　　　（一）概述　/ 475
　　　（二）构成要件　/ 476
　　　（三）不可期待的判断标准　/ 476
　　四、履行利益的赔偿方法　/ 477
　　　（一）代位理论与差额理论　/ 477
　　　（二）差额理论优先适用　/ 478

（三）债权人选择差额理论与代位理论
　　　　的权利 / 478
　五、代偿请求权 / 479
第九节　因预期违约产生的损害赔偿
　　　　请求权 / 481
　一、预期违约的含义 / 482
　二、预期违约与拒绝给付 / 483
　三、预期违约的规范基础 / 483
　四、预期违约的类型与构成要件 / 484
　　（一）宣布放弃 / 484
　　（二）预期不能 / 485
　　（三）作为不能的疏忽 / 485
　五、预期违约的法律效果 / 486
　　（一）债权人的选择权 / 486
　　（二）债权人接受预期违约的情况 / 486
　　（三）债权人不接受预期违约的
　　　　情况 / 488
第十节　瑕疵担保的法律救济 / 488
　一、瑕疵担保责任的界定 / 489
　二、瑕疵担保责任的构成要件 / 491
　　（一）标的物存有瑕疵 / 491
　　（二）标的物的瑕疵须在风险移转时已经
　　　　存在 / 493
　　（三）买受人适时地进行了检验并提出了
　　　　瑕疵异议 / 494
　　（四）买受人知道或者应当知道 / 499
　三、瑕疵担保义务违反的法律救济 / 500
　四、补救履行请求权 / 500
　　（一）补救履行的优先顺位 / 501
　　（二）修理或更换 / 503
　　（三）退货 / 506
　五、解除权 / 507
　六、减价权 / 508

　七、损害赔偿 / 509
　　（一）与给付并存的损害赔偿 / 509
　　（二）迟延损害 / 509
　　（三）替代给付的损害赔偿 / 509
第十一节　惩罚性损害赔偿 / 509
　一、惩罚性赔偿的产生与发展 / 511
　　（一）消费者保护层面的惩罚性赔偿
　　　　规则 / 511
　　（二）知识产权方面的惩罚性赔偿
　　　　规则 / 512
　　（三）《民法典》中的惩罚性赔偿
　　　　规则 / 513
　二、惩罚性赔偿的功能 / 513
　三、惩罚性赔偿与价款返还、损害赔偿的
　　　关系 / 514
　四、针对欺诈行为的惩罚性赔偿
　　　请求权 / 514
　　（一）针对欺诈行为的惩罚性赔偿请求权
　　　　的构成要件 / 514
　　（二）法律效果 / 517
　五、针对产品质量的惩罚性赔偿
　　　请求权 / 517
　　（一）构成要件 / 517
　　（二）法律效果 / 518
　六、食品药品惩罚性赔偿 / 518
　　（一）构成要件 / 519
　　（二）法律效果 / 522
　　（三）惩罚性赔偿规范竞合 / 522
　七、侵害知识产权惩罚性赔偿 / 522
　　（一）构成要件 / 523
　　（二）法律效果 / 523
　八、侵害环境、生态的惩罚性赔偿 / 524
　　（一）构成要件 / 524

（二）法律效果 / 525
　九、诉讼 / 526
　　（一）诉讼 / 526
　　（二）公益诉讼与惩罚性赔偿 / 526
第四分章　对待给付义务的消灭 / 526
第十二节　解除与对待给付义务的
　　　　　消灭 / 526
　一、对待给付义务消灭的概述 / 528
　二、解除消灭模式 / 529
　　（一）与替代给付损害赔偿的平行
　　　　　结构 / 529
　　（二）无须可归责要件 / 530
　　（三）解除与损害赔偿 / 530
　三、自动消灭模式 / 530
　　（一）对待给付义务消灭的一般规则及其
　　　　　正当性 / 530
　　（二）对待给付义务消灭的例外：风险负
　　　　　担规则 / 536
　　（三）返还已经履行的对待给付 / 538
　　（四）解除 / 538
第五分章　其他给付障碍的情形 / 539
第十三节　债权人迟延 / 539
　一、债权人迟延的基本结构与功能 / 539
　二、构成要件 / 540
　　（一）债权人协助的必要性 / 540
　　（二）可履行性 / 541
　　（三）依债务本旨提出给付 / 541
　　（四）给付可能 / 542
　　（五）未受领给付或者拒绝为对待
　　　　　给付 / 543
　三、法律效果 / 544
　　（一）原给付义务并不免除 / 544
　　（二）债务人责任的减轻 / 545

　　（三）风险移转 / 545
　　（四）利息义务消灭 / 546
　　（五）用益返还的限制 / 547
　　（六）放弃占有 / 547
　　（七）增加费用的赔偿 / 547
　　（八）中止履行 / 547
　　（九）价格制裁 / 547
　四、债权人迟延作为义务违反的情况 / 548
第十四节　情势变更 / 548
　一、基本原理 / 550
　二、适用范围 / 551
　　（一）意思自治优先 / 551
　　（二）法定分配合同风险的情况 / 552
　三、情势变更制度与其他法律制度的
　　　界限 / 552
　　（一）与给付不能的区别 / 552
　　（二）情势变更与错误 / 553
　　（三）情势变更与不可抗力 / 554
　四、构成要件 / 555
　　（一）作为交易基础条件的情势的
　　　　　存在 / 555
　　（二）交易基础发生重大变更 / 556
　　（三）不可预见性 / 557
　　（四）不可预见的风险没有依法或者依约
　　　　　归属于一方当事人 / 558
　　（五）当事人坚守合同的不可
　　　　　期待性 / 559
　五、情势变更的具体类型 / 560
　　（一）对价关系的障碍
　　　　　（Äquivalenzstörung） / 560
　　（二）目的障碍（Zweckvereitelung） / 561
　　（三）对于重大情势的双方错误 / 562
　　（四）法律变动 / 562

（五）特定法律关系的存续 / 562
六、法律效果 / 562
　（一）再交涉义务 / 563
　（二）中止履行 / 563
　（三）变更合同 / 563
　（四）解除合同 / 564
　（五）变更与解除合同的适用顺序 / 564
　（六）变更与解除合同时间的确定 / 565
　（七）损失分担 / 565

第七章　债的关系的解除 / 566

第一节　解除概述 / 569
一、解除的内涵 / 569
　（一）解除的概念 / 569
　（二）解除权的性质 / 569
　（三）解除的功能 / 569
二、解除规则的适用范围 / 569
三、解除权的类型 / 570
　（一）法定解除权与约定解除权 / 570
　（二）任意解除 / 571
　（三）协议解除 / 572
　（四）终止权 / 572
　（五）司法终止权 / 573
　（六）期间届满后合同关系结束 / 573

第二节　解除权 / 573
一、解除权模式 / 573
二、解除权的构成 / 574
　（一）违约行为的存在 / 575
　（二）存在解除行为 / 584
三、解除权的行使 / 584
　（一）解除权人 / 584
　（二）享有解除权 / 585
　（三）解除的意思表示 / 585

　（四）相对人异议与解除权确认
　　　之诉 / 586
　（五）解除的时点 / 587
　（六）解除权行使期限 / 588
四、解除法律效果的理论 / 590
　（一）解除效力的学理基础 / 590
　（二）溯及力 / 592
五、解除的法律效果 / 592
　（一）未履行给付义务的消灭 / 592
　（二）受领给付的返还 / 593
　（三）事实上收取的用益的返还 / 594
　（四）返还不能时的价值补偿 / 595
　（五）特殊的利益衡量：返还义务人的
　　　特权 / 597
　（六）未收取的用益以及费用的
　　　赔偿 / 599
　（七）同时履行抗辩权 / 601
　（八）违约损害赔偿 / 601
　（九）返还关系中的损害赔偿 / 602
　（十）担保权 / 603
　（十一）结算和清理条款 / 604

第三节　协议解除与合同终止 / 604
一、协议解除（废止合同） / 604
　（一）协议解除（废止合同）的
　　　内涵 / 604
　（二）协议解除（废止合同）的
　　　订立 / 605
　（三）法律效果 / 605
二、终止权 / 606
　（一）问题的提出 / 606
　（二）德国法上的终止制度 / 606
　（三）普通终止 / 607
　（四）特别终止 / 609

（五）终止权的行使 / 610
（六）法律效果 / 610
（七）竞合 / 610
三、司法终止权 / 611
（一）问题的提出 / 611
（二）构成 / 612
（三）终止时间 / 613
第四节 消费者撤回权 / 614
一、消费者撤回权概述 / 615
（一）概念 / 615
（二）消费者撤回权与合同严守原则 / 615
（三）消费者撤回权的正当性基础 / 616
（四）消费者撤回权的归类 / 619
二、消费者撤回权的构成要件 / 619
（一）当事人之间应是消费者与经营者的关系 / 619
（二）远程交易 / 620
（三）客体要件 / 621
（四）退货的商品完好 / 622
三、消费者撤回权的行使 / 622
（一）作出撤回权的意思表示 / 622
（二）撤回期间与告知义务 / 622
（三）经营者提供退货地址等信息等义务 / 624
四、撤回权的法律效果 / 624
（一）返还 / 624
（二）费用承担 / 625
（三）货物毁损灭失情况下的价值补偿 / 625
（四）其他法律效果的排除 / 626
五、权利滥用 / 626

第八章 损害法 / 627

第一节 损害赔偿法概述 / 627
一、责任成立与责任范围的损害赔偿规则 / 629
（一）责任成立的损害赔偿规则 / 629
（二）责任范围的损害赔偿规则 / 630
二、损害赔偿法的适用范围 / 631
三、损害赔偿法的功能 / 631
（一）补偿功能 / 631
（二）预防功能 / 631
（三）抚慰功能 / 632
（四）惩罚功能 / 632
（五）分担损害风险功能 / 632
四、损害赔偿与保险 / 632
五、完全赔偿原则 / 632
六、本章考察思路 / 633
第二节 赔偿义务人与赔偿权利人 / 633
一、赔偿义务人 / 634
二、赔偿权利人 / 634
三、第三人损害清算 / 635
（一）间接代理 / 635
（二）债法上损害的转移 / 636
（三）信托关系 / 636
（四）保护第三人财产 / 636
（五）附保护第三人作用的合同 / 637
（六）店主的责任 / 637
第三节 损害的概念与类型 / 637
一、损害的概念 / 638
（一）自然损害与规范损害 / 638
（二）损害的界定：差额理论 / 638

（三）损害与费用 / 639
二、损害类型 / 639
　　（一）财产损害与非财产损害 / 639
　　（二）侵害结果与结果性损害 / 641
　　（三）履行损害、信赖损害与维持利益 / 642

第四节　因果关系与损害的归责 / 644
一、概述 / 644
　　（一）原因 / 644
　　（二）责任成立的原因与责任范围的原因 / 644
二、自然科学意义上的因果关系 / 645
　　（一）对等理论（Äquivalenztheorie） / 645
　　（二）合乎规律条件说（Lehre von der gesetzmäßigen Bedingung） / 646
　　（三）规范上限制的必要性 / 646
三、违约损害的可预见性 / 646
　　（一）可预见性规则的内涵 / 646
　　（二）适用范围 / 647
　　（三）可预见性规则的构成 / 648
四、侵权法上损害的归责标准 / 651
　　（一）相当性作为归责标准 / 651
　　（二）相当性的考察 / 651
五、其他归责标准 / 653
　　（一）规范保护目的说 / 654
　　（二）单纯的概率判断 / 655
　　（三）合法的选择性行为 / 656
　　（四）假定因果关系 / 656
　　（五）受害人自己或者第三人的肇因贡献度 / 657

第五节　损害赔偿的方式与范围 / 657
一、损害赔偿的方式 / 659
　　（一）恢复原状 / 660
　　（二）金钱赔偿 / 661
　　（三）恢复原状与金钱赔偿的关系 / 661
　　（四）受害人的处分自由 / 663
二、损害类型 / 664
　　（一）实际损失 / 664
　　（二）可得利益 / 664
　　（三）因违约而落空的费用 / 665
　　（四）违约获利的返还 / 667
　　（五）边缘情况 / 667
三、损害计算 / 668
　　（一）具体的损害计算 / 668
　　（二）抽象的损害计算 / 671
　　（三）继续性合同中可得利益的计算 / 673
四、人身损害赔偿 / 674
　　（一）一般人身损害赔偿 / 674
　　（二）残疾损害赔偿 / 676
　　（三）死亡赔偿 / 677
　　（四）被扶养人生活费赔偿 / 678
五、精神损害赔偿 / 678
　　（一）概述 / 678
　　（二）精神损害赔偿请求权构成要件 / 680
　　（三）精神损害赔偿的计算 / 681
六、损益相抵 / 681
　　（一）内涵 / 681
　　（二）损益相抵与因果关系 / 682
　　（三）保险金作为获益 / 682

（四）第三人给付 / 682
　　（五）因受害人行为而获益 / 683
　　（六）节省的费用 / 683
　　（七）节省的税收 / 683
　　（八）以新换旧赔偿情况下的获益 / 683
　　（九）损益相抵与赔偿请求权的
　　　　让与 / 684
第六节　受害人的共同责任 / 684
　一、概述 / 685
　　（一）受害人共同责任的概念 / 685
　　（二）比例分担原则 / 686
　　（三）共同责任的基本思想 / 686
　　（四）适用范围 / 686
　二、共同责任的构成要件 / 687
　　（一）不真正义务的违反 / 687
　　（二）受害人的过错或者危险 / 688
　　（三）归责关联（因果关系） / 689
　三、自甘风险行为 / 690
　四、法律效果 / 690
　五、减损不真正义务与警告不真正
　　　义务 / 691
　　（一）减损不真正义务 / 691
　　（二）警告不真正义务 / 692
　　（三）法律效果 / 692
　六、受害人的法定代理人或者辅助人的共同
　　　过错 / 692

第九章　违约金与定金 / 694

第一节　违约金 / 694
　一、违约金概述 / 695
　　（一）内涵 / 695
　　（二）性质 / 695
　　（三）适用范围 / 695

　二、违约金的功能 / 696
　　（一）履行压力功能 / 696
　　（二）损害赔偿功能 / 696
　　（三）双重功能 / 697
　三、赔偿性违约金与惩罚性违约金 / 698
　　（一）违约金的赔偿性 / 698
　　（二）赔偿性违约金与惩罚性违约金区分
　　　　困难 / 698
　　（三）"补偿为主、惩罚为辅"原则的
　　　　弊端 / 699
　四、赔偿性违约金与损害赔偿总额
　　　预定 / 700
　五、违约金的法律结构 / 702
　六、违约金与其他制度的区分 / 702
　　（一）与独立的违约金的区分 / 702
　　（二）与失权约款的区分 / 703
　　（三）与违约定金的区分 / 703
　　（四）与解约金的区分 / 704
　　（五）与解约定金的区分 / 704
　　（六）与社团罚的区分 / 704
　　（七）与企业罚的区分 / 704
　七、违约金的构成要件 / 705
　　（一）有效的违约金约定 / 705
　　（二）被担保义务的违反 / 706
　　（三）过错 / 707
　　（四）债权人没有违约 / 707
　　（五）主债务继续存在 / 708
　八、违约金请求权与履行请求权的
　　　关系 / 708
　　（一）债务人不履行的情况 / 708
　　（二）债务人履行不符合约定的
　　　　情况 / 709

九、违约金请求权与损害赔偿请求权的
　　关系　/ 710
　　（一）违约金请求权与损害赔偿请求权指
　　　　向利益同一性的判断　/ 710
　　（二）违约金作为最低损害赔偿额　/ 712
十、合同解除与违约金请求权　/ 714
　　（一）合同解除不影响违约金
　　　　请求权　/ 714
　　（二）合同解除后违约金请求权与损害赔
　　　　偿请求权的关系　/ 714
十一、违约金请求权与诉讼时效　/ 715
十二、违约金的司法调整　/ 716
　　（一）违约金数额的增加　/ 716
　　（二）违约金数额的减少　/ 717
十三、逾期付款违约金　/ 726
第二节　定金　/ 727
一、定金制度史略　/ 727
二、概述　/ 729
　　（一）概念　/ 729
　　（二）类型　/ 729
三、违约定金　/ 729
　　（一）概念与功能　/ 729
　　（二）定金的识别　/ 730
　　（三）构成要件　/ 730
　　（四）定金数额的上限　/ 731
　　（五）法律效果　/ 732
　　（六）违约定金与实际履行　/ 734
　　（七）违约定金与损害赔偿　/ 734
　　（八）违约定金与违约金　/ 734
四、成约定金　/ 735
五、立约定金　/ 736
六、解约定金　/ 736

第十章　当事人的更换　/ 738

第一节　债权让与　/ 738
一、债权让与概述　/ 740
　　（一）问题点　/ 740
　　（二）概念　/ 740
　　（三）债权让与的结构　/ 741
　　（四）债权让与的原因行为　/ 743
　　（五）意定与法定原因行为类型　/ 744
　　（六）特殊类型的债权让与　/ 744
　　（七）债权让与和其他制度的区别　/ 746
二、债权让与的构成要件　/ 748
　　（一）债权让与合同　/ 748
　　（二）债权的存在　/ 748
　　（三）债权的可让与性　/ 752
　　（四）债权的可确定性　/ 757
三、债权让与的效力　/ 757
　　（一）债权的移转　/ 757
　　（二）从权利以及优先权利的移转　/ 759
　　（三）原债权人的义务　/ 761
四、债务人保护：抗辩与抵销　/ 762
　　（一）债务人须主张与无须主张的
　　　　抗辩　/ 762
　　（二）抵销　/ 764
五、债务人保护：通知　/ 766
　　（一）未通知债务人的情况　/ 766
　　（二）通知债务人的情况　/ 768
六、多重让与　/ 771
　　（一）根据让与时点确定债权归属　/ 771
　　（二）保理情况下根据公示确定债权
　　　　顺位　/ 772

（三）《民法典合同编通则解释》采取的模式 / 773

第二节　债务承担与债务加入 / 774

一、债务承担 / 775
　（一）概念 / 775
　（二）与履行承担的区分 / 776

二、免责的债务承担 / 776
　（一）新债务人与债权人之间的合同 / 776
　（二）新旧债务人之间订立合同 / 777
　（三）抵押权承担 / 779

三、免责的债务承担的法律效果 / 779
　（一）债务人变更 / 779
　（二）可以主张的抗辩 / 780
　（三）债务承担合同瑕疵的效力 / 780
　（四）从权利或优先权利 / 781
　（五）诉讼时效中断 / 782
　（六）债务承担人与原债务人之间的法律关系 / 782

四、债务加入 / 782
　（一）概念 / 782
　（二）债务加入合同 / 782
　（三）与保证的区别 / 783
　（四）法律效果 / 784

五、法定的债务加入情况 / 786

第三节　合同承担 / 786

一、概述 / 786
　（一）概念 / 786
　（二）基础结构 / 786

二、意定承担 / 787
　（一）构成要件 / 787
　（二）相对人的保护 / 788
　（三）效果 / 788

三、合同加入 / 788
四、法定承担 / 788

第十一章　涉他合同 / 790

第一节　利他合同 / 791

一、利他合同概述 / 791

二、真正的利他合同与不真正的利他合同 / 792
　（一）规范基础 / 792
　（二）真正利他合同与非真正利他合同的区别与解释规则 / 793

三、利他合同的理论基础 / 793
　（一）利他合同的性质与功能 / 793
　（二）第三人负担合同 / 794
　（三）通过利他合同仅能给与第三人债权 / 794
　（四）利他合同与处分行为 / 794

四、区别 / 795
　（一）与代理的区别 / 795
　（二）与债权让与的区别 / 795

五、利他合同的订立 / 795
　（一）订立与当事人 / 795
　（二）形式要件 / 795
　（三）构成要件 / 796
　（四）意思瑕疵 / 796
　（五）第三人的拒绝 / 797

六、当事人间的法律关系 / 797
　（一）补偿关系 / 797
　（二）对价关系 / 798
　（三）执行关系 / 798
　（四）允诺人须主张的抗辩与无须主张的抗辩 / 799

七、权利取得及其时点 / 800
八、给付障碍 / 800
　（一）允诺受领人造成给付障碍 / 800
　（二）允诺人造成给付障碍 / 801
　（三）第三人造成给付障碍 / 802
九、债权人的撤回权与更改权 / 802
第二节　由第三人履行的合同 / 803
一、由第三人履行的合同的内涵 / 803
二、由第三人履行的合同的效力 / 804

第十二章　多数债权人与多数债务人 / 805

第一节　概述 / 807
一、多数人之债的个数 / 807
二、债权人多数 / 807
　（一）按份债权 / 807
　（二）连带债权 / 807
　（三）共同债权
　　（Mitgläubigerschaft） / 808
三、债务人多数 / 808
　（一）按份债务（Teilschuld） / 808
　（二）连带债务（Gesamtschuld） / 808
　（三）不真正连带债务（unechte Gesamtschuld） / 808
　（四）债务人共同体（Schuldnergemeinschaft） / 809
第二节　多数债权人 / 809
一、意义 / 809
二、多数债权人的类型 / 809
　（一）按份债权
　　（Teilgläubigerschaft） / 810
　（二）连带债权
　　（Gesamtgläubigerschaft） / 811

　（三）债权人共同体
　　（Gläubigergemeinschaft） / 813
　（四）给付不可分情况下的共同债权 / 815
第三节　多数债务人 / 816
一、概述 / 816
二、按份债务 / 816
　（一）按份债务的意义 / 816
　（二）按份债务的成立 / 817
　（三）按份债务的效力 / 817
三、连带债务（Gesamtschuld） / 818
　（一）连带债务概述 / 818
　（二）一般性连带债务的构成要件 / 818
　（三）连带债务的产生 / 819
　（四）对外关系：债务人与债权人的关系 / 822
　（五）对内关系 / 827
　（六）连带债务人追偿的障碍 / 830
四、不真正连带债务 / 831
　（一）真正连带债务与不真正连带债务的区分 / 831
　（二）不真正连带债务的内容 / 833
　（三）补充责任 / 834
　（四）法律效果 / 835
五、债务人共同体
　（Schuldnergemeinschaft） / 835
　（一）产生 / 835
　（二）法律效果 / 837

术语索引　/ 838

条文索引　/ 861

第五章　清偿与清偿替代

通过债务人的给付完全满足债权人的请求,债之关系即已达目的,而随着目的之实现,债之关系即达到其为自己设定的终点。债的消灭,有全部消灭、单个义务消灭之分。终止是全部债之关系的消灭;清偿、免除、提存、抵销、混同是单个义务的消灭。解除比较特殊,消灭的也是单个的权利和义务,但并非当事人间的所有法律关系(《民法典》第557条)。另外,即使债权全部消灭,也不影响后合同义务的存在。

债权债务终止时,债权的从权利同时消灭,但是法律另有规定或者当事人另有约定的除外(《民法典》第559条)。这里的从权利主要是指抵押权、质权、保证等权利。① 具体如,主债权消灭的,担保物权也消灭(《民法典》第393条第1项)。在债务人履行债务后,定金也应当抵作价款或者收回(《民法典》第587条)。

按照当事人意思的不同,债的消灭的制度可分为不同类型。首先是清偿;其次是替代清偿,具体包括代物清偿、提存、抵销、免除以及内容变更、更新或者和解;最后是在债权人利益未被满足的情况下债之关系消灭,具体包括嗣后不能、解除条件的实现、期间经过或者失效、混同,或者债务人或债权人消灭等。

比较特殊的是废止(协议解除),基于合同自由,应当允许当事人约定废止合同,与免除不同,其废止的不是单个债权,而是一个债的关系(《民法典》第562条第1款)。免除大部分情况下是为了债务人之利益,而废止合同常常是为了双方的利益。

清偿、提存、抵销、免除既可以针对主给付义务,也可以针对从给付义务,还可以针对附随义务。在长期性合同的情况下,还可以针对部分给付。

第一节　清　　偿

✎ 【文献指引】

史尚宽:《论清偿代位》,载郑玉波主编:《民法债编论文选辑(中)》,五南图书出版股份有限公司1983年版;郑玉波:《论代物清偿与瑕疵担保》,载郑玉波主编:《民法债编论文选辑(上)》,五南图书出版股份有限公司1983年版;胡家龙:《经济审判中的"代物清偿"》,载《法学》1994年第12期;陈自强:《论代物清偿——契约变更与结束

---

① 黄薇主编:《中华人民共和国民法典释义(中)》,法律出版社2020年版,第1068页。

自由之考察》,载《政大法学评论》1997 年第 58 卷;崔军:《代物清偿的基本规则及实务应用》,载《法律适用》2006 年第 7 期;高治:《代物清偿预约研究——兼论流担保制度的立法选择》,载《法律适用》2008 年第 8 期;崔建远:《代物清偿与保证的联立分析》,载《东方法学》2011 年第 5 期;崔建远:《以物抵债的理论与实践》,载《河北法学》2012 年第 3 期;曲佳、翟云岭:《论清偿抵充》,载《法律科学(西北政法大学学报)》2014 年第 3 期。

✎ **【补充文献】**

肖俊:《代物清偿中的合意基础与清偿效果研究》,载《中外法学》2015 年第 1 期;黄文煌:《清偿抵充探微——法释〔2009〕5 号第 20 条和第 21 条评析》,载《中外法学》2015 年第 4 期;王洪亮:《以物抵债的解释与构建》,载《陕西师范大学学报(哲学社会科学版)》2016 年第 6 期;温世扬:《〈民法典〉合同履行规则检视》,载《浙江工商大学学报》2020 年第 6 期;杨帆:《以物抵债协议的效力问题研究——以商业银行不良资产处置为切入点》,载《法大研究生》2021 年第 1 期;袁文全、卢亚雄:《检视与规范:以物抵债的适用路径》,载《西南大学学报(社会科学版)》2022 年第 2 期;李玉林:《论以物抵债协议的类型化适用》,载《法律科学(西北政法大学学报)》2023 年第 4 期;董泽瑞:《以物抵债协议的类型化建构》,载《上海政法学院学报》2023 年第 6 期;李祥伟:《论代物清偿合意、新债清偿合意与担保合同的区分——以物抵债裁判规则的统一》,载《法大研究生》2023 年第 1 期;缪宇:《清偿性质"目的给付效果说"的展开》,载《法学家》2023 年第 6 期;杨立新:《以物抵债的类型及其法律适用规则——〈合同编通则司法解释〉第 27 条和第 28 条规定解读》,载《上海政法学院学报》2024 年第 1 期;付荣:《论执行程序中的以物抵债》,载《法学家》2024 年第 2 期;汪洋、刘冲:《行为经济学视角下担保型以物抵债的界定》,载《云南社会科学》2024 年第 1 期;王利明:《论清偿型以物抵债协议产生的选择权——以〈合同编通则解释〉第 27 条为中心》,载《东方法学》2024 年第 2 期;吴光荣:《〈民法典合同编通则解释〉关于以物抵债规定的适用》,载《中国应用法学》2024 年第 3 期;张金海:《代位清偿制度释论》,载《财经法学》2024 年第 4 期;刘凝:《清偿抵充指定权限制规则之反思》,载《法学》2024 年第 7 期。

一、清偿

(一) 概念的界定

《民法典》第 557 条第 1 款第 1 项(《合同法》第 91 条第 1 项)规定,债务已经履行的,债权债务终止。在术语表达上,该条没有使用清偿的概念,而是使用了履行的概念。在语义上,履行更强调债务人实施其应为的行为,与给付的概念也可能是重合的,而清偿则更强调债务人履行的效果。① 为了表达出实现债权的效果,《民法典》第557条第1项特别强调"已经"履行债务的。在学说上,也多有学者直接将履行界定为债务人全面地、适当地完成债务②,或者认为履行是作出给付,使合同债权目的达到而消灭。③ 这就导致了词义与本质内涵不一致的问题。所以,与其词不达意地使用履行概念表达清偿的实质,不若直接使用清偿的概念。在具体适用《民法典》涉及履行的规则时,只要其表达的是实现债务的含义,均替代以清偿的概念予以理解。

所谓清偿,是指债务人通过给付行为甚或通过给付结果使其对有受领权的债权人或第三人所负担的给付发生效果(Bewirkung der Leistung)。④ 清偿针对的是债之关系,债务人进行清偿的,债之关系即为消灭。清偿是债之关系正常消灭的最主要形式。

债务人所负担的给付发生效果的,才能构成清偿。而债务人所负担的给付发生效果,通常是指给付行为或者履行行为本身已经作出,但在结果债务的情况下,债务人所负担的给付发生效果是指给付结果的产生。比如在运送之债(Schickschuld)中,只有在债权人受领、占有并取得所有权的情况下,给付才发生效果。⑤ 但债务人完成给付行为后,即可以避免陷入迟延。此时,对于给付后果未出现,债务人不具有过错。

另外,应当注意的是,必须是债务人或者有给付权的第三人行为导致的给付效果,才构成清偿。例如汽车抛锚,车主呼叫救援,在救援人员到达之前,抛锚的汽车自行发动。此时,给付效果的出现并非由债务人的行为导致的,故并无清偿之发生,但此时,可能会因目的已达而导致债务人给付不能。

只有债务人如其所负担的那样,在正确地点、以正确的方式、全面地向债权人提供给付,债务人才可以因清偿而免责。债务人在错误地点进行给付,或者给付有瑕疵,或者在错误的时间清偿,均不会产生清偿效果。

在证明责任上,如果债权人没有受领给付,债务人要证明其已经进行了给付。如果债权人已经受领了给付,则需证明债务人没有给付或者债务人的给付有瑕疵。在债务的内容是不作为的情况下,则无论债权人是否受领,都由债权人证明债务是否被清偿。

(二) 给付人

给付人原则上应为债务人。但在债务人为法人的情况下,通常都会委派履行辅助人履行,而履行辅助人的履行,即为债务人的履行。给付人也可以是第三人。原则

---

① 温世扬:《〈民法典〉合同履行规则检视》,载《浙江工商大学学报》2020年第6期,第7页。
② 崔建远、陈进:《债法总论》,法律出版社2021年版,第62页。
③ 韩世远:《合同法总论》(第四版),法律出版社2018年版,第326页。
④ Jauernig/Stürner, 19 Aufl., 2023, BGB §362, Rn. 1.
⑤ 陈自强:《契约之内容与消灭——契约法讲义Ⅱ》(第4版),元照出版有限公司2018年版,第318页。

上,只有在第三人就债务履行存有合法利益时,才有权利代为履行。但是在根据给付性质、按照当事人约定或者基于法律规定必须由债务人本人履行的情况下,则不得由第三人进行给付(《民法典》第 524 条)。

通过强制执行偿付债权人,并不构成清偿。因为,强制执行并不是债务人或第三人进行的给付,此时债权人债权的实现,是通过国家行为完成的。不过,通过强制执行的偿付与清偿的法律效果是一致的。①

(三) 给付受领人

1. 债权人

一般来讲,只有债务人向债权人给付,才会导致债务消灭。向第三人为给付并不能使债务人免责。债务人向债权人授权的辅助人或者支付机构(如银行转账),依照当事人的意思,一般解释为是向债权人给付,而非是向第三人给付。

在某些情况下,债权人会丧失受领权限。如在破产以及债权被扣押的情况下,债权人即丧失受领权限(Empfangszuständigkeit)②(《企业破产法》第 17 条),此时,债务人对债权人清偿,亦不发生消灭债务之效果。

无行为能力人以及限制行为能力人无受领权限,但经其法定代理人追认后,即可发生清偿之效力。

2. 第三人作为受领权人

(1) 受领权限

债务人进行清偿时,可以向债权人进行给付,亦可向第三人进行给付,但是必须是在第三人被授权受领给付或者事后取得债权人之地位的情况下,该清偿才会有效力。受领权限既可以通过法律行为被授予,也可因法律规定而产生。前者如债权人事前授权第三人受领债权的情况;后者如在企业破产时,其债务人只能向破产管理人清偿债务(《企业破产法》第 17 条)。我国台湾地区"民法"第 907 条规定,质权人如经出质人同意,得受领债务人的给付。

授权向第三人给付的意思既可以向第三人作出,也可以向债务人作出,甚至也可以向第三人和债务人同时作出。在债权人授予第三人受领权的情况下,债务人仍可以向债权人给付。

第三人无受领权而受领清偿,在利益状况上,类似于无权处分他人的债权。所以,在第三人无权受领的情况下,可以准用《合同法》第 51 条的规则。根据《合同法》第 51 条,无处分权的人处分他人财产,经权利人追认或者无处分权的人订立合同后取得处分权的,该合同有效。《民法典》并没有接受《合同法》第 51 条。不过,在解释上,如果债权人事后追认,即为事后同意,那么债务人对无受领权的第三人的给付也

---

① Larenz, *Schuldrecht AT*, 14. Aufl., 1987, §18 Ⅱ, S. 236.
② 这一概念是拉伦茨引入的,参见 Larenz, *Schuldrecht AT*, 14. Aufl., 1987, §18 Ⅱ c, S. 236.

发生清偿的效果。债权人一旦追认,即对第三人(实际受领人)享有不当得利返还等请求权。通常情况下,债权人并无追认的动力,但在债权人恰好对第三人享有可以抵销的债权或者债务人破产的情况下,债权人还是愿意追认的。无受领权的第三人受领债权后取得债权的或者自债权人处继承的,嗣后取得债权弥补了事前无受领权状态的瑕疵,没有必要否定债务人的事前给付所具有的清偿效力。

在利他合同的情况下,债务人向第三人给付,可以产生清偿的效力。债权人授权第三人受领时,债务人也可以向第三人清偿,比如在连环买卖的情况下,出卖人可以直接向买受人的下家给付;在指示证券的情况下,存在双重授权,被指示人被授权为指示人计算而进行给付,而指示受领人(受益人)被授权在被指示人处收取给付。[①]被指示人可以向指示受领人给付,并具有清偿效力。

与第三人受领权限不同的是收取授权(Einziehungsermächtigung),在不改变债权权利主体的情况下,债权人授权第三人以第三人的名义收取债权,也就是说,第三人可以自己的名义主张债权。在第三人对于收取债权有利益的情况下,第三人还可以以自己的名义提起诉讼,即作为诉讼担当。在收取授权的情况下,债权人并没有移转债权,也没有授予第三人以代理权。[②] 在德国法上,用益权人享有收取债权的权利(《德国民法典》第1074条),而在一定前提下,质权人也可以收取债权(《德国民法典》第1282条)。最高人民法院指导案例53号[③]明确提出,质权人(债权人)可请求人民法院判令其直接向出质人(债务人)的债务人收取金钱、并对该金钱行使优先受偿权。在收取授权的情况下,债务人既可以向债权人履行,也可以向被授权人履行。

(2)权利外观

有疑问的是,债务人是否可以向提出收据(收条)的第三人进行有效清偿?收据之上通常有债权人的签名或表征,故可以形成权利外观;而权利外观的形成可归责于债权人;第三人提出收据时,债务人也可以信赖其享有受领权限。[④] 债权人在未受领给付时即将收据给与第三人的情况下,并不值得保护,所以,债务人向提出收据的第三人进行给付的,即可发生清偿之效果。有学者认为,自利益衡量的角度考察,此时应要求清偿人(债务人)是善意的,方可受到保护。[⑤] 所谓善意,是指债务人不知道或不应知道持有收据的第三人并非真正的受领权人。

在收据造假的情况下,债务人的给付则不会产生清偿效力。也就是说,债务人信赖的必须是真实的收据,收据造假的风险由债务人承担。

---

① Jauernig/Stürner, 19 Aufl., 2023, BGB §783, Rn. 2.
② Larenz, *Schuldrecht AT*, 14. Aufl., 1987, §34 V, S. 597.
③ "福建海峡银行股份有限公司福州五一支行诉长乐亚新污水处理有限公司、福州市政工程有限公司金融借款合同纠纷案",福建省高级人民法院(2013)闽民终字第870号民事判决书。
④ 陈自强:《契约之内容与消灭——契约法讲义Ⅱ》(第四版),元照出版有限公司2018年版,第325页。
⑤ 崔建远、韩世远、于敏:《债法》,清华大学出版社2010年版,第161页。

案例:丙向债务人甲出示了债权人乙的收取凭证(如饭票、购物券),于是甲就向丙清偿了乙的债权。事后发现,收取凭证是伪造的。

变化:如果收取凭证是真的,但是丙自乙处偷来的,又如何呢?

在本案中,丙存在权利外观,而债务人本得信赖丙有受领权限。但在收取凭证是伪造的情况下,应当认为该权利外观的形成不可归责于债权人。所以,债务人甲的给付并不会发生清偿的效力。此时,甲可以基于不当得利返还请求权请求丙返还所得。在变化案例的情况下,权利外观的形成也不可归责于债权人,所以,债务人甲的给付也不会发生清偿的效力。

依照我国台湾地区"民法"第310条第2款的规定,受领人若系债权的准占有人,以债务人不知其非债权人为限,债务人的履行也有清偿效力。准占有人是指在财产权不因物之占有而成立的情况下,行使其财产权之人(我国台湾地区"民法"第966条第1项)。而债权准占有人,是指以为自己的意思,事实上行使债权之人。在学说上,有学者认为债权让与无效之受让人、表见继承人等也属于债权准占有人。① 第三人持有债权人的存折向银行提取存款的情况下,要区分印鉴是伪造的还是真实的,在前者,第三人并非债权准占有人,债务人的给付不具有清偿效力;在后者,第三人为债权准占有人,债务人的给付具有清偿效力。②

值得反思的是,不采债权准占有人学说,也可以适用权利外观理论予以解决。而且,采债权准占有人学说,对于债权人甚为不利,在权利外观并非由债权人造成的情况下,也要承担债权为第三人受领的风险,并无正当性。

在有价证券的情况下,债务人向持有有价证券的人进行给付的,即可发生清偿效果而使自己免责。基于权利外观而向第三人清偿而免责的情况,还存在于如下情况:在债权移转时,债务人向原债权人(无权利人)的给付,亦可发生清偿之效力;如果某项权利被登记于不动产登记簿,基于对登记的信赖向被登记为权利人之人履行给付的,即使被登记人并非权利人,亦可发生清偿之效力。

(3) 债权人与第三人的关系

至于债权人与第三人的关系,根据二者之间的法律关系处理,有合同关系的,依照合同关系处理,如按照约定,债务人对第三人的给付可以清偿第三人对债权人的债权(《民法典》第523条)。没有合同关系的,有可能构成不当得利关系(《民法典》第985条、第122条)。如果第三人无受领权,但基于权利外观,债务人的清偿发生了消灭债务效果时,债权人得基于不当得利向受领第三人请求返还。

(四) 清偿之效果

随着清偿,债务人的给付义务即行消灭,但是作为整体的债之关系并不随之消

---

① 孙森焱:《民法债编总论(下册)》,三民书局2010年版,第1022—1023页。
② 陈自强:《契约之内容与消灭——契约法讲义Ⅱ》(第四版),元照出版有限公司2018年版,第326—327页。

灭。主给付义务消灭后,从给付义务以及附随义务仍然存在。只有在基于债之关系的所有义务都消灭的情况下,债之关系才消灭。

基于担保物权的附随性,被担保债权消灭后,担保物权亦随之消灭。利息与违约金是否作为从属权利随着债权的清偿而消灭,具体需要通过解释来加以确定。

债权人将给付作为清偿予以受领后,亦可主张给付不符合合同约定或者不完全,即债权人的实体权利并不因为给付而消灭,但是其应承担证明给付不符合合同约定或者不完全的义务。

在继续性合同的情况下,清偿可以消灭到期之单个债权。

债权产生前的预付,在债权产生时,并不当然产生清偿效力,而是需要一个计算之约定。

在保留请求返还权(Vorbehalt der Rückforderung)而清偿的情况下,如果是为了阻止诉讼时效重新开始计算或者排除明知悖俗而予以不当得利返还之效力,那么即可发生清偿效力;如果保留的内容是在请求返还时债权人证明债务存在,则不具有效力,此时并没有改变证明负担,债权人可以拒绝受领,而且并不构成债权人受领迟延。① 值得注意的是,债务人保留请求返还权情况下的给付,并不具有终止给付迟延的效力。

在清偿附迟缓条件的情况下,尤其在以债权存续为条件的情况下,清偿效果暂时产生,债权人可以拒绝受领并不负担迟延责任。

原则上,债权人认为给付非所负担之物,或给付不完全,可以拒绝受领。在买卖合同中,因标的物不符合质量要求,致使不能实现合同目的的,买受人可以拒绝接受标的物(《民法典》第610条)。此时,由债务人证明其给付正确;但债权人受领给付的,则由其举证给付非债务人负担之客体或者不完全。

(五) 清偿的证明负担

清偿是消灭权利类型的、无须主张的抗辩,有利于债务人。所以,债务人应就其按照合同约定进行给付并为受领权人受领的事实,承担证明责任。比如,出借人向人民法院起诉时,应当提供借据、收据、欠条等债权凭证以及其他能够证明借贷法律关系存在的证据(《民间借贷解释》第2条);如果在原告仅依据借据、收据、欠条等债权凭证提起民间借贷诉讼,被告抗辩已经偿还借款的,那么,被告应当对其主张提供证据证明(《民间借贷解释》第15条第1款第1句)。

如债权人主张债权未被清偿,而债务人无法证明其已经清偿,就会承担败诉风险。为避免此种风险,债务人应注意保存证据。对于清偿是否完全,原则上也应由债务人证明,但是,如果债权人已经受领了作为清偿的给付或者受领了基本符合合同约定的给付,那么对于债务人在给付时给付不符合约定或者不完全,由债权人承担举证

---

① Medicus/Lorenz, *Schuldrecht AT*, 22. Aufl., 2021, §21, Rn. 16.

责任。① 但在债权人获得的是包裹而没有办法检验的情况下,则不能认为债权人已经受领了作为清偿的给付,对于给付是否符合约定,仍应由债务人证明。

在建设工程未经竣工验收,发包人擅自使用后,又以使用部分质量不符合约定为由主张权利的,人民法院不予以支持(《建设工程施工合同解释(一)》第14条)。这里的擅自使用,意味着债权人认为给付无瑕疵而受领,那么,只要发包人不能证明工程质量不合格,那么法院即不能支持其瑕疵担保责任的主张。

债权人在受领给付时,在保留请求返还权的前提下受领给付的,也不能改变举证负担。

1. 给予受领证书(收据)

受领证书(收据)具有证明债权人已经受领给付的作用。在债务人清偿给付义务后,债务人对债权人取得给予受领证书(收据)的请求权。但只有在债务人明确请求的情况下,债权人才会出具收据。也就是说,债务人没有要求,债权人不会出具收据。如果在债务人的请求下,债权人仍不给予收据,则债务人并不能享有同时履行抗辩权,但可以享有一般性的拒绝履行权(留置抗辩权)(参照本书第三章)。我国台湾地区的学说与判例则肯认同时履行抗辩权,在债权人给予受领证书前,债务人可以拒绝清偿。② 应当看到,在给予证书与清偿之间并不存在相互性或牵连关系,肯定同时履行抗辩权的观点,并不具有正当性。在债务人有先给付义务的情况下,如果债务人知道债权人不准备出具收据,债务人也可以留置自己的给付。

收据的费用,原则上由债务人负担,并应先行支付。但当事人对此可以作不同约定。如果债权移转或者继承导致多数债权人取代原债权人,因而增加了收据的费用,则由债权人负担。

给予收据在本质上并不具有法律行为的性质,收据是一种认知的表示,债权人以此将受领给付的事实做成证书。但是,即使债权人出具了收据,也不一定意味着债权人受领了作为"清偿"的给付。收据仅具有证明作用,可以减轻债务人履行给付义务的证明义务。没有收据,亦得以其他方式证明债务已经清偿,具体如证人、银行明细单等;而即使债务人存有收据,债权人也得通过证明债权事实上未被清偿而推翻收据的证明力。债权人只要能够提出动摇法庭对债权人已经受领给付的确信即可,比如,债权人能证明在交易中其先行开具收据,则就需要债务人证明其进行了给付。③

在我国商业实践中,发票也能起到证明债务人清偿的功能。出卖人仅以增值税专用发票及税款抵扣资料证明其已履行交付标的物义务,买受人不认可的,出卖人应当提供其他证据证明交付标的物的事实。合同约定或者当事人之间习惯以普通发票

---

① Medicus/Lorenz, *Schuldrecht AT*, 22. Aufl., 2021, §21, Rn. 30.

② 陈自强:《契约之内容与消灭——契约法讲义Ⅱ》(第四版),元照出版有限公司2018年版,第308页。

③ Larenz, *Schuldrecht AT*, 14. Aufl., 1987, §18 Ⅲ, S. 246.

作为付款凭证,买受人以普通发票证明已经履行付款义务的,人民法院应予支持,但有相反证据足以推翻的除外(《买卖合同解释》第5条)。

2. 债务证书

所谓债务证书,是指债务人所出具的证明一定债务存在的证书,典型的如欠条。在借贷合同中,借据、收据、欠条等债权凭证具有证明出借人已经将借款支付给借用人的功能,可以作为借款债权存在的证据(《民间借贷解释》第2条)。债务证书可以减轻债权人证明债权存在的证明责任。债务证书不是唯一的证明债务存在的证据。在出借人起诉借用人返还借款的情况下,如果被告抗辩借贷行为尚未实际发生并能作出合理说明,人民法院应当结合借贷金额、款项交付、当事人的经济能力、当地或者当事人之间的交易方式、交易习惯、当事人财产变动情况以及证人证言等事实和因素,综合判断查证借贷事实是否发生(《民间借贷解释》第15条第2款)。没有债务证书,债权人也可以主张其债权。

债务证书的所有权人是该债权人(《德国民法典》第952条)。如果在债务人出具债务证书时,债权尚未产生,则只有在债权产生之时,债权人才获得债务证书的所有权。债务证书不可以脱离债权转让或设定质权。在债权移转的情况下,债务证书所有权基于法律规定移转给新的债权人。

如果债务人履行了给付义务、债务消灭的,债务人可以请求债权人返还债务证书,或者涂销债务证书。为了防止债权人再次请求给付,债务人清偿后,债权人返还不了债务证书的,可以要求债权人出具经过公证的、债务不存在的证明。[1]

债务证书与收据性质相同,并非设权证券,而仅为证明文书。故虽然债务人没有返还债务证书,债务人能证明已经清偿的,债务亦消灭。

(六) 给付的抵充

如果债务人对债权人基于多个债之关系而负有多个同种类的给付,而给付足以清偿所有的债务,则债务人的所有债务均被清偿,不存疑义。在债权人和债务人之间存在多个债务的情况下,有时可以从债务人给付内容中得出债务人清偿的是哪一个债务,比如甲对乙负有1000元债务以及57.8元债务,如果甲支付给乙57.8元,那么甲清偿的当然是57.8元的债务。[2] 在债务人对同一债权人基于多个债之关系而负有多个同种类的给付,而给付又不足以清偿所有的债务的情况下,给付人进行给付时,具体清偿了哪个债务,则是有疑问的。在上述案例中,如果甲支付30元,其清偿的是哪一个债务呢?只有给付能够抵充某一债务或者归属于某一债务,才会发生清偿效力(《民法典》第560条)。

---

[1] Medicus/Lorenz, *Schuldrecht AT*, 22. Aufl., 2021, §21, Rn. 34.
[2] A. a. O., Rn. 18.

1. 给付抵充的构成要件

(1) 多个债之关系

在债务人与债权人之间存在多个债之关系,这里的债之关系是狭义的债之关系,即具体的债权。所以,《民法典》第560条的规则也适用于基于同一债之关系而产生的多个债权的情况,比如多期租金、多笔贷款、多期抚养费、多笔稿费等,主债务与损害赔偿债务、医疗费与精神损害赔偿债务等构成要件与法律效果都有所不同,也属于独立的多个债权。

在对债务人存在多个归属于不同债权人的债权的情况下,只要对一个债权人的给付对其他债权人也具有使债务人免责的效力,就也要适用《民法典》第560条,确定债务人清偿的是哪一个债权。比如,在部分让与债权的情况下,债务人对多个债权人负有债务,在债务人清偿时,可以适用《民法典》第560条。

如果债务人对债权人的数个债权进行支付,其中部分属于债权人(第一债权人),而其他部分由于已经预先让与,属于其他债权人(第二债权人)所有,而该支付并不足以清偿所有债权,法律效果如何呢?第一种思路是,第二个债权人可以作为权利人追认对第一个债权人的支付,然后,第二个债权人依据不当得利法向第一个债权人请求返还。第二种思路是,如果债务人事后得知债权属于不同之债权人,可以由债务人事后确定其先清偿哪个债权。① 基于清偿指定内含意思的基本属性,第二种思路比较合理。

在第三人给付时(《民法典》第524条),该第三人也享有对清偿的指定权。

指定清偿、约定清偿以及法定抵充等规则不仅适用于清偿的情况,而且适用于代物清偿以及新债清偿的情况,并可以类推适用于提存、抵销等情况。在拍卖所得分配给为多个债权设定的担保之上时,也可以类推适用《民法典》第560条第2款。

在强制执行的情况下,2009年3月30日通过的(《最高人民法院关于在执行工作中如何计算迟延履行期间的债务利息等问题的批复》法释〔2009〕6号)第2条有特别规定:执行款不足以偿付全部债务的,应当根据并还原则按比例清偿法律文书确定的金钱债务与迟延履行期间的债务利息,但当事人在执行和解中对清偿顺序另有约定的除外。

(2) 同种类给付

债务人必须负担多个同一种类的给付,主要是金钱之债或者种类之债。

(3) 给付不足以清偿所有的债务

债务人给付的数额须不足以清偿所有的债务。如果债务人给付的数额足以清偿所有的债务,则不存在确定清偿的是哪一个债务的问题。

---

① Larenz, *Schuldrecht AT*, 14. Aufl., 1987, § 18 I, S. 242.

2. 债务人的指定清偿

给付人具体清偿了哪个债务,原则上取决于给付人在给付时所表示的意思(《民法典》第560条第1款),此即清偿的指定(Tilgungsbestimmung),又被称为清偿的抵充或履行的抵充。① 给付的债务人可以通过抵充之确定排除目的确定上的模糊或者排除对特定债务的清偿效力。

清偿之指定在性质上属于意思表示,是需受领的意思表示,适用《民法典》第137条以下关于法律行为的规定。② 无行为能力人所作的清偿之指定无效。基于错误,给付人可以撤销清偿之指定。

3. 约定清偿

给付人也可以通过与债权人约定的方式确定清偿之顺序。约定可以是明示的,也可以是默示的。比如债务人根据《民法典》第560条第1款给付,而债权人无异议地接受。给付人与债权人通常需在给付前即确定清偿,但也可以事后通过约定确定清偿。如果给付人与债权人约定了清偿顺序,则自始排除债务人单方的清偿确定权。

4. 法定抵充

在债务人没有指定清偿或者约定清偿的情况下,则适用法定抵充规则(《民法典》第560条第2款)。

首先,在多个债务有到期的、有未到期的情况,根据当事人的利益状况以及可推知的意思确定清偿顺序,债务人一般会优先清偿到期之债务(《民法典》第560条第2款第一种情况)。

其次,如果多个债务均到期,从债权人利益角度来看,应首先清偿最不安全之债权,债权的安全程度应根据经济标准确定,具体考虑时效期间、第三人共同责任以及人保与物保等因素。《民法典》第560条第2款第二种情况的规定仅考虑了担保因素,规定债务人优先清偿对债权人缺乏担保或者担保最少的债务。担保最少指的不是担保的绝对数额最少,而是对债权人而言担保利益最少或者担保状况最低的,具体根据担保比例、担保的类型、担保人的信用等进行综合判断。③ 比如,甲对乙负担50万元债务,其上存在50万元担保,而在甲对乙负担的100万元债务上存在60万元担保,在甲支付50万元的情况下,其清偿的应是后一项债务,因为后一项债务上的担保比例小。再如,上述案例中,如果第一项债务上是保证担保,而第二项债务上是抵押,则第一项债务应先抵充。又如,上述案例中,如果提供保证的是一家大银行,则相比有抵押担保的债务,第一项债务受到的担保程度会更强一些,那么应先抵充第二项有抵押担保的债务。

---

① 韩世远:《合同法总论》(第四版),法律出版社2018年版,第427页以下。
② 黄薇主编:《中华人民共和国民法典释义(中)》,法律出版社2020年版,第1070页。
③ 同上。

从债权人安全角度考量,还可以对这里的担保进行扩张解释,如连带债务与一般债务相比,前者对债权人更安全,在债务人清偿时,应优先抵充一般债务。诉讼时效较早过期的债权,对于债权人而言,更不安全,所以,应先获抵充。①

如果数项债务均未到期,债务人可以放弃期限利益,提前清偿债务,此时,债务人先行抵充的也是对债权人缺乏担保或者担保最少的债务。②

再次,如果安全的标准不起作用,债务上均无担保或者担保相等的,则需自债务人角度考虑债务人负担的轻重确定清偿顺序,具体考察利息高低、迟延利息、违约金数额以及债权诉讼系属等因素(《民法典》第560条第2款第三种情况)。

复次,在负担相同的情况下,则考虑债务到期的先后顺序,如甲乙之间存在4月1日到期的债务以及5月16日到期的债务,应先抵充前一个债务(《民法典》第560条第2款第四种情况)。

最后,如果到期先后这一因素仍然无法确定清偿顺序,则推定为按比例清偿数个债权(《民法典》第560条第2款第五种情况)。

5. 主债务、利息、费用的关系

《民法典》第561条处理的是主债权与不具有独立性的从债权之间关系的规则。该条要求债务人负有履行主债务的义务,在逻辑上,即是要求债务人与债权人之间的债之关系必须有效,只有二者之间的债之关系有效,债务人才负有履行主债务的义务。如果合同无效,清偿的分配不适用于本条规则,而是需根据第560条由债务人指定。

债务人履行的主给付与由主给付产生的利息、费用等义务构成一个统一债务,即全部债务。在债务人给付不足以清偿全部债务的情况下,债务人先清偿的是实现债权的有关费用,再清偿利息,最后被清偿的是主债务(《民法典》第561条)。此时,利息之债与费用之债与主债务被看作是需要被分别清偿的多个债。③ 在功能上,该规则属于第560条的补充规则。

费用是指为了实现债权而产生的所有费用,包括保管费用、诉讼费用、强制执行费用。《民法典》第561条适用的前提是就费用方面,基于迟延、不完全给付或者其他法律原因,债权人享有赔偿请求权。

利息是取决于时间的而不取决于利润的、以金钱或可替代物偿还的、使用资本的报酬;是否反复产生并非其本质特征。④ 比如银行贷款利息、作为所失利润赔偿之从

---

① 黄文煌:《清偿抵充探微——法释〔2009〕5号第20条和第21条评析》,载《中外法学》2015年第4期,第1002页。
② 黄薇主编:《中华人民共和国民法典释义(中)》,法律出版社2020年版,第1070页。
③ 韩世远教授认为此时是一个债,但应以数个给付为清偿,参见韩世远:《合同法总论》(第四版),法律出版社2018年版,第428页。
④ Jauernig/Berger,19 Aufl.,2023,BGB §246, Rn. 2.

债权的利息。信贷费用通常也被认为是一种利息。法律原则上禁止复利,利息之上不会再有利息,费用也是如此。被清偿的费用与利息均需已经到期。

如果存在多个附带利息与费用的债务,则要先适用第 560 条。在应先行清偿的债务(按照第 560 条的顺序)全部清偿后,债务人所进行的给付才抵充到第二顺位的债务(也按照第 560 条的顺序)。

对于孳息、使用利益以及从物等从债权,并不适用第 560 条等法定清偿顺序。对于违约金这种从债权,有学者认为,可以适用第 560 条的规则,原则上应优先抵充主债务,然后再清偿违约金债务,因为主债务负担较重。[1]

《民法典》第 561 条属于任意性规范,当事人可以另行约定清偿顺序。但《民法典》第 561 条不允许债务人指定清偿。[2] 在德国法上,债务人可以作出不同的指定清偿,但债权人可以拒绝受领,并不会因此陷入受领迟延,而债务人的给付并不能发生清偿效力。如果债权人受领了给付,那么债务人的指定清偿即具有消灭债务的效力,即使债权人对指定清偿提出异议也是如此。[3] 在德国法上,涉及消费者信贷合同的,优先抵充的是法律追诉费用,其次是所负债务余额,最后是迟延利息,而且对利息不得再计算利息(《德国民法典》第 497 条第 3 款)。

案例:甲欠乙 4000 元买卖余款,1000 元利息与费用。甲支付了 1000 元,并明确指定以此部分支付买卖价款。

在本案中,债务人甲是没有权利自己确定清偿顺序的,数个债的被清偿顺序应根据我国《民法典》第 561 条的规则确定,即费用、利息的清偿,最后才是主债务的清偿。在本案中,如果乙没有保留主张按照法定清偿顺序的前提而受领的,可以认为甲乙通过默示合同改变了法定清偿顺序。

债权人是否已经将给付作为清偿受领,对于债务清偿的抵充没有意义,但对于举证负担有意义。债权人将给付作为清偿受领后,又主张该给付并非所负担的给付或者不完全,从而否认该给付为清偿的,由债权人承担举证责任方为公平。

(七) 清偿的性质

有争议的是,给付效力的发生或者给付效果的产生,通过作出给付行为即可,还是需要一个清偿合同,或者一个法律行为。这一问题事关解释债权人为非完全行为能力人的情况下其受领效力的问题,也即是否要对未成年人予以特殊保护的问题,也关系到对于清偿行为能否适用错误、欺诈等制度的问题以及清偿抵充的问题。

案例:17 岁的甲,基于其法定代理人的同意,以 10000 元将汽车出售于乙。

---

[1] 黄文煌:《清偿抵充探微——法释〔2009〕5 号第 20 条和第 21 条评析》,载《中外法学》2015 年第 4 期,第 1008 页。
[2] 黄薇主编:《中华人民共和国民法典释义(中)》,法律出版社 2020 年版,第 1071 页。
[3] MüKoBGB/Fetzer, 9. Aufl., 2022, BGB § 367, Rn. 1.

某日,甲乙偶遇,乙即将价金支付给甲。甲的法定代理人知道后,主张乙的支付行为不生清偿效力。

1. 合同说

在德国颁布民法典之前,学界通说认为清偿是合同行为。① 根据该学说,债权人与债务人要订立一个新的合同,即给付的提出与对作为清偿的给付之受领。不仅在债务人负有法律行为上的义务时(如所有权移转、债权让与或者基于预约而订立合同),需要一个法律行为,而且在承担作出事实行为或者不作为的义务的情况下,也需要一个法律行为(清偿意思与受领意思的一致)。清偿效力的发生需要事实上的、发生效力的给付以及指向给付发生效力的合同两个要件。也就是说,清偿区分为两部分要件,其一是客观要件,即给与所负担的(Zuwendung des Geschuldeten),其二是主观要件,即关于给与之清偿目的的合意。

在作为清偿的给付之受领中,存在一个关于债权的处分,只有在受领之债权人完全有行为能力的情况下,才有效,在限制行为能力的情况下,只有其法定代理人追认,才有效。② 在上述案例中,没有甲的法定代理人的同意或者追认,乙的支付行为不生清偿效力。

根据合同说,清偿的合意具有法律行为特性,关于法律行为的效力规则均适用于清偿合意。如无行为能力的债权人,无法取得物上所有权,债务人交付标的物的,债权亦依然存在,并没有被清偿;限制行为能力的债权人可以取得物上所有权,但无法与债务人形成清偿合意,所以,债权仍存在,没有被清偿。

合同说没有注意到给付的性质,如果法律行为性质的给付或者债权人的受领表示已经具备,给付产生事实上效果就可以构成清偿,如在劳务、承揽以及不作为的情况下,只要有给付事实行为即可。故有学者提出有限制的合同说,区分通过事实行为清偿与通过法律行为清偿的情况,在前者,清偿为一种事实给付之效果;在后者,清偿则具有法律行为之性质。③

如果认为清偿在性质上是一种合同,那么只能通过一个单独的法律行为才能产生给付效果。例如在负有移转物之所有权的义务的情况下,该法律行为(物权合同)虽然是给付行为的一部分,但并不是清偿合同,当事人之间仍需另行达成清偿合意,由此会使法律关系复杂化。

在债权人必须协助才可以产生给付效果的情况下,该协助涉及的只是给付效果的产生,并不需要特别的作为清偿的受领意思。债权人将提供的物受领为所有权,即

---

① von Tuhr, Zur Lehre vor der Anweisung, Iher JB 48 (1904) 5. von Tuhr, *Der Allgemeine Teil des deutschen Bürgerlichen Rechts*, Ⅲ 82.
② Larenz, *Schuldrecht AT*, 14. Aufl., 1987, §18 I, S. 237.
③ Fikentscher/Heinemann, *Schuldrecht AT & BT*, 12. Aufl., 2022, §38, Rn. 315.

为已足。也就是说,只要该物是所负担的债的标的,债务人已提供该物,且债权人已通过行为受领,就清偿了债务,即使债权人认为应该送给他人或者债权人并不知道是债务之清偿,也是如此。在给付不需要债权人协助甚至债权人根本不知道的场合,事实给付效力说更恰当、更符合实际,如在不作为义务或者劳务以及承揽合同的情况下。而且在这种情况下,债务人也不需要对债权人表示其行为之目的在于清偿债务。甚至在债务人没有考虑这些内容的情况下,其行为也是清偿,如修理花园的行为、不作为的情况以及转账等情况。

在日常生活中,给付义务的消灭取决于对清偿效果的合意,与生活实际也不相符合。① 在日常生活中,债务人进行清偿时,通常不会与债权人达成合意。

2. 事实给付效果说

基于上述理由,有学者反对合同说,并认为清偿不过就是事实给付之效果②,除债务给付行为本身外,原则上并不需要合同或者给付人的指定行为。此即为事实(现实)给付效果理论(Theorie der realen Leistungsbewirkung),为德国的通说。拉伦茨认为,事实给付效果说与债之关系的目的达到即消灭的思想最为吻合。债务人通常以其行为表明其目的在于清偿债务。根据该观点,清偿效果并不取决于债务人对给付受领人有明确表示;也不取决于受领人对给付之目的确定予以同意,即使债权人认为债务人给付的物是赠与的而不是用来清偿的,甚至债权人受领的是其不知道的债务,债务人提出的给付也会发生清偿效力。比如,园艺师在花园主人不在的情况下修剪树枝、草坪,只要园艺师完成自己的工作,也会产生清偿效力。在债务人负担不作为义务的情况下,即使其没有意识到在履行义务,只要其不作为,也就清偿了债务。③

有反对意见认为,事实给付效果说无法说清该给与行为如何归属于该债之关系。④ 不过,在债权人与债务人只存在一个债之关系的情况下,这种指向关系是比较明确的,并不需要归属性合同,只要通过给付行为即可导致给付效果,债务人以可认知的方式提出符合所负担的债务即可。⑤ 在大部分情况下,只要与特定债务的关联很明显,就足以构成清偿,如提供劳务、交付或者不作为。在债权人与债务人存在多个债之关系而债务人的给付又不足以清偿全部债务的情况下,则需要债务人单方对清偿进行指定或者双方进行约定。

根据事实给付效果说,对于受领之权限(Empfangszuständigkeit,并非受领意思)适用法律行为规则,限制行为能力人缺乏受领之权限,对其给付并不发生清偿之效力,其清偿需要其法定代理人的同意。因为清偿会导致债务之消灭,对于限制行为能力

---

① Looschelders, *Schuldrecht AT*, 21. Aufl., 2023, §17, Rn. 20.
② Larenz, *Schuldrecht AT*, 14. Aufl., 1987, §18 I, S. 238.
③ A. a. O., S. 239.
④ Gernhuber, *Die Erfüllung und ihre Surrogate*, 2. Aufl., §5 II, S. 107.
⑤ MüKoBGB/Fetzer, 9. Aufl., 2022, BGB §362, Rn. 6 ff.

人构成法律上的不利益。

基于上述原因,本书认为,事实给付效果说更合理,也同样可解决限制行为能力以及给付需要确定的问题,只不过要借助受领权限之规则。在上述案例中,根据事实给付效果说,乙对甲的付款也不具有清偿效力,因为未成年人没有清偿所必需的受领权限。① 甲的父母可以再次请求清偿。由于所有权的取得对于甲而言是纯获利益的,所以,甲取得了货币的所有权。不过,在甲的父母不追认的情况下,乙可以向甲主张不当得利返还。但如果在此期间,甲花掉了这笔钱,依据《德国民法典》第818条第3款,甲可以主张得利不存在而不予以返还。

3. 目的给付效力说

事实给付效果说彻底否定了清偿中的意思因素,但如果完全不承认清偿中的意思因素,就没有给出给与(Zuwendung)归属于某债之关系的基础或原因。当然,在大多数情况下,给与基础是清楚的,但在代物清偿以及清偿多个债务之一的情况下,则无法解释清偿指向的是哪一个债务。

> 案例:甲对乙连续负担三笔债务,分别为10万元,清偿期限均届满。甲现在给付10万元,但主张先清偿第二笔债务。

格恩胡贝尔(Gernhuber)提出了目的给付效力说(Theorie der finalen Leistungsbewirkung)。根据该学说,在事实给付效果之外,还需要一个单方的目的确定(Zweckbestimmung)之意思。② 清偿效力的发生,并不要求合同,也不需要对合同目的进行约定,而是由给付方单方确定给付目的,确定给付与某一特定债务相关。因为单方的目的确定并不指向法律效果,即清偿效果之产生,而只具有归属之功能,故单方的目的确定并非法律行为,而是准法律行为。虽然给付人需要作出表示,但多为默示。目的确定的根据是不当得利法中有目的不达类型,但由此根据只能得出债务人可以确定给付的目的,而没有债务人的目的确定之意思,也可以出现清偿效果。

目的给付效力说的问题很明显,其认为默示表示亦为已足。③ 而且,只有在清偿确定或抵充的情况下,或者在第三人代为清偿等例外情况下,才需要债务人目的确定之意思。在经过银行转账的情况下,也需要债务人明确其清偿的是银行的债,还是特定债权人的债。所以,目的给付效力说仅在例外情况下有说服力,不足以作为清偿性质的一般学说。

4. 法律行为新说

菲肯切尔(Fikentscher)基于对合同说以及事实给付效果说的反思,提出了折中

---

① Medicus/Lorenz, *Schuldrecht AT*, 22. Aufl., 2021, §21, Rn. 13.
② Gernbuber, Die Erfüllung und ihre Surrogate, 2. Aufl., 1994, §5 Ⅱ, S. 110 f.
③ 陈自强:《契约之内容与消灭——契约法讲义Ⅱ》(第四版),元照出版有限公司2018年版,第306页。

说,区分通过事实行为清偿与通过法律行为清偿的情况。在前者,如劳务给付、不作为、通知与告知等,清偿为一种事实给付之效果;在后者,清偿则具有法律行为之性质,故此,是否清偿,需要债权人与债务人有清偿之意思。① 但菲肯切尔认为,清偿本身并不必然具有合同性质,在债权合同以及物权合同之外,并不存在独立的清偿合同,否则,在买卖情况下会出现五个合同。清偿中包括对该清偿效力或效果的合意,但该清偿本身内含的合意并非独立的合同,只是根据合同原则处理,并具有法律行为特征。②

对于清偿的性质解释的多样性,与问题覆盖面以及法律规定本身的模糊有关。本书认为,基于私法自治以及债务人自由的要求,在清偿时需要有一个主观要素,债务人单方的意思决定即可。如此,对于债务人的清偿行为得适用法律行为的所有规则;受领过程中亦存在一个法律行为,受领人非完全行为能力者,对其清偿原则上不具有清偿效力,如精神病人甲对乙负有合同上的义务,向乙提供房间,尽管乙顺利地使用了该房间,但不愿意支付约定的价款,因为无行为能力的甲不能履行该合同,受领给付。而在清偿抵充、代物清偿等情况下,认定清偿的法律行为属性,则更为合理。

二、代物清偿

对于提供他物以供清偿的情况,按照当事人的意思,可以被分为三种情况:其一是代物清偿,以新债务清偿旧债务,旧债务消灭;其二是新债清偿,先以新债清偿,清偿实现不了的,再就旧债获得清偿,这是一种具有担保性质的清偿替代方式;其三是为了担保而给付,先就旧债获得清偿,清偿不了的再就新债获得清偿,例如设定质权、抵押、让与担保等。

(一) 代物清偿的概念

代物清偿,也可以被称为替代清偿的给付(Leistung an Erfüllung statt),是指债权人受领他种给付,以代原定给付,从而使得债之关系消灭。

债务人以所负担的给付以外的给付履行,并不会发生清偿效果。但是,如果当事人在原有债之关系之外另有约定,那么在债务人提供他物以供清偿、债权人受领的情况下,他种给付即可以代替原给付发生清偿效力。如果当事人之间没有约定,则债务人所进行的替代给付缺乏法律原因,债务人得基于不当得利请求返还。

债务人将价款转入债权人账户,是否为代物清偿,颇有疑问。价款金额一旦被记入债权人账户后,债权人即获得其所应得的给与,故应是清偿,而非代物清偿。不同意见认为,这里的实质应以对银行的债权替代了现金支付,转账也即代替清偿之给

---

① Fikentscher/Heinemann, *Schuldrecht AT & BT*, 12. Aufl., 2022, § 38, Rn. 315.
② A. a. O.

付。从实际效果来看,第一种学说值得赞同。

(二) 代物清偿的性质

案例:债务人甲说服债权人乙,接受一台电视机,替代 500 元的借贷。事后发现,电视机被偷或者是有瑕疵的。故现在乙要求支付 500 元。

有疑问的是,在代物清偿时,是否出现了新的合同?债务人是否应对新提出给付标的物承担瑕疵担保责任?从权利以及担保权利是否依然存在?在本质上,这些问题涉及的是代物清偿的性质的问题。对此,学说上有不同观点。

1. 有偿合同说

德国早期学说为有偿合同说,该说认为代物清偿是有偿的交换合同,原债权消灭的对价是提出替代清偿的给付。① 在代物清偿的情况下,债务人提出的给付所依据的基础并没有变为所谓"依据变更合同",仍然是与原来所负担不同的给付,但债务人提出该给付对于债的消灭而言与提出原来所负担的给付具有同等效力。

在有偿合同说下,债务人对替代给付的瑕疵承担责任也不仅仅根据买卖合同规则。债务人还是应在通过原有给付清偿情况下其所应负担的物之瑕疵的范围内对该提出的物承担瑕疵担保责任。根据这种理解,如果原有给付涉及的是赠与合同,那么要适用瑕疵担保责任规则(《民法典》第 662 条);如果原有给付涉及的是买卖合同,则适用买卖合同的瑕疵担保责任规则(《民法典》第 615 条)。在上述案例中,电视机有瑕疵的,债务人应依据第 615 条以下承担瑕疵担保责任。

2. 清偿合同说

反对者认为,替代清偿的给付(代物清偿)指向的并不是新的债之关系的设立,而是既有债务的消灭。原债之关系仍是给付的原因,并确定了给付的保持力以及可返还的前提。② 所以,代物清偿不可能是有偿合同,也不可能是债的更新,而是一种特别的清偿合同。清偿合同说是德国目前的通说。③ 清偿合同说认为,当事人在原债之关系之外达成了关于"替代物"的清偿效力的合同。在给付行为之外尚需要一个特别合同,其内容是约定提出并受领该给付以替代清偿,而债权人放弃旧有的债权。④

基于清偿合同说,当事人双方都需要有行为能力。如果没有特别约定,担保以及优先权随着旧债消灭而消灭。⑤

3. "债的变更"合同说

不同学说认为,应将代物清偿合意解释为系双方当事人就给付标的之变更所订

---

① MüKoBGB/Fetzer, 9. Aufl., 2022, BGB § 364, Rn. 1.
② A. a. O.
③ A. a. O.
④ Larenz, *Schuldrecht AT*, 14. Aufl., 1987, § 18 IV, S. 248.
⑤ Jauernig/Stürner, 19 Aufl., 2023, § § 364, 365, Rn. 1.

立的债的关系内容变更合同。① 该说认为,在代物清偿的情况下,当事人就给付标的达成了一个事后的合同变更约定。其特别之处在于,原给付标的的变更与被变更债务的清偿是同时进行的,并彼此绑在一起,将变更与债的实现结合在一起。代物清偿是一种特别的给付制度,应限定在有偿合同的情况下。对于代物清偿的标的物,债务人承担出卖人责任。

还有学者进一步主张特殊的债的变更合同说,认为代物清偿是以他种给付替代原定给付为其内容,而非变更原定债务据以产生的合同的性质,合同同一性并不因代物清偿目的约定而丧失。②

上述观点值得商榷,在代物清偿的情况下,债权人并不希望放弃其债权,而是认为新给付清偿了既有的债权。其合同内容是提出的给付应发生清偿债务之效力,是关于作为清偿的给付效果的合同。如果按照该说,债务人提出他种给付是依约履行变更后的合同,而非代物清偿,这样的结果与当事人的意思不相符合。

4. 评价

在替代给付的标的物有瑕疵的情况下,根据清偿合同说,当事人可以解除该清偿合同,但其效力不涉及原债权,清偿合同消灭,原债权仍存在,债权人仍可以主张该债权。但在有偿合同说下,债权已经为替代清偿所清偿,不能自动复活,债务人必须再次通过合同与债权人约定新的债权。由此,根据前者,原债权的从权利继续存在,而根据后者,原债权的从权利不复存在。

有学者认为,根据有偿合同说,原债权亦可重新成立。因为代物清偿涉及的是处分行为,解除权规则可以准用于处分行为,但在效力上,处分行为直接作用于权利,所以,处分之回复必然直接排除其效果。也就是说,在解除表示作出后,债权人的债权自动复活,只有这样才可以完全保障债权人,其抗辩、担保均不会丧失。③ 此种解释并不符合当事人之意思,在代物清偿的情况下,债权人应承担替代债权实现不了的风险,同时,债权人也享有标的物价值超过原债权的利益。

其实,当事人之间既不存在变更合同,也不存在交换性质的有偿合同,而是存在一种清偿约定。清偿约定的内容是提供的替代给付具有清偿债务的效力。当事人可以在清偿前、清偿时以及清偿后订立该清偿合同。④

(三) 代物清偿发生清偿效果的构成要件

1. 须当事人双方有债之关系存在

要构成代物清偿,首先需要当事人双方存在有效的债之关系。原债之关系是给

---

① Gernhuber, *Die Erfüllung und ihre Suttogate*, 2 Aufl., §5 I, S. 95 f. 187 f.; Staudinger/Olzen, §364, Rn. 10; Larenz, *Schuldrecht AT*, 14. Aufl., 1987, §18 IV, S. 248.
② 陈自强:《契约之内容与消灭——契约法讲义Ⅱ》(第四版),元照出版公司2018年版,第333页。
③ Fikentscher/Heinemann, *Schuldrecht AT & BT*, 12. Aufl., 2022, §39, Rn. 322.
④ Medicus/Lorenz, *Schuldrecht AT*, 22. Aufl., 2021, §22, Rn. 10.

付的原因,如果原债之关系无效或者被撤销,则债务人可以基于不当得利请求债权人返还代物清偿之物,而非替代给付抵偿的价值。

2. 代物清偿合意

有效的代物清偿,以债务人或第三人与债权人间成立代物清偿合意为前提,即当事人之间以他种给付代替原定给付的清偿目的的约定。

当事人之间的合意通常与给付的提出是关联在一起的。债务人提出替代给付,而债权人使用或者出让该给付的,即可认定当事人默示达成合意。通常没有所谓单纯代物清偿的问题,即债务人没有现实提出给付,或债权人没有受领的情况下的代物清偿约定。① 如果代物清偿合同无效或者被撤销,则债务人需履行原给付义务,因为原给付义务在代物清偿合意之后仍然存在。

当事人可以在给付发生效力之前或者之后达成代物清偿合意。在我国司法实践中,当事人在给付之前达成代物清偿合意的情况比较多,法院多承认这种约定的效力,认为的确不能因为当事人没有交付"代物清偿"标的物,即否认该约定的效力。② 如甲出期票做抵,由乙借款3500元,约定如于清偿期不履行票据债务,则甲应无偿以房屋交与债权人乙,此种情况应认定为代物清偿预约,债务人因此负担任意债务。③ 但问题的关键在于如何解释这种不含有替代物交付或受领事实的合同的性质。当事人在清偿之前约定代物清偿的情况,会出现所谓的单纯代物清偿约定的情况,但此时的清偿约定常常被解释为约定的代替权,即任意之债。④ 具体如以旧换新的情况,旧车价值替代价款给付的一部分。⑤ 从意思表示解释角度来看,很难认定此时当事人在订立预约,而不是订立本约。而且如果认为此时订立预约,最终的法律效果也是债务人负担任意之债。但是,预约合同本质是为了订立本约而订立的合同,其法律效果应是订立本约,而非直接使得债务人承担任意之债。另外,当事人在这里的意思也非约定任意之债。所以,预约合同说并不成立。

当事人行使了替代权(自始就约定的情况)或者债务人提供替代物,而债权人按照代替清偿受领的,才免除债务人原给付义务。⑥ 此时的代物清偿合同具有独立性,无所谓要物与否,也不需要通过预约制度予以处理。

在代物清偿合同订立后,如果债务人不履行,债权人可以请求其履行,甚至在有代替权情况下,债权人可以自己决定行使。在债务人以不动产代物清偿的情况下,仅

---

① 相关争议,详见王洪亮:《以物抵债的解释与构建》,载《陕西师范大学学报(哲学社会科学版)》2016年第6期。
② 崔建远:《合同法》(第四版),北京大学出版社2021年版,第140页。
③ 史尚宽:《债法总论》,中国政法大学出版社2000年版,第816页。
④ Jauernig/Stürner, 19. Aufl., 2023, §364 Rn. 2.
⑤ Looschelders, *Schuldrecht AT*, 21. Aufl., 2023, §17, Rn. 21.
⑥ Larenz, *Schuldrecht AT*, 14. Aufl., 1987, §18 IV, S. 247.

有单纯代物清偿合意时,债权人可以基于该合意,请求债务人移转登记该不动产。①

在达成代物清偿的约定以及一方当事人享有代替权的情况下,债务人负担的仍然是原来的给付,与债之更新或更改均不相同。也就是说,事前授予的提供替代给付的权利,并没有干涉既有债之关系,而是在既有债之关系之外与之并存。②

债务人以他种给付替代原定给付,债权人拒绝受领,并无受领迟延之问题。如果债权人同意以他种给付替代原定给付,也可以达到消灭债务的目的。

第三人提出他种给付以代物清偿的,通常需要当事人之间的约定,但第三人与债权人约定,也是可以的。而债务人向第三人代物清偿的,则需要债权人授权。③

3. 债务人实际提出他种给付

(1) 发生代物清偿效力的要件

债务人实际提出他种给付,始得成立代物清偿。故有学者由此推论,代物清偿为要物合同。④ 但这种推论是不符合逻辑的,债务人实际提出他种给付是发生代物清偿效力的要件,并非代物清偿约定的要件。

最高人民法院在(2011)民提字第 210 号"成都市国土资源局武侯分局与招商(蛇口)成都房地产开发有限责任公司、成都港招实业开发有限责任公司、海南民丰科技实业开发总公司债权人代位权纠纷案"的民事判决书中承认代物清偿制度,并认为其具有诺成效力,支持了双方当事人代物清偿协议产生给付项目用地使用权的义务,只是需要债权人现实受领给付才产生清偿效力。该判决成为 2012 年《最高人民法院公报》颁布的指导性案例,在其摘要中却改变了上述判决立场:"债务人与次债务人约定以代物清偿方式清偿债务的,因代物清偿协议系实践性合同,故若次债务人未实际履行代物清偿协议则次债务人与债务人之间的原金钱债务并未消灭。"2014 年《江苏省高级人民法院关于以物抵债若干法律适用问题的审理纪要》采取的仍是代物清偿协议为要物合同的立场。

要物合同的观点混淆了合同要物性与代物清偿发生效力的机制,在前者,债务人不交付标的物,合同不生效力,而在后者,债务人实际提出他种给付、债权人需受领之后,代物清偿才发生效力。而且,要物合同制度的目的在于使当事人在交付物之前保有慎重考虑的机会,可以反悔,而代物清偿之目的不在于债务发生,而在于消灭原定债务,如套用要物合同概念,实际上是让承诺以他种给付代替原定给付之人保有反悔的机会。⑤ 反面思考,即使不将之定位为要物合同,根据代物清偿合同之内容也可以

---

① 陈自强:《契约之内容与消灭——契约法讲义 Ⅱ》(第四版),元照出版有限公司 2018 年版,第 334—335 页。
② MüKoBGB/Fetzer, 9. Aufl., 2022, BGB §364, Rn. 2.
③ A. a. O., Rn. 4.
④ 崔建远、韩世远、于敏:《债法》,清华大学出版社 2010 年版,第 163 页。
⑤ 陈自强:《契约之内容与消灭——契约法讲义 Ⅱ》(第四版),元照出版有限公司 2018 年版,第 334 页。

得出,在未现实提出他种给付的情况下,原债权并不消灭。所以,本书认为,代物清偿合同并非要物合同,而是诺成合同。目前的司法实践也逐渐承认了代物清偿合同的诺成性。①

(2) 代物清偿协议签订时间限定的合理性

《民法典合同编通则解释》第 27 条第 1 款明确规定,债务人或者第三人与债权人在债务履行期限届满后达成以物抵债协议,不存在影响合同效力情形的,人民法院应当认定该协议自当事人意思表示一致时生效。也就是说,《民法典合同编通则解释》认可了代物清偿合同的诺成性。② 值得注意的是,《民法典合同编通则解释》将代物清偿协议限定在于债务履行期限届满后签订的情况下,而债务履行期限届满前的以物抵债协议则被认定为担保型以物抵债协议(《民法典合同编通则解释》第 28 条)。

根据以物抵债协议签订的时间区分清偿型以物抵债协议以及担保型以物抵债协议是我国司法实践经验的总结。主要理由有三:其一,债务履行期限届满前约定的以物抵债,多为担保,而债务履行期限届满后约定的以物抵债则多为替代清偿。其二,既然债务履行期限届满前约定的以物抵债是担保,那么,就存在流押、流质的问题,该约定可能因此而无效;而债务履行期限届满后约定的以物抵债,就不存在流押、流质的问题。其三,债务履行期限届满前约定的以物抵债,其后交付的抵债物的价值会发生变化,因为没有清算环节,可能导致当事人利益显失公平。③

这三个理由都不能成立。首先,当事人的真实意思到底为何,与以物抵债协议发生的时点并无直接关系,在债务履行期限届满后,当事人当然也可以约定以物抵债形式的让与担保。反过来,在债务履行期限届满前,当事人也可以约定替代清偿的以物抵债。具体是清偿型以物抵债还是担保型以物抵债,根据当事人的意思确定即可。在司法实践中,常有当事人约定以订立买卖合同作为借贷合同的担保④,借款到期后借款人不能还款,出借人即可以请求履行买卖合同。这一约定通常被解释为担保约定,被担保的债权仍是基于借贷合同产生的偿还贷款请求权,而债务人提供的担保标的物为买卖合同的标的物,通过订立买卖合同,约定将来将标的物所有权移转给债权

---

① "通州建总集团有限公司与内蒙古兴华房地产有限公司建设工程施工合同纠纷案",最高人民法院(2016)最高法民终 484 号民事判决书,载《中华人民共和国最高人民法院公报》2017 年第 9 期。

② 最高人民法院民事审判第二庭、研究室编著:《最高人民法院民法典合同编通则司法解释理解与适用》,人民法院出版社 2023 年版,第 310 页以下。本书认为,可以将以物抵债称为中国式的代物清偿。

③ 同上。

④ "朱俊芳与山西嘉和泰房地产开发有限公司商品房买卖合同纠纷案",最高人民法院(2011)民提字第 344 号民事判决书,载《最高人民法院公报》2014 年第 12 期;"首都机场地产集团有限公司与三能达置业有限公司企业借贷纠纷案",最高人民法院(2008)民二终字第 111 号民事判决书;"汤龙、刘新龙、马忠太、王洪刚诉新疆鄂尔多斯彦海房地产开发有限公司商品房买卖合同纠纷案",最高人民法院(2015)民一终字第 180 号民事判决书。

人作为担保。所以,借款人不能请求实际履行买卖合同,只能请求变价。《民间借贷解释》第23条第2款规定,按照民间借贷法律关系审理作出的判决生效后,借款人不履行生效判决确定的金钱债务,出借人可以申请拍卖买卖合同标的物,以偿还债务。就拍卖所得的价款与应偿还借款本息之间的差额,借款人或者出借人有权主张返还或者补偿。在逻辑上,出借人可以申请拍卖买卖合同标的物的前提包括:一是在买卖合同标的物上完成担保的设定,即借款人为了担保而将标的物所有权让与给出借人,若是不动产,应进行过户登记(《民法典合同编通则解释》第28条、《民法典担保制度解释》第68条);二是符合《民法典》第410条第2款、《民事诉讼法》第207条担保物权实现特别程序的构成要件。

其次,既然在债务履行期限届满前后,当事人都可以约定以物抵债形式的让与担保,那么,在债务履行期限届满前后,均存在流押、流质的问题。依照现行法,流押、流质条款无效,但不影响合同其他部分的效力。

最后,不论是在债务履行期限届满前,还是在债务履行期限届满后,如果当事人约定的是替代清偿性质的代物清偿协议,那么都存在没有清算环节导致利益失衡的问题,但这是当事人愿意承担的风险。而且,对于当事人双方而言,可能获利,也可能受损,并非一定不利于当事人。

(3) 他种给付的类型

他种给付既可能给付动产,也可能给付不动产,还可能给付对第三人的请求权(债权)、其他权利或者劳务与承揽。

(4) 解释

在债务人提出他种给付时,必须先进行解释。在债务人为了清偿债务而设立新的债务时,如果存有疑义,通常解释为新债清偿。只有在债权人承担他种给付变价风险的情况下,才可以解释出当事人代物清偿的合意。

> 案例:甲向乙借款100万元,还款期满时,甲同意以其价值100万元房屋代替原定还款义务。

在上述案例中,如果当事人的意思是,在约定代物清偿后,甲即负有移转房屋所有权并进行变更登记之义务,甲以房屋给付替代还款义务后,甲乙之间不存在清算关系,那么当事人的约定就应被解释为代物清偿。①

4. 债权人受领他种给付

如果债务人提供的给付并非所负担的给付,那么只有在债权人作为清偿接受该

---

① 最高人民法院民事审判第二庭编著:《〈全国法院民商事审判工作会议纪要〉理解与适用》,人民法院出版社2019年版,第301页。

他种给付的情况下,债之关系才消灭(《民法典合同编通则解释》第 27 条第 2 款第一种情况)。

(四) 法律效果

1. 原债权的消灭

代物清偿构成后,原债权消灭,附随性的从权利(如保证、质权等)也随之消灭。债权人在为替代清偿而移转给他的标的物上则取得了无限制的法律地位,可以出卖或者持有,也可以任由其腐烂,但自己要承担损失。债权人承担替代给付标的物价值贬损的风险,也承担使用不能的风险,但同时也享有该标的物超出原债权价值的利益。也就是说,债权人是用自己的原有债权去交换为代物清偿所获得的标的物,给付无论高于或低于原定给付价值,均无须清算其中的差额。① 当然,债权人与债务人可以约定清算差额。中国台湾地区有裁判即认为:"代物清偿经成立者,无论他种给付与原定之给付其价值是否相当,债之关系均归消灭。"②在"周晓萍与德恒证券有限责任公司委托理财纠纷案"中,当事人以股票清偿本金损失。法院认为,被上诉人以股票清偿上诉人本金损失,系以物抵债的代物清偿行为。代物清偿成立后,对应的债之关系消灭,债消灭之后抵债之物的价值变化不影响债的清偿效力。③

2. 瑕疵担保责任

债务人提供的代物清偿标的物有瑕疵的,其应对债权人承担瑕疵担保责任。但该责任依据的是原债之关系,原债之关系为赠与合同的,债务人依据赠与合同的瑕疵担保责任承担责任。原债之关系为买卖合同的,债务人依据买卖合同的瑕疵担保责任承担责任(《民法典》第 615 条以下)。《江苏省高级人民法院关于以物抵债若干法律适用问题的审理纪要》也规定,对于代替物的瑕疵问题应适用买卖合同中的瑕疵担保责任。在债权人接受替代清偿的标的物之后,才会适用瑕疵担保责任规则。

替代物有瑕疵的,原债权不能自动回复,必须由债权人再行主张。债权人可以要求债务人赔偿损失,而赔偿损失的内容就是恢复原状,即恢复原债权的请求权;债权人也可以请求解除合同,进而根据《民法典》第 566 条,债权人可以请求恢复原状,也即恢复原债权的请求权。④ 债务人还负有义务另行设定担保。如果不能重新设定,如第三人不愿意再提供担保,则债务人应承担损害赔偿责任,但由于原债权已经恢复,该赔偿责任没有实际意义。如果债权人主张的是减价,则相应减少原债权,但剩余部分的原债权还是得以重新确立。

如果是第三人进行的代物清偿,则应由该第三人承担瑕疵担保责任。但在第三人代物清偿的情况下,重新恢复原来的债权,通常是不可能的,因为一般情况下,债务

---

① 王利明:《合同法研究》(第二卷),中国人民大学出版社 2003 年版,第 325 页。
② 陈自强:《无因债权契约论》,中国政法大学出版社 2002 年版,第 260 页。
③ 上海市高级人民法院(2009)沪高民二(商)终字第 43 号民事判决书。
④ 崔建远:《以物抵债的理论与实践》,载《河北法学》2012 年第 3 期,第 26 页。

人不会同意。

3. 物权变动

代物清偿的他种给付之标的物为动产且被交付或者替代交付给债权人的,标的物所有权也移转给债权人。代物清偿的他种给付之标的物为不动产的,则不仅要移转占有给债权人,还需要过户登记给债权人,不动产所有权方为移转。代物清偿的他种给付之标的物为债权的,通常在当事人达成合意时,债权即移转给债权人。

根据当事人达成的以物抵债协议作出的以物抵债调解书或者对以物抵债协议的确认书并不是导致物权发生变动的法律文书,所以,人民法院作出的以物抵债调解书和确认书生效时,物权并不发生变动效力。① 债权人主张财产权利自确认书、调解书生效时发生变动或者具有对抗善意第三人效力的,人民法院不予支持(《民法典合同编通则解释》第27条第3款)。这里的对抗善意第三人效力主要是指可以对抗善意第三人提起的强制执行,也就是说,债权人不能依据以物抵债调解书和确认书排除对"代位物"的强制执行措施。②

当事人基于以物抵债协议提出给付之诉,人民法院作出裁决的,该裁决也不是导致物权发生变动的法律文书,而是就给付义务强制执行的执行名义。③

值得注意的是,人民法院在执行程序中作出的拍卖成交裁定书、以物抵债裁定书,却是导致物权设立、变更、转让或者消灭的人民法院的法律文书(《民法典物权编解释(一)》第7条、《民法典》第229条)。

依据《民事诉讼法解释》第489条,经申请执行人和被执行人同意,且不损害其他债权人合法权益和社会公共利益的,人民法院可以不经拍卖、变卖,直接将被执行人的财产作价交申请执行人抵偿债务。而拍卖成交或人民法院依照法定程序裁定以物抵债,标的物所有权自拍卖成交裁定或者抵债裁定送达买受人或者接受抵债物的债权人时转移(《民事诉讼法解释》第491条)。

(五) 与代替权的区别

含有代替权的债之关系也被称为任意之债,在任意之债的情况下,债务人或债权人得以他种给付代替原定给付。

> 案例:甲出售房屋于乙,价金200万元,同时约定,乙得以同价值的古董替代价金的给付。

此案中,乙享有代替权,但在行使代替权之前,仍可以给付价金,甲不得拒绝;如

---

① 吴光荣:《〈民法典合同编通则解释〉关于以物抵债规定的适用》,载《中国应用法学》2024年第3期,第203页。
② 最高人民法院民事审判第二庭、研究室编著:《最高人民法院民法典合同编通则司法解释理解与适用》,人民法院出版社2023年版,第310页以下。
③ 杨巍:《合同通则原理与案例》,中国民主法制出版社2024年版,第559页。

果乙行使代替权,则乙即负有交付古董并使甲获得所有权的义务。当事人约定代替权,原定给付并不立即消灭。只有在债务人履行他种给付、债权人受领的,原定债权才消灭。这与代物清偿的情况基本上相同,只是在债务人有代替权的情况下,债权人不得拒绝受领替代给付。①

在债权人享有代替权的情况下,债务人没有给付代替物之前,债之标的仍为原定给付。也就是说,没有债务人的配合,债权人的代替权并无实际意义。故有学者将此种情况下的代替权行使解释为代物清偿,不过此时债权人得以一方的意思表示将原定给付变更为他种给付②,如在上述案例中,如果代替权在甲,则甲一旦作出代替权行使表示,就得向乙请求给付古董,乙给付后,原价金给付即为消灭。

三、新债清偿

(一)概述

1. 概念

所谓新债清偿,是指债权人受领某一不合债之本旨之给付,经给付者与债权人间之合意,借由债权人取得该给付之变价而生之利益,进而发生债务清偿之效力。在此种情况下,给付者与债权人间并未约定变更原定债之关系的内容。

为了满足债权人的利益,债务人通常承担一个新的债务,为债权人提供更高的担保或者减轻权利追索的难度,此即为新债清偿,亦被称为"为清偿而给付"(Leistung erfüllungshalber),具体如接受票据或者独立于债之原因的抽象债之允诺(比较《德国民法典》第780条)或者承认(比较《德国民法典》第781条)。此时,就债务人一方来看,原债务存在,并承担新债务;就债权人一方来看,债权人有两个债权,指向同一目的。为清偿之给付的情况下,基于原债之关系的抗辩权不得对抗新债权,清偿因此会变得容易。

> 案例:甲向乙借款100万元,借款返还清偿期届至,甲向乙签发支票,票面金额为100万元。

在此案中,甲与乙的借款债权依然存在,除此之外,甲与乙通过"为清偿而给付"合同,约定负担票据债务的目的,以及在清偿新债务之前旧债务仍然存在。但票据债务本身是基于出票行为而产生的,并非基于"为清偿而给付"合同而发生。

债务人或者第三人与债权人在债务履行期限届满后达成的以物抵债协议自当事人意思表示一致时生效(《民法典合同编通则解释》第27条第1款)。而以物抵债协议原则上为新债清偿。所以,新债清偿协议是诺成性的,而非要物性的。

---

① 陈自强:《契约之内容与消灭——契约法讲义Ⅱ》(第四版),元照出版有限公司2018年版,第336页。

② 同上书,第337页。

在原债务不存在的情况下,债务人仍应基于新债承担义务,但此时债权人应负有不当得利返还之义务。

在债被清偿以前,原债权处于暂时中止状态,除非当事人之间另有约定。

2. 第三人新债清偿

第三人代为清偿的(《民法典》第524条第1款、《民法典合同编通则解释》第30条),在金钱之债的情况下,只能通过支付金钱,而不能通过替代给付、提存或者抵销等方式进行给付。①

但是,第三人可以与债权人订立以物抵债协议,约定新债清偿。至于第三人与债务人的关系,具体看二者之间是否存在委托合同,或者第三人是否基于无因管理而为新债清偿,并基于委托合同或者无因管理处理第三人与债务人之间费用、求偿等问题。②

3. 无权处分与新债清偿

债务人或者第三人以自己不享有所有权或者处分权的财产权利订立以物抵债协议的,依据《民法典合同编通则解释》第19条的规定处理(《民法典合同编通则解释》第27条第4款)。原则上,债务人或者第三人不享有处分权并不影响新债清偿的效力。但是,因未取得真正权利人事后同意或者让与人事后未取得处分权导致合同不能履行的,债权人可以行使选择权,主张解除以物抵债合同,并请求债务人、第三人承担缔约过失损害赔偿责任。不过,债权人也可以主张恢复旧债的履行。③

如果债务人或者第三人已经将财产交付或者移转登记至债权人,真正权利人可以请求认定财产权利未发生变动或者请求返还财产,但是,债权人可以根据《民法典》第311条主张善意取得。

(二) 与代物清偿的区别

新债清偿(为清偿而给付)不同于代物清偿。在代物清偿的情况下,债务人履行替代给付后,原定债务即不再是双方当事人债之关系的内容,债权人没有向债务人请求履行原定债务之权利,债权人承担替代给付无法实现的风险。而在新债清偿(为清偿而给付)的情况下,如果债权人实现新债未果的,得向债务人请求原定债务之履行,因为原定债务并未因新债而消灭,债权人并不承担新债无法实现的风险。

就瑕疵担保责任而言,于代物清偿情况下,如果认为债务人替代给付履行即发生清偿效力的,债务人就该替代给付的瑕疵承担担保责任;而在为清偿而给付的情况下,就新债的实现,债权人与债务人之间的关系准用委托合同之规则。委托合同关系中委托人对受托人并无瑕疵担保责任,同样,对于新债的瑕疵,债权人只能根据新债

---

① Brox/Walker, *Allgemeines Schuldrecht*, 46. Aufl., 2022, §12, Rn. 4.
② 杨巍:《合同通则原理与案例》,中国民主法制出版社2024年版,第557页。
③ 最高人民法院民事审判第二庭、研究室编著:《最高人民法院民法典合同编通则司法解释理解与适用》,人民法院出版社2023年版,第317页。

清偿(为清偿而给付)的合同处理。

1. 任意性规则

依据《民法典合同编通则解释》第 27 条第 2 款,债务人或者第三人履行以物抵债协议后,人民法院应当认定相应的原债务同时消灭;债务人或者第三人未按照约定履行以物抵债协议,经催告后在合理期限内仍不履行的,债权人可以选择请求履行原债务或者以物抵债协议。在以物抵债协议履行之前,旧债与新债并存,附随于旧债的担保仍然有效。也就是说,《民法典合同编通则解释》第 27 条第 2 款原则上将以物抵债协议认定为新债清偿。①

民法上规则多为任意法规则,也即缺省规则。而缺省规则应是根据当事人可推知的意思确定的,只有这样,制定出来的任意性规则才是最符合当事人的意思的,才能为当事人乐于接受。在实践中,当事人无须特别约定就可以将之作为合同内容的一部分。如此一来,会为当事人节省交易成本。如果缺省规则不是按照这一思路指定的,那么当事人就会有针对性地另行约定,避免缺省规范所带来的法律效果。② 但这样一来,不仅会增加当事人的交易成本,也会增加当事人之间的约定不被法院承认的风险。《民法典合同编通则解释》第 27 条第 2 款将以物抵债协议规定为新债清偿,从缺省规则角度看,有一定的合理性。

2. 解释规则

当事人约定的是代物清偿还是新债清偿,取决于当事人之合意的解释(《民法典》第 142 条)。在代替原有给付提供另一个给付的情况下,需要根据当事人的意思判断,随着另一个给付的提供被清偿的债务是消灭了,还是与新承担的给付并存。如果需被清偿的债务消灭,即为代物清偿,否则就是为清偿而给付。在实质上则应具体判断债权人是否愿意完全承担新债权的变价风险,如果是,则是代物清偿,如果不是,则为新债清偿。

金钱债务人将物之所有权让与给债权人的,如果债权人自标的物的变价获得清偿,则为"为清偿之给付",即新债清偿;如果债权人受领替代金钱的标的物即为满足,而且物的价值与债权相当,则为"代替清偿之给付",即代物清偿。在债权人折抵债权而受领替代物时,也属于代物清偿。

在一个案件中,中业公司与恒远公司签订《团购商品房预购协议书》,约定中业公司欲以其开发的 196 户房屋及车库抵顶未来应支付给恒远公司的混凝土价款,同时双方还约定了结算面积最后按产权测量中心测得面积进行结算、购房款多退少补的

---

① 最高人民法院民事审判第二庭、研究室编著:《最高人民法院民法典合同编通则司法解释理解与适用》,人民法院出版社 2023 年版,第 313 页以下。

② 张双根:《也谈谈对混合共同担保若干问题的思考——高圣平教授主题报告的读后》,载王洪亮等主编:《中德私法研究》(第 16 卷),北京大学出版社 2017 年版,第 48 页。

结算方式。① 由于债权人不愿意承担变价风险,当事人之间的约定应被解释为新债清偿约定,即在价款债权之外,债务人为债权人提供了可以变价 196 户房屋及车库的可能。但是,债权人并没有取得要求移转 196 户房屋及车库所有权的请求权,也没有取得 196 户房屋及车库的所有权。

债务人为使债权人受清偿而对债权人承担新债务的,从保护债权人角度而言,如有疑义,则推定为新债清偿(为清偿而给付)。比如债务人交给债权人支票,只有在支票被兑现的情况下,债务才被清偿,债务人提交票据后,会基于发行合同对债权产生一个抗辩权,即债权人必须先就支票寻求获得清偿。

案例:甲向乙借款 100 万元,价款返还清偿期届至,甲无法清偿,遂请求乙宽限一周,并承诺若无法偿还,愿以其所有的价值 100 万元之 A 地,办理所有权移转登记于乙,以偿还借款。宽限期届满,甲依旧无支付能力。

本案中没有约定是否为代物清偿,无"代替"之明确表示,故只能推定为新债清偿(为清偿之给付)。

案例:2005 年 6 月 28 日,兴华公司与通州建总签订《建设工程施工合同》,兴华公司将"供水大厦"工程的施工任务发包给通州建总,兴华公司于 2010 年底投入使用。2012 年 1 月 13 日,兴华公司与通州建总呼和浩特分公司第二工程处签订《房屋抵顶工程款协议书》一份,约定用兴华公司的供水大厦楼盘 A 座 9 层房屋抵顶部分工程款 1095 万元。其后,兴华公司既未及时主动向通州建总交付约定的抵债房屋,也未恢复对旧债务的履行,即未向通州建总支付相应的工程欠款。截至二审,供水大厦 A 座 9 层尚未办理房屋所有权首次登记及任何移转登记。由于兴华公司不能按期支付工程欠款,通州建总向内蒙古自治区高级人民法院诉请兴华公司支付工程欠款、利息和违约金。②

在本案中,当事人没有明确"代替"的意思表示,也没有承担新债支付风险的意思表示,故一般应推定为新债清偿。旧债于新债履行之前不消灭,旧债和新债处于并存的状态。兴华公司并未按照《房屋抵顶工程款协议书》约定履行新债,故兴华公司对通州建总的 1095 万元债务并未消灭。进一步来看,若新债届期不履行,债权人有权请求债务人履行旧债。所以,通州建总有权请求兴华公司履行旧债。

如果债务人将其对第三人的请求权(债权)让与给债权人,通常会解释为新债清偿,因为债权人通常不准备承担第三人没有支付能力的风险。具体如债务人将其对

---

① "孙宝刚与葫芦岛市中业房地产开发有限公司、葫芦岛恒远混凝土搅拌有限公司案外人执行异议之诉案",最高人民法院(2016)最高法民申 3620 号民事判决书。
② "通州建总集团有限公司与内蒙古兴华房地产有限公司建设工程施工合同纠纷案",最高人民法院(2016)最高法民终 484 号民事判决书,载《中华人民共和国最高人民法院公报》2017 年第 9 期。

保险人的赔偿请求权让与给债权人的,或者将基于资本型人寿保险的请求权用于清偿贷款的,非真正保理情况下的债权让与、提交票据、签发信用证等情况,均会被解释为新债清偿。通过信用卡支付等情况也属于新债清偿,只有在发卡人获得支付的情况下,才会发生清偿效力。在通过微信、支付宝支付等情况下,支付是从债务人账户转到债权人虚拟账户而进行的,只有在债务数额计入债权人虚拟账户的时候,债权才被清偿,原债务才消灭。①

(三) 适用情况

新债清偿(为清偿而给付)的适用情况,较为广泛,如债务人承担新的债务(如支票、汇票),债务人让与其对第三人的债权(如非真正的保理或融资租赁),债务人确立一个对第三人的债权(如信用证或者信用卡)等。

(四) 法律效果

在新债清偿(为清偿而给付)的情况下,债务人与债权人之间并没有变更原定债之关系的内容,只是在债务人所负原定之给付义务仍不消灭的情况下,额外为债权人创设实现符合债之本质之履行的另一途径。

债务人或者第三人未按照约定履行(不履行或不完全履行)以物抵债协议,经催告后在合理期限内仍不履行,债权人可以选择请求履行原债务或者以物抵债协议(《民法典合同编通则解释》第 27 条第 2 款第二种情况)。也就是说,经过催告后,债权人即享有了选择权(参照《民法典》第 515 条第 2 款)。② 不过,应当看到,赋予债权人选择权,是与新债清偿约定的意思不相符合的。在当事人约定了新债清偿后,债务人或第三人是否履行以物抵债协议,并不影响债权人就替代物获得清偿的权利,也就是说,债权人不必催告要求债务人或第三人履行,可以直接要求债务人或第三人给付替代物,并就代位物获得清偿。如果债务人或第三人拒绝履行,债权人也可以根据新债清偿协议提起诉讼,获得胜诉判决后,就替代物进行强制执行。当然,此时,债权人也可以选择请求债务人履行原债务。

债权人就代位物取得哪些权利,取决于当事人之间订立的变价或清偿约定。就债务人新债清偿(为清偿而给付)所提供的标的物,如果认为债权人被许可以自己名义出卖或以债务人名义出卖,则其他债权人仍可以对此法律地位进行执行,所以应认为,在债权人与债务人之间,存在一种信托关系,债务人信托让与了完整的权利。③ 如果债权人过失违反义务,例如造成给付不能或者违反保护义务,那么就应承担违约损害赔偿责任。

此时,当事人之间的关系是一种类似于委托合同的关系,基于新债清偿(为清偿

---

① MüKoBGB/Fetzer, 9. Aufl., 2022, BGB § 364, Rn. 9.
② 最高人民法院民事审判第二庭、研究室编著:《最高人民法院民法典合同编通则司法解释理解与适用》,人民法院出版社 2023 年版,第 313 页以下。
③ Medicus/Lorenz, *Schuldrecht AT*, 22. Aufl., 2021, § 22, Rn. 9.

而给付）的约定，债权人同意承担预先就该新债权予以变价而受满足之义务，即变价义务。债权人必须尽最大努力尽快地、最好地进行变价。所谓变价，并不限于收取该新债权下债务人或第三人之给付，同时亦得包含其他变价之可能性，如出卖等，变价所得超过债权人的债权的，债权人应负有返还义务。

只有在债权人不能就新债获得清偿的情况下，才可以就旧债获得清偿。如果债权人没有经过债务人同意而就让与之债权达成和解，则需说明对其而言实现该债权陷入不能。但是，在没有成功的希望时，债权人没有义务提起诉讼。如果债权人丢失了债务人交付的支票，则债权人有义务提起公示催告程序。如果债权人违反了受托义务，则应承担违约责任。①

在新债清偿的情况下，对于替代物，债务人并没有瑕疵担保责任，因为在替代物有瑕疵的情况下，债权人可以再回头请求实现旧债权，也就是说，债权人已经受到了法律充分的保障。

因变价而产生的费用，由债务人承担。在债权人出卖替代物的情况下，取得人向债权人主张瑕疵担保责任的，也应由债务人承担，除非当事人另有约定。

在新债清偿的情况下，债权人必须先就新债获得清偿，只要变价可能并可期待，债务人就可以拒绝进行原债的给付，这是一种抗辩权。其原因在于，新债清偿的约定中包含了一个对原债务的延期约定。债权人基于新债获得清偿的，或者就新债获得清偿失败的，该延展期间即结束。

如果变价价值超过债权数额，依据无因管理债权人应当返还给债务人；如果变价价值不够清偿债务或者不能变价，则债权人可以就旧债主张清偿。

（五）与代替权的区别

新债清偿与代替权行使的情况有所不同。在后者，债务人行使代替权的，只有债务人提出替代给付、债权人受领的，原定给付才变更为约定替代给付的内容；而在前者，新成立之债务始终未变更成为原定债之关系之内容，该新债仅为供作变价之用，借以实现原定债之本旨。

第二节 债务的抵销

【文献指引】

刘得宽：《抵销在担保上的机能》，载郑玉波主编：《民法债编论文选辑（中）》，五南图书出版股份有限公司1984年版，第962页以下；诸葛鲁：《债之抵销》，载郑玉波主编：《民法债编论文选辑（中）》，五南图书出版股份有限公司1984年版，第979页以下；黄献全：《论"民法"第三四零条第三债务人对受扣押债权抵销之限制》，载郑玉波

---

① MüKoBGB/Fetzer, 9. Aufl., 2022, BGB § 364, Rn. 13.

主编:《民法债编论文选辑(中)》,五南图书出版股份有限公司 1984 年版,第 991 页以下;张艳丽:《试析民事诉讼中的抵销制度》,载《中国法学》1992 年第 5 期;耿林:《诉讼上抵销的性质》,载《清华大学学报(哲学社会科学版)》2004 年第 3 期;廖军:《论抵销的形式及其效力》,载《法律科学(西北政法学院学报)》2004 年第 3 期;陈桂明、李仕春:《论诉讼上的抵销》,载《法学研究》2005 年第 5 期;林诚二:《劳工退休金抵销异议之实务轨迹与学理研究》,载《台湾本土法学杂志》2006 年第 86 卷;申建平:《论债权让与中债务人之抵销权》,载《法学》2007 年第 5 期;汤文平:《论合同解除、债权抵销之异议——〈〈合同法〉解释(二)〉第 24 条评注》,载《东方法学》2011 年第 2 期。

✏️ 【补充文献】

张保华:《抵销溯及力质疑》,载《环球法律评论》2019 年第 2 期;崔建远:《论中国民法典上的抵销》,载《国家检察官学院学报》2020 年第 4 期;申海恩:《论抵销适状》,载《东南大学学报(哲学社会科学版)》2020 年第 4 期;李德庆:《应收账款质押情形下的抵销》,载《经贸法律评论》2021 年第 6 期;徐同远:《主债务人对债权人有抵销权时保护保证人的两种模式及其选择》,载《南大法学》2021 年第 5 期;夏昊晗:《〈民法典〉中抵销权与时效抗辩权的冲突及其化解》,载《暨南学报(哲学社会科学版)》2021 年第 5 期;刘骏:《关联债权抵销的适用条件与体系效应——从〈民法典〉第 549 条第 2 项切入》,载《法学》2022 年第 6 期;娄爱华:《抵销预期的发现及其价值——以保证金的破产抵销为线索》,载《法学研究》2022 年第 2 期;张其鉴:《论公司出资债权不得抵销——以出资债权的法律构造为中心》,载《中国政法大学学报》2022 年第 2 期;王利明:《罹于时效的主动债权可否抵销?》,载《现代法学》2023 年第 1 期;沈佳燕:《论抵销排除扣押的效力——兼评〈民事强制执行法(草案)〉第 158 条第 1 项》,载《南大法学》2023 年第 2 期;杨勇:《法定抵销溯及力的反思与限缩》,载《华东政法大学学报》2023 年第 6 期;邹挺谦、叶希希:《破产抵销权与民法抵销权的适用路径——兼论银行扣款还贷行为之性质》,载《人民司法》2023 年第 31 期;朱虎:《法定抵销溯及力理论的现代反思》,载《法学》2024 年第 4 期;蒋家棣:《抵销权行使规则的细化及其具体适用》,载《中国法律评论》2024 年第 1 期。

一、抵销概述

负担如金钱之债或者种类之债的债务人,对其债权人享有标的物同种类并到期的债权的,则债务人可以通过以其债权抵销的方式清偿其债务(《民法典》第 568 条)。债务人自己享有的债权被称为主动债权或相对债权(Aktivforderung oder Gegenforderung),其债权人享有的债权被称为被动债权或主债权(Passivforderung oder Hauptforderung)。

在罗马法上,抵销制度并未被一般化,并且诉讼法的特征更明显。在诉讼中,原告被强迫进行抵销,并且是诉讼上的抗辩,以保护当事人不在事后被追索可以抵销的债权。如果被告对原告享有无争议的、到期的债权,且并未从起诉债权中扣除,便可以主张恶意抗辩(exceptio doli, Arglisteinrede),由此原告可能面临其诉讼被驳回之危险。故在此情况下,虽然抵销完全取决于原告的意思决定,但实质上原告为恶意抗辩所强迫。①

需要说明的是,为什么债务人享有以自己的债权与其债权人的债权进行抵销的权利。其一,这一权利根据的是合目的性的考量(Zweckmässigkeitserwägung),从诉讼法角度考虑,赋予债务人抵销的权利,可以避免旋回诉讼以及多次诉讼;其二,根据的是诚实信用、公平与正义的原则,向他人请求款项者,自己对该人却负担债务,或者对该人提起诉讼,该行为本身就是有违诚实信用的。

二、抵销的功能

首先,抵销具有实现债权的功能,债权人无须诉讼、判决或者强制执行,即可实现债权。所以,抵销可能性(抵销适状)本身具有财产价值,没有债权人本身的行为,该财产价值不能被剥夺(如在债权让与、时效以及扣押的情况下)。②

其次,抵销具有简化清偿(Tilgungserleichterung)的功能。债务人可以在不履行所负担给付的情况下,清偿其债务。③

> 例如,甲对乙享有 500 元的买卖价款之债权,而乙对甲享有 1000 元的贷款返还之债权。

如果要清偿这两个债权,乙首先要向甲支付 500 元,而甲要向乙支付 1000 元。如此支付来支付去,并不经济。不若乙以其债权中的 500 元债权与甲的 500 元债权进行抵销,而甲仅支付给乙剩余的 500 元。

最后,抵销具有担保功能(Sicherungsfunktion)。通过抵销,债务人亦可实现自己的债权,即使在其债权的可实现性出现问题的情况下,例如抵销相对人缺乏支付能力的情况,亦可将该债权用于清偿债务,由此不啻于提高了自己债权的可实现性,故抵销具有一定的担保功能。④

三、抵销的性质

自《民法典》第 568 条文义来看,抵销人以其债务进行抵销,其处分的是债务,但自事理来看,如此规定并不恰当。对于债务固然可以处分,但其涉及债权人之利益,

---

① HKK/Zimmermann, 2007, BGB § § 387-396, Rn. 6.
② Medicus/Lorenz, *Schuldrecht AT*, 22. Aufl., 2021, § 24, Rn. 2.
③ Larenz, *Schuldrecht AT*, 14. Aufl., 1987, § 18 Ⅵ; S. 255.
④ A. a. O.;黄薇主编:《中华人民共和国民法典释义(中)》,法律出版社 2020 年版,第 1093 页。

无债权人之同意,不能形成有效的处分。故合理的应是自债权角度理解抵销。在实质上,抵销属于一种行使形成权的行为,含有对主动债权的处分,并连带对被动债权产生影响,但对于被动债权并没有构成处分。①

抵销的意思,是单方的、需受领的意思表示。抵销对于抵销人的债务而言,性质上属于清偿之替代;对于自己债权而言,是私人之执行,是一种自力实现,即无须诉讼、判决以及国家的强制执行,即可实现自己的债权。②

四、抵销与折抵

抵销也不同于折扣或者折抵(Anrechnung)。折扣或折抵涉及的不是两个独立的债权,而是某一单独债权的计算或折算,所以,不能适用抵销规则。比如,债务人因给付不能而无须进行给付,而给付不能全部或大部分可归责于债权人,此时,债务人仍可以请求债权人为对待给付,但应扣除因为免于给付而节省的费用或者因使用劳力于他处而取得的利益,或恶意怠于取得的利益(《德国民法典》第326条第2款)。再比如,承租人因个人原因导致使用权的行使受阻,不得免付租金,但出租人因此所节省的费用及其以他种方法利用租赁物所得的利益,应在租金中扣除。在折算的情况下,折抵还包括损害赔偿情况下的损益相抵、损害计算时的差额理论(Differenztheorie)以及得利判断时的余额说(Saldotheorie)。③

五、抵销的前提

抵销的前提,亦被称为抵销适状。只有出现抵销适状的,抵销当事人的任何一方才可基于具有单方形成力的意思表示迫使对方抵销。

(一) 二人相互享有债权

一个债权的债权人必须是另一个债权的债务人,反过来亦是如此。但并不要求这两个债权基于同一债务原因或者同一法律关系而产生。基于相互性双务合同产生的两个债权,如基于买卖合同产生的货物移转请求权与价金请求权,不得相互抵销。根据《民法典》第568条,在抵销人作出抵销意思表示的时点,当事人之间必须相互享有债权。

具体来讲,相互享有债权有如下含义:

1. 只有被动债权的债务人可以抵销,如果不是抵销相对人的债务人(第三人),就不得以自己的债权进行抵销,除非第三人有权以该方式清偿他人之债。如果第三人对履行债务具有合法利益,那么第三人即有权向债权人代为履行(《民法典》第524

---

① MüKoBGB/Schlüter, 9. Aufl., 2022, BGB §387, Rn. 2.
② Fikentscher/Heinemann, *Schuldrecht AT & BT*, 12. Aufl., 2022, §39, Rn. 329.
③ Larenz, *Schuldrecht AT*, 14. Aufl., 1987, §18 Ⅵ, S. 256.

条),对履行享有合法利益的第三人主要是保证人或者提供物的担保的第三人、担保财产的受让人、用益物权人、合法占有人、担保财产上的后顺位担保权人等。根据《民法典》第719条,次承租人得代为清偿承租人对出租人的债务,则次承租人可以以自己对出租人的债权作为主动债权与出租人对承租人的债权进行抵销。在这里,法律为了保护第三人的利益,例外地放弃了相互性的要求。

2. 只能是被动债权的债务人自己的债权可以作为主动债权。也就是说,债务人只能以自己的债权进行抵销,不能以第三人债权进行抵销。即使第三人同意,也不可以,因为如果允许的话,债务人必须承受抵销的溯及效力、迟延的法律效果以及违约金自始消灭的后果。但是,如果债权人同意债务人以第三人债权抵销,则构成抵销合同,没有否定双方合意的理由。连带债务人不得以其他连带债务人的债权进行抵销,但其可以以自己的债权作为主动债权进行抵销。例如,夫妻作为连带债务人负有返还贷款义务,而妻子对银行享有债权,丈夫不能以之进行抵销,以清偿银行的连带债务,必须由妻子自己决定是否用于抵销。

在给付可分的按份债权中,债务人可以针对其自己的债务人在被动债权上的份额进行抵销。例如,A、B、C对甲享有按份债权,甲如果对A享有债权,则就可以以该债权对A在按份债权的份额进行抵销。对于债权人共同体的债权(协同之债),原则上债务人不得抵销,因为此时债务人只能向债权人全体为给付。

合伙人不能以合伙债权抵销针对其个人的债务。例如,合伙人甲对出租人乙负有个人债务。甲是有代表权的合伙人,合伙对乙享有债权,此时,甲不能以合伙债权对乙对甲的个人债权进行抵销,因为甲必须以自己的债权进行抵销,而不能以他人的债权进行抵销。但反过来合伙人可以以自己的债权与第三人对合伙的债权进行抵销。例如,合伙人甲与乙合伙,租赁丙的办公用房。甲可以以自己个人对丙的债权与出租人丙对合伙的债权进行抵销。因为甲乙对合伙债务承担连带债务,丙对甲有请求权,而甲对丙也具有请求权,二者可以抵销。

《合伙企业法》第41条规定:合伙人发生与合伙企业无关的债务,相关债权人不得以其债权抵销其对合伙企业的债务。

债务人也不能以其对共同继承人之一的债权抵销属于遗产的债权(比较《德国民法典》第2040条第2款)。

在保证中,保证人不能以自己对被保证人(主债务人)的债权对被担保债权进行抵销。

> 例如债务人甲欠债权人乙一笔钱,丙对此予以保证,恰好丙对甲享有债权。

在这种情况下,丙不可以以自己对甲的债权针对乙的被保证的债权进行抵销,因为二者之间缺乏相互性。但如果丙对乙有债权,在乙向其请求时,丙可以以自己的债权对保证债权进行抵销。

保证人也不可以以主债务人的债权与主债权人的债权进行抵销,但基于抗辩的附随性,保证人可以在相应范围内享有给付拒绝权(《民法典》第702条)。

质权人(债权人)可以以出质给他的债权与第三债务人对他享有的债权进行抵销,反过来也可以,但必须是在质权人可以行使质权之后。

根据《民法典》第549条第1项,债务人接到债权转让通知时,债务人对让与人享有债权,且债务人的债权先于转让的债权到期或者同时到期的,债务人可以向受让人主张抵销。如果债务人没有接到债权转让通知,债务人向原债权人清偿或抵销,均具有清偿效力。本来债务人对让与人的债权与受让人受让获得的债权之间不具有相对性,但法律为了保护债务人,承认只要曾经具有这种相互性,存在抵销适状情况,法律就予以保护。但是法律要求债务人的债权要先于转让的债权到期或者同时到期,目的在于保证债务人必须能够预计其可以通过抵销免除被追偿的债务。

有观点认为,债务人对让与人享有债权的法律原因必须在债务人接到转让通知时已经存在。否则,债务人有可能在接到转让通知后才紧急从他人处低价取得对让与人的债权,损害受让人的利益。①

案例:甲对乙享有借贷债权,3月1日到期。乙对甲享有买卖价款债权,3月15日到期。3月12日,乙将其债权让与给丙,并通知了甲。甲可以对丙进行抵销吗?

在本案中,甲对乙的债权先于被让与的、乙对甲的债权到期,甲接到通知后,即可以对丙主张抵销。但是,如甲的债权3月18日到期,甲就不可以对丙主张抵销。

根据《民法典》第549条第2项,债务人的债权与转让的债权是基于同一合同产生的,债务人也可以向受让人主张抵销。而该条文所指的主要情形是,货物价款让与情形下债务人对债权人享有的瑕疵担保损害赔偿请求权与债权人的货物价款债权可以抵销。②

3. 主动债权必须指向被动债权的债权人。债务人只能以自己的债权对抗自己的债权人,而不能针对第三人,但抵销相对人为抵销人的债务人即可,包括有权收取针对抵销人的债权的用益权人以及质权人。

针对多个债权人的不可分的债权,不得以一个针对其中一个债权人的债权进行抵销。如果涉及的是连带债权人,那么债务人也可以以其对其中一个债权人享有的债权作为主动债权进行抵销。如果涉及的是债权人共同体,债务人只能向多个债权人共同给付,则债务人不可以以其对其中一个债权人享有的债权作为主动债权与共同债权抵销。如建筑物区分所有权人A、B、C对建筑人G享有损害赔偿请求权,G对

---

① 黄薇主编:《中华人民共和国民法典释义(中)》,法律出版社2020年版,第1052页。
② 同上书,第1053页。

A 享有债权。G 不得以此为主动债权,抵销 A、B、C 对 G 的共同债权。

对于所有建筑物区分所有权人对物业公司的债权,物业公司也不能以对单个的建筑物所有权人的债权抵销。在"无锡市春江花园业主委员会诉上海陆家嘴物业管理有限公司等物业管理纠纷案"①中,对于业主委员会对物业公司请求分配物业收益的债权,物业公司主张以部分业主所欠的物业管理费进行抵销。人民法院认为,本案中诉讼的双方当事人为原告业委会和物业公司、被告无锡分公司,而结欠物业管理费的为部分业主,为单个的主体。业委会系代表小区全体业主提起诉讼,虽然包括了该部分欠费业主,但两者有本质的区别。因此,双方债权债务主体不同,不符合法定抵销的规定,法院对物业公司行使抵销权的主张不予支持。

4. 抵销相对人必须是完全权利的债权人,其受领给付的权利不得为第三人的用益或者清偿权所排除,甚或为法定禁止或者法院禁令向债权人给付而被排除。

(二) 给付标的同种类

相互对立的两个债权的客体必须是同种类的,也就是说,当事人双方所负担的给付必须是同种类的,但两个债权或两个债务之间不必具有牵连性。

债权是否是同种类的,不能根据合同目的确定,而需要根据交易观念予以确定。适用抵销的债的标的种类,大多为金钱和种类物,如金钱与金钱抵销、相同品质的大米相互抵销等。实践中最为常见的是金钱之债的相互抵销。比如金钱之债与返还基于受托管理事务所得金钱之间就是同种类的。物上请求权与债法上请求权的客体有可能是同种类的,比如对金钱的原物返还请求权与债法上的金钱之债之间就是同种类的,尽管前者针对的是占有的返还,后者针对的是货币所有权的移转。支付请求权与被提存之金钱支付准许请求权,以及对无因管理人基于管理所取得金钱的返还请求权之间,也具有同一性。

外币之债有真正外币之债与非真正外币之债的区分。在前者,债是以外币表达的,也是以外币支付的;而在后者,虽然债以外币形式表达,但在国内支付,就可以以人民币支付。真正外币之债与人民币之债之间就不是同种类的;而非真正外币之债与人民币之债就可以是同种类的。

给付标的的品质也需要相同,但是,主动债权的债权人可以将以优等品质物为给付标的的债权,抵销他方以劣等品质物为给付标的的债权。

债权范围不同,不影响债权的同种类性。履行或送交地点不同并不影响同种类之判断。但是抵销人应赔偿抵销相对人因不能在特定地点获得给付而带来的损害。②

在给付种类不同的情况下,被请求的债务人虽然不能主张抵销,但可以主张拒绝

---

① 江苏省无锡市锡山区(市)人民法院(2008)锡法民二初字第 1406 号民事判决书,《中华人民共和国最高人民法院公报》2010 年第 5 期(总第 163 期)。

② 崔建远、韩世远、于敏:《债法》,清华大学出版社 2010 年版,第 169 页。

给付的权利(即留置抗辩权)。如免除义务请求权与支付请求权之间不是同种类的,但二者之间可能存在留置抗辩关系。

在破产的情况下,债权人主张抵销,管理人以双方互负债务标的物种类、品质不同为由提出异议的,人民法院不予支持(《企业破产法规定(二)》第43条第3项)。

(三) 主动债权的可实现性

抵销人用以抵销的主动债权需是未获清偿的、完全发生效力的并且到期的债权。

在意思表示瑕疵(或者主动债权所依据的合同)可撤销的情况下,也可以进行抵销。但是如果当事人表示撤销的,抵销即溯及既往地不生效力。如果进行抵销的债务人自身享有撤销权,那么在其抵销表示中含有对可撤销法律行为认许的意思。①

在附条件的合同中,如所附条件为停止条件,在条件成就前,合同尚未发生效力,故不得抵销。同样的结论也适用于附停止期限的情况。如所附条件为解除条件,则条件成就前合同有效存在,故可以附解除条件债权作为积极债权进行抵销。但在解除条件成就后,主动债权消灭,抵销即失效。

如果主动债权上存有抗辩权,则抵销人不得以之进行抵销。这里的抗辩权必须是实体法上的抗辩权,但不限于持续的毁灭性抗辩权,还可以是延迟性的抗辩权,具体如留置抗辩权。抗辩权的存在即排除可抵销性,无须抵销相对人进行主张。

当事人互享债权,一方以其诉讼时效期间已经届满的债权通知对方主张抵销,对方提出诉讼时效抗辩的,抵销即不会发生效力。但是,一方的债权诉讼时效期间已经届满,对方主张抵销的,此时对方为该债权的债务人,其可以放弃诉讼时效抗辩,则抵销可以发生效力(《民法典合同编通则解释》第58条)。

对于未到期的主动债权,抵销人也不能进行抵销,抵销人必须等到主动债权到期,才可以进行抵销。如果主动债权展期,则抵销人也不能以之进行抵销。但是,根据《企业破产法规定(二)》第43条第2项,债权人主张抵销,管理人以债权人对债务人负有的债务尚未到期为由提出异议的,人民法院不予支持。

主动债权必须是完全的,如果主动债权不完全,如不具有可诉请力,如赌博之债,就不可以作为主动债权进行抵销。

如果在不知道存在毁灭性抗辩权的情况下进行抵销的,可以请求恢复主动债权(《德国民法典》第813条第1款第1句)。

(四) 被动债权的存在、可履行

要构成抵销,还需要抵销人负有给付的义务,在作出抵销意思表示的时点其可以进行给付。与对主动债权的要求不同,被动债权只要可履行或可清偿即可。债务人有权清偿债务,通常在到期前即有权清偿。要构成抵销,并不需要被动债权具有可实现性(Durchsetzbarkeit),因为抵销人是被动债权的债务人,其可以抛弃抗辩以及期限

---

① MüKoBGB/Schlüter, 9. Aufl., 2022, BGB §387, Rn. 36.

利益。对于有抗辩权的,且未到期的债权,债务人也可以之作为被动债权抵销。但该债权必须有可清偿性,因为抵销会导致清偿的效果。如果经过审理,确定原告主张的被动债权根本不存在,即使被告曾主张过抵销,抵销也不生效力,主动债权仍然存在。

在可撤销以及附解除条件的方面,对主动债权的要求也适用于被动债权的情况。附加停止条件的债权或者将来的债权也不得作为被动债权,因为,在表示抵销时,债权还不存在。

在被动债权属于不完全债权的情况下,债务人仍可以任意给付,故也可以抵销。如抵销人可以将已过时效的债权作为被动债权主张抵销,此时可认为抵销人作为债务人抛弃了时效利益。

> 案例:甲对乙享有 500 元的买卖价款之债,而乙对甲享有 500 元的贷款返还之债。乙拟抵销二债。如果买卖价款之债已经经过诉讼时效,法律状况如何?

本案中,由于买卖价款债权为被动债权,其债务人为乙,乙可以放弃诉讼时效抗辩,故可以主张抵销。

债权是否可以被证明存在,并非抵销适状的前提,此问题应在抵销程序中决定。①

六、例外情况

在抵销表示作出时抵销前提不存在的情况下,例外允许抵销,其目的在于对期待之保护(Erwartungsschutz),具体有如下几种情况:

1. 债权人将其债权让与给第三人后,相对性的要件不存在的(《民法典》第549条、第553条)。

2. 被动债权在出现抵销适状后经过诉讼时效,无可执行力时(《民法典合同编通则解释》第58条)。

3. 被动债权在抵销适状后被扣押,如此一来对债权人的给付受到了法律或者法庭的禁止。主动债权于被动债权扣押后才到期,但早于被动债权到期的,也可以抵销。扣押排除抵销的条件是:或者债务人的债权在扣押后才取得,或者其债权在扣押后才到期并且晚于被扣押的债权到期。

4. 被动债权的债权人在抵销适状出现后陷入破产的,与债权被扣押的情况相同,只要被动债权在破产开始前产生即可,即使事后才到期也是如此。债务人自抵销适状开始时,基于其对破产债务人的债权即享有别除权,数额为自己可抵销的债务。

5. 抵销适状具有保证抗辩的效力,债权人可以通过抵销主债务人的届期债权获得清偿的,保证人享有相同的权利;该规则也适用于抵押不动产所有权人或者出质人。

---

① Fikentscher/Heinemann, *Schuldrecht AT & BT*, 12. Aufl., 2022, §39, Rn. 336.

七、抵销的排除

《民法典》第 568 条第 1 款但书部分规定了三种不得抵销的情况,即根据债务性质、按照当事人约定或者依照法律规定不得抵销的情况。

(一) 依照法律规定不得抵销

法律禁止扣押的债权,债务人不得主张抵销。例如对于强制执行时被执行人及其所供养家属的生活必需品和生活必需费用,不得扣押(《民事诉讼法》第 254 条、第 255 条),对于禁止扣押的被动债权,相对人不得对之主张抵销。[①]

在被动债权被扣押时,禁止债务人向债权人清偿,而抵销对于债务人的债务而言,是一种清偿替代,故不能予以抵销。但如在扣押前,债务人已经得主张抵销,应当允许抵销,理由在于,不应因其后被动债权的扣押而剥夺主张抵销的机会。[②] 也就是说,法律保护已经产生的抵销适状。

> 案例:甲对乙负有 50 万元的价金债务,乙对丙负有 300 万元的价款债务。丙申请法院强制执行乙对甲的价金债权后,甲主张对乙亦有 100 万的借款债权,行使抵销权。

该案的关键问题在于,甲对乙的债权是否是在扣押后取得的,若是扣押后取得的,就不可以抵销。但有疑问的是,如果是在扣押前取得,但清偿期在扣押之后,此时甲是否可以抵销。对此,有学者认为,如果在扣押前,甲对乙的债权尚没有到清偿期,甲即不能以之为主动债权主张抵销,抵销尚未适状。[③] 原则上,只要未曾产生抵销适状,债权人就不具有值得保护的利益。在债务人的债权于扣押后始届清偿期且清偿期后于所扣押之债权的清偿期的,债务人不得就债权人之债权,主张抵销。

进一步的问题是,在债务人的债权被扣押后,第三人能否以其对债务人所享有的债权抵销该被扣押的债权?《民事强制执行法(草案)》第 158 条第 1 项后半段规定,查封债权后,第三人以查封后取得的债权主张抵销的行为不得对抗申请执行人,人民法院可继续执行该债权。由此反面解释可知,如果第三人在扣押前或者扣押时已经取得了债权,第三人可以主张抵销。

《信托法》第 18 条规定,受托人管理运用、处分信托财产所产生的债权,不得与其固有财产产生的债务相抵销。受托人管理运用、处分不同委托人的信托财产所产生的债权债务也不得相互抵销。《证券投资基金法》第 6 条规定,基金财产的债权,不得与基金管理人、基金托管人固有财产的债务相抵销;不同基金财产的债权债务也不得

[①] 韩世远:《合同法总论》(第四版),法律出版社 2018 年版,第 705 页。
[②] 陈自强:《契约之内容与消灭——契约法讲义 Ⅱ》(第四版),元照出版有限公司 2018 年版,第 351 页。
[③] 同上书,第 354 页。

相互抵销。

《基本养老保险基金投资管理办法》第9条规定:养老基金资产的债权,不得与委托人、受托机构、托管机构、投资管理机构和其他为养老基金投资管理提供服务的自然人、法人或者其他组织固有财产的债务相互抵销;养老基金不同投资组合基金资产的债权债务,不得相互抵销。

《农村土地承包司法解释》第17条规定,发包方或者其他组织、个人擅自截留、扣缴承包收益或者土地经营权流转收益,承包方请求返还的,应予支持。发包方或者其他组织、个人主张抵销的,不予支持。

在《最高人民法院关于破产债权能否与未到位的注册资金抵销问题的复函》(法函〔1995〕32号)中,最高人民法院认为,中国外运武汉公司(下称武汉公司)与香港德仓运输股份有限公司合资成立了武汉货柜有限公司(下称货柜公司),嗣后货柜公司的注册资金已变更为240万美元,尚未到位的资金应由出资人予以补足。货柜公司被申请破产后,武汉公司作为货柜公司的债权人同货柜公司的其他债权人享有平等的权利。为保护其他债权人的合法权益,武汉公司对货柜公司享有的破产债权不能与该公司对货柜公司未出足的注册资金相抵销。

《企业破产法规定(二)》第46条接受了上述复函的基本规则,规定债务人的股东主张以下列债务与债务人对其负有的债务抵销,债务人管理人提出异议的,人民法院应予支持:(1)债务人股东因欠缴债务人的出资或者抽逃出资对债务人所负的债务;(2)债务人股东滥用股东权利或者关联关系损害公司利益对债务人所负的债务。

《企业破产法》第40条规定了禁止抵销的情况:(1)债务人的债务人在破产申请受理后取得他人对债务人的债权的;(2)债权人已知债务人有不能清偿到期债务或者破产申请的事实,对债务人负担债务的;但是,债权人因为法律规定或者有破产申请一年前所发生的原因而负担债务的除外;(3)债务人的债务人已知债务人有不能清偿到期债务或者破产申请的事实,对债务人取得债权的;但是,债务人的债务人因为法律规定或者有破产申请一年前所发生的原因而取得债权的除外。《企业破产法规定(二)》第41条以下细化了债权人在债务人破产情况下主张抵销的程序以及效力规则。

(二) 依照债权性质不能抵销

《民法典》第568条第1款但书部分规定,依照债务性质不得抵销的即排除抵销。所谓依照债务性质不得抵销,首先应解释为依照债权的性质,也即非清偿不能达到债的目的者,不得抵销,如允许抵销,就会违反债权成立的本旨。例如,基于相互性的双务合同而产生的两个债权,即不可互为抵销;如互负不竞争之不作为债务、相互提供劳务的债权,如果不实际履行,就无法实现债权目的,因而在性质上属于不能抵销的债权。① 两个均负有向目标公司出资的义务的出资人,不得相互抵销出资义务,但基于互相享有债权这一要件,亦可排除这种情况的抵销。

所谓依照债权的性质不能抵销者,还包括抵销会违背诚实信用原则的情况。如在委托关系中,受托人不得以对委托人的返还所得请求权与自己的债权进行抵销,因为此与其所负担的义务相违背。允诺贷款者,不能以相对债权扣除支出数额,此行为与允诺之目的相违背。让与担保权人变价"让与给他的担保物"之后,在还有余额的情况下,不得以其被担保的债权抵销返还该余额的债权。抵押权人不能以无担保债权抵销担保物变价后的剩余金额。被保险人在保险事故发生后从保险人处为同乘人受领了损害赔偿,不得以基于同一事故产生的损害赔偿之债与同乘人的返还请求权抵销。

案例1:甲急需5000元,故委托乙为他出卖首饰。乙出卖后,将出卖所得用于抵销其对甲的债权,并将剩余的20元交给甲。

案例2:雇主没有支付给雇员工资,因为其将一个债权与工资债权进行了抵销。

案例3:在A地之甲与在B地之乙,约定互不在对方营业处5千米内开设分店。

在上述案件中,均不应允许抵销;如允许抵销,则合同目的无法达成,或者有违诚实信用。

民法典释义书上称,对于故意的不法行为产生的债权,亦不可主张抵销。②《民法典合同编通则解释》第57条区分财产权益与人身权益后规定,因侵害自然人人身权益,或者故意、重大过失侵害他人财产权益产生的损害赔偿债务,侵权人不得主张抵销。这里体现了对人身权益的优先保护。③ 但结合禁止故意不法行为作为主动债权进行抵销的正当性理由来看,一方面不需要区分人身权益与财产权益,二是不应扩展到重大过失以及一般过失侵权的情况。

基于善良风俗或者社会原因,因故意不法行为而负有给付义务者不得对受害人进行抵销,这样受害人(债权人)就不必考虑侵害人相对的请求权而获得赔偿,原因是故意侵害他人者不能如此轻松地逃脱责任,比如通过以自己或者无法实现的债权进行抵销。不法行为主要指的是侵权行为。故意违约以及因悖俗无效导致不当得利请求权均不是这里的不法行为。但是,被故意侵权的债权人可以放弃法律保护,其可以

---

① 崔建远、韩世远、于敏:《债法》,清华大学出版社2010年版,第167页;黄薇主编:《中华人民共和国民法典释义(中)》,法律出版社2020年版,第1095页;韩世远:《合同法总论》(第四版),法律出版社2018年版,第705页。

② 黄薇主编:《中华人民共和国民法典释义(中)》,法律出版社2020年版,第1095页。

③ 最高人民法院民事审判第二庭、研究室编著:《最高人民法院民法典合同编通则司法解释理解与适用》,人民法院出版社2023年版,第631页。

以侵权债权进行抵销。

如果被抵销的债权之基础也在于他人故意侵权,就不能有此优待。因为,在某人对另一人负有故意侵权之债时,就没有理由使不能支付的人受到优待,即通过取消另一个人的抵销而受到优待。①

如果当事人约定抵销已经产生的故意侵权债权,则法律上不应予以禁止;但是,如果当时约定抵销将来产生的故意侵权债权,则是无效的抵销约定。

(三)约定禁止抵销

原则上,当事人约定排除抵销的方式可以是明示也可以是默示。默示约定的情况如:依据商业习惯,如果当事人约定支付现金,则可以认为默示约定排除抵销。在当事人约定向第三人给付之债的情况下,债务人也不得以其债权与债权人对自己的债权进行抵销②,其根据也是当事人之间的默示约定。再如,对于当事人约定必须于特定时间、特定地点提出给付的绝对定期行为而言,亦应认为存在着默示的抵销排除特约。③

> 案例:甲向乙借款 50 万元,约定借款期限届至时,甲应将款项以现金交付于丙;现清偿期届至,丙向甲请求交付 50 万元,甲主张对乙有 50 万元的价金债权,拟以之抵销。④

在本案中,既然当事人约定为现金给付,而且是向第三人给付,可以推知抵销禁止的意思,故甲不得抵销。

对于禁止抵销的约定,法官需依职权予以考虑。

当事人也可以约定一方或双方负有不行使抵销权的义务,违反者,须承担义务违反责任。但是,在相对债权产生于相对人的欺诈行为,或者产生于故意的侵权行为、故意的义务违反、故意违约行为时,则禁止抵销的约定即为不被允许的权利行使行为。

有疑问的是,在债权让与的情况下,排除抵销的约定对于第三人是否有拘束力。此时应类推适用《民法典》第 545 条第 2 款关于禁止让与特约的规定,排除抵销的约定不得对抗善意第三人。

八、抵销的行使

在双方当事人债权可以抵销的情况下,双方均有抵销权。抵销权的行使应以通

---

① Larenz, *Schuldrecht AT*, 14. Aufl., 1987, § 18 VI, S. 259.
② 郑冠宇:《民法债编总论》(第三版),新学林出版股份有限公司 2019 年版,第 439—440 页。
③ 朱广新、谢鸿飞主编:《民法典评注·合同编通则 2》,中国法制出版社 2020 年版,第 225 页。
④ 陈自强:《契约之内容与消灭——契约法讲义 Ⅱ》(第四版),元照出版有限公司 2018 年版,第 354 页。

知的方式作出,即主动债权人主张抵销时,应当通知被动债权人。通知一经到达对方时即发生法律效力(《民法典》第568条第2款)。

(一)抵销应由抵销人以意思表示进行

对于抵销的效力,有自动发生主义与主张抵销主义的区分。在19世纪,普通法时期的法学界认为,法律规定双方债权的清偿无须当事人的任何指向此事的行为而自动发生,其采取的是自动发生主义。① 我国法采取的是主张抵销主义,即要求当事人作出抵销意思表示。只要无此意思表示,当事人即仍然可以有效地清偿其债务以及请求对方给付,或者让与该债权或进行其他处分。

抵销的意思表示是单方、需受领之意思表示。债务人需向其相对人作出抵销意思表示。该意思表示中含有对主动债权的处分,通过该处分其"消费"了该债权并使其消灭;对于被动债权而言,该意思表示又可以被认为是一种清偿行为。② 抵销的意思表示是一种形成行为,其有效前提是在作出抵销表示时,抵销人应享有处分权。③ 无处分权者的抵销意思表示是无效的。

抵销的意思表示可以明示作出,也可以默示作出。比如,在诉讼中,原告在其起诉书中要求减少金额或者只要求扣减后的剩余金额,即可推断出其抵销的意思;原告在指出具体特定的主动债权后拒绝支付的,也可以推断出其抵销的意思。

抵销的意思表示并非要式行为,以口头形式或者书面形式均可行使抵销权。

《民法典》第568条第2款规定,当事人主张抵销的,应当通知对方,这里的所谓"通知"应解释为抵销的意思表示到达抵销相对人④,也就是说,抵销意思表示作出后,尚需到达相对人,适用《民法典》第137条。

另外,由于在抵销中,行使抵销权的人丧失了自己的债权,构成法律上的不利益,故限制行为能力人无法独自进行有效的抵销。

案例:未成年人甲进行抵销。事后其父母予以准许。抵销有效力吗?

本案中,未成年人进行抵销的行为,效力待定,其父母追认的,方为有效。

抵销意思表示既可以在诉讼外作出,亦可以在诉讼中作出,在诉讼中作出的抵销意思表示,亦为行使形成权,但具有程序法与实体法双重属性。一般认为,诉状或者答辩状一送达,即发生抵销的实体法效力,而在程序法上要发生效力,还需要当事人提出,如果是口头审理,在审理过程中当事人必须表示进行诉讼上抵销。当事人也可以撤回诉讼上抵销,撤回后,诉讼抵销在实体法上即不生效力。⑤

---

① Larenz, *Schuldrecht AT*, 14. Aufl. ,1987, § 18 Ⅵ, S. 255.
② A. a. O. , S. 261.
③ 黄薇主编:《中华人民共和国民法典释义(中)》,法律出版社2020年版,第1094页。
④ 同上书,第1096页。
⑤ MüKoBGB/Schlüter, 9. Aufl. , 2022, BGB § 388, Rn. 3.

与此相区别的是所谓的诉讼中可能之抵销(Eventualaufrechnung),也被称为预备的抵销。主张可能之抵销的行为纯粹为诉讼行为。① 如果被告害怕可能败诉,那么,在法官认为相对债权是存在的且可实现的情况下,被告以自己的债权与原告的债权进行抵销,至少不会败诉。虽然该可能之抵销附加了债务存在之法律条件,但其并非真正的条件,应当允许。② 也有学者认为可能之抵销涉及的是在将来进行表示很困难的、对"现在已经产生的、但还无法断定的状态",并没有附加条件。③ 亦有学者认为,可能之抵销虽然为条件,但对于抵销相对人而言并无有害的不确定性,故应允许。④ 另外,允许可能之抵销,其原因还在于程序经济,因为在诉讼中可以对两个请求权进行裁决,节省了一个程序。⑤

抵销的意思表示中含有以主动债权清偿被动债权,即为已足,并不要求说明债权的发生原因、期限、数额等内容。

在诉讼中,撤销意思表示可以体现为反诉,也可以体现为抗辩(《九民纪要》第43条)。不过,在诉讼中,当事人通过抗辩提出抵销的,法院需要在同一案件中审理两个债权的成立与范围,由此可能会导致审理难度的增加并造成审理拖延,当事人还可能以此规避诉讼费用制度以及管辖制度。但是,如果当事人基于同一合同关系互负债务通过抗辩主张抵销的,人民法院可以一并审理。⑥

(二)抵销不得附有条件或期限

根据《民法典》第568条第2款,抵销不得附有条件或者附期限。否则对于债务人而言,作为清偿替代的抵销远远优于清偿,并无正当性。而且,允许附加条件或期限,与抵销相对人的利益并不相符。另外,抵销权为形成权,基于单方的意思,抵销相对人无须作出任何行为,即可达成抵销之法律效果,故至少要让抵销相对人立即知道其目前的法律状况如何,不能陷入不确定性。⑦

基于上述理由,抵销上附有条件或期限者,该抵销的意思表示无效。

但值得注意的是,约定抵销的情况下,当事人可以约定条件和期限。

九、抵销的效力

在抵销表示作出之前,双方的债权在法律上不受影响地存在,并不会自动消灭。但是,如果一方当事人不知道抵销适状而进行支付,则其不可以基于不当得利请求

---

① Larenz, *Schuldrecht AT*, 14. Aufl., 1987, § 18 Ⅵ, S. 262.
② Fikentscher/Heinemann, *Schuldrecht AT & BT*, 12. Aufl., 2022, § 39, Rn. 330.
③ MüKoBGB/Schlüter, 9. Aufl., 2022, BGB § 388, Rn. 4.
④ Medicus/Lorenz, *Schuldrecht AT*, 22. Aufl., 2021, § 24, Rn. 19.
⑤ Fikentscher/Heinemann, *Schuldrecht AT & BT*, 12. Aufl., 2022, § 39, Rn. 330.
⑥ 最高人民法院民事审判第二庭、研究室编著:《最高人民法院民法典合同编通则司法解释理解与适用》,人民法院出版社2023年版,第608页。
⑦ Medicus/Lorenz, *Schuldrecht AT*, 22. Aufl., 2021, § 24, Rn. 18.

返还。

(一) 消灭债权的效力

抵销意思表示具有在当事人双方债权一致的范围内消灭主动债权与被动债权的效力。当主动债权的给付利益大于或小于被动债权的给付利益时,抵销应在对等数额的给付利益范围内消灭债权。当主动债权的给付利益与被动债权对等时,双方债权灭失。一方的债权额大于对方的债权额时,前者仅消灭一部分债权额,后者则全部消灭。

一个连带债务人进行的抵销对其他债务人也具有效力;同样,对一个连带债务人的抵销,对其他债务人也具有效力。在债务人抵销债务之后,其连带债务人对债权人的债务在相应范围内亦归于消灭(《民法典》第520条)。

对于被动债权而言,抵销具有清偿之效力。一旦当事人表示抵销,即具有终局效力,不能通过撤回抵销而将消灭的债权回复原状。但是抵销可能因为撤销而无效,或者因为附加了解除条件而不生效力。

当事人表示抵销的,附随性的担保权也消灭。

在诉讼中主张抵销,人民法院应当认定与提起诉讼具有同等诉讼时效中断之效力(《诉讼时效规定》第11条)。

(二) 溯及力的问题

对于抵销的溯及力,理论上有如下三种可能:(1) 债权自动被清偿,无须当事人意思表示,法国、奥地利均是如此规定的,不过,新《法国民法典》放弃了自动清偿模式,改采通知模式(第1347条);(2) 需要抵销的表示,并溯及到抵销适状之时,德国、瑞士、日本采取这种模式(《德国民法典》第389条、《瑞士债务法》第124条第2款、《日本民法典》第506条);(3) 需要抵销的表示,但无溯及效力,《欧洲示范民法典草案》第3-6:107条、《欧洲合同法原则》第13:106条、《国际商事合同通则》第8.5条均采取这种模式。

1. 溯及力模式

抵销的溯及力规则,源自罗马法上的抵销须经法定(ipso jure compensatur)的规则[①],即无须意思表示就可以发生抵销效力。所谓抵销的溯及力,是指抵销人作出意思表示后,抵销效力溯及到抵销适状之时,即债权可以抵销的时候。《九民纪要》第43条规定了抵销的溯及力,抵销的意思表示自到达对方时生效,抵销一经生效,其效力溯及自抵销条件成就之时,双方互负的债务在同等数额内消灭。

根据抵销的溯及力,知道可以抵销者,可以信赖在主动债权数额内其债权人无法再请求,所以应当可以准备不再给付,即使不立即表示抵销,亦是如此。自抵销适状之时起,不再计算主动债权或被动债权的利息或迟延利息;如果一方在抵销适状开始

[①] Larenz, *Schuldrecht AT*, 14. Aufl., 1987, 18 Ⅵ, S. 263.

之后陷入迟延,那么该迟延视为未出现。① 约定的迟延违约金也不会发生效力。违约以及基于违约的解除均失去效力,违约金也消灭。② 在抵销适状出现后、作出抵销表示之前,当事人支付的利息、违约金或者违约损害赔偿金可以根据不当得利予以返还。

案例:甲对乙享有500元的买卖价款之债,而乙对甲享有500元的贷款返还之债。乙拟抵销二债。甲向乙要求直至抵销表示之前的利息,可否?

本案中,根据抵销的溯及力,甲不得向乙请求该利息。

承认抵销的溯及力,并不意味着抵销意思表示失去意义。因为,没有抵销意思表示的,根本谈不上抵销的溯及力的问题。抵销适状对于被请求的债务人并不构成需主张的抗辩,但经表示的抵销能够促成无须主张之抗辩。抵销需要表示,但一旦表示出清偿,即构成权利毁灭型的无须主张的抗辩。

案例:甲于6月1日清偿了乙的6000元债权。8月1日,甲发现,对乙还有一个债权,该债权7月1日已经经过诉讼时效。甲可以表示抵销,并要求返还该金钱吗?

答案是否定的,甲不可以进行抵销,并要求返还该金钱。在这里,并不是因为时效经过,而是因为,尽管存在抵销可能,但甲还是清偿了。所以,甲不得根据不知存在永久抗辩权的不当得利请求返还给付。如果可抵销性是一个需主张的抗辩,那么,该人即可因为存在可抵销性而请求返还给付。与此不同,保证人享有可抵销性的(须主张的)抗辩。③

应注意的是,在抵销表示时,抵销的构成要件必须存在。如果因清偿等原因抵销适状消灭,则纵然再为抵销的意思表示,也不发生抵销的效力,亦无溯及效力之问题。

在因债务不履行而解除的情况下,如果债务人本来可以抵销免除其债务,而且在解除后毫不迟延作出抵销表示的,那么,该解除即不生效力(《德国民法典》第352条)。

2. 无溯及力模式

《民法典合同编通则解释》第55条规定,当事人一方依据《民法典》第568条的规定主张抵销,人民法院经审理认为抵销权成立的,应当认定通知到达对方时双方互负的主债务、利息、违约金或者损害赔偿金等债务在同等数额内消灭。也就是说,抵销自通知到达时生效,并无溯及力。

在抵销无溯及力的模式下,如果债务人迟延履行,则应承担抵销条件成就至抵销权行使通知到达对方期间的迟延损害赔偿责任;在抵销条件成就至抵销权行使通知

---

① Larenz, *Schuldrecht AT*, 14. Aufl., 1987, 18 Ⅵ, S. 263.
② Schlechtriem/Schmidt-Kessel, *Schuldrecht AT*, 6. Aufl., 2005, §8, Rn. 398.
③ Fikentscher/Heinemann, *Schuldrecht AT & BT*, 12. Aufl., 2022, §39, Rn. 337.

到达对方期间,抵销双方债权的利息也要计算,计算之后,双方债权再进行抵销。如果债务人在行使抵销权后又清偿了本金或利息,那么,债务人可以依据不当得利请求债权人返还该本金或利息;但是,如果债务人在行使抵销权之前清偿了本金或利息,则相应的债权消灭,此时就不可能达成抵销适状,债务人也无法进行抵销,而且,债务人也不能依据不当得利请求债权人返还该本金或利息。①

抵销溯及力的问题会对主动债权是否经过诉讼时效产生影响。比如甲乙互享债权,甲的债权于 2024 年 4 月 1 日经过诉讼时效,甲乙债权的抵销于 2023 年 12 月达到适状,但甲 2024 年 6 月 1 日才通知乙行使抵销权。此时,如果抵销有溯及力,则在抵销适状时,甲的债权还没有经过诉讼时效,不存在乙抗辩诉讼时效经过的问题。但是,如果抵销无溯及力,自通知到达乙时才生效,则在 2024 年 6 月 1 日,甲的债权已经经过诉讼时效,乙主张诉讼时效经过的抗辩的,抵销即不会发生效力。

(三) 抵销的范围

当事人一方行使抵销权,通知到达对方时双方互负的主债务、利息、违约金或者损害赔偿金等债务在同等数额内消灭(《民法典合同编通则解释》第 55 条)。在逻辑上,抵销的债务应当包括主债务、利息以及费用。违约金与损害赔偿金可能是独立的债务,但是违约金与损害赔偿金也可能随着主债权的持续而不断产生,所以,被抵销的债务范围也可以包括违约金与损害赔偿金。另外,该条还用"等"字兜底,被抵销的债务可以包括包装费、汇费、登记费、公证费、通知费、税捐、拍卖费、保管费、取得执行名义的费用、执行费用等。②

值得注意的是,抵销的范围是由行使抵销权一方确定的。不过如果行使抵销权一方如出于节省费用或者就其他金额抵销的考虑,仅对部分金额进行起诉,其不能阻止被告对该起诉的金额进行抵销。③

如果被动债权由主给付、利息与费用构成,行使抵销权的一方享有的债权不足以抵销其负担的包括主债务、利息、实现债权的有关费用在内的全部债务,当事人因抵销的顺序发生争议的,那么人民法院可以参照《民法典》第 561 条规定处理(《民法典合同编通则解释》第 56 条第 2 款)。即按照主债务、利息、实现债权的有关费用的顺序进行抵销。

例如,甲欠乙 100 万元,借款期间的利息为 5 万元,乙实现债权的费用为 5 万元。现甲对乙享有债权 20 万元,甲即主张抵销。

此时,根据《民法典合同编通则解释》第 56 条第 2 款,应准用《民法典》第 561 条,

---

① 朱虎:《法定抵销溯及力理论的现代反思》,载《法学》2024 年第 4 期,第 99—100 页。
② 最高人民法院民事审判第二庭、研究室编著:《最高人民法院民法典合同编通则司法解释理解与适用》,人民法院出版社 2023 年版,第 610 页。
③ Brox/Walker, *Allgemeines Schuldrecht*, 46. Aufl., 2022, §16, Rn. 13.

即先抵销实现债权的费用 5 万元,再抵销利息 5 万元,最后抵销主债务 10 万元。在抵销后,甲仍欠乙 90 万元。值得注意的是,在抵销之后,就 90 万元还可能产生利息以及费用。

(四)多个债权情况下的抵销

如果一个主动债权与多个被动债权相对,或者多个主动债权与一个被动债权相对,甚至多个主动债权与多个被动债权相对,那么抵销人可以指定,哪些债权相互抵销,其指定针对的是主动债权以及被动债权;如果抵销人没有在抵销表示时指定,准用《民法典》第 560 条所规定的清偿抵充的法定规则来确定哪些债权相互抵销(《民法典合同编通则解释》第 56 条第 1 款)。具体来讲,优先抵销行使抵销权一方已到期的债务;如果数项债务均已到期,优先抵销没有担保或者担保最少的债务;均无担保或者担保相同的债务,优先抵销债务人负担较重的债务;债务人负担相同的,按照债务到期先后确定抵销顺序;债务人负担相同,且履行期同时届至的债务,根据各项债务的金额按比例抵销。① 抵销抵充规则的适用,并不以"享有的债权不足以抵销全部债务"为前提。另外,抵销适状早晚,对于抵销抵充的顺序也不产生影响。

对于违约金或损害赔偿金是独立的债权,还是主债权的一部分,在理论与实践中均存有异议。在司法实践中,区分两种违约金与损害赔偿金。其一,迟延履行产生的违约金或损害赔偿金,按照利息确定清偿或抵销顺序;其二,因其他违约行为产生的违约金或损害赔偿金,则应按照多个债权规则确定清偿或抵销顺序。② 这种区分模式并不符合债的独立性的认定标准。在逻辑上,如果违约金随着主债务的持续不断产生,即为主债务的一部分;如果违约金独立计算,比如当事人约定了货款总额的 5% 作为违约金,则为独立的债。

在德国法上,如果抵销人指定后,抵销相对人毫不迟延地提出异议的,则应准用清偿抵充的法定规则。该规则的基础是公平的考量,避免双方无意义地竞争抵销,也可以避免谁偶然先提出抵销、谁先指定的不公平问题。另外,在债权人的债权部分经过时效的情况下,基于这一规则,债权人即有可能将针对未经过时效的债权进行的抵销调整为针对安全性较弱的、经过时效的债权。③ 为了避免不确定期间过长,抵销相对人必须毫不迟延地提出异议。

十、被抵销人的异议

《合同法解释(二)》第 24 条规定,当事人对《合同法》第 99 条规定的债务抵销虽有异议,但在约定的异议期限届满后才提出异议并向人民法院起诉的,人民法院不予

---

① 最高人民法院民事审判第二庭、研究室编著:《最高人民法院民法典合同编通则司法解释理解与适用》,人民法院出版社 2023 年版,第 624 页。
② 同上书,第 629 页。
③ MüKoBGB/Schlüter, 9. Aufl., 2022, BGB §396, Rn. 3.

支持;当事人没有约定异议期间,在解除合同或者债务抵销通知到达之日起三个月以后才向人民法院起诉的,人民法院不予支持。

当事人对抵销的异议可能针对债权是否存在,也可能针对债权的数额、范围,还可能针对债权是否到期等。① 抵销相对人对抵销有异议的,可以提起诉讼,但诉的基础还是既有的债权,或者存在不得抵销事由。

根据《合同法解释(二)》第 24 条,抵销相对人得在约定或法定期间内提起诉讼,如若不然,即不得再请求确认抵销是否成立。但不构成抵销的情况下,无论抵销相对人是否及时提出确认之诉,抵销均不发生效力,抵销相对人的债权仍然存在,对该债权适用普通诉讼时效。而且,不论抵销相对人是否及时提出异议,人民法院均须实质审查抵销是否满足构成要件。

十一、诉讼抵销

所谓诉讼上的抵销,是指被告在诉讼进行中主张抵销以消灭原告的请求权②,也即当事人在诉讼过程中行使抵销权。对于诉讼抵销,我国民事诉讼法以及民法并没有予以规定,但在实践中,诉讼抵销的情况较为常见。《九民纪要》第 43 条规定,抵销权既可以通知的方式行使,也可以提出抗辩或者提起反诉的方式行使。

对于诉讼抵销的性质,德国法通说为双重属性说,即诉讼抵销既是私法行为,也是诉讼行为或程序行为。③

与诉讼抵销稍有不同的是在诉讼外表示抵销,但在诉讼陈述中当事人指向了该诉讼外的抵销。如果在法律争议中,因为迟延提出,抵销陈述被驳回,则诉讼外抵销意思表示可能在实体法上也不发生效力,但被告可以另行主张主动债权。在诉讼上不再考虑的、诉讼外表示过抵销的陈述,会被认为是一种清偿起诉债权的抗辩,但可能是因为迟延提出而被驳回的抗辩。④

在诉讼抵销情况下,实体上无效的抵销在程序上也不会导致被动债权的消灭,但在程序上不予考虑的、实体上有效的抵销,基于其有效性,对于被告可能产生最终确定地丧失主动债权的结果。为了避免这一结果发生,可以准用"部分无效导致整体无效规则"(《德国民法典》第 139 条),程序上不生效力导致诉讼抵销的实体法层面也不生效力。

诉讼抵销作为一种诉讼行为可以被撤回,但撤回会导致抵销在实体法上也不生效力。

---

① 最高人民法院民事审判第二庭、研究室编著:《最高人民法院民法典合同编通则司法解释理解与适用》,人民法院出版社 2023 年版,第 613 页。
② 耿林:《诉讼上抵销的性质》,载《清华大学学报(哲学社会科学版)》2004 年第 3 期,第 84 页。
③ MüKoBGB/Schlüter, 9. Aufl., 2022, BGB §396, Rn. 39.
④ A. a. O., Rn. 40.

在起诉债权与抵销债权之间具有法律牵连性的情况下，抵销债权的提出可以被看作是一种抗辩权的提出，但是为了使审理更有层次性、概览性，法官可以命令先限制在一个或数个攻击与防御方法范围内进行审理。① 起诉债权与抵销债权之间具有法律牵连性是指二者之间存在自然的或经济上的关联，如在买卖合同中，价款请求权与因标的物瑕疵而产生的损害赔偿请求权之间就具有牵连性，源于长期交易关系的相互请求权之间也具有牵连性。这种情况的抵销，也被称为关联关系的抵销。

在德国法上，同一交易中的两个债权抵销，可以在同一诉讼中加以审查；若两个债权源于不同交易，则按照反诉与本诉分别审理（《德国民事诉讼法》第145条第3款）。我国法上并没有类似规定，即使存在规定，也没有区分独立的抵销与同一交易内的抵销，如《海商法》第215条规定，享受本章规定的责任限制的人，就同一事故向请求人提出反请求的，双方的请求金额应当相互抵销，本章规定的赔偿限额仅适用于两个请求金额之间的差额。

在起诉债权与抵销债权没有法律牵连性的情况下，法院可以命令进行诉的分离，将起诉债权与抵销债权，分别在不同诉讼程序中进行审理，但在程序上还是一体的，在分离前的诉讼过程，比如诉讼系属、管辖、证据采纳等，均对新的程序具有效力。如果对起诉债权可以作出裁决，法院或者作出对抵销保留的裁决（《德国民事诉讼法》第302条第1款），或者作出驳回裁决；如果起诉债权在抵销后还有剩余，则在主动债权抵销表示作出之后，法院可以作出原因裁决（《德国民事诉讼法》第304条）。如果抵销债权可以先裁决，则法院不能作出部分裁决，也不能作出中间裁决，而只能作出废止程序分离的命令，因为抵销是以抗辩权的方式提出的。如果被告是通过反诉的形式提出抵销的，比如主张超过本诉请求权数额部分，则分离起诉债权与抵销债权分别审理就不适当了。②

诉讼抵销不会使主动债权具有法律系属。如果主动债权在另一个程序中已经被具有既判力地支持了，则主动债权即"被消费"了。如果法庭裁决主动债权不存在，那么该裁决在被告主张抵销的额度内具有既判力（《德国民事诉讼法》第322条第2款）。该规则也适用于主动债权通过抵销被消灭的情况。所以，在考虑抵销抗辩之前，首先需考察被动债权，即使对被动债权存有争议，也是如此。

在上诉审，只有原告同意或者法院在发生系属的程序中认为主张抵销有助于查明事实，才可以允许抵销（《德国民事诉讼法》第533条）。

十二、合意抵销

（一）概念

合意抵销是指当事人互负债权债务，但不符合法定抵销的要件时，双方经过协商

---

① Baumbach/Lauterbach/Albers/Hartmann, ZPO, 54. Aufl., §146, Rn. 1.
② Baumbach/Lauterbach/Albers/Hartmann, ZPO, 54. Aufl., §145, Rn. 20.

一致而使债权相抵销的情形。合意抵销的债权范围相当广泛,其标的物的种类和品质并不一定相同(《民法典》第569条),在一方或双方债务未届清偿期时,当事人亦可通过协商一致而抵销。合意抵销当事人可以作出与抵销法定构成要件不一致的约定。比如,可以排除相对性的要件,即约定债权人以其债权与债务人对第三人的债权进行抵销。如果债权人以第三人的债权进行抵销,则应取得第三人的同意或者享有处分权。当事人也可以约定排除到期以及可履行性要件。但是,约定用于抵销的债权必须存在,否则抵销合同因为没有客体而不生效力。有观点认为,当事人的约定不能改变法律对于抵销的给付同种类性要求,如果当事人约定抵销不同种类的债权,则是在约定代物清偿。①

(二) 性质

合意抵销不是双方免除合同,因为任何一方的债权都被满足了,而不是放弃了满足。合意抵销比较类似相互的清偿替代合同,但通过抵销合同,每一方当事人并没有获得满足,也就是说,抵销合同并不意味着放弃债权。所以,合意抵销在本质上也不是替代清偿合同。② 在合意抵销的情况下,双方互相处分了债权,其中之一的处分与另一个的处分同时存在,实质为特别类型的债法上的处分行为。③

合意抵销合同为物权合同,其内容为消灭相互对立存在的债权。在实践中,当事人之间常常约定康采恩抵销条款,一种是企业有权利以其合同相对人的债权与其他企业的债权尤其是康采恩企业的债权进行结算,另一种是企业可以以自己的债权与其合同相对人对其他康采恩企业的债权进行结算。④

在交互计算关系中存在一个债务合同(计算义务)以及三个物权合同:往来账约定(禁止主张、清偿以及让与债权)、计算合同(预期抵销合同)以及余额、结余承认。在这里,通常含有所谓的预期抵销,即将来发生效力的抵销合同。将来的相对债权一旦产生,即行消灭。

(三) 区别

基于意思自治,当事人也可以约定一方当事人享有抵销权,但约定单方具有抵销权的合同与合意抵销的约定不同,并无清偿的效果。只有享有抵销权的一方行使了抵销权,债才被清偿。⑤

(四) 合意抵销与法定抵销的区别

1. 前提条件不同。在法定抵销时,主动债权和被动债权需均届清偿期;而合意抵销时,双方债权是否届清偿期,在所不问。主动债权上附有抗辩,亦可以合意抵销。

---

① MüKoBGB/Schlüter, 9. Aufl., 2022, BGB § 387, Rn. 52.
② Larenz, *Schuldrecht AT*, 14. Aufl., 1987, § 18 VI, S. 266.
③ MüKoBGB/Schlüter, 9. Aufl., 2022, BGB § 387, Rn. 51.
④ A. a. O.
⑤ Larenz, *Schuldrecht AT*, 14. Aufl., 1987, § 18 Ⅵ, S. 266.

2. 方法不同。在法定抵销时,需由抵销权人通知对方当事人;而在合意抵销时,则主动债权人与被动债权人的意思表示需一致,即双方协商一致订立抵销合同。该抵销合同系一种双方法律行为,适用民法关于法律行为生效要件的一般规定。

3. 标的物要求不同。法定抵销的场合要求抵销的"标的物种类、品质相同",当事人行使法定抵销权原则上不能违背这一规定;而在合意抵销场合,当事人双方可以商定对种类、品质不同的标的物进行抵销,亦即可由当事人商定排除法定抵销规则对标的物的要求。

4. 实现条件不同。法定抵销中对抵销的通知不得附条件或者附期限,而合意抵销时,双方当事人也可以排除这一限制,在抵销合同中商定抵销的条件或者期限。

(五)效力

在合意抵销的情况下,抵销之效力自当事人意思一致时发生,如无特别约定,合意抵销并无溯及效力。①

第三节 提存与自助出卖

【文献指引】

屠文:《提存制度之研究》,载郑玉波主编:《民法债编论文选辑(中)》,五南图书出版股份有限公司1984年版,第955页以下;张晓军:《提存制度研究》,载《中国人民大学学报》1996年第4期;史浩明:《论提存》,载《法商研究(中南政法学院学报)》2001年第6期;张谷:《论提存》,载《清华法学》(第二辑),清华大学出版社2003年版;韩世远:《提存论——〈合同法〉第101—104条的解释论》,载《现代法学》2004年第3期。

【补充文献】

崔建远:《我国提存制度的完善》,载《政治与法律》2019年第8期;翟远见:《提存的法律效力》,载《政法论丛》2021年第3期。

如果不能履行给付义务的原因在于债权人,法律上需赋予债务人通过提存标的物于法定机构或者拍卖所得而自给付义务中解放出来的权利,债权人通过领取该提存物而实现自己的债权。《民法典》第570条到第574条规定了提存的构成要件以及法律效果。司法部《提存公证规则》(司办字〔1995〕19号)则详细地规定了提存的实体与程序问题。

---

① 崔建远、韩世远、于敏:《债法》,清华大学出版社2010年版,第169页。

一、提存的概念

所谓提存,是指债务人通过将标的物提交给法定部门,而使债务人从给付义务中解放出来的制度(《民法典》第 557 条第 1 款第 3 项)。债务人要进行给付,首先要知道谁是债权人,其次还需要知道债权人在哪里。而且,债务人要清偿,通常需要债权人的协助,例如在买卖合同的情况下,需要买受人进行占有动产等协助行为。如果债权人不协助,在金钱之债的情况下,债务人会很高兴,而在其他情况下,尽管适用债权人受领迟延制度,债务人的责任能有所减轻,但如果债务人不知道谁是债权人或者债权人在哪里,那么债务人一直无法从给付标的物的债务中解放出来,债务人需要承担保管之困扰,由此带来诸多不利益,故法律上设置提存制度,以避免债务人承担不利益。

实际生活中,提存情况并不常见。通过提存金钱或有价证券提供担保(《德国民法典》第 232 条以下),或者债务人或债权人依法院假执行、假扣押、假处分提供担保之命令而办理的提存(《德国民事诉讼法》第 108 条以下),在实践中意义更大。但是,为了担保而提存并不适用《民法典》的提存规则。我国《提存公证规则》第 3 条第 2 款规定,以担保为目的的提存公证具有保证债务履行和替代其他担保形式的法律效力。《提存公证规则》第 6 条第 1 款第 2 项规定,为了保护债权人利益,保证人、抵押人或质权人请求将担保物(金)或其替代物提存的,公证处可以根据当事人的申请办理提存公证。

《民法典》第 406 条第 2 款规定,抵押人转让抵押财产的,应当及时通知抵押权人。抵押权人能够证明抵押财产转让可能损害抵押权的,可以请求抵押人将转让所得的价款向抵押权人提前清偿债务或者提存。转让的价款超过债权数额的部分归抵押人所有,不足部分由债务人清偿。这种提存是为了担保而进行的提存,就提存标的物,抵押权人优先受偿,在构成上,并不要求具备债务人因债权人的原因而难以履行债务这一原因。

债之关系当事人还可以约定以提存方式给付,当事人申办约定提存公证的,必须列明提存物给付条件,公证处应按提存人所附条件给付提存标的物(《提存公证规则》第 6 条)。

二、提存的性质

我国台湾地区通说主张,提存是债务人与提存部门之间缔结的一种有利于第三人的保管合同,且为私法上合同。[①] 崔建远教授认为提存既具有公法因素,也具有私法因素。提存人与债权人之间的关系是私法关系,在私法上的关系即为利他保管合

---

① 史尚宽:《债法总论》,中国政法大学出版社 2000 年版,第 835—836 页。

同,与提存部门之间的关系为公法关系。① 对于提存制度性质的分析,应聚焦于提存本身,无须考虑与其并行的债务人与债权人之间既有的债之关系。

依据《提存公证规则》,我国提存的法定机构为公证处,提存之接受与交出均需要提存机构为行政处分行为,债权人的取回权可以直接来自于提存法律规定,无须人为拟制利他合同关系。保管关系由一个行政行为、承诺处分以及交付提存标的物的行为构成。

公证处依据行政权力方有缔结履行提存合同之可能,其缔结程序采取的是行政受理、审查以及复议等程序,应当依此确认提存人与提存机构之间的关系为公法性质的保管关系。② 但尽管如此,对于提存人与提存机构之间的保管合同关系,法律上并无特殊规则,仍应适用私法上的保管合同规则。

三、提存的构成要件

(一)债务人享有给付的权利

债务人要提存,首先债务人应有权进行给付,也即有权履行。债权人的请求权必须到期,至少是可履行的。债务人负担的义务可能是返还标的物,也可能是让与标的物所有权;既可能基于债之关系,也可能基于物上请求权。

第三人代为履行给付的,原则上没有提存权,即使第三人基于履行或者出于其他原因负有给付的义务,也没有提存权。但是,如果第三人有权代为履行的(《民法典》第524条),则第三人可以提存。③

(二)提存的事由

提存事由主要有如下几种(《民法典》第570条第1款):

1. 债权人无正当理由拒绝受领

《民法典》第570条第1款第1项规定,在债权人无正当理由拒绝受领清偿场合,债务人可以提存清偿的标的物以免除自己的债务。债权人无正当理由拒绝受领清偿的场合,也可能是期前拒绝受领。但在期前拒绝受领之情形,并无提存之正当性理由。此时的保管之风险属于合同内容本身,并不是额外之负担,故在此情况下,不应允许债务人提存以摆脱自己的债务。④

进一步来看,仅具备"债权人无正当理由拒绝受领",也未必构成提存事由。一般而言,只有债权人陷入受领迟延,债务人才有权提存。债权人仅是拒绝受领,并不能构成债务人提存的正当性事由。而构成债权人受领迟延,需要存在债权人协助必要

---

① 崔建远:《我国提存制度的完善》,载《政治与法律》2019年第8期,第107页。
② 张谷:《论提存》,载《清华法学》(第二辑),清华大学出版社2003年版,第186页。
③ MüKoBGB/Fetzer, 9. Aufl., 2022, BGB § 372, Rn. 14, 15.
④ 张谷:《论提存》,载《清华法学》(第二辑),清华大学出版社2003年版,第192页;王利明:《合同法新问题研究》,中国社会科学出版社2003年版,第576页。

性、债权可履行、债务人依照债务本旨提出给付①以及给付可能、债权人未受领给付或者拒绝为对待给付等要件。另外,"债权人无正当理由拒绝受领",只是债权人受领迟延的一种情况。所以,在这里应将"债权人无正当理由拒绝受领"扩张解释为债权人受领迟延的情况。②

《提存公证规则》第5条第1项、第2项规定了两种债权人受领迟延的情况,第一种是债权人无正当理由拒绝或延迟受领债之标的的;第二种是债权人不在债务履行地又不能到履行地受领的。

2. 存在于债权人本身的给付障碍

如果债权人本身的原因阻碍债务人履行或者安全地履行债务,则债务人即有权提存给付标的物。存在于债权人本身的给付障碍,具体包括债权人下落不明(《民法典》第570条第1款第2项)或者失踪(《提存公证规则》第5条第3项)、债权人死亡未确定继承人、遗产管理人或者丧失民事行为能力未确定监护人(《民法典》第570条第1款第3项)等;债权人下落不明包括债权人不清、地址不详,债权人失踪又无代管人等情况。

除了上述情况外,存在于债权人本身的给付障碍具体还包括债务人不确知债权人人身的情况,即清偿人虽尽了善良管理人的注意,亦不能够确切知道谁是债权人,具体如债权多次让与后,无法确知谁是债权人的情况,以及债权人为无行为能力人或者限制行为能力人且无法定代理人的情况。③

债权人住所不明的情况(《提存公证规则》第5条),也属于存在于债权人本身的给付障碍的一种。《民法典》第529条规定,债权人分立、合并或者变更住所没有通知债务人,致使履行债务发生困难的,债务人可以提存标的物。

在债权被扣押或被采取保全措施的情况下,债务人也有权进行提存。

从债务人角度而言,对于上述"存在于债权人本身的给付障碍"的情况,债务人本身不应具有过错,否则提存事由即不构成,也就是说,债务人须尽到必要的注意考察"债权人不确定"的怀疑是否合理,而且债务人自身无法排除该怀疑。

如果债权人受领障碍是暂时性的,则债务人不享有提存的权利。

(三) 提存能力

提存的标的物必须是适宜提存的标的物。可以提存的标的物包括货币、有价证券、票据、提单、权利证书、贵重物品、担保物或者其替代物及其他适宜提存的标的物(《提存公证规则》第7条)。所谓适宜提存的标的物,是指保管有意义的标的物,其价值相对于其重量与范围必须足够大,标的物不易腐烂,保管费用不能过高。

---

① 韩世远:《合同法总论》(第四版),法律出版社2018年版,第718页。
② 崔建远:《我国提存制度的完善》,载《政治与法律》2019年第8期,第108页以下。
③ Larenz, *Schuldrecht AT*, 14. Aufl., 1987, §18 V, S. 251.

劳务或者承揽之给付等均不具有提存能力,亦不能通过自助出卖实现提存。

值得注意的是,在债权人受领迟延不动产的情况下,依照德国法,债务人可以在对债权人发出警告后,放弃占有(《德国民法典》第303条),由此免去自己的负担;但中国法上,尚无相应规则。但在此情况下,根据《提存公证规则》,不动产亦是可以提存的标的物(如第22条第4款)。

提存标的与债的标的不符或在提存时难以判明两者是否相符的,公证处应告知提存人如提存受领人因此原因拒绝受领提存物则不能产生提存的效力。提存人仍要求提存的,公证处可以办理提存公证,并记载上述条件(《提存公证规则》第13条第2款)。

(四)提存的成立

债务人将标的物或者标的物拍卖、变卖所得价款交付提存部门时,提存成立(《民法典》第571条第1款)。据此,提存合同是一种要物合同。

四、提存程序

(一)提存部门

提存部门为债务履行地的公证处(《提存公证规则》第4条第1款),由其接受提存并返还提存物或者变价物。

(二)提存的申请、受理、审查与复议

提存的地点是给付地的提存机关(《提存公证规则》第4条第1款),而给付地点按照约定或者法定规则确定。如果债务人提存于其他地点,债务人应向债权人赔偿因此所生之损害。

虽然提存人与提存机关之间的关系为保管合同关系,但自《提存公证规则》的设计来看,采取的是类似"行政行为"的程序。首先由提存人提出申请(第9条),然后由提存机关决定是否受理,公证处应在收到申请之日起三日内作出受理或不予受理的决定,不予受理的,公证处应当告知申请人对不予受理不服的复议程序(第10条)。受理之后的程序是审查程序,这里的审查为实质审查,包括提存人的行为能力和清偿依据、申请提存之债的真实性、合法性、请求提存的原因和事实是否属实、提存标的物与债的标的是否相符,是否适宜提存等实质内容(第12条)。实质审查不合格的,公证处应当拒绝办理提存公证,并告知申请人对拒绝公证不服的复议程序(第13条第3款)。实质审查合格的,提存机关验收提存标的物并登记存档或者采取其他保管措施(第14条)。提存机关应当从提存之日起三日内出具提存公证书(第17条第1句)。

(三)提存的通知

标的物提存后,除债权下落不明的以外,债务人应当及时通知债权人或者债权人的继承人、遗产管理人、监护人、财产代管人(《民法典》第572条)。通知是一种法律行为,并具有承认的效力。① 在债权人下落不明的情况下,债务人可以向所有提出债权主张者通知。债务人此时的通知应属于附随义务,债务人的通知应当及时作出。通知的费用由债务人承担。债务人未及时通知或怠于通知,给债权人造成不应有的损害,比如债权人因债务人通知不及时或者未通知而不能及时获得标的物,或者不能实现对提存机关的返还请求权,而因此产生损害时,提存人应负赔偿之责。

以清偿为目的的提存或提存人通知有困难的,公证处应自提存之日起7日内,以书面形式通知提存受领人,告知其领取提存物的时间、期限、地点、方法(《提存公证规则》第18条第2款)。提存受领人不清或下落不明、地址不详无法送达通知的,公证处应自提存之日起60日内,以公告方式通知。公告应刊登在国家或债权人在国内住所地的法制报刊上,公告应在1个月内在同一报刊刊登三次(《提存公证规则》第18条第3款)。

(四)提存书的交付与领取

提存人应当将记载受领提存的提存书交付债权人。提存人通知有困难的,经提存机关告知或者公告通知,由债权人自己领取。

五、提存的效力

(一)提存物的取回权

债务人与提存部门的关系,适用保管合同的规则。而根据《民法典》第899条第1款,寄存人可以随时领取保管物。另外,提存是债务人的一种权利,所以,原则上应当允许债务人随时取回提存物。

在性质上,取回权是一种形成权,类似于撤回权(Widerrufsrecht)。

取回权既不可以被扣押,也不能被让与,其原因在于第三人不能阻碍债务人通过提存已经开始的对债权人的清偿。② 在债务人破产的情况下,债务人不得行使取回权,也就是说,尚未被确保的债权人的期待权优先于债务人的其他债权人的攫取利益的权利(Zugriffsrecht)。③

(二)取回权被排除情况下的提存效力

在下述情况下,债务人并无取回权:

(1)债务人对提存机构表示放弃取回权的。

(2)债权人向提存机构作出受领的意思表示的。根据对《民法典》第574条第2款但书部分第二种情况的反面解释,债权人向提存机构为受领表示的,债务人不得取回。

---

① MüKoBGB/Fetzer, 9. Aufl., 2022, BGB §374, Rn. 2.
② MüKoBGB/Fetzer, 9. Aufl., 2022, BGB §377, Rn. 1.
③ Larenz, *Schuldrecht AT*, 14. Aufl., 1987, §18 V, S. 253.

（3）在债务人与债权人之间发生诉讼，一方当事人要求确认提存的效力，在一方当事人向提存机构出示确认提存为合法有效的判决时，债务人也不得撤回。

在债务人不再享有取回权的情况下，提存即具有消灭债务人给付义务的效果。① 但是，债务人须在提存申请中指定真正的债权人作为领取权利人，否则也不会发生清偿效力。如果债务人不清楚债权人具体是谁，则真正的债权人属于其所指定的领取权人之一即可。②

提存构成之后，即发生清偿效力，债权人依法取得对提存部门的返还请求权（领取权），债务人以该返还请求权代替原定给付。提存成立的，视为债务人在其提存范围内已经交付标的物（《民法典》第571条第2款）。提存之债从提存之日即告清偿（《提存公证规则》第17条第2句），但需要所提出的提存物符合债务本旨，且提存书上记载的提存物受领人享有受领权。

（三）取回权保留情况下的提存效力

只要债务人保留了取回权，提存即没有最终完成（《提存公证规则》第3条第3款）。债权人获得了附加解除条件的返还请求权（领取权）。此时，债务人或者可以行使取回权，或者可以告知债权人提存标的物。债务人一表示取回，提存的效力即自始消灭。取回权的行使具有使公法上的提存关系恢复原状的效力，债务人因此获得公法上的返还请求权。债务人告知债权人提存标的物的，债务人享有给付拒绝权，是诉讼中需主张的抗辩权。③ 债权人承担对待给付费用，债务人免除利息以及未收取用益之补偿义务。

《民法典》第574条第2款但书部分特别规定了两种取回情形。第一种是债权人未履行对债务人的到期债的，债务人有权取回提存物。此种情况下，对债务人而言附加了债权人须履行对待给付才可以向提存机关请求返还的条件。第二种是债权人向提存部门书面表示放弃领取提存物的权利的，债务人有权取回提存物。在债务人提存后，债权人替代性地获得的是对提存部门的返还请求权（领取权），如果债权人放弃领取提存物权利的，是对其实体领取权的放弃或者抛弃，此时，债务人可以行使取回权。

在债权人的对待给付陷入不能，或者债权人同意债务人取回，或者基础请求权不存在，或者提存之债已经被清偿，或者提存的前提不构成的情况下，均可以准用《民法典》第574条第2款但书的规定。据此，债务人可以直接要求取回提存物。提存人可以凭人民法院生效的判决、裁定或的提存之债已经被清偿公证证明取回提存物（《提存公证规则》第26条第1款）。

---

① 崔建远、韩世远、于敏：《债法》，清华大学出版社2010年版，第178页。
② Looschelders, *Schuldrecht AT*, 21. Aufl., 2023, § 19, Rn. 4.
③ A. a. O.

提存人取回提存物的,视为未提存(《提存公证规则》第 26 条第 3 款第 1 句)。债务人取回的,公法上的提存关系即行恢复原状,债务人因此获得公法上的返还请求权。值得注意的是,债务人行使取回权获得返还请求权时,需要先支付保管费用。提存人未支付提存费用,公证处有权留置价值相当的提存标的(《提存公证规则》第 26 条第 3 款第 2 句)。

(四) 债权人的提存物领取请求权

随着提存人与提存机关保管合同关系的确立,债权人即取得了对于提存机关的、公法性质的提存物返还请求权(领取权)。债权人的领取请求权替代了债权人的原来的给付请求权。

债权人可以随时领取提存物。但是,债权人对债务人负有到期债务的,在债权人未履行债务或者提供担保之前,提存部门根据债务人的要求应当拒绝其领取提存物(《民法典》第 574 条第 1 款)。也就是说,债权人通常要通过当事人承认或者有既判力的裁决书证明债权人有权利领取,而且需要同时履行自己的给付,才可以领取提存物。

自提存之日起 5 年内,债权人不行使领取请求权的,扣除提存费用后,提存物归国家所有,也就是说,此时,债权人的领取请求权也消灭了(《民法典》第 574 条第 2 款第 1 句)。在性质上,该 5 年期间为不变期间,不适用诉讼时效中止、中断或延长的规定(《合同法解释(一)》第 8 条)。

(五) 提存标的物所有权的移转

《民法典》并没有特别规定提存标的物的物权变动规则,需要予以特别解释。在提存标的物是货币的情况下,基于货币的属性,一旦交付,其所有权即移转给提存机关,性质上属于国库财产;在债权人请求返还时,货币所有权才移转给债权人。在提存标的物是其他物的情况下,其所有权不发生变动,只是由提存机关保管;债务人提存时即发出了移转所有权的要约,而债权人申请返还时,即为作出了承诺。由此债权人成为间接占有人并获得了所有权。①

(六) 领取请求权与对待给付的同时履行

债权人对债务人负有到期债务的,在债权人未履行债务或者提供担保之前,提存部门应拒绝其领取提存的标的物(《民法典》第 574 条第 1 款)。所谓"债权人对债务人负有到期债务",是指债权人与债务人互负对待给付债务,即在双务合同中,在没有先后履行顺序时,债务人有同时履行抗辩权(《民法典》第 525 条)。

本来,在提存时,债务人可以使其给付与对待给付互为前提,因为债务人的地位不能因提存而劣于清偿的情况。在符合同时履行抗辩权、留置抗辩权要件的情况下,

---

① MüKoBGB/Fetzer, 9. Aufl., 2022, BGB § 372 Rn. 18.

债务人可以将债权人履行对待给付作为给付的前提。如果债务人作了这样的保留,则债权人对提存机关的返还请求权(领取权)即附加了提出对待给付的停止条件。但是,原有的债权人对债务人的债权并没有因此而附加条件,债权人可以就原债权对债务人另行提起诉讼,而通过《民法典》第574条第1款,债权人的领取权与债务人的对待给付请求权法定地构成同时履行关系。

通常,债务人在提存时,应当在提存证书中注明债权人对债务人负有到期债务、债权人未履行债务或者提供担保等情况。未在提存证书中注明,而是债务人提存后以口头方式提出此要求的,提存部门原则上不得拒绝债权人领取提存物。

（七）债务人的其他义务

债务人提存后,仍然要协助债权人到提存处收取提存物。具体如债务人要告知债权人提存,并作出意思表示(告知只是让与所有权的要约)[①],提供债权人有权受领的证据。对于债权人的返还请求权的实现,债务人负有义务作出必要的表示以证明债权人享有受领权利。

（八）提存标的物的风险负担、提存物的孳息、提存费用

标的物提存后,毁损、灭失的风险由债权人负担(《民法典》第573条第1句)。此处的风险指的是对价风险,而非给付风险或物的风险。在物灭失毁损的情况,债务人基于给付不能而免除其给付义务,但其对债权人仍享有对价或价金请求权,也就是说,由债权人承担此价金风险。如债务人提存的画,被大火烧了,债权人仍需支付价款。

在提存期间,债务人无须给付未收取的用益,在金钱之债的情况下,亦无须支付利息。在法律效果上提存与债权人受领迟延的效果相同。

依据《民法典》第573条第2句,提存物的孳息由债权人享有。根据《民法典》第321条,孳息应由物的所有权人享有,在提存的情况下,提存物的所有权虽然自提存时起移转给提存机构,但自保管合同成立后债权人即取得领取请求权,故因标的物产生的孳息应归属于债权人。但提存人有权取回提存物的,孳息归提存人所有(《提存公证规则》第22条第1款第2句)。

此处的孳息,包括天然孳息与法定孳息。具体如提存的存款单、有价证券、奖券需要领息、承兑、领奖的,公证处应当代为承兑或领取,所获得的本金和孳息在不改变用途的前提下,按不损害提存受领人利益的原则处理。无法按原用途使用的,应以货币形式存入提存账户(《提存公证规则》第22条第2款)。定期存款到期的,原则上按原来期限将本金和利息一并转存。股息红利除用于支付有关的费用外,剩余部分应当存入提存专用账户(《提存公证规则》第22条第3款)。提存的不动产或其他物品的收益,除用于维护费用外剩余部分应当存入提存账户(《提存公证规则》第22条第

---

① Schlechtriem/Schmidt-Kessel, *Schuldrecht AT*, 6. Aufl., 2005, §9, Rn. 410.

4款)。

提存费用由债权人负担。提存费用包括公证费、保管费、拍卖变卖费、公告费、邮电费、评估鉴定费、代管费、保险费,以及为保管、处理、运输提存标的物所支出的其他费用。债权人未支付提存费用之前,提存部门有权留置价值相当的提存标的物(《民法典》第 573 条;《提存公证规则》第 25 条第 2 款、第 3 款)。

六、自助出卖

所谓自助出卖,是指在标的物不适于提存或者提存费用过高的情况下,债务人有权拍卖或者变卖标的物,并提存所得的价款(《民法典》第 570 条第 2 款)。在德国法上,主要是在债权人受领迟延的情况下,债务人有权自助出卖。①

自助出卖的情况下,债权人丧失了其应得到的标的物,而得到的是出卖所得,出卖所得通常要比物的实际价值要少一些,所以,其行使条件要严一点。首先,需要债权人陷入受领迟延,或者需要提存标的物因容易腐败而不适合提存或者提存费用不成比例。其次,在自助出卖前,债务人应对债权人予以警告。最后,为了防止标的物被低价出卖,自助出卖通常要以公开拍卖的方式进行,但提存物有交易所价格或者市场价格的,债务人亦可以自行变卖或者委托中介变卖。

原则上,自助出卖应在给付地进行,如果在给付地不能期待获得适当的拍卖所得,则债务人可以另觅适合地点进行拍卖或变卖。变卖或拍卖的费用原则上由债权人负担,除非债务人取回提存之拍卖或变卖所得。

债务人合法变卖或者拍卖标的物后,可以将变卖或拍卖所得提存,即使所得价金低于所负担的标的物价值,亦可提存,债务人在其提存的范围内已经清偿了债务(《民法典》第 571 条)。债务人提存所得价款后,债权人原来的给付请求权转化为对出卖所得的领取请求权。

应当注意的是,只有合法的自助出卖才具有消灭债务的法律效果,如果自助出卖不符合法律规定,如提存物不是易腐烂的动产,或者拍卖不公开,或者没有通知债权人,则债务人没有权利进行提存,因此也不能消灭债务。另外,如果提存物是特定物或者具体化后的种类物,则违法出卖会导致债务人陷入履行不能,对于拍卖所得,债权人得基于代偿请求权请求移转,如果债务人对于给付不能有过错,则应承担损害赔偿责任。如果提存物是未具体化的种类物,则债务人的原债务继续存在。

---

① Looschelders, *Schuldrecht AT*, 21. Aufl., 2023, §19, Rn. 6.

第四节　清偿替代方式以及其他债之关系消灭的方式

一、债务的免除

【文献指引】

张谷:《论债务免除的性质》,载《法律科学(西北政法学院学报)》2003 年第 2 期。

【补充文献】

薛军:《合同涉他效力的逻辑基础和模式选择——兼评〈民法典合同编(草案)〉(二审稿)相关规定》,载《法商研究》2019 年第 3 期;孙文桢:《论债务免除行为的性质——以类型化为视角》,载《上海政法学院学报(法治论丛)》2021 年第 1 期;周江洪:《数人保证中保证债务免除的涉他效力问题》,载《苏州大学学报(法学版)》2022 年第 2 期;李中原:《连带债务中免除和时效届满的涉他效力模式——从连带性的规范基础出发》,载《苏州大学学报(法学版)》2022 年第 2 期;潘运华、吴钦松:《个别免除时共同保证人间的追偿权之证成》,载《苏州大学学报(法学版)》2022 年第 2 期;杨棋、辜明安:《利他法律行为的涉他效力研究》,载《北京科技大学学报(社会科学版)》2023 年第 4 期;孙鹏、严璐铭:《连带债务部分免除涉他效力规则的解释论展开》,载《北方法学》2023 年第 5 期。

(一) 免除概述

债务免除是指债权人免除债务人全部或部分债务,以使债权债务全部或部分终止的行为(《民法典》第 575 条)。

1. 单独行为

我国学者一般认为免除为单独行为。① 《奥地利民法典》第 1444 条、《日本民法典》第 519 条、我国台湾地区"民法"第 343 条也规定免除为单独行为。单独行为中有单方意思表示,即为已足。

在比较法上,有将之法定为债务免除合同者(《德国民法典》第 397 条第 1 款)。债务免除之实质为债权之放弃,由债权人单独之行为即可达到效果,但考虑到债务人因免除方式而免负责任可能会使债务人感到不舒服,故出于对债务人人格的尊重,应当顾及债务人的意思。② 而且,债权并非支配权,不能使债务人单方面受权利人意思

---

① 崔建远、韩世远、于敏:《债法》,清华大学出版社 2010 年版,第 179 页;韩世远:《合同法总论》(第四版),法律出版社 2018 年版,第 730 页;崔建远:《合同法》(第四版),北京大学出版社 2021 年版,第 337 页。

② Larenz, *Schuldrecht AT*, 14. Aufl., 1987, § 19 I a, S. 267.

约束,也就是说,债权人不能直接排除债务人原本可能的遵守义务的意思。① 该观点在本质上是"合同必要"规则使然。另外,免除也可能为债务人带来不利益,比如,债务人与投资人约定,投资人的前提是债务人应保持一定的资产负债率,但此时,如果债权人免除债务,就可能导致债务人的资产负债率为零,从而导致投资前提不能构成。② 所以,债务免除应为合同。

但是,规定债务免除为合同与现实情况未必相符合。债权人通常会认为,一旦对债务人作出免除的意思表示,债权债务关系就完结了,并不期望债务人会回答,债务人也会认为这是没必要的。即使照顾到债务人之人格尊严,也没有必要一定采取合同的模式,反而可以参照利他合同情况下为第三人设定权利的模式,如果第三人明确拒绝该权利的,视为自始没有取得该项权利(《德国民法典》第 333 条)。③《民法典》第 575 条采取了这一观点,债权人免除债务人债务的,无须债务人的同意,即可发生免除债务的效力,但债务人在合理期间内拒绝的,则自始不发生免除债务的效力。④

2. 处分行为

债务免除是债权人对其债权放弃的行为,在性质上属于处分行为⑤,应以意思表示为之,并无形式要求,但是只有债务免除人有处分权能的,债务免除方能有效。⑥

债的免除过程中,应由债权人向债务人表示免除其债务的意思,如果向第三人作出,则免除不生效力。免除的意思表示可以代理。第三人无权代理的,不经债权人追认,对债权人不生效力。

债务人为限制行为能力人的,对其进行免除,具有效力,因为免除对其而言,是纯获法律利益的。但是无行为能力人或限制行为能力人未取得其法定代理人的同意,不得为免除行为。第三人无权处分进行免除的,也不发生免除效力。债权人被宣告破产时,因债权人不得任意处分其债权,故不得作出免除之意思表示。

对于将来的债权亦可以放弃,其原理与对将来债权让与是一致的。但对于将来的抚养请求权、基于劳动关系产生的请求权以及不得扣押的债权是不能事前放弃的,在法律政策上应当予以否定。⑦

对于抗辩权或者形成权,权利人是可以单方放弃的。

免除在性质上属于处分行为,原则上不禁止附加条件与期限。⑧ 例如,甲借给乙 10000 元,并对乙作出意思表示,如果乙考上清华大学,即无须返还该借款。

---

① 黄立:《民法债编总论》(修正三版),元照出版有限公司 2006 年版,第 740 页。
② 黄薇主编:《中华人民共和国民法典释义(中)》,法律出版社 2020 年版,第 1106 页。
③ Larenz, *Schuldrecht AT*, 14. Aufl., 1987, § 19 I a, S. 267.
④ 黄薇主编:《中华人民共和国民法典释义(中)》,法律出版社 2020 年版,第 1106 页。
⑤ 崔建远、韩世远、于敏:《债法》,清华大学出版社 2010 年版,第 179 页。
⑥ 黄薇主编:《中华人民共和国民法典释义(中)》,法律出版社 2020 年版,第 1106 页。
⑦ Medicus/Lorenz, *Schuldrecht AT*, 22 Aufl., 2021, § 25, Rn. 3.
⑧ 黄薇主编:《中华人民共和国民法典释义(中)》,法律出版社 2020 年版,第 1106 页。

3. 与消极债务承认的区别

所谓消极债务承认（negatives Schuldanerkenntnis），是指债权人依据合同承认不再享有债权的行为。消极债务承认与债务免除的区别主要在于表示不同。在债务免除的情况下，债权人说的是"我免除……"；而在消极债务承认的情况下，债权人说的是"无论如何债权现在不再存在了"，至于债权是否曾经存在过或者何时消灭，都无须确定。所以，消极债务承认特别适合于以和解解决争议的情况，可以保住当事人的颜面。[1]

在消极债务承认的情况下，如果债权尚存在的，消极债务承认即包含了免除的内容，债权即因免除而消灭。

4. 与积极债务承认

免除不同于积极债务承认（positives Schuldanerkenntnis），免除指向的是债务的消灭，而积极债务承认则是确立新的债之关系。在免除的情况下，当事人需要明确免除多少数额；在债务承认情况下，则不需要确定减少了多少数额。

（二）与原因行为的关系

债务免除本身是一种处分行为，独立于作为其基础的原因行为。原因行为通常是赠与合同，也可能是有偿合同，例如，出租人与承租人约定，出租人免除剩余的租金，而承租人应在特定时间搬走。

如果缺乏有效的基础行为或者基础行为事后消灭了，则基于抽象原则，免除仍然有效。[2] 但债权人可以基于不当得利请求返还，返还的内容为重新确立已经消灭的债权。[3]

在免除作为和解（Vergleich）或者更新（Novation）的一个组成部分的情况下，如果和解或者更新本身无效了，亦会影响到免除或者承认的效力。也就是说，此时，免除或承认是有因的。[4]

（三）法律效果

在免除有效的情况下，债权即消灭。免除只能消灭给付义务，要消灭整个合同关系，必须要通过废止合同等才可以达到。

债权人可以免除全部债务，也可以免除部分债务，具体根据债权人、债务人的意思确定（《民法典》第575条）。债权人免除部分债务的，债务部分消灭；债权人免除全部债务的，债务全部消灭。

债权自免除之时消灭，所以，伴随的请求权，如违约金、利息等请求权继续存在，除非被单独免除。但是担保物权等从权利则同时归于消灭（《民法典》第559条）。保

---

[1] Medicus/Lorenz, *Schuldrecht AT*, 22 Aufl., 2021, §25, Rn. 5.
[2] 张广兴：《债法总论》，法律出版社1997年版，第281页。
[3] Medicus/Lorenz, *Schuldrecht AT*, 22. Aufl., 2021, §25, Rn. 7.
[4] Larenz, *Schuldrecht AT*, 14. Aufl., 1987, §19 I a, S. 269.

证债务以主合同的现实存在或将来存在为前提,所以主合同消灭,保证债务随之消灭。但是,债务人与保证人之间保证债务的免除不影响主合同的存在,主债务并不因此消灭。

在连带债务的情况下,部分连带债务人的债务被债权人免除的,在该连带债务人应当承担的份额范围内,其他债务人对债权人的债务消灭(《民法典》第520条第2款)。部分债权人免除债务人所负债务的,其余债权人的债权不消灭。

对于给付不可分割的不可分债权或不可分债务,免除必须对全部债权或债务为之。债权人仅免除部分不可分债务人的债务或者部分不可分债权人免除债务人的部分不可分债务时,不发生免除效力。

免除不得损害第三人的合法权益。例如在债权上设定质权的情况下,债权人不得以免除债务人的债务来对抗质权人。

二、消极债务承认

基于合同自由原则,债权人与债务人基于合同可以承认债权不存在(《德国民法典》第397条第2款),即消极债务承认。与此相对的是积极债务承认,即基于合同承认债之关系的存在(《德国民法典》第781条)。积极债务承认需要书面形式;但对于消极债务承认,并无形式要件之要求。

在性质上,消极债务承认是一种确认行为,通过确认行为在当事人之间有拘束力地确认法律关系的存在与不存在,改变与此不同的法律状况。所以,在债务存在的情况下,消极债务承认含有了债务免除的意思。① 放贷银行将贷款计入贷款账户,出具的收据就可能是消极债务承认。关于租赁物返还的记录,在可识别瑕疵方面,也是一种消极债务承认。

如果债权人为了废止债务而订立消极债务承认合同,实质是以消极债务承认为形式的债务免除,例如在劳动关系结束时,雇员作出意思表示,对雇主不再有其他请求权。

消极债务承认也具有物权效力,一旦成立,债务即消灭。消极债务承认在性质上是抽象的处分合同,通常不以债之关系存在为前提。

如果债权人与债务人只是想确认债务不存在,而实际上债务是存在的,债务也会因消极债务承认而消灭了,但债权人可以根据不当得利要求返还该承认。债权人要求返还承认的,确立的是一个新的债权,原来的保证或担保物权不能复活。

不过,值得注意的是,如果债权人知道债之关系实际上是存在的,则债权人不能要求返还承认;在债权人只是考虑到了债之关系存在的可能性的情况下,也不能要求返还承认。因为,在这两种情况下,消极债务承认会被视为债务免除。

---

① Larenz, *Schuldrecht AT*, 14. Aufl., 1987, §15 I, S. 208.

三、混同

🖋 【文献指引】

朱广新:《论物权混同规则及其在我国物权法草案中的应有地位》,载《法学》2006年第7期。

🖋 【补充文献】

王中伟、王伯文:《混同在不良债权转让中的法律适用》,载《人民司法》2009年第12期;张梁:《诉讼外"和解契约"的效力与合伙债务的混同》,载《天津法学》2016年第2期。

(一) 混同概述

混同是指债权和债务同归于一人而使债权债务的主体成为一人的情形(《民法典》第576条)。由于债权债务归于一人时,债务人无法向自己履行,故使履行成为不可能,从而使债权债务消灭。

债权与债务归属于一人的事实存在,即成立混同,无须任何之意思表示。在性质上,混同并非一种法律行为,而是一种法律事实。①

(二) 混同发生的事由

1. 彼此处在债权债务关系中的两个主体变为一个主体,原有债的关系随之消灭。如两个企业合并后,债权债务归于一个企业,遂导致债权债务的混同;在购买企业时,其中一部分的购买人是债务人。

2. 债权人与债务人之间存在继承关系时,因继承发生使债权债务同归于继承人,该债权债务因混同而消灭。

案例:甲向其父乙借款10万元,乙死后,甲为唯一的继承人。

本案中,甲作为继承人继承乙的财产后,也继承了其债权,如此,债权与债务即归属于一人,产生混同。

部分连带债务人的债务与债权人的债权同归于一人的,在扣除该债务人应当承担的份额后,债权人对其他债务人的债权继续存在(《民法典》第520条第3款)。

(三) 混同的例外

在损害第三人利益的情况下,即使债权债务归于一人,债权债务亦不消灭(《民法典》第576条但书部分)。例如,债权作为他人质权的标的时,质权人就债权的继续存在享有更大的利益。在此情况下,即使债权债务发生混同,债权也不因此消灭。

另外,在法律另有规定时,混同也不发生消灭债的效力。例如,在票据未到期前

---

① 崔建远、韩世远、于敏:《债法》,清华大学出版社2010年版,第182页。

依背书转让的,票据上的债权债务即使同归于一人的,票据仍可流通,所以票据所示之债仍不消灭,(《票据法》第 69 条)①。

(四) 混同的法律效果

混同发生的,债权债务归于消灭,债权的从属权利(如利息债权)或者担保物权亦随之消灭。

四、债之关系的变更与更新

【文献指引】

杨立新:《广义合同变更规则研究——〈合同变更案件法律适用指引〉的内容及依据》,载《法治研究》2019 年第 3 期;杨立新:《合同变更禁止推定规则及适用》,载《国家检察官学院学报》2019 年第 6 期;吕双全:《合同变更中同一性识别规则的规范构造》,载《现代法学》2021 年第 2 期;吴光荣:《阴阳合同与合同变更的区分及适用——以〈民法典合同编通则解释〉第 14 条为中心》,载《中国应用法学》2024 年第 1 期;李亚超、李建伟:《多份合同场域下合同变更的适用机理——〈合同编通则解释〉第 14 条第 3 款评注》,载《新疆社会科学》2024 年第 3 期。

(一) 债之关系的变更

1. 基本内涵

基于合同自由,当事人得协商一致变更合同(《民法典》第 543 条)。进一步而言,当事人也得协商一致变更债之关系。

与合同订立以及合同的废止一样,合同的变更也适用合同必要规则。也就是说,当事人基于合同可以在任何方面变更债之关系的内容,但前提是该变更在原约定的期间还是有效的。因为对于已经终结的合同,当事人不再可能变更,而只能更新。② 合同变更不同于债之更新(Novation),也不同于原有合同的废止加上新订立具有变更内容的合同。

只有在法律明确规定或者当事人对特定情况的形成有预先约定的情况下,单方才可以变更债之关系。法律规定的情况有形成权、选择之债中的选择权、种类物的具体化以及催告等。此外,还可以单方放弃需主张的抗辩权以及形成权,但不可以放弃对合同无效的无须主张的抗辩。在情势变更的情况下,还可能通过法官变更合同。③

变更合同并不改变债之关系的同一性,也就是说,债只是变更了,并没有成为另一个债。所以,债权上的担保依然存在,债务人享有的需主张以及无须主张的抗辩均

---

① 张俊浩主编:《民法学原理》(重排校订版),中国民主法制出版社 2024 年版,第 613 页。
② MüKoBGB/Emmerich, 9. Aufl., 2022, BGB §311, Rn. 11.
③ A. a. O., Rn. 13.

得对抗原债权人。债的同一性是否改变,根据当事人的意思决定。合同类型是否改变,并非判断债的同一性的关键。例如,无偿借用合同变更为有偿租赁,当事人没有改变,则当事人的意思完全可能是不改变债之同一性。①

2. 合同变更的基本内容

当事人约定变更的内容可以是主给付义务,如增加价款或者租金,变更履行期、履行地等,也可以是从给付义务,如包装义务。增加既存的债权或者设立新的债权则属于变更债的内容,属于负担行为。

债之变更合同可以直接使债之关系的内容发生变更的效果,所以,其中含有处分行为的要素。② 例如,债权被减少在性质上可能属于部分之免除,是一种处分行为。按照这一逻辑,变更合同的当事人必须享有处分权,通常应是合同的当事人。

综上所述,债之关系的内容变更,可能同时包含负担行为与处分行为。而且,负担行为可以作为处分行为的原因行为。

对于债之关系变更是否具有溯及力,当事人可以约定。股东可以溯及既往地增加投资,也可以仅面向将来增加投资。工资也可以溯及既往地增加,也或者仅面向将来增加。③

当事人对合同变更的内容约定不明确的,推定为未变更(《民法典》第544条)。

3. 形式

原则上,只要对合同没有形式要件要求,那么合同变更即无形式要件要求。但是,如果合同变更确立了需要形式要件的义务,则变更本身需要形式要件,比如在土地租赁合同中增加了优先购买权的合同内容,对于变更即需要公证(《德国民法典》第311b条)。如果被变更的合同本身需要形式要件,则需要根据形式要件规则或者约定的目的确定变更是否需要形式要件,比如土地租赁合同有效期超过一年,即需要书面形式要件(《德国民法典》第550条),那么对于合同变更,也需要书面形式要件。④

(二) 债之更新

债之更新是债之关系变更的一种特别形式。所谓债之更新(Novation),又被称为债务重构(Schuldumschaffung)或者债务替代(Schuldersetzung),是指当事人通过约定将债之关系确立在新的基础之上。⑤

债之更新不同于债之关系的变更,此时旧债转化为新债,旧债不存在了,债之关系的同一性改变了,抗辩权会消灭,担保也会消灭。例如,甲由于侵权而对乙承担损

---

① 陈自强:《契约之内容与消灭——民法讲义Ⅱ》,新学林出版股份有限公司2013年版,第373页。
② 同上书,第372页。
③ Fikenscher/ Heinemann, *Schuldrecht AT & BT*, 12. Aufl., 2022, §24, Rn. 345.
④ MüKoBGB/Emmerich, 9. Aufl., 2022, BGB §311, Rn. 14.
⑤ A. a. O., Rn. 16.

害赔偿之债,并以金钱形式赔偿,对此金钱之债,甲乙可以约定转化为借贷合同。新的债务适用借贷合同规则,而且,诉讼时效重新起算。抽象的债务允诺、返还旧汇票后交付展期汇票、股票转化为债券、交互计算账户关系情况下余额的承认等,均是典型的债之更新。

债之更新的法律效果有二,一是旧债的担保也随着旧债的消灭而消灭了,除非另有约定;二是债权人基于旧债的抗辩不得针对新债主张。

债之更新可以是有因的,也可以是无因的(抽象的)。在前者,新债的产生依赖于旧债的存在,如果债权人基于新债要求给付,那么债务人可以抗辩旧债并不存在;而在后者,新债的产生独立于旧债的存在,对于债权人基于新债的请求,债务人不能以旧债没有存在为由进行抗辩。但是,债务人可以请求债权人返还新债。债之更新是抽象的,还是有因的,根据当事人的约定判断。①

如果债之更新约定无效,那么新债权依然存在,不过债务人可以基于不当得利要求债权人返还。

五、废止合同

基于合同自由,债权人与债务人可以订立废止合同以消灭广义的债之关系。当事人协商一致废止合同的行为,在现行法上被称为协商解除(《民法典》第562条第1款)。基于废止合同,所有基于被废止的法律或约定债之关系而产生的债务消灭。在法律上,对于合同废止并没有形式要件的要求。

在性质上,废止合同与约定免除有亲缘关系。废止合同大都建立在双方利益的基础上。另外,免除大部分情况下涉及的是个别债权,而废止合同涉及的是广义债之关系。免除通常是无因的,但废止合同是有因的。废止合同无效的,并不适用不当得利规则。②

实践中常说的辞退或终止(Kündigung),也大都是废止合同。比如雇员被辞退,而雇员自始或同时同意辞退的,在法律意义上,实质上是废止了劳务合同。③

废止合同是被废止的合同的对立面,适用于被废止合同的规则均适用于废止合同,比如形式要件。

如果当事人约定废止合同后,又设立新的债之关系的,如新的债之关系替代旧的债之关系,则为债之更新(Novation)或债务替代。此时,新的债之关系与旧的债之关系,并非同一债之关系,故原债务上的担保以及抗辩权即消灭。例如,甲欠乙买卖价

---

① Fikenscher/Heinemann, *Schuldrecht AT & BT*, 12. Aufl., 2022, §40, Rn. 346.
② Fikenscher/Heinemann, *Schuldrecht AT & BT*, 12. Aufl., 2022, §39, Rn. 343;姚明斌:《基于合意解除合同的规范构造》,载《法学研究》2021年第1期,第76页以下。
③ Fikenscher/Heinemann, *Schuldrecht AT & BT*, 12. Aufl., 2022, §39, Rn. 343.

款 100000 元,双方约定废止买卖合同,取而代之的是贷款合同,即乙借贷给甲 100000 元。此即为债之更新,此时,若买卖价款上存在担保物权,也随即消失,基于买卖标的物瑕疵而产生的抗辩也消灭。

在实践中的往来账交易中,当事人于年底确认一个余额,其具体个别的债权即消灭,此即为典型的债之更新。如果债权人不想丧失其担保物权,则必须约定,担保物权对于将来的债权亦有效.①

六、和解

📖 【文献指引】

庄加园:《和解合同的实体法效力——基于德国法视角的考察》,载《华东政法大学学报》2015 年第 5 期;肖俊:《和解合同的私法传统与规范适用》,载《现代法学》2016 年第 5 期;谭秋桂:《论民事执行和解的性质》,载《法学杂志》2020 年第 11 期;刘哲玮:《回归与独立:执行和解的私法解释考辨》,载《法商研究》2021 年第 6 期;向国慧:《执行和解协议可诉性问题研究——兼析〈最高人民法院关于执行和解若干问题的规定〉相关条款》,载《中国应用法学》2021 年第 4 期;戴伟:《民事诉讼和解与当事人权利保护》,载《山西财经大学学报》2022 年第 S2 期;王洪亮:《论诉讼和解作为意定纠纷解决机制——以在线纠纷解决机制为背景》,载《政法论丛》2023 年第 3 期;张海燕:《执行和解担保制度之适用困境及其纾解》,载《中国政法大学学报》2023 年第 2 期;王利明:《论和解协议与原合同之间的关系》,载《环球法律评论》2024 年第 3 期;金印:《二审和解不履行的实体后果与程序应对》,载《中外法学》2024 年第 1 期。

(一) 概述

通过和解,当事人双方相互让步以排除关于法律关系的争议或不确定性。所谓有争议或者不确定性,是指当事人主观上对事实状况或者法律状况有争议或有不确定之处。请求权实现的不确定性属于典型的法律关系的不确定性。所以,学说上多有认为和解是一种确认性合同,并不是债的更改,而是对债的重新规定,并有拘束力地予以确定。和解前后债的同一性不变,原来债务上的担保与抗辩继续存在。② 不同观点认为,合同都有确认当事人将来权利与义务的内容,比如买卖合同,而且,和解协议的内容也可能与争议的法律关系不一致,比如,甲乙争议,甲是否要交付给乙 100 箱橘子,和解后达成协议,甲交付给乙 50 箱柠檬。所以,和解协议并非确认合同,而

---

① Brox/Walker, *Allgemeines Schuldrecht*, 46. Aufl. , 2022, §17, Rn. 6.
② Staudinger/Hau, 2020, BGB §779, Rn. 81-82.

是具有清理性质的合同。①

和解在内容上是相互的、通常不是直接处分的合同。② 所以,和解是双务合同,可以适用同时履行抗辩权以及解除规则等。

(二) 构成要件

要构成和解,首先当事人必须具有和解能力,也即有权对于法律关系订立和解合同。如对于婚姻是否存在或是否有效,或者对于继承权本身,当事人即没有和解能力。

其次,还需要存在有争议的法律关系,这里的法律关系可以是实体法上的法律关系,也可以是程序法上的法律关系;和解的对象可以是任何类型的、存在的或主张存在的法律关系,如将来的、附条件的、附期限的请求权、形成权、物权关系、债之关系、婚姻家庭关系甚或继承关系。

当事人对于该法律关系必须有处分权能,通常该法律关系的当事人与和解合同的当事人是一致的。和解不能违反该法律关系的强制规范,如关于婚姻缔结规则与离婚规则。如果作为和解对象的法律关系因悖俗无效或者违法无效,那么,只有当事人对法律关系无效存在争议或者合理怀疑的情况下,才可以对该法律关系达成和解,否则有规避无效法律规则之嫌。③

再次,和解还需要以法律关系存在争议或不确定性为前提,如法律关系是否存在、法律效果是什么、内容是什么等。有争议或不确定的判断是主观的,具体看当事人在订立和解合同时的看法。

最后,当事人双方还必须相互让步,以排除争议或不确定之点。和解以相互让步为前提。所谓相互让步,是指双方当事人任何方式的相互让步或妥协,无论是经济上还是法律上的让步,都构成让步,即使是免除利息或者展期等细微的让步,也构成让步。原则上,只要每一方当事人自其目前所持的立场向对方的立场靠近即可④,并不要求双方让步的范围是一致的。如债权人部分免除、延期、允许部分支付、减少利息、不再进行诉讼、放弃强制执行、承担费用等。让步也不一定与争议的法律关系相关,例如撤回揭发检举或刑事自诉的义务。让步也可以是承担新的债务。

对于让步的判断,采取的是当事人主观视角。在侵害人提供给受害人的损害赔偿小于实际损害的情况下,也不当然构成让步,而必须是侵害人主观上认为其所欠债务很少或者根本不欠债,然后提供一定数额的损害赔偿金的情况下,才构成让步。债

---

① Oetker/Maultzsch, *Vertragliche Schuldverhältnisse*, 4. Aufl., 2013, S. 786.
② Jauernig/Stadler, 19 Aufl., 2023, BGB, §779, Rn. 2.
③ Oetker/Maultzsch, *Vertragliche Schuldverhältnisse*, 4. Aufl., 2013, S. 787.
④ Medicus/Lorenz, *Schuldrecht AT*, 22. Aufl., 2021, §25, Rn. 10.

权人放弃所谓表象上、但实际上不是真正存在的请求权也可以构成让步。①

如果相互没有让步,而是当事人一方完全承认了另一方的立场,则不是和解,而有可能是债务承认。在性质上,单方让步是一种承认或者确认合同。实践中,在责任承担上,债务人往往向受害人提出赔偿其认为可接受的数额或客观上合理的数额,同时要求受害人放弃请求其他债权,这种情况也不属于和解,因为债务人没有让步。

（三）和解基础错误

如果根据和解合同内容所确定的基础事实与真实情况不符,而且,如果当事人知道该情况,即不会产生争议或不确定性的情况下,则该和解无效。也就是说,如果当事人双方对于和解基础产生错误,才产生了争议或不确定性,进而订立的和解合同无效。和解合同所确认的基础事实是在合同订立时就已经存在的,双方当事人对此均产生了错误,在性质上,属于主观情势变更。对于事后发展变化的错误设想,适用客观情势变更规则（《民法典》第533条）。在法律效果上,当事人得变更合同内容或者解除合同。

与基础事实不同的是和解内容以及和解客体。和解内容是当事人在和解中达成的规则,而和解客体是构成争议或不确定客体的事实。和解基础与和解客体的区别需要根据和解合同的内容判定。例如甲诉乙赔偿损失,但不确定的是乙是否没有尽到注意义务,于是双方达成和解合同,甲获得损失一半的赔偿。在该案中,义务违反行为作为原因属于和解基础。②

案例：乙的狗咬了甲,甲对乙主张1000元的损害赔偿,乙认为赔偿500元就可以了。二人谈判后达成和解,事后发现是丙的狗咬了甲。

在本案中,当事人双方发生错误的对象是损害赔偿义务的原因,属于和解的基础。当事人双方对此发生错误的,可以撤销。

（四）和解的无效与撤销

和解作为合同,适用合同无效与可撤销的一般规则,如因违背善良风俗而无效,或者因欺诈而撤销。和解也可以基于错误而被撤销,但有限制。比如,如果错误涉及的是通过和解排除的争议或不确定指向的客体,则不得适用错误制度。③ 因为和解的规范目的即在于排除争议以及不确定性,而且和解具有拘束效力。如在上述案件中,如果甲乙争议的是损害数额,对此发生错误,不得撤销。如果错误涉及的是合同内容,则可以撤销,具体如一方当事人对其通过和解合同承担的义务发生内容或者表示错误,就可以撤销。

---

① Oetker/Maultzsch, *Vertragliche Schuldverhältnisse*, 4. Aufl., 2013, S. 789.
② A. a O., S. 791.
③ Jauernig/Stadler, 19 Aufl., 2023, BGB §779, Rn. 18.

(五) 和解的效果

和解合同订立后,当事人在有争议或不确定的法律关系方面就不得基于原有的法律关系处理。至于和解在多大程度上解决了争议或不确定的法律关系,依据《民法典》第 142 条进行解释。

关于和解对有争议或不确定的法律关系的改造,有两种观点,一种观点认为,和解合同是一个原因行为,是债务免除或者债务承认、所有权让与、债权让与的基础。当事人之间要发生物权变动,尚需要处分行为。和解行为无效的,处分行为仍为有效,但当事人应依据不当得利予以返还履行和解协议的处分。这是《德国民法典》立法理由书中的观点。① 第二种观点认为,第一种观点主张的构造与当事人意思不符合,不若解释为和解内包含着处分行为的构造,免除或者债务承认都是和解的一部分。② 比如,当事人通过和解排除了债权,那么其中就当然含有相关的免除协议;如果在和解中需要重新设立债权或者扩大债权,则和解内容中即包含了债务承认。如果和解无效或者被撤销,则原法律关系的变化也自始无效,也即自动复活,无须借助不当得利返还。

如果和解在内容上全部或部分地保留了原有的义务,则和解涉及的不是债务更新,而是债的变更。也就是说,和解未产生新的法律原因,而是在争议或不确定的要点方面改变了债的关系,和解含有的义务仍保留其原来的性质。例如基于违反合同义务,受约人与违约人就损害赔偿和解,请求权基础仍在《民法典》第 577 条,而非基于和解本身。另外,为该义务设定的附随性担保权或者抗辩权等继续存在。但通过和解结束的请求权、抗辩权等,即不得再为主张。③

再如甲无息借款给乙,甲主张为 100 万元,乙主张为 50 万元。双方和解,将借款数额确认为 80 万元。该和解并未约定给付义务,只是确定了债务数额。所以,债务人乙迟延履行的,仍然是原来的债务,而非和解协议,也不存在法定解除和解协议的问题。但是甲之所以与乙达成协议,至少是因为乙方能够及时还款,乙方对此也是明知的,所以可以解释出默示的解除权约定,在乙迟延返还借款的情况下,甲可以解除和解协议。④

在一方当事人解除和解协议的情况下,适用《民法典》第 566 条的规定,尚未履行的义务终止履行,已经履行的,双方返还。如果和解中包含债务免除、债务承认等内

---

① Mot. Ⅱ, S. 60; Prot. Ⅱ, S. 2624 f.
② Fikenscher/Heinemann, *Schuldrecht AT & BT*, 12. Aufl., 2022, §40, Rn. 349; Larenz, *Schuldrecht AT*, 14. Aufl., 1897, §7 Ⅳ, S. 94 f.
③ Jauernig/Stadler, 19 Aufl., 2023, BGB §779, Rn. 11.
④ 贺剑:《诉讼外和解的实体法基础——评最高人民法院指导案例 2 号》,载《法学》2013 年第 3 期,第 144、146 页。

容,在承认处分行为及其无因性的情况下,和解协议被解除后,处分行为依然有效,债权人可以主张恢复原状;如果不承认处分行为及其无因性,则和解协议被解除后,处分行为一并失效,无须恢复原状。

当事人可以在诉讼中和解,也可以在诉讼外和解,如果其内容含有终结程序的内容,即为诉讼和解。诉讼和解具有双重功能,在实体法上,和解消灭了不确定性,在程序法上,和解结束了程序。在德国法上,诉讼和解除了具有直接结束争议的效力之外,还具有强制执行的效力(《德国民事诉讼法》第794条第1项)。而且,基于和解的请求权的诉讼时效为30年(《德国民法典》第197条第1款第4项)。

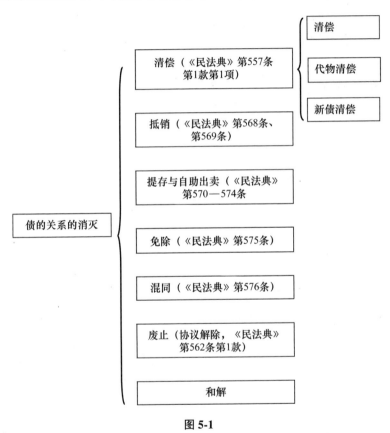

图 5-1

第六章　债之关系的障碍与法律救济

本书前五章主要处理的是债的发生原因、债的内容以及债的关系的正常终止，涉及的是债之关系正常产生以及未受妨害地运行的过程。但是，并不是每个债之关系都会正常地进行，在发生与清偿之间可能会产生障碍，阻碍正常之清偿，即所谓的债之关系的障碍。

债之关系的障碍的基础是债务人违反了基于债之关系的义务（《民法通则》第106条第1款、第111条）。债之关系的障碍体现在《民法典》合同编中，即是一方当事人违反了合同之义务的情况，故在合同领域，亦称为"违约"。基于目前的法律状况，涉及合同的履行障碍，须适用《民法典》合同编之规定，而涉及合同之债以外的法定之债的履行而产生的障碍，则根据《民法典》第468条之规定，在没有特别规定的情况下，得适用《民法典》合同编通则之规则。

在立法技术上，立法者完全可以选择一般性规则模式，规定债法总则，但缺点是规则很抽象，且往往很难理解。最终，《民法典》选择了合同编总则、分则的模式，也就是说，立法者"仅对特别情况设立规则，然后通过推断规则扩张到所有立法者想涉及的案型领域"，如此，既可以在专业上准确地达到同样目的，又能保持简单易懂的措辞。[①]《民法典》保持了既有合同法的体例，以合同法中的违约责任规则为主，其他债之关系的障碍，得适用合同法上的违约责任规则。

下文将在论述债之关系的障碍的基本体系后，论述给付不能作为原给付义务排除原因，然后阐明义务违反作为损害赔偿、解除等其他责任的核心概念。再有，比较特别的是，本章将与给付并存的损害赔偿请求权以及替代给付的损害赔偿请求权分别论述，尤其补充论述了债之关系的障碍情况下对待给付义务的命运。在本章最后部分，还将论述债权人迟延以及情势变更等其他债之关系的障碍的情况。

[①]〔德〕恩斯特·齐特尔曼：《民法总则的价值》，王洪亮译，田士永校，载张双根等主编：《中德私法研究》（第10卷），北京大学出版社2014年版，第70页以下。

第一分章 概 述

第一节 债之关系的障碍概述

【文献指引】

韩世远:《履行障碍法的体系》,法律出版社2006年版;杜景林、卢谌:《德国新给付障碍法研究》,对外经济贸易大学出版社2006年版;卢谌、杜景林:《论债权总则给付障碍法的体系进路》,载《法律科学(西北政法学院学报)》2006年第1期;刘青文:《论"义务违反"——损害赔偿请求权基础在德国新债法中的统一》,载《中德法学论坛》2006年第4辑;王洪亮:《我国给付不能制度体系之考察》,载《法律科学(西北政法学院学报)》2007年第5期;杜景林、卢谌:《债权总则给付障碍法的体系建构》,法律出版社2007年版;王茂祺:《给付障碍体系比较研究》,法律出版社2007年版;焦富民、陆一:《合同履行障碍制度的路径选择》,载《江海学刊》2009年第3期;焦富民等:《合同履行障碍及其救济制度研究》,中国法制出版社2011年版;潘俊:《合同履行障碍类型化研究——德国债法现代化的考察维度》,载《重庆交通大学学报(社会科学版)》2012年第6期;李永军:《论债法中本土化概念对统一的债法救济体系之影响》,载《中国法学》2014年第1期;〔德〕马丁·舍尔迈尔:《〈德国民法典〉中的履行障碍法:过去与未来》,朱晓峰译,载《比较法研究》2014年第6期;〔德〕海因茨·佩特·曼泽尔:《欧洲买卖法改革与德国履行障碍法教义学(上)——〈消费品买卖指令〉转化为国内法后的欧洲买卖法》,沈小军译,载《交大法学》2014年第3期;〔德〕海因茨·佩特·曼泽尔:《欧洲买卖法改革与德国履行障碍法教义学(下)——〈消费品买卖指令〉转化为国内法后的欧洲买卖法》,沈小军译,载《交大法学》2014年第4期;〔德〕赫尔曼·史韬伯:《论积极违反契约》,金可可译,载《华东政法大学学报》2015年第2期;詹森林:《台湾民法债务不履行体系之发展》,载《月旦法学杂志》2015年6月。

【补充文献】

王洪亮:《〈民法典〉中给付障碍类型的创新与评释》,载《西北师大学报(社会科学版)》2020年第6期;石佳友、刘连炻:《国际制裁与合同履行障碍》,载《上海大学学报(社会科学版)》2021年第1期;陆青:《商铺租赁合同的履行障碍及其救济——基于疫情下纠纷处理实践的回顾与反思》,载《厦门大学法律评论》2021年第1期;许中缘:《给付障碍责任:一种被忽略的合同责任形态》,载《法制与社会发展》2024年第2期;马馨蕊:《〈民法典〉视域下合同履行障碍解决机制体系研究》,载《哈尔滨学院学报》2024年第5期。

一、债之关系的障碍

(一) 给付障碍法的构建

债之关系的障碍,可以进行多种类型的分类。其中最主要的类型是所负担的给付完全没有履行、没有及时给付或者没有按照债的本旨给付,但是不包括替代清偿等情形。这些情形又被统称为给付障碍(Leistungsstörungen),这一术语来自于德国法学理论,并非法律文本上采用之术语,我国学界多称其为"履行障碍"。[①] 当事人之间成立债的关系后,出现给付障碍或者义务违反,此时需要考虑,当事人违反的是先合同义务、合同中义务,还是后合同义务。另外,还需要考虑的是,当事人具体违反哪种类型的义务,是给付义务抑或附随义务。最后,违反给付义务的,又要具体区分是给付不能、给付迟延,还是不完全给付,同时还需要考虑瑕疵担保责任等特别给付障碍规则。除此之外,债权人不受领给付的情况,也属于债之关系的障碍类型。债之关系的障碍类型还包括客观情况的出现导致不可期待合同当事人坚守合同的情况,这里包括情势变更以及基于重大事由终止继续性合同的情况(Kündigung von Dauerschuldverhältnissen)。

在《民法通则》中虽然没有关于给付义务与附随义务的专门条文,但《民法通则》第106条第1款区分了合同义务与其他义务,这里的其他义务就是合同义务(给付义务)以外的附随义务。《民法通则》第111条还进一步明确区分了债之关系的障碍的具体类型,即不履行与不完全履行。《合同法》接受了《民法通则》的模式,第107条在表述上基本与《民法通则》第111条相同。同时,第60条区分了给付义务与附随义务。从体系上讲,债之关系的障碍由此区分为违反给付义务以及违反附随义务的障碍。

从债法的角度来看,给付障碍规则不仅适用于意定之债,即合同之债,而且适用于法定之债,如在侵权责任情况下,侵权人负有给付损害赔偿金的义务,在履行此给付义务时,亦可能存在给付障碍之问题。根据《合同法》第107条,违约行为是指违反合同债务的行为,具体为不履行合同债务或者履行合同债务不符合约定。合同债务并不限于约定的内容,还包括基于诚实信用原则而产生的先合同义务、后合同义务、附随义务以及情势变更的情况。但是,从债法的角度看,"违约"制度并不能适用于基于侵权、不当得利以及所有物返还请求权而产生的给付义务不履行的情况,只能在《民法通则》规定的债务不履行制度不充分的情况下,通过类推适用,适用于基于侵权、不当得利以及所有物返还请求权而产生的给付义务不履行的情况。

《民法典》第577条完全接受了《合同法》第107条的表述,并增加规定了《民法典》第468条,即非因合同产生的债权债务关系,适用有关该债权债务关系的法律规定;没有规定的,适用合同编通则的有关规定,但是根据其性质不能适用的除外。该

[①] 参见韩世远:《履行障碍法的体系》,法律出版社2006年版,第1页以下。

条的规范目的即在于使合同编通则发挥债法总则的功能。① 也就是说,《民法典》规定了第 468 条之后,违约责任规则就被提升为债之关系的障碍规则。

值得注意的是,这里规定的是"适用",而非"参照适用",法官在裁判时,并无自由裁量的根据。② 而且,非合同之债,适用合同编通则是常例,若认为不适用,则负有说理义务。比如,对于故意侵权之债,债务人(侵权人)不能进行抵销,其理由是侵权人不能享有抵销的好处。再比如,对于非合同之债,不能适用合同解除规则。在《民法典》的文字表述上,强调"合同"的,一般就只能适用合同之债,如第 557 条第 2 款特别强调"合同解除",即解除的规则只能适用于合同。反之,若条文文义上使用的是"债权债务"字眼的,则可以适用于非合同之债,如第 557 条第 1 款关于履行、抵销、提存、免除、混同的规则中,使用的是"债权债务"的术语。这就表明,这些规则适用于所有债,而非仅限于合同之债。

虽然在《民法典》第 577 条中并没有出现债权、债务的术语,但非合同之债的给付过程中出现义务违反的情况下,也应承担相应的义务违反责任。比如,甲因侵害乙的财产而承担损害赔偿之债,对于该损害赔偿之债,出现给付不能、给付迟延、不完全给付,均应适用第 577 条,产生继续履行、补救履行乃至损害赔偿的法律效果。

而且,第 577 条使用的是给付障碍法的一般术语,即不履行以及履行合同义务不符合约定,前者可以包括履行不能、履行迟延以及拒绝履行,后者指的是不完全履行。

(二) 一般给付障碍法与特别给付障碍法

在合同法内部,存在一般给付障碍法与特别给付障碍法之分,通常分别被称为一般违约法与特别违约法。特别违约法并不能适用于所有合同之债领域,但在特别的合同法领域有其特别的意义,如买卖合同中的瑕疵担保责任(《民法典》第 615 条)、承揽合同中的违约责任(《民法典》第 781 条)、赠与合同中的瑕疵担保责任(《民法典》第 662 条)等。

特别违约法有其独立的构成要件,但在法律效果上需援引合同编通则之规定,如《民法典》第 617 条规定,构成瑕疵担保责任的情况下,依照《民法典》第 582 条至第 584 条承担违约责任。在承揽合同、租赁合同、赠与合同的情况下并无援引条款,属于特别法规则,应首先适用各合同类型中的瑕疵担保责任,其规定不完全的,则适用通则中的违约规则。

(三) 给付障碍类型

1. 给付义务的违反

(1) 不履行

所谓不履行,主要是指给付不能或者给付迟延的情况。给付不能是指履行给付

---

① 黄薇主编:《中华人民共和国民法典合同编解读(上册)》,中国法制出版社 2020 年版,第 27 页。
② 同上书,第 30 页。

全部或部分不能的情况。物上存在瑕疵,而又不能补救履行的,在本质上是质量上不能,是给付不能的一种重要类型。例如,在二手车买卖合同中,二手车出过车祸,提供没有车祸的二手车是不可能的,此种情况属于部分给付不能,可以适用给付不能规则处理。在学说上,给付不能可以区分为自始不能与嗣后不能,二者均可以排除原给付义务(《民法典》第580条)。如果涉及双务合同,基于双务合同的特性,对待给付义务也消灭。债权人基于给付不能请求损害赔偿的,其请求权基础在于《民法典》第577条。而债务人给付迟延是指债务人迟延履行所负担之给付,但并没有构成给付不能,因此造成债权人损害的情况。

在履行不能情况下,首先是原给付义务消灭了,随之而来的是次位请求权的问题,尤其是损害赔偿请求权是否产生的问题。而在给付迟延的情况下,对于继续履行原给付义务,当事人还是存有利益的,所以通常当事人会要求继续履行并要求债务人承担损害赔偿责任,但当事人也可以解除合同,同时请求损害赔偿。

(2) 不完全给付

所谓不完全给付,是指虽然债务人及时地进行了给付,但是与其所负担的给付不相符合,此时亦存在给付障碍。债务人在到期后拒绝履行的情况,也可以理解为一种不完全给付。债务人进行了瑕疵给付,但造成了给付标的物以外的人身或者财产损害,这就是所谓的瑕疵结果损害,也被称为加害给付。此时,亦需要根据不完全给付规则处理。

从体系角度看,不完全给付是解决给付不能以及给付迟延以外的债务不履行的问题的制度。而从学说历史上看,不完全给付学说源于德国学者史韬伯(Staub)的积极侵害合同(positive Vertragsverletzungen)学说,该学说的目的亦在于填补给付不能与给付迟延二元体系的漏洞,其性质属于兜底性事实构成,包括除了给付不能、迟延以及特定合同类型的瑕疵担保责任以外的给付障碍。①

在不完全给付的情况下,债权人既可以继续请求履行合同,请求损害赔偿;也可能解除合同,并要求损害赔偿。

(3) 预期违约

预期违约在本质上也是不完全给付的一种类型②,包括履行期前拒绝给付以及履行期前给付不能等情况,是一种独立的给付障碍类型。债务人明确表示或者以自己行为表明不履行合同义务的,债权人可以在履行期限届满之前要求其承担违约责任(《民法典》第578条)。在债务人于履行期届满前出现了第527条列举的情况,债权人可以行使不安抗辩权,对方于合理期限内没有恢复履行能力且没有提供适当担保

---

① 〔德〕赫尔曼·史韬伯:《论积极违反契约》,金可可译,载《华东政法大学学报》2015年第2期,第126页以下;姚志明:《债务不履行(一)——不完全给付之研究》,元照出版有限公司2000年版,第1页以下;韩世远:《合同法总论》(第四版),法律出版社2018年版,第552页。

② Emmerich, *Das Recht der Leistungsstörungen*, 6. Aufl., 2005, S. 332.

的,债权人可以解除合同并可以要求对方承担违约责任。

(4) 瑕疵给付

给付标的物上有瑕疵的情况下,如果瑕疵是不可去除的,构成所谓的质量上的不能,适用给付不能规则。如果瑕疵是可以去除的,已经交付的,按照不完全给付处理,例如,交付的二手车的刹车有瑕疵,但是可以修复,修复后,再交付时已经超过履行期,此时也应按照不完全给付处理。给付迟延与不完全给付的区分在于是否为给付,如果已经进行了给付,就不再适用给付迟延规则。如果标的物未给付,则按照给付迟延处理所谓质量上的迟延。但从实证法规定来看,《民法典》第582条将其单列为一种类型的义务违反情况,所以本书也单独处理瑕疵给付问题。瑕疵担保规则可以适用到租赁、承揽、建设工程以及旅游合同等情况。

如果一方当事人有瑕疵的给付造成相对人其他财产、人身损害的,即构成加害给付。对于加害给付,可以适用不完全给付规则(《民法典》第582条)。

(5) 实施法律上禁止的欺诈行为

法律规定惩罚性赔偿的,依照其规定。而且,承担民事责任的一般方式与惩罚性赔偿,可以单独适用,也可以合并适用(《民法典》第179条第2款、第3款)。比如在债务人(经营者)为特定欺诈行为的情况下,依照《消费者权益保护法》第55条,债务人应向消费者承担惩罚性赔偿责任。债务人为特定的法律上禁止的欺诈行为,也是一种义务违反情况,由此导致违约责任,债权人可以要求债务人同时承担违约责任和惩罚性赔偿责任。

2. 附随义务的违反

《民法典》第509条第2款规定:"当事人应当遵循诚信原则,根据合同的性质、目的和交易习惯履行通知、协助、保密等义务。"这里的附随义务,针对的是当事人的固有利益或者完整性利益。

在履行债务过程中,债务人违反了保护债权人固有利益的义务的情况,即为附随义务的违反。在缔约前,债务人也负有保护义务,没有尽到必要注意违反保护义务的,应当承担缔约过失责任。在基于合同产生债之关系的情况下,也存在广泛的保护义务。保护义务的适用前提是,应确定债务人在其义务框架内在哪一行为上负有照顾债权人权利、法益以及利益的义务。对此,需要根据《民法典》第509条,基于诚实信用原则予以判断。

对于附随义务的违反,债务人也需要承担损害赔偿责任,但债权人要求解除合同的,通常要求合同目的因此无法实现,才可以解除合同。

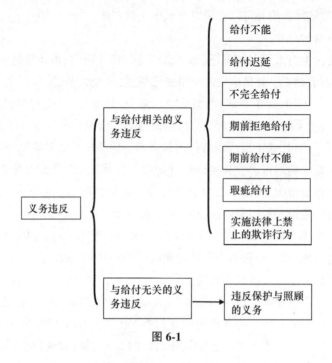

图 6-1

二、义务违反作为损害赔偿与解除的本质要素

《民法典》合同编第八章规定了"违约责任",以违约的概念统领所有的违约类型,不履行合同义务或者履行合同义务不符合约定,均为违约(《民法典》第 577 条)。从文义上看,违约之意即为违反约定,但从其内容来看,实际为合同义务的违反①,而且违反的义务应不限于约定的义务,还包括基于诚实信用原则而发生的附随义务,故使用"违反合同义务"这一概念更为准确。法律的一般原则是,过错违反其合同义务者,须向他方负损害赔偿义务。②

而从债法的角度来看,违反债务之情况不限于违反合同义务这一种情况,尚包括违反基于法定债之关系(如侵权)而产生的给付义务以及附随义务的情况,以及缔约过失这种违反先合同义务的情况,故应该改违约(Vertragsverletzung, breach of contract)之术语,而采义务违反或违反义务的术语(Pflichtverletzung, breach of duty)。③

所谓义务违反,是指债务人的行为与债之关系的客观义务不相符合。如果债务人负有达到特定结果的义务,那么,只要表明并证明没有出现所负担的结果,即构成义务违反。例如在买卖合同中,出卖人负有交付标的物并使对方获得所有权的义务

---

① 黄薇主编:《中华人民共和国民法典释义(中)》,法律出版社 2020 年版,第 1109 页。

② 〔德〕赫尔曼·史韬伯:《论积极违反契约》,金可可译,载《华东政法大学学报》2015 年第 2 期,第 126 页以下。

③ Markesinis/Unberath/Johnston, *The German Law of Contract*, 2nd ed., 2006, p. 380.

(《民法典》第595条、第598条),如果买受人没有或者没有及时地获得标的物的所有权以及占有甚或买受人所获得的标的物有瑕疵,即构成义务违反。在给付不能的情况下,债务人免负原给付义务,此时的"不给付"或"不履行"亦构成客观的义务违反。对此,有学者认为,所负担给付的标的物因意外事件灭失的情况下,并不属于义务违反。[1] 另外,采纳义务违反概念,还可以将瑕疵担保规则融入给付障碍法,在瑕疵担保责任的情况下,义务违反表现为标的存有瑕疵。

义务违反不同于可归责的概念。义务违反是客观的,而可归责涉及的是债务人必须承担责任的问题,债务人为什么违反了其义务是其中的关键问题。导致给付不能的原因,在义务违反上并无意义,但在判断是否可归责上存有意义。

债务人必须违反了基于合同关系而产生的义务。这里的合同义务是广义的,不仅包括基于合同约定产生的义务,而且包括基于法律规定产生的附随义务。虽然《民法典》第577条没有细致区分义务违反类型,但在实际法律适用时,还是最好在这里就开始区分义务违反类型,而且要具体区分给付不能、给付迟延、不完全给付等给付障碍类型。原因在于义务违反这一构成要件过于抽象,无法直接进行涵摄;同时在一开始就区分给付障碍类型,也可以避免在各种不同损害赔偿请求权构成处再次考察义务违反构成,即在第577条构成上考察一次义务违反,在考察简单损害赔偿或者迟延赔偿情况下又考察一次具体义务违反类型。

在违反合同义务的情况下,亦只有在违约具有违法性的情况下,才能导致损害赔偿义务,但在客观事实构成时,通常即会存在违法性,即客观事实构成引证违法性。一般来讲,只有在案例中存在正当性事由的情况下,如正当防卫、受害人同意等情况,才会考察违法性的问题。

义务违反属于请求权构成的事实,故对于义务违反的证明,应有请求权提出者即债权人证明。但如果义务违反原因在于债务人之处时,则可以考虑减轻债权人证明责任。

义务违反是债之关系障碍法的核心概念,是损害赔偿与解除构成要件的最本质要素。义务违反这一概念虽然可以涵盖所有类型的给付障碍,尤其可以涵盖附随义务违反这一类型,但其本身过于抽象,仍需区分类型进行具体化。类型不同,损害赔偿、解除等法律效果的构成要件就会不同。

三、给付障碍体系

在债权人没有自债务人处得到符合债之本旨的给付的情况下,在立法体系上,需回答如下三个问题:

---

[1] Brox/Walker, *Allgemeines Schuldrecht*, 46. Aufl., 2022, §21, Rn. 2.

(一) 给付义务的命运

在出现给付障碍的情况下,首先要回答的问题是给付义务是否还存在？给付障碍对给付义务的影响如何？对此,《民法典》第 580 条第 1 款予以回答,于给付不能或者债权人未在合理期限内要求履行的情况下,原给付义务消灭。也就是说,在给付障碍表现为给付不能的情况下,给付义务消灭。若并非给付不能,则给付义务仍然继续存在。但是,如果债权人要求替代给付的损害赔偿或者解除合同,给付义务也可以嗣后消灭。

(二) 次位请求权体系

第二个问题是损害赔偿的问题,即因给付障碍,债权人对于债务人是否享有附加的次位请求权。该问题并不以第一个问题即给付义务是否还存在为前提。对此问题的回答,规定在《民法典》第 577 条以下的条文中。

《民法典》第 577 条是损害赔偿请求权总的规定,债务人违反债务,即承担损害赔偿责任,原则上不要求债务人有过错,但在具体合同类型中有规定需要过错要件的,则需要债务人具有过错。

除了损害赔偿以外,在学说上,债务人不能给付,但因此获得赔偿或者赔偿请求权的,则债权人可以请求债务人让与该赔偿或者赔偿请求权,即代偿的返还,这也是一种次位请求权。另外,在债务人迟延的情况下,债权人有权请求其支付利息,也是一种次位请求权。

在买卖标的物上存有瑕疵的情况下,首先适用《民法典》第 610 条以下规则,涉及次位请求权的,则经由第 617 条援引到第 582 条至第 584 条。但在义务违反构成要件上,有特别规定,还须考察物的瑕疵与权利瑕疵是否构成以及检验与异议的问题。

依照违约救济的思路,《民法典》第 577 条还规定了继续履行以及补救履行的问题,实际上这两种法律效果并不以义务违反为构成要件,其本质上属于原给付义务的范畴。

在质量或权利瑕疵的情况下,存在特殊规则,在救济措施上呈现多样化的情况,主要有补救履行、解除与减价等三种救济措施。补救履行包括去除瑕疵与提供无瑕疵物两种救济措施,在承揽的情况下包括修理、重作、更换、退货等救济措施。[①]

(三) 对待给付义务的命运

在债法中,合同类型的债之关系最为典型。而在合同中,双务合同最为典型。在双务合同情况下出现给付障碍的,还需要追问第三个问题,即在债务人给付障碍的情况下,债权人还必须提出其所负担的给付吗？对此问题,《民法典》合同编通则的基本解决方案是,当事人需要解除合同,以使得对待给付义务消灭(第 563 条第 1 款、第 580 条第 2 款)。而给付义务消灭、对待给付义务自动消灭的方案,并没有在通则中规

[①] 崔建远主编:《合同法》(第八版),法律出版社 2024 年版,第 245—246 页。

定。不过,在分则中存在若干具体规则,比如,《民法典》第713条第1款、第723条、第729条、第820条、第835条等。进一步可以考虑进行整体类推,填补漏洞,构建一般性的给付义务消灭、对待给付义务自动消灭规则。

给付义务消灭、对待给付义务自动消灭规则与解除权规则是可以并存的。基于双务合同的相互性,在给付不能导致给付义务消灭的情况下,对待给付义务请求权亦应消灭,此时无须当事人行使解除权,合同即为消灭。但在给付不能以外的给付障碍的情况下,对待给付义务继续存在。对于这些情况,债权人可以在一定条件下解除合同关系(《民法典》第563条、第580条第2款)。债权人解除合同的,不仅对待给付义务受影响,出现障碍的给付义务也受到影响。

对于解除权的构成,统一要以义务违反为构成要件,但不以过错为要件。法律上按照给付障碍类型分别规定了解除权的其他要件。解除权的构成结构与替代给付的损害赔偿构成结构是一致的。原则上,在债权人指定期间之后或者义务违反导致合同目的不能实现的,才可以解除。

在给付不能的发生可归责于债务人的情况下,对待给付义务消灭,而债务人承担损害赔偿责任;而在给付不能的发生可归责于债权人的情况下,则债权人仍需履行对待给付义务;如果不可归责于双方当事人,则对待给付义务的风险也即价金风险根据是否交付或是否交给承运人来进行分配(《民法典》第604条以下)。虽然损害赔偿原则上不以过错为要件,但在对待给付义务命运的问题上,还是要考虑当事人过错的问题。

综上所述,对于我国给付障碍法,具体可以整合为如下三部分内容:在给付障碍的情况下,首先考虑原给付义务是否存在,是否因为给付不能而消灭(《民法典》第580条);其次考虑次位请求权的问题,首要问题是损害赔偿的问题(《民法典》第577条),最后在排除原给付义务的情况下,尚需要考虑对待给付义务的命运问题,与此相关联的是解除的问题(《民法典》第563条以下)。

四、混合体系

《民法典》第577条以下规定了违约责任,总体上从违约救济的思路出发,规定了强制履行、损害赔偿、违约金等救济措施,但同时也规定了给付不能、瑕疵给付等不同的给付障碍类型。在考察损害赔偿请求权构成时,离不开具体给付障碍类型的构成,给付障碍的类型不同,损害赔偿请求权内容也不同。在构成解除的情况下,具体也须考察给付障碍类型。所以,给付障碍法的体系是一种混合体系,既以法律救济为主要体系要素,也考虑了具体给付障碍类型的不同法律效果。[①]

还应注意的是,《民法典》中的债之关系障碍法体系并不完善,有些规则,如对待

[①] 韩世远:《合同法总论》(第四版),法律出版社2018年版,第477页。

给付义务的问题,尚无明确规定。

第二分章　给付义务的消灭

第二节　因给付不能而消灭给付义务

✎ 【文献指引】

王利明:《论履行不能》,载《法商研究(中南政法学院学报)》1995年第3期;王轶:《论买卖合同中债务履行不能风险的分配——以基于法律行为的物权变动模式的立法选择为考察背景》,载《中外法学》1999年第5期;张永健:《论给付不能之分类与规则问题》,载《法令月刊》2003年第6期;杜景林、卢谌:《给付不能的基本问题及体系建构》,载《现代法学》2005年第6期;杜景林、卢谌:《是死亡还是二次勃兴——〈德国民法典〉新债法中的给付不能制度研究》,载《法商研究》2005年第2期;王茂祺:《论英国法履行不能规则的嬗变》,载《法学评论》2005年第3期;卢谌、杜景林:《自始不能责任的学理建构》,载《法学研究》2006年第3期;王洪亮:《我国给付不能制度体系之考察》,载《法律科学(西北政法学院学报)》2007年第5期;杨佳元:《双务契约给付不能之效力》,载《台北大学法学论丛》2007年第61卷;詹森林:《给付不能——自始客观不能》《给付不能——自始主观不能》,载詹森林:《民事法理与判决研究(五)》,中国政法大学出版社2009年版;李超:《履行请求权之界限与给付不能——以中国大陆合同法为基点的比较法考察》,载《月旦民商法杂志》2010年第27卷;王洪亮:《强制履行请求权的性质及其行使》,载《法学》2012年第1期。

✎ 【补充文献】

朱晓喆:《我国买卖合同风险负担规则的比较法困境——以〈买卖合同司法解释〉第11条、14条为例》,载《苏州大学学报(哲学社会科学版)》2013年第4期;柯伟才:《我国合同法上的"不能履行"——兼论我国合同法的债务不履行形态体系》,载《清华法学》2016年第5期;冀放:《给付不能之履行费用过高问题探析》,载《政法论坛》2016年第6期;贺栩栩:《论买卖合同法中继续履行规则的完善》,载《政治与法律》2016年第12期;刘洋:《"履行费用过高"作为排除履行请求权的界限——"新宇公司诉冯玉梅商铺买卖合同纠纷案"评析》,载《政治与法律》2018年第2期;庄加园:《债权人原因引起的给付不能》,载《法律科学(西北政法大学学报)》2018年第5期;陈自强:《合同法风险负担初探》,载《北京航空航天大学学报(社会科学版)》2019年第3期;张兰兰:《履行费用过高规则的动态适用——对〈合同法〉第110条第2项第2种情形的具体化》,载《华东政法大学学报》2020年第1期;夏平:《对待给付风险与违约救济方式的关系》，载《甘肃政法学院学报》2020年第3期；冀放：《实际履行制度规范模式研究》，载《法学论坛》2020年第6期；张素华、杨孝通：《也论违约方申请合同解除权兼评〈民法典〉第580条第2款》，载《河北法学》2020年第9期；贺剑：《对赌协议何以履行不能？——一个公司法与民法的交叉研究》，载《法学家》2021年第1期；张春龙：《违约方司法解除权否定论——评〈民法典〉第580条》，载《华侨大学学报(哲学社会科学版)》2021年第3期；石佳友：《履行不能与合同终止——以〈民法典〉第580条第2款为中心》，载《现代法学》2021年第4期；王婕：《破解"合同僵局"的新路径：限制权利滥用与合理信赖保护的统一》，载《河北法学》2022年第1期；邱国威：《论第三人替代履行费用请求权——从基本权利的"双重功能"看〈民法典〉第581条》，载《河北法学》2022年第1期；谢德良：《〈民法典〉第580条第2款之证成——以部分不能为切入点》，载《南大法学》2022年第2期；韩富鹏：《"履行费用过高"规则的正当性基础及对规则适用的影响》，载梁慧星主编：《民商法论丛》(第74卷)，社会科学文献出版社2023年版；刘凝：《强制售卖与合同僵局化解——评"新宇公司诉冯玉梅商铺买卖合同纠纷案"》，载《财经法学》2022年第2期；曹兴权、张径华：《违约方解除合同场合的利益调整机制——基于〈民法典〉第580条展开》，载《中国法律评论》2022年第6期；任倩霄：《民法典视域下替代履行制度的解释论展开》，载《法学论坛》2022年第6期；刘子赫：《〈民法典〉第580条第2款(违约方司法解除权)诉讼评注》，载《云南社会科学》2023年第1期；崔建远：《论强制履行》，载《法治研究》2023年第4期；刘凝：《合同僵局下的违约方解除权：创新还是误解》，载梁慧星主编：《民商法论丛》(第75卷)，社会科学文献出版社2023年版；严立：《减损规则对违约方解除权的功能替代——以真假"合同僵局"为中心》，载《东北大学学报(社会科学版)》2023年第3期；陈韵希：《论效率减损对履行请求权的限制》，载《法学》2023年第5期。

一、继续履行请求权及其性质

《民法通则》第84条规定了债的关系，明确债权人对债务人享有权利，该权利应为请求给付的权利，亦应包含履行诉求权，债务人对债权人负有义务，包括给付义务以及保护义务。① 《民法通则》第108条规定："债务应当清偿。暂时无力偿还的，经债权人同意或者人民法院裁决，可以由债务人分期偿还。有能力偿还拒不偿还的，由人民法院判决强制偿还。"

《民法典》第577条(《合同法》第107条)则是从违约人角度特别规定了继续履行责任，继续履行责任是与损害赔偿责任以及采取补救措施责任并列的违约责任。自文义上看，责任是指债务人对债权人强制干涉的服从状态，但责任也常被用于表达

---

① 崔建远、韩世远、于敏：《债法》，清华大学出版社2010年版，第5页以下。

债务的意义。故这里的所谓违约责任,应指的是债务人在违约情况下所应负担的义务。那么,继续履行义务与给付义务甚或附随义务有何关联呢?

《民法典》第579条、第580条是从债权人角度规定的履行请求权,而且被规定在"违约责任"一章,由此又产生疑问,履行请求权是违约责任吗?这里的履行请求权与继续履行责任又是什么关系呢?

诸多疑惑,其实首先来自于观察角度的问题,民法规范应当沿着请求权、抗辩权的思路安排,而不能沿着义务、责任的思路安排。之所以如此,首先是因为民法是权利法,其次是为了符合诉讼之程序,当事人在诉讼中并非请求法院判定自己承担什么义务或责任,而是请求法院判定自己享有什么权利。如果这一论点可以支持的话,《民法典》第577条规定的继续履行责任应转化为继续履行请求权,如此,上述所有的问题不过就是继续履行请求权与履行或给付①请求权之间的关系的问题。

基于债之关系,债权人享有要求给付或履行的权利,债务人负有使给付或履行发生效力的义务。债权人的履行请求权包括两个方面内容:其一是任意履行请求权,是指债权人任意请求债务人履行的权利;其二是履行诉求权,是指债权人请求法院强制债务人履行的权利。而继续履行请求权强调的是履行请求权的第二个内容②,继续履行又被称为强制履行③、"实际履行"或"实物履行"(specific performance),其意在使债权人尽可能地取得约定的标的物,而不是相反,在没有取得标的物时,债权人有权获得金钱损害赔偿。④

如此分析下来,继续履行请求权本质上是履行请求权的一部分⑤,与违约本身并无前提、效果关系。故其构成并不需要以违约之构成为前提,只要存在有效之合同即可,债务人是否有过错,在所不问。⑥ 在诉讼中,债权人无须证明是否违约,只要债权人能证明其债权的存在,即可在法庭上诉请给付,并达到判决债务人履行所要求的给付的目标。⑦ 我国学说上笼统地将"存在违约行为"作为继续履行的构成要件之一⑧,并不合理,由此会加重债权人举证之负担,影响原给付义务的实现。另外,违约方能否继续履行合同亦非继续履行请求权的构成要件,在出现履行不能的情况下,债务人(违约方)提出的因标的物不适于强制履行或者履行费用过高而导致履行不能的主张,在性质上属于抗辩权之范畴,诉讼中应由债务人进行举证,继续履行之权利即被

---

① 我国法律以及学者在论及债的内容时,通常使用"履行"之术语,并不使用"给付"之术语,但在谈及义务内容时,则会使用"给付"之术语。
② 韩世远:《履行障碍法的体系》,法律出版社2006年版,第234页。
③ 韩世远:《合同法总论》(第四版),法律出版社2018年版,第758页。
④ Treitel, "Remedies for breach of contract", in *International Encyclopedia of Comparative Law*, vol Ⅶ, chapter 16, 1976, para 16-7, p. 135.
⑤ Kötz, *Vertragsrecht*, 2 Aufl., 2012, Rn. 753.
⑥ 〔日〕中田裕康:《〈日本民法〉之合同不履行》,张家瑜译,载《清华法学》2011年第3期,第167页。
⑦ Larenz, *Schuldrecht AT*, 14. Aufl., 1987, §2 Ⅲ., S. 19.
⑧ 韩世远:《合同法总论》(第四版),法律出版社2018年版,第761页。

排除。

继续履行请求权在性质上虽脱离不了履行请求权之范畴,但在违约情况下,仍有其特别之意义。如前所述,继续履行请求权是履行诉求权的体现,故我国学者多以强制履行表达其含义。在债务人违约的情况下,强制履行请求权的确可以起到违约救济的作用①,但在性质上与损害赔偿请求权并非同类,并非基于违约而产生的次位请求权。

英美法上以损害赔偿为原则,强制履行作为例外,且强制履行的救济仅限于衡平法,只有在普通法的损害赔偿无法充分保护债权人(the Adequacy Test)的情况下,法院才会支持债权人实际履行的请求。所以,在英美法上,强制履行是一种违约救济措施。

二、给付不能与原给付义务消灭

《民法典》第 580 条第 1 款规定了在哪些前提下,原给付义务消灭。消灭原给付义务的主要原因是给付不能,但也有非给付不能的情况,即债权人在合理期限内未要求履行的情况。我们首先分析作为原给付义务排除原因的给付不能。给付不能具体包括基于事实或法律原因而产生的不能(《民法典》第 580 条第 1 款第 1 项)以及由于提出给付费用不成比例以及债务人人身原因产生的不能(《民法典》第 580 条第 1 款第 2 项)。

法律或事实不能的法律效果,是给付请求权的消灭,属于消灭权利的无须主张的抗辩(Einwendung),法官须依职权予以考虑。② 给付不能消灭的只是原给付义务,而不是债之关系,故此,在原给付义务消灭后,债权人仍得请求替代给付的损害赔偿、解除合同甚或请求返还代位物(即代偿请求权)。

三、真正的给付不能

所谓给付不能,是指作为债权客体的给付不可能的状态。③ 进一步来讲,是给付义务的履行遭受持续并不可克服的障碍的情况。④

根据给付不能状态存在于任何人还是仅存在于债务人本身,给付不能被区分为主观不能与客观不能。根据给付不能产生于合同订立前还是合同订立后,给付不能被区分为自始不能与嗣后不能。《民法典》第 580 条第 1 款涵盖了所有这些类型的给付不能。

---

① Schlechtriem/Schmidt-Kessel, *Schuldrecht AT*, 6. Aufl. , 2005, Rn. 465.
② Fikentscher/Heinemann, *Schuldrecht AT & BT*, 12. Aufl. , 2022, §43 Ⅱ, Rn. 390.
③ 韩世远:《合同法总论》(第四版),法律出版社 2018 年版,第 522 页。
④ Weiler, *Schuldrecht AT*, 6. Aufl. , 2022, §19, Rn. 4.

(一) 给付不能的原因

1. 事实上不能

(1) 客观不能与主观不能

事实上的给付不能,指称的是物理上的不能,是指进行给付行为违背自然法则的情况(《民法典》第580条第1款第1项第二种情况)。

如果根据自然法则,世界上任何人都不能提供给付客体的情况,则属于客观不能。例如,债的标的物灭失了或者毁损严重以至于在经济上被视为另一个客体;或者让与的债权消灭;或者所负担的给付在技术上是不可能的;或者所负担的标的物发生变化,已经并非最初所意指的、所负担的标的物了,如牛奶变质。

如果标的物存在,但对于债务人而言,标的物不能获得或者该不能获得的障碍不能克服,如标的物被小偷偷走、而债务人又无法从小偷处重新获得履约标的物的,就属于主观不能。但是,如果标的物被小偷偷走、债务人从小偷处重新获得履约标的物所需费用不成比例的情况下,则属于履行费用过高的障碍。①

自始即指向无给付意义的合同中的给付,也属于事实不能。如某人允诺以魔力影响事物的进程,或者祛除魔鬼等,即使相对人相信,亦为给付不能,允诺人并无给付义务。再如某人给他人算命的,也是给付不能。但如果某人为他人提供聊天服务,给付是可能的。

绝对定期行为也是一种客观不能,比如钢琴师在音乐会上有协奏义务,但没有按时上班。预定出租车去飞机场而因迟到错过飞机,此时飞机运输合同不存在给付不能,因为可以改签。

(2) 目的障碍

目的障碍属于一种事实上的给付不能,有目的达到或者目的消失两种。所谓目的达到是指所负担的给付结果已经不能再出现,因为已经通过其他原因而产生了,比如甲为乙治马,而马不治自愈。所谓目的消失,是指如下情况:给付行为应针对债权人提出的标的进行,但该标的消灭了或者因为债权人本人存在特别原因,所欲达到的给付目的根本不再可能产生了,比如乙找甲为病人治病,但嗣后病人已经死亡。再如,买受人购买货物是为了春节销售,而且出卖人也知道,但由于天气原因无法按时送到,此时,即出现了给付不能,买受人无须等待天气好转,即可寻找其他出卖人。

在目的达到或者目的消失的情况下,给付在事实上还是可以被提供的,但却没有意义了,因为所负担的或通过行为所欲达到的给付效果已经通过其他方式出现而且不再可能出现。② 例如上述案例中,病人死亡了,医疗给付处于不能状态。画匠承揽为教堂顶棚绘画的任务,但在其即将开始工作或者在其工作期间,教堂倒塌了。打捞

---

① Looschelders, *Schuldrecht AT*, 21. Aufl., 2023, §21, Rn. 12.
② Weiler, *Schuldrecht AT*, 6. Aufl., 2022, §19, Rn. 6.

船起航搭救陷入泥潭的船只,以使其漂浮起来,但在打捞船到达时,一阵飓风将船只卷向巨石,船沉了。一个大学生负有义务在假期于度假地辅导小学生,但小学生在假期开始就病了,因此没有前往度假地,而且不能补救履行。

在上述情况下,债务人的给付陷入不能,就此,原给付义务消灭(《民法典》第580条第1款)。此点并无疑问。有疑问的是,目的障碍是一种给付不能,还是交易基础丧失。拉伦茨早期认为,障碍并不存在于债务人一方,而是存在于其领域之外,而且,障碍也不可归责于债权人,那么教堂存在、可以漂浮的船、小学生的能力等都可被视为交易基础,在出现上述目的障碍的情况,属于交易基础丧失。① 不过,拉伦茨后来也否定了自己的观点,因为如果不将所负担的给付仅仅看作是债务人的行为,而是由此导致的给付结果,那么毫无疑问的是,在上述情况下,给付不可能奏效了,也就是给付不能。② 债务人的给付仍是可能,但目的出现障碍(使用目的丧失),即给付对于债权人而言不再具有利益,因为债权人不能以其所意欲的方式使用该给付,此时,可能构成交易基础丧失(情势变更)。例如,为了听齐秦音乐会,甲购买火车票,但齐秦音乐会因台风警告而被取消,此时并没有构成目的消灭型的给付不能。虽然音乐会不举办了,铁路局负担的运输给付,对于甲毫无意义,但铁路局的给付一直是可能的。在此,可以考虑情势变更规则的适用。

进一步有疑问的是,目的障碍与动机错误如何区分。对于二者,须根据合同内容进行区分。如果目的障碍涉及的是合同内容,则为给付不能,反之,则为动机错误。比如,甲在乙处购买了涂料,用于粉刷房屋,但嗣后房屋着火灭失,这里的使用目的与合同内容无关,所以,是一种动机错误,在此并不适用给付不能规则。③

最有争议的是,债务人能否请求债权人为对待给付。在逻辑上,给付不能会导致给付义务消灭,相应地,对待给付也应消灭。如果对于给付不能全部或大部分可归责于债权人,则债务人得要求对待给付,但应扣除因免于给付而节省的费用,或者因使用其劳力于他处而有所取得的或者恶意怠于取得的利益(《德国民法典》第326条第2款)。例如,船主让其他企业拖走了船只或者自己拖走,那么债权人船主对目的不能达到可归责,故应承担对待给付,但应扣除债务人所节省的费用或者其他营利机会所带来的利益。

但目的障碍的情况大都不可归责于债权人,而对待给付义务完全消灭,对于债务人也不公平。所以,有观点扩大解释债权人责任的概念,认为如果目的障碍来自债权人风险领域,则债权人即应支付对待给付。例如,在郊游时,甲的汽车抛锚了,遂致电修理厂委派丙拖车。当拖车来的时候,甲的汽车突然正常启动了,丙只能无功而返,

---

① Larenz, *Schuldrecht AT*, 14. Aufl., 1987, S. 312.
② Emmerich, *Das Recht der Leistungsstörungen*, 6. Aufl., 2005, S. 371.
③ Fikentscher/Heinemann, *Schuldrecht AT & BT*, 12. Aufl., 2022, §43 Ⅱ, Rn. 393.

修理厂可以请求报酬吗？此时，目的障碍导致的给付不能既不可以归责于债务人，也不可以归责于债权人，而且，给付之结果并非债务人或者债权人行为导致，而是通过其他方式，如自然事件或者与债之关系无关的第三人行为所导致的，由于已经产生的效果不能再次通过给付发生，所以构成给付不能。但是，已经开始准备给付的债务人被阻止继续进行，目的障碍来自债权人风险范围，所以，债权人应该支付对价，修理厂可以请求报酬。

进一步有争议的是，债务人可以主张多少报酬，是准备给付行为所相当的报酬，还是全部报酬扣除因免于给付而节省的费用的数额。

一种观点认为，债务人可以请求部分报酬，以其已经产生的与目的相符合的费用为限。① 另一种观点认为，应类推适用《德国民法典》第326条第2款，即全部报酬扣除因免于给付而节省的费用的数额。② 第三种观点主张类推适用部分不能规则（《德国民法典》第326条第1款第1句第2分句），并根据《德国民法典》第441条第3款减价规则减少对待给付。③ 第四种观点则是区分给付标的进行不同处理，如果给付涉及的是物或金钱，则准用《德国民法典》第326条第2款，债权人原则上支付全部对待给付。如果给付涉及的是服务或劳务，则类推适用《德国民法典》第645条第1款，债权人原则上支付部分报酬。④ 例如，某人呼叫救护车，将在交通事故中受伤的人从事故地运往附近医院，但在救护车司机到达时，没有发现受伤的人，一个路过的医生已经将该伤者接诊并用自己的汽车将其带走。救护车公司可以要求部分报酬。对于劳务报酬的构成，比如费用以及劳务部分，债务人需要提供说明。

本书赞同第一种观点，对于对待给付义务及其数额的问题，原则上债权人须支付全部报酬，但须扣除因免于给付而节省的费用等。

2. 法律上不能

所谓法律上的给付不能，是指法律禁止债务人进行所允诺的给付的或者给付基于法律的原因而不能(《民法典》第580条第1款第1项第一种情况)。

法律上不能最重要的适例为债务人负有移转不属于其所有之物的所有权的义务。如果债务人并非所有权人，而又没有所有权人的同意或者追认，则债务人无权让与该物的所有权，而物的所有权人并未准备让与标的物的，此时构成给付不能。买受人可依照有效买卖合同请求出卖人赔偿损害(《民法典》第597条、《民法典合同编通则解释》第19条)。

除此之外，法律上的不能的情况还有：法律行为得产生一定的法律效果，但该法律效果的实现却是不可能的，比如，所追求的法律效果已经存在，或者法律效果为法

---

① Beuthien, *Zweckerreichung und Zweckstörung im Schuldverhältnis*, 1969, S. 119 f.
② Larenz, *Schuldrecht AT*, 14. Aufl., 1987, S. 316.
③ Brox/Walker, *Allgemeines Schuldrecht*, 46. Aufl., 2022, §17, Rn. 11.
④ Fikentscher/Heinemann, *Schuldrecht AT & BT*, 12. Aufl., 2022, §43 II 3, Rn. 395.

律秩序所否认或者违反法律或善良风俗的。具体如出卖人已经将属于买受人的物出卖给买受人；但是，如果之前双方当事人对物的所有权归属有争议，之后又签订了一份买卖合同，此时，该合同可以被理解为"和解"合同。① 再如，受让一个根本不存在的合同；负有向外国运输货物的义务，但在边境货物被拒绝入境；出卖已经消灭的合伙的份额；出让已经消灭的抵押权；约定取得建筑许可的义务，而实际上并不需要建筑许可。又如，给付的标的物被扣押的情况，签订出国旅游合同后签证被拒的情况等。

在合同之执行需要批准而未获得批准的情况下，也可能构成法律上的不能。② 如果合同订立本身即需要批准，则在没有批准的情况下，合同义务根本没有产生，亦无从谈起给付不能。此时涉及的只是按照诚实信用原则，当事人需要尽最大努力获得批准的问题。

有争议的是，不良给付是否属于部分的不能，即质量上不能；既然瑕疵担保并入一般给付障碍法，可以认为，在所负担的物自始或嗣后出现不可去除的瑕疵的，因此补救履行请求权即消灭，故此可以构成部分不能。

3. 绝对定期行为

所谓绝对定期行为(absolute Fixgeschäft)，是指依照合同性质，非在一定时期给付，合同目的不能达到的行为。此种情况下，债务履行期对于当事人而言，关系到给付目的能否达到。例如预订出租车，欲搭乘固定航班、出国参加会议，如果计程车未按时到达，导致错过该航班，则一时给付障碍，即会发生永久不能的效果。

与绝对定期行为相区分的是通常或者相对定期行为，虽然确定了给付的时间点或者时间段，债权人对此明知，而且是约定的重要部分，但给付还是可以在之后的时间点补救履行。所以即使债务人错过了时间点或时间段，也未陷入给付不能，但是陷入了给付迟延。但是在未按时给付可以补救履行的情况下，也应在合理的时间内补救履行。如给一个孩子画像的画家病重，很多年无工作能力，在此期间孩子已经长大了，无法画童年像了。所以这里的给付时间段不能过长，几年不可以，几周或者几个月则可以期待。如果在此合理履行时间内，该画家仍无法恢复能力，则为给付不能。③ 具体合理的履行期间，须根据合同的性质，尤其是根据合同的目的与内容予以确定。

(二) 给付客体:种类物情况下的特殊规则

在涉及客体的给付义务情况下，是否出现给付不能，还取决于适宜的给付标的物是否存在。对于特定物，由于其是唯一的适合履行的标的物，在特定物灭失的情况

---

① MüKoBGB/Ernst, 9. Aufl., 2022, BGB § 275 Rn. 49.
② 最高人民法院民事审判第二庭编著：《〈全国法院民商事审判工作会议纪要〉理解与适用》，人民法院出版社2019年版，第287页。
③ Larenz, *Schuldrecht AT*, 14. Aufl., 1987, S. 306.

下,当然会出现给付不能。但对于种类物,因为可以同种类之物替代原定给付,所以,原则上没有给付不能的问题。除非属于给付客体之种类的所有客体均无法给付时,才可能发生给付不能。在以库存为限负担债务的情况下,如果债务人现存货物由于物理或者法律上原因而不能支配,即存在给付不能。而在种类物已经被特定化之后发生灭失的,也可出现给付不能。

从当事人约定的给付内容来看,既然约定的是种类之债,债务人承担的并非交付特定物的责任,而是交付任意某种类的物的责任,根据这一内容,若债务人既有的种类物因为意外而灭失,但该种类物在市场上是可获得的,则债务人须购置,以履行其给付义务。如果债务人不占有或者因为意外事件而不再占有标的物,但债务人可以购置必要的种类物,则也不构成债务人给付不能。

债法改革前,《德国民法典》第279条规定,在种类之债的情况下,即使债务人没有过错,但基于种类的给付在客观上是可能的,则该主观不能亦可归责于债务人。这一条的适用前提是债务人主观上不能获得所负担的标的物,但客观上该标的物是可能的。

所谓主观不能,如债务人不知道标的物来源何在或者没有购置途径,又如没有购置的必要资金或信贷,此时,债务人虽然没有过错,但亦可归责。因为,负有种类物之债者,会给对方一种印象,其或者占有这些货物,或者能够购置这些货物。①

此种情况下,有疑问的是,债务人是否负有履行原本负担的给付义务,即购置这些种类物,还是仅承担损害赔偿责任。在此,要判断给付不能是否是永久的,如果是永久的,则原给付义务不能实现,也没有理由继续存在,只能请求损害赔偿。在学说上,在诸如战争、封锁、国家统购与配给等债务人无法影响的情况下,给付不能即为永久的,被认为是客观不能②,此时,原给付义务消灭,债务人不再负有购置义务,但同时,也不应使债务人负担损害赔偿义务。故应对《德国民法典》第279条限缩解释。

(三) 部分不能

根据给付客体是否为全部给付不能还是部分给付不能,可以分为全部不能与部分不能。

如果所负担的给付只有一部分不能,则给付义务仅就此部分消灭;对其他部分,债务人仍负有给付义务,但其前提是给付是可分的。具体如甲出卖给乙《天龙八部》绝版书一套,其中一本被火烧毁,此时即构成部分不能。在给付数量上的部分不能,导致部分给付消灭,对待给付也相应减少。

如果负担的是基于多个给付行为产生的给付,而对于债权人只有全部给付行为

---

① Larenz, *Schuldrecht AT*, 14. Aufl., 1987, S. 317.
② A. a. O.

完成才有意义，则某一给付行为的不能会导致整体给付的不能。① 比如，在上述案例中，如果《天龙八部》中一本被毁，极大影响绝版书的价值，则可以认定整体给付不能。再如在"新宇公司诉冯玉梅商铺买卖合同纠纷案"中，出卖人仅能交付房屋，但不能过户登记。② 此时，买受人不能获得标的物所有权，那么取得占有对买受人而言并没有实际意义，所以可以构成整体给付不能。此时，根据《民法典》第 580 条第 2 款，当事人也可以选择解除合同，但给付不能须致使合同目的不能实现。有学者认为，如果某种事实（严重）影响了当事人订立合同所期望的经济利益，那么就构成法定解除中的合同目的不能实现。③

在质量上部分不能的情况下，对待给付义务不能自动减少，而是由买受人选择减价或解除。在买受人选择之前，无论风险是否移转，买受人均享有同时履行抗辩权，出卖人不能要求买受人支付全部价款。④

（四）一时不能

根据给付不能状态存在时间的长短，给付不能可以被分为永久不能与一时不能。所谓一时不能，又被称为暂时不能，是指在应给付期或者得为给付期，债务人应为的给付出现暂时不能实现的情形。⑤ 所谓永久不能，又被称为最终不能或持续不能，是指给付障碍不能预期除去或者定期债务未在该期间内履行的情况。

如果给付障碍是一时不能克服的，那么对于债权人而言，在此给付障碍存在期间，不得要求债务人提供给付。给付与对待给付都处于暂停状态，如果一方提起诉讼的，法院亦会作为暂时无理由而驳回该诉讼。给付不能状态消失的，债权人仍可以请求原给付义务。例如，由于交通管制而暂时导致无法向债权人运输货物，或者负有作画义务的画家在工作期间有几天生病了。在这些情况下，债务人继续负有给付义务，债权人必须等待给付可能之时；在构成给付迟延的情况下，债权人可以请求赔偿因给付迟延而造成的损害。

进一步而言，债务人的给付义务并未消灭。因为给付障碍嗣后会消失。既然债务人的给付义务未消失，那么在效果上，对于当事人双方而言，给付义务都推迟了。但这对于双方当事人而言，均可能是一种负担，均需等待。所以，可以考虑的是，在一时不能会使合同目的出现问题，并导致合同当事人继续坚守合同不可期待时，一时不能应与永久不能同等对待，也会导致给付义务的消灭。⑥ 判断一时不能事后是否构成

---

① Weiler, *Schuldrecht AT*, 6. Aufl., 2022, §19, Rn. 11.
② 江苏省南京市中级人民法院（2004）宁民四终字第 470 号民事判决书，载《中华人民共和国最高人民法院公报》2006 年第 6 期（总第 116 期），第 37 页以下。
③ 崔建远：《论合同目的及其不实现》，载《吉林大学社会科学学报》2015 年第 3 期，第 47 页。
④ Emmerich, *Das Recht der Leistungsstörungen*, 6. Aufl., 2005, §5, Rn. 33.
⑤ 姚志明：《债务不履行之研究（一）——给付不能、给付迟延与拒绝给付》，元照出版有限公司 2003 年版，第 67 页。
⑥ Weiler, *Schuldrecht AT*, 6. Aufl., 2022, §19, Rn. 13.

永久不能,取决于给付障碍事由出现的时间点,如果在该时点给付障碍事由结束是不能预见的,债权人依据情况不能期待债务人遵守合同,那么通常将该不能视为永久的不能。① 在某些情况下,还应考虑债之关系的内容或者持续时间,或者同时考虑二者,时间上迟延如此严重,不能期待债权人长期等待,此时,暂时的不能即等同于持续、永久的不能。

值得研究的是,给付先被认为陷入了永久不能,但在履行期间经过之前,又变得可能,此时如何处理?例如给付违反的法律的禁令或者行政禁令,一段时间后被废止了;又如,买卖首饰的场合,在交付给买受人前,首饰被偷,经过一段时间侦查后,并没有结果,而终止侦查,但后来偶然发现了该首饰。在这种双务合同的情况下,要考虑到,不可期待当事人中的任一方无限期地等下去,如果暂时的不能在一定时间点上须被视为永久不能,则双方都有权主张最终消灭双方的义务。但在具体情况下,也可以基于诚信原则使合同继续,或者如果当事人在合同上有近期的利益而对于相对人又是可期待的,则可以重新要求合同关系。②

但如果当事人之间不是上述双务关系,而是单方债之关系,当给付永久不能转化为可能时,则没有理由拒绝履行,而应负有给付的义务。③

在一时不能的情况下,虽然履行请求权在原因上继续存在,但为无须主张的抗辩(Einwendung)所阻碍。在相对定期行为的情况下,当事人可以解除合同。在一时不能不构成永久不能的情况下,债权人可以指定期间,未果后,可以要求损害赔偿,或者解除合同。

四、规范性不能

规范性不能处理的情况是:给付虽然可能,但出现了困难,且不可期待债务人给付,也即通常所说的要求债务人付出的努力超出了其牺牲之边界。《民法典》第580条第1款第2项规定了该牺牲之边界,在此边界之外,债务人即可不再负有义务克服该给付障碍,由于其处理的并非事实上的给付不能,而是法律上规定的给付不能,故也被称为规范性的不能。④ 规范性不能具体包含履行费用过高的障碍以及标的不适于强制履行的障碍两种情况。

(一)履行费用过高的障碍

履行费用过高的障碍,是指虽然事实上可以履行,但履行费用过高的情况(《民法典》第580条第1款第2项第2种情况)。通过努力可以克服的障碍,不可以归入主观不能,而是一种实际上不能或经济上不能。由于实际上不能或经济上不能的概念可

---

① Larenz, *Schuldrecht AT*, 14. Aufl., 1987, S. 307.
② A. a. O., S. 308.
③ A. a. O.
④ Medicus/Lorenz, *Schuldrecht AT*, 22. Aufl., 2021, §34, Rn. 17.

以涵盖交易基础障碍(情势变更)的情况,为了区别于交易基础障碍,本书放弃实际上不能或经济上不能的术语,直接采用履行费用过高的障碍这一术语。

债务人从自己的履行成本的角度出发,主张履行费用过高障碍的,并不具有合理性,因为从合同相对人角度来讲,其获益亦可能增加,此时,原则上并没有不合理之处,对于债务人而言也未必严苛。例如,在买卖汽油的场合,在汽油涨价的时候,债权人的利益也增加了,如果此时依据给付不能规则予以处理,那么其法律后果对于债权人而言过于严苛了。但如果债务人的给付费用过高,以至于破坏了预定的当事人之间的对等性的话,则可以依据情势变更规则予以处理,其法律效果比较缓和,可以通过调整合同解决对等性失衡的问题。①

履行费用过高的障碍与交易基础障碍(情势变更)的区别在于:在前者,考察的是债务人费用与债权人获得该给付的利益之间是否不成比例,由于不成比例仅针对履行请求权,所以,债权人的损害赔偿请求权不受影响;而在后者,考察的是债务人的履行成本与债务人本人所能获得的对待履行利益相比是否不成比例,二者不成比例时意味着突破了约定的风险分配的边界,所以,债权人没有损害赔偿请求权。②

有学者认为,在法律效果上,情势变更制度对双边义务均作调整,使整个合同的风险安排因而改变,该法律效果过于严苛,故应赋予履行费用过高障碍的规则优先适用的地位。③ 比如,由于出现了罢工,债务人只能选择其他运输路径,由此成本增长,在这种情况下,优先适用履行费用过高障碍的规则。

履行费用过高障碍的规范目的是保护债权人的给付利益,故是否构成履行费用过高障碍,并不取决于履行费用与债务人自己利益的关系,而是要考虑履行费用与债权人获得利益之间的关系。④ 所以,所谓的履行费用过高,是从债务人的费用与债权人之间的利益关系进行比较的,如果债务人的费用与债权人获益之间进行比较,严重不成比例,即为过高。⑤ 此时,若债权人仍请求履行的,即有违诚实信用原则。

在判断履行费用是否过高的问题上,有学者主张扩大判断所依据因素的范围,除了债权人获益以外,还须考虑经济不合理性、履行时间长度和履约程序烦琐程度等因素,如果债务人履行费用超过通过这些因素确定的数值,即为履行费用过高。⑥ 在司

---

① 在德国法上,这种情况曾被视为一种经济上不能,但债法改革中,立法者明确将这种情况排除在经济上给付障碍类型之外,通过交易基础丧失规则处理。Brox/Walker, *Allgemeines Schuldrecht*, 46. Aufl., 2022, §22, Rn. 21.

② Looschelders, *Schuldrecht AT*, 21. Aufl., 2023, §21, Rn. 25.

③ 〔德〕卡斯腾·海尔斯特尔、许德风:《情事变更原则研究》,载《中外法学》2004年第4期,第394页;刘洋:《"履行费用过高"作为排除履行请求权的界限——"新宇公司诉冯玉梅商铺买卖合同纠纷案"评析》,载《政治与法律》2018年第2期,第116页。

④ 黄薇主编:《中华人民共和国民法典释义(中)》,法律出版社2020年版,第1117页。

⑤ 韩世远:《合同法总论》(第四版),法律出版社2018年版,第770页。

⑥ 张兰兰:《履行费用过高规则的动态适用——对〈合同法〉第110条第2项第2种情形的具体化》,载《华东政法大学学报》2020年第1期,第187页。

法实践中,也有的案例考虑更多的因素确定履行费用是否过高,如在"周云、辉县市涌金城商贸有限责任公司与杨瑞池租赁合同纠纷案"①中,法官就考虑了第三人利益、社会稳定因素等。在"新宇公司诉冯玉梅商铺买卖合同纠纷案"②中,法官还考虑到,在以分割商铺为标的物的买卖合同中,买方对商铺享有的权利,不同于独立商铺。为保证物业整体功能的发挥,买方行使的权利必须受到其他商铺业主整体意志的限制。应当说,这些因素的考量都没有在立法的计划范围内,并不能在履行范围过高的框架内进行评价。

所谓费用,一般应限于债务人为克服履行障碍而需要额外支出的费用,并非是债务人为履行义务本来应负担的费用。③ 具体包括履行的费用以及采取补救措施的费用。在内容上,费用主要是金钱上的费用,比如标的物包装费、运费、维护费、原材料采购费用、从第三方买回标的物的费用等。除此之外,有学者主张,费用还包括与履行有关的无形不利益,如个人的负担、作为以及努力等。④ 不过,在文义上,本制度中的费用不能涵盖非物质利益或精神利益,另外,对于债务人的精神利益,应当在不适合强制履行(人身上不能)予以考虑。

债权人的利益,首要的是在实际履行情况下债权人可以获得的物质性利益,其次还包括非物质性利益,比如对债权人信用、信誉的损害、债权人实施替代交易而支出的费用及其承受的焦虑、辛劳,甚至还有债权人对标的物的情感等。⑤

在"新宇公司诉冯玉梅商铺买卖合同纠纷案"⑥中,南京市中级人民法院认为:所谓"履行费用过高",可以根据履约成本是否超过各方所获利益来进行判断。当违约方继续履约所需的财力、物力超过合同双方基于合同履行所能获得的利益时,应该允许违约方解除合同,用赔偿损失来代替继续履行。在本案中,如果让新宇公司继续履行合同,则新宇公司必须以其 6 万余平方米的建筑面积来为冯玉梅的 22.50 平方米商铺提供服务,支付的履行费用过高;而在 6 万余平方米已失去经商环境和氛围的建筑中经营 22.50 平方米的商铺,事实上也达不到冯玉梅要求继续履行合同的目的。在该案中,法院衡量的参照系数是债务人的履行费用与双方当事人基于合同所获得的

---

① 河南省高级人民法院(2015)豫法民提字第 344 号民事判决书。在该案中,法院认为,若继续履行本案合同势必导致案外租赁合同等终止,引起新的纠纷和损失,所以,履行费用过高,本案合同不适于继续履行。
② 江苏省南京市中级人民法院(2004)宁民四终字第 470 号民事判决书,载《中华人民共和国最高人民法院公报》2006 年第 6 期(总第 116 期),第 37 页以下。
③ 刘洋:《"履行费用过高"作为排除履行请求权的界限——"新宇公司诉冯玉梅商铺买卖合同纠纷案"评析》,载《政治与法律》2018 年第 2 期,第 114 页。
④ 冀放:《给付不能之履行费用过高问题探析》,载《政法论坛》2016 年第 6 期,第 152 页。
⑤ 刘洋:《"履行费用过高"作为排除履行请求权的界限——"新宇公司诉冯玉梅商铺买卖合同纠纷案"评析》,载《政治与法律》2018 年第 2 期,第 113 页。
⑥ 江苏省南京市中级人民法院(2004)宁民四终字第 470 号民事判决书,载《中华人民共和国最高人民法院公报》2006 年第 6 期(总第 116 期),第 37 页以下。

利益相比较,只要超过即为履行费用过高,实际上不若将债务人的履行费用与债权人的获益进行比较,并加上重大不成比例的要件。但无论如何,在判定"履行费用过高"的问题上,法院的裁判迈出了正确的一步。

债务人的费用与债权人的利益之间是否构成"重大地不成比例",具体要根据合同的内容、固有的风险分配结构、债务人可否归责、额外费用的绝对数值以及诚实信用原则来考虑。① 进一步来讲,债务人要尽到多大的努力克服障碍,也需要进行利益衡量,即在多大范围上,对于任何人而言是否是可期待的努力。② 比如,在签订打捞沉船合同的情况下与在运输货物而沉船的情况下,债务人打捞义务的程度是不同的,克服障碍的要求也不同。在前者,债务人支出的费用高一些,也未必构成履行费用过高,也需要债务人尽更大努力、支出更高费用。

构成履行费用过高的障碍的,基于诚实信用的要求,原给付义务即被排除。比如,在买卖或承揽标的物有瑕疵的情况下,出卖人与承揽人补救履行费用过高的,即得拒绝补救履行。

债务人缺少处分权的情况也是履行费用过高障碍的一种情况。如果债务人获得处分权的必要费用与债权人的给付利益严重不成比例,债务人即免除原给付义务。如果对于处分权的丧失,债务人负有过错,则其须尽到更高的努力重新获得该物,以至于其需要向第三人支付远远高于市场价格以取回该物。

> 例如,被告取得一块土地并成为原告的信托受托人,被告为了自己之利益而将一部分土地出卖给第三人,第三人对该土地进行了预告登记。原告依据委托合同请求被告交付该土地,但第三人主张只有被告愿意出原价的三十倍才会放弃权利。法院基于诚实信用原则,否认了实际履行请求权。③

如果买回的价格并不是明显过高,债务人是否负有买回的义务呢?例如,出卖人甲将二手车以10000元价格出卖给乙,交付前该车被第三人偷走,之后该车出现在拍卖市场上。假设重新获得汽车的费用是10000元,而且乙已经将之以20000元的价格卖给了丙。此时出卖人可以选择在拍卖市场上取回汽车并要求买受人支付对价,也可以选择不取回汽车,不要求买受人支付对价。在利益上,选择哪种方式对债务人(出卖人)而言并没什么不同,但对于买受人(债权人)而言,利益状况则大为不同。如果债务人实际履行,债权人可以获得10000元的盈利;如果债务人不实际履行,则债权人无法获得10000元的利益。此时,债务人(出卖人)失去的没有超过买卖价金。所以,债务人应负有买回的义务,也就是说,债权人有权强制债务人实际履行。

---

① 刘洋:《"履行费用过高"作为排除履行请求权的界限——"新宇公司诉冯玉梅商铺买卖合同纠纷案"评析》,载《政治与法律》2018年第2期,第115页。
② Schlechtriem/Schmidt-Kessel, *Schuldrecht AT*, 6. Aufl., 2005, Rn. 482.
③ BGH NJW 1988, 799.

但是如果取回的价格是12000元,此时,强制债务人履行,其损失大于买卖价金,与汽车灭失的情况相比,会出现重大的利益失衡。在汽车于交付前灭失的情况下,出卖人丧失请求对价的权利,同时也免除给付义务,除非其对损害负有过错,否则根据《德国民法典》第283条,出卖人不承担损害赔偿责任,此时,其损失等于价金。由此,学者多主张,出卖人的损失不应超过买卖价金。①

但德国学者卡纳里斯认为,在重新获得标的物的价格高于合同价金的情况下,出卖人仍负有取回的义务。② 此时,出卖人对义务违反承担过错责任,而不考虑其对造成不能的原因是否有责任。如出卖人不取回该汽车,其应承担20000元损害赔偿责任,如果出卖人取回该汽车,其付出12000元,但可获得10000元的对价,在利益状况上会好得多,故并不存在重大的利益失衡。

卡纳里斯的观点是以出卖人对义务违反有过错的认识为出发点的,故债务人超出买卖价金购回标的物时,并未出现利益失衡。如果从中国法的立场出发,在严格责任的情况下,出卖人因履行不能而违约时,其应承担损害赔偿责任,故债务人超出买卖价金购回标的物时,亦未出现利益失衡。而且从合同严守原则出发,卡纳里斯的观点也是比较可取的,合同当事人应当尽到最大努力履行合同。履行费用过高障碍的规则的目的在于保护履行利益,债务人为了满足债权人的履行利益负担相对较重的费用或者超出其预期花费,也是可期待的。

(二) 标的不适于强制履行的障碍

根据《民法典》第580条第1款第2项第一种情况的规定,债务的标的不适于强制履行的,亦构成排除原给付义务的原因。债务的标的不适于强制履行,主要是指基于人身信任以及提供劳务的合同。③ 其主要适用范围为服务、劳动合同、承揽合同以及事务管理合同,例如歌唱家由于其孩子患有具有生命危险的疾病而不能登台演出。对于这些合同,原则上不能强制履行,但有替代强制履行的方法。这是从强制履行或者继续履行的角度去理解。而从给付不能角度理解,则如此解释过于宽泛,应予以限缩解释。所谓不适于强制履行,主要是指人身性质的给付。由此,《民法典》第580条第1款第2项第一种情况规定的是人身上的不能的制度,即高度人身性的给付不可期待的情况,此时,排除原给付义务。

法律上,规定人身上给付障碍排除原给付义务的理由在于:权衡履行障碍与债权人履行收益的关系,若债务人承担履行义务,会给自己带来人格上的不利后果,一般

---

① Ackermann, Die Nacherfüllungspflicht des Stückverkäufers, JZ 2002, 383; Picker, Schuldrechtsreform und Privatautonomie: Zur Neuregelung der Schuldnerpflichten bei zufallsbedingter Leistungsstörung nach §275 Abs. 2 und §313 BGB, JZ 2003, 1035.

② Canaris, Die Behandlung nicht zu vertretender Leistungshindernisse nach §275 Abs. 2 BGB beim Stückkauf, JZ 2004, S. 214, 223, 224.

③ 最高人民法院经济审判庭编著:《合同法解释与适用(上册)》,新华出版社1999年版,第438页;黄薇主编:《中华人民共和国民法典释义(中)》,法律出版社2020年版,第1116—1117页。

认为，人格利益高于财产利益，此时，应赋予债务人主张给付不能的权利。①

有疑问的是，基于良心或道德的原因可否拒绝履行。例如：歌唱家的爱人即将死亡；外国劳工要服兵役，不去就会面临死刑；由于违背良心而拒绝劳动；要看病、照顾重病亲属或者出庭。对此，原则上可以按照人身上给付障碍处理，但不能过分考虑债务人的利益，否则将存在债务人利益超越债权人利益的危险。故要求债务人不能突然地无正当理由地提出人身上给付障碍的抗辩，而且，要求必须是个人亲自给付，如反原子能者抵制交电费，就不属于人身上给付障碍。

最后，还需要考虑债务人的障碍与债权人的利益的关系，如传染新冠风险与按时上班之间的关系，此时，应允许债务人一时地拒绝履行。

（三）性质

有疑问的是，履行费用过高的障碍与不适于强制履行的障碍是一种须主张的抗辩权还是无须主张的抗辩。从利益上判断，履行费用不是固定不变的，如果一旦出现履行费用过高，法院即可依照职权判定债权人履行请求权消灭，有失公平。② 另外，从比较法上看，德国法将其作为一种须主张的抗辩权。在给付所必要的费用与债权人的给付利益（Leistungsinteresse）重大地不成比例的情况下，债务人可以拒绝该可能的给付。在法律性质上，这是一种阻碍性抗辩权（须主张），债务人必须主张才能免除其原给付义务。

通过抗辩权规则，债务人获得了一种选择权，如果他行使抗辩权，他就可以不承担原给付义务，但他也因此丧失了对待给付请求权，在可归责情况下，甚至要承担损害赔偿责任；如果他选择不行使抗辩权，他可以继续履行原给付义务，尽管这对他来讲是要求过高的，但通过其他方式可以重新获得履行能力或者其履行能力本来就没有用尽的情况下，尤其在人身上的不能的情况下，债务人可以在原给付义务与对待给付义务的获得（包括赔偿责任）之间作出取舍。例如在买卖标的物被偷走的情况下，债务人可以寻找或者悬赏寻找，找到后，继续履行。

综上所述，本书认为应将经济上的给付障碍或者人身上的给付障碍解释为抗辩权规则，由当事人选择是克服不能、继续履行还是主张履行不能。

五、法律效果

《民法典》第 580 条没有细致区分自始、嗣后不能以及主观或客观不能，而是统一规定了给付不能制度。基于诚实信用原则，允许给付不能的情况，排除原给付义务，突破了合同严守原则。

---

① Schlechtriem/Schmidt-Kessel, *Schuldrecht AT*, 6. Aufl., 2005, Rn. 486 ff.
② 冀放：《给付不能之履行费用过高问题探析》，载《政法论坛》2016 年第 6 期，第 154 页。

(一) 原给付义务消灭

在给付不能的情况下,债权人对债务人的履行请求权消灭(《民法典》第 580 条第 1 款)。此时,合同生效,但原给付请求权自始被排除,生效的合同仅作为次位请求权的基础,即损害赔偿请求权的基础。也就是说,在自始给付不能的情况下,出现了一种没有原给付义务的合同的现象,合同仅为替代给付损害的请求权基础。在嗣后不能的情况下,原给付义务是事后消灭的。

出现给付不能,原给付义务消灭,也即债权人原给付请求权消灭。法律上虽然没有规定,债务人的对待给付请求权也消灭,但在逻辑上,不可能存在债权人请求权消灭而债务人仍享有对待给付请求权的情况,所以,对待给付请求权也应消灭。如果债务人已经给付了,则可以准用解除权规则请求返还。

在给付不能的情况下,原给付义务被排除,也就是说,债务人无须再给付标的物,给付风险移转给了债权人,但应注意的是,在种类物的情况下,给付风险只有在标的物具体化之后才移转给债权人。给付风险的移转亦与当事人的过错无关。种类物之债的情况下,债务人具有购置义务。

(二) 对待给付义务消灭

与给付风险相对的是对待给付风险,在买卖合同中被称为价金风险,在承揽合同中被称为报酬风险,其内容为:在给付义务被排除的情况下,应当进行对待给付的风险。如在出卖人不能交付货物的情况下,其原给付义务被免除,那么在事理上,其也应没有请求支付买卖价金的权利,此时,价金风险原则上应由债权人(即出卖人)承担,但在具体风险分配时,仍需要考虑买受人是否具有过错或者是否受领迟延。

需要注意的是,在本质上,买卖合同法中的风险移转规则,是对待给付的风险。但给付风险与对待给付风险这一对概念与物之风险(Sachgefahr)的概念并非一个体系中的概念。所有权人原则上承担物的风险,如标的物交付前由出卖人承担物的风险,在交付之后由买受人承担;定作人提供的材料意外灭失或意外毁损,承揽人不承担责任。

(三) 损害赔偿

当事人一方陷入履行不能,造成对方损失的,应赔偿另一方当事人的损失(《民法典》第 577 条、第 583 条)。损害赔偿额应当相当于因违约所造成的损失,包括合同履行后可以获得的利益;但是,不得超过违约一方订立合同时预见到或者应当预见到的因违约可能造成的损失(《民法典》第 584 条)。

(四) 直接请求违约人承担第三人替代履行费用

《民法典》第 581 条规定,当事人一方不履行债务或者履行债务不符合约定,根据债务的性质不得强制履行的,对方可以请求其负担由第三人替代履行的费用。在解释上,有三种可能性。其一,第三人替代履行的是债务人恢复原状的义务,债务人赔偿该费用实际是金钱损害赔偿,比如出租人未履行维修义务,承租人可以要求出租人负担维修费(《民法典》第713条第1款)。在本质上,该规则是恢复原状转化为金钱损害赔偿的规则。其二,第三人替代履行的是主给付义务,涉及的是主给付义务实际履行或强制履行的问题,在出现违约的情况下,根据债务的性质不得强制履行的,守约人可以直接要求违约人负担由第三人替代履行的费用。其三,该规则是衔接强制执行法的条文,即规定的是替代执行规则。例如,旧《日本民法典》第414条第2款规定:债务之性质不许强制履行者,于以作为为内容之债务,债权人得请求法院以债务人之费用使第三人为之。新《日本民法典》第414条第1款规定,债务人未任意履行债务时,债权人得依民事执行法及强制执行程序相关法令之规定,向法院请求依直接强制、代替执行、间接强制及其他方法强制履行。但债务性质不允许之时,不在此限。法工委释义书明确表明,守约人直接要求违约人负担由第三人替代履行的费用的请求权是实体法请求权,不以进入执行程序为前提,与强制执行措施不同。所以,第三种解释方案应该予以否认。对于第一种解释方案,本书将在第八章论述。对于第二种解释方案,在此叙述。

按第二种解释,在当事人一方违约,而根据债务的性质不得强制履行时,对方即可以直接要求违约人负担由第三人替代履行的费用,不必先委托第三人替代履行,再请求违约人承担费用。这是一种实体法上的请求权。①

《民法典》第581条中的"根据债务的性质不得强制履行"是与第580条第1款第2项相关联的。值得注意的是,这种不能强制履行的作为与不作为,通常不会构成给付不能,只是在强制执行法上不能直接强制,而是要通过间接强制与代替执行。前者可以是拘留、罚款甚或列入失信人名单,后者则是指由法院委托有关单位或者其他人完成,费用由被执行人承担(《民事诉讼法》第263条)。在这种情况下,债务人赔偿第三人替代履行的费用实质是在损害赔偿。例如,保姆提供家政服务,因事耽误两天,没有到家提供服务,雇佣人即寻找第三人进行替代服务,并请求保姆赔偿第三人替代履行的费用。

有疑问的是,在债务人轻微违约或者违反附随义务的情况下,债务人是否可以委托第三人替代履行全部给付义务,然后请求债务人赔偿第三人替代履行的费用。比如,上述案例中,保姆顶撞雇佣人一次,雇佣人即寻找索要服务价格比较高的第三人,然后要求保姆赔偿该费用。依照现行法,只有在违约人违反附随义务导致合同目的不能达到的情况下,守约人才可以解除合同。与此类比,在违约人违反附随义务的情况下,守约人是不能置既有的合同于不顾,而委托第三人替代履行的。否则,合同的拘束力有被破坏之虞。

---

① 黄薇主编:《中华人民共和国民法典释义(中)》,法律出版社2020年版,第1119页。

六、其他排除给付义务的原因

《民法典》第580条第1款第3项还规定,债权人在合理期限内未请求履行的,债务人也有权抗辩,排除继续履行,该抗辩也是须主张的抗辩权。如果债务人不主张该抗辩权,债权人可以请求继续履行。如果债权人要求替代给付的赔偿,则继续履行请求权消灭。规定合理期限要件的主要目的是降低不确定性。

该规则借鉴了《国际商事合同通则》(PICC)第7.2.2条。① 而该规则又受到了《欧洲合同法原则》(PECL)第9:102条第3款的影响,即如果受害方当事人在已知或应知不履行后的一段合理的时间内没有寻求实际履行,则丧失实际履行请求权。该规则的立法目的在于,督促债权人及时主张权利,行使履行请求权,对于债权人强制履行的权利在时间上予以限制,以尽早结束责任承担方式不确定的状态。②

有疑问的是,在受害方当事人能够合理地通过其他途径获得履行时,可否排除强制履行。在英国一个相关判例③中,被告想关闭其超市,改做他业,但出租人不同意,因为被告的行为违反了双方约定的在此不动产上从事零售业的义务。上诉法院没有支持实际履行的请求,认为如果判决实际履行,需要持续的监督,而且要区分行为债务与结果债务,对于行为债务,法官要持续访问,而访问常会招致抱怨,检查结果也需要时间,还需要特别程序确定最终的结果与法院命令是否相符合,总而言之,判决实际履行是在浪费诉讼资源。另外,判决实际履行有可能以牺牲被告为代价,而使原告获得利益,施行强制履行命令的损失也可能大于原告遭受的损失。对此判决,有评论者认为,其实法院的理由并不充分,是否判决强制履行,更应该考察合同本身的因素,如被告关闭超市是否会导致其他承租人关闭,原告可否从其与被告的租约中弥补其租金损失。④

在现代社会,许多货物与服务属于标准类型,即同样的货物或服务可由许多供应商提供,在此种情形下出现违约的,债权人一般不会浪费时间与精力寻求另一方当事人履行合同,而是寻求替代交易,同时请求对方承担不履行的损害赔偿责任。如此安排,两次交易变成一次交易,比较符合经济之原则。⑤ 基于上述理由,《欧洲合同法原则》(PECL)第9:102条第2款以及《国际商事合同通则》(PICC)第7.2.2条均规定,

---

① 姚红主编,全国人大法制工作委员会民法室编:《〈中华人民共和国合同法〉与国内外有关合同规定条文对照》,法律出版社1999年版,第93页。
② 韩世远:《合同法总论》(第四版),法律出版社2018年版,第768页;崔建远主编:《合同法》(第八版),法律出版社2024年版,第247页。
③ Co-operative Insurance Society Ltd. v. Argyll Stores (Holdings) Ltd. [1998] A.C. 1. Markesinis/Unberath/Johnston, *The German Law of Contract*, 2nd ed., 2006, p.394.
④ Ibid., p.396.
⑤ 张玉卿主编/审校:《国际统一私法协会国际商事合同通则2016》,中国商务出版社2019年版,第491页。

在受害方当事人能够合理地通过其他途径获得履行的情况下,排除实际履行。

除了《民法典》第 580 条以外,法律上还规定了一系列排除原给付义务的情况。首先是本书第五章论述的债之关系消灭的情况,如债之关系因清偿、抵销、提存而消灭,之后债权人就无法主张履行原给付义务。同样,在合同被解除的情况下,债之关系转化为清算关系,也不会存在原给付义务。因为债务人违反义务,债权人解除合同,在性质上与继续实现合同是不相符合的。

在接下来的章节中,我们还会论述,债权人可以要求替代给付的损害赔偿,此时,也即排除了原给付义务。在功能上,债权人主张替代给付损害赔偿的意思表示相当于解除。另外,债权人原则上不可以同时要求违约金与违约金所保障的义务的履行(《民法典》第 585 条)。

七、金钱之债的履行不能

当事人一方未支付价款、报酬、租金、利息,或者不履行其他金钱债务的,相对人可以请求其支付(《民法典》第 579 条)。也就是说,对于金钱之债,债务人原则上不能以没有金钱为由主张给付不能,进而要求免除其给付义务。[①] 金钱之债并非物之给付,故并非种类之债,即使在给付前灭失了,债务人也不负有购置义务。

债务人对于金钱债务以及金融给付能力承担的是无过错的担保责任,所谓"人必须有钱"[②]。在强制执行法以及破产法上,债务人承担的是无限财产责任。在强制执行程序中,在债务人没有金钱的情况下,人民法院可以通过变价债务人的其他财产标的满足债权人。[③] 在破产程序结束后,破产人才免于承担债务。但在我国法律上,还没有自然人破产制度。2020 年深圳颁布了《深圳经济特区个人破产条例》,允许自然人债务人提出破产申请,自人民法院宣告债务人破产起三年,为免除债务人未清偿债务的考察期限,考察期限届满,债务人可以向人民法院申请免除其未清偿的债务。

对于金钱之债的无过错担保责任,不仅涉及金钱之债,还可能涉及其他义务的履行,该履行因为缺乏金钱而不能实现。比如给付货物义务一方负有运输的义务,但因为支付不起运输费,而无法履行给付义务。此时,债务人承担的是无过错的担保责任。因为允诺进行给付者,须承担获得履行所必要的金钱的义务。[④]

对于金钱之债继续履行的原则,国际协定上承认一定情况下的例外。《欧洲合同法原则》第 9:101 条以及《欧洲示范民法典草案》第 Ⅲ-3:301 条均规定,债权人有权取得到期的金钱给付。但债权人尚未履行金钱给付的对待给付,且金钱之债的债务人

[①] 黄薇主编:《中华人民共和国民法典释义(中)》,法律出版社 2020 年版,第 1114 页。
[②] Medicus, „Geld muß man haben": Unvermögen und Schuldnerverzug bei Geldmangel, AcP 188 (1988), S. 489.
[③] Larenz, *Schuldrecht AT*, 14. Aufl., 1987, S. 318.
[④] Medicus/Lorenz, *Schuldrecht AT*, 22. Aufl., 2021, § 32, Rn. 11.

显然不愿受领该给付的,债权人仍可继续履行并请求支付金钱,有下列情形之一的除外:(1) 债权人无须耗费太大精力或费用即可完成替代交易;(2) 根据情况履行义务不合理的。比如,在债权人履行义务之前,债务人明确表示不再履行了。这种情况主要出现在建设合同、服务合同或者长期合同中。①

根据《民法典》第579条,在金钱之债的情况下,给付障碍的类型主要是给付迟延。债务人给付金钱债务迟延的,债务人不仅要继续履行金钱之债,而且要承担迟延利益以及损害赔偿的责任。②

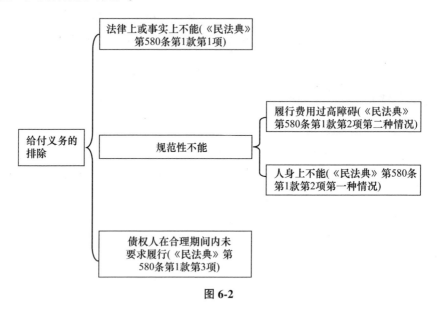

图 6-2

第三分章　损害赔偿请求权

第三节　损害赔偿请求权与归责原则

✐ 【文献指引】

梁慧星:《关于中国统一合同法草案第三稿》,载《法学》1997年第2期;梁慧星:《从过错责任到严格责任——关于合同法草案征求意见稿第76条第1款》,载梁慧星主编:《民商法论丛》(第8卷),法律出版社1997年版;韩世远:《他人过错与合同责

---

① Jansen/Zimmermann, *Commentaries on European Contract Laws*, Oxford University Press, 2018, p.1199.

② 黄薇主编:《中华人民共和国民法典合同编解读(上册)》,中国法制出版社2020年版,第412页。

任》,载《法商研究(中南政法学院学报)》1999 年第 1 期;崔建远:《严格责任?过错责任?——中国合同法归责原则的立法论》,载梁慧星主编:《民商法论丛》(第 11 卷),法律出版社 1999 年版;王洪亮:《试论履行障碍风险分配规则——兼评我国〈合同法〉上的客观责任体系》,载《中国法学》2007 年第 5 期;朱广新:《违约责任的归责原则探究》,载《政法论坛》2008 年第 4 期;〔德〕舍尔迈尔:《德国债法改革:进步还是退步?》,田士永译,载张双根等主编:《中德私法研究》(第 5 卷),北京大学出版社 2009 年版;易军:《慎思我国合同法上违约损害赔偿责任的归责原则》,载王洪亮等主编:《中德私法研究》(第 8 卷),北京大学出版社 2012 年版;戴孟勇:《违约责任归责原则的解释论》,载王洪亮等主编:《中德私法研究》(第 8 卷),北京大学出版社 2012 年版;解亘:《论〈合同法〉第 121 条的存废》,载《清华法学》2012 年第 5 期。

✐ 【补充文献】

陈自强:《民法典草案违约归责原则评析》,载《环球法律评论》2019 年第 1 期;崔建远:《合同法应当奉行双轨体系的归责原则》,载《广东社会科学》2019 年第 4 期;孙维飞:《〈民法典〉第 584 条(违约损害赔偿范围)评注》,载《交大法学》2022 年第 1 期;洪国盛:《论作为违约救济的获利交出》,载《中外法学》2022 年第 5 期;王懋:《继受与超越:日本损害赔偿法上可预见性规则之源流考》,载《苏州大学学报(法学版)》2023 年第 1 期;刘承韪、吴志宇:《违约损害赔偿中的替代交易规则解释论》,载《法治研究》2024 年第 1 期;崔建远:《论违约损害赔偿的范围及计算——对〈民法典合同编通则解释〉第 60 条至第 62 条的释评》,载《清华法学》2024 年第 1 期;徐雪静:《作为违约损害赔偿计算基础的市场价格之标准时点的确定》,载《黑龙江省政法管理干部学院学报》2024 年第 3 期;潘重阳:《替代交易规则的体系化适用反思》,载《清华法学》2024 年第 3 期;孙良国:《替代交易的中国景象》,载《财经法学》2024 年第 4 期。

要构成损害赔偿请求权,首先要求在当事人之间存在有效的债之关系;其次要求存在债务人的义务违反行为;再次是债务人应对义务违反负责,通常被称为归责;最后,必须产生损害,而且在客观上是义务违反行为所造成的。其中,就归责而言,现行法规定了无过错归责与过错归责两种归责原则。

一、可归责与归责原则

一般而言,仅有债务人违反给付义务或附随义务的行为,尚不足以成立损害赔偿请求权,除此之外,尚需要债务人对于义务违反负有责任的要件。在德国法上,债务人是否有责任,一般的前提是债务人有过错,其主要类型是债务人的故意或过失;除此之外,债务人没有过错,在有些情况下也需要承担责任,如对履行辅助人行为的责任。这些债务人负有责任的情况,被统一称为可归责。可归责(Vertretenmüssen)本意是指可谴责的、债务人主观上的责任。①

但从我国合同法规则出发,不以过错为归责要素的情况更为普遍,准确地讲,损害赔偿请求权的成立不以可归责为要件,但在理论上可以认为,无过错责任中也存在归责的根据,即当事人的允诺或者约定。② 由此,也可以认为,无过错也是一种归责原则,以此界定行为人承担损害赔偿责任的根据和标准。③

二、归责原则分析

针对《民法典》第 577 条(《合同法》第 107 条)以下的规则,是否需要过错要件,即确立的是严格责任还是过错责任,学界有不同观点。

(一) 严格责任

《民法典》第 577 条规定:"当事人一方不履行合同义务或者履行合同义务不符合约定的,应当承担继续履行、采取补救措施或者赔偿损失等违约责任。"这里涉及三种法律救济措施,继续履行与采取补救措施并无可归责的问题,故谈及归责原则的问题,仅指损害赔偿请求权的构成要件是否包括过错的问题。从文义上看,构成违约责任并不需要"过错"这一要件,也就是说,违约责任为无过错责任,也即严格责任。④ 从立法经过来看,《合同法草案第三稿》第 80 条第 1 款一改前两稿过错责任,改采严格责任⑤,删除了《合同法(草案征求意见稿)》曾经设置的"但当事人能够证明自己没有过错的除外"这个但书。最终《合同法》采纳了《合同法草案第三稿》第 80 条第 1 款的规则。《民法典》接受了《合同法》第 107 条的规则,采纳的还是无过错责任,即在违约责任的构成中不考虑过错。⑥ 同时,在《民法典》分则中亦规定了若干过错规则。

我国学说上多数认为我国《民法典》在合同责任方面原则上采纳的是严格责任,但同时也存在若干过错归责的情况。⑦还有观点认为,我国合同法对于违约责任的归责原则所采取的是以严格责任为主、辅之以过错责任和绝对责任的三元制体系。⑧

所谓严格责任,是指债务人违约即应承担违约责任,并不以债务人主观过错为要件,除非存在约定或法定免责事由。依据现行法,只有因不可抗力而不能履行合同的

---

① Weiler, *Schuldrecht AT*, 6. Aufl., 2022, §22, Rn. 1.
② 韩世远:《合同法总论》(第四版),法律出版社 2018 年版,第 745 页。
③ 王利明:《合同法研究》(第二卷)(第三版),中国人民大学出版社 2015 年版,第 423 页。
④ 梁慧星:《从过错责任到严格责任——关于合同法草案征求意见稿第 76 条第 1 款》,载梁慧星主编:《民商法论丛》(第 8 卷),法律出版社 1997 年版,第 1 页以下。
⑤ 同上书,第 2 页以下。
⑥ 黄薇主编:《中华人民共和国民法典释义(中)》,法律出版社 2020 年版,第 1111 页。
⑦ 崔建远主编:《合同法》(第八版),法律出版社 2024 年版,第 226 页;韩世远:《合同法总论》(第四版),法律出版社 2018 年版,第 748 页;王利明:《合同法研究》(第二卷)(第三版),中国人民大学出版社 2015 年版,第 430—431 页。
⑧ 戴孟勇:《违约责任归责原则的解释论》,载王洪亮等主编:《中德私法研究》(第 8 卷),北京大学出版社 2012 年版,第 38 页。

情况下(《民法典》第590条,《合同法》第117条),债务人才可以不承担给付障碍责任。

(二) 过错责任

有观点认为,《合同法》并未采纳或不应采纳严格责任,在解释上,既有将《合同法》第107条所确立的归责原则解释为严格责任的空间,也有将其解释为过错责任的空间,考虑到《合同法》只规定了狭窄的免责事由,难以满足严格责任原则对免责事由的范围相对宽松的要求,将该条解释为过错责任原则更为优越。①

另有学者认为,严格责任说的依据是《合同法》第107条的文义以及立法本意,但从该条内容来看,该条并非请求权规范基础,也非归责原则条款,仅仅提纲挈领地宣示了违约的法律后果。首先,在该条中,不完全地列举了违约救济措施,其中继续履行不是责任问题,也并非《民法通则》第134条规定的十种责任方式,其本质为原给付义务。其次,《合同法》第107条包含了损害赔偿、继续履行以及采取补救措施请求权等三种法律效果,就这三种法律效果统一规定归责原则是不可能的,故没有过错的字眼,也是有理由的。② 该学者进而主张,就合同法上违约损害赔偿责任的归责事由,应区分结果债务、手段债务。手段债务(如医疗合同)不同于交易合同上的结果债务,不是以结果论责任,所以,应以过错作为归责事由;相反,在结果债务情况下,应承担无过错责任。③ 另外,从文义上还可认为,《合同法》第107条并没有规定这三种责任方式的构成要件,也谈不上规定了严格责任与否,而且,继续履行请求权的构成并不以义务违反或违约为前提。最后,《合同法》第107条是从责任角度规定的,并没有从权利人角度规定,以此也可以推知,该条并没有规定违约之构成要件。

在学理上,我国有学者认为,区分善恶而决定合同责任的有无,仍然具有合理性与正当性④;更有学者直截了当地主张:合同法是合同自由的领地,应当是过错责任。⑤

的确,从思想基础来看,过错责任的思想基础是19世纪以来的个人责任思想,通过过错这一要素进行归责,损害赔偿责任可以获得一定的正当性。只有在行为人个人是足以被谴责的时,他才是有过错的。而谴责的基础是,在该情况下,如尽到必要的注意或者在善意的情况下是可能正确行为的,他就可以并能够作出与已经作出的不正确行为不同的行为。具备可以作出他种行为的自由以及尽管如此还是忽视该命令,是过错谴责的因素。只要一个人对其行为或者结果有过错,根据基本的道德法

---

① 易军:《慎思我国合同法上违约损害赔偿责任的归责原则》,载王洪亮等主编:《中德私法研究》(第8卷),北京大学出版社2012年版,第24页。相同观点,参见刘凯湘:《合同法》,中国法制出版社2006年版,第232页以下。
② 朱广新:《合同法总则研究(下册)》,中国人民大学出版社2018年版,第664—665页。
③ 同上书,第669—670页。
④ 崔建远:《合同法》(第四版),北京大学出版社2021年版,第356页。
⑤ 李永军:《合同法》(第三版),法律出版社2010年版,第505页。

则,即因该行为与结果承担责任。在这一过程中,行为人的个人存在以及行为人受伦理与法律规范的约束均得到承认。①

(三) 二元归责原则

有学者认为,在违约责任上,合同法采纳了严格责任或无过错原则,同时在若干具体情形规定了过错责任。所以,合同法规定的是严格责任为主、过错责任为辅的二元制归责原则体系。② 新近有观点认为,《民法典》奉行的是双轨体系,在出卖人瑕疵担保责任、保管人对于保管物毁损灭失的责任、承揽人瑕疵担保责任等方面,实行无过错责任,但在更多合同类型上,还是适用过错责任。准以此言,《民法典》奉行的是严格责任为辅、过错责任为主的双轨制。③

(四) 本书观点

本书赞同二元归责原则说。首先,《民法典》第 577 条(《合同法》第 107 条)规定的是严格责任归责原则。从文义上看,《民法典》第 577 条(《合同法》第 107 条)的表述中,没有"过错"这一要件。从立法历史来看,《合同法建议草案》采纳了过错推定归责原则,其第 138 条规定:"合同当事人一方不履行合同债务或者其履行不符合法定或者约定条件的,应当承担违约责任。但当事人能够证明自己没有过错的除外。"在考虑国际公约经验以及有利债权人主张权利的基础上,《合同法》草案第三稿删除了过错推定的表述,即"但当事人能够证明自己没有过错的除外",由此形成了《合同法》第 107 条的表述。从这一起草历史来看,《合同法》采纳了严格责任归责原则。对此,参与合同法起草的顾昂然先生以及梁慧星教授也肯定地认为,合同法采纳了严格责任。④

其次,合同法中又规定了若干具体的过错违约责任。在具体合同类型中,要构成给付障碍责任,通常需要过错这一要素,如《民法典》第 651 条以下规定的供电人责任,第 662 条第 2 款规定的赠与人的瑕疵损害赔偿责任,第 714 条规定的承租人的保管责任,第 781 条、第 784 条规定的承揽人责任,第 800 条以下规定的建设工程承包人的责任,第 893 条规定的寄存人未履行告知义务的责任,第 894 条规定的保管人的责任。

在司法解释中,过错责任逐渐成为主流,具体如《商品房买卖合同解释》第 4 条、

---

① Larenz, *Schuldrecht AT*, 14. Aufl., 1987, S. 276.
② 王利明:《合同法研究》(第二卷)(第三版),中国人民大学出版社 2015 年版,第 430 页;马骏驹、余延满:《民法原论》(第三版),法律出版社 2010 年版,第 618 页;韩世远教授也有同样的观点,见韩世远:《合同法总论》(第四版),法律出版社 2018 年版,第 745—746 页。
③ 崔建远:《合同法应当奉行双轨体系的归责原则》,载《广东社会科学》2019 年第 4 期,第 226 页以下。
④ 顾昂然:《中华人民共和国合同法讲话》,法律出版社 1999 年版,第 45—46 页;梁慧星:《统一合同法:成功与不足》,载《中国法学》1999 年第 3 期,第 27 页;梁慧星:《合同法的成功与不足(上)》,载《中外法学》1999 年第 6 期,第 23—24 页;王利明:《合同法研究》(第二卷)(第三版),中国人民大学出版社 2015 年版,第 431 页。

第19条,《建设工程施工合同解释(一)》第12条、第13条、第18条,《房屋租赁合同解释》第9条、《旅游纠纷规定》第21条,《买卖合同解释》第3条第2款、第22条到第24条,《融资租赁合同解释》第3条、第6条等。所以说,在《合同法》制定后的法律发展中,过错责任逐渐成为主流。

值得注意的是,从《合同法》第107条产生历史来看,合同法草案前两稿是在过错责任基础上起草的,而第三稿仅对违约责任一般条款进行修改,对于涉及过错的其他规则,并未修改。缔约过失责任(《民法典》第500条、《合同法》第42条)仍采用过错归责原则;在对待给付义务以及风险负担规则上,都需要考虑是否有过错或是否可归责的问题;而且,在损害赔偿范围上,亦须考察过失因素,如与有过失(共同担责);违约金数额确定,也需要考虑债务人过错问题。在合同法中,债权人过错还被规定为法定免责事由(如《民法典》第823条)。

再次,《民法通则》第106条第1款以及第111条规定中都没有过错的字眼,但从体系解释上看,第106条规定有3款,第2款规定的是过错侵权责任,第3款规定的是无过错责任,涵盖违约与侵权两种情况,由此,可以推出第1款规定的实际上是过错违约责任。从立法资料上看,王汉斌先生在《关于〈中华人民共和国民法通则(草案)〉的说明》中认为:我们一般采取过错责任的原则,即对有过错的行为承担民事责任。① 一般认为这里规定的过错是推定的,也就是说,在举证责任上,并不由债权人对过错承担证明责任,而是由债务人自己证明自己无过错。基于《合同法》颁布在后,对于违约的情况,应优先适用《合同法》,而对于履行侵权行为、无因管理、不当得利等法定之债出现给付障碍,而产生损害赔偿请求权的情况下,在考察请求权成立时需要考察过错之要件,但对于过错,应由债务人进行举证。

最后,如果当事人之间的债之关系是基于法律规定产生的,则违反基于法定债之关系产生的给付义务,要构成损害赔偿请求权,尚需要可归责这一要件。具体如基于侵权行为产生的损害赔偿请求权的成立前提是满足事实构成以及违法的侵害行为可归责于侵害人(《民法典》第1165条)。又如,在正当的无因管理情况下,事务管理人管理他人事务,必须是事务主人的利益所要求的并考虑其意思。如果事务管理人有过错地违反了义务,则事务主人可以根据《民法典》第468条、第577条请求损害赔偿。

三、严格责任与过错责任的比较

(一) 对严格责任的评价

在比较法上,英美合同法以及关于合同的国际协定中,对于违约损害赔偿责任,多采纳严格责任。在普通法上,合同原则上被看作是担保之允诺,如果债务人没有履

---

① 详见韩世远:《合同法总论》(第四版),法律出版社2018年版,第747页以下的论述。

行其在合同中所允诺的,那么就会被认为是违反合同,并不考虑债务人是否有过错。①这种担保责任(客观责任)的背后思想是:债务人在合同中担保了特定的结果(《联合国国际货物销售合同公约》第 30 条对此有明确的表述),出卖人担保买受人获得物上的占有与所有权以及物具有符合约定的品质,买受人担保出卖人获得价金。② 在该体系下,履行(performance)就是特定允诺结果的出现,不履行(non-performance)就是特定允诺结果没有出现。

  英国合同法的出发点是:在合同中,债务人作出及时完全清偿之担保,而且同时进行了允诺,向债权人承担所有的由不履行或不及时履行而产生的不利益,即所谓的担保允诺(Garantieversprechen),只有在合同中明示或至少按照合同意义可推知排除债务人责任的情况下,该担保允诺才会被限制。③ 在 1863 年 Taylor v. Caldwell 案中,法官第一次通过默示条件的方式来建构了履行不能作为免责事由,在判决中引用了"不可能之事不为债"(Impossibilium nulla obligatio est)原则和波蒂埃的著作。④

  比较法学者茨威格特(Zweigert)与克茨(Kötz)也主张采纳严格责任,理由只有一个:现代社会广泛适用被标准化的交换关系,在此情况下,合同被理解为一种承担相应担保责任的允诺(严格责任体系),比仅将其理解为一种尽最大努力实现所许诺的结果的允诺(过错责任体系)更符合人们的观念。⑤

  但应注意的是,采纳严格责任,须辅以较为宽泛的免责条款。根据《联合国国际货物销售合同公约》(1980 年)第 79 条第 1 款的字面含义,在不可归责于债务人的障碍(impediment)情况下,债务人免负损害赔偿义务。这里的"impediment"被定义为:障碍非债务人所能控制,也没有理由可以期待他在签订合同时可以考虑或者避免或者克服该障碍或者障碍之结果。第 79 条第 2 款规定:如果当事人不履行义务是由于他所雇用履行合同的全部或一部分规定的第三方不履行义务所致,该当事人只有在以下情况下才能免除责任:(a) 他按照上一款规定应免除责任;(b) 假如该项的规定也适用于他所雇用的人,这个人也同样会免除责任。第 80 条规定,在一方当事人因其行为或不行为而使得另一方当事人不履行义务的限度内,该方当事人不得声称另一方当事人不履行义务。

  从内容上看,上述免责事由基本上是不可归责于债务人的事由,不仅包括不可抗力的情况,也包括通常事变等情况。在客观责任体系下,存在不履行(non-perform-

---

  ① Zweigert/Kötz, *Einführung in die Rechtsvergleichung*: *auf dem Gebiete des Privatrechts*, 3. Aufl., 1996, S. 501.
  ② U. Huber, Das geplante Recht der Leistungsstörungen, in: Ernst und Zimmermann (Hrsg.), *Zivilrechtswissenschaft und Schuldrechtsreform*, 2001, S. 106; Larenz, *Schuldrecht AT*, 14. Aufl., 1987, S. 277.
  ③ Larenz, *Schuldrecht AT*, 14. Aufl., 1987, S. 277.
  ④ 3 B. & S. 826, 122 Eng. Rep. 309(K. B. 1863).
  ⑤ Zweigert/Kötz, *Einführung in die Rechtsvergleichung*: *auf dem Gebiete des Privatrechts*, 3. Aufl., 1996, S. 513.

ance)这一统一构成要件,而要构成统一构成要件,所有形式的违约行为必须导致统一的制裁。实际上,不履行与免责事由针对的都是损害赔偿义务。① 从客观责任体系出发,债务人对履行结果承担的是担保责任,所以,债务人一般应承担原给付义务,但在给付不能的情况下除外。

反观我国客观归责体系下的免责事由,仅规定有不可抗力(《民法典》第590条)一种,对于第三人原因乃至通常事变造成的违约,仍需要债务人承担责任(《民法典》第593条),在"由于债权人过错造成履行阻碍"的情况下,亦无免责之可能。如此归责,会造成违约责任的扩张。② 因此有必要进一步限缩解释或者补充漏洞。

(二) 对过错责任的评价

在罗马法上,法律倾向于严格责任;而19世纪基于个人责任思想,过错责任居主导地位。③ 在欧洲共同法上,过错是损害赔偿请求权最重要的构成要件。共同法区分了故意、重大过失、抽象轻过失以及具体轻过失等,力图以过错为出发点构建区分细化的恢复原状体系。④ 19世纪的潘德克顿法学抛弃了这一做法,将责任确立在过错以及利益(损害)的基础上。1896年的《德国民法典》接受了过错原则,2002年德国债法改革后,仍然以过错作为基石构建债务人的责任。德国法将允诺者看成允诺提供特定事实状态的人,如果他已经做了所有他履行诺言所能做的,但允诺的结果还是没出现,则其并不承担责任⑤,在这种理念下,需要过错这一要素作为确立责任的标准。

但是,如果责任没有客观化,任何法律交往都无法进行。⑥ 首先,过错的标准是客观化的,而且,需要债权人证明债务人具有过错;其次,对于履行辅助人的行为,债务人须承担无过错责任,对履行辅助人的责任的立法理由在于:在给付允诺中,债务人基于交易,承担了保证在给付中辅助人的行为也是符合债之本旨的义务;在过错责任这一主线之外,尚承认了瑕疵担保责任制度,在出卖人、承揽人以及出租人瑕疵责任上,补充了信赖或者担保责任。

另外,当事人可以通过约定承担担保责任(Garantiehaftung)。对意外事件,债务人亦须承担责任,但不可抗力情况下不承担责任。在法律上,德国法也规定有担保责任,在给付迟延时,债务人对意外事件以及不可抗力发生的损害均须承担责任(《德国民法典》第287条第2句)。在种类物作为合同标的物的情况下,债务人负有购置义

---

① Schlechtriem/Schmidt-Kessel, *Schuldrecht AT*, 6. Aufl. , 2005, S. 260 f.
② 韩世远:《合同法总论》(第四版),法律出版社2018年版,第750页;王洪亮:《试论履行障碍风险分配规则——兼评我国〈合同法〉上的客观责任体系》,载《中国法学》2007年第5期,第91—95页。
③ 柯伟才:《我国合同法上的"不能履行"——兼论我国合同法的债务不履行形态体系》,载《清华法学》2016年第5期,第154—156页。
④ HKK/Schermaier, 2007, BGB § 276-278, Rn. 49, 58-60.
⑤ Markesinis/Unberath/Johnston, *The German law of contract*, 2nd ed. , Hart Publishing, 2006, p. 381.
⑥ Larenz, *Schuldrecht AT*, 14. Aufl. , 1987, S. 279.

务,在种类物灭失的情况下,债务人承担购置风险(Übernahme eines Beschaffungsrisikos),债务人须在市场上购置。在市场交易中,种类物买卖不在少数,在这一领域,采无过错责任,大大限制了过错责任适用的领域。

(三) 过错责任与严格责任

过错责任比担保义务下的严格责任要宽松,前者有利于债务人,后者有利于债权人。比较德国法与英国法可知,处理违约责任,无论适用严格责任,还是适用过错责任,在结果上,并无太大差异。

不过,过错原则要比严格责任在伦理上更优越,在过错原则下,要考察债务人内在的可谴责性。另外,过错原则比较灵活,一方面可以避免严格责任下对债务人过于严苛的情况,另一方面可以调整责任标准,在无偿合同情况下,债务人仅就重大过失承担责任。① 对于完整性利益的保护,过错原则更为灵活,而严格责任过于严苛。对于服务合同,《欧洲共同买卖法》第 148 条第 2 款规定,是否构成不履行,要通过解释当事人的约定来判断。如果不存在明示或默示的有关实现特定成果的合同义务,则服务提供人必须按照一个合理的服务提供者所应具有的注意程度及技能履行相关服务。因此,在结果上,对于服务合同,实行的也是过错原则。

《欧洲合同法原则》第 9:501 条第 1 款规定了一般的无过错原则,而第 8:108 条规定了免责事由(类似于《联合国国际货物销售合同公约》第 79 条)。这一模式是一种折中模式,既没有接受过错原则,也没有接受绝对责任。从经济的观点看,严格责任是有瑕疵的。如果违约方是否承担责任取决于其采取预防措施的努力,才可以最大程度实现当事人双方的投资动机。也就是说,过错责任是最经济的责任。不过,《联合国国际货物销售合同公约》第 79 条规定的免责事由与过错原则一样具有灵活度,而且,具有更高的可操作性。此外,公约或者国际原则中的合同均是有偿合同,并不需要通过过错调整机制处理无偿合同问题。

四、损害赔偿请求权体系

从结果路径出发,《民法典》第 577 条以下列举了五种损害赔偿请求权基础,具体分类主要根据的是损害类型的不同。

(一) 给付障碍法中的损害类型

损害赔偿的任务在于填补所有基于可归责于债务人给付障碍而产生的损害。在此,根据被侵害利益类型的不同,损害可以被区分为三种类型,其构成要件各有不同。其一,根据守约方是否在请求继续履行的同时请求损害赔偿,损害赔偿被区分为两

---

① Jansen/Zimmermann, *Commentaries on European Contract Laws*, 2018, Art. 9:501, Rn. 7.

种,一种是与原给付义务并存的损害赔偿,一种是替代原给付义务的损害赔偿。① 其二,在债务人给付迟延的情况下,债务人须赔偿逾期利息等特别的损害,这是一种独立的损害赔偿请求权。

1. 与给付并存的损害赔偿

债权人履行利益、等值利益以外的其他法益,也即完整性利益(Integritätsinteresse),因债务人不履行、迟延或者不完全给付而受到侵害的情况下,债权人得请求损害赔偿,但该损害赔偿是与给付并列的,由此被称为与给付并存的损害赔偿,也被称为简单损害赔偿。其特征在于,即使债务人依约给付,该因给付障碍造成的财产损害还会存在。由于原给付义务并不消灭,所以,与给付并存的损害赔偿请求权的构成要件比较简单,并不需要指定期间或者催告。

2. 替代给付的损害赔偿

原给付义务指向的是给付的本身,即给付效果的产生或者给付行为;在债务被正常清偿的情况下,与原给付义务请求权对应的是债权人的履行利益(Erfüllungsinteresse)。在双务合同的情况下,债权人因正常的给付而获得的利益是等值利益(Äquivalenzinteresse),即获得与合同上作为其对待给付等值的利益。在给付障碍的情况下,履行利益或等值利益都不能得到满足或者部分不能得到满足。② 于是,受损害的履行利益或者等值利益应被赔偿的目标在于,使债权人在其享有的给付价值方面获得如同正常给付情况下的利益。也就是说,在结果上,损害赔偿请求权替代的是给付。所以,替代给付的损害赔偿涉及的是在最终未给付的情况下,也即履行利益或者给付利益最终未实现的情况下的财产损害。那么,如何判断什么是履行利益或者给付利益最终未实现的情况下的财产损害呢?具体根据的是如下的思维试验:如果债务人继续正常履行给付,具体的财产损失会不会发生?如果会发生财产损害,则其即并非因履行利益或者给付利益最终未实现而发生的损害;如果不会发生财产损害,则属于最终未给付的效果,也即履行利益或者给付利益最终未实现的情况下的财产损害。③ 简单来讲,只要通过给付或者补救履行就能排除该损害,则该损害即为替代给付的损害赔偿。

> 例如,甲出卖给乙一匹马,该马患有传染病,将之传染给乙所有的其他马,兽医对乙所购买的马的诊疗费的损害是替代给付的损害赔偿,因为出卖人另行交付一匹没有瑕疵的马或者治疗该马,则乙所购买的马上所存在的损害即消失。所以,乙如果拟请求治疗费,应当为债权人指定期间补救履行,期间经过未果的,方可请求治疗费这一替代给付的损害赔偿;而对于其他被传染马匹的治疗费损

---

① 黄薇主编:《中华人民共和国民法典释义(中)》,法律出版社2020年版,第1116页。
② Medicus/Lorenz, *Schuldrecht AT*, 22. Aufl., 2021, §28, Rn. 2.
③ Weiler, *Schuldrecht AT*, 6. Aufl., 2022, §20, Rn. 14.

害则为与给付并存的损害赔偿，因为，即使甲再给付一批健康马匹或者治疗所交付的马匹，该损害也会存在。

所失利润有可能属于与给付并存的损害赔偿，例如，如果出卖人甲及时交付货物，买受人乙再出卖可获得利润，但甲没有及时履行，此时，如果乙已经不能通过再出卖获利了（如新年鞭炮买卖合同），则该利润损失属于与给付并存的损害赔偿；但如果乙还能再出卖，则甲再为履行，即可消灭该利润损害，此时的损害即是替代给付的损害赔偿。

替代给付的损害赔偿，也即不履行的损害赔偿，之所以区别于简单损害赔偿而独立存在，主要是为了保障原给付请求权的优先顺位。①

所谓最终未给付的情况，比较典型的情况是给付不能，此时，债权人可以主张替代给付的损害赔偿。除此之外，于给付迟延或不完全给付的情况下，债权人为债务人提供一次继续履行的机会未果时，或者违反保护义务比较严重，不可期待债权人严守合同时，债权人可以主张替代给付的损害赔偿。在解除的情况下，原给付义务也消灭，但需要催告以及合同目的不能达到作为前提，此时的赔偿也是替代给付的损害赔偿。在整体上，通过指定期间、催告等机制，原给付请求权优先于损害赔偿请求权的顺位获得了保障。从原给付义务转化为损害赔偿，对于债务人而言是有负担的，因为其不得再提出其所负担的给付，而只能主张损害赔偿。所以，在债权人主张替代给付的损害赔偿之前，应给予债务人二次履行的机会。

3. 迟延损害

所谓迟延损害，是因为债务人没有及时给付而产生的损害；但是，如果债权人因债务人迟延而解除合同，此时的损害则为替代给付的损害赔偿，而非迟延损害。在性质上，迟延损害也是一种与给付并存的损害赔偿，因为即使债务人补救履行，该损害还是存在的。

在构成要件上，迟延损害赔偿请求权一般应经过债权人催告，在催告后，经过一段时间，债务人仍未履行的，债务人方陷入迟延。在逻辑上，迟延构成之前产生的损害，并不属于迟延损害，债权人不能主张损害赔偿。

在迟延的情况下，债权人可以主张替代给付损害赔偿之时起或者解除之时起，债权人得主张的损害赔偿，即为替代给付的损害赔偿。

（二）法律上规定的损害赔偿请求权体系

《民法典》第 577 条规定了继续履行、采取补救措施或者赔偿损失等违约救济措施，前两种救济措施属于请求履行原给付义务的情况。在债务人违约的情况下，债权人既可以请求损害赔偿，也可以请求实际履行原给付义务，出现了请求权并存的现

---

① Looschelders, *Schuldrecht AT*, 21. Aufl., 2023, §20, Rn. 15.

象。此时,依照《民法典》第 577 条的文义,原给付义务请求权优先。由此,在给付迟延或者不完全给付的情况下,如果债权人要求替代给付的损害赔偿,则其请求权基础为《民法典》第 577 条。在给付不能的情况下,可以对第 580 条扩大解释,即此时债权人可以请求替代给付的损害赔偿。① 另外,《民法典》第 566 条第 2 款、第 580 条第 2 款涉及的损害赔偿,也是替代给付的损害赔偿。

《民法典》第 583 条规定了两种情况的损害赔偿请求权,该条中的不履行指给付迟延的情况,而"对方还有其他损失的",就是迟延损害。② 而履行不符合约定的情况则是指不完全履行,并可以涵盖附随义务违反的情况,故这里规定的是与给付并存的损害赔偿请求权。

除了上述规则之外,《民法典》第 578 条规定了预期违约制度;而《民法典》第 582 条规定了不完全履行制度,并包含了瑕疵担保责任制度。《民法典》第 179 条第 2 款,通过援引技术指向了惩罚性赔偿的请求权基础。

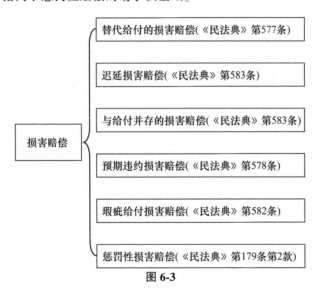

图 6-3

第四节 无过错责任与免责事由

✎ 【文献指引】

参见第三节文献;田韶华:《论我国合同法上的严格责任原则》,载《河北法学》2000 年第 3 期;刘凯湘、张海峡:《论不可抗力》,载《法学研究》2000 年第 6 期;肖燕:《违约归责原则比较研究》,载《浙江大学学报(人文社会科学版)》2004 年第 2 期;唐

---

① 李承亮:《以赔偿损失代替履行的条件和后果》,载《法学》2021 年第 10 期,第 115 页。
② 韩世远:《合同法总论》(第四版),法律出版社 2018 年版,第 544 页。

启光:《债权人受领迟延几个问题的研究》,载《法学杂志》2005 年第 3 期;陈洸岳:《买受人之受领迟延》,载《月旦法学教室》2006 年 6 月;朱广新:《违约责任的归责原则探究》,载《政法论坛》2008 年第 4 期;朱巍:《事变中合同法若干问题研究——以汶川地震为视角》,载《政治与法律》2008 年第 8 期;齐晓琨:《解读德国〈民法典〉中的债权人迟延制度》,载《南京大学学报(哲学·人文科学·社会科学版)》2010 年第 2 期;陈自强:《契约过失责任与无过失责任之间——归责事由之比较法观察》,载《政大法学评论》2011 年 10 月;陈自强:《契约责任之归责事由》,载《台湾大学法学论丛》2012 年 3 月;周江洪:《〈合同法〉第 121 条的理解与适用》,载《清华法学》2012 年第 5 期;向明恩:《买卖契约中买受人受领迟延与给付迟延责任之嫁接》,载《月旦裁判时报》2013 年 6 月;解亘:《再论〈合同法〉第 121 条的存废——以履行辅助人责任论为视角》,载《现代法学》2014 年第 6 期;韩世远:《情事变更若干问题研究》,载《中外法学》2014 年第 3 期;陈洸岳:《受领迟延与同时履行抗辩权》,载《月旦法学教室》2014 年 11 月。

【补充文献】

李永军、李伟平:《因第三人原因造成的违约与责任承担——兼论〈合同法〉第 121 条的理论解构》,载《山东大学学报(哲学社会科学版)》2017 年第 5 期;庄加园:《债权人原因引起的给付不能》,载《法律科学(西北政法大学学报)》2018 年第 5 期;崔建远:《不可抗力条款及其解释》,载《环球法律评论》2019 年第 1 期;刘若杜:《现实基础下的合同法归责原则》,载《广西政法管理干部学院学报》2019 年第 5 期;王轶:《新冠肺炎疫情、不可抗力与情势变更》,载《法学》2020 年第 3 期;姚辉、阙梓冰:《论情事变更与不可抗力的交融及界分——以新型肺炎疫情防控与疫后重建为契机》,载《中国政法大学学报》2020 年第 3 期;李昊、刘磊:《〈民法典〉中不可抗力的体系构造》,载《财经法学》2020 年第 5 期;聂卫锋:《不可抗力免责规范构造逻辑的义务类型基础——〈民法典〉第 180 条第 1 款立法方法论之历史性检讨》,载《法律方法》2021 年第 3 期;刘清生、陈伟斌:《〈民法典〉不可抗力与情势变更规则的界分适用》,载《华南理工大学学报(社会科学版)》2021 年第 5 期;崔建远:《情事变更原则探微》,载《当代法学》2021 年第 3 期;殷秋实:《债务人为第三人承担违约责任的范围》,载《经贸法律评论》2022 年第 2 期;汪倪杰:《论"新冠疫情"背景下不可抗力在合同法中的适用——以我国法院就涉疫民商纠纷的司法意见为视角》,载《复旦大学法律评论》2022 年第 2 期;解亘:《〈民法典〉第 590 条(合同因不可抗力而免责)评注》,载《法学家》2022 年第 2 期;朱广新:《情势变更制度的体系性思考》,载《法学杂志》2022 年第 2 期;刘延华:《情势变更与不可抗力的融合与改革》,载《私法》2022 年第 2 期;崔建远:《第三人的原因造成违约时的责任分配论》,载《政法论丛》2023 年第 1 期;谢德良:《论〈民法典〉视角下的债权人受领义务》,载《甘肃政法大学学报》2023 年第 1 期;陈晨:《〈民法典〉债权人协力义务的体系化分析》,载《经贸法律评论》2023年第5期;石佳友:《情势变更制度司法适用的重要完善》,载《法律适用》2024年第1期。

一、无过错责任的构成

所谓无过错责任,是指基于法律,债务人就义务履行方面承担了一般性的担保责任(Garantiehaftung)。该责任并不以过错或者特别的、约定的担保允诺(Zusicherung)为前提。只要存在义务违反行为、损害以及义务违反行为与损害的因果关系,债务人即应承担损害赔偿责任。①

在我国法上,无过错责任是一般性规则原则,具有普遍适用性,此点与英国法不同。在英国法上,担保允诺思想基础上的严格责任只适用于货物买卖,而不适用于提供劳务之合同,比如医生、律师、审计师、建筑师等并不担保特定结果之发生。② 而且,在国际贸易领域,没有单务合同,实行严格责任也不会导致责任的泛滥。最后,《联合国国际货物销售合同公约》针对的是买卖合同,而且,仅适用于商人。③

我国合同法普遍规定了无过错责任,但是这也不意味着债务人违反义务,即应承担损害赔偿责任,在存在约定或法定免责事由的情况下,债务人即可以不承担损害赔偿责任。法律上,具体存在如下免责事由。

二、不可抗力

因不可抗力造成不能履行合同或者其他义务违反行为的,根据不可抗力的影响,部分或者全部免除责任(《民法典》第590条第1款第1句)。

(一)不可抗力的构成

所谓不可抗力,是指不能预见、不能避免并不能克服的客观情况(《民法典》第180条)。根据这一定义,不可抗力由如下要素构成:

首先不可抗力须是一种客观情况,即独立于人的行为之外的事件④,由此排除了第三人行为的情况。

其次,不可抗力属于不能预见的客观事实,是指债务人在缔约时不能合理地预见到该客观情况的发生。

再次,不可抗力属于不能避免的客观事实,即客观事实必然发生,是指当事人已

---

① Schlechtriem/Schwenzer/Schroeter/Müller-Chen, *Kommentar zum UN-Kaufrecht* (CISG), 7. Aufl., 2019, CISG Art. 45, Rn. 23.
② Zweigert/Kötz, *Einführung in die Rechtsvergleichung: auf dem Gebiete des Privatrechts*, 3. Aufl., 1996, S. 503.
③ 韩世远:《违约损害赔偿研究》,法律出版社1999年版,第95页以下。
④ 韩世远:《履行障碍法的体系》,法律出版社2006年版,第35页。

经尽到最大的努力,仍不能避免客观事实的发生。

最后,不可抗力属于不能克服的客观情况,即当事人在事件发生后,已尽到最大的努力,仍无法抗拒该客观事实的后果,正常履行债务。①

有疑问的是,在判断是否构成不可抗力的情况下,不能预见、不可避免以及不能克服等三个要件是否需要同时构成。对此,有学者采肯定见解。② 例如甲乙签订运输合同,甲为乙运送货物,道路为洪水冲毁,此时出现了不可抗力,不能预见,也不能避免,但如果甲可以改变运输方式或者运输路线,则属于能够克服的情况,由此,不同时满足上述三个要件,故此,甲不能以不可抗力主张免除损害赔偿责任。③

有学者则认为,如果要求同时具备这三项因素,有时会出现不适当结果,因此具体情况下,仅具备两项要素即可。如不可抗力造成不能履行或者不能完全履行等情况下,债务人既无迟延履行的过错,又积极采取补救措施以减少不可抗力造成的损失,如果要其承担违约责任,则在利益状况上会有失公平,债务人承担了不可抗力造成的绝大部分损失,而债权人仅承担了履行利益的损失。④ 此时属于利益衡量的问题,应对此在立法中予以确定,在法律适用中,一般不能突破法律的文义,故此,在不可抗力的构成上,上述构成要件缺一不可。

进一步有争议的是,不可抗力构成中主观因素与客观因素之间的关系以及满足的程度。主观说以合同当事人的预见和避免能力为基准,认为所谓不可抗力就是尽最大注意也不能防止其发生的事件。⑤ 客观说认为,不可抗力是来自当事人之外的重大、显著事由。⑥ 折中说则认为,主观说和客观说均失之片面,应当是来自当事人之外的客观事由,同时当事人以最大之谨慎和努力仍不能防止的事由。⑦ 依照《民法典》第180条的文义,在构成上,不仅要求不可抗力必须是客观情况,而且要求当事人以最大谨慎和最大努力仍不能防止。

《民法典》第590条受到了《联合国国际货物销售合同公约》第79条以及《国际商事合同通则》(PICC)第7.1.7条的影响。⑧《民法典》上的不可抗力规则可以参照《联合国国际货物销售合同公约》第79条。而根据第79条,免除债务人的损害赔偿责任,需要三个要件:首先,债务人义务的不履行在原因上须基于不在债务人控制范围

---

① 韩世远:《合同法总论》(第四版),法律出版社2018年版,第482页。
② 同上书,第483页。
③ 隋彭生:《合同法论》,法律出版社1997年版,第382页。
④ 崔建远:《合同法》(第四版),北京大学出版社2021年版,第368页。
⑤ 韩世远:《合同法总论》(第四版),法律出版社2018年版,第480页。
⑥ 史尚宽:《债法总论》,中国政法大学出版社2000年版,第367页。
⑦ 解亘:《〈民法典〉第590条(合同因不可抗力而免责)评注》,载《法学家》2022年第2期,第177页及第190—196页。
⑧ 姚红主编,全国人大常委会法制工作委员会民法室编:《〈中华人民共和国合同法〉与国内外有关合同规定条文对照》,法律出版社1999年版,第102—103页。

的给付障碍；其次，在合同成立时，债务人无法合理预见该给付障碍；最后，给付障碍及其后果是不可避免或克服的。① 第79条所规定的"非他所能控制的障碍"包括不可抗力和情势变更。

另外，在具体判断是否不能预见、不能避免与不能克服的情况下，也需要运用"合理地预见""尽到最大的努力"等要素，对这些因素的判断还是有很大弹性空间的。② 在"游海军与卓甫川买卖合同纠纷上诉案"中，法院认为，被告卓甫川被公安机关拘留，是被告签订合同时不能预见、不能避免并不能克服的，构成不可抗力，故根据《合同法》第117条的规定，被告应免予承担违约责任。对于拘留行为，严格来讲，被告是可以预见到的，也是可以避免的甚或可以克服的，但通过"合理地预见""尽到最大的努力"等要素，法院还是认定，该违约行为属于不能避免与不能克服的意外事件与客观情况引起的，债务人可以免于承担违约责任。③

由于不可抗力属于免责事由，故此举证责任应当由债务人承担。《涉新冠肺炎疫情民事案件指导的意见（一）》第2条规定，当事人主张适用不可抗力部分或者全部免责的，应当就不可抗力直接导致民事义务部分或者全部不能履行的事实承担举证责任。

（二）具体情形

具体不可抗力的情况主要包括：

1. 自然原因引起的不可抗力事件，如水灾、旱灾、台风、地震、火山喷发、泥石流等自然灾害，基于这些自然事件或灾害造成债务人给付障碍的，得免除债务人的损害赔偿责任。

2. 社会异常事件，具体有战争或者武装冲突、恐怖袭击、罢工、骚乱、传染疾病等，《海商法》第51条规定了这些情况。

3. 国家干预行为，包括立法行为、司法行为和行政行为，造成给付障碍的，即可成为免责事由。《海商法》第51条规定的"政府或者主管部门的行为、检疫限制或者司法扣押"即属于此类。

比如，在一个案件中，一审法院关于东方公司针对红山河公司未按转让合同约定，在合同生效后30日内办理完毕转让土地使用权的变更登记手续的问题，作出如下论证：经查，本案中，双方当事人均是在合同约定期限内上报变更土地使用权申请和相关资料的，只是因为双方意志以外的客观情况未能按期成就。加之，在此期间，东方公司通过吴忠市利通区政府致函吴忠市国土资源局，要求在变更土地权属的同时变更土地用途，虽然土地主管部门最终未同意同时变更，但亦进行了审查，耗费了

---

① Schroeter, *Internationales UN-Kaufrecht*, 7. Aufl., 2022, Rn. 762.
② 戴孟勇：《违约责任归责原则的解释论》，载王洪亮等主编：《中德私法研究》（第8卷），北京大学出版社2012年版，第39页。
③ 海南省海南中级人民法院（2005）海南民三终字第30号民事判决书。

时日。这种情况,符合《合同法》第 117 条规定的情形。①

4. 政府的征用行为

如果政府的征用行为直接导致债务人的借款用途无法实现,与债务人不能如期还款之间存在必然的因果关系,则债务人以政府的征用行为属于不可抗力为由,请求免除因借款合同到期未能偿还的违约责任的,则可以根据不可抗力的影响,部分或者全部免除责任。若政府的征用行为虽然一定程度上对债务人的借款用途造成了影响,但与债务人是否如期还款没有必然的因果关系,则不构成不可抗力,债务人以政府的征用行为属于不可抗力为由,请求免除其因借款合同到期未能偿还的违约责任的,不能获得支持。②

5. 行政措施

2020 年最高人民法院发布的《涉新冠肺炎疫情民事案件指导的意见(二)》第 2 条规定,买卖合同能够继续履行,但疫情或者疫情防控措施导致人工、原材料、物流等履约成本显著增加,或者导致产品大幅降价,继续履行合同对一方当事人明显不公平,受不利影响的当事人请求调整价款的,人民法院应当结合案件的实际情况,根据公平原则调整价款。疫情或者疫情防控措施导致出卖人不能按照约定的期限交货,或者导致买受人不能按照约定的期限付款,当事人请求变更履行期限的,人民法院应当结合案件的实际情况,根据公平原则变更履行期限。已经通过调整价款、变更履行期限等方式变更合同,当事人请求对方承担违约责任的,人民法院不予支持。

值得注意的是,出现上述情况,具体还要考察是否符合不可抗力的构成要件,符合的,才具有免责效力。

(三) 不可抗力作为免责事由的适用范围

不可抗力造成给付不能的,即可以称为免责事由,不论给付不能是自始不能还是嗣后不能。

根据《民法典》第 590 条第 1 款第 1 句,不可抗力作为免责事由,仅能针对"不能履行"的情形,并未针对履行迟延、不完全履行甚或瑕疵履行的情况。在该规则发展历史上看,其是对既有的《民法通则》第 107 条的继受,故此,从表达上看,其仅限于适用履行不能的情况。但若考虑该规则受到《联合国国际货物销售合同公约》影响的背景,该公约第 79 条广泛地规定了免责条款的情况,可以针对任何义务违反或违约的

---

① "吴忠市东方房地产开发有限公司与宁夏红山河食品有限公司项目转让合同纠纷案",最高人民法院(2013)民申字第 1525 号民事裁定书。

② "耀声(厦门)物业管理有限公司与厦门国际信托投资有限公司借款担保合同纠纷案",最高人民法院(2007)民二终字第 92 号民事判决书。

情况适用①,具体如给付不能、给付迟延、不完全给付、附随义务甚或返还义务。对于送交有瑕疵之物,也可以适用免责条款,不过,很少会发生因不可抗力造成标的物瑕疵的情况。

从比较解释的角度,有学者认为,《民法典》第590条中的"不能履行"可以被理解为《联合国国际货物销售合同公约》第79条中的"履行障碍",第590条的"不能履行"并非要区分不同的债务不履行类型,而是指向履行受阻碍的程度,因此,因不可抗力引起的履行迟延或者其他履行障碍类型均可适用该款规定。②

从利益衡量上看,在履行迟延甚或不完全履行的情况下出现不可抗力的,与给付不能的情况下出现不可抗力,并无不同,也应予以免责。有学者即认为,因不可抗力导致债务人不能在合同约定的履行期内履行的,允许债务人延期履行,并免除迟延履行的违约责任。③

本着相同情况相同处理的原则,履行不能以外的其他类型的义务违反或者违约是因为不可抗力造成的,可以类推适用《民法典》第590条第1款第1句。

(四)不可抗力发生免责效力的前提

构成不可抗力的,要发生免责效力,尚需要不可抗力是不履行的唯一原因,如果不履行是由于违反义务或者违约共同造成的,则债务人仍需承担责任,比如,买卖标的物由于包装不好,而在不可预见的自然事件情况下灭失。同样,如果不履行是由于多个事件造成的,但其中一个事件是当事人可以预见或者可以避免的,那么债务人也要承担责任。④ 根据《民法典》第590条第2款,当事人迟延履行后发生不可抗力的,不能免除责任。

(五)因不可抗力免责的效力

根据《民法典》第590条第1款第1句,因不可抗力不能履行合同的,根据不可抗力的影响,部分或者全部免除责任。这里的责任仅指损害赔偿责任,并不包括违约金责任、约定的担保责任等。

免责的范围,必须限定在不可抗力影响的范围内。具体就履行不能而言,履行不能有全部不能与部分不能之分,不可抗力造成全部履行不能的情况下,即可全部免责。如果不可抗力造成的是部分履行不能,则只能就此部分免责。例如,在买卖100台洗衣机的买卖合同中,因洪水卷走了其中的30台,则卖方仅就这30台构成部分履行不能,并在此范围内免除损害赔偿责任。

---

① Schlechtriem/Schwenzer/Schroeter/Schwenzer, *Kommentar zum Einheitlichen UN-Kaufrecht*, 7. Aufl., 2019, Art. 45, Rn. 15.
② 柯伟才:《我国合同法上的"不能履行"——兼论我国合同法的债务不履行形态体系》,载《清华法学》2016年第5期,第161页。
③ 谢怀栻等:《合同法原理》,法律出版社2000年版,第297页。
④ Schlechtriem/Schwenzer/Schroeter/Schwenzer, *Kommentar zum Einheitlichen UN-Kaufrecht*, 7. Aufl., 2019, Art. 79, Rn. 15.

履行不能还存在永久不能与一时不能的划分。在永久不能的情况下，具体根据部分还是全部不能，确定债务人的免责事由。而在一时不能的情况下，如果一时不能是因不可抗力等法定免责事由所致，债务人在一时不能的期间内自不应承担迟延履行的损害赔偿责任。

根据第 590 条第 1 款第 1 句但书，在"法律另有规定的情形"，债务人不能免责。具体如《民法典》第 832 条规定，承运人对运输过程中货物的毁损、灭失承担损害赔偿责任，但承运人证明货物的毁损、灭失是因不可抗力、货物本身的自然性质或者合理损耗以及托运人、收货人的过错造成的，不承担损害赔偿责任；而依据《邮政法》第 48 条第 1 项的规定，因不可抗力造成的保价的给据邮件的损失，邮政企业应承担赔偿责任。

（六）通知义务

根据《民法典》第 590 条第 1 款第 2 句的规定，当事人一方因不可抗力不能履行合同的，应当及时通知对方，以减轻可能给对方造成的损失，并应当在合理期限内提供证明。通知以及提供证据的义务，属于附随义务[1]，违反之，也可能承担损害赔偿责任。债务人还应在合理期限内提供证明，证明的对象为不可抗力的事实，并包含障碍事由与履行不能之间的因果关系。

三、意外事件

（一）意外事件作为免责事由

《民法典》合同编通则将免责事由严格限定在不可抗力的情况下，并未将通常事变或者意外事件规定为免责事由。有学者在解释《民法典》第 593 条（《合同法》第 121 条）的基础上，得出债务人须为通常事变负责的结论。[2]

与不可抗力比较，意外事件也是不能预见、不能避免以及不能克服的事件，也是债务人影响范围外的事件，只不过它通常不是独立于人的行为的事件。由此区别，即认为意外事件不能成为免责事由，实在难以谓之合理。尤其，实践与学说已经将不可抗力范围扩展至国家干预行为，似乎不强调不可抗力一定是客观事件。而且在司法解释中，逐渐出现了以意外事件作为免责事由的归责，具体如《担保法解释》第 122 条规定"因不可抗力、意外事件致使主合同不能履行的，不适用定金罚则"；原《旅游纠纷规定》（2010 年）第 22 条第 2 项规定，旅游经营者或者旅游辅助服务者为旅游者代管的行李物品损毁、灭失，旅游者请求赔偿损失的，人民法院应予支持，但损失是由于不可抗力、意外事件造成的情形除外。

从合同约定的角度看，当事人已经在合同中分配了给付障碍风险。对于给付障

---

[1] 韩世远：《合同法总论》（第四版），法律出版社 2018 年版，第 486 页。
[2] 同上书，第 756 页。

碍引发的冲突,一般会考虑三个要素:债务人行为、债权人行为以及影响给付效果的外在情况,具体判断给付障碍产生于上述三个要素的哪个范畴,哪一方能够预见与控制,另外,还需考察在债之关系产生时即存在或者事后才产生,最好要问谁承担给付障碍结果是可期待的,谁能完成替代给付,谁最能承担妨碍的经济上不利,而该不利的分配是否有效率以及分配正义。

原则上,每一方当事人要为自己所造成的甚或有过错造成的妨害承担责任。如果债之关系为外界影响,不应归责于一方当事人的,原则上可以通过可预见规则分配风险,这样一来,除了不可抗力之外,意外事件造成的给付障碍,也会排除损害赔偿请求权的构成。①

(二) 意外事件的构成要件

1. 须是债务人影响范围之外的阻碍给付的情况

由于意外事件发生在债务人影响范围之外,所以,债务人对于阻碍情况不能控制,也就是说,这些事件可以作为免责事由。债务人影响范围之外的情况,最典型的就是国家干预行为,如禁止进口与出口的政策。

如果意外事件是债务人影响范围之内的,如生产商的组织或者运营企业中发生的意外事件,由于生产商对其能够控制,故此,这里发生的意外事件,都不能构成免责事由。而且,对于组织或者运营企业中意外事件造成的产品瑕疵,以及产品发展瑕疵,即按照现有的技术与科学尚无法发现、但后来技术发展后可以发现的缺陷,生产商都不能免责。

债务人的财政给付能力也属于债务人影响范围内的事情;购买标的物的贬值、没有市场等也都是买受人影响范围内的事情。

2. 不能预见

所谓不能预见,是指不能期待债务人在订立合同时会考虑到意外事件。这里的合理预见是指,如果理智的人处于债务人的位置,在订立合同时,考虑具体情况以及交易情况,能够考虑到特定给付障碍的存在或者产生。②

3. 不能避免并不能克服

所谓不能避免、不能克服,是指避免或者克服意外事件(即给付障碍的原因),对于债务人而言,是不可能的或者不可期待的。从债务人角度而言,其必须在合理范围内避免或者克服意外事件,在订立合同时要予以注意,在意外事件出现后,要采取必要的行动,予以克服。

对于意外事件产生的结果,也必须是不能避免与克服的,如通过购买替代标的物

---

① 解亘:《论〈合同法〉第121条的存废》,载《清华法学》2012年第5期,第143—152页。
② Schlechtriem/Schwenzer/Schroeter/Schwenzer, *Kommentar zum Einheitlichen UN-Kaufrecht*, 7. Aufl., 2019, Art. 79, Rn. 13.

可以避免或克服意外事件产生的结果,则也不构成可以免责的意外事件。①

4. 合同风险分配的影响

对于债务人具体需要尽到多大努力避免或者克服意外事件造成的给付障碍,具体要根据合同本身约定进行解释确定。如果当事人之间约定的是担保(Garantie),所要求的努力程度会很高;如果约定了免责或者责任限制,则努力程度会减轻。

由于意外事件属于免责事由,故此举证责任,应当由债务人承担。

通过无过错责任加上意外事件免除损害赔偿责任,与过错责任情况下的损害赔偿责任范围不同,如病人将艾滋病(新冠病毒)传染给医生,在病人不知道而无过失的情况下,依无过错责任,病人也要承担责任,除非构成意外事件;而在过错责任下,病人就不承担责任。

四、为履行辅助人或第三人承担责任

《合同法》第121条规定,当事人一方因第三方造成违约的,应当向对方承担违约责任。在《民法通则》第116条、《技术合同法》第19条基础上,《合同法》将引起违约的上级机关扩大至一般第三人,因为这样更适合于一般条款的适用。② 立法目的是想防止法院依职权任意将第三人拉进诉讼,最后导致争议当事人没有承担责任,反而判决第三人承担责任,违反合同相对性。③

依照《合同法》第121条,对于第三人造成违约的,债务人也需要承担违约责任,仅从字面理解,会造成扩大适用的问题。第三人造成给付障碍的,不论债务人是否构成违约,均由其承担责任。例如,旅客在客运车中途休息时在餐馆吃火锅,服务员加酒精不慎导致酒精喷出燃烧,造成旅客灼伤,客运公司对此应当承担责任。但这样处理,就违背了合同对给付障碍风险的分配。所以,还是应根据违约责任规则(《民法典》第577条、《合同法》第107条)判断是否构成违约,具体看第三人原因造成的给付障碍是否属于被债务人承接的债务内容,如果属于,则构成违约;反之,则由于原本就不属于合同的内容,当然不构成违约。④《民法典》第593条对于《合同法》第121条进行了限缩,将《合同法》第121条中"应当向对方承担违约责任"修改为"应对依法向对方承担违约责任",也就是说,增加了"依法"二字。⑤

(一) 为履行辅助人承担责任

在无过错归责原则下,《民法典》第593条可以用来确定债务人对履行辅助人以

---

① Schroeter, *Internationales UN-Kaufrecht*, 7. Aufl., 2022, Rn. 780.
② 江平主编:《中华人民共和国合同法精解》,中国政法大学出版社1999年版,第100页。
③ 梁慧星:《梁慧星教授谈合同法》,四川省高级人民法院印,川新出内(98)字第174号,第150—151页,转引自韩世远:《合同法总论》(第四版),法律出版社2018年版,第756页;王利明:《合同法研究》(第二卷)(第三版),中国人民大学出版社2015年版,第454页。
④ 解亘:《论〈合同法〉第121条的存废》,载《清华法学》2012年第5期,第143—152页。
⑤ 黄薇主编:《中华人民共和国民法典释义(中)》,法律出版社2020年版,第1147页。

及第三人承担责任。所谓履行辅助人,主要是指债务人的雇员、工人等,对于这些"履行辅助人",无论他们对于给付障碍是否有过错,债务人均应承担责任,因为履行辅助人的行为属于债务人影响范围之内的事项。例如,甲乙签订加工承揽合同,修理电器,甲派他的雇员丙去修理电器,但由于其过错导致电器毁坏,此时,甲应承担因此产生损害的赔偿责任,而不考虑甲是否有过错。

(二) 为第三人承担责任

1. 第三人须是承担合同履行的人

从第三人范围来看,《民法典》第 593 条中规定的第三人必须是参与或承担部分或者全部合同履行的人,在上述案件中,餐馆就不是参与合同履行的人。这里的第三人,除了履行辅助人以外,还有一种,即在经济上、功能上独立于出卖人(债务人),并在债务人组织结构、控制范围之或责任之外的企业,也被称为履行承担人(Erfüllungsübernehmer)。① 具体如运输买卖标的物的企业、安装买卖标的物的企业、受托支付价款或者接受文件的银行等。

例如,甲出卖货物于乙,委托丙企业运输,但丙委派一个没有经验的司机,造成车祸,导致货物毁损。

在此,委派无经验的司机运输所提高的事故风险,只有丙能够预见、避免与克服,甲是不能预见、避免与克服的。按照一般规则,甲是能够免责的。但一般来讲,找人运输、承担履行的风险应由债务人甲来承担,故此,《民法典》第 593 条和《合同法》第 121 条明确将责任归之于债务人。在本案中,甲要承担责任。

《民法典》第 593 条背后的思想基础是:不能让债务人基于社会分工而获益,即债务人不能因第三人承担履行而获益,履行承担的风险应由债务人承担。②

2. 债务人一方的上级机关

《民法通则》第 116 条规定,当事人一方由于上级机关的原因,不能履行合同义务的,应当按照合同约定向另一方赔偿损失或者采取其他补救措施,再由上级机关对它因此受到的损失负责处理。这一规则被涵盖在《民法典》第 593 条之中。③

值得考虑的是,如果第三人原因构成不可抗力或者意外事件等免责事由,那么,在无过错责任下,债务人可以免责,在过错责任下,可以将第三人原因纳入债务人是否有过错的考量中。具体如,演员甲在赶往剧场的途中,为第三人撞伤而无法演出,此时,构成意外事件,债务人不承担损害赔偿责任,不应适用第 593 条。

在过错责任的情况下,债务人对于因第三人行为造成不履行或者违约的,通常可

---

① Schroeter, *Internationales UN-Kaufrecht*, 7. Aufl., 2022, Rn. 789.
② Schlechtriem/Schwenzer/Schroeter/Schwenzer, *Kommentar zum Einheitlichen UN-Kaufrecht*, 7. Aufl., 2019, Art. 79, Rn. 27.
③ 黄薇主编:《中华人民共和国民法典释义(中)》,法律出版社 2020 年版,第 1148 页。

以以没有过错为由而不承担责任,例如,中间商从生产商处购买货物,而生产商的货物有瑕疵,对此,中间商没有注意义务检查货物质量,生产商又不是中间商的履行辅助人,故此,中间商不承担责任。如果购买人是消费者,《消费者权益保护法》有特别规定,消费者在购买、使用商品时,其合法权益受到损害的,可以向销售者要求赔偿。销售者赔偿后,属于生产者的责任或者属于向销售者提供商品的其他销售者的责任的,销售者有权向生产者或者其他销售者追偿。消费者或者其他受害人因商品缺陷造成人身、财产损害的,可以向销售者要求赔偿,也可以向生产者要求赔偿。属于生产者责任的,销售者赔偿后,有权向生产者追偿。属于销售者责任的,生产者赔偿后,有权向销售者追偿(《消费者权益保护法》第40条第1款、第2款)。如果涉及产品缺陷,法律也有特别规定,即在因产品缺陷造成他人损害的情况下,被侵权人可以向产品的生产者请求赔偿,也可以向产品的销售者请求赔偿。产品缺陷由生产者造成的,销售者赔偿后,有权向生产者追偿。因销售者的过错使产品存在缺陷的,生产者赔偿后,有权向销售者追偿(《民法典》第1203条)。

3. 法律规定的债务人为第三人承担责任

在现行法中,还规定有债务人为第三人承担责任的具体情况。比如《民法典》第716条第1款、第773条、第894条第2款,《旅游法》第71条第1款等。具体举其中一例,《民法典》第773条规定,承揽人可以将其承揽的辅助工作交由第三人完成。承揽人将其承揽的辅助工作交由第三人完成的,应当就该第三人完成的工作成果向定作人负责。

五、债权人原因造成不履行

债权人原因引起的履行障碍常见于债权人具有可归责的事由的情况,具体是指债权人相对于债务人有过错的违反合同的行为,主要是故意、过失违反合同主义务、从义务或附随义务,还包括为履行辅助人承担责任、承担担保责任(Garantie)等情况,如承担许可授予的风险。[①]

如果给付障碍是因为债权人原因造成的,债务人能否免责,《民法典》并没有一般性地予以规定。《民法典》第593条明确规定的是第三人造成给付障碍的情况,并不包括债权人造成给付障碍的情况。不过,债权人造成给付障碍的情况,大部分是债务人控制范围以外的,也是其不能控制与克服的情况,通常可以基于意外事件,免除损害赔偿责任。

但在有些情况下,可以合理期待债务人能够预见到债权人会造成给付障碍,例如,在债权人未依约为债务人履行债务提供必要的协助时,如甲为乙产生机器,但机

[①] 庄加园:《债权人原因引起的给付不能》,载《法律科学(西北政法大学学报)》2018年第5期,第144页。

器进口需要许可证,甲按期完成生产,但乙没有依照约定办理许可证,债务人即可以预见到债权人会造成给付障碍。由此,有必要专门规定,如果不履行或者违约是因为债权人的作为或不作为造成的,债务人不承担责任。

首先,在逻辑上,违约责任要以债务人违反义务为前提,在债权人原因造成给付障碍的情况下,债务人并没有违反义务。其次,如果债权人原因导致债务人给付不能,仍然由债务人承担违约责任,则会违反禁止矛盾行为的原则,债权人不能从由其造成的给付不能中获得好处。① 最后,《联合国国际货物销售合同公约》第 80 条以及《欧洲示范民法典草案》第Ⅲ-3:704 条均规定了:债权人造成债务不履行或其他结果,债务人在相应范围内就债权人的损失不承担赔偿责任。

值得注意的是,虽然《民法典》没有一般性地规定债权人原因导致给付障碍使债务人免责的一般规则,但在合同编分则以及特别法规则中却有特别规定,例如,《民法典》第 823 条第 1 款规定,在旅客运输合同中,旅客的伤亡如系旅客自身的健康原因造成的,承运人不承担损害赔偿责任;《民法典》第 804 条规定,因发包人的原因致使工程中途停建、缓建的,发包人应当采取措施弥补或者减少损失,赔偿承包人因此造成的停工、窝工、倒运、机械设备调迁、材料和构件积压等损失和实际费用。这里的"发包人的原因",是指:(1) 发包人变更工程量;(2) 发包人提供的设计文件等技术资料有错误或者发包人变更设计文件;(3) 发包人未能按照约定及时提供建设材料、设备或者工程进度款;(4) 发包人未能及时进行中间工程和隐蔽工程条件的验收并办理有关交工手续;(5) 发包人不能按照合同的约定保障建设工作所需的工作条件致使工作无法正常进行。② 《民法典》第 832 条规定,在货物运输合同中,货物的毁损、灭失如系托运人或收货人的过错造成的,承运人不承担损害赔偿责任;《民法典》第 893 条规定,寄存人交付的保管物有瑕疵或者按照保管物的性质需要采取特殊保管措施,但未将该情况告知保管人的,保管人不承担由此而产生的损害赔偿责任。

另外,根据《保险法》的规定,投保人、被保险人故意制造保险事故的,保险人不承担赔偿或者给付保险金的责任(《保险法》第 27 条第 2 款);投保人故意造成被保险人死亡、伤残或者疾病的,保险人不承担给付保险金的责任(《保险法》第 43 条第 1 款);因被保险人故意犯罪或者抗拒依法采取的刑事强制措施导致其伤残或者死亡的,保险人不承担给付保险金的责任(《保险法》第 45 条)。《旅游纠纷规定》第 19 条第 3 项也明确将旅游者的过错作为旅游经营者或者旅游辅助服务者的赔偿责任的免责事由。

---

① 庄加园:《债权人原因引起的给付不能》,载《法律科学(西北政法大学学报)》2018 年第 5 期,第 148 页。
② 黄薇主编:《中华人民共和国民法典合同编释义》,法律出版社 2020 年版,第 687—688 页。

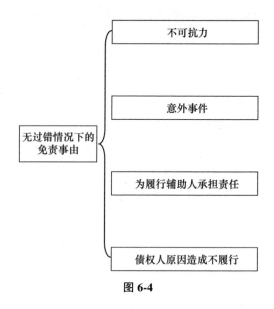

图 6-4

第五节 过错责任

🖎 【文献指引】

参见第三节文献;陈聪富:《履行辅助人与缔约上过失》,载《台湾本土法学杂志》2003年第48卷;易军:《违约责任与风险负担》,载《法律科学(西北政法学院学报)》2004年第3期;姚志明:《履行辅助人与协力义务违反之责任》,载《月旦法学教室》2012年11月;朱晓喆:《我国买卖合同风险负担规则的比较法困境——以〈买卖合同司法解释〉第11条、14条为例》,载《苏州大学学报(哲学社会科学版)》2013年第4期;江海、石冠彬:《论买卖合同风险负担规则——〈合同法〉第142条释评》,载《现代法学》2013年5月期;解旦:《再论〈合同法〉第121条的存废——以履行辅助人责任论为视角》,载《现代法学》2014年第6期;朱晓喆:《寄送买卖的风险转移与损害赔偿——基于比较法的研究视角》,载《比较法研究》2015年第2期。

🖎 【补充文献】

刘洋:《民法典语境下交付移转风险规则的体系联动效应辨识》,载《财经法学》2022年第2期;殷秋实:《债务人为第三人承担违约责任的范围》,载《经贸法律评论》2022年第2期;杨勇:《根本违约场合风险负担规则的适用》,载《财经法学》2022年第5期;马强:《代偿请求权的理论证成》,载《清华法学》2022年第6期;崔建远:《违约责任探微》,载《法治研究》2022年第6期;崔建远:《第三人的原因造成违约时的责任分配论》,载《政法论坛》2023年第1期。

一、过错责任

《民法典》中,尤其是在合同编分则中规定有过错责任,而在过错责任下,损害赔偿请求权的构成除了义务违反以及损害之外,尚要求过错这一要件;但在有些情况下,债务人还要承担无过错责任或者为第三人承担责任。故此,总的来讲,债务人承担责任,需要可归责因素。

(一) 适用范围

针对具体合同类型,如供用电、水、气、热力合同(第 651 条、第 652 条、第 653 条)、赠与合同(第 660 条、第 662 条第 2 款)、租赁合同(第 714 条、第 722 条、第 729 条、第 750 条第 1 款)、承揽合同(第 784 条)、建设工程合同(第 801 条、第 802 条)、运输合同(第 825 条第 2 款、第 828 条、第 841 条)、保管合同(第 894 条、第 897 条、第 917 条)、委托合同(第 928 条、第 929 条)、行纪合同(第 953 条)、中介合同(第 962 条)等情况下,债务人的赔偿责任,通常以过错为要件。

另外,违反基于法定之债的给付义务而产生的损害赔偿请求权,也需要以过错为要件。

(二) 举证责任分配

可归责是请求权构成的事实,故本来应由债权人自己举证证明。但一般认为,《民法通则》第 106 条第 1 款规定的是过错推定责任①,也就是说,在举证责任上,并不由债权人对过失承担证明责任,而是由债务人自己证明自己无过错。其原因在于,债务人比债权人更有能力解释义务违反的原因。

(三) 过错与义务违反的区分

过错是行为人意思的瑕疵,基于该意思瑕疵,法律使义务违反人为其所为的不法行为承担责任。在本质上,过错是行为人由于对意思或者根据该意思作出的行为控制不足而违反了法律义务。②

由于过失的客观化,过失即未尽到交易上必要的注意,在实质上也是一种义务违反的形式,即违反注意义务。③

义务违反类型主要有两类,一种是与给付相关的义务(给付不能、给付迟延以及不完全给付),一种是保护义务的违反。前者是债务人不履行或者未依照所负担的债务履行的情况,在这种情况下,义务违反是与履行的结果相关的。而在考察过错的情况下,应考察不履行或者未依照所负担的债务履行的情况是否可归责于债务人。④

如果债务人并不负有使特定给付结果发生的义务,而是只负有为特定结果而为

---

① 韩世远:《合同法总论》(第四版),法律出版社 2018 年版,第 746 页。
② Fikentscher/Heinemann, *Schuldrecht AT & BT*, 12. Aufl., 2022, §55 Ⅱ, Rn. 644.
③ Looschelders, *Schuldrecht AT*, 21. Aufl., 2023, §24, Rn. 11.
④ A. a. O., Rn. 12.

特定行为的义务,如劳务或者劳动合同中债务人的义务,此时,只要债务人的行为与其所负担的行为不相符合,即构成义务违反。而何为"所负担的行为",则须根据交易上必要的注意标准予以确定。这样一来,义务违反的判断标准就与"过失"的判断标准是一致的。也就是说,在这种情况下,如果能证明义务违反存在,即同时证明了过错的存在。如在证明医生手术存在瑕疵的情况下,即可证明医生存在过错。只有在少数情况下,过失这一要素才有意义,如在债务人没有责任能力的情况,例如醉酒、未成年等情况下。

在违反附随义务的情况下,义务违反是与行为相关的概念,义务违反与可归责这一要素亦重合在一起。此时,所谓义务违反,就是违反注意谨慎义务,恰恰就是可归责与否的问题,同样也是判定过失的标准。也就是说,在过错层面,需要考察的是债务人对附随义务的可预见性以及可避免性。① 如此一来,在违反附随义务的情况下,债权人证明"义务违反",而依据过错推定规则,债务人证明义务的违反不可归责于自己,由此会导致同一证明对象不同当事人均负有证明责任的矛盾或者抵消举证责任倒置的功能。② 有鉴于此,应将义务违反的内容限定在不履行的范围内,然后再考察不履行的原因,即可归责的问题。

(四) 过错的结合点

在过错责任情况下,过错针对的是义务违反,而债务人的过错并不涉及损害之产生。

二、可归责类型

在确立损害赔偿请求权时,除了义务违反这一要件之外,尚需要债务人对义务违反负有责任。在违反合同法领域或者基于法定之债产生的给付义务的情况下,责任成立就需要过错这一要件,此种情况,被称为过错责任。由于在某些情况下,债务人不仅要为自己的过错承担损害赔偿责任,还要为履行辅助人承担责任,所以,在立法上与理论上,这些情况也称可归责于债务人。可归责的概念外延大于过错的概念,除了过错以外,为履行辅助人承担责任等也属于可归责范畴。原则上,债务人只为自己过错行为承担责任,但有些情况下,也为某些不是自己过错造成的结果承担责任。

只有同时具备义务违反与可归责双重要件,才构成损害赔偿等给付障碍责任;但解除、终止、情势变更交易基础丧失等情况无须可归责这一要件。

在债务人的行为与基于债的关系对其提出的行为要求不相符合的情况下,首先要考虑的是,债务人对此是否要承担责任。如果有责任,则根据义务违反的类型,法

---

① MüKoBGB/Ernst, 9. Aufl. 2022, BGB §280 Rn. 17; Looschelders, *Schuldrecht AT*, 21. Aufl., 2023, §24, Rn. 13.

② 〔德〕舍尔迈尔:《德国债法改革:进步还是退步?》,田士永译,载张双根等主编:《中德私法研究》(第5卷),北京大学出版社2009年版,第10页以下。

律使其承担损害赔偿或者其他法律上的不利益。如果无责任,则债权人必须接受该后果。在责任承担上,进一步的问题是,债务人在多大程度上为自己的行为承担责任,以及在何种情况下为他人行为向债权人承担责任。

三、为自己的过错承担责任

（一）过错归责

《民法典》第651条等合同编分则规则以及第1165条实行的是过错归责原则,只是,在违反合同义务的情况下,采取举证责任倒置的方式,由义务违反方承担举证责任。

对过错问题的考察,需要考察三部分内容,首先是过错能力的问题,其次是过错形式的问题,最后是没有免责事由(Entschuldigungsgründe)

（二）过错能力

在侵权法上,我国并没有过错能力的规定,而是借用法律行为制度中的行为能力概念,区分完全民事行为能力、限制民事行为能力以及无民事行为能力人。无民事行为能力人、限制行为能力人侵权的,原则上其本人不承担责任,而由监护人承担责任;但如果无民事行为能力人、限制行为能力人有财产的,则须先从其财产中支付赔偿费用,不足部分,由监护人赔偿(《民法典》第1188条)。也就是说,无民事行为能力人、限制行为能力人原则上无过错能力。

侵权法上的过错能力根据的主要是侵权人对责任的认知的判断力,而非对交易性质与内容的认知能力。所以,以行为能力替代过错能力,并不是一个合理的路径。在德国法上,年满18周岁的人即具有完全过错能力;在交通事故的情况下,只要不是故意导致损害,7周岁到10周岁的未成年人就无须承担责任。如果不是这种情况,则7周岁到18周岁的未成年人具有限制的过错能力,只有在其具有认知责任的判断力的情况下,才承担责任。在侵害人丧失知觉或者处于不能自由决定意思的精神错乱状态造成他人损害的情况下,侵害人不承担损害赔偿责任。

我国没有规定过错能力的概念,但规定了在处于醉酒等原因引起的精神恍惚状态下造成他人损害的规则。如果完全民事行为能力人因醉酒、滥用麻醉品或者精神药品对自己的行为暂时没有意识或者失去控制造成他人损害的,应当承担责任(《民法典》第1190条第2款)。

侵权法上过错能力的规则原则上可以适用于法律行为上的过错,如果违约人由于暂时的无过错能力而违约,那么违约人无须承担损害赔偿责任。但是违约人由于醉酒、滥用麻醉品或者精神药品对自己的行为暂时没有意识或者失去控制而违约的,应当还是要承担损害赔偿责任。

（三）过错形式

过错形式主要有两种,一种是故意,另一种是过失。在考察损害赔偿请求权时,先考察故意,然后考察是否构成过失。既没有故意,也没有过失的情况通常构成意外事件。如果是不能预见、不能避免并不能克服的意外事件,则为不可抗力。只有在绝对责任的情况下,债务人方可能对意外甚或不可抗力承担责任。

1. 故意

设想到其行为的结果,并在知道其行为具有义务违反性(违法性)的情况下还是愿意接受该结果的心态,即是故意。① 据此,故意是在存有违法性意识的情况下对结果发生的知道与意愿。②

(1) 知道

所谓知道(认识),并不要求债务人确切知道相关事实,只要知道客观构成要件是可能实现的即可。③

(2) 意愿

所谓意愿(意思),存在多种可能性。如果行为人以结果为动机,即为了实现某种特定的违法结果,那么就是有行为意图(Absicht)。如果行为人预见到了该结果为其行为的必然结果或者行为人知道其行为的结果必然发生,但认可并在意识到义务违反性的情况下行为的,则为直接故意(direkter Vorsatz)。④ 实践中最为常见的是间接故意(bedingter Vorsatz)的情况,即行为人只是考虑到该结果是可能发生的,并容忍了该结果的出现。例如,果园主人为了防止他人偷盗果园中的果子,设置电网,结果导致他人人身伤亡,即构成间接故意。

在民法中,通常没有必要细致区分故意形态,只要具备间接故意,即可以认定为故意。

但有必要区分间接故意与有意识的过失(bewusste Fahrlaessigkeit)。在前者,行为人无论如何都会作出行为,即使其知道的可能结果发生(Na, wenn schon);在后者,如果其知道结果可能会出现,就不会作出行为了(es wird schon gut gehen),此区分在约定排除责任的情况最具有意义。

> 案例:货运公司负责人甲负有12点准时起运的义务。但于11点,甲又接了一单生意,运输完毕后无法于12点返回。

在没有准时起运货物时,如果甲愿意并任由该结果发生,那么就是故意的;但如果甲忘记了约定或者错误判断距离,并认为接受第二单生意也来得及,那么就是过失。

---

① Larenz, *Schuldrecht AT*, 14. Aufl., 1987, §20 Ⅱ, S. 279.
② Fikentscher/Heinemann, *Schuldrecht AT & BT*, 12. Aufl., 2022, §55 Ⅲ 1, Rn. 647.
③ MüKoBGB/Grundmann, 9. Aufl., 2022, BGB §276, Rn. 156.
④ Fikentscher/Heinemann, *Schuldrecht AT & BT*, 12. Aufl., 2022, §55 Ⅲ 1, Rn. 648.

（3）违法性之意识

对于故意是否要以实际的违法性意识为前提，有两种不同学说：根据所谓的故意理论（Vorsatztheorie），行为人知道其行为违反了合同义务或者法定义务，方为故意；而依照罪责理论（Schuldtheorie），故意仅是对行为情况的知道与意愿。二者的区别在于违法性认识错误或者对禁令认识错误（Verbotsirrtum）的法律效果。根据故意理论，即使违法性认识错误是可以避免的，也不排除故意的构成；而根据过错理论，违法性认识错误不能排除故意的构成，但不可避免的违法性认识错误可以排除故意的构成。

案例：甲明知某物属于乙所有，仍使用之，但甲错误地认为自己有权使用，如基于租赁合同。

根据过错理论，甲是故意行为；而根据故意理论，甲只是客观违法地、过失地侵害了乙的所有权。

在民法中应适用故意理论，尤其在给付障碍法中更应适用故意理论，因为所违反义务的存在是责任构成要件的一部分，故意必须指向该义务违反。

在刑法中通常适用过错理论，这样就可以将行为人基于过失而陷入违法性认识错误的情况作为故意犯罪处罚。

应当说，故意理论与过错理论的讨论在民法中意义不大，只是在违反保护性法律而侵权且保护性法律为刑法的情况下有些意义。例如在敲诈勒索的情况下，根据过错理论，犯罪人出于过失错误地认为其行为是合法的，虽然应受刑罚，但无损害赔偿责任。因为，根据过错理论，过失的法律错误并不能排除刑法中敲诈勒索罪中的故意的构成；但依照故意理论，过失的法律错误能排除刑法中敲诈勒索罪中的故意的构成，故犯罪人的行为并不构成违反保护性法律，但这样的结论并不公正，故在此情况下，民法中也运用过错理论处理这一情况。[①]

（4）故意责任的免除

原则上，当事人不得约定排除故意责任，否则一开始当事人就有故意破坏债之关系的机会，该约定违背善良风俗。当事人亦不能排除造成财产损害的重大过失责任（《民法典》第506条第2项），依据反面解释，当事人可以约定排除过失责任。对于造成人身损害的过失责任，当事人亦不可通过约定排除（《民法典》第506条第1项）。

案例：甲为企业乙定期运输，在合同中约定责任仅限于故意与重大过失。为了使接受的委托能按时完成，乙决定暂时在晚上工作，并要求甲晚上进行运输。甲拒绝此要求，并认为，其按照合同并不负有晚上工作的义务。乙不得不限制晚上开工的时间，因此不能按时履行自己的义务，遭受重大损失，现在请甲赔偿由于不履行运输合同义务而产生的损害。

[①] Fikentscher/Heinemann, *Schuldrecht AT & BT*, 12. Aufl., 2022, §55 Ⅲ 1, Rn. 649.

本案的约定是有效的,甲并没有基于故意或重大过失违反义务,故其不承担违约责任。

2. 过失

过失是民法中最为重要的过错形式。所谓过失,是指债务人没有尽到交易上必要注意的情况。过失是责任成立的构成要件而非责任范围的构成要件。在给付障碍中的损害赔偿情况下,考察的是债务人是否尽到了避免义务违反的必要注意义务。

(1) 构成

与故意的判断一样,判断是否构成过失,也需要从两个方面判断,首先是对危险的可预见性,其次是损害结果的可避免性。两个要素紧密相连。对危险的可预见性是债务人采取适当措施避免损害的前提。

可预见与可避免的判断并不以实际上是否可以预见或者可避免为标准,而是建立在规范性确认的基础上,即债务人负有为了获得认知以及避免损害而必须采取措施的义务,而只有在采取相应措施是交易上必要注意的要求的情况下,才存在该义务,也即构成可预见以及可避免。① 也就是说,判断的标准是是否符合交易上必要的注意。

(2) 过失的标准

民法中的过失遵循的是客观标准,过失的构成并不取决于个人能力,而是取决于特定交易范围内一般成员的能力。

客观过失说的根据在于:对于合同责任,在交易中,任何人均得信赖也必须信赖,其相对人具有其职业或其所述团体的标准之能力。如果考虑纯粹个人的免责因素,会在一定程度上剥夺交易中必要的保护。对于侵权行为,主观标准也不能满足合理分配损害的需要,民法中不涉及刑罚而是公平的损害分配,严格的个人过错标准并不能实现这一要求。② 还有学者补充认为,采客观过失说,是交易便利性以及安全性所要求的,在道路交通领域中最为明显。③

统一确定过失的标准并不现实,故须进行类型化,如按照交易圈层以及年龄标准确定注意义务标准。例如专业医师的注意标准要高于助理医师的注意标准。《民法典》第 1221 条还明确规定,医务人员在诊疗活动中应尽到与当时的医疗水平相应的诊疗义务。对于儿童、年轻人以及残疾人,注意标准的要求要低一些。在特定领域,可以参照法律规范或者规范准则确认注意标准,例如交通规则、行业规范、比赛规则等。

所谓"必要",指的不仅是注意的程度,而且是指在该情况下避免他人损害所必需

---

① Looschelders, *Schuldrecht AT*, 21. Aufl., 2023, §23, Rn. 7 f.
② Larenz, *Schuldrecht AT*, 14. Aufl., 1987, S. 286.
③ Medicus/Lorenz, *Schuldrecht AT*, 22. Aufl., 2021, §30, Rn. 14.

的措施。如果可能的损害过远,也无须注意,否则一般的行为自由就会受到限制。

某人将容易不当使用而造成危险的物品引入交易流通领域,如果没有理由认为在该情况下会有不当使用,其就不存在过失。例如甲将火柴卖给孩子,没有关心其用途,或者没有理由认为孩子是未受大人之托来买的,或者在使用时不会由大人充分监督,在孩子纵火的情况下,甲并不存在过失。

考察是否"必要"之后,还要考虑具体的情况。在危险增加时,必要的注意也需要增加,但在异常情况下,也可能不要求具有通常情况下的注意,例如火灾、战争。

值得思考的是,过失是客观化的,如果尽到最大的注意义务也不能避免错误或者疏忽,例如,因为侵害人不具有该知识、能力、身体条件或者给付能力,此时能否免责呢?原则上应是不可以免责的,因为其"着手"本身就有过失,即着手过失(Übernahmeverschulden)。但有疑问的是,如果行为人自己也不知道或者缺少认知能力,即形成自己无论如何也不能避免错误或者疏忽的判断已经超过了其能力,是否还让其承担责任呢?对此,刑法采纳了个人责任之思想,但民法采纳的是客观化的或者类型化的过失标准,取决于其职业以及参加交易的行为人的团体、年龄段等,即使行为人不知道自己能力不足,也须承担责任,但如果行为人能力超常,则需要考虑,此时考虑了主观因素。

> 案例:司机甲由于自己也不清楚的眼疾,没有看到骑自行车的人,误将其撞倒。

此时,甲仍具有过失,因为甲至少应具备认识到其个人视力的能力。

(3) 过失的类型

在民法中,最为主要的过失分类是轻过失与重大过失的分类。所谓重大过失,是指根据所有情况,行为人严重(in ungewöhnlichem Masse)未尽到交易上必要的注意义务,具体来讲,即注意义务违反的客观可认知性以及客观可避免性的程度非常高。在具体判断时,不仅要考虑交易上对行为的要求,而且要考虑行为人个人特性中存在的情况。① 在无偿交易行为或者为他人利益行为中,通常债务人仅对重大过失承担责任。非重大过失,即为轻过失。

除了重大过失与轻过失的分类之外,在民法中还有所谓的"未尽到自己事务中应尽的注意"的情况,该类过失实质是一种主观过失,其并不取决于客观注意义务之违反,而是依据债务人个人的通常行为标准考察,根据其个人的特性与能力确定,但以重大过失为界,主要运用在公司、婚姻、父母子女关系中。因为在这些关系中,当事人关系比较紧密,不能期待或强迫对方要尽到比自己事务中应尽的注意义务还高的注意义务。② 值得注意的是,"未尽到自己事务中应尽的注意"的规则并没有降低注意

---

① Looschelders, *Schuldrecht AT*, 21. Aufl., 2023, §23, Rn. 18.; Medicus/Lorenz, *Schuldrecht AT*, 22. Aufl., 2021, §30, Rn. 17.
② Looschelders, *Schuldrecht AT*, 21. Aufl., 2023, §23, Rn. 17.

标准。

四、无过错责任

在过错规则体系下,基于合同约定、法律规定以及法定之债的内容,也可以产生无过错责任。在无过错责任的情况下,行为人对意外事件造成的损害亦须承担责任。

在合同中约定无过错责任的,不得违背善良风俗与诚实信用原则。而在格式条款中约定无过错责任,原则上无效,因为这排除了对方的主要权利(《民法典》第497条)。

基于法律规定的无过错责任,最为典型的是危险责任。《民法典》第1236条规定了高度危险责任的一般条款,第1237条以下规定了民用核设施等情况下的危险责任类型。危险责任的共同点在于,具有潜在危险但允许运营的设施或者具有潜在危险但允许从事的行为会导致典型的危险发生,作为从设施或者行为获益的平衡,这些设施的持有人或运营人对由此发生的危险承担责任。

基于债之关系内容而创设的无过错责任有两种:一种是所谓的担保责任(Garantie),一种是所谓的购置风险责任(Beschaffungsrisiko)。

所谓担保责任,即债务人负有对所有不给付或不完全给付所造成的后果承担无过错责任的义务。其典型情况是出卖人或加工人担保合同标的物具备某种品质,愿意承担所有基于该品质瑕疵而产生的损害。

> 案例:胖子甲想购买一个座椅,出卖人声称该座椅能承受比他还重的人,以此打消甲的疑虑,甲因此完全信赖座椅很结实。但收到货物坐上后,座椅材质有瑕疵,无法承受甲的重量而散架,甲受伤。

担保责任既可以明示约定,也可以默示承担。

所谓购置风险的承担主要适用于种类物,债务人须承担自市场中购置适宜种类物的风险;在库存债务中,债务人则不承担购置风险。

购置风险的承担,原则上须以当事人合同中有约定或允诺为前提。一般情况下,如果债务人承担购置风险,就意味着担保其具备必要的市场路径、必要的知识以及必要的资金。

债务人承担购置风险,意味着债务人仅对超出其个人能力而无法购置的风险承担责任,如果任何人都不能购置该标的物,比如该类标的物全部灭失、不再生产,债务人即不承担购置不能的责任。而且该风险必须与购置债务相关,如果不相关,则债务人也不承担无过错责任。例如债务人因为交通事故而陷入昏迷,对于未能如期购置,并不承担无过错的迟延损害赔偿责任。

在担保责任以及购置风险责任的情况下,债务人通常对意外事件情况下的损害也要承担责任,但对不可抗力情况下发生的损害,并不承担责任。①

对于金钱之债,债务人承担无过错责任。金钱之债并非种类之债,不能设想出现金钱之债给付不能的情况。同样,债务人对于自己的财产给付能力也承担无过错责任。允诺给付者,即须担保自己可获得履行给付的必要金钱。

五、免责事由

在考察完过错能力、过错形式之后,再考察是否存在意外事件情况下须承担责任的情况,最后还需考察是否存在免除过错的情况,即免责事由。刑法上的免责事由也适用于民法。没有过错的法律错误(Rechtsirrtum)也可以使得债务人免责。②

六、为他人过错承担责任

在民法上,根据损害发生于合同关系之外还是之内,辅助人责任(Gehilfenhaftung)被区分为两种。其一为:债务人为履行辅助人(Erfüllungsgehilfen)以及法定代理人的过错承担责任;其二为雇主(Geschäftsherr)责任,在事务辅助人(Verrichtungsgehilfen)损害第三人的情况下,雇主承担无过错责任(《民法典》第1191条)。在法人机关责任情况下,并不区分二者,由企业法人对其法定代表人和机关承担责任(《民法典》第61条)。

(一)为履行辅助人行为承担责任

根据《民法典》第523条,在第三人向债权人履行债务时,其不履行债务或者履行债务不符合约定的情况下,债务人向债权人承担给付障碍责任。③ 由此,债务人不仅要为自己的义务违反行为承担责任,而且要为第三人的义务违反行为承担责任。这里的第三人既可以包括履行辅助人④,也可以包括法定代理人。

所谓履行辅助人(Erfüllungsgehilfen)责任,指的是债务人之代理人或使用人在关于债的履行有故意或过失时,债务人应对此故意或过失负同一责任,不问债务人有无过失。该规则本身不是请求权基础,而只是判定是否符合"可归责"(Vertretenmüssen)要件的标准,规定的是过错上的归责(Verschuldenszurechnung)。⑤

债务人之所以要为履行辅助人的行为承担责任,其原因在于:由于履行辅助人的介入,债务人为了自己的利益扩大了其交易范围,所以要承担因分工而产生的"人员

---

① Fikentscher/Heinemann, *Schuldrecht AT & BT*, 12. Aufl., 2022, §55 V, Rn. 654.
② A.a.O., Rn. 655.
③ 韩世远:《他人过错与合同责任》,载《法商研究》1999年第1期,第34页以下。
④ 第三人的范围在《合同法》草案中曾经有限制,后来放弃了,其原因在于第三人范围限制的规则无法确定。专家建议稿起草人认为:"与自己有法律联系的"一语,并不能达到制限第三人范围的目的,因此决定删去,修改为第三稿第92条(梁慧星:《关于中国统一合同法草案第三稿》,载《法学》1997年第2期)。参见韩世远:《他人过错与合同责任》,载《法商研究》1999年第1期,第34页以下。韩世远教授主张将这里的第三人解释为履行辅助人与上级主管机关。在黄薇主编:《中华人民共和国民法典释义(中)》,法律出版社2020年版,第1148页处,明确了履行辅助人属于该条中的第三人。
⑤ Jauernig/Stadler, 19. Aufl., 2023, BGB §278, Rn. 1.

之风险"(Personalrisiko)。① 这里的基本思想是保护债权人免受分工经济危险。②

如果债务人不对履行辅助人的行为承担责任,那么债权人的法律地位会受到很大的限制。另外,债务人可以选择、指引、监督这些履行辅助人,因此由其承担责任,具有正当性。而且,如果债务人允诺了一项给付,债务人允许第三人在履行(给付)时进行协助的,现代交易观念会认为,在这种允诺中,包含债务人对该第三人进行通常行为的担保(Garantie)义务。③

在无过错责任框架内,只要发生给付不能(完全)实现的结果债务人就应当承担违约责任[因不可抗力造成给付不能(完全)实现的情形除外],那么因履行辅助人的不适当履行导致给付不能(完全)实现的情形,债务人理所当然也要承担违约责任。④其真正的理论基础在于对合同上之预见的尊重。因此,无论是何种类型的债务,都需要债务人为履行辅助人的不当履行负担合同责任。⑤

为第三人行为承担责任的规则适用于所有债法上的关系,具体包括:(1) 合同关系,不仅包括合同当事人,还包括合同保护范围内的第三人;(2) 基于法律行为或者缔约上过失或者基于不正当强制执行产生的法定债权关系;(3) 债法以外的债之关系,比如所有人与占有人关系、拾得人与失主之间的关系、破产财团债权人与破产管理人之间的关系。

但为第三人行为承担责任的规则不适用于单纯的法律共同体关系、相邻共同体关系、反不正当竞争中的妨害防止义务关系以及交往义务(安全保障义务)关系。

1. 履行辅助人的概念

所谓履行辅助人(Erfüllungsgehilfen),是债务人所指派的参加履行之人(den der Schuldner in die Erfüllung eingeschaltet hat)。具体而言,根据债务人的意思,在履行债务人所负担的债务时,作为辅助人员作出行为的人。履行辅助人所提出的给付并非自己的给付,而是债务人所负担的给付,这是履行辅助人制度与第三人给付制度本质的区别。

企业中的辅助人、债务人的家庭成员、有领导权的雇员等都属于履行辅助人,独立的企业也可以成为履行辅助人,如债务人的独立受托人,但必须是在债务人履行债务的框架内行为,据此,生产商与供货商对于出卖人就非其履行辅助人,因为货物的

---

① Jauernig/Stadler, 19. Aufl., 2023, BGB § 278 Rn. 2; Larenz, *Schuldrecht AT*, 14. Aufl., 1987, § 20 Ⅷ.
② Fikentscher/Heinemann, *Schuldrecht AT & BT*, 12. Aufl., 2022, § 56 Ⅱ, Rn. 666.
③ Motive, Mugdan Bd. Ⅱ, S. 16. zitiert aus Schlechtriem/Schmidt-Kessel, *Schuldrecht AT*, 6. Aufl., 2005, S. 280, Fn. 53.
④ 解亘:《再论〈合同法〉第 121 条的存废——以履行辅助人责任论为视角》,载《现代法学》2014 年第 6 期,第 31 页。不过,解亘教授认为,《合同法》第 107 条是债务人为履行辅助人之不当履行负担违约责任的实定法依据,并不需要第 121 条来补强。保留第 121 条,意味着规范的重复。
⑤ 同上文,第 32 页。

生产并不属于出卖人的义务范围。① 同时,房屋建筑人对材料生产提供人的过错并不承担责任,总承包商原则上对分包人的过错也不承担责任。② 债务人只负责邮寄,而不是运输,所以,运输人不是债务人的履行辅助人。

《旅游法》第 111 条第 6 项规定,履行辅助人,是指与旅行社存在合同关系,协助其履行包价旅游合同义务,实际提供相关服务的法人或者自然人。《旅游纠纷规定》第 1 条第 3 款规定,"旅游辅助服务者"是指与旅游经营者存在合同关系,协助旅游经营者履行旅游合同义务,实际提供交通、游览、住宿、餐饮、娱乐等旅游服务的人。这一界定比较宽泛。比如,航空公司是旅行组织者的履行辅助人,但不是中介旅行社的履行辅助人;但在信息提供方面,中介旅行社是旅行组织者的履行辅助人。③ 有学者认为,在包价旅游中,运输、旅馆等服务提供者往往是与旅游者而不是组团社订立运输、住宿等合同,组团社在合同的订立过程中仅仅充当旅游者的代理人而已。所以,运输人、旅馆等通常不是履行辅助人。④

在违反保护义务的情况下,是否为履行辅助人比较难以确定。例如,承租人雇佣的搬家公司将出租房屋的台阶损害了;再比如承租人的孩子损害了出租房屋的家具;出卖人的运送人的一个烟头将所有的货物烧成废墟。这些情况下,债务人均应为他人的行为承担责任。⑤

> 例如,出租人甲委托装修公司丙在承租人乙的住宅中修理,就甲对乙的租赁合同保护义务而言,丙是履行辅助人。

2. 构成要件

(1) 债之关系

首先必须存在债之关系,既可以是合同关系,也可以是法定债之关系,但该关系在责任成立的事件发生时必须存在。在侵权法领域,损害事件发生后,即可以适用履行辅助人规则;在缔约过失领域,也可以适用履行辅助人规则。

在考察履行辅助人是否在债务人义务履行的框架内行为,就需要考察债务人义务的内容与范围。如果第三人排他地履行自己的义务,就不存在债务人范围的行为。债务人的义务范围因具体的债之关系而有所不同。比如,在送付之债的情况下,运输并非债务人的义务,故运输人并非债务人的履行辅助人。如果义务位于债权人自己

---

① Looschelders, *Schuldrecht AT*, 21. Aufl., 2023, §23, Rn. 35.
② 值得注意的是,《民法典》第 791 条第 2 款规定,总承包人或者勘察、设计、施工承包人经发包人同意,可以将自己承包的部分工作交由第三人完成。第三人就其完成的工作成果与总承包人或者勘察、设计、施工承包人向发包人承担连带责任。总包人不为分包人的过错承担责任,但第三人就其完成的工作成果与总包人承担连带债务。
③ Medicus/Lorenz, *Schuldrecht AT*, 22. Aufl., 2021, §31, Rn. 13.
④ 解亘:《再论〈合同法〉第 121 条的存废——以履行辅助人责任论为视角》,载《现代法学》2014 年第 6 期,第 35、36 页。
⑤ Huber, *Leistungsstörungen* Ⅱ, 1999, §56 Ⅳ 6 b.

的责任领域时,就不是债务人的义务领域。

债务人所负担的整体债务上,即主给付义务、从给付义务、保护义务,无论是作为与不作为义务,都可以由履行辅助人承担。

(2) 基于债务人的意思而行为

履行辅助人依债务人意思,在履行债务人义务的情况下作出行为,履行辅助人是否受债务人的指示或者是否与之存在社会依附关系,甚至履行辅助人是否知道在为他人履行债务,都是无关紧要的。

(3) 为了履行义务而行为

只有履行辅助人为了履行债务人的义务而作出行为时,债务人才为其行为承担责任。一般认为,有过错的履行辅助人之作为或不作为必须与指示他所进行的合同履行有直接的内在关联,如是履行辅助人的乘机行为,则债务人不承担责任。

> 案例:甲委托其学徒乙为丙装修房屋,在装修时,乙乘人不备,将放在卧室桌子上的钻戒偷走。

对此行为,甲不承担责任。修正观点认为,如果履行辅助人的损害行为因为该委托的工作而大为便利的情况下,债务人就需为第三人的乘机行为承担责任。[①] 根据这种观点,甲就需承担责任。

3. 法律效果

履行辅助人责任成立的,债务人须在同等范围内如同为自己过错承担责任一样承担责任。如果债务人与债权人约定变更注意标准的,则也适用于履行辅助人的行为,如当事人约定债务人仅对重大过失承担责任,那么债务人对于履行辅助人的轻过失即不承担责任。

比较有争议的是,过错标准根据的是债务人的特征还是履行辅助人的特征。由于法律将履行辅助人的行为视同是债务人自己的行为,故过错的标准应以债务人的特征为根据。[②] 在履行辅助人没有责任能力的情况下,即不能将损害归责于债务人,因为这种情况下履行辅助人的过错要件未满足。

(二) 为法定代理人承担责任

所谓法定代理人,是指所有基于法律规定可以为第三人为法律行为的人。例如,父母、监护人、遗产执行人以及破产管理人。由被代理人为法定代理人行为承担责任,该承担义务在性质上是一种代表责任,正是基于该代表责任,法定代理人才可以代理被代理人无限制地参加法律交易。

《最高人民法院关于赵正与尹发惠人身损害赔偿案如何适用法律政策问题的复

---

① Brox/Walker, *Allgemeines Schuldrecht*, 46. Aufl., 2022, §20, Rn. 32.
② Medicus/Lorenz, *Schuldrecht AT*, 22. Aufl., 2021, §31, Rn. 20.

函》（〔91〕民他字第 1 号）中认为：赵正的父母对赵正监护不周，亦有过失，应适当减轻尹发惠的民事责任。在此，法定代理人的过错以及义务违反行为归之于被代理人。《最高人民法院关于审理铁路运输人身损害赔偿纠纷案件适用法律若干问题的解释》（法释〔2021〕19 号）第 7 条规定按照监护人过错程度减轻铁路运输企业的赔偿责任，也是认为被代理人对法定代理人的过错与义务违反行为承担责任。

与履行辅助人责任的构成不同，为法定代理人承担责任，并不需要债务人派遣或者使用意思的要件。

（三）雇主责任

与履行辅助人责任相对的是在侵权法领域的所谓的雇主（Geschäftsherr）责任，在事务辅助人（Verrichtungsgehilfen）损害第三人的情况下，雇主为其行为承担责任（《民法典》第 1191 条）。

《民法典》第 1191 条采纳无过错责任原则，但是在追偿上，考虑雇员的过错问题；在侵权是否构成上，也要考虑雇员是否具有过错。

第六节　因义务违反产生的简单损害赔偿

【文献指引】

刘言浩：《宾馆对住客的保护义务——王利毅、张丽霞诉上海银河宾馆损害赔偿上诉案评析》，载《法学研究》2001 年第 3 期；杨立新、黄琳、陈怡、袁雪石：《饭店、旅店车辆管护义务及其损害赔偿》，载《法学家》2002 年第 5 期；李伟：《德国新债法中的附随义务及民事责任》，载《比较法研究》2004 年第 1 期。

【补充文献】

迟颖：《我国合同法上附随义务之正本清源——以德国法上的保护义务为参照》，载《政治与法律》2011 年第 7 期；张家勇：《合同保护义务的体系定位》，载《环球法律评论》2012 年第 6 期；张家勇：《论违反合同保护义务的归责标准》，载《西南民族大学学报（人文社会科学版）》2013 年第 2 期；王文胜：《论合同法和侵权法在固有利益保护上的分工与协作》，载《中国法学》2015 年第 4 期；朱晓喆：《瑕疵担保、加害给付与请求权竞合——债法总则给付障碍中的固有利益损害赔偿》，载《中外法学》2015 年第 5 期；郝伟明：《论合同保护义务的应然范围》，载《清华法学》2015 年第 6 期；叶名怡：《再谈违约与侵权的区分与竞合》，载《交大法学》2018 年第 1 期；李大何：《论附随义务及其救济方式》，载《浙江工商大学学报》2018 年第 2 期；李宇：《后合同义务之检讨》，载《中外法学》2019 年第 5 期；杜麒麟：《论违反附随义务之法定解除》，载《郑州大学学报（哲学社会科学版）》2020 年第 1 期；汪倪杰：《我国〈民法典（草案）〉中附随义务体系之重构——以中、德附随义务学说溯源为视角》，载《交大法学》2020 年第 2

期;周远洋:《〈民法典〉瑕疵履行违约责任条款评注》,载《新疆财经大学学报》2021 年第 1 期;武腾:《救济进路下不完全履行的定位和效果》,载《法律科学(西北政法大学学报)》2021 年第 3 期;武腾:《无权处分场合买卖合同的效力与权利瑕疵担保》,载《交大法学》2022 年第 1 期;郭歌:《〈民法典〉物之瑕疵规范的解释与适用研究》,载《江西社会科学》2022 年第 3 期;汪倪杰:《论〈民法典〉中合同与侵权的开放边界——以附随义务的变迁为视角》,载《法学家》2022 年第 4 期;朱心怡:《不完全履行下债权人救济途径选择权之限制》,载《法学》2022 年第 4 期。

一、简单损害赔偿的界定

简单损害赔偿请求权并非法律规定的术语,其内涵是指并非取代原给付请求权的损害赔偿请求权,而是在给付请求权之外主张的损害赔偿请求权,也可以称其为与给付并存的损害赔偿请求权,与其相对的概念即是替代给付的损害赔偿请求权。依据《民法典》第 583 条,当事人一方不履行合同义务或者履行合同义务不符合约定的,在履行义务或者采取补救措施后,对方还有其他损失的,应当赔偿损失。在这里,履行义务或者采取补救措施指的都是原给付义务,这里的损害赔偿请求权即是与原给付请求权并存的简单损害赔偿请求权。

根据《民法典》第 583 条,与给付并存的损害赔偿,首先适用的情况是不履行合同义务,具体包括给付不能以及给付迟延的情况。在前者,不可能存在与给付并存的损害赔偿,故应予以排除。所以,这里的不履行合同义务仅指给付迟延的情况下,此时有特殊的迟延损害赔偿的问题,故不包含在简单损害赔偿制度之下。如此分析下来,第 583 条针对的情况主要是指履行合同义务不符合约定的情况,在解释上,应当扩张解释这里的"约定",含有违反附随义务的情况,所以,简单损害赔偿请求权仅存在于不完全给付以及违反附随义务的情况下。

二、附随义务之违反

基于债的关系不仅可以产生给付义务,还可以产生保护、协助、通知、保密等附随义务(《民法典》第 509 条第 2 款)。附随义务的客体是完整性利益(Integritätsinteresse),与给付义务无关的附随义务,也即保护义务。在实现债之关系的时候,债务人不得造成债权人的财产、健康以及其他法益的损害。债务人违反这些义务,也得基于《民法典》第 583 条赔偿产生的损害,该损害赔偿是与原给付义务并列的,被称为简单损害赔偿。简单损害赔偿的首要适用情况就是违反附随义务的情况。

(一)合同框架内的附随义务之违反

在合同成立后,附随义务的内容多样,伴随债之关系的发展而发展,如对买卖标的物使用说明的义务、售后维修义务等。这些义务虽然不是给付义务,但与给付义相关。有学者认为,期前拒绝履行合同也是违反忠实合同或者严守合同义务的情况,在性质上可以归为附随义务的违反。①但我国《民法典》单独规定了期前拒绝履行,即第578条,所以,应认为期前拒绝履行是独立的给付障碍类型。

狭义的附随义务即是保护义务,保护义务的违反是附随义务违反的最主要情况,债务人虽然及时地、无瑕疵地履行了原给付义务,但损害了债权人与原给付义务无关的权益。除此之外,债务人还有协助义务、检查义务等附随义务。②

  例如,粉刷匠甲为乙粉刷房屋。在粉刷时,甲过失毁坏了乙的家具。此时,若乙请求甲赔偿被损害的标的,则这里涉及的是简单损害赔偿请求权(《民法典》第583条)。该损害赔偿请求权与给付请求权并列存在,乙在请求甲损害赔偿之后,仍可要求甲继续履行。

  再如,知道患有艾滋病的病人,因其他原因在医院就诊,但没有告知医生其患有艾滋病,结果导致医生感染。从合同法角度而言,该病人违反了附随义务,应承担损害赔偿责任,同时也应履行给付诊金的义务。

只有在债权人因保护义务之违反严重,不可期待其受领给付的情况下,才可以舍弃原给付义务,而请求替代给付的损害赔偿,此时原给付义务消灭。具体判断是否对于债权人而言不可期待其接受给付时,须考察义务违反的重要性以及频率、将来违反其他保护义务的危险性程度。例如,粉刷匠甲为乙粉刷房屋。在粉刷时,甲毁坏了许多有价值的家具。此时即不可期待债务人接受给付。

在适用《民法典》第583条时,不仅可能涉及物的损害,也可能涉及人身损害。例如甲在乙的汽车修理店修理汽车。甲在取车时,跌入坑槽,原因是乙由于疏忽而忘记了在坑槽上搭上木板,甲因此受伤。在此,甲对乙得请求医疗费等损害赔偿。

值得注意的是,简单损害赔偿也可能指向纯粹财产损害。例如,甲是乙制造企业的工程师,将企业的新生产线建设的细节泄露给乙的竞争对手丙企业。乙由此遭受了营业损害。乙可以依据《民法典》第583条向甲请求损害赔偿。

(二)先合同关系中的附随义务违反

附随义务产生于合同关系产生之前,延续到合同关系结束后。根据《民法典》第500条、第501条,当事人在订立合同过程中,违反先合同的附随义务,而给对方造成损失的,应当承担损害赔偿责任。根据《民法典》第583条,这里的损害赔偿责任也是简单损害赔偿责任。在这里既涉及人身法益、所有权等绝对权利,也可以是纯粹财产损害。

  例如,甲进入乙的商店,想询问计算机的价格。由于地板未被清洁而甲滑

---

① 葛云松:《期前违约规则研究——兼论不安抗辩权》,中国政法大学出版社2003年版,第177页。
② 详见姚志明:《债务不履行(一)——不完全给付之研究》,元照出版有限公司2000年版,第69页以下。

倒，甲受伤。甲请求乙赔偿损害。

附保护第三人作用的合同中第三人的损害赔偿请求权，以及代理人或事务管理人的损害赔偿责任，也属于先合同关系中违反附随义务导致简单损害赔偿请求权的情况。

在合同订立前违反附随义务的，在例外情况下，债权人可能在合同订立后请求替代给付的损害赔偿以及解除合同。

> 例如，甲对一座房屋很感兴趣，该土地南侧为农地所环绕。甲询问乙，尽管乙可能已经知道那里会建筑运动场，还是告诉甲该土地上不会建筑。在甲以400万元的价格购买该房屋后，运动场的建筑就开始了。

在本案中，合同本身可以被视为一种损害，甲可以通过废止合同"排除"该损害。该合同被废止后，甲仍可以要求替代给付的损害赔偿。

（三）后合同附随义务的违反

《民法典》第558条还专门规定了后合同义务。后合同义务是指，在合同权利义务终止后，当事人应当遵循诚实信用原则所应履行的，根据交易习惯而产生的通知、协助、保密、旧物回收等义务。例如，在租赁关系消灭后，出租人应允许承租人于门前悬挂迁移启事；餐厅应代为照管顾客遗失物；合同关系结束后的竞业禁止义务。请求履行后合同义务者，必须证明交易习惯上存在该后合同义务。有学者建议，类推适用竞业限制义务不得超过两年的规定，后合同义务的存续期限为合同终止后两年。① 在债务人违反后合同附随义务的情况下，也可以产生简单损害赔偿。

对于后合同义务的违反，不能适用缔约过失制度。因为缔约过失构成的前提是在"合同订立过程中"发生义务违反。违反后合同义务，在性质上是一种附随义务的违反，《合同法解释(二)》第22条专门为这种情况的附随义务违反规定了法律效果："当事人一方违反合同法第九十二条规定的义务，给对方当事人造成损失，对方当事人请求赔偿实际损失的，人民法院应当支持。"不同观点认为，后合同义务包含保护义务与给付义务，保护义务当属于侵权法调整的范围，而给付义务有强制给付自由之嫌，回收义务乃公法义务，不必纳入和规范。所以，并没有必要规定后合同义务。②

（四）法律效果

在构成简单损害赔偿的情况下，赔偿的客体是完整性利益，债务人负有恢复到保护义务没有被违反的状况的义务。此时，原给付义务继续存在，债权人在行使给付请求权的同时，可以向债务人请求因违反附随义务的损害赔偿。

在可请求替代原给付义务的请求权的情况下，损害赔偿的内容主要是替代给付

---

① 李宇：《后合同义务之检讨》，载《中外法学》2019年第5期，第1296页。
② 同上文，第1270页。

的费用，其他损害可根据简单的损害赔偿请求权主张。例如在上述案件中，简单的损害赔偿是家具的损失赔偿，而替代给付的损害赔偿是聘请其他粉刷匠的费用，债权人可以同时要求二者。

（五）举证责任

本书认为，在需要可归责要件的情况下，对于可归责性，由债务人举证；对于给付义务违反，容易证明，由债权人证明。

但在保护义务违反的情况下，事理上与侵权法类似，在侵权法中，受害人对所有事实构成均应证明，而在合同法中，债务人须对过错进行证明；而且，在义务违反处于债务人危险或者负责范围之内的情况下，债务人也负有证明义务违反之责任。

例如：甲开车通过乙洗车设备，结果雨刷被撕裂了。

原则上，甲须证明乙违反了义务。但由于汽车处于乙负责之领域而被损坏，从损害中即可推定义务违反，由此债务人须证明其没有义务违反，才可以推翻该推定。

（六）预防性请求权

有疑问的是，债权人是否享有可以请求甚或起诉债务人阻止损害发生的权利。通说认为，原则上，债权人并无请求权乃至诉权，因为这样的预防性诉讼会危及当事人之间的信赖关系，而且，只要债务人能够排除困难产生的损害，债务人就会有意识地去冒风险，这样做也是正当的。[①] 但是在存在特别的预防利益的情况下，应承认预防请求权，例如，在约定交付日期前，出卖人恶劣地对待标的物，如置于露天之下，危及以后的履行。此时买受人可以根据《民法典》第 509 条第 2 款以及第 577 条，请求出卖人履行作为义务。

三、不完全给付

🖉 【文献指引】

詹森林：《不完全给付——"最高法院"决议于判决之发展》，载《台湾本土法学杂志》2002 年第 34 卷；韩世远：《医疗服务合同的不完全履行及其救济》，载《法学研究》2005 年第 6 期；杜景林、卢谌：《论德国新债法积极侵害债权的命运——从具体给付障碍形态走向一般性义务侵害》，载《法学》2005 年第 4 期；崔建远：《物的瑕疵担保责任的定性与定位》，载《中国法学》2006 年第 6 期；卢谌、杜景林：《德国法中的瑕疵损害与瑕疵结果损害》，载《法学》2007 年第 3 期；韩世远：《出卖人的物的瑕疵担保责任与我国合同法》，载《中国法学》2007 年第 3 期；崔建远：《物的瑕疵担保责任果真已被统合到违约责任制度之中？》，载王利明主编：《中国民法年刊 2006—2007》，法律出版社 2008 年版；杜景林：《现代买卖法瑕疵担保责任制度的定位》，载《法商研究》2010 年第

[①] Medicus/Lorenz, *Schuldrecht AT*, 22. Aufl., 2021, §39, Rn. 8.

3 期;詹森林:《不完全给付与物之瑕疵担保之实务发展》,载《台大法学论丛》2010 年第 3 期;韩世远:《租赁标的瑕疵与合同救济》,载《中国法学》2011 年第 5 期;迟颖:《从物之瑕疵责任的变迁看德国给付障碍法的国际化趋势》,载《研究生法学》2011 年第 1 期;李昊:《论德国积极侵害债权制度的变革》,载《研究生法学》2011 年第 1 期。

✍【补充文献】

〔德〕赫尔曼·史韬伯:《论积极违反契约》,金可可译,载《华东政法大学学报》2015 年第 2 期;朱晓喆:《瑕疵担保、加害给付与请求权竞合——债法总则给付障碍中的固有利益损害赔偿》,载《中外法学》2015 年第 5 期;阮忠良:《商品房质量瑕疵与买受人拒绝受领权关系问题之探讨——以非主体结构性质量瑕疵为重点》,载《东方法学》2017 年第 3 期;金晶:《〈合同法〉第 111 条(质量不符合约定之违约责任)评注》,载《法学家》2018 年第 3 期;马珂君:《浅议加害给付之损害赔偿》,载《山西省政法管理干部学院学报》2019 年第 3 期;周远洋:《〈民法典〉瑕疵履行违约责任条款评注》,载《新疆财经大学学报》2021 年第 1 期;武腾:《救济进路下不完全履行的定位和效果》,载《法律科学(西北政法大学学报)》2021 年第 3 期;武腾:《无权处分场合买卖合同的效力与权利瑕疵担保》,载《交大法学》2022 年第 1 期;郭歌:《〈民法典〉物之瑕疵规范的解释与适用研究》,载《江西社会科学》2022 年第 3 期;朱心怡:《不完全履行下债权人救济途径选择权之限制》,载《法学》2022 年第 4 期。

(一)不完全给付的内涵

所谓不完全给付,是指债务人虽然履行了债务,但其给付不符合债务本旨的情况(《民法典》第 583 条)。

与给付不能、债务人迟延以及拒绝给付相比,在不完全给付的情况下,债务人进行了给付,但是不完全,而在给付不能、债务人迟延以及拒绝给付的情况下,则没有可认为是"履行"的行为。① 也就是说,给付不能与给付迟延之外的与给付相关的义务违反为不完全给付(不良给付)。例如,债务人未尽到注意义务而实施给付行为,如修理屋顶者履行了修理义务,但事后发现漏雨,由此造成的损害与给付不能或者迟延无关,而是与不完全实施给付行为有因果关系。再如,负责尽职调查的律师没有查实企业负债情况,该律师应对于因此造成的损害承担赔偿责任。负责记账的合伙人提交的报表有误,导致其他合伙人据此作出的经营决策失误,进而产生损害,负责记账的合伙人应向其他合伙人承担责任。在借款合同中,当事人约定,一方当事人负有提供担保的义务,但嗣后该方当事人没有提供担保,也应对由此造成的损害承担责任。

---

① 韩世远:《合同法总论》(第四版),法律出版社 2018 年版,第 549 页;姚志明:《债务不履行(一)——不完全给付之研究》,元照出版有限公司 2000 年版,第 53 页。

有学者认为,不完全给付尚包括违反附随义务的情况。① 对此,本书认为,附随义务的违反,是一种独立的履行障碍类型,与给付并无关系,故不能纳入不完全给付类型。而且在现行法上,附随义务规定在《民法典》第 509 条第 2 款,对附随义务的违反,请求权基础为《民法典》第 583 条。在不构成给付不能、债务人迟延以及拒绝给付的情况下,方可考察是否构成不完全给付。

在不完全给付的情况下,债权人的其他权利、法益或者利益均可能受到侵害,对此,债权人可以根据《民法典》第 583 条请求简单损害赔偿。此时,原给付义务继续存在。例如债权人甲委托律师丙起诉其债务人乙请求支付 10 万元欠款,但丙没有注意到时效即将届满,迟延起诉。在诉讼中,乙主张债权已经经过诉讼时效。最终,诉讼请求被驳回。丙作为律师,其给付不完全,致使其委托人甲财产受到 10 万元损害。这里的损害赔偿并非替代原给付义务,而是与原给付义务并存的损害赔偿,其请求权基础在于《民法典》第 583 条。再如,甲委托律师代理执行,对债务人的不动产进行扣押,扣押到期后,没有及时续查封,此时,律师要承担损害赔偿,如果甲的债权没有实现,则律师仍须继续代理执行。

(二) 瑕疵损害与瑕疵结果损害的区分

买卖合同法与承揽合同法中的瑕疵给付与加害给付两种情况是不完全给付的主要适用情况;就瑕疵给付而言,可分情形,如其不完全给付之情形可以排除的,债权人可以依照债务人迟延之规则行使权利;如果不完全给付之情形不能排除的,则依照给付不能的规定行使权利。② 其实,在瑕疵可以排除的情况下,也可能符合不完全给付之要件,债权人可以据此请求损害赔偿。在瑕疵给付的情况下,产生的损害赔偿责任主要是替代给付的损害赔偿。《民法典》将不完全给付(瑕疵给付)责任单独规定,即第 582 条,作为独立的请求权基础,对此,本书将在后面专节论述。

所谓瑕疵结果损害(Mangelfolgeschaden),也被称为伴随损害(Begleitschaden),我国学界一般称之为加害给付,就买卖合同而言,并非是具体买卖合同所涉及的买受人财物损害,而是买卖标的物造成人身或其他物的损害。③ 例如,买受人购买的马饲料有毒,导致买受人拥有的马死亡。饲料是种类物,出卖人给付仍是可能的,既有的给付无瑕疵标的物的义务仍然存在,但这不能完全满足买受人的利益。第一次给付带来的额外损害,既不是给付不能造成的,也不是迟延损害,而是因为不良实施给付行为造成的。加害给付,在性质上是一种不良给付或不完全给付(Schlechtleistung),这里的给付是指给付行为。因加害给付产生的损害是简单损害。

综上所述,瑕疵损害与瑕疵结果损害的区分主要在于,由此产生的损害赔偿请求

---

① 韩世远:《合同法总论》(第四版),法律出版社 2018 年版,第 555 页。
② 黄立:《民法债编总论》(修正三版),元照出版有限公司 2006 年版,第 468 页。
③ 郭丽珍:《瑕疵损害、瑕疵结果损害与继续侵蚀性损害》,翰芦图书出版有限公司 1999 年版,第 8 页。

权是替代原给付请求权还是与其并存。①

值得怀疑的是,在买卖标的物的瑕疵导致财产损害的情况下,是否仍属于瑕疵结果损害赔偿。所失利润(der entgangene Gewinn)通常与无瑕疵物之维持的利益紧密相关,要求赔偿所失利润的请求权不能与给付请求权一并行使,所以,所失利润的赔偿原则上属于替代给付的损害赔偿。② 在例外情况下,带来盈利的交易不能被补救,比如买卖标的物由于与补救履行关联的迟延而无法出卖或者仅能以极低的价格出卖。这里涉及的不是简单损害,而是迟延损害。③

因标的物而可能实现的收益也属于瑕疵结果损害,但在性质上不属于完整性利益,而是给付义务违反所损害的利益,例如瑕疵导致的经营损失(mangelbedingte Betriebsausfallschaden)。值得注意的是,可能实现的收益的损害也并非迟延损害,因为在进行催告之前,经营损失已经产生了。④ 例如,出卖人有过错地交给买受人一台有瑕疵的机器。因为该机器不能使用,买受人每天遭受的损失为5000元。

标的物价值减少不可排除的情况下,赔偿请求权是一种替代给付的请求权,因为,此时该价值减少的瑕疵是不可以通过补救履行排除的,根据《民法典》第580条第1款,原给付义务消灭。同样,替代物获得费用赔偿时,也属于替代给付的损害赔偿。

(三) 加害给付损害之赔偿

特别值得注意的是,在买卖与承揽合同中,瑕疵给付导致债权人其他权利、法益或者利益受到损害的情况,是不完全给付重要的适用情况。债务人的瑕疵给付导致债权人其他权益的损害的,即形成所谓的瑕疵结果损害或者伴随损害,也被称为加害给付。

加害给付本质上属于侵权法的事务,但在德国法上,由于侵权法在保护范围上采取列举原则,并将其限定于绝对权以及特别法保护的法益的情况,故特别发展积极侵害债权(positive Forderungsverletzung)制度,在合同法层面保护债权人的其他法益。加害给付的典型案例是所谓的马饲料案⑤,马饲料的出卖人提供的饲料有毒,导致买主的马中毒。再如,出卖人交付的狗有传染病,传染了买受人其他的狗;出卖机器的人没有给使用说明,买受人错误操作后,损坏了机器以及加工的材料等。

对于加害给付的问题,我国《民法典》侵权责任编虽未明确采纳德国法体系,但《民法典》第186条规定,因当事人一方的违约行为,损害对方人身权益、财产权益的,受损害方有权选择请求其承担违约责任。其主要原因在于,依照《民法典》侵权责任

---

① Grunewald, in: Dauner-Lieb/Konzen/K. Schmidt (Hrsg.), *Das neue Schuldrecht in der Praxis*, 2003, S. 313 ff.
② Brox/Walker, *Besonderes Schuldrecht*, 45 Aufl., 2021, §4, Rn. 111.; Oetker/Maultzch, *Vertragliche Schuldverhältnisse*, 5. Aufl., 2018, §2, Rn. 295 ff.
③ Jauernig/Stadler, 19. Aufl., 2023, BGB §280, Rn. 52.
④ Medicus/Lorenz, *Schuldrecht AT*, 22. Aufl., 2021, §36, Rn. 23.
⑤ RGZ 66, 289 ff.

编的规定,债权人(被害人)须就加害人过失行为负举证责任,对受害人保护不周,为使被害人权益受到更周全保障,而使其得依不完全给付之基础请求损害赔偿。除此之外的原因还有,依据《民法典》侵权责任编,在由于信息义务违反等损害一般财产(如收入减少或者费用增加)的情况下,受害人无法获得救济。此时,依据不完全给付规则,债权人尚可以要求纯粹财产损害。

债务人加害给付,不仅可能侵害债权人的财产权益,也可能侵害债权人的人格利益。在这两种情况下,债务人均应承担损害赔偿责任。债务人因瑕疵给付侵害债权人人格利益的,债权人可以请求精神损害赔偿。《民法典》第996条规定,因当事人一方的违约行为,损害对方人格权并造成严重精神损害,受损害方选择请求其承担违约责任的,不影响受损害方请求精神损害赔偿。也就是说,受损害方可以根据违约请求精神损害赔偿。

1. 构成要件

加害给付情况下的损害赔偿请求权的构成要件与瑕疵给付情况下的损害赔偿请求权的构成要件基本相同,须债务人已为给付,须为瑕疵给付,并须债权人的固有利益可归责债务人地受到损害。但无须债权人指定期间,因为其他法益的损害已经产生了,无法通过补救履行挽回。

2. 得赔偿的损害

在加害给付情况下,债务人需要赔偿的并不是对等性利益(Äquivalenzinteresse),而是完整性利益(Integritätsinteresse),对完整性利益的侵害属于保护义务与行为义务违反的范畴。由此产生的损害赔偿是一种简单损害赔偿,可以与原给付请求权并存。

(四) 用益丧失损害

有疑问的是,在物有瑕疵的情况下,直到进行有效补救履行之时,买受人不能用益的损失,是一种简单损害,还是迟延给付的损害?由于该损害赔偿可以与补救履行并存,故该损害赔偿是一种简单损害赔偿,规范基础在于《民法典》第615条、第617条、第577条、第583条。迟延损害赔偿请求权的构成要件,原则上需要债权人催告,而债权人催告是为了给债务人继续履行的机会,具有保护债务人之目的。而在用益丧失损害的情况下,债务人并不值得保护,即不需要债权人催告。

国家市场监督管理总局《家用汽车产品修理更换退货责任规定》(国家市场监督管理总局令(第43号))第21条规定,家用汽车产品在包修期内因质量问题单次修理时间超过5日(包括等待修理零部件时间)的,修理者应当自第6日起为消费者提供备用车,或者向消费者支付合理的交通费用补偿。经营者与消费者另有约定的,按照约定的方式予以补偿。

例如,甲向乙购买一套机器设备,约定在周六下午送到。乙按期履行,但甲周六晚上安装运转时,发现机器无法运转,由此产生损失30000元。周一,甲告知乙机器有瑕疵。于是，过失没有注意机器有瑕疵的乙为甲更换了一台能运转的机器。

在本案中，甲可以基于《民法典》第 615 条、第 617 条、第 577 条、第 583 条主张简单损害赔偿。

如果买受人根据《民法典》第 615 条、第 610 条有效地解除合同，则在解除后产生的用益丧失损害，例如，在返还有瑕疵的二手车之后需要租赁替代汽车的费用，被视为替代给付的损害赔偿。其正当理由在于，如果能够进行补救履行，则这些损害是可以被避免的。

（五）法律效果

满足《民法典》第 583 条构成要件的，则根据《民法典》第 584 条确定赔偿损害。债权人须被恢复到没有损害事件情况下所处的利益状况，即应获得期待利益的赔偿。在侵害人身法益以及人格权的情况下，债务人还须承担精神损害赔偿。

（六）与侵权损害赔偿请求权的竞合

债务人加害给付的，侵害的是债权人固有利益，通常会同时符合违约与侵权行为的要件，由此会发生违约损害赔偿请求权与侵权损害赔偿请求权的竞合。在买卖产品时，出卖人出卖的产品存有缺陷，而缺陷产品造成买受人人身、财产损害的，出卖人因不完全履行，需要承担损害赔偿责任；而依据产品责任，生产者与销售者均可能承担侵权责任（《民法典》第 1202 条、第 1203 条第 1 款）。在买受人向销售者主张侵权责任的情况下，就可能出现买受人既可以基于违约请求权，也可以基于侵权请求权，向出卖人请求损害赔偿的情况。原则上，买受人可以选择任一请求权主张损害赔偿。①

《民法典》第 1202 条规定，因产品存在缺陷造成他人损害的，生产者应当承担侵权责任。缺陷造成产品本身损害的，生产者也要承担损害赔偿责任。因此，就产品自损的情况，产品质量侵权责任与加害给付违约责任可能构成竞合。

第七节　迟延损害赔偿

【文献指引】

王敬藩：《迟延履行利息、履行金、赔偿金探析》，载《法学论坛》1995 年第 4 期；王莉：《打击迟延付款 确保债权人利益——〈德国民法典〉的最新修订》，载《当代法学》2001 年第 11 期；韩世远：《履行迟延的理论问题》，载《清华大学学报（哲学社会科学版）》2002 年第 4 期；姚志明：《债务不履行之研究（一）——给付不能、给付迟延与拒

---

① 朱晓喆：《瑕疵担保、加害给付与请求权竞合——债法总则给付障碍中的固有利益损害赔偿》，载《中外法学》2015 年第 5 期，第 1140 页以下。

绝给付》,元照出版有限公司 2003 年版。

✒ 【补充文献】

姚明斌:《金钱债务迟延违约金的规范互动——以实践分析为基础的解释论》,载《华东政法大学学报》2015 年第 4 期;张金海:《论金钱债务的迟延履行利息》,载《法学》2020 年第 11 期;陆家豪:《履行迟延的合同解除规则释论》,载《政治与法律》2021 年第 3 期;陆家豪:《同时履行抗辩阻却履行迟延之效果研究》,载《法学杂志》2022 年第 2 期;王吉中:《迟延损害催告要件的制度意义与规范选择》,载《南大法学》2022 年第 5 期;陈安然:《论金钱之债迟延履行的损失认定》,载《浙江工商大学学报》2023 年第 1 期;姚宝华:《迟延履行利息刍议》,载《中国应用法学》2023 年第 3 期;张弘毅:《债务人迟延催告要件的制度功能与体系定位》,载《法学》2024 年第 2 期。

一、债务人迟延的界定

债务人应在特定的时间点进行给付,如果债务人未按时给付的,债权人可以要求立即给付。自此时点,即出现给付之迟延(Verzörgerung der Leistung)。这里涉及的是时间层面的义务违反。在本质上,给付迟延也是一种不能,只不过是暂时的履行不能,但基于经济上特殊考量,有其独立的必要。其制度功能在于加快支付,具体通过催告以及立即到期制度加快支付。

给付迟延与债务人迟延(Verzug des Schuldners)是不同的概念,给付迟延仅是债务人迟延的一个构成要件,即义务违反要件,在德国法传统上,只有满足债务人迟延构成要件的情况下,债权人才可以请求损害赔偿。要构成债务人迟延情况下的损害赔偿请求权,还需要过错、催告等要件。例如在给付迟延的原因是火车晚点或者航班取消而不能按时到达时,债务人并无过错,故并不构成债务人迟延之损害赔偿请求权。而且,在债务人迟延情况下,还要求债权人请求赔偿迟延损害,并不是给付迟延,就会有损害赔偿。

所谓债务人迟延,是指尽管给付是可能的、到期的、可执行的,而且经过催告后,债务人还是不给付的情况。

我国法上并未规定完整的债务人迟延构成制度,只是在《民法典》第 563 条第 1 款第 3 项、第 4 项规定了债务人迟延情况下的解除规则。

如果给付因为事实或法律上不能而被排除,或者债务人享有履行费用过高或不适于强制履行的抗辩,就不会存在债务人迟延。在债务人迟延期间出现不能的,则根据给付不能制度处理,也就是说,给付不能规则原则上优先于债务人迟延规则的适用。① 但在债务人迟延后方出现给付不能的,则在构成债务人迟延后到发生给付不能前出现的迟延损害,仍需根据债务人迟延规则处理损害赔偿问题。

给付是否可补救履行是区分债务人迟延与给付不能的区别点。

二、构成要件

根据《民法典》第 583 条,当事人一方不履行合同义务的,在履行义务后,对方还有其他损失的,应当赔偿。这里"当事人一方不履行合同义务"仅指履行迟延的情况,而"损失"则包含迟延损害。② 债务人迟延的构成要件适用于所有类型的给付义务,亦适用于双务合同产生的给付义务。

(一) 有效、到期并可实现的请求权

1. 有效的请求权

首先必须存在一个有效的合同或者法定的债之关系。合同或给付须经过批准或许可才能成立的,由于债务并不完全,故无法构成迟延。

2. 给付必须已经到期

对于给付有确定期限的,自期限届满时起,请求权到期。例外的情况如,在无记名证券债之关系中,在提示期将至的时候,持票人即债权人须为提示,否则即使到期,也不构成债务人迟延。另外,在往取债务中,买受人没有到出卖人之处所受领给付的,请求权到期的,也不构成迟延。

对于未定期限的情况以及期限不确定的情况,债权人请求给付时,须经过催告,债务人仍未给付的,才可以构成债务人迟延。

所谓未定期限的债务,是指债的到期不能依照当事人的意思、交易习惯以及任意法补充而得确定的情况;而所谓定有不确定期限的,是指虽然给付的期限是确定的,但期限的届至不确定,如预订夏天的第一场雨天为给付时间的。

债权到期有时取决于债权人特定行为的情况,如电话订货,或者线上下单,在约定的不动产所有权移转时出现等;在这些情况下,迟延要以行为人为一定行为为前提。③ 尤其是在债务人提供给付需要债权人辅助的情况下,也要以债权人辅助行为为前提。因为债权人不为辅助行为,债务人即不能依约行为,也就对其迟延行为不可归责,因为此时可归责于债权人。④ 例如,约定交付货物之前须当事人检验后方可以交付的。

先履行给付货物的义务的卖方没有履行,则以之为前提的买受人给付价款的义

---

① Fikentscher/Heinemann, *Schuldrecht AT & BT*, 12. Aufl., 2022, §44 I, Rn. 462;姚志明:《债务不履行之研究(一)——给付不能、给付迟延与拒绝给付》,元照出版有限公司 2003 年版,第 185 页。
② 韩世远:《合同法总论》(第四版),法律出版社 2018 年版,第 544 页。
③ Emmerich, *Das Recht der Leistungsstörungen*, 6. Aufl., 2005, §16, Rn. 13.
④ A. a. O., Rn. 26.

务即没有到期,即使债权人催告,也不会发生效果。

3. 请求权必须是可实现的

在给付不能的情况下,原给付义务消灭,也就无所谓债务人迟延了。也就是说,给付不能排除了债务人迟延的构成。在迟延期间出现的给付不能会终止债务人迟延,但不溯及既往,基于债务人迟延已经产生的请求权不受影响。在德国法上,发生法律或事实上不能的情况下,法官须依职权考虑给付不能问题,但在人身上给付困难或经济上给付障碍的情况下,只有债务人提出时,才可以产生给付不能之效果,从而排除债务人迟延的构成。

对于债务消灭的抗辩,如债之关系无效、被撤销或者被解除,债务人无须进行主张,即可以发生阻却债务人迟延的效力。

比较复杂的是,须主张的抗辩权在多大程度上可以对抗给付之到期。原则上,对于须主张的抗辩权,其存在本身不能排除到期或者迟延,因为该种抗辩权是需要主张的。如果债务人自始至终(包括在诉讼程序中)没有提出抗辩,法院即可判决债务人给付。如果债务人提出了抗辩,则债务人就不必给付或者继续给付,其也不会因此陷入迟延。但问题是,该主张是否有溯及既往的排除迟延的效力?比如,迟延已经构成后,债务人才提出抗辩的,该抗辩权能否排除迟延的效力呢?对此,要具体根据抗辩权的不同区分不同的结果。

诉讼时效的抗辩,具有排除过去或者已经产生迟延的效力。而留置抗辩权的主张则不具有溯及既往排除迟延的效力。在发生留置抗辩权的情况下,债权人可以通过提供担保抵消留置抗辩权,但是不能溯及既往地取消债务人的留置抗辩权,所以,留置抗辩权也不能具有溯及既往效力。也就是说,如果债务人已经陷入迟延,债务人事后主张留置履行抗辩权的,不会影响债务人迟延的构成,债务人仍需承担责任。

但同时履行抗辩权以及不安抗辩权具有溯及既往排除给付迟延产生的效力,即所谓的存在效果说。在双务合同中,两个请求权之间自始就存在依附关系,所以,只有在催告债务人的债权人提出自己的对待给付之时,债务人才陷入迟延。债权人仅仅是准备给付,并不能使债务人陷入迟延。①

最后,值得注意的是,债务人最终是否履行,并不是构成要件。

(二) 催告

在欧洲民法传统上,如果发生履行迟延,债权人必须给予警告或者要求履行(催告)。因为自罗马法以来,违约责任的基础是过错,一旦债务人接到催告,债务人的不履行通常即可以归因于其过错。②

---

① Medicus/Lorenz, *Schuldrecht AT*, 22. Aufl., 2021, § 36, Rn. 5.
② Zimmermann, *The Law of Obligations*, 1996, p. 795-796; HKK/Lohsse, 2007, BGB §§ 286-292, Rn. 15.

1. 过错责任下的催告

(1) 催告的内涵与性质

给付到期后,债务人迟延尚不会自动成立,只有在债权人在给付到期后进行催告后,才会构成债务人迟延。其理由在于,债务人迟延之效果对债务人构成不利,所以,应给予债务人以警告,给予其最后一次机会立即给付,以避免承担债务人迟延责任。

催告是债权人对债务人立即给付的要求,在内容上,必须足够确定、清楚,必须能让人认知到,债务人如果不为给付,就会产生法律效果[1],但无须明确具体的法律效果,也无须表明确定的金额或数量。通常,第一次寄上账单或者寄上载有支付期限的账单仍构不成催告,只有在此之后的提醒才算得上催告。在解释上,寄送账单只是债务金额的通知。

在债务人负担多个给付的情况下,催告必须明确指向哪一个给付。

给付之诉的提起与催告具有同等效力,在督促程序中支付令的送达亦构成催告,其理由在于,此处明确地表达了立即给付的要求。相反,提出确认之诉或者将来给付之诉并不构成催告,登记为破产债权也不构成催告。

催告是请求给付的意思通知,在性质上为准法律行为,催告本身不会导致新的法律关系产生,而且,其所生之法律效果,也是法律所赋予的。[2] 关于意思表示的规定适用于催告,如发出、到达、行为能力、代理等规则,但不能准用可撤销规则。[3] 与单方表示类似的是不能附加条件,但附加延缓条件的催告若是为债务人设定最后履行期限的,则可以。

必须在给付到期之后才能催告,到期之前的催告不生效力,也不因嗣后催告而被治愈。

在到期取决于债权人为特定行为的情况下,首先债权人必须等待该行为的结果,然后才能催告。不同意见认为,应当在债权人为必要的行为后或表示愿意做某事后,催告才生效,才有债务人迟延的问题。[4]

催告决定了债权人何时可以进行替代交易。在催告前,债务人未陷入债务人迟延,不承担迟延损害赔偿责任。

(2) 适用范围

催告只适用于未定期限或者期限不确定的情况。如果有确定的给付日期的,则无须催告,即所谓期限代催告原则(dies interpellat pro homine)。例如,当事人双方约定,出卖人最迟于4月1日交付。即使当事人没有约定特定给付日期,但约定于特定

---

[1] Fikentscher/Heinemann, *Schuldrecht AT & BT*, 12. Aufl., 2022, §44 II 2, Rn. 465.
[2] 黄立:《民法债编总论》(修正三版),元照出版有限公司2006年版,第480页。
[3] Larenz, *Schuldrecht AT*, 14. Aufl., 1987, S. 345.
[4] A. a. O., S. 345 f.

事件之后一定时间内给付的,亦无须催告,如当事人约定送交货物之后的 2 周给付价款。如果当事人约定自某个时间开始计算日期,那么,该期间要合理,才可以免去债权人催告之义务。

如果当事人一方确定给付日期,如指定债务人必须于 4 月 1 日转账,此时,该行为并不具有催告的效力,一方当事人确定给付日期的行为中并没有催告的意思,此时,该当事人仍应进行催告。

如果债务人严肃并最终拒绝履行,亦不需要债权人进行催告,因为此时无须出于保护债务人的利益对其进行警告,催告亦无必要。

衡量双方当事人的利益,也可认定某些情况下,依照诚实信用原则,也不需要债权人进行催告。例如,债务人逃避催告、债务人自己宣布并保证马上履行、给付特别紧急的情况等。

依照侵权行为以及恶意不当得利的规定,应负返还义务的情况下,无须债权人催告。侵权行为或者不当得利一旦构成,侵权人与得利人即须立即返还,不立即返还的,即构成债务人迟延,须负担迟延利息及损害赔偿责任。①

存在法律规定的履行时间的情况下,也无须债权人进行催告。比如《保障中小企业款项支付条例》第 8 条规定:机关、事业单位从中小企业采购货物、工程、服务,应当自货物、工程、服务交付之日起 30 日内支付款项;合同另有约定的,付款期限最长不得超过 60 日。大型企业从中小企业采购货物、工程、服务,应当按照行业规范、交易习惯合理约定付款期限并及时支付款项。合同约定采取履行进度结算、定期结算等结算方式的,付款期限应当自双方确认结算金额之日起算。

对于价金、报酬等对价债权的债务人迟延,《德国民法典》第 286 条第 3 款区分了消费者与非消费者,如果债务人并非消费者,则至迟于到期且账单或类似付款明细到达三十日内未付款时发生迟延;如果债务人为消费者,则仅于账单或类似付款明细特别指出迟延效果的,才会于到期且账单或类似付款明细到达三十日内未付款时发生迟延。

在债权人起诉时,起诉状已经送达,或者依督促程序送达支付命令的情况下,也无须债权人催告。如果法院判决债务人承担责任的,那么自判决作出之日起,债务人即应履行债务,此时,也不需要债权人进行催告。

(3) 催告的时间与方法

对于未定期限的债务,债权人得随时请求给付,所以,债权人也得随时进行催告。催告的方法,并无形式要求,口头、书面均可。

当事人通过格式条款约定排除催告之要件的,不生效力。

---

① 姚志明:《债务不履行之研究(一)——给付不能、给付迟延与拒绝给付》,元照出版有限公司 2003 年版,第 199 页。

2. 无过错责任下并无催告要件

在贯彻无过错原则的法律中,通常都不会规定催告作为违约的构成要件,而且,只要违约是根本性的,即可以解除合同。这一模式实际上要求债务人在债务未定履行期限的情况下,应当尽可能快地提出履行,这样有利于促进交易迅捷。① 在合同确定了履行时间或者可以从合同中推断出履行时间的情况下,没有催告、债务人也要承担违约责任的模式,对于违约人而言也并非不足够友好;即使在合同中,尤其商事合同中没有确定履行时间或者无法推断出履行时间时,也不能当然认为这种模式对违约人不足够友好。②

不过,在无过错责任的情况下,法律通常会规定履行时间来保护特定人的利益。比如《欧洲共同买卖法》第95条第2款规定,在经营者和消费者订立合同的情况下,除非另有约定,否则经营者须在订立合同后30日内交付货物或数字内容。第126条规定债务人应在交付时支付价款。《商品房买卖合同解释》第14条第1款规定:"由于出卖人的原因,买受人在下列期限届满未能取得不动产权属证书的,除当事人有特殊约定外,出卖人应当承担违约责任:(一)商品房买卖合同约定的办理不动产登记的期限;(二)商品房买卖合同的标的物为尚未建成房屋的,自房屋交付使用之日起90日;(三)商品房买卖合同的标的物为已竣工房屋的,自合同订立之日起90日。"

(三)债务给付期经过而债务人未给付

构成债务人迟延还以未给付为前提,这里的未给付可能是指未进行依据义务内容所必需的给付行为,如医生没有进行约定的手术;也可能是指给付结果(尚)未出现。以买卖合同为例,债务人邮寄出买卖标的物,为了清偿其移转占有以及使对方获得所有权的义务,但由于运输迟延而未在约定时间到达买受人之处,此时也认为"未给付"。未给付指的是给付效果还是给付行为,具体要根据给付义务的内容确定。在运送之债的情况下,未为给付行为的,即为未给付。③

在通过银行转账方式付款的情况下,如果在约定期限内完成转账行为,即为按照履行期要求完成给付。在"张桂平诉王华股权转让合同纠纷案"中,原告(反诉被告)张桂平向被告(反诉原告)王华支付3800万元股份转让款不构成迟延履行。双方签订的《股份转让协议》中关于付款期限的规定,只是要求张桂平于2004年12月31日前向王华支付剩余股份转让金4000万元,至于支付的方式并未约定。因此,张桂平只要在履行期限内完成支付行为,就不构成违约。本案中,张桂平于2004年12月31日前以支票方式向王华支付了3800万元,王华也认可收到上述款项,至于到账时间晚于2004年12月31日,不应作为认定张桂平迟延履行的依据。故应认定张桂平支

---

① 王吉中:《迟延损害催告要件的制度意义与规范选择》,载《南大法学》2022年第5期,第59页。
② Jansen/Zimmermann, *Commentaries on European Contract Laws*, 2018, Art. 9:501, Rn. 11.
③ Schlechtriem/Schmidt-Kessel, *Schuldrecht AT*, 6. Aufl., 2005, Rn. 656.

付上述款项符合双方合同的约定,不构成履行迟延。①

（四）可归责

在一般情况下,债务人迟延责任适用无过错归责原则,不考虑过错的因素,但需要考察是否存在抗辩事由。只有在典型合同或者法定之债履行出现迟延的情况下,才会考虑可归责的要件。

可归责的情况,具体如债务人具有过错,或者其须为履行辅助人或者法定代理人承担责任,或者因为承诺担保而承担无过错责任。对于典型的购置障碍,如债务人的经济能力或者市场供应紧张等情况,在债务人负有购置义务时,债务人亦承担无过错责任;而对于非典型的障碍,如疾病等个人原因或者不可抗力,则债务人不具有可归责之因素。② 双方和解谈判过程期间,或者债务人须对债权人受领权为必要查证的期间以及获得政府机关许可的期间,除非债务人进行了承诺担保的意思表示,否则债权人与债务人应当共同承担此期间的法律效果,这些事由均属于不可归责于当事人的事由。③

对于法律状况认识错误,例如对于债务存在、给付日期的认识错误,或者错误地认为存在抗辩或者撤销事由,只要债务人尽到必要的注意义务,即可认为不存在过错。但是在法律状况有疑问的情况下,不能简单地信赖有利于自己的观点。④

另外,如果障碍事由处于债权人管领范围内,亦不可以归责于债务人,例如,债权人变更住址或者让与债权,但没有通知债务人而致使其无法准时给付的情况,又如债务之履行,需要债权人协力,但债权人拒绝协助的。⑤

在金钱之债的情况下,债务人没有支付能力,并不是没有过错的理由,因为在破产法以及强制执行法上,债务人均为其金融给付能力负有担保义务(《民法典》第579条)。

过失时点的判断,应以迟延发生时为基础,而非以损害发生时为基础。

由于给付障碍通常处于债务人的领域,故本书认为,债务人应对未给付的原因如可能具备正当理由进行证明。如果债务人无法证明未给付的原因,则推定可归责于债务人。

债权人起诉债务人迟延的,只需要证明债权已产生、已到期以及已催告。债务人可以抗辩,诸如已经履行了给付。

债务人如能证明给付迟延是由于不可抗力、意外事件等造成的,即可以不承担给

---

① 江苏省高级人民法院(2005)苏民二初字第0009号民事判决书,《中华人民共和国最高人民法院公报》2007年第5期(总第127期),第39—48页。
② Fikentscher/Heinemann, *Schuldrecht AT & BT*, 12. Aufl., 2022, §44 Ⅱ 4, Rn. 468.
③ Larenz, *Schuldrecht AT*, 14. Aufl., 1987, S. 347.
④ A. a. O., S. 347 f.
⑤ 姚志明:《债务不履行之研究(一)——给付不能、给付迟延与拒绝给付》,元照出版有限公司2003年版,第210页。

付迟延损害赔偿责任。

（五）债务人迟延的开始与结束

在催告中没有确定履行期的，催告到达时，即出现债务人迟延，迟延使履行期开始起算；催告中确定有履行期的，则自履行期届满时起算，即出现债务人迟延。

使债务人迟延结束的事由包括：债务人进行给付、债权人受领迟延、撤回催告、展期或者抗辩权存在或者被主张；还有其他消灭债权的情况，如撤销、抵销、解除或者嗣后给付不能。

迟延结束并无溯及既往排除迟延效果的效力，而只是不再产生其他迟延效果。[1]在债务人迟延构成要件丧失的情况下，债务人迟延即向将来终止，但不影响已经产生的债务人迟延的效果。具体如，债务人迟延后，债务人获得抗辩权，如诉讼时效经过，出现不安抗辩事由或者相对人有权拒绝给付而消灭先给付义务的情况，由此导致可以适用同时履行抗辩权。

如果债务人对债权本身正当性存有怀疑，债务人也不能拒绝履行。债务人拒绝履行的，也不能以存有怀疑而认为自己没有过错，从而不构成债务人迟延。为了避免陷入债务人迟延的风险，债务人可以进行履行，但注明履行的原因是为了避免强制执行，由此，该履行不具有清偿之效力，但债务人不会陷入债务人迟延。

三、债务人迟延的法律效果

在构成债务人迟延的情况下，债务人仍需给付，但这并非债务人迟延的效力，而是债之关系的效果。例如，在房屋租赁的情况下，出租人没有按照约定的时间交付房屋给承租人使用，承租人除了可以请求出租人承担债务人迟延责任外，其请求交付房屋使用的请求权并不因此消灭。

在给付之外，债务人尚需承担损害赔偿等法律责任。债务人应赔偿债权人所有因债务人未及时给付所遭受的不利益。具体包括：费用，如在给付迟延期间另行满足其利益而支出的费用；丧失的利益，如债权人能证明，如果及时交货，其可以比迟延后交付那一时点出卖的价格要高；成本，如必要的法律追讨程序中产生的费用。

在金钱之债的情况下，迟延期间货币贬值而导致货币购买力减损的，也是迟延损害。但这里不采抽象计算，而是需要债权人证明，如果债务人及时履行，债权人将该金钱投资，就会避免金钱价值贬损。

如果债务人应给付的支付利息之债迟延，原则上无须再支付利息之利息。但债权人可以在证明实际迟延损害的情况下请求赔偿迟延损害，即其及时获得该利息金额并投资时所能获得的利息。

债务人迟延的主要效果如下：

---

[1] Larenz, *Schuldrecht AT*, 14. Aufl., 1987, S. 352.

(一) 迟延损害赔偿

债务人迟延的,须赔偿债权人因迟延而生的损害,债权人可以要求债务人赔偿"如果债务人按时履行"其应享有的利益。迟延损害是最终确定产生的、不可以通过补救履行挽回的损失。而且,迟延损害发生的基础仅在于债务人迟延,例如,因迟延交付,买受人无法再次出卖而获得利润。又如,出卖人没有于到期时交付汽车,于是买受人就租了一辆车,那么租车费用就是迟延损害赔偿的一部分。该损害是确定已发生的,并非替代给付的损害赔偿,其基础仅是迟延,故为迟延损害。

迟延损害赔偿请求权通常是与给付请求权并存的,也就是说,请求迟延损害赔偿之后,仍可以请求给付。

如上所述,给付迟延不同于债务人迟延,其仅是债务人迟延的一个要件,在给付迟延出现,但未为催告前,尚不构成债务人迟延,催告前出现的损害并不属于迟延损害。例如,出卖人没有于到期时提供汽车,但一周后买受人才催告的,那么此一周期间发生的租车费用是不能获得赔偿的,因为发生损害时,尚未构成债务人迟延。

值得注意的是,迟延损害指的仅是那些归因于迟延而发生的损害,如果出卖人交付的是有瑕疵的标的物,因物之功能导致的损害,并非迟延损害,而是简单损害,债权人未催告,债务人亦应赔偿该损害。之所以这样处理,要回溯到催告的功能。催告的目的是对债务人警告,债权人很容易确定债务人不履行的情况,要求其催告并不过分,但在标的物有瑕疵的情况下,债权人无法确认,要求其催告,并不合理。①

案例:甲将房屋出卖于乙,约定 2011 年 9 月 10 日交付房屋于乙,乙将于同日将房屋出租于丙,每个月租金为 5000 元,但甲未如期交付,而是于 2012 年 3 月 10 日方为交付。由于甲迟延交付,乙不能如期交付房屋于丙,因此须支付一个月的违约金 5000 元。

在本案中,如果甲迟延交付与乙的利益受损,具有相当因果关系,则甲须赔偿违约金以及相应的租金损害。

原则上,单纯的使用利益并不在赔偿之列,例如,甲购买乙的汽车,原计划驾车出游,但由于乙迟延交付,导致甲取消出游计划,此时的使用利益并非乙既有财产利益的丧失,也非财产的支出,故不属于债务人迟延损害赔偿范围。② 催告费用则属于损害赔偿范围。

(二) 迟延利息

1. 迟延利息规则的一般化

对于金钱之债,债权人得请求依照法定利率计算迟延利息,有约定的,按照约定

---

① Medicus/Lorenz, *Schuldrecht AT*, 22. Aufl., 2021, §36, Rn. 23.
② 姚志明:《债务不履行之研究(一)——给付不能、给付迟延与拒绝给付》,元照出版有限公司 2003 年版,第 216 页。

请求利息。之所以对于金钱之债予以特别考虑,是因为债权人之金钱用于他处或存在银行亦可获得利息。① 对于迟延利息之赔偿,债权人无须证明损害的存在即可请求。这是一种不可推翻的最低迟延损害赔偿之推定。但债权人可以证明比法定迟延利息更高的迟延损害。例如,如果债权人及时获得该笔金钱,其可以投资获得更高利息,或者为了履行自己的义务,而不得不以更高的利息获得信贷。

《民法典》并没有关于迟延利息的一般规定,但在典型合同规则中存在逾期利息的规则。比如,《民法典》第 676 条规定:"借款人未按照约定的期限返还借款的,应当按照约定或者国家有关规定支付逾期利息。"《民间借贷解释》第 28 条规定:"借贷双方对逾期利率有约定的,从其约定,但是以不超过合同成立时一年期贷款市场报价利率四倍为限。未约定逾期利率或者约定不明的,人民法院可以区分不同情况处理:(一) 既未约定借期内利率,也未约定逾期利率,出借人主张借款人自逾期还款之日起参照当时一年期贷款市场报价利率标准计算的利息承担逾期还款违约责任的,人民法院应予支持;(二) 约定了借期内利率但是未约定逾期利率,出借人主张借款人自逾期还款之日起按照借期内利率支付资金占用期间利息的,人民法院应予支持。"《建设工程施工合同解释(一)》第 26 条规定:"当事人对欠付工程价款利息计付标准有约定的,按照约定处理。没有约定的,按照同期同类贷款利率或者同期贷款市场报价利率计息。"

在解释方法上,可以在具体迟延利息规则发现赔偿迟延利息的一般原则,然后,进行整体类推,最终构建一般性的迟延利息规则。按照同期同类贷款利率计算逾期利息的计算公式为:迟延履行利息=金钱债务的数额×迟延天数×利率,迟延天数的计算,始于迟延成立之日,终于实际支付利息之日,利率具体以中国人民银行每月发布的贷款市场报价利率(Loan Prime Rate,简称 LPR)中的一年期利率为准。②

2. 逾期罚息

2003 年《中国人民银行关于人民币贷款利率有关问题的通知》第 3 条规定:"……逾期贷款(借款人未按合同约定日期还款的借款)罚息利率由现行按日万分之二点一计收利息,改为在借款合同载明的贷款利率水平上加收 30%—50%;……"

《买卖合同解释》第 18 条第 4 款规定:"买卖合同没有约定逾期付款违约金或者该违约金的计算方法,出卖人以买受人违约为由主张赔偿逾期付款损失,违约行为发生在 2019 年 8 月 19 日之前的,人民法院可以中国人民银行同期同类人民币贷款基准利率为基础,参照逾期罚息利率标准计算;违约行为发生在 2019 年 8 月 20 日之后的,人民法院可以违约行为发生时中国人民银行授权全国银行间同业拆借中心公布的一年期贷款市场报价利率(LPR)标准为基础,加计 30%—50% 计算逾期付款损失。"《商

---

① 黄立:《民法债编总论》(修正三版),元照出版有限公司 2006 年版,第 485 页。
② 张金海:《论金钱债务的迟延履行利息》,载《法学》2020 年第 11 期,第 76 页。

品房买卖合同解释》第13条也有类似规定:"商品房买卖合同没有约定违约金数额或者损失赔偿额计算方法,违约金数额或者损失赔偿额可以参照以下标准确定:逾期付款的,按照未付购房款总额,参照中国人民银行规定的金融机构计收逾期贷款利息的标准计算。……"也就是说,实证法经由"违约金"规则迂回地承认了迟延利息,也将合同法关于贷款迟延利息的规则扩张解释到价金金钱之债的情况下。

3. 迟延利息规则适用前提与法律效果

在适用迟延利息规则的前提上,通常需要构成迟延,而且债务人迟延没有正当性,但不需要损害以及过错的要件。

迟延利息的赔偿并不排除其他损害的赔偿,例如,债权人自己必须向他人支付更高的利息或者如果及时支付该金钱其所能获得的利润。迟延利息请求权也不排除违约金请求权。根据《民间借贷解释》第29条,出借人与借款人既约定了逾期利率,又约定了违约金或者其他费用的,出借人可以选择主张逾期利息、违约金或者其他费用,也可以一并主张,但总计超过合同成立时一年期贷款市场报价利率四倍的部分,人民法院不予支持。

最后,值得注意的是,对于这里的利息,原则上不得再计算利息。

(三) 责任之加重

1. 不可抗力情况下的损害赔偿

在债务人迟延的情况下,对于不可抗力、意外事件造成的标的物毁损、灭失的风险,按照一般构成要件,并不能由债务人承担赔偿责任,因为债务人没有过错;但从风险分配的角度来看,如果债务人及时履行,则标的物就不会受到来自债务人范围的不可抗力或意外事件的风险,故将此风险分配给债务人,亦为合理。就此,对于债务人迟延中发生的意外事件,债务人承担无过错责任,除非其能证明即使不迟延交付,也不免发生损害(《民法典》第590条第2款)。在此推定了有过错的给付迟延与稍后出现的给付不能之间的因果关系。德国法通说认为,即使迟延与嗣后的给付不能之间的因果关系并不"相当",也构成责任之加重。① 例如,迟延运送的货物在火车事故中灭失,即使该风险不会因为迟延运送而一般性地提高,债务人也需承担责任。由此债务人承担的是一种保护义务。风险移转规则在此处也有所修改,债务人承担迟延期间的意外造成的给付不能的责任,但须限定于假定因果关系的前提下,与《民法典》第580条第1款的规则不同。

> 例如,房屋承租人甲,在租赁期满后应返还房屋,但其迟延返还,在此期间发生地震导致该房屋灭失,此时,虽然房屋灭失发生在债务人迟延期间,但即使承租人如期返还,该房屋也会灭失,故承租人不承担损害赔偿责任。

---

① Brox/Walker, *Allgemeines Schuldrecht*, 46. Aufl., 2022, §23, Rn. 74.

2. 价格制裁

根据《民法典》第513条，逾期交付标的物的，遇价格上涨时，按照原价格执行；价格下降时，按照新价格执行。逾期付款的，遇价格上涨时，按照新价格执行；价格下降时，按照原价格执行。

（四）大型企业迟延支付中小企业账款的法律责任

机关、事业单位和大型企业迟延支付中小企业价款、工程款与报酬等，应当承担迟延损害赔偿以及迟延利息等责任。《保障中小企业款项支付条例》第15条规定，机关、事业单位和大型企业迟延支付中小企业款项的，应当支付逾期利息。双方对逾期利息的利率有约定的，约定利率不得低于合同订立时一年期贷款市场报价利率；未作约定的，按照每日利率万分之五支付逾期利息。

自2024年8月27日起施行的《以第三方支付款项为付款前提条款效力的批复》特别对于大型企业迟延支付中小企业账款的法律责任进行了解释。

第一，大型企业在建设工程施工、采购货物或者服务过程中，与中小企业约定以收到第三方向其支付的款项为付款前提的（俗称"背靠背条款"），因其内容违反《保障中小企业款项支付条例》第6条、第8条的规定，人民法院应当根据《民法典》第153条第1款的规定，认定该约定条款无效（《以第三方支付款项为付款前提条款效力的批复》第1条）。但合同其他条款继续有效。

第二，在认定合同约定条款无效后，人民法院应当根据案件具体情况，结合行业规范、双方交易习惯等，合理确定大型企业的付款期限及相应的违约责任（《以第三方支付款项为付款前提条款效力的批复》第2条第1句）。对于付款期限的起算日，应根据《保障中小企业款项支付条例》第8条第3款以及第9条确定。

对于迟延利息，双方对欠付款项利息计付标准有约定的，按约定处理；约定违法或者没有约定的，按照全国银行间同业拆借中心公布的一年期贷款市场报价利率计息（《以第三方支付款项为付款前提条款效力的批复》第2条第2句）。

大型企业以合同价款已包含对逾期付款补偿为由要求减轻违约责任，经审查抗辩理由成立的，人民法院可予支持（《以第三方支付款项为付款前提条款效力的批复》第2条第3句）。

第八节　替代给付的损害赔偿

❋ 【文献指引】

詹森林：《自始客观不能（二）》，载《月旦法学教室》2002年10月试刊号；姚志明：《债务不履行之研究（一）——给付不能、给付迟延与拒绝给付》，元照出版有限公

2003年版。

📎 【补充文献】

冀放:《给付不能之履行费用过高问题探析》,载《政法论坛》2016年第6期;庄加园:《债权人原因引起的给付不能》,载《法律科学(西北政法大学学报)》2018年第5期;李明烁:《论给付不能的法律效果》,载《吉林工商学院学报》2021年第1期;李承亮:《以赔偿损失代替履行的条件和后果》,载《法学》2021年第10期;张梓萱:《替代交易与继续履行请求权》,载《南大法学》2022年第1期;邱国威:《论第三人替代履行费用请求权——从基本权利的"双重功能"看〈民法典〉第581条》,载《河北法学》2022年第1期;任倩霄:《民法典视域下替代履行制度的解释论展开》,载《法学论坛》2022年第6期;[德]托马斯·雷姆:《替代给付损害赔偿下恢复原状与价值赔偿》,蔡增慧译,载梁慧星主编:《民商法论丛》(第75卷),社会科学文献出版社2023年版;潘重阳:《替代交易规则的体系化适用反思》,载《清华法学》2024年第3期。

在债务人违反义务的情况下,同时要求继续给付与损害赔偿,对于债权人而言,并不一定是有利的。在某些情况下,债权人更愿意从合同中摆脱出来,并要求替代给付的损害赔偿(Schadensersatz statt der Leistung),也有学者称其为填补损害。①

在德国债法改革之前,德国法使用的是"因不履行的损害赔偿"的术语,在德国债法改革之后,采用了替代给付的损害赔偿术语,二者在内容上没有区别,均包括所失利润。之所以更换术语,是因为新术语更符合请求权的含义,因为损害不是替代履行,而是替代给付。②

《德国民法典》的起草人相信,债权人不知道或不能证明债务人给付不能,所以,总是愿意请求实际履行。③ 而且,替代给付的损害赔偿请求权,对于债务人而言,通常是一种特别负担以及一种不利益,因为债务人通常都会努力履行合同,而债权人现在却要求替代给付的损害赔偿,其努力会付诸东流,同时可能会承担比给付更重的损害赔偿责任。故此,在承认债权人享有该正当利益的情况下,在法律上应保障履行请求权的优先顺位。④ 只有在给予债务人一定期间继续履行但未果的情况下,债权人方可以请求替代给付的损害赔偿。替代给付的损害赔偿请求权作为法律救济,其规范目的是实现"严守合同(pacta sunt servanda)",也即实现私人自治。⑤

在我国现行法中,《民法典》第577条规定了继续履行优先于损害赔偿请求权

---

① 韩世远:《合同法总论》(第四版),法律出版社2018年版,第777页。
② Schnellhammer, *Schuldrecht nach Anspruchsgrundlagen samt BGB Allgemeiner Teil*, 7. Aufl., 2008, Rn. 1616.
③ Zweigert/Kötz:《契约的履行·履行请求权及其实现》,张谷译,载《金陵法律评论》2001年秋季卷,第120页。
④ Looschelders, *Schuldrecht AT*, 21. Aufl., 2023, §27, Rn. 1.
⑤ Huber, Schadensersatz statt der Leistung, AcP 210 (2010), S. 321.

的规则①,但并没有完整的替代给付损害赔偿的规则。诸如期间以及合同自动解消的规则,法律上并未明文规定。在司法实践中,存在守约人不解除合同而要求替代给付的损害赔偿的情况,从而消灭给付义务。有学说认为,出现违约(履行迟延、履行不能)的情况,直接允许填补损害,并不妥当。但在例外情况下,债权人对迟延后的履行没有利益的情况下,债权人可以不请求债务人继续履行,而是要求填补损害。②

在债权人要求替代给付损害赔偿的情况下,原给付义务消灭,对待给付义务原则上也消灭。与此类似,解除合同时,也要解决在何种前提下,债权人得从合同履行中摆脱出来。由于二者会导致相同的结果,所以,二者在附加的构成要件上应当一致,以避免价值冲突。在解除构成要件上,通常要附加指定期间以及必须导致合同目的不能实现,以此确保继续履行请求权优先。在替代给付损害赔偿请求权的构成上,也应当如此,才能实现继续履行请求权优先的目标。《民法典》并没有规定替代给付损害赔偿的一般规则,如果债权人主张替代给付损害赔偿,那么得准用《民法典》第 563 条以下的规则。

《民法典》第 566 条第 2 款即规定了解除后的违约责任,其中的损害赔偿即为替代给付的损害赔偿。在本质上,解除合同使得违约方(债务人)能够以赔偿损失代替给付。同样,《民法典》第 528 条、第 597 条、第 580 条第 2 款均是替代给付损害赔偿的依据,而且,相对于《民法典》第 566 条第 2 款构成特别法,应当优先适用。③

一、给付不能(自始与嗣后不能)

在出现给付不能的情况下,基于事实或法律的原因,债务人无法进行给付,此时,也就没有保障履行请求权优先顺位的问题。故此,在债权人请求替代给付的损害赔偿时,无须指定期间。

在给付不能的情况下,根据《民法典》第 580 条第 1 款,原给付义务被排除,由债权人承担给付风险,但至此并没有解决所有问题,仍需要处理的是次给付义务的问题,即损害赔偿的问题。对此,要依据《民法典》第 577 条予以处理。

根据给付不能产生于合同订立前还是合同订立后,区分为自始不能与嗣后不能。在原理上,自始客观不能情况下的损害赔偿根据与嗣后不能情况下的损害赔偿根据是不一致的,在损害赔偿的构成上应当区别对待。区分自始不能与嗣后不能的时间点是合同订立之时。

(一)嗣后不能情况下的损害赔偿

所谓嗣后不能,是指给付不能状态发生在债之关系成立后的情况。如果债务人

---

① 李承亮:《以赔偿损失代替履行的条件和后果》,载《法学》2021 年第 10 期,第 113 页。
② 韩世远:《合同法总论》(第四版),法律出版社 2018 年版,第 542 页。
③ 李承亮:《以赔偿损失代替履行的条件和后果》,载《法学》2021 年第 10 期,第 111、115 页。

对于嗣后给付不能可归责,则债权人可以请求损害赔偿(《民法典》第577条)。在给付不能时,原给付义务消灭,取而代之的是损害赔偿请求权。嗣后主观不能与嗣后客观不能在法律效果上并无不同,故在这里不区分叙述。嗣后不能,可能是事实上的不能,也可能是法律上的不能或履行费用过高的障碍。

1. 理论基础

在嗣后不能情况下的损害赔偿责任,其学理基础在于义务违反。如果给付不能是由于自然原因造成的,债务人并无义务违反行为,但不妨认为没有提出给付就是义务违反。如此理解,固然有其道理,但这样一来嗣后给付不能与自始给付不能的学理基础就是一致的了,在本质上都是一种不履行或未履行。

2. 构成要件

(1) 债之关系的存在

构成替代给付的损害赔偿请求权,需要有效的债之关系,单方债之关系与双方的合同关系均可。在缔约过失与附随义务的债之关系上,并不能构成给付不能。

(2) 基于嗣后不能而不履行

给付不能必须是在合同订立后发生的。有疑问的是,在嗣后不能的情况下,义务违反行为或者违约行为在哪里,债务人不能给付的事实是否就已经构成了义务违反,还是必须存在造成不能的情况,然后该情况被认定为义务违反?如果采取第二种观点,那么在不可抗力或者意外事件导致的标的物灭失的情况下,即不存在义务违反行为。德国法采取的是第一种观点,在纯技术的意义上使用义务违反这一概念。

在存在正当性事由(Rechtfertigungsgrund),如紧急避险的情况下,即可排除义务违反,如为避开现实的危险,出卖人将其出卖的标的物用于灭火。

(3) 债务人可归责

一般情况下,对于替代给付的损害赔偿请求权的构成,不需要过错要件,但需要考察免责事由;但在《民法典》合同编分则中规定过错责任的情况下以及合同以外的债之关系情况下,需要考察过错要件,即对于导致给付不能发生的事由,债务人有过错。债权人也有过错的,不影响损害赔偿责任的成立,但会导致请求权范围的缩减。

可归责并不直接与义务违反即不履行相关,而是与导致给付障碍的原因相关,即债务人一方导致不履行之原因。

(4) 债务人给付义务之免除

因为已经给付不能或者拒绝给付,债务人的原给付义务因此而消灭。

(5) 损害

要构成替代给付的损害赔偿,还要求债权人受到损害。

(6) 给付不能与损害之间的因果关系

最后一个要件是,给付不能与损害之间具有因果关系。

值得注意的是,没有必要为继续履行确定期间,因为债务人已经给付不能或者拒绝给付,其原给付义务已经因此而消灭了。

3. 法律后果

在嗣后不能情况下,债权人享有损害赔偿请求权的,其损害赔偿内容为积极利益(履行利益),即正常履行情况下债权人所处的利益状况。损害赔偿的目标是使债权人在请求损害赔偿时获得最有利交易的好处。

在嗣后不能的情况下,给付不能的本质就决定了不会存在恢复原状的问题,只会存在金钱赔偿的方式。积极利益首先包括的是灭失标的物的市场价值,其次是超出履行的利益,例如购置替代标的物多支出的费用,或者丧失的再出卖情况下的利润。

> 案例:甲以 40000 元的价格从乙手中购买一辆汽车,市场价值是 50000 元,在订立合同之后、移转所有权之前,汽车由于乙的过错出了事故并毁损。

在这里,履行利益是 50000 元,债权人应获得 10000 元的收益。如果在买卖合同订立时该汽车的市场价为 40000 元,但在履行时,该汽车的市场价上涨为 50000 元,在履行前汽车毁损的,履行利益仍是 50000 元。

又如甲购买乙的画,价金 1000000 元,在交付前,甲转卖给丙,价金 1200000 元。乙在交付前,因其过失导致该画被烧毁。此时,履行利益为 200000 元。

损害赔偿请求权与原债权具有同一性,原债权上的担保权利继续存在。

(二) 自始不能情况下的损害赔偿

我国法上并没有采纳"自始客观不能合同无效规则",而是采纳了自始不能合同有效规则。[1] 司法实践中也有采自始不能合同有效规则的。[2] 需要明确的是,在给付不能的情况下,仍可能同时存在欺诈、重大误解乃至违法无效等情况,但不能就此认为,只能通过后者解决给付不能的情况。[3]

1. 学理基础

依据《民法典》第 580 条第 1 款的规定,在自始不能的情况下,自始就不存在一个原给付义务,也就不存在因违反原给付义务承担损害赔偿的问题。所以,在自始不能的情况下,损害赔偿责任的基础并非在于不履行或者未履行(Nichterfüllung),而是基于债务人应遵守履行的允诺。也就是说,在自始不能的情况下,产生了一个没有原给

---

[1] 韩世远:《合同法总论》(第四版),法律出版社 2018 年版,第 529 页。
[2] "南昌市航宇实业集团公司诉江西电视台不按合同约定播出上星广告违约赔偿纠纷案",载最高人民法院中国应用法学研究所编:《人民法院案例选》(总第 19 辑),人民法院出版社 1997 年版,第 164 页以下;"北京市煤炭总公司昌平县公司与北京三园物业管理中心买卖合同纠纷案"(煤炭供应合同因为北京市交通限行规定而给付不能),载北京市高级人民法院民事审判二庭编:《合同法疑难案例判解》(2002 年卷),法律出版社 2002 年版,第 14 页以下。
[3] 王利明:《合同法新问题研究》,中国社会科学出版社 2003 年版,第 762 页。

付义务的合同,应从当事人之间的合同中寻找损害赔偿请求权的基础。

重要的是,自始不能引致的损害赔偿也不是因为债务人违反了对其给付能力的信息提供这一先合同义务。在违反信息提供义务的情况下,只能赋予债权人以消极利益的赔偿,因为如果如实提供信息,合同即不会成立。但根据《民法典》第577条、第584条,自始不能情况下的损害赔偿责任并非消极利益的赔偿,而是积极利益的赔偿。所以,合理的理解应当是,债务人负有确保给付的可能性的义务,在自始不能情况下,债务人违反了这一义务。所以,在这个意义上,自始不能也是义务违反。

对于《民法典》第580条第1款的法律效力,也有学者认为,给付不能并不会导致给付义务自动消灭,而是赋予了债务人一种抗辩权。但书的"除外"应被理解为债权人不得请求履行①,但理想状态的给付义务没有消灭。所以,自始不能的情况下,也存在义务违反,只是义务违反体现在债务人所承担的给付义务的客观不履行。②

如果自始不能涉及的是自始存在的物的瑕疵或者权利瑕疵,尚需考虑适用买卖、承揽以及租赁合同的特殊瑕疵担保规则。

2. 构成要件

依据德国法,在自始不能的情况下,债务人承担损害赔偿的构成要件并非是债务人是否对导致给付不能的情况的可归责,而是其对不知道给付障碍的可归责。只有在债务人订约时知道或者应当知道给付障碍的情况下,才承担损害赔偿责任。③

(1) 合同关系生效

须存在一个生效的合同,在自始不能的情况下,合同亦为有效。在单方行为情况下,亦可类推适用。

(2) 基于自始不能而不履行

存在《民法典》第580条第1款第1项、第2项列举的给付不能,而且还必须是在合同订立时即已经存在。在构成《民法典》第580条第1款第2项的情况下,尚需要债务人进行主张。

(3) 债务人具有过错

原则上,在《民法典》合同编分则中的过错责任情况以及合同以外的债之关系情况下,才需要该要件。《买卖合同解释》第10条规定,出卖人出卖交由承运人运输的在途标的物,在合同成立时知道或者应当知道标的物已经毁损、灭失却未告知买受人,买受人主张出卖人负担标的物毁损、灭失的风险的,人民法院应予支持。据此,在自始不能的情况下,出卖人如果知道或者应当知道标的物已经毁损、灭失却未告知买

---

① 李承亮:《以赔偿损失代替履行的条件和后果》,载《法学》2021年第10期,第115页以下。
② Gieseler, JR 2004, 133 (136).
③ Fikentscher/Heinemann, *Schuldrecht AT & BT*, 12. Aufl., 2022, §43 Ⅲ 2, Rn. 407.

受人,其给付义务消灭,同时对待给付义务的风险由其承担,也即对待给付义务消灭。根据《民法典》第577条,此时,出卖人还应赔偿因自始不能导致的买受人的损害。

例子:甲出卖给乙一艘船。该船停泊在海湾,但在合同签订前4个小时被闪电击中灭失。

本案中,构成自始不能,但甲是否承担损害赔偿责任,还需要考察甲是否知道或者应当知道给付障碍。

在合同订立的时候,债务人知道或者过失不知道给付之障碍,则债务人有过失,对于相对人负有损害赔偿责任。所谓因过失不知道给付障碍,在有偿合同时,应根据善良管理人注意程度予以判断;在无偿合同时,应尽与处理自己事务为同一程度的注意义务。[1] 债务人的过错是被推定的。

在债务人没有过错或主观归责原因时,合同的效力仍然存在,但既无履行效力(《民法典》第580条第1款),也无赔偿效力。

(4) 损害

在逻辑上,要构成损害赔偿请求权,必须存在损害。

3. 自始不能的类型

自始不能可以被分为自始客观不能与自始主观不能两种,前者如出卖已经灭失的汽车,后者如出卖不属于自己而属于他人的汽车。在法律效果上,自始客观不能与自始主观不能的法律效果是一致的。

与自始客观不能相对的是自始主观不能以及给付迟延。

自始不能,可能是事实上的不能也可能是法律上的不能或履行费用过高的障碍。自始不能亦可能是部分不能与质量不能,在部分不能的情况下,只有在对整个给付丧失利益的情况或者重大违反义务的情况下,才可以要求大的损害赔偿,即允许其拒绝部分给付,而要求替代全部给付的损害赔偿。

实践中意义最大的是质量不能(瑕疵),也就是物的瑕疵与权利瑕疵不能排除的情况。如出卖人将镀金的戒指当纯金的出卖给买受人。此时,采纳过错责任思路,只有在出卖人知道该瑕疵或者由于过失不知道该瑕疵的情况下,方承担责任。买受人可否请求大的损害赔偿,取决于义务违反是否重大。

4. 法律效果

(1) 替代给付损害赔偿

此时债权人享有的损害赔偿请求权的内容为积极利益,即正常履行情况下债权人所处的利益状况。积极利益,又被称为履行利益、合同利益、合同损害、对等性利益、给付利益、替代给付之损害等。

---

[1] 詹森林:《自始客观不能(二)》,载《月旦法学教室》2002年10月试刊号,第59页。

(2) 替代整个给付的损害赔偿

在部分不能的情况下,如果对于整个合同的利益不存在了,即可请求替代整个给付的损害赔偿,即大损害赔偿;而在质量不能的情况下,则要求义务违反必须重大,守约方才可以请求大损害赔偿。

5. 证明负担

证明负担取决于债权人是将自始不能作为防御手段还是攻击手段,如果债权人主张基于自始不能的损害赔偿请求权的,债权人必须证明存在自始之不能。

6. 与错误的关系

在实践中,质量不能的情况较为常见,其与错误法律关系经常处于并存状态。原则上,买受人的瑕疵担保权利不得通过基于错误撤销合同而被否定或排除。相对于错误法而言,出卖人的瑕疵担保责任属于特别法,应当优先适用。

例如,甲出卖给乙一幅齐白石的画,后来发现实际上是当代一个画家的画。如何处理?

在上述案例中,由于该瑕疵是不可以去除的,所以乙可以根据《民法典》第610条、第563条解除合同,并依据《民法典》第615条、第617条、第577条请求损害赔偿,在此情况下,并不能适用错误规则,以避免通过撤销(仅承担受限制的消极利益赔偿)来架空瑕疵担保责任。

如果债务人对于不知道瑕疵没有过错的,其即不能依据瑕疵担保法承担损害赔偿责任。此时,能否适用错误制度呢?例如,在上述案件下,该画已经经过专家鉴定为真,甲对于瑕疵不知道,其没有过错,这里也不能认为甲对画的真实性进行了保证。故在该情况下,只能认为甲没有可归责性,并无损害赔偿责任。我国法上,对于错误导致撤销时的损害赔偿,仍然适用过错原则。

但由上所述并不能抽象出自始不能损害赔偿规则优先于错误损害赔偿规则的一般原则,而只能基于权利滥用原则来处理二者的关系。

例如,在上述案例中,甲错误地将齐白石的画当作现代画家的画出卖了,后来发现是齐白石的。此时则可以根据错误损害赔偿制度处理,并不存在滥用权利之情况。

(三) 替代整个给付的损害赔偿

1. 部分不能与质量不能

如果给付在物理上只是部分不能,此时,需要考虑的是,在法律上是否应将其视为全部的给付不能,比如可能的部分给付不能满足债权人的利益,则部分不能会被视为全部的给付不能。此时,债权人可以请求全部损害赔偿,即大的损害赔偿。例如,甲向乙购买100套运动服用于运动会,但由于乙的过错而只交付了50套运动服,甲可以拒绝部分给付,而请求全部不履行的损害赔偿。相反,如果可能的部分给付被视为部分履行,则债务人在此范围内已经给付,债权人可以相应地减少对待给付。

有争议的是,上述规则是否能适用于质量瑕疵的情况。在瑕疵担保责任作为特别给付障碍法的情况下,自然不能适用。① 但在瑕疵担保责任融入一般给付障碍法的情况下,应当可以适用。

在买卖与承揽合同的情况下,补救履行(继续履行)不能的情况,也适用履行不能损害赔偿规则。在补救履行的费用严重不成比例的情况下,虽然不构成费用过高的给付障碍,但债务人可以拒绝补救履行,只不过要承担违约损害赔偿责任。

如果履行不能涉及的仅是与给付相关的从义务,则不会影响主给付义务的可履行性。但在债权人利益丧失情况下,可以准用部分不能之规则,要求替代给付的损害赔偿。

2. 返还已履行的给付

在部分不能或者不完全给付的情况下,如果债权人要求替代整个给付的损害赔偿,则可以类推适用《民法典》第 566 条,债务人可以请求返还已经履行的给付。

3. 在部分或质量上不能情况下的小损害赔偿与大损害赔偿

在部分给付不能或者给付瑕疵不能去除的情况下,债权人可以就部分给付或者不完全给付请求损害赔偿。例如,甲出卖的汽车只是导航仪存有不可排除的瑕疵,买受人可以要求赔偿重新购置导航仪的价格,这是一种小的损害赔偿。

有疑问的是,是否允许其拒绝部分给付或者有瑕疵的给付,而要求替代全部给付的损害赔偿,即所谓的大损害赔偿。在事理上,如果不存在对债权人来说更为重大的利益,通常要尽可能地维持基于债之关系而产生的原义务。在部分不能的情况下,如果债权人对于整个合同的利益不存在了,即可请求替代整个给付的损害赔偿,即大损害赔偿;而在质量不能的情况下,则要求义务违反必须重大,债权人方可请求大损害赔偿。

> 例如,如果出卖人只能交付 100 瓶葡萄酒中的 90 瓶,那么损害赔偿计算标准是不能交付的 10 瓶的价值以及从其他商人处获得 10 瓶的过高的成本,即小损害赔偿。

> 甲购买了乙最后一套 6 个灯组成的吊灯,如果吊灯外体有不可排除的瑕疵,就可以返还整套吊灯,请求从他处购置多承担的成本,即大的损害赔偿。

原则上,在债权人可以请求大损害赔偿的情况下,债权人可以选择大损害赔偿,也可以选择小损害赔偿。

> 例如,甲与乙以车易丛书(共 12 本),甲的车价值 2800 元;乙的丛书价值

---

① Larenz, *Schuldrecht AT*, 14. Aufl., 1987, S. 311.

3000元。互易合同签订后,由于乙的过错毁损了10册书籍。

在本案中,甲可以接受给付,要求小损害赔偿;如果甲对于部分给付没有利益,也可以要求大损害赔偿;考虑到双务合同情况下对待给付的问题,根据代位理论,甲可以要求3000元损害,但需要承担交付汽车的义务;而根据差额理论,甲可以不交付汽车,而请求200元损害赔偿。

4. 举证责任

原则上,当事人要对其有利的法律规范的构成要件承担举证责任,尤其是对作为权利基础或者权利获得的事实负有举证责任,而其相对人要对阻碍权利或者毁灭权利与中止权利发生的事实承担举证责任。在给付不能的情况下,要看给付不能是作为损害赔偿请求权的前提还是作为给付请求权的抗辩,来确定举证责任。在给付不能作为给付请求权抗辩的情况下,被请求的债务人对给付不能负有举证责任;相反,在债权人请求损害赔偿的情况下,债权人要证明给付不能。但对于过错的证明责任,应予以倒置,由债务人承担证明责任,证明其对于不能之情况并不具有过错。在部分不能的情况下,债权人须承担利益丧失的证明责任,而在质量不能情况下,则由债务人证明义务违反的严重性。

二、给付迟延与不完全给付

(一) 原给付义务优先

根据我国《民法典》第577条,违约一方应当承担继续履行、采取补救措施或者赔偿损失等违约责任。在顺序上,继续履行请求权在前,采取补救措施请求权次之,损害赔偿请求权位居最后,那么在债权人主张救济时,是否应受该顺序之约束呢,进一步而言,法律上规定的补救措施本身有多种方式,多种方式之间是否也有顺序呢?

(二) 履行请求权与损害赔偿请求权之间的顺位关系

在中国法上,继续履行、采取补救措施或者赔偿损失这三项请求权之间是否有先后顺序,学说见解不同。有学者认为实际履行是首要的救济方式,次序在前。① 不同意见认为,只有在金钱赔偿不足以救济受害人的情况下,才例外地允许适用实际履行。② 另有学者认为,不能以法律规定的先后顺序而认为适用上有先后次序,而是需要根据个案确定其适用次序。也就是说,债权人可以选择强制履行,也可以选择解除合同或者损害赔偿,并没有被限定一定先向债务人请求强制履行,才可以请求次位请

---

① 王利明:《合同法研究》(第二卷)(第三版),中国人民大学出版社2015年版,第564页以下。
② 此种观点主要来自英美法系,〔英〕P.S.阿狄亚:《合同法导论(第五版)》,赵旭东、何帅领、邓晓霞译,法律出版社2002年版,第451页。

求权的保护。① 如此理解,是否公平呢?以房屋买卖为例,如果债务人违约,遇房价上涨时,债权人就会请求实际履行;遇房价下降时,债权人就不请求实际履行,转而请求损害赔偿甚或解除合同,如此理解,对于债务人是否合理呢?合同的拘束力之有无完全取决于债权人吗?而且,在司法实践中,亦认为实际履行是违约方承担违约责任的首选方式,因为继续履行比采取补救措施、赔偿损失或者支付违约金更有利于实现合同目的。②

强制履行之规范目的在于严守合同,债权人亦应负有努力使合同存续并获得合同上所负担之给付之义务。故有必要规定继续履行请求权的优先顺位。

在德国法上,在给付迟延或者不完全给付的情况下,原给付义务是第一顺位的,损害赔偿是后顺位的救济,只有债权人赋予债务人再次提出给付或者消除瑕疵的机会之后,才可以主张替代给付的损害赔偿。③ 对于继续性合同,亦是如此。④

英国法上并无约束债权人请求权顺序之规定。在英国法模式下,合同当事人违约的,债权人可以舍弃该交易而为其他交易。而德国法模式下,其逻辑有所不同,在债权人谋求其他交易之前,至少要尝试让合同继续存在下去,应给予债务人一定期间,让其继续履行,继续履行为德国法上主要的义务违反救济手段。⑤

上述规则的规范目的实际上是促使双方首先努力保持合同之"存活",故债权人即使对实际履行不再感兴趣,也不能请求损害赔偿,除非其指定了期间给予债务人再次履行的机会。通常情况下,该规则对于债务人是有利的。

在迟延履行的情况下,《民法典》并未规定债权人先为请求再次履行之义务,但在解除合同时,根据《民法典》第563条第1款第3项,债权人须催告并给予一定合理期间予以履行,方可解除合同,也就是说,债权人的继续履行请求权要先于解除权行使。

(三)构成要件

1. 债之关系

根据《民法典》第577条,损害赔偿请求权的第一个构成要件是债之关系的存在。

2. 义务违反

此时,替代给付的损害赔偿请求权第二个构成要件是义务违反,而且是给付迟延、不完全给付形式的义务违反。

(1)给付迟延

所谓给付迟延,是指债务人没有及时作出有效、到期、可实现的给付。给付迟延

---

① 崔建远主编:《合同法》(第八版),法律出版社2024年版,第248页;韩世远:《合同法总论》(第四版),法律出版社2018年版,第774页。
② 江苏省南京市中级人民法院(2004)宁民四终字第470号民事判决书,载《中华人民共和国最高人民法院公报》2006年第6期(总第116期),第37页以下。
③ 《德国民法典》第281条第1款第1句、第3款。
④ 《德国民法典》第314条第2款、第543条第2款、第651l条第1款。
⑤ Markesinis/Unberath/Johnston, *The German Law of Contract*, 2nd ed., Hart Publishing, 2006, p. 381.

不同于债务人迟延,债务人迟延的构成上需要催告之要件。而在债权人请求替代给付损害赔偿时,并不需要催告。因为在债权人请求替代给付损害赔偿的情况下,原则上应为对方指定一定期间,而该指定期间即含有催告的意思。

(2) 不完全给付

不完全给付涉及的是不完全履行主给付义务或者违反从给付义务。《民法典合同编通则解释》第26条规定,当事人一方未根据法律规定或者合同约定履行开具发票、提供证明文件等非主要债务的,对方可以请求继续履行该债务并要求赔偿因怠于履行该债务造成的损失。在实践中,买卖合同与承揽合同、建设工程合同的不完全给付规则最为重要。如果给付障碍是不可以去除的,则适用给付不能情况下的替代给付的损害赔偿。如果给付障碍是可以去除的,则适用不完全给付情况下的替代给付的损害赔偿规则。

> 例如,甲向乙购买了一辆二手汽车,交付后发现,汽车出过车祸。于是,甲请求乙赔偿替代给付的损害。

在本案中,乙违反了交付没有瑕疵之物的义务(《民法典》第615条、第617条),由于该瑕疵是不可去除的,故本质上构成自始给付不能。故此,甲可以基于自始给付不能请求替代给付的损害赔偿(《民法典》第577条)。

3. 指定期间

(1) 须指定期间的情况

为了保障给付请求权的优先顺位,德国法赋予了债权人指定期间的义务。由此,债务人(如出卖人)享有了二次提供权,即再次满足债权人因合同而引发的期待的机会。德国学者认为指定期间以达成实际履行的模式是最自然、也是最有效率的方式。① 根据《德国民法典》第280条第1款、第3款以及第281条第1款,只有在债权人为给付或补救履行指定合理期间未果的情况下,才可以请求替代给付的损害赔偿。

指定期间必须含有清晰的、特定的要求给付的内容,必须合理,除此之外,该期间的长度或者终点必须具体明确。德国联邦法院认为,债权人要求立即给付、毫不迟延地给付,也符合指定期间之构成,因为由此也可以明确要求债务人必须在有限的(可确定的)时间内进行给付。②

在给付迟延的情况下,指定期间指向的是给付的履行,而在不完全给付的情况下,债权人已经获得了给付,只是不符合债之本旨。这里,债务人必须首先进行补救履行,即采取补救措施,具体在买卖合同中包括修理或者更换等,本质上补救履行是

---

① Grigoleit/Riehm, Die Kategorien des Schadensersatzes im Leistungsstörungsrecht, AcP 203 (2003), S. 737 f.

② Looschelders, *Schuldrecht AT*, 21. Aufl., 2023, §27, Rn. 11. 对此观点,Looschelders持反对意见,因为立即、毫不迟延等表述不能使通常的合同当事人足够清楚指定期间内含的时间界限。

原给付义务的子类型。此时,指定期间指向的是具体的补救履行方式。

只有在给付到期之后,才可以指定期间,否则,给予债务人最后给付机会的功能就达不到了。

有疑问的是,何谓"合理"期间?具体应根据指定期间的功能确定。如上所说,指定期间是为了保障债务人有第二次履行的机会,但同时也不能忽视债权人的利益。要考察给付的难度以及债权人的需求而决定是否合理。原则上,债权人对尽可能准时履行的利益越紧迫,合理期间越短。①

具体来讲,在给付迟延的情况,指定期间的目的是给予已经做出主要履行准备的债务人完成其给付的机会,而且,债务人违约没有按时给付,故此需付出更多的努力履行,所以,原则上,债权人无须以通常的运送或生产的期间为准。若给付内容为金钱,由于债务人对此承担给付上的担保责任(《民法典》第579条),故此,指定期间可能很短。而在不完全给付的情况下,合理的期间通常是债务人事实上可以完成补救履行的期间,由此要考虑给付的难度,而修理或更换的期间又有所不同。当然,还需要考虑债权人需要给付标的的紧急程度。

在具体情况下,如果指定期间不合理,并不意味着指定期间无效、债权人必须重新指定期间,而是只意味着按照合理期间进行即可。

(2)无须指定期间的情况

指定期间的目的是为债务人提供二次给付的机会。但是,在债务人严肃、最终地拒绝给付的情况下,为其指定期间履行,即没有了意义。根据《民法典》第578条,即使给付未到期,债务人明确表示或以自己行为表明不履行合同的,也可以构成替代给付的损害赔偿请求权。

在德国法上,债务人期前拒绝履行的情况下,由于履行期未届满,债务人并没有违反给付义务,但债务人违反了附随义务。对此,可以类推适用《德国民法典》第323条第4款,即,如果解除的前提显然能构成的,那么,债权人就可以在履行期届至前解除合同。② 也就是说,债权人也可以在履行期届至前主张替代给付的损害赔偿。

在即时性合同的情况下,债务人必须立即进行补救,以尽可能地减少损害,所以不需要债权人指定期间。另外,在债务人严重违反义务,不可期待债权人坚守合同的情况下,也不需要指定期间。例如,债务人恶意欺诈债权人买卖标的物没有瑕疵,而实际上标的物有瑕疵,此时,债权人无须指定期间,即主张替代给付的损害赔偿。当然,在这些情况下,债权人也可以指定期间。如果债务人在指定期间内补救给付或者给付,则债权人不能再行主张此种情况下无须指定期间。③

---

① MüKoBGB/Ernst, 9. Aufl., 2022, BGB §323, Rn. 76.
② Palandt/Grüneberg, §281, Rn. 15.
③ Looschelders, *Schuldrecht AT*, 21. Aufl., 2023, §27, Rn. 19.

（3）无效果性

在债权人指定期间后，尚需在指定期间经过后没有效果，债权人的替代给付损害赔偿才成立。如果在指定期间经过前，由于清偿以外的原因，请求权消灭的，比如出现了给付不能的情形，则对待给付义务原则上自动消灭。此时适用给付不能的法律效果，而不适用债务人迟延情况下的损害赔偿。

在债务人违反不作为义务的情况下，债权人不需要指定期间，催告即可。

4. 可归责

如上文所述，要构成损害赔偿，在建设工程、承揽、赠与等合同类型上，均需要可归责要件，或者债务人有过错，或者债务人的履行辅助人之行为可归责于债务人本人。由于损害赔偿请求权以指定期间为构成要件，所以有疑问的是，在指定期间内产生可归责事由是否也构成损害赔偿请求权。原则上，可归责指向的是义务违反，即给付迟延与不完全给付。而在指定期间后，债务人负有依照债的本旨给付或者补救履行的义务，故此，在指定期间结束前，若不履行或者不依照债的本旨履行，也构成义务违反。所以，若可归责指向的是这一时段的义务违反，也可以构成替代给付的损害赔偿请求权。

在无过错责任下，则需考察是否存在免责事由，具体由债务人举证。

5. 损害

在债权人处必须已经产生损害，而且该损害赔偿替代的是给付请求权。具体计算方式，参见下文叙述。

（四）法律效果

在债务人于指定期间内不履行或者不依约履行的情况下，替代给付的损害赔偿请求权即成立。对于给付或者补救履行的及时性，原则上取决于给付行为，而非给付结果。

1. 履行请求权与损害赔偿请求权的关系

在债务人迟延给付后、债权人无利益的情况下，债权人可以拒绝原给付，而请求赔偿因此产生的损害。最为常见的是绝对的定期行为，债务人不在一定时点履行的，合同目的即不能达到。例如，债务人与债权人订立生日蛋糕购买协议，债务人未能在债权人过生日当天送到的，买卖蛋糕的合同目的即不能实现。① 嗣后债务人提供给付的，债权人可以拒绝受领，并要求替代给付损害赔偿。

依照德国旧法，债权人指定期间后，债务人仍未履行或依约履行的，给付请求权即消灭，但这样的结果对债权人存有不利益，因为在期间经过后，债权人还有保有给付的利益。根据新法，即《德国民法典》第281条第4款、第346条，在出现义务违反的情况下，债权人应为债务人指定一定期间，指定的期间经过后，替代给付损害赔偿

---

① 韩世远：《合同法总论》（第四版），法律出版社2018年版，第662页。

请求权与给付请求权并存,债权人需择一行使,只有在债权人决定请求损害赔偿或者解除合同的情况下,给付请求权才消灭。

在指定期间经过后,对于债务人而言,有很多不确定性,债权人可以强制其履行,也可以转而求之于损害赔偿。但是,债务人在指定期间履行的,该不确定性即不存在了。

如果债权人在期限届满后首先要求履行,事后要求替代给付的损害赔偿的,也是可以的,而且也不需要重新指定期间。如果期限经过后,债权人还是受领了给付,则发生清偿效果,而且,替代给付的损害赔偿请求权即行消灭。①

在我国法上,原则上只有在债权人解除合同后,给付义务才会最终消灭。债务人仍需赔偿解除前的损害,比如迟延损害。

2. 迟延情况下的替代给付损害赔偿

在债务人给付迟延影响债权人合同目的实现的,或者经过债权人指定期间,债务人仍不履行的情况下,债权人可以请求替代给付的损害赔偿。

> 例如,甲向乙购买汽车一辆,但乙迟延交付,甲不得不租赁一辆汽车使用。此时,甲可以请求乙赔偿租赁费用,这是简单损害赔偿。但是,如果甲指定了一个合理期间,债务人在期间经过后仍不履行或者给付迟延影响甲合同目的实现的,则甲可以请求替代给付的损害赔偿,比如因进行替代交易而多支出的费用,甲也可以请求乙赔偿因为租赁汽车额外支出的费用,二者均是替代给付损害赔偿的内容。如果债权人没有及时进行替代交易导致损害扩大或费用增加,那么债权人可能承担共同过错(与有过失责任)。如果区分给付迟延与债务人迟延,在赔偿期待利益的观念下(《民法典》第584条),债务人迟延构成前的债权人的损害也是要赔偿的。

在发生替代交易的情况下,损害的直接根据是债权人的意思决定(即进行替代交易),间接根据是给付迟延。所以,因果关系上,关键的是债权人是否可以认识到被要求这样做,也即所谓的心理媒介的因果关系(psychisch vermittelte Kausalität)。②

3. 在部分给付情况下的替代整个给付的损害赔偿

在债务人已经为部分给付,而在指定期间后,仍未履行剩余部分给付的情形下,原则上债权人仅能就此剩余部分请求损害赔偿,即小的损害赔偿。

但是,如果债权人已经获得了一部分给付,则在迟延给付剩余部分导致整个给付没有意义的情况下,才可以要求大的损害赔偿,即替代给付的损害赔偿。但是债权人需返还已经受领的给付,其根据为解除之法律效果(《民法典》第566条)。

---

① Looschelders, *Schuldrecht AT*, 21. Aufl., 2023, §27, Rn. 26.
② Medicus/Lorenz, *Schuldrecht AT*, 22. Aufl., §38, Rn. 10.

债权人请求替代给付的损害赔偿的,必须证明其对于给付的利益丧失了。如果债权人不能证明,则可以指定期间,债务人逾期未给付的,债权人即可请求赔偿替代给付的损害。在双务合同的情况下,债权人还可以基于解除享有返还、损害赔偿等权利;所以,在该情况下,并不需要上述规则,其意义局限在单方或多方负有义务的债的关系情况下。①

例如,7月1日,甲向家具商乙购买了一套卧室家具,包括一张床、一张桌子以及一个衣柜。双方约定,乙应于7月20日将家具送到甲处。但7月20日,乙仅按时运送了床与桌子,没有按时运送衣柜。甲指定期间履行无果后,即另行购买了同样的衣柜,由此多产生了500元的费用。就此部分损害,甲得依据《民法典》第577条请求赔偿。但是,如果这套卧室家具构成一体,缺一不可,甲在另一家家具店购买了另一套家具,由此多花费了1500元,则此种情况下,甲对于部分给付并无利益,其可以根据《民法典》第577条要求替代整个给付的赔偿,即1500元。

4. 在不完全给付情况下的替代整个给付的损害赔偿

在构成不完全给付时,债务人应赔偿债权人积极利益。例如,甲负担的给付价值为100元,作出的不完全给付的价值为70元,差价是30元,则其应该赔偿30元。

瑕疵损害赔偿通常为小的损害赔偿,只有在瑕疵重大的情况下,才可以请求大的损害赔偿,即替代给付的损害赔偿。瑕疵是否重大,应以给付利益衡量确定,如果因为义务违反而使整个合同消灭是不符合比例的,即为不重大。对于瑕疵的不重大,需要债务人举证。

例如,甲出卖给乙一辆汽车,送交时损害了后视镜。本案中,瑕疵并不重大,债权人应给定修理期间,期间届满后,可以要求小的损害赔偿。

5. 对于已经履行的给付的返还,准用解除后法律效果。

三、保护义务的违反

(一) 概述

如果债务人违反了保护其他法益以及利益的义务,原则上不影响合同的实施。因为保护义务不涉及给付,债权人的给付利益原则上不受影响。但是,保护义务之违反会动摇当事人之间的信赖基础。因此,应允许债权人放弃实施合同,而请求替代给付的损害赔偿(《民法典》第509条第2款、第577条)。

违反保护义务时,也要保障原给付义务的优先地位,只有在债权人因保护义务之违反严重,不可期待其受领给付的情况下,才可以通过行使解除权舍弃原给付义务,

---

① Larenz, *Schuldrecht AT*, 14. Aufl., 1987, S. 354.

而请求替代给付的损害赔偿,此时原给付义务消灭。

例如,粉刷匠甲为乙粉刷房屋,在粉刷时,甲毁坏了许多有价值的家具。此时即不可期待乙接受给付。

(二) 构成要件

在订立合同前的债之关系中,也存在违反保护义务的情况。但在违反先合同的保护义务情况下,原则上债权人不得请求替代给付的损害赔偿。原因在于,此时通常尚不存在合同,也就没有给付义务,从而谈不上替代给付的损害赔偿。例外情况下,债权人在不知道先合同保护义务已经被违反的情况下与债务人缔结了有效合同,那么在坚守合同对于债权人而言不可期待的情况下,可以请求替代给付的损害赔偿。①

替代损害赔偿请求权的构成原则上不需要可归责之要件。但在合同法分则中以过错为要件的情况下,替代给付损害赔偿请求权需要以可归责为要件。

最后,构成替代给付损害赔偿请求权,需要有损害,而且是替代给付的损害,损害赔偿的内容主要是替代交易的费用。例如在上述案件中,替代给付的损害是聘请其他粉刷匠的费用,而家具的损失赔偿则是简单的损害赔偿。

(三) 不可期待的判断标准

具体判断是否对于债权人而言不可期待其接受给付,即坚守合同,需通过利益衡量予以确定,并具体考虑义务违反的重要性以及频率、将来其他保护义务违反的危险性程度。而且,义务违反必须与合同目的相关。也就是说,恰恰因为义务违反而导致无法继续实施合同。②

在通常情况下,违反保护义务造成的影响很微小,在债务人出现第一次违反行为时,债权人若不经警告即要求替代给付的损害赔偿,则不符合比例原则。故此,在确定不可期待性的情况下,一个重要的标准就是债权人对债务人的警告。例如,在上述案例中,粉刷匠的粉刷工作无可挑剔,但该粉刷匠是一个烟民,有一次在粉刷时抽烟,如果此时债权人即要求替代给付的损害赔偿,过于严苛。但在保护义务违反严重的情况下,则无须警告,债权人也可以请求替代给付的损害赔偿。例如,甲到乙饭店吃饭,点了水煮肉片与米饭,上菜时,乙的服务员不小心没有保持盘子平衡,致使菜汤溅了甲一身,甲立即要一个餐巾,以便擦拭,但服务员说自己很忙,还有其他客人要照顾,拒绝其请求。甲很生气,只能到另一个饭店吃饭,点了同样菜,但多支出15元。此时,甲可以请求替代给付的损害赔偿,而无须先行警告。

一旦债权人要求替代给付的损害赔偿,原给付义务即消灭。

---

① Brox/Walker, *Allgemeines Schuldrecht*, 46. Aufl., 2022, § 25, Rn. 19.
② Looschelders, *Schuldrecht AT*, 21. Aufl., 2023, § 27, Rn. 38.

四、履行利益的赔偿方法

在单务合同的情况下,并无对待给付的问题,只有债务人承担损害赔偿的问题;但在双务合同的情况下,如果债权人没有解除合同,而请求损害赔偿的,该损害赔偿请求权是原给付请求权的变化,原合同并没有消灭,依照逻辑,债权人应为对待给付。如何处理损害赔偿请求权与对待给付请求权,在学说上有不同观点。

(一)代位理论与差额理论

第一种学说是代位或交换理论(Surrogationstheorie, Austauschtheorie),该学说认为,债权人的对待给付继续存在。在债务人一侧,支付损害赔偿的义务替代原给付义务,即作为代位物,故被称为代位理论。若从另一个角度来看,则是指替代债务人原给付义务出现的是其损害赔偿给付,由此与债权人一直可能负担的对待给付形成交换关系,故称交换理论。

由此,损害赔偿与对待给付的履行构成交换关系,得主张同时履行。在本质上,交换关系继续存在,只是有所更改。如果债权人提供的是金钱支付,则存在抵销的可能。损害赔偿请求权是原给付价值(包括可能的结果损害)与作为对待给付所负担的数额之间的差额。① 因此,在并非金钱之债,而当事人希望进行对待给付的情况下比较有意义。在代位理论下,于逻辑上,解除与损害赔偿请求权不得并存。②

所谓差额理论,是指给付与对待给付为损害赔偿所替代,损害赔偿为给付与对待给付之间的差额。而根据差额理论,债权人的对待给付义务消灭,合同已不能继续实现,只是赋予债权人一个因不履行整个合同的一体金钱赔偿请求权,并根据两个给付的价值差额进行计算。如果债权人不能证明该差额,则合同自动完结。由于交换关系消灭,损害赔偿请求权自始指向原给付价值(包括可能的结果损害)与对待给付价值之间的差额。

由于实践中对待给付义务大部分情况下指向的是金钱,两种理论导致的结果通常是一样的。

> 例如,甲向乙以100000元的价格购买汽车一辆,该汽车的价值为120000元。在订立合同后,由于乙的过错,汽车完全毁损了。

根据代位理论,甲仍负有支付100000元价金的义务;而在乙一侧,替代交付与移转汽车所有权义务的是赔偿汽车价值的义务(120000元)。如果甲或乙表示抵销,则甲仅享有20000元的损害赔偿请求权。而根据差额理论,则没有这么复杂,损害赔偿请求权自始指向20000元的差额。

---

① Looschelders, *Schuldrecht AT*, 21. Aufl., 2023, §29, Rn. 3.
② Kisch, *Die Wirkungen der nachträglich eintretenden Unmöglichkeit der Erfüllung bei gegenseitigen Verträgen nach dem Bürgerlichen Gesetzbuche für das Deutsche Reich*, 1900, S. 132 ff.

例如,甲出卖给乙汽车一辆,价格为 100000 元,该汽车的价值为 120000 元。甲迟延交付,乙要求替代给付的损害赔偿。

依照差额理论,乙可以要求甲赔偿 20000 元;依照代位理论请求赔偿,没有意义,因为此时乙要先支付 100000 元,再请求甲赔偿 120000 元。

变化:汽车的价值为 100000 元,价格为 120000 元,乙迟延支付 120000 元,甲要求替代给付的损害赔偿。

按照差额理论,甲可以请求乙赔偿 20000 元差额;依照代位理论,甲可以交付汽车,并要求乙赔偿 120000 元。

在互易合同情况下,二者导致的结果也存在重大不同。

例如:甲1与甲2以车易马,甲1的汽车价值 28000 元;甲2的马价值 30000 元。互易合同签订后,由于甲2的过错,马死掉了。

根据差额理论,甲1可以保有其汽车并获得 2000 元的损害赔偿。而根据代位理论,甲1可以交出汽车,请求 30000 元损害。原则上应当予以允许,因为甲1本来可以不为对待给付,但其放弃了这个权利。

由于《民法典》第566条规定了解除与损害赔偿请求权可以并存,那么在债权人已经提供了自己所负担的给付的情况下,差额理论也可以适用。此时,债权人可以根据第566条请求返还已经履行的给付,并基于差额主张替代给付之损害赔偿。[①]

在根据差额理论计算损害时,要将迟延损害也计算在内,债务人要赔偿债权人达到如果债务人及时履行情况下的利益状态。如果独立计算替代给付损害赔偿与迟延损害赔偿,有可能导致过度赔偿的后果。[②]

(二) 差额理论优先适用

在实际法律适用中,通常根据差额理论计算损害。差额理论具有快速、简单地清算双务合同的优点。在互易情况下,差额理论通常也符合债权人的利益,即只有债务人履行了自己的给付义务,他才会履行自己的给付。

(三) 债权人选择差额理论与代位理论的权利

代位理论的缺点在于阻止债权人摆脱债务人的给付,即使债权人对其并无利益,也是如此。[③] 故此,有学者主张有限制的差额理论,原则上按照差额理论清算,但不限于给付价值差额的计算,在债权人对从给付中摆脱有正当利益时,即可适用代位理论。实际上,损害赔偿请求权是债权人的权利,债权人对于差额理论与代位理论应享有选择权,即使债权人已经提供了自己的给付也是如此。但有争议的是,在这种情况

[①] Looschelders, *Schuldrecht AT*, 21. Aufl., 2023, §29, Rn. 5.
[②] Huber, Schadensersatz statt der Leistung, AcP 210 (2010), S. 340 ff.
[③] Emmerich, *Das Recht der Leistungsstörungen*, 6. Aufl., 2005. S. 202.

下,债权人意图采取差额理论,并取回已经提供的给付,债权人是否还必须作出解除之意思表示。

观点一认为,在这种情况下,损害赔偿之请求即同时被看作解除之表示①;观点二认为,只要债权人表示解除,就只能适用差额理论,因为自此即没有给付交换的余地,而在没有解除的情况下,应适用代位理论。②

上述争论的前提是债权人一旦表示解除,即不得撤回。但该理论并无正当性,应当认为,只要没有出现最终状态,债权人即一直可以根据现实情况选择最有利的路径,或者选择差额理论,或者选择代位理论进行应对,即使债权人已经表示解除也是如此,因为这也不能阻止债权人从解除转为单独的替代给付的损害赔偿之债,并根据代位理论主张损害赔偿。如果债权人愿意根据差额理论计算,并取回其已经提供的给付,那么,在必要时,可以将替代给付损害赔偿之债同时视为解除之表示。总而言之,只要最终状态没出现,债权人就可以在解除与损害赔偿之间以及差额理论与代位理论之间选择。③

在债务人有过错的情况下,债权人可以选择差额理论或者代位理论。但在主张代位理论时,不能解除合同。债权人选择差额理论的,如果已经履行,债权人可以要求解除合同,以便返还其履行的给付。债权人适用差额理论的,在第三人侵权造成给付不能的情况下,债权人不能主张代偿请求权。④

五、代偿请求权

债务人陷于给付不能的,免除给付义务。如果债务人因给付不能事由对第三人享有损害赔偿请求权的,债权人可以要求债务人返还其所获得的赔偿或者移转赔偿请求权(代位物或代偿物),该制度被称为代偿请求权制度。⑤ 代偿请求权只适用于双务合同的情形。在单务合同中,债权人并没有对待给付义务,故在第三人毁损标的物的情况下,债权人亦不得行使代偿请求权。

如果债权人得向债务人请求其所获得的赔偿或者要求移转赔偿请求权,则债务人的义务并未消灭,交换关系仍然存在,债权人至少需在对待价值的范围内负有对待给付义务。也就是说,债权人对待给付义务应按照其所获得的赔偿或者赔偿请求权低于原给付义务价值的比例减少。

---

① Lorenz/Riehm, *Lehrbuch zum neuen Schuldrecht*, 2002, Rn. 208 ff., 332, 335.
② R. Schwarze, Unmöglichkeit, Unvermögen und ähnliche Leistungshindernisse im neuen Leistungsstörungsrecht, JURA 2002, 73, 81 f.
③ Emmerich, *Das Recht der Leistungsstörungen*, 6. Aufl., 2005, S. 205.
④ 姚志明:《债务不履行之研究(一)——给付不能、给付迟延与拒绝给付》,元照出版有限公司 2003 年版,第 163 页。
⑤ 韩世远:《合同法总论》(第四版),法律出版社 2018 年版,第 533 页;姚志明:《债务不履行之研究(一)——给付不能、给付迟延与拒绝给付》,元照出版有限公司 2003 年版,第 125 页。

在某些情况下,履行不能可能是由第三人的原因造成的(《民法典》第593条),但违约责任也应在债权人、债务人内部处理。在此,不排除债权人的利益通过受让债务人对第三人的请求权方式获得满足。

有疑问的是,代偿请求权的基础何在?第一种观点认为代偿请求权的基础在于不当得利,给付标的物在法律上并非债权人所有,但在经济上已经属于债权人所有,进而给付标的的代位物在经济上也归属于债权人,所以,债务人享有的代位物为不当得利,应当返还给债权人。第二种观点认为,代偿请求权的基础在于类比损益相抵情况下债权人获益应当从损害赔偿额中扣除的规则,在债务人陷入给付不能的情况下,债务人因此受益,为了消除债务人的不当获利,债务人也应将受益转让给债权人。第三种观点是风险和利益一致的思路,承担风险者也应享受利益,在给付风险由债权人承担时,债权人可以向债务人主张因给付不能而产生的代位物。具体如在房屋买卖时,房屋因地震灭失,或者因为拆迁而履行不能,债权人承担给付风险,而标的物一旦灭失,因此产生的代位物即应归属于债权人。①

本书的观点为不当得利说,在合同订立之时,标的物在经济上即归属于买受人(债权人),标的物毁损、灭失之后产生的代位物在经济上也应归属于债权人。代偿请求权规则的规范目的在于,将财产价值归属给经济上的享有者。

代偿请求权移转的构成要件有四:第一个是给付请求权的消灭(《民法典》第580条第1款);第二个是债务人获得了代偿请求权,可以是侵权法上的请求权,也可以是合同法上的请求权,也可以指向损害赔偿请求权,例如,在画被第三人毁损时,债权人可以请求对纵火者的损害赔偿请求权或者对保险公司基于保险合同的请求权,但其应向债务人履行对待给付;第三个是代偿请求权因为给付请求权排除的事由而产生;第四个是债务标的物与替代标的物的代偿物(请求权)是同一的。比如在双重租赁情况下,未取得占有的承租人可以向出租人请求交出其对已取得占有的承租人收取的租金,但如果两个承租人用益租赁物方式不同,则不可以,因为在这种情况下,收取的租金并非是负担的使用让与的替代。

代偿请求权具有形成权之性质,故一经债权人主张,债务人对于第三人的损害赔偿请求权即让与给债权人。②

债务人将对第三人的赔偿或者赔偿请求权返还给债权人的规则,尤其在债务人出卖标的物的情况下有意义。在债务人出让所得高于物的价值或者对待给付的情况下,债权人可以向债务人请求该出让所得(commodum ex negotiatione, stellvertretende commodum)。比如,甲出卖给乙汽车一辆,在交付前被丙毁坏,但其上有财产保险,此

---

① 参见纪海龙:《买卖合同中的风险负担》,载王洪亮等主编:《中德私法研究》(第11卷),北京大学出版社2015年版,第312页以下。三种学说参考的均是 H. Stoll, Vorteilausgleichung bei Leistungsverteilung, in: FS für Schlechtriem zum 70. Geburtstag, 2003, S. 679, 686 ff. 纪海龙教授的观点是第三种学说。

② 邱聪智:《新订民法债编通则》(下),中国人民大学出版社2004年版,第284页。

种情况下,甲应将其对保险公司赔偿或者赔偿请求权移转给乙。又如,甲将房屋出卖给乙,价款10万元,但未登记;后丙愿意出15万元价格购买,甲应允,并登记。此时,乙可要求甲移转其对丙的价金或价金请求权。债权人可以选择请求该出让所得,也可以不选择请求该出让所得,而保有自己的对待给付,即其享有选择权,在债权人决定之前,法律状况处于待定状态。只有在债权人决定之后,才最终确定,债务是消失了还是继续(以内容发生了部分改变的形式)存在。①

在适用风险负担规则情况下,买受人向承运人追偿的依据可以是代偿请求权的移转。

例如:甲出卖标的物给乙,交给丙运输,在运输途中灭失。

首先,甲的给付义务消灭,其次,乙要承担对待给付风险(《民法典》第606条);再次,考虑甲对丙有没有损害赔偿请求权,丙可否抗辩甲没有损害。对此,德国有第三人损害清算说,即甲可以向丙主张第三人乙的损害。甲对丙有损害赔偿请求权,同时对乙有价金请求权,此时会出现风险与利益不平衡的问题,所以,为消除该不平衡,乙可以请求甲让与其对丙的赔偿请求权。②

债权人同时要求损害赔偿时,应当将该被移转的赔偿或赔偿请求权的数额扣除,相应地减少损害赔偿数额。

第九节 因预期违约产生的损害赔偿请求权

【文献指引】

刘凯湘、聂孝红:《论〈合同法〉预期违约制度适用范围上的缺陷》,载《法学杂志》2000年第1期;李中原:《合同期前救济制度的比较研究》,载《法商研究》2003年第2期;葛云松:《期前违约规则研究——兼论不安抗辩权》,中国政法大学出版社2003年版;姚志明:《债务不履行之研究(一)——给付不能、给付迟延与拒绝给付》,元照出版有限公司2003年版。

【补充文献】

王利明:《预期违约与不安抗辩权》,载《华东政法大学学报》2016年第6期;陈韵希:《合同预期不履行的救济及其法理基础——再论〈合同法〉不安抗辩权和预期违约的界分》,载《比较法研究》2017年第6期;李建星:《不安抗辩权与预期违约的完全区分论》,载《政治与法律》2017年第12期;李建星:《预期违约的制度内涵与类型扩

---

① Larenz, Schuldrecht AT, 14. Aufl., 1987, S. 310.
② 详细分析,参见纪海龙:《买卖合同中的风险负担》,载王洪亮等主编:《中德私法研究》(第11卷),北京大学出版社2015年版,第299页以下。

展》,载《法治研究》2019年第5期;叶金强:《不安抗辩中止履行后的制度安排——〈民法典〉第528条修正之释评》,载《法律科学(西北政法大学学报)》2020年第5期;李建星:《〈民法典〉第528条(不安抗辩权的效力)评注》,载梁慧星主编:《民商法论丛》(第72卷),社会科学文献出版社2021年版;韩新磊:《〈民法典〉履行抗辩权条款的体系解释》,载《河南财经政法大学学报》2022年第5期;陈韵希:《论效率减损视角下的不履约风险救济——兼谈〈民法典〉预期违约和不安抗辩权的解释适用》,载《暨南学报(哲学社会科学版)》2023年第6期;崔建远:《先期违约规则:比较、借鉴与整合》,载《法学杂志》2023年第6期;张梓萱:《预期违约与继续履行请求权》,载《法学家》2024年第4期。

一、预期违约的含义

预期违约制度,来源于英国法上预期违约(anticipatory breach)制度,是指合同有效成立后、履行期到来之前,一方当事人宣布放弃履行合同或者因其行为使得自己不能履行合同。①

在德国法上,债务人若于届期前作出表示,称于届期后将不履行,则构成违约。宣布将不信守合同之行为,本身即构成违约,债务人须因此而承担法律后果。债权人若因此种行为而受有损害,即得依一般原则请求损害赔偿。② 如果在给付到期前解除的前提显然构成,则债权人可以在给付到期前解除合同(《德国民法典》第323条第4款)。对于债务人期前违约的情况,德国法没有不安抗辩权制度保护负有先履行义务的债权人。与预期违约制度不同,不安抗辩权仅赋予有先履行义务的一方以抗辩权,而期前违约规则可以公平保护双方利益;不安抗辩权的要件严格,须对方财产显形减少,而期前违约规则不限于此。③

我国现行法分别规定了预期违约解除、预期违约责任规则以及不安抗辩权规则。针对当事人一方明确表示不履行合同,或者以自己的行为表明不履行合同义务的情况下,守约方可以在履行期限届满之前就要求预期违约方承担违约责任(《民法典》第578条)。另外,在履行期限届满之前,当事人一方明确表示或者以自己的行为表明不履行主要债务,即主给付义务的情况下,守约方还可以立即解除合同(《民法典》第563条第1款第2项)。预期违约的情况,都是违约比较明确、强度比较大的情况,而且,预期违约已经足以达到影响合同目的实现的程度。④

---

① Peel, *The Law of Contract*, 15th ed., Sweet & Maxwell, 2020, p. 943, 17-074.
② [德]赫尔曼·史韬伯:《论积极违反契约》,金可可译,载《华东政法大学学报》2015年第2期,第139页。
③ 葛云松:《期前违约规则研究——兼论不安抗辩权》,中国政法大学出版社2003年版,第31页。
④ 李建星:《不安抗辩权与预期违约的完全区分论》,载《政治与法律》2017年第12期,第132页以下;黄薇主编:《中华人民共和国民法典合同编解读(上册)》,中国法制出版社2020年版,第410页。

二、预期违约与拒绝给付

所谓拒绝给付,是指债务人违法地对债权人表示不为给付的情况。① 此种拒绝的表示,大多基于故意,不过,基于过失也可能成立,例如,债务人因过失而不知债务存在,而误为拒绝给付的。②

从拒绝给付发生的时间来看,拒绝给付又可分为履行期届至前的拒绝给付、履行期届至到届满期间的拒绝给付、履行期届满后的拒绝给付。

在给付义务履行期届满后的情况下,债务人认真地、最终地拒绝履行,并不具有独立制度的意义。此时,仅涉及指定期间是否必要的问题。而债务人于期限届满前拒绝履行的,则具有独立的意义。不同意见认为,此三种拒绝给付均为拒绝给付制度,在德国属于积极侵害债权之一种,在我国台湾地区则为独立的给付障碍类型,即使是履行期届至时拒绝给付、履行期届满后的拒绝履行也不同于履行迟延,因为拒绝履行破坏的是当事人的信赖关系,债务人拒绝履行后,并不适用给付迟延规则,如并无催告的必要,即可主张债务不履行责任。③ 崔建远教授区分届至与届满,在一时性合同的情况下,在履行期限届满前,债务人又实际履行的,或者恢复了履行能力并愿意实际履行,就不构成违约;但在继续性合同的情况下,履行期限内,债务人拒绝履行或者客观上预期不能,就现实地构成违约。④

我国《民法典》第 578 条、第 528 条仅规定了期限届满前拒绝给付的类型。故本书也将拒绝给付的类型限定于期限届满前拒绝给付,并称其为预期违约。

三、预期违约的规范基础

债务人期前拒绝给付的,何以构成义务违反?按照逻辑来讲,债务未到期,债务人有权不为给付,根本不能构成给付障碍或者义务违反。

但在履行期到来前,债务人明确地、无理由地、最终地拒绝的,即摧毁了债权人对合同存续的信赖⑤,如此不可期待债权人等到履行期届满之后再追究债务人的给付迟延责任。在履行期到来之前,赋予当事人以主张违约救济的权利,其正当性在于,通过合同所追求的利益是期待利益,即使债务人期前明示或默示违约,也会侵害这种期待利益。预期违约制度基于公平理念保护这种利益,使受害人得到如同实际违约情

---

① 崔建远:《合同法》(第四版),北京大学出版社 2021 年版,第 301 页;韩世远:《合同法总论》(第四版),法律出版社 2018 年版,第 558 页;姚志明:《债务不履行之研究(一)——给付不能、给付迟延与拒绝给付》,元照出版有限公司 2003 年版,第 257 页。
② 郑玉波:《民商法问题研究》(第二辑),三民书局 1979 年版,第 22 页。
③ 姚志明:《债务不履行之研究(一)——给付不能、给付迟延与拒绝给付》,元照出版有限公司 2003 年版,第 258 页以下;王利明:《预期违约与不安抗辩权》,载《华东政法大学学报》2016 年第 6 期,第 7 页。
④ 崔建远:《合同法》(第四版),北京大学出版社 2021 年版,第 361 页。
⑤ Larenz, *Schuldrecht AT*, 14. Aufl., 1987, S. 369.

况下一样的救济。①

有观点认为,到期前拒绝履行(预期违约)违反的是与给付相关的从义务(leistungsbezogene Nebenpflicht)②,不同观点认为,违反的是保护义务(Schutzpflichtverletzung)③,与此类似的观点认为,基于合同严守(Vertragstreue)原则也可以推导出,债务人不得为任何危及履行嗣后到期义务的行为。到期前拒绝履行属于积极侵害债权的一种。④

四、预期违约的类型与构成要件

预期违约制度有三种类型,即宣布放弃(Renunciation)、预期不能(Disablement)以及作为不能的疏忽(Omission as disablement)等。

(一)宣布放弃

第一种是宣布放弃,也可以被称为拒绝履行,即一方当事人明确地并绝对地表示其不履行合同义务,或者以自身行为表明其不履行合同义务(《民法典》第 578 条)。其构成要件如下:

1. 存在有效的债之关系

要构成预期违约,首先需要在当事人之间存在有效的债之关系。债之关系不成立或无效的,原本将成为债务人的人,当然有权拒绝履行约定的债务,因为他不负有债务。

2. 在履行期届满前不为给付的表示

在履行期届满前不为给付的表示可以是明示的,也可以是默示的,前者是指以口头或书面形式作出拒绝给付的表示,后者是指以自己的行为表明不履行合同义务的,如已经将部分货物转卖出去,资金困难等。⑤ 判断因素上不限于行为,客观经济状况、商业信誉、履约能力等也属于须判断的因素。⑥

不为给付的表示,即为拒绝的表示,这种表示必须是明确无误的(unmißverständlich)、最终的(endgültig)并认真的(ernstlich)。也就是说,从这种表示中可以看出,在任何情况下,债务人均不会自愿履行其债务。⑦ 债务人通过迂回方式表示拒绝履行的,亦可成立拒绝履行,如债务人无理由地表示要解除合同或者撤销其意思表示,甚或不认为

---

① 李永军:《合同法》(第七版),中国人民大学出版社 2024 年版,第 281 页。
② Looschelders, *Schuldrecht AT*, 21. Aufl., 2023, §27, Rn. 18.
③ Medicus/Lorenz, *Schuldrecht AT*, 21. Aufl., 2015, Rn. 507.
④ Schlechtriem, *Schuldrecht AT*, 3. Aufl., Rn. 347, S. 180.
⑤ 最高人民法院经济审判庭编著:《合同法释解与适用(上册)》,新华出版社 1999 年版,第 431 页。
⑥ 刘凯湘、聂孝红:《论〈合同法〉预期违约制度适用范围上的缺陷》,载《法学杂志》2000 年第 1 期,第 13—15 页。
⑦ MünchKomm/Emmerich, vor §275, Rn. 276.

合同已经成立的,又如债务人认为债务不给付的事由是因为债权人的行为所导致的。①

原《建设工程施工合同解释》(2004年)第8条第1项规定,明确表示或以行为表明不履行合同主要义务的,发包人可以请求解除合同。拒绝给付的主要是给付义务,但不限于主要给付义务或主给付义务。② 在这里,并不要求当事人明确拒绝履行全部合同义务,只要其宣布以实质上与其义务不一致的方式拒绝履行即可。但是,须构成根本违约。

《联合国国际货物销售合同公约》第72条规定:如果在履行合同的日期之前,可以明确一方当事人将根本违约,则另一方当事人可以宣告合同无效。

拒绝给付的表示,在性质上属于意思通知,准用意思表示的法律规则。

3. 给付须为可能

如果给付不可能,则债务人拒绝履行行为正当,并无不法行为。故只有在给付可能的情况下,才可能构成拒绝给付。

4. 须可归责于债务人

在适用过错责任的情况下,只有债务人明知存在债务而故意拒绝履行,或者因过失而不知债务存在而拒绝给付时,方成立拒绝给付。

如果适用无过错责任,则主要考察是否是由于不可抗力等免责事由造成了给付障碍,如果是,则可以免除债务人的损害赔偿责任。

(二) 预期不能

所谓预期不能,是指基于一方当事人的行为或过错导致其在履行期届满前不能履行合同义务,此处的行为也可能是不作为,比如债务人将合同标的物(特定物)处置给他人。《民法典》第527条列举的不安情形,大都是因一方当事人行为导致丧失或者可能丧失履行债务能力的情形。所以,在预期不能的情况下,债权人须根据第528条进行通知后中止履行,在对方在合理期限内未恢复履行能力且未提供适当担保的情况下,债权人才可以主张对方承担预期违约责任。

(三) 作为不能的疏忽

第三种类型是作为不能的疏忽,即以疏忽为表现形式的不能,比如,当事人订立了将来送交货物的买卖合同,该货物或者是要由出卖人生产,或者要自第三人处购买,但出卖人没有采取任何生产的行动,或者没有向第三人购买。该不作为可以被视为当事人的过错,即没有履行其在合同中负担的义务而导致不能按期履行合同义务。③ 这种类型的预期违约,也可以被涵盖在《民法典》第528条之中。

---

① 姚志明:《债务不履行之研究(一)——给付不能、给付迟延与拒绝给付》,元照出版有限公司2003年版,第260页。
② 不同意见,参见朱广新:《合同法总则研究(下册)》,中国人民大学出版社2018年版,第759页。
③ Peel, *The Law of Contract*, 15th ed., 2020, p.944, 17-077.

五、预期违约的法律效果

(一) 债权人的选择权

在债务人履行期前拒绝给付或者陷入期前给付不能的情况下,债权人可以不接受预期违约,而是等到履行期届满时再行请求履行,但债权人不可以请求提前履行,因为这样会产生债务人必须提前履行债务的效果,并不公平①;当然,债权人也可以接受预期违约,立即要求债务人赔偿损害并解除合同。债权人(受害人)接受违约的意思一定是完全的、毫不含糊的。债权人对债务人提起损害赔偿之诉的,或者发出接受对方预期违约通知的,均可以认定为债权人接受了债务人的预期违约。

债权人接受债务人预期违约的,债权人可以立刻请求损害赔偿或者解除合同。第一,该规则有利于减少债权人的损失,债务人一旦宣告拒绝履行,债权人即可以不再准备履行或者履行;第二,该规则可以保护受害方(债权人),比如在服务合同预期违约的情况下,债权人已经预付报酬,没有钱再委托第三人,此时赋予债权人预期违约救济,即有利于保护受害方(债权人)。②

(二) 债权人接受预期违约的情况

1. 损害赔偿

债务人期前拒绝履行或者陷入期前给付不能的,债权人即不可期待债务人履行,于履行期限届满之前即可要求其承担违约责任(《民法典》第 578 条)。结合《民法典》第 577 条,这里的违约责任应是广义的,包括继续履行、补救履行以及损害赔偿请求权。但在债务人预期违约的情况下,债权人不可以请求提前履行;在债权人选择接受的情况下,债务人承担的违约责任应当是损害赔偿。

在债权人为先给付义务人的情况下,如果债务人以其行为或过错导致自己将来陷入不能的,则债权人可以行使不安抗辩权,债务人在合理期限内未恢复履行能力且未提供适当担保的,债权人可以主张损害赔偿(《民法典》第 528 条)。

预期违约制度最大的好处在于,债权人无须指定期间,立即就可以请求债务人赔偿替代给付的损害。③ 预期违约制度创立于英国的马夫雇佣案④,被告同意雇佣原告作为车夫,雇佣期间自 6 月 1 日开始,共计 3 个月,但被告于 5 月 11 日即宣布拒绝履行该合同。原告无须等到 6 月 1 日,可以立即主张损害赔偿。损害赔偿范围,原则上以履行利益为准。首先,有疑问的是,如何确认损害呢?如果出卖人负有在三年内送

---

① 韩世远:《合同法总论》(第四版),法律出版社 2018 年版,第 565 页以下;王利明:《合同法研究》(第二卷)(第三版),中国人民大学出版社 2015 年版,第 515 页。
② Peel, *The Law of Contract*, 15th ed., Sweet & Maxwell, 2020, p. 947, 17-083.
③ 韩世远教授也有类似的观点,参见韩世远:《合同法总论》(第四版),法律出版社 2018 年版,第 560 页。
④ Hochster v. De la Tour (1853) 2 E & B 678. 在该案中,法院支持了原告的解除请求,但没有支持其损害赔偿的请求。

交货物的义务,现在有过错地预期违约,买受人立即要求损害赔偿,则须赔偿的损害应当根据约定交付日期的市场价格确定,但是,如果该案的审判在此之前进行,那么法官只能猜测将来的价格是多少。其次,比如在分期付款的情况下,履行义务没有到期,在债务人期前拒绝履行,债权人即可主张损害赔偿,这无疑加速了债务人的债务到期,法院要根据加速到期支付的情况进行打折。最后,在债务人的债务尚处于待定状态或者履行条件没有完全成熟的情况下,债权人即可以主张预期违约的损害赔偿,有失公平。比如在丈夫承诺立遗嘱给妻子财产的情况下,在预期违约损害赔偿诉讼时,妻子能否活过丈夫是不确定的。①

在期前拒绝给付的情况下,债权人既然知道债务人拒绝给付,即应采取补救措施,以免扩大损失,否则因此扩大损失的,债权人应承担一定责任,不得就扩大的损失要求赔偿(《民法典》第 591 条)。

2. 解除合同

债务人期前拒绝给付主要债务的,债权人可以立即解除合同(《民法典》第 563 条第 1 款第 2 项),无须催告。债权人解除合同的,仍可请求赔偿因债务人预期违约造成的损害。

在司法解释中,也遵循了无须催告即可解除的规则。原《建设工程施工合同解释》(2004 年)第 8 条第 1 项规定,明确表示或以行为表明不履行合同主要义务的,发包人可以请求解除合同。《国有土地使用权合同解释》第 3 条第 2 款规定了一种默示拒绝给付的情况,在土地使用权出让金低于国家规定确定的最低价而导致价格条款无效时,当事人请求按照订立合同时的市场评估价格缴纳土地使用权出让金的,应予支持;受让方不同意按照市场评估价格补足,请求解除合同的,应予支持。因此造成的损失,由当事人按照过错承担责任。

在债权人为先给付义务人的情况下,如果债务人以其行为或过错导致自己将来陷入不能的,则债权人可以行使不安抗辩权,债务人在合理期限内未恢复履行能力且未提供适当担保的,债权人可以解除合同(《民法典》第 528 条)。

在债权人并非先给付义务人的情况下,债权人可否解除合同,取决于债务人行为或过错导致履行失败的严重性。债权人必须证明预期违约是一种事实,而非是一种假设。

3. 拒绝受领

债务人作出拒绝给付的表示,而后又改变主意,主动提出给付的,债权人也得拒绝受领。其原因在于,债务人拒绝给付的,债权人即可不信赖合同的继续履行,其得另寻救济方法,如另行购买标的物的,此时若仍坚持认为合同未被解除仍有拘束力之

---

① Peel, *The Law of Contract*, 15th ed., Sweet & Maxwell, 2020, p. 946, 17-082.

信条,则有欠公允,故应允许债权人有拒绝受领权。①

(三) 债权人不接受预期违约的情况

债权人不接受预期违约的,则债务人继续负有履行责任,也仍享有强制相对人实际履行的权利。债权人不接受预期违约的,并不妨碍在债务人嗣后实际违约的情况下,债权人再行主张解除或者损害赔偿。

在债权人不接受预期违约的情况下,债权人不能主张确定履行期前的损害赔偿。② 但是,债权人可以等到履行期届满而请求继续履行,在债务人没有继续履行的情况下,债权人可以要求债务人赔偿损害。

第十节 瑕疵担保的法律救济

【文献指引】

梁慧星:《论出卖人的瑕疵担保责任》,载《比较法研究》1991 年第 3 期;梁慧星:《论出卖人的瑕疵担保责任》,载《民法学说判例与立法研究》,中国政法大学出版社1993 年版;王洪亮:《物上瑕疵担保责任、履行障碍法与缔约过失责任》,载《法律科学(西北政法学院学报)》2005 年第 4 期;崔建远:《物的瑕疵担保责任的定性与定位》,载《中国法学》2006 年第 6 期;韩世远:《出卖人的物的瑕疵担保责任与我国合同法》,载《中国法学》2007 年第 3 期;王洪亮:《强制履行请求权的性质及其行使》,载《法学》2012 年第 1 期。

【补充文献】

金可可、贺馨宇:《我国买卖合同权利瑕疵担保制度研究》,载《江苏行政学院学报》2016 年第 6 期;郝丽燕:《论特定物买卖瑕疵履行时的交付替代物》,载《政治与法律》2017 年第 9 期;金晶:《〈合同法〉第 111 条(质量不符合约定之违约责任)评注》,载《法学家》2018 年第 3 期;刘怡:《试论我国未来民法典中物之瑕疵担保制度的完善》,载《法学论坛》2018 年第 3 期;周远洋:《〈民法典〉瑕疵履行违约责任条款评注》,载《新疆财经大学学报》2021 年第 1 期;武腾:《救济进路下不完全履行的定位和效果》,载《法律科学(西北政法大学学报)》2021 年第 3 期;夏静宜:《我国合同法上瑕疵概念的反思与重构——从客观瑕疵迈向主观瑕疵》,载《南京大学学报(哲学·人文科学·社会科学)》2021 年第 3 期;武腾:《无权处分场合买卖合同的效力与权利瑕疵担保》,载《交大法学》2022 年第 1 期;郭歌:《〈民法典〉物之瑕疵规范的解释与适用研究》,载《江西社会科学》2022 年第 3 期;朱心怡:《不完全履行下债权人救济途径选择

---

① 韩世远:《合同法总论》(第四版),法律出版社 2018 年版,第 565 页。
② Peel, *The Law of Contract*, 15th ed., p. 953, 17-095.

权之限制》,载《法学》2022年第4期;金荣婧:《物之瑕疵担保责任的嬗变——从"买方自慎"到"卖方尽责"》,载《法治研究》2023年第2期;张金海:《论作为独立违约责任形式的减价规则——内在逻辑与制度构造》,载《四川大学学报(哲学社会科学版)》2023年第5期。

针对给付瑕疵,《民法典》合同编中不仅规定了一般给付障碍法,还规定了买卖合同(第595条以下)、承揽合同(第781条)、租赁合同(第731条)、建设工程合同(第800条、第801条)等情况下的特别障碍法,尤其在买卖合同一章中第610条以下规定了出卖人瑕疵担保责任,如根据第617条,出卖人交付标的物不符合质量要求的,买受人可以依据第582条至第584条的规定请求出卖人承担违约责任。通过这样的体系安排,瑕疵担保责任与合同法通则制度相连接,交付无瑕疵之物即为主给付义务,违反之,即为义务违反或者违约。

《民法典》第582条将《合同法》第111条"质量不符合约定"改为"履行不符合约定",即"履行"替代了"质量",这样瑕疵的范围不限于"交付标的物不符合质量要求",而是可以扩张到数量不符①、未履行说明义务等。

《买卖合同解释》第16条以下以及《建设工程施工合同解释(一)》第12条等也规定了瑕疵担保责任规则。

国家市场监督管理总局等部门还颁布有《家用汽车产品修理更换退货责任规定》(国家市场监督管理总局令第43号)、《部分商品修理更换退货责任规定》(国经贸〔1995〕458号)等部门规章,规定了所谓的"三包规则",在这些规定列举的商品出现质量问题或者性能故障时,消费者可以主张修理、更换和退货。在法律适用上,涉及这些规定列举的商品瑕疵的,通常要适用这些规章的规则。②

一、瑕疵担保责任的界定

在买卖合同中,当事人往往会约定标的物的特性,如应具备特定的质量以及其他特征,出卖人对此负有担保义务,达不到约定的或标的物应具有的特性或质量的,出卖人须向买受人承担补救履行、损害赔偿等责任。

在历史起源上,瑕疵担保制度来源于罗马法上市场警察敕令(Edikte der kurulischen Aedilen)。当时,奴隶与牲畜出卖人常常欺诈买受人,因为出卖人负有义务披露出卖物的特定瑕疵,首要的是疾病以及性格瑕疵,而性格瑕疵通常是无法排除的,所以,通常无法通过履行或者损害赔偿补救。故此,市场警察发明了诸如解除(Wande-

---

① 黄薇主编:《中华人民共和国民法典释义(中)》,法律出版社2020年版,第1121页。
② 金晶:《第582条:不完全履行的违约责任》,载朱庆育主编:《中国民法典评注条文选注(第2册)》,中国民主法制出版社2021年版,第210页。

lung)以及减价(Minderung)等特别救济措施。① 而这里的解除权是一种请求权,而非形成权。

《德国民法典》旧法第459条及其以下条文规定了瑕疵担保责任,在性质上,这些规则是要被优先适用的特别规则,因为其上负载了特殊的制度价值,即为了出卖人的利益,迅速地清算物之瑕疵引起的争议。比如,这些规则将出卖人的责任限定在价格以内(旧法第477条),以及确立了短期时效制度(旧法第462条)。同时也是为了有效地使买方免于承担按照无瑕疵状态下计算的买卖价格与有瑕疵货物之间价值比例关系失衡的损害,因而出卖人对此承担无过错责任。②

根据《德国民法典》第433条第1款第2句,卖方不仅有义务交付标的物和移转标的物所有权给买方,而且出卖人负有为无瑕疵给付的义务,出卖人应保证标的物不存在质量和权利瑕疵。该条根据的是所谓的履行理论(Erfüllungstheorie),据此,瑕疵给付构成不履行。违反该义务的法律效果被转引到一般给付障碍法规则(第437条第2项、第3项),即第280条以下。对此,第437条第1项、第438条以下有特别规定。据此,作为债法不完全给付的特别规则的瑕疵担保理论还是"生存"下来了。③

在债法改革之后,瑕疵担保责任制度仍然是特殊的给付障碍法规则,只是部分地与债法总则中的一般给付障碍法的规则关联起来。④ 梅迪库斯认为瑕疵担保责任与一般给付障碍法更接近了,请求权性质的解除(Wandelung)转化为形成权性质的解除,减价请求权也转化为形成权,损害赔偿请求权也与一般给付障碍法的损害赔偿请求权统一起来。尤其重要的是,出卖人负有给付无瑕疵标的物之义务,瑕疵担保责任并非不完全给付的特别形态了,在结果上,买受人可以也必须请求补救履行。

根据德国现行法,虽然在瑕疵担保的救济方式方面,要适用一般履行障碍法的规定,但瑕疵担保责任的特殊制度价值并没有被消灭。在价值取向上,瑕疵担保责任还是建立在有利于卖方的基础之上的,比如补救履行(Nachbesserung)优先;在买方知道或者因重大过失而不知瑕疵的情况下,买方不可以主张瑕疵担保责任,除非卖方是恶意的或者提供了保证(《德国民法典》第442条第1款)。但同时应注意到的是,瑕疵担保责任由原来的无过错责任,转变为过错推定责任,买方的所谓平衡利益之保护,在一定程度上被削弱了。

之所以如此平衡出卖人与买受人之间的利益,原因在于:第一,对于瑕疵,很难断定何时产生,因为签订合同与履行时间分离,标的物往往又不在买方看管下;尤其在瑕疵是隐蔽的情况下,更难确定。第二,也要防止有机会检验买卖标的物的买受人反悔并推翻合同。

---

① Medicus, *Schuldrecht BT*, 8. Aufl., 1997, Rn. 41.
② Jauernig/Vollkommer, BGB, 9 Aufl., §459, Rn. 1.
③ Fikentscher/Heinemann, *Schuldrecht AT & BT*, 12. Aufl., 2022, §71 I, Rn. 831.
④ A. a. O.

二、瑕疵担保责任的构成要件

瑕疵担保责任的构成需要义务违反之行为,通常来讲,只要在风险移转那一刻,出卖人交付了有瑕疵的标的物,即构成了义务违反行为。由于《民法典》第577条、第583条规定的是无过错责任,所以,对于瑕疵损害赔偿请求权,并不考虑过错要件。

(一)标的物存有瑕疵

1. 瑕疵的界定

标的物应然状态与实然状态的偏离,为瑕疵。标的物的应然状态根据约定、解释以及客观规则确定。

《民法典》第615条规定出卖人应当按照约定的质量要求交付标的物。出卖人提供有关标的物质量说明的,交付的标的物应当符合该说明的质量要求。这里的质量,并不以客观质量标准为基础,而是以合同中当事人约定的质量数据以及所描述的确定的特性为标准,采取的是主观说。

不过,在当事人没有约定质量标准的情况下,则需要根据法定解释规则处理。首先,当事人可以协议补充,不能达成补充协议的,根据合同有关条款或者交易习惯解释确定(《民法典》第510条);若还不能确定,按照强制性国家标准履行,没有强制性国家标准的,按照推荐性国家标准履行;没有推荐性国家标准的,按照行业标准履行;没有国家标准、行业标准的,按照通常标准或者符合合同目的的特定标准履行(《民法典》第511条第1项)。而所谓符合合同目的,是指买受人根据标的物的类型所能期待的标准。这里采取的是客观说。

所以,综上所述,《民法典》也采取了主观标准与客观标准双重确定的模式。[①] 早期,我国就有学者将瑕疵责任定义为:出卖人应保证标的物符合国家规定的质量标准或者合同约定的质量标准。[②] 当事人对于标的物有约定的,根据约定;当事人没有约定的,根据解释确定;解释确定不了的,采取客观标准确定,具体考虑通常标准以及买受人根据标的物的类型所能期待的标准。

《民法典》第621条第1款、第623条的规则对数量与质量不符合约定或没有被约定的情形区别规定,而且,《民法典》第582条将《合同法》第111条"质量不符合约定"改为"履行不符合约定",当事人提供的标的物数量不符的,也属于瑕疵。

有疑问的是,这里的质量是否仅限于标的物物理上的特征,可否扩及到物与周围环境的关系。从我国关于所谓"三包"的法规中,可以知道,"三包"解决的是产品质

[①] 崔建远:《合同法》(第四版),北京大学出版社2021年版,第456页;王利明:《合同法研究》(第三卷)(第二版),中国人民大学2015年版,第108页。
[②] 梁慧星:《论出卖人的瑕疵担保责任》,载《民法学说判例与立法研究》,中国政法大学出版社1993年版,第155页。

量与性能问题,这里的性能,不仅包括了产品缺陷(不合理缺陷)、实用性能与质量状况,而且还包括卫生条件等。① 另外,在《消费者权益保护法》第 23 条中也使用了瑕疵这一术语,包括质量、性能、用途和有效期限等因素。在最高人民法院对《买卖合同解释》理解与适用一书中,作者也使用了瑕疵的术语,区分隐蔽瑕疵与外观瑕疵,其中隐蔽瑕疵就涵盖了物与周围环境的关系。② 在凶宅买卖合同纠纷中,也有学者主张,凶宅为规范意义上的瑕疵,凶宅的因素虽然没有使得住宅产生实物损害,但会影响住宅的交易价值。③

在修改前的《德国民法典》上,判断是否存在物上瑕疵,主要根据的是,在风险转移时,是否具有按照当事人所设想的买卖物所应有的状态,即根据的是主观瑕疵概念④;而在现行《德国民法典》上,买卖标的物须符合第 434 条规定的主观要求、客观要求以及安装的要求。当双方当事人对物的性质有约定时,在风险转移时,标的物应具有约定的性质并适合于合同要求的用途,与约定的从物、说明书以及组装和安装说明一起交付;如果双方对此没有约定,那么该物应适合于合同所规定的用途,或者应当符合通常的用途,并具有在相同种类物上通常的品质,而且该品质是买受人在该类物上所能期待的,即客观瑕疵概念(《德国民法典》第 434 条第 3 款第 1 句)。根据《德国民法典》第 434 条第 3 款第 2 项,如果结合卖方、合同链条上的其他人或者受委托的其他人的公开表述,尤其是广告上或者标签上所作的表述考虑后可以认为,标的物具有相同种类物所具有的通常品质、并是买受人所能期待的,那么,该标的物即是符合客观要求的。这里所称的通常品质包括物的数量、质量和其他特征(包括其耐用性、功能、兼容性和安全性),但是,如果出卖人不知道也不能知道这些表述,如果该表述在合同签订时以相同或同等方式更正或者不能影响购买决定的,则出卖人不受《德国民法典》第 434 条第 3 款第 2 项的约束。现行《德国民法典》中并没有对品质(Beschaffenheit)进行定义,因为立法者不愿决定,品质是否只包括与物自身相关的特性,或者与旧法一样,还包括在物自身以外的其他情况。按照学理,物的品质(Beschaffenheit)不仅涉及物在自然上(物理上)特性,还涉及物对周围环境的法律上以及经济上的关系,只要根据交易观念,该关系对物的可用性或者物的价值有重大意义即可。⑤

另外,按照《德国民法典》第 434 条第 4 款,如果约定的安装是由出卖人或其履行辅助人违反操作规程进行的,或者安装说明具有瑕疵,而买受人按照该说明将买受物有瑕疵地安装的情况下,即存在瑕疵。立法者还认为交付合同约定标的物以外的他

---

① 钟瑞华:《中国"三包"制度总检讨》,载《清华法学》(第六辑),第 91 页。
② 最高人民法院民事审判第二庭编著:《最高人民法院关于买卖合同司法解释理解与适用》,人民法院出版社 2016 年版,第 280 页。
③ 金晶:《第 582 条:不完全履行的违约责任》,载朱庆育主编:《中国民法典评注条文选注(第 2 册)》,中国民主法制出版社 2021 年版,第 216 页。
④ Jorden/Lehmann, Verbrauchsgüterkauf und Schuldrechtsmodernisierung, JZ 2001, 952, 953.
⑤ Lorenz/Reihm, Lehrbuch zum neuen Schuldrecht, 2002, Rn. 482, S. 256.

物(Aliud-Lieferung)或者数量不足(Mankolieferung),与物之瑕疵,在性质上是相同的①,均适用瑕疵担保责任规则(《德国民法典》第434条第5款)。

2002年债法改革之后,德国民法取消了关于担保特性的规定,根据旧法第459条第2款,只有对物的特性的保证,才可以适用《德国民法典》第463条第1款关于损害赔偿的规定。但现在根据新法,所有瑕疵担保责任的情况都可以根据履行义务违反法来处理(第280条第1款、第3款连同第281条、第283条甚或第311a条第2款),而且担保(Garantie)之承担被合入了第276条第1款,作为可归责之类型,当事人对性质担保负有无过错责任,所以没有必要在合同法中单列为一种类型。根据现行《德国民法典》第444条,出卖人不得在合同中排除该担保(Garantie)责任。

品质(Beschaffenheit)这一概念为我国台湾地区"民法"所接受(第354条),指向灭失或减少价值之瑕疵,灭失或减少通常效用或合同预定效用之瑕疵。② 物的瑕疵指出卖人对于买受人应担保其物于风险移转于买受人时,无灭失或减少其价值之瑕疵,亦无灭失或减少其通常效用,或预定效用之瑕疵。③

2. 证明负担

原则上,谁主张,谁应举证,故此,买受人应当对瑕疵担保责任的构成要件进行证明,例如存在质量(特性)约定。就给付标的物是否具有符合约定的品质,则根据买受人是否受领来确定,如果受领的,则由买受人证明,如果未受领的,则由出卖人证明。《消费者权益保护法》规定了有利于消费者的举证责任倒置规则,经营者提供的机动车、计算机、电视机、电冰箱、空调器、洗衣机等耐用商品或者装饰装修等服务,消费者自接受商品或者服务之日起六个月内发现瑕疵,发生争议的,由经营者承担有关瑕疵的举证责任(见第23条第3款的规定)。

(二)标的物的瑕疵须在风险移转时已经存在

1. 存在时间点

就当事人利益状况来看,瑕疵必须在风险移转时已经存在,才能适用瑕疵担保责任规则。④ 风险移转的时点通常是标的物交付之时(《民法典》第604条);或者是出卖人按照约定将标的物运送至买受人指定地点并交付给承运人之时,或者是在标的物需要运输的情况下,出卖人将标的物交付给第一承运人的时点。

直至风险移转前,出卖人仍可以消除瑕疵,然后依约履行合同。⑤ 而且,只要物位于出卖人处,出卖人即应承担丧失约定的应有特性的风险。⑥ 只有在出卖人已经履行

---

① Begr. BT-Drucks. 14/6040, S. 216.
② 史尚宽:《债法各论》,中国政法大学出版社2000年版,第24页;王泽鉴:《民法学说与判例研究(第三册)》,北京大学出版社2009年版,第87页。
③ 王泽鉴:《民法学说与判例研究(第六册)》,北京大学出版社2009年版,第90页。
④ 崔建远:《合同法》(第四版),北京大学出版社2021年版,第456页。
⑤ Schlechtriem, *Schuldrecht besonderer Teil*, 6. Aufl., 2003, Rn. 48.
⑥ Medicus, *Schuldrecht BT*, 8 Aufl., 1997, Rn. 48.

的情况下,通过特殊规则增加交易确定性才有意义,如检验期制度或者短期时效制度。

如果瑕疵在风险移转时刻存在,但之后消失了,原则上对已经产生的买受人的瑕疵担保权利不生影响,如果买受人已经表示解除,亦不因此而不生效力。①

如果标的物是在风险移转后产生瑕疵的,则出卖人不承担责任。因为瑕疵责任本身并非担保责任(Garantie),出卖人对于风险移转后一段时间并不承担担保标的物不存在瑕疵的责任。也就是说,在风险负担移转时点之后产生的瑕疵,如在运输途中产生的标的物之损坏,出卖人不承担担保责任,不必担心丧失全部价金或者减价。②

2. 质保期

当事人可以另作约定,风险移转后一段时间内,出卖人仍负有保持物上不产生瑕疵的责任,即所谓的耐久性担保(Haltbarkeitsgarantie)。③ 但如果瑕疵是由于不当使用或者外部影响造成的,则不属于可保持担保责任范围内的情况。在实践中,对此一般称为"质保",通常还预留补救(继续)履行费用,即"质保金",约定的质量保证时间段被称为质量保证期间,简称质保期(《民法典》第 621 条第 2 款)。质保约定并非独立于买卖合同的约定。

当事人约定质保期的,在约定的质保期间出现物的瑕疵时,买受人必须证明标的物出现了瑕疵,由此即可推定构成瑕疵担保责任。这样,出卖人就必须证明,出现的瑕疵并非合同所约定的担保范围,如买受人自己造成的瑕疵或者其他担保的前提没有构成(如没有进行通常的检修等),才能免予承担瑕疵担保责任。

房地产开发企业对商品房承担质量保修义务(《商品房销售管理办法》第 33 条)。《商品房买卖合同解释》第 10 条规定,交付使用的房屋存在质量问题,在保修期内,出卖人应当承担修复责任;出卖人拒绝修复或者在合理期限内拖延修复的,买受人可以自行或者委托他人修复。修复费用及修复期间造成的其他损失由出卖人承担。

(三)买受人适时地进行了检验并提出了瑕疵异议

《民法典》第 620 条以下的规则针对的是瑕疵的检验与异议通知制度,目的是促进商品高度流转以及确保出卖人的合法权益。④ 买受人怠于通知的,即不得再主张标的物存在瑕疵。在利益平衡上,该规则有利于出卖人。在自然人作为买受人、也没有形成稳定商业惯例的买卖合同情况下,仅仅因为超过异议期就不允许该自然人主张

---

① Medicus/Lorenz, *Schuldrecht BT*, 18. Aufl., 2018, §6, Rn. 40.
② 〔德〕卡尔·拉伦茨:《法学方法论(第六版)》,黄家镇译,商务印书馆 2020 年版,第 337 页。
③ Medicus/Lorenz, *Schuldrecht BT*, 18. Aufl., 2018, §6, Rn. 42.
④ 黄薇主编:《中华人民共和国民法典释义(中)》,法律出版社 2020 年版,第 1199 页。

瑕疵担保责任,对该自然人未免过于苛刻。① 另外,《消费者权益保护法》第 24 条并未规定消费者的检验及通知义务。所以,《民法典》第 621 条规定的异议期间规则应仅适用于买受人并非消费者的情况。

1. 检验

买受人负有检验标的物的义务,这是一种不真正的义务。原则上,买受人只能进行通常交易中可行的检验。对于买受人而言,哪些检验行为是可期待的,应基于具体案件的特别情况,根据买受人特别关系以及能力、交易习惯等客观因素,并兼顾出卖人值得保护的利益,予以确定。② 在瑕疵很难发现的情况下,买受人可以委托专家进行鉴定。在大规模种类物交易的情况下,可以采取样品检验方式。

当事人之间约定检验期间的,买受人应当在约定的检验期间内检验;当事人没有约定检验期间的,应当及时检验(《民法典》第 620 条)。何为及时,具体要考虑货物的类型、买受人的条件与情况以及标的物所在位置。如标的物容易腐烂,买受人要尽可能早地进行检验;如标的物是大型机器,则需要考虑安装以及试运行等时间。

当事人对标的物的检验期间未作约定,买受人签收的送货单、确认单等载明标的物数量、型号、规格的,推定买受人已经对数量和外观瑕疵进行了检验,但是有相关证据足以推翻的除外(《民法典》第 623 条)。

2. 瑕疵异议期间

依据《民法典》第 621 条第 1 款第 1 句,当事人约定检验期间的,买受人应当在检验期间内将标的物的数量或者质量不符合约定的情形通知出卖人。在这里,根据当事人约定的检验期间确定瑕疵异议期间。当事人检验标的物之后,发现问题的,即应提出异议。检验的意义在于确定瑕疵异议提出的最迟时点,在逻辑上,提出异议所需要的时间即是正常交易中正常检验所需要的时间。

值得注意的是,当事人约定的检验期间过短,依照标的物的性质和交易习惯,买受人在检验期间内难以完成全面检验的,该期间仅视为买受人对外观瑕疵提出异议的期间(《民法典》第 622 条第 1 款)。那么,按照逻辑,在这种情况下,只能根据第 621 条第 2 款要求买受人在合理期间内检验,买受人检验后,要及时提出瑕疵异议。

如果当事人没有约定检验期间,那么买受人应当在发现或者应当发现标的物的数量或者质量不符合约定的合理期间内通知出卖人(《民法典》第 621 条第 2 款第 1 句)。也就是说,检验期间的起算点是买受人发现瑕疵之时或者应当发现瑕疵之时,这里的所谓应当发现,是指基于正常检验并基于合理判断即能发现标的物的瑕疵,而

---

① 冯珏:《或有期间概念之质疑》,载《法商研究》2017 年第 3 期,第 147 页。
② Wagner in Röhricht/Graf von Westphalen/Haas (Hrsg.), HGB, 4. Aufl., §377 Rn. 34.

不是指经过专家或者专门仪器才能发现标的物瑕疵。① 还需判断的问题是,何谓合理的期间呢?

对此,《买卖合同解释》第 12 条规定:人民法院具体认定《民法典》第 621 条第 2 款规定的"合理期间"时,应当综合当事人之间的交易性质、交易目的、交易方式、交易习惯、标的物的种类、数量、性质、安装和使用情况、瑕疵的性质、买受人应尽的合理注意义务、检验方法和难易程度、买受人或者检验人所处的具体环境、自身技能以及其他合理因素,依据诚实信用原则进行判断。

对于异议期间,还应根据瑕疵类型的不同进行确定②:

(1) 公开暴露瑕疵

对于公开暴露在外的瑕疵,买受人应当在货物被送交的时候立即提出瑕疵异议。

(2) 公开瑕疵

对于公开的、但需要经过适当的检验才可以确定的瑕疵,异议期间为检验所需要的合理期间。

(3) 隐蔽瑕疵

对于隐蔽瑕疵,需要根据诚实信用原则确定《民法典》第 621 条第 2 款所规定的合理期间,法官应根据具体情况确定瑕疵异议期间是否经过或者为多长时间。③ 如检验需要请专家或鉴定人,则需要很多时间,那么,买受人应在检验期就考虑如何具体根据检验结果行事,如果检验后发现瑕疵,应当及时提出瑕疵异议④,自不待言。

值得注意的是,检验并非一定要实际发生,也并非提出瑕疵异议的前提。如果当事人没有检验标的物,但基于怀疑或者其他来源得知标的物有瑕疵,即提出异议的,也可以保有基于瑕疵担保的请求权。

如果标的物不能检验或者检验会导致标的物毁损甚或导致标的物重大损害,则免除买受人提出异议的义务。

3. 瑕疵通知

买受人发现质量瑕疵、数量不符的,应当通知出卖人(《民法典》第 621 条第 1 款),通知的目的是提出瑕疵异议,使得出卖人获得相应的信息,并保全买受人的瑕疵担保请求权。

瑕疵异议应以通知的方式作出。瑕疵通知并非意思表示,而是准法律行为。瑕疵通知是需要受领的。对于通知,准用法律行为规则。比如,可以代理通知。但因为

---

① 最高人民法院民事审判第二庭编著:《最高人民法院关于买卖合同司法解释理解与适用》,人民法院出版社 2016 年版,第 324 页。

② Wagner in Röhricht/Graf von Westphalen/Haas (Hrsg.), HGB, 4. Aufl., § 377 Rn. 39 ff.

③ 金晶:《第 582 条:不完全履行的违约责任》,载朱庆育主编:《中国民法典评注条文选注(第 2 册)》,中国民主法制出版社 2021 年版,第 223 页。

④ Schroeter, *Internationales UN-Kaufrecht*, 7. Aufl., 2022, Rn. 490.

要遵守及时性的要求,所以实际上没有基于错误而撤销的问题。无行为能力的买受人作出通知也发生效力。①

对于瑕疵通知并无形式要求,口头通知也是可以的。基于通知的目的,通知不可以以默示形式作出。

瑕疵通知必须明确表达出瑕疵类型与范围,其内容可以是质量有问题、数量不符、送交货物错误或者安装错误,但不能是未送交或者送交迟延,对后者的通知,不会发生瑕疵异议的效力。在具体内容上,并不要求瑕疵通知明确描述瑕疵的细节,只要求指出义务违反的类型即可。也就是说,买受人并没有义务具体调查研究瑕疵的根源或者形成因素,调查研究的义务应由出卖人承担。

在德国法上,买受人及时发出瑕疵异议通知即可以保全买受人的权利,出卖人承担瑕疵通知迟延之风险,但不承担瑕疵通知灭失风险,瑕疵通知灭失风险仍由买受人承担(《德国商法典》第377条第4款)。② 而根据《联合国国际货物销售合同公约》第27条,出卖人还需承担瑕疵通知的毁损灭失风险。也就是说,只要买受人发出了瑕疵通知即保住了自己的瑕疵担保请求权,瑕疵通知的到达不是必需的。③

4. 出卖人知道或者应当知道

在出卖人知道或者应当知道提供的标的物不符合约定的情况下,出卖人即不可以主张买受人没有检验或者没有提出瑕疵异议,从而丧失相应的权利(《民法典》第621条第3款)。这一规则来自于《联合国国际货物销售合同公约》第40条④,但是,《联合国国际货物销售合同公约》第40条不仅要求出卖人知道或者应当知道标的物不符合合同约定,而且要求其没有向买受人披露相关事实,而披露的事实不仅包括货物本身品质的情势,而且包括在出卖人责任领域以外的作用于货物品质、影响或改变货物品质的其他情势。⑤

5. 法律效果

如果买受人有效、及时地提出质量异议,则买受人即保有其法定的瑕疵担保救济手段。就这些救济手段而言,有的是请求权,依据法律规定,从当事人知道或者应当知道权利受侵害之时起开始计算;有的是形成权,按照法律规定,应从当事人知道或者应当知道权利发生之时起开始计算。

如果买受人没有在检验期限内、合理期限内、自收到标的物之日起两年内提出瑕疵异议,则视为标的物的数量或者质量符合约定,也即买受人不得依据瑕疵担保责任规则请求救济(《民法典》第621条第1款第2句、第2款、《买卖合同解释》第14条第

---

① Wagner in Röhricht/Graf von Westphalen/Haas (Hrsg.), HGB, 4. Aufl., §377 Rn. 25.
② A. a. O. , Rn. 43.
③ Schroeter, *Internationales UN-Kaufrecht*, 7. Aufl., 2022, Rn. 384.
④ 黄薇主编:《中华人民共和国民法典释义(中)》,法律出版社2020年版,第1201页。
⑤ Schroeter, *Internationales UN-Kaufrecht*, 5. Aufl., 2013, Rn. 419.

1款)。

买受人的瑕疵异议义务是一种不真正义务,违反之,会导致使买受人失去瑕疵担保权利的效果。在的确存有瑕疵的情况下,等于说,此时通过守约的买受人质量异议义务以及通知规则,违约的出卖人法律责任减轻或者消失。但在出现瑕疵的情况下,真正需要保护的是买受人,而非出卖人。所以,在法律效果处理上,买受人在合理期间内没有提出质量异议的,即丧失所有法律救济的法律效果,过于严苛。

《联合国国际货物销售合同公约》第44条规定,如果买受人对于没有提出质量异议具有合理的事由(reasonable excuse),即可继续享有减价以及受限制的损害赔偿请求权(不包括所失利润)。而具体什么是合理的事由,还是需要从具体情况尤其是买受人的情况判断,如罢工或者没有能力检验等,即是合理事由。

在德国法上,如果买受人没有履行或者迟延履行瑕疵异议的不真正义务,则视为瑕疵货物被追认了,即所谓的追认拟制(Genehmigungsfiktion)(《德国商法典》第377条第2款)。买受人未履行通知义务的,即丧失所有基于瑕疵而产生的合同请求权,包括瑕疵担保请求权,也包括给付障碍请求权,还包括违约金请求权、形成权(解除权、撤销权)等。但是,出卖人因违反附随义务应承担的责任以及违反信息提供义务应承担的缔约过失责任,不会被排除。①

有疑问的是,在买受人没有提出瑕疵异议并丧失瑕疵担保救济的情况下,买受人的侵权法上的请求权是否也丧失了。从规范目的来看,《民法典》第621条仅处理瑕疵担保问题,并没有排除买受人主张侵权法上的权利或产品质量责任法上的权利。例如,在有瑕疵的汽车造成买受人身体或财产伤害的时候,买受人仍然可以基于侵权法请求损害赔偿。

出卖人自愿承担违约责任后,又以上述期间经过为由翻悔的,人民法院不予支持(《买卖合同解释》第14条第2款)。对此,固然有诚实信用原则作为基础,但在逻辑上存在问题。如果出卖人交付的标的物的确有瑕疵,则买受人的主张是有法律根据的,得保有对方承担违约责任所支付的损害赔偿。但出卖人交付的标的物没有瑕疵的,则买受人所获得的损害赔偿等利益,构成不当得利,出卖人可以主张返还。②

6. 除斥期间

根据《民法典》第621条第2款第2句,如果买受人自标的物收到之日起两年内未通知出卖人的,视为标的物的数量或者质量符合约定,即丧失了所有基于瑕疵担保的救济权利。在性质上,有学者认为,两年期间属于除斥期间。③ 也有学者认为是一

---

① Wagner in Röhricht/Graf von Westphalen/Haas (Hrsg.), HGB, 4. Aufl., §377 Rn. 46 ff.
② 崔建远:《合同法》(第四版),北京大学出版社2021年版,第461页。
③ 耿林:《论除斥期间》,载《中外法学》2016年第3期,第622页;韩世远:《租赁标的瑕疵与合同救济》,载《中国法学》2011年第5期,第57页。

种失权期间。① 该期间起算点是买受人收到货物之时,两年期间为最长的合理期限,而且为不变期间,不适用诉讼时效中止、中断或者延长的规定(《买卖合同解释》第12条第2款)。而且,两年期间经过后,"视为标的物的数量或者质量符合约定",如此一来,买受人即不得再主张瑕疵担保的法律救济措施。最后,在诉讼中,法官须依照职权考虑该两年期间。所以,本书认为,该两年期间为除斥期间。

值得注意的是,如果对标的物有质量保证期的,适用质量保证期,不适用该两年期间的规定。而质量保证期可以是长于两年的,也可以是短于两年的。

约定有质量保证期的,通过解释,买受人也需在合理期间内对发现或可发现的瑕疵提出异议。如果在质量保证期即将届满时才发现的,也可以在合理期间内提出瑕疵异议,即使该期间超出质量保证期,也是如此。不同意见认为,质量保证期是瑕疵异议最长的合理时间。② 对于质量保证期与合理期间的关系,法律上并没有明确规定,在理解上,从保护买受人角度出发,应当认为在质量保证期即将届满时才发现瑕疵的,也可以在合理期间内提出瑕疵异议,即使该期间超出质量保证期,也可以提出瑕疵异议。

我国法律、法规还对一些商品的检验期间和质量保证期作出了规定,例如国务院《建设工程质量管理条例》第40条规定,在正常使用条件下,建设工程的最低保修期限为:基础设施工程、房屋建筑的地基基础工程和主体结构工程,为设计文件规定的该工程的合理使用年限;屋面防水工程、有防水要求的卫生间、房间和外墙面的防渗漏,为5年;供热与供冷系统,为2个采暖期、供冷期;电气管线、给排水管道、设备安装和装修工程,为2年。其他项目的保修期限由发包方与承包方约定。建设工程的保修期,自竣工验收合格之日起计算。由于这些规定具有强制性,所以,约定的检验期间或者质量保证期短于法律、行政法规规定期限的,应当以法律、行政法规规定的期限为准(《民法典》第622条第2款)。

(四)买受人知道或者应当知道

买受人在缔约时知道或者应当知道标的物质量存在瑕疵,主张出卖人承担瑕疵担保责任的,人民法院不予支持,但买受人在缔约时不知道该瑕疵会导致标的物的基本效用显著降低的除外(《买卖合同解释》第24条)。在这种情况下,如果买受人还是主张瑕疵担保责任,则其行为是自相矛盾的,有违诚实信用。

《消费者权益保护法》对此有不同规定:经营者应当保证在正常使用商品或者接受服务的情况下其提供的商品或者服务应当具有的质量、性能、用途和有效期限;但消费者在购买该商品或者接受该服务前已经知道其存在瑕疵,且存在该瑕疵不违反

---

① 崔建远:《合同法》(第四版),北京大学出版社2021年版,第461页。
② 最高人民法院民事审判第二庭编著:《最高人民法院关于买卖合同司法解释理解与适用》,人民法院出版社2016年版,第330页。

第六章 债之关系的障碍与法律救济　499

法律强制性规定的除外(第 23 条第 1 款)。在这里,排除消费者主张瑕疵担保责任的情形仅限于消费者明确知道存在瑕疵,而且即使明确知道,如果瑕疵不符合法律强制性规定,也不能排除其基于瑕疵担保主张法律救济的权利。

如果出卖人恶意隐瞒瑕疵或者对于标的物的品质承担担保责任(Garantie),则买受人即使知道或者应当知道该质量瑕疵,也不会丧失瑕疵担保请求权。

三、瑕疵担保义务违反的法律救济

债务人履行不符合约定的,应当按照当事人约定承担违约责任(《民法典》第 582 条第 1 句)。当事人可以约定具体违约责任的构成要件以及违约责任类型,当事人也可以约定免除、限制或加重违约责任。当事人约定因故意或重大过失造成对方财产损失的免责条款,无效(《民法典》第 506 条)。

当事人对违约责任没有约定或者约定不明确的,依照《民法典》第 510 条的确定,也就是说,当事人可以补充协议,不能达成补充协议的,按照合同相关条款或者交易习惯确定;如果根据《民法典》第 510 条的规定仍不能确定的,受损害方根据标的性质以及损失的大小,可以合理选择请求对方承担修理、重作、更换、退货、减少价款或者报酬等违约责任(《民法典》第 582 条第 2 句)。

四、补救履行请求权

在买受人或者承揽人拒绝受领有瑕疵的标的物或者承揽成果的情况下,履行请求权就转化为补救履行请求权,也被称为继续履行请求权。[①] 在构成上,补救履行责任为无过错责任,补救履行之费用由债务人承担。补救履行之救济方式不仅对受领瑕疵给付标的物且愿意排除瑕疵、从而获得无瑕疵标的物的债权人有利,而且也是为了避免债务人因没有第二次给付机会而遭受不利益。补救履行符合买受人的期待,也符合出卖人的利益。尤其是修理、更换等请求权照顾到了当代社会交易标的物的技术内涵和复杂的情况。

自当事人主张瑕疵担保权利之时起,继续履行请求权即替代原给付请求权,在性质上是原给付请求权的变化,是原给付标的的再履行。[②]

《民法典》规定了多样化的补救措施,其内容可以是修理,主要是针对特定物;其内容也可以是更换,主要针对种类物;其内容还可以是退货,如在给付他物的情况下,如果买受人退还并非合同约定的标的物,并要求债务人提交真正的标的物;针对数量不够的情况,债权人还可以要求债务人采取补足的救济措施。重作是指承揽人重新

[①] Kötz, *Vertrasgrecht*, 2. Aufl., 2012, Rn. 759.
[②] 崔建远主编:《合同法》(第八版),法律出版社 2024 年版,第 245—246 页。

完成工作并交付新的工作成果(《民法典》第 582 条)。在标的物出现瑕疵的情况下，债权人除了行使继续(补救)履行请求权外，还可以主张解除或者减价，或者请求损害赔偿。

依据《民法典》第 582 条，对于补救措施与解除、损害赔偿请求权，债权人原则上可以选择。但有疑问的是，债权人是否必须先选择补救措施，也就是说，补救履行是否要先于其他法律救济措施。

(一) 补救履行的优先顺位

根据《德国民法典》第 437 条以下的规则，买受人可以首先要求继续履行(Nacherfüllung)(第 437 条第 1 项、第 439 条)，如出卖人仍不履行的话，买受人才可以要求减少价款(第 437 条第 2 项、第 441 条)，解除买卖合同(第 437 条第 2 项、第 440 条、第 323 条以及第 326 条第 5 款)和(或者)要求损害赔偿(第 437 条第 3 项、第 440 条、第 280 条、第 281 条、第 283 条以及第 311a 条)。也就是说，继续履行是顺位在先的请求权。立法上这样安排是符合买受人期待的，在通常情况下，买受人更希望通过修理或者交付其他种类物而获得履行，而不是希望解除或者减价。而且，在标的物有瑕疵的情况下，如果买受人有权立即解除合同或者减价，也不符合出卖人的合理利益，对经济的发展也没有好处。

对于这种立法模式，批评意见认为，在实践中，大部分买受人可能更愿意选择无须反复考虑就可以决定的减价或解除合同。而且，买受人要求立即减价或解除合同，可以促使出卖人自始就依约履行。再者，继续履行优先性规则对买卖双方强制地进行精细调整，可能会导致法律的不确定性。在标的物有瑕疵的情况下，出卖人是否应该优先继续履行，如果继续履行，是修理还是交付新的标的物，是否完全符合合同约定等，都会有一定的争议。最后，出卖人交付有瑕疵的标的物后，必须继续履行，而且继续履行也必须无瑕疵，即使不能通过继续履行排除瑕疵，出卖人也需要承担责任，最终出卖人的责任被加强了。①

如果瑕疵是可以消除的，则买受人只能指定期间要求出卖人继续履行，如果继续履行无果，则出卖人履行迟延，买受人可以请求解除合同并要求替代给付的损害赔偿；如果瑕疵是不可以消除的，则构成所谓质量上的部分履行不能，适用履行不能规则。具体再区分是在合同缔结之时即存在不可消除的瑕疵，还是在风险转移之后才出现不可消除的瑕疵，对于前者适用自始不能规则(第 311a 条第 2 款)，对于后者适用嗣后不能的替代给付请求权基础(第 283 条)。

在种类物买卖的情况下，继续履行可以是给付无瑕疵同种类物，亦可以是修理；在特定物买卖中，通常首要考虑的是修理或者改造，因为出卖人不可能用其他物代

---

① 〔德〕芭芭拉·道纳—利布:《再履行———一条歧路?》，胡晓静译，杨代雄校，载张双根等主编:《中德私法研究》(第 5 卷)，北京大学出版社 2009 年版，第 17 页以下。

替履行。所以,在这种情况下,重新交付之请求权因给付不能而被排除(《德国民法典》第 275 条第 1 款)。

对于继续履行给付种类物之义务,《德国民法典》第 439 条第 1 款规定了修复以及重新交付这两种救济方式。买受人可以选择其一,也就是说,买受人可以决定请求排除瑕疵还是交付新的标的物,而出卖人承担补救履行的费用。进一步来看,选择权在买受人手中,就会由买受人决定出卖人事后补救的履行费用到底是多还是少。为此,法律须作出一定限制,赋予出卖人一定的抗辩权,在修理的费用是重新给付数倍的情况下,应允许出卖人抗辩,其根据是实际上的不能(履行费用过高的不能)。依据《德国民法典》第 439 条第 4 款的规定,当选定的重新履行方式需要花费不相称的过高费用时,出卖人可以拒绝之。费用不相称的抗辩主要是指,当另一个继续履行方法在结果上更有利时,出卖人可以提请买受人接受结果上更公平的补救办法。如果二者都造成了不相称的费用的话,出卖人可以拒绝二者;买受人就此可以无须设定期限而解除合同。在继续履行有瑕疵的情况下,买受人亦可不经催告而解除合同(《德国民法典》第 440 条)。

但在承揽合同以及旅游合同的情况下,选择权并不在债权人手中,而是在债务人手中,比如,在汽车车门掉漆的情况下,是采取换门还是刷漆的继续履行方式,选择权在承揽人手中,因为相对于相对人而言,他们拥有专业知识、专业人员以及经验与工具,更加了解继续履行之方式的利弊。[①] 与买卖法不同,定作人有权自己加工(Selbstvornahme),根据《德国民法典》第 634 条第 2 项与第 637 条,定作人可以为加工人确定合理的宽展期间,如果期间经过后,加工人仍不重新履行的,定作人可以自己排除瑕疵,由加工人承担该费用,加工人对瑕疵之排除是否陷入迟延,并非定作人自己加工之前提。

在中国法上,从《民法典》第 577 条、第 582 条、第 583 条的文字表述来看,补救履行请求权是优先于减价、解除、退货以及损害赔偿请求权的。《商品房买卖合同解释》第 10 条第 2 款规定,交付使用的房屋存在质量问题,在保修期内,出卖人应当承担修复责任;出卖人拒绝修复或者在合理期限内拖延修复的,买受人可以自行或者委托他人修复。修复费用及修复期间造成的其他损失由出卖人承担。也就是说,修复责任要先于损害赔偿请求权。

在司法实践中,法院一般都承认补救履行的优先性,比如在"程晋伦诉长丰县创业农机销售有限公司买卖合同纠纷案"[②]中,法院依据《农业机械产品修理、更换、退货责任规定》认为买受人必须先更换部件(相当于修理),仍有问题再换货(即更换),还不能解决问题才能退货。在"浙江向日葵光能科技股份有限公司与无锡弘意宝科

---

① Kötz, *Vertrasgsrecht*, 2. Aufl., 2012, Rn. 763.
② 安徽省长丰县人民法院(2014)长民二初字第 00046 号民事判决书。

技实业有限公司买卖合同纠纷上诉案"①中,法院认为可以通过修理达到合同目的的,不允许解除合同。在"朱某与某集团公司房屋买卖合同纠纷案"②中,法院以出卖人已经进行修复为由驳回了解除合同的诉请。在"李建芹与天津市宝坻区长城实业有限公司买卖合同纠纷上诉案"③中,法院的判决中也显露出认可修复、更换、退货的先后顺序的意思。在"平阳县昆阳镇九洲大厦小区业主委员会诉温州市九洲房地产开发有限公司修理纠纷案"④中,法院认为修理即为已足,一方要求更换或重作的请求依据不足。在"张朝明诉沈利刚承揽合同纠纷案"⑤中,法院认为物(定制木门)的瑕疵不构成根本性的瑕疵,不支持原告拆除的请求,而只允许其减少价款。在"青铜峡市峡辉清真食品厂诉史兵承揽合同纠纷案"⑥中,法院也是在无修复可能的前提下认定了履行不能意义上的损失赔偿。在"周建强诉广州商域供应链科技有限公司、北京京东世纪贸易有限公司网络购物合同纠纷"一案中,法院认为摄像头故障尚不足以被认定为导致消费者购买计算机的合同目的不能实现的情形,不符合合同法定解除的条件,原告可以要求对涉案商品进行维修。⑦

根据《消费者权益保护法》第24条,在经营者提供的商品或者服务不符合质量要求的情况下,消费者可以按照国家规定、当事人约定退货,或者要求经营者履行更换、修理等义务。如果没有国家规定或约定,消费者可以自收到商品之日起7日内退货;7日后,符合法定解除合同条件的,消费者可以及时退货,不符合法定解除合同条件的,则可以要求经营者履行更换、修理等义务。也就是说,在消费者收到商品之日起7日后,原则上,消费者应主张修理等救济措施,只有在符合解除合同条件的情况下,消费者才可以选择退货。如在"邹长君诉福州市仓山区大众电器店、广东格兰仕集团有限公司产品责任纠纷"⑧一案中,人民法院认为,邹长君购买的格兰仕空调在不到一年的时间内累计维修八次,产品质量显然存在缺陷,在售后服务中心为其更换新的空调后,不到一年仍然出现故障并进行了维修,由此可知案涉空调不具备产品应当具备的使用性能,符合退货的要求。

(二) 修理或更换

进一步的问题是,继续履行的措施是修理或者更换,二者之间是否有先后顺序,买受人可否自己选择。

---

① 无锡高新技术产业开发区人民法院(2013)新硕商初字第0268号民事判决书,江苏省无锡市中级人民法院(2014)锡商终字第0539号民事判决书。
② 上海市浦东新区人民法院(2012)浦民一(民)初字第8013号民事判决书。
③ 天津市第一中级人民法院(2013)一中民三终字第446号民事判决书。
④ 浙江省平阳县人民法院(2013)温平民初字第444号民事判决书。
⑤ 江苏省睢宁县人民法院(2013)睢民初字第0159号民事判决书。
⑥ 宁夏回族自治区青铜峡市人民法院(2013)青民初字第590号民事判决书。
⑦ 广州互联网法院(2020)粤0192民初27003号民事判决书。
⑧ 福建省福州市仓山区人民法院(2018)闽0104民初3087号民事判决书。

1. 顺序与选择

在罗马法上,卖方没有第二次机会通过消除瑕疵或更换无瑕疵标的物而获得价金。因为在罗马法上,奴隶与牲畜是主要的买卖标的物,其上的瑕疵,是无法轻易消除的,故此直接进入解除或减价与损害赔偿救济阶段,这对卖方是不利的。但在现代社会,技术复杂的设备容易通过更换与修理矫正。在日常交易中,购买瑕疵商品者希望更换,也是合理的。而且,更换这一救济措施对买方更为有利。

对于种类物的重新履行可以是提供无瑕疵同种类物的给付,亦可以是修理;但在特定物买卖中,通常首先要考虑的是修复或者改造,因为不可能用其他物代替履行,所以在这种情况下,重新交付之请求权因给付不能而被排除(《德国民法典》第275条第1款)。

根据我国《民法典》第582条的规定,受损害方根据标的的性质以及损失的大小,可以合理选择请求对方承担修理、更换等违约责任。买受人选择权的行使应当遵循诚实信用原则。① 对于修理与更换的关系,学界存在争议。第一种观点认为,如果货物不符合合同约定,买方只有在此种不符合合同情形构成根本违反合同时,才可以要求交付替代货物。② 第二种观点认为,要首先进行修理,只有在无修理可能、修理所需费用或时间过长的情况下,债务人才可以交付同种类、同质量、同数量的标的物。③ 第三种观点借鉴德国法规则,认为原则上债权人可以自由选择修理或更换,但债务人可以提出修理费用过高的抗辩(《德国民法典》第439条第3款)。④ 这些观点均与《民法典》第582条文义不相符合。第582条原则上赋予了受损害方选择权,但要受到一定限制。首先,受损害方根据标的的性质以及损失的大小选择修理与更换方式,如果瑕疵并不重大,通过修理可以排除,受损害方当然要选择修理,但如果瑕疵重大,无法修理,则受损害方可以选择更换;其次,受损害方还需要合理地选择,这里的合理应从时间上与费用上的角度解释。

就微型计算机、家用视听商品、移动电话商品、固定电话商品、家用汽车产品、农业机械产品及部分商品,相关部委还制定了相应的修理更换退货的规则⑤,即所谓的"三包"规定。"三包"规定,对于修理或者更换之间的顺序,多有特别规定。

在"三包"有效期,消费者可于7日内自由选择退货、更换或修理;8日到15日内,消费者可以选择更换或修理;修理两次仍不能正常使用的产品,可以请求免费调换产

---

① 王利明:《合同法研究》(第三卷)(第二版),中国人民大学2015年版,第111页。
② 朱广新:《合同法总则研究(下册)》,中国人民大学出版社2018年版,第767页。
③ 韩世远:《合同法总论》(第四版),法律出版社2018年版,第767页。
④ 缪宇:《论买卖合同中的修理、更换》,载《清华法学》2016年第4期,第85—107页。
⑤ 《部分商品修理、更换、退货责任规定》(1995年)、《农业机械产品修理、更换、退货责任规定》(1998年/2010年)、《移动电话机商品修理更换退货责任规定》(2001年)、《固定电话机商品修理更换退货责任规定》(2001年)、《家用视听商品修理更换退货责任规定》(2002年)、《微型计算机商品修理更换退货责任规定》(2002年)、《家用汽车产品修理、更换、退货责任规定》(2012年)、《家用汽车产品修理更换退货责任规定》(2021年)。

品,也即更换或退货。① 其规范目的在于避免反复更换给出卖人造成过重负担,但在结果上,限制了债权人的选择权。有的"三包"规定则区分质量瑕疵的对象,配置了不同的补救措施,比如,国家质量监督检验检疫总局等部门颁布的《家用汽车产品修理更换退货责任规定》(2021)(总局令第43号)第19条规定,家用汽车产品在包修期内出现质量问题或者易损耗零部件在其质量保证期内出现质量问题的,消费者可以凭"三包"凭证选择修理者免费修理(包括免除工时费和材料费)。第20条规定,家用汽车产品自"三包"有效期起算之日起60日内或者行驶里程3000公里之内(以先到者为准),因发动机、变速器、动力蓄电池、行驶驱动电机的主要零部件出现质量问题的,消费者可以凭"三包"凭证选择更换发动机、变速器、动力蓄电池、行驶驱动电机。修理者应当免费更换。

司法实践中,人民法院多根据"三包"规定确定瑕疵担保救济措施。比如,在"程晋伦诉长丰县创业农机销售有限公司买卖合同纠纷"一案中,法院依据《农业机械产品修理、更换、退货责任规定》认为买受人必须先更换部件,仍有问题再换货,还不能解决的才能退货。②

在房屋存在瑕疵的情况下,原则上修理优先。《商品房买卖合同解释》第10条规定:"因房屋质量严重影响正常居住,买受人请求解除合同和赔偿损失的,应予支持……在保修期内,出卖人应承担修理责任……"在"韦小梅、韦启谋等诉武宣裕达房地产开发有限公司商品房预售合同纠纷"③一案中,人民法院认为房屋渗水、漏水等问题不足以证明房屋存在的质量问题"严重影响正常居住使用"的情形,应当修理先行。

综合上述,在救济层面,修理应该优先于更换,更换的救济措施对当事人的意思自由影响巨大,应该在严格条件下才能赋予债权人以更换的权利。《联合国国际货物销售合同公约》第46条第2款即规定,只有在卖方所交付的货物不符合合同约定构成根本违约,且该更换请求必须同瑕疵通知同时或在瑕疵通知之后的合理期间内作出时,买方才能够要求其交付替代的货物。

2. 选定后的变更

有疑问的是,债权人选定修理或更换请求权之后,能否变更呢?在性质上,《民法典》第582条规定的各种请求权之间并非选择之债的关系,而是选择竞合关系,如果债权人选定的请求权可以实现履行利益,则不能再行变更,如果债权人选定的请求权不能实现履行利益,则可以变更所选定的请求权,再行选定另一种请求权。不同意见

---

① 《部分商品修理更换退货责任规定》第9—11条,《移动电话机商品修理更换退货责任规定》第11—13条,《家用视听商品修理更换退货责任规定》第12—14条,《微型计算机商品修理更换退货责任规定》第11—13条,《农业机械产品修理、更换、退货责任规定》第28—30条,《家用汽车产品修理、更换、退货责任规定》第19—25条。
② 安徽省长丰县人民法院(2014)长民二初字第00046号民事判决书。
③ 广西壮族自治区武宣县人民法院(2018)桂1323民初284号一审民事判决书。

认为,"选择之债说"与"选择竞合说"均不妥当,因为二者均无法解释违约责任形式并用的现象。在不违背救济方式功能异质性的前提下买受人可以同时主张补正履行、减价、退货、损害赔偿等违约责任形式。①

3. 费用承担

出卖人必须承担与补救履行相关的所有费用,特别是运费、人工和质料等费用。《消费者权益保护法》第 24 条第 2 款规定商品或服务需要更换、修理的,经营者应当承担运输等必要费用。基于诚实信用原则,在不能修理或者买方选择的重新履行所需要的费用不合理时,卖方可以拒绝。

根据《买卖合同解释》第 16 条,买受人在检验期限、质量保证期、合理期限内提出质量异议,出卖人未按要求予以修理或者因情况紧急,买受人自行或者通过第三人修理标的物后,主张出卖人负担因此而发生的合理费用的,人民法院应予以支持。该规则与《民法典》第 581 条的规则类似。

(三) 退货

在解释上比较困难的是,退货是否属于继续履行措施。如果当事人退货的意思是终局的、不再继续合同关系的意思,应是解除合同之意思,并非继续履行措施。如果当事人退货的意思并非终局的,则可能表示更换甚至代物清偿。② 而《消费者权益保护法》第 24 条中的退货还可能是消费者行使撤回权(无理由退货)的结果。所以,退货这种救济措施并不具有独立的意义。另有学者认为,《合同法》第 111 条(《民法典》第 582 条)中所规定的退货,可以解释为拒绝受领权的效果之一,而非合同解除的溯及效力的表现。③

在德国法的历史上,瑕疵担保责任作为特别法规则,存在特殊的解除或回复制度,即"Wandelung"制度。根据该制度,如果合同已经履行的,则买受人返还有瑕疵的标的物,出卖人返还买卖价款,二者同时履行;若合同没有履行,则不必再履行。具体法律效果上还会转引到解除规则,如在买卖标的物在买受人处意外灭失的情况下,不排除解除权。但涉及土地买卖时有特别规则,如土地面积大小上有瑕疵,则只有在瑕疵重大的情况下,买受人才可以解除合同。④ 德国债法改革之后,瑕疵担保责任中的解除制度即并入了一般给付障碍法中的解除,并无独立的必要。如果退货解释为解除,则在瑕疵担保责任法律效果统合入一般性违约责任中的情况下,即没有必要单独规定。

---

① 金晶:《〈合同法〉第 111 条(质量不符合约定之违约责任)评注》,载《法学家》2018 年第 3 期,第 185 页。
② 崔建远:《退货、减少价款的定性与定位》,载《法律科学(西北政法大学学报)》2012 年第 4 期,第 95 页。
③ 韩世远:《合同法总论》(第四版),法律出版社 2018 年版,第 553 页。
④ Medicus, *Schuldrecht BT*, 8. Aufl., 1997, Rn. 54.

例如,甲乙订立了电脑与软件合同,但出卖人甲提供的电脑是旧电脑,质保期不够三年,软件质保期也没有达到三年。也就是说,甲提供的标的物有瑕疵。如果乙选择退货,从解除思路出发,要判断该瑕疵是否影响合同目的的实现;若乙请求损害赔偿,则要考虑标的物是否可以修理或维修,在修理优先的思路下,乙是不能在修理之前请求赔偿的,但在标的物不能修理、更换的情况下,则乙只能请求损害赔偿,但乙要证明损害是什么,而且不能以合同价款作为损害的范围。

五、解除权

依据《民法典》第610条第1句,因标的物不符合质量要求,致使不能实现合同目的的,买受人可以拒绝接受标的物或者解除合同。《民法典》第610条将拒绝受领与解除规定在一起,其目的在于平衡二者的构成要件必须都是致使合同目的不能实现的情况。这就要求瑕疵必须严重,达到根本违约的程度,才能解除合同。① 在逻辑上,《民法典》第582条中所规定的退货,可能解释为解除,也可能解释为拒绝受领权的效果之一,而非合同解除的溯及效力的表现。②

在体系上,标的物出现瑕疵的,还得适用《民法典》第563条以下的解除规则。首先要区分物之瑕疵是否可以排除,如果标的物上的瑕疵是可以排除的,则依据《民法典》第563条第1款第3项之规定,买受人须催告出卖人,并给予出卖人合理期间以继续履行,如修理或更换,继续履行无果的,买受人才可以解除合同。如果瑕疵不可去除,则根据《民法典》第563条第1款第4项第2种情况,违约行为必须重大,导致合同目的不能实现,买受人才可以解除合同。在此,又要分为两个方面考虑,其一,这里的违约行为仅针对主给付义务,还是也包括从给付义务或者附随义务,而给付无瑕疵标的物的义务是哪一种义务;其二,提交有瑕疵的标的物是否导致合同目的不能实现。

就第一个问题,首先要看到,我国合同法体系上将瑕疵担保责任整合到一般违约责任之中,将继续履行(修理、更换)、解除、减价以及损害赔偿等法律效果提升为总则法律效果。其次,当事人之间的法律关系为买卖合同关系,根据《民法典》第595条,买卖合同是出卖人转移标的物的所有权于买受人,买受人支付价款的合同。另外,根据《民法典》第615条的规定,出卖人应当按照约定的质量要求交付标的物。据此,交付无瑕疵之标的物应当是买卖合同项下出卖人的主给付义务。而且,从《民法典》第610条关于拒绝受领给付的规定来看,其基础应当是瑕疵给付为部分给付,所以买受人可以拒绝受领,既然瑕疵给付为部分给付,则交付瑕疵之物即为违反了主给付义务。综上,中国法上,交付无瑕疵标的物的义务,为主给付义务。

回答了第一个问题,接下来的问题就是,交付瑕疵标的物是否导致合同目的不能

---

① 王利明:《合同法研究》(第三卷)(第二版),中国人民大学2015年版,第112页。
② 韩世远:《合同法总论》(第四版),法律出版社2018年版,第553页。

实现。具体如出卖人无法修复标的物,又不能予以更换的情形下,买受人无法使用标的物的情况,即符合《民法典》第 610 条、第 563 条第 1 款第 4 项第 2 种情况所规定之"因标的物质量不符合质量要求,致使不能实现合同目的"之要件。所以,在这种情况下买受人可以主张解除合同。

六、减价权

所谓减价权,是指在合同一方当事人瑕疵给付的情况下,另一方当事人根据所接受的瑕疵给付的价值减少价款或报酬的权利。

有疑问的是,减价权是否可以成为一般性违约救济方式。《欧洲合同法原则》(PECL)第 9:401 条将减价提升为一般性救济方式。而在德国法上,由于担心自由职业者代表的反对,德国债法改革委员会放弃了将减价作为一般性救济措施。问题的实质是,可否将减价权的适用扩展到委托、劳务合同等服务性合同之中。[1] 我国《民法典》第 582 条针对瑕疵履行规定了减少价款或者报酬的权利。从该条款位于总则的位置来看,现行法应当是将减价权规定为了一般性的违约救济措施。例如投资顾问为客户提供咨询,收取报酬,但其忘记告知对于客户利益攸关的投资策略,该客户即有权依据《民法典》第 582 条请求减价。

减价权在性质上是形成权[2],依照单方意思表示即可减少价款或者报酬。就减价权构成要件而言,首先是必须构成解除权之要件,同样不需要以过错为要件,系无过错责任。《建设工程施工合同解释(一)》第 12 条规定,因承包人的原因造成建设工程质量不符合约定,承包人拒绝修理、返工或者改建,发包人请求减少支付工程款的,人民法院应予支持。价款或报酬是否支付并非减价权的构成要件。

不过,值得注意的是,减价的目的并不是单纯地减少支付的价款,而是使得当事人约定的价款与标的物减少的价值之间相适应。减价的金额,应当是按照订立合同时有瑕疵之物的价值与物的实际价值之间的比例进行计算,该比例乘以约定的价款,即为减少的价款。具体的公式为:减少的价款 = 约定的价款 × 有瑕疵的价值 ÷ 无瑕疵的价值。[3]

> 例如,甲购买乙的汽车,价款为 8000 元;汽车无瑕疵时价值为 10000 元,出现瑕疵后价值为 6000 元。

在该案中,有瑕疵的价值与无瑕疵的价值之间的比例是 60%,那么乘以约定的价款 8000 元,减少的价款为 4800 元。比例减少规则保障了买受人从交易中的获利。

与解除权一样,减价权也具有将合同关系转化为清算关系的功能,但只是部分转

---

[1] Schlechtriem/Schmidt-Kessel, *Schuldrecht AT*, 6. Aufl. 2005, Rn. 556.
[2] 韩世远:《合同法总论》(第四版),法律出版社 2018 年版,第 852 页以下。
[3] Medicus, *Schuldrecht BT*, 18. Aufl., 2019, § 7, Rn. 64.

化。此时,补救履行请求权消灭,对待给付范围减少。价款已经支付,买受人主张返还减价后多出部分价款的,人民法院应予支持(《买卖合同解释》第 17 条第 2 款)。具体根据符合约定的标的物和实际交付的标的物交付时的市场价值计算差价(《买卖合同解释》第 17 条第 1 款第 2 句)。

依照法律规定,损害赔偿请求权与减价权是可以并存的(《民法典》第 582 条、第 583 条)。

最后,主张减价的一方当事人可以诉讼(反诉)的形式提出减价,也可以抗辩形式提出减价。

七、损害赔偿

(一) 与给付并存的损害赔偿

即使瑕疵通过继续履行被排除或者因此而减少价款,买受人也可能因为给付而遭受损害,其典型情况是瑕疵结果损害,也即加害给付的情况,此时损害赔偿与给付并存,其请求权基础应在《民法典》第 583 条。

(二) 迟延损害

在继续履行或补救履行期间,买受人也可能遭受用益损害,对此,出卖人应予以赔偿,此即为迟延损害,其请求权基础应在《民法典》第 583 条。

(三) 替代给付的损害赔偿

在标的物瑕疵比较重大的情况下,买受人也可以选择替代给付的损害赔偿。在瑕疵通过补救履行或继续履行也不能清除的情况下,出现了部分给付不能,即所谓的质量上的不能,如果该质量上的不能影响重大,导致不可期待债权人(买受人)继续履行合同,债权人也可以请求替代给付的损害赔偿。

值得注意的是,如果瑕疵在合同订立前就存在了,则根据自始不能规则,买受人可以要求替代给付的损害赔偿,但需要对瑕疵不可去除的不可知无过错。不过,关键的问题不在于买受人是否知道或者应当知道瑕疵的存在,而在于瑕疵是否可消除。如果瑕疵是在合同订立后交付前产生或者变得不可去除的,则买受人可以根据《民法典》第 577 条请求替代给付的损害赔偿。

第十一节 惩罚性损害赔偿

【文献指引】

杨立新:《"王海现象"的民法思考——论消费者权益保护中的惩罚性赔偿金》,载《河北法学》1997 年第 5 期;林德瑞:《论惩罚性赔偿》,载《中正大学法学集刊》1998 年 7 月;王利明:《惩罚性赔偿研究》,载《中国社会科学》2000 年第 4 期;杨立新:《〈消费者权益保护法〉规定惩罚性赔偿责任的成功与不足及完善措施》,载《清华法学》2010年第3期;周江洪:《惩罚性赔偿责任的竞合及其适用——〈侵权责任法〉第47条与〈食品安全法〉第96条第2款之适用关系》,载《法学》2010年第4期;杨立新:《我国消费者保护惩罚性赔偿的新发展》,载《法学家》2014年第2期;朱广新:《惩罚性赔偿制度的演进与适用》,载《中国社会科学》2014年第3期。

【补充文献】

张保红:《论惩罚性赔偿制度与我国侵权法的融合》,载《法律科学(西北政法大学学报)》2015年第2期;刘军华、叶明鑫:《知识产权惩罚性赔偿与法定赔偿的协调适用》,载《中国应用法学》2021年第1期;吴汉东:《知识产权惩罚性赔偿的私法基础与司法适用》,载《法学评论》2021年第3期;杨会新:《公益诉讼惩罚性赔偿问题研究》,载《比较法研究》2021年第4期;王承堂:《论惩罚性赔偿与罚金的司法适用关系》,载《法学》2021年第9期;杜乐其:《消费公益诉讼惩罚性赔偿解释论》,载《南京大学学报(哲学·人文科学·社会科学)》2022年第1期;刘银良:《知识产权惩罚性赔偿的类型化适用与风险避免——基于国际知识产权规则的视角》,载《法学研究》2022年第1期;刘志阳:《惩罚性赔偿适用中的实体正义与程序正义》,载《法制与社会发展》2022年第1期;刘超:《〈民法典〉环境侵权惩罚性赔偿制度之功能剖辨》,载《政法论丛》2022年第1期;朱广新:《美国惩罚性赔偿制度探究》,载《比较法研究》2022年第3期;杨雅妮、雷晓媛:《生态环境惩罚性赔偿的规范构造及其优化》,载《法治论坛》2022年第3期;鲁叔阳:《知识产权惩罚性赔偿制度的适用与完善——基于体系化的视角》,载《苏州大学学报(法学版)》2022年第4期;吕英杰:《惩罚性赔偿与刑事责任的竞合、冲突与解决》,载《中外法学》2022年第5期;刘银良:《知识产权惩罚性赔偿的比较法考察及其启示》,载《法学》2022年第7期;马辉:《经济法解释论的整体主义方法论立场阐释——以"知假买假"惩罚性赔偿争议为切入点》,载《政治与法律》2022年第10期;彭峰:《惩罚性赔偿在生态环境损害赔偿中的适用限制》,载《政治与法律》2022年第11期;李承亮:《〈民法典〉第1207条"产品责任中的惩罚性赔偿"评注》,载《清华法律评论》2023年第1期;李晟、张玉洁:《数字时代侵害个人信息的惩罚性赔偿制度构建》,载《法治论坛》2023年第3期;张平华:《〈民法典〉上的惩罚性赔偿法定主义及其规范要求》,载《法学杂志》2023年第4期;黄宇杰:《著作权法领域适用惩罚性赔偿的限制》,载《苏州大学学报(法学版)》2023年第4期;倪朱亮:《知识产权惩罚性赔偿主观要件的规范构造》,载《法学评论》2023年第5期;何江:《生态环境侵权惩罚性赔偿的二元性展开》,载《法商研究》2023年第6期;单平基:《环境民事公益诉讼惩罚性赔偿的适用及规制》,载《政法论坛》2023年第6期;朱广新:《论生态环境侵权惩罚性赔偿构成条件的特别构造》,载《政治与法律》2023年第10期;刘长兴:《环境损害惩罚性赔偿的公法回应》,载《政治与法律》2023年第10期;

高利红：《生态环境损害惩罚性赔偿严格审慎原则之适用》，载《政治与法律》2023年第10期；高旭：《消费公益诉讼惩罚性赔偿金的归属与分配——基于分配正义理念的跨法域研究》，载《法学》2023年第12期；黄细江：《知识产权惩罚性赔偿的理论渊源与司法适用》，载《暨南学报（哲学社会科学版）》2024年第2期；麻昌华、张靖晗：《公私益界分下生态环境侵害惩罚性赔偿的适用研究》，载《河南师范大学学报（哲学社会科学版）》2024年第2期；吴志宇：《经营欺诈惩罚性赔偿责任适用的逻辑重构——"公共影响"构成要件的引入》，载《华南理工大学学报（社会科学版）》2024年第2期；罗丽、王耀伟：《生态环境侵权惩罚性赔偿的适用问题研究》，载《大连理工大学学报（社会科学版）》2024年第2期。

一、惩罚性赔偿的产生与发展

（一）消费者保护层面的惩罚性赔偿规则

1. 针对欺诈行为的惩罚性赔偿

惩罚性赔偿是超出实际损害数额的赔偿①，是一个与补偿性损害赔偿相对的概念。在法律上，惩罚性赔偿请求权是独立的请求权。1993年《消费者权益保护法》第49条首次规定了惩罚性赔偿规则，即所谓的双倍赔偿规则。1999年《合同法》第113条第2款规定：经营者具有欺诈行为的，依照《消费者权益保护法》的规定承担损害赔偿责任。在体系上，第113条旨在规定违约损害赔偿，故此肯定了《消费者权益保护法》规定的惩罚性赔偿的基础在于违约责任，同时，承认《消费者权益保护法》是特别法。

2. 针对产品质量的惩罚性赔偿

2009年2月28日通过的《食品安全法》第96条第2款对《消费者权益保护法》中的惩罚性赔偿规则自请求权基础角度进行了补充，其规定："生产不符合食品安全标准的食品或者销售明知是不符合食品安全标准的食品，消费者除要求赔偿损失外，还可以向生产者或者销售者要求支付价款十倍的赔偿金。"基于该规定，根据侵权法请求权基础，受害人也可以向生产者请求惩罚性赔偿。2015年修订的《食品安全法》第148条第2款规定："生产不符合食品安全标准的食品或者经营明知是不符合食品安全标准的食品，消费者除要求赔偿损失外，还可以向生产者或者经营者要求支付价款十倍或者损失三倍的赔偿金；增加赔偿的金额不足一千元的，为一千元。但是，食品的标签、说明书存在不影响食品安全且不会对消费者造成误导的瑕疵的除外。"②

《侵权责任法》继续在产品责任一章规定了惩罚性赔偿，其第47条规定："明知产品存在缺陷仍然生产、销售、造成他人死亡或者健康严重损害的，被侵权人有权请求

---

① 黄薇主编：《中华人民共和国民法典释义（下）》，法律出版社2020年版，第2286页。
② 参见2018年以及2021年《食品安全法》第148条第2款。

相应的惩罚性赔偿。"该规定扩大了产品责任情况下的惩罚性赔偿情况,不限于食品安全产品责任。而且,该规定没有明确惩罚性赔偿的数额,而是将数额(倍数)之多少委托给审理案件的人民法院结合具体案情依法予以裁量。①

对于既有的发展的惩罚性赔偿类型,存在诸多不足,类型化工作并不理想,特别法之间明显产生适用上的冲突②,而且,构成要件上也不平衡,损害计算上也不一致。③ 所以在2013年《消费者权益保护法》修正时,彻底改造了《消费者权益保护法》原第49条,变为现在的第55条,除了将原第49条修改为:"经营者提供商品或者服务有欺诈行为的,应当按照消费者的要求增加赔偿其受到的损失,增加赔偿的金额为消费者购买商品的价款或者接受服务的费用的三倍;增加赔偿的金额不足五百元的,为五百元。法律另有规定的,依照其规定。"还增加了一款:"经营者明知商品或者服务存在缺陷,仍然向消费者提供,造成消费者或者其他受害人死亡或者健康严重损害的,受害人有权要求经营者依照本法第四十九条、第五十一条等法律规定赔偿损失,并有权要求所受损失二倍以下的惩罚性赔偿。"

《药品管理法》第144条第3款规定:"生产假药、劣药或者明知是假药、劣药仍然销售、使用的,受害人或者近亲属除请求赔偿损失外,还可以请求支付价款十倍或者损失三倍的赔偿金;增加赔偿的金额不足一千元的,为一千元。"《医疗损害责任解释》第23条规定:"医疗产品的生产者、销售者、药品上市许可持有人明知医疗产品存在缺陷仍然生产、销售,造成患者死亡或者健康严重损害,被侵权人请求生产者、销售者、药品上市许可持有人赔偿损失及二倍以下惩罚性赔偿的,人民法院应予支持。"

(二) 知识产权方面的惩罚性赔偿规则

2013年《商标法》最早规定了惩罚性赔偿规则,其第63条第1款规定:"对恶意侵犯商标专用权,情节严重的,可以按照上述方法确定数额的一倍以上三倍以下的确定数额赔偿……"2019年《商标法》第63条将惩罚性赔偿的倍数提高到一至五倍。《种子法》第72条第3款规定,故意侵犯植物新品种权,情节严重的,可以按照确定赔偿数额的一倍以上五倍以下给予惩罚性赔偿。《反不正当竞争法》第17条第3款规定,经营者恶意实施侵犯商业秘密行为,情节严重的,可以按照确定赔偿数额的一倍以上五倍以下确定赔偿数额。《专利法》第71条第1款规定,对于故意侵犯专利权,情节严重的,可以按照实际损失、所得利益、专利许可使用费倍数等方法确定数额的一倍以上五倍以下确定赔偿数额。《著作权法》第54条第1款规定,对故意侵犯著作权或者与著作权有关的权利,情节严重的,可以按照确定赔偿数额的一倍以上五倍以下给予赔偿。《电子商务法》第42条第3款规定,因通知错误造成平台内经营者损害的,

---

① 梁慧星:《中国侵权责任法解说》,载《北方法学》2011年第1期,第5—20页。
② 周江洪:《惩罚性赔偿责任的竞合及其适用——〈侵权责任法〉第47条与〈食品安全法〉第96条第2款之适用关系》,载《法学》2010年第4期,第108—115页。
③ 杨立新:《我国消费者保护惩罚性赔偿的新发展》,载《法学家》2014年第2期,第78—90页。

依法承担民事责任。恶意发出错误通知,造成平台内经营者损失的,加倍承担赔偿责任。

2021年3月2日,最高人民法院颁布了《侵害知识产权惩罚性赔偿解释》,对于故意、情节严重等进行了解释。

(三)《民法典》中的惩罚性赔偿规则

《民法典》第179条第2款规定:"法律规定惩罚性赔偿的,依照其规定。"在侵权责任编中,《民法典》分别规定了产品侵权责任(第1207条)、环境侵权责任(第1232条)和知识产权侵权责任(第1185条)中的惩罚性赔偿规则。尤其《民法典》新规定了环境污染和生态破坏的惩罚性赔偿制度,第1232条规定:"侵权人违反法律规定故意污染环境、破坏生态造成严重后果的,被侵权人有权请求相应的惩罚性赔偿。"2021年12月27日,最高人民法院通过了《关于审理生态环境侵权纠纷案件适用惩罚性赔偿的解释》。

二、惩罚性赔偿的功能

惩罚性赔偿之目的并不在于补偿受害人的损失或损害,而在于惩罚不法行为人。根据《消费者权益保护法》第55条,惩罚性赔偿请求权独立于损害赔偿请求权,不法行为人除了要赔偿实际损害,还要支付惩罚性赔偿。另外,惩罚性赔偿的目的还在于威慑其他可能实施类似不法行为的人,起到一般性预防的功能。[①]

在性质上,惩罚性赔偿是一种私人的"刑罚"。首先,应当质疑的是,债权人何以有惩罚他人的权力;其次,债权人进行私人惩罚,并没有赋予不法行为人在证据以及诉讼程序上本应享有的保护措施;最后,惩罚性赔偿会将不法行为人置于惩罚性赔偿金与刑事制裁的双重惩罚之中。[②]

尽管存在上述质疑,但是惩罚性赔偿制度还是被我国法律继受了,而且有逐渐扩大适用范围之趋势,求其原因,主要是目前经营者欺诈、制造出售有缺陷产品的现象较为严重,惩罚性赔偿可以使其违法成本远高于违法收益,从而制裁与遏制类似不法行为。[③] 对于这些违法行为,刑事制裁多有缺漏不足之处,如因为罪刑法定,刑法需要类型化规定,但又不能规制所有应当惩罚的不当行为;在刑事诉讼中,并不是每一个违法行为都被提起公诉的。惩罚性赔偿可以弥补刑法与刑事诉讼法的缺陷。[④]

[①] 张保红:《论惩罚性赔偿制度与我国侵权法的融合》,载《法律科学(西北政法大学学报)》2015年第2期,第133页。
[②] 朱广新:《惩罚性赔偿制度的演进与适用》,载《中国社会科学》2014年第3期,第104—124页;黄薇主编:《中华人民共和国民法典释义(下)》,法律出版社2020年版,第2287页。
[③] 杨立新:《我国消费者保护惩罚性赔偿的新发展》,载《法学家》2014年第2期,第78—90页。
[④] 朱广新:《惩罚性赔偿制度的演进与适用》,载《中国社会科学》2014年第3期,第78—90页。

三、惩罚性赔偿与价款返还、损害赔偿的关系

首先，在惩罚性赔偿请求权成立时，很可能也满足合同撤销或解除的构成要件，购买人撤销或者解除买卖合同后，即有权要求经营者返还价款。

其次，惩罚性赔偿责任与补偿性赔偿责任是两种不同的民事责任方式，可以单独适用，也可以合并适用（《民法典》第 179 条第 3 款）。而且《消费者权益保护法》第 55 条、《药品管理法》第 144 条第 3 款和《食品安全法》第 148 条第 2 款等均同时规定了补偿性损害赔偿责任和惩罚性赔偿责任。《侵害知识产权惩罚性赔偿解释》第 2 条第 2 款也规定，惩罚性赔偿的诉讼请求可以在赔偿损失诉讼请求之外单独提起。

四、针对欺诈行为的惩罚性赔偿请求权

根据《消费者权益保护法》第 55 条，存在两种类型的惩罚性赔偿，第一种类型是针对欺诈行为的惩罚性赔偿请求权（第 55 条第 1 款）；第二种类型是针对产品质量的惩罚性赔偿请求权（第 55 条第 2 款）。

（一）针对欺诈行为的惩罚性赔偿请求权的构成要件

1. 消费者

首先，依据《消费者权益保护法》第 55 条第 1 款请求惩罚性赔偿者，必须是消费者。所谓消费者，是指为生活消费的需要而购买商品或者接受服务的自然人；所谓经营者，是指以营利为目的的从事生产、销售或者提供服务的自然人、法人及其他经济组织。[①]

争议较大的是，"知假买假"者是否属于消费者。一种观点认为，"知假买假"者购买商品的目的不是使用或者利用商品，而是以买假货为手段赚取惩罚性赔偿金，意图是营利，因而不是消费者；另一种观点认为，使用或者利用商品是消费，购买或者接受某种服务也是消费，"知假买假"者只要是购买或者接受服务，就是消费者，就应当适用《消费者权益保护法》第 55 条的规定，对于消费者的范围，应当作较宽的理解，这样符合立法者关于制裁消费领域中的欺诈行为，维护市场经济秩序、保护消费者合法权益的原意。[②] 对后一种观点，笔者持不同意见，知假买假者的活动，已经具有了经营的性质，不宜被认定为消费者。

在"王进府与郑州悦家商业有限公司其他买卖合同纠纷"上诉案[③]中，郑州中院

[①] 梁慧星：《为中国民法典而斗争》，法律出版社 2002 年版，第 234 页。
[②] 杨立新：《〈消费者权益保护法〉规定惩罚性赔偿责任的成功与不足及完善措施》，载《清华法学》2010 年第 3 期，第 17 页。
[③] 河南省郑州市中级人民法院（2009）郑民一终字第 398 号民事判决书。

认为,消费者以生活消费为目的购买商品的,受消费者权益保护法的保护。上诉人先后在被上诉人处购买三辆电动车,同时考虑到上诉人在本院的众多案件,本院认定上诉人不是以生活消费为目的购买商品,不是消费行为。因此,上诉人要求1+1赔偿的请求本院不予支持。由于被上诉人存在引人误解的虚假宣传,因此,上诉人要求退货的请求应予支持。

2. 经营者在提供商品或者服务时有欺诈行为

对于"欺诈行为",在学界存在不同观点。一种观点认为适用《民通意见》第71条(《民法典总则编解释》第21条)对欺诈的定义,即一方当事人故意告知对方虚假情况,或者故意隐瞒真实情况,诱使对方当事人作出错误意思表示的行为。① 欺诈的要件包括欺诈行为人有欺诈的故意、欺诈行为人有欺诈行为、被欺诈的另一方当事人作出错误的意思表示、欺诈行为与错误意思表示有因果关系。根据该观点,"知假买假"者并非因欺诈行为而陷入错误认识,不应该适用消费者权益保护法的惩罚性赔偿规定。另一种观点认为,构成欺诈,只需要两个要件,即行为人有欺诈的故意,以及有欺诈行为,不以对方是否有错误意思表示为要件。② 实际上,《消费者权益保护法》第55条第1款的规范目的主要是惩罚"欺诈行为",与法律行为制度中的欺诈制度并无关联,后者主要解决的是意思表示不自由的问题。从文义上看,构成惩罚性赔偿请求权,仅需要欺诈行为这一要件,而不需要故意这一要件。

国家市场监督管理总局的《侵害消费者权益行为处罚办法》第5条列举了经营者提供商品或者服务不得为的行为,第6条列举了不得为的虚假或者引人误解的宣传行为。③

经营者在提供商品或者服务时有欺诈行为时,即构成义务违反行为。但经营者为欺诈行为时,亦可能构成法律行为制度中的欺诈,当事人得撤销合同,并请求信赖利益的损害赔偿(《民法典》第157条)。④

---

① 王利明:《惩罚性赔偿研究》,载《中国社会科学》2000年第4期,第112—122页;杨立新:《〈消费者权益保护法〉规定惩罚性赔偿责任的成功与不足及完善措施》,载《清华法学》2010年第3期,第17页;王成:《消法上欺诈的构成与举证责任的分配》,载 www.civillaw.com.cn,2015年7月12日访问;朱广新:《惩罚性赔偿制度的演进与适用》,载《中国社会科学》2014年第3期,第106页。

② 李友根:《消费者权利保护与法律解释——对一起消费纠纷的法理剖析》,载《南京大学法律评论》1996年秋季号,第166—175页。

③ 《侵害消费者权益行为处罚办法》第6条规定:"经营者向消费者提供有关商品或者服务的信息应当真实、全面、准确,不得有下列虚假或者引人误解的宣传行为:(一)不以真实名称和标记提供商品或者服务;(二)以虚假或者引人误解的商品说明、商品标准、实物样品等方式销售商品或者服务;(三)作虚假或者引人误解的现场说明和演示;(四)采用虚构交易、虚标成交量、虚假评论或者雇佣他人等方式进行欺骗性销售诱导;(五)以虚假的'清仓价'、'甩卖价'、'最低价'、'优惠价'或者其他欺骗性价格表示销售商品或者服务;(六)以虚假的'有奖销售'、'还本销售'、'体验销售'等方式销售商品或者服务;(七)谎称正品销售'处理品'、'残次品'、'等外品'等商品;(八)夸大或隐瞒所提供的商品或者服务的数量、质量、性能等与消费者有重大利害关系的信息误导消费者;(九)以其他虚假或者引人误解的宣传方式误导消费者。"

④ 朱广新:《惩罚性赔偿制度的演进与适用》,载《中国社会科学》2014年第3期,第106页。

在逻辑上,既然《消费者权益保护法》第 55 条第 1 款规定的是合同责任,就必须在合同存在的情形下,才能提出惩罚性赔偿。合同不存在,也就谈不上合同责任的适用,惩罚性赔偿也就成了无本之木、无源之水。① 但从规范目的来看,惩罚性赔偿请求权在于惩罚欺诈行为,合同是否撤销或者解除,均不影响惩罚目的的实现;从文义上看,并无签订消费合同或者消费合同存在的要求,只是要求"经营者提供商品或者服务"的。所以,本书认为,消费合同是否存在或者是否被撤销,都不影响惩罚性赔偿请求权的成立。

"欺诈行为"的表述是一个很不恰当的表述,容易使人联想到民法上的欺诈制度。从法律法规中列举的欺诈行为的情况来看,其针对的情况大部分是"恶意(malice)、轻率(reckless)或漠不关心(indifference)"的行为,此种行为恰恰是美国《侵权行为法重述》第 908 条规定的惩罚性赔偿针对的情况,"惩罚性赔偿得因被告之邪恶动机或鲁莽弃置他人权利于不顾之极端无理行为而给与。在评估惩罚性赔偿之金额,事实之审理者得适当考虑被告行为之性质、被告行为所致或意图致原告所受伤害之本质及程度、与被告之财富"②。

3. 消费者是否必须遭受损失

存在争议的还有,在构成要件上是否要求被欺诈人受有损失?有学者认为,惩罚性赔偿的目的不在于填补损失,而在于惩罚不法行为,不必要求有消费者遭受损失的要件,《消费者权益保护法》第 55 条第 1 款中出现的"损失"概念可以理解为是法律上视为已有"损失"存在,纵然实际损失为零,仍然不妨碍消费者主张惩罚性赔偿。③ 但有学者根据美国法认为:惩罚性赔偿是以补偿性赔偿的存在为前提的,只有符合补偿性赔偿的构成要件,才能请求惩罚性赔偿;另一方面,惩罚性赔偿的数额确定与补偿性赔偿也有一定的关系。④

本书认为,基于经营者的欺诈行为,消费者可能遭受的是信赖利益损害,也可能是期待利益损害。但具体来看,损害并非出现在法条的构成要件部分,而是出现在法律效果部分。而且,惩罚性赔偿请求权之目的在于惩罚欺诈行为。故此,消费者遭受损失并非惩罚性赔偿的构成要件。在计算惩罚性赔偿数额时,也不以损害为计算基数,所以法院在作出惩罚性赔偿判决时,通常不考虑消费者因欺诈行为遭受了多少损害。《食品药品纠纷规定》第 15 条即明确规定,在生产不符合安全标准的食品或者销售明知不符合安全标准的食品的情况下,消费者或其近亲属可以同时要求赔偿损失与赔偿惩罚性赔偿金。

---

① 王利明:《惩罚性赔偿研究》,载《中国社会科学》2000 年第 4 期,第 112—122 页;杨立新:《"王海现象"的民法思考——论消费者权益保护中的惩罚性赔偿金》,载《河北法学》1997 年第 5 期,第 1—9 页。
② 林德瑞:《论惩罚性赔偿》,载《中正大学法学集刊》1998 年 7 月,第 25—66 页。
③ 韩世远:《合同法总论》(第四版),法律出版社 2018 年版,第 912 页。
④ 王利明:《惩罚性赔偿研究》,载《中国社会科学》2000 年第 4 期。

最后,值得注意的是,《消费者权益保护法》第 55 条第 1 款并不要求有主观构成要件。

(二) 法律效果

根据《消费者权益保护法》第 55 条第 1 款,惩罚性赔偿是指增加赔偿其受到的损失,也就是说,惩罚性赔偿是责任人在承担通常的法律责任之外的额外负担,所以,经营者除须支付惩罚性赔偿金之外,其他因债之关系或法律规定所应负的一切义务和责任,均不因之而受影响。比如,对于受害人遭受的其他损害,受害人仍得请求补偿性的损害赔偿,或者在约定有赔偿性违约金场合,受害人仍可得请求支付违约金。①

具体的惩罚性赔偿数额为消费者购买商品的价款或者接受服务的费用的三倍。如果增加赔偿的金额不足 500 元的,为 500 元,例如,购买商品的价款为 20 元,三倍即为 60 元,即使没有达到 500 元,惩罚性赔偿也为 500 元。此时,无论当事人请求数额多少,只要其主张惩罚性赔偿,即为 500 元。法官对此并无自由裁量权。

《消费者权益保护法》第 55 条第 1 款第 2 句规定,法律另有规定的,依照其规定。比如,《旅游法》第 70 条第 1 款第 2 句规定,旅行社具备履行条件,经旅游者要求仍拒绝履行合同,造成旅游者人身损害、滞留等严重后果的,旅游者还可以要求旅行社支付旅游费用一倍以上三倍以下的赔偿金。

五、针对产品质量的惩罚性赔偿请求权

《消费者权益保护法》第 55 条第 2 款规定了针对产品质量的惩罚性赔偿请求权,试图解决旧法第 49 条与《食品安全法》及《侵权责任法》之间体系失衡的问题。②

(一) 构成要件

1. 要构成侵权法上的惩罚性赔偿请求权,首先须是消费者受到侵害。而侵权人应当为经营者,结合《民法典》第 1207 条可知,经营者包括生产者与销售者。生产者与销售者之间是连带之债的关系。

2. 经营者提供的商品或服务存在缺陷,这里的商品与产品同义(《消费者权益保护法》第 3 条),根据《产品质量法》第 46 条,缺陷是指产品存在危及人身、财产安全的不合理危险。产品有保障人体健康和人身、财产安全的国家标准、行业标准的,是指不符合该标准。依据《民法典》第 1207 条,产品的生产者、销售者未依据《民法典》第 1206 条规定采取有效的补救措施而造成他人死亡或者健康严重损害的情况下,消费者也可以主张惩罚性赔偿。

3. 经营者主观上须明知商品或者服务存在缺陷仍然生产或者销售。③ 明知是指

---

① 韩世远:《合同法总论》(第四版),法律出版社 2018 年版,第 909 页。
② 朱广新:《惩罚性赔偿制度的演进与适用》,载《中国社会科学》2014 年第 3 期,第 104—124 页。
③ 黄薇主编:《中华人民共和国民法典释义(下)》,法律出版社 2020 年版,第 2342 页。

经营者实际知道,即故意。"仍然向消费者提供"指经营者主观上采取直接故意或间接故意的态度,对缺陷产品造成消费者人身损害持追求或者放任的态度。

4. 要构成惩罚性损害赔偿请求权,还需要缺陷产品与服务造成消费者或者其他受害人死亡或者健康严重损害。缺陷产品造成财产损害或者人格权损害的,受害人不得请求惩罚性损害赔偿。

5. 因果关系。经营者提供产品的缺陷或者生产者、销售者未依据《民法典》第1206条规定采取有效的补救措施与受害人死亡或者健康严重受损之间存在因果关系。

(二) 法律效果

惩罚性损害赔偿请求权成立的,受害人有权要求侵权人赔偿其所受损失二倍以下的惩罚性赔偿。与第一种类型的惩罚性损害赔偿法律效果不同,侵权法上的惩罚性损害赔偿根据受害人所受损害计算数额。

在文义上看,作为惩罚性赔偿计算基础的损害既包括人身损害,也包括精神损害,分别被规定在《消费者权益保护法》第49条以及第51条。[①]

根据《消费者权益保护法》第55条第2款,惩罚性赔偿是上述损失的两倍以下,即不超过两倍,具体由法官根据故意程度、损害程度进行自由裁量。

根据《民法典》第1207条,侵害人承担相应的惩罚性赔偿责任,这里的相应,主要是指惩罚赔偿金数额应当与侵权人的恶意相当。[②]

六、食品药品惩罚性赔偿

消费者被侵权的,应适用《消费者权益保护法》第55条第2款之规定。非消费者被侵权的,得适用《民法典》第1207条(原《侵权责任法》第47条)之规定。至于《食品安全法》第148条第2款,其调整的情况也是生产有缺陷产品或明知产品有缺陷而销售,造成人身、财产或者其他损害的情况[③],但惩罚性赔偿数额为价款的十倍。最高人民法院《食品药品纠纷规定》第15条是对《食品安全法》第148条第2款以及《药品管理法》第144条第3款的进一步解释,将该规则扩展到药品。食品、药品也是一种商品或产品,故在法律适用上,与《消费者权益保护法》第55条第2款、《民法典》第1207条构成竞合关系。但《食品安全法》《药品管理法》相对于《民法典》《消费者权益保护法》为特别法,应当优先予以适用。

---

① 杨立新:《我国消费者保护惩罚性赔偿的新发展》,载《法学家》2014年第2期,第78—90页。
② 黄薇主编:《中华人民共和国民法典释义(下)》,法律出版社2020年版,第2342页。
③ 由此区分了食品消费者与非食品消费者,对于食品消费者,并不要求产品生产者明知产品存在缺陷,也不要求造成严重的健康损害,故此对食品消费者保护更优,如此不同对待食品消费者与非食品消费者,并无正当性。在立法背景上,2008年"三鹿奶粉"事件使得社会舆论呼吁加大惩罚力度,故出台2009年《食品安全法》第96条第2款,实在有过度回应之嫌。参见王利明:《合同法研究》(第二卷)(第三版),中国人民大学出版社2015年版,第688页。

(一) 构成要件

依据《食品安全法》第148条第2款以及《药品管理法》第144条第3款的规定,食品药品惩罚性赔偿构成要件如下:

1. 受害人为消费者

在食品惩罚性赔偿中,受害人应当是消费者,侵权人是经营者或者生产者。依据《食品安全法》第148条第1款,消费者因不符合食品安全标准的食品受到损害的,可以向经营者要求赔偿损失,也可以向生产者要求赔偿损失。接到消费者赔偿要求的生产经营者,应当实行首负责任制,先行赔付,不得推诿;属于生产者责任的,经营者赔偿后有权向生产者追偿;属于经营者责任的,生产者赔偿后有权向经营者追偿。

在药品惩罚性赔偿中,受害人是用药者,侵权人为药品上市许可持有人、药品生产企业、药品经营企业或者医疗机构。依据《药品管理法》第144条第1款、第2款,药品上市许可持有人、药品生产企业、药品经营企业或者医疗机构违反该法规定,给用药者造成损害的,依法承担赔偿责任。因药品质量问题受到损害的,受害人可以向药品上市许可持有人、药品生产企业请求赔偿损失,也可以向药品经营企业、医疗机构请求赔偿损失。接到受害人赔偿请求的,应当实行首负责任制,先行赔付;先行赔付后,可以依法追偿。

在代购的情况下,要区分代购人的法律地位分别处理,如果代购人与消费者之间是委托合同关系,那么代购人不承担惩罚性赔偿责任。如果代购人是经营者,以代购为业,那么,受托人明知购买者委托购买的是不符合食品安全标准的食品或者假药、劣药仍然代购的,购买者可以依照《食品安全法》第148条第2款或者《药品管理法》第144条第3款规定请求受托人承担惩罚性赔偿责任(《食品药品惩罚性赔偿解释》第3条第1款)。

如果以代购为业的受托人明知是不符合食品安全标准的食品或者假药、劣药仍然代购,那么,代购人向购买者承担惩罚性赔偿责任后,无权向生产者追偿;但是,如果代购人(受托人)不知道是不符合食品安全标准的食品或者假药、劣药而代购,那么,代购人向购买者承担赔偿责任后,有权向生产者追偿(《食品药品惩罚性赔偿解释》第3条第2款)。

《食品药品惩罚性赔偿解释》第4条对食品生产加工小作坊和食品摊贩等主体的惩罚性赔偿责任采取了适当放宽的立法政策。食品生产加工小作坊和食品摊贩等生产经营的食品不符合食品安全标准的,购买者有权请求生产者或者经营者依照《食品安全法》第148条第2款规定承担惩罚性赔偿责任。食品生产加工小作坊和食品摊贩等生产经营的食品不符合省、自治区、直辖市制定的具体管理办法等规定,但符合食品安全标准的,购买者则无权请求生产者或者经营者依照《食品安全法》第148条第2款规定承担惩罚性赔偿责任。

2. 食品或药品质量存在缺陷

成立食品惩罚性赔偿要求生产的或者经营的食品不符合食品安全标准。《食品安全法》第 26 条规定了八个方面的食品安全标准：食品、食品添加剂、食品相关产品中的致病性微生物，农药残留、兽药残留、生物毒素、重金属等污染物质以及其他危害人体健康物质的限量规定；食品添加剂的品种、使用范围、用量；专供婴幼儿和其他特定人群的主辅食品的营养成分要求；对与卫生、营养等食品安全要求有关的标签、标志、说明书的要求；食品生产经营过程的卫生要求；与食品安全有关的质量要求；与食品安全有关的食品检验方法与规程；其他需要制定为食品安全标准的内容。在实践中，食品安全标准多达 1400 多个。生产的或者经营的食品不符合任何一种食品安全标准的，均构成食品缺陷。

《食品安全法》第 148 条第 2 款但书规定，食品的标签、说明书存在不影响食品安全且不会对消费者造成误导的瑕疵的，惩罚性赔偿请求权不成立。有疑问的是，如何认定标签、说明书瑕疵。《食品药品惩罚性赔偿解释》第 8 条从形式上对此进行了列举，比如文字、符号、数字的字号、字体、字高不规范，或者外文字号、字高大于中文；出现错别字、多字、漏字、繁体字或者外文翻译不准确，但不会导致消费者对食品安全产生误解；净含量、规格的标示方式和格式不规范，食品、食品添加剂以及配料使用的俗称或者简称等不规范，营养成分表、配料表顺序、数值、单位标示不规范，或者营养成分表数值修约间隔、"0"界限值、标示单位不规范，但不会导致消费者对食品安全产生误解；对没有特殊贮存条件要求的食品，未按照规定标示贮存条件；食品的标签、说明书存在其他瑕疵，但不影响食品安全且不会对消费者造成误导。《食品药品惩罚性赔偿解释》第 7 条规定的则是从实质上看不影响食品安全或者不会对消费者造成误导的瑕疵，比如，根据《食品安全法》第 150 条关于食品安全的规定，足以认定标签、说明书瑕疵不影响食品安全；根据购买者在购买食品时是否明知瑕疵存在、瑕疵是否会导致普通消费者对食品安全产生误解等事实，足以认定标签、说明书瑕疵不会对消费者造成误导。《食品药品惩罚性赔偿解释》第 6 条规定了影响食品安全且对消费者造成误导的瑕疵，如未标明食品安全标准要求必须标明的事项，但属于该解释第 8 条规定情形的除外；故意错标食品安全标准要求必须标明的事项；未正确标明食品安全标准要求必须标明的事项，足以导致消费者对食品安全产生误解。

成立药品惩罚性赔偿要求生产的或者经营的药品是假药、劣药。以非药品冒充药品的属于假药（《药品管理法》第 98 条第 2 款第 2 项）。在 2019 年修订《药品管理法》之前，须批准而未经批准生产、进口或者依法必须检验而未经检验即销售的药品，会被视为假药或劣药，但 2019 年修订《药品管理法》之后，即删除了该规则。《食品药品惩罚性赔偿解释》第 11 条规定下列情况不会被认定为"生产假药、劣药或者明知是假药、劣药仍然销售、使用的行为"：不以营利为目的实施带有自救、互助性质的生产、销售少量药品行为，且未造成他人伤害后果；根据民间传统配方制售药品，数量不大，且未造成他人伤害后果;不以营利为目的实施带有自救、互助性质的进口少量境外合法上市药品行为。

3. 侵权人的明知

成立食品惩罚性赔偿还要求经营者明知是不符合食品安全标准的食品。《食品安全纠纷解释(一)》第6条规定,食品经营者具有下列情形之一,消费者主张构成《食品安全法》第148条规定的"明知"的,人民法院应予支持:已过食品标明的保质期但仍然销售的;未能提供所售食品的合法进货来源的;以明显不合理的低价进货且无合理原因的;未依法履行进货查验义务的;虚假标注、更改食品生产日期、批号的;转移、隐匿、非法销毁食品进销货记录或者故意提供虚假信息的;其他能够认定为明知的情形。

成立药品惩罚性赔偿也要求明知是假药、劣药仍然销售、使用的。

4. 受害人受到损失

受害人受到的损害,包括人身损害以及财产损害。食品不符合食品安全标准,消费者主张生产者或者经营者依据《食品安全法》第148条第2款规定承担惩罚性赔偿责任,生产者或者经营者以未造成消费者人身损害为由抗辩的,人民法院不予支持(《食品安全纠纷解释(一)》第10条)。

5. 个人或者家庭生活消费需要

由于食品、药品惩罚性赔偿金额较高,在实践中,出现了知假买假的情况。为了平衡购买者与经营者之间的利益,《食品药品惩罚性赔偿解释》第10条规定,只有购买者因个人或者家庭生活消费需要购买的药品是假药、劣药,才可以依照《药品管理法》第144条第3款规定请求生产者或者经营者支付惩罚性赔偿金。《食品药品惩罚性赔偿解释》第1条、第12条规定,在购买者明知所购买食品不符合食品安全标准的情况下,原则上仅能在合理生活消费需要范围内请求生产者或者经营者支付赔偿。人民法院可以综合保质期、普通消费者通常消费习惯等因素认定购买者合理生活消费需要的食品数量。对于购买者明知所购买食品不符合食品安全标准仍然购买索赔的,生产者或者经营者承担证明责任。

购买者明知食品不符合食品安全标准,在短时间内多次购买,并依照《食品安全法》第148条第2款规定起诉请求同一生产者或者经营者按每次购买金额分别计算惩罚性赔偿金的,人民法院应当根据购买者多次购买相同食品的总数,在合理生活消费需要范围内依法支持其诉讼请求(《食品药品惩罚性赔偿解释》第13条)。

购买者明知所购买食品不符合食品安全标准,在短时间内多次购买,并多次依照《食品安全法》第148条第2款规定就同一不符合食品安全标准的食品起诉请求同一生产者或者经营者支付惩罚性赔偿金的,人民法院应当在合理生活消费需要范围内依法支持其诉讼请求。人民法院可以综合保质期、普通消费者通常消费习惯、购买者的购买频次等因素认定购买者每次起诉的食品数量是否超出合理生活消费需要(《食品药品惩罚性赔偿解释》第 14 条)。

(二) 法律效果

《食品安全法》第 148 条第 2 款规定,生产不符合食品安全标准的食品或者经营明知是不符合食品安全标准的食品,消费者除要求赔偿损失外,还可以向生产者或者经营者要求支付价款十倍或者损失三倍的赔偿金;增加赔偿的金额不足 1000 元的,为 1000 元。但是,食品的标签、说明书存在不影响食品安全且不会对消费者造成误导的瑕疵的除外。

《药品管理法》第 144 条第 3 款规定,生产假药、劣药或者明知是假药、劣药仍然销售、使用的,受害人或者其近亲属除请求赔偿损失外,还可以请求支付价款十倍或者损失三倍的赔偿金;增加赔偿的金额不足 1000 元的,为 1000 元。

如果购买者明知所购买食品不符合食品安全标准或者所购买药品是假药、劣药,那么购买者可以在购买后请求经营者返还价款(《食品药品惩罚性赔偿解释》第 2 条第 1 款)。经营者可以请求购买者返还食品、药品。

如果食品标签、标志或者说明书不符合食品安全标准,食品生产者可以在采取补救措施且能保证食品安全的情况下继续销售;食品药品生产者等应当对食品、药品采取无害化处理、销毁等措施的,依照《食品安全法》《药品管理法》的相关规定处理(《食品药品惩罚性赔偿解释》第 2 条第 2 款)。

(三) 惩罚性赔偿规范竞合

最后值得注意的是,如果消费者认为生产经营者生产经营不符合食品安全标准的食品同时构成欺诈的,那么,消费者有权选择依据《食品安全法》第 148 条第 2 款或者《消费者权益保护法》第 55 条第 1 款规定主张食品生产者或者经营者承担惩罚性赔偿责任(《食品安全纠纷解释(一)》第 9 条)。

经营明知是不符合食品安全标准的食品或者明知是假药、劣药仍然销售、使用的行为构成欺诈,购买者选择依照《食品安全法》第 148 条第 2 款、《药品管理法》第 144 条第 3 款或者《消费者权益保护法》第 55 条第 1 款规定起诉请求经营者承担惩罚性赔偿责任的,人民法院应予支持。购买者依照《食品安全法》第 148 条第 2 款或者《药品管理法》第 144 条第 3 款规定起诉请求经营者承担惩罚性赔偿责任,人民法院经审理认为购买者请求不成立但经营者行为构成欺诈,购买者变更为依照《消费者权益保护法》第 55 条第 1 款规定请求经营者承担惩罚性赔偿责任的,人民法院应当准许(《食品药品惩罚性赔偿解释》第 9 条)。

七、侵害知识产权惩罚性赔偿

《民法典》第 1185 条规定,故意侵害他人知识产权,情节严重的,被侵权人有权请求相应的惩罚性赔偿。

(一) 构成要件

1. 故意

侵害他人知识产权的人,应当是知道或者应当知道其行为会导致他人知识产权受到损害。《商标法》第63条第1款以及《反不正当竞争法》第17条第3款规定的是"恶意"的要件。这就要求侵权人不仅具有直接追求损害后果发生的明知心态,而且在动机与目的上具有侵害他人权益的恶劣行为。①

《侵害知识产权惩罚性赔偿解释》第1条第2款规定,该解释所称故意,包括《商标法》第63条第1款和《反不正当竞争法》第17条第3款规定的恶意。第3条规定,对于侵害知识产权的故意的认定,人民法院应当综合考虑被侵害知识产权客体类型、权利状态和相关产品知名度、被告与原告或者利害关系人之间的关系等因素。对于下列情形,人民法院可以初步认定被告具有侵害知识产权的故意:(1)被告经原告或者利害关系人通知、警告后,仍继续实施侵权行为的;(2)被告或其法定代表人、管理人是原告或者利害关系人的法定代表人、管理人、实际控制人的;(3)被告与原告或者利害关系人之间存在劳动、劳务、合作、许可、经销、代理、代表等关系,且接触过被侵害的知识产权的;(4)被告与原告或者利害关系人之间有业务往来或者为达成合同等进行过磋商,且接触过被侵害的知识产权的;(5)被告实施盗版、假冒注册商标行为的;(6)其他可以认定为故意的情形。

2. 情节严重

情节严重是在客观方面关于法益侵害程度的整体评价,具体包含侵权行为的性质、持续时间、地域范围、规模、后果等因素。《侵害知识产权惩罚性赔偿解释》第4条规定,对于侵害知识产权情节严重的认定,人民法院应当综合考虑侵权手段、次数,侵权行为的持续时间、地域范围、规模、后果,侵权人在诉讼中的行为等因素。被告有下列情形的,人民法院可以认定为情节严重:(1)因侵权被行政处罚或者法院裁判承担责任后,再次实施相同或者类似侵权行为的;(2)以侵害知识产权为业的;(3)伪造、毁坏或者隐匿侵权证据的;(4)拒不履行保全裁定的;(5)侵权获利或者权利人受损巨大;(6)侵权行为可能危害国家安全、公共利益或者人身健康的;(7)其他可以认定为情节严重的情形。

(二) 法律效果

根据《民法典》第1185条,侵权人承担的是相应的惩罚性赔偿责任。《侵害知识产权惩罚性赔偿解释》第5条规定,人民法院确定惩罚性赔偿数额时,应当分别依照相关法律,以原告实际损失数额、被告违法所得数额或者因侵权所获得的利益作为计算基数。该基数不包括原告为制止侵权所支付的合理开支;法律另有规定的,依照其规定。前款所称实际损失数额、违法所得数额、因侵权所获得的利益均难以计算的,

---

① 吴汉东:《知识产权惩罚性赔偿的私法基础与司法适用》,载《法学评论》2021年第3期,第31页。

人民法院依法参照该权利许可使用费的倍数合理确定,并以此作为惩罚性赔偿数额的计算基数。人民法院依法责令被告提供其掌握的与侵权行为相关的账簿、资料,被告无正当理由拒不提供或者提供虚假账簿、资料的,人民法院可以参考原告的主张和证据确定惩罚性赔偿数额的计算基数。构成《民事诉讼法》第114条规定情形的,依法追究法律责任。第6条规定,人民法院依法确定惩罚性赔偿的倍数时,应当综合考虑被告主观过错程度、侵权行为的情节严重程度等因素。因同一侵权行为已经被处以行政罚款或者刑事罚金且执行完毕,被告主张减免惩罚性赔偿责任的,人民法院不予支持,但在确定前款所称倍数时可以综合考虑。

八、侵害环境、生态的惩罚性赔偿

《民法典》第1232条规定,侵权人违反法律规定故意污染环境、破坏生态造成严重后果的,被侵权人有权请求相应的惩罚性赔偿。

(一)构成要件

1. 侵权人故意污染环境、破坏生态

侵权人故意污染环境、破坏生态,而且对于污染环境、破坏生态会造成他人损害是明知的。具体可以通过侵权人的行为认定侵权人的故意,比如侵权人多次排污并受到行政机关处罚,侵权人将未经处理的废气、废水直接排放等。①

《生态环境纠纷适用惩罚性赔偿解释》第6条规定,人民法院认定侵权人是否具有污染环境、破坏生态的故意,应当根据侵权人的职业经历、专业背景或者经营范围,因同一或者同类行为受到行政处罚或者刑事追究的情况,以及污染物的种类,污染环境、破坏生态行为的方式等因素综合判断。第7条规定,具有下列情形之一的,人民法院应当认定侵权人具有污染环境、破坏生态的故意:(1)因同一污染环境、破坏生态行为,已被人民法院认定构成破坏环境资源保护犯罪的;(2)建设项目未依法进行环境影响评价,或者提供虚假材料导致环境影响评价文件严重失实,被行政主管部门责令停止建设后拒不执行的;(3)未取得排污许可证排放污染物,被行政主管部门责令停止排污后拒不执行,或者超过污染物排放标准或者重点污染物排放总量控制指标排放污染物,经行政主管机关责令限制生产、停产整治或者给予其他行政处罚后仍不改正的;(4)生产、使用国家明令禁止生产、使用的农药,被行政主管部门责令改正后拒不改正的;(5)无危险废物经营许可证而从事收集、贮存、利用、处置危险废物经营活动,或者知道或者应当知道他人无许可证而将危险废物提供或者委托给其从事收集、贮存、利用、处置等活动的;(6)将未经处理的废水、废气、废渣直接排放或者倾倒的;(7)通过暗管、渗井、渗坑、灌注,篡改、伪造监测数据,或者以不正常运行防治污染设施等逃避监管的方式,违法排放污染物的;(8)在相关自然保护区域、禁猎

---

① 黄薇主编:《中华人民共和国民法典释义(下)》,法律出版社2020年版,第2396页。

(渔)区、禁猎(渔)期使用禁止使用的猎捕工具、方法猎捕、杀害国家重点保护野生动物、破坏野生动物栖息地的;(9)未取得勘查许可证、采矿许可证,或者采取破坏性方法勘查开采矿产资源的;(10)其他故意情形。

2. 侵权人实施了违法行为

侵权人污染环境或破坏生态的行为应当违反了法律规定。① 具体如侵权人违反《环境保护法》第 44 条、第 45 条关于污染物排放许可的规定而进行排污,或者侵权人违反《环境保护法》第 29 条规定破坏生态的。

《生态环境纠纷适用惩罚性赔偿解释》第 5 条规定,人民法院认定侵权人污染环境、破坏生态的行为是否违反法律规定,应当以法律、法规为依据,可以参照规章的规定。

3. 造成严重后果

侵权人违反法律规定故意污染环境、破坏生态造成的后果严重,比如造成他人人身财产权益严重损害,或者导致生态严重损害甚至不可逆转。②

《生态环境纠纷适用惩罚性赔偿解释》第 8 条规定,人民法院认定侵权人污染环境、破坏生态行为是否造成严重后果,应当根据污染环境、破坏生态行为的持续时间、地域范围,造成环境污染、生态破坏的范围和程度,以及造成的社会影响等因素综合判断。侵权人污染环境、破坏生态行为造成他人死亡、健康严重损害,重大财产损失,生态环境严重损害或者重大不良社会影响的,人民法院应当认定为造成严重后果。

(二) 法律效果

依据《民法典》第 1232 条,侵权人承担相应的惩罚性赔偿责任。

《生态环境纠纷适用惩罚性赔偿解释》第 9 条规定,人民法院确定惩罚性赔偿金数额,应当以环境污染、生态破坏造成的人身损害赔偿金、财产损失数额作为计算基数。前款所称人身损害赔偿金、财产损失数额,依照《民法典》第 1179 条、第 1184 条规定予以确定。法律另有规定的,依照其规定。

第 10 条规定,人民法院确定惩罚性赔偿金数额,应当综合考虑侵权人的恶意程度、侵权后果的严重程度以及侵权人因污染环境、破坏生态行为所获得的利益或者侵权人所采取的修复措施及其效果等因素,但一般不超过人身损害赔偿金、财产损失数额的二倍。因同一污染环境、破坏生态行为已经被行政机关给予罚款或者被人民法院判处罚金,侵权人主张免除惩罚性赔偿责任的,人民法院不予支持,但在确定惩罚性赔偿金数额时可以综合考虑。

第 12 条规定,国家规定的机关或者法律规定的组织作为被侵权人代表,请求判令侵权人承担惩罚性赔偿责任的,人民法院可以参照前述规定予以处理。但惩罚性

---

① 黄薇主编:《中华人民共和国民法典释义(下)》,法律出版社 2020 年版,第 2396 页。
② 程啸:《侵权责任法》(第三版),法律出版社 2021 年版,第 661 页。

赔偿金数额的确定,应当以生态环境受到损害至修复完成期间服务功能丧失导致的损失、生态环境功能永久性损害造成的损失数额作为计算基数。

九、诉讼

(一) 诉讼

惩罚性赔偿请求权是独立于补偿性损害赔偿请求权的请求权,在诉讼中,当事人通常会一并提出,法院也通常一并审理。但有疑问的是,惩罚性赔偿与补偿性赔偿是否必须一并提出,从诉讼经济的角度看,应当作肯定回答。但毕竟惩罚性赔偿请求权是独立的请求权,所以,应当允许受害人分别提出。如果受害人在诉讼中没有提出惩罚性赔偿请求,而只提出了补偿性赔偿请求,应当允许再另行提起惩罚性赔偿之诉。但如果受害人在诉讼中只提出了惩罚性赔偿请求,而没有提出补偿性赔偿请求,也应当允许再另行提起补偿性赔偿之诉。

(二) 公益诉讼与惩罚性赔偿

《民事诉讼法》第58条规定,消费者协会和检察院可以提起关于消费者保护的民事公益诉讼,《消费者权益保护法》第47条、《检察公益诉讼解释》第13条第1款和第20条第1款、《消费民事公益诉讼解释》第1条规定了消费者协会和检察院提起消费公益诉讼的主体级别、具体领域及次序等。提起消费者公益诉讼的目标可以是请求惩罚性赔偿。

《最高人民法院关于审理环境民事公益诉讼案件适用法律若干问题的解释》专门针对已经损害社会公共利益或者具有损害社会公共利益重大风险的污染环境、破坏生态的行为,规定了公益诉讼的主体、程序以及请求权目标。

第四分章　对待给付义务的消灭

第十二节　解除与对待给付义务的消灭

【文献指引】

蔡立东:《论合同解除制度的重构》,载《法制与社会发展》2001年第5期;陈晗雨、蒋桂芝:《合同解除的效力》,载《中国律师》2003年第4期;崔建远:《合同解除的疑问与释答》,载《法学》2005年第9期;龚赛红:《论民法典中的合同的解除与合同终止》,载《北京化工大学学报(社会科学版)》2006年第4期;李先波:《英美合同解除制度研究》,北京大学出版社2008年版;申海恩:《论解除权效力之法理构成》,载《政法论丛》2010年第2期;解亘:《我国合同拘束力理论的重构》,载《法学研究》2011年第

2 期;崔建远:《合同一般法定解除条件探微》,载《法律科学(西北政法大学学报)》2011 年第 6 期;崔建远:《解除效果折衷说之评论》,载《法学研究》2012 年第 2 期;张金海:《论合同解除与违约损害赔偿的关系》,载《华东政法大学学报》2012 年第 4 期;陆青:《合同解除效果与违约责任——以请求权基础为视角之检讨》,载《北方法学》2012 年第 6 期。

◆【补充文献】

崔建远:《风险负担规则之完善》,载《中州学刊》2018 年第 3 期;刘洋:《对待给付风险负担的基本原则及其突破》,载《法学研究》2018 年第 5 期;吴香香:《〈合同法〉第 142 条(交付移转风险)评注》,载《法学家》2019 年第 3 期;陈自强:《合同法风险负担初探》,载《北京航空航天大学学报(社会科学版)》2019 年第 3 期;游尚怀:《〈民法典〉第 566 条(合同解除效果)评注》,载《西南法律评论》2021 年第 4 卷;姚明斌:《基于合意解除合同的规范构造》,载《法学研究》2021 年第 1 期;郝丽燕:《〈民法典〉中继续性合同解除制度的多元化发展》,载《社会科学研究》2021 年第 2 期;王俐智:《违约方合同解除权的解释路径——基于〈民法典〉第 580 条的展开》,载《北方法学》2021 年第 2 期;孙良国:《违约方合同解除制度的功能定位及其意义》,载《吉林大学社会科学学报》2021 年第 3 期;陆家豪:《履行迟延的合同解除规则释论》,载《政治与法律》2021 年第 3 期;李志增、徐卫岭:《合同解除后主张赔偿损失与适用违约金条款探析——以〈民法典〉第 566 条为视角》,载《中国应用法学》2021 年第 6 期;薄燕娜、李钟:《论合同解除权的行使——〈民法典〉合同编第 565 条评释》,载《法律适用》2021 年第 6 期;朱博文:《不定期继续性合同解除的规范构造》,载梁慧星主编:《民商法论丛》(第 74 卷),社会科学文献出版社 2023 年版;刘承韪:《合同解除权行使规则解释论——兼评民法典第 565 条之规定》,载《比较法研究》2022 年第 2 期;李晓旭:《论违约方合同解除权的规范定位与法律适用》,载《法律方法》2022 年第 3 期;张海燕:《合同解除之诉的解释论展开》,载《环球法律评论》2022 年第 5 期;杨勇:《根本违约场合风险负担规则的适用》,载《财经法学》2022 年第 5 期;余冬生:《论破产法中待履行合同的解除权》,载《北方法学》2023 年第 1 期;刘亚东:《〈民法典〉中给付型返还法效果的内外体系与规范适用》,载《清华法学》2023 年第 2 期;吕斌:《合同解除后的返还清算》,载《东北大学学报(社会科学版)》2023 年第 4 期;安文靖:《论我国民法根本违约制度之完善——以 PICC 根本不履行规则为镜鉴》,载《北方法学》2023 年第 4 期;刘承韪:《论按揭模式下关联合同的解除》,载《法律科学(西北政法大学学报)》2023 年第 6 期;冯德淦:《合同解除后费用返还问题研究》,载《北方法学》2023 年第 6 期;孙良国:《论违约方申请合同解除中解除时间的确定——兼评〈民法典合同编通则解释〉第 59 条》,载《法治研究》2024 年第 1 期;吴国喆、张慧超:《合同通知解除中相对方异议规则的解释论》,载《北方法学》2024 年第 2 期;陈龙业:《合同解除规则的细化完善与司法适用》,载《财经法学》2024 年第 4 期;郝丽燕:《论解除通知的表达对合同解除的影响》,载《社会科学研究》2024 年第 4 期。

一、对待给付义务消灭的概述

在双务合同中,如果债务人违反了义务,那么总是会涉及对待给付义务命运的问题。

在德国法上,出现给付不能时,原给付义务消灭,而在给付迟延以及不完全给付的情况下,债权人也可以通过指定期间要求替代给付的损害赔偿,从而导致原给付义务消灭。进而,在原给付义务消灭的情况下,基于双务合同中给付义务与对待给付义务存续的牵连性,对待给付义务自然消灭。

《民法典》合同编通则并没有规定"给付义务消灭、对待给付义务也消灭"的一般性规则。但在合同编分则中,则规定有"给付义务消灭、对待给付义务也消灭"的规则。比如,《民法典》第 729 条规定,因不可归责于承租人的事由,致使租赁物部分或者全部毁损、灭失的,承租人可以请求减少租金或者不支付租金;因租赁物部分或者全部毁损、灭失,致使不能实现合同目的的,承租人可以解除合同。在这里,出租人主给付义务(提供可使用的租赁物)部分不能或者全部不能的情况下,承租人对待给付(支付租金)义务也即部分消灭或全部消灭。第 835 条规定,货物在运输过程中因不可抗力灭失的,未收取运费的,承运人不得请求支付运费;已经收取运费的,托运人可以请求返还。法律另有规定的,依照其规定。此时,承运人的主给付义务(运输标的物)履行不能,托运人的对待给付(支付运费)义务也即消灭。除此之外,《民法典》第 713 条、第 723 条、第 816 条、第 820 条、第 881 条、第 928 条等也规定了"给付义务消灭、对待给付义务也消灭"的规则。[①] 所以,可以认为,我国《民法典》已经接受了双务合同中给付义务与对待给付义务存续牵连性的理论,给付义务消灭、对待给付义务也消灭。

与此规则相对应,《民法典》第 566 条规定了解除情况下的"给付义务消灭、对待给付义务也消灭"的规则。该条第 1 款第 1 句规定,合同解除后,尚未履行的,终止履行。已经履行的,根据履行情况和合同性质,当事人可以请求恢复原状或者采取其他补救措施,并有权请求赔偿损失。

《民法典》制定时,起草人应是考虑了给付义务消灭导致对待给付义务自动消灭的问题。在条文释义书中,执笔人称,对待给付义务自动消灭的模式,会导致合同终止的时间不确定,在履行费用过高或者合理期限内未请求履行导致不得要求继续履行的情况下最为明显,而且,当事人双方不能互通情况。司法终止规则可以解决这一

---

① 刘洋:《对待给付风险负担的基本原则及其突破》,载《法学研究》2018 年第 5 期,第 100 页。

问题,同时司法终止规则还可以解决对方当事人(守约方)不行使解除权的问题。① 所以,《民法典》起草人最终选择规定了司法终止权规则:有前款规定的除外情形之一(指第 580 条第 1 款列举的情形,针对的是非金钱之债的情况),致使不能实现合同目的的,人民法院或者仲裁机构可以根据当事人的请求终止合同权利义务关系,但是不影响违约责任的承担。

应当说,在解除为当事人形成权的法律体系中,加入司法终止权,并无正当性基础。而且,第 580 条第 2 款在表述上不严谨,可以从很多方向作出解释,比如可以解释为继续性合同终止制度、部分不能解除制度、违约方解除制度等。尤其,第 580 条第 2 款与对待给付义务自动消灭的模式并不是对立的,在我国法律体系中,二者是并存的,只不过我国对待给付义务自动消灭规则规定在合同编分则中而已。而且,对待给付义务自动消灭的模式并没有"合同终止的时间不确定"的问题,即使在费用过高造成给付障碍或者合理期限内未请求履行导致不得要求继续履行的情况下,也可以认定在当事人提出抗辩之后、主张解除合同之时为合同终止的时间。

二、解除消灭模式

在现行法上,对待给付义务的免除原则上以债权人解除合同为前提(《民法典》第 566 条)。解除是形成权,解除的意思表示是单方须受领的意思表示。

在原给付义务被排除,而排除原给付义务导致合同目的不能实现的情况下,人民法院或者仲裁机构可以终止合同权利义务(《民法典》第 580 条第 2 款),这被称为司法终止权。②

《民法典》第 566 条、第 580 条第 2 款主要适用于双务合同。因为在单务合同以及先合同的债之关系情况下,并无对待给付义务,无须处理对待给付义务的问题。

《民法典》第 563 条以下将解除的根据扩张到从给付义务违反以及保护义务的违反。这些义务与对待给付义务并不存在相互牵连关系,但法律上在一定条件下也允许其作为解除事由,从而消灭对待给付义务。

(一) 与替代给付损害赔偿的平行结构

如上所述,在债权人要求替代给付损害赔偿的情况下,原给付义务消灭,对待给付义务原则上也消灭。与此类似,在解除的情况下,也要解决在何种前提下债权人得从合同实现中摆脱出来的问题。由于二者会导致相同的结果,所以,二者构成要件原则上应一致,以避免价值冲突。但是值得注意的是,《民法典》第 563 条并未如第 577 条、第 583 条那样以义务违反为核心构建统一构成要件,而是区别违约类型,分别规定,其主要目的是使法律适用者能从每一种解除前提中直接推出具体事实构成。

---

① 黄薇主编:《中华人民共和国民法典释义(中)》,法律出版社 2020 年版,第 1118 页。
② 同上。

（二）无须可归责要件

根据《民法典》第563条，构成解除权，并不需要债务人对于义务违反或者解除原因存有可归责事由。因为解除仅具有解脱功能，而无制裁功能，并不是追究债务人责任的制度，故此，不需要可归责作为构成要件。① 解除权的正当性只在于债务人没有或者没有依约提供给付或者违反了保护义务。

（三）解除与损害赔偿

根据《民法典》第566条、第580条第2款，解除权本身并不排除损害赔偿请求权。也就是说，债权人可以同时主张解除与损害赔偿。但需考虑的是，债权人不能根据同一损害地位获得两次赔偿。

例如，甲向乙购买机器一台，价格12000元，交货付款后，甲发现机器质量存在问题，于是其根据《民法典》第615条、第610条、第563条等主张解除合同，同时根据《民法典》第615条、第617条、第577条主张替代给付的损害赔偿。甲证明，他本来可以以价格15000元将此机器出卖给第三人。

甲解除买卖合同后，甲可以根据《民法典》第566条请求返还价金12000元。如果单独考虑替代给付的损害赔偿，应是15000元，但其中含有买卖价格12000元。所以，甲不能既主张返还价款，又主张替代给付损害赔偿，即不能两次主张12000元的价款。

原则上，所有类型的损害赔偿请求权都可以与解除并存。解除后，债权人既可能请求替代给付的损害赔偿，也可能请求简单损害赔偿以及迟延损害赔偿。

三、自动消灭模式

（一）对待给付义务消灭的一般规则及其正当性

在出现给付不能后，原履行请求权消灭，取而代之的是损害赔偿请求权。在单方法律关系中，解决了这些问题，即为已足。但在双务合同中，还需要澄清的问题有：给付不能对对待给付义务有何影响？在给付不能的情况下，债权人不能请求原给付，那么，他还负有提出对待给付的义务吗？

基于合同双务性的要求，没有给付，亦就不存在对待给付。也就是说，在双务合同中，主给付义务之间存在相互牵连性（synallagmatische Verknüpfung），原给付义务消灭的，对待给付义务即随之消灭。但不应允许债权人搭"牵连性"的便车，间接处分其对待给付义务。

在给付不能的情况下，原给付义务消灭，那么，解除原则上即丧失了意义，因为债权人也不能坚守合同，没有必要根据严格的解除权去摆脱合同义务。从另一个角度

---

① 解亘：《我国合同拘束力理论的重构》，载《法学研究》2011年第2期，第70—84页。

来看,如果此时不允许对待给付义务原则上自动消灭,债权人不履行自己义务的,有可能也陷入违约。而且,比较尴尬的是,债务人自身是违约人,并无解除之权利,合同不解除,即需继续履行。由此,即在强迫债务人履行"不能"之给付,如此并不合理。在继续性合同的情况下,部分履行不能的,守约人解除整个合同,也不合理。例如,在长期合同中,债务人就其中一期履行不能,具体如讲师因某一天交通系统罢工等事由而无法上课,债权人就没有必要终止整个合同。[1] 所以,有必要在解除权之外规定对待给付义务自动消灭规则。

若没有"原给付义务消灭、对待给付义务亦消灭"规则,仅赋予当事人解除或终止规则,会产生一些问题。其一,合同关系一消灭,当事人之间的附随义务以及后合同义务即没有了基础。其二,在给付不能的情况下,给付不能事由使债务人对第三人有损害赔偿请求权的,债权人可以要求债务人返还其所获得的赔偿或者移转赔偿请求权。[2] 若合同关系被终止,则代偿请求权的基础也就丧失了。

为了解决融资租赁合同与买卖合同相互之间的依附关系,以及租赁物给付不能的情况,《民法典》第754条创造性地"发明了"双方当事人,即出租人或承租人均享有解除权的规则。其实,在买卖合同解除、无效、被撤销的情况下,融资租赁合同即出现了情势变更,这种情况下的解除权类似于情势变更情况下的解除权;而在租赁物因不可归责于双方的原因意外毁损、灭失且不能修复或者确定替代物的情况下,适用"原给付义务消灭的、对待给付义务即随之消灭"规则即可;若是因出卖人原因导致融资租赁合同目的不能实现,原则上出卖人不享有解除权。

1. 对待给付义务的免除

在给付不能情况下,基于双务合同的相互性,随着给付义务的消灭,对待给付义务也消灭。这一法律效果自动产生,无须债权人进行意思表示。《民法典》合同编通则并没有规定一般性的对待给付义务自动消灭的制度,但在分则上规定了比较多的对待给付义务自动消灭规则,例如,《民法典》第729条、第835条、第713条、第723条、第816条、第820条、第881条、第928条等。[3] 在方法上,可以从上述特殊规则整体类推出一般性规则,从而确立原给付义务消灭的,对待给付义务即随之消灭的一般性规则。

在费用过高导致给付障碍以及人身上不能的情况下,只有债务人实际主张给付拒绝权的,对待给付义务方为消灭。

给付义务消灭、对待给付义务随之消灭规则的实质是对待给付义务的风险由债务人承担。

---

[1] Schlechtriem/Schmidt-Kessel, *Schuldrecht AT*, 6. Aufl. 2005, Rn. 493.

[2] 韩世远:《合同法总论》(第四版),法律出版社2018年版,第533页;姚志明:《债务不履行之研究(一)——给付不能、给付迟延与拒绝给付》,元照出版有限公司2003年版,第125页。

[3] 刘洋:《对待给付风险负担的基本原则及其突破》,载《法学研究》2018年第5期,第100页。

案例:出卖人甲(债务人)于将买卖标的物(如钢琴)向买受人乙交付前,标的物因火灾而灭失。

本案中,给付不能不可以归责于双方当事人,甲得以免除给付义务,乙亦免负对待给付义务,此时对待给付义务的风险即为甲所承担。若火灾是第三人造成的,第三人应对甲承担侵权法上损害赔偿责任的,乙得主张代偿请求权,但是,如果乙主张代偿请求权的,乙得为对待给付。

在给付不能的情况下,如果债权人已经进行了给付,那么债权人需要先行解除合同,并根据解除的法律效果规则(《民法典》第 566 条)请求返还。不同意见认为,此时应依据不当得利请求权进行返还。出现不同学说的主要原因在于,出现给付不能的情形后,对债之关系是否存续的认定存在不同见解。前一学说的出发点是合同继续存在,对待给付是有法律上原因的,如要返还,则只能解除合同;而后一学说则认为,在不可归责于双方当事人的给付不能的情况下,债的关系即为消灭。[①] 但是,如果认为给付不能时,债的关系也消灭,则代偿请求权无所依附,由此产生的是不彻底的学说,如认为债权人不行使代偿请求权的,债之关系就消灭,债权人行使的,则债之关系就不消灭。[②] 本书主张,在给付不能的情况下,债之关系并不消灭,如果债权人已经作出给付,则可适用《民法典》第 563 条第 1 款第 1 项或者第 4 项主张解除合同,并根据第 566 条请求返还其已经履行的给付。

2. 对待给付义务免除的例外

债务人的对待给付义务请求权因牵连性而消灭可能会对债务人产生不利效果,在这种情况下,应切断牵连关系,单独保护债务人对待给付请求权。

(1) 部分不能

在部分给付不能的情况下,对待给付义务部分消灭,债权人有权提出减少对待给付,即债权人可以主张减价。

《买卖合同解释》第 17 条第 1 款规定应以符合约定的标的物和实际交付的标的物按交付时的市场价值计算差价。然而,在给付不能尤其是自始不能的情况下,无法确定具体交付时间;另外,从合同利益分配来看,自订立合同之时起,给付价值与对待给付价值互换,给付价值归债权人,而对待给付价值归债务人,应以合同订立之时的情形为准确定价值。所以,具体应按照订立合同时全部给付的价值与尚可能的给付的价值之间的比例减价。该计算方法的目的在于维持合同中约定的给付与对待给付之关系。[③]

[①] 此为我国台湾地区通说,参见姚志明:《债务不履行之研究(一)——给付不能、给付迟延与拒绝给付》,元照出版公司 2003 年版,第 145 页。

[②] 邱聪智:《新订民法债编通则(下)》,中国人民大学出版社 2004 年版,第 285 页。

[③] Looschelders, *Schuldrecht AT*, 21. Aufl., 2023, §35, Rn. 3.

案例:完全给付的价值为10000元,部分给付的价值为5000元。而约定的对待给付价值为8000元,则对待给付义务应减少到4000元。

如果债权人对于部分可能的给付没有利益,那么,对于债权人而言,自动减少对待给付并不公平。所以,在债权人对部分给付没有客观性利益的情况下,债权人可以解除整个合同,从而使对待给付义务完全消灭。

(2) 质量不能

物的瑕疵或者权利瑕疵不能去除,也是一种质量上的部分不能。此时,对待给付义务并不自动消灭。因为买卖合同法规定有特别的瑕疵担保责任,在标的物出现质量瑕疵的情况下,债权人可以选择解除合同或者减价。债权人选择减价的,须作出减价的意思表示,若债权人选择解除的,债权人须按照《民法典》第610条以及第563条、第566条解除并主张相应的法律救济。在此情况下,如果债务人的义务违反并非重大,那么债权人可以主张减价;但如果债务人的义务违反重大,那么债权人可以请求解除合同,其对待给付义务即为消灭。

例如,甲向乙购买了一幅画,交付后发现画已经被损害并无法修复,即瑕疵无法排除,补救履行是不可能的。

在该案中,债务人义务违反较为严重,故甲可以主张解除合同,从而消灭对待给付义务。

(3) 债权人有责任的情况

对于给付不能,如果完全可归责于债权人或者主要归责于债权人,则对待给付义务并不消灭,债务人仍有请求债权人为对待给付的权利。此时,债务人没有义务进行给付,但其享有对待给付请求权。之所以债权人必须为对待给付,是因为法律从保护债务人出发,视为给付已经履行了。在这里,债权人实质上被赋予了一个不真正义务,即债权人不能为债务人的给付设置障碍。

这里所说的可归责,是指债权人有过错地违反合同的行为,主要是指故意、过失违反合同主义务、从义务的,还包括为履行辅助人承担责任的情况。例如,债权人违反合同义务,阻止必要的行政机关之许可;购买人的经理故意或过失地销毁了买卖标的物;承租人违反了保护义务,从而使租赁物的使用之移转成为不可能。可归责也可以指债权人承担担保(Garantie)责任的情况,如债权人允诺承担许可授予之风险的情况。

一般情况下可归责的连接点因自始还是嗣后不能而不同,在嗣后不能的情况下,可归责涉及的是导致不能的情况,而在自始不能的情况下,涉及的是对给付障碍的知道或者应当知道的情况。而就债权人方面对自始不能可归责的判断上,首先不能依据给付不能的情况,其次也不能根据债权人对于给付障碍的知道或者不知道,因为,在合同订立前,债权人并无避免给付障碍出现的不真正义务。所以,在自始不能的情况下,并没有完全可归责于债权人或者主要归责于债权人的情况。①

> 例如,甲向乙购买古董一件,价格80000元,但在订立合同前一天,该古董被毁灭了。乙并不知情,而甲偶然获得该消息,但以为是另一件古董毁损了。

本案中,乙不能以甲应当知道给付自始不能,而主张甲继续履行对待给付义务。

> 甲在乙处报名参加司法考试培训班,乙保证甲能够通过司法考试,但甲多次旷课,最后没有通过司法考试。

本案中,乙的履行出现了嗣后不能,但甲对于给付不能承担大部分责任。所以,甲的对待给付义务不能被免除。

对于给付不能,债权人是否承担主要责任,须将其与债务人责任进行衡量后再作决定,在这一点上,与"与有过失规则"的评价是一致的。

如果债务人因债权人过错导致的给付不能而节省了费用或者劳动支出,或者因为将劳力用于他处而获得收益,甚或恶意不使用劳力获利,那么,债务人必须依次与对待给付请求权进行折算,其思想基础是损益相抵的思想(比较《买卖合同解释》第23条)。例如,在出租房屋的情况下,承租人毁损房屋,出租人将房屋当仓库出租,那么对于房屋租金,应扣除出租收益。

如果债务人因债权人过错导致给付标的灭失而受有损害的,债务人还享有损害赔偿请求权,其请求权基础为《民法典》第577条。

在标的为种类物的情况下,例如债务人送交买卖标的物瓷瓶时,瓷瓶被债权人的狗碰碎,债务人并没有完成其所必须做的行为,即种类物没有具体化,也就是说,债务人仍负有重新给付的义务。如此结果,并不公平。而且,在债权人过错造成给付不能的情况下,债权人再请求债务人重新给付,亦有违诚实信用,故此时应推定种类物已经特定化或具体化。② 也就是说,债务人不需要再进行给付。

有疑问的是,如果双方对于给付不能的发生均有过错,应当如何处理?

(4) 双方都可归责

给付不能在很多情况下是因为可归责于双方的原因造成的,此时,如何处理损害赔偿的问题,法律上并无明确规定。

> 例如,在交付前试车时毁损已经出卖的汽车的,该毁损的原因既是瑕疵造成的,也是买受人驾驶错误造成的。再如,乘客错过航班,既是因为旅行社预订过错,也是客户疏忽造成的。

在"中国银行新疆分行诉新兴公司信用证交易纠纷案"中,法院在处理双方都有

---

① Looschelders, *Schuldrecht AT*, 21. Aufl., 2023, §35, Rn. 11.
② Fikentscher/Heinemann, *Schuldrecht AT & BT*, 12. Aufl., 2022, §43 Ⅳ 2, Rn. 452.

过错的情况时,运用了与有过失规则,按比例分配风险。在该案中,由于我国没有参加信用证所提及的《国际公路货物运输合同公约》,所以我国的承运人无法开出"CMR"运输单据。被告新兴公司既然准备用国内公司承运,信用证上的这一条款就无法履行。这是日后保兑行以单证不符为由拒付的起因。新兴公司接到通知后,从未对信用证的这一条款提出修改异议,致使单证不符。新兴公司是有过错的,应当承担主要责任。原告新疆分行接受委托具体指导这笔国际出口贸易业务,在审查新兴公司交来的单据时也注意到信用证要求"CMR"运输单据,但是仅用电话向承运人查询,未向具有专门知识的人核实,就轻信单证相符而将单据发往保兑行确认,遭到拒付。新疆分行在审查单据阶段,没有尽到合理谨慎审单的职责,是有过失的,应当承担相应的责任。①

对于可归责的判断,在自始不能情况下,取决于知道不知道给付不能的事实;在嗣后不能情况下,取决于当事人是否知道或者应当知道给付不能之原因。

如果对于给付不能,双方都可归责,则需要分别考察当事人的请求权。债权人本就享有损害赔偿请求权。基于《民法典》第 592 条,当事人一方违约造成对方损失,对方对损失的发生也有过错的,违约方得主张扣减相应的损失赔偿额。据此,如果债权人本人对于给付不能也有过错的,则应相应减少自己的损害赔偿请求权。就债务人一方,则是对待给付命运的问题,双方对于给付不能均有过错的,债务人享有对待给付请求权,但须类推适用与有过失规则,缩减该对待给付请求权。② 根据与有过失规则,应减少债权人的损害赔偿请求权;而类推适用与有过失规则,对于对待给付请求权也需减少,最后进行折算。

案例:甲以 20000 元的价格出卖灯笼给乙,乙则与丙约定将其转卖给丙,价格为 25000 元。但在甲向乙交付时,由于双方拉扯,致使灯笼落地毁损。

此案中,债务人有过失,故应对债权人承担损害赔偿责任,甲应赔偿乙 25000 元,但由于债权人也有过错,故应根据与有过失,减轻损害赔偿金额,即 12500 元。债务人的对待给付请求权,也因与有过失而减少,原来是 20000 元,因与有过失而减少为 10000 元。二者折算,甲应赔偿乙 2500 元。

(5) 债权人受领迟延

债权人受领迟延的情况下,如果债务人没有故意或重大过失致使给付不能的,则给付不能的损失,只能由债权人负担,也就是说,债权人需为对待给付。③ 值得强调的是,上述规则的前提必须是债务人对于给付不能不可归责,而且是没有故意或重大过

---

① 《中华人民共和国最高人民法院公报》1998 年第 1 期(总第 53 期);最高人民法院办公厅编:《最高人民法院公报案例大全(上卷)》,人民法院出版社 2009 年版,第 538 页。
② Huber, *Leistungsstörungen* II, 1999, §57 II.
③ 孙森焱:《民法债编总论(下册)》,法律出版社 2006 年版,第 459 页。

失,因为,在债权人受领迟延的情况下,债务人仅对其故意或重大过失承担责任。

在买卖合同中,因买受人原因致使标的物不能按照约定的期限交付的,买受人应当自违反约定之日起承担标的物毁损、灭失的风险(《民法典》第 605 条、第 608 条),也就是说,在债权人受领迟延时发生给付不能的,债务人仍然享有对待给付请求权。从利益平衡的角度来看,对该条应加以限制,如果债务人因故意或重大过失造成标的物毁损灭失的,其应承担标的物的损失,而不能由债权人承担损失,也即债务人并无对待给付请求权;如果债务人因一般过失造成标的物毁损、灭失的,则由债权人承担损失,债务人仍可以请求支付对价。

(二) 对待给付义务消灭的例外:风险负担规则

1. 一般风险负担规则

除了上述对待给付义务消灭规则之外,在买卖合同法中,还存在对待给付风险(价金风险)的特别规则。《民法典》第 604 条处理的是交付之后标的物灭失与毁损情况下对待给付风险的问题。在解释上,应将标的物灭失与毁损限定在"意外",也就是说双方均无过错的情况,如果债权人承担主要过错或当事人双方均有过错,则不适用该条,否则,在利益分配上不公平。如果债权人(买受人)有过错,原则上其承担价金风险,也就是说,债权人仍需要支付价金;如果出卖人有过错,买受人可以解除合同,要求损害赔偿或者主张出卖人丧失价金请求权。

根据《民法典》第 604 条,对待给付风险移转以交付为准,在交付之前,债务人承担对待给付风险;在交付之后,对待给付风险移转给债权人。但值得注意的是,只有在交付时,所有权还没有移转的情况下,才能适用《民法典》第 604 条。因为,如果一旦债务人(出卖人)交付标的物,债权人(买受人)取得标的物所有权后,债务人即履行了其义务,也就不存在给付不能以及因给付不能而免除给付义务的问题了。《民法典》第 604 条主要适用于所有权保留,此时将对待给付风险提前到交付的正当性理由在于,买受人自此时取代出卖人对标的物具有作用、监控等可能性,标的物处于其影响范围内,而且买受人可以进行事实与经济上的用益。

《民法典》第 604 条中的"交付"原则上是指直接交付。在买受人间接占有情况下,须考察全部经济用益是否移转,若全部移转,则对待给付风险即移转。

在债权人受领迟延情况下,与已交付情况等同处理,此时,对待给付风险自违反约定时移转(《民法典》第 605 条)。

2. 运送买卖情况下的对待给付义务风险

如果标的物需要运输的,在标的物交付给第一承运人后,买受人即承担价金风险(《民法典》第 607 条第 2 款)。

合同标的物需要运输是交易上的常态。所谓的标的物需要运输,是指标的物由出卖人负责办理托运,承运人系独立于买卖合同当事人之外的运输业者的情形(《买卖合同解释》第 8 条)。而所谓运输,是指在买受人要求下出卖人将货物运送到履行地之外。这里的运送,必须是在买受人要求下的运送,如果当事人约定的是往取之债,而出卖人自作主张运送,则不属于第 607 条第 2 款的运输。而且,运输必须交给他人进行(《买卖合同解释》第 8 条)。所以,该条款主要适用于指定地与履行地不同的情况,而不能适用于赴偿之债(Bringschuld)、往取之债的情形下。

根据《民法典》第 607 条第 2 款,此时价金风险移转点更靠前,提前到标的物交付给第一承运人。其正当性理由在于,出卖人自己并无义务运输货物,而是应买受人的要求而将标的物送交给买受人的,并且是送至履行地以外的地点,如此,出卖人承受了超出其本来义务的给付义务,但出卖人并不想承受额外的风险,而且,从价值衡量来看,与此关联的风险并不在其责任范围内。①

如果运送地点并不在出卖人住所,而是在生产地或者仓库等指定地点,则只有在当事人另有约定时,风险才随着交给承运人而移转(《民法典》第 607 条第 1 款、《买卖合同解释》第 9 条)。

《民法典》第 607 条第 2 款处理的情况,除了毁损灭失以外,还有其他情况,比如承运人取走的货物停留地不清楚或者运输过程中出现瑕疵。由于出卖人是在买受人要求下进行的运输,故买受人承担所有的风险,不仅仅是特别的运输风险,还包括承运人取走的货物停留地不清楚或者运输过程中出现瑕疵的风险。但买受人对于运输前已经存在且在运输期间产生的瑕疵等情况不承担风险责任。

《民法典》第 607 条第 2 款只适用于意外灭失的情况,在出卖人对给付不能有过错的情况下,价金风险并不移转。如果出卖人迟延履行交送义务,也须承担价金风险。

运输企业并非出卖人之履行辅助人,因为出卖人已经完成了所有引致给付效果的行为(《买卖合同解释》第 8 条)。如果出卖人自己承担运输,则须为运输过程负责,其理由在于,此时标的物还在其影响范围内,而且,如果不这样,买受人就会丧失权利。在出卖人自己运输货物时,买受人得主张价金请求权消灭。

在缔约之后、交付或履行债务之前,如果涉及的是出卖在途之物的情况,价金风险自合同签订起由买受人承担(《民法典》第 606 条)

这些规则都改变了履行不能情况下的"原给付义务消灭、对待给付义务也消灭"的规则,其法律效果反而是,原给付义务消灭,但对待给付义务不消灭。

3. 违约情况下的特殊风险负担规则

值得注意的是,如果出卖人根本违约(如标的物质量不符合质量要求,致使不能实现合同目的的),无论出卖人是否交付标的物,均由出卖人承担风险(《民法典》第 610 条)。在买受人拒绝接受的情况下,标的物出现毁损、灭失的风险,由出卖人承担;在买受人受领但解除合同的情况下,标的物出现毁损、灭失的风险由出卖人承担,即

---

① 〔德〕卡尔·拉伦茨:《法学方法论(第六版)》,黄家镇译,商务印书馆 2020 年版,第 338 页。

买受人不再负担对待给付义务。如果买受人已经履行对待给付义务的,可以请求返还,但此时,与履行不能已经没有关系。买受人履行对待给付义务的,一般不存在适用履行不能的问题。

在劳务合同的情况下,债权人受领迟延的,债务人可以就已为给付的服务请求约定的酬金。债务人并不负有再为履行的义务,但是需要扣减因不履行劳务或者将劳务用于他处而获得的收益。

在承揽合同的情况下,定作人受领迟延后,对待给付风险即移转给定作人。如果原材料是定作人提供的,那么,在该材料意外灭失或者毁损的情况下,对待给付的风险由定作人承担。对于运送定作物的情况,可以准用《民法典》第607条的规定。

在受领前,由于定作人所提供的材料的瑕疵,或者因定作人就工作实施所作出的指示,导致工作物毁损、灭失或者不能再实施工作,则承揽人可以请求支付与其工作相当的报酬以及不包含在报酬中的费用。

《买卖合同解释》第10条规定,出卖人出卖交由承运人运输的在途标的物,在合同成立时知道或者应当知道标的物已经毁损、灭失却未告知买受人,买受人主张出卖人负担标的物毁损、灭失的风险的,人民法院应予支持。也就是说,在在途标的物买卖自始不能的情况下,价金风险仍由出卖人承担,买受人的价金支付义务消灭。

4. 委托情况下的风险负担规则

受托人完成委托事务,委托人应当向其支付报酬。因不可归责于受托人的事由,委托合同解除或者委托事务不能完成的,委托人应当向受托人支付相应的报酬(《民法典》第928条)。对此规则,当事人可以通过约定改变。

5. 代偿请求权情况下的特别规则

如果债务人针对标的物获得了替代物或者替代请求权,则债权人可以选择请求返还该替代物、让与替代请求权,或者选择主张对待给付义务消灭。如果债权人选择前者,则对待给付义务继续存在。如果代位物的价值低于所负担给付的价值,则根据减价规则减少相应的对待给付,但是如果代位物价值高于所负担给付的价值,则无须增加对待给付。由此债权人才会对于请求代位物存有利益。①

(三) 返还已经履行的对待给付

如果债权人已经履行了对待给付,那么债权人可以根据解除的规则(《民法典》第566条)请求返还,而无须根据不当得利请求权基础请求返还。在功能上,给付不能情况下对待给付义务的消灭制度与解除制度是同一的。

(四) 解除

在给付不能的情况下,债权人也可以无须指定期间而解除合同(《民法典》第563条第1款第1项、第4项)。那么,如果承认在给付不能情况下对待给付义务随着给

---

① Looschelders, *Schuldrecht AT*, 21. Aufl., 2023, §35, Rn. 24.

付义务的消灭而消灭的规则,又何必规定解除规则呢?具体在如下两种情况下,需要解除合同,债权人才能从合同中解脱出来。

第一,在瑕疵给付无法补救履行的情况下,债权人须解除合同,方能从合同中解脱出来(《民法典》第610条),值得注意的是,这里的瑕疵必须是重大的,致使不能实现合同目的的;如果瑕疵并不重大,则依据第617条转引到第582条以下的规则,通常债权人只能请求减价。

第二,在部分不能的情况下,债务人的对待给付请求权只是部分消灭。如果债权人想从整个合同中摆脱出来,则只能通过解除的方式。但是,其前提是债权人对于部分给付没有利益。

进一步讲,解除权规则适用范围并不受到限制。即使对待给付义务基于双务性而自动消灭,债权人也可以进行解除。尤其在债权人不知道不给付的原因何在的情况下,安全起见,债权人可以指定期间请求解除合同,以确保从合同中摆脱出来。

第五分章　其他给付障碍的情形

第十三节　债权人迟延

✐ 【文献指引】

唐启光:《债权人受领迟延几个问题的研究》,载《法学杂志》2005年第3期;齐晓琨:《解读德国〈民法典〉中的债权人迟延制度》,载《南京大学学报(哲学·人文科学·社会科学版)》2010年第2期;丁佳佳:《论德国法上债权人迟延和给付不能之间的界定》,载《政法学刊》2014年第5期。

✐ 【补充文献】

吴逸宁:《民法典编纂视野下的债权人不履行受领行为的责任规范整合》,载《法治研究》2018年第5期;庄加园:《债权人原因引起的给付不能》,载《法律科学(西北政法大学学报)》2018年第5期;谢德良:《论〈民法典〉视角下的债权人受领义务》,载《甘肃政法大学学报》2023年第1期;陈晨:《〈民法典〉债权人协力义务的体系化分析》,载《经贸法律评论》2023年第5期。

有些给付障碍类型,并不能统一于义务违反范围内,具体有债权人迟延以及情势变更两种情况。本节先处理债权人迟延问题。

一、债权人迟延的基本结构与功能

所谓债权人迟延,是指债权人对于债务人依约提出的、尚可能的给付未为受领。

从事实角度看,债权人迟延与债务人迟延不应有所不同,也应该在时间的层面展开,并直接规定债权人及时受领的责任,而不应间接地制裁债权人迟延。但从利益衡量角度看,令债权人负有受领义务,债权人违反受领义务即应承担损害赔偿等违约责任,应不符合债权人之利益。而且,债权人受领迟延通常不会给债务人带来损害。比如购买演出门票而不前往观赏、预订酒店而不入住,不应认定债权人负有受领义务,也不应认定债权人违反了受领义务而承担损害赔偿责任。

在德国法上,债权人迟延制度与债务人迟延制度泾渭分明,对于前者,既不需要债权人违反义务要件,也不需要债权人可归责要件,在债权人迟延的情况下,产生的是所谓的不真正义务违反(Obliegenheitsverletzung)。① 不真正义务弱于义务,而且是被间接制裁的,违反不真正义务的,债权人会承受债务人注意义务减轻、风险负担的移转、利息的免除等不利益。德国法的这种认识是从罗马法推断出来的,其一,罗马法上没有债权人责任的规则,其二,违约金的消灭不以过错为要件,由此,德国立法者推断出受领给付并非义务与责任的客体,受领迟延并不以债权人过错为要件。应当说,这里的推断是错误的②,但由此却形成了独立的债权人迟延制度,而且,该制度的联结点仅与不受领相关,而与损害赔偿无关。

日本学者我妻荣提出了债权人受领义务违反的概念,也就是说,债权人违反受领义务,也是一种债务不履行的责任。该观点的基础是协同体理论,我妻荣教授认为,债权人与债务人之间是一个包括实现债务的整个债之关系,合同关系是为了实现合同共同目的、当事人紧密协力的有机整体。③

在债权人迟延的情况下,债务人并无请求赔偿因债权人迟延造成的损害的权利,也就是说不能直接制裁债权人,但债权人间接地受到了制裁。在债权人迟延的情况下,债务人在任何层面均应处于如同已经履行的状态,例如,债权人受领迟延后发生的标的物毁损灭失等风险由债权人承担。

债权人迟延与债务人迟延相互排斥,不能并存。

二、构成要件

所谓债权人迟延,是指尽管(可能的)给付可履行,且债务人符合约定地提出给付,但债权人无正当理由地不予受领或者协助。④

(一)债权人协助的必要性

是否构成债权人迟延,首要考虑的是债权人是否有协助的必要。在通常情况下,

---

① Medicus/Lorenz, Schuldrecht AT, 22. Aufl., 2021, §41, Rn. 1.
② Harke, Allgemeines Schuldrecht, 2010, §23, Rn. 201.
③ 吴逸宁:《民法典编纂视野下的债权人不履行受领行为的责任规范整合》,载《法治研究》2018年第5期,第119页,有详细介绍。
④ 黄薇主编:《中华人民共和国民法典释义(中)》,法律出版社2020年版,第1139页。

债权人必须为协助,给付方能发生效果。例如,在买卖合同的情况下,买受人须受领标的物的占有或者协助登记;在医疗、授课等服务合同的情况下,债权人不协助往往会阻碍给付效果的发生,具体如病人没有按时出现,医生无法为其手术,雇主不让雇员进入车间,雇员也无法履行劳动合同。

但在有些情况下,则无须债权人的协助,如竞业禁止等不作为债务、仅需要作出意思表示等情况,并不会存在债权人迟延之可能。在债务人于自己土地上建筑墙或其他建筑物的情况下,也不需要债权人辅助。但是,如果债权人阻止债务人为给付行为的,此时也并非债权人迟延,而是违反了所谓的给付忠实义务,属于附随义务的一种。①

债权人不协助即会导致不能的情况下,也不会构成债权人迟延。比如,在绝对定期行为的情况下,即使由于债权人不履行协助义务而导致给付迟延,也不构成债权人迟延,而是构成给付不能。

(二) 可履行性

只有在债务人可以履行的情况下,债权人方陷入迟延。债务人给付义务未必到期,只要可履行即可。在没有约定给付时间或者债务人有权提前履行的情况下,债务人固然可以随时履行(《民法典》第 530 条第 1 款、第 511 条第 4 项),但需要给予对方合理的准备时间,否则,债权人暂时受领障碍的,应不陷入受领迟延。比如,当事人约定债务人一周内提出给付,债务人履行或者提前履行的,均要通知对方并给予合理期间,因为不可能期待债权人时刻准备受领给付。

(三) 依债务本旨提出给付

1. 实际提出

所谓依债务本旨提出给付原则上是指实际提出给付,而非言辞提出给付。而且给付必须完全,在数量与质量等方面均没有瑕疵,履行地点和履行时间要正确,给付也需符合诚实信用原则,如不能在半夜提出给付。

不过,依据《民法典》第 610 条,只有在标的物不符合质量要求导致合同目的不能实现的情况下,买受人(债权人)才可以拒绝接受标的物。依据第 629 条,在出卖人多交标的物时,买受人可以接收或者拒绝接收标的物;根据第 740 条第 1 款,出卖人向承租人交付标的物严重不符合约定的情况下,承租人可以拒绝受领,在承租人或出租人催告后合理期间内出卖人还未履行的,承租人也可以拒绝受领。也就是说,在上述情况下,债务人提出给付的瑕疵是轻微的,债权人即无权拒绝履行,此时才可能构成债权人迟延。

在赴偿之债以及运送之债的情况下,债务人须为实际提出。在赴偿之债的情况下,债务人须将标的物运送给债权人;在运送之债的情况下,债务人将标的物交给运

---

① Emmerich, *Das Recht der Leistungsstörungen*, 6. Aufl., 2005, § 23, Rn. 13.

输人,尚不足够;只有标的物到达债权人时,才完成实际提出行为。因为,原则上,只有在标的物到达债权人处,债权人才有可能决定是否受领。

2. 言辞提出

在债权人已经明确表示拒绝受领或者表示拒绝为对待给付义务的,此时,债务人即无须为实际提出。因为在这些情况下,要求债务人实际提出给付并增加其负担,并无正当性,故在此种情况下,债务人言辞提出给付即为已足。

如果通过行为可以推断债权人可能会拒绝受领的,债务人也可以言辞提出给付。例如,债权人认为合同无效或者无理由解除或者撤销,或者债权人违约地要求债务人为其他给付才受领给付,或者违约地减少对待给付等。

在往取之债的情况下,给付需要债权人的协助,此时,债务人言辞要求债权人履行必要协助义务即可。在其他需要债权人协助的情况下,如到现场量身材以做西服,言辞提出即为已足。

言辞提出给付,在性质上类似催告,亦为准法律行为。

3. 无须提出的情况

在当事人约定了债权人履行协助义务的时间的情况下,言辞提出亦无必要。例如,当事人约定,债权人应在接到通知后两周内提取标的物,两周经过后,债务人无须为任何形式的提出,债权人即陷入迟延。又如,钢琴教师甲与学生乙约定好3月12日下午4点在其住所上钢琴课。此时,甲无须实际或言辞提出给付。

在债权人最终地、严厉地拒绝受领时,言辞提出也无必要,这是基于诚实信用原则得出的结果。

(四) 给付可能

在事理上,在需要实际提出时,债务人应当是能够给付的,否则无从谈起实际提出。在言辞提出甚或无须言辞提出的情况下,亦需要给付可能这一要素。如果给付不能,即使债务人言辞要求债权人提出,亦不发生言辞提出的效力。总而言之,债务人须具有给付能力并准备给付。

在给付不能情况下,债权人的履行请求权即被排除(《民法典》第580条第1款),所以,债权人不会陷入受领迟延。

有疑问的是,给付不能与债权人迟延的界限在哪里。在劳务合同或者承揽合同中,这个问题意义尤为重大。因为在给付不能的情况下,报酬请求权就消灭了;而在债权人迟延的情况下,报酬请求权则继续存在。

有观点认为,给付不能与债权人迟延之间的区别在于,给付是否可以补救。[①] 详细地讲,区分二者的关键在于:如果债权人进行协助,债务人是否还能够履行给付。

---

① 韩世远:《合同法总论》(第四版),法律出版社2018年版,第576页。

如果债务人能够履行,则构成债权人迟延;如果债务人不能够履行,则构成给付不能。① 据此,债权人不愿意受领或者拒绝受领的,即构成债权人迟延;如果存在持续的给付障碍,则为给付不能。

在提出给付或者协助行为确定的时点上出现暂时不能的,可以排除债权人迟延。同样,如果债务人在约定的时点没有准备好给付的,也可以排除债权人迟延。例如,学琴的孩子没有在约定的时间出现在钢琴老师的琴房,但钢琴老师因为病了需取消钢琴课。在此种情况下,债权人(学钢琴的孩子)并未陷入受领迟延。因此,钢琴老师没有请求支付报酬的权利。但钢琴课可以补救履行,所以,钢琴老师负有再为履行的义务。

在劳动合同领域,德国发展出所谓的领域说,因属于债务人支配领域的障碍事由而致使给付不能者为履行不能,因属于债权人支配领域的障碍事由而致给付不能者为受领不能,这里有保护劳动者的思想。② 比如,雇员所工作的工厂被烧毁,障碍事由在于工厂一方,工厂陷入债权人迟延。这一学说也扩张适用到承揽合同以及旅游合同情况下,比如,在甲委托乙画像的场合下,定作人甲生病,给付障碍在甲的领域,相对于乙的给付,甲陷入债权人迟延。在旅游合同中,旅游方由于疾病不能参加旅游,相对于旅游组织者的给付,即构成债权人迟延。

(五) 未受领给付或者拒绝为对待给付

债权人迟延的最后一个构成要件是债权人不受领提出的给付或者拒绝为必要的协助。

债权人未受领给付,具体包括拒绝受领、受领不能、受领迟延等情况。③ 所谓拒绝受领,指债权人对已经提供的给付拒绝受领;而受领不能是指债权人不能作出给付完成所必需的协助,具体如债权人下落不明或债权人死亡未确定继承人等。④

在给付时间不确定或者债务人有权在确定时间前给付的,出现暂时受领障碍时,并不构成债权人迟延。因为在这些情况下,债权人不能明确债务人何时给付,也不能期待债权人一直准备受领。如果债务人要确认债权人迟延,必须事先告知债权人其要进行给付。

对于不受领给付,债权人是否可归责,并非债权人迟延的构成要件。比如,债权人因患病或者无过错的车祸而不能受领给付,也构成债权人迟延。⑤ 债权人对于债务人的给付提供毫无所知,比如债权人外出旅游而不知道债务人提出了给付,债权人也陷入受领迟延。进一步而言,即使因不可抗力而导致债权人受领不能,也不影响债权

---

① Palandt/Grünberg, §293, Rn. 3.
② A. a. O. , Rn. 4.
③ 黄薇主编:《中华人民共和国民法典释义(中)》,法律出版社2020年版,第1140页。
④ 韩世远:《合同法总论》(第四版),法律出版社2018年版,第576页。
⑤ Larenz, *Schuldrecht AT*, 14. Aufl. , 1987, §25 I d.

人迟延的构成。

债权人迟延不以可归责为要件的理由在于,债权人迟延并不以义务违反为前提,也不会导致解除合同与损害赔偿请求权,只是会产生一些法律上的不利益。但这样的理由也有问题,有些法律上的不利益的负担不亚于损害赔偿的负担,故此,在例外情况下,应当根据诚实信用原则限制债权人迟延之效果。①

在双务合同中,如果债权人拒绝本应同时履行的对待给付义务的情况下,也视为其不受领。也就是说,如果债务人的给付须与债权人的给付同时履行,则在债权人没有提出对待给付的那一刻即陷入受领迟延,即使在债权人有先给付义务的情况下,也是如此。②

如果债权人受领迟延是债务人造成的,则属于债务人给付义务之违反。

三、法律效果

债权人迟延不会导致给付义务自动消灭,也不会赋予债务人解除合同的权利,原则上也不会产生债权人承担损害赔偿责任的效果。但在某些责任上,债务人原则上应当处于已经履行的状态。构成债权人迟延的,亦会结束债务人迟延。总的来看,在债权人迟延的情况下,债务人的法律地位只是有所改善而已。

(一) 原给付义务并不免除

在债权人迟延的情况下,债务人的给付义务继续存在,给付内容亦未发生变化。给付义务没有自动消灭,也不会赋予债务人解除合同的权利。如果债务人想从债务中摆脱出来,只能通过提存。债务人提存并放弃取回权的情况下,可以免除原给付义务。但值得注意的是,《民法典》第 570 条第 1 款第 1 项就规定,债权人无正当理由拒绝受领是提存的一种情况,也就是说,提存是债权人迟延的法律效果之一。《民法典》第 957 条第 1 款规定,经行纪人催告,委托人无正当理由拒绝受领的,行纪人依法可以提存委托物。第 837 条规定,收货人不明或者收货人无正当理由拒绝受领货物的,承运人依法可以提存货物。

在债之标的物不适合提存的情况下,比如在劳务合同、软件开发合同的情况下,债务人即无法提存债务之客体,此时,应允许债务人解除合同从而使其从原给付义务中摆脱出来。③《瑞士债务法》第 95 条规定,发生受领迟延时,非物之给付的债务人可依履行迟延的规定(主要是催告程序)解除合同。

值得注意的是,原给付义务有可能因为债权人受领迟延而扩大。另外,原则上,债权人不受领或不协助,并不是义务违反,但会通过与有过失规则平衡,如在培训合

---

① Looschelders, *Schuldrecht AT*, 21. Aufl., 2023, §36, Rn. 12.
② A. a. O., Rn. 11.
③ 谢德良:《论〈民法典〉视角下的债权人受领义务》,载《甘肃政法大学学报》2023 年第 1 期,第 80 页。

同的情况下,学员缺课三分之一,债权人的原给付义务也会相应地减少。

(二) 债务人责任的减轻

在债权人受领迟延的情况下,债务人对维持给付能力的注意义务减轻,债务人仅对故意或重大过失承担责任。① 其理由在于,在债权人迟延的情况下,债务人对给付风险的负担因此延长,债务人仍负有原给付义务,因此应继续保有给付标的,如果仍规定债务人应对任何过失承担责任,则对于债务人而言,显得过重。② 这是债务人迟延后责任加重规则相对应的规则(《民法典》第590条第2款)。债务人无过失或者轻过失造成标的物毁损灭失的,其给付义务被免除,同时,其对债权人仍享有对待给付请求权。

> 例如,甲出卖给乙一件古董。双方约好,甲第二天上午九点将其送至乙的住处。甲按时前往后,乙并不在住处。在返回的路上,甲由于过失引发了一场车祸,该古董也完全毁损。

在该案中,甲给付不能,基于《民法典》第580条第1款,原给付义务消灭。而基于《民法典》第577条,乙对甲享有替代给付的损害赔偿请求权。但是,在事故发生之时,乙陷入债权人受领迟延,所以,甲仅对故意或重大过失承担损害赔偿责任。而在本案中,甲因过失造成古董毁损,那么,甲对乙并没有损害赔偿责任。

在适用范围上,该规则限于对处于债务人手中的给付标的物的照管,对于其他义务并不适用,例如,债务人的自助出卖或者保护义务等。

(三) 风险移转

1. 给付风险

在标的物是种类物的情况下,随着种类物的具体化,给付风险即移转给债权人。在种类物具体化后,标的物毁损灭失的,债务人也不承担重新购置、再为给付的义务。而在债务人提出给付、债权人受领迟延的情况下,当然构成种类物的具体化,也就是说,随着债权人迟延的构成,给付风险即移转。对此,并不需要特别规则予以规制。

但在债权人拒绝给付时,债务人无须实际提出给付、仅需言辞提出的情况下,则需要按照特别规则处理给付风险的问题。对于赴偿之债,如果债权人拒绝受领,债务人言辞提出给付并将标的物分离出来才能构成种类物的具体化,此时,适用一般风险移转规则;但是,如果仅有言辞提出给付,而没有分离独立种类物,则就需要特别规则处理。该特别规则为:在债权人迟延后,标的物毁损灭失的风险应当由债权人承担(参照《民法典》第605条)。其根据在于,在债权人迟延的情况下,债务人原则应处于

---

① 黄薇主编:《中华人民共和国民法典释义(中)》,法律出版社2020年版,第1141页。
② Emmerich, *Das Recht der Leistungsstörungen*, 6. Aufl., 2005, §26, Rn. 5.

已经履行的责任状态。

例如,甲出卖给乙一箱葡萄酒,价格为500元。双方约定,甲将其送至乙的住处。甲从自己的仓库里拿出一箱葡萄酒,并打好包,开始运送。不久,乙却打电话说,不会受领葡萄酒,因为价格太高了。甲反驳说,葡萄酒已经打好包准备运送了,乙即挂断电话。于是,甲只能将其送回仓库,但甲不小心滑倒,导致葡萄酒瓶破碎。

在本案中,当事人约定的是赴偿之债,种类物的具体化本应是在债务人将标的物实际提供到乙的住处之时。但乙电话中表示拒绝受领,则甲只要将标的物分离独立出来,并言辞提供交付,即构成具体化,此时,给付风险应该移转;另外,在乙拒绝的情况下,言辞提出给付,即可以使乙陷入债权人受领迟延,所以,给付风险即移转给债权人乙(《民法典》第605条)。

金钱之债的情况并不适用种类物规则,而适用特别规则(比较《民法典》第605条)。例如,债务人实际提出履行所负担的金钱给付,债权人不为受领,债务人在回家的路上被抢劫,此时,应由债权人承担给付风险,即债务人无须再为给付。

《民法典》第608条规定,出卖人按照约定或者依照该法第603条第2款第2项的规定将标的物置于交付地点,买受人违反约定没有收取的,标的物毁损、灭失的风险自违反约定之日起由买受人承担。

2. 对待给付风险(价金风险)

在双务合同的情况下,在债权人迟延期间,给付标的物灭失的,还需要确定对待给付义务的问题。此时,若债务人对给付不能可归责,则对待给付义务即为消灭。相反,如果债务人没有过错,其仍享有对待给付请求权,也即债权人须履行对待给付义务。

在债权人迟延时,债务人对其一般过失不承担责任。所以,在债务人过失造成标的物灭失的情况下,债务人不承担责任。例如,在上述葡萄酒买卖案中,甲是一般过失,故乙仍需履行对待给付义务,即价金给付义务。在标的物的灭失是由于债务人故意或者重大过失而造成的情况下,债务人应承担对待给付风险,即债权人的对待给付义务消灭。

在受领迟延期间,如果债权人有权解除合同,那就要看债务人对于解除原因是否可归责,如果不可归责,则债权人的解除权即被排除。在判断可归责上,亦需考虑债务人仅对故意或重大过失负责的规则。

(四) 利息义务消灭

在债权人迟延的情况下,债务人对于负有利息的金钱之债,即无须支付利息。也就是说,对于金钱之债,在债权人迟延之后,即不再计算利息(《民法典》第589条第2款)。其理由在于,债权人不能通过"不受领阻止债务人履行金钱之债、消灭利息义务"而获益。①

(五) 用益返还的限制

在债务人需要返还或赔偿用益(孳息)的情况下,如债权人受领迟延,债务人仅以实际收取的用益为限承担返还义务。② 即使债务人因故意或重大过失而不获取用益,债务人亦不承担责任。

(六) 放弃占有

债权人受领迟延,比如因分立、合并或者变更住所没有通知债务人,致使履行债务发生困难的,债务人可以提存或者自助出卖标的物(《民法典》第 529 条)。对于不动产,债务人也可以提存,所以债务人也可以借此免除自己的负担,无须通过赋予其放弃占有的权利而免除负担。③ 通过提存,债务人无须继续照管标的物,从而避免了产生费用的麻烦。

在动产情况下,如允许债务人放弃占有,可能为第三人所侵占,故也不应允许。而且,债务人完全可以通过提存方式,免除自己的给付义务。

(七) 增加费用的赔偿

在债权人迟延的情况下,债务人可以请求赔偿无果的实际提出给付而增加的费用(《民法典》第 589 条第 1 款)。具体增加的费用包括债务人提出给付的费用(如运输费、交通费、通知费等)、保管费、维护费用以及其他费用(如对不适宜保存标的物的处理费用)。④

《民法典》第 830 条规定,货物运输到达后,承运人知道收货人的,应当及时通知收货人,收货人应当及时提货。收货人逾期提货的,应当向承运人支付保管费等费用。

(八) 中止履行

《民法典》第 529 条规定,债权人分立、合并或者变更住所没有通知债务人,致使履行债务发生困难的,债务人可以中止履行。但中止履行并没有最终解决原给付义务的问题,债务人要想消灭原给付义务,则仍须选择提存方式。

(九) 价格制裁

根据《民法典》第 513 条,逾期提取标的物的,遇价格上涨时,按照新价格执行;价格下降时,按照原价格执行。

---

① Looschelders, *Schuldrecht AT*, 21. Aufl., 2023, § 36, Rn. 20.
② 黄薇主编:《中华人民共和国民法典释义(中)》,法律出版社 2020 年版,第 1141 页。
③ 韩世远:《合同法总论》(第四版),法律出版社 2018 年版,第 578 页。
④ 黄薇主编:《中华人民共和国民法典释义(中)》,法律出版社 2020 年版,第 1141 页。

四、债权人迟延作为义务违反的情况

在债权人迟延的情况下,原则上债权人并无赔偿责任。在例外情况下,法律有规定债权人负有受领义务。如果法律规定债权人有受领义务的,其不履行该义务,应承担债务人迟延责任,主要是损害赔偿责任以及解除合同。在债权人负有受领义务的情况下,于法律适用上,已经进入债务人迟延的法律规则轨道,依据债务人迟延责任的构成与法律效果处理。《民法典》第610条规定,因标的物质量不符合质量要求,致使不能实现合同目的的,买受人可以拒绝接受标的物或者解除合同。买受人拒绝接受标的物或者解除合同的,标的物毁损、灭失的风险由出卖人承担。由此反推,在标的物质量不符合质量要求不会导致合同目的不能实现的情况下,债权人不能拒绝以及解除合同,此时,债权人即负有受领义务。《民法典》第778条规定"定作人有协助义务",定作人怠于协助的,承揽人可顺延履行期限并在催告定作人协助而无果后解除合同。例如,装饰公司为债权人调制好特种涂料,因债权人迟延致其性能发生变化而不能使用,对此,债权人应当承担债权人迟延责任。① 债务人可能有权解除合同,也有权要求损害赔偿。

值得注意的是,在德国法中,原则上债权人迟延是一种不真正义务的违反,在例外情况下,债权人迟延违反的是受领义务,债权人应承担违约责任。比如,在买卖合同与承揽合同这两种实践中最为重要的合同情况下,债权人负有受领义务(《德国民法典》第433条第2款、第640条第1款)。《联合国国际货物销售合同公约》第60条接受了这一规则,并适用于其他类型的合同,除非在金钱债务的情况下债务人对于给付受领没有特别利益。如果规定债权人负有受领义务的,其不受领,则同时构成了债权人受领迟延与债务人迟延,如在买卖合同情况下,买受人不受领的,其既应承担债权人迟延的不真正义务,也应承担债务人迟延的赔偿责任等。

第十四节 情 势 变 更

✎ 【文献指引】

梁慧星:《合同法上的情事变更问题》,载《法学研究》1988年第6期;杨振山:《试论我国民法确立"情势变更原则"的必要性》,载《中国法学》1990年第5期;马俊驹:《我国债法中情势变更原则的确立》,载《法学评论》1994年第6期;刘凯湘、张海峡:《论不可抗力》,载《法学研究》2000年第6期;韩世远:《情事变更原则研究——以大陆法为主的比较考察及对我国理论构成的尝试》,载《中外法学》2000年第4期;〔德〕

---

① 张广兴:《债法总论》,法律出版社1997年版,第194页。

卡斯腾·海尔斯特尔、许德风:《情事变更原则研究》,载《中外法学》2004年第4期;杨代雄:《法律行为基础瑕疵制度——德国法的经验及其对我国民法典的借鉴意义》,载《当代法学》2006年第6期;赵莉:《公平原则对契约严守的修正——国际示范立法中的情势变更》,载《法学评论》2007年第5期;王德山:《论情势变更制度的适用要件》,载《法学杂志》2008年第1期;杨明:《论民法原则的规则化——以诚信原则与情势变更原则为例》,载《法商研究》2008年第5期;曹守晔:《最高人民法院〈关于适用《中华人民共和国合同法》若干问题的解释(二)〉之情势变更问题的理解与适用》,载《法律适用》2009年第8期;[德]英格博格·施文策尔:《国际货物销售合同中的不可抗力和艰难情势》,杨娟译,载《清华法学》2010年第3期;黄喆:《德国交易基础理论的变迁与启示》,载《法学论坛》2010年第6期;王成:《情事变更、商业风险与利益衡量——以张革军诉宋旭红房屋买卖合同纠纷案为背景》,载《政治与法律》2012年第1期;崔文星:《论情事变更原则的适用》,载《河北法学》2013年第4期;黄喆:《情势变更原则在建设工程合同中的适用——德国建筑私法实践及其对我国的启示》,载《法律科学(西北政法大学学报)》2013年第5期;韩世远:《情事变更若干问题研究》,载《中外法学》2014年第3期。

【补充文献】

万方:《我国情势变更制度要件及定位模式之反思》,载《法学评论》2018年第6期;张素华、宁园:《论情势变更原则中的再交涉权利》,载《清华法学》2019年第3期;王轶:《新冠肺炎疫情、不可抗力与情势变更》,载《法学》2020年第3期;姚辉、阚梓冰:《论情事变更与不可抗力的交融及界分——以新型肺炎疫情防控与疫后重建为契机》,载《中国政法大学学报》2020年第3期;尚连杰:《风险分配视角下情事变更法效果的重塑——对〈民法典〉第533条的解读》,载《法制与社会发展》2021年第1期;吴昊:《合同调整的机制与界限——基于民法典第533条之解释论》,载《法大研究生》2021年第1期;陆青:《商铺租赁合同的履行障碍及其救济——基于疫情下纠纷处理实践的回顾与反思》,载《厦门大学法律评论》2021年第1期;崔建远:《情事变更原则探微》,载《当代法学》2021年第3期;江文俊:《情事变更与合同拘束力理论——高尔夫俱乐部会员权利确认事件》,载《日本法研究》2021年第7卷;吴逸宁:《情势变更制度下的再交涉义务司法适用之反思——一个法经济学的视角》,载《政治与法律》2022年第1期;夏江皓:《情事变更制度在与离婚相关的财产协议中的参照适用——以婚前协议为例》,载《法制与社会发展》2022年第1期;刘廷华:《情势变更与不可抗力的融合与改革》,载《私法》2022年第2期;徐冰:《情势变更原则的具体化构建——规范审判权行使视角下〈民法典〉第533条的准确适用》,载《法律适用》2022年第2期;朱广新:《情势变更制度的体系性思考》,载《法学杂志》2022年第2期;陈洁蕾:《〈民法典〉情势变更规则的教义学解释》,载《中国政法大学学报》2022年第3期;周恒宇:

《关于〈民法典〉情势变更制度的若干重要问题》,载《中国应用法学》2022 年第 6 期;宋春雨:《情势变更制度中再交涉义务研究——以法经济学为分析视角》,载《新疆大学学报(哲学社会科学版)》2023 年第 1 期;郝丽燕:《论情事变更时的重新协商义务》,载《法治社会》2023 年第 3 期。

一、基本原理

合同在订立后应当对当事人具有法律拘束力,当事人亦应遵守合同,不得单方变更或解除合同,此即合同严守原则(《民法典》第 465 条)。但当事人在订立合同时作为出发点而又没有明确约定的某些"情势"发生变化的,会导致当事人作为前提的给付与对待给付关系失衡,严重超出了通常的合同风险,此时,继续履行合同对于一方当事人明显不公平,是不可期待的,故应允许当事人变更或解除合同(《民法典》第 533 条)。

当事人签订合同时,往往是有意识或者无意识地以某种关系的存在或继续存在为前提,没有此前提,合同当事人即无法实现其所意欲的目的。如果出现任一方所无法预见、因此在合同中也没有顾及的该关系的改变,则会出现当事人约定的规则与当事人的意图完全不相符合的情况,而且对于一方当事人来说,受这种情况影响,连最低的实质合同公平都达不到。故此,在这里,本质的问题是:是绝对要清偿曾经产生的债之关系,还是在具体情况下可以考虑调整甚至解除合同。合同法基于诚实信用原则,选择了后一种模式。

在历史上,交易基础丧失法律制度可以溯源到关系不变之保留原则(clausula rebus sic stantibus)①,据此原则,合同的命运取决于其订立时作为基础的关系的不变且继续存在。《德国民法典》的起草人从稳定合同关系的假想出发,确立了合同严守原则(pacta sunt servanda)的优先地位,并没有一般性地规定关系不变之保留原则,只在很窄的范围内部分地承认了该制度,如第 321 条(不安抗辩权)、第 519 条(赠与合同中生计困难的抗辩)、第 528 条(赠与人因穷困而请求返还)、第 775 条第 1 款(保证人因主债务人财务困难除去保证的请求权)以及第 779 条(和解基础错误导致和解合同无效),另外,第 490 条规定的特别终止权以及第 119 条规定的因错误而撤销在制度本质上也属于情势变更规则的类型。第一次世界大战后,基于商业限制以及通货膨胀的原因,坚持上述立法政策已经不现实,货币贬值导致了严重的对价障碍。对此,德国法先是通过经济上不能制度,之后通过诚实信用原则予以解决,在 1922 年的 Vigognespinnerei 一案中,帝国法院运用了 von Oertmann 创设的"交易基础丧失学说"(Fortfall der Geschäftsgrundlage),并确立了给付与对待给付之间平衡的继续存在作为

---

① Harke, *Allgemeines Schuldrecht*, 2010, §6, Rn. 98.

合同之交易基础的理论。① 2002年德国债法改革后,于《德国民法典》第313条规定了诚实信用原则基础上的交易基础丧失制度,几乎是对通说没有变化地予以重述。

在社会秩序、经济秩序发生重大变化的情况下,情势变更规则就会有其适用余地。2009年7月,最高人民法院发布《民商事合同指导意见》,细致规定了情势变更原则的适用条件,其背景就是世界范围的金融危机。

在德国,情势变更原则频繁适用的时期大都是战争发生后或者在两德统一后发生社会重大变化的情况下。当然,经济或社会平稳时期,发生重大情势变更的,也可以适用情势变更原则。如为了观看春节焰火,甲承租了乙的阳台,但由于天气原因,焰火节目被取消了。此时,即有适用情势变更原则的可能。不过,情势变更原则适用范围一旦扩大,就存在法官滥用的危险。所以,为了避免情势变更为法官任意裁量大开方便之门,也是为了避免制度僵化,无法实现个案公正,应当将情势变更制度具体化。

二、适用范围

情势变更的适用范围仅为合同之债。对于法定之债,其发生并非基于当事人的意思,也无作为交易基础的情势,故无适用情势变更规则的余地。情势变更适用的时间段是订立合同之时到合同进行完毕,之后发生的交易基础障碍不予考虑。②

情势变更规则的适用具有补充性。只有在约定或者法定的具体分配合同风险的规则不合理的情况下,才适用情势变更原则。③

(一) 意思自治优先

合同的风险,是一种与合同履行、合同标的的价值相联系的客观不确定性。④ 对于自始瑕疵或者嗣后交易基础的丧失,当事人完全可以预先想到并通过约定分配风险负担,如附加条件、约定解除权、进行担保(Garantie)或者约定调整条款的情况等等。在这些情况下,并无情势变更适用的余地,因为此时这些情势的存续并非交易之基础,而是合同之标的。⑤ 所以,在发生争议时,首先应进行合同解释,考察某合同风险是否属于合同的标的,即当事人是否明示或默示地将交易基础作为合同内容。只有在作出否定回答之后,才能适用情势变更规则。

如果当事人对合同的风险分配有明确约定的,则无适用情势变更的余地。如在

---

① RGZ 103, 328 (332); Looschelders, *Schuldrecht AT*, 21. Aufl., 2023, § 37, Rn. 3..
② Looschelders, *Schuldrecht AT*, 21. Aufl., 2023, § 37, Rn. 4.
③ 〔德〕卡斯腾·海尔斯特尔、许德风:《情事变更原则研究》,载《中外法学》2004年第4期,第385—410页;杜景林:《德国新债法法律行为基础障碍制度的法典化及其借鉴》,载《比较法研究》2005年第3期,第25—34页。
④ 〔德〕卡斯腾·海尔斯特尔、许德风:《情事变更原则研究》,载《中外法学》2004年第4期,第385—410页。
⑤ 同上。

"陕西圣安房地产开发有限公司、陕西圣安房地产开发有限公司延安分公司与延长油田股份有限公司川口采油厂商品房销售合同纠纷案"①中,人民法院认为,对于圣安公司及圣安延安分公司所称的因情势变更导致房屋售价过低构成显失公平的问题,在案涉房屋建设主体工程已经完成的情况下,当事人于2010年1月8日达成会议纪要,对如何继续履行合同进行了明确约定,表明当事人对合同履行过程中发生的有关变化以及由此带来的影响已经作出判断并就相关事宜的变更达成了合意,延长川口采油厂据此支付了相应的购房款,圣安公司及圣安延安分公司按照约定应于2010年5月15日"交付住房钥匙",但其却迟迟未能依约履行,故本案并不存在适用情势变更的前提条件。

在约定变更条款与不变条款的情况下,也无情势变更适用的余地,前者如"如有争议,友好协商",后者如"无论发生何种情况,合同都不准变更"。

又如,确定价格或总括价格,或者明确放弃考虑将来关系变化的情况(具体如投机生意),也是通过约定分配风险的情况。这些约定的规则均优先于情势变更原则的适用。

但是,值得注意的是,《民法典合同编通则解释》第32条第4款规定,当事人事先约定排除《民法典》第533条适用的,人民法院应当认定该约定无效。也就是说,当事人不得事先约定放弃适用情势变更规则,以避免情势变更规则被架空,违反法律赋予人民法院矫正合同严重失衡的制度设计初衷。② 这一理由正当性不足,法律上没有禁止当事人事前分配风险的道理。

(二) 法定分配合同风险的情况

法定分配合同风险,具体如解除权规则、不安抗辩权规则、赠与人因贫困而免除赠与义务(《民法典》第666条)、受赠人拒绝履行负担等情况下赠与人的撤销权(《民法典》第663条),都是情势变更原则的特别规则,应优先适用。

相比于情势变更原规则,物之瑕疵担保规则(《民法典》第615条)属于特别规则,也应优先于情势变更原则适用。

三、情势变更制度与其他法律制度的界限

(一) 与给付不能的区别

在适用上,给付不能的规则优先于情势变更规则适用。给付不能的法律效果是原给付义务被排除,所以,根本谈不上合同调整的问题。只要构成给付不能,即不能适用情势变更规则。具体如不可抗力导致履行不能的,则债务人不承担民事责任

---

① 最高人民法院(2015)民一终字第179号民事判决书。
② 最高人民法院民事审判第二庭、研究室编著:《最高人民法院民法典合同编通则司法解释理解与适用》,人民法院出版社2023年版,第374页。

(《民法典》第 180 条第 1 款),若不可抗力导致合同目的不能实现的,当事人还可以解除合同(《民法典》第 563 条第 1 款第 1 项),这种情况下,并无适用情势变更之余地。①

优先适用给付不能的理由在于:从债权人角度看,允许根据情势变更规则变更合同,也可能导致债权人对待履行义务的加重,从而将风险部分地转移给债权人。本质上,情势变更的情况构不成义务违反,原则上没有损害赔偿的法律效果。

1. 目的障碍

情势变更涉及的只是没有成为合同内容的情势,如租赁阳台用于观看春节焰火,春节焰火因故取消,此时,作为合同内容的提供阳台的义务仍然是可能给付的,但租用阳台的合同基础丧失了。

2. 与经济上给付障碍的区别

经济上给付障碍所指的是债务人的履行费用与债权人收益之间严重不成比例的情况,而情势变更是指交易基础发生重大变更后导致给付与对待给付义务失衡的情况,如遇到物价上涨,标的物制造成本上涨,订立合同时约定购买价为 100 万元,但现在制造成本就为 150 万元,此时,债务人履行费用增加了,但债权人收益也增加了。从另一个角度看,债权人现在在市场上也要以超过 150 万元的价格购买该标的物,故不构成经济上给付障碍,但这个时候可能构成情势变更,因为物价稳定可能是交易基础,而在其发生重大变化的情况下,会导致给付与对待给付之间的失衡,如果超出一定比例,即为重大,可以依据情势变更原则调整或者解除合同。

(二) 情势变更与错误

重大误解制度(也即错误制度)也是特别法规则(《民法典》第 147 条、《民法典总则编解释》第 19 条),应当优先适用。值得注意的是,情势变更制度含有双方动机错误的情况,而基于动机错误,原则上不可撤销意思表示。②

在双方错误的情况下,哪一方提出撤销,法律效果上会产生重大不同;撤销人应向另一方承担损害赔偿义务,另一方因此在不承担任何义务的情况下排除合同,由此造成利益上的不平衡。所以,依照德国法通说,在双方错误的情况下,原则上适用情势变更规则,即所谓的主观情势变更规则。但适用的前提是,错误与交易上重要的、位于双方风险范围内的情势相关。不同观点认为,《德国民法典》第 119 条第 2 款的性质错误是《德国民法典》第 313 条第 2 款的特别法,应优先适用。折中观点认为,因第 119 条第 2 款和第 313 条第 2 款的保护目的不同,情势变更制度优先适用的僵化观点不合理,应当由因错误受不利益的当事人决定主张错误而撤销,还是主张情势变更

---

① 崔建远:《情事变更原则探微》,载《当代法学》2021 年第 3 期,第 5 页。
② Looschelders, *Schuldrecht AT*, 21. Aufl., 2023, §37, Rn. 8.

而调整合同。①

案例：甲向乙购买一幅 A 画家的画，在合同订立后、履行合同前，双方发现该画并非 A 画家的画，而是 B 画家的画，于是甲不愿意购买，而乙也不愿意出卖。

本案的事实构成双方错误，是一种主观交易基础变化的情况，如果该交易基础的变化重大且无法预见，而不可预见的风险没有依法或者依约归属于一方当事人，也不可期待当事人坚守合同，当事人可以主张强制变更合同。

（三）情势变更与不可抗力

在《合同法》立法过程中，讨论过是否规定情势变更的问题。反对意见认为，规定情势变更规则会导致法官适用诚实信用原则、对案件处理没有边际，也会导致理论上区分不可抗力效力规则与情势变更规则的困难，法官也难以区分二者进行正确的法律适用。② 最终，《合同法》仅规定了不可抗力免责规则（第 117 条），即因不可抗力不能履行合同的，根据不可抗力的影响，部分或者全部免除责任，但是法律另有规定的除外。不过，司法实践中仍有适用情势变更的案例。2009 年《合同法解释（二）》第 26 条规定了情势变更规则，《合同法解释（二）》第 26 条将"情势"限定在客观情况发生了当事人在订立合同时无法预见、非不可抗力的不属于商业风险的重大变化，其本意在于区分不可抗力免责规则与情势变更规则③，但却缩小了情势变更原则适用的范围。因为，在不可抗力导致合同履行十分困难，也即交易基础产生重大变化的情况下，可能适用情势变更原则。④ 如果《合同法解释（二）》第 26 条将不可抗力导致合同履行困难、继续履行不可期待的情况排除于情势变更规则的适用范围，则会形成法律漏洞。⑤

《民法典》第 533 条原则上接受了《合同法解释（二）》第 26 条的规定，但删除了"非不可抗力的"要件。由此形成了情势变更规则与不可抗力免责规则两立模式，《民法典》分别规定了不可抗力免责规则（第 590 条第 1 款）以及情势变更规则（第 533 条）。而《联合国国际货物销售合同公约》采取了合一模式，其第 79 条规定，仅在不可控制的障碍导致违约的情形下，一方当事人可免除损害赔偿的责任。

在逻辑上，不可抗力是可以导致情势变更的一种原因，但未必是唯一原因。而且，不可抗力作为原因，可能导致给付不能，也可能导致交易基础发生重大变更，原则

---

① Looschelders, *Schuldrecht AT*, 21. Aufl., 2023, §37, Rn. 8;〔德〕卡斯腾·海尔斯特尔、许德风：《情事变更原则研究》，载《中外法学》2004 年第 4 期，第 385—410 页。

② 孙礼海主编：《中华人民共和国合同法立法资料选》，法律出版社 1999 年版，第 162 页。

③ 二者区别有三：一是，前者要求不可抗力导致不能履行合同，而后者是情势变更的结果对一方当事人明显不公平；二是，前者法律效果是免责，后者的法律效果是变更或解除，当事人共担风险；三是，前者是免责条文，后者需要法院具体判断。参见最高人民法院研究室编著：《最高人民法院关于合同法司法解释（二）理解与适用》，人民法院出版社 2009 年版，第 202 页。

④ 韩世远：《合同法总论》（第四版），法律出版社 2018 年版，第 498 页。

⑤ 崔建远：《合同法》（第三版），北京大学出版社 2016 年版，第 284 页。

上给付不能优先适用,但在不可抗力仅导致给付困难的情况下,则只存在适用情势变更的余地。①

债务人履行合同义务出现不可抗力的,法律效果不仅仅限于免除损害赔偿责任,可能还会导致解除合同(《民法典》第 563 条第 1 款第 1 项)。《旅游法》第 67 条还规定,旅行社还可以在合理范围内变更合同,并负有采取安全措施以及安置措施等作为义务。

四、构成要件

在《合同法》颁布之前,学说上已经多有论述或者建议情势变更制度者。② 司法裁判也有承认情势变更原则者,如"武汉市煤气公司诉重庆检测仪表厂煤气表装配线技术转让合同、煤气表散件购销合同违约纠纷案"。③《合同法解释(二)》第 26 条以及《民商事合同指导意见》将情势变更原则一般化为法律规则。《民法典》第 533 条第 1 款规定,合同成立后,合同的基础条件发生了当事人在订立合同时无法预见的、不属于商业风险的重大变化,继续履行合同对于当事人一方明显不公平的,受不利影响的当事人可以与对方重新协商;在合理期限内协商不成的,当事人可以请求人民法院或者仲裁机构变更或者解除合同。

在情势变更构成上,要区分三个层次的要素:事实要素(包括主客观要素)、假定因素以及规范因素。所谓事实要素,是指交易基础的丧失或重大变化,包括客观交易基础丧失以及主观交易基础丧失两种情况;而所谓假定因素,是指如果事实因素发生重大变化,那么合同就会不订立或以其他内容订立,也即不可预见性;最后是规范因素,即坚守合同是否可期待。

(一) 作为交易基础条件的情势的存在

情势变更中的情势不能是任意情势,而必须是构成合同的交易基础(Geschäftsgrundlage),也即合同的基础条件(《民法典》第 533 条)。交易基础条件并非合同内容,亦不是纯粹的动机,而是二者之间的中间阶段。④

在德国法上,交易基础有客观交易基础与主观交易基础之分,二者的区别主要在于情势变化的特征以及是否是自始丧失交易基础。我国学界一般认为情势变更中的"情势"为客观交易基础,泛指一切与合同有关的客观事实,如战争、经济危机、金融危

---

① 崔建远主编:《合同法》(第八版),法律出版社 2024 年版,第 100 页;王轶:《新冠肺炎疫情、不可抗力与情势变更》,载《法学》2020 年第 3 期,第 45 页。
② 梁慧星:《合同法上的情事变更问题》,载《法学研究》1988 年第 6 期,第 35—47 页;杨振山:《试论我国民法确立"情势变更原则"的必要性》,载《中国法学》1990 年第 5 期,第 53—60 页;王家福主编:《中国民法学·民法债权》,法律出版社 1991 年版,第 399 页。
③ 《最高人民法院公报》1996 年第 2 期(总第 46 期),第 63—65 页;马俊驹:《我国债法中情势变更原则的确立》,载《法学评论》1994 年第 6 期,第 13—18 页。
④ Soergel/Teichmann, 2013, §313, Rn. 8.

机与重大政策调整等①,并不包括主观交易基础。②《合同法解释(二)》第 26 条也仅规定了嗣后交易基础丧失,而未规定自始交易基础丧失。但是通过重大误解制度又无法解决主观交易基础所解决的问题,重大误解的对象仅限于合同内容,不包括交易基础。③ 所以,应填补这里含有的漏洞,将主观交易基础情况解释为"情势"的一种。

1. 主观交易基础

所谓主观交易基础,是指在合同订立时双方当事人共同对某些情况的存在或者将来发生的设想,或者是一方当事人对某些情况的存在或者将来发生的设想,但该设想是合同相对人可辨知的且不反对的,同时,当事人的交易意思是建立在这一设想基础上的。④ 主观交易基础丧失涉及的是双方动机错误,或者一方错误而另一方没有自己的设想即予以接受的情况。⑤ 涉及双方设想的情况,属于一种双方错误,所以,主观交易基础学说在体系上属于民法总则部分的错误制度。⑥

在单方发生动机错误的情况下,相对人并没有自己的设想即予以接受。如果仅仅是单方动机错误,即使另一方是明知的,也不能构成主观交易基础丧失。例如,卖方仅在合同订立时提及使用目的,不能因此将使用目的作为交易基础。

2. 客观交易基础

客观重要的情势也可以成为交易基础,当事人对该交易基础并没有设想,但根据当事人双方的意图,该情势的存在与持续对于合同作为有意义的规则继续存在是必要的。⑦ 当事人想当然地认为该情势将存在,并未特别考虑到该情形。典型的如货币、现行法、生活经济体系的稳定等交易基础条件,在订立合同时,当事人根本没有考虑这些情势,也就不会存在共同错误。因为错误一定以某种具体设想为前提,而该设想与真实情况或者事物的实际发展并不相符合。而在客观交易基础丧失的情况下,当事人根本没有特定的设想,不可能陷入错误。⑧

最后值得注意的是,这些情势必须与合同订立相关,即如果当事人知道这些设想不正确,就不会签订合同或者不以该内容签订合同。

(二) 交易基础发生重大变更

如果仅是交易基础与当事人的设想不一致,那么,尚不足以构成情势变更。只有

---

① 曹守晔:《最高人民法院〈关于适用《中华人民共和国合同法》若干问题的解释(二)〉之情势变更问题的理解与适用》,载《法律适用》2009 年第 8 期,第 44—49 页。

② 黄薇主编:《中华人民共和国民法典释义(中)》,法律出版社 2020 年版,第 1019 页;最高人民法院民法典贯彻实施工作领导小组主编:《中华人民共和国民法典合同编理解与适用(一)》,人民法院出版社 2020 年版,第 480 页。

③ 韩强:《情势变更原则的类型化研究》,载《法学研究》2010 年第 4 期,第 57—69 页;〔德〕卡斯腾·海尔斯特尔、许德风:《情事变更原则研究》,载《中外法学》2004 年第 4 期,第 385—410 页。

④ Looschelders, *Schuldrecht AT*, 21. Aufl., 2023, § 37, Rn. 9.

⑤ 不同观点参见,韩世远:《合同法总论》(第四版),法律出版社 2018 年版,第 504—505 页。

⑥ Larenz, *Schuldrecht AT*, 14. Aufl., 1987, § 21 Ⅱ. S. 322.

⑦ A. a. O.

⑧ A. a. O., S. 323 f.

在交易基础发生重大之变化,以至于要求当事人一方遵守合同是不可期待的情况下,也即构成交易基础障碍等情况下,才可能构成情势变更。

所谓交易基础障碍,主要是指具体合同相关的情势的变化或者错误的设想。例如,甲乙签订房屋买卖合同,二者均认为这不是学区房,故约定的价格较低,后来证明是学区房,其价值远超过约定的价格。

交易基础出现障碍也可能是由于政治、经济以及社会关系根本变化,如战争、革命、通货膨胀、自然灾害等,在2009年颁布的《民商事合同指导意见》中就提到全球性金融危机和国内宏观经济形势变化。但仅仅有这些重大变化,并不足以构成情势变更。这些变化引发的结果必须直接对合同关系产生影响,如对等关系受到破坏或者给付标的没有使用价值等。

《涉新冠肺炎疫情民事案件指导的意见(一)》第3条第2项规定,疫情或者疫情防控措施仅导致合同履行困难的,当事人可以重新协商;能够继续履行的,人民法院应当切实加强调解工作,积极引导当事人继续履行。当事人以合同履行困难为由请求解除合同的,人民法院不予支持。继续履行合同对于一方当事人明显不公平,其请求变更合同履行期限、履行方式、价款数额等的,人民法院应当结合案件实际情况决定是否予以支持。合同依法变更后,当事人仍然主张部分或者全部免除责任的,人民法院不予支持。因疫情或者疫情防控措施导致合同目的不能实现,当事人请求解除合同的,人民法院应予支持。

案例1:甲与叙利亚的企业乙签订啤酒买卖合同,约定在叙利亚销售,后叙利亚发生战乱,无法销售啤酒。

案例2:甲乙于2002年11月1日签订房屋租赁合同,约定乙承租甲位于北京市朝阳区的商用房屋,用于开菜馆,但2003年4月非典来袭,顾客锐减,导致乙入不敷出,无力依约缴纳租金。①

上述案例中,均出现了交易基础发生重大变化,而且导致对等关系受到破坏的情形,构成了情势变更。

在时点上,交易基础既可能自始即不存在,也可能在合同订立后才消灭,也可能是在合同履行完毕后发生重大变化。②

(三) 不可预见性

交易基础发生重大变更的情况通常都是当事人不可预见的。如果当事人尽管认为情况变化是可能的,还是在相关条件下订立了合同,那么当事人对此就是可预见的,不能构成情势变更。而且,变化的情势对于合同订立是至关重要的。如果当事人

---

① 崔建远:《合同法》(第四版),北京大学出版社2021年版,第129页。
② 〔德〕卡斯腾·海尔斯特尔、许德风:《情事变更原则研究》,载《中外法学》2004年第4期;不同观点,参见韩世远:《合同法总论》(第四版),法律出版社2018年版,第504—505页。

知道事实因素可能发生重大变化,那么合同就会不订立或以其他内容订立。①

在判断当事人能否预见情势变更时,应当把当事人作为理性人对待,在个案中,综合各种信息、情形判断可预见性。②

人民法院在适用情势变更原则时,应当充分注意到全球性金融危机和国内宏观经济形势变化并非完全是一个令所有市场主体猝不及防的突变过程,而是一个逐步演变的过程。在演变过程中,市场主体应当对于市场风险存在一定程度的预见和判断。人民法院应当依法把握情势变更原则的适用条件,严格审查当事人提出的"无法预见"的主张,对于涉及石油、焦炭、有色金属等市场属性活泼、长期以来价格波动较大的大宗商品标的物以及股票、期货等风险投资型金融产品标的物的合同,更要慎重适用情势变更原则(《民商事合同指导意见》第1条第2款)。

(四) 不可预见的风险没有依法或者依约归属于一方当事人

情势变更的构成还要求不可预见的风险没有依法或者依约归属于一方当事人,如果有风险归属的约定或者法定规则,则双方当事人均应严守合同。

风险归属主要来自当事人的约定,明示或默示的约定。例如,当事人明示约定通常合同风险分别由买卖双方各自承担,如购置、生产风险归卖方,而费用与减价风险归买方,融资风险归买方。在风险承担框架内,并无交易基础丧失规则适用之余地。又如,当事人约定确定价格(具体如建设工程中的包价约定),即为默示约定了风险承担,即使在费用提高的情况下,一方当事人也不能请求调整合同。在高风险高收益的合同中,通过合同解释,也可以确定约定风险范围,而不适用情势变更规则。

法律规则中也可能含有风险分配规则。借贷合同中的债权人通常要承担货币贬值的风险,而债务人通常要承担货币升值的风险。保证人承担主债务人不能偿还债务的风险。金钱之债的债务人承担获取金钱的风险,而物的债权人承担给付利用目的的风险。例如,甲购买了海景房,但不久基于不可预见的情势而失业,银行拒绝为其放贷,甲不能基于情势变更解除合同,因为支付能力属于甲的风险领域。

所有风险分配都有其特定界限,超越该界限,即可适用情势变更合同。

> 案例1:甲乙签订仓储小麦合同,乙提供仓库,但由于持续暴雨,乙仓库顶部严重损坏,于是,甲不得不租赁另一个仓库并将小麦转移至新仓库,此时,由于不可抗力导致给付困难,因此产生的费用并不属于乙的风险范围,故此,乙可以基于情势变更调整合同。
>
> 案例2:建筑企业甲对业主乙承担了以5000万元的固定价格建造房屋的义务,但因为天气条件问题建筑成本增加,甲主张基于交易基础障碍变更或解除合同。在该案中,甲是无权基于交易基础障碍变更或解除合同的,因为天气导致成

---

① Fikentscher/Heinemann, *Schuldrecht AT & BT*, 12. Aufl., 2022, Rn. 232.
② 崔建远:《情事变更原则探微》,载《当代法学》2021年第3期,第8页。

本增加属于建筑企业风险范围。

情势变更与商业风险的区别,主要在于商业风险通常是通过约定或法定合理分配给当事人的风险,而情势变更是当事人在缔约时无法预见的非市场系统固有的变化。人民法院在判断某种重大客观变化是否属于情势变更时,应当注意衡量风险类型是否属于社会一般观念上的事先无法预见、风险程度是否远远超出正常人的合理预期、风险是否可以防范和控制、交易性质是否属于通常的"高风险高收益"范围等因素,并结合市场的具体情况,在个案中识别情势变更和商业风险(《民商事合同指导意见》第1条第3款)。对于具体情势变更是否属于商业风险,除了根据合同约定外,还要从可预见性、归责性以及产生后果等方面进行分析。在"大宗集团有限公司、宗锡晋与淮北圣火矿业有限公司、淮北圣火房地产开发有限责任公司等股权转让纠纷案"①中,淮北宗圣公司成立于2007年,涉案三处煤炭资源一直未申请办理采矿权手续或立项核准,直到2014年10月12日《指导意见》之前,也未获得批准,并且该意见规定,只是在今后一段时间内东部地区原则上不再新建煤矿项目,且安徽省是否属于该《指导意见》所确定的东部地区尚需进一步论证。因此,政策原因并非是造成合作开发项目得不到核准的唯一原因。

(五) 当事人坚守合同的不可期待性

情势发生重大变更的,如果继续履行合同对于一方当事人明显不公平,则可以适用情势变更规则(《民法典》第533条)。

所谓明显不公平,必须是达到不可期待当事人继续履行合同的程度。具体如履行特别困难、债权人受领严重不足、履行对债权人无利益等。②确定是否可期待时要求衡量所有的情况,既包括当事人坚守合同的负担,也要考虑变更合同对于另一方当事人的负担。具体判断标准如下:(1) 当事人决定各自承担交易的风险;如果合同的投机性非常高,债务人可能会承担交易的风险;固守不予以变更的合同不可期待这一要素可以排除当事人有意识地签订带有投机性质的风险交易的情况;(2) 合同期限长短是一个关键因素,该贸易领域的利润率也很重要,以及债务人面临的经济困难程度;(3) 时间标准,缔约前或缔约后发生情势变更均可;(4) 不可合理预计、避免或者克服的情形。

例如,在金钱之债的情况下,如果生活维持成本超出了150%或者对待给付的价值损失减少了60%,即可认为超出了支付价款的债务人承受的界限。在国际交易情况下,价格波动超过150%—200%,也可以认为要求当事人坚守合同不可期待。③

---

① 最高人民法院(2015)民二终字第236号民事判决书。
② 崔建远:《合同法》(第四版),北京大学出版社2021年版,第133页。
③ 〔德〕英格博格·施文策尔:《国际货物销售合同中的不可抗力和艰难情势》,杨娟译,载《清华法学》2010年第3期,第164—176页。

最后,值得注意的是,《适用合同法解释(二)服务党和国家工作大局通知》要求,根据案件的特殊情况,确需在个案中适用情势变更原则的,应当由高级人民法院审核。必要时应报请最高人民法院审核。《最高人民法院关于认真学习、贯彻〈最高人民法院关于适用《中华人民共和国民法典》合同编通则若干问题的解释〉的通知》(法〔2023〕239号)废除了这一做法。其第3条规定,《合同法解释(二)》第26条规定情势变更制度后,最高人民法院发布了《适用合同法解释(二)服务党和国家工作大局通知》(法〔2009〕165号),要求各级人民法院审慎适用情势变更制度,根据案件的特殊情况,确需在个案中适用的,应当由高级人民法院审核;必要时应报请最高人民法院审核。考虑到《民法典》第533条已就情势变更制度作了明确规定,《民法典合同编通则解释》施行后,上述审核制度不再施行。各级人民法院应正确理解《民法典》及《民法典合同编通则解释》关于情势变更制度的规定,妥善处理实现个案公平与维护合同稳定之间的关系。

五、情势变更的具体类型

情势变更的具体类型如下:

(一) 对价关系的障碍(Äquivalenzstörung)

所谓对价关系的障碍,是指由于情势变更导致了给付与对待给付关系受到严重破坏。比较典型的情况,如作为计算对价的一般的价值尺度发生变动。在通货膨胀率不超出特定界限的情况下,通货膨胀风险一般是由债权人承担的;在供给合同或者长期合同、补偿请求权计算或者损害赔偿计算上要特别考虑货币贬值的问题,如房屋租金、未成年人抚养费等情况。

> 在德国司法实践中,依据交易基础丧失调整合同的前提通常是约定的金钱数额不能作为比较充分的对价,例如生活成本增加超过150%的情况。[①]

具体合同中价值尺度选择错误(如错误的股市行情作为基础、费率表错误)的情况也可以导致对价关系障碍。

案例:甲将建设用地使用权转让给乙。在计算价格时,双方均以区官方报纸公布的通常地价每平方米20000元为计算基础。在签订合同后,当事人才发现官方公告的价格是建立在错误计算的基础上的,实际价格是每平方米30000元。

在本案中,即是因计算错误导致了对价关系障碍。

《民法典合同编通则解释》第32条第1款特别规定了对价关系障碍类型的情势变更规则。在合同成立后,因政策调整或者市场供求关系异常变动等原因导致价格发生当事人在订立合同时无法预见的、不属于商业风险的涨跌,继续履行合同对于当

[①] Larenz, *Schuldrecht AT*, 14. Aufl., 1987, §21 Ⅱ. S. 324.

事人一方明显不公平的,即可以构成情势变更。这里的"政策调整或者市场供求关系异常变动等原因"具体是指经济危机、金融危机、严重通货膨胀、国家宏观调控与价格管制措施、重大疫情与防控措施、重大社会政策调整等。[①] 而且,这里还要求对价关系障碍不是正常的商业风险造成的,合同涉及市场属性活跃、长期以来价格波动较大的大宗商品以及股票、期货等风险投资型金融产品的,均不构成对价关系障碍类型的情势变更。[②]

物之给付的贬值风险原则上由债权人承担,但是,如果贬值属于典型合同风险之外的情势,则可以适用情势变更规则。

一方的给付义务嗣后大于当初假定的情况,或者一方的给付义务随着时间陷入困难的情况,也可以导致对价关系障碍。具体如购置的价格明显提高,或者由于罢工等原因而使运输费用成倍增加。

这些给付与对待给付价值关系的变化,只有在相关当事人于通常的交易中无法预计,并且导致对价关系严重失衡的情形,才会构成交易基础丧失。如果对价关系失衡是合同中一方应承受的风险所导致的,则不应予以考虑。

(二) 目的障碍(Zweckvereitelung)

所谓目的障碍,也被称为预设的使用目的障碍,是指虽然债务人能够给付,但基于不可归属于任一方的风险而使得与合同相关的目的永久不能达成,即对于债权人没有意义的情况。之所以没有意义,是因为债权人所追求的给付目的不可能达到了,而该给付目的没有约定在合同中。在这些情况下,不是给付提供本身不能达成了,而是债务人意欲的给付结果不能达成,也即使用目的(Verwendungszweck)不能达成。[③]

原则上,债权人自己承担给付之使用目的的风险,如承租人承担租赁物能够使用的风险;购买婚戒的人,承担没有结成婚的风险;租用宾馆开会的当事人,如果会议取消了,也必须支付宾馆费用。在一方通知对方在订约时自己所具有的目的,而且另一方当事人也将该目的作为自己的目的或者意思基础的情况下,使用目的就会成为交易基础甚或共同的交易基础。例如,在价格确定上,当事人考虑了该使用目的的情况。再如,甲租赁乙的阳台用于观看春节焰火,当事人均同意受这一目的的约束,故出租人也需承担这一利用风险,该使用目的构成交易基础,如该目的无法达到,应允许承租人解除合同。

如果使用目的已经成为合同的内容,如相对人进行担保,或者作为合同的条件,若该使用目的不能实现,则属于给付不能或者条件不成就的问题。

---

① 最高人民法院民事审判第二庭、研究室编著:《最高人民法院民法典合同编通则司法解释理解与适用》,人民法院出版社 2023 年版,第 370 页。
② 同上书,第 372 页。
③ Larenz, *Schuldrecht AT*, 14. Aufl., 1987, §21 Ⅱ, S. 326.

(三) 对于重大情势的双方错误

当事人双方对于作为合同基础的重要观念发生共同错误的,也构成情势变更。比如共同计算错误;在医疗合同的情况下,当事人以为存在医疗保险;建筑房屋不具有获得批准的能力、资质;出卖股份份额后即不得竞业;法律上或经济上关联的合同没有成立(具体如贷款、担保合同与房屋买卖合同具有经济关联的情况下贷款合同没有订立)。

共同错误之情势不能位于一方当事人风险范围,而且,在此时要求一方当事人信守合同是不可以期待的。另外,这些情势必须在订立合同时已经存在。在当事人对于将来结果的出现或不出现发生错误的情况下,也可能存在交易基础障碍。

在单方过错的情况下,如果对方承认该错误,也可能构成情势变更。具体看相关情势是否处于错误一方的风险范围内。

> 案例:某年 6 月,德甲俱乐部甲与德甲俱乐部乙签订合同,将职业球员丙由甲俱乐部转让给乙俱乐部,乙须向甲支付 40 万欧元的转会费。嗣后经证实,丙在 5 月份的球赛中因收受贿赂被足协禁赛,因此在合同订立之时,丙已经客观地不能再参加德甲比赛了。[①]

在本案中,当事人对丙不能参加比赛的事情存在共同错误,可以按照情势变更规则予以处理。

(四) 法律变动

法律发生变动的,往往会构成当事人不能预见的情势变更。如为了获得外贸经营许可权,甲购买了具有外贸经营许可权的乙企业,但事后国家修改法律,认可所有企业均有对外经营权,则购买乙企业就失去了原来的意义。

又如,甲承担对乙的抚养费,但事后由于物价等原因,裁判机关变动了抚养费计算方法,由此也导致情势变更。

在实践中,因为国家限购政策的调整,买受人不再具备购房资格的,应当允许买受人以情势变更为由解除合同。

(五) 特定法律关系的存续

某些合同的订立往往以信赖某些法律关系的存续为前提。例如,甲乙合伙,但前提是贷款成功,如果贷款未发放,合伙即可解散;丈夫为了不让债权人交易而将生意移转给妻子,在嗣后二者离婚时,丈夫可以基于情势变更,要求恢复原状。

六、法律效果

与给付不能的法律效果不同,在情势变更的情况下,债务人的给付义务并不被免除。情势变更的法律效果主要是变更与解除合同(《民法典》第 533 条)。

[①] BGH NJW, 1976, 565.

(一) 再交涉义务

构成情势变更的,就风险的再分配形成合同漏洞。① 根据《民法典》第 510 条,当事人可以就合同事项补充协议。《民法典》第 533 条也规定,受不利影响的当事人可以与对方重新协商。当事人一方有请求权,双方可以进行谈判,谈判不成的,可以诉讼,在诉讼中,人民法院要积极引导当事人重新协商,改订合同;重新协商不成的,争取调解解决(《民商事合同指导意见》第 1 条第 4 款)。

有学者主张,在情势变更情况下,当事人有重新谈判或再交涉的义务。② 但谈判或交涉都取决于当事人的意愿与相互信任,根本无法通过强制手段实现;如果强制规定不谈判即承担损害赔偿责任,并不合理,也无法操作。③ 所以,重新协商本身并非一种义务。

(二) 中止履行

有观点认为,在构成情势变更时,当事人再交涉期间,债务人享有中止履行抗辩权,债务人中止履行的,不构成违约。④ 具体如债务人主张减免租金时,即可以拒付支付租金。对此,本书持不同观点,在构成情势变更时,债务人的中止履行抗辩权并没有法律依据,而且,如果赋予债务人中止履行的权利,则会存在当事人滥用权利之危险。所以,在构成情势变更时,债务人并不享有中止履行的权利。

(三) 变更合同

依照《民法典》第 533 条的规定,在合理期限内当事人协商不成的,当事人可以请求变更合同。变更实质上是把不可预见的情势变更的风险在当事人之间进行适当分配,对合同当事人的权利义务作出新的安排。⑤ 依据《民商事合同指导意见》第 1 条第 4 款,"在调整尺度的价值取向把握上,人民法院仍应遵循侧重于保护守约方的原则。适用情势变更原则并非简单地豁免债务人的义务而使债权人承受不利后果,而是要充分注意利益均衡,公平合理地调整双方利益关系"。有观点认为,变更权性质上属于形成权,最终的形成效果取决于法院。⑥ 法院或仲裁机构的判决为形成判决,而非确认判决。⑦ 但应当看到,变更的目的在于,基于情势变化的情况,法官考虑当事人的

---

① 尚连杰:《风险分配视角下情事变更法效果的重塑——对〈民法典〉第 533 条的解读》,载《法制与社会发展》2021 年第 1 期,第 172 页。
② 韩世远:《合同法总论》(第四版),法律出版社 2018 年版,第 507 页;王闯:《当前人民法院审理商事合同案件适用法律若干问题》,载《法律适用》2009 年第 9 期。
③ 〔德〕英格博格·施文策尔:《国际货物销售合同中的不可抗力和艰难情势》,杨娟译,载《清华法学》2010 年第 3 期,第 164—176 页;尚连杰:《风险分配视角下情事变更法效果的重塑——对〈民法典〉第 533 条的解读》,载《法制与社会发展》2021 年第 1 期,第 174 页。
④ 最高人民法院民法典贯彻实施工作领导小组主编:《中华人民共和国民法典合同编理解与适用(一)》,人民法院出版社 2020 年版,第 492 页。
⑤ 朱广新:《合同法总则研究(下册)》,中国人民大学出版社 2018 年版,第 476 页。
⑥ 韩世远:《合同法总论》(第四版),法律出版社 2018 年版,第 515 页。
⑦ 最高人民法院民法典贯彻实施工作领导小组主编:《中华人民共和国民法典合同编理解与适用(一)》,人民法院出版社 2020 年版,第 488 页。

意思促成适当的利益平衡。所以,本书认为,变更权的本质为请求权,变更并不是基于法律规定,法官并无变更合同的职权。

依照《民法典》第 533 条的文义,请求变更的主体是合同当事人,并未限定于因情势变更而处于不利地位的当事人。一方提出变更的请求,对方不同意的,主张变更的一方可以请求法院作出判决。当事人申请变更后,具体由法官进行合同变更。法官变更合同的作业实质上是补充解释的作业。依据《民法典》第 510 条的规定,法官可以按照合同相关条款或者交易习惯进行补充解释。而依据《民法典》第 142 条,法官也可以根据行为的性质和目的和诚实信用原则进行补充解释。

变更的内容是将已出现的风险合理地在当事人之间分配,可能是增加或者减少对待给付,也可能是适当支付补偿,也可以是部分或完全地免除给付义务。变更合同的内容也可能是履行期限、履行方式、延期或分期履行、拒绝先为履行,变更标的物等(《涉新冠肺炎疫情民事案件指导的意见(一)》第 3 条第 2 项、《涉新冠肺炎疫情民事案件指导的意见(二)》第 2 条)。变更的内容也可能是返还部分合同价款。①

值得注意的是,已经通过调整价款、变更履行期限等方式变更合同,当事人即不得再请求对方承担违约责任的(《涉新冠肺炎疫情民事案件指导的意见(二)》第 2 条第 2 款)。

(四)解除合同

在合同调整不可能或者对一方当事人不可期待时,当事人可以解除合同。② 所谓调整不可能主要是指交易基础丧失致使合同意义丧失的情况,通常是目的消失或者合同目的不能实现。在一时性合同的情况下,解除合同的,债的关系溯及既往地消灭。在继续性合同的情况下,解除合同的,债的关系指向将来地消灭。在当事人已经履行时,解除合同后,双方当事人相互负有返还义务等恢复原状义务,并应采取其他补救措施(《民法典》第 566 条)。

(五)变更与解除合同的适用顺序

情势变更的适用具有例外性,所以,应当最大限度地减少法院对合同权利义务关系的干涉。在变更与解除合同的适用顺序上,也应从合同严守规则出发,尽量通过变更合同使得当事人之间的利益重新达到平衡。③ 所以,变更合同应优先于解除合同,只有在不能通过变更合同消除当事人之间不公平的法律后果的情况下,才可以解除

---

① "成都鹏伟实业有限公司与江西省永修县人民政府、永修县鄱阳湖采砂管理工作领导小组办公室采矿权纠纷案",参见最高人民法院(2008)民二终字第 91 号民事判决书,载《最高人民法院公报》2010 年第 4 期(总第 162 期)。
② 韩世远:《合同法总论》(第四版),法律出版社 2018 年版,第 516 页。
③ 最高人民法院民事审判第二庭、研究室编著:《最高人民法院民法典合同编通则司法解释理解与适用》,人民法院出版社 2023 年版,第 373 页。

合同。①

《民法典合同编通则解释》第 32 条第 2 款明确规定,合同的基础条件发生了《民法典》第 533 条第 1 款规定的重大变化,当事人请求变更合同的,人民法院不得解除合同;当事人一方请求变更合同,对方请求解除合同的,或者当事人一方请求解除合同,对方请求变更合同的,人民法院应当结合案件的实际情况,根据公平原则判决变更或者解除合同。

(六)变更与解除合同时间的确定

人民法院依据《民法典》第 533 条的规定判决变更或者解除合同的,应当综合考虑合同基础条件发生重大变化的时间、当事人重新协商的情况以及因合同变更或者解除给当事人造成的损失等因素,结合当事人权利义务受到的不同影响等案件实际情况,根据公平原则,在判项中明确合同变更或者解除的时间(《民法典合同编通则解释》第 32 条第 3 款)。②

(七)损失分担

情势变更的制度目的在于消除情势变更对当事人造成的不公平后果,因此而受到损害的一方并不能主张损害赔偿等违约法律效果。在构成情势变更的情况下,债务人首先免负损害赔偿责任,除非当事人有相反的约定;免责的范围应当包括违约金。③ 不同意见认为,基于对全局等价性的保障,仍应考虑对被解除一方当事人利益的补偿,也即主张损害赔偿的法律效果。④ 更多的学者主张损失分担,在情势变更的情况下,不存在违约的问题,基于诚实信用原则,当事人应分担损失或者补偿损失。⑤

其实,在变更合同的框架下,也可以实现损失的分担。这里的损害原则上针对的并非履行利益,而是信赖利益,主要是为了订立合同以及履行合同而产生的费用。⑥ 对于已经出现的损失,在有疑问的情况下,于当事人间平等分配。

---

① 最高人民法院民法典贯彻实施工作领导小组主编:《中华人民共和国民法典合同编理解与适用(一)》,人民法院出版社 2020 年版,第 488 页。
② 最高人民法院民事审判第二庭、研究室编著:《最高人民法院民法典合同编通则司法解释理解与适用》,人民法院出版社 2023 年版,第 374 页。
③ 〔德〕英格博格·施文策尔:《国际货物销售合同中的不可抗力和艰难情势》,杨娟译,载《清华法学》2010 年第 3 期,第 164—176 页。
④ 朱朝晖:《潜伏于双务合同中的等价性》,载《中外法学》2020 年第 1 期,第 152 页以下。
⑤ 史尚宽:《债法总论》,中国政法大学出版社 2000 年版,第 460 页;梁慧星:《关于民法典分则草案的若干问题》,载《法治研究》2019 年第 4 期,第 11 页;王利明:《合同法研究》(第二卷)(第三版),中国人民大学出版社 2015 年版,第 390 页以下;最高人民法院民法典贯彻实施工作领导小组主编:《中华人民共和国民法典合同编理解与适用(一)》,人民法院出版社 2020 年版,第 488 页。
⑥ 尚连杰:《风险分配视角下情事变更法效果的重塑——对〈民法典〉第 533 条的解读》,载《法制与社会发展》2021 年第 1 期,第 185 页。

第七章 债的关系的解除

✍【文献指引】

尹田:《法国民法中合同解除的法律适用》,载《法商研究(中南政法学院学报)》1995年第6期;王利明:《论根本违约与合同解除的关系》,载《中国法学》1995年第3期;詹森林:《解除契约之实务问题(一)》,载《月旦法学杂志》1999年第49卷;詹森林:《解除契约之实务问题(二)》,载《月旦法学杂志》1999年第52卷;詹森林:《建筑物或其他土地上工作物承揽契约之解除》,载《台湾本土法学杂志》2001年第22卷;蔡立东:《论合同解除制度的重构》,载《法制与社会发展》2001年第5期;陈洸岳、[日]加贺山茂:《日本"债务不履行"的新开展——以债务不履行之解除为中心》,载《月旦法学杂志》2003年第99卷;易军:《撤销权、抗辩权抑或解除权——探析〈合同法〉第195条所定权利的性质》,载《华东政法学院学报》2003年第5期;崔建远:《解除权问题的疑问与释答(上篇)》,载《政治与法律》2005年第3期;崔建远:《解除权问题的疑问与释答(下篇)》,载《政治与法律》2005年第4期;崔建远:《合同解除的疑问与释答》,载《法学》2005年第9期;吕巧珍:《委托合同中任意解除权的限制》,载《法学》2006年第9期;李政辉:《合同法定解除原因研究》,中国检察出版社2006年版;胡智勇:《合同解除权的行使方式——对〈合同法〉第96条第1款的理解与适用》,载《法律适用》2006年第1期;卢谌、杜景林:《论合同解除的学理及现代规制——以国际统一法和民族国家为视角》,载《法学》2006年第4期;郑爱青:《完善我国劳动合同解除制度的思考和建议》,载《法学杂志》2007年第3期;崔建远、龙俊:《委托合同的任意解除权及其限制——"上海盘起诉盘起工业案"判决的评释》,载《法学研究》2008年第6期;李先波:《英美合同解除制度研究》,北京大学出版社2008年版;崔建远:《租赁房屋装饰装修物的归属及利益返还——对法释[2009]11号关于租赁房屋之装饰装修及其法律后果的规定的评论》,载《法学家》2009年第5期;崔建远、吴光荣:《我国合同法上解除权的行使规则》,载《法律适用》2009年第11期;曾祥生:《论解除权之行使》,载《法学评论》2010年第2期;崔建远:《合同一般法定解除条件探微》,载《法律科学(西北政法大学学报)》2011年第6期;成升铉、崔吉子:《联合国国际货物销售合同公约解除制度模式的比较法史研究》,载《清华法学》2011年第5期;郝磊:《合同解除权制度研究》,中国检察出版社2011年版;杜晨妍:《合同解除权行使制度研究》,经济科学出版社 2011 年版;陆青:《合同解除效果的意思自治研究:以意大利法为背景的考察》,法律出版社 2011 年版;陆青:《合同解除效果与违约责任——以请求权基础为视角之检讨》,载《北方法学》2012 年第 6 期;崔建远:《解除效果折衷说之评论》,载《法学研究》2012 年第 2 期;姜南:《自由与强制——诠释保险合同法定解除之功能定位》,载《河北法学》2012 年第 12 期;张民:《再论未生效合同的解除》,载《法学》2012 年第 3 期;冉克平:《论违约解除后的责任承担》,载《法律科学(西北政法大学学报)》2013 年第 5 期;贺剑:《合同解除异议制度研究》,载《中外法学》2013 年第 3 期;王成:《合同解除与违约金》,载《政治与法律》2014 年第 7 期。

✎ 【补充文献】

陆青:《论法定解除事由的规范体系——以一般规范与特别规范的关系为中心》,载《华东政法大学学报》2015 年第 1 期;崔建远:《完善合同解除制度的立法建议》,载《武汉大学学报(哲学社会科学版)》2018 年第 2 期;王利明:《合同编解除制度的完善》,载《法学杂志》2018 年第 3 期;蔡睿:《吸收还是摒弃:违约方合同解除权之反思——基于相关裁判案例的实证研究》,载《现代法学》2019 年第 3 期;孙良国:《违约方合同解除的理论争议、司法实践与路径设计》,载《法学》2019 年第 7 期;赵文杰:《〈合同法〉第 94 条(法定解除)评注》,载《法学家》2019 年第 4 期;石佳友、高郦梅:《违约方申请解除合同权:争议与回应》,载《比较法研究》2019 年第 6 期;赵文杰:《论法定解除权的内外体系——以〈民法典〉第 563 条第 1 款中"合同目的不能实现"为切入点》,载《华东政法大学学报》2020 年第 3 期;朱晓喆:《〈民法典〉合同法定解除权规则的体系重构》,载《财经法学》2020 年第 5 期;谢鸿飞:《〈民法典〉法定解除权的配置机理与统一基础》,载《浙江工商大学学报》2020 年第 6 期;朱虎:《解除权的行使和行使效果》,载《比较法研究》2020 年第 5 期;朱虎:《分合之间:民法典中的合同任意解除权》,载《中外法学》2020 年第 4 期;韩世远:《继续性合同的解除:违约方解除抑或重大事由解除》,载《中外法学》2020 年第 1 期;郝丽燕:《走出违约方解除权的误区》,载《南大法学》2020 年第 3 期;王洪亮:《民法典中解除规则的变革及其解释》,载《法学论坛》2020 年第 4 期;刘凯湘:《民法典合同解除制度评析与完善建议》,载《清华法学》2020 年第 3 期;王利明:《论合同僵局中违约方申请解约》,载《法学评论》2020 年第 1 期;宁红丽:《〈民法典〉中定作人任意解除权的适用要件与法律效果》,载《浙江工商大学学报》2020 年第 6 期;武腾:《委托合同任意解除与违约责任》,载《现代法学》2020 年第 2 期;宁红丽:《〈民法典草案〉"承揽合同"章评析与完善》,载《经贸法律评论》2020 年第 1 期;尹中安:《人身保险投保人合同任意解除权质疑——兼论人身保险被保险人的法律地位》,载《法商研究》2020 年第 1 期;刘承韪:《论违约方解除合同规则写入民法典之必要与可行》,载《中国政法大学学报》2020 年第 3 期;崔建远:《关于合同僵局的破解之道》,载《东方法学》2020 年第 4 期;冯弋珩:《对商事合同法定解除适用问题的探讨——基于法定合同解除权事由的类型化》,载《东南大学学报(哲学社会科学版)》2021年第23卷增刊;李语湘:《英美返还法与准合同的现代立法选择》,载《私法研究》2021年第1期;李志增、徐卫岭:《合同解除后主张赔偿损失与适用违约金条款探析——以〈民法典〉第566条为视角》,载《中国应用法学》2021年第6期;姚明斌:《基于合意解除合同的规范构造》,载《法学研究》2021年第1期;陈景善、郜俊辉:《保险合同任意解除中的第三人保护检视》,载《保险研究》2021年第11期;韩富鹏:《民商区分视角下委托合同任意解除权的适用》,载《财经法学》2021年第3期;何丽新、陈诺:《利他保险合同下任意解除权的利益失衡与解决路径》,载《政法论坛》2021年第1期;朱博文:《不定期继续性合同解除的规范构造》,载梁慧星主编:《民商法论丛》(第74卷),社会科学文献出版社2023年版;张海燕:《合同解除之诉的解释论展开》,载《环球法律评论》2022年第5期;杨勇:《根本违约场合风险负担规则的适用》,载《财经法学》2022年第5期;潘运华、李明明:《论合同无效后返还的请求权基础》,载《大连海事大学学报(社会科学版)》2022年第3期;陈彦晶、裴健宇:《论委托合同任意解除权的限制适用》,载《温州大学学报(社会科学版)》2022年第4期;刘承韪:《合同解除权行使规则解释论——兼评民法典第565条之规定》,载《比较法研究》2022年第2期;郝丽燕:《定作人任意解除权的反思与重构》,载《北方法学》2023年第2期;余冬生:《论破产法中待履行合同的解除权》,载《北方法学》2023年第1期;刘子赫:《〈民法典〉第580条第2款(违约方司法解除权)诉讼评注》,载《云南社会科学》2023年第1期;梁玉婷:《解除权除斥期间的类案研究——以商品房买卖合同为例》,载《东南大学学报(哲学社会科学版)》2023年第25卷增刊;吕斌:《合同解除后的返还清算》,载《东北大学学报(社会科学版)》2023年第4期;安文靖:《论我国民法根本违约制度之完善——以PICC根本不履行规则为镜鉴》,载《北方法学》2023年第4期;刘凝:《轻微违约下限制约定解除权之质疑》,载《法学》2023年第4期;俞彦韬、曹沛地:《论约定解除权之限制》,载《西部法学评论》2023年第2期;刘亚东:《双务合同瑕疵后得利返还制度的体系整合与教义学结构》,载《政治与法律》2023年第4期;游冕:《〈民法典〉第919条(委托合同的定义)评注》,载《南大法学》2023年第4期;冯德淦:《合同解除后费用返还问题研究》,载《北方法学》2023年第6期;刘承韪:《论按揭模式下关联合同的解除》,载《法律科学(西北政法大学学报)》2023年第6期;李永军、李昶:《效力瑕疵合同返还不能时折价补偿的计算标准》,载《南京社会科学》2024年第3期;吴国喆、张慧超:《合同通知解除中相对方异议规则的解释论》,载《北方法学》2024年第2期;陈龙业:《合同解除规则的细化完善与司法适用》,载《财经法学》2024年第4期;郝丽燕:《论解除通知的表达对合同解除的影响》,载《社会科学研究》2024年第4期;孙良国:《论替代交易规则的适用要件》,载《法学》2024年第4期。

第一节 解除概述

清偿及清偿替代是正常地结束债的关系的途径。除了这种正常的债的实现方式以外,还存在其他清算债的关系的方式,比如当事人协商解除(约定废止)债的关系,或者基于单方解除权、法定原因解除债的关系。这里的债的关系是广义的债之关系。

在实践中,当事人通常不能达成一致协议解除合同(废止合同),从而无法从合同中摆脱出来。比较常见的是合同当事人一方享有解除权或者法定解除权等形成权,单方即可以对债之关系产生作用、解除债的关系。《民法典》还补充规定了终止权规则。

一、解除的内涵

(一)解除的概念

所谓解除,是指在合同成立之后,当解除的条件具备时,通过单方或双方意思表示,使合同关系自始消灭或仅向将来消灭的行为。[1] 这一界定涵盖了协议解除(废止合同)、法定解除、约定解除权(解除权保留)、终止权以及任意解除权等,是广义的解除概念。不过现行法上,区分了解除、终止,也区分了法定解除与协议解除。狭义的解除仅针对法定解除与约定解除权(解除权保留)两种情况,狭义的解除是单方、需受领的意思表示,通过该意思表示,合同关系终结并自此(ex nunc)转化为针对已经交换给付的、合同性质的返还之债的关系(Rückgewährschuldverhältnis)。[2]

(二)解除权的性质

解除权为形成权,自解除的意思表示到达相对人时,债之关系即被解除。解除权并非形成诉权。形成诉权说的缺点比较明显,根据此说,作出裁决书后合同关系才解除,此后当事人才可以出卖或者替代交易,对当事人不利。[3]

(三)解除的功能

解除具有两个功能:其一是解脱功能,一旦解除,原给付义务自始即为消灭,债权人即从合同关系中解脱出来;其二是返还功能,合同被解除后,双方须返还已经履行的给付。[4]

二、解除规则的适用范围

解除的规则被规定在《民法典》第 562 条以下。其中,第 562 条第 1 款规定的是

---

[1] 崔建远:《合同法》(第四版),北京大学出版社 2021 年版,第 288 页。
[2] Fikentscher/Heinemann, *Schuldrecht AT & BT*, 12. Aufl., 2022, §48, Rn. 528.
[3] Kötz, *Europäisches Vertragsrecht*, 2. Aufl., 2015, S. 322.
[4] Fikentscher/Heinemann, *Schuldrecht AT & BT*, 12. Aufl., 2022, §48, Rn. 528.

协议解除,第 562 条第 2 款规定的是约定解除权,第 563 条以下规定的是法定解除规则,是没有过错而产生给付障碍情况下解销合同的最核心制度,法定解除权规则在实践中意义重大。另外,值得注意的还有不安抗辩权情况下的解除规则(《民法典》第 528 条)以及情势变更情况下的解除规则(《民法典》第 533 条)。在合同编典型合同分编中,也有很多规则转引向第 563 条,如《民法典》第 610 条、第 711 条等。

  解除规则只能适用于合同之债。有疑问的是,解除是否仅适用于双务合同。在协商解除的情况下,当事人自可以约定是否适用于单务合同。但在法定解除的情况下,是否适用于单务合同,则存有争议。

  对于单务合同,如赠与、借款以及无偿委托合同,有学者认为并无解除的必要。① 以赠与合同为例,该学者认为,赠与人不愿履行合同时,可以通过撤销赠与的方法达到解除合同的目的(《民法典》第 658 条);而且,受赠人不承担对待给付义务,因而不存在违约的问题,只有赠与人违约的问题。而在赠与人违约的场合,受赠人自可请求损害赔偿,并无解除必要。② 实际上,在单务合同中,双方都是有可能违约的,即使受赠人没有给付义务,但亦会承担一些附随义务乃至受领义务,而在违约的情况下,当事人就存在从合同中解放出来以及返还的需要,不应否认其解除的权利。债务人于履行期届满之前明确表示或者以其行为表明不履行主要债务,允许债权人援用《民法典》第 563 条第 1 款第 2 项解除单务合同,在许多场合都具有积极意义。例如,无息借款合同的借款人明确表示届时不偿还本金,或将其财产挥霍或转移的,应允许出借人解除借款合同。③

三、解除权的类型

(一) 法定解除权与约定解除权

  单方解除权可以基于法律产生,也可以基于合同产生。前者被称为法定解除权(《民法典》第 563 条、第 528 条),后者被称为约定解除权,也被称为解除权保留(《民法典》第 562 条第 2 款)。法定解除权针对的是基于客观原因履行不能或因对方违约而享有解除权的人解除合同的情况。而约定解除权针对的是当事人约定一方解除合同事由的情况,在解除合同的事由发生时,解除权人即可以解除合同。保留解除权的合意被称为解约条款,当事人既可以在订立合同时即约定解约条款,也可以在事后订立解约条款。当事人可以明示约定解约条款,也可以默示约定解约条款。

  案例:甲出售给乙一台智能洗衣机,约定若乙对质量不满意,得在一个月内

---

① 韩世远:《合同法总论》(第四版),法律出版社 2018 年版,第 650—651 页;〔德〕海因·克茨:《德国合同法(第二版)》,叶玮昱、张焕然译,中国人民大学出版社 2022 年版,第 289 页。
② 韩世远:《合同法总论》(第四版),法律出版社 2018 年版,第 651 页
③ 崔建远:《合同解除探微》,载《江淮论坛》2011 年第 6 期,第 89 页。

退货还钱。

在此案中,当事人约定乙得在一个月内退货还钱,实质上是约定了乙享有解除权,无须甲表示同意,乙即可有效解除合同,并发生返还效力。

又如,在商业交易中,当事人约定"可随时更改的""不受拘束的"或者"供货可能性的保留"等条款,实质上也是解除权的约定。但是,这些约定并非不受限制,即使当事人约定了这些条款,只有在不能根据诚实信用所可期待的努力获取该货物的情况下,出卖人才可以解除合同。①

合同约定的解除事由构成时,守约方以此为由请求解除合同的,人民法院应当审查违约方的违约程度是否显著轻微,是否影响守约方合同目的实现,根据诚实信用原则,确定合同应否解除。违约方的违约程度显著轻微,不影响守约方合同目的实现的,守约方无权请求解除合同(《九民纪要》第47条)。反面解释该规则可知,如果违约方的违约程度较为严重,影响守约方合同目的实现的,那么守约方有权请求解除合同。

案例:双方当事人订立租赁合同,并约定如果承租人迟延一天支付房屋租金,出租人即可以解除合同。

在此案中,人民法院可以认定违约方的违约程度显著轻微,不影响守约方合同目的实现,即使发生了约定的解除事由,约定解除权人也不得解除合同。应当看到,法院对当事人约定的解除事由及其实际违反是否重大的审查,本质上是对当事人自由的干预。其实,对于当事人约定的解除事由条款,一般不应限制,除非其违背诚实信用。

应当注意的是,约定解除权不同于附解除条件的约款。在前者,解除事由发生时,解除权人要行使解除权,合同才被解除;而在后者,约定的解除条件一旦成就,合同即解除,无须任何人行使解除权。而且,解除条件成就时,法律行为自此不生效力,不具有溯及力,并根据不当得利法处理清算问题;而在约定解除权的情况下,解除具有溯及力,根据特别的解除法律效果规则处理清算问题,对此后文会有详细论述。另外,当事人不仅可以对负担行为约定附解除条件,也可以对物权行为约定附解除条件,而约定解除权只能针对负担行为。②

(二) 任意解除

所谓任意解除,是指当事人不需要解除事由随时可以解除合同的情况。任意解除规则既可以适用于一时性合同,也可以适用于继续性合同或长期合同。《民法典》合同编并没有规定一般性的任意解除制度③,而是在典型合同中规定了任意解除规

---

① Looschelders, *Schuldrecht AT*, 21. Aufl., 2023, §40, Rn. 2.
② MüKoBGB/Gaier, 9. Aufl., 2022, BGB §346, Rn. 22.
③ 《民法典》第563条第2款规定了一般性的不定期继续性合同中的任意解除规则,本书分别处理。

则,但其正当性基础有所不同。例如,在承揽合同情况下,定作人在承揽人完成工作前可以随时解除合同,但应当赔偿因解除合同而给对方造成的损失(《民法典》第787条);在德国法上,定作人任意解除合同向将来发生效力,而且承揽合同的解除并不影响承揽人的报酬请求权。所以,定作人任意解除权的正当性一般在于定作人可能在承揽期间丧失了定作的利益,而且承揽人对承揽工作的完成不一定具有利益,因为即使承揽合同解除,承揽人也可以获得报酬。①

在委托合同的情况下,委托人或受托人可以随时解除委托合同,因解除合同而给对方造成损失的,除不可归责于该当事人的事由以外,无偿委托合同的解除方应当赔偿因解除时间不当造成的直接损失,有偿委托合同的解除方应当赔偿对方的直接损失和合同履行后可以获得的利益(《民法典》第933条)。在无偿委托合同情况下,受托人并没有获得对价,而且在委托合同解除时,受托人可以获得损害赔偿,所以无偿委托合同中委托人任意解除权的正当性最强。而在有偿委托合同中,一方面因为委托人有不受合同绝对约束的利益,另一方面受托人的利益因损害赔偿请求权而可受到有效保护,所以有偿委托合同中委托人的任意解除权也具有正当性。②

(三) 协议解除

所谓协议解除,又被称为协商解除、合意解除、废止合同,是指当事人协商一致解除合同(《民法典》第562条第1款)。

(四) 终止权

在债的关系结束上,可以区分继续性合同与非继续性合同,对于前者采终止制度,对于后者则采取解除制度。在继续性合同终止的情况下,如租赁合同、融资租赁合同、劳动合同、借贷合同、旅游合同以及合伙合同等,终止的效力不溯及既往,而是指向将来。③ 终止有普通终止与特别终止之分。

1. 普通终止

《民法典》第563条第2款一般性地规定了普通终止权制度(正常终止、任意解除):以持续履行的债务为内容的不定期合同,当事人在合理期限之前通知对方后可以解除。继续性合同为不定期合同的,需要通过行使终止权终止合同,作为正常的终止,通常解除人无须具有正当解除理由。通常当事人终止时,要为相对人指定期间,以便其适应新的法律状况。但在住宅租赁以及劳动合同的情况下,正常终止的,亦需要具备正当理由,因为这两种继续性合同涉及人的生存保障。

2. 特别终止

当事人对继续性合同约定期限的,当事人必须要有正当理由,方可以终止继续性

---

① Looschelders, *Schuldrecht AT*, 21. Aufl., 2023, §39, Rn 16.
② 朱虎:《分合之间:民法典中的合同任意解除权》,载《中外法学》2020年第4期,第1027页。
③ 朱广新:《合同法总则研究(下册)》,中国人民大学出版社2018年版,第511页。

合同,即为特别的终止权(非正常终止权)。在特别终止的情况下,终止人无须为对方保留期限,因为其目的就在于迅速结束合同关系。在特别终止情况下,终止人通常负有损害赔偿责任。对于特别终止权,《民法典》没有一般规定,但有特别规则。比如《民法典》第1022条第2款规定,当事人对肖像许可使用期限有明确约定,肖像权人有正当理由的,可以解除肖像许可使用合同,但是应当在合理期限之前通知对方。因解除合同造成对方损失的,除不可归责于肖像权人的事由外,应当赔偿损失。

(五) 司法终止权

所谓司法终止权,是指有《民法典》第580条第1款规定的除外情形之一,致使不能实现合同目的的,人民法院或者仲裁机构可以根据当事人的请求终止合同权利义务关系,但是不影响违约责任的承担(《民法典》第580条第2款)。

(六) 期间届满后合同关系结束

在继续性合同附有期限的情况下,在约定的时间经过后,该继续性合同即行结束,如在租赁合同的情况下,租赁期间届满,承租人即应当返还租赁物(《民法典》第733条第1句)。

如果在期间届满之前,合同被废止或者被终止的,期间届满的效力并不发生。

在期间届满后,当事人还可以约定延长合同期间。期间届满的约定不能违反形式要件以及特别合同类型中规定的要件,否则视为无期限合同(《民法典》第705条、第707条)。当事人约定保证期间的,实质上就是约定合同期间。

第二节　解　除　权

一、解除权模式

解除规则有两种模式。一种是根本违约模式,比如预期违约、给付不能等情况,在立法者对于违约程序有所迟疑的地方,通过判定是否构成根本违约的方式,进一步明确违约是否足以导致解除,《联合国国际货物销售合同公约》《国际商事合同通则》以及《欧洲合同法原则》采取的都是这种模式,比如《国际商事合同通则》第7.3.1条第2款。另一种是债权人为债务人指定期间的模式,给债务人第二次机会排除违约;但指定期间也存在例外,如对方明确拒绝履行给付义务或者给付义务履行不能的情况下,则无须指定期间,德国(《德国民法典》第323条)与瑞士(《瑞士债务法》第107条以下)采取的是这种模式。这两种模式都有缺点,在根本违约模式下,受害一方常常会不清楚是否享有解除权。而在指定期间模式中,受损利益并不很重要或者只是部分违反主要义务的情况下会出现困难,仅通过指定期间即可以解除合同,有可能出现扩大解除权适用范围的问题。所以,在部分给付或者质量不能、违反保护义务的情况下,还是需要通过重大性、不可期待性,来具体判断是否可以解除合同。①

我国《民法典》第 563 条第 1 款采取的是双轨制,一般情况下采取的是根本违约模式,在一方违约的情况下,违约须严重到致使合同目的不能实现的程度。在解释上,一般认为,这里的合同目的不能实现是指根本违约。② 而对于根本违约,有学者认为,一方面要考察该根本违约对债权人造成的不利益,另一方面要考察债权人对债务人根据合同所能期待的利益是否因该不利益而丧失了。③ 在我国法上,对于根本违约的判断,依据违约行为是否严重影响了债权人所期待的从债务人处获得的利益进行。在当事人一方迟延履行主要债务时,守约方催告后在合理期限内仍未履行的,守约方才可以解除合同,在此采取的是指定期间的模式。

二、解除权的构成

解除权的构成并不以过错为前提,过错或者可归责只是损害赔偿请求权的构成要件。但对于解除而言,只要存在未履行所负担的给付或者合同目的不能达到的情况,即可成立。在立法政策上,法定解除权的构成较为严格,以尽量避免合同的解除。之所以如此,一方面是因为应尽量促成交易履行,另一方面是因为解除后,货物返还的费用与风险巨大,尤其在国际货物买卖中更是如此。

有学者认为,合同解除的逻辑前提是合同有效。④ 其实,在同时构成合同解除或者合同无效或可撤销的情况下,当事人自有选择的自由,但只能选择其中之一而为主张。⑤ 尤其在撤销权除斥期间经过后,应当允许主张解除合同。

在合同成立但未生效的情况下,如附有生效条件的合同或者其生效需要批准的合同,也有解除适用的余地。⑥ 前者如当事人约定以第三方履行特定行为(如提供担保)为合同生效条件,但没有约定条件成就期限。如一方没有完成或协助完成使合同生效的行为,合同是否生效就会长期不确定,故此,赋予一方解除权,使其从合同中解脱出来,甚为合理。对于后者,《外商投资企业纠纷规定(一)》第 5 条规定,外商投资企业股权转让合同成立后,转让方和外商投资企业不履行报批义务,经受让方催告后在合理的期限内仍未履行,受让方请求解除合同并由转让方返还其已支付的转让款、赔偿因未履行报批义务而造成的实际损失的,人民法院应予支持。该司法解释第 8 条规定,外商投资企业股权转让合同约定受让方支付转让款后转让方才办理报批手续,受让方未支付股权转让款,经转让方催告后在合理的期限内仍未履行,转让方请

---

① Schlechtriem/Schmidt-Kessel, *Schuldrecht AT*, 6. Aufl., 2005, §14, Rn. 503 f.
② 韩世远:《合同法总论》(第四版),法律出版社 2018 年版,第 661 页。
③ Kötz, *Europäisches Vertragsrecht*, 2. Aufl., 2015, S. 330 f.
④ 韩世远:《合同法总论》(第四版),法律出版社 2018 年版,第 653 页。
⑤ 崔建远:《合同解除的疑问与释答》,载《法学》2005 年第 9 期,第 74—75 页。
⑥ 崔建远主编:《合同法》(第八版),法律出版社 2024 年版,第 176 页。

求解除合同并赔偿因迟延履行而造成的实际损失的,人民法院应予支持。《民法典合同编通则解释》第 12 条第 1 款规定,合同依法成立后,负有报批义务的当事人不履行报批义务或者履行报批义务不符合合同的约定或者法律、行政法规的规定,对方请求其继续履行报批义务的,人民法院应予支持;对方主张解除合同并请求其承担违反报批义务的赔偿责任的,人民法院应予支持。

法定解除权的前提条件主要有两个,其一是存在义务违反行为,也即违约行为;其二是须行使解除权,原则上须由有解除权的人行使解除权,存在合同解除的条件并不当然导致解除合同。

(一) 违约行为的存在

1. 因不可抗力而发生的解除权

在给付不能的情况下,解除权的行使意义并不是很大,原给付义务消灭后,基于双务合同的相互性,对待给付义务也自动消灭,此时,债权人并无必要行使解除权。不过,在债权人对于未履行的原因并不知道或者无法证明的情况下,债权人也可以行使解除权。而且,在双务合同中,不解除而主张损害赔偿的,债权人须为对待给付;相反,如果债权人解除合同,则无须再为对待给付。所以,在发生不可抗力的情况下赋予债权人解除权,也有其意义。

《民法典》第 563 条第 1 款第 1 项仅列举了一种给付不能的情形,即因不可抗力致使不能实现合同目的的,当事人可以解除合同。对于不可抗力以外的原因导致履行不能的,可以适用《民法典》第 563 条第 1 款第 4 项后段关于"其他违约行为致使不能实现合同目的"为解除条件的规定。①

司法解释中也有规定履行不能导致合同解除的情况,比如,《商品房买卖合同解释》第 19 条规定,商品房买卖合同约定,买受人以担保贷款方式付款、因当事人一方原因未能订立商品房担保贷款合同并导致商品房买卖合同不能继续履行的,对方当事人可以请求解除合同和赔偿损失。因不可归责于当事人双方的事由未能订立商品房担保贷款合同并导致商品房买卖合同不能继续履行的,当事人可以请求解除合同,出卖人应当将收受的购房款本金及其利息或者定金返还买受人。

在部分不能情况下,只有部分对待给付义务消灭,在债权人对于合同没有利益的情况下,债权人才可以解除合同,从而使全部对待给付义务消灭。同样,在质量不能的情况下,如果瑕疵并不重大,债权人只能要求减价等救济措施;只有在瑕疵重大,也即义务违反重大的情况下,债权人才可以请求解除合同。

值得注意的是,在给付不能是由债权人造成或者其承担最主要责任的,债权人不能解除合同,因为此时债务人对其仍享有对待给付请求权,债权人不能通过解除合同而逃避对待给付义务。

---

① 崔建远主编:《合同法》(第八版),法律出版社 2024 年版,第 184 页。

根据《民法典》第 566 条,债权人可以同时主张解除与损害赔偿请求权。

2. 因预期违约而发生的解除权

在履行期限届满之前,债务人明确表示或者以自己行为表明不履行主要债务的,债权人可以解除合同(《民法典》第 563 条第 1 款第 2 项),并且无须催告。此时,不可期待债权人等待期限届满才能从合同中解脱出来。这里的主要债务应当是指主给付义务。债权人解除合同的,仍可请求赔偿不履行而造成的损害。

在债务人期前的拒绝履行或丧失履行能力表现比较弱,或者主观上愿意继续履行,但客观上缺乏足够的履行能力的情况下,债务人可以行使不安抗辩权。在构成不安抗辩权的情况下,债务人将来不履行的可能性程度高但没有达到很高或确定的程度。[①] 债务人行使不安抗辩权的,债务人可以中止履行,并应当及时通知对方。[②] 对方提供适当担保时,中止履行的一方应当恢复履行。中止履行后,对方在合理期限内未恢复履行能力并且未提供适当担保的,中止履行的一方可以解除合同(《民法典》第 528 条)。但该规则仅适用于有先后履行顺序的情况下,而且是具有先履行义务的债务人享有的权利。

《民法典》第 563 条第 1 款第 2 项既没有规定合同目的不能实现的要件,也没有规定指定期间予以解除的规则,存在计划内的漏洞,应予以补充。从《合同法》第 94 条对《联合国国际货物销售合同公约》第 25 条、第 72 条以及《国际商事合同通则》第 7.3.1 条的继受关系来看[③],应当认为,只有在合同目的不能实现的情况下,才允许解除合同。

从体系上看,《民法典》第 528 条规定了"以自己的行为表明不履行主要债务"的情形,而且也规定了解除的法律效果,但在构成要件上,要求行使不安抗辩权的债务人必须通知对方,只有在对方没有提供合适的担保或未恢复履行能力时,才能解除合同。如此就与第 563 条第 1 款第 2 项构成冲突。这样就产生了两种类型的期前违约解除类型,"明确表示"不履行主要债务的,无须催告;"以自己行为表明"的,则需要催告。在结果上,不符合同样情况同样处理的正义要求。有学者认为应将第 563 条第 1 款第 2 项中"以自己的行为表明不履行主要债务",解释为应参照第 528 条,要求解除权的产生应以催告为前提。[④] 本书认为,在解释上,还是应统一认为在预期违约且导致合同目的不能实现的情况下,债权人无须催告即可解除合同。

---

① 张金海:《预期违约与不安抗辩制度的界分与衔接——以不履行的可能性程度为中心》,载《法学家》2010 年第 3 期,第 135 页。

② 陈韵希:《合同预期不履行的救济及其法理基础——再论〈合同法〉不安抗辩权和预期违约的界分》,载《比较法研究》2017 年第 6 期,第 34 页。

③ 姚红主编,全国人大常委会法制工作委员会民法室编:《〈中华人民共和国合同法〉与国内外有关合同规定条文对照》,法律出版社 1999 年版,第 77 页。

④ 韩世远:《合同法总论》(第四版),法律出版社 2018 年版,第 664 页。

3. 因迟延给付产生的解除权

在双务合同情况下,债务人一方迟延履行主要债务的,经催告后仍未在合理期限内履行的,债权人可以解除合同(《民法典》第563条第1款第3项)。之所以如此,是因为不可期待债权人无期限地等待并一直准备对待给付。只有在解除合同后,对待给付义务方为消灭。《民法典》在第634条对于分期付款情况下的解除权进行了修改,增加了"经催告后在合理期限内仍未支付到期价款的"的要件,在解除权模式上,采纳了指定期间模式。①

(1) 构成要件

① 未履行给付义务

依据《民法典》第563条第1款第3项,只有债务人迟延履行"主要债务"的,才构成债务人迟延,所谓主要债务,有学者认为指的是给付义务,包括主给付义务与从给付义务。② 不同观点认为,这里的主要债务应仅指主给付义务。③ 其主要理由为:在双务合同中,一方的从给付义务与对方的主给付义务不构成对价关系;而在单务合同中,从给付义务亦不符合主要债务的特征,因为主要债务这一术语来自英美法上的根本合同义务。④ 自债务人迟延构成角度而言,是否为对价关系,并非关键因素,重要的是未履行,故不应将主要债务限定于主给付义务。所以,这里的主要债务包括主给付义务与从给付义务。

债务人未及时履行主给付义务或者从给付义务的,债权人均可行使解除权。未及时履行附随义务的,不适用《民法典》第563条第1款第3项。

② 到期与可实现性

解除权的构成也以履行到期与给付义务可实现为前提。

③ 指定期间

与迟延构成时需要催告一样,这里也需要催告。催告的功能在于警告债务人,目的是给债务人第二次给付的机会。依据《民法典》第563条第1款第3项的规定,债权人催告时,要为对方预留合理期限,合理期限经过后,债务人仍不履行给付的,债权人方可行使解除权。

这里的催告并预留合理期限的行为是一个行为,可以被概括为"指定期间"的行为,其性质为准法律行为,准用法律行为的规则。指定期间的权利是债权中非独立的从权利。

债权人需要在债务人陷入迟延之后作出指定期间的行为。而债务人陷入迟延,

---

① 学说上解释催告要件的思路,仅参见杨旭:《〈合同法〉第167条对股权买卖之准用——〈指导案例〉67号评释》,载《现代法学》2019年第4期,第196—209页。
② 韩世远:《合同法总论》(第四版),法律出版社2018年版,第661页。
③ 崔建远主编:《合同法》(第八版),法律出版社2024年版,第182页。
④ 同上。

通常也需要催告这一要件。债权人可以在一个表示中作出构成迟延的催告以及指定期间。在债务人迟延前，债权人指定期间的，并不生效力；如果债权人进行履行的催告但没有确定期限的，则不符合解除合同的要件。

有疑问的是，何谓"合理"？在具体情况下，要考察给付的难度以及债权人的需求而决定是否合理。如果指定期间不合理，并不意味着指定期间无效、债权人必须重新指定期间，而是只意味着债务人需要按照合理期限进行履行。

在债务人给付迟延致使不能实现合同目的的情况下，债权人即无须指定期间而直接可以解除合同(《民法典》第563条第1款第4项第一种情况)。

具体来讲，在定期交易的情况下，债权人无须指定期间。所谓定期交易，是指债务人须在特定期限或者在特定期间内履行，而债权人对于给付的利益与给付的及时性相关联。是否为定期交易，须进行合同解释，具体看表述中是否有"立即""最迟""一定"等字眼。在定期交易中，债权人对于补救履行并无利益，故此，无须指定期间，为债务人提供二次履行机会。另外，在债务人明确地、最终地拒绝履行的情况下，也属于债务人给付迟延致使不能实现合同目的的情况，也无须指定期间。

债权人指定期间后，尚需在指定期间经过后没有效果。如果在指定期间经过前，由于清偿以外的原因，请求权消灭的，具体如出现了给付不能，则对待给付义务原则上自动消灭。此时，适用给付不能的法律效果规则，而不适用债务人迟延情况下的解除规则。而在解除后，债务人表示抵销的情况下，已经表示的解除即不生效力。

经债权人催告，债务人于期限内仍不履行的，债权人方可解除合同。

最后，值得注意的是，与损害赔偿请求权的构成不同，解除权的构成并不以债务人过错为前提。这里的迟延，并非债务人迟延，因为在典型合同以及法定之债的情况下，债务人迟延的构成需要过错要件，而这里的迟延是一种客观上的逾期不履行。

在指定期间经过且没有效果的，解除权发生效力，原给付义务消灭，产生损害赔偿责任。

(2) 债务人给付迟延致使不能实现合同目的

依据《民法典》第563条第1款第4项第一种情况，在债务人给付迟延致使不能实现合同目的时，债权人无须催告，亦可以解除合同。《买卖合同解释》第19条规定：出卖人没有履行或者不当履行从给付义务，致使买受人不能实现合同目的，买受人主张解除合同的，人民法院应当根据《民法典》第563条第1款第4项的规定，予以支持。《买卖合同解释》第19条是《民法典》第563条第1款第4项第一种情况的特别规范。

所谓不能实现合同目的，是指给付对于债权人没有利益；而所谓迟延的给付对于债权人没有利益所适用的情况,主要是定期行为的情况。① 在定期行为中,依照当事人的意思,非于一定时期给付,不能达到合同目的。

>案例:甲委托乙制作手工艺品,并告知其是为了赠送于当月 6 日出国的友人而订制的,故必须在 5 日前完成交付。

在该案中,无须催告,甲即可以解除合同。该种定期行为又被称为相对定期行为,与绝对定期行为相对。二者的区别在于,前者于债务人迟延时,尚可补救履行;而在后者,已经无法补救履行,构成给付不能。②

(3) 部分给付与解除

如果迟延仅涉及部分给付,则解除权只针对尚未进行的部分给付,即部分解除。只有在债权人对该履行的部分给付不存在利益的情况下,方可以解除整个合同。

部分给付、整体解除的适用前提是债务人的给付是可分的,如果给付不可分,则根本没有部分给付的问题,也无须考察债权人是否对部分给付是否有利益的问题。另一方面,也只有对待给付是可分的,才会适用上述整体解除规则。

>案例:甲出卖房屋给乙,乙支付价款以及提供修缮工作,甲交付并移转所有权于乙,乙支付了价款,但仅履行了部分修缮工作,经甲指定期间后,仍未完成修缮工作。③

此时,是否债权人需对已经履行的部分给付没有利益,甲才可以整体解除合同? 该案中,乙的给付是可分的,而甲的给付是不可分的,如果部分解除,甲无法部分履行,此时,只能整体解除合同,并无部分解除之可能。

(4) 部分瑕疵与解除

如果债务人给付的标的物有瑕疵,但是是可以去除的,也是一种部分给付,构成所谓的质量上的迟延。在这里,构成解除权要求该质量瑕疵必须是重大的,也即义务违反是重大的,之所以这样规定,其目的是保护债务人。

不同意见认为,债务人未依照合同给付的,虽然也可以被看作一种部分给付,但不完全给付在大部分情况下不能区分为有瑕疵部分或者无瑕疵部分,所以,一般没有部分解除的问题。在瑕疵不重大的情况下,只能减价或者只能就瑕疵部分请求"小的"损害赔偿。④ 因为违约而部分解除,在本质上,类似于减价。⑤

---

① 韩世远:《合同法总论》(第四版),法律出版社 2018 年版,第 662 页。
② 姚志明:《债务不履行之研究(一)——给付不能、给付迟延与拒绝给付》,元照出版有限公司 2003 年版,第 239 页。
③ BGH NJW 2010, 146.
④ Looschelders, *Schuldrecht AT*, 21. Aufl., 2023, §33, Rn. 9.
⑤ Schlechtriem/Schmidt-Kessel, *Schuldrecht AT*, 6. Aufl., 2005, Rn. 557.

(5) 解除权的排除

有疑问的是,在债务人迟延的原因完全或者最主要归责于债权人的情况下,如债权人提供信息不正确,债务人无法按时给付,或者债权人不予以辅助,应如何解决。例如,甲委托乙为其量身定制西服,但甲一直失约到乙处量身材。

在以过错为要件的损害赔偿法中,这一问题可以通过共同有责(与有过失)制度解决,依据过错分担损害。但这一灵活解决方案不能适用于解除的情况,因为,在解除的情况下,适用全有全无原则,或者解除,或者排除解除。如此,可能的解决方案是,在债务人迟延的原因完全或者绝大部分归责于债权人的情况下,债权人不可基于债务人迟延而解除合同。对于债权人可归责性的判断,与对债务人过错或可归责的判断,是相同的。

在债权人受领迟延的情况下,只有在债务人对解除原因可归责时,债权人才可以解除合同。而此时,原则上债务人仅对其故意或重大过失归责。

在债权人迟延期间,因不可归责于债务人的原因导致标的物毁损灭失的,债权人亦不能解除合同,否则,一旦其解除合同,即无须为对待给付,这样会将由于其疏忽造成的风险转嫁给债务人。可以设想,在债权人正常受领的情况下,债务人已经清偿了其债务。

(6) 法律效果

在构成解除权且债权人作出解除的意思表示后,其给付义务即为消灭,已经给付的,可以请求返还。

如果义务违反行为可归责于债务人的,债权人还可以请求替代给付的损害赔偿。尚未给付的,按照差额理论确定损害赔偿内容。

解除权是形成权,债权人可以行使,也可以不行使。债权人不行使的,其给付请求权依然存在,而且也可以同时请求损害赔偿;若债权人行使,则给付请求权自解除表示起消灭。在债权人主张替代给付的损害赔偿的情况下,给付请求权亦为消灭。

在指定期间届满后,若债权人再请求履行的,对已经产生的解除权以及损害赔偿请求权并无影响。若债权人再次请求履行无果,即可行使解除权与损害赔偿请求权,且无须再指定期间,但需要让债务人准备或者为履行行为留出时间。

在指定期间经过后,如果债权人没有向债务人作出任何表示的,则债务人就会陷入不确定状态,而债务人亦无权强迫债权人作出决定。《商品房买卖合同解释》第11条第1款规定"合理期间"为经催告后的三个月,但该规则仅适用于商品房买卖合同。在其他合同情况下,债务人只能进行履行,债权人受领的,解除权消灭;债权人不受领且未同时表示解除的,债权人陷入迟延,此时,债务人迟延终止,债务人迟延效果不发生,解除权也消灭了。

在债务人迟延的情况下,债权人未指定期间的,解除权在逻辑上是无法构成的,除非在定期行为等情况下无须指定期间。但此时若允许债权人在任一时间指定期间后主张解除权,对债务人亦为不公。《民法典》第 564 条第 2 款规定,法律没有规定或者当事人没有约定解除权行使期限,自解除权人知道或者应当知道解除事由之日起 1 年内不行使,或者经对方催告后在合理期限内不行使的,该权利消灭。《商品房买卖合同解释》第 11 条第 2 款规定,债权人没有催告的,解除权人自知道或者应当知道解除事由之日起 1 年内行使,逾期不行使的,解除权消灭。

原则上,不遵守合同者,不能基于违约产生任何权利,尤其是解除权。但在双务合同情况下,当事人一方给付不能的,另一方不会再陷入迟延,因为,其享有同时履行抗辩权,其存在即排除迟延。如果一方当事人持续地陷入迟延,则另一方也不会陷入迟延,因为对方当事人没有准备给付。在合同当事人违反附随义务的情况下,或者违反行为义务的情况下,由于这些义务对于双务性而言没有意义或者意义很小,所以,不能排除另一方在主给付义务方面陷入迟延。不遵守合同者不能基于违约产生任何权利的原则要与双务性关联在一起考虑,如果违约在方式与程度上直接影响相对人的合同目的,相对人有权解除合同,则其有权一直保有自己的给付,直到违约方改正自己的违约行为,在此期间,其不陷入迟延,这也是双务性的结果。①

4. 不完全给付与解除

在债务人不完全给付致使合同目的不能实现的情况下,债权人可以解除合同,具体包含物的瑕疵担保的情况。所谓合同目的不能实现,具体如瑕疵重大而且又不能补救履行的情况(《民法典》第 563 条第 1 款第 4 项)。《买卖合同解释》第 19 条明确规定了违反从给付义务的情况,出卖人没有履行或者不当履行从给付义务,致使买受人不能实现合同目的,买受人主张解除合同的,人民法院应当根据《民法典》第 563 条第 1 款第 4 项的规定,予以支持。《民法典合同编通则解释》第 26 条规定,当事人一方未根据法律规定或者合同约定履行开具发票、提供证明文件等非主要债务,对方请求解除合同的,人民法院不予支持,但是不履行该债务致使不能实现合同目的或者当事人另有约定的除外。与《买卖合同解释》第 19 条相比,《民法典合同编通则解释》第 26 条的适用范围不限于买卖合同,而是适用于所有类型的合同,而且,还允许当事人针对从给付义务的违反约定解除权。②《买卖合同解释》第 19 条与《民法典合同编通则解释》第 26 条均是《民法典》第 563 条第 1 款第 4 项第一种情况的特别规范。

值得注意的是,在行使解除权之前,一般应给予债务人补救履行的机会。③ 从《民法典》第 563 条第 1 款第 4 项文义来看,债权人根据这一条解除合同的,无须为债务人指定期间。但是若认为在行使解除权之前,应给予债务人补救履行的机会,则需要为债务人指定期间,以便其二次履行。只有在指定期间后仍未履行或补救履行的,债权

---

① Larenz, *Schuldrecht AT*, 14. Aufl., 1987, S. 360.
② 最高人民法院民事审判第二庭、研究室编著:《最高人民法院民法典合同编通则司法解释理解与适用》,人民法院出版社 2023 年版,第 302 页。
③ 崔建远主编:《合同法》(第八版),法律出版社 2024 年版,第 184 页。

人方可解除合同。《民法典》第 806 条第 2 款规定,发包人提供的主要建筑材料、建筑构配件和设备不符合强制性标准或者不履行协助义务,致使承包人无法施工,经催告后在合理期限内仍未履行相应义务的,承包人可以解除合同。

在债务人不完全给付的情况下,解除权的构成,亦无须过错要件。

在债务人瑕疵给付的情况下,债权人可以主张"退货",在本质上,退货并非补救履行请求权的内容。债权人主张退货的,解释上可认为即其拒绝受领给付,如果其不愿意继续受领将来提供的给付,则必须通过解除合同达成此目的。① 也就是说,此时,退货不过是解除合同的法律效果之一。

与债务人迟延的情况类似,如果债务人不完全履行的原因完全或者绝大部分归责于债权人,则债权人不可基于债务人不完全履行而解除合同。如果债务人不完全履行只是一般性地归责于债权人,则不能排除解除权。

5. 附随义务与解除权

根据《民法典》第 563 条第 1 款第 4 项第二种情况,如果违反附随义务致使债权人不能实现合同目的的,债权人可以解除合同。在解释上,可以解释为在债务人违反附随义务而导致要求债权人遵守合同不合理的情况下,债权人可以解除合同。

> 案例:甲委托乙加工服装,并贴上"乔丹"商标,对此甲享有独家许可。但后来发现乙将该商标用于自己销售的服装之上,并在市场上销售。

在本案中,乙违反了附随义务,而且属于重大违约,会导致合同目的的不能实现,故此,甲可以解除合同。

解除权的构成并不以债务人有过错为前提,但在判断"致使债权人不能实现合同目的的"时,需考虑债务人是否可归责。如果债务人对于义务违反不可归责,则在考察"致使债权人不能实现合同目的的"时,其他原因需特别重大。

在通常情况下,不要求债权人催告,但如果债务人义务违反不严重,则应催告,债权人催告无果后,方可主张替代给付的损害赔偿。此时实质上是通过催告来确定"不可期待性"。如果债务人义务违反严重,则无须催告,例如债务人严重侮辱债权人。

值得思考的是,在债务人违反保护义务时,也可能存在债权人对于义务违反独自或绝大部分可归责的情况,此时是否可以排除债权人的解除权呢?由于在考虑是否可期待债权人遵守合同时可以容纳债权人对义务违反的过错因素,所以不需要排除解除权;相比较而言,将其纳入可期待性的考察中,更为灵活。②

---

① 韩世远:《合同法总论》(第四版),法律出版社 2018 年版,第 553 页。
② Looschelders, *Schuldrecht AT*, 21. Aufl., 2023, § 34, Rn. 3.

6. 不能实现合同目的的界定

根据《民法典》第 563 条第 1 款第 1 项以及第 4 项之规定，当事人解除合同，均需要以合同目的不能实现为前提。那么，何为"合同目的不能实现"呢？有学者认为，"合同目的不能实现"类似于英美法上"根本违约"的概念。① 比较典型的表述如《联合国国际货物销售合同公约》第 25 条的界定：一方当事人违反合同的结果，使对方实际上剥夺了他根据合同规定有权期待得到的东西，除非违约方没有预见到，且一个理性的同行在相同情况也不可能预计到会发生这种结果。该条前段将重大或根本违约（wesentlicher Vertragsbruch, fundamental breach of contract）界定为债权人因债务人违约而丧失了本来根据合同可以期待获得的利益，也就是说，违约是否重大，取决于合同具体化并表达出的债权人利益的内容②，这是一种主观化的标准。违约是否重大与损害是否客观产生或者是否有产生之虞没有关系，而与违约对债权人的意义有关。由此，在债权人证明违约重大时，不必披露其与下家的交易以及价格，只要证明对债权人产生某种不利益即可。③ 该条后半段还规定了可预见性规则，债务人没有预见或者不能预见的重大损害，不应由债务人承担。④ 基于免责的功能，可预见性的时点应是合同订立之时。

《民法典》第 563 条第 1 款没有接受《联合国国际货物销售合同公约》第 25 条的"根本违约"表述，将其表述为"致使不能实现合同目的"，而且没有接受带有主观因素的可预见规则的适用。在解释上，合同法中的合同目的不同于公约中所谓的期待目的，合同目的包括当事人订立合同所追求的目标和根本利益。⑤ 在实践中，也多将合同目的等同于经济目的，强调合同目的的客观方面，故有学者将其理解为影响订立合同所期望的经济利益。⑥ 而且，具体要区分违约类型，在每种违约类型下，通过看违约行为对合同目的的影响，确定合同目的是否不能实现。如在不支付货款的情况下，要看违约部分的价值或金额与整个合同金额之间的比例；在不履行交货义务的情况下，考察违约部分对合同目的的影响程度；而在迟延履行中，要看时间对合同目的的影响程度；在瑕疵给付的情况下，要看违约的后果及损害能否得到修补。⑦

实际上，合同目的可能是多元的，未必限定于经济利益，最为合理的判断是否不能实现合同目的的标准，还是需要根据合同中具体约定的债权人利益予以确定。

---

① 李永军：《合同法》（第三版），法律出版社 2010 年版，第 549 页；李先波：《英美合同解除制度研究》，北京大学出版社 2008 年版，第 374 页。
② Schlechtriem/Schwenzer, *Kommentar zum Einheitlichen UN-Kaufrecht*, 6. Aufl., 2013, Art. 25, Rn. 2.
③ Schroeter, *Internationales UN-Kaufrecht*, 7. Aufl., 2022, Rn. 390.
④ A. a. O., Rn. 394.
⑤ 王利明：《合同法研究》（第二卷）（第三版），中国人民大学出版社 2015 年版，第 342 页。
⑥ 崔建远：《合同一般法定解除条件探微》，载《法律科学（西北政法大学学报）》2011 年第 6 期，第 121—128 页。
⑦ 最高人民法院民事审判第二庭编著：《最高人民法院关于买卖合同司法解释理解与适用》，人民法院出版社 2012 年版，第 409 页。

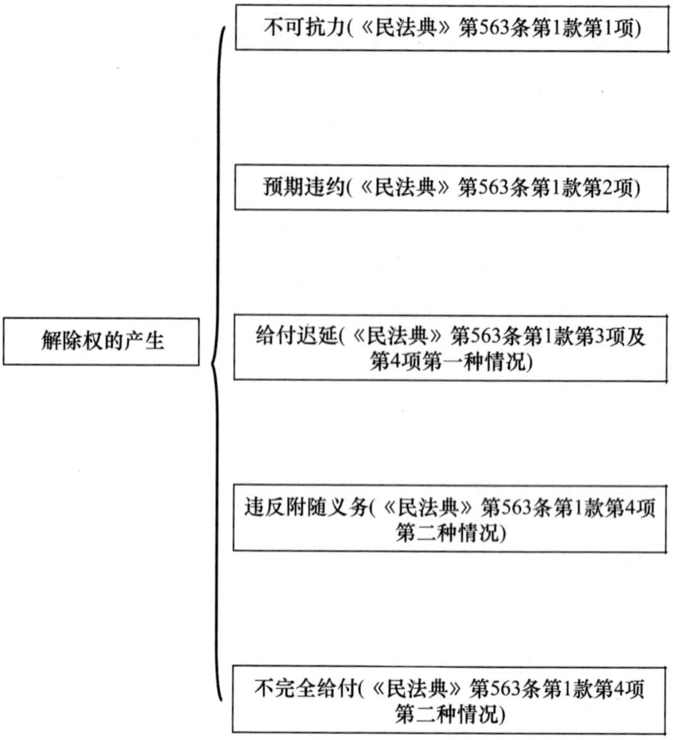

```
                  ┌─ 不可抗力(《民法典》第563条第1款第1项)
                  │
                  ├─ 预期违约(《民法典》第563条第1款第2项)
                  │
    解除权的产生 ─┼─ 给付迟延(《民法典》第563条第1款第3项及
                  │   第4项第一种情况)
                  │
                  ├─ 违反附随义务(《民法典》第563条第1款第4项
                  │   第二种情况)
                  │
                  └─ 不完全给付(《民法典》第563条第1款第4项
                      第二种情况)
```

图 7-1

（二）存在解除行为

不论是在给付不能还是在其他违约情况下，均需解除权人作出行使解除权的行为，我国法律上并未明确规定合同当然解除或者对待给付义务自动消灭规则。

三、解除权的行使

存在解除权的条件的，合同并不自动解除。要使合同解除，需要有解除权，还须由解除权人行使解除权。

（一）解除权人

行使解除权者必须享有解除权。在不可归责于当事人而出现给付不能的情况下，双方当事人均有解除权，任何一方均得行使。在当事人一方违约的情况下，解除权归守约方享有。[1] 在约定解除的情况下，解除权归合同中约定的享有解除权的当事人享有。

---

① 崔建远主编：《合同法》（第八版），法律出版社 2024 年版，第 186 页。参见"深圳富山宝实业有限公司与深圳市福星股份合作公司、深圳市宝安区福永物业发展总公司、深圳市金安城投资发展有限公司等合作开发房地产合同纠纷案"，最高人民法院(2010)民一终字第 45 号民事判决书，载《中华人民共和国最高人民法院公报》2011 年第 5 期（总第 175 期），第 18—42 页。

在给付不能情况下,解除权得由双方当事人中的任一方行使。

(二) 享有解除权

法定解除权的实践意义较大,只有存在给付不能或者其他违约行为的情况下,才会构成法定解除权。如在标的物瑕疵导致不能实现合同目的的情况下,买受人享有解除权(《民法典》第610条)。

(三) 解除的意思表示

解除权是形成权,需要通过单方、需受领的意思表示之发出(即通知)来行使,并且需向相对人作出,但不必请求法院为宣告解除的形成判决。[1] 解除的意思表示并无形式要件要求,口头与书面形式均无不可。合同自通知到达对方时解除。解除意思表示中可以载明,如果对方在一定期间内不履行债务的,合同即自动解除,解除的时点是该期间届满之时(《民法典》第565条第1款第2句)。

解除权人对相对人的履行请求提出解除抗辩或者提出解除权诉讼,均可构成解除的意思表示。[2] 解除权人提起诉讼或者申请仲裁是解除意思表示的一种表达方式,应自载明解除意思表示的法律文书,即起诉状副本或者仲裁申请书副本,送达对方时解除(《民法典》第565条第2款)。[3]

解除权可以附加期限(《民法典》第564条)或者附加条件。但是,解除的意思表示一般情况下不得附加条件,因为解除相对人对于法律关系之清晰具有利益。不过,在可期待表示受领人知道新的法律状况的情况下,解除的意思表示可以附加条件,比如甲表示解除合同,并附加条件,即如果合同相对人年底不支付价款的话,即解除合同。

如果合同一方或另一方有数人的,解除权的行使,应由其全体或向其全体为之。解除权人中一人解除权消灭的,其他人的解除权也消灭(《德国民法典》第351条)。

解除权的意思表示到达后,即不可撤销,其理由在于保护相对人的合理信赖。[4] 司法实践亦是这样的观点,合同的解除在解除通知送达违约方时即发生法律效力,解除通知送达时间的拖延只能导致合同解除时间相应后延,而不能改变合同解除的法律后果。[5]

解除权的意思表示适用法律行为效力规则,如因为意思表示人无行为能力或受欺诈,即可以主张该解除权意思表示无效或可撤销。

---

[1] 韩世远:《合同法总论》(第四版),法律出版社2018年版,第666页。
[2] 同上。
[3] 黄薇主编:《中华人民共和国民法典释义(中)》,法律出版社2020年版,第1087页。
[4] 韩世远:《合同法总论》(第四版),法律出版社2018年版,第666页。
[5] "深圳富山宝实业有限公司与深圳市福星股份合作公司、深圳市宝安区福永物业发展总公司、深圳市金安城投资发展有限公司等合作开发房地产合同纠纷案",最高人民法院(2010)民一终字第45号民事判决书,载《中华人民共和国最高人民法院公报》2011年第5期(总第175期),第18—42页。

(四) 相对人异议与解除权确认之诉

解除权人的解除通知到达对方时,对方可以提出异议。此时,任何一方当事人均可以请求人民法院或仲裁机构确认该解除行为的效力(《民法典》第565条第1款第3句)。"通知+异议"模式,有利于快速确定合同秩序,减少纠纷。① 对方可以仅提出异议或者在诉讼中抗辩②,也可以在提出异议之后再行请求人民法院或仲裁机构确认该解除行为的效力。在对方提出异议后,解除权人也可以提出确认之诉。

对此解除权异议的行使,《合同法解释(二)》第24条规定,解除权相对人必须在约定或在解除合同通知到达之日起三个月内行使,如果解除权相对人逾期不行使,其再起诉的,人民法院不予支持。也就是说,解除权相对人不在约定或法定期间内提出异议之诉的,即丧失实体权利。该规则的立法目的在于敦促非解约人行使异议权、以异议权平衡解除权的"立法目的"。③

对于《合同法解释(二)》第24条,有学者批评认为,该规则首先侵害了相对方的时效利益,其次还会导致失权效果。因为一旦相对方未及时异议,就丧失了所有的实体权利。最后,还有可能导致道德风险,诱导本无解除权的当事人以一纸通知侵害相对人的实体权利。所以,该学者建议应对解除权存在与否进行实质审查,从而彻底架空和虚置该规定。④

如果对解除权行使提出异议的根据是合同权利,即相对人未违约或者不符合解除权构成要件,其仍是合同权利人,此时若相对人的合同请求权因为未在约定或法定期间内行使即丧失,在法律效果上过于严苛。另外,解除人没有解除权而解除合同,仅仅因为相对人没有及时提出异议之诉,就发生解除效力,也不合理。在实践中,甚至有的人民法院只审查是否逾期提出异议,对于是否构成解除权,并不考察。⑤

综合上述可以认为,解除权相对人提出异议的,法院应对解除权行使人是否有权解除合同作实质审查。解除权行使符合构成条件的,一经行使即发生效力,相对人提

---

① 最高人民法院民事审判第二庭、研究室编著:《最高人民法院民法典合同编通则司法解释理解与适用》,人民法院出版社2023年版,第582页。
② 崔建远:《论解除权及其行使》,载韩世远、〔日〕下森定主编:《履行障碍法研究》,法律出版社2006年版,第255页。
③ 最高人民法院研究室编著:《最高人民法院关于合同法司法解释(二)理解与适用》,人民法院出版社2009年版,第177页。
④ 汤文平:《论合同解除、债权抵销之异议——〈〈合同法〉解释(二)〉第24条评注》,载《东方法学》2011年第2期,第155—156页。
⑤ "上海中船重工万邦航运有限公司诉上海中化思多而特船务有限公司定期租船合同案",上海市高级人民法院(2011)沪高民四(海)终字第153号民事判决书。

出异议进行确认之诉的,对解除权的效力不生影响①;在解除权行使不符合构成条件的,解除权效力自然不发生,通过异议确认这一事实。在证明责任的分配上,应由解除权人承担证明其享有解除权并符合解除权行使条件的责任。②

最高人民法院似乎也意识到解除权异议期间制度的问题。2013年6月4日,《最高人民法院研究室对〈关于适用《中华人民共和国合同法》若干问题的解释(二)〉第24条理解与适用的请示的答复》(法研[2013]79号)特别强调:"当事人根据合同法第九十六条的规定通知对方要求解除合同的,必须具备合同法第九十三条或者第九十四条规定的条件,才能发生解除合同的法律效力。"

《九民纪要》第46条进一步指出了实践中理解的偏差,并予以矫正。第一,在审判实践中,部分人民法院对《合同法解释(二)》第24条的理解存在偏差,认为不论发出解除通知的一方有无解除权,只要另一方未在异议期限内以起诉方式提出异议,就判令解除合同,这不符合合同法关于合同解除权行使的有关规定。对该条的准确理解是,只有享有法定或者约定解除权的当事人才能以通知方式解除合同。不享有解除权的一方向另一方发出解除通知的,另一方即便未在异议期限内提起诉讼,也不发生合同解除的效果。第二,人民法院在审理案件时,应当审查发出解除通知的一方是否享有约定或者法定的解除权来决定合同应否解除,不能仅以受通知一方在约定或者法定的异议期限届满内未起诉这一事实就认定合同已经解除。

简而言之,当事人一方以通知方式解除合同,并以对方未在约定的异议期限或者其他合理期限内提出异议为由主张合同已经解除的,人民法院应当对其是否享有法律规定或者合同约定的解除权进行审查。经审查,享有解除权的,合同自通知到达对方时解除;不享有解除权的,不发生合同解除的效力(《民法典合同编通则解释》第53条)。

(五) 解除的时点

《民法典》第565第1款第2句第1分句再次明确规定解除权为形成权,当事人一方依法主张解除合同的,应当通知对方,合同自通知到达对方时解除。终止权也同样是形成权,须通过意思表示行使,是单方、需受领的意思表示,适用解除意思表示规则。

同时,《民法典》第565条第2款补充规定,当事人一方未通知对方,直接以提起诉讼或者申请仲裁的方式依法主张解除合同,人民法院或者仲裁机构确认该主张的,合同自起诉状副本或者仲裁申请书副本送达对方时解除。问题是,如何认定送达的

---

① 不同观点认为,在实践中为了防止不必要的损失,通常认为如果当事人起诉请求确认解除合同的效力的,在法院判决未到达前,合同不解除。参见李国慧:《聚焦合同法适用问题 推动民商事司法发展——就〈合同法〉司法实务相关问题访最高人民法院民二庭庭长宋晓明》,载《法律适用》2009年第11期,第11页。

② 崔建远:《解除权问题的疑问与释答(上篇)》,载《政治与法律》2005年第3期,第39页以下。

时点。北京市高级人民法院、北京市市场监督管理局联合颁布的《关于推进企业等市场主体法律文书送达地址承诺确认工作的实施意见(试行)》第7条规定,人民法院、市场监督管理部门向企业等市场主体承诺确认的法律文书送达地址送达法律文书未被接收的,除不可抗力、意外事件或企业等市场主体证明其自身没有过错的,视为送达。电子送达的,法律文书到达受送达人特定系统的日期为送达日期;直接送达的,法律文书留在该地址之日为送达之日;邮寄送达的,法律文书被退回之日为送达之日。同时采用多种方式送达的,以最后一次有效送达日期为准。

当事人一方未通知对方,直接以提起诉讼的方式主张解除合同,在宣判前又申请撤诉的,人民法院可以准许。此后双方当事人因合同是否解除发生纠纷又起诉至人民法院,经审理支持合同解除的,合同自再次起诉的起诉状副本送达对方当事人时解除(《民法典合同编通则解释》第54条)。当事人一方直接以提起诉讼的方式主张解除合同的,是作出实体法上解除的意思表示,但合同在起诉状副本送达对方时解除的前提条件是人民法院支持了合同解除的主张。在未经法院审理支持其主张之前,并不产生解除合同的意思表示到达对方当事人的法律效果,因此,主张解除权者申请撤诉的,真实的意思是撤回解除合同的意思表示。在此之后,主张解除权者再次起诉,经人民法院审理支持合同解除的,合同自再次起诉的起诉状副本送达时解除。这样处理的正当性主要有:当事人一方起诉后又撤诉的,对方嗣后可能还有履行行为,或者两次起诉主张解除的理由不同,如规定按照第一次起诉状副本送达时解除,可能产生麻烦。而且在两次诉讼的理由与诉讼请求不变的情况下,受理第二次起诉的法院必然会对第一次起诉的材料进行审查,这会导致法院负担过重,诱发滥用撤诉的权利。①

(六) 解除权行使期限

1. 约定行使期限

解除权人是否行使解除权以及何时行使解除权,原则上由其自由决定。但当事人可以约定行使期限,在约定行使期限内解除权人不行使的,解除权消灭。

2. 相对人催告后的合理期间

如果当事人没有约定解除权行使期限或者法律上没有规定解除权期限,相对人可以催告,解除权人在合理期限内仍然不行使的,解除权即消灭(《民法典》第564条第2款)。通过相对人的催告与指定期间,即可以结束不确定状态。应当明确的是,这里的催告只是赋予解除权相对人确定解除权人是否行使解除合同的权利,所以是否催告并不影响解除权因逾期行使而消灭的效力,而且相对人不催告也不会导致解

---

① 最高人民法院民事审判第二庭、研究室编著:《最高人民法院民法典合同编通则司法解释理解与适用》,人民法院出版社2023年版,第599—600页。

除权人丧失解除权。①

至于合理期间是多久,具体根据个案予以确定,基于诚实信用原则,解除权人应尽早通知对方是否解除合同。②《商品房买卖合同解释》第11条第2款第一种情况规定,法律没有规定或者当事人没有约定,经对方当事人催告后,解除权行使的合理期限为三个月。

3. 除斥期间

在性质上,解除权为形成权,故不能直接适用诉讼时效规则。③

对于解除权的行使期间,现行法采取的是除斥期间思路。《商品房买卖合同解释》第11条第2款第2句规定,相对人没有催告的,解除权人应当在知道或者应当知道解除事由之日起一年内行使解除权,逾期不行使的,解除权消灭。

《民法典》第564条第2款接受了原《商品房买卖合同解释》(法释〔2003〕7号)第15条第2款第二种情况的规则并规定,法律没有规定或者当事人没有约定解除权行使期限,自解除权人知道或者应当知道解除事由之日起一年内不行使的,该权利消灭。该一年期间是除斥期间,不适用有关诉讼时效中止、中断和延长的规定。存续期间届满,解除权即消灭(《民法典》第199条)。

《民法典》施行前(即2021年1月1日)成立的合同,当时的法律、司法解释没有规定且当事人没有约定解除权行使期限,对方当事人也未催告的,解除权人在《民法典》施行前知道或者应当知道解除事由,自《民法典》施行之日起一年内不行使的,人民法院应当依法认定该解除权消灭;解除权人在《民法典》施行后知道或者应当知道解除事由的,适用《民法典》第564条第2款关于解除权行使期限的规定(《民法典时间效力规定》第25条)。

在德国法上,根据《德国民法典》第218条,解除权可以间接地适用诉讼时效制度。在迟延给付或者不完全给付的情况下,如果给付请求权或者补救履行请求权时效经过,而且债务人主张时效经过的,即不能行使解除权。而在给付不能或瑕疵不可补救的情况下,给付请求权和补救履行请求权被排除,就无法借助间接适用诉讼时效制度的方式限制解除权,因为被排除的请求权不可能罹于时效。④ 对于终止权,原则上不适用诉讼时效或除斥期间制度,在终止权人知道终止事由的合理时间内,终止权人必须行使,否则,即丧失终止权。⑤

---

① 王利明:《合同法研究》(第二卷)(第三版),中国人民大学出版社2015年版,第353页。
② 黄薇主编:《中华人民共和国民法典释义(中)》,法律出版社2020年版,第1084页。
③ Looschelders, *Schuldrecht AT*, 21. Aufl., 2023, §40, Rn. 4.
④ A. a. O.
⑤ Looschelders, *Schuldrecht AT*, 21. Aufl., 2023, §39, Rn. 14.

四、解除法律效果的理论

（一）解除效力的学理基础

在合同被解除后，合同是否消灭，是否转化为清算之债，以及是否影响物权效力，学说上分歧较大。

1. 直接效果说、间接效果说与折中说

解除权人解除合同后，其法律效果如何，存在不同观点。第一种观点主张直接效果说，认为合同一经解除，即溯及既往地消灭，尚未履行的债务免于履行，已经履行的部分发生返还请求权。① 第二种观点主张间接效果说，认为合同并不因解除归于消灭，解除只发生阻却合同效力的功能，对于已履行的债务，发生新的返还义务，对于未履行的债务，发生拒绝履行的抗辩权。第三种观点主张折中说，对于尚未履行的债务自解除时归于消灭（与直接效果说相同），对于已经履行的债务并不消灭，而是发生新的返还义务（与间接效果说相同）。②

从解释论角度看，直接效果说更为合理。第一，相关条文是崔建远等学者起草的，贯彻了这些学者的思路，而他们就是主张直接效果说的③；第二，现行法并列规定了恢复原状、采取其他补救措施、赔偿损失等三种法律效果，通过直接效果说解释更符合逻辑。这里的恢复原状是指有体物返还或者不动产所有权移转登记，性质上属于物的返还请求权；而采取补救措施是指所提供劳务的恢复原状或者受领标的物为金钱时的恢复原状、受领标的物消失时的恢复原状，性质上属于不当得利返还请求权；赔偿损失针对的是上述救济方式以外的其他损失。④

但是，根据直接效果说，在合同解除后，合同之债即消灭，那么结算或者清算条款（包括解除条款、违约金条款或者损害赔偿金条款等）无从依附，而且无法解释担保等从权利的继续存在，亦无法解释为什么合同解除后损害赔偿请求权还能存在，并且还要赔偿履行利益。⑤ 对此，依据直接效果说，固然无法得出合乎逻辑的说理，但通过"拟制"技术，亦可达成同一法律效果。⑥

根据直接效果说，还需要在同时履行抗辩权是否构成以及担保等从权利存续上进行解释。⑦ 根据直接效果说，在当事人互负恢复原状义务的情况下，二者亦处于同时履行抗辩关系之中。在担保等从权利处理上，依照间接效果说，给付未履行的，原

---

① 崔建远主编：《合同法》（第八版），法律出版社2024年版，第191页。
② 韩世远：《合同法总论》（第四版），法律出版社2018年版，第671页。
③ 崔建远：《解除权问题的疑问与释答（下篇）》，载《政治与法律》2005年第4期，第42页。
④ 同上文，第44页。
⑤ 韩世远：《合同法总论》（第四版），法律出版社2018年版，第670页；卢谌、杜景林：《论合同解除的学理及现代规制——以国际统一法和民族国家为视角》，载《法学》2006年第4期，第98页。
⑥ 崔建远：《解除权问题的疑问与释答（下篇）》，载《政治与法律》2005年第4期，第44页。
⑦ 同上文，第45页。

债务归于消灭,依照逻辑,担保等从权利亦不存在;而依照直接效果说,逻辑上虽然也是如此,但在已经履行的情况下,可以通过债的同一性具体解释担保为什么会存在,并且直接效果说还可以限定情况,如原合同债务与解除时的给付返还之间具有同一性的,担保仍存续于给付返还请求权之上。

综合上述可知,直接效果说更符合立法本意,但要设定若干例外;而折中说或者间接效果说更能将若干法律效果置于一个比较一致的平台上予以解释,但并未达到最优效果:在给付已经履行的情况下,依据间接效果说,原债务不消灭,但却发生新的返还债务,在解释损害赔偿、解除条款、同时履行抗辩权乃至担保的情况下,仍需要借助同一性等规则进行说理。① 而且,间接效果说并不彻底,即在债务人未履行而嗣后自愿履行情况下,相对人仍可有效受领。

2. 清算关系说

德国法采纳的是清算关系说,解除不使合同效力终止,而是使合同中约定给付的交换被终止了。也就是说,解除只是意味着,债权人不愿意再提供对待给付了。② 解除之后,原来的合同关系被转化为返还之债的关系,合同并没有被废止,而是以变更后的内容继续存在③,即原合同作为返还债的关系而继续存在(此即为解除的返还功能),只是原给付义务自始消灭④,此即为解脱功能之体现。解除导致了合同关系的清算,而该清算关系并非不当得利之债或者其他的法定之债,而是合同之债。解除只具有债的效力,而无物权效力,解除之后,所有权并不自动返回。⑤

债之关系的继续存在,具有如下效果:给付义务以及附随义务违反的损害赔偿责任继续存在,不受解除影响,迟延损害赔偿责任亦不受影响。原给付义务上的担保亦不因解除而消灭。相比于《合同法》第 97 条,《民法典》第 566 条第 2 款、第 3 款补充规定了合同解除不影响违约责任以及担保责任的规则。在逻辑上,通过清算关系说解释更为合理。解除权人行使解除权后,终止的不是合同,而是合同中约定给付的交换。因此,原来债的关系转化为清算关系,且二者之间具有同一性。在此基础上,债权人解除合同后,自然还是可以请求损害赔偿的,并可以主张期待利益的赔偿,因为损害赔偿构成要件需要义务违反,而义务的基础来源——合同,并未消灭,而是转化了,所以在解除后,仍可以构成义务违反。另外,在解除后,合同关系转化为清算关系,依据当事人的意思,合同关系中的返还请求权也被担保的,担保责任自然也不会消灭。自解除产生的义务之间存在同时履行关系,虽然相互返还的义务之间不具有

---

① 韩世远:《合同法总论》(第四版),法律出版社 2018 年版,第 670 页以下。
② HKK/Schermaier, § 326, Rn. 26.
③ Fikentscher/Heinemann, *Schuldrecht AT & BT*, 12. Aufl., 2022, § 48, Rn. 529.
④ MüKoBGB/Gaier, 9. Aufl., 2022, BGB § 346, Rn. 65; Staudinger/Kaiser/Sittmann-Haury, 2022, § 346, Rn 2.
⑤ Fikentscher/Heinemann, *Schuldrecht AT & BT*, 12. Aufl., 2022, § 48, Rn. 536.

相互性(双务性),但可以适用同时履行抗辩权规则。

(二) 溯及力

所谓解除的溯及力,指的是解除具有溯及既往地清算债之关系的效力。原则上,一时性合同的解除具有溯及力;而继续性合同的解除或终止原则上不具有溯及力。

1. 一时性合同的解除

一时性合同被解除后,即产生恢复原状、采取其他补救措施以及损害赔偿等法律效果(《民法典》第566条第1款),也就是说,解除具有溯及力,产生清算解除前债之关系的效力。

2. 继续性合同的终止

继续性合同的解除,一般被称为终止。对于继续性合同,如租赁合同、融资租赁合同、劳动合同、借贷、旅游合同以及合伙合同等,终止后,已经受领的给付与对待给付均无须相互返还,并不产生恢复原状的法律效果。其原因在于相互返还给付以及金钱并无意义,只是增加不必要的费用。①

委托合同被解除时不具有溯及力,其原因还在于解除权的溯及力会使受托人进行的代理行为失去法律根据,影响委托人与第三人之间的法律关系。②

五、解除的法律效果

解除仅具有债法效果,对物权状况不会产生影响。③

解除权的目标是:在财产归属上,恢复到没有订立合同情况下的状态(status quo ante contractum)。④ 解除法律效果规则不仅适用于法定解除情况,而且适用于约定解除权(保留解除权)的情况。

《民法典》第566条规定了解除的法律效果,不同于不当得利的法律效果,对于价值补偿以及损害赔偿规定了不同于不当得利法的规则。而且,返还债务人的责任并不以现在得利为限(比较《民法典》第986条)。

(一) 未履行给付义务的消灭

依据《民法典》第566条第1款第一种情况,合同解除后,尚未履行的,终止履行。这里的"终止履行"应解释为"原给付义务的消灭"。也就是说,解除权行使后,原给付义务自始消灭。担保履行请求权的预告登记,尤其是所有权让与的预告登记,在买卖合同解除后,也同样消灭。⑤

这里的未履行,指的是完全没有履行,如果已经履行,只是履行有瑕疵的或者部

---

① 崔建远主编:《合同法》(第八版),法律出版社2024年版,第316页。
② 同上。
③ MüKoBGB/Gaier, 9. Aufl., 2022, BGB §346, Rn. 31.
④ A. a. O., Rn. 1.
⑤ A. a. O., Rn. 41.

分给付的,均属于已经履行;而且这里的未履行仅指向狭义的债之关系,即或者指向当事人一方给付货物的义务,或者指向一方给付金钱的义务。

例如,甲乙签订买卖合同,甲为出卖人,乙为买受人,甲已经交付货物,但有瑕疵,乙尚未支付对价,此时,乙行使解除权。

在本案中,乙解除买卖合同,其尚未履行的对价给付义务即为消灭,但乙应根据《民法典》第566条第1款第二种情况返还其所受领的货物。

(二)受领给付的返还

1. 受领给付返还的性质

根据《民法典》第566条第1款第二种情况,合同解除后,已经履行的,根据履行情况和合同性质,当事人可以要求恢复原状。如上所述,这里的恢复原状义务是狭义的,仅指向有体物的返还。① 所以,准确地讲,这里的"恢复原状"即为"返还"之意,是一种债法上的义务,其内容取决于返还债务人获得了什么。如果债务人取得了物上所有权,则债务人须向回让与所有权。如果债务人取得的是占有,则必须使返还债权人重新获得事实上对物的管领力。如果债务人获得的是代物清偿,则应返还该代位物。如果债务人获得的是债权,那么就应向回让与债权。

本书依照物权行为无因性理论认为,解除权的行使不会导致物权变动,受领给付的合同当事人仍是交付标的物的所有权人,但其负有向回移转所有权的义务。原因有二:第一,当事人解除合同时,并无使物之所有权回归的意思表示;第二,合同已经履行的,合同相对人获得该物所有权后,其得信赖对物享有所有权,第三人亦得信赖其享有所有权,故不应因解除而破坏这种信赖关系。而且,在合同相对人破产或者被强制执行时,亦不能因解除而使该财产脱离于破产财团或者被执行人财产之外,否则会使合同相对人乃至第三人产生重大不利益。这种向回让与所有权的义务是债法上义务,并非所有物返还请求权。②

依据直接效果说,而且承认物权行为无因性理论的情况下,该返还义务应为一种不当得利返还请求权。但此种不当得利返还请求权是以恢复原状为目的的,并不根据受领人是否得利以及得利是否存在确定返还范围,而是根据给付履行时标的物的价值额为标准。③ 而依据直接效果说,如果不承认物权行为独立性与无因性,则返还义务的性质为所有物返还请求权。④

从合同解除的规范目的来看,其不同于不当得利制度,解除后的返还义务应不受

---

① 崔建远:《解除权问题的疑问与释答(下篇)》,载《政治与法律》2005年第4期,第43页。
② 韩世远:《合同法总论》(第四版),法律出版社2018年版,第533页。
③ 崔建远主编:《合同法》(第八版),法律出版社2024年版,第193页。
④ 崔建远:《解除权问题的疑问与释答(下篇)》,载《政治与法律》2005年第4期,第43页;崔建远:《解除效果折衷说之评论》,载《法学研究》2012年第2期,第54页。

有无现存利益影响,而且其目的在于平衡当事人利益状况以及保护解除权人利益。所以在解除合同后,恢复原状请求权是独立的请求权。①

2. 履行地与费用负担

对于返还债务人提供给付行为的地点,现行法并没有明确规定,只能适用《民法典》第 510 条、第 511 条第 3 项。首先看当事人之间是否有约定,如果没有,通过补充解释确定。在当事人约定任意解除的情况下,双方返还义务的履行地均在返还相对人处。在约定解除或法定解除均以解除相对人违约为前提的情况下,则可以解释认为,解除权人的住所地为履行地。如果不是上述两种情况,或者需要通过解释确定,通常根据债之关系的性质可认为,物的返还义务履行地应当是在解除时标的物所在地。② 如果通过解释无法确定履行地,那么,给付货币的,在接受货币一方所在地履行;交付不动产的,在不动产所在地履行;其他标的,在履行义务一方所在地履行。

原则上,返还义务人或者恢复原状义务人承担因返还产生的费用,比如邮寄费、拆卸费、公证费等。如果返还义务履行地位于返还义务人处,则应由债权人承担费用,但如果债务人因迟延而对解除可归责,那么债权人可以要求债务人赔偿该费用。③

例如,甲(位于河北省香河县)出卖给乙一批瓷砖(在北京市海淀区)用于装修,乙支付了价款。在甲交付瓷砖后,乙发现该瓷砖具有重大瑕疵,无法使用,于是,主张解除合同。

在本案中,出卖人违约会导致合同目的不能实现,依据《民法典》第 610 条,乙可以解除合同。乙解除合同后,应将瓷砖返还给甲,此时的返还义务履行地应当是返还义务人所在地,即北京海淀区,因返还产生的费用应由债权人甲承担。

3. 违反原物返还义务的后果

如果债务人违反了原物返还义务或者用益返还义务,则债务人应承担义务违反之责任,也即须根据《民法典》第 566 条第 1 款、第 577 条以下承担损害赔偿责任。

4. 取回之义务

在返还义务人对于受领标的物之返还存在特别利益的情况下,债权人应负有取回义务,如果债权人违反取回义务,也应承担损害赔偿责任。④

(三) 事实上收取的用益的返还

《民法典》第 566 条并未明确规定用益返还的问题。但《房屋租赁合同解释》第 13 条规定了次承租人返还占有使用费的规则,即房屋租赁合同解除的,出租人可以请

---

① 朱广新:《合同法总则研究(下册)》,中国人民大学出版社 2018 年版,第 637 页;陆青:《合同解除效果与违约责任——以请求权基础为视角之检讨》,载《北方法学》2012 年第 6 期,第 74 页。
② MüKoBGB/Gaier, 9. Aufl., 2022, BGB § 346, Rn. 91.
③ A. a. O., Rn. 71.
④ Medicus/Lorenz, *Schuldrecht AT*, 22. Aufl., 2021, § 47, Rn. 8.

求负有腾房义务的次承租人支付逾期腾房占有使用费的权利。在房屋租赁等以用益为合同标的的情况下,合同被解除的,应类推适用该规则,承租人应支付逾期腾房占用费。进一步讲,基于财产利益归属正义的要求,可以将租赁合同情况下的用益返还规则扩张适用到一般情况。

1. 收取的用益的返还

如果合同当事人在事实上收取了用益,那么,在合同解除后,该当事人即应返还该实际已收取的用益,具体包括利益、孳息以及使用利益。① 所谓使用利益,是通过事实上对物用益而产生的利益,如驾驶汽车。

> 案例1:甲出卖给乙一匹母马,在解除合同后,甲有权请求乙返还在合同存续期间母马生产的幼崽。
>
> 案例2:甲出卖给乙一辆新的汽车,乙有效地解除合同后,甲请求返还乙使用汽车的用益。

第一个案例涉及的是孳息,第二个案例涉及的是使用收益,乙均负有返还义务。

原则上,债务人负有原物返还用益(Nutzungen in natura)的义务,但如果用益不能以原物行使返还,则需要价值补偿,应根据约定的对待给付义务确定。例如,在贷款合同情况下,即使贷款人对于借款可能没有使用利益,但也必须支付约定的利息。不过,返还义务人可以证明使用利益的价值低于约定的对待给付价值,从而仅返还其所获得的用益。②

2. 违反用益返还义务的后果

如果债务人违反了用益返还义务,则债务人承担义务违反之责任,即须根据《民法典》第566条第1款、第577条以下承担违约责任,即损害赔偿。

(四) 返还不能时的价值补偿

依据《民法典》第566条第1款第二种情况,合同解除后,已经履行的,根据履行情况和合同性质,当事人可以要求恢复原状或者采取其他补救措施。这里的其他补救措施是指提供劳务的恢复原状或者受领标的物为金钱时的恢复原状、受领标的物消失时的恢复原状③,其内容比较多样。就其第一层含义即价值补偿而言,与损害赔偿不同,价值补偿仅就标的物补偿。如果债务人不能返还其所受领的给付或者收取的用益,则须进行价值补偿。

1. 自始不具有返还性的给付与用益

给付依其性质不能返还者,主要是一些无形给付的情况,如音乐会、旅游、授课或者医生治疗等。比如,在劳务合同的情况下,返还义务人不能返还无形劳务,只能进

---

① 韩世远:《合同法总论》(第四版),法律出版社2018年版,第684页。
② Looschelders, *Schuldrecht AT*, 21. Aufl. , 2023, §40, Rn. 27.
③ 崔建远:《解除权问题的疑问与释答(下篇)》,载《政治与法律》2005年第4期,第43页。

行价值补偿。又如,以赋予债权人用益可能为标的的合同,如租赁合同,在解除的情况下,也只能进行价值补偿;如果用益并非合同之标的,如买受人使用该标的的,也根据用益返还规则处理。

案例:甲花费250元购买了乙组织的音乐会门票一张。宣传海报与广播中都显示音乐会将从17点开始,22点结束。但由于舞台搭建的问题,音乐会迟延开始,19点30分音乐会还未开始,于是甲要求退票,但乙的经理丙拒绝其要求。最终音乐会于21点30分开始,十分生气的甲听了一个小时后,于22点30分离场,并要求乙返还250元的音乐会门票钱。

在本案中,音乐会一共5个小时,甲听了1个小时,应支付50元的价值补偿。

2. 返还不能与所得毁损、灭失的情况

采取补救措施的第二层意思是指受领标的物灭失时的恢复原状。具体来讲,给付或者用益等所得依其性质可以返还,但由于其他原因返还不能或者不能以其原有形式返还。具体有如下情况:

(1)受领的标的物被消费、出让、设定负担、加工或者改造

在受领的标的物被消费、出让、设定负担、加工或者改造的情况下,所得无法返还,此时也只能补偿价值;在设定负担的情况下,首要的不是价值补偿,而是返还与排除负担,如涂销抵押权,但是如果涂销不能,则需价值补偿。

(2)毁损、灭失

在返还标的物毁损、灭失的情况下,返还债务人需进行价值补偿。但在使用合乎用法的情况下,标的物毁损、灭失的,返还义务人无须补偿价值。比如在返还标的物磨损的情况下,由于解除时还存有用益赔偿请求权,此部分已经通过用益赔偿弥补,故不应予以价值补偿。值得注意的是,在价值补偿义务消灭的情况下,还存在基于不当得利返还的可能。

案例:买受人甲有效地解除了购买新车的合同。出卖人乙请求甲赔偿因为发放牌照带来的价值减损20%。

本案中,乙并无价值补偿请求权,因为发放牌照带来的价值减损是符合用法的使用带来的价值减损,但甲负有赔偿用益的义务。

有疑问的是,在价值补偿前,返还义务人是否有重新购置或修理返还物甚或排除负担的义务。从原理上看,只有债务人陷入不能的情况下,方可免除原给付义务(《民法典》第580条第1款)。所以,原则上应赋予返还义务人重新购置或修理返还物甚或排除负担的义务。

在受领的标的物出现被消费、出让、设定负担、加工、改造、毁损、灭失及其他返还不能(如丢失)的情况下,原给付义务消灭,但其在经济意义上并未消灭,而是转化为

价值补偿。在实质上,返还债务人承担毁损灭失之风险。此时参照的是《民法典》第604条风险分配规则分配价值补偿责任。返还义务人的价值补偿义务的基础在于,原则上返还债务人承担意外灭失或意外毁损的风险,通过解除,解脱的只是原给付义务,而不是在经济层面的解脱。

3. 价值补偿的计算

价值补偿的计算根据是合同中确定的对待给付价值,其目的在于维持约定的给付与对待给付之间的关系。如果当事人没有在合同中约定对待给付,则根据物的客观价值确定。[1]

如果解除权相对人引起了解除或者对此有过错,而且对待给付义务(价金)明显低于物的客观价值,此时如果按照上述规则,则解除有可能产生有利于解除权相对人的效果,在结果上似乎并不公平。但考虑到低于物的价值出卖标的物之出卖人在买卖合同订立时已经被告知,该物对其而言实际价值不会高于买卖价格,故还应适用上述规则。

> 例如,甲卖给乙一辆二手车,价格为5000元,实际市场价值是10000元,由于甲交付汽车后,乙迟延支付价金,经催告后,甲解除合同,乙已经将汽车出卖,现甲请求价值补偿。

在本案中,按照上述规则,甲只能请求价值补偿5000元。

如果给付有瑕疵,则需减少价值补偿,此时可以类推适用减价之规则。例如甲卖给乙一辆二手车,价格为5000元,后来乙发现该汽车出过车祸,于是乙根据《民法典》第610条解除合同。在此之前,汽车由于乙的过错导致车祸而灭失。此时,甲得请求返还价值补偿5000元,但该汽车是有瑕疵的,故类推减价规则,予以减少价值补偿数额。

(五) 特殊的利益衡量:返还义务人的特权

在下列情况下,基于特殊的利益衡量考虑,返还义务人免负价值补偿义务。

1. 加工与改造时发现瑕疵

在德国法上,如果导致可解除的瑕疵是在标的物加工或者改造的过程中才出现的,那么价值补偿义务即消灭,但存有不当得利的,债务人需进行不当得利返还(《德国民法典》第346条第3款第1项第一种情况)。该规则也适用于消费的情况。

> 案例:甲与夫人乙到丙餐馆吃饭,为自己及乙点了饭菜与饮料,价格为780元。吃饭过程中,两人于大拌菜中发现虫子,于是,甲乙愤然离开餐馆,而且没有付钱。丙请求甲、乙赔偿发现虫子之前吃掉的菜品与喝掉饮料的价值420元。

在本案中基于物的瑕疵不能实现合同目的的,买受人可以解除合同,出卖人丙的

---

[1] Looschelders, *Schuldrecht AT*, 21. Aufl., 2023, §40, Rn. 16.

价金请求权消灭，但丙就已经履行的部分，可以要求返还，依据合同性质，合同目的在于消费，故只能进行价值补偿。结合本案情况，瑕疵是在消费菜与饮料过程中发生的，所以该价值补偿义务即消灭。

2. 债权人的过错或者缺乏因果关系

在德国法上，如果返还之债权人对于毁损灭失可归责的，则返还义务亦消灭（《德国民法典》第 346 条第 3 款第 1 项第二种情况）。这里的可归责是指所有的债权人应承担责任的情况，关键是毁损灭失的原因是否来自返还债权人的范围。

案例：甲以 10000 元的价格自乙处购买二手车一辆。在高速上，刹车失灵，导致发生车祸，汽车灭失。事后专家鉴定，该瑕疵在交付时已经存在。

该案中，甲可解除合同。在此情况下，如果乙对于瑕疵没有过错的话，甲不能返还原物，即需进行价值补偿。但问题是，汽车灭失的原因恰恰是产生解除权的瑕疵，如果甲进行价值补偿并不合理，所以，在此种情况下，甲的价值补偿义务也要免除。①

在损害同样也会在返还义务人处发生的情况下，也免除返还义务人的价值补偿义务，例如，标的物被行政机关没收的情况。之所以免责，是因为在此种情况下损害与返还义务人之行为间并无因果关系。

3. 法定解除权情况下解除权人的特权

在德国法上，如果给付标的物在解除权人处灭失、毁损，而该解除权人（返还义务人）尽到了自己事务中通常的注意的，即可免除价值补偿义务②（《德国民法典》第 346 条第 3 款第 1 项第三种情况），这就意味着返还义务人不承担意外毁损灭失的风险，也不承担因轻过失而造成的毁损。在性质上，该规则属于一般风险负担规则（《德国民法典》第 446 条）的特别规则。③

如果买受人因为物的瑕疵行使解除权的，由出卖人承担已经移转给买受人的标的物意外灭失的风险。该规则的目的是解决无过错的当事人承担损失的窘境，在利益分配上作了有利于解除权人的安排。其理由在于，解除权是建立在解除相对人违反客观义务的基础上的，即履行未符合约定者不得信赖风险最终移转给了相对人。④相对于解除权人，解除权相对人不值得保护。从解除权人角度来看，解除权人得信赖其最终成为所有权人并可以任意处分该物，因此解除权人可以将其作为自己的物来照管。在情势变更的情况下，也存在法定解除权，但情势变更中并不存在义务违反或违约的情况，所以对于在此情况下的法定解除，不能适用上述规则。⑤

---

① Looschelders, *Schuldrecht AT*, 21. Aufl., 2023, § 40, Rn. 21.
② 卢谌：《德国民法专题研究》，法律出版社 2008 年版，第 138 页以下。
③ Fikentscher/Heinemann, *Schuldrecht AT & BT*, 12. Aufl., 2022, § 4, Rn. 539.
④ Medicus/Lorenz, *Schuldrecht AT*, 22. Aufl., 2021, § 47, Rn. 21.
⑤ Looschelders, *Schuldrecht AT*, 21. Aufl., 2023, § 40, Rn. 24.

例如,甲以 10000 元的价格自乙处购买二手车一辆。交付后,由于甲的轻过失导致车祸,汽车严重毁损。在确定损害时,发现该汽车是出过事故的汽车。

在本案中,甲可以解除合同,并交出该毁损的汽车,请求乙返还价款 10000 元。乙则可以请求甲返还毁损的汽车。另外,乙还可以因为汽车毁损请求价值补偿。但是,由于甲尽到了对自己事务的通常注意,所以,乙的价值补偿请求权被排除。

须注意的是,该特权持续到解除权行使之时。在解除权人行使解除权后,解除权人(返还义务人)毁损返还标的物的,解除权人应依照一般给付障碍法承担损害赔偿责任。

解除权的这一特权尤其有利于解除权人,将本来由其承担的标的物的毁损灭失风险"返还"给解除权相对人,在法政策上值得怀疑。故对其适用范围应有所限制,第一,该规则只适用于法定解除权的情况,协议解除并不以返还债权人的义务违反为基础,所以,该规则不应适用协议解除。第二,在解除权人于毁损、灭失之时知道作为解除权基础的情况的,或者毁损、灭失时已经行使解除权的情况下,解除权人即不享有该特权。因为,在此时,解除权人不得信赖取得的终局性,即此时减轻其注意标准的正当性并不存在。①

4. 风险负担

如果是因为买受人根本违约导致合同解除,则返还标的物的毁损、灭失风险,可以类推适用《民法典》第 604 条,以交付须返还标的物为风险移转的时点,交付之前标的物毁损、灭失的风险由买受人负担,交付之后标的物毁损、灭失的风险由出卖人负担。

依据《民法典》第 610 条,在出卖人根本违约的情况下,如果标的物因不可归责于当事人的事由毁损、灭失,返还的风险由出卖人承担,也就是说,买受人无须价值补偿,但出卖人仍要返还其获得的价款。有学者认为,按照占有人最能管控风险的原理,标的物毁损、灭失的风险应分配给实际占有人,而不是分配给出卖人。② 但是,应当看到,出卖人违约的情况下,不得信赖风险最终移转给了相对人,所以《民法典》第 610 条将风险分配给返还债权人,还是合理的。

5. 得利的返还

在返还义务人免负价值补偿义务的情况下,其得返还其获得的利益。此时,返还的根据在于不当得利返还规则。

(六) 未收取的用益以及费用的赔偿

1. 未收取用益的赔偿

在德国法上,在返还义务人违反正常的经营规则而没有收取那些可能收取的用

---

① Looschelders, *Schuldrecht AT*, 21. Aufl., 2023, §40, Rn. 25.
② 赵文杰:《论不当得利与法定解除中的价值偿还——以〈合同法〉第 58 条和第 97 条后段为中心》,载《中外法学》2015 年第 5 期,第 1193—1194 页。

益的情况下,返还义务人须赔偿未收取的用益,但仅限于返还义务人没有尽到如同对待自己事务的注意义务的情况(《德国民法典》第 347 条第 1 款第 1 句),否则,要求返还债务人为一般过错负责,过于严格。

例如,就金钱债务收取利息的问题,须考虑依照正常经营规则所能收取的用益,如此规定比较灵活,债务人收取的利息可能低于法定利息,此时返还的用益(利息)根据的是正常经营规则所能收取的用益。①

2. 费用赔偿

返还债权人应赔偿返还义务人支出的必要费用。所谓费用是指为了返还标的物利益支出的财产费用,例如标的物的维护、维修等费用,所谓必要是指维持或正常经营物客观所必需的。

例如,甲自乙处购买二手车,发动机因为长期使用而失灵,于是甲换了一个新的发动机。事后,甲发现汽车出过车祸,于是甲解除合同。

在本案中,更换发动机产生的费用是必要费用,甲得请求返还。

如果给付标的物在解除权人处灭失、毁损,而该解除权人(返还债务人)尽到了自己事务中通常的注意的,免除价值补偿义务(《德国民法典》第 346 条第 3 款第 1 项第三种情况)的情况下,必要费用赔偿义务也即消灭,否则,有失公平。

对于非必要但是有益的费用(如使物之价值上涨或者使之宜于使用),应以债权人受益为限,基于不当得利法予以返还。债务人对此负举证责任。如果对于得利债权人主观上并无价值的情况下,返还义务人即不得请求返还。也就是说,如果有益费用不符合债权人的"口味",债权人就不负有费用返还义务。②

在返还租赁物的义务人(即承租人)支出费用的情况下,出租人是否赔偿,《房屋租赁合同解释》持否认观点。如果承租人未经出租人同意装饰装修的,则出租人不赔偿该费用,由承租人负担(第 11 条第 1 句)。如果承租人经出租人同意装饰装修,在租赁期间届满时,承租人不得请求出租人补偿附合装饰装修费用,除非当事人另有约定(第 10 条)。在合同解除的情况下,可以类推适用《房屋租赁合同解释》第 10 条规则,也就是说,承租人经出租人同意装饰装修,合同解除的,承租人不得请求出租人补偿附合装饰装修费用。在这里,没有区分装修装饰是否符合出租人的"口味",在装修装饰符合出租人的"口味"甚至获得出租人同意时,出租人应当负有返还费用的义务,但这里的费用应是必要的费用。对于有益的费用,应以债权人受益为限,基于不当得利法予以返还。

值得注意的是,《房屋租赁合同解释》第 9 条规定:承租人经出租人同意装饰装

---

① Looschelders, *Schuldrecht AT*, 21. Aufl., 2023, §40, Rn. 28.
② Medicus/Lorenz, *Schuldrecht AT*, 22. Aufl., 2021, §47, Rn. 30.

修,在合同解除时,双方对已形成附合的装饰装修物的处理没有约定的,人民法院按照下列情形分别处理:(1)因出租人违约导致合同解除,承租人请求出租人赔偿剩余租赁期内装饰装修残值损失的,应予支持;(2)因承租人违约导致合同解除,承租人请求出租人赔偿剩余租赁期内装饰装修残值损失的,不予支持,但出租人同意利用的,应在利用价值范围内予以适当补偿;(3)因双方违约导致合同解除的,剩余租赁期内的装饰装修残值损失,由双方根据各自的过错承担相应的责任;(4)因不可归责于双方的事由导致合同解除的,剩余租赁期内装饰装修残值损失,由双方按照公平原则分担,法律另有规定的,适用其规定。该规则在处理思路上类似附合情况下"物的归属"与"得利返还"规则(《民法典》第322条,《民通意见》第86条),但错误地将得利返还问题看成了损害赔偿问题。根据损害赔偿规则处理装饰装修残值损失的问题,是没有法律依据的,因为承租人的装饰装修残值损失本质上不是损害,而是费用,另外承租人的装饰装修残值损失并不是因为出租人或者承租人的侵权行为造成的,何来损害赔偿问题。不过,附合规则本身也有问题,既没有完全按照不当得利返还规则处理,也没有按照侵权行为规则处理。在处理装饰装修费用的问题上,也不应该参照附合规则,还是应当适用解除时的费用返还规则。

(七)同时履行抗辩权

当事人之间基于解除而产生的义务相互间处于同时履行关系,适用《民法典》第525条之规则。① 这里既涉及返还请求权,也涉及价值补偿请求权。至于损害赔偿请求权,要具体判断其是否是基于解除产生的。例如因为违反附随义务而导致解除的情况下,违反附随义务的损害赔偿责任并非是基于解除而产生的,故与返还请求权之间并不构成同时履行关系。

案例:古董商甲以画换乙的立柜。甲派一直很值得信赖的辅助人丙收取立柜,但丙在收取时损坏了乙办公室中昂贵的花瓶。事后,甲行使合同中约定的解除权,并要求互相返还画与立柜。但乙主张在赔偿花瓶后再返还该画。

本案中,甲就不能主张同时履行抗辩权,但可以主张留置抗辩权。

合同解除后,原给付义务消灭,产生返还义务,在权利义务上仍应守衡,债权人不能因债务人的违约而丧失既有的利益,债务人也不能因此获得额外的利益。而且,返还请求权与本来的债务之间还是具有同一性的②,故应承认返还请求权之间或者返还请求权与价值补偿请求权之间存在同时履行关系。

(八)违约损害赔偿

合同被解除后,当事人须承担返还、价值补偿以及损害赔偿等责任(《民法典》第

---

① 韩世远:《合同法总论》(第四版),法律出版社2018年版,第682页以下。
② 崔建远:《解除权问题的疑问与释答(下篇)》,载《政治与法律》2005年第4期,第45页。

566 条第 1 款)。同时,合同因违约解除的,违约方还应承担违约责任(《民法典》第 566 条第 2 款)。也就是说,解除的返还、价值补偿以及损害赔偿规则与违约责任规则是并存的,其理由在于合同解除并未使合同关系消灭,而是转化为返还性或恢复性的债之关系,所以两者可以并存。①

(九) 返还关系中的损害赔偿

在解除中,返还债务人不能返还给付标的物,或者返还受损的标的物的,仅仅是价值补偿可能还不能满足债权人的利益,所以仍有损害赔偿的问题。值得注意的是,损害赔偿的请求权基础不仅是《民法典》第 566 条第 1 款以及《民法典》第 577 条以下的规则。

> 例如,由于买受人乙有过错地没有支付价款,出卖人甲解除了新车买卖合同,甲已经交付新车,乙为新车上了车牌并予以使用。此时,甲享有何种权利?

在本案中,依据《民法典》第 566 条第 1 款,甲可以请求乙返还汽车,并请求乙返还用益。但是,新车因为上了车牌而价值减损,对于该价值减损,无法通过返还或者用益返还所覆盖,只能通过损害赔偿予以救济。所以,在构成损害赔偿请求权时,甲还可以请求乙赔偿该价值减损的损害。

在这里,需要解释的是,损害赔偿请求权的构成要件是什么,返还义务人违反的是什么,其过错标准为何,具体还要区分损害之结果是在解除前还是解除后发生。

就支付对价后返还前的"资金占用损失",应区分"支付对价后至合同解除时"和"合同解除至实际返还时"两个阶段。前一阶段系履行利益回复后原有对待给付关系的内容,返还权利人(守约方)不得要求赔偿,否则会使守约方额外获利;后一阶段是合同解除后"恢复原状"义务之迟延履行所引发的损害,属于违反该义务所造成的可得利益损失,返还权利人可以要求赔偿。

1. 解除后毁损、灭失的

自解除权人行使解除权后,如果返还义务人不履行或者不完全履行返还义务的,其应根据一般给付障碍法承担损害赔偿责任(《民法典》第 566 条第 1 款、第 577 条),其赔偿范围应当为履行利益。②

值得注意的是,解除情况下的履行利益,是指履行返还或者价值补偿时返还权利人所获得的利益,而非合同履行时债权人所能获得的利益。有学者即认为,因为合同解除的目的在于使双方当事人的权利义务回复到合同订立之初的状态,而且,当事人选择了合同解除,就说明当事人不愿意继续履行合同,非违约方就不应得到合同在完

---

① 朱广新:《合同法总则研究(下册)》,中国人民大学出版社 2018 年版,第 638 页。
② 崔建远主编:《合同法》(第八版),法律出版社 2024 年版,第 194 页;韩世远:《合同法总论》(第四版),法律出版社 2018 年版,第 688 页以下。

全履行情况下所应得到的利益。①

2. 解除前毁损灭失的

在解除权人行使解除权前,返还所受给付的义务根本没有产生,故此不可能存在违反返还义务而产生损害赔偿之可能。那么返还债权人的损害赔偿请求权的根据是什么呢?

(1) 约定解除权

在约定解除权的情况下,当事人须考虑到随时可能解除、产生返还义务。所以,当事人在对待标的物时有义务尽到合理注意义务。在性质上,该义务是一种保护义务,即顾及相对人利益的义务。返还义务人有过错地违反该义务的,即应负损害赔偿责任。

(2) 法定解除权

原则上,在解除前,解除权利人得信赖取得的终局性,所以解除权人并没有谨慎善待标的物之义务,即并无保护义务。而且解除权人是守约人,应当被优待。所以,即使解除权人故意或重大过失损害了标的物,也不负有损害赔偿责任。但是,如果解除权人知道解除原因,那么解除权人就无法信赖取得的终局性。所以,自此时开始,解除权人即负有保护义务,解除权人有过错违反该义务的,比如毁损、灭失了标的物,即应对相对人承担损害赔偿责任。

在解除相对人导致给付标的物毁损灭失的情况下,只要该相对人对解除原因可归责,即应承担损害赔偿责任。相对于解除权人,解除相对人承担更为严格的责任。②

(十) 担保权

主合同解除后,担保人对债务人应当承担的民事责任仍应当承担担保责任,但是担保合同另有约定的除外(《民法典》第566条第3款)。条文释义书认为,担保是为了主债务的履行而设定的,因为主债务不履行而解除合同的,返还义务人应承担的返还义务、价值补偿义务、损害赔偿义务也是因为主债务不履行导致的,所以担保人对于债务人应当承担的义务也应承担担保责任。③ 这一观点从担保功能主义出发,完全不顾及当事人约定担保的目的。

对于这一观点,本书持不同意见。本书认为,法官或仲裁员还是应考察当事人是否具有继续担保解除合同后的返还请求权的意思。④ 如果从担保约定或者经过规范解释可以得出担保人所提供的担保(保证、质押、抵押)继续担保解除合同后的返还请

---

① 王利明:《合同法研究》(第二卷)(第三版),中国人民大学出版社2018年版,第366页以下;李永军:《合同法》(第六版),中国人民大学出版社2021年版,第270页。
② Looschelders, *Schuldrecht AT*, 21. Aufl., 2023, §40, Rn. 39.
③ 黄薇主编:《中华人民共和国民法典释义(中)》,法律出版社2020年版,第1092页。
④ 当事人约定担保人对主合同无效的法律后果承担担保责任的,该有关担保独立性的约定无效(《民法典担保制度解释》第2条)。该规则与解除后担保存续规则并不相同,而且也否定了当事人约定合同无效情况下担保无效的法律后果的可能。

求权的意思，担保人才对债务人应当承担的返还责任承担担保责任。比如，在借贷合同被解除时，借款人须将所借用的款项返还给贷款人，此时贷款返还请求权上设定担保的，并且当事人约定该担保继续担保返还利人（贷款人）对借款人基于第566条第1款享有的返还请求权的，则担保人的担保责任不消灭，而是继续存在。再如，在买卖合同中，担保人为出卖人的价金请求权提供了担保，现在担保合同被解除，买受人应返还其受领的价金，此时只有当事人约定担保价金返还请求权的，才能认为担保责任继续存在。

（十一）结算和清理条款

合同的权利义务终止，不影响合同中结算和清理条款的效力（《民法典》第567条），《民法典》将解除视为合同权利义务终止的一种情况，故在解除的情况下，合同中的结算和清理条款继续有效。所谓结算条款是当事人之间约定结算方式的合同条款①；而清理条款是指违约金、定金等条款。②

第三节　协议解除与合同终止

一、协议解除（废止合同）

（一）协议解除（废止合同）的内涵

所谓协议解除，又被称为废止合同、合意解除，是指当事人可以基于双方的合意而提前结束其合同关系（《民法典》第562条第1款）。③ 协议解除（废止合同）包括合意解除、合意终止两种情况。

在实践中，协议解除（废止合同）的典型适用领域是劳动合同。如果终止债之关系的法定前提不具备，当事人即可通过约定废止合同。

废止合同的内容是通过约定废止广义的债之关系，所以，其性质为处分行为。有效的废止合同行为，需要当事人具有处分权。④ 而且，一旦合意废止，即不可以再行合意"废止"。在处分行为之外，尚存在作为基础的约定废止义务的合同。

物权合意、债务免除等处分行为均不能通过废止合同（协议解除）废止。

案例：甲向乙购买一辆自行车，使用后发现不合用，乙同意退货还钱。

本案中，可以解释为二者通过约定订立了废止合同。

与免除或者否定性债务承认不同，协议解除合同导致的是整个合同关系的消灭。

---

① 胡康生主编：《中华人民共和国合同法释义》，法律出版社1999年版，第165页。
② 韩世远：《合同法总论》（第四版），法律出版社2018年版，第689—690页。
③ 陈自强：《民法讲义Ⅱ——契约之内容与消灭》，法律出版社2004年版，第356页。
④ 姚明斌：《基于合意解除合同的规范构造》，载《法学研究》2021年第1期，第76页。

（二）协议解除（废止合同）的订立

协议解除合同，其性质为通常的合同，基于要约、承诺以及双方的合意而成立。[①] 对于协议解除，原则上形式自由，并不要求采取书面形式。

当事人就解除合同协商一致时，就可以发生协议解除的效力，解除协议未对合同解除后的违约责任、结算和清理等问题作出处理，除非当事人另有约定，对协议解除的效力不生影响（《民法典合同编通则解释》第52条第1款）。

当事人一方主张行使法律规定或者合同约定的解除权，经审理认为不符合解除权行使条件但是对方同意解除，除非当事人一方另有意思表示，人民法院可以认定合同解除（《民法典合同编通则解释》第52条第2款第1项）。在当事人一方主张行使法律规定或者合同约定的解除权，经审理认为不符合解除权行使条件的情况下，其意思表示被转化为协议解除的要约，而对方对该要约承诺的，二者之间就达成了协议解除。但是，如果行使解除权一方知道其解除权不构成的，他就不会解除合同时，那么人民法院就不能将其行使法律规定或者合同约定的解除权的意思转化为协议解除的意思。另外，如果对方同意的意思并不是对该当事人要约的接受，而是主张行使解除权方违约，则也不能认定达成了协议解除的合意。[②]

在双方当事人均主张解除合同的情况下，人民法院应对双方解除权均进行审查，如果一方解除权符合解除权行使条件的，即可以按照单方解除权规则处理；如果均符合解除权行使条件的，则按照先到达解除通知的时点认定合同解除。

在双方当事人均不符合解除权行使的条件但是均主张解除合同的情况下，可以认为当事人以行为表明均不希望继续受合同约束，所以可以认为当事人已经默示达成了协议解除合意。[③] 但是，如果有一方当事人仅同意依据单方解除权解除合同的，则就不能推断当事人达成了协议解除合意（《民法典合同编通则解释》第52条第2款第2项）。[④]

（三）法律效果

所谓协商解除与约定或法定合同解除权异其性质，所以原则上，协议解除不应适用合同解除的规定，其效力应依当事人的约定而发生[⑤]，或者通过解释确定。在继续性债之关系情况下，如果已经开始履行，此时的废止合同的效力向将来发生，并无溯及力；而对于一时性债之关系，如果在废止时尚未进行履行，则废止合同具有溯及力。

[①] 崔建远主编：《合同法》（第八版），法律出版社2024年版，第178页。
[②] 最高人民法院民事审判第二庭、研究室编著：《最高人民法院民法典合同编通则司法解释理解与适用》，人民法院出版社2023年版，第575—576页。
[③] MüKoBGB/Gaier, 9. Aufl., 2022, BGB §346, Rn. 28.
[④] 最高人民法院民事审判第二庭、研究室编著：《最高人民法院民法典合同编通则司法解释理解与适用》，人民法院出版社2023年版，第576页。
[⑤] 史尚宽：《债法总论》，中国政法大学出版社2000年版，第530页；蔡立东：《论合同解除制度的重构》，载《法制与社会发展》2001年第5期，第43—45页。

如果当事人意思是废止发生溯及力,那么在有疑问的情况下,应适用法定解除权的法律效果规则。①

在废止合同中,当事人没有约定违约责任、结算和清理等规则的,即应适用《民法典》第 566 条、第 577 条关于单方解除权法律效果的规定(《民法典合同编通则解释》第 52 条第 3 款)。

二、终止权

(一) 问题的提出

根据时间要素对给付内容及范围是否产生影响,合同可以被分为一时性合同与继续性合同。继续性债之关系长期存在,而且该期间往往是不确定的,而当事人可能在此期间对给付丧失了利益,需要提前解销该继续性债之关系。另外,对于继续性债之关系的解销,当事人可能具有特别的利益,比如在一方违反义务导致信赖关系被破坏的情况下,就不能期待当事人继续受合同关系的约束。② 信赖关系是指,基于信赖共同作用,在获取自己利益以及实施所承担的行为时,应特别照顾或考虑相对方的利益。在继续性合同中,出现特别事由(如当事人一方违约)的,守约方可以解除合同,但已经履行的给付很难再行返还或清算。所以,在继续性合同已经履行的情况下,有必要通过终止使继续性合同向将来清算。③

(二) 德国法上的终止制度

在德国法上,对于一时性合同与继续性合同的解销,区分了解除与终止制度,对于前者,解除后法律关系溯及既往地消灭,而对于后者,法律关系并不溯及既往地消灭。而终止又有普通终止(ordentliche Kündigung) 与特别终止(außerordentliche Kündigung) 之分。

如果继续性合同是不定期的,那么当事人即可无须任何理由任意地解除合同,此即为普通终止。普通终止时,终止人要为相对人指定期间,以便其适应新的法律状况。但在住宅租赁以及劳动合同的情况下,普通终止亦需要具备正当理由,因为这两种合同涉及人的生存保障。④

当事人对继续性合同约定期限的,必须要有重大理由,方可以终止继续性合同,此即为特别终止。根据《德国民法典》第 314 条,此时应考虑个案情况并衡量双方之利益,如果对于终止方而言继续保持合同关系一直到终止期届满或者约定的合同结束时是不可期待的,即可以特别终止合同。一般情况下,重大事由是债务人的重大违

---

① MüKoBGB/Gaier, 9. Aufl. , 2022, BGB §346, Rn. 27.
② Looschelders, *Schuldrecht AT*, 21. Aufl. , 2023, §39, Rn. 5 f.
③ Fikentscher/Heinemann, *Schuldrecht AT & BT*, 12. Aufl. , 2022, §50, Rn. 572.
④ Medicus/Lorenz, *Schuldrecht AT*, 22 Aufl. , 2021, §49, Rn. 4.

约行为。① 但在债务人没有违约的情况下,通过利益衡量,债权人也可以终止合同。例如依《德国民法典》第564条第2句,承租人死亡后,若租赁关系由其继承人承继,则继承人与出租人都可以特别终止租赁关系,而无须义务违反要件。债务人存在重大违约行为,并非合同终止的必要要件,也非充分要件。义务违反之过错也并非必要与充分要件,只是衡量的一个因素。进一步而言,终止方自己违反义务的行为也不会绝对排除重大事由的构成,但是在综合考察所有情况时,该义务违反行为具有重大意义。②

在考察是否可以终止继续性合同的问题上,首先考察是否构成重大事由,其次考察直到合同到期后,债之关系的持续对于当事人而言是否是可期待的。原则上,债务人承担其个人原因所导致的无法从给付中获益的风险,比如在健身合同的情况下,居住地的变化属于客户自身范畴内的风险,不能因此享有终止权,但如果患病或者怀孕,则属于客户不能影响的情况,此时客户可以终止合同。③

德国法还规定了催告以及预先指定期间规则,催告主要针对违反不作为义务的情况。指定期间的目的在于:一方面是保护相对人,可以使其相应作出应对计划;另一方面,如果权利人于合理期间内没有为从合同中摆脱而作准备,则说明对其而言坚守合同不是不可期待的。④ 不过,在对方明确、最终地拒绝履行时以及在定期行为情况下,即可无须指定期间就终止合同。值得注意的是,在特别终止中无须像普通终止一样为对方保留期限,因为其目的就在于迅速结束合同关系。

(三) 普通终止

不定期继续性合同成立后,即具有拘束力,当事人并不能因为不定期而得随时解除。但从善良风俗的角度来看,一个人不得长时间地受到合同的束缚,所以,在不定期合同的情况下,当事人可以在合理期限之前通知对方,解除合同。⑤ 而且当事人在没有重大事由或者对方没有违约时,也可以终止合同。对于这种终止制度,有的学者称为随时终止制度,有的称为普通终止制度,有的称为正常终止制度。本书采用"普通终止"这一术语。

对于普通终止制度,我国现行法中已经存在具体规则,如《民法典》第730条规定,在租赁合同中,租赁期限不明的,当事人可以随时解除租赁,出租人解除合同的,应当在合理期限之前通知,然后加以解除。《民法典》第976条第2款中增加规定了不定期合伙合同的普通终止权,第1022条第1款还增加规定了不定期肖像许可合同

---

① Medicus/Lorenz, *Schuldrecht AT*, 22 Aufl., 2021, §49, Rn. 5 f.,
② MüKoBGB/Gaier, 9. Aufl., 2022, BGB §314, Rn. 23.
③ Fikentscher/Heinemann, *Schuldrecht AT & BT*, 12. Aufl., 2022, §50, Rn. 573.
④ A. a. O.
⑤ 吴奕锋:《论不定期继续性合同随时终止制度——兼评〈民法典合同编(二审稿)〉的规定》,载《中外法学》2019年第2期,第526页。

的普通终止权。除此之外,从《民法典》第 933 条可以解释出关于委托合同的普通终止权,《合伙企业法》第 46 条关于合伙合同的普通终止权、《保险法》第 15 条关于保险合同的普通终止权、《劳动合同法》第 37 条关于劳动合同的普通终止权也都可以从条文中解释出来。

在特别规则的基础上,《民法典》第 563 条第 2 款一般性地规定了普通终止权制度:以持续履行的债务为内容的不定期合同,当事人在合理期限之前通知对方后可以解除。

首先,该规则适用于继续性合同的情况。

其次,"不定期的继续性合同"中的不定期,是指履行期间不明确或者没有约定的情况。

再次,当事人若要行使普通终止权,需要给对方指定终止期间。在表述上,"当事人在合理期限之前通知对方后可以解除",容易产生误解,容易被理解成"作出解除意思表示的时候要给予对方合理期间"。但真实的含义应该是,在解除意思表示到达与其发生效力之间要保留特定的期间,以便解除权相对人根据新的法律状况进行调整。① 《民法典》第 565 条第 1 款第 2 句第 2 分句明确了这一点:通知载明债务人在一定期限内不履行债务则合同自动解除,债务人在该期限内未履行债务的,合同自通知载明的期限届满时解除。

最后,值得思考的是,在特别法上普通终止权没有完善的情况下,对普通终止权进行一般化规定,是否有违反具体情况下利益衡量的问题。比如,德国法为了保护住宅承租人,对于出租人的普通终止权进行了重大限制,德国法从正反两个方面作出了规定。作为积极要件,德国法规定出租人只能在有"正当利益"(ein berechtigtes Interesse)的情形下才能终止合同(《德国民法典》第 573 条第 1 款第 1 句),具体包括承租人因过错重大违约、出租人欲将房屋自用及供亲属或同住者使用、出租关系的存续影响有关房屋的价值发挥等,但房屋可以以更高的价格租给他人或出售的除外(《德国民法典》第 573 条第 2 款)。作为消极要件,德国法规定出租人不得以提高租金为目的解除合同(《德国民法典》第 573 条第 1 款第 2 句)。为了更大限度地保护承租人,德国法还设定了"兜底"性的"社会化条款"(Sozialklausel):若承租人对租赁合同的利益大于出租人,解除对承租人、承租人家庭、承租人其他亲属而言过于严苛,即便出租人有正当理由解除合同,承租人仍可拒绝(《德国民法典》第 574 条第 1 款),例如承租人虽经合理努力仍无法找到合适的替代住宅(《德国民法典》第 574 条第 2 款)。

我国法目前没有类似的承租人终止保护制度。但实践中已经存在类似的需求。目前采取的保护思路,多是从优先承租权或优先购买权角度予以保护。不过,特别法没有规定对承租人的特别终止保护制度,而是规定一般性的普通终止规则,目的并不

---

① Medicus/Lorenz, *Schuldrecht AT*, 22 Aufl., 2021, §49, Rn. 3.

在于否定或者禁止将来法律规定特别的终止保护制度。在解释上,此时还是应优先适用租赁合同规则中的普通终止制度,而且对于其中的出租人的终止权要进一步限缩解释,对于承租人的终止权,也要扩张解释需要终止期间之情况。

普通终止权一般化有利于统一构成与法律效果。但是,在有特别法规定的情况下,应优先适用特别法,如劳动合同这一持续关系服务于生存保障,所以,雇主不能随时解除,而是要求有终止事由才能解除(《劳动合同法》第39条、第40条)。

在普通终止下,终止人并不承担损害赔偿责任。①

（四）特别终止

针对定期继续性合同的特别终止权,《合同法》分则中有个别规定,如第410条,不过第410条规定过于笼统,在构成上与法律效果上没有区分有偿委托与无偿委托。故有学者建议,区分二者,对于前者增加解除的要件,而对于后者则可以承认任意解除权。② 对此,《民法典》第933条予以接受:委托人或者受托人可以随时解除委托合同;因解除合同造成对方损失的,除不可归责于该当事人的事由外,无偿委托合同的解除方应当赔偿因解除时间不当造成的直接损失,有偿委托合同的解除方应当赔偿对方的直接损失和可以获得的利益。据此,无论是无偿合同还是有偿合同,当事人都可以任意解除,但在赔偿责任上,排除了不可归责于当事人的事由造成损害的情况,如第三人或不可抗力造成损害的情况。那么,对于定期继续性合同,何以赋予委托人任意解除权,而且是配置损害赔偿责任的解除权? 这主要是因为不能期待任何人在任何情况下均受合同约束。特别终止权在本质上不同于任意终止权,当事人欲终止,需要重大事由,而非无须任何事由即可终止。所以,对于该条的解释,还应予以限缩解释,即只有在委托人具有重大理由的情况下,才可以终止该定期继续性合同。③ 只有规定重大理由的终止权,配置损害赔偿责任才有正当性。损害赔偿责任作为当事人从合同中摆脱出来的代价。

另外,值得注意的是,《民法典》第1022条第2款明确规定了基于正当理由终止合同的情况:当事人对肖像许可使用期限有明确约定,肖像权人有正当理由的,可以解除肖像许可使用合同,但是应当在合理期限之前通知对方。因解除合同造成对方损失的,除不可归责于肖像权人的事由外,应当赔偿损失。在这里,正当理由可以解释为重大事由,即在斟酌个案所有具体情形,且衡量双方之利益后,维持该合同关系到约定之消灭期限或终止期限届满,对终止一方无期待可能性。而在因重大事由终

---

① 吴奕锋:《论不定期继续性合同随时终止制度——兼评〈民法典合同编(二审稿)〉的规定》,载《中外法学》2019年第2期,第530页。
② 崔建远、龙俊:《委托合同的任意解除权及其限制——"上海盘起诉盘起工业案"判决的评释》,载《法学研究》2008年第6期,第73页。
③ 武腾:《委托合同任意解除与违约责任》,载《现代法学》2020年第2期,第71页。该文整理了司法实践中关于有理由解除合同的做法。

止场合,终止人应赔偿相对人因此造成的损害,以期利益衡平。

对于将来的法律适用,在方法上,可以对《民法典》第 933 条以及第 1022 条第 2 款,进行整体类推,从而对于任何定期的继续性合同,若存在重大事由,均可以无须指定期间进行终止。①

与一时性合同的解除事由相比,继续性合同的终止事由中的特别之处在于,不仅仅考虑谁违约的问题,而是要考虑是否存在重大事由导致不可期待当事人受继续性合同的长期约束。②

合同被特别终止的,不影响债权人主张损害赔偿。

(五)终止权的行使

终止权是形成权,须通过意思表示行使,是单方、须受领的意思表示,终止意思表示适用意思表示规则。

(六)法律效果

终止不仅可以导致单个义务的消灭,而且可以导致整个继续性债之关系的终结,但并无溯及效力,而是指向将来发生效力。发生效力的时点是终止期届满之时。

在终止后,当事人之间无须返还已经履行的给付,而且也无适用不当得利返还请求权之余地,因为终止仅向将来发生效力,对于过去发生的给付交换,仍存在法律原因。如果当事人已经先给付的,返还义务人应当根据《民法典》第 566 条第 1 款予以返还。

终止之后,主给付义务即不存在,但从给付义务以及附随义务仍然可能继续存在。

(七)竞合

特别终止规则属于解除权规则的特别规定,所以原则上优先于法定解除与约定解除权规则适用。③ 不同意见认为,特别终止规则不应一概优先于法定解除与约定解除权规则适用,在继续性债之关系已经履行的情况下,债权人可能例外地对于清算或者返还已经履行的给付存有利益,比如在部分给付的情况下,债权人因为对方义务违反从而对已经履行的部分给付丧失了利益,债权人即可以解除合同,从而依据解除规则进行清算。④

德国法明确规定,在继续性合同的情况下,特别终止权规则取代情势变更情况下的解除权规则(《德国民法典》第 313 条第 3 款第 2 句):在调整合同不可能或者对于

---

① Medicus/Lorenz, *Schuldrecht AT*, 22 Aufl., 2021, §49, Rn. 6.
② 韩世远:《继续性合同的解除:违约方解除抑或重大事由解除》,载《中外法学》2020 年第 1 期,第 109 页。
③ MüKoBGB/Gaier, 9. Aufl., 2022, BGB §314, Rn. 34.
④ Looschelders, *Schuldrecht AT*, 21. Aufl., 2023, §39, Rn. 18.

一方当事人不可期待的情况下,受不利影响的当事人得解除合同的规则(《德国民法典》第313条第3款第1句)优先于终止规则适用。但是,在特别终止与情势变更的交叉领域,如果终止原因没有通过合同调整而被排除,那么就可以适用特别终止规则。①

三、司法终止权

（一）问题的提出

在合同已经不能履行,合同继续存在下去会给违约方带来负面的后果,但守约方却不行使解除权时,会导致对违约方不利的后果。② 比如,甲乙两公司合资建造教学用房和商业经营用房,甲所出地的性质为工业用地,乙方出全部建设资金。建造完成后,乙公司分得三分之一的商业经营用房,并且在双方合作终止前可以一直占有并使用建造完成的三分之一的房屋。其后,甲公司一直未将案涉工业用地变更为商业用地,行政主管机关将案涉用地批准为教学用地,致使乙公司无法依约获得三分之一的商业用房。③ 又比如,在租赁合同的情况下,租赁期间未届满,承租方继续履行合同所需的财力、物力超过合同双方基于合同履行所能获得的利益,承租方可否解除合同。④ 在长期租赁合同中,租户在租期未满的情况下单方面提出解除合同。

在司法实践中,也有法院判决认可违约方解除权。例如,在"周芹与程晓红房屋租赁合同纠纷案"中⑤,法院认为:"由于程晓红未提交充分的证据证实涉案房屋系周芹原因导致无法办理消防验收、不能正常经营的情形,故程晓红单方搬离涉案房屋、拒绝履行租赁协议的行为显属违约。虽然上诉人程晓红单方要求解除合同时,并不享有法定及约定解除权情形,但其在合同履行期届满二年时,经与周芹多次协商降低租金价款无果后,已多次表明欲解除合同并实际搬离租赁房屋;随即,在周芹起诉其要求给付租金的诉讼中,程晓红又提起反诉要求解除双方间的租赁协议。根据《中华人民共和国合同法》第一百一十条的规定,有违约行为的一方当事人请求解除合同,没有违约行为的另一方当事人要求继续履行合同,当违约方继续履约所需的财力、物力超过合同双方基于合同履行所能获得的利益,合同已不具备继续履行的条件时,为衡平双方当事人利益,可以允许违约方解除合同,但必须由违约方向对方承担赔偿责任。故原审判决从发挥租赁物的使用价值,有效利用资源,维持社会经济秩序和法律关系现状稳定的角度出发,遵照民法的公平原则,对于实际上确实无法继续履行的房

---

① Looschelders, *Schuldrecht AT*, 21. Aufl., 2023, §39, Rn. 18.
② 崔建远:《完善合同解除制度的立法建议》,载《武汉大学学报(哲学社会科学版)》2018年第2期,第88页。
③ 崔建远:《关于合同僵局的破解之道》,载《东方法学》2020年第4期,第108页。
④ 江苏省连云港市中级人民法院(2014)连民终字第0035号民事判决书;王利明:《合同编解除制度的完善》,载《法学杂志》2018年第3期,第19页。
⑤ 江苏省连云港市中级人民法院(2014)连民终字第0035号民事判决书。

屋租赁合同,判决予以解除正确,本院予以认同。"

在该判决中,法院援引《合同法》第 110 条处理这一问题,在解释方法上,存在问题。一方面,此种情况不构成第 110 条规定的经济上不能;另一方面,即使构成,也只是产生原给付义务消灭的效果,至于对待给付义务是否消灭,现行法上并没有规定。进一步讲,即使对待给付义务消灭,但合同还是存在的,双方还是要受合同约束。① 所以,对于法院来说,判决不允许租户解除合同恐有不妥,但判决其可以解除合同又缺乏法律依据。②

有鉴于上述,有必要在法律上予以补充规定。《民法典》合同编草案一审稿第 353 条第 3 款规定,合同不能履行致使不能实现合同目的,解除权人不解除合同对对方明显不公平的,对方可以向人民法院或者仲裁机构请求解除合同,但是不影响其承担违约责任。二审稿改为"合同不能履行致使不能实现合同目的的,有解除权的当事人不行使解除权,构成滥用权利对对方显失公平的,人民法院或仲裁机构可以根据对方的请求解除合同,但是不影响违约责任的承担"。两相比较,二审稿中主要的变化是,采纳不行使解除权构成滥用权利致使显失公平的思路,进一步增强了违约方解除合同的正当性,同时也构成了重大限制。但赋予违约人解除权,必然会遭到合同道德的质疑。

在全国人大审议草案阶段,在解除一般事由规则中规定违约方解除权的计划受阻,最终,起草人将该规则进行修改,移到了给付不能规则之中,成为《民法典》第 580 条第 2 款。

(二)构成

《民法典》第 580 条第 2 款规定,有前款规定的除外情形之一,致使不能实现合同目的的,人民法院或者仲裁机构可以根据当事人的请求终止合同权利义务关系,但是不影响违约责任的承担。

根据第 580 条第 2 款所处的位置,该规则应仅适用于非金钱债务。但这样一来,似乎有违立法初衷。所以,最高人民法院编写的《民法典合同编通则解释》释义书建议类推适用《民法典》第 580 条第 1 款第 2 项"债务的标的不适于强制履行或者履行费用过高"的规定,赋予债务人拒绝继续履行原金钱债务的抗辩权。而且,《九民纪要》第 48 条主要针对的就是金钱之债情况下的违约方司法解除权。③ 在司法实践中,购房人不能够订立贷款合同从而无法支付购房款的,购房人也可以解除合同。商品房买卖合同约定,买受人以担保贷款方式付款、因当事人一方原因未能订立商品房担

---

① 石佳友、高郦梅:《违约方申请解除合同权:争议与回应》,载《比较法研究》2019 年第 6 期,第 41 页。
② 王利明:《合同编解除制度的完善》,载《法学杂志》2018 年第 3 期,第 19—20 页。
③ 最高人民法院民事审判第二庭、研究室编著:《最高人民法院民法典合同编通则司法解释理解与适用》,人民法院出版社 2023 年版,第 663 页。

保贷款合同并导致商品房买卖合同不能继续履行的,对方当事人可以请求解除合同和赔偿损失。因不可归责于当事人双方的事由未能订立商品房担保贷款合同并导致商品房买卖合同不能继续履行的,当事人可以请求解除合同,出卖人应当将收受的购房款本金及其利息或者定金返还买受人(《商品房买卖合同解释》第19条)。①

首先,对方当事人不能请求违约方继续履行。在非金钱债务的情况下,法律上或者事实上不能履行,债务的标的不适于强制履行或者履行费用过高或者债权人在合理期限内未请求履行的,对方就不能请求违约方履行(《民法典》第580条第1款)。

其次,对方当事人不能请求违约方继续履行,致使合同目的不能实现。② 起草人删除了"构成滥用权利对对方显失公平的"要件,而仅保留不能实现合同目的的要件;从特别终止的规范目的上来看,主要是避免当事人过长地受合同的拘束,当事人受合同拘束时间过长,有可能导致显失公平,或者不可期待。这一删除在结果上扩大了特别终止的适用范围,使得继续性合同的拘束力大大削弱。在实践中,还应当参照《九民纪要》第48条判断是否构成司法终止权。

《九民纪要》第48条规定,在一些长期性合同如房屋租赁合同履行过程中,双方形成合同僵局,一概不允许违约方通过起诉的方式解除合同,有时对双方都不利。在此前提下,符合下列条件,违约方起诉请求解除合同的,人民法院依法予以支持:(1)违约方不存在恶意违约的情形;(2)违约方继续履行合同,对其显失公平;(3)守约方拒绝解除合同,违反诚实信用原则。人民法院判决解除合同的,违约方本应当承担的违约责任不能因解除合同而减少或者免除。

最后,当事人不能通过意思表示终止合同,必须寻求法院或仲裁机构的裁决,因此也被称为司法解除③;鉴于第580条第2款的文义,更准确的表达应当是司法终止权。双方当事人均有权请求人民法院或仲裁机构终止合同。

(三) 终止时间

当事人一方请求终止合同权利义务关系的,人民法院一般应当以起诉状副本送达对方的时间作为合同权利义务关系终止的时间(《民法典合同编通则解释》第59条第1句)。该规则与通过起诉行使解除权情况下时解除发生的时点规则(《民法典》第565条第2款)是一致的。

但是,在司法终止权的情况下,毕竟是需要人民法院或仲裁机构裁决终止合同,而且仅以起诉状副本送达对方的时间作为合同权利义务关系终止的时间,实际上是由当事人决定终止的时间,由此可能会造成有违公平与诚实信用的结果。具体如在

---

① 从这一规则中也可以解释出解除合同效力穿越的规则,即担保贷款合同未成立、无效、被解除的,与之关联的商品房买卖合同也不成立、无效或者可以被解除。
② 黄薇主编:《中华人民共和国民法典释义(中)》,法律出版社2020年版,第1118页。
③ 崔建远:《关于合同僵局的破解之道》,载《东方法学》2020年第4期,第116页。

出现违约的情况下，守约方可能为了获得高额违约金，既不解除合同，也不与对方协商，反过来，故意违约方也可能利用这一规则，直接向人民法院请求司法终止，达到少承担违约金以及违约责任的目的。有鉴于此，《民法典合同编通则解释》第 59 条采取了赋予法院一定的自由裁量权的模式。① 根据案件的具体情况，以其他时间作为合同权利义务关系终止的时间更加符合公平原则和诚实信用原则的，人民法院可以以该时间作为合同权利义务关系终止的时间，但是应当在裁判文书中充分说明理由(《民法典合同编通则解释》第 59 条第 2 句)。

第四节　消费者撤回权

✍ 【文献指引】

孙良国：《消费者何以有撤回权》，载《当代法学》2011 年第 6 期；许军珂：《论消费者保护的法律选择模式——欧美模式与中国模式之比较、启示与思考》，载《法学家》2011 年第 5 期；王金根：《欧洲民法典草案消费者撤回权制度研究》，载《北方法学》2012 年第 5 期；杨立新：《非传统销售方式购买商品的消费者反悔权及其适用》，载《法学》2014 年第 2 期；白江：《对消费者撤回权立法模式的反思》，载《法学》2014 年第 4 期。

✍ 【补充文献】

赖春：《我国市场下网购消费者撤回权分析——基于第三方平台交易模式》，载《广西政法管理干部学院学报》2014 年第 6 期；刘凯湘、罗男：《论电子商务合同中的消费者反悔权——以〈消费者权益保护法〉第 25 条的理解与司法适用为重点》，载《法律适用》2015 年第 6 期；于程远：《消费者撤回权的合理限制——价值补偿与用益返还的双重进路》，载《法学》2016 年第 9 期；徐伟：《重估网络购物中的消费者撤回权》，载《法学》2016 年第 3 期；朱涛：《消费者权益保护法第 25 条之功能属性探析——基于日本经验的启示》，载《北京航空航天大学学报(社会科学版)》2017 年第 5 期；靳文辉：《消费者撤回权制度的反思与重构——基于法律经济学的分析》，载《法商研究》2017 年第 3 期；段媚媚：《消费者撤回权法律制度产生的理论基础研究》，载《河北法学》2017 年第 4 期；戴中璧：《远程销售中消费者撤回权的强制性与任意性——兼论〈消费者权益保护法〉第 25 条第 2 款》，载《山东社会科学》2019 年第 2 期；吴林昊：《重思消费者反悔权：权利基础与保护架构》，载《甘肃政法大学学报》2022 年第 1 期。

---

① 最高人民法院民事审判第二庭、研究室编著：《最高人民法院民法典合同编通则司法解释理解与适用》，人民法院出版社 2023 年版，第 654 页、第 659 页以下。

一、消费者撤回权概述

自20世纪60年代以来,德国、英国、加拿大、澳大利亚、美国等国陆续规定了消费者撤回权制度(Widerrufsrecht)或者与其类似的冷却期制度(cooling-off period),使消费者在订立合同后仍有机会修正可能比较仓促的法律行为上的决定。①

在我国,2002年修订的《上海市消费者权益保护条例》首次规定了该项制度。② 2005年《直销管理条例》第25条规定,直销经营者应当建立并实行完善的换货和退货制度,并且将无因退货期限定为30日。2013年《消费者权益保护法》第25条首次在法律上规定了无理由退货制度,即撤回权制度。③ 2020年国家市场监督管理总局修订的《网络购买商品七日无理由退货暂行办法》详细规定了无理由退货制度。最高人民法院2022年颁布的《网络消费纠纷规定(一)》第2条、第3条对《消费者权益保护法》第25条进行了进一步解释。2024年《消费者权益保护法实施条例》第19条细化了《消费者权益保护法》第25条的规则。

这些制度都有一个共同的特点,即在事实构成被详细描述(类型法定)的特定情况下,消费者于一定期限内可以通过单方意思表示,无须给出原因地从与经营者签订的合同中摆脱出来。④

(一) 概念

所谓消费者撤回权,是指经营者采用网络、电视、电话、邮购等方式销售商品,消费者有权自收到商品之日起7日内退货,且无须说明理由(《消费者权益保护法》第25条第1款)。对于消费者撤回权,起草人称其为"七日无理由退货"⑤,学者称其为消费者后悔权、消费者反悔权等。本书认为,从该权利的内容出发,称其为消费者撤回权更为恰当。

(二) 消费者撤回权与合同严守原则

为了保障合同将来产生效力,当事人须受其曾订立的合同之约束,此即严守合同原则(pacta sunt servanda)。合同严守原则的主要根据在于保护交易以及信赖,赋予

---

① HKK/Schmoeckel, §§ 312-312 f. Rn. 75; Medicus/Lorenz, *Schuldrecht AT*, 22. Aufl., 2021, § 48, Rn. 1.
② 该《条例》第28条规定:"……经营者以上门方式推销商品的,应当征得被访问消费者的同意。上门推销时,推销人员应当出示表明经营者授权上门推销的文件和推销人员的身份证件,并以书面方式向消费者告知推销商品的性能、特性、型号、价格、售后服务和经营地址等内容。经营者上门推销的商品,消费者可以在买受商品之日起七日内退回商品,不需要说明理由,但商品的保质期短于七日的除外。商品不污不损的,退回商品时消费者不承担任何费用。"金福海:《消费者法论》,北京大学出版社2005年版,第171页。
③ 杨立新:《非传统销售方式购买商品的消费者反悔权及其适用》,载《法学》2014年第2期,第30页。
④ G. Reiner, Der verbraucherschützende Widerruf im Recht der Willenserklärung, AcP 203(2003), S. 4.
⑤ 贾东明主编,全国人大法制工作委员会民法室编著:《中华人民共和国消费者权益保护法解读》,中国法制出版社2013年版,第101页。

合同以将来之效力。合同当事人允诺给付,约束自己,在经济上互为"牺牲",即使在事后利益状况变化的情况下,也受其约束。①

合同严守与合同自由都是个人自决(Selbstbestimmung)的表达。所谓意思自由,即个人自由的行使,也即表示人实际上的、在自由中形成以及行使的意思。② 没有意思自由的合同拘束力是不可想象的③,只有表意人有意识地、无瑕疵地作出允诺时,合同严守才有其正当性。④ 在实质之意思自由无法被保障,反而为他人决定所妨害的情况下,被妨害之人存有解销利益。

从消费合同对立关系来看,消费者具有解销利益,即不受约束的利益,但其相对人享有存续以及受约束的利益,并且对合同的存在与约束力存有信赖利益。⑤ 如果要否认相对人的信赖利益,通常除了需具备意思表示瑕疵之前提外,尚需要可归责于相对人的事由,如欺诈或胁迫情况下的"故意"要素。而且,解销利益与意思瑕疵以及可归责事由是成正比的,意思瑕疵越严重、允诺人的表示瑕疵越可归责于允诺受领人,在利益衡量上,越有利于解销利益人,如欺诈的情况;如果意思瑕疵不可归责于允诺受领人,那么就需严守合同,如立法政策上允许撤销,则应给出补偿,如在错误的情况下,发生错误的人负有损害赔偿责任。

在上门交易场合,对经营者的归责基础在于,特定场合的特殊情况危及了决定自由,而且提供者制造、利用该场合的特殊情况与危及决定自由之间存在因果关系。⑥ 经营者制造、利用这些场合对消费者构成特别危险,经营者应对消费者的意思形成承担更高的责任。而且,经营者具有控制意思表示瑕疵危险的能力。另外,经营者是交易的最大受益者,将行为风险分配给获利者,有其正当性基础。在本质上,经营者承担的是行为责任。而且,在消费者撤回权的情况下,经营者负有告知撤回权之义务,故亦不得对订立合同之存续产生信赖。

基于上述理由,赋予消费者任意之撤回权,有其正当性理由。消费者撤回权并没有危及经营者的信赖利益乃至法律的安定。

(三)消费者撤回权的正当性基础

值得思考的是,为什么要赋予消费者以"无因"撤回权。虽然消费者撤回权的引入深受消费者保护运动的影响,但其正当性基础并不在于保护消费者。实际上,在法律交易中,不存在为了消费者利益而使其地位优于经营者的一般原则。消费者与经

---

① Lorenz, *Der Schutz vor dem unerwünschten Vertrag*, 1997, S. 29.
② Flume, *Allgemeiner Teil des Bürgerlicher Rechts*, Bd Ⅱ: *Das Rechtsgeschäft*, 4. Aufl., 1992, §1, S. 12f.
③ Stathopoulos, Probleme der Vertragsbindung und Vertragslösung in rechtsvergleichender Betrachtung, AcP 194(1994), S. 543, 552.
④ Lorenz, *Der Schutz vor dem unerwünschten Vertrag*, 1997, S. 28 ff.
⑤ A. a. O., S. 38.
⑥ A. a. O., S. 164.

营者同样都享有私法自治与合同自由,如果立法上偏向哪一方,是违反平等原则的。所以,消费者保护本身并不能成为规定消费者撤回权的正当性理由,应当另行寻找消费者撤回权的正当性基础。

还有学者认为,谈判地位不平等是消费者撤回权的正当性基础,撤回权之目的在于使消费者在撤回期限内有机会再次考虑或者自合同中脱身,从而使消费者受到妨害的谈判地位平等性(Verhandlungsgleichgewicht)得以回复。① 该种观点缺乏说服力,消费者不能因为合同中体现的意思要少于经营者的意思,就撤回意思表示。

早在1891年黑克(Heck)就已经建议规定分期付款买卖(Abzahlungskauf)情况下的后悔权(Reurecht)制度。② 他认为,在分期付款买卖的情况下,顾客可能被劝诱购买非必需的以及超出其财产能力的标的物,其原因在于心理上的因素,即与目前的享受相比,将来才履行的义务往往被低估。③ 这一建议在当时并未被德国立法者所采纳。直到1969年,在消费者运动浪潮的影响下,德国立法者才于《外国投资股份销售法》④中规定了撤回权制度。

虽然黑克的建议已经触及问题的实质,但仅有经营者的劝诱因素,尚不足以构成消费者享有撤回权之正当理由。问题的关键在于消费者的意思是否受到了影响,是否具有劝诱行为反而并非关键所在。

在法律上,立法者一般不会规定一般性的消费者撤回权,通常会针对特定情形或者具体合同类型规定消费者撤回权制度,每种情况下,其规范目的又各不相同。

1. 上门交易情形下的消费者撤回权

在法政策上,消费者撤回权是与直销(Direktvertrieb)等特殊销售形式进行斗争的结果。⑤ 现代社会中,货物与服务销售形式花样翻新、层出不穷,其中直销之模式以及网络交易模式,颇为兴盛。针对直销模式,欧盟于1985年颁布了《上门交易撤回指令》(85/577/EWG),德国于1986年颁布了《上门交易法》。⑥ 德国立法者认为,在交易场合不适宜的情况下,如在消费者工作场合以及私人住宅订立合同的情况下,存在对消费者突袭的危险并阻碍了其决定自由。⑦ 欧盟对该《指令》的立法理由亦认为其基础在于"突袭之要素",该突袭使得消费者丧失了比较价格与质量的机会。⑧ 消费者通常没有表示出其在适当考虑情况下本应作出的表示。

---

① Larenz/Wolf, *AT des BGB*, 9. Aufl., 2004, § 39, Rn. 20.
② Heck, Wie ist den Mißbräuchen, welche sich bei den Abzahlungsgeschäften herausgestellt haben, entgegenzuwirken in Verhandlungen des 21. Deutschen Juristenstages, Ⅱ, 1891, 131, 180f., 192.
③ A. a. O., 148.
④ Gesetz über den Vertrieb ausländischer Investmentanteile und über die Besteuerung der Erträge aus ausländischen Investmentanteilen v. 28. 7. 1969 (BGBl I 986).
⑤ Lorenz, *Der Schutz vor dem unerwünschten Vertrag*, 1997, S. 123.
⑥ Gesetz über den Widerruf von Haustürgeschäften und ähnlichen Geschäften v. 16. 1. 1986, BGBl I 122.
⑦ Staudinger/Kaiser, 2012, § 355, Rn. 6; Larenz/Wolf, *AT des BGB*, 9. Aufl., 2004, § 39, Rn. 11.
⑧ H. Eidenmüller, Die Rechtfertigung von Widerrufsrechten, AcP 210(2010), S. 68.

2. 特定合同类型情况下的消费者撤回权

德国《分期付款买卖法》是1894年颁布的,当时并无撤回权制度,1974年修改时①方规定了分期付款买卖情况下的撤回权制度。1990年,该法为《消费者信贷法》②所取代,撤回权制度被扩张适用到其他类型的消费者信贷以及分期交货合同情况。立法者认为,在消费者信贷合同中赋予消费者撤回权的原因在于:消费者无法完全判断合同条款的整体情况,在谈判这一很短时间内无法对其充分理解。③ 消费者信贷合同内容较为复杂,若无专门知识无法理解,所贷款项金额巨大、期限较长,消费者有可能无法正确判断贷款内容及自己的贷款能力,往往陷入长期债务负担之中,目前的"房奴"之称谓恰是这一情况的"写照"。

在《分期付款买卖法》之后,德国又相继于1976年颁布了《远程授课保护法》④,于1990年颁布了《保险合同法》⑤,于1996年颁布了《分时使用住宅法》⑥,于2000年颁布了《远程销售法》⑦,均规定有消费者撤回权制度。在远程销售的情况下,立法者认为,于订立合同前,消费者与供货者并无个人接触,且无法亲眼看到商品或仔细了解服务的质量,也无从向其他自然人了解相关信息。⑧ 在远程金融服务合同、分时度假以及消费者信贷合同的情况下也是如此。⑨ 分时度假合同具有长期合同的性质,消费者于订立合同时可能无法理解合同长期约束力意味着什么,应给予消费者一定期间更好地检查其权利与义务。⑩

综合而言,在第一种情况下,消费者处于精神上的弱势,突袭之情形导致其不能充分考虑、形成意思;在第二种情况下,消费者处于信息上的弱势,信息不完全导致其无法自由形成意思。所以,消费者撤回权的基础在于其意思形成受到了妨害(Beeinträchtigung der Willensbildung)。⑪ 这种妨害并不必真正形成,只要具有潜在的妨害意思形成之可能性即可。⑫ 在实质上,立法者推定在法定情况下消费者的意思形成受到了妨害,该推定是不可以被推翻的。

---

① Gesetz betreffend die Abzahlungsgeschäfte v. 16. 5. 1894, geändert durch Gesetz v. 15. 5. 1974, BGBl I 1669.
② Verbraucherkreditgesetz v. 17. 12. 1990, BGBl 2840.
③ Larenz/Wolf, *AT des BGB*, 9. Aufl. , 2004, § 39, Rn. 18.
④ Gesetz zum Schutz der Teilnehmer am Fernunterricht v. 24. 8. 1976, BGBl I 2525.
⑤ Gesetz über den Versicherungsvertrag v. 30. 5. 1908, geändert durch Gesetz zur Änderung versicherungsrechtlicher Vorschriften v. 17. 12. 1990, BGBl 2864.
⑥ Gesetz über die Veräußerung von Teilzeitnutzungsrechten an Wohngebäuden v. 20. 12. 1996, BGBl I 2154.
⑦ Fernabsatzgesetz v. 27. 6. 2000, BGBl I 897.
⑧ Staudinger/Kaiser, 2012, § 355, Rn. 7.
⑨ Larenz/Wolf, *AT des BGB*, 9. Aufl. , 2004, § 39, Rn. 18.
⑩ H. Eidenmüller, Die Rechtfertigung von Widerrufsrechten, AcP 210(2010), S. 68.
⑪ G. Reiner, Der verbraucherschützende Widerruf im Recht der Willenserklärung, AcP 203(2003), S. 9.
⑫ H. Eidenmüller, Die Rechtfertigung von Widerrufsrechten, AcP 210(2010), S. 71.

在我国法上,赋予消费者单方解除合同的权利,与消费者在特定交易中由于信息不对称而导致的意思表示不真实有关。① 在现代社会中,网络、电视等远程交易方式日益增多,固然有其便捷、迅速之好处,但由此也为消费者带来了新的危险,即消费者与经营者没有面对面地接触,而且,在对提供的货物没有进行检验的情况下谈判、签订合同②,也即在信息不健全的情况下进行决定,并无实质自由可言,对此,《消费者权益保护法》不仅通过信息提供义务保护消费者,而且通过赋予消费者撤回权由其自由选择。

值得反思的是,在远程交易情况下,消费者没有检验货物是赋予其撤回权的强有力理由。但此时大部分合同标的为种类物,无须检验,通常都是无瑕疵的;实践中,通过约定,消费者也往往有权在一定期间内退货。故在远程交易中,法律规定消费者撤回权的理由是有争议的。③

(四) 消费者撤回权的归类

有学者认为,消费者可以对已作出的要约或承诺的意思表示予以单方面撤销,即使合同已经成立,消费者也可以单方面解除合同。④ 根据该表述,撤销权的实质是解除权。对此,全国人大常委会法工委主任李适时在《关于消费者权益保护法修正案(草案)的说明》中认为,无理由退货制度本质即为消费者在适当期间单方解除合同的权利。⑤

消费者撤回合同的,单方的意思表示即可以排除双方的履行请求权,并确立返还之债的关系。所以,在法律效力上,消费者撤回权与解除权的法律效果类似,但由于消费者撤回权有自己独立的规则,在本质上,将消费者撤回权界定为独立的权利类型,比较合理。

二、消费者撤回权的构成要件

作为撤回权人的消费者并不需要给出撤回之理由甚或证明撤回之理由,既不要求构成对意思决定的真实妨碍,也不要求撤回动机,其实质为任意之撤回权(willkürliches Widerrufsrecht)。

是否构成消费者撤回权,通常要经过如下几个层次的考察:

(一) 当事人之间应是消费者与经营者的关系

对于何为消费者、何为经营者的规定,立法上有两种模式:一种是动态体系模式,

---

① 李适时主编,全国人大常委会法制工作委员会编:《中华人民共和国消费者权益保护法释义》,法律出版社 2013 年版,第 99 页。
② Rüthers/Stadler, AT des BGB, 21. Aufl., 2022, §22, Rn. 2. Stadler 教授认为该观点已不再有很强的说服力。
③ Rüthers/Stadler, AT des BGB, 16. Aufl., 2009, §22, Rn. 25. (第 21 版已无该内容)
④ 金福海:《消费者法论》,北京大学出版社 2005 年版,第 169 页。
⑤ 李适时主编,全国人民代表大会常务委员会法制工作委员会编:《中华人民共和国消费者权益保护法释义》,法律出版社 2013 年版,第 319—327 页。

规定若干判断因素,并不进行类型化;一种是类型化模式,或者根据人的因素类型化,或者根据特定情形下基于交易目的产生的保护必要性类型化。① 《德国民法典》第13条、第14条规定了消费者与经营者的定义,其模式属于基于交易目的的类型化模式。我国《消费者权益保护法》第2条规定了何为消费者,即"消费者为生活消费需要购买、使用商品或者接受服务,其权益受本法保护",但未规定何为经营者,从其表述来看,采取的也是按照交易目的类型化之模式。是否为消费者,关键要看是否有生活消费之目的,其是否是企业、商人,并非关键性要素。不同观点认为,企业不是消费者,即使企业为了内部消费而购买商品,也不享有消费者撤回权。②

(二) 远程交易

根据《消费者权益保护法》第25条,消费者撤回权仅适用于网络、电视、电话、邮购等远程交易方式销售商品的情况。但是,消费者撤回权构成要件中并没有特定场合之要素仅要求"经营者采用网络、电视、电话、邮购等方式销售商品"。在合同类型上,该条限定在销售商品,即买卖合同,并不包括服务合同。商品概念比较广泛,包括动产与不动产,而网络、电视、电话、邮购等方式是指消费者与经营者在没有面地面地接触的情况下谈判、签订合同之情形。③ 德国法上,还进一步要求"消费者与经营者仅使用远程通信手段订立货物供应或服务(包括金融服务)合同"这一要件(《德国民法典》第312b条)。这意味着,撤回权仅适用于合同订立是在为了远程交易而组织的运营或服务体系框架内进行的。例如,甲卧病在床,打电话给药店,称急需药物,请求帮助送到家里,药店店员通常不会接受电话订购,但可怜甲病重,于是同意送药上门。如果对于药店偶然地通过电话进行的卖药行为,适用《消费者权益保护法》第25条,显然不公平。④

《消费者权益保护法》第25条将消费者撤回权限定于"网络、电视、电话、邮购等方式销售商品"的思路是正确的,只有能够推定消费者的意思形成受到妨碍的特定情形或者合同类型下,方有规定消费者撤回权之理由。但仅将"退货权"的法定情况限于买卖合同情况,则无合理根据,在利益状况上,尤其在上门交易以及远程交易的情况下,商品提供与服务提供并不会带来实质差别,构成意思形成障碍的是上门交易以及远程交易这种销售模式本身。

梅迪库斯在为债法委员会出具的鉴定中认为,不应根据合同类型规定撤回权制度,而应根据交易场景以及其他不当销售形式确定撤回权制度。消费者撤回权的正当性理由与合同类型并不相关,而是在于其销售形式使消费者可能过于匆忙地决定。

---

① HKK/Duve, §§1-14, Rn. 78.
② 刘凯湘、罗男:《论电子商务合同中的消费者反悔权——以〈消费者权益保护法〉第25条的理解与司法适用为重点》,载《法律适用》2015年第6期,第60页。
③ Brox/Walker, *Allgemeines Schuldrecht*, 46. Aufl., 2022, §19, Rn. 7.
④ Rüthers/Stadler, *AT des BGB*, 16. Aufl., 2009, §22, Rn. 20. (第21版已无该内容)

以合同谈判突袭并压迫合同当事人作出决定的人,必须接受被突袭人可以事后享有一个考虑期间的义务。如果根据合同类型确定撤回权,如何选择合同类型往往会陷入任意性的危险。①

(三)客体要件

1. 不适用的商品

从消极构成要件方面看,消费者撤回权不适用于特别的商品,如消费者定作的、鲜活易腐的、在线下载或者拆封的音像制品、计算机软件等数字化商品,交付的报纸、期刊以及其他根据商品性质并经消费者在购买时确认不宜退货的商品,不适用无理由退货(《消费者权益保护法》第 25 条第 1 款)。消费者定作的商品是根据消费者特殊要求而制作的,通常不能再次销售给其他消费者。鲜活易腐的商品主要是海鲜、水产、花卉、水果等。消费者在线下载或者消费者拆封音像制品的,即可以无限复制,此时若允许消费者撤回买卖合同,则有损于经营者的正当利益。交付的报纸、期刊具有短期时效性,也不允许消费者对此类商品的买卖合同行使撤回权。②

电子商务经营者就《消费者权益保护法》第 25 条第 1 款规定的四项除外商品作出 7 日内无理由退货承诺,消费者主张电子商务经营者应当遵守其承诺的,人民法院应予支持(《网络消费纠纷规定(一)》第 2 条)。

2. 经消费者确认不适用的商品

《消费者权益保护法》第 25 条第 2 款规定,除前款所列商品外,其他根据商品性质并经消费者在购买时确认不宜退货的商品,不适用无理由退货。《网络购买商品七日无理由退货暂行办法》第 7 条规定,下列性质的商品经消费者在购买时确认,可以不适用 7 日无理由退货规定:(1)拆封后易影响人身安全或者生命健康的商品,或者拆封后易导致商品品质发生改变的商品;(2)一经激活或者试用后价值贬损较大的商品;(3)销售时已明示的临近保质期的商品、有瑕疵的商品。

第一,经营者应当以显著方式对不适用无理由退货的商品进行标注,提示消费者在购买时进行确认,不得将不适用无理由退货作为消费者默认同意的选项。未经消费者确认,经营者不得拒绝无理由退货(《消费者权益保护法实施条例》第 19 条第 2 款)。《网络购买商品七日无理由退货暂行办法》第 20 条第 1 款也明确规定,网络商品销售者应当采取技术手段或者其他措施,对于该办法第 6 条规定的不适用 7 日无理由退货的商品进行明确标注。

第二,何为经过消费者确认?消费者如何确认?《网络购买商品七日无理由退货暂行办法》第 20 条第 2 款规定,符合该办法第 7 条规定的商品,网络商品销售者应当

---

① Medicus, Verschulden bei Vertragsverhandlungen, in Gutachten und Vorschläge zur Überarbeitung des Schuldrechts, hrsg. Vom Bundesminister der Jusitiz, Bd. I, 1981, S. 519 ff.

② 刘凯湘、罗男:《论电子商务合同中的消费者反悔权——以〈消费者权益保护法〉第 25 条的理解与司法适用为重点》,载《法律适用》2015 年第 6 期,第 61 页。

在商品销售必经流程中设置显著的确认程序,供消费者对单次购买行为进行确认。如无确认,网络商品销售者不得拒绝 7 日无理由退货。也就是说,销售者首先要提示、告知消费者该商品不适用消费者撤回权,然后,还必须设置流程,由消费者单次进行确认。

(四)退货的商品完好

消费者退货的商品应当完好(《消费者权益保护法》第 25 条第 3 款第 1 句)。商品能够保持原有品质、功能,商品本身、配件、商标标识齐全的,视为商品完好(《网络购买商品七日无理由退货暂行办法》第 8 条第 2 款)。对超出查验和确认商品品质、功能需要而使用商品,导致商品价值贬损较大的,视为商品不完好。具体判定标准如下:(1)食品(含保健食品)、化妆品、医疗器械、计生用品:必要的一次性密封包装被损坏;(2)电子电器类:进行未经授权的维修、改动、破坏、涂改强制性产品认证标志、指示标贴、机器序列号等,有难以恢复原状的外观类使用痕迹,或者产生激活、授权信息、不合理的个人使用数据留存等数据类使用痕迹;(3)服装、鞋帽、箱包、玩具、家纺、家居类:商标标识被摘、标识被剪,商品受污、受损(《网络购买商品七日无理由退货暂行办法》第 9 条)。

消费者基于查验需要而打开商品包装,或者为确认商品的品质、功能而进行合理的调试不影响商品的完好(《网络购买商品七日无理由退货暂行办法》第 8 条第 3 款、《消费者权益保护法实施条例》第 19 条第 3 款)。

三、消费者撤回权的行使

(一)作出撤回权的意思表示

消费者撤回权是一种形成权,应通过单方需受领的意思表示行使。在德国法上,消费者必须明确地表示撤回的意思(《德国民法典》第 355 条第 1 款第 1 句),仅仅退回标的物尚不构成明确的撤回意思表示。① 在我国法上,消费者撤回权的行使并无形式要求,消费者既可以通过书面形式,也可以通过电话等口头形式,通知经营者。消费者不说明任何理由地寄回货物的,也被视为是在行使撤回权,但自货物到达经营者之处,消费者撤回权才发生效力。

(二)撤回期间与告知义务

根据《消费者权益保护法》第 25 条,消费者必须自收到商品之日起 7 日内退货,撤回期间的起算点以消费者签收商品的次日开始起算(《网络购买商品七日无理由退货暂行办法》第 10 条第 2 款),撤回期间规则的规范目的在于给予"消费者修正自己意思表示、考虑是否选择订立合同"一个期间。

应当看到,设置撤回期间的规范目的,在于使消费者具备真正形成意思之能力。

---

① Looschelders, *Schuldrecht AT*, 21. Aufl., 2023, §41, Rn. 27.

如若不设定经营者告知撤回权之义务,消费者可能并未意识到自己的权利状况,而且在提供服务或者信贷合同的情况下,并无收到货物这一时点。所以,撤回期间的起算应当从经营者告知消费者之日起算。

我国法上没有规定经营者负有告知消费者撤回权的义务,只是规定了须经消费者确认不适用撤回权的商品情况下的告知义务,其告知内容是该商品不适用撤回权。但是,网络交易平台提供者应当依法建立、完善其平台7日无理由退货规则以及配套的消费者权益保护有关制度,在其首页显著位置持续公示,并保证消费者能够便利、完整地阅览和下载(《网络购买商品七日无理由退货暂行办法》第22条)。也就是说,消费者还是可以通过平台公示知道撤回权规则的。所以,撤回期间的起算点以消费者签收商品次日开始起算的规则,也有一定合理性。

在立法者确定的法定情形或者法定合同类型下,消费者的意思形成被推定受到了妨害。在逻辑上,该妨害被排除后,消费者即应受其意思表示约束,那么如何判断消费者的意思不再受到妨害呢?在立法技术上,德国法特别规定了撤回期间,以便使消费者真正地进行考虑并形成意思,并达到事前救济消费者之功效。但是,撤回期间制度功能发挥的前提是消费者知道其享有撤回权以及如何行使撤回权,故有必要规定告知义务。

德国法上的通常撤回期间为14日,除另有规定外,自合同订立时开始起算(《德国民法典》第355条第2款)。

值得注意的是,另有规定者较多,如在第356条规定的营业场所外订立的合同和远程交易合同、第356c条规定的分期供应合同的情况下,撤回期间均自经营者履行撤回权告知义务之后开始起算。

通常撤回期间的起算也以消费者合理被告知为前提。撤回期间起算后,消费者才能在没有精神压力的情况下思考是订立合同还是行使撤回权。[①] 14天的撤回期间的确很短,消费者撤回期间与告知理论问题似乎不那么有实践意义,但是如果考虑撤回期间是从经营者履行告知义务之后起算的,就会发现消费者撤回期间与告知理论问题的实践意义是很大的。

在营业场所外订立的合同和远程交易合同以及分时居住权合同的情况下,如果经营者没有告知消费者,那么消费者最迟应在通常撤回期间届满后12个月后行使撤回权。如果营业场所外订立的合同和远程交易合同的内容是金融服务给付,那么在没有告知的情况下,没有撤回期间,消费者永远有撤回权(《德国民法典》第356条第3款第3句)。

《德国民法典》第356条第2款具体规定了远程交易情况下撤回权的起算时点,原则上撤回权从消费者或者其指定的第三人收到货物时起算;如果消费者一次订购

[①] Reiner, Der verbraucherschützende Widerruf im Recht der Willenserklärung, AcP 203(2003), S. 10.

了数件商品,且商品被分次送交的,从消费者或者其指定的第三人收到最后一件商品时起算;如果某个商品分为多个部件分别寄送,则从消费者或者其指定的第三人收到最后一个部件时起算;如果合同约定卖方在一个固定的时间段内持续定期供货,则从消费者或者其指定的第三人收到第一件商品时起算。

德国法对于告知义务要求比较严格,除要求必须以书面作出外,尚需明确告知撤回权的存在、内容(行使相对人、期限开始起算时点以及消费者的权利)以及意义等(《德国民法典实施法》第246a段第1条第2款第1项)。在德国司法实践中,纠纷最多的就是经营者是否正当地履行了撤回权告知义务的问题。如果经营者违反了告知义务,则应承担损害赔偿责任。①

案例:甲在酒仙网上自乙处订购买葡萄酒10瓶,每瓶价格为50元,共计500元,其订购立刻被通过E-mail确认。在第二天,葡萄酒与账单即被送到,但甲的夫人认为,订购的葡萄酒太贵,也不符合其品味。于是,甲即将葡萄酒退还给乙。

在此案中,首先需确认甲是消费者,乙为经营者。确认后,需再考察本案涉及的合同为商品销售合同,即买卖合同,而且采用了《消费者权益保护法》第25条规定的"网络"方式,结合本案事实,甲的撤回权构成。由于撤回权的撤回无须说明理由,所以本案中,甲认为价格贵或者不合品味,并非考察对象。

(三) 经营者提供退货地址等信息等义务

网络商品销售者收到退货通知后应当及时向消费者提供真实、准确的退货地址、退货联系人、退货联系电话等有效联系信息(《网络购买商品七日无理由退货暂行办法》第11条第1款)。

四、撤回权的法律效果

撤回权之行使对于消费者表示之效力并不生影响,但基于消费者意思而订立的合同的效力会受影响。也就是说,保护消费者免受合同效力的约束而非免受其意思表示的约束。通过撤回权,废止的是基于合同产生的义务,已经进行的给付需要返还。其法律效果是典型的合同解除的法律效果。②

(一) 返还

消费者行使撤回权后,其法律效果类似解除权的法律效果,合同关系转化为返还关系。已经履行的,双方均负有返还义务,二者形成同时履行关系。《消费者权益保护法》第25条明确规定,消费者负有退货的义务。消费者退货时应当将商品本身、配件及赠品一并退回。赠品包括赠送的实物、积分、代金券、优惠券等形式。如果赠品不能一并退回,经营者可以要求消费者按照事先标明的赠品价格支付赠品价款(《网

---

① Looschelders, *Schuldrecht AT*, 20. Aufl., 2022, §42, Rn. 32.
② Leenen, *BGB AT: Rechtsgeschäftslehre*, 2011, §7, Rn. 8 ff.

络购买商品七日无理由退货暂行办法》第 12 条)。网络商品销售者可以与消费者约定退货方式,但不应当限制消费者的退货方式。网络商品销售者可以免费上门取货,也可以征得消费者同意后有偿上门取货(《网络购买商品七日无理由退货暂行办法》第 19 条)。

经营者应当自收到退回商品之日起 7 日内返还消费者支付的商品价款。退款方式比照购买商品的支付方式。经营者与消费者另有约定的,从其约定。购买商品时采用多种方式支付价款的,一般应当按照各种支付方式的实际支付价款以相应方式退款。除征得消费者明确表示同意的以外,网络商品销售者不应当自行指定其他退款方式(《网络购买商品七日无理由退货暂行办法》第 14 条)。消费者采用积分、代金券、优惠券等形式支付价款的,网络商品销售者在消费者退还商品后应当以相应形式返还消费者。对积分、代金券、优惠券的使用和返还有约定的,可以从其约定(《网络购买商品七日无理由退货暂行办法》第 15 条)。

(二) 费用承担

根据《消费者权益保护法》第 25 条,退回商品的运费由消费者承担;经营者和消费者另有约定的,按照约定。消费者参加满足一定条件免运费活动,但退货后已不能达到免运费活动要求的,网络商品销售者在退款时可以扣除运费(《网络购买商品七日无理由退货暂行办法》第 18 条第 2 款)。

对于货物寄回的风险负担,法律上并没有特别规定,可以类推适用《民法典》第 607 条的风险负担规则,从消费者交付给承运人后,货物风险即应由经营者承担。

> 在德国法上,在消费者仅负有寄回义务的情况下,其费用原则上由经营者承担(《德国民法典》第 357 条第 2 款)。而且,在消费者行使撤回权返还从经营者处获得之物时,由经营者承担货物毁损灭失之风险。

(三) 货物毁损灭失情况下的价值补偿

《消费者权益保护法》第 25 条第 3 款第 1 句规定,消费者退货的商品应当完好。在《消费者权益保护法》修改征求意见稿中,但书部分曾经规定:"但影响商品再次销售的除外,即消费者不得行使撤回权。"也就是说,货物完好是撤回权的构成要件。[①]这样,在我国法上,就不存在价值补偿的问题。该规则的目的固然在于平衡经营者与消费者之间的利益,但如此规定,大大限缩了消费者撤回权适用范围。依据现行法,消费者无须返还商品的用益。

《网络消费纠纷规定(一)》第 3 条规定,消费者因检查商品的必要对商品进行拆封查验且不影响商品完好,电子商务经营者以商品已拆封为由主张不适用《消费者权

[①] 有学者建议,消费者退货的商品应当完好的规则并非构成要件,而是价值补偿的规定,在为检验商品而为的必要行为的范围内,消费者可以行使撤回权,无须对货物价值贬损进行补偿,也无须返还用益。于程远:《消费者撤回权的合理限制——价值补偿与用益返还的双重进路》,载《法学》2016 年第 9 期,第 99 页以下。

益保护法》第 25 条规定的无理由退货制度的,人民法院不予支持,但法律另有规定的除外。也就是说,在消费者因检查商品的必要对商品进行拆封查验时,还是可以撤回合同。在逻辑上,对于因检查商品的必要对商品进行拆封查验而导致的价值贬损以及用益,消费者不必赔偿。

《德国民法典》第 355 条第 3 款连同第 357 条至第 357d 条规定了撤回权的法律效果。合同被撤回后,原给付义务消灭,合同关系转化为清算关系(Abwicklungsverhältnis)。当事人原则上相互返还受领之给付;经营者承担返还货物的费用,而且还承担承担货物返还的风险。消费者在不能返还的情况下,得进行价值补偿。

远程交易购买之商品,常会发生毁损,如购买新汽车一上牌照即会贬损价值,购买水床垫、灌水、使用、撤回合同后,经营者无法再出卖。根据解除权法律效果规则,消费者对于合理使用而产生的价值减损,无须承担价值补偿责任。但这样对于经营者不公,因为在法定解除的情况下,解除原因往往可归责于出卖人,即经营者;而在撤回权情况下,则往往不可归责于出卖人,即经营者。另外,买方往往可能在不使标的物价值贬损的情况下检验标的物。① 故此,根据《德国民法典》第 357a 条第 1 款,消费者对于合理使用而产生的价值减损亦需承担价值补偿责任,但前提是价值损失是由于对于检查货物的性质、属性和功能而言并非必要的处理所导致的,而且,经营者已经告知了消费者关于撤回权的行使条件、期间以及程序,另外,经营者还必须在签订合同时就以书面形式告知该法律效果,而且要明示避免价值减少之可能性。对此规则还存在一个例外,即如果价值减少是因为检验货物(测试商品品质、性能以及运作方式等)而造成的,消费者即不负赔偿责任。

(四) 其他法律效果的排除

基于消费者保护的目的,《消费者权益保护法》第 25 条排除了经营者对消费者的其他请求权,但消费者对经营者的损害赔偿请求权不受影响。而在消费者故意悖俗侵害经营者的情况下,则不值得保护,经营者对消费者有损害赔偿请求权。

五、权利滥用

消费者无理由退货应当遵循诚实信用原则,不得利用无理由退货规则损害经营者和其他消费者的合法权益(《消费者权益保护法实施条例》第 19 条第 4 款)。也就是说,消费者滥用权利的,即不得行使撤回权。但消费者行使撤回权是不需要具有理由以及正当利益的。所以,只有在企业有特别保护需要的情况下,撤回权才可能因为权利滥用而被排除,比如在消费者作出恶意与刁难行为的情况下。②

---

① Looschelders, *Schuldrecht AT*, 21. Aufl., 2023, §42, Rn. 42.
② Looschelders, *Schuldrecht AT*, 21. Aufl., 2023, §41, Rn. 35a.

第八章 损 害 法

第一节 损害赔偿法概述

【文献指引】

曾世雄:《损害赔偿法原理》,三民书局1996年版;韩世远:《违约损害赔偿研究》,法律出版社1999年版;王利明:《惩罚性赔偿研究》,载《中国社会科学》2000年第4期;杨立新、杨帆:《最高人民法院〈关于确定民事侵权精神损害赔偿责任若干问题的解释〉释评》,载《法学家》2001年第5期;陈聪富:《侵权归责原则与损害赔偿》,元照出版有限公司2004年版;仇云霞、何维国:《美国合同责任中惩罚性损害赔偿的适用》,载《法学杂志》2002年第4期;王晓平:《我国违约损害赔偿立法之检讨及其完善》,载《研究生法学》2003年第2期;曾隆兴:《详解损害赔偿法》,中国政法大学出版社2004年版;常鹏翱:《论物的损坏与精神损害赔偿的关联——一种功能主义的诠释》,载《法律科学(西北政法学院学报)》2005年第1期;杨桂元:《侵权行为法损害赔偿责任研究:以过失责任为重心》,元照出版有限公司2007年版;崔建远:《论违约的精神损害赔偿》,载《河南省政法管理干部学院学报》2008年第1期;陈聪富:《侵权违法性与损害赔偿》,元照出版有限公司2008年版;闫仁河:《违约可得利益之比较研究》,载《学习与探索》2009年第2期;陈凌云:《论英美合同法之违约获益赔偿责任》,载《环球法律评论》2010年第3期;赵刚:《违约损害赔偿计算研究——以买卖合同中填补赔偿为中心》,清华大学2010年博士学位论文;王军:《侵权损害赔偿制度比较研究:我国侵权损害赔偿制度的构建》,法律出版社2011年版;杨立新:《侵权损害赔偿》(第六版),法律出版社2016年版;朱虎:《过错侵权责任的发生基础》,载《法学家》2011年第1期;陈凌云:《效率违约遏制论——以完善违约损害赔偿责任为线索》,载《当代法学》2011年第1期;霍政欣:《效率违约的比较法研究》,载《比较法研究》2011年第1期;李承亮:《侵权行为违法性的判断标准》,载《法学评论》2011年第2期;张俊岩:《风险社会与侵权损害救济途径多元化》,载《法学家》2011年第2期;朱岩:《违反保护他人法律的过错责任》,载《法学研究》2011年第2期;李敏:《风险社会下的大规模侵权与责任保险的适用》,载《河北法学》2011年第10期;闫仁河、高亚春:《违约可得利益赔偿之立法及其阐释》,载《法学杂志》2011年第11期;朱虎:《规制性规范违反与过错判定》，载《中外法学》2011年第6期；叶金强：《论侵权损害赔偿范围的确定》，载《中外法学》2012年第1期；张新宝、岳业鹏：《大规模侵权损害赔偿基金：基本原理与制度构建》，载《法律科学（西北政法大学学报）》2012年第1期；吴行政：《合同法上可得利益赔偿规则的反思与重构——从〈中华人民共和国合同法〉第113条适用的实证考察出发》，载《法商研究》2012年第2期；姜战军：《论纯粹经济损失的概念》，载《法律科学（西北政法大学学报）》2012年第5期；张金海：《论违约救济中徒然支出的费用的补偿：必要性与路径选择》，载《政治与法律》2012年第5期；刘凯湘、曾燕斐：《非财产损害赔偿之一般理论》，载《北方法学》2012年第6期；崔建远：《精神损害赔偿绝非侵权法所独有》，载《法学杂志》2012年第8期；刘承韪：《违约可得利益损失的确定规则》，载《法学研究》2013年第2期；徐银波：《论侵权损害完全赔偿原则之缓和》，载《法商研究》2013年第3期；陈承堂：《论"损失"在惩罚性赔偿责任构成中的地位》，载《法学》2014年第9期。

🖉 【补充文献】

周友军：《我国侵权法上完全赔偿原则的证立与实现》，载《环球法律评论》2015年第2期；程啸：《论未来我国民法典中损害赔偿法的体系建构与完善》，载《法律科学（西北政法大学学报）》2015年第5期；刘承韪：《获益损害赔偿制度的中国问题与体系构建》，载《陕西师范大学学报（哲学社会科学版）》2016年第6期；郑晓剑：《侵权损害完全赔偿原则之检讨》，载《法学》2017年第12期；徐建刚：《论损害赔偿中完全赔偿原则的实质及其必要性》，载《华东政法大学学报》2019年第4期；李亮：《违约损害可预见性判断标准的动态体系论》，载梁慧星主编：《民商法论丛》（第72卷），社会科学文献出版社2021年版；方新军：《权益区分保护和违法性要件》，载《南大法学》2021年第2期；薛军：《〈民法典〉对精神损害赔偿制度的发展》，载《厦门大学学报（哲学社会科学版）》2021年第3期；王磊：《侵权损害赔偿范围的确定机制》，载《法学》2021年第4期；徐建刚：《规范保护目的理论在违约损害赔偿中的适用——对可预见性规则的反思》，载《清华法学》2021年第4期；王利明：《我国〈民法典〉侵权责任编损害赔偿制度的亮点——以损害赔偿为中心的侵权责任形式》，载《政法论丛》2021年第5期；刘小璇：《论违约精神损害赔偿》，载《法学杂志》2021年第6期；刘勇：《可预见性规则之重释》，载《暨南学报（哲学社会科学版）》2021年第7期；王洲：《论合同法定解除之损害赔偿的计算》，载《法律适用》2021年第10期；曹晟旻、卫昊源：《精神损害赔偿在违约中的适用——基于司法案例的统计与分析》，载《师大法学》2022年第1期；孙维飞：《〈民法典〉第584条（违约损害赔偿范围）评注》，载《交大法学》2022年第1期；姜淑明、刘惠：《侵权损害完全赔偿原则之反思——以赔偿酌减为主线》，载《时代法学》2021年第5期；郑路：《日本民法违法性学说的理论体系及意义》，载梁慧星主编：《民商法论丛》（第74卷），社会科学文献出版社2023年版；曹舒然：《〈民法典〉视域下自甘风险之法律效果的范式选择及教义学构造》,载《中山大学法律评论》2022年第2期;殷秋实:《债务人为第三人承担违约责任的范围》,载《经贸法律评论》2022年第2期;陈娟、何定洁:《自甘风险规则的裁判思路构建——以〈民法典〉第1176条第1款为解释文本》,载《天津法学》2022年第3期;郑路:《构建绝对权请求权基础理论的一种思路——基于违法性的权利救济体系》,载《中国政法大学学报》2022年第3期;刘小璇、郑成良:《〈民法典〉视域下违约精神损害赔偿制度的适用困境与消解路径》,载《当代法学》2022年第3期;张红、裴显鹏:《〈民法典〉之可得利益赔偿规则》,载《南昌大学学报(人文社会科学版)》2022年第4期;张玉东:《"获益剥夺"规范意义的再审视——以〈民法典〉第1182条前半段规定为分析对象》,载《现代法学》2022年第5期;程啸:《侵权法的希尔伯特问题》,载《中外法学》2022年第6期;蔡增慧:《论恢复原状与损害认定之关系——以恢复原状制度演变为中心》,载《南大法学》2022年第6期;崔建远:《论损益相抵规则》,载《法学杂志》2022年第6期;李永军:《论〈民法典〉婚姻家庭编中损害赔偿的请求权基础》,载《法学家》2022年第6期;杨立新、扈艳:《违约精神损害赔偿的裁判实践与理论应对——以〈民法典〉第九百九十六条的司法适用为中心》,载《河南财经政法大学学报》2022年第6期;郑永宽:《违约责任与侵权责任竞合中的精神损害赔偿》,载《中州学刊》2022年第11期;崔建远:《第三人的原因造成违约时的责任分配论》,载《政法论坛》2023年第1期;[德]迪特尔·梅迪库斯:《恢复原状与金钱赔偿》,赵静译,载梁慧星主编:《民商法论丛》(第75卷),社会科学文献出版社2023年版;尹志强:《我国〈民法典〉自甘风险规则的理解与适用》,载《清华法律评论》2023年第1期;许素敏:《〈民法典〉违约精神损害赔偿条款的司法适用——基于〈民法典〉生效后202个案例的实证考察》,载《财经法学》2023年第1期;曹巧峤、赵韶峰:《民法典自甘风险规则的解释论研究》,载《河北法学》2023年第1期;李东宇:《论侵害个人信息权益的精神损害赔偿》,载《财经法学》2023年第4期;张力毅:《被保险人违反减损义务的法律漏洞及规则续造——保险法不真正义务体系下总体类推方法之适用》,载《保险研究》2023年第9期;崔建远:《论违约损害赔偿的范围及计算——对〈民法典合同编通则解释〉第60条至第62条的释评》,载《清华法学》2024年第1期;吴志宇:《合同法与有过失规则的目的解释——以"过错"认定为中心》,载《经贸法律评论》2024年第1期;刘承题、吴志宇:《违约损害赔偿中的替代交易规则解释论》,载《法治研究》2024年第1期;邓环宇:《侵害个人信息权益所致精神损害的赔偿额计算》,载《北方法学》2024年第2期。

一、责任成立与责任范围的损害赔偿规则

(一)责任成立的损害赔偿规则

耶林在研究学说汇纂中的过错要素时,区分了两种类型的过错。第一种是违反客

观行为义务的过错,第二种是该违反的个人可谴责性。① 耶林的观点深深影响了刑法学者 Karl Binding 的理论,Binding 构建的犯罪构成要件包含典型的行为义务,所以,犯罪构成要件即意味着客观上的过错,即通过构成要件推定违法行为,除非有正当性事由。由此诞生了三阶层责任构成。责任构成包含三阶层,第一阶层为客观构成要件(侵害),第二阶层为违法行为,第三阶层为主观构成要件(过错)。1900 年左右,Otto Bähr 将之引入民法,《德国民法典》第 823 条第 1 款即采取了在客观构成要件成立时引证不法(Unrechtsindikation)的观点。② 民法上的三阶层责任构成具体为:第一阶层为客观构成要件,包含侵权行为、损害以及因果关系,第二阶层为违法性,第三阶层为可归责性,尤其是过错。

  20 世纪 50 年代,德国学者 v. Caemmerer、Deutsch 等对上述三阶层理论进行了批判,提出了现在的责任构成学说,他们认为,原则上应该使用行为义务(Verhaltenspflicht)概念,应通过违反行为义务加上损害归责于肇因者来决定责任,这种理论比较类似英美法上的合理注意义务规则(duty to take due care)。③ 行为义务概念中的关键问题是义务来源的问题。对此,v. Caemmerer 提出了行为规范(Verhaltensnorm)理论,在合同法中,被侵害的客体是合同义务,而行为规范原则上是合同内容;在侵权法上,行为规范主要是《德国民法典》第 823 条,但该条不能完全包含所有的注意义务的情况,所以,德国司法实践发展了人格权、经营权等框架性权利以及交往安全义务等。④

  从《民法典》第 577 条的文义看,采取的是合理注意义务违反模式。《民法典》第 1165 条采取的也是合理注意义务违反模式。

  (二)责任范围的损害赔偿规则

  《民法典》第 584 条主要规定的是确定哪些利益可以被赔偿以及以何种形式被赔偿的规则,并不是损害赔偿义务是否产生的规则。所以,《民法典》第 584 条规定的是责任范围的损害赔偿规则,而非责任确立的损害赔偿规则。《民法典》第 584 条属于《民法典》第 577 条、第 578 条、第 583 条以及特别法(例如《旅游法》第 74 条第 1 款)等损害赔偿请求权基础的辅助性规范。⑤ 也就是说,根据《民法典》第 577 条等条文确定构成损害赔偿请求权的,才适用《民法典》第 584 条规则。

  《民法典》第 1179 条以下的规范也属于辅助性规范,在法律适用时,也需要根据请求权基础判定是否构成损害赔偿,然后才会适用《民法典》第 1179 条以下的规范。

---

  ① 〔德〕鲁道夫·冯·耶林:《罗马私法中的过错要素》,柯伟才译,中国法制出版社 2009 年版,第 37 页以下。
  ② Fikentscher/Heinemann, *Schuldrecht AT & BT*, 12. Aufl., 2022, § 51 Ⅲ, Rn. 576.
  ③ A. a. O., Rn. 578.
  ④ A. a. O., Rn. 579.
  ⑤ 姚明斌:《第 584 条:违约损害的赔偿范围》,载朱庆育主编:《中国民法典评注条文选注(第 2 册)》,中国民主法制出版社 2021 年版,第 246 页。

缔约过失在性质上属于法定责任,但类似于合同关系。对于基于缔约过失的损害赔偿,可以适用《民法典》第584条。不过,判断可预见性的时点是当事人订立合同时,所以,缔约过失损害赔偿责任只能准用可预见性规则。

二、损害赔偿法的适用范围

自《民法通则》以来,民法即区分违约民事责任与侵权民事责任,分别规定损害赔偿的构成要求与法律效果,并没有统一的违约损害赔偿与侵权损害赔偿规则。《民法典》第584条规定的是违约损害赔偿的一般方式与范围,第996条规定了违约情况下侵害人格权的精神损害赔偿规则,第833条还规定了损害赔偿的市场价格计算方法,第933条特别规定了解除委托合同情况下的损害赔偿范围。《民商事合同指导意见》以及《民法典合同编通则解释》又规定了具体的违约损害赔偿的类型与范围以及计算方法,比如可得利益、替代交易计算方法、市场价格计算方法、继续性合同可得利益、违约获益等,损害赔偿责任如洪水般涌入损害赔偿法。《民法典》第七编第二章集中规定了损害赔偿规则,区分人身损害赔偿与财产损害赔偿分别规定:第1179条规定了人身损害赔偿类型与范围,第1182条规定了获益返还等损害赔偿计算方法规则,第1183条规定了精神损害赔偿,第1184条规定了侵害财产的损害赔偿计算方法,第1185条还规定了侵害知识产权的惩罚性赔偿规则。《消费者权益保护法》第55条第1款也规定了惩罚性赔偿规则。《人身损害赔偿解释》《精神损害赔偿解释》《道路交通事故损害赔偿解释》具体化规定了人身损害赔偿类型与范围以及精神损害赔偿确定因素等。

值得注意的是,违约损害赔偿的规则也可能适用于侵权损害赔偿情况之下,例如《民法典》第584条第一分句规定的关于损害赔偿范围的规则可以适用于侵权损害赔偿的情况,损益相抵、与有过失、减损等规则也可以适用于侵权损害赔偿的情况。

另外,侵权法上的损害赔偿规则,例如侵权法上的人身损害与精神损害规则,也可以适用于违约的情况。

三、损害赔偿法的功能

损害赔偿法的主要功能是补偿功能,除此之外,还有预防与抚慰等功能。

(一)补偿功能

依据《民法典》第584条以及第1184条等基本损害赔偿规则,损害赔偿的目标是补偿受害人的损失。所以,补偿功能是损害赔偿法的首要功能。

(二)预防功能

损害赔偿法的补偿功能会对潜在的侵害人产生影响,会使其尽可能地避免损害的发生。也就是说,损害赔偿法具有间接的预防功能。在侵权法上,为了保护人身权益,允许根据侵害人的获利计算损害,这种方式的损害赔偿是一种间接损害赔偿,具有恐吓以及预防的功能(《民法典》第1182条)。

（三）抚慰功能

对于精神上的损害,给予精神损害赔偿的救济,精神损害赔偿除了具有补偿功能外,尚具有一定的抚慰功能(Genugtuungsfunktion)。

（四）惩罚功能

根据《民法典》第1185条,故意侵害他人知识产权,情节严重的,被侵权人有权请求相应的惩罚性赔偿。第1232条也规定,侵权人违反法律规定故意污染环境、破坏生态造成严重后果的,被侵权人有权请求相应的惩罚性赔偿。《消费者权益保护法》第55条还规定了三倍赔偿等。根据这些规定,在我国,损害赔偿法还具有惩罚性功能。

（五）分担损害风险功能

损害赔偿法还具有分散损害风险的功能。《民法典》第1254条规定,从建筑物中抛掷物品或者从建筑物上坠落的物品造成他人损害,经调查难以确定具体侵权人的,除能够证明自己不是侵权人的外,由可能加害的建筑物使用人给予补偿。由于在此种情况下,法律上并没有规定分散风险的保险机制,所以,《民法典》只能通过侵权损害赔偿机制来分散损害风险。

四、损害赔偿与保险

在现代社会,通过集体性保护措施救济损害的方式逐渐发展,如通过医疗保险、工伤保险、汽车强制保险、责任保险等方式进行集体式的损害赔偿。损害不再直接由侵害人赔偿,而是由一个集合体共同赔偿。① 在保险人进行赔偿后,原则上对于侵害人的损害赔偿请求权即移转给保险人。

有争议的是,是否可以以国家组织的事故保险完全取代损害赔偿法,对此,目前的法律体制还不能完全实现。个人对自己行为所产生的可预见与可避免的行为后果负责,在现代社会也是人类生活的事实。法律要保障风险分配,也需以此为根据。②

在社会国家思想下,损害赔偿法改变了不幸与非法之间的界限,损害不再被作为"不幸",而是被认为是需要补偿的。

五、完全赔偿原则

损害赔偿法具有多重功能,但其最主要的功能还在于补偿,所以,损害赔偿法的核心原则为完全赔偿原则(Totalreparation)。③

---

① Staudinger, Eckpfeiler des Zivilrechts/ Vieweg/Lorz, 8. Aufl., 2022, I. Schadensersatzrecht, Rn. I 10.

② Looschelders, *Schuldrecht AT*, 21. Aufl., 2023, §43, Rn. 6.

③ A. a. O., Rn. 4.

《民法典》第584条也符合完全赔偿原则,违约人应向守约人赔偿所有因违约造成的损失,包括可得利益的损失。① 也就是说,侵害人要赔偿所有基于可归责于他的原因而造成的损害,赔偿的数额为因其违约造成的所有损失②,既包括受害人遭受的损失,也包括受害人被剥夺的收益。

损害赔偿的数额依据的是受害人遭受的损害,而非侵害人的过错程度。在德国法上,损害赔偿数额也不取决于侵害人对损害及其数额是否可以预见。③ 而在我国法上,损害赔偿数额受到可预见性规则的影响。在赔偿范围上,原则上采取全有全无的规则。构成违约的,违约人赔偿相对人全部损害,不构成违约的,即不存在损害赔偿。

另外,补偿功能要求损害赔偿的范围以受害人遭受的损害为限,禁止受害人因损害赔偿而"获利"。④ 在制度上,损益相抵的规则即是禁止获利规则的具体体现。在估量损害的时候,要考虑受害人是否被获得了保险金等"使受害人受益的情况"。

完全赔偿原则还要求侵害人赔偿结果性损害,即因不履行而导致的合同以外的人身或财产损失。当事人订立合同时,当然会期待不受人身或财产的损害。⑤

六、本章考察思路

损害赔偿法主要解决的是责任范围的损害赔偿问题。在确定损害赔偿范围时,首先要考虑损害权利人是谁,其次要考虑哪些类型的损害可以被赔偿,再次要区分违约与侵权情况,考虑因果关系以及可预见性规则等决定可赔偿的损害⑥,最后论述损害赔偿的方式与范围。

第二节 赔偿义务人与赔偿权利人

【文献指引】

解亘:《论〈合同法〉第121条的存废》,载《清华法学》2012年第5期;周江洪:《〈合同法〉第121条的理解与适用》,载《清华法学》2012年第5期;解亘:《再论〈合同法〉第121条的存废——以履行辅助人责任论为视角》,载《现代法学》2014年第6期;程啸:《论侵权法上的第三人行为》,载《法学评论》2015年第3期;李永军、李伟

---

① 韩世远:《合同法总论》(第四版),法律出版社2018年版,第795页;崔建远:《合同法》(第四版),北京大学出版社2021年版,第388页。
② 姚明斌:《第584条:违约损害的赔偿范围》,载朱庆育主编:《中国民法典评注条文选注(第2册)》,中国民主法制出版社2021年版,第244页;徐建刚:《论损害赔偿中完全赔偿原则的实质及其必要性》,载《华东政法大学学报》2019年第4期,第159页。
③ Looschelders, *Schuldrecht AT*, 21. Aufl., 2023, §43, Rn. 4.
④ Stoll, *Haftungsfolgen im Bürgerlichen Recht*, 1993, S. 181 ff.
⑤ Jansen/Zimmermann, *Commentaries on European Contract Laws*, 2018, Art. 9:502 Rn. 11.
⑥ 王泽鉴:《损害赔偿》,北京大学出版社2017年版,第68页。

平:《因第三人原因造成的违约与责任承担——兼论〈合同法〉第121条的理论解构》,载《山东大学学报(哲学社会科学版)》2017年第5期;殷秋实:《债务人为第三人承担违约责任的范围》,载《经贸法律评论》2022年第2期;崔建远:《第三人的原因造成违约时的责任分配论》,载《政法论坛》2023年第1期。

一、赔偿义务人

赔偿义务人应当是侵害受害人权利或者权益的人。当事人一方因第三人的原因造成违约的,应当依法向对方承担违约责任(《民法典》第593条第1句)。不过,如果第三人原因构成不可抗力等免责事由的,当事人一方也不应承担责任。[①] 但是,如果第三人属于一方当事人的履行辅助人,则该方当事人应为其过错承担责任。

在侵权法上,损害是因第三人造成的,第三人应当承担侵权责任(《民法典》第1175条)。《民法典》第1204条规定了因第三人过错承担损害赔偿责任的规则。第1233条规定,因第三人的过错污染环境、破坏生态的,被侵权人可以向侵权人请求赔偿,也可以向第三人请求赔偿。侵权人赔偿后,有权向第三人追偿。此时,赔偿义务人可以是侵权人,也可以是第三人。在因第三人的过错致使动物造成他人损害的,被侵权人可以向动物饲养人或者管理人请求赔偿,也可以向第三人请求赔偿(《民法典》第1250条)。

用人单位的工作人员因执行工作任务造成他人损害的,由用人单位承担侵权责任(《民法典》第1191条第1款第1句)。劳务派遣期间,被派遣的工作人员因执行工作任务造成他人损害的,由接受劳务派遣的用工单位承担侵权责任;劳务派遣单位有过错的,承担相应的责任(《民法典》第1191条第2款)。个人之间形成劳务关系,提供劳务一方因劳务造成他人损害的,由接受劳务一方承担侵权责任(《民法典》第1192条第1款第1句)。

二、赔偿权利人

侵害人须向赔偿权利人赔偿损害。在违反合同义务的情况下,赔偿权利人是侵害人的相对人,即债权人,因侵害人的行为而受损害的其他人并不是赔偿权利人;在侵权的情况下,赔偿权利人是其人身或财产被侵害的人。

赔偿权利人必须是自己的权利或者法益受到侵害的人。因为直接受害人遭受的侵害而遭受财产损害的第三人,原则上必须自己负担损害。

案例: 在汽车事故中,甲撞伤了乙,乙是丙工厂的车间主任,由于受伤,乙在家休息了4周,乙的收入损失为8000元,但丙由于生产受到影响而损失了

[①] 周江洪:《〈合同法〉第121条的理解与适用》,载《清华法学》2012年第5期,第163页。

60000元。

此时,只有乙可以请求甲赔偿8000元的收入损失,而丙则无权请求甲赔偿生产损失。

直接受害人与间接受害人的区别不在于损害是直接造成的,还是间接造成的,而是在于当事人自己的权利或者权益是否受到侵害。比如,在惊吓损害的情况下,相关亲属是直接受害人,因为亲属的权益即健康受到了侵害。①

例外情况下,例如在受害人死亡时,其无法作为赔偿权利人,丧葬费、死亡赔偿金的请求权人为死者的近亲属(《民法典》第1181条第1款第1句)。被侵权人死亡的,支付被侵权人医疗费、丧葬费等合理费用的人有权请求侵权人赔偿费用,但是侵权人已经支付该费用的除外(《民法典》第1181条第2款)。这里支付费用的人通常是被侵害人的继承人。

另外,被侵权人为组织,该组织分立、合并的,被侵权人也无法作为赔偿权利人,承继权利的组织有权请求侵权人承担侵权责任(《民法典》第1181条第1款第2句)。

三、第三人损害清算

基于债的相对性以及债权人利益的理论,债权人只能请求赔偿自己的损害。在例外情况下,请求权人没有损害,而受到损害的人没有请求权,或者从请求权的视角观察,一个当事人享有多个请求权,而另一位当事人没有请求权,但可能受有损害。为了避免请求权聚集以及侵害人不当逃脱赔偿责任,在例外情况下,可以通过解释当事人的约定以及基于诚实信用规则,允许受害人可以主张第三人损害,就好像自己的损害一样,赔偿最后要给予受损害人。② 此即为第三人损害清算(Drittschadensliquidation)。

因为债权人不得以第三人损害清算而得利,所以,债权人必须将所取得的赔偿给付再交给第三人,也就是说,第三人对其享有代偿请求权(具体参见本书第六章第八节)。

第三人损害清算的具体类型有如下几种:

(一)间接代理

在间接代理的情况下,代理人与相对人订立合同时,并没有以被代理人名义进行。此时,代理人可以要求相对人赔偿被代理人所受到的损害。在德国法上的行纪合同(Kommisionsvertrag)或者运输合同中(《德国商法典》第383条),如果相对人违约,受到损害的是被代理人(委托人或者运输人),但享有请求权的是代理人,因此,代理人可以主张相对人赔偿被代理人(第三人)受到的损害。在这种情况下,被代理人

---

① Looschelders, *Schuldrecht AT*, 21. Aufl., 2023, §46, Rn. 6.
② Jauernig/Kern, 19. Aufl., 2023, BGB, vor §249-253, Rn. 19.

也可以授权代理人以其自己的名义向相对人主张损害赔偿请求权。另外,也可以考虑代偿请求权的方式,被代理人可以请求代理人将其对相对人的请求权移转给被代理人。①

(二) 债法上损害的转移

在运输买卖情况下,依据《民法典》第607条,出卖人将标的物交付给承运人后,对待给付的风险即移转给买受人。如果买卖标的物在第三人运输过程中灭失,则所有权并没有移转给买受人。出卖人基于运输合同对承运人享有损害赔偿请求权,基于所有权对承运人也享有损害赔偿请求权,也就是说,出卖人享有两个请求权,但出卖人实际上是没有损害的,因为买受人在此种情况下,仍需要支付对价。而买受人没有获得标的物所有权,但却需要支付对价,明显存在不公之处。所以,应当允许出卖人向承运人主张买受人所遭受的损害,之后,基于诚实信用原则,买受人对出卖人应享有让与出卖人对承运人请求权的权利。②

在遗赠的情况下,也有可能发生损害移转的情况,如果遗赠的标的物在继承人处为第三人毁损,受到损害的是受遗赠人,但受遗赠人没有请求权,因为其通过遗赠仅获得了对继承人的债法上请求权,而没有获得所有权。而继承人没有损害,因为他需将标的物交给受遗赠人,同时在标的物灭失的情况下,因为给付不能,继承人不再承担交出的义务。在这种情况下,继承人可以主张受遗赠人的损害,向侵害人请求损害赔偿;而受遗赠人可以基于代偿请求权,请求继承人移转其对侵害人的请求权。③

(三) 信托关系

在信托关系下的第三人损害清算,委托人将权利移转给受托人,而受托人要为委托人利益行使权利。如果第三人侵害了该权利,此时,委托人受到了损害,但受托人享有请求权。那么,基于第三人损害清算规则,受托人可以主张委托人的损害。但如果委托人基于直接占有受到侵害而对侵害人享有损害赔偿请求权,或者委托人因对标的物返还享有的期待权受到侵害而对侵害人享有损害赔偿请求权,那么受托人就不可以主张委托人的损害。④ 在让与担保的情况下,如果承认担保人的期待权,即不适用第三人损害清算规则,但在债权让与担保的情况下,可以适用第三人损害清算规则,担保权人可以主张担保人的迟延损害。⑤

(四) 保护第三人财产

例如,甲委托乙保管摩托车,乙将摩托车放在车库中,乙委托丙装修车库,而丙装修时不慎将油漆漏入摩托车发动机中,导致摩托车毁损。此时,乙对丙基于合同享有

---

① Fikentscher/Heinemann, *Schuldrecht AT & BT*, 12. Aufl., 2022, §52 Ⅱ, Rn. 612.
② A. a. O., Rn. 613.
③ A. a. O., Rn. 614.
④ Looschelders, *Schuldrecht AT*, 21. Aufl., 2023, §46, Rn. 15.
⑤ Medicus/Lorenz, *Schuldrecht AT*, 22. Aufl., 2021, §52, Rn. 33.

损害赔偿请求权,但乙可能没有损害,因为甲乙之间的合同是无偿保管合同,在德国法上,只要乙尽到对自己事务的注意义务就可以免责,这样乙对甲没有损害赔偿义务,也就没有损害。此时,乙可以主张甲所受到的损害。① 在我国法上,只要无偿保管人证明自己没有故意或者重大过失,就不承担赔偿责任(《民法典》第897条第2句),在上述情况下,乙对甲没有损害赔偿义务,也就没有损害。所以,在我国法上,也存在乙是否可以主张甲所受损害的问题。

但是,值得反思的是,在这种情况下,甲作为所有权人,是可以对丙独立主张侵权法上的损害赔偿请求权的,似乎没有必要赋予乙第三人损害清算的权利。而且,在德国法上,通过解释,可以确认乙丙之间的合同为附保护第三人作用的合同,基于该合同,甲对丙也享有损害赔偿请求权。

（五）附保护第三人作用的合同

当事人可以明示或默示约定,一方当事人有权主张另一方当事人给第三人造成的损害。如果当事人没有明示或默示约定,则可以通过附保护第三人作用合同的机制,赋予第三人对侵害人直接的损害赔偿请求权。

（六）店主的责任

《德国民法典》第701条第1款规定了一种第三人损害清算的情况,即旅店主人须赔偿顾客携带入旅店的物品毁损、灭失的损害,无论该物是否属于该旅客所有。在该物为第三人所有时,顾客主张的是第三人的损害。

第三节　损害的概念与类型

✎ 【文献指引】

涂咏松:《信赖利益损害之机会损失分析》,载《华东政法大学学报》2009年第4期;陈融:《论信赖利益保护原则的兴起与流变——以英美合同法为视角》,载《河北法学》2011年第1期;王利明:《论产品责任中的损害概念》,载《法学》2011年第2期;毋爱斌:《损害额认定制度研究》,载《清华法学》2012年第2期;陈承堂:《论"损失"在惩罚性赔偿责任构成中的地位》,载《法学》2014年第9期;于韫珩:《违约责任中的信赖利益赔偿》,载《环球法律评论》2015年第3期;张家勇:《论前合同损害赔偿中的期待利益——基于动态缔约过程观的分析》,载《中外法学》2016年第3期;李昊:《损害概念的变迁及类型建构——以民法典侵权责任编的编纂为视角》,载《法学》2019年第2期;王利明:《违约中的信赖利益赔偿》,载《法律科学（西北政法大学学报）》2019年第6期;张红:《中国七编制〈民法典〉中统一损害概念之证成》,载《上海政法学院学报

---

① Looschelders, *Schuldrecht AT*, 21. Aufl., 2023, §46, Rn. 16.

(法治论丛)》2021年第1期;崔建远:《论机会利益的损害赔偿》,载《法学家》2023年第1期。

一、损害的概念

(一)自然损害与规范损害

现行法并未规定损害的概念。在理论上,损害是任何一种对利益的妨害,涉及的可以是财产价值,也可以是纯粹精神利益。① 损害也可能是以财产标的物功能所确定的财产标的物使用可能性,比如对不动产担保物权进行价值评估的情况下;损害还可能是所负担的义务,比如因损害事故导致的税务负担等。② 但是这种自然的损害概念只是思考的出发点,在具体确定损害时,仍会受到规范性修正,或者容纳评价性判断。基于规范的原因,一国的法律可以认为某些自然的损害是不可以被赔偿的损害,如为不期望其出生的畸形儿而支出的抚养费并非损害。③

在法律意义上,损害是法律上受保护利益(Güter)的损失。利益的法律保护是通过规制人之行为的规范发生效力的。根据这些规范,任何人都被赋予了一定范围的利益,并受法律保护。该利益范围的减少,即为损害。④ 但并不是所有的损害都能获得赔偿的,除了损害的要件,通常还需要符合违法性、过错等要件,才能获得赔偿。

(二)损害的界定:差额理论

在法律上,还需要进一步界定损害是否存在,以及确定损害数额是多少。损害是损害赔偿请求权的要件,利益是抽象表达的损害赔偿请求权的法律后果。利益与损害赔偿请求权的范围含义相同。对于损害的判断,应根据实际因果链条;而对于利益的确定,通常要比较实际因果链条与假定的链条,即如果损害结果没有出现,将会怎样。⑤《德国民法典》第249条第1款采取的是蒙森(Mommsen)差额假定理论,蒙森认为,财产损害是两个财产状况的差额,一个是没有损害事件应有的财产状况(假定状况),一个是实际的财产状况(实际状况)。⑥ 假定的财产状况是需要由法院或者仲裁机构决定,那么法院或者仲裁机构下裁决时就会根据上级法院或者最高法院判决确立的法律状况进行。

需要明确的是,差额假定理论并非确定损害的唯一标准。差额假定理论的基础

---

① Lange/Schiemann, *Schadensersatz*, 3. Aufl., 2003, S. 26 ff.
② MüKoBGB/Oetker, 9. Aufl., 2022, BGB §249, Rn. 16.
③ Looschelders, *Schuldrecht AT*, 21. Aufl., 2023, §44, Rn. 2.
④ Fikentscher/Heinemann, *Schuldrecht AT & BT*, 12. Aufl., 2022, §52 I, Rn. 600.
⑤ A. a. O., Rn. 607.
⑥ Friedrich Mommsen, Beiträge zum Obligationenrecht. Zweite Abtheilung: Zur Lehre von dem Interesse, 1855, 3 f. zitiert aus HKK/Jansen, 2007, BGB §§249-253, 255, Rn. 41; MüKoBGB/Oetker, 9. Aufl., 2022, BGB §249, Rn. 18.

是全部财产,而不是损害结果具体涉及的财产标的物。也就是说,受损害的是个别标的物,但赔偿数额则取决于受害人在全部财产框架内使用该标的物的目的,具体如汽车有毁损、灭失时,汽车经销商的损害与假期自驾游的人的损害完全不同。但是在确定损害及其数额时,一方面,法官未必根据目前的财产进行判断,另一方面,也未必一以贯之地以假定没有损害事件时的财产状况作为标准。比如,小偷须赔偿消费所偷窃的奢侈消费品的损害,即使在此期间受害人本来就会消费该奢侈品的,也是如此,不过,值得反思的是,这里并没有根据假定的财产状况确定损害赔偿。再如,因损害事件导致第三人出于同情而捐助,甚至该捐助数额高于损害赔偿额的情况下,侵害人也需赔偿损害。①

在某些情况下,损害的确定并不考虑广泛的财产状况比较,而是赔偿特定的最低限度的利益,此即个别财产说(Einzelguttheorie)。例如,一辆不使用的汽车遭到毁损、灭失,本身不产生损害,但还是给予通常的损害赔偿;除此以外,就是商业化(失去闲暇时间)以及挫败(无益的费用)的赔偿。②

(三) 损害与费用

损害是指非自愿的物质或非物质利益的损失,而自愿的牺牲则被称为费用。但是出于防止即将发生的损害或者排除已经产生的损害而产生的费用,并非基于自愿,而是基于已经或将要产生损害的压力,故在归类上亦属于损害。

二、损害类型

(一) 财产损害与非财产损害

1. 概念

财产损害,也被称为物质损害、有形损害,是指可以通过差额假定理论进行计算的损害,如果财产的目前价值少于"如果没有损害事件发生所应具有的财产价值",即存在财产损害。

非财产损害,又被称为非物质损害、无形损害或精神损害。③ 对于非财产损害,并不能根据差额理论确定。而且,非财产损害也无法被正面界定,更无法通过列举方式穷尽,一般只能进行反面界定,即未出现财产减少的损害即为非财产损害,典型的非物质损害是指因侵害身体导致的身体疼痛以及因为侮辱而造成的精神伤害。

对于非财产损害的赔偿,我国采取限制的思路。首先,可赔偿的非财产损害类型法定,仅限于人身权益。其次,只有在侵害自然人人身权益造成严重精神损害的情况下,受害人才可以要求精神损害赔偿(《民法典》第 1183 条第 1 款),在违约人的违约

---

① MüKoBGB/Oetker, 9. Aufl., 2022, BGB § 249, Rn. 21.
② Fikentscher/Heinemann, *Schuldrecht AT & BT*, 12. Aufl., 2022, § 51 Ⅲ 2, Rn. 588.
③ 对此可参见曾世雄:《损害赔偿法原理》,中国政法大学出版社 2001 年版,第 293 页。

行为损害守约人人格权并造成严重精神损害的情况下，守约人既可以请求违约人承担违约责任，也可以请求违约人赔偿精神损害（《民法典》第 996 条）。最后，对于自然人具有人身意义的特定物造成严重精神损害的，只有在侵权人故意或重大过失的情况下，受害人才可以要求精神损害赔偿（《民法典》第 1183 条第 2 款）。

在立法模式上，我国非物质损害赔偿法类似于德国非物质损害赔偿法。在德国法上，如果受害人的身体、健康、自由或者性自决权被侵害，则受害人可以要求侵害人赔偿非财产损害，无论损害是因为侵权行为，还是违约行为，甚或缔约过失行为造成的（《德国民法典》第 253 条）。如果旅游被阻碍或者被严重侵害，则旅游者可以要求以金钱赔偿落空的假期（《德国民法典》第 651n 条第 2 款）。

在德国法上，情感利益（Affektionsinteresse）原则上不具有赔偿能力。所谓的情感利益，是指受害人对标的物的喜爱或标的物对于受害人有纪念价值，其并非财产损害赔偿的对象，也非精神损害赔偿的对象，除非这些物品在市场上具有一些价值，才会在价值补偿时予以考虑。

情感利益被侵害的情况主要是指被毁损、灭失的物对于受害人具有特别的非物质价值的情况，例如撞死宠物狗以及损害有特别纪念价值的物品。① 对于侵害所有权或者违约结果中的无形损害（如愤怒、时间浪费以及不便），是不能要求金钱赔偿的。② 在财产损害赔偿时，如果财产因为非物质原因而超过了市场价值（比如所有权人特别喜爱等），超出部分是不能获得赔偿的，赔偿的只是市场价值。③

健康、身体舒适感、自由、快乐等都属于可以归属于人格范围的精神利益。这些人格利益同时也具有经济上的可利用性或者可以通过金钱购买，在这些情况下，德国司法实践更愿意将之视为财产损害，承认人格的财产利益内容。对于纪念价值物品，如果是出卖给近亲属，被损坏时，被看作是财产损害，赔偿范围是其出卖价格，即使该价值超过市场价值也是如此④，而用于赔偿被侵害人精神利益而支出的费用则通过不当得利返还规则补偿。而且，对于健康、荣誉的侵害也可以延伸到财产损害，比如职业或营业损失等。

由于限制非财产损害的范围往往会造成不公平之感，所以在财产损害与非财产损害的认定上，司法实践有扩大认定财产损害之趋势，比如，因为破相而使结婚希望降低。⑤ 而商品化思想以及挫败学说也使财产损害之认定被扩大。根据商品化思想，如果非物质利益可以通过金钱获得，那么该利益就可以具有财产价值，从而对

---

① Looschelders, *Schuldrecht AT*, 21. Aufl., 2023, §44, Rn. 6.
② Larenz, *Schuldrecht AT*, 14. Aufl., 1987, S. 475.
③ Lange/Schiemann, *Schadensersatz*, 3. Aufl., 2003, S. 50.
④ A. a. O., S. 52 f.
⑤ RG JW 1909, 275.

其产生的损害是财产损害①;根据挫败学说,如果通过金钱花费所追求的享受为导致损害赔偿的行为所阻碍或者影响,那么该费用也是财产损害,比如,用益租赁人被车撞伤后,至少一年不能在租赁来的场地狩猎;一个建筑师被违法地排除在竞争之外。② 另外,根据挫败学说,对于因侵权而被破坏的假期享受也被认定为是财产损害。③

2. 区分

财产损害与非财产损害区分的标准在于该损害是否可以用金钱衡量。财产损害是可以以金钱衡量的损害,非财产损害是不可以以金钱衡量的损害。而是否能用金钱衡量,则根据交易观念确定。所谓可以用金钱衡量,是指损害的数额主要根据客观标准予以判断,而与相关人的主观感觉、情感、爱好以及观念无关。④ 在涉及的物具有市场价值的情况下,损害即可以以市场价值进行衡量,但即使涉及的物没有市场价值,如果根据交易观念可以用金钱衡量的,也属于财产损害。

是否为财产损害,与是否可以计算出损害数额无关,比如商业信用的损害、侵害商业秘密的损害等仍然属于财产损害;是否为财产损害,与被侵害之客体是否有价值也无关系,比如损害戏剧或者体育比赛入场券、损害宠物、损害一束鲜花、损害无效药片都被认定为是财产损害。

在恢复原状的领域内,财产损害与非财产损害的分类是没有意义的。对于财产损害与非财产损害的恢复原状都没有限制,例如,对于非财产损害的恢复原状可以体现为撤销侵害名誉的言论。就恢复原状需要的金钱支付也属于恢复原状请求权的一种⑤,例如,人身损害情况下的治疗费的赔偿。

(二) 侵害结果与结果性损害

1. 侵害结果与结果性损害

根据损害结果与侵害行为的相关性,损害可以被区分为侵害结果与结果性损害(Verletzungserfolg und Folgeschäden)。原则上,侵权人只赔偿其有过错地直接通过侵害行为导致的损害,即侵害结果。而对于结果性损害,侵害人原则上也要赔偿,但其范围的确定与过错原则无关。

对于过错责任,在规范内容与目的范围内,结果性损害都要被赔偿;而对于无过错责任,解决方案是或者对于特定结果性损害引入过错原则,或者对在轻过失情况下的损害全部或者部分不赔,否则会使侵害人陷入艰难境地。

侵害结果与结果性损害的区分,对于责任成立(Haftungsbegruendung)与责任范围

---

① Lange/Schiemann, Schadensersatz, 3. Aufl., 2003, S. 253 f.
② A. a. O., S. 255 ff.
③ BGHZ 63, 98.
④ Lange/Schiemann, Schadensersatz, 3. Aufl., 2003, S. 51.
⑤ A. a. O., S. 424.

(Haftungsausfuellung)的区分意义重大。对于责任成立而言,行为必须是导致侵害结果的原因,而且过错涉及整个责任成立过程,即行为、侵害结果以及责任成立的因果关系上均是有过错的。① 对于责任范围而言,考察的是侵害结果所导致的结果性损害。此时,过错不必涉及结果性损害的产生与范围。因为,损害本身并非事实构成问题,而是法律效果;而且,过错与保护目的问题是不同的问题。② 在诉讼中,受害人必须证明全部责任成立过程,包括侵害结果(《德国民事诉讼法》第 286 条);而对于结果性损害,则由法官自行评估(《德国民事诉讼法》第 287 条)。

例如,甲出卖给乙的马患有疾病,交付后,传染了乙的其他马匹。而且,乙买马是为了转卖获利的。在这种情况下,甲交付有瑕疵的标的物,侵害了乙收到无瑕疵标的物的权利,乙可以请求甲赔偿该损害;另外,在满足因果关系要件的情况下,乙还可以请求甲赔偿其他马匹的损害以及利润损失,即结果性损害。

再如,甲殴打乙,致其头部受伤。头部伤口是侵害结果,而医疗费、收入损失则是结果性损害。

2. 直接损害与间接损害

直接损害,指的是被侵害法益的损害,即侵害结果,而间接损害指的是结果性损害,如身体侵害是直接损害,而收入损失则是间接损害。间接损害也被用于瑕疵结果损害,或者作为引入交往安全义务的基础。所以,直接损害与间接损害的术语含义并不确定,在使用时须慎重。

(三) 履行损害、信赖损害与维持利益

在法律行为范畴内,尤其是合同之债的情况下,法律区分履行利益(积极利益)、信赖利益(消极利益)与维持利益。

1. 履行利益

履行利益,又被称为积极利益,是合同一方当事人因为另一方当事人未履行而遭受的损害。违约人赔偿的利益是在合同被履行的情况下受害人所能获得的利益(《民法典》第 584 条),包括守约人既有财产减少的实际损失以及本应增加而未增加的可得利益。

替代给付的损害赔偿是一种典型的履行利益赔偿,指向的是替代履行而产生的积极利益,是一种可得利益的赔偿。瑕疵给付情况下的用益丧失损害属于履行利益,但不属于替代给付的损害赔偿;守约人得连同给付一并主张用益丧失损害,属于实际损失。

在守约人购买标的物是为了转售的情况下,转售利润也是一种可得利益;而出卖

---

① Fikentscher/Heinemann, *Schuldrecht AT & BT*, 12. Aufl., 2022, § 51 Ⅲ 2, Rn. 581.
② A. a. O., Rn. 582 f.

人迟延交付房屋,买受人不得不租赁房屋而支出租金,属于实际损失。

2. 信赖利益

信赖利益,又被称为消极利益,是合同当事人因信赖法律行为有效而产生的损害,受害人的财产状态应当是如同没有签订合同的财产状态。在通过撤销或解除结束合同关系的同时,赔偿信赖利益可以达到恢复原状的效果。《民法典》第157条规定,合同无效或者被撤销后,有过错的一方应当赔偿对方因此受到的损失,这里赔偿的损失即是信赖利益的损害。但《民法典》第157条没有界定损害的范围,要确定信赖损害的范围,还需适用第584条的规则。

根据《民法典》第500条,如果一方当事人进行假借订立合同、恶意磋商等违背诚信的行为,则应赔偿相对人的信赖利益损害,这种信赖利益损害是相对人信赖当事人诚信谈判而受到的损害,所以,相对人应恢复到如同没有进行谈判等合同接触的利益状态。

信赖利益通常包含两部分,一部分是合同支出,比如邮费、电话费等,一部分是失去的、在此期间可能交易的利益。

案例:出卖人甲以20000元的价格卖给乙一幅油画,乙将此画又以25000元的价格出卖给丙,但后来发现,在订立合同前,该画已经为大火所毁掉。另外,乙还因为与甲订立合同产生了电话费、交通费共计150元。

本案中,乙可以请求甲赔偿履行利益5000元,但不得请求赔偿150元的费用赔偿,因为这些费用于合同正常实现的情况下亦会产生的成本。

3. 通过履行利益限定信赖利益

通常情况下,信赖利益小于履行利益,但未必总是如此。在有些情况下,信赖利益大于履行利益,此时若允许赔偿信赖利益,则受害人的情况要好于合同正常履行的情况,如此会有不公平之感。故在错误、无权代理等情况下,信赖利益损害赔偿应以履行利益为限(《民法典》第171条第3款)。

4. 维持利益

所谓维持利益(preservation interest),又被称为固有利益或者完整性利益(integrity interest),通常是因为违反保护性义务,而对受害人的人身或者其他财产造成的损害。在解释上,《民法典》第584条所规定的损失,包含维持利益的损失。对于人身损害赔偿,适用《民法典》第1179条以下的规则。因一方违约导致守约方支付的律师费、保全费以及赔偿第三人的违约金、赔偿金等也属于守约人一方固有利益的丧失。

第四节　因果关系与损害的归责

【文献指引】

范在峰、张斌:《两大法系违约损害赔偿可预见性规则比较研究》,载《比较法研究》2003年第3期;毛瑞兆:《论合同法中的可预见规则》,载《中国法学》2003年第4期;叶金强:《可预见性之判断标准的具体化——〈合同法〉第113条第1款但书之解释路径》,载《法律科学(西北政法大学学报)》2013年第3期;郑永宽:《论责任范围限定中的侵权过失与因果关系》,载《法律科学(西北政法大学学报)》2016年第2期;潘玮璘:《构建损害赔偿法中统一的可预见性规则》,载《法学家》2017年第4期;〔奥〕海尔穆特·库齐奥:《合法替代行为:因果关系与规范保护目的》,张玉东译,载《甘肃政法学院学报》2017年第5期;〔德〕恩斯特·冯·克默雷尔:《私法中的因果关系问题》,徐建刚译,载《经贸法律评论》2019年第4期;吴国喆:《事实因果关系不明侵权中比例因果关系的确定》,载《法学家》2020年第2期;李亮:《违约损害可预见性判断标准的动态体系论》,载梁慧星主编:《民商法论丛》(第72卷),社会科学文献出版社2021年版;刘勇:《可预见性规则之重释》,载《暨南学报(哲学社会科学版)》2021年第7期;徐建刚:《规范保护目的理论在违约损害赔偿中的适用——对可预见性规则的反思》,载《清华法学》2021年第4期;张金海:《论国际示范法中的可预见性规则》,载欧阳本祺主编:《东南法学》(第五辑),东南大学出版社2022年版;王磊:《相当因果关系的现代变迁与本土抉择》,载《财经法学》2022年第1期;崔建远:《因果关系在违约责任中的地位及其学说演变》,载《江海学刊》2022年第5期;李鼎:《"完全赔偿"抑或是"损伤参与度减责":特殊体质侵权中加害人的赔偿责任》,载《甘肃政法大学学报》2022年第6期;王懋:《继受与超越:日本损害赔偿法上可预见性规则之源流考》,载《苏州大学学报(法学版)》2023年第1期。

一、概述

(一) 原因

债权人可以获得的损害赔偿,必须是义务违反行为或侵权行为"造成"的损害,也就是说,侵害人的行为必须是损害的原因。构成自然规律上的原因仅是损害归责的最低前提,除此之外,尚需具备规范意义上的归责标准,以避免侵害人责任过于泛滥。

(二) 责任成立的原因与责任范围的原因

责任成立的原因是人的行为与法益侵害之间的因果关系,责任成立的因果关系是义务违反行为与权益侵害之间的因果关系,解决是否承担责任的问题;而责任范围的因果关系则是权益侵害与损害之间的关系,即因权利受侵害而生的损害,何者应由加害人负赔偿责任。故在考察损害赔偿时,需要双重的因果关系检验,即首先要考察行为与权益侵害之间的因果关系,其次要考察权益侵害与损害之间的因果关系。

案例:在公路上,甲的汽车装载过多,造成货物遗撒,后面行驶的司机乙为了避让遗撒的货物而撞到隔离带上,造成汽车毁损,汽车修理费是5000元。

自因果关系角度看,汽车装载过多是发生事故的原因,其与汽车损害之间的因果关系即为责任成立的因果关系,而对汽车的侵害导致了5000元损害,即修理费,二者之间的关系为责任范围的因果关系。

在过错考察环节上,区分责任成立的因果关系与责任范围的因果关系也有意义,故意与过失要件只涉及责任成立的因果关系。至于责任范围的因果关系,属于损害赔偿责任范围问题,与加害人的故意或过失无关。例如,甲撞伤乙,但是乙自认为身体强壮,拒绝治疗,结果导致伤势加重,治疗费倍增。由于过错与责任范围的因果关系无关,所以,甲不能因此免责,只是在责任范围方面可能有所限制。

二、自然科学意义上的因果关系

在归责考虑上,首先考察的是否构成自然科学意义上的因果关系。

(一) 对等理论(Äquivalenztheorie)

在因果关系界定上,存在诸多的学说与尝试,其目的都在于限定侵权法或给付障碍法可保护的范围。首先适用所谓的对等因果关系(Äquivalente Kausalität),即条件关系(conditio sine qua non),又称等值理论。其原理在于:如果将该原因排除掉,事情经过就会是另一个样子,或者该结果不会出现或者不会在这个点上出现,则该原因就是法律上的原因。① 简而言之,其采取的是"若无,则不"(but-for)的检验方式。②

只要特定事件必然地导致另一个特定结果的产生,即存在自然科学意义上的因果关系,即对等理论或者条件理论。据此,如果某一条件被去除,即不会产生该结果,该条件即为原因。作为与不作为均可构成原因,不作为亦可以构成义务违反或者权益侵害的原因。在作为的情况下,无此行为,即不生此种损害;在不作为的情况下,假设其他条件不变,不作为人作为的,即不生此种损害。但与作为不同,不作为并没有出现在因果链条中。此处并非是实际的因果关系,而是想象出来的因果关系。

比如在出卖人违约的情况下,如果可以确认若无违约行为,守约方即不会支出替代交易的价款,违约行为与损害之间即存在事实因果关系。再比如,在出租人违约导致合同解除的情况下,违约行为与承租人的经营利润损失之间即具有事实因果关系,因为,如果没有违约行为,则承租人即可以获得该经营利润。

---

① Jauernig/Kern, 19. Aufl., 2023, BGB §823, Rn. 22.
② 王泽鉴:《侵权行为法(第一册) 基本理论·一般侵权行为》,中国政法大学出版社2001年版,第193页。

(二) 合乎规律条件说(Lehre von der gesetzmäßigen Bedingung)

1. 等值理论的不足

在聚合因果关系的情况下,数人中一人的行为即足以致使侵害他人权益,如甲乙同时分别对丙下毒,其分量各足致丙死亡,此时,采取等值理论"若无则不"的检验模式,甲乙均可以抗辩,若我不下毒,丙亦会死亡,所以其下毒的行为并非丙死亡的原因。① 又如货运电梯维修人甲损坏了电梯的承重缆线,致使电梯只能承重最高载重量的一半,而货运电梯使用人乙使用电梯运载丙的机器,该机器重达电梯最高承载量的两倍,最终导致电梯坠落、机器毁损。由于乙超载,那么即使载重缆线没有问题,电梯也会坠落。如果按照等值理论分析,仅有乙承担责任,这样的结论有不公正之嫌。

2. 合乎规律条件说

为了解决上述案例中的问题,有学者提出了所谓的合乎规律条件说,即具体行为在具体的结果中基于合乎规律的关联是否实际上起了作用,未作为的行为如果作为,是否可以真的避免具体结果的出现。② 基于此理论,在上述两个案例中,甲乙的行为与权益侵害之间均有因果关系。

在法律适用时应首先从等值理论出发,但须明确的是,在某些情况下,以此确定因果关系并不恰当,对此应予以修正,采用合乎规律条件说。

(三) 规范上限制的必要性

虽然合乎规律条件说能够弥补等值理论的不足,但也只是限定在自然科学意义上的因果关系的确定上,对于侵害人责任的限定作用非常有限。例如,中午 11 点,甲开车出行时刹车失灵,撞伤乙,经调查,早上乙的女儿与其谈话耽误了乙出门的时间,在出事道路两旁停放有很多汽车,二者亦是乙受伤的原因。还可以考虑的是甲的汽车的制造商是车祸的原因。如此会导致无边无际的责任,所以,要通过规范性归责标准对自然科学意义上的因果关系进行限制。

在逻辑上,过错要件仅与责任成立的因果关系有关,与责任范围上的因果关系没有关系。那么,在责任成立的因果关系范畴内,可以通过过错予以矫正;而在责任范围上的因果关系上,则只能通过客观因果关系进行规范性限制。③

三、违约损害的可预见性

(一) 可预见性规则的内涵

在违约情况下,我国没有采纳相当因果关系规则,而是采纳了可预见性规则来解

---

① 王泽鉴:《侵权行为法(第一册) 基本理论·一般侵权行为》,中国政法大学出版社 2001 年版,第 194 页。

② Engisch, Die Kausalität als Merkmal der strafrechtlichen Tatbestände, 1931, S. 21ff, zitiert aus Looschelders, Schuldrecht AT, 21. Aufl., 2023, § 45, Rn. 11.

③ Looschelders, Schuldrecht AT, 21. Aufl., 2023, § 45, Rn. 12.

决损害后果归责的问题,限缩可赔偿的范围。根据《民法典》第 584 条但书部分的规定,损失赔偿额不得超过违约一方订立合同时预见到或者应当预见到的因违约可能造成的损失。这里的损失赔偿主要是指期待利益赔偿,但并不限于可得利益的赔偿。

可预见性规则起源于原理性损害赔偿责任的讨论。乌尔比安(Ulpian)与波蒂埃(Pothier)均提及一个案例,即出卖病牛的人,不仅要赔偿买受人病牛的价值,而且还要赔偿病牛传染的健康牲畜的价值;但出卖人无须赔偿买受人没有种地导致没有清偿债务的能力,因此其农庄被其债权人扣押,并被低价拍卖给第三人所导致的损失。这一案例的分析结论是旧《法国民法典》第 1151 条(新法为第 1231-3 条、第 1231-4 条)的基础。[①] 该条款规定,债务人仅就合同订立时所预见到的或者可以合理预见到的损失进行赔偿。债务人对违约行为具有严重过错或者欺诈故意的不受此限。即使在债务人具有重大过错或欺诈故意的场合,债务人也仅就违约的直接后果承担损害赔偿责任。

对于旧《法国民法典》第 1151 条确立的规则,《联合国国际货物销售合同公约》第 74 条、《国际商事合同通则》第 7.4.4 条、《欧洲合同法原则》第 9:503 条、《欧洲示范民法典草案》第Ⅲ-3:703 条均予以接受。在内容表达上,比较类似。比如《联合国国际货物销售合同公约》第 74 条规定:一方当事人违反合同应承担的损害赔偿额,应与另一方当事人因违约而遭受的、包括利润在内的损失额相等。但不得超过违约方在订立合同时,依照其当时知道或应当知道的事实和情况,预见到或应当预见到的、作为违约的可能结果的损害。[②]

在英国,类似的规则最早出现在 Hadley v. baxendale 案[③]中,主审法官阐述了如下规则:因违约而自然产生的损害,即按照事物通常进程产生的损害才会被认为是公平、合理的;或者,那些在合同订立时双方当事人考虑到的作为违约可能结果的损害才是合理的。美国法接受了英国法规则,美国《合同法重述》第 351 条规定:违约方在订立合同时没有理由会预见到的、作为可能的违约结果的损害,不予以赔偿。在下列情形下引起的违约损失,作为可能的违约结果应是可预见的:(1) 在事物通常进程中产生的损害,或者(2) 超出了事物通常进程但违约方有理由知道的、作为特殊情形之结果的损害。[④]

(二) 适用范围

可预见性规则被规定在《民法典》合同编通则部分,应当适用于合同编规定的所有损害赔偿情况,具体如在合同被解除后,债务人违反"恢复原状或者采取其他补救

---

① Kötz, *Europäisches Vertragsrecht*, 2. Aufl., 2015, S. 377.
② Jansen/Zimmermann, *Commentaries on European Contract Laws*, 2018, P. 2505.
③ (1854) 9 Ex. 341;Peel, *The Law of Contract*, fifteenth edition, 2020, 20-120, p. 1193.
④ 美国法学会编写:《美国合同法重述(第二版,规则部分)》,徐文彬译,中国政法大学出版社 2022 年版,第 226 页。

措施"的义务,也可能承担损害赔偿义务,对此应当适用可预见性规则,确定损害后果归责的问题。《民法典》第833条、第933条特别规定了损害赔偿的计算方法,但对于损害赔偿的范围,仍可以适用可预见性规则。比较有争议的是,债务人因缔约过失而承担损害赔偿责任时,是否适用可预见性规则。有学者认为,缔约过失责任为侵权责任,应当适用相当因果关系规则,而且,在缔约过失的情况下,合同不一定成立生效,可预见时点如何确定成疑。[①] 缔约过失责任被规定在合同编中,在法律适用上,仍应适用合同编规则。而在确定可预见时点上,可以从缔约人的诚信谈判或者信息提供义务产生之时确定,在此时点,缔约人也有了解合同相关情况以及事前分配风险的机会。

根据《民法典》第468条,可预见性规则也可以适用于非因合同产生的债权债务关系。比如,善意相对人对于无权代理人的损害赔偿请求权的范围,适用可预见性规则。债务人违反基于无因管理与不当得利的返还义务时所承担的损害赔偿范围,也适用可预见性规则。[②]

(三) 可预见性规则的构成

相比于相当因果关系规则,可预见性规则参考的更多是主观因素,而且判断时点并非违约方违约时,而是订立合同之时。从经济的视角看,可预见性规则可以鼓励合同债权人尽可能地将高额损害告知合同相对人,如果相对人在此情况下还是选择订立合同,就说明相对人已经确定知道可能风险的大小,并有能力评估规避风险的成本。而且,在此基础上,当事人可以正确评估交易价格,并通过谈判约定限制责任条款。如果相对人没有被事前告知而承担全部赔偿责任,那么他就会对所有合同债权人提高价格,由此会导致那些支付同样价格、但却可以要求赔偿特别高损害的债权人不当地受益。[③] 通过可预见性规则合理限定违约损害赔偿范围,一定程度上可以鼓励交易。

1. 预见的主体

预见的主体为违约方,而非守约方。因为可预见性规则限制的是违约方的损害赔偿责任。

根据《民法典合同编通则解释》第63条第1款的规定,应当按照与违约方处于相同或者类似情况的民事主体在订立合同时预见到或者应当预见到的损失予以确定。据此,司法解释采纳了客观判断标准,即法官应当将自己置于此缔约场景中,按照与

[①] 姚明斌:《第584条:违约损害的赔偿范围》,载朱庆育主编:《中国民法典评注条文选注(第2册)》,中国民主法制出版社2021年版,第248页。
[②] 同上书,第250—251页。
[③] Kötz, *Europäisches Vertragsrecht*, 2. Aufl., 2015, S. 379.

违约方处于相同或类似情况的理性人标准来确定其预见能力。①

对于具体的违约方,也要从两方面判断其是否应当预见或者实际预见:一方面违约人作为理性人应该了解事物发展的一般过程,进而知道违约通常可能造成的损失;另一方面,也要考察违约人实际知道的某些特殊情况以及在这些特殊情况下违约可能造成的损失。② 也就是说,在考察违约人是否预见或者应当预见损失的时候,要依照违约人在合同订立时已经知道或者应当知道的事实和情况进行衡量(比较《联合国国际货物销售合同公约》第74条)。

2. 预见的时间点

预见的时间点为合同订立之时,合同订立之后的事态发展,并不在可预见的范围内,由此可以促使当事人在合同订立时尽量了解合同相关的情况,并在事前分配风险。违约方仅对合同订立时预见的情况承担责任,符合违约人可推知的意思。③

3. 适用可预见性规则的考虑标准

对于作为违约可能结果的损害,违约方是否可以预见,由受害人(守约方)承担陈述负担与证明负担(证明责任)。④《民商事合同指导意见》第11条规定,对于可以预见的损失,既可以由非违约方举证,也可以由人民法院根据具体情况予以裁量。在实践中,受害人证明损害的可预见性难度较大。所以,《民法典合同编通则解释》第63条第1款细化规定了适用可预见性规则的具体考量因素,在适用可预见性规则时,人民法院应当根据当事人订立合同的目的,综合考虑合同主体、合同内容、交易类型、交易习惯、磋商过程等因素。一般来讲,合同主体是商事主体还是民事主体,是生产企业还是经营企业,具体从事哪一行业,对于可预见性的判断都有影响。比如,守约方是生产企业,那么通常违约方应当预见生产利润损失,而不应当预见转售利润损失。⑤合同内容中若含有合同目的,或者缔约人通过其他途径知道合同目的,比如买受人购买标的物的目的是转卖,那么出卖人对于违约导致的转售利润损失应当是可以预见的。

---

① 最高人民法院民事审判第二庭、研究室编著:《最高人民法院民法典合同编通则司法解释理解与适用》,人民法院出版社2023年版,第707页。

② Victoria Laundry (Windsor) Ltd. v. Newman Industries Ltd. [1949] 2 K. B. 528, 上诉法院主审法官对远离性(Remoteness)理论(即损害是否可以合理预见作为须承担违约责任结果的测试标准)的论述,参见何宝玉:《合同法原理与判例》,中国法制出版社2013年版,第514—516页。See also, Peel, *The Law of Contract*, fifteenth edition, 2020, 20-119, p. 1192,1194.

③ 郝丽燕:《违约可得利益损失赔偿的确定标准》,载《环球法律评论》2016年第2期,第50—53页;叶金强:《可预见性之判断标准的具体化——〈合同法〉第113条第1款但书之解释路径》,载《法律科学(西北政法大学学报)》2013年第3期,第140—143页。

④ Schlechtriem/Schroeter, *Internationales UN-Kaufrecht*, 5. Aufl., Rn. 698, S. 301. 最高人民法院民事审判第二庭、研究室编著:《最高人民法院民法典合同编通则司法解释理解与适用》,人民法院出版社2023年版,第713页。

⑤ 最高人民法院民事审判第二庭、研究室编著:《最高人民法院民法典合同编通则司法解释理解与适用》,人民法院出版社2023年版,第709页。

如果交易类型是高风险、高收益的，当事人就可能预见到作为违约结果的损害。如果交易类型是通常的交易，则当事人就可能预见不到作为违约结果的损害。比如，在一个判决中，人民法院认为，在合同履行期间因市场行情下跌所造成的收益损失显属市场风险造成的，非为双方当事人所能预见，亦非康瑞公司（违约方）过错所致。因康瑞公司与该部分损失之间不存在因果关系，故康瑞公司不应承担市场行情变化导致的亚坤公司的收益损失。① 在当事人存在长期交易关系的情况下，当事人对于交易习惯应当是知道的，那么当事人预见作为违约结果的损害类型与范围的可能性就会高。例如，零件供应商与生产商之间的长期供货关系，使得违约方对守约方的经营模式以及订约目的和获益情况均十分了解，则违约方对其违约行为给守约方正常经营造成的损失具有更强的预见能力。②

4. 预见的内容

预见的内容是损害的性质与类型，而非损害的程度与具体数额。③ 除合同履行后可以获得的利益外，非违约方主张还有其向第三人承担违约责任应当支出的额外费用等其他因违约所造成的损失，并请求违约方赔偿，经审理认为该损失系违约一方订立合同时预见到或者应当预见到的，人民法院应予支持（《民法典合同编通则解释》第63条第2款）。

在实践中，争议比较大的是对于增值损失、转售（租）差价损失、经营利润损失、费用支出目的落空损失以及律师费等是否可预见。具体如，在房屋买卖合同所在地房价上涨的背景下，如果出卖人违约，一般就会认为出卖人对于案涉房屋的增值损失就是可以预见的，出卖人应赔偿买受人合同价格与房屋增值后价格的差额。④

5. 预见的程度

预见的程度是违约发生时可能造成的损失。⑤ 违约人在订立合同时预见到的或者应当预见到的违约可能导致的损失，违约人均应予以赔偿。

6. 排除规则

有立法例规定，如果违约方对违约行为存在故意或重大过失，则会排除可预见性规则的适用。《欧洲合同法原则》第9:503条规定了排除规则，违约人仅对其在合同订立时预见到的或可以合理预见到的、不履行的可能后果承担责任，但该不履行是故

---

① "新疆亚坤商贸有限公司与新疆精河县康瑞棉花加工有限公司买卖合同纠纷案"，最高人民法院（2006）民二终字第111号民事判决书，《中华人民共和国最高人民法院公报》2006年第11期（总第121期），第17—24页。

② 最高人民法院民事审判第二庭、研究室编著：《最高人民法院民法典合同编通则司法解释理解与适用》，人民法院出版社2023年版，第710页。

③ 韩世远：《合同法总论》（第四版），法律出版社2018年版，第796页以下。

④ 姚明斌：《第584条：违约损害的赔偿范围》，载朱庆育主编：《中国民法典评注条文选注（第2册）》，中国民主法制出版社2021年版，第266页以下。

⑤ 朱广新：《合同法总则研究（下册）》，中国人民大学出版社2018年版，第717—718页。

意的或重大过失的除外。《法国民法典》第1231-3条也规定了类似的排除规则：债务人对违约行为具有严重过错或者欺诈故意，即排除可预见性规则的适用。但是，在债务人对违约行为具有严重过错或者欺诈故意的情况下，债务人仅对违约造成的直接损失承担赔偿责任（第1231-4条）。

应当看到，排除规则是建立在过错责任基础上的，在无过错责任体系中，一般没有规定排除规则的立法例。而且，如果违约方的责任取决于明示或默示的合同中约定的风险分配规则，那么该责任分配是不会受到违约人故意与否的影响的。可预见性的问题与违约人过错问题不必关联在一起，被违反的义务所保护的范围的问题与过错问题也不相关。比如一个裁缝为顾客定做服装，如果裁缝故意迟延交付，即应承担由此导致顾客耽误乘坐火车或者参加重要会议的损失，也是不合理的。[1]

四、侵权法上损害的归责标准

在侵权法上，为了控制损害赔偿义务，除了适用自然原因理论之外，还适用相当性理论（Adäquanztheorie），将损害赔偿控制在合理范围内。

（一）相当性作为归责标准

对于自然因果关系的规范限制最主要的规则是相当性规则。对于相当因果关系，有两种表述：其一是，如果某一事实一般地而不是异乎寻常、十分不可能地、并且根据事物的通常进程应不予考虑的情况下适宜引发一定的结果，则具备相当性[2]；其二是，若某一事实一般性地提高了某一结果发生的客观可能性，该事实就是此结果的相当条件。[3] 在考察模式上，后者是反向思维，即如果某些原因只有在非常异常的、就是对于最佳的观察者也无法预见的情况才会导致损害产生的，那么这些原因就不具有相当性。[4] 相当性理论超越了自然科学意义上的因果关系，进入到了对是否以及如何导致损害的法律评价视角的范畴。

相当性理论本质上涉及的并非因果关系学说，而是基于评价将损害后果归责的问题以及可能性判断的问题。[5]

（二）相当性的考察

在考察相当性时，首先要考察对等因果关系，即如果在原因上某一条件被去除，即不会产生该结果。如果该条件并非对等因果关系中的原因，则不需要再考察该条

---

[1] Jansen/Zimmermann, *Commentaries on European Contract Laws*, 2018, Art. 9:503 Rn. 12.
[2] Deutsch/Ahrens, *Deliktsrecht*, 6. Aufl., 2014, Rn. 21；叶金强：《相当因果关系理论的展开》，载《中国法学》2008年第1期，第36页。
[3] Medicus/Lorenz, *Schuldrecht AT*, 22. Aufl., 2021, §52, Rn. 6；叶金强：《相当因果关系理论的展开》，载《中国法学》2008年第1期，第36页。
[4] Looschelders, *Schuldrecht AT*, 21. Aufl., 2023, §45, Rn. 13.
[5] Brox/Walker, *Allgemeines Schuldrecht*, 46. Aufl., 2022, §30, Rn. 8.

件对结果是否具有相当性。对等理论是相当性理论的基础。①

相当性理论的核心在于要将结果归责于某人,必须存在一定程度的可能性。而在判断可能性上,最为重要又是该人的知识情况,判断者知道的越多,越可能预见事后所实际发生的后果。那么,具体根据什么样的人来判断可预见性以及事物发展可能性呢?

案例:甲拟炸沉一艘船,以骗取保险金,于是他在要运载到船中的货箱中安装了定时炸弹。港口运输人员不小心使该货箱从吊车中脱落,该货箱爆炸,导致重大损害。②

损害是否可归责于港口运输人员,取决于港口运输人员是否知道货箱中装有炸弹。如果他知道其中有炸弹,当然可将损害归于他,但如果他不知道,就需从所谓的"最佳判断者"视角予以判断,但问题是他应知道的内容是什么,是甲订立保险合同的事实还是其购买炸药的事实? 为此,有学者提出,应从一个有经验的观察者角度来考虑,该观察者了解赔偿义务人知道的以及这样一个观察者可以知道的情况,但并不包括那些非常遥远的可能性。③

例如,甲出卖给乙一件挂钟,但在送交之前毁损了,甲使得乙遭受不履行的损害。但是,如果乙因为没有得到挂钟而自杀,该损害与该违约行为之间的关联是异乎寻常的,在通常的损害归责考察上是不予以考虑的。

原则上,对于相当性,既不能根据侵害人的主观判断或者主观可预见性来确定,也不能根据交易圈子内一般成员的判断来确定,而是根据所谓的最佳观察者的预计来判断,进而归责。而侵害人的主观判断或者交易圈子一般成员的判断是过错的问题;在责任成立的因果关系构成层面,仅须考察过错问题,另行考察客观判断者标准并无意义。也就是说,相当因果关系理论仅在责任范围的因果关系领域有其意义。④

只有侵害人进行了违反义务的行为而且没有尽到交易上的必要注意时,责任成立的因果关系才有其适用余地。在衡量标准上,损害产生的可预见性以及可能性最为关键,所以,没有理由在责任成立的因果关系的框架内重新考察这两个因素。如果按照事物发展过程,侵害后果之出现完全没有可能的情况下,那么注意标准就减轻了,但如果没有遵守与减轻的注意标准相对应的安全标准,那么不能因为结果出现的不可能性而否定其责任。简而言之,在责任成立层面上没有必要在缺乏相当性的角度上进行归责限制。⑤

---

① Fikentscher/Heinemann, *Schuldrecht AT & BT*, 12. Aufl., 2022, §53 Ⅲ, Rn. 625.
② Medicus/Lorenz, *Schuldrecht AT*, 22. Aufl., 2021, §52, Rn. 6.
③ Larenz, *Schuldrecht AT*, 14. Aufl., 1987, S. 440.
④ Looschelders, *Schuldrecht AT*, 21. Aufl., 2023, §45, Rn. 14.
⑤ Wagner, *Deliktsrecht*, 14. Aufl., 2021, §5, Rn. 89.

综上所述,相当性理论只在责任范围的因果关系上具有意义,而在判断责任成立的因果关系时,无须检验相当因果关系。

最后,值得注意的是,在考察相当因果关系的时候,首先需考察是否满足等值理论,如果不构成,则无再考察相当因果关系的必要。

> 案例:卡车司机甲在视野开阔的路上以每小时27公里的速度直行,打算超过前方骑自行车的乙,但二者距离过短,只有75厘米。乙喝醉了,骑车时左摇右摆,被卡车撞上,并死亡。经确认,如果甲遵守规定的前后间隔1.5米的距离超车,乙也肯定会摔倒并死于车轮之下。

在该案中,超车并不是死亡的条件,车距75厘米才是死亡的条件,但根据"若无,则不"的公式,即使甲正确地行为,乙亦会死亡,据此,不满足等值理论,自然科学意义上的因果关系并不构成,如此,就无须再考察相当因果关系学说了。

在司法实践中,人民法院常要求侵害行为与损害结果之间存在必然因果关系。在"深圳市商业银行宝安支行与湖南长炼兴长集团有限责任公司、深圳民鑫实业有限公司、广东金汇源投资担保有限责任公司、西北亚奥信息技术股份有限公司、吴忠仪表集团有限公司、深圳国安会计师事务所有限公司返还资金保证合同纠纷案"中,法院认为,金融机构为债务人出具虚假资金证明,是否应当对债权人的损失承担出具虚假资金证明的赔偿责任,应当审查债权人的损失是否基于对金融机构出具的虚假资金证明的合理信赖或者使用所造成,即债权人的损失与金融机构出具虚假资金证明的行为之间是否存在因果关系。如果债权人的损失与金融机构出具虚假资金证明的行为之间并不存在必然因果关系,则金融机构不应对债权人的损失承担出具虚假资金证明的赔偿责任。[1] 必然因果关系与相当因果关系不同,只有当加害行为与损害结果之间具有内在的、本质的、必然的联系,才能认定二者之间具有因果关系,在结果上,不适当地限制了侵权责任的成立以及赔偿范围。[2]

五、其他归责标准

自然科学原因或者对等理论只是一个很粗糙的过滤器,过滤掉的只是那些并非条件的侵害人之行为,但不能排除较远的损害。依据这些理论,可以产生无穷无尽的因果链条。为了避免洪水般的损害赔偿义务,人们发展了归责标准,具体有规范保护目的说、单纯的概率判断、合法的选择性行为、假定因果关系以及受害人自己或者第三人的肇因贡献度等标准。[3] 这些标准涉及的并非自然科学意义上的因果关系,而是

---

[1] 最高人民法院(2007)民二终字第26号民事判决书,《中华人民共和国最高人民法院公报》2007年第9期(总第131期),第9—16页。
[2] 程啸:《侵权责任法》(第三版),法律出版社2021年版,第251页。
[3] Brox/Walker, *Allgemeines Schuldrecht*, 46. Aufl., 2022, §30, Rn. 7.

在评价若干关键点之后的规范意义上的归责。

(一) 规范保护目的说

在相当性归责标准的判断上,尽管有诸多学说,但仍然很难确定最佳判断者是否可以预见,法官只能在个案中人们对最佳判断者的特性与知识的理解予以判断。如此,法官就可以通过对最佳判断者的界定而任意地预判案件结果,而且也存在隐藏关键性评价因素的危险。①

> 案例:甲撞伤了乙,乙被送往医院治疗,在医院,乙感染了流感,不得不延长住院时间。

> 变化:乙在住院期间,钱包被偷了。

根据相当性因果关系,乙感染流感的损害可归责于甲,因为最佳判断者能够预见到在医院能感染流感等疾病;但乙钱包被偷的损害不应归责于甲,因为最佳判断者不会想到在医院钱包会被偷。但人们也可以反驳,在医院里钱包被偷也不是完全没有可能发生的。所以,通过相当说判断,并不具有完全说服力。

另外,通过相当因果关系理论排除异常的损害结果或极不可能发生之损害结果,并不具有规范上的正当性。自规范角度来看,是否排除异常损害结果,本质是规范目的的问题,即规范保护当事人免于何种损害。而损害结果的可能程度也取决于规范本身。相对性本身不是独立的标准,而是判断规范保护目的的辅助因素。②

从规范保护目的视角来看,任何义务或规范都不可能保护所有损害不发生,而只是保护特定的损害不发生,行为人只对违反保护范围内的法益带来的损害承担责任。所以,责任成立的前提是损害应位于被保护的利益范围内。此即规范保护目的说。

有学者认为,规范保护目的说不是替代因果关系的学说,也不是与其并行的学说,而是在确立法律义务,并惩罚义务违反,仅仅是一种损害归责原则。所以,规范保护目的说不是责任限制的理论,而是责任确立与责任延伸的理论。③

1. 法定规范的保护目的

在侵权法领域,确定权益保护范围时通常考虑被违反的交往义务以及违反的保护法的意义与目的。

> 例如,蒸汽船上没有备有足够的救生圈,甲有过遇到风暴的经历,就去向船长申诉,由于走得很急,被甲板上的椅子绊倒,摔断了腿。

根据规范目的保护说,如果侵害人没有注意特定的行为规范产生损害,只有那些被违反的规范按照其意义与目的所要阻止的损害,才可以归责于侵害人。在本案中,

---

① Looschelders, *Schuldrecht AT*, 21. Aufl., 2023, §45, Rn. 15.
② A. a. O., Rn. 17.
③ Fikentscher/Heinemann, *Schuldrecht AT & BT*, 12. Aufl., 2022, §51 Ⅲ 3, Rn. 592 f.

备用救生圈的义务是为了保障没有人淹死,而不是保障没有人摔倒。

又如某人侵害了他人的先行权,后面汽车车主很是激动,结果形成中风,由于尊重先行规则的义务并不针对精神上的负担、损害,故违反先行权者并不对中风损害承担责任。

受害人特殊体质的情况下,侵害人是否也必须承担责任?根据法秩序的基本评价,病人、残疾人、体弱者亦受到法律保护,但必要的是,侵害人在具体损害上恰恰是该不当风险的造成者,侵害的行为不得仅仅是一种或多或少可替代的、引起一般生活风险实现的起因。①

> 例如,甲未尽到注意义务而踩了乙一脚,乙患有严重的血流障碍疾病,由于被踩了一脚而不得不截肢。从规范保护目的说来看,如此轻微的侵害,不会导致截肢这么严重的后果。因为同样的结果在其他情况下也可能产生,所以,踩了一下这一行为仅仅是与特殊血液疾病相关联的一般生活风险的偶然肇因,所以,甲不应对此后果承担责任。

2. 合同义务的保护目的

在违约责任领域,通过可预见性规则限定违约人损害赔偿范围,也未必是最好的方式。责任风险的分配,不必取决于当事人的合理预见,而是可以取决于当事人在合同中已经达成的约定。这一问题本质上是合同解释的问题以及确定被违反之合同义务所意欲保护的利益的问题。比如木工出卖箱子用于运输水果,但嗣后买受人将箱子用作葡萄桶,后来葡萄酒泄漏。根据合同目的,木工不应为此承担损害赔偿责任。②

在违反合同义务时,须根据约定的合同的内容与目的以及诚实信用原则确定规范保护范围。在某些情况下,因相当之原因导致的损害可能并不在保护的利益范围之内。例如,经纪公司没有告知其顾客可以以较高的价格出卖其股票,该顾客因此产生了损害,尤其造成其因激动而生病,不得不看病并支付医疗费,该咨询合同的保护范围并不包括健康损害,故受害人并不能获得损害赔偿。再如,如果律师受当事人委托为其辩护,但没有为当事人请求可能的责任宽宥,结果当事人被判监禁,当事人免受自由之侵害属于合同的保护目的,律师应该赔偿当事人的损害。

(二) 单纯的概率判断

在特殊损害情况下,可以通过考察行为是否造成结果的统计上的可能性来判断归责。③

在不可量物侵害以及污染物排放的情况下,受害人无法举证证明行为人是否造成了损害,故可以采取概率推算的方式确定损害归责的问题。

---

① Looschelders, *Schuldrecht AT*, 21. Aufl., 2023, §45, Rn. 20.
② Jansen/Zimmermann, *Commentaries on European Contract Laws*, 2018, Art. 9:503 Rn. 8.
③ Fikentscher/Heinemann, *Schuldrecht AT & BT*, 12. Aufl., 2022, §53 Ⅳ, Rn. 630.

在污染环境、破坏生态的情况下,行为人需要证明其行为与损害之间不存在因果关系(《民法典》第 1230 条)。在这里,法律上规定了举证责任倒置的规则,以解决受害人举证困难的问题。

(三) 合法的选择性行为

原则上,如果侵害人抗辩"即使在合法行为的情况下,亦可产生损害",则不能归责。在合法行为亦会导致损害发生的情况下,违反合同与具体的损害之间具有相当因果关系,而且,该损害亦在履行合同义务的保护目的之内,但损害并未建立在违反合同的违法性之上。合法选择性行为的抗辩是否成立,取决于损害赔偿法的目的。损害赔偿法的目的在于阻止或者赔偿该损害,如果一种义务原则上阻止特定损害,但在个别情况下,不能阻止特定损害,因为即使在注意了行为义务的情况下亦可产生损害,那么在这种情况下,合法选择性行为的抗辩即可排除赔偿义务。

案例:雇员甲无重大原因地、未在合理期间内解除了劳动合同,为此雇主乙必须在报纸上登广告招工。乙向甲请求损害赔偿。甲抗辩,即使其遵守解除期间,这些费用也会产生。

在该案中,合法选择性行为的抗辩即可排除赔偿义务。

有争议的是医生的说明义务(《民法典》第 1219 条)。医生能否抗辩,如果符合规定地说明治疗行为,病人也会同意的。对此,考虑到医生的说明义务的目的是要绝对保护病人的决定自由,故医生这种抗辩通常不成立。

(四) 假定因果关系

在没有侵害人的行为的情况下,基于已经存在或者事后出现的情况,损害也可能产生。这里存在两个因果关系,一是对损害发生有事实上原因力的加害行为,二是对损害发生并无事实上原因力的事实,如果前一原因不存在,损害必因后一原因事实而发生,后者为假定的因果关系。

案例:如甲驾车撞死乙,乙已患绝症,半年后会死亡。

假定因果关系对损害的发生并无事实上的原因力,故其问题不在于因果关系,而在于损害的认定与计算。在损害(发生)那一时刻,被伤害的人或被致死的人、被毁损、灭失的物含有内在的假定原因的,而且在短时间内即可导致同样结果发生的,在损害赔偿计算时要予以考虑。尤其在物受损的情况下,于侵权事件发生时,该物的价值已经贬损。但在假定原因并非该人或物内含的,而是外力的情况下,则侵害人须承担全部责任。

案例:李某在喷洒农药时,因风力作用,药水溅到张某的西瓜地里,致使其 10 亩西瓜死亡,在诉讼期间,发生洪水,张某的瓜地全部被淹没。

在该案中,因李某的行为,损害赔偿请求权已经构成,不会因为事后的假定结果而消灭。该假定原因也并非物本身内含的,故也不会减少损害赔偿。

(五)受害人自己或者第三人的肇因贡献度

原则上,即使损害是基于受害人自己或者第三人的错误行为导致的,侵害人也必须为损害负责。

案例:甲有过错地造成了交通事故后,其他司机由于着急而穿越乙的土地(草坪),绕开交通事故,因此造成了草坪损害。甲原则上对此损害亦需承担责任。

再如,甲导致了车辆相撞,被撞的汽车着火,过路的行人为了灭火而受伤,此时,甲的行为与行人受伤之间具有相当因果关系。行人的故意行为不会中断该相当因果关系。

但是,如果他人肇因之损害均归责于侵害人,因为侵害人构成他人行为的某一原因,那么,侵害人的责任就会无穷无尽。故应进行客观评价,予以限制。在这里,主要的判断要素是侵害人的行为是否引发受害人或第三人决定去行为,或者受害人或第三人是否得感觉到受到了"引发",在侵害人引发了受害人或者第三人行为的动机时,即存在可归责的引发。侵害人只对其引发的、增加的风险承担责任,而不对受害人的一般生活风险承担责任。①

案例:甲无证驾驶被拘留,趁警察不备,跳窗逃跑,警察亦紧随其后跳窗,结果摔断了腿。

此时,该警察对于甲并无损害赔偿请求权,因为因跳窗而增加的追捕风险并不在追捕的目的范围之内。而如果涉及的是危险的暴力犯的逮捕,则可期待警察会承担更高的追捕风险,此时,因跳窗而增加的追捕风险在追捕的目的范围之内,甲应承担损害赔偿责任。

第五节 损害赔偿的方式与范围

【文献指引】

曾世雄:《非财产上之损害赔偿》,元照出版有限公司1989年版;杨立新、杨帆:《最高人民法院〈关于确定民事侵权精神损害赔偿责任若干问题的解释〉释评》,载《法学家》2001年第5期;关今华:《精神损害赔偿数额评定问题五论》,载《中国法学》2001年第5期;常鹏翱:《论物的损坏与精神损害赔偿的关联——一种功能主义的诠释》,载《法律科学(西北政法学院学报)》2005年第1期;崔建远:《论违约的精神损害

---

① Looschelders, *Schuldrecht AT*, 21. Aufl., 2023, §45, Rn. 40.

赔偿》,载《河南省政法管理干部学院学报》2008年第1期;闫仁河:《违约可得利益之比较研究》,载《学习与探索》2009年第2期;陈凌云:《论英美合同法之违约获益赔偿责任》,载《环球法律评论》2010年第3期;谢鸿飞:《精神损害赔偿的三个关键词》,载《法商研究》2010年第6期;刘春梅:《人身伤害中的非财产损害赔偿研究》,法律出版社2011年版;叶金强:《精神损害赔偿制度的解释论框架》,载《法学家》2011年第5期;陆青:《违约精神损害赔偿问题研究》,载《清华法学》2011年第5期;闫仁河、高亚春:《违约可得利益赔偿之立法及其阐释》,载《法学杂志》2011年第11期;叶金强:《论侵权损害赔偿范围的确定》,载《中外法学》2012年第1期;吴行政:《合同法上可得利益赔偿规则的反思与重构——从〈中华人民共和国合同法〉第113条适用的实证考察出发》,载《法商研究》2012年第2期;张金海:《论违约救济中徒然支出的费用的补偿:必要性与路径选择》,载《政治与法律》2012年第5期;崔建远:《精神损害赔偿绝非侵权法所独有》,载《法学杂志》2012年第8期;刘凯湘、曾燕斐:《非财产损害赔偿之一般理论》,载《北方法学》2012年第6期;刘承韪:《违约可得利益损失的确定规则》,载《法学研究》2013年第2期;冉克平:《民法上恢复原状的规范意义》,载《烟台大学学报(哲学社会科学版)》2016年第2期;瞿灵敏:《精神损害赔偿惩罚性与惩罚性赔偿补偿性之批判——兼论精神损害赔偿与惩罚性赔偿的立法完善》,载《东方法学》2016年第2期;郝丽燕:《违约可得利益损失赔偿的确定标准》,载《环球法律评论》2016年第2期;张金海:《违约损害赔偿中的抽象计算方法研究》,载《法律科学(西北政法大学学报)》2016年第3期;刘承韪:《获益损害赔偿制度的中国问题与体系构建》,载《陕西师范大学学报(哲学社会科学版)》2016年第6期;杨显滨:《违约精神损害赔偿制度的中国式建构》,载《当代法学》2017年第1期;程啸:《损益相抵适用的类型化研究》,载《环球法律评论》2017年第5期;朱晓平:《违约责任中的精神损害赔偿问题研究》,载《法律适用》2017年第11期;许中缘、崔雪炜:《论合同中的人格利益损害赔偿》,载《法律科学(西北政法大学学报)》2018年第3期;柳经纬:《违约精神损害赔偿立法问题探讨——以〈民法典各分编(草案)〉第七百七十九条为对象》,载《暨南学报(哲学社会科学版)》2019年第7期;李承亮:《恢复原状费用赔偿的性质》,载《武汉大学学报(哲学社会科学版)》2019年第4期;徐建刚:《违约中落空费用的性质及赔偿——基于信赖与信赖利益的区分视角》,载《法学》2020年第2期;崔建远:《恢复原状请求权辨》,载《甘肃政法大学学报》2020年第5期;薛军:《〈民法典〉对精神损害赔偿制度的发展》,载《厦门大学学报(哲学社会科学版)》2021年第3期;王磊:《侵权损害赔偿范围的确定机制》,载《法学》2021年第4期;王洲:《论合同法定解除之损害赔偿的计算》,载《法律适用》2021年第10期;刘小璇:《论违约精神损害赔偿》,载《法学杂志》2021年第6期;孙维飞:《〈民法典〉第584条(违约损害赔偿范围)评注》,载《交大法学》2022年第1期;曹晟旻、卫昊源:《精神损害赔偿在违约中的适用——基于司法案例的统计与分析》,载《师大法学》2022年第1期;刘小璇、郑成良:

《〈民法典〉视域下违约精神损害赔偿制度的适用困境与消解路径》,载《当代法学》2022年第3期;张红、裴显鹏:《〈民法典〉之可得利益赔偿规则》,载《南昌大学学报(人文社会科学版)》2022年第4期;张玉东:《"获益剥夺"规范意义的再审视——以〈民法典〉第1182条前半段规定为分析对象》,载《现代法学》2022年第5期;李永军:《论〈民法典〉婚姻家庭编中损害赔偿的请求权基础》,载《法学家》2022年第6期;杨立新、扈艳:《违约精神损害赔偿的裁判实践与理论应对——以〈民法典〉第九百九十六条的司法适用为中心》,载《河南财经政法大学学报》2022年第6期;崔建远:《论损益相抵规则》,载《法学杂志》2022年第6期;郑永宽:《违约责任与侵权责任竞合中的精神损害赔偿》,载《中州学刊》2022年第11期;蔡增慧:《论恢复原状与损害认定之关系——以恢复原状制度演变为中心》,载《南大法学》2022年第6期;〔德〕迪特尔·梅迪库斯:《恢复原状与金钱赔偿》,赵静译,载梁慧星主编:《民商法论丛》(第75卷),社会科学文献出版社2023年版;许素敏:《〈民法典〉违约精神损害赔偿条款的司法适用——基于〈民法典〉生效后202个案例的实证考察》,载《财经法学》2023年第1期;李东宇:《论侵害个人信息权益的精神损害赔偿》,载《财经法学》2023年第4期;崔建远:《论违约损害赔偿的范围及计算——对〈民法典合同编通则解释〉第60条至第62条的释评》,载《清华法学》2024年第1期;刘承韪、吴志宇:《违约损害赔偿中的替代交易规则解释论》,载《法治研究》2024年第1期;邓环宇:《侵害个人信息权益所致精神损害的赔偿额计算》,载《北方法学》2024年第2期;吴志宇:《合同法与有过失规则的目的解释——以"过错"认定为中心》,载《经贸法律评论》2024年第1期。

一、损害赔偿的方式

在逻辑上,损害的赔偿方式可以是两种,一种是恢复原状,比如返还、实物赔偿、修理、治疗等,一种是以金钱赔偿损害。

《民法典》第179条将赔偿损失与恢复原状规定为两种不同的责任形态,而且,《民法典》第179条、第584条、第238条规定的赔偿损失或损害赔偿,指的均是金钱赔偿。有观点认为这里的赔偿方式可以包括"恢复原状"和"金钱赔偿"两种。[①] 司法实践中,也有法官认为损害赔偿包括折价赔偿与实物赔偿两种[②],实际上,实物赔偿已经属于恢复原状的范畴,在性质上,并非金钱损害赔偿。应当说,这些观点是不符合我国现行法的规定的。条文释义书的观点认为,《民法典》第584条规定的赔偿损失,是指金钱赔偿,与恢复原状的责任方式是不同的。[③]

[①] 胡康生主编:《中华人民共和国合同法释义》(第3版),法律出版社2012年版,第206页。
[②] 最高人民法院物权法研究小组编著:《〈中华人民共和国物权法〉条文理解与适用》,人民法院出版社2007年版,第145页以下。
[③] 黄薇主编:《中华人民共和国民法典释义(中)》,法律出版社2020年版,第1125页。

根据现行法,在出现违约或者侵权情况的时候,受害人可以选择主张金钱损害赔偿,也可以选择主张恢复原状,还可以选择依据《民法典》第 581 条赔偿恢复原状的费用。在瑕疵担保的情况下,根据《民法典》第 577 条、第 582 条,守约人还可以要求违约人继续履行或采取修理、重作、更换、退货等补救措施。守约人主张恢复原状、赔偿恢复原状的费用或者采取补救措施,在实质上都可以达到损害赔偿的效果。在法律适用上,也应适用完全赔偿原则、可预见性规则、与有过失规则等。

(一) 恢复原状

所谓恢复原状,是指恢复到假如负有赔偿义务的情况没有出现的状态。恢复原状作为损害赔偿的一种方式最早来自经院哲学家 Salamanca 学派,并为现代自然法学说所继受。① 不过最初涉及的情况是某人拿走了他人的财产,或者小偷走了他人之物,那么最有效率的损害赔偿方法就是返还该物。在毁损他人的名誉的情况下,恢复原状也被认为是最合适的救济方式。德国法与奥地利法接受了这一模式,规定了恢复原状作为损害赔偿的方式。我国并没有将恢复原状作为损害赔偿的方式,但独立规定了恢复原状这一救济方式。

《民法典》第 237 条规定,造成不动产或者动产毁损的,权利人可以依法请求修理、重作、更换或者恢复原状。《民法典》第 238 条规定,侵害物权,造成权利人损害的,权利人可以依法请求损害赔偿,也可以依法请求承担其他民事责任。《消费者权益保护法》第 52 条规定,经营者提供商品或者服务,造成消费者财产损害的,应当依照法律规定或者当事人约定承担修理、重作、更换、退货、补足商品数量、退还货款和服务费用或者赔偿损失等民事责任。据此,恢复原状可以是恢复原来的法律关系、返还财产、修理、治疗等。

恢复原状的目的在于保护受害人的维持利益或完整性利益。维持利益可能超出价值利益,如恢复原状所必需的费用超出被毁损物的价值。此时,恢复原状是不符合完全赔偿规则的,也不符合差额理论。在某些情况下,维持利益还可以包含精神利益或者非物质利益,比如,甲的小狗受到伤害,侵害人治疗小狗使其恢复原状,即保护了甲对小狗的情感利益。

在没有财产价值的法益被侵害时,通常不会考虑价值的减少,而只能采取恢复原状方式进行赔偿,具体如人身侵权或者不名一文的旧车被毁损的情况。再如,甲委托乙购买稀有邮票,乙不交出,此时,只有恢复原状才符合甲的利益,金钱赔偿不足以填补甲的损害。②

但值得注意的是,恢复原状之含义并非是指恢复到以前的状态,因为这是不可能的,发生的事情不能变得未发生,而是从法律上尽可能地恢复一种经济上同等价值的

---

① HKK/Jansen, 2007, BGB §§ 249-253, 255, Rn. 19, 23, 25.
② Fikentscher/Heinemann, *Schuldrecht AT & BT*, 12. Aufl., 2022, §57 Ⅱ 1, Rn. 671.

状态。例如修缮被损害物,撤回侵害名誉的表述等。在毁损可替代物的情况下,应提供同种类物以恢复原状。

恢复原状的内容可能与所有物返还及其从请求权规则的内容①是一致的②;另外,恢复原状与排除妨害的法律效果也可能是相同的,只是在物被毁坏的时候,不适用排除妨害请求权,对超出物之损害本身以外的财产损失,如所失利益,也不能适用排除妨害请求权。③

恢复原状的方式多种多样,原则上受害人可以选择恢复原状的形式,但必须是花费费用最少的方式。在汽车损害情况下,须比较修理费用与购置替代汽车的费用,只要修理的费用不高于购置替代汽车的费用,受害人就可以选择修理。在以购置新汽车替代旧汽车的费用确定修理的费用上限的情况下,并没有扣除汽车残值。这里的思想基础是,受害人的完整性利益比替代购置的利益更值得保护。

(二) 金钱赔偿

所谓金钱赔偿,是通过金钱支付弥补损失,赔偿金额要使受害人达到完全赔偿损害的状态。恢复原状指向的是维持利益,而金钱赔偿指向的则是价值利益。而受损价值利益的确定根据的是差额理论,即通过比较没有损害事件时受害人的财产价值与有损害事件时受害人的财产价值来确定。在可替代物毁损的情况下,根据重新购置的价值来确定赔偿数额,具体根据同类物的价值确定;对于那些市场上没有类似物的物,根据新物价格减去折旧价值以确定交易价值,并以交易价值确定损害赔偿额。④

(三) 恢复原状与金钱赔偿的关系

在德国法上,损害赔偿包括金钱赔偿与恢复原状两种情况,并统领合同法、侵权法等债法领域,而且德国法还确立了完全赔偿(Totalreparation)以及恢复原状优先的原则,根据可期待性确定债权人与债务人之间的利益争议。但是,德国法也规定了恢复原状优先的若干例外规则。

我国将赔偿损失与恢复原状规定为两种不同的责任方式,原则上应由债权人选择采取哪一种方式赔偿损害。但在下列情况下,原则上应采取金钱赔偿方式:

1. 在人身侵害或者物的损害的情况下,债权人可以请求恢复原状所需的金额,其原因在于,债权人不能被强迫参加债务人恢复原状的实验。例如在交通事故中,甲损坏了乙的汽车,甲建议在修理厂修理该汽车,此时,乙可以拒绝该建议,而主张甲赔偿

---

① 关于所有权人与占有人的关系,参见拙文:《论所有权人与占有人关系——所有物返还请求权及其从请求权》,载王洪亮等主编:《中德私法研究》(第1卷),北京大学出版社2006年版,第69页以下。我国《民法典》第459条规定了这一制度。

② 有学者将恢复原状视为排除妨害的一种方式,对于这种观点,笔者持否定态度。参见刘凯湘:《论基于所有权的物权请求权》,载《法学研究》2003年第1期,第25—40页。

③ Picker, *Der negatorische Beseitigungsanspruch*, 1972, S. 20.

④ Looschelders, *Schuldrecht AT*, 21. Aufl., 2023, §47, Rn. 10.

其支付的修理费。

(1) 在物的损害的情况下

在现行法上,一般要求债务人未履行恢复原状义务的情况下,债权人才可以自行或者委托他人恢复原状,进而要求债务人赔偿其向第三人支出的费用。《民法典》第713条第1款规定,承租人在租赁物需要维修时可以请求出租人在合理期限内维修。出租人未履行维修义务的,承租人可以自行维修,维修费用由出租人负担。因维修租赁物影响承租人使用的,应当相应减少租金或者延长租期。《买卖合同解释》第16条规定,买受人在检验期限、质量保证期、合理期限内提出质量异议,出卖人未按要求予以修理或者因情况紧急,买受人自行或者通过第三人修理标的物后,主张出卖人负担因此发生的合理费用的,人民法院应予支持。《商品房买卖合同解释》第10条第2款规定,交付使用的房屋存在质量问题的,在保修期内,出卖人应当承担修复责任;出卖人拒绝修复或者在合理期限内拖延修复的,买受人可以自行或者委托他人修复。修复费用及修复期间造成的其他损失由出卖人承担。

当事人一方不履行债务或者履行债务不符合约定,根据债务的性质不得强制履行的,对方可以请求其负担由第三人替代履行的费用(《民法典》第581条)。如果这里第三人替代履行的是债务人恢复原状的义务,那么实际上就是债务人在赔偿债权人因恢复原状而支出的费用。

在恢复原状期间,债权人有其他损害的,也可以要求债务人赔偿。例如甲的私家车被乙毁损,甲可以要求乙恢复原状,修理该汽车,而在修理期间甲可以租用价值相当的替代汽车,并向乙请求赔偿因此支出的租金。

(2) 在人身损害的情况下

在人身损害的时候,债权人也可以直接请求债务人支付医疗费、护理费、交通费、营养费、住院伙食补助费等为治疗和康复支出的合理费用以及误工费等费用(《民法典》第1179条)。

(3) 费用的计算

赔偿恢复原状所需的费用,保护的是维持利益,而非价值利益。损害赔偿请求权数额计算所根据的是恢复原状所必需的花费,而不是物的价值。如果受害人本人进行恢复原状,则应从事后的视角进行主观、具体的计算。如果第三人进行恢复原状,则应根据一般理性的、具有经济头脑的人站在受害人立场上进行客观、抽象的计算所得的结果进行拟制。①

2. 在恢复原状不能时或者不足以赔偿债权人的情况下,债务人须给付金钱赔偿。

《产品质量法》第44条第2款规定,因产品存在缺陷造成受害人财产损失的,侵害人应当恢复原状或者折价赔偿。受害人因此遭受其他重大损失的,侵害人应当赔

---

① 程啸:《侵权责任法》(第三版),法律出版社2021年版,第768—769页。

偿损失。这里的折价赔偿即为在恢复原状不能情况下的金钱赔偿。

例如,汽车完全毁灭的情况下,即为恢复原状不能,此时债权人只能要求折价赔偿(金钱赔偿)。但是值得注意的是,如果灭失的是可替代物,债务人可以以实物赔偿,这也属于恢复原状的范畴,由此,恢复原状不能的情况大大减少。

在恢复原状不足以赔偿损失的情况下,侵害人还需要对被侵害人给付金钱赔偿。例如在汽车被毁损的情况下,虽然可以修复,但不足够,对于汽车由于车祸而导致的价值贬损是无法恢复原状的,对此价值贬损必须进行金钱赔偿。①

3. 在恢复原状花费不成比例的情况下,如修理的费用超过重新购置新车的费用30%的情况,债务人须给付金钱赔偿。② 在动物受损的情况下,由于要考虑动物所有权人的情感利益,故在恢复原状花费超过重购价值数倍的情况下,也应允许。但也不是没有限制,具体情况下,需要考虑动物所有权人与动物的感情关系予以判定。

在人身损害的情况下,由于不能通过经济标准衡量人身完整性的恢复利益,故不能以恢复原状花费不成比例而主张直接以金钱赔偿。

4. 在无形损害的情况下,债务人须给付金钱赔偿。

(四) 受害人的处分自由

对于侵害人因恢复原状所给付的费用,在物的损害的情况下,原则上可以由受害人决定是否使用,受害人可以自己修理,也可以不修理而保留费用赔偿。对于恢复原状费用的赔偿也就建立在拟制的维修费用的基础上。在计算上,还需考虑恢复原状的方式,例如被撞坏车的人自己修,得花费 50 元,市面上修理得花费 500 元,则侵害人仅需赔偿 50 元。不同观点认为,如果侵害人按照客观计算方法支付了恢复原状费用,则受害人自己修理所节省下来的人工工资、企业盈利以及企业运营费用,不必返还给侵害人。③ 这种观点并不合理,因为在受害人自己修理的情况下,是按照主观、具体的计算方式得出的费用,受害人只能主张侵害人赔偿其实际支出的费用。

在人身损害的情况下,受害人则不得自己决定处置该费用赔偿,必须是用于身体损害的恢复原状,才可以请求损害赔偿。例如,对于将来可能手术的费用,受害人目前是没有请求权基础的,只有在该手术费用确实发生或将发生的情况下,才可以请求。其原因在于,受害人不能因无形损害而在财产上获益,如果允许受害人主张拟制的医疗费用,则会使该禁止获利原则形同虚设。④

---

① 最高人民法院侵权责任法研究小组编著:《〈中华人民共和国侵权责任法〉条文理解与适用》,人民法院出版社 2010 年版,第 150 页。
② Looschelders, *Schuldrecht AT*, 21. Aufl., 2023, §47, Rn. 5.
③ 程啸:《侵权责任法》(第三版),法律出版社 2021 年版,第 769 页。
④ Looschelders, *Schuldrecht AT*, 21. Aufl., 2023, §47, Rn. 9.

二、损害类型

财产损害是通过比较目前的财产状况与没有损害事件时的财产状况来确定的,具体包括守约方所受损失与所失利润两部分,也即实际损失与可得利益(《民法典》第584条)。

(一) 实际损失

实际损失主要是指守约人因违约人违约而受到的损害,具体根据合同履行后的假设财产状态与合同没有得到履行的实际财产状况进行计算。实际损失可以是积极财产的减少,也可以是消极财产的增加。比如,在出卖人迟延交付房屋的情况下,买受人不得不另行租赁房屋,而支出租金,此租金即为积极财产的减少;再如违约人违约导致守约方无法履行与第三人的合同,因而守约方需向第三人支付违约金,此违约金负担即为消极财产的增加。

违约人违约还可能导致守约人固有利益的损失,比如,出卖人交付的标的物具有瑕疵,而该瑕疵导致买受人原有财产的损害,此固有利益的损失也属于守约人的实际损失。①

(二) 可得利益

因为要将受害人置于没有损害事件发生所应处于的状态,所以在损害计算的时候还要确认,该损害事件是否阻止了债权人财产的增加,即可得利益。但是,原则上单纯的机会丧失并非可赔偿之财产损害。

由于证明所失利益的困难,《德国民法典》第252条规定了证明减轻规则。债权人如果能证明其极大可能获得期待利益的情况,即可推定利益可以被获得。也就是说,利益具有期待的可能性即为已足。但是,债务人可以通过证明该利益由于其他原因的确不能获得,来推翻该推定。

《民商事合同指导意见》第9条规定了可得利益三种类型及其内涵:在当前市场主体违约情形比较突出的情况下,违约行为通常导致可得利益损失。根据交易的性质、合同的目的等因素,可得利益损失主要分为生产利润损失、经营利润损失和转售利润损失等类型。生产设备和原材料等买卖合同违约中,因出卖人违约而造成买受人的可得利益损失通常属于生产利润损失。承包经营合同、租赁经营合同以及提供服务或劳务的合同中,因一方违约造成的可得利益损失通常属于经营利润损失。先后系列买卖合同中,因原合同出卖方违约而造成其后的转售合同出售方的可得利益损失通常属于转售利润损失。对于生产经营利润,可以通过客观的、能够证明的守约方可获得的上一年度或近几年平均净利润,或者同类、同区域、同行业的经营者所能

---

① 姚明斌:《第584条:违约损害的赔偿范围》,载朱庆育主编:《中国民法典评注条文选注(第2册)》,中国民主法制出版社2021年版,第252页。

够获得的净利润予以确定。①

《民商事合同指导意见》第 10 条规定了可得利益的计算与认定方法：人民法院在计算和认定可得利益损失时，应当综合运用可预见规则、减损规则、损益相抵规则以及过失相抵规则等，从非违约方主张的可得利益赔偿总额中扣除违约方不可预见的损失、非违约方不当扩大的损失、非违约方因违约获得的利益、非违约方亦有过失所造成的损失以及必要的交易成本。《民法典合同编通则解释》第 63 条第 3 款规定，在确定违约损失赔偿额时，违约方主张扣除非违约方未采取适当措施导致的扩大损失、非违约方也有过错造成的相应损失、非违约方因违约获得的额外利益或者减少的必要支出的，人民法院依法予以支持。综合这两个规则可知，可得利益＝守约方主张的可得利益总额—违约方不可预见的损失—非违约方未尽减损义务而扩大的损失—必要的交易成本—非违约方也有过错造成的相应损失—非违约方因违约获得的额外利益或者减少的必要支出。

《民法典合同编通则解释》第 60 条第 1 款吸收归纳了《民商事合同指导意见》第 9 条、第 10 条的规则，明确必要的交易成本为非违约方为订立、履行合同支出的费用等合理成本。② 交易成本的扣减，主要发生在转售的情况下。在买受人购买标的物的目的是转售时，出卖人的违约会导致买受人丧失可得的转售利润，但如果出卖人没有支出订立或履行转售合同的费用，则可能因为出卖人的违约而节省了成本，在根据前后两个合同差价计算损害时，应扣除该交易成本。如果买受人实际支出该费用，则不能进行扣除。而且，买受人也不能同时主张出卖人赔偿费用与转售利润损失。③

《民商事合同指导意见》第 11 条规定了举证责任分配：人民法院认定可得利益损失时应当合理分配举证责任。违约方一般应当承担非违约方没有采取合理减损措施而导致损失扩大、非违约方因违约而获得利益以及非违约方亦有过失的举证责任；非违约方应当承担其遭受的可得利益损失总额、必要的交易成本的举证责任。对于可以预见的损失，既可以由非违约方举证，也可以由人民法院根据具体情况予以裁量。这里并没有规定推定规则，还是由受害人举证证明可得利益的损失，然后通过损害赔偿的计算规则最终确定赔偿数额。

（三）因违约而落空的费用

在债权人追求经济目的而订立合同的情况下，可以推定，在合同得到履行时，债权人可以获取足够的收入，至少可以覆盖因期待合同履行而支出的费用。④ 德国判例曾支

---

① 最高人民法院民事审判第二庭、研究室编著：《最高人民法院民法典合同编通则司法解释理解与适用》，人民法院出版社 2023 年版，第 669 页。
② 同上。
③ 姚明斌：《第 584 条：违约损害的赔偿范围》，载朱庆育主编：《中国民法典评注条文选注（第 2 册）》，中国民主法制出版社 2021 年版，第 253 页。
④ Looschelders, *Schuldrecht AT*, 21. Aufl., 2023, §30, Rn. 2.

持债权人获得落空费用的赔偿,推定债权人可以通过那些基于约定的对待给付所获得的好处再次获得该费用金额,即盈利性推定(Rentabilitätsvermutung)。① 如果债务人能够证明,即使合同得到履行,因此产生的利益也不能覆盖该费用,则债务人即可以不承担费用赔偿。嗣后,德国债法改革后增加的《德国民法典》第284条规定,债权人得不请求替代给付之损害赔偿,就因信赖给付之取得而支出的费用,且其支出属于公平合理者,请求赔偿,但即使债务人没有违反义务,该目的亦无法达到的除外。如果债务人能够证明合同履行时产生的好处不足以抵偿费用,那么,就可以被推翻该盈利性推定。

在适用范围上,《德国民法典》第284条不仅适用于上述债权人追求经济利益的情况,还适用于债权人追求非经济利益的情况,比如,甲为了举办学术会议租赁乙的场地,如果乙违约,通常并不会造成甲的损害,但甲会支出一定的费用。此时,甲可以选择请求乙赔偿费用,不过如果乙能证明,该目的即使在其不违约的情况下也不会达到,比如甲患病住院无法举办活动,那么,乙方的责任即被免除。②

在我国的司法实践中,如果债权人无法证明债务人违约导致其损害,或者即使正常履行也会产生经济上的不利益,则人民法院也会支持债权人要求赔偿费用的请求。③ 在支出的费用无法获得履行利益的情况下,债权人也可以要求债务人赔偿其所支付的费用。比如,甲承租乙的房子用于办公,租期五年,但到第三年,即因乙违约而解除合同,导致甲前期的装修投入不能覆盖到剩余租期,甲可以请求乙赔偿就剩余租期所预先支出的相应费用。④ 再比如飞行员违反劳动合同,须赔偿培训费用的情况;违约方迟延供货导致守约方停产数日,停产期间仍不得不支付工人工资;演员签订广告合同后,因为其他虚假广告而被禁止拍摄广告,导致委托企业支出大量费用,该企业可以要求该演员赔偿其支出的费用。

债权人可以请求的费用并非全部消极利益,而是其中枉费的费用。所以,在债务人违约的情况下,债权人不能主张其因为与债务人订立合同而放弃的与第三人订立合同所可能获得的利益。⑤

在人身或健康被损害的情况下,受害人可能会丧失使用的可能性,比如会员卡的

---

① BGHZ 99, 182 (196 f.); 123, 96 (99).
② Looschelders, *Schuldrecht AT*, 21. Aufl., 2023, §30, Rn. 3 ff.
③ 在"项城市人民政府水寨办事处诉李孝民合同纠纷案"[最高人民法院(2016)最高法民申1669号民事裁定书]中,债权人为了履行招商引资合同,拆除了旧厂房,建设了新厂房,因而支出了费用,法院认定债务人应赔偿债权人该项费用。
④ "四川石油管理局南充公共事务管理中心诉四川东信电子有限公司房屋租赁合同纠纷案",四川省高级人民法院(2016)川民再371号民事判决书。
⑤ Looschelders, *Schuldrecht AT*, 21. Aufl., 2023, §44, Rn. 10.

使用、门市房的使用等。对于该枉费的费用,侵害人是否要赔偿,取决于该费用是否是财产损害,而且用益可能性的损失是否在被违反规范的保护范围之内。① 并不是所有受挫的费用都可以得到赔偿,否则会导致损害赔偿义务无限扩大。

(四) 违约获利的返还

违约方因违约所获得的利益,并无归属基础,所以,违约方应将其获利返还给守约方,在本质上,获利返还是一种不当得利的返还。但是,多有法律将其规定在损害赔偿法中。《专利法》第71条第1款、《著作权法》第54条第1款、《商标法》第63条第1款均规定有获利返还规则。《反不正当竞争法》第17条规定,因不正当竞争行为受到损害的经营者的赔偿数额,按照其因被侵权所受到的实际损失确定;实际损失难以计算的,按照侵权人因侵权所获得的利益确定。获利返还,通常适用于侵害人获利可以通过市场或者交易所价格确定的情况。《民法典合同编通则解释》第62条将获利返还或者获利剥夺扩张到合同法,并且是所有合同类型之下。在可得利益无法直接确定的情况下,人民法院可以综合考虑违约方因违约获得的利益、违约方的过错程度、其他违约情节等因素,遵循公平原则和诚实信用原则确定。在这里,最高人民法院将违约方所获的利益作为了损害赔偿的一种计算方法。②

在一般合同领域,通过剥夺违约人所获利益确定可赔偿的损害,最大的问题是违约人获得利益的确定性的问题,也就是说,违约人具体获得多少利益通常是无法计算的。在司法实践中,有法官改采可能性判断获利数额。③ 但如此一来,无疑是任由法官自由裁量获利金额。所以,《民法典合同编通则解释》第62条将之作为计算损害赔偿的一个因素,在最终确定损害赔偿数额时,还需要考虑违约方的过错程度、其他违约情节等因素,并遵循公平原则和诚实信用原则。

> 例如,出卖人甲出卖机器于乙,价格为10000元,嗣后又出卖于丙,价格为15000元,则按照获利剥夺规则,甲应将其获利5000元赔偿给乙。

根据法律上规定获利剥夺规则,可以反推出,现行法进一步加强了实际履行或者强制履行的地位,在本质上,是反对效率违约的。

(五) 边缘情况

在有些情况下的损害,属于财产损害还是属于非财产损害,存有争议,而且是否应被予以赔偿,也存在争议。

1. 预防费用的补偿

所谓预防费用(Vorsorgeaufwendungen),是指受害人在损害事件产生前,为了避免

---

① Looschelders, *Schuldrecht AT*, 21. Aufl., 2023, §49, Rn. 10.
② 最高人民法院民事审判第二庭、研究室编著:《最高人民法院民法典合同编通则司法解释理解与适用》,人民法院出版社2023年版,第697页。
③ 同上。

或者减少损害而支出的费用。这些费用的支出与具体责任成立的事件之间没有因果关系，所以，该费用的支出不能归责于侵害人，侵害人不应承担预防费用的赔偿责任。①

但是，如果预防费用亦是为了侵害人之利益，如使损害范围变小，那么侵害人负有赔偿部分费用的义务，其评价基础是为了侵害人之利益，受害人负有避免或者减少损害之义务（《民法典》第591条）。例如，受害人考虑交通事故的可能性，准备了替代性汽车，该预防措施使侵害人免于赔偿损失。相反，如果预防措施只是为了受害人自己的利益，对侵害人并无好处，则侵害人并无赔偿部分费用之义务，例如，商店委派侦探、设置摄像头并悬赏捉拿小偷等费用。

2. 用益的损害

在标的物被毁损的情况下，受害人在维修期间或者提供替代物使用之前丧失了用益的可能。如果该物是用于经营的，则该用益的损害属于一种可得利益，受害人可以获得赔偿。但是，如果该物是用于私人使用的，比如私家车、住宅等，受害人是否可以获得赔偿则存在争议。例如，在私家车被毁损的情况下，受害人并没有租用替代车辆，而是采取了其他方式的交通工具，那么有争议的是，此种情况下是否存在经济损失。德国判例对此进行了折中处理，认为可以被赔偿的物的用益所涉及的物应限于通常情形下个人的经济生活依赖其持续可支配性的物，也即对生活具有一般性的、核心意义的经济物，具体如汽车、房屋、厨房、窗户等。② 另外，只有在受害人对被毁损的标的物有用益意思以及假定用益的可能性时，侵害人才需赔偿该用益的可能性。例如，在交通事故后，汽车所有人自己也受伤住院，此时即没有使用汽车的可能性，所以，侵害人不负有赔偿该用益的责任。再如，甲自开发商乙处购买房屋，乙迟延交付房屋，甲可以请求乙赔偿迟延期间使用收益的损害，在损害赔偿数额上相当于同类商品房平均租金的数额。

三、损害计算

（一）具体的损害计算

1. 内涵

如果在债务人违约时，债权人进行了替代交易，那么其受到的损害就可以根据合同价格与替代交易价格的差额计算可得利益（《民法典合同编通则解释》第60条第2款）。这种根据个案的特别情况产生的损害，被称为具体的损害计算。

例如，买受人以1000元的价格向出卖人购买了一辆自行车，出卖人没有履行合同，买受人自其他出卖人处可以以1100元的价格购得该自行车，那么，替代交易与合

---

① Staudinger/Schiemann, 2017, §249, Rn. 117.
② BGHZ 98, 212; Looschelders, *Schuldrecht AT*, 21. Aufl., 2023, §49, Rn. 6.

同价格之间的差额100元即为具体损害。

比较法多有规定替代交易特别规则者。比如,《联合国国际货物销售合同公约》第75条针对买卖合同规定,如果合同被宣告无效,而在宣告无效后一段合理时间内,买方已以合理方式购买替代货物,或者卖方已以合理方式把货物转卖,则要求损害赔偿的一方可以取得合同价格和替代货物交易价格之间的差额以及按照第74条规定可以取得的任何其他损害赔偿。《国际商事合同通则》第7.4.5条规定,受损害方已终止合同并在合理时间内以合理方式进行了替代交易的,该方当事人可对合同价格与替代交易价格之间的差额以及任何进一步的损害要求赔偿。

在德国法上,替代交易规则仅是一种损害计算方法,在债权人解除合同后进行替代交易的情况下,可以依据《德国民法典》第280条第1款、第3款以及第283条获得赔偿,在性质上,根据替代交易与合同价格之间的差额所计算出的损害赔偿为替代给付的损害赔偿。①

针对相对定期买卖合同(包括继续性买卖合同),《德国商法典》第376条第3款还规定了替代交易计算方法的特别规则。在货物具有交易所价格或者市场价格的情况下,债权人才可以进行替代交易,而且债权人要在交付期届满之后立即进行替代交易。如果买受人没有及时进行替代交易,即使买受人没有过错,也不能主张具体的损害计算。及时性与合理性的要求是为了使违约方免于承担不合理的替代交易之损害赔偿,也是避免受害人以违约人的费用进行投机。② 出卖人也可以选择具体的损害计算方法要求买受人赔偿损害,具体如出卖人可以要求以公开拍卖的价格与合同价格之间的差价作为损害赔偿数额。

2. 适用条件

《民法典合同编通则解释》第60条第2款继受了比较法上的替代交易计算方法规则,规定了在合同解除情况下的替代交易计算规则。非违约方依法行使合同解除权并实施了替代交易,主张按照替代交易价格与合同价格的差额确定合同履行后可以获得的利益的,人民法院依法予以支持;替代交易价格明显偏离替代交易发生时当地的市场价格,违约方主张按照市场价格与合同价格的差额确定合同履行后可以获得的利益的,人民法院应予支持。

首先,守约人在进行替代交易时,原则上应先行使合同解除权。按照现行法,守约人可以通知方式行使,也可以诉讼方式行使。在守约人行使解除权前,合同效力仍在,守约人仍有可能获得履行,如果此时允许守约人进行替代交易,并进而主张具体

---

① 〔德〕斯特凡·洛伦茨:《损害赔偿类型体系下的替代交易》,贺栩栩译,载王洪亮等主编:《中德私法研究》(第12卷),北京大学出版社2015年版,第175页。
② MüKoHGB/Grunewald, 5. Aufl. 2021, HGB §376, Rn. 24.

损害赔偿,会导致交易秩序混乱。① 不过,解除权是否构成,大多数情况下,都需要判断合同目的是否达到(《民法典》第 563 条第 1 款),这是守约人无法自行判断的,以此为进行替代交易的前提,对守约人要求过高。另外,现行法承认预期违约,在合同到期前可否构成解除,对于守约人而言更难判断。如果守约人判断错误,违约人的违约行为尚未达到解除的构成要件,则守约人行使解除权并随后进行替代交易的,可能会面临受双重合同拘束并因而承担违约责任的风险。反过来,如果不需要考察解除权是否构成,仅需要守约人有行使解除权的行为即可,则会导致守约人在进行替代交易时,无须判断解除权是否构成,径直行使解除权,然后即可进行替代交易。

此外,债权人在履行期限届满之后、解除合同之前实施替代交易,甚至,在履行期限届满前实施替代交易,在履行期限届满之后、债务人仍不履行等情况下,债权人均可能受有损害,没有不予以赔偿的道理。② 由于《民法典合同编通则解释》第 60 条第 2 款规定的是合同解除场景下的替代交易计算规则,此时替代交易计算方法针对的是替代给付的损害赔偿,而替代给付的损害赔偿的客体是由于给付终局性地不发生而导致的损害,例如,在迟延给付时,只有在债权人主张解除的情况下,才能认定原给付义务终局性不发生。

其次,合同标的物原则上应为种类物。在合同标的物为特定物的情况下,并无进行替代交易的可能性。

再次,守约方原则上须实际履行了替代交易。如果守约方仅仅缔结了替代合同,则其应证明替代交易相对人的资质信用、履行能力等。③

最后,有观点认为,在违约行为导致守约人合同目的不能实现,即构成根本违约的情况下,守约人才可以进行替代交易,进而根据替代交易价格与合同价格的差价计算损害赔偿金额。④ 在合同解除的场景下,大部分情况下都要求债务人的违约行为构成根本违约。所以,此种场景下的替代交易,当然大都是在根本违约的情况下。

替代交易应当是在合理的时间内,并以合理方式进行。对合理性的判断是从处于与守约方相同地位的理性人的视角进行判断的;对于价格合理与否,需要综合考虑替代交易标的物的紧缺程度、替代交易的必要程度、守约方的主观状态等因素进行综合判断;替代交易价格明显偏离替代交易发生时当地的市场价格的,违约方可以主张按照市场价格与合同价格的差额确定合同履行后可以获得的利益。

值得注意的是,守约方按照替代交易规则主张损害的,并不排除守约方其他的损

---

① 最高人民法院民事审判第二庭、研究室编著:《最高人民法院民法典合同编通则司法解释理解与适用》,人民法院出版社 2023 年版,第 671 页。

② 〔德〕斯特凡·洛伦茨:《损害赔偿类型体系下的替代交易》,贺栩栩译,载王洪亮等主编:《中德私法研究》(第 12 卷),北京大学出版社 2015 年版,第 175—176 页。

③ 陈龙业:《替代交易法的司法适用——以〈合同编通则解释〉第六十条第二款规定为中心》,载《法学评论》2024 年第 2 期,第 137 页。

④ 同上。

害赔偿请求权。

案例:甲向乙购买机器设备,价格100000元,乙迟延履行交付机器设备的义务。甲催告后解除该买卖合同,并在此之后进行了替代交易,购买了110000元的机器设备。迟延期间,甲因机器迟延交付导致生产损失10000元。

在该案中,甲解除本案合同,可以请求乙赔偿替代给付的损害赔偿,即按照替代交易价格与合同价格的差价要求赔偿10000元。除此之外,甲还可以请求乙赔偿生产损失10000元。

《民法典》第591条规定有减损规则。如果守约方本无须付出重大努力或花费高额费用即可进行合理的替代交易,而仍然坚持不合理的实际履行的,不得要求债务人赔偿因此而增加的损失。①

(二) 抽象的损害计算

所谓抽象损害,是指根据通常的事物发展所产生的损害。合同价格与市场价格之间的差额就是抽象损害。在上述自行车买卖案件中,如果自行车的市场价是1200元,则抽象损害为200元。

针对商事定期买卖合同,《德国商法典》第376条第2款规定有特别规则:请求不履行的损害赔偿,并且货物具有交易所价格或者市场价格的,可以请求价金与在所负担的给付的时间和地点的交易所价格或者市场价格之间的差额。对于民事合同,债权人可以根据《德国民法典》第252条第2句主张抽象损害赔偿,即按照事物通常发展或特殊情事、债权人所可期待的利益进行赔偿。据此,债权人也可以要求债务人赔偿合同价格与市场价格之间的差额。

对于抽象的损害计算方法,《民法典》侵权责任编、运输合同部分均有特别规则。依据我国《民法典》第1184条,侵害他人财产的,财产损失按损失发生时的市场价格计算。据此,有意见认为,对于财产损害,采纳的是客观价值计算方法。②但结合差额理论来看,还是要参考受害人本人的财产变化,只不过按照市场价格予以抽象计算,故仍应以主观价值为判断基准,对于情感价值,不予以考虑。③ 根据该条,依据市场价格计算损失时,要以损害发生时的市场价值为准。《民法典》第833条规定,货物的毁损、灭失的赔偿额,当事人有约定的,按照其约定;没有约定或者约定不明确,依据该法第510条的规定仍不能确定的,按照交付或者应当交付时货物到达地的市场价格计算。法律、行政法规对赔偿额的计算方法和赔偿限额另有规定的,依照

---

① 石宏主编:《〈中华人民共和国民法典〉释解与适用·合同编(上册)》,人民法院出版社2020年版,第246—247页。
② 最高人民法院侵权责任法研究小组编著:《〈中华人民共和国侵权责任法〉条文理解与适用》,人民法院出版社2010年版,第148页。
③ 同上。

其规定。

《民法典合同编通则解释》第 60 条第 3 款规定,非违约方依法行使合同解除权但是未实施替代交易,主张按照违约行为发生后合理期间内合同履行地的市场价格与合同价格的差额确定合同履行后可以获得的利益的,人民法院应予支持。

> 案例:某石材公司与某采石公司签订大理石方料买卖合同,约定自某采石公司在某石材公司具备生产能力后前两年每月保证供应石料 1200 立方米至 1500 立方米。合同约定的大理石方料收方价格根据体积大小,主要有两类售价:每立方米 350 元和每立方米 300 元。自 2011 年 7 月至 2011 年 9 月,某采石公司向某石材公司供应了部分石料,但此后某采石公司未向某石材公司供货,某石材公司遂起诉主张某采石公司承担未按照合同供货的违约损失。某采石公司提供的评估报告显示荒料单价为每立方米 715.64 元。
>
> 人民法院认为,某采石公司提供的评估报告显示的石材荒料单价为每立方米 715.64 元,是某石材公司在某采石公司违约后如采取替代交易的方法再购得每立方米同等质量的石料所需要支出的费用。以该价格扣除合同约定的供货价每立方米 350 元,即某石材公司受到的单位损失。①

在违约的情况下,我国法律并没有明确规定按照抽象的损害计算方法算出损害数额。所以,原则上,债权人可以选择主张具体或者抽象的损害计算方法算出赔偿数额。

在商事买卖合同中,抽象的损害计算方法是一种公平、便利的估量损害数额的方法。允许受害人基于市场价格主张损害赔偿,实际上减轻了受害人的举证负担。在受害人已经进行了替代交易的情况下,替代交易是否合理,会导致不确定性,也会产生争议。② 抽象计算的根据是标的物的市场价格,即所涉及的商品与服务的一般支付价格,这种价格通过与支付相同的或类似的商品或服务的价格的比较来确定。而相同的或类似的商品或服务的价格可以是官方市场价格,也可能来自专业组织、商会的证明材料。③

市场价格确定的时点是一个有争议的问题,《欧洲合同法原则》第 9:507 条规定的时点是合同被解除的时点,由于合同的解除权由受害人或者守约方行使,如此可能导致受害人以违约方的费用进行投机,因为将来市场价格可能会变化,受害人可以选择一个市场价格可能的最高点解除合同。④《荷兰民法典》第 7:36 条第 1 款规定的市场价格确定时点为不履行的时点,不过,需要注意的是,《荷兰民法典》第 6:267 条

---

① 《最高人民法院发布民法典合同编通则司法解释相关典型案例》,2023 年 12 月 5 日,https://www.chinacourt.org/article/detail/2023/12/id/7681679.shtml,最后访问日期:2025 年 1 月 8 日。
② Jansen/Zimmermann, *Commentaries on European Contract Laws*, 2018, Art. 9:507 Rn. 5.
③ 张玉卿主编/审校:《国际统一私法协会国际商事合同通则 2016》,中国商务出版社 2019 年版,第 559 页。
④ Jansen/Zimmermann, *Commentaries on European Contract Laws*, 2018, Art. 9:507 Rn. 7, p. 2545.

规定,合同可以通过解除权人书面通知而解除,也可以由法官根据解除权人的请求而宣告解除,在后者,可能要经过较长的时间。我国《民法典》第565条也规定了解除权人通知解除以及通过诉讼解除两种方式,在后者,合同自起诉状副本或者仲裁申请书副本送达对方时解除。那么,自违约到解除,也可能经过很长时间。若以违约时点确定市场价格,对于受害人而言,须承担价格降低之危险,也不甚公平。所以,对于市场价格的确定时点,还是应以合同被解除的时点为准,而受害人投机的问题,可以通过减损义务规则予以避免。在违约的情况下,受害人负有减损义务,这就要求解除权人应当在合理期间内行使解除权,以免损失进一步扩大(《民法典》第591条)。但是,值得注意的是,《民法典合同编通则解释》第60条第3款规定的时点是违约行为发生后合理期间内,比较有弹性,可以包括解除的时点。①

市场价格是受害人没有受领的给付的对待给付,所以,市场价格确定的地点应当是合同履行的地点。

(三)继续性合同中可得利益的计算

在以持续履行的债务为内容的定期合同中,一方不履行支付价款、租金等金钱债务,对方请求解除合同,人民法院经审理认为合同应当依法解除的,解除合同一方还可以主张损害赔偿,具体根据当事人寻找替代交易的合理期限对应的价款、租金等作为基础计算可得利益(《民法典合同编通则解释》第61条第1款)。在某种意义上也是替代交易计算规则在继续性定期合同中的具体适用②,不过,这里的替代交易价格是假定的。对于非违约方寻找替代交易的合理期限的确定,具体参考合同主体、交易类型、市场价格变化、剩余履行期限等因素确定。

原则上,非违约方不得主张按照合同解除后剩余履行期限相应的价款、租金等扣除履约成本确定合同履行后可以获得的利益。但是,剩余履行期限少于寻找替代交易的合理期限的除外(《民法典合同编通则解释》第61条第2款)。

《民法典合同编通则解释》第61条仅规定了法定解除继续性定期合同的情况。但是对于非金钱之债的司法终止(《民法典》第580条第2款)以及对于金钱之债司法终止(《九民纪要》第48条)的情况下的可得利益赔偿的计算,也可以参照适用《民法典合同编通则解释》第61条的规则。③

最高人民法院与《民法典合同编通则解释》一同颁布的典型案例十的裁判理由与结果,可以供司法实践参考。

案例:2018年7月21日,柴某与某管理公司签订资产管理服务合同,约定:

---

① 陈龙业:《替代交易法的司法适用——以〈合同编通则解释〉第六十条第二款规定为中心》,载《法学评论》2024年第2期,第143页。

② 最高人民法院民事审判第二庭、研究室编著:《最高人民法院民法典合同编通则司法解释理解与适用》,人民法院出版社2023年版,第686页。

③ 同上书,第695页。

第八章　损害法　673

柴某委托某管理公司管理运营涉案房屋,用于居住;管理期限自2018年7月24日起至2021年10月16日止。合同签订后,柴某依约向某管理公司交付了房屋。某管理公司向柴某支付了服务质量保证金,以及至2020年10月16日的租金。后某管理公司与柴某协商合同解除事宜,但未能达成一致,某管理公司向柴某邮寄解约通知函及该公司单方签章的结算协议,通知柴某该公司决定于2020年11月3日解除资产管理服务合同。柴某对某管理公司的单方解除行为不予认可。2020年12月29日,某管理公司向柴某签约时留存并认可的手机号码发送解约完成通知及房屋密码锁的密码。2021年10月8日,法院判决终止双方之间的合同权利义务关系。柴某起诉请求某管理公司支付2020年10月17日至2021年10月16日房屋租金114577.2元及逾期利息、违约金19096.2元、未履行租期年度对应的空置期部分折算金额7956.75元等。

人民法院认为,当事人一方违约后,对方应当采取适当措施防止损失的扩大;没有采取适当措施致使损失扩大的,不得就扩大的损失请求赔偿。合同终止前,某管理公司应当依约向柴某支付租金。但鉴于某管理公司已经通过多种途径向柴某表达解除合同的意思表示,并向其发送房屋密码锁密码,而柴某一直拒绝接收房屋,造成涉案房屋的长期空置。因此,柴某应当对其扩大损失的行为承担相应责任。法院结合双方当事人陈述、合同实际履行情况、在案证据等因素,酌情支持柴某主张的房屋租金至某管理公司向其发送电子密码后一个月,即2021年1月30日,应付租金为33418.35元。①

四、人身损害赔偿

侵害他人造成人身损害的,应当赔偿医疗费、护理费、交通费、营养费、住院伙食补助费等为治疗和康复支出的合理费用,以及因误工减少的收入;造成残疾的,还应当赔偿辅助器具费和残疾赔偿金;造成死亡的,还应当赔偿丧葬费和死亡赔偿金(《民法典》第1179条)。

(一)一般人身损害赔偿

1. 为治疗和康复支出的合理费用

在侵害他人造成人身损害的情况下,侵权人应当赔偿受害人为治疗和康复支出的合理费用以及报酬损失,还可能赔偿受害人本人以及其近亲属的精神损害。在逻辑上,只要是能够让被害人恢复健康的手段,都属于治疗和康复。而且,只要是被害人恢复健康所需的费用,就是合理费用。不过,有争议的是,侵害他人造成的人身损害比较微小,但所需费用很高的情况下,受害人支出的费用是否合理。从《民法典》第

---

① 《最高人民法院发布民法典合同编通则司法解释相关典型案例》,2023年12月5日,https://www.chinacourt.org/article/detail/2023/12/id/7681679.shtml,最后访问日期:2025年1月8日。

1179条的规范目的来看,只要是为了恢复被害人健康所需的费用,就是合理的。

(1) 医疗费

医疗费是指因医疗上检查、治疗与康复而产生的费用,包括已经支付的以及将来必须支付的费用,具体包括挂号费、医药费、检查费、治疗费、住院费等。

医疗费的赔偿数额,按照一审法庭辩论终结前实际发生的数额确定。器官功能恢复训练所必要的康复费、适当的整容费以及其他后续治疗费,赔偿权利人可以待实际发生后另行起诉(《人身损害赔偿解释》第6条第2款第1句)。根据医疗证明或者鉴定结论确定必然发生的费用,可以与已经发生的医疗费一并予以赔偿(《人身损害赔偿解释》第6条第2款第2句)。

医疗费根据医疗机构出具的医药费、住院费等收款凭证,结合病历和诊断证明等相关证据确定。赔偿义务人对治疗的必要性和合理性有异议的,应当承担相应的举证责任(《人身损害赔偿解释》第6条第1款)。

(2) 护理费

护理费根据护理人员的收入状况和护理人数、护理期限确定(《人身损害赔偿解释》第8条第1款)。

护理人员有收入的,参照误工费的规定计算;护理人员没有收入或者雇佣护工的,参照当地护工从事同等级别护理的劳务报酬标准计算。护理人员原则上为一人,但医疗机构或者鉴定机构有明确意见的,可以参照确定护理人员人数(《人身损害赔偿解释》第8条第2款)。

护理期限应计算至受害人恢复生活自理能力时止。受害人因残疾不能恢复生活自理能力的,可以根据其年龄、健康状况等因素确定合理的护理期限,但最长不超过20年(《人身损害赔偿解释》第8条第3款)。

受害人定残后的护理,应当根据其护理依赖程度并结合配制残疾辅助器具的情况确定护理级别(《人身损害赔偿解释》第8条第4款)。

(3) 交通费

交通费根据受害人及其必要的陪护人员因就医或者转院治疗实际发生的费用计算。交通费应当以正式票据为凭;有关凭据应当与就医地点、时间、人数、次数相符合(《人身损害赔偿解释》第9条)。

(4) 营养费

营养费根据受害人伤残情况参照医疗机构的意见确定(《人身损害赔偿解释》第11条)。只有在补充营养是人身损害导致的特别需求时,受害人支出的营养费才具有合理性。

(5) 住院伙食补助费、住宿费、伙食费

住院伙食补助费可以参照当地国家机关一般工作人员的出差伙食补助标准予以确定(《人身损害赔偿解释》第10条第1款)。

受害人确有必要到外地治疗,因客观原因不能住院,受害人本人及其陪护人员实际发生的住宿费和伙食费,其合理部分应予赔偿(《人身损害赔偿解释》第 10 条第 2 款)。

2. 误工费

在侵害他人人身造成人身损害时,受害人会因误工而减少收入,这是一种可得利益损失。① 误工费根据受害人的误工时间和收入状况确定(《人身损害赔偿解释》第 7 条第 1 款)。

误工时间根据受害人接受治疗的医疗机构出具的证明确定。受害人因伤致残持续误工的,误工时间可以计算至定残日前一天(《人身损害赔偿解释》第 7 条第 2 款)。

受害人有固定收入的,误工费按照实际减少的收入计算。受害人无固定收入的,按照其最近三年的平均收入计算;受害人不能举证证明其最近三年的平均收入状况的,可以参照受诉法院所在地相同或者相近行业上一年度职工的平均工资计算(《人身损害赔偿解释》第 7 条第 3 款)。

受害人有退休金的,并不会因为误工而减少,所以,只要受害人有退休金,即不应赔偿受害人的误工费,但是如果农村居民已经达到退休年龄没有退休金的,侵害人仍应赔偿受害人的误工费。

在受害人从事无偿劳动(比如家务劳动)或者荣誉劳动的情况下,也可以请求受害人赔偿误工费,其实质是赔偿受害人的劳动力,但前提是该无偿劳动可以与有偿劳动类比,并因此具有市场价值。②

(二) 残疾损害赔偿

侵害行为造成受害人残疾的,侵害人不仅要赔偿护理费、营养费等,还需要赔偿残疾赔偿金以及残疾辅助器具费。

1. 残疾赔偿金

侵害人赔偿受害人残疾赔偿金,是对受害人因残疾而全部或者部分丧失劳动能力的赔偿。③ 受害人是否残疾、残疾的程度,均需要通过伤残鉴定加以确认。残疾赔偿金根据受害人丧失劳动能力程度或者伤残等级,按照受诉法院所在地上一年度城镇居民人均可支配收入标准,自定残之日起按 20 年计算。但 60 周岁以上的,年龄每增加一岁减少一年;75 周岁以上的,按 5 年计算(《人身损害赔偿解释》第 12 条第 1 款)。"城镇居民人均可支配收入""城镇居民人均消费支出""职工平均工资"的计算,按照政府统计部门公布的各省、自治区、直辖市以及经济特区和计划单列市上一

---

① 程啸:《侵权责任法》(第三版),法律出版社 2021 年版,第 826 页;最高人民法院民事审判第一庭编著:《最高人民法院人身损害赔偿司法解释理解与适用》,人民法院出版社 2022 年版,第 161 页。

② Looschelders, *Schuldrecht AT*, 21. Aufl., 2023, §49, Rn. 16.

③ 最高人民法院民法典贯彻实施工作领导小组主编:《中华人民共和国民法典侵权责任编理解与适用》,人民法院出版社 2020 年版,第 148 页。

年度相关统计数据确定。"上一年度",是指一审法庭辩论终结时的上一统计年度(《人身损害赔偿解释》第 22 条)。赔偿权利人举证证明其住所地或者经常居住地城镇居民人均可支配收入高于受诉法院所在地标准的,残疾赔偿金可以按照其住所地或者经常居住地的相关标准计算(《人身损害赔偿解释》第 18 条第 1 款)。

受害人因伤致残但实际收入没有减少,或者伤残等级较轻但造成职业妨害严重影响其劳动就业的,可以对残疾赔偿金作相应调整(《人身损害赔偿解释》第 12 条第 2 款)。

2. 残疾辅助器具费

受害人既可以请求已经实际支出的辅助器具费,也可以请求尚未实际支出但将来必然支出的辅助器具费。辅助器具费包括辅助器具安装费、日常维护、维修费用以及康复训练费用等。

残疾辅助器具费按照普通适用器具的合理费用标准计算。伤情有特殊需要的,可以参照辅助器具配制机构的意见确定相应的合理费用标准(《人身损害赔偿解释》第 13 条第 1 款)。

辅助器具的更换周期和赔偿期限参照配制机构的意见确定(《人身损害赔偿解释》第 13 条第 2 款)。受害人需要继续配置辅助器具超过该期限的,可以请求侵害人继续赔偿辅助器具费 5 至 10 年(《人身损害赔偿解释》第 19 条)。[1]

(三)死亡赔偿

在受害人死亡的情况下,侵权人尚需赔偿丧葬费以及死亡赔偿金(《民法典》第 1179 条)。

1. 丧葬费

受害人死亡的,其近亲属或者第三人会支出丧葬费。而其近亲属或者第三人支出丧葬费等,应当由侵害人赔偿该费用(《民法典》第 1181 条第 2 款)。

丧葬费一般用于逝者服装、整理遗容、遗体存放、消毒、运送等。丧葬费按照受诉法院所在地上一年度职工月平均工资标准,以 6 个月总额计算(《人身损害赔偿解释》第 14 条)。

2. 死亡赔偿金

有权请求死亡赔偿金的间接受害人是受害人的近亲属(《民法典》第 1181 条第 1 款第 1 句)。死亡赔偿金不是精神损害抚慰金,而是财产损失赔偿金。死亡赔偿金所填补的损害是受害人的近亲属本可以从受害人处继承的收入积累。

死亡赔偿金按照受诉法院所在地上一年度城镇居民人均可支配收入标准,按 20 年计算。但 60 周岁以上的,年龄每增加一岁减少一年;75 周岁以上的,按 5 年计算(《人身损害赔偿解释》第 15 条)。如果赔偿权利人举证证明其住所地或者经常居住

---

[1] 最高人民法院民事审判第一庭编著:《最高人民法院人身损害赔偿司法解释理解与适用》,人民法院出版社 2022 年版,第 208 页。

地城镇居民人均可支配收入高于受诉法院所在地标准的,死亡赔偿金可以按照其住所地或者经常居住地的标准计算(《人身损害赔偿解释》第18条第1款)。《民法典》第1180条规定,因同一侵权行为造成多人死亡的,可以以相同数额确定死亡赔偿金。

(四) 被扶养人生活费赔偿

被扶养人生活费计入残疾赔偿金、死亡赔偿金(《人身损害赔偿解释》第16条)。《人身损害赔偿解释》第12条规定的残疾赔偿金、第15条规定的死亡赔偿金的确定,是按照城镇居民人均可支配收入标准计算的,是狭义残疾赔偿金、死亡赔偿金。① 广义的残疾赔偿金、死亡赔偿金包含了狭义残疾赔偿金、死亡赔偿金以及被扶养人生活费两个部分。侵害人同时赔偿残疾赔偿金、死亡赔偿金以及被扶养人生活费,并不构成重复赔偿。

被扶养人包括两种,一种是受害人依法应当承担扶养义务的未成年人,一种是丧失劳动能力又无其他生活来源的成年近亲属(《人身损害赔偿解释》第17条第2款第1句)。被扶养人还有其他扶养人的,赔偿义务人只赔偿受害人依法应当负担的部分(《人身损害赔偿解释》第17条第2款第2句)。也就是说,被扶养人有受害人之外的其他扶养人不能作为认定其有其他生活来源的依据。

被扶养人生活费根据扶养人丧失劳动能力程度,按照受诉法院所在地上一年度城镇居民人均消费支出标准计算(《人身损害赔偿解释》第17条第1款第1句)。计算被扶养人生活费所依据的人均消费支出标准为受诉法院所在省、自治区、直辖市以及经济特区和计划单列市的地域标准(《人身损害赔偿解释》第22条第1款)。赔偿权利人举证证明其住所地或者经常居住地城镇居民人均可支配收入高于受诉法院所在地标准的,被扶养人生活费可以按照其住所地或者经常居住地的相关标准计算(《人身损害赔偿解释》第18条)。

被扶养人有数人的,年赔偿总额累计不超过上一年度城镇居民人均消费支出额(《人身损害赔偿解释》第17条第2款第3句)。

被扶养人为未成年人的,计算至18周岁;被扶养人无劳动能力又无其他生活来源的,计算20年。但60周岁以上的,年龄每增加一岁减少一年;75周岁以上的,按5年计算(《人身损害赔偿解释》第17条第1款第2、3句)。

五、精神损害赔偿

(一) 概述

1. 概念

所谓精神损害(也被称为非物质损害),是指由于加害人的侵害行为给受害人造

---

① 最高人民法院民事审判第一庭编著:《最高人民法院人身损害赔偿司法解释理解与适用》,人民法院出版社2022年版,第220页。

成精神痛苦或使其精神利益受到损害。而精神损害赔偿,则是对精神损害的金钱赔偿。

2. 精神损害赔偿的功能

在侵犯生命、健康、自由等人身法益情况下,精神损害赔偿的功能在于赔偿与抚慰;而在侵害狭义的人格权的情况下,损害赔偿的功能除了赔偿与抚慰外,还有预防之功能。

3. 法律依据

对于精神损害赔偿,立法上持比较开放的态度。根据《民法典》第1183条的规定,侵害自然人人身权益造成严重精神损害的,被侵权人可以请求精神损害赔偿。① 因故意或者重大过失侵害自然人具有人身意义的特定物造成严重精神损害的,被侵权人有权请求精神损害赔偿。《民法典》第996条规定,因当事人一方的违约行为,损害对方人格权并造成严重精神损害,受损害方选择请求其承担违约责任的,不影响受损害方请求精神损害赔偿。也就是说,受害人无论是基于侵权责任还是违约责任,只要其人身权益或人格权受到严重精神损害,受害人即可以请求损害赔偿。从精神损害赔偿制度规范来看,其目的在于赔偿人身权受到侵害而带来的精神损害,至于基于何种请求权基础,侵权责任、违约还是无因管理,均在所不问。但是,按照《刑事诉讼法解释》第175条第2款,因受到犯罪侵犯,提起附带民事诉讼或者单独提起民事诉讼要求赔偿精神损失的,人民法院一般不予受理。对此,有学者持批评意见,认为该司法解释明显违反《民法典》,也不符合《刑事诉讼法》的规定。②

4. 德国法上的精神损害赔偿

德国法对于精神损害赔偿一直持保守谨慎态度,根据《德国民法典》第253条第1款,只有在法律规定的情况下,才得对非财产损害进行金钱赔偿。债法改革前唯一的规定是旧法第847条(至2002年7月31日失效),据此,只有基于过错侵害身体、健康以及自由的情况下,才考虑赔偿痛苦金。在危险责任的情况下,只有在例外情况才得请求痛苦金(Schmerzensgeld),具体是动物侵权、军用飞机承担义务以及核能放射损害责任。合同法中没有规定非物质损害赔偿,只是在旅游合同中,因旅游受阻或严重被妨碍,旅游者可以就无益浪费的假期要求合理的损害赔偿(第651n条第2款)

2002年之后《德国民法典》第253条中增加了一款,即"如果由于身体、健康、自由或者性自决权上的损害而要进行损害赔偿的话,那么基于该非财产性的损害,可以

---

① 《国家赔偿法》第35条以及《消费者权益保护法》第51条与《民法典》第1183条第1款的规定类似。

② 程啸:《侵权责任法》(第三版),法律出版社2021年版,第857—858页。

要求公平的金钱上的补偿"。在形式上,旧法第847条第1款、第2款①的内容被移到了债法总则部分,但是却带来了实质性的改变。一方面,痛苦金请求权的适用被扩大到危险责任,也就是不以过错为前提的责任;另一方面,根据新法,基于合同、无因管理等请求权基础也可以请求痛苦金。②

对于侵害人格权的金钱赔偿,《德国民法典》本无规定,其请求权基础并不在第253条第2款,而是基于判例直接源自于《德国基本法》第1条、第2条第1款。根据德国联邦法院判例,只有在人格权被严重侵犯,而且无法进行其他方式的补偿(Genugtuung)的情况下,才可以进行精神损害赔偿。③

(二) 精神损害赔偿请求权构成要件

1. 侵权责任构成

根据《民法典》第1183条之规定,精神损害赔偿请求权的构成,首先需要侵权损害赔偿的构成要件全部符合,具体有侵害行为、过错、违法性、因果关系、损害等构成要件;基于危险责任的,则不需要过错之要件;受害人根据合同责任乃至无因管理责任请求精神损害赔偿,也需要构成合同责任以及无因管理责任。

2. 侵害自然人人身权益或者具有人身意义的特定物

第一,仅自然人可以以人身权益受到侵害为由请求精神损害赔偿,法人却不得以人身权益受到侵害为由请求精神损害赔偿(《精神损害赔偿解释》第4条)。法人人格权并不含有"人格尊严"之内容,无从产生精神损害,故不能予以精神损害赔偿。④

第二,受保护的人身权益,包括人格权与身份权,人格权又包括生命权、健康权、身体权等人身法益,姓名权、肖像权、名誉权、荣誉权、隐私权等具体人格权以及自然人享有的基于人身自由、人格尊严产生的其他人格权益(《民法典》第990条第2款)。⑤ 身份权主要是指亲属关系身份权、配偶身份权等。例如,非法使被监护人脱离监护,导致亲子关系或者近亲属间的亲属关系遭受严重损害的,监护人可以请求赔偿精神损害(《精神损害赔偿解释》第2条)。

自然人具有人身意义的特定物品中也含有受保护的人身利益。在司法实践中,具有人身意义的特定物主要有遗像、墓碑、骨灰盒、遗物等与死者相关的纪念物品,与婚礼相关的录像、照片等以及祖坟、族谱、祠堂等与家族祖先相关的纪念物品。⑥ 在侵

---

① 旧《德国民法典》第847条第1款规定,在损害身体或者健康的情况下,以及在剥夺自由的情况下,基于由此造成的非财产损害,受害人也可以请求公正的金钱补偿。按照通说,该规定不适用于危险责任(比如交通事故责任)以及合同上的请求权。参见 Jauernig/Teichmann, BGB §847, Rn. 2.

② Wagner, Das neue Schadensersatzrecht, 2002, S. 135.

③ BGHZ 35, 363, 369; BGH VersR 88, 405.

④ 朱庆育:《重访法人权利能力的范围》,载张谷等主编:《中德私法研究》(第9卷),北京大学出版社2013年版,第3页以下。

⑤ 程啸:《侵权责任法》(第三版),法律出版社2021年版,第861页。

⑥ 黄薇主编:《中华人民共和国民法典释义(下)》,法律出版社2020年版,第2285页。

害具有人身意义的特定物品,受害人要求精神损害赔偿时,还要求侵害人具备故意或重大过失,即侵害人知道或应当知道这些特定物品具有人身意义。[1]

因人身权益或者具有人身意义的特定物受到侵害的损害赔偿请求权的主体可以是自然人本人,也可以是其近亲属(《精神损害赔偿解释》第1条),死者的姓名、肖像、名誉、荣誉、隐私、遗体、遗骨等受到侵害的,其近亲属可以请求精神损害赔偿(《精神损害赔偿解释》第3条)。

3. 遭受严重精神损害

根据《民法典》第1183条,只有侵犯人身利益的行为导致严重精神损害的情况下,才能赔偿精神损害。因而,一般根据精神损害后果是否重大,判断是否可以进行精神损害赔偿。而所谓后果严重,是指超出社会一般容忍限度的损害,具体可以参照受害人的受害程度,包括心理与生理上是否达到了影响其正常的生活、工作以及影响其正常的交往程度。[2] 一般来讲,侵犯生命、身体、健康等人身法益造成死亡或残疾,即可认为精神损害严重,而在侵害人格权的情况下,具体要考察加害行为等性质、程度和方式、侵权人的过错程度以及损害后果等。[3]

(三) 精神损害赔偿的计算

精神损害的赔偿数额根据以下因素确定:侵权人的过错程度,但是法律另有规定的除外;侵权行为的目的、方式、场合等具体情节;侵权行为所造成的后果;侵权人的获利情况;侵权人承担责任的经济能力;受理诉讼法院所在地的平均生活水平(《精神损害赔偿解释》第5条)。

六、损益相抵

(一) 内涵

如果侵害事件除了为受害人造成损害之外,还为其带来了利益(Vorteil),那么在损害计算时,需要考虑该获益。[4]《买卖合同解释》第23条规定,买卖合同当事人一方因违约而获有利益,违约方主张从损失赔偿额中扣除该部分利益的,人民法院应予支持。《民商事合同指导意见》第10条将损益相抵规则扩张到一般违约损害赔偿层面,规定应从非违约方主张的可得利益赔偿总额中扣除非违约方因违约获得的利益。

依据差额理论,受害人要被赔偿达到在经济上如同损害结果没有发生的状态,反过来,受害人不能因为损害事件而获益(Bereicherungsverbot)。[5] 所以,损害事件导致

---

[1] 黄薇主编:《中华人民共和国民法典释义(下)》,法律出版社2020年版,第2285页。
[2] 王利明:《侵权责任法研究(上卷)》(第二版),中国人民大学出版社2016年版,第724页。
[3] 程啸:《侵权责任法》(第三版),法律出版社2021年版,第862页。
[4] Looschelders, *Schuldrecht AT*, 21. Aufl., 2023, §45, Rn. 41.
[5] Larenz, *Schuldrecht AT*, 14. Aufl., 1987, S. 530;韩世远:《合同法总论》(第四版),法律出版社2018年版,第814页。

的获益通常是可以被扣除的(Anrechenbar)。就该获益,侵害人并无请求权,而该获益的价值不过就是损害计算时的一个计算系数。侵害人通常赔偿的是损害与获益之间的差额。

(二)损益相抵与因果关系

有疑问的是,在个案中,哪些获益是需扣除的好处?在本质上,这是一个因果关系的问题。原则上可以扣除的只是那些在原因上可以溯及到侵害事件的获益。对于偶然地与损害结果关联在一起的获益,不得扣除。获益与侵害事件之间应当具有相当因果关系。对于具有相当因果关系的获益,亦要根据损害赔偿义务的目的进行衡量,并注意可期待性的边界。①

(三)保险金作为获益

案例:甲在交通事故中为乙所伤,对于甲的损害赔偿请求权,乙抗辩:(1)医疗保险支付的医疗费用应由甲自己承担;(2)雇主还继续支付甲的工资;(3)甲还获得了私人保险的赔付。甲的这些获益要折抵吗?

对于是否扣除医疗保险等社会保险的获益,需要根据相当因果关系以及损害赔偿义务的目的进行判断,尤其是后者。如果根据现行法(《社会保险法》第30条第2款),受害人的请求权需要移转给保险人,那么就可以从现行法的评价得出不能使得侵害人获益的结论,所以,就不能扣除受害人获得的医疗保险赔偿金。同样,如果受害人的请求权需要移转给雇主,那么基于现行法的评价,也不能扣除受害人获得的工资。另外,在雇员丧失劳动能力而自身对此又无过错时,基于社会政策以及人道主义,其享有继续支付报酬的请求权。该规则保护的是雇员,而非过错地使受害人丧失劳动能力的侵害人,故亦不会考虑扣除该获益。

对于是否要扣除私人保险的赔偿金的问题,需要区分是受害人还是侵害人订立的保险合同,如果受害人是投保人,那么基于生命险或事故险的给付亦不在相抵的获益范围之内,因为受害人是为了自己的利益而保险的,保险金的支付并不是为了使侵害人免除损害赔偿义务;如果侵害人是投保人,那么基于生命险或事故险的给付应当在相抵的获益范围之内。

(四)第三人给付

原则上,在损益相抵的框架内不考虑第三人的给付,身体上被侵害之人的损害赔偿请求权,不会因为其获得其他的扶养费而被排除。其背后的思想是,侵害人不得因为他人保障了受害人的扶养费而得以免责。国家给付的抚恤金、慰问金、救助金等,目的并不在于填补受害人损害,所以,不能扣除这些获益。②

---

① Fikentscher/Heinemann, *Schuldrecht AT & BT*, 12. Aufl., 2022, §57Ⅵ, Rn. 703.
② 程啸:《侵权责任法》(第三版),法律出版社2021年版,第790页。

如果受害人获得了第三人自愿的给付(慰问金或者捐款),则需要根据第三人意思进行判断。基于第三人的意思,其只是为了受害人的利益,此种情况下,亦非可相抵的获益,但如果第三人的给付是为了使侵害人免责,则依照其意思,该给付为可相抵的获益。

(五) 因受害人行为而获益

如果受害人因自己的行为而获益,是否要扣减该获益,则需要根据受害人的行为是否为其减损义务要求的行为而定。如果受害人的行为是《民法典》第591条要求的减损义务行为,那么就应扣除该获益;如果受害人的行为超出了减损义务的要求,则不应该扣除该获益。例如,汽车教练甲因乙过错造成的车祸而九天不能使用他的汽车,甲通常从早上6点30分到20点授课,但经过努力,他还是补完了教练课程。此时,补课已经超出了减损义务范畴,补课的收入不能被扣减。甲可以向乙请求赔偿9天的教练课程损失。①

(六) 节省的费用

值得注意的是,获益一定是在损害事件发生时产生的,嗣后出现的获益不在考虑范围之内。例如,承租人负有在搬离之前粉刷房屋的义务而没有履行,但是,出租人以同等的、良好的条件将这一房屋出租给第三人。此时,承租人不能主张出租人获益,并要扣除该获益。被撞坏汽车的所有权人可以主张侵害人赔偿租用汽车的损失,但是要扣除其在修理期间节省的汽车行驶成本。②

(七) 节省的税收

如果受害人因侵害行为而少付税金(关税、增值税、营业税等),那么,也应在损害赔偿金中扣除该获益。③

(八) 以新换旧赔偿情况下的获益

在以新物赔偿旧物的情况下,受害人不仅得到了损害赔偿,而且获得了额外的好处,这与损害赔偿法的基本思想是相违背的。首先需确定修缮毁损物或者提供使用过的替代物对于债权人而言是否是可期待的,在标的物是汽车的情况下,这通常是可期待的,但是,在标的物是衣物的情况下,这通常是不可期待的。不过,如果西服已经打了补丁,则修理是可以接受的。在确定修理或者以二手物替代不可接受的情况下,只能以新物作为赔偿。在新物作为恢复原状手段时,基于损益相抵的原理,则需补偿增加的价值。在金钱赔偿的情况下,对于重新购置新物增加的价值要进行相应的扣除。

例如,甲在为乙修车时毁掉了发动机,如果通过更换新的发动机赔偿损害,

---

① Looschelders, *Schuldrecht AT*, 21. Aufl., 2023, §45, Rn. 45.
② Fikentscher/Heinemann, *Schuldrecht AT & BT*, 12. Aufl., 2022, §57 Ⅵ, Rn. 704.
③ 程啸:《侵权责任法》(第三版),法律出版社2021年版,第790页。

则需要考虑乙补偿甲的以新换旧增加的价值。

(九) 损益相抵与赔偿请求权的让与

在德国法上,如果受害人因遭受物或者权利的丧失对于某人享有损害赔偿请求权,那么只有在受害人将其基于所有权或者权利对第三人的请求权移转给侵害人时,侵害人才负有损害赔偿义务(《德国民法典》第255条)。其背后的思想是损益相抵,但没有采取在计算损害时相抵的方式,而是采取了法定请求权移转的模式。① 例如,甲借给乙一辆自行车,因乙的过错而被丙偷走,甲对乙享有损害赔偿请求权,另外,对丙还享有原物返还请求权,此时,只有在甲将其对丙的返还请求权让与给乙的情况下,对乙才可以行使损害赔偿请求权。

第六节　受害人的共同责任

✍【文献指引】

尹志强:《论与有过失的属性及适用范围》,载《政法论坛》2015年第5期;周晓晨:《过失相抵制度的重构——动态系统论的研究路径》,载《清华法学》2016年第4期;程啸:《损害赔偿法中受害人共同责任的规范模式》,载《政治与法律》2017年第5期;郑永宽:《过失相抵与无过错责任》,载《现代法学》2019年第1期;杨立新:《自甘风险:本土化的概念定义、类型结构与法律适用——以白银山地马拉松越野赛体育事故为视角》,载《东方法学》2021年第4期;曹权之:《民法典"自甘风险"条文研究》,载《东方法学》2021年第4期;程坦:《减损义务对履行请求权的限制及其路径——破解合同僵局的一种思路》,载《中外法学》2021年第4期;黄茂荣:《论与有过失》,载《法治研究》2022年第1期;曹舒然:《〈民法典〉视域下自甘风险之法律效果的范式选择及教义学构造》,载《中山大学法律评论》2022年第2期;陈娟、何定洁:《自甘风险规则的裁判思路构建——以〈民法典〉第1176条第1款为解释文本》,载《天津法学》2022年第3期;曹巧峤、赵韶峰:《民法典自甘风险规则的解释论研究》,载《河北法学》2023年第1期;尹志强:《我国〈民法典〉自甘风险规则的理解与适用》,载《清华法律评论》2023年第1期;吴志宇:《论合同法与有过失规则适用的基本路径》,载《山东科技大学学报(社会科学版)》2023年第5期;涂燕辉、谢鸿飞:《论违约过失相抵与减损规则的适用关系》,载《荆楚法学》2023年第5期;张力毅:《被保险人违反减损义务的法律漏洞及规则续造——保险法不真正义务体系下总体类推方法之适用》,载《保险研究》2023年第9期。

---

① Fikentscher/Heinemann, *Schuldrecht AT & BT*, 12. Aufl., 2022, §57 Ⅵ, Rn. 708.

一、概述

(一) 受害人共同责任的概念

在法律适用时,常常还会遇到受害人共同造成了损害或者对于损害的发生或扩大也起了作用的情况,此时需要根据当事人之间的过错程度以及原因力程度分担该损害。《民法典》第592条第2款规定,当事人一方违约造成对方损失,对方对损失的发生有过错的,可以减少相应的损失赔偿额。① 第1173条规定,被侵权人对同一损害的发生或者扩大有过错的,可以减轻侵权人的责任。② 不过,引人注意的是,这里使用了"过错"这一概念。受害人是损害赔偿请求权的债权人,违约责任或者侵权责任中的"过错"概念是用来规范债务人注意义务的,并不能直接适用于债权人。而且,受害人对侵害人也不负有避免损害发生,或者减少损害的法律义务。所以,这里的"过错"应被理解为"对自己的过错",也就是不注意自己的利益。而债权人保障自己利益的命令,涉及的是不可诉的"不真正义务"(Obliegenheit),违反不真正义务的后果是受害人不能获得全部赔偿。③

《民法典》第592条第2款、第1173条均要求受害人要有过错,仅有受害人共同导致损害并不足够。这里贯穿的是所谓同等对待原则,即对于受害人也适用过错原则。④ 根据对不履行的原因力分配风险,在逻辑上有问题,很难说债务人不履行是因为债权人的原因。而且,根据原因力分配损害风险,损害总是要在当事人之间分配,因为当事人对于不履行都提供了原因。比如,甲为乙设计的计算机系统不能正常运转,因为有设计瑕疵,而设计瑕疵是由于乙方的指示不完全导致的。此时,甲应该免责。但根据原因力分配风险的话,甲乙还是要分担责任。⑤ 《国际商事合同通则》第9:504条没有根据原因力分配责任,而是根据每一方当事人的行为分配风险,根据受害人行为导致损害的程度,相应地减少不履行一方的损害赔偿数额。当事人的行为对损害的影响程度越大,所承担的损害就越大。⑥

侵权法领域引入了大量的危险责任,适用无过错归责原则,那么,基于同等对待的思想,对于受害人也要适用无过错责任。故有学者主张,在无过错责任领域,两相比较的是造成损害的原因力。⑦

---

① 《民用航空法》第127条有类似规则。
② 《民法典》第1245条、第1246条有类似规则。
③ MüKoBGB/Oetker, 9. Aufl., 2022, BGB §254, Rn. 3.
④ Looschelders, *Schuldrecht AT*, 21. Aufl., 2023, §50, Rn. 2.
⑤ Ole Lando and H. G. Beale eds., *Principles of European Contract Law (Parts I and II)*, 2000, p. 444 (PECL 9:504, Comment B).
⑥ 张玉卿主编/审校:《国际统一私法协会国际商事合同通则2016》,中国商务出版社2019年版,第563页。
⑦ 韩世远:《合同法总论》(第四版),法律出版社2018年版,第800页。

综上所述,在受害人共同造成了损害或者对于损害的发生或扩大也起了作用、分担损害时,比较的不仅仅是过错,还包括原因力或者肇因。① 所以,称这一法律制度为共同过错、与有过失或过失相抵,均不准确,更为准确的称谓应是受害人的共同责任(Mitverantwortlichkeit)。所谓的共同责任是指,如果受害人共同造成了损害,那么受害人对侵害人可请求的损害赔偿金额必须被减少。②

(二) 比例分担原则

《民法典》第 592 条第 2 款、第 1173 条遵循的是比例分担损害的原则,并没有遵循全无或者全有原则,而是具体按照过错以及原因力或者受害人的行为在当事人之间分担损害。按比例分担损害有利于受害人。③

在合同编以及侵权责任编中,现行法还规定有遵守全无或全有原则的特别规则,即受害人过错造成损害的,可以完全免除侵害人责任的规则。例如,如果运输过程中的货物的毁损、灭失是因托运人、收货人过错造成的,承运人不承担责任(《民法典》第 832 条);受害人旅客故意、重大过失造成运输过程中自己伤亡的,也可以完全排除承运人的损害赔偿责任(《民法典》第 823 条第 1 款);损害是因受害人故意造成的,行为人不承担责任(《民法典》第 1174 条)。

(三) 共同责任的基本思想

一般认为,共同责任的基本思想在于公平原则与诚实信用原则。④ 但其中会存在风险,在缩减损害赔偿范围时,单纯进行公平考量,不如同等对待原则那么具体、有根据。即在使受害人承担共同过错责任的情况下,并非基于公平而减少受害人可请求的损害赔偿范围,而是基于与侵害人责任判断上同样的归责标准使受害人承担共同责任。按照这样的思路,实际上,受害人共同责任的基础是对其自己行为的可归责性。⑤

(四) 适用范围

共同责任规则可以适用于所有的损害赔偿请求权,无论是基于法律行为还是基于法律规定而产生的损害赔偿请求权,也无论是基于过错责任还是基于特定危险责任而产生的损害赔偿请求权。在实践中,共同责任规则的主要适用领域是交通事故、交往安全义务等领域。

在合同无效或者可撤销的情况下,可以适用共同责任规则分担损害赔偿(《民法典》第 157 条)。对于无因管理产生的费用补偿请求权,也可以准用共同责任规则。在连带债务人之间追偿时,也要比较衡量各自的过错。在解除的情况下,如果购买的

---

① 黄薇主编:《中华人民共和国民法典释义(中)》,法律出版社 2020 年版,第 1146 页。
② Looschelders, *Schuldrecht AT*, 21. Aufl. 2023, §50, Rn. 1.
③ A. a. O. , Rn. 3.
④ 韩世远:《合同法总论》(第四版),法律出版社 2018 年版,第 797 页。
⑤ Looschelders, *Schuldrecht AT*, 21. Aufl. 2023, §50, Rn. 4.

标的物不能返还,则要衡量双方对于标的物不能返还的过错。①

共同责任规则不能适用于不当得利返还请求权以及履行请求权。② 对于所有物返还请求权,也不得适用共同责任规则。妨害防止请求权(消除危险)同样不得适用共同责任规则。对于排除妨害请求权,如果涉及排除妨害费用补偿,则可以适用共同责任规则,排除妨害的费用在所有权人与妨害人之间进行分担。

二、共同责任的构成要件

从《民法典》第 592 条第 2 款文义上看,构成共同责任的前提是受害人对于损害的发生有过错。但这种表述不符合逻辑,损害不可能通过过错造成,而是受害人有过错的行为违反了不真正义务,造成了损害。故此,首先要考察受害人是否有违反不真正义务的行为,其次要考察受害人是否有过错,或者受害人是否需承担运营危险,最后考察受害人的不真正义务违反或者需承担的危险是否是损害产生的原因。

(一) 不真正义务的违反

原则上,法律并不禁止侵害自己利益的行为。所以,受害人共同过错造成损害的,并没有违反法律义务,而是违反了不真正义务。不真正义务具有同义务一样的结构,但法律赋予不真正义务人决定是否注意行为要求的自由。根据共同责任规则,受害人是否采取保护其法益或利益的必要措施,是他自己的事,违反该不真正义务,其仅需承担减少损害赔偿请求权的不利益。

进一步来看,将所有受害人共同造成的损害均由受害人分担,也不具有正当性。所以,原则上,仅在避免损害属于受害人责任领域的情况下,才会适用共同责任规则。现行法上规定有典型的不真正义务违反类型,即受害人没有采取适当措施防止损失扩大的,不得就扩大的损失请求赔偿(《民法典》第 591 条第 1 款)。

> 例如,甲深夜在僻静的公园散步,这里经常发生抢劫,结果甲真的被乙抢劫了。

这里乙不能抗辩认为甲对损害的造成也具有过错,因为在法律上,甲并不负有避免危险发生的义务,避免损害发生并不属于甲的责任领域。

现在的问题是,何种情况下避免损害属于受害人的责任领域? 有学者认为,需要具体衡量受害人与侵害人之间的利益予以确定。一方面要为侵害人确定其责任风险的界限;另一方面又不能过分限制受害人的行为自由。③ 受害人的行为自由受影响的程度越大,对于不真正义务的认定就越谨慎。比如,骑行者在交通事故中受伤,但骑行者没有戴头盔,此时,其损害赔偿请求权是否因为其共同过错而减少,就需要对受

---

① MüKoBGB/Oetker, 9. Aufl. 2022, BGB § 254, Rn. 17 ff.
② Fikentscher/Heinemann, *Schuldrecht AT & BT*, 12. Aufl., 2022, § 57 Ⅶ 2, Rn. 712.
③ Looschelders, *Schuldrecht AT*, 21. Aufl., 2023, § 50, Rn. 13.

害人的自由进行评价,如果认为骑行者具有决定是否佩戴头盔的自由,那么,就不会认为受害人负有佩戴头盔的交通自觉性的不真正义务。① 对于身体障碍者的行为自由,原则上也不能过分限制,所以,对于身体障碍者的不真正义务的赋予需要更加谨慎。

案例:甲在交通事故中有过错地使同乘人乙受伤,由于乙是血友病人,故治疗过程延长。甲抗辩乙对损害具有共同过错,因为其明知自己健康上有问题还选择同乘。

在此案中,应认为,乙并没有违反其不真正义务,因为并不能因为其有血友病即限制其在道路上交通的自由。

(二) 受害人的过错或者危险

1. 受害人的过错

(1) 过错

受害人需具有过错,具体根据客观判断标准确定过错,也即没有尽到理性人为自己利益应投入的、为了避免损害的注意。② 受害人的过错并非是对他人的过错,因为其对侵害人并无可违反的法律义务,受害人的过错是对自己的过错。③ 例如,债权人给运输人的地址是错误的,结果导致运输人送货迟延。

一般来说,受害人为其法益造成了可避免的危险源,或者没有消除危险源,或者没有监控现存的危险源是否成为现实,再或者没有注意现存危险的告知,即具有共同过错。④

案例:甲从乙处购买吊机,但没有按照要求安装在船的甲板上,结果导致乘客被砸伤,甲赔偿顾客损失后,向乙请求赔偿。

在本案中,损害的产生完全是由于甲的过错行为导致的,如果甲按要求安装,即不会发生该损害。所以,甲不得向乙请求赔偿。⑤

(2) 归责能力(Zurechnungsfähigkeit)

因为受害人需故意或过失地违反了不真正义务,所以,受害人的共同过错要以归责能力(并非行为能力)为前提,可以准用侵权责任能力。⑥ 不过,现行法并没有使用责任能力这一术语,反而采用的是行为能力术语。但本质上,侵权责任法中提及的行为能力或行为能力人的表述,意思应当是责任能力或责任能力人(如《民法典》第

---

① Looschelders, *Schuldrecht AT*, 21. Aufl., 2023, §50, Rn. 13.
② MüKoBGB/Oetker, 9. Aufl., 2022, BGB §254, Rn. 30.
③ 黄薇主编:《中华人民共和国民法典释义(中)》,法律出版社2020年版,第1146页。
④ MüKoBGB/Oetker, 9. Aufl., 2022, BGB §254, Rn. 29.
⑤ 张玉卿主编/审校:《国际统一私法协会国际商事合同通则2016》,中国商务出版社2019年版,第563页。
⑥ MüKoBGB/Oetker, 9. Aufl., 2022, BGB §254, Rn. 34

1188条)。

例如,6岁的孩子甲在马路上玩耍,被乙的汽车撞倒。

此时,由于甲没有责任能力,故乙不能主张甲有过错地共同造成了损害的发生,而承担共同过错责任。

2. 受害人的危险或者运营危险

在危险责任情况下,受害人对物的危险或者运营危险具有共同作用的,则受害人亦应分担损害赔偿。因为该危险(也)属于受害人的责任领域。

基于同等对待原则,只有在受害人于相反情况(即对他人侵权)下,即根据危险责任构成要件需要对损害承担责任的情况下,受害人才负有无过错的承担义务。例如,在交通事故中受损害的车主,即使对于事故没有过错,对于因自己的汽车共同作用的运行风险也要分担损害。

(三) 归责关联(因果关系)

受害人首先需遭受损害,该损害是由侵害人行为造成的,即侵害人行为与权益侵害之间存在责任成立的因果关系。除此之外,受害人的不真正义务违反行为(作为或者不作为),或者其应承担的风险,对于损害的产生发挥了共同作用,是损害发生的原因。而在责任范围上,损害也必须是可客观归责于受害人的。对于共同责任成立的因果关系与责任范围上可归责性的判断,与侵害人侵权构成要件中的责任成立因果关系与责任范围上可归责性的判断相同。首先要考察受害人的不真正义务违反行为与损害发生之间应具有对等因果关系,比如,受害司机醉酒,但他既没有造成产生损害的车祸,也没有导致损害结果恶化,受害司机醉酒与损害之间即没有对等因果关系。其次,要考察受害人的不真正义务违反行为与损害发生之间的因果关系是否具有相当性,或者不真正义务违反的保护范围或保护目的。[①]

例如,医生手术出了医疗事故,患者索赔。医生抗辩,如果患者健康生活,则手术没有必要,患者应当也违反了健康生活的不真正义务。

因为健康生活的不真正义务并不保护医生免于医疗事故责任,所以,医生不能抗辩说患者自己对于手术必要性也有过错,从而主张减少损害赔偿责任。

在违约时,对于归责的判断适用可预见性规则,违约人仅赔偿在订立合同时预见到或者应当预见到的因违约可能造成的损失。例如,买受人给出卖人的地址是一个错误的地址,导致出卖人运送迟延,买受人受到损害,出卖人对于迟延损害应当是可以预见到的。再如,连锁店经营人与特许人约定只能在特许人处进货,经营人在90天内付款。但特许人却要求经营人立即付款,经营人无法办到,只得从第三人处进货经营。于是特许人要求经营人支付约定的违约金。此时,特许人的行为造成了部分

---

① Medicus/Lorenz, *Schuldrecht AT*, 22. Aufl., 2021, §56, Rn. 10.

损害,所以,特许人只能获得部分违约金。①

三、自甘风险行为

所谓自甘风险,是指有意识地且非被强制地进入使自己权益遭受危险的境地。在自甘风险的情况下,侵害行为仍具有违法性。知道侵害可能性的人,自愿涉入风险,并不意味着其同意因此产生的损害。

基于诚实信用原则,有意识地且非被强制地进入使自己权益遭受危险的境地的人,受到伤害后,请求全部赔偿,是与其先前的进入行为相矛盾的。对于受害人的行为,可以在与有过失的框架内进行考量。②

《民法典》第 1217 条规定,非营运机动车发生交通事故造成无偿搭乘人损害,属于该机动车一方责任的,应当减轻其赔偿责任,但是机动车使用人有故意或者重大过失的除外。该规则主要适用于好意同乘的情况,因为机动车使用人无偿运送受害人,所以应减轻其责任。好意同乘受害人的搭乘行为并不一定构成自甘冒险行为③,但是有些情况下,可能构成自甘冒险行为,比如,搭乘醉酒驾车的人受到损害的,原则上对于承担过失责任的司机不能请求全部赔偿。但是,醉酒驾车的人构成重大过失的,则应承担全部赔偿责任。

《民法典》第 1176 条规定了自甘风险的一种情况,即自愿参加具有一定风险的文体活动,因其他参加者的行为受到损害的,受害人不得请求其他参加者承担侵权责任;但是,其他参加者对损害的发生有故意或者重大过失的除外。在这里,《民法典》将自愿参加文体活动视为自甘风险行为,作为排除侵害行为违法性的正当事由。但在侵害人对损害的发生有故意或者重大过失的情况下,则自甘风险又不成为免责事由。在逻辑上,存在矛盾。在体育运动造成损害的情况中,实际上涉及的是安全保障义务违反的问题,并非自甘风险行为。例如,在甲遵守所有运动规则的情况下伤害了乙,则该侵害行为不具有违法性,因为在体育运动中,可以推定参加运动的人同意不违反规则情况下产生的侵害。也就是说,甲无须承担损害赔偿责任。但是如果甲客观上严重违反体育规则,且主观上有重大过失,那么甲就应该承担责任。④

四、法律效果

如果受害人自己对于损害的产生或者扩大可归责地共同起了作用,那么在确定损害赔偿范围时,就需要考虑侵害人与受害人各在多大程度上造成了损害。法官可

---

① 张玉卿主编/审校:《国际统一私法协会国际商事合同通则 2016》,中国商务出版社 2019 年版,第 563 页。
② Fikentscher/Heinemann, *Schuldrecht AT & BT*, 12. Aufl., 2022, § 54 Ⅲ 6, Rn. 641.
③ 黄薇主编:《中华人民共和国民法典释义(下)》,法律出版社 2020 年版,第 2358 页。
④ Fikentscher/Heinemann, *Schuldrecht AT & BT*, 12. Aufl., 2022, § 54 Ⅲ 6, Rn. 641.

以在具体案件中衡量所有情况,尤其衡量原因力或肇因贡献度的大小。①

在过错责任的情况下,除此之外,还要比较双方过错的大小。双方通常按照比例承担损害责任,但也有可能完全由侵害人承担责任,如侵害人故意而受害人轻过失的情况下;相反,在受害人的过错很重而侵害人没有过错仅因危险而承担责任的情况下,则可能完全由受害人承担责任。在危险责任的情况下,还有考虑在损害结果中实现的物之危险或运营危险的程度。

如果损害部分可以归咎于受害人,那么侵害人损害赔偿的数额应扣减上述受害人因素导致的损害部分。

五、减损不真正义务与警告不真正义务

(一) 减损不真正义务

当事人一方违约后,对方应当采取适当措施防止损失的扩大,没有采取适当措施致使损失扩大的,不得就扩大的损失要求赔偿(《民法典》第591条第1款)。在性质上,减少损失的义务是一种不真正义务,违反该义务者需承担一定的不利益。

在性质归属上,该规则是共同责任的一个特别规定,是在责任范围的因果关系阶段出现的共同责任。② 防止损害扩大,具体有两种类型,其一是避免损害发生,其二是减少损害。

有疑问的是,何为采取适当措施。有学者提出根据行为人的主观方面,只要其尽心尽力即可。③ 如此并不好判断何为适当。在本质上,"适当"的判断是一个利益衡量的过程,一方面要注意受害人的行为自由,另一方面要保障侵害人仅承担那些因侵权事件必然造成的损害。

在违反合同的情况下,适当措施包括停止工作、替代安排、变更合同以及继续履行。本书认为停止工作与替代安排两项措施,较为妥当;但对于变更合同措施,则无法认为其妥当。即使以减少损失为目的,也不能强迫当事人变更合同。就继续履行而言,如果债权人享有拒绝受领权,亦不能基于减少损害为由而强制其受领。

在侵害人身权益的情况下,如受害人是否必须进行手术或者接受再培训以减少损害,是一个有争议的问题。在此情况下,减少损害措施触及了受害人的人身利益,所以,需要严格判断何为适当措施。一般认为,只要根据目前科学状况可知手术是简单的、无风险的且无痛的,并有希望治愈或改善受害人的,受害人即有义务进行手术。至于再培训,如交通事故中受伤之人接受力所能及的培训,一般认为,只有在有极大可能性借此在新的职业领域找到工作,受害人才有义务接受再培训。④

---

① 黄薇主编:《中华人民共和国民法典释义(中)》,法律出版社2020年版,第1146页。
② Looschelders, *Schuldrecht AT*, 21. Aufl., 2023, §50, Rn. 10.
③ 韩世远:《合同法总论》(第四版),法律出版社2018年版,第812页。
④ Looschelders, *Schuldrecht AT*, 21. Aufl., 2023, §50, Rn. 19.

（二）警告不真正义务

受害人知道或应当知道存在异常损害风险，但没有提醒侵害人（债务人）注意异常的损害危险的情况，也属于避免损害发生义务的一种，受害人没有尽到此警告义务的，也会导致损害赔偿请求权减少。例如，在运输合同的情形下，托运人有义务告诉承运人托运货物价值异常贵重，如果托运人没有告诉承运人，则在货物丢失时，托运人即违反了不真正义务，其损害赔偿请求权会根据其过错程度而减少。

（三）法律效果

如果受害人有过错地没有提醒侵害人注意侵害人既不知道又不应知道的异常高的损害危险时，或者受害人有过错地没有避免或者减少损害时，则不能向侵害人要求全部损害赔偿。法官在确定损害赔偿数额时，须在赔偿范围上考虑损害在多大程度上由受害人引起。

如果受害人没有采取适当措施防止损失扩大，则不得就扩大的损失请求赔偿（《民法典》第591条第1款）。例如，甲承包乙的建设工程，甲无正当理由停工，乙只能另寻他人施工，但在此期间，对于在建工程没有采取保护措施，结果在建工程状况因恶劣天气进一步恶化。此时，乙不能就工程恶化而扩大的损失请求甲赔偿。①

受害人减少损害时，可能会产生费用。受害人减少的损失是由侵害人导致的，不能期望受害人承担因此产生的费用，所以，该费用应当是侵害人可预见的损失，最终应由侵害人承担（《民法典》第591条第2款）。②

六、受害人的法定代理人或者辅助人的共同过错

受害人的法定代理人或履行辅助人的行为可以归责于受害人，所以，受害人就法定代理人或履行辅助人的过失应承担责任。③ 进一步来讲，受害人对于法定代理人或履行辅助人的共同过错也应承担责任，对于法定代理人或履行辅助人没有避免损失的过错以及没有减少损失的过错也应承担责任。

履行辅助人行为归责于本人的前提是存在债之关系，即在损害发生时受害人与侵害人之间存在债法上的关系。如果在受害人与侵害人之间不存在债之关系，则只能适用雇主责任规则或使用人规则。也就是说，只有受害人的法定代理人必须是其事务执行人时，才可归责于本人。

案例：6岁的甲在路上骑车玩耍，其母亲乙在5米左右距离跟随。甲不小心撞到大树并摔出，滚到公路上，被丙的大卡车撞伤。在事故发生时，其母亲乙正

---

① 黄薇主编：《中华人民共和国民法典释义（中）》，法律出版社2020年版，第1144页。
② Jansen/Zimmermann, *Commentaries on European Contract Laws*, 2018, Art. 9:504, 9:505 Rn. 13.
③ 韩世远：《合同法总论》（第四版），法律出版社2018年版，第803页。

在打电话,因此没有注意到该危险。甲请求丙承担损害赔偿(含精神损害赔偿)。丙主张,乙的共同过错行为应当归责于甲。

变化:甲被撞伤后,乙没有及时带甲就医。

根据上述理论,事故发生前,甲乙之间并无债之关系,无法适用履行辅助人规则。而适用使用人责任规则,甲乙之间又无劳动或雇佣关系。所以,丙的主张并不成立。从共同责任制度中内含的同等对待原则出发进行目的性考量,应认为法律适用平等对待侵害人与受害人。将履行辅助人制度仅在受害人一方面扩张适用到非合同之债上,并无正当性。所以,应在侵害人一方准用履行辅助人制度,确立乙的过错因其法定代理人身份而可归责于甲,丙可以主张甲具有共同过错。

在变化案例中,甲被撞伤后,因侵权行为产生了损害赔偿请求权,由此,在甲与丙之间产生了债的关系,准用履行辅助人的规则,乙的共同过错行为可以归之于甲。也就是说,甲的损害赔偿请求权会减少。

第九章　违约金与定金

第一节　违约金

【文献指引】

韩世远：《违约金的理论问题——以合同法第114条为中心的解释论》，载《法学研究》2003年第4期；韩世远：《违约金散考》，载《清华大学学报(哲学社会科学版)》2003年第4期；丁海俊：《违约金的性质与功能新论》，载《西南民族大学学报(人文社科版)》2005年第3期；韩世远：《违约金的理论争议与实践问题》，载《北京仲裁》2009年第1辑(总第68辑)；邹双卫：《论不同损失状态下的违约金变更》，载《人民司法·应用》2010年第17期；杨芳贤：《民法违约金酌减规定之若干问题》，载《台大法学论丛》第40卷第4期(2011年)；周江洪：《合同解除与违约金责任之辨——"桂冠电力与泳臣房产房屋买卖合同纠纷案"评析》，载《华东政法大学学报》2011年第3期；崔文星：《关于违约金数额调整规则的探讨——以〈合同法〉第一百一十四条为中心》，载《河南省政法管理干部学院学报》2011年第2期；孙瑞玺：《论违约金的性质——以〈合同法〉第114条为视角》，载《法学杂志》2012年第4期；王洪亮：《违约金请求权与损害赔偿请求权的关系》，载《法学》2013年第5期；姚明斌：《违约金司法酌减的规范构成》，载《法学》2014年第1期；王洪亮：《违约金功能定位的反思》，载《法律科学(西北政法大学学报)》2014年第2期。

【补充文献】

姚明斌：《论定金与违约金的适用关系——以〈合同法〉第116条的实务疑点为中心》，载《法学》2015年第10期；罗昆：《违约金的性质反思与类型重构——一种功能主义的视角》，载《法商研究》2015年第5期；姚明斌：《违约金的类型构造》，载《法学研究》2015年第4期；姚明斌：《金钱债务迟延违约金的规范互动——以实践分析为基础的解释论》，载《华东政法大学学报》2015年第4期；王洪亮：《违约金酌减规则论》，载《法学家》2015年第3期；韩强：《违约金担保功能的异化与回归——以对违约金类型的考察为中心》，载《法学研究》2015年第3期；姚明斌：《违约金双重功能论》，载《清华法学》2016年第5期；罗昆：《我国违约金司法酌减的限制与排除》，载《法律科学(西北政法大学学报)》2016年第2期；姚明斌：《〈合同法〉第114条(约定违约金)

评注》,载《法学家》2017 年第 5 期;屈茂辉:《违约金酌减预测研究》,载《中国社会科学》2020 年第 5 期;李志增、徐卫岭:《合同解除后主张赔偿损失与适用违约金条款探析——以〈民法典〉第 566 条为视角》,载《中国应用法学》2021 年第 6 期;邓辉、王浩然:《〈民法典〉违约金制度的功能优化》,载《财经法学》2021 年第 2 期;李硕:《保证合同约定违约金条款之效力研究》,载《东南大学学报(哲学社会科学版)》2022 年第 24 卷增刊;吴泽勇:《违约金调减的证明责任问题》,载《法学评论》2022 年第 1 期;覃榆翔:《〈民法典〉视阈下违约金司法酌减规则的区分适用论》,载《财经法学》2023 年第 3 期;张厚东:《论违约金的履约担保功能——兼论违约金酌减规则》,载《财经法学》2023 年第 3 期;徐海燕:《惩罚性违约金例外酌减制度的解释与重构:契约自由与契约正义的平衡视角》,载《法学杂志》2023 年第 2 期;覃榆翔:《再论违约金的规制模式:异化与回归》,载《南大法学》2023 年第 1 期;张厚东:《在事实和规范之间:格式合同提供方违约金酌减请求的排除》,载《私法》2023 年第 4 期;李杰:《〈民法典〉第 585 条违约金类型化的质疑与修正》,载王竹主编:《民商法争鸣》(第 21 辑),四川大学出版社 2023 年版;田韶华:《离婚协议违约金的理论澄清与司法认定》,载《法学》2023 年第 9 期;刘承韪:《〈民法典合同编通则解释〉违约责任制度的亮点与盲点》,载《浙江工商大学学报》2024 年第 2 期;陈龙业:《违约金调整的规则体系——以〈合同编通则解释〉第 65 条为切入点》,载《环球法律评论》2024 年第 2 期;许德风:《违约金司法酌减的依据及其限度》,载《法学》2024 年第 4 期。

一、违约金概述

(一) 内涵

所谓违约金,是附停止条件的给付允诺,其所附加的条件是允诺人不履行义务或者不适当履行义务(《民法典》第 585 条第 1 款)。不过,附加的停止条件所针对的并非违约金约定的有效性,而是基于该约定而产生的违约金请求权。违约金通常指向的是金钱的支付,但也可能是其他给付。

(二) 性质

违约金的德语词为"Vertragsstrafe",直译为"合同之惩罚"或者"合同罚"。违约金的约定在本质上属于一种合同,自然由当事人自由决定。违约金本质上是一方当事人预定的、自我决定的对惩罚或制裁的服从(Sanktionsunterwerfung),该服从完全脱离了合同所表述的应然状态,通常是因为不遵守相应的义务而产生的。

(三) 适用范围

《民法典》第 585 条规定的违约金规则,原则上仅适用于基于约定产生的债之关系。依据《民法典》第 468 条之规定,《民法典》第 585 条也可以适用于基于法律规定产生的债之关系。

违约金制度应用广泛，可以基于当事人约定而产生。例如，为了确保竞争法上的不作为义务，通常约定违约金。在建筑行业，也经常约定违约金，以促使建筑企业在约定时间内完成建筑工程。违约金也可以基于法律规定而产生，例如，中国人民银行关于逾期罚息的规则，即是法定违约金规则。①

二、违约金的功能

（一）履行压力功能

从违约金制度本身产生的实际需要来看，其产生的原因主要是：在债务人违反其合同义务的情况下，法定的请求权并不一定总是能满足债权人的利益。故在实践中，当事人常常会约定，在债务人不履行义务或者不依债的本旨履行义务时，应向债权人给付一定数额的金钱。实践中比较常见的违约金约定如借款人不在借款期限内归还借款，承担违约金20万元，或者买方不履行义务的，买方须按照合同总额25%向卖方支付违约金并承担违约所造成的全部损失等。当事人如此约定的目的在于，通过违约金施加一种压力，使债务人依照债之本旨履行，并防止将来产生义务违反；在债务人违反义务的情况下，对债务人制裁。②所以，在本质上，违约金是对债务履行的加强。

如何才能构成债务人依约履行的压力呢？如果违约金的基础与范围大体相当于实际损害甚或损害，则对债务人根本构不成压力，因为这些损害赔偿本来就在其意料之中甚或为其应担之责。相反，只有违约金的基础与范围并不以损害为前提，也就是说，约定的违约金数额超过实际发生的损害，而且依照一般损害赔偿规则不具有损害赔偿能力的损害，如无形损害或精神损害，也为违约金所涵盖③，才可能对债务人履约产生压力。依照这样的逻辑，只有在约定的违约金数额超出违约可能产生的典型损害且适用约定的违约金不考虑损害是否发生以及多少的情况下，真正意义上的违约金才构成。

从利益状况上看，债权人可以获得超出其应获得损害赔偿的违约金数额；债务人在订立违约金约定时，即可预见其可能丧失超出预期损害的利益。而债务人为避免承担支付违约金的责任，就必须适当履行合同，故违约金可以督促当事人严格履行合同，确保债权的实现。④从债权人角度来看，违约金的功能在于履行担保，而从债务人角度来看，违约金的功能为履行压力。

（二）损害赔偿功能

有争议的是，违约金是否能够作为最低损害赔偿额，从而使得违约金具有损害赔

---

① 黄薇主编：《中华人民共和国民法典释义（中）》，法律出版社2020年版，第1130页。
② Larenz, *Schuldrecht AT*, 14. Aufl., 1987, § 24 II, S. 376; Staudinger/Rieber, 2020, Vorbemerkung zu §§ 339 ff., Rn. 17.
③ BGB Handkommentar/Schulze, § 339, Rn. 2.
④ 王利明：《合同法研究》（第二卷）（第三版），中国人民大学出版社2015年版，第700页。

偿功能。一种观点认为,只有在当事人的目的与制度追寻的客观目的相符合的情况下,该目的才是真正的制度功能。① 综合观察当事人的损害赔偿目的,如果当事人的违约金约定以预期损害为导向,违约金数额超过预期损害的,就可以通过举证无损害或损害较低而减少或者全部免除违约金,如此才符合损害赔偿法的制度目的;如果当事人的违约金约定的数额超过了可预见的损害,而事实上证明损害小于违约金数额,法律也认可违约金的效力,则不符合损害赔偿法的防止获利原则。而所谓的防止获利原则(Gewinnabwehrprinzip),是指受害人不能因为损害赔偿给付而"变富"。② 所以,约定数额高于预期损害的违约金之损害赔偿目的不符合制度目的。基于上述论证,违约金不能具有损害赔偿功能,即不能作为最低损害赔偿额。③

这种观点的根据是法定损害赔偿法的内容,固然有其道理,但其忽视了违约金独特的内涵。就违约金数额高于预期损害赔偿部分的内容,德国法在立法草案中考虑将违约金作为赔偿那些一般损害赔偿法上没有赔偿能力的损害的基础,如无形损害或精神损害,在特定物买卖合同、旅游合同中的精神损害或无形损害最为典型。④ 在一般损害赔偿法上,涉及物或财产的,法律上通常不承认当事人的无形利益或精神利益,而只承认其财产利益。故借助违约金制度可以在意思自治的基础上承认违约金请求权中含有无形损害赔偿部分。而在无形损害领域,防止获利原则已经被修正。对于抚慰金的衡量,最为关键的是补偿目的以及抚慰功能,而不是债权人财产增加或减少的问题,故依据防止获利原则,也不能禁止补偿受损害的无形利益。即使认为法律上只是例外地承认无形损害的金钱赔偿,也不能得出在法律上禁止自愿支付的无形损害赔偿或者认为其悖俗的结论。⑤ 也就是说,此时当事人的损害赔偿目的符合法律制度目的功能,故可以规定违约金作为最低损害赔偿额,从而承认违约金的损害赔偿功能。

(三) 双重功能

综上所述,违约金具有双重功能,在违约金效力发生前,具有履行压力功能,以有威慑力的、压制性的违约金对债务人施加预防性的压力,使其信守合同;在违约金效力发生之后,其具有损害赔偿功能,债权人免于证明损害以及损害计算的问题,但其意义不仅仅在于简化证明责任,更主要的是可以使无形损害获得赔偿。

违约金的两个功能并非同等重要,履行压力功能是主要的,而损害赔偿功能则是次要的。违约金制度本身主要并不是解决事先不能估算损害时的损害总额预计问题

---

① Lindacher, *Phänomenologie der Vertragsstrafe*, 1972, S. 59.
② Heck, *Schuldrecht*, §11, 8; Enneccerus-Lehmann, *Schuldrecht*, 15. Aufl., §17, Ⅱ.
③ Lindacher, *Phänomenologie der Vertragsstrafe*, 1972, S. 60.
④ HKK/Hermann, 2007, §336-345, Rn. 24 ff.
⑤ Knütel, Verfallsbereinigung, nachträglicher Verfall und Unmöglichkeit bei der Vertragsstrafe, AcP 175 (1975), S. 54.

的,而是解决强制债务人履行合同问题的;只有在违约金请求权发生效力之后,违约金才具有损害赔偿功能。而且,违约金请求权是否发生效力,并不取决于债权人是否有损害或者是否危及债权人的利益。而正是由于违约金请求权发生效力不以损害存在为要件,进而违约金才可以作为最低损害赔偿额,债权人才可以不需要证明损害的存在即行使请求权。① 另外,在酌减违约金的时候,也不应考虑债权人是否难以证明损害。

三、赔偿性违约金与惩罚性违约金

(一) 违约金的赔偿性

在违约金数额高于损失额的情况下,债权人因债务人履行合同获得的利益反而不如因债务人违约而获得的利益,受利益驱动,债权人就可能希望对方不履行合同,甚至设置陷阱,使另一方违约而获得高额的违约金。② 对此,主流观点也认为,将违约金定位于损害赔偿的理论基础在于"民法不以惩罚为目的、重在补偿受害人损失"的基本理念。③

值得反思的是,违约金被界定为赔偿性就能达到防止获利的目标吗?按照赔偿性违约金的思路,约定的违约金数额应当与预期的损害赔偿相符合,如果不符合,即应当否认该违约金约定的效力。但是,在立法、学说乃至司法实践中,均无否认过高约定的违约金数额效力之见解。相反,除了赔偿性违约金外,学说上尚承认惩罚性违约金,只是在对惩罚性违约金的认定标准上存在争议。而且,赔偿性违约金的认定规则并不具有直接防止获利之功能,为达此目的,仍需借助违约金酌减规则。若约定的违约金数额高于"实际损失",法院可以依当事人申请予以酌减。也就是说,真正防止获利的,并非"赔偿性违约金制度",而是违约金酌减制度。既然赔偿性的界定达不到立法之目标,将违约金定性为赔偿性,并无正当性基础。

(二) 赔偿性违约金与惩罚性违约金区分困难

基于上述观点,违约金被区分为"赔偿性违约金"与"惩罚性违约金"两种类型。但是,对于区分标准,观点不一。第一种观点认为违约金高于实际违约损害的,为惩

---

① Looschelders, *Schuldrecht AT*, 21. Aufl., 2023, §38, Rn. 1.
② 王胜明:《从合同法的草案到审议通过——中华人民共和国合同法介绍》,载全国人大常委会法制工作委员会民法室编著:《〈中华人民共和国合同法〉及其重要草稿介绍》,法律出版社2000年版,第229页。
③ 崔建远:《整体、基点、度》,载崔建远主编:《民法九人行》(第2卷),金桥文化出版(香港)有限公司2004年版,第147页;王利明:《合同法研究》(第二卷)(第三版),中国人民大学出版社2015年版,第703页以下。

罚性违约金;违约金小于实际违约损害的,为赔偿性违约金。① 第二种观点认为,具体根据当事人的约定解释。如果债权人可以一并请求违约金与实际履行或损害赔偿,该违约金为惩罚性的;如果债权人不可以一并请求违约金与实际履行或损害赔偿,则该违约金为赔偿性的。当事人约定不明的,则推定为赔偿性违约金。第三种观点认为,《合同法》第 114 条第 1 款、第 2 款规定的是赔偿性违约金,第 3 款规定的是惩罚性违约金。②

司法实务大都是采纳将违约金金额与实际损害大小比较的思路,确定当事人约定的是赔偿性违约金,还是惩罚性违约金。另外,司法实践一般认为法律对违约金规制的态度是"补偿为主、惩罚为辅"。③

约定的违约金金额与实际损害大小的比较,是一种事后描述的视角,对规范适用不具有指导意义。而根据当事人是否约定债权人可以一并请求违约金与实际履行或损害赔偿进行判断,判断的时点是缔约之际,符合当事人意思自治,但只能反映极端的、例外的约定安排。④

(三)"补偿为主、惩罚为辅"原则的弊端

在合同法时代,基于赔偿性违约金为主的观念,人民法院在确定违约金时,往往以实际损失为基础。这里的实际损失不仅不包括期待利益,也不包括精神损害,如此就会导致违约金的压力性很弱,甚至等于零。具体如债权人依据逾期付款违约金约定获得的利益远远小于依据损害赔偿获得的利益,违约金根本起不到迫使债务人履行合同的作用。在司法实践中,债务人常常会宁可支付逾期付款违约金,也不愿意履行支付价款或还款义务,其原因就在于其支付的逾期违约金与贷款利息大体相当,在

---

① 1995 年 10 月 16 日的《中华人民共和国合同法(试拟稿)》第 66 条规定,当事人可以约定违约金。当事人违约后,应当按照约定支付违约金。违约金视为因违约造成损失的赔偿金。约定的违约金过分高于或者低于因违约造成损失的,当事人可以请求人民法院或者仲裁委员会适当减少或者增加。参见何勤华、李秀清、陈颐编:《新中国民法典草案总览(增订本)(下卷)》,北京大学出版社 2017 年版,第 1925 页。

② 在立法过程中,有学者指出,如果违约金一定是赔偿性的,会导致违约越重惩罚越轻的结果,难以对违约方构成履约压力,达到预防违约的目的。故在合同法立法的阶段,又增添了一款惩罚性违约金的规则,即第 114 条第 3 款,但仅限于履行迟延的情况(崔建远:《整体、基点、度》,载崔建远主编:《民法九人行》(第二卷),金桥文化出版(香港)有限公司 2004 年版,第 140 页)。对此,有学者持不同看法,认为即使规定违约金请求权与履行请求权并存,亦不能由此判断其性质为惩罚性违约金,真正的判断关键点是其能否与损害赔偿等违约责任并存(韩世远:《违约金的理论争议与实践问题》,载《北京仲裁》2009 年第 1 辑(总第 68 辑),第 26 页)。依照王胜明先生对第 114 条第 3 款的解释,在这种情况下,违约金视为因迟延履行造成的损失补偿,可以要求继续履行合同,但违约金和赔偿损失不能并用(全国人大常委会法制工作委员会民法室编著:《中华人民共和国合同法及其重要草稿介绍》,法律出版社 2000 年版,第 231 页),故第 114 条第 3 款规定的亦是赔偿性违约金。虽然有学者否认第 114 条第 3 款规定的是惩罚性违约金,但其认为,基于意思自治,当事人自然可以约定纯粹的惩罚性违约金(韩世远:《合同法总论》(第四版),法律出版社 2018 年版,第 825 页)。

③ 最高人民法院研究室编著:《最高人民法院关于合同法司法解释(二)理解与适用》(第二版),人民法院出版社 2015 年版,第 256 页。

④ 姚明斌:《违反竞业禁止、保密义务与违约金酌减》,载周江洪、陆青、章程主编:《民法判例百选》,法律出版社 2020 年版,第 368 页。

目前借贷难的情况下,与其还款,还不如继续占有使用该笔资金,逾期违约金就当是贷款利息了。我国台湾地区"最高法院"1979年第九次民庭会议决议中申明了违约金制度的必要性:……若谓债务人可以任意迟延给付,而可不受合同预定违约金之处罚,其结果将使债权人金融周转陷于呆滞,生产计划无由展开,而债务人拖债之风亦将日炙,岂得谓平。① 人民法院"以赔偿性为原则"并以"实际损失"限制违约金数额,实际上否定了违约金的压力功能,违反了当事人施压的意思。②

基于赔偿性违约金为主的观念,酌减规则也产生了变化。在债权人申请酌减违约金时,人民法院会以实际损失为基础酌减违约金,根本不考虑无形损害。值得反思的是,如果违约金制度仅仅发挥损害赔偿功能,还有必要建立独立的违约金制度吗? 有必要规定独立的酌减或增加规则吗?

同时,赔偿性违约金观点又导致了对惩罚性违约金本身理解上的偏差,既然赔偿性违约金以实际损失为导向,那么惩罚性违约金就应该是其反面,不受实际损失之束缚。故有学者认为,惩罚性违约金是可以与其他所有违约责任一并请求、甚或不受法定酌减规则之约束的违约金③,但如此与"防止获利"的出发点不是大相径庭吗? 为此,有学者不得不主张类推适用《担保法》第91条(《民法典》第586条第2款)不得超过主合同标的额20%的规则④,但为何不在解释惩罚性违约金性质的基础上,首先适用《民法典》第585条第2款规定的违约金酌减规则,反而"舍近求远"? 而且,酌减规则从规范目的来看,就是为了"惩罚性"违约金而特设的平衡制度,此时债务人最终承担的责任远远高于赔偿性违约金,会形成真正的"私人刑罚"。此种民法制度中的"异类",并无存在之正当性。另外,将惩罚性违约金如此定位,违约金之约定究竟为赔偿性的,还是惩罚性的,会对债务人责任产生重大影响。而由于功能定位上的模糊,二者的区分并不明确。在司法实践中,法院往往会替代当事人的意思,自由裁量违约金约定的性质,从而出现同样情况不同判断的问题。

四、赔偿性违约金与损害赔偿总额预定

主张《民法典》第585条(《合同法》第114条)规定的违约金为赔偿性违约金的学者还认为,赔偿性违约金制度即为损害赔偿总额预定制度。⑤ 实际上,这是两种根本不同的制度。

---

① 转引自吴庚、苏俊雄、王仁宏、谢在全编撰:《月旦六法全书》,元照出版有限公司2001年版,第1567页。
② 姚明斌:《〈合同法〉第114条(约定违约金)评注》,载《法学家》2017年第5期,第156页。
③ 韩世远:《合同法总论》(第四版),法律出版社2018年版,第824页。
④ 韩世远:《违约金的理论问题——以合同法第114条为中心的解释论》,载《法学研究》2003年第4期,第24页。
⑤ 崔建远:《合同法》(第四版),北京大学出版社2021年版,第412页;王利明:《合同法研究》(第二卷)(第三版),中国人民大学出版社2015年版,第701页。

损害赔偿总额预定制度的前提是：损害必须产生，并且构成损害赔偿义务。另外，当事人约定的是该类情况下典型的、可期待的损害赔偿的(最低)数额。① 而且，在损害赔偿总额预定的情况下，允许债务人证明根本没有损害，或者产生的损害很小，以否定损害赔偿总额预定。②

　　损害赔偿总额预定制度(pauschalierter Schadensersatz)来源于德国法。在定性上，一般认为其为损害赔偿规则，并不适用违约金规则，尤其不适用违约金酌减规则。③而在英国与美国现行法上，不承认违约金条款(penalty clauses)的效力，而只承认所谓的损害赔偿总额预定(liquidated damages)的效力，在性质上，损害赔偿额预定也是损害赔偿规则。④

　　从损害赔偿总额预定制度中的利益状况角度来看，债务人需支付的违约金不过就是其应支付的损害赔偿金，而且是依据损害赔偿法可赔偿的损害金。除此之外，债务人并没有其他的负担。债权人并没有因此获得其应得的损害赔偿之外的利益，只是在证明责任上有所减轻，债权人不必证明损害的实际发生与否以及多少。⑤ 但在诉讼程序中，债务人可以抗辩，总额与典型损害不符，然后由债权人证明总额与典型损害相符。债权人的证明责任之所以减轻，是因为证明典型损害的难度要小于证明具体损害的难度。所谓具体损害，即债权人处实际产生的损害，而典型损害则是指按照事物发展规律可期待的损害。例如，迟延损害通常是银行贷款利息；如果当事人约定，债务人迟延履行债务的，须支付每日千分之五的利息，该约定的损害赔偿总额即超出了典型损害，债权人证明该典型损害要容易得多。

　　综上所述，损害赔偿总额预定的功能就是为了赔偿一方违约后另一方所遭受的损害，实际上是为了避免证明损害以及计算损害的困难而预先约定的赔偿金额。⑥ 在实质上，损害赔偿总额预定并未脱离损害赔偿法的范畴，其在实体法上并无实质变化，只是在程序法上减轻了债权人举证责任。所以，在规则适用上，其不能适用违约金酌减等特别规则，而应适用损害赔偿法一般规则，如损害赔偿计算、损益相抵、与有过失等规则。尤其损害赔偿总额预定需要以存在损害为前提，只是无须证明损害的具体数额而已，仅证明同类合同、同类违约情况下的典型损害即可。

---

① Larenz, *Schuldrecht AT*, 14. Aufl., 1987, §24 Ⅱ, S. 384.
② Jauernig/Stadler, 19. Aufl., 2023, BGB §339, Rn. 11.
③ Medicus/Lorenz, *Schuldrecht AT*, 22. Aufl., 2021, §44, Rn. 2; Larenz, *Schuldrecht AT*, 14. Aufl., 1987, §24 Ⅱ, S. 384.
④ Smith, *A Case Book on Contract*, S. 616.
⑤ Brox/Walker, *Allgemeines Schuldrecht*, 46. Aufl., 2022, §11, Rn. 8.
⑥ 王利明：《合同法研究》(第二卷)(第三版)，中国人民大学出版社2015年版，第705页；崔建远主编：《合同法》(第八版)，法律出版社2024年版，第268页；韩世远：《合同法总论》(第四版)，法律出版社2018年版，第825页。

五、违约金的法律结构

违约金通常基于约定产生,违约金约定为诺成性合同,适用关于法律行为以及合同的规则。依照《民法典》第 585 条第 1 款,当事人可以约定一定数额的违约金,也可以约定因违约产生的损失赔偿额的计算方法,前者主要适用于拒绝履行或者不完全给付等情况,而后者主要适用于迟延履行等情况。当事人可以在主义务成立时约定违约金,也可以在主义务成立后约定违约金。例如,夫妻之间关于妻子吃避孕药的约定无效,违约金的约定也是无效的。由此避免通过间接的强制履行来规避法律对决定自由的保护。

违约金履约担保的功能使其与主义务之间具有一定的"附随性",如果主义务未有效产生或者嗣后消灭了,具体如合同无效或者被撤销导致主义务不存在,那么债权人即不可以请求违约金。① 如果当事人知道"主义务"无效,还是约定违约金,那么违约金约定也不发生效力。

买卖合同对付款期限作出的变更,不影响当事人关于逾期付款违约金的约定,但该违约金的起算点应当随之变更(《买卖合同解释》第 18 条第 1 款)。

在买卖合同中约定了逾期付款违约金,之后又出现了对账单、还款协议,但对账单、还款协议等未涉及逾期付款责任,此时,要看当事人是否变更了买卖合同中的内容。如果没有变更合同内容,出卖人根据对账单、还款协议等主张欠款时请求买受人依约支付逾期付款违约金的,人民法院应予支持;如果对账单、还款协议已经变更买卖合同中关于本金、利息等约定内容的,则出卖人不能主张违约金。如果对账单、还款协议等明确载有本金及逾期付款利息数额的,则为违约金条款的变更,应依据新的约定执行(《买卖合同解释》第 18 条第 3 款)。

六、违约金与其他制度的区分

(一) 与独立的违约金的区分

独立的违约金也是附条件的给付允诺,但其独立于主义务,如没有作为义务的人允诺他人,如果他不作为,即承担特定给付。由于这里的允诺人并无义务,故并无不法的问题,也谈不上惩罚。② 其功能在于督促特定人作为或不作为。例如:妻子想让丈夫戒烟,就与丈夫约定,抽一根烟,丈夫须支付妻子 100 元;当事人约定,如果要约受领人不受领出卖要约,则要约受领人即不得要求返还买卖价款。

独立的违约金与主义务之间并不具有附随性,并不受合同不存在或无效的影响

---

① 王利明:《合同法研究》(第二卷)(第三版),中国人民大学出版社 2015 年版,第 712 页。
② Brox/Walker, *Allgemeines Schuldrecht*, 46. Aufl., 2022, §11, Rn. 3.

(《德国民法典》第 343 条第 2 款)。

独立的违约金,只要与违约金具体规则的规范目的相符合,即可准用违约金规则。如果法律宣布特定义务无效,则既不能通过独立违约金,也不可以通过非独立违约金予以规避,此时,违约金约定也无效。

(二) 与失权约款的区分

所谓失权约款(Verwirkungsklausel),是指当事人约定债务人一旦不履行或不适当履行债务即丧失某项权利或丧失全部权利的条款。而在违约金的情况下,债务人不履行违约金所担保的义务时,违约金请求权产生,而非丧失。在失权约款的情况下,此时不产生新的给付义务,其功能是以"丧失权利作为不利益"来担保债务的履行。例如,夫妻离婚时约定,抚养儿子一方不得给儿子改姓名,否则即应返还其获得的房产。

如果失权约款的内容为债务人不履行义务的,其丧失的是合同中某些个别的权利,则可以认为当事人旨在以丧失该等权利之不利益来担保义务之履行,可以准用违约金的规则,尤其是违约金酌减规则。[1] 例如,当事人约定,如果买方未能履行义务,卖方有权保有所有买卖价金。如果失权约款内容为债务人不履行其义务,则丧失所有基于合同的权利,即指向主债之关系的消灭,性质上属于解除条款,并不具有担保履行功能,不能准用违约金规则。

当事人约定一方解除合同后可以没收对方交付的履约保证金,在性质上,属于失权约款。但我国司法实践中,多认为该约定也是一种违约金的约定,从而适用违约金酌减规则。[2]

(三) 与违约定金的区分

当事人可以就违约定金约定,给付定金方不履行债务或者履行债务不符合约定、致使不能实现合同目的的,无权请求返还定金;收受定金方不履行债务或者履行债务不符合约定、致使不能实现合同目的的,应当双倍返还定金(《民法典》第 587 条第 2 句)。债务人履行债务的,定金应当抵作价款或者收回(《民法典》第 587 条第 1 句)。

违约定金还可能是一种"担保",给付定金方应先行给付定金,以此定金担保债务清偿(《民法典》第 586 条第 1 款),而该债务指向的是违约所带来的有形及无形的损害。给付定金一方违约的,收受定金一方可以保有该定金,在性质上,此种情况下的定金约定属于一种失权约款。而在违约金的情况下,债务人通常不会事先给付,而是在债务人违约时,债权人才会请求债务人支付违约金,违约金的功能在于控制债务人

---

[1] Steltmann, Die Vertragsstrafe in einem europäischen Privatrecht, 2000, S. 61;姚明斌:《〈合同法〉第 114 条(约定违约金)评注》,载《法学家》2017 年第 5 期,第 157 页。

[2] "湖北汇通工贸集团有限公司与长江润发集团有限公司买卖合同纠纷案",最高人民法院(2013)民提字第 133 号民事判决书。

的行为,给债务人施加压力,从而促使其守约。① 在收受定金方违约的情况下,其应当双倍返还定金,此时,该定金约定本质上就是一种违约金。

在功能上,定金与违约金的约定均可以使得债权人免去证明损害存在的负担,并且通过使得违约人承担可能大于一般损害赔偿责任而对债务人施加压力。

(四) 与解约金的区分

所谓解约金是指当事人约定一方支付一定金额即可解除合同的条款中的金额。其功能在于赋予当事人从合同中解脱出来的可能性,而不在于担保合同中的义务履行。但不可否认,解约金也具有一定的赔偿功能。

当事人约定的是解约金还是违约金,具体根据当事人的意思而定。

例如:甲向乙购买一幅画,双方约定,甲可以在10天内解除合同,但须支付300元的罚金。

在本案中,基于当事人的意思,该罚金指向的是合同的解除,故应被解释为解约金。

在约定解约金的情况下,债务人不履行的,由债务人选择继续履行还是支付解约金;而在约定违约金的情况下,债务人不履行的,则由债权人选择行使履行请求权还是违约金请求权。

(五) 与解约定金的区分

在当事人约定解约定金的情况下,交付定金的一方解除合同的,即丧失定金,无权要求对方返还;接受定金一方解除合同的,应双倍返还(《民法典合同编通则解释》第67条第4款)。

在约定解约金的情况下,债务人决定是否支付解约金以从合同约束中摆脱出来,对于债务人而言并无值得保护的信赖利益,故没有违约金减少规则适用的余地。②

在约定解约定金的情况下,定金本身并不排除损害赔偿,在守约当事人损失大于定金收益的情况下,承担定金处罚的当事人仍应当承担损害赔偿责任。③

(六) 与社团罚的区分

所谓社团罚(Vereinstrafe)是指成员违反成员义务时,基于社团章程等而对该成员的处罚,由于其基础是社团章程而非合同,故其在本质上并非违约金。

(七) 与企业罚的区分

企业罚(Betriebsstrafe)属于劳动法上的制度,其目的在于维持集体秩序,与违约金的内容与功能均不相同。

---

① 姚明斌:《〈合同法〉第114条(约定违约金)评注》,载《法学家》2017年第5期,第157页。
② Steltmann, Die Vertragsstrafe in einem europäischen Privatrecht, 2000, S. 63.
③ 李国光等:《最高人民法院关于适用中华人民共和国担保法若干问题的解释理解与适用》,吉林人民出版社2000年版,第400页。

七、违约金的构成要件

(一)有效的违约金约定

违约金请求权首要的构成要件是有效的违约金约定的存在,违约金的约定既可以是明示的,也可以是默示的。违约金约定属于合同,而非单方允诺。

例如,德国法上有一个典型的案例:甲在超市乙偷了价值200元的香烟,被经理发现,要求甲支付违约金(罚款)400元。其根据是在超市门口贴有告示:任何小偷均会被告发,超市将收取盗窃商品双倍价格,最少150元,作为合同约定的手续费用之补偿。进入本店者自进入本店之时起即表示同意本规则。

Schönberg地方法院肯定了该规则系违约金约定的属性,理由是告示被张贴在显目的位置上①,但学者多认为,仅仅是步入商店不能被认为是默示受领约定违约金之要约。② 而程序费用的赔偿可以根据违反保护义务之缔约过失责任满足,或者根据违反保护法侵权之规则请求。但是德国联邦法院却拒绝了支持手续费用之赔偿,因为原则上受害人不能要求因主张损害赔偿请求权而进行法庭外的事务所产生的任何费用。相反,在发生盗窃行为后,债权人为了捉捕盗窃嫌疑人发布悬赏广告产生的费用,是可以被赔偿的。

债务承担中约定仅承担主债务而不负担未来的违约金债务的,不生效力。违约金约定可与主债之关系同时成立,也可以在主债之关系成立后成立,但应在所针对的违约事由发生之前成立,否则即不再具有压力功能。但是如果当事人嗣后约定违约金的,可以解释为对原有违约金约定的变更,也可以解释为对违约损害赔偿责任之履行的担保。③

在违约情况发生前,如果违约金约定无效或效力待定,则不能成立违约金请求权;而如果违约金约定是可撤销的,则在其被撤销前,仍有可能产生违约金请求权。

违约金约定与主债务之间存在从属关系。但违约金债权一旦产生,即为独立债权。

值得注意的是,如果担保合同的当事人对担保责任的承担约定专门的违约责任(比如违约金责任),或者约定的担保责任范围超出债务人应当承担的责任范围,那么,担保人承担责任后,对于超出部分无法向债务人追偿,否则违反了担保的从属性规则(《民法典担保制度解释》第3条第1款)。所以,如果担保人主张超出部分无效,

---

① AG Schöneberg NJW 1974, 1823. zitiert aus Looschelders, *Schuldrecht AT*, 21. Aufl., 2023, §38, Rn. 6.
② Larenz, *Schuldrecht AT*, 14. Aufl., 1987, §24 Ⅱ c, S. 386.; Staudinger/Rieble, 2020, §339, Rn. 33.
③ 姚明斌:《〈合同法〉第114条(约定违约金)评注》,载《法学家》2017年第5期,第159页。

那么人民法院就可以裁决担保人在债务人应当承担的责任范围内承担责任。① 例如,担保合同中约定,担保人不履行担保责任的,须支付日万分之二的违约金;而主合同中也约定,债务人违约,须承担日万分之一的违约金。根据《民法典》第 389 条、第 691 条,担保责任范围也包括违约金债权。据此以及担保合同的违约金约定,担保人可能承担支付双重违约金的责任,这对于担保人而言,责任过重,也不符合从属性规则。所以,担保人可以主张担保合同中的违约金约定无效,仅承担主合同中约定的日万分之一的违约金责任。

(二) 被担保义务的违反

违约金请求权的第二个构成要件是债务人违反了被担保的主义务。当事人可以概括约定,一方当事人违约即承担支付违约金的责任。当事人也可以具体针对不履行、迟延履行以及不完全履行等具体违约形态约定违约金。

1. 停止条件的成就

违约金产生后,其效力处于"潜伏"状态,只有在债务人的行为构成违约,而且该违约行为恰恰是违约金担保的情况,违约金请求权才产生效力。也就是说,债务人违反被担保的义务,违约金约定中的停止条件即成就,因此即产生违约金请求权。

如果债权人导致债务人违约,固然可以根据恶意促成条件成就的规则处理(《民法典》第 159 条),即违约金请求权消灭,但与违约金酌减规则比较,如此处理,有些过当。所以,只有在债权人对违约单独负责的极端情况下,才能依据恶意促成条件成就规则处理。除此以外的情况,应根据违约金酌减规则处理(《民法典》第 585 条第 2 款)。

2. 主债务存在且可实现

在逻辑上,基于违约金的附随性,必须首先确认,在违反主义务的那一刻,主义务还存在。在产生主债务的主合同无效或者被撤销的情况下,通常不会出现违约的情况,所以,也不会构成违约金请求权。而在效力待定的情况下,比如在限制行为能力人为法律行为或无权代理的情况下,当事人约定违约金,而在限制行为能力人或无权代理人的相对人违约之前,监护人或本人追认的,则不应产生违约金请求权。原则上,违约金请求权仅针对追认之后的违约行为,其正当性在于不能过分要求相对人的合理注意义务。②

主债权必须是可实现的,如果债务人享有同时履行抗辩权,则债务人不会陷入履行迟延,违约金请求权也就不会构成。在主债权经过诉讼时效的情况下,也不可能产生之后的迟延违约金。

---

① 最高人民法院民事审判第二庭:《最高人民法院民法典担保制度司法解释理解与适用》,人民法院出版社 2021 年版,第 103 页。

② 姚明斌:《〈合同法〉第 114 条(约定违约金)评注》,载《法学家》2017 年第 5 期,第 160 页。

3. 违反所担保的主义务

所谓违反被担保的主义务,即债务人不履行或者未依照债之本旨履行(《民法典》第 577 条),具体包括给付不能、给付迟延、不完全履行、违反附随义务以及违反不作为义务等情形。当事人约定违约金主要针对的违约情形为债务人迟延的情形。《民法典》第 585 条第 3 款特别规定了债务人迟延时违约金与继续履行的关系,但这并非意味着只有在债务人迟延的情况下,才会构成违约金请求权。在债务人期前拒绝履约的情况下,亦构成义务违反(《民法典》第 578 条),即可构成违约金请求权,在履行期届满之前,债权人即可主张违约金。①

由于违约金具有履约担保功能,是否实际产生损害以及损害大小,并非违约金请求权的构成要件。即使债务人能证明损害并未发生或者小于约定的金额,违约金请求权亦会产生。不过,基于诚实信用原则,如果义务违反轻微的,则不能构成违约金请求权。

如果债务人多次违反了违约金所担保的义务,是否需要多次赔偿违约金,具体根据当事人的约定,没有约定的,一般认为只须支付一次。

(三) 过错

有观点认为,只有在法律规定的违约责任以过错为要件的情况下,才需要债务人过错这一要件。② 如果当事人没有约定过错要件,法律上也没有规定违约责任的过错要件,那么违约金责任的构成应不以过错为要件。③ 对此,本书持不同观点。

从违约金约定为独立的约定视角来看,是否构成违约金责任,应独立于违约责任本身考虑是否需要过错要件的问题。违约金效力要件与违约责任要件并非同一,互相不应产生影响。违约金请求权构成要件应包括债务人具有过错这一要件。就违约金约定的目的而言,当事人主要是希望对债务人施加压力,迫使债务人依约履行合同,在当事人意思的一般推定上,压力功能主要针对的是债务人有过错地不履行合同的情况。也就是说,在债务人违反义务的情况下,只有债务人对义务违反有过错时,债权人才能请求违约金。而且,对于过错,债务人应承担证明责任。

过错要件是任意性规定,当事人可以约定违约金构成以过错为前提,也可以放弃过错要件。④

(四) 债权人没有违约

如果债权人自己违反了合同义务,那么,基于诚实信用原则,债权人不得主张违约金。如果债权人的违约行为诱发了债务人违约,债权人还是要求债务人支付违约金,就是在滥用权利。

---

① Looschelders, *Schuldrecht AT*, 21. Aufl., 2023, § 38, Rn. 11.
② 韩世远:《合同法总论》(第四版),法律出版社 2018 年版,第 826 页。
③ 姚明斌:《〈合同法〉第 114 条(约定违约金)评注》,载《法学家》2017 年第 5 期,第 162 页。
④ Looschelders, *Schuldrecht AT*, 21. Aufl., 2023, § 38, Rn. 11.

(五) 主债务继续存在

有争议的是,如果债务人主动清偿了债务,违约金请求权是否即因此而消灭。根据《买卖合同解释》第 18 条第 2 款之规定,如果债权人接受价款时未主张逾期违约金,逾期违约金请求权也仍然存在,但是债务人可以主张酌减。

但是,有主张清除规则者认为,债务人嗣后提出给付,履行担保功能嗣后得到满足,违约金请求权即应消灭;债务人清偿后,债权人即得到了其所应享有的,故效力清除规则与违约金的损害赔偿功能也不冲突。① 所谓结果好,一切就好。所以,应当认为,债务人嗣后履行的,即可无须债权人同意而排除违约金生效的效力。如果债权人受领主给付义务时保留了违约金请求权,则应遵循其意思,违约金效力继续存在,但是相反,如果债权人受领主给付义务而又没有保留违约金请求权,则视为默示放弃违约金。

不同意见反对违约金效力清除规则,认为这是对债务人不当的优待,债权人单方可以摆脱已经产生的请求权,与违约金的惩罚性相违背。② 本书认为,这种观点并不合理,因为在债务人嗣后提出给付的情况下,履行担保功能嗣后即得到满足。而随着给付,债权人得到了其所应享有的,故效力清除规则与违约金的损害赔偿功能也不冲突。而违约金并没有惩罚功能,只是因为与履行担保连带并为了履行担保服务,而有些惩罚特征,其作为履行担保的牵连功能,不能僭越到台前。另外,与刑法上规则类比也可以得出这一结论,如果行为人阻止了犯罪结果,则可能免责。③

债务人履行的方式是多种多样的,可以是清偿,如付款、受领替代清偿的给付、提存等。但在抵销等自己执行的情况下,违约金请求权并不丧失。例如,受托人针对委托人的债权进行抵销,只有在受托人同意抵销的情况下,委托人的抵销才会导致违约金请求权消灭,从而排除酌减规则的适用。④

八、违约金请求权与履行请求权的关系

(一) 债务人不履行的情况

违约金请求权与履行请求权能否并存,自然要从当事人约定违约金的意思出发,如果其指向的是不履行的情况,如给付不能、期前拒绝履行的,则违约金请求权与履行请求权不能并存,因为债务人不能被请求两次⑤,也就是说,履行请求权与违约金请求权指向的利益是相同的,债权人不能同时请求二者。⑥ 此时,债权人可以选择请求

---

① Knütel, Verfallsbereinigung, nachträglicher Verfall und Unmöglichkeit bei der Vertragsstrafe, AcP 175 (1975), S. 56 f.
② Staudinger/Rieble, 2020, §340, Rn. 31.
③ Nodoushani, *Vertragsstrafe und vereinbarter Schadensersatz*, 2004, S. 152.
④ Oberhauser, *Vertragsstrafe-ihre Durchsetzung und Abwehr*, 2003, S. 89.
⑤ Looschelders, *Schuldrecht AT*, 21. Aufl., 2023, §38, Rn. 13.
⑥ 韩世远:《合同法总论》(第四版),法律出版社 2018 年版,第 836 页。

履行,或者选择请求违约金。债权人选择违约金、并向债务人作出行使违约金请求权表示的,履行请求权即为消灭;反之,债权人选择履行请求权的,却不导致违约金请求权立即消灭,而是在真正清偿之前,履行请求权可以转化为违约金请求权。①

在构成违约金请求权后,债权人尚未行使选择权的情况下,债务人主动提出给付的,原则上会导致违约金请求权消灭,但债务人为给付时保留请求违约金的权利的除外。

（二）债务人履行不符合约定的情况

在当事人约定违约金的意思指向的是履行不符合约定的情况下,如给付迟延与不完全履行,债权人可以同时主张违约金请求权以及履行请求权。《民法典》第585条第3款规定明确规定,当事人就迟延履行约定违约金的,违约方支付违约金后,还应当履行债务。在不完全履行的情况下,可以准用该条款。② 之所以允许此种情况下履行请求权与违约请求权并存,是因为二者指向的利益并不相同。

在瑕疵履行的情况下,债权人要求债务人承担违约金责任时,也可以同时要求债务人采取修理、更换、重作等补救措施,在性质上,修理、更换、重作等补救措施类似于继续履行措施。

例如,甲为乙装修房屋。此房屋为学区房,乙拟在开学前,即9月1日前搬入。于是与甲约定,7月1日完工,每迟延一日,甲支付违约金500元。在约定时点,甲没有完成装修。

在该案中,甲需支付违约金,并继续履行合同,履行请求权继续存在。在解决案件时,应解释当事人的约定,具体判断,违约金约定指向的是主给付义务的不履行,还是主给付义务的不完全履行、迟延履行。

在德国法上,如果债权人接受给付,其必须表示保留请求违约金的权利,否则,即不能请求违约金。这里的接受是一种表示给付大体符合合同约定的意思表示。③保留的意思表示必须在接受给付时作出,之前或之后作出均不具有效力。该规范的目的在于保护债务人,因为债务人提供给付时往往没有注意到违约金请求权已经构成。

对此规则,我国立法上并未采纳,反而从保护债权人角度,作出了有利于债权人的规定。《买卖合同解释》第18条第2款规定,出卖人接受价金的,是否主张违约金均不影响其违约金请求权,买卖合同约定逾期付款违约金,买受人以出卖人接受价款时未主张逾期付款违约金为由拒绝支付该违约金的,人民法院不予支持。依照此规定,只要债权人接受给付时没有放弃违约金请求权的,违约金请求权即继续存在。

---

① Medicus/Lorenz, *Schuldrecht AT*, 22. Aufl., 2021, §44, Rn. 12.
② 韩世远:《合同法总论》(第四版),法律出版社2018年版,第836页。
③ Jauernig/Stadler, 19. Aufl., 2023, BGB §341, Rn. 4.

九、违约金请求权与损害赔偿请求权的关系

违约金请求权与损害赔偿请求权各自独立,其中一个发生效力时,并不排斥另一个请求权的效力。在债务人违约的情况下,如果违约金请求权与损害赔偿请求权同时发生效力,则需要进一步考察债权人可否一并主张这两种请求权。

(一)违约金请求权与损害赔偿请求权指向利益同一性的判断

依照民法原理,损害赔偿的目的在于填补损害,法律上不能允许当事人基于一个损害获得两次赔偿。[①] 故确定债权人可否一并主张违约金请求权与损害赔偿请求权的基本判断点在于两者指向的利益是否同一。如果利益是同一的,债权人不能一并主张,如果利益并非同一,则可以一并主张。

总的来看,首先要根据有关违约金的约定确定违约金担保的是何种类型的违约形态,如果其担保的是给付迟延,而实际上发生的是给付不能,则违约金请求权并未发生效力,但基于给付不能可产生损害赔偿请求权。[②]

1. 给付不能

如果双方当事人约定,债务人在不能给付标的物的情况下承担总价款5%的违约金,由此可以判断违约金指向的是给付不能的情况,担保的是履行利益。在给付不能的情况下,债权人享有损害赔偿请求权的,其损害赔偿内容为履行利益,即正常履行情况下债权人所处的利益状况。履行利益包括灭失标的物的市场价值以及超出标的物本身的利益,例如替代购置标的物多支出的费用,或者丧失的再出卖情况下的利润。故此时违约金请求权与损害赔偿请求权指向的利益同一,债权人不能够同时主张。

2. 给付迟延

如果双方当事人约定,债务人在迟延付款的情况下应向债权人支付每日万分之五的违约金,则由当事人的意思可以判断违约金指向的是迟延情况,担保的是履行利益。在债务人迟延的情况下,违约金请求权发生效力。此时,债权人的损害赔偿请求权亦产生,故需考察债权人损害赔偿请求权指向的利益是否与违约金请求权指向的利益同一。如果损害赔偿请求权指向的是迟延利益以及迟延损害,则与违约金请求权指向的利益同一,故债权人不能同时主张两种请求权。如果损害赔偿请求权指向的是替代给付的利益,则债权人可以一并主张替代给付损害赔偿以及迟延违

---

① 王利明:《合同法研究》(第二卷)(第三版),中国人民大学出版社2015年版,第708页。
② 如在"香港锦程投资有限公司与山西省心血管疾病医院、第三人山西寰能科贸有限公司中外合资经营企业合同纠纷案"(最高人民法院(2010)民四终字第3号民事判决书)中,最高人民法院认为:"心血管医院未能办理土地使用权作价入股手续、导致《合资合同》终止履行的行为,在性质上不属于延迟出资行为,而是根本违约行为,故不应按照《合资合同》中有关延迟出资的约定支付违约金。"

约金。①

在违约金请求权构成要件得以满足后产生的给付迟延利息,并非违约金请求权所担保的利益,故债权人得同时主张违约金以及迟延利息赔偿。但如果损害是在违约金请求权构成要件得以满足前产生的,则债权人不能同时主张违约金请求权与损害赔偿请求权。② 如果迟延造成的损害指向的并非履行利益,而是信赖利益甚或维持利益,则债权人可以同时主张违约金请求权与损害赔偿金请求权。③

在借款合同的情况下,迟延利息与违约金之间的关系,现行法规定有不同的规则。当事人之间约定迟延利息的,通常会被认定为当事人之间约定了违约金,如果当事人除此之外还约定违约金,则须首先确定两种违约金约定的指向,如果均指向迟延,即便债权人并行主张,总计亦不能超过利息法定限额。④ 如果当事人没有约定迟延利息,则会以借期利率或者LPR来计算逾期利息(《民间借贷解释》第28条);在买卖合同中,会在借期利率或者LPR基础上加收30%—50%。如果当事人没有约定期内利息,但约定了迟延违约金,此时,债权人可以主张迟延违约金,但约定的迟延违约金低于法定逾期利息的,可以在主张作为最低损害赔偿额的迟延违约金的基础上,继续要求赔偿超出迟延违约金部分的法定逾期利息。

3. 不完全给付

在构成不完全给付或瑕疵给付时,债务人应赔偿债权人的履行利益。违约金指向履行利益的,债权人也不能同时主张损害赔偿请求权和违约金请求权。但在加害给付的情况下,债务人需要赔偿的并不是对等性利益(Äquivalenzinteresse),而是完整性利益,完整性利益属于保护义务或行为义务违反的范畴,可以与履行请求权同时发生效力。此时,如果约定的违约金针对的是质量瑕疵,则其仅担保履行利益,而不担保完整性利益,故债权人可以同时主张违约金请求权与损害赔偿请求权。

4. 拒绝履行

在债务人期前拒绝履行的情况下,应赔偿债权人的履行利益,而针对期前拒绝履行约定的违约金指向的也是履行利益,所以,债权人不得同时主张二者。

5. 附随义务违反

如果违约金约定针对的是附随义务的违反,则其担保的是完整性利益。此时,损害赔偿请求权针对的客体是完整性利益,即恢复到保护义务没有被违反的状况之下。基于利益指向的同一性,债权人也不能同时主张违约金请求权与损害赔偿请求权。

---

① 姚明斌:《〈合同法〉第114条(约定违约金)评注》,载《法学家》2017年第5期,第163页。
② Larenz, *Schuldrecht AT*, 14. Aufl., 1987, §24 Ⅱ, S. 380.
③ 韩世远:《合同法总论》(第四版),法律出版社2018年版,第838页。
④ 姚明斌:《金钱债务迟延违约金的规范互动——以实践分析为基础的解释论》,载《华东政法大学学报》2015年第4期,第89页。

（二）违约金作为最低损害赔偿额

如上所述，在违约金请求权与损害赔偿请求权所指向的利益同一的情况下，债权人不能同时予以主张。那么，接下来的问题是，债权人是只能主张违约金请求权，还是可以二者择一行使。

有学者主张，违约金与损害赔偿请求权并存的时候，并不能由债权人自由选择，而是有违约金请求权的场合必须行使违约金请求权，而作为优先适用违约金请求权的反射效力，债权人的损害赔偿请求权实际上停留在不得行使的状态。① 值得质疑的是，不允许债权人自由选择的根据在哪里呢？直接禁止当事人行使损害赔偿请求权的说理并不充分，而且何为反射效力？其法律基础何在？

实际上，违约金与损害赔偿请求权并无谁优谁劣的问题，而是各有各的优缺点。损害赔偿请求权以义务违反以及存在具有因果关系的损害为前提；违约金请求权则需要以有效的违约金约定以及违约金发生效力为前提，对于违约金发生效力的构成要件，债权人负有证明之义务。同时，违约金请求权还要受到《民法典》第 585 条第 2 款酌减规则的制约。所以，对于违约金请求权与损害赔偿请求权，当事人应当可以自行选择。

在原理上，同时出现违约金请求权与损害赔偿请求权的情况时，两者关系的性质既不是选择之债（Wahlschuld），也非债权人的代替权（Ersetzungsbefugnis des Gläubigers），而是选择性竞合（elektiver Konkurrenz）关系。因为可供债权人选择的并非不同的给付标的物，而是不同的权利（请求权），原则上不适用选择之债的规则。② 债权人选择两项请求权之一的，并不具有约束力，还可以任意更换。

在债权人选择违约金请求权的时候，并不意味着损害赔偿请求权当然消灭。此时，在立法政策上，应不允许债权人因对方违约获得双重赔偿，故在规则上应处理二者的关系。

依照德国法模式，此时，违约金数额被折抵（或抵销）为最低损害赔偿额（《德国民法典》第 340 条第 2 款）。③ 此时，债权人得按照违约金数额抽象计算最低损害，其作用类似于损害赔偿总额预定，但其性质并非损害赔偿总额预定，只是被用作计算损害赔偿请求权的最低数额。其目的在于阻止债权人同时要求全部数额的损害赔偿以

---

① 韩世远：《合同法学》（第二版），高等教育出版社 2022 年版，第 303 页。
② Larenz, *Schuldrecht AT*, 14. Aufl., 1987, §11 Ⅱ, S. 159.
③ 在本书第一版，曾提出"新近有学者韩世远教授认为这是一种新的违约金类型，称为抵销性违约金，应当是理解有误，实质上是违约金的损害赔偿功能"。韩世远教授在其《合同法总论》（第四版）（法律出版社 2018 年版）第 837 页脚注②处回应称，赔偿性违约金区分为最低数额的赔偿损失（又称为抵销性违约金）与作为总额的赔偿损失（又称排他性违约金）的分类来自苏联，并仍见于俄罗斯一般民法学说，还认为《德国民法典》第 340 条第 2 款所规定的违约金属于抵销性违约金。对于韩世远教授的补充说明，可以接受的是，抵销性违约金的称谓由来已久，但不能接受的是其对《德国民法典》第 340 条第 2 款所规定的违约金属于抵销性违约金的判断，该条款规定的是违约金的损害赔偿功能，并非独立的违约金类型，此点不可不察。

及违约金,因此从债务人的义务违反行为中得利。① 也就是说,折抵规则本质就是禁止违约金请求权与损害赔偿请求权累加的规则。②

《民法典》第 588 条第 1 款规定,如果当事人既约定违约金,又约定定金的,一方违约时,对方可以选择适用违约金或者定金条款。《民法典》第 588 条第 2 款规定,如果对方选择的是定金,而定金又不足以弥补一方违约造成的损失的,对方可以请求赔偿超过定金数额的损失。此时,定金约定被视为最低损害赔偿的约定。如果对方选择的是违约金,而约定的违约金低于造成的损失的,按照逻辑,债权人也可以请求赔偿超过违约金数额的损失。如此,违约金也可以是最低损害赔偿额的预定。

违约金作为最低损害赔偿额的含义有两方面:其一,债务人不能因为债权人的损害数额低于违约金而全部或部分拒绝支付约定的违约金。其二,债权人无须阐明的确受有与违约金数额相等的损害。详言之,债务人即使能够证明实际发生的损害低于约定的金额,或者根本未发生损害,一般也不能摆脱给付违约金的义务。③ 就违约金额度内,债权人无须承担证明责任,由此即使不能避免将来损害赔偿诉讼,也可以减轻损害赔偿证明困难。④

如果债权人享有损害赔偿请求权,则其可以将违约金作为最低赔偿额,无须举证证明即可请求,如果除此之外尚有其他损害,仍可提出,但需予以证明。如果违约金与损害赔偿金指向的是同一利益,则需将违约金折算入损害赔偿金。⑤ 例如,违约金担保的是及时履行主义务,那么减少的是迟延损害赔偿请求权,而不是替代给付的损害赔偿。

案例:甲为了迎接新年销售旺季,请乙扩建商场,约定 12 月 31 日完工,如果迟延一天,即应支付违约金 50000 元。乙迟至 1 月 7 日方完工,甲主张乙迟延造成的经济损失是 500000 元。

根据《民法典》第 585 条第 1 款,甲可以请求 350000 元的违约金,并无须证明损害是否存在以及多少;如果甲根据《民法典》第 577 条请求 150000 元(具体计算公式:500000−350000＝150000 元)的经济损失,则其必须证明损害数额是多少。

在违约金请求权构成后产生的给付迟延利息与违约金指向的利益不同,违约金不算入迟延利息赔偿。

变化:如果到了 1 月 7 日,乙告诉甲完工日期将无限期迟延的情况下,则乙的违约行为重大,会导致合同目的不能达到,乙可以请求替代给付的损害赔偿,

---

① Bruthien, Pauschalierter Schadensersatz und Vertragsstrafe, in: FS für Larenz, 1973, S. 499.
② Köhler, Vertragsstrafe und Schadensersatz, GRUR 1994, S. 262.
③ Steltmann, *Die Vertragsstrafe in einem europäischen Privatrecht*, 2000, S. 25.
④ A. a. O. , S. 25 f.
⑤ Looschelders, *Schuldrecht AT*, 21. Aufl. , 2023, §38, Rn. 15.

此时不必在损害赔偿中扣除违约金数额,因为二者指向的利益不同。

在违约金惩罚形式不是金钱的情况下,不得同时要求损害赔偿,其理由在于存在结算上的困难。

十、合同解除与违约金请求权

(一)合同解除不影响违约金请求权

依照附随性原理,在合同解除的情况下,违约金也应该消灭。即使是债务人违约导致合同解除,而债务人的违约行为又导致了担保履行利益的违约金条件成就,违约金也应该因解除而消灭。① 在"广西桂冠电力股份有限公司与广西泳臣房地产开发有限公司房屋买卖合同纠纷案"中,最高人民法院则认为,合同解除的法律效果是使合同关系归于消灭,解除合同的后果中违约方的责任承担方式也不表现为支付违约金。因此,对于要求支付违约金的主张,法院不予支持。②

不同观点认为,从利益衡量出发,在合同被解除时,违约金约定仍然继续有效。若违约方解除,不遵循并行关系,无疑使得约定解除权变成违约方逃避违约责任的通道;如果守约方解除,不遵循并行关系,会使得解除被拟制为放弃违约金之表示,在结果上导致守约方以放弃违约金为代价换得从合同中解脱。③

在合同被解除后,原来的合同关系转化为清算关系,而且清算关系与合同关系具有债的同一性。所以,在合同因违约被解除后,违约金约定继续有效,解除权人可以请求违约方支付违约金(《民法典》第566条第2款)。《买卖合同解释》第20条明确规定,买卖合同因违约而解除后,守约方主张继续适用违约金条款的,人民法院应予支持。《九民纪要》第49条第1款也明确规定,合同解除时,一方依据合同中有关违约金、约定损害赔偿的计算方法、定金责任等违约责任条款的约定,请求另一方承担违约责任的,人民法院依法予以支持。

(二)合同解除后违约金请求权与损害赔偿请求权的关系

根据《民法典》第566条规定的解除权法律效果,在合同解除后,债权人可以请求损害赔偿。既然承认了损害赔偿请求权,那么,解除的目的就不再是恢复到未签订合同之前的原有状态(status quo ante),因为损害赔偿指向的并不是信赖利益,而是履行利益。既然承认了可以对导致合同解除的违约行为通过损害赔偿进行制裁,那么,也应当承认可以通过违约金制裁该违约行为。所以,在合同解除的情况下,损害赔偿请求权与违约金请求权是可以同时存在的。

---

① Jauernig/Stadler, 19. Aufl., 2023, BGB §339, Rn. 17.
② 最高人民法院(2009)民一终字第23号民事判决书,载《中华人民共和国最高人民法院公报》2010年第5期(总第163期),第18—25页。
③ 姚明斌:《〈合同法〉第114条(约定违约金)评注》,载《法学家》2017年第5期,第164页。

那么,进一步的问题是债权人可否同时主张损害赔偿请求权与违约金请求权呢?有学者认为,合同解除后,损害赔偿金通常指向的是履行利益,但也有可能指向信赖利益与固有利益(完整性利益)。① 依此逻辑,如果损害赔偿请求权指向的是履行利益(或期待利益),则债权人不能同时主张。但如上所述,在不同的违约类型中,损害赔偿请求权指向的利益是不同的,既可能是履行利益,也可能是维持利益或固有利益。所以,具体的判断标准还是合同解除后的损害赔偿请求权与违约金请求权指向的是否为同一利益。

在债务人迟延、不完全给付甚或违反附随义务等违约行为重大,导致合同目的不能达到的情形下,债权人可以行使解除权,此时,债权人可请求替代原给付义务的损害赔偿,即大的损害赔偿,其指向的利益主要是替代交易的费用,也包括简单的损害赔偿。例如粉刷匠甲为乙粉刷房屋,甲在粉刷时毁坏了许多有价值的家具,此时即不可期待债权人接受给付,债权人得解除合同。此处简单的损害赔偿是对家具的损害赔偿,而替代给付的损害是聘请其他粉刷匠的费用,债权人可以同时主张。

在上述案例中,如果针对附随义务违反约定违约金的,则就简单的损害赔偿而言,违约金与损害赔偿指向的利益是同一的,债权人不能同时主张;而就替代给付的损害而言,违约金请求权与损害赔偿请求权则不是同一的,债权人自可同时主张。

在债务人不履行的情况下,损害赔偿指向的则是履行利益,如果违约金明确指向的也是合同解除后的履行利益,则债权人不能同时主张二者。例如在"上海百爱家具有限公司与中国人民解放军91774部队房屋租赁合同纠纷上诉案"中,当事人约定,合同约定因欠租造成合同解除的,应一次性支付相当于5个月租金的违约金②,这是对该部队预期利益作出的补偿。此时,违约金指向的利益恰恰是替代给付的损害指向的利益,故于此情况下,债权人不能同时主张违约金请求权与损害赔偿请求权。

十一、违约金请求权与诉讼时效

债权人向人民法院请求保护民事权利的诉讼时效期间为三年(《民法典》第188条第1款)。如果债权人未在三年内向债务人请求违约金,债务人可以提出时效经过之抗辩(《民法典》第192条第1款、第193条)。诉讼时效从权利人知道或者应当知道权利被损害以及义务人时起算(《民法典》第188条第2款)。

在违约金请求权产生后,如果债权人主张违约金请求权而债务人拒绝履行的,则自此时点开始起算诉讼时效,如果债权人为债务人履行违约金请求权指定的期限届满的,则自此时点开始起算诉讼时效(《诉讼时效规定》第4条)。

不同观点认为,违约金请求权是因违约而产生的,债权人诉请违约金就属于向法

---

① 韩世远:《合同法学》(第二版),高等教育出版社2022年版,第241—242页。
② 上海市第二中级人民法院(2010)沪二中民二(民)终字第2076号民事判决书。

院请求保护而未获得履行的主债权,依据《民法典》第 188 条第 2 款,违约金请求权的诉讼时效应自违约时起算。①

如果主债权属于《诉讼时效规定》第 1 条规定的不适用诉讼时效的情形,基于从属性之规则,对于违约金请求权也不适用诉讼时效。

十二、违约金的司法调整

(一) 违约金数额的增加

值得思考的是,约定的违约金数额也可能小于实际发生的损害(包括无形损害),此时,当事人可否在主张违约金之后,就多出的损害主张赔偿?

依照德国法思路或者对《民法典》第 588 条的体系解释,债权人可以将已经发生效力的违约金作为最低损害赔偿额,除此之外还有损害的,债权人可以继续请求。② 即使在违约金已经依照酌减规则调整的情况下,债权人亦可以继续请求多出的损害赔偿。

但是,我国法对于损失高于违约金情况明文规定了另一种处理规则,即在约定的违约金低于造成的损失的情况下,人民法院或者仲裁机构可以根据当事人请求增加违约金数额(《民法典》第 585 条第 2 款第一种情况)。

两种方案比较,第二种方案比较简洁、明确,但法官形成性干预的正当性不足。在增加违约金的情况下,主要受益者是债权人,此时,债权人在违约金请求权与损害赔偿请求权之间选择时,并无值得保护的过于自信或者轻率之利益。而且,债权人完全可以自始或者嗣后再选择损害赔偿请求权。另外,从制度安排上看,第一种方案更加合理,各个请求权处于选择竞合关系之中,债权人主张违约金请求权的,损害赔偿请求权并不消灭;债权人主张损害赔偿请求权的,只有在债权人获得清偿后,违约金请求权才消灭。

债权人须向人民法院或仲裁机构提出增加的申请,在性质上,增加违约金的权利属于形成权。

1. 增加违约金的前提

依据《民法典》第 585 条第 2 款第一种情况,违约金增加的构成要件是约定的违约金低于造成的损失。这里的损失,是指债务人违约造成的债权人的损失,包括可得利益。而且,违约金低于损失须达到一定的失衡程度。③

《民法典合同编通则解释》第 64 条第 3 款明确规定,当事人仅以合同约定不得对违约金进行调整为由主张不予调整违约金的,人民法院不予支持。也就是说,当事人不得

---

① 姚明斌:《〈合同法〉第 114 条(约定违约金)评注》,载《法学家》2017 年第 5 期,第 166 页。
② Larenz, *Schuldrecht AT*, 14. Aufl., 1987, §24 Ⅱ, S. 380; Staudinger/Rieble, 2020, §340, Rn. 77.
③ 姚明斌:《〈合同法〉第 114 条(约定违约金)评注》,载《法学家》2017 年第 5 期,第 173 页。

约定预先放弃增加违约金的权利,其主要理由在于避免违约金调整规则被架空。①

《民法典会议纪要》第 11 条第 2 款规定,当事人请求人民法院增加违约金的,增加后的违约金数额以不超过《民法典》第 584 条规定的损失为限。增加违约金以后,当事人又请求对方赔偿损失的,人民法院不予支持。而《民法典》第 584 条中的损失指的是履行利益,包括合同履行后可以获得的利益,但不得超过违约一方订立合同时预见到或者应当预见到的因违约可能造成的损失。

2. 证明责任

债权人申请增加违约金的,应当就违约金低于债务人违约所造成的损失承担证明责任。

(二) 违约金数额的减少

如果违约金约定过高,已经违反法律规定或者违背公序良俗,则违约金约定无效,不适用违约金减少规则。

1. 内涵

当事人约定违约金,是当事人的自由。在债务人允诺违约金时,债务人通常信赖自己能够履行,不会出现支付违约金的前提。但如果事与愿违,债务人的信赖落空,其就会处于极为不利的情况。② 进一步而言,若允许自由约定违约金而不受限制,则每个交易主体均可能遭受毫无限制的惩罚。而且,在缔约时,债务人不能预见会发生什么,也不能预测该过失或者无主观过错地违反约定的风险有多大。在通过履行辅助人履约的情况下,债务人也无法预见履行辅助人的注意程度。若法律允许其承担超出其预见的违约金数额,并不公正。故对于债务人,法律上有必要予以救济。《民法典》第 585 条第 2 款第二种情况规定,约定的违约金过分高于造成的损失的,当事人可以请求人民法院或者仲裁机构予以适当减少。

2. 限制与排除

违约金减少规则的基础在于诚实信用原则,具有保护债务人的功能,故当事人不得约定附加条件或者约定排除适用。③《民法典合同编通则解释》第 64 条第 3 款明确规定,当事人仅以合同约定不得对违约金进行调整为由主张不予调整违约金的,人民法院不予支持。如果允许当事人事先排除违约金酌减,处于优势地位的债权人往往可以通过约定排除酌减规则,来架空酌减规则的规范目的。④ 而且,预先放弃违约金酌减权可能是扭曲的自愿的产物,也违反立法本意。另外,如果允许当事人事先排除

---

① 最高人民法院民事审判第二庭、研究室编著:《最高人民法院民法典合同编通则司法解释理解与适用》,人民法院出版社 2023 年版,第 722 页。
② Staudinger/Rieble, 2020, Vorbemerkung zu §§ 339 ff., Rn. 19.
③ 叶名怡:《论事前弃权的效力》,载《中外法学》2018 年第 2 期,第 344 页。
④ 姚明斌:《违约金酌减事先排除特约的效力》,载彭诚信主编:《民法案例百选》(第二版),高等教育出版社 2022 年版,第 356 页。

违约金酌减,则会导致天价违约金。①

在德国法上,对于商人允诺的违约金,商人不得申请酌减(《德国商法典》第348条),因为商人能够充分知晓高额违约金的意义。商人允诺的违约金已经被作为交易成本在对价决策中予以考虑了。

有观点认为,我国现行法上没有类似的规定,但在实践中,当事人可以通过约定排除违约金酌减规则适用的方法,达到商人不得酌减的目的。只要酌减规则排除的约定是经过充分协商的,那么即可以认为事先排除违约金酌减规则与合同价格之间存在实质联动关系。在竞争性缔约场合,债务人放弃酌减,可能就是为了获得缔约机会。如果否认酌减规则排除约定的效力,进而债务人可以酌减,则会损害市场竞争秩序,不利于稳定的交易预期和交易效率。② 也就是说,原则上不允许通过约定系统排除违约金酌减规则,但在商人之间以及放弃酌减是为了获得缔约机会的场合,则允许当事人约定排除违约金酌减规则的适用。

值得注意的是,在违约金请求权发生效力之后,债务人可以放弃适用酌减规则。在此时,债务人不值得保护,因为其已经明确知道违约金带来的负担。而且,在程序法上行使形成权之后,还存在个人的主观私权,债务人可以处分该私权。违约金酌减规则的放弃,既可以是明示的,也可以是默示的,比如从对违约金请求权的承认行为中可以推断出违约金酌减权的放弃。

3. 适用对象

依据《民法典》第585条第2款第二种情况,违约金减少规则仅能适用于约定违约金的情况。对于法定违约金,并不适用违约金减少规则,因为违约金数额的合理性,在立法时已经有所考虑。不过,对于法定违约金的数额明显过高的,还是可以适用违约金减少规则。比如,《国务院办公厅关于规范国有土地使用权出让收支管理的通知》(国办发〔2006〕100号)、《国有土地使用权出让收支管理办法》(财综〔2006〕68号)第34条规定,国有土地使用权人未按时缴纳土地出让金者,应按日加收1‰的违约金,其数额明显过高,而且,国土资源部门与土地使用权之间的土地使用权出让合同为民法上的合同,二者之间达成的违约金约定,也是民法上的合同。所以,对于违约金数额,可以根据违约金酌减规则予以减少。

《民间借贷解释》第25条第1款规定,期内利息以合同成立时一年期贷款市场报价利率四倍为限。而基于禁止规避法律的原则,对于约定违约金甚至对于同时约定逾期利率、违约金或者其他费用的情况,其数额总计超过合同成立时一年期贷款市场

---

① 最高人民法院民事审判第二庭、研究室编著:《最高人民法院民法典合同编通则司法解释理解与适用》,人民法院出版社2023年版,第722页。
② 姚明斌:《违约金酌减事先排除特约的效力》,载彭诚信主编:《民法案例百选》(第二版),高等教育出版社2022年版,第358页。

报价利率四倍的部分,人民法院不予支持(《民间借贷解释》第29条)。民间借贷情况下的利息与违约金限额规则属于违约金减少规则的特别规则,所以,对于迟延返还贷款的违约金,不能适用违约金减少规则,而应适用该特别规则。但非借款合同而产生的金钱之债则仍适用违约金减少规则(《九民纪要》第50条)。

4. 违约金酌减权的丧失与放弃

如果债务人已经支付违约金,就不能事后主张酌减(《德国民法典》第343条第1款第3句)。部分给付违约金导致酌减权在履行部分的数额内丧失。之所以如此,是因为债务人自愿进行违约金给付就表明,对其而言违约金并不是不合适的。同时,债务人不能主张返还过高的违约金。①

如果债务人给付了损害赔偿,由于损害赔偿可以作为违约金最低数额,其即同时清偿了违约金请求权。即使债务人嗣后发现该数额的损害不存在,只要(不能再酌减的)违约金请求权作为所受领之赔偿的原因起作用,就不能基于不当得利请求返还多支付的数额。

5. 向人民法院或仲裁机构请求

依据《民法典》第585条第2款第二种情况,债务人主张减少违约金的,应当向人民法院或仲裁机构请求。这里的请求并非是指行使请求权,而是在行使形成权。对于形成权,法律上并没有规定除斥期间,不过,如果债权人的违约金请求权罹于诉讼时效,债务人可以行使时效抗辩权,从而拒绝支付违约金,并无行使违约金酌减权的必要。②

在性质上,法院减少违约金的权利是对有效合同的形成性干预的权利。依照《民法典》第585条第2款第二种情况之规定,法院不得依职权主动减少违约金,而应根据债务人申请进行审查。③ 申请不必包含于起诉或反诉中,提出抗辩亦可(《民法典合同编通则解释》第64条第1款)。

债务人得以诉的方式主张酌减违约金,但需在违约金发生效力之后。也就是说,违约金效力发生前,是不允许债务人提起酌减之诉的,其原因在于此时不存在值得法律保护的利益。在债务人以抗辩方式提出酌减的情况下,其无须书面说明,任何涉及违约金合理性的建议或者抗辩都是可以的,甚至单纯的否认都是可以的。在诉讼中,债务人也无须明确提出酌减到多少数额。

6. 释明

在债务人没有提出减少违约金的情况下,人民法院是否可以就当事人是否需要

---

① Staudinger/Rieble, 2020, §343, Rn. 78 ff.
② 姚明斌:《〈合同法〉第114条(约定违约金)评注》,载《法学家》2017年第5期,第165页。
③ "山西嘉和泰房地产开发有限公司与太原重型机械(集团)有限公司土地使用权转让合同纠纷案",最高人民法院(2007)民一终字第62号民事判决书,载《中华人民共和国最高人民法院公报》2008年第3期(总第137期),第27—40页。

主张违约金过高问题进行释明，存有争议。在原理上，依据当事人主义，在债务人没有提出违约金酌减抗辩时，人民法院是不能予以释明的，否则无疑是在为一方当事人"提供子弹"。

但是，在违约方以合同不成立、合同未生效、合同无效或者不构成违约进行免责抗辩而未提起违约金调整请求时，人民法院是否可以释明呢？若违约金产生的前提根本不构成，在逻辑上，债务人无须主张酌减违约金，亦无法院释明之问题。但是，如果此时违约金产生的前提构成，而债务人又没有明确主张调整违约金的，人民法院就无法调整违约金。如果法院此时对违约方的违约行为进行裁判并判决违约方承担违约金，判决生效后，债务人只能另行提起调整违约金之诉，由此会增加诉累与司法成本。① 所以，《民法典合同编通则解释》第 66 条第 1 款第 1 句②规定，当事人一方请求对方支付违约金，对方以合同不成立、无效、被撤销、确定不发生效力、不构成违约或者非违约方不存在损失等为由抗辩，未主张调整过高的违约金的，人民法院应当就若不支持该抗辩，当事人是否请求调整违约金进行释明。释明内容清楚至此，实际上会鼓励当事人行使酌减权。

根据《民法典合同编通则解释》第 66 条第 1 款第 2 句的规定，第一审人民法院认为抗辩成立且未予释明，第二审人民法院认为应当判决支付违约金的，可以直接释明，并根据当事人的请求，在当事人就是否应当调整违约金充分举证、质证、辩论后，依法判决适当减少违约金。这一规定维护了当事人程序权利和程序正义。相反，如果第一审人民法院已向债务人明确释明，而债务人明确表示不主张调整违约金，那么，在第一审宣判后，债务人再以合同约定的违约金标准过高为由提出上诉的，人民法院可以不予以支持。③

原则上，在债务人无正当理由未到庭应诉的情况下，人民法院不得在缺席判决时自行决定减少违约金。但是，被告因客观原因在第一审程序中未到庭参加诉讼，在第二审程序中到庭参加诉讼并请求减少违约金的，第二审人民法院可以在当事人就是否应当调整违约金充分举证、质证、辩论后，依法判决适当减少违约金（《民法典合同编通则解释》第 66 条第 2 款）。如果被告恶意不参加诉讼，在第二审程序中提出减少违约金，人民法院就不会裁决减少违约金。而且，若被告因客观原因没有参加第一审程序，而在第二审程序中主张减少违约金的，人民法院也是自由裁量是否减少违约金，而不是必须减少违约金。另外，在被告于第一审程序、第二审程序中均未提出减少违约金，而是在再审程序中提出减少违约金，可以参照适用《民法典合同编通则解

---

① 最高人民法院民事审判第二庭、研究室编著：《最高人民法院民法典合同编通则司法解释理解与适用》，人民法院出版社 2023 年版，第 735—737 页。
② 《民商事合同指导意见》第 8 条、《买卖合同解释》第 21 条第 1 款也有类似规定。
③ 最高人民法院民事审判第二庭、研究室编著：《最高人民法院民法典合同编通则司法解释理解与适用》，人民法院出版社 2023 年版，第 740 页。

释》第 66 条第 2 款的规则。①

7. 违约金过高的综合衡量

在债务人请求减少违约金的情况下,人民法院或仲裁机构须判断应否减少以及减少到何种程度,而予以减少的前提为"违约金过分高于造成的损失"。之所以以"过分高于"为前提,是因为减少之判决是对于当事人合同自由的干涉,必须谨慎。

《民法典合同编通则解释》第 65 条第 1 款规定了综合衡量模式,人民法院应当以《民法典》第 584 条规定的损失为基础,兼顾合同主体、交易类型、合同的履行情况、当事人的过错程度、履约背景等因素,遵循公平原则和诚实信用原则进行衡量,并作出裁判。据此,人民法院综合各种因素,判断违约金是否过分高于造成的损失。《民法典合同编通则解释》第 65 条第 2 款还给出了一个简洁认定方案:约定的违约金超过造成损失的 30% 的,一般就可以认定为"违约金过分高于造成的损失"。这一规则最早见于 2003 年施行的原《商品房买卖合同解释》第 16 条(2020 年修正后为第 12 条)。《民法典合同编通则解释》第 65 条第 1 款规定的综合衡量模式是主要规则,而第 2 款规定的 30% 规则是辅助规则。② 综合这两款,在操作上,人民法院会首先确定违约所造成的实际损失,然后比较违约金与所造成损失的关系,如果违约金高于造成的损失 30% 的,就可以认定违约金过高;如果违约金未超过造成损失的 30%,一般就不认为违约金过高。③ 进一步来讲,人民法院在减少违约金时应当适当减少,而何为"适当"也需要根据第 65 条第 1 款列明的因素综合判断。

《民商事合同指导意见》第 7 条规定,人民法院根据《合同法》第 114 条第 2 款调整过高违约金时,应当根据案件的具体情形,以违约造成的损失为基准,综合衡量合同履行程度、当事人的过错、预期利益、当事人缔约地位强弱、是否适用格式合同或条款等多项因素,根据公平原则和诚实信用原则予以综合权衡,避免简单地采用固定比例等"一刀切"的做法,防止机械司法而可能造成的实质不公平。第一,该条增加了"当事人缔约地位的强弱、是否使用格式合同或条款"等考量因素;第二,特别强调避免简单地采用固定比例等"一刀切"的做法。

(1) 以损失作为基础

依据《民法典合同编通则解释》第 65 条第 1 款,人民法院应当以《民法典》第 584 条规定的损失为基础判断违约金是否过高。这里的损失是债务人违约所造成的损失,包括可以获得的利益,而且在确定违约损失时,要适用可预见性规则。

---

① 最高人民法院民事审判第二庭、研究室编著:《最高人民法院民法典合同编通则司法解释理解与适用》,人民法院出版社 2023 年版,第 741 页。
② 最高人民法院研究室编著:《最高人民法院关于合同法司法解释(二)理解与适用》,人民法院出版社 2009 年版,第 212 页。
③ 最高人民法院民事审判第一庭编著:《最高人民法院关于审理商品房买卖合同纠纷案件司法解释的理解与适用》,人民法院出版社 2003 年版,第 221 页。

不过,依照当事人的意思,违约金的功能在于担保实际履行,在酌减违约金、判断违约金是否适当的时候,法官要以此为出发点,要考虑债权人的所有利益,并非单纯的财产利益,也不能仅以损失为基础进行酌减。在减少违约金时,核心的问题是,违约金额度或者多高的额度是促使债务人忠实履行合同所必需的。① 也就是说,如果债务人依约履行债务,债权人可以享受之一切利益作为衡量违约金是否过高的标准。在减少违约金的操作上,可以先通过损失的多少初步判断违约金是否过高,然后综合考察债务人违约行为及其对债权人的危险性,在此之后,还是需要考虑违约行为的结果,也就是债权人的财产利益损失。②

所以,应当将"损失作为基础"解释为:在减少违约金时,损失作为考察的第一个要素,而且,大部分情况下,通过损失与违约金数额的比较就可以确定违约金数额是否过高。

基于违约金的压力功能,这里的损失指的是《民法典》第584条所规定的损失,包括可得利益的损失,所以在综合考虑因素中删除了"预期利益"。③ 可得利益的损失,是指可能产生的损害,即债权人可能的对合同履行的利益,而非实际损失。"可能损害说"加强了债权人地位,增强了压力效果。④ 可能的损害既包括直接损失,也包括预期利益,也即债权人对于合同履行的利益。从债权人积极利益的角度看,可能的损害即为期待利益,是指正常履行情况下债权人所处的利益状况。损害赔偿的目标是使债权人在请求损害赔偿时获得最有利交易的好处。

另外,在考虑行为后果时,还应考虑无形损害等合法利益,如人工费用以及其他付出等。同样,其他支出的费用,如中介费、交通费等也在考虑范围内。如果违约金担保的是非财产属性的利益,则违约金数额与债权人的财产损害并无关联。

(2) 合同主体、交易类型、缔约背景等因素

相比于《合同法解释(二)》第29条,《民法典合同编通则解释》第65条第1款增加了合同主体、交易类型、缔约背景等因素。

关于合同主体因素,《民商事合同指导意见》第7条也有所规定。在判断违约金是否过高时,还要综合考虑当事人缔约地位强弱、是否使用格式合同或条款。如果商事主体负担违约金,通常不会予以减少,因为商事主体具有评估违约金负担的能力,并能合理预期自己的履约能力与违约金的风险。⑤ 在"北京隆昌伟业贸易有限公司诉北京城建重工有限公司合同纠纷案"中,商事主体主张酌减违约金,人民法院没有予

---

① Larenz, Schuldrecht AT, 14. Aufl., 1987, § 24 Ⅱ, S. 378.
② 黄薇主编:《中华人民共和国民法典释义(中)》,法律出版社2020年版,第1134页。
③ 最高人民法院民事审判第二庭、研究室编著:《最高人民法院民法典合同编通则司法解释理解与适用》,人民法院出版社2023年版,第726页。
④ Soergel/Lindacher, § 343, Rn. 16.
⑤ 姚明斌:《〈合同法〉第114条(约定违约金)评注》,载《法学家》2017年第5期,第167页。

以支持。人民法院认为，当事人双方就债务清偿达成和解协议，约定解除财产保全措施及违约责任。一方当事人依约申请人民法院解除了保全措施后，另一方当事人违反诚实信用原则不履行和解协议，并在和解协议违约金诉讼中请求减少违约金的，人民法院不予支持。①

但是，如果是格式条款提供者的相对人承担违约金，则通常认为该相对人负担违约金的预期能力不足，通常会允许该相对人主张酌减。②

在司法实践中，在金钱之债违约的情况下，通常以民间借贷利率的保护上限作为违约金是否过高的标准。《九民纪要》第50条规定，除借款合同外的双务合同，作为对价的价款或者报酬给付之债，并非借款合同项下的还款义务，不能以受法律保护的民间借贷利率上限作为判断违约金是否过高的标准，而应当兼顾合同履行情况、当事人过错程度以及预期利益等因素综合确定。

这里的缔约背景主要是指宏观经济形势、企业经营状况普遍困难等背景。③ 在"上海熊猫互娱文化有限公司诉李岑、昆山播爱游信息技术有限公司合同纠纷案"中，人民法院认为，网络主播主张合同约定的违约金明显过高请求予以减少的，在实际损失难以确定的情形下，人民法院可以根据网络直播行业特点，以网络主播从平台中获取的实际收益为参考基础，结合平台前期投入、平台流量、主播个体商业价值等因素合理酌定。④

（3）履行情况、过错程度等因素

从违约金担保的是实际履行这一点出发，法官在具体减少违约金时，还应兼顾履行情况与过错程度等综合因素。在债务人违约的情况下，履行情况与过错程度等因素恰是违约责任的构成要素。而且，从违约金的压力功能出发，法官减少违约金时，应综合考虑债务人的义务违反行为。而就债务人的义务违反行为而言，具体要考虑义务违反的程度、过错程度以及对于债权人的危险性。⑤ 所谓义务违反程度，要根据违约金所担保的义务有多重要，是主义务还是从义务，违约金担保的原因是什么进行判断，还要考察债务人违反义务的持续时间、范围以及严重程度等。在部分履行情况下，通常应相应减少违约金。在债务人部分履行金钱债务的场合下，违约金的计算基

---

① 北京市第二中级人民法院（2017）京02民终8676号民事判决书，该案例被选为最高人民法院指导案例166号。

② 司法解释起草过程中考虑了格式条款的因素，最终并没有单独规定这一要素，但格式条款约定违约金这一因素可纳入合同主体、交易类型因素综合考虑。最高人民法院民事审判第二庭、研究室编著：《最高人民法院民法典合同编通则司法解释理解与适用》，人民法院出版社2023年版，第729页。

③ 最高人民法院民事审判第二庭、研究室编著：《最高人民法院民法典合同编通则司法解释理解与适用》，人民法院出版社2023年版，第727、729页。

④ 上海市第二中级人民法院（2020）沪02民终562号民事判决书，载《最高人民法院公报》2023年第2期（总第318期），第29—31页，该案例被选为最高人民法院指导案例189号。

⑤ Staudinger/Rieble, 2020, §343, Rn. 116 ff.

数仅能是未付款的部分。① 不过,在其他部分履行中,仍要考察其他因素综合衡量,如果部分履行对于债权人意义不大,则有可能不减少违约金。

所谓过错程度,针对的是债务人的主观状态,是故意还是过失,在故意甚或恶意的情况下,通常即不再酌减违约金,因为作出恶意或故意行为的侵害人不值得免受严格惩罚的保护。所以司法解释规定,恶意违约的当事人一方请求减少违约金的,人民法院一般不予支持(《民法典合同编通则解释》第 65 条第 3 款)。在债权人与有过失(共同责任)的情况下,如债权人通过自己的义务违反行为导致债务人违反义务,则债务人因过错所承担的责任也应有所减轻。

(4) 公平原则与诚实信用原则

法官减少违约金的时候,还要考虑公平原则,不仅考虑债权人的利益,也要考虑债务人的利益,比如债务人的经济状况之因素,在这里主要考虑的是债务人因违约而承担的后果,但这里的后果是指债务人面临的其他处罚以及税务减免或增加的情况,不包括损害赔偿责任和因为违约而丧失的对待给付请求权。

在酌减违约金时,还需要根据诚实信用原则予以衡量。违约金酌减的基础全在于诚实信用原则,在考虑债务人履行情况、过错等因素时,即应以诚实信用为原则。另外,在判断违约金是否过高以及减少多少违约金时,还需考虑合同损害继续发展的状况,截止时点是法庭口头辩论之前,如债务人是否有其他义务违反行为、债务人是否努力补偿损失、债权人是否采取措施以避免扩大损失等。②

(5) 判断时点

在判断违约金是否过高时以何种时点为准,存有争议。具体可能的时点,或者是在法庭上的主张,或者是订立合同时、生效时、主张时以及最后口头辩论终结时。综合考虑违约行为、过错、损失等因素是一个持续的过程,自合同订立到违约之后的过程,都在考虑之列。所以,较为合理的应是在口头辩论终结之时,因为此时酌减违约金才可能建立在充分了解所有诉讼材料的基础上。③

8. 酌减到适当

在酌减权的构成要件满足后,法官得予以酌减,并酌减到适当的程度。上文所述的违约金过高与法律效果上的酌减到适当的程度,实际上指的是同一点。所谓适当的违约金恰恰是合比例的违约金变为不成比例的违约金的边界处。法官酌减违约金时,即是要酌减到这一点之上。在违约金没有超过所产生损害的情况下,法院就不得酌减。④

---

① "上海旗绩置业有限公司诉必江银行股份有限公司南昌支行等金融借款合同纠纷案",最高人民法院(2016)最高法民终 150 号民事判决书。
② Staudinger/Rieble, 2020, §343, Rn. 136.
③ MüKoBGB/Gottwald, 9. Aufl., 2022, BGB §343, Rn. 20; Staudinger/Rieble, 2020, §343, Rn. 141.
④ Oberhauser, *Vertragsstrafe-ihre Durchsetzung und Abwehr*, 2003, S. 90.

（1）自由裁量基础上的形成性判决

《民法典》第 585 条将矫正违约金的任务交由法官自由裁量，法官基于职责进行自己的衡量判断，以确定违约金是否不成比例得高以及是否须予以酌减。也就是说，是否酌减，以及酌减到多少数额，均由法官自由裁量，酌减的目标是达到个案公正。

但依据自由裁量酌减并不意味着法官有权以其对合比例的违约金的设想代替当事人约定，所以，法官酌减时，首先要尊重当事人的约定。判断是否适当是一种利益衡量的过程，法官须收集个案中的关键点，平衡其中的关系，据此作出裁决。

该判决为形成判决，直接导致违约金酌减的效果。通过法院酌减的形成判决，作为原因继续发生效力的违约金请求权被减少，因此违约金给付的法律基础事后丧失了，债务人对于减去的违约金数额不负支付义务。

应当明确的是，违约金酌减并非是将违约金合同的一般内容控制到合比例性，也不针对当事人就哪些行为或基于什么原因应被赋予违约金给出答案。这些都是当事人自治的问题，是法官必须接受的决定。对于应受违约金惩罚的债务人行为，违约金约定本身在此时是否必要与合适，并不受法律控制。①

（2）酌减到适当程度

如果法庭确信，违约金过分地高于实际损失，须经判决酌减到适当金额，则要考虑债权人的所有正当利益。如果违约金担保的是非物质利益，那么债务人是否导致债权人损害，就没有任何意义。即使违约金在作为压力工具的同时，还作为最低损害总额预定，影响违约金适当额度的关键依然是债权人在合同履行上可能的、而非事实的利益，它不取决于损害是否真正的产生，或者该损害只能因债务人行为所导致，或者债权人其他利益存在等。但是没有超过实际产生之损害的违约金不得被减少；较高的违约金被减少时，也不得被减少到低于实际损害数额。② 因为违约金还有损害赔偿功能。2009 年《欧洲示范民法典草案》在其违约金酌减评论处认为"法院酌减违约金时，应考虑当事人防免违约之意图，因此不应酌减至实际损害之金额"。③

但进一步而言，即使没有损害，也不能将违约金数额酌减为零④，因为损害是否产生本身不是违约金的生效前提，所以不能基于没有损害直接认定违约金不成比例地高，更不能进而因为没有损害产生，就强行将违约金数额减为零。虽然可以根据没有损害而否认损害赔偿利益，但是极有可能仍存在无形利益，所以，一般不能因为不存

---

① Staudinger/Rieble, 2020, § 343, Rn. 18.
② MüKoBGB/Gottwald, 9. Aufl., 2022, BGB § 343, Rn. 22.
③ Christan von Bar/Eric Clive, Principles, Definitions and Model Rules of European Private Law, Draft common Frame of Reference, Vol. I, p. 963.
④ Nodoushani, Vertragsstrafe und vereinbarter Schadensersatz, 2004, S. 152. 韩世远教授亦持相同观点，原则上违约金不能全部被免除。见韩世远：《合同法总论》（第四版），法律出版社 2018 年版，第 835 页。

在损害考虑将违约金酌减为零,只有在违约行为微小,且没有任何损害的情况下,才可能将违约金数额酌减为零。①

9. 证明责任

值得考虑的是,对于违约金是否适当,是否需要债权人予以证明。在性质上,违约金的适当性本身是法律问题,而非事实问题,故不存在证明负担的问题,只存在由哪一方申请的问题。它与其他所有法律问题一样,均由法官依职权判断。② 但对于法官酌减所依据的事实,却存在证明责任的问题,原则上应由违约方(债务人)承担,违约方应当证明违约金过分高于违约造成的损失(《九民纪要》第 50 条、《民法典合同编通则解释》第 64 条第 2 款),而债权人至少要说明关系其利益的事实。由于允许法官自由裁量是否减少违约金,债务人的证明责任实际上被减轻了。非违约方主张违约金约定合理的,亦应提供相应的证据(《民商事合同指导意见》第 8 条、《民法典会议纪要》第 11 条、《民法典合同编通则解释》第 64 条第 2 款)。综合来看,现行法采取了违约方承担结果意义上的举证责任(即证明责任),而守约人承担行为意义上的举证责任(提交相应证据的义务,即狭义的举证责任)相结合的模式。③

十三、逾期付款违约金

逾期付款违约金属于违约金的一种。在交易实践中,这种违约金最为常见,最高人民法院对此进行了单独规定。如果在买卖合同中约定逾期付款违约金或者该违约金的计算方法的,依照其约定;在没有约定的情况下,出卖人以买受人逾期付款为由主张赔偿逾期付款损失的,人民法院可以中国人民银行同期同类人民币贷款利率为基础,参照逾期罚息利率标准计算。根据 2004 年开始执行的《中国人民银行关于人民币贷款利率有关问题的通知》第 3 条,对于 2004 年 1 月 1 日后新发放的贷款,逾期贷款罚息利率为借款合同载明的贷款利率水平上加收 30%—50%。人民法院在罚息期间,根据个案具体情况,综合考虑守约方的损失情况、违约方的过错程度等因素,自由裁量。④

出借人与借款人既约定了逾期利率,又约定了违约金或者其他费用,出借人可以选择主张逾期利息、违约金或者其他费用,也可以一并主张,但是总计超过合同成立时一年期贷款市场报价利率四倍的部分,人民法院不予支持(《民间借贷解释》第 29 条)。

---

① Nodoushani, *Vertragsstrafe und vereinbarter Schadensersatz*, 2004, S. 152.
② Staudinger/Rieble, 2020, § 343, Rn. 142.
③ 最高人民法院民事审判第二庭、研究室编著:《最高人民法院民法典合同编通则司法解释理解与适用》,人民法院出版社 2023 年版,第 720 页。
④ 最高人民法院民事审判第二庭编著:《最高人民法院关于买卖合同司法解释理解与适用》,人民法院出版社 2012 年版,第 396 页。

第二节 定　　金

【文献指引】

钟立志：《谈谈我国定金的性质及其法律效力》，载《中外法学》1992年第3期；车辉：《对适用定金罚则的几点思考》，载《河北法学》2000年第5期；卓小苏：《对我国担保制度中定金性质之评析》，载《法学评论》2000年第5期；崔建远：《保证金刍议》，载《河北法学》2008年第1期；张忠野：《论私法自治下定金罚则的有限适用》，载《政治与法律》2012年第9期。

【补充文献】

姚明斌：《论定金与违约金的适用关系——以〈合同法〉第116条的实务疑点为中心》，载《法学》2015年第10期；李贝：《定金功能多样性与定金制度的立法选择》，载《法商研究》2019年第4期；黎乃忠：《定金契约要物性的批判与重塑》，载《现代法学》2015年第6期；黎乃忠：《定金定性与所有权归属的理论批判》，载《上海交通大学学报（哲学社会科学版）》2015年第4期；黎乃忠：《分期交付之定金契约效力研究——以完成部分交付行为为对象》，载《法律适用》2015年第7期；黎乃忠：《〈民法典〉中定金合同实践性之反思》，载《中国不动产法研究》2021年第2期；张金海：《论〈民法典〉违约定金制度的改进》，载《四川大学学报（哲学社会科学版）》2021年第3期；刘项南：《民法典视域下定金制度的应用分析》，载《郑州大学学报（哲学社会科学版）》2022年第3期；张金海：《论解约定金的功能与效力》，载王竹主编：《民商法争鸣》（第19辑），四川大学出版社2022年版；汪洋、刘硕：《网购促销预售模式中"定金不退"条款的效力》，载《法治社会》2022年第5期；谢鸿飞：《定金责任的惩罚性及其合理控制》，载《法学》2023年第3期；王叶刚：《论定金罚则的法律适用——〈合同编通则解释〉第68条释评》，载《广东社会科学》2024年第1期。

一、定金制度史略

在早期，合同的生效需要所谓的严肃性表征，定金的支付就是一种严肃性表征方式。定金制度起源于闪米特法律圈，当时合同被理解为现物交易，还没有承认合意作为基础的合同。将来物的买卖以及信贷买卖需要通过定金建立约定的拘束力。交付定金一方违约时即丧失定金，收受定金一方违约时通常须返还定金，随着时间推移通常须双倍返还定金。①

---

① 张金海：《定金制度论》，中国法制出版社2020年版，第13页以下。

罗马法本来并没有定金制度,后来借鉴了希腊法律上的定金(arrha)制度。《法学阶梯》(I.3.23.pr.)规定了定金作为买卖订立的标志,以及定金交付后的返还与双倍返还规则。①

在希腊法以及罗马法的基础上,欧洲普通法发展了定金的类型以及基本规则。德国民法典对此进行了继受。《德国民法典》第336条规定了作为合同订立标志的证约定金,第338条规定了违约定金,第353条规定了解约定金。对于预约情况下的立约定金,立法者有意识地没有规定,但是基于合同原则,当事人可以约定立约定金。②不过,值得注意的是,德国法上并没有双倍返还规则。

1964年《苏俄民法典》第209条第1款规定,定金是缔约一方为了证明合同的签订和担保合同的履行,从一方按照合同约定应当给付另一方的款项中,支付另一方的现金。该条款使用了"担保合同的履行"的表述,位于"履行债的担保"一章,并位于保证的规定与保证金的规定之间。

我国于1981年颁布的《经济合同法》第14条规定,当事人一方可向对方给付定金。经济合同履行后,定金应当收回,或者抵作价款。给付定金的一方不履行合同的,无权请求返还定金。接受定金的一方不履行合同的,应当双倍返还定金。1986年颁布的《民法通则》第89条第3项规定定金是担保债务履行的方式之一。1995年颁布的《担保法》第六章规定了违约定金制度,第89条规定了违约定金的定义,并将定金定位为对债权的担保,第90条规定了书面形式要件以及要物规则,第91条规定了20%上限规则。1999年颁布的《合同法》第115条与《担保法》第89条规定一致,但《合同法》第115条位于"违约责任"一章,这受到了《意大利民法典》第1385条的影响。《合同法》第116条规定了违约金和定金择一适用规则,这受到了《德国民法典》第338条第2句之损害赔偿与定金规则的影响。③

2000年12月,最高人民法院制定的《担保法解释》对定金规则作了进一步解释,第115条至117条分别规定了立约定金、成约定金、解约定金,第118条规定了定金认定规则,第119条规定了多交或少交定金的法律后果,第120条规定了根本违约情况下的定金规则,第121条规定的是定金上限规则,第122条规定的是定金适用规则。《商品房买卖合同解释》第4条规定了立约定金。《担保法解释》已经被废止,其部分规则为《民法典》所接受,部分规则为《民法典合同编通则解释》第67条和第68条所接受。《民法典》第586条规定了违约定金,第587条规定了根本违约情况下的返还与双倍返还规则,第588条规定了违约金和定金择一规则以及定金与损害赔偿的关系。

---

① 张金海:《定金制度论》,中国法制出版社2020年版,第25页。
② MüKoBGB/Gottwald, 9. Aufl., 2022, BGB §336, Rn. 2.
③ 姚红主编,全国人大常委会法制工作委员会民法室编:《〈中华人民共和国合同法〉与国内外有关合同规定条文对照》,法律出版社1999年版,第100—101页。

二、概述

(一) 概念

所谓定金,是指当事人约定,为了担保合同的履行、增强合同订立可能性、证明合同订立等目的,一方交付给另一方的金钱或其他可替代物。

定金制度只能适用于合同债之关系,而不能适用于法定债之关系。

(二) 类型

根据定金的功能,定金可以被分为成约定金(verlorene Zugabe)、违约定金、立约定金以及解约定金。这些类型的定金都具有合同订立的证据功能。[①] 当然,当事人也可以特别约定证约定金,即定金作为合同订立的证据,在合同没有订立成功的情况下,收受一方是否返还定金,依照当事人的约定。在定金作为合同订立证据的情况下,当事人不一定要移转定金的所有权,移转保管或者移交使用,也是可以的。[②]

立约定金担保的是预约中的给付义务,在本质上也是违约金。

成约定金类似于要物合同中的物的交付,是合同成立的一个要件,并不具有保障债权实现的功能,与违约金并不相同。[③]

违约定金具有对合同履行施加压力的功能,类似于违约金;而解约定金,指向的是合同的解除,在性质上,属于解约金的一种。

当事人约定了定金性质,但是未约定定金类型或者约定不明,一方主张为违约定金的,人民法院应予支持(《民法典合同编通则解释》第67条第1款第2句)。

三、违约定金

(一) 概念与功能

所谓违约定金,是指当事人约定,为了担保合同的履行,一方交付给另一方一定数量的金钱或其他可替代物。

这里的担保针对的是债务人履行合同的行为,而非是债务之清偿。《民法通则》《担保法》均确认定金为债权担保之法定形式,但违约定金的功能是在督促债务人履行合同、给予债务人履行合同的压力,仅具有强制债务人为履行行为的功能,并没有担保债务清偿之功能。所以,定金不应当是债权担保的一种类型。对于定金不适用担保法规则,比如不适用主合同无效、担保合同无效规则,也不适用担保物权的实现规则等。

对于违约定金收受方而言,若给付方违约,可以以定金获得清偿保障,实质是一

[①] Fikentscher/Heinemann, *Schuldrecht AT & BT*, 12. Aufl., 2022, §24, Rn. 140.
[②] MüKoBGB/Gottwald, 9. Aufl., 2022, BGB §336, Rn. 7.
[③] 韩世远:《合同法总论》(第四版),法律出版社2018年版,第841页。

种失权约款;对于违约定金给付一方而言,其并无定金之清偿保障,但可以额外获得一倍定金,其实质是一种违约金,而与一般的违约金不同之处,在于给付方需要预先支付。①

(二) 定金的识别

在实践中,为了履行合同,一方向另一方交付一定数额金钱的情况是很多的,如预付款、订金、押金、保证金等。保证金的类型尤其多,有备用金类型的保证金、预付款类型的保证金、租赁保证金、装修保证金、质量保证金、订金类型的保证金、保有返还请求权的保证金、无双倍返还效力的保证金以及作为动产质权标的物的保证金。② 当事人在合同中使用了"留置金、担保金、保证金、订约金"等表述,如果其符合定金的性质,具有定金的构成要件以及法律效果,那么,也可以认定为定金。③ 当事人交付留置金、担保金、保证金、订约金、押金或者订金等,但是没有约定定金性质,一方主张适用民法典第五百八十七条规定的定金罚则的,人民法院不予支持(《民法典合同编通则解释》第67条第1款第1句)。

在实践中,如果当事人使用"订金"的表述,一般不会适用定金规则,除非当事人具体约定了订金适用定金罚则等规则。④

预付款与定金的区别明显。预付款是合同中价金的一部分,当事人一方支付预付款,旨在提前部分履行,接受一方获得期限利益。⑤

定金与押金的主要区别在于,押金主要针对主合同中的从给付义务,而且押金并不适用双倍返还规则。

(三) 构成要件

1. 定金的约定

主合同的当事人要达成定金约定,当事人可以单独达成定金合同,也可以在主合同中约定定金条款。定金合同中通常包含:定金、定金类型、主义务、定金的数额、交付定金的期限以及定金的效力等。

依据《担保法》第90条第1句,对于定金,必须以书面形式约定。不过,《民法典》放弃了定金约定书面形式的要求。

2. 定金的交付

依据《民法典》第586条第1款第2句,定金约定是实践性合同,定金合同从实际交付定金时起成立。在合同订立前交付定金的,应当以合同订立时间作为定金合同

---

① 姚明斌:《〈合同法〉第114条(约定违约金)评注》,载《法学家》2017年第5期,第157页。
② 崔建远:《合同法》(第四版),北京大学出版社2021年版,第242—244页。
③ 高圣平:《担保法论》,法律出版社2009年版,第596页;曹士兵:《中国担保制度与担保方法》(第三版),中国法制出版社2015年版,第408—409页。
④ "长春长信国际房地产开发有限公司与吉林省建筑设计研究院有限责任公司建设用地使用权出让合同纠纷案",最高人民法院(2006)民一终字第9号民事判决书。
⑤ 崔建远:《合同法》(第四版),北京大学出版社2021年版,第242—240页。

成立的时间。①

当事人订立定金合同后,负有义务的一方不交付定金的,定金合同不成立,但并不影响目标合同的效力。不过,因此会导致相对人对于对方会交付定金而担保目标合同履行的信赖落空,如果给对方造成损害的,负有义务的一方应基于缔约过失承担损害赔偿责任。

当事人实际交付的定金数额多于或者少于约定数额的,视为变更约定的定金数额(《民法典》第586条第2款第2句)。也就是说,当事人以实际交付的数额成立定金合同。②

当事人一方交付定金于对方后,定金的所有权即移转给对方。③ 定金的交付不能治愈意思表示瑕疵,也不能替代法定的形式要件。

3. 主义务的存在

定金具有担保履行的功能,定金与主义务之间具有附随性。如果主义务未产生或者嗣后无效或被撤销了,定金合同即不生效力。④ 交付定金方可以依据不当得利返还规则请求收受方返还该定金。

根据《担保法解释》第122条,因不可抗力、意外事件致使主合同不能履行的情况下,债务人并无损害赔偿责任,违约责任被免除,因此担保违约不发生的定金也应被排除。⑤《民法典合同编通则解释》第68条第3款吸收了该规则,规定了不可抗力致使合同不能履行的,不适用定金罚则。在构成上,第一,要存在合同不能履行的客观状态,既包括合同全部不能履行、部分不能履行,也包括迟延履行致使合同目的不能实现,总之,要存在根本违约的情况,定金罚则的适用条件要满足;第二,合同不能履行须是不可抗力造成的,因为不可抗力是免责事由,在逻辑上,违约责任被免除,因此担保违约不发生的定金也应被排除。值得注意的是,相比于《担保法解释》第122条,《民法典合同编通则解释》第68条第3款未对意外事件作出规定。⑥

(四) 定金数额的上限

定金的数额由当事人约定,但是,不得超过主合同标的额的20%,超过部分不产生定金效力(《民法典》第586条第2款第1句)。如果定金数额超过主合同标的额的20%,而且给付定金方已经给付的,此时,可以进行意思表示解释,如果给付方意思是

---

① 最高人民法院民事审判第二庭、研究室编著:《最高人民法院民法典合同编通则司法解释理解与适用》,人民法院出版社2023年版,第747页。
② 郭明瑞、房绍坤、张平华编著:《担保法》(第五版),中国人民大学出版社2017年版,第195页。
③ 张金海:《定金制度论》,中国法制出版社2020年版,第165页。
④ 崔建远:《合同法》(第四版),北京大学出版社2021年版,第240页。
⑤ 李国光等:《最高人民法院关于适用中华人民共和国担保法若干问题的解释理解与适用》,吉林人民出版社2000年版,第413页。
⑥ 最高人民法院民事审判第二庭、研究室编著:《最高人民法院民法典合同编通则司法解释理解与适用》,人民法院出版社2023年版,第762—763页。

将超出部分作为价款一部分的,即可以抵作价款一部分;如果当事人没有此意,则给付方应可以要求定金收受方返还超过 20% 的部分。在收受定金方违约,给付定金方要求的一倍定金高于主合同标的额 20% 的,人民法院会依照职权减少到主合同标的额 20%。

(五) 法律效果

1. 履行债务情况下的低价与收回

债务人履行债务的,定金应当抵作价款或者收回(《民法典》第 587 条第 1 句)。由于定金可以是金钱,也可以是可替代物,所以,定金可以抵作价款,也可以抵作债务人所负担的给付之物。而所谓"收回",是指收受定金方交付相同数额的金钱或相同数量、相同种类、相同质量的物给给付定金方。①

如果定金没有被抵作价款,则须返还给定金给付方。

在合同被废止或者解除的情况下,定金应当如其他已经履行的给付一样,予以返还。不过,根据《九民纪要》第 49 条,目标合同被解除的,不影响定金约定的效力。合同解除时,一方依据合同中有关定金责任的约定,请求另一方承担责任的,人民法院依法予以支持。在合同解除后,当事人要求双倍返还定金的,在定金已经作为价款一部分的情况下,人民法院则不应支持。②

《涉新冠肺炎疫情民事案件指导的意见(二)》第 1 条第 2 款规定,疫情或者疫情防控措施导致出卖人不能按照约定的期限完成订单或者交付货物,继续履行不能实现买受人的合同目的,买受人请求解除合同,返还已经支付的预付款或者定金的,人民法院应予支持;买受人请求出卖人承担违约责任的,人民法院不予支持。因不可归责于双方当事人事由导致合同解除的,定金责任也被免除(《商品房买卖合同解释》第 4 条、第 19 条)。

《德国民法典》第 336 条至第 338 条规定了证约定金以及违约定金,也规定了所谓的"不丧失的附加规则"。定金会折抵为给付定金方所负担的给付,在合同被废止的情况下,收受一方需要返还。③

2. 违约情况下定金罚则的适用

在当事人违约的情况下,会触发定金罚则的适用。如果给付定金方不履行债务或者履行债务不符合约定,致使不能实现合同目的,则无权要求返还定金。收受定金的一方不履行债务或者履行债务不符合约定,致使不能实现合同目的,应当双倍

---

① 张金海:《定金制度论》,中国法制出版社 2020 年版,第 214 页。
② "广西桂冠电力股份有限公司与广西泳臣房地产开发有限公司房屋买卖合同纠纷案",最高人民法院(2009)民一终字第 23 号民事判决书,载《中华人民共和国最高人民法院公报》2010 年第 5 期(总第 163 期),第 18—25 页。
③ Fikentscher/Heinemann, *Schuldrecht AT & BT*, 12. Aufl., 2022, §24, Rn. 140; Medicus/Lorenz, *Schuldrecht AT*, 22. Aufl., 2021, §43, Rn. 2.

返还定金(《民法典》第587条)。定金罚则规则原则上仅适用于违约定金的情况。①违约的情况包括预期违约、履行不能、履行迟延以及不完全履行、瑕疵履行等所有类型的违约情况。

当事人可以概括约定,违约定金用于担保合同的履行,针对所有类型的违约情况适用定金罚则。当事人也可以约定,违约定金罚则仅适用于特定的违约情况。另外,当事人可以约定违约定金罚则适用的违约情形,也可以约定,即使违约行为不构成根本违约也适用定金罚则。

违约定金罚则具有一定的惩罚性,其适用不以债权人实际遭受损失为前提,而且,违约定金数额往往高于债权人因债务人违约所造成的损失。但是,如果当事人任何的违约行为都可以触发违约定金罚则的适用,那么就会导致违约行为轻微时,违约定金数额大大超过实际损失,违约定金惩罚性过强。② 所以,根据《民法典》第587条,只有在当事人根本违约时,才会触发定金罚则的完全适用。③ 对于根本违约的判断标准,与在解除合同时对根本违约的判断标准是一致的,也即债权人的合同目的是否实现。

如果当事人一方部分履行合同义务,则可以按照未履行部分所占合同约定履行义务的比例,适用定金罚则(《民法典合同编通则解释》第68条第2款第1句)。

例如,当事人买卖钢材1000吨,约定买受人支付50万元定金,买受人实际支付了50万元定金,出卖人交付了500吨钢材,现在买受人主张适用定金罚则。

依据部分履行的比例,出卖人交付了一半的钢材,所以,只能就50万元定金中的25万元适用定金罚则,按照定金罚则,出卖人作为收受定金方应当负有双倍返还的义务,即50万元,此时买受人也可以要求出卖人返还25万元定金。④ 定金罚则的按比例适用规则主要适用于合同标的物可分或者分批交付的情况。⑤ 值得注意的是,如果部分未履行致使不能实现合同目的,对方可以主张按照合同整体适用定金罚则(《民法典合同编通则解释》第68条第2款第2句)。

双方当事人均具有致使不能实现合同目的的违约行为的,其中一方不得请求适用定金罚则。当事人一方仅有轻微违约,对方具有致使不能实现合同目的的违约行为的,轻微违约方可以主张适用定金罚则,对方不得以轻微违约方也构成违约为由抗

---

① 李国光等:《最高人民法院关于适用中华人民共和国担保法若干问题的解释理解与适用》,吉林人民出版社2000年版,第409页。
② 张金海:《定金制度论》,中国法制出版社2020年版,第225页。
③ 黄薇主编:《中华人民共和国民法典释义(中)》,法律出版社2020年版,第1138页。
④ 此时,合同继续履行,买受人交付的50万元定金已经抵作价款,而出卖人应返还的25万元定金也正好可以抵作剩余价款中的25万元价款,构成对剩余债务的部分先履行。黄薇主编:《中华人民共和国民法典释义(中)》,法律出版社2020年版,第1138页。
⑤ 最高人民法院民事审判第二庭、研究室编著:《最高人民法院民法典合同编通则司法解释理解与适用》,人民法院出版社2023年版,第764页。

辩(《民法典合同编通则解释》第 68 条第 1 款)。

例如,甲向乙购买房屋,并交付定金 50000 元,合同签订 15 日内交付全部购房款。乙在收到购房款后交付房屋、办理房产证过户手续,并对房屋进行清理。现甲逾期超过 90 天仍未交付全部购房款,而乙没有清理房屋。甲起诉乙要求解除合同、返还定金,理由是乙没有清理房屋。①

在该案中,甲的违约足以导致乙的合同目的不能实现,而乙的违约比较轻微,并不影响甲的合同目的实现。所以,乙可以主张适用定金罚则。

违约定金的功能与惩罚性违约金相同,故在原理上可以适用违约金减少与增加规则等,在定金明显高于损害赔偿数额时,法院或者仲裁机构可以依照申请适当减少定金的数额。

在德国法上,如果定金的数额较大,违约定金即具有保障合同履行的功能,可转化为违约金(《德国民法典》第 338 条),从而可以准用违约金规则。②

有观点认为,因为违约定金是为制裁债务不履行而交付的,所以,定金罚则的生效需要过错之要件,即只有在给付定金一方有过错而不履行合同的情况下,方无权要求返还。③

(六) 违约定金与实际履行

适用定金罚则后,守约方要求继续履行的,相对方应继续履行合同。④

在合同履行完毕后,定金已经抵作价金,但此后发生了定金担保的违约行为,此时,仍可适用定金罚则。⑤

(七) 违约定金与损害赔偿

当事人约定的定金不足以弥补一方违约造成的损失的,对方可以请求赔偿超过定金数额的损失(《民法典》第 588 条第 2 款)。在实质上,违约定金被认定为最低损害赔偿额。

据此,定金应计算入损害赔偿数额,如果损害超过定金数额的,守约方可以要求定金之后,再请求赔偿超出定金部分的损失。

(八) 违约定金与违约金

当事人既约定违约金,又约定定金的,一方违约时,对方可以选择适用违约金或

---

① 最高人民法院民事审判第二庭、研究室编著:《最高人民法院民法典合同编通则司法解释理解与适用》,人民法院出版社 2023 年版,第 759 页。
② Fikentscher/Heinemann, *Schuldrecht AT & BT*, 12. Aufl., 2022, §24, Rn. 140; Medicus/Lorenz, *Schuldrecht AT*, 2022. Aufl., 2021, §43, Rn. 2; MüKoBGB/Gottwald, 9. Aufl., 2022, BGB §338, Rn. 1.
③ 崔建远:《合同法》(第四版),北京大学出版社 2021 年版,第 246 页。
④ 王利明:《合同法研究》(第二卷)(第三版),中国人民大学出版社 2015 年版,第 740 页。
⑤ 最高人民法院民事审判第二庭、研究室编著:《最高人民法院民法典合同编通则司法解释理解与适用》,人民法院出版社 2023 年版,第 764 页。

者定金条款(《民法典》第588条第1款)。

也就是说,基于定金与违约金功能的相同,如果二者指向的是同一类型违约行为的,只能二者选其一。如果当事人在诉讼中一并主张违约金与定金,法官应当予以释明,但不能代替当事人选择。[1]

如果违约金与定金指向的是不同的违约行为,而这些违约行为又都构成,那么,当事人可以同时主张违约金与定金,但二者总额不得超过违约行为所造成的损失总额。[2]

违约金与定金选择条款并非强制性条款,当事人可以约定同时适用违约金与定金规则,如果二者相加的数额过于高于损失的,债务人可以申请人减少二者相加的数额。

四、成约定金

所谓成约定金,是指当事人约定以交付定金作为合同成立或生效的要件的定金。[3] 该制度产生于合意合同成为主流之前,希腊法上的"Arr(h)alvertrag"制度就是这一类的制度。只有在当事人一方提供其所负担的一部分给付时,合同才成立。在十九世纪,农民之间或海员之间常常订立这类合同。但在现代社会,成约定金约定几乎消失了。[4] 例如,甲雇佣了一个保姆乙,乙为了确信合同成立,约定甲先支付一百元作为成约定金。

当事人约定以交付定金作为合同成立或者生效条件,应当交付定金的一方未交付定金,但是合同主要义务已经履行完毕并为对方所接受的,人民法院应当认定合同在对方接受履行时已经成立或者生效(《民法典合同编通则解释》第67条第3款)。

成约定金的约定属于当事人自由,但在有疑问时,法律上可以作出有利于给付定金一方的推定。如果在合同交涉过程中已交付定金的,存有疑问时,推定合同成立。定金是合同成立的证明,而非订约的形式要件。对于此约定,当事人可以举证推翻。在有疑问时,成约定金不能被视为解约金。也就是说,当事人约定成约定金并不意味着保留了解除权,或者在解除时,应当归定金受领人所有。另外,在有疑问时,成约定金可以折抵债务人所负担的给付;如果没有折抵,则应在履行合同后将之返还给定金给付人。如果该合同被解除或废止,则受领人应当返还该成约定金。这些规则都在保护定金义务人免于丧失定金。

---

[1] 姚明斌:《论定金与违约金的适用关系——以〈合同法〉第116条的实务疑点为中心》,载《法学》2015年第10期,第38页。
[2] 黄薇主编:《中华人民共和国民法典释义(中)》,法律出版社2020年版,第1138页。
[3] 李国光等:《最高人民法院关于适用中华人民共和国担保法若干问题的解释理解与适用》,吉林人民出版社2000年版,第397页。
[4] Medicus/Lorenz, *Schuldrecht AT*, 22. Aufl., 2021, §43, Rn. 1.

在德国法上，成约定金是一种加强合同的方式，但其仅涉及合同之订立，本质上与违约行为无关。①

最后，对于成约定金也适用定金数额限制规则，即不得超过主合同标的额的20%（《担保法解释》第121条）。

五、立约定金

当事人约定以交付定金作为订立合同的担保，一方拒绝订立合同或者在磋商订立合同时违背诚实信用原则导致未能订立合同，对方主张适用《民法典》第587条规定的定金罚则的，人民法院应予支持（《民法典合同编通则解释》第67条第2款）。此时，给付定金一方拒绝订立主合同的，无权要求返还定金；收受定金一方拒绝订立合同的，应当双倍返还定金。立约定金的目的在于增加订立主合同的可能性，同时也为当事人保留不缔约的可能性，而且，还可以防止当事人利用订立合同的机会恶意磋商。②

立约定金是担保预约履行的，本与一般违约定金并无差别，对其亦应适用20%限额。但最高人民法院认为，20%限额规则的适用前提是合同标的额确定，而在预约中，无法计算合同标的额，故此不能适用20%限额规则，但在定金过高的情况下，应可以适用违约金酌减的一般规则，即《民法典》第585条第2款第二种情况。

依据《商品房买卖合同解释》第4条，定金返还的构成要件还包括可归责要件。出卖人通过认购、订购、预订等方式向买受人收受定金作为订立商品房买卖合同担保的，如果因当事人一方原因未能订立商品房买卖合同，应当按照法律关于定金的规定处理；因不可归责于当事人双方的事由，导致商品房买卖合同未能订立的，出卖人应当将定金返还买受人。

六、解约定金

基于合同自由，当事人还可以约定解约定金，即一方保有解除权，该方行使解除权的，定金即归对方所有，而对方解除合同的，得双倍返还定金（《民法典合同编通则解释》第67条第4款）。

当事人以支付解约金为代价而从合同中摆脱出来。在当事人的约定有疑义时，不得将定金视为解约定金。

基于约定享有解除权的一方解除合同，是基于约定的解除权而非基于对方违约，也就是说，在适用解约定金的时候，并不考察当事人是否有违约行为，适用解约定金与违约与否并无关系。③

---

① Medicus/Lorenz, *Schuldrecht AT*, 22. Aufl., 2021, §43, Rn. 1.
② 张金海：《定金制度论》，中国法制出版社2020年版，第83页。
③ 韩世远：《合同法总论》（第四版），法律出版社2018年版，第667页。

如果在解除意思表示之前或之时,当事人一方没有支付解约定金,那么另一方可以毫不迟延地拒绝解除。不过,如果在对方拒绝解除之后一方当事人毫不迟延地支付解约定金,还是可以使解除表示发生效力的。如果具有法定解除事由,则解除定金不发生效力。①

主张解除合同的当事人承担定金损失的,并不影响相对人主张其承担损害赔偿责任(《民法典》第 588 条)。②

---

① Fikentscher/Heinemann, *Schuldrecht AT & BT*, 12. Aufl., 2022, § 24, Rn. 140.
② 最高人民法院民事审判第二庭、研究室编著:《最高人民法院民法典合同编通则司法解释理解与适用》,人民法院出版社 2023 年版,第 751 页。

第十章 当事人的更换

第一节 债权让与

✎【文献指引】

刘绍猷:《将来之债权的让与》,载郑玉波主编:《民法债编论文选辑(中)》,五南图书出版股份有限公司1984年版;裴丽萍:《论债权让与的若干基本问题》,载《中国法学》1995年第6期;张谷:《论债权让与契约与债务人保护原则》,载《中外法学》2003年第1期;王泽鉴:《让与请求权》,载《民法学说与判例研究(3)》,中国政法大学出版社1998年版;崔建远、韩海光:《债权让与的法律构成论》,载《法学》2003年第7期;韩海光、崔建远:《论债权让与和对抗要件》,载《政治与法律》2003年第6期;徐涤宇:《债权让与制度中的利益衡量和逻辑贯彻——以双重让与为主要分析对象》,载《中外法学》2003年第3期;李永锋:《债权让与中的若干争议问题——债务人与债权受让人之间的利益冲突与整合》,载《政治与法律》2006年第2期;李永锋、李昊:《债权让与中的优先规则与债务人保护》,载《法学研究》2007年第1期;申建平:《债权双重让与优先权论》,载《比较法研究》2007年第3期;申建平:《论债权让与中债务人之抵销权》,载《法学》2007年第5期;崔建远:《债权让与续论》,载《中国法学》2008年第3期;申建平:《债权让与制度研究——以让与通知为中心》,法律出版社2008年版;杨芳贤:《从比较法观点论债权让与之若干基本问题》,载《台湾大学法学论丛》2009年第3期;申建平:《论债权让与中债务人放弃抗辩权条款之效力》,载《比较法研究》2011年第4期;李宇:《债权让与的优先顺序与公示制度》,载《法学研究》2012年第6期;〔德〕克里斯托夫·克恩:《普通的债权让与、债权质权及担保性债权让与——比较法角度的若干思考》,张一驰译,张双根校,载张双根等主编:《中德私法研究》(第5卷),北京大学出版社2009年版;谢潇:《债权让与性质斟酌及其类型化尝试》,载《政治与法律》2015年第3期。

✎【补充文献】

尹飞:《论债权让与中债权移转的依据》,载《法学家》2015年第4期;冯洁语:《禁止债权让与特约的效力论——对继受日本学说的反思》,载《甘肃政法学院学报》2016年第3期;庄加园:《〈合同法〉第79条(债权让与)评注》,载《法学家》2017年第3期;

冯洁语:《论禁止债权让与特约效力的教义学构造》,载《清华法学》2017年第4期;潘运华:《债权让与在通知前对债务人的效力——以债务人不知悉为中心》,载《中国海洋大学学报(社会科学版)》2018年第2期;冯洁语:《准法律行为的无效和撤销——以德国债权让与通知瑕疵为考察对象》,载《南京大学学报(哲学·人文科学·社会科学)》2018年第2期;潘运华:《债权让与对债务人的法律效力——从(2016)最高法民申7号民事裁定书切入》,载《法学》2018年第5期;潘运华:《债权二重让与中的权利归属》,载《法学家》2018年第5期;冯洁语:《禁止债权让与特约:比较法的经验与启示》,载《法商研究》2018年第5期;李宇:《民法典中债权让与和债权质押规范的统合》,载《法学研究》2019年第1期;徐涤宇:《〈合同法〉第80条(债权让与通知)评注》,载《法学家》2019年第1期;虞政平、陈辛迪:《商事债权融资对债权让与通知制度的冲击》,载《政法论丛》2019年第3期;潘运华:《日本债权二重让与中通知的法律效果》,载《华东理工大学学报(社会科学版)》2019年第4期;朱虎:《债权转让中的受让人地位保障:民法典规则的体系整合》,载《法学家》2020年第4期;朱虎:《禁止转让债权的范围和效力研究:以〈民法典〉规则为中心》,载《法律科学(西北政法大学学报)》2020年第5期;朱虎:《债权转让中对债务人的延续性保护》,载《中国法学》2020年第5期;朱虎:《债权转让中对债务人的程序性保护:债权转让通知》,载《当代法学》2020年第6期;李文涛:《债权让与中的不当得利——以债务人非债清偿为论题》,载梁慧星主编:《民商法论丛》(第72卷),社会科学文献出版社2021年版;魏冉:《保理的概念及其法律性质之明晰》,载《华东政法大学学报》2021年第6期;潘运华:《〈民法典〉中债权表见让与的解释空间及其构成要件》,载《北方法学》2021年第6期;蔡睿:《保理合同中债权让与的公示对抗问题》,载《政治与法律》2021年第10期;詹诗渊:《保理合同客体适格的判断标准及效力展开》,载《环球法律评论》2021年第5期;潘运华:《民法典中有追索权保理的教义学构造》,载《法商研究》2021年第5期;陆家豪:《分离原则与抽象原则在债权让与制度中之显现——以债权二重让与为分析中心》,载《上海政法学院学报》2021年第1期;冉克平、吕斌:《债权让与限制特约效力释论》,载《河北法学》2021年第3期;郑金菲:《论〈民法典〉中债权让与规则的统一构建》,载《东南大学学报(哲学社会科学版)》2022年第24卷增刊;李宇:《保理法的再体系化》,载《法学研究》2022年第6期;梁莹:《〈民法典〉应收账款质押规范的内外部效力》,载易继明主编:《私法》(第20辑·第2卷),知识产权出版社2022年版;孙豪杰:《论债权让与之通知义务的主体和性质》,载《东南大学学报(哲学社会科学版)》2022年第24卷增刊;王馨然:《保理合同中的债法一般原理——试分析〈民法典〉保理合同章条款》,载《东南大学学报(哲学社会科学版)》2022年第24卷增刊;朱晶晶:《债权让与中基础合同变动的效力判定》,载《法学家》2023年第2期;潘运华:《保理合同中应收账款多重转让规则的解释论》,载《法学论坛》2023年第4期;方新军:《债权多重让与的体系解释》,载《法学研究》2023年第4期;蔡睿:《虚假债权转让中债务人的表见责任——〈中华人民共和国民法典〉第 763 条的解释论展开》,载《政治与法律》2023 年第 6 期;崔建远:《关于债权让与的争论及其评论》,载《广东社会科学》2024 年第 1 期;方乐坤:《保理交易中债权转让通知规则解释论》,载《北方法学》2024 年第 3 期;杨瑞贺:《担保法视野下禁止债权让与特约的效力论》,载《经贸法律评论》2024 年第 3 期;蔡睿:《论债权多重让与的一般确权规则——兼评〈民法典合同编通则解释〉第 50 条》,载《清华法学》2024 年第 2 期;〔日〕和田胜行:《论作为债权让与对抗要件的债务人承诺》,冯洁语、王靖泽雨译,载《南大法学》2024 年第 4 期。

一、债权让与概述

(一) 问题点

债权不仅是债权人与债务人之间的关系,而且也是财产标的。在利益平衡上,债权人对债权流通所享有的利益要大于债务人与债权人之间的债之关系。故债权人原则上得自由让与债权。而且,人们不可以选择谁是债权人,但可以选择谁是债务人。所以,通常债权让与,无须债务人同意,甚至无须其知晓。因为债务人通常不关心债权人是谁,而债务人的经济状况、个人品质、经营能力等,对债权人来说则至关重要。①

(二) 概念

债权让与是原债权人与新债权人之间签订合同,原债权人将对债务人的债权移转给新债权人的行为。新债权人成为债权的享有人,而原债权人丧失了其债权。原债权人被称为让与人,新债权人被称为受让人。

债权让与中只有债权的权利主体直接变更,债权的内容并未发生变化。

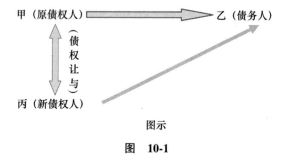

图示
图 10-1

债权可以是基于双务合同产生的债权,也可以是基于单务合同产生的债权,还可以是基于侵权行为、不当得利而产生的债权。债权也可能是公司法上的股息请求权或者分红请求权等。债权可以是金钱之债,也可以是非金钱之债。

---

① Fikentscher/Heinemann, *Schuldrecht AT & BT*, 12. Aufl., 2022, §58, Rn. 716.

(三) 债权让与的结构

对于债权让与结构,有不同观点。有学者认为,应区分债权让与与债权让与合同,债权让与合同是一种法律行为,但债权让与是一个事实行为,债权让与无须采用特别公示方式。债权让与合同一旦生效,债权立即移转给受让人,无须有形的履行行为。①

1. 债权让与作为处分行为

有观点认为,债权让与这一事实行为和债权让与合同之间的关系,原则上应采有因原则,原因行为无效或者被撤销的场合,债权让与不生效力。② 但存在例外,如票据和证券的转让。③ 债权让与事实行为说的观点是建立在现行法不承认物权行为理论的观点的基础上的,既然不承认物权行为理论,那么准物权行为也不成立,在逻辑上贯穿一致。

对此观点,本书持不同意见。债权让与是一种基于意思的权利变动行为,为准物权行为。债权让与意思的内容是移转债权、设定让与担保以及从属权利移转等,对于未来债权的移转,也需要让与人与受让人的合意。

在德国法上,债权让与使得债权物权化(Verdinglichung der Forderung)。与绝对权的处分一样,债权的让与是一种处分。在债权上还可以设定用益权、质权等。④ 我国学者也认为,与所有权让与一样,债权让与也是一种处分行为⑤,通过让与,既存的权利直接被移转。

债权让与作为一种处分行为,只有在原债权人(让与人)享有处分权的情况下,债权让与才会发生效力。⑥

2. 处分行为与负担行为的区分

在债权让与中应区分债权处分行为,以及作为处分行为原因的买卖、赠与等负担行为。处分行为创设了对于债权的所有或者法定权限(Rechtszuständigkeit),在结果上,债权从让与人的财产中分离出来,而且,在让与人支付不能或者破产的情况下,让与人的债权人不能再对其财产价值进行执行攫取。而负担行为则只是确立了以让与债权为内容的债权。⑦ 例如,甲赠与乙一个债权,甲的赠与表示中既包含赠与合同要约,亦包含让与要约,乙的接受赠与的表示中含有对两个要约的承诺,由于通过债权

---

① 崔建远、韩海光:《债权让与的法律构成论》,载《法学》2003 年第 7 期,第 57 页。
② 韩世远:《合同法总论》(第四版),法律出版社 2018 年版,第 600 页。
③ 崔建远、韩海光:《债权让与的法律构成论》,载《法学》2003 年第 7 期,第 61 页。
④ MüKoBGB/Kieninger, 9. Aufl., 2022, BGB §398, Rn. 2.
⑤ 朱广新:《合同法总则研究(下册)》,中国人民大学出版社 2018 年版,第 482 页;徐涤宇:《债权让与制度中的利益衡量和逻辑贯彻——以双重让与为主要分析对象》,载《中外法学》2003 年第 3 期,第 307—319 页。
⑥ 庄加园:《〈合同法〉第 79 条(债权让与)评注》,载《法学家》2017 年第 3 期,第 159 页。
⑦ MüKoBGB/Kieninger, 9. Aufl., 2022, BGB §398, Rn. 2;韩世远:《合同法总论》(第四版),法律出版社 2018 年版,第 595 页以下。

让与所允诺的给付即发生效力,故赠与允诺无须要求形式要件。

3. 债权让与的无因性

债权让与作为抽象的处分行为,独立于作为其基础的原因行为的存在而存在。原因行为通常为债权买卖,如果没有原因行为或者原因行为由于撤销等原因而无效,债权让与的效力并不受到影响①,但在这种情况下,让与人得基于不当得利请求受让人向回让与债权。

在例外情况下,如果让与与原因行为具有同一瑕疵(如未成年人出卖并让与债权的情况,或者原因行为与让与约定在一个文书之中),或者原因行为作为让与生效条件,原因行为无效的,让与行为亦无效。

4. 通知和债权让与之间的无因性

为了保护债务人,《民法典》第 546 条规定,债权人转让债权,未通知债务人的,该转让对债务人不发生效力。债权转让的通知不得撤销,但是经受让人同意的除外。对于"对债务人不发生效力",《民法典合同编通则解释》第 48 条第 1 款进行了详细的解释:债务人在接到债权转让通知前已经向让与人履行,受让人请求债务人履行的,人民法院不予支持;债务人在接到债权转让通知后仍然向让与人履行,受让人请求债务人履行的,人民法院应予支持。也就是说,在债权让与中,债务人仅需要审查通知的正确性,无须审查债权让与原因行为,也无须审查债权让与本身的瑕疵。②

基于债权让与通知,债务人即有权向受让人为有效的清偿。债务人接到债权转让通知后,让与人以债权转让合同不成立、无效、被撤销或者确定不发生效力为由请求债务人向其履行的,人民法院不予支持。但是,该债权转让通知被依法撤销的除外(《民法典合同编通则解释》第 49 条第 1 款)。这里的债权转让合同应当是债权让与的原因行为,即买卖、赠与合同等。例如,甲伪造乙的签名,将乙对丙享有的债权转让给丁,此时乙并无债权转让的意思表示,转让合同不成立。这一规则存在若干例外,如《文物保护法》第 36 条规定,非国有不可移动文物不得转让、抵押给外国人。文物买卖合同当事人将其债权让与给外国人的,即违反了这一规定,债权让与合同即为无效。③ 此时,在债务人接到债权转让通知后,即使债权转让合同不成立、无效、被撤销或者确定不发生效力,让与人也不得请求债务人履行,债务人也不得向让与人履行。

进一步来讲,债务人不可以基于债权让与原因行为瑕疵而拒绝向受让人履行。此时债务人应当向受让人履行,而且履行也会发生清偿效力,同时,无论债务人是否

---

① 李永军:《合同法》(第三版),法律出版社 2010 年版,第 361 页;杨明刚:《合同转让论》,中国人民大学出版社 2006 年版,第 235 页。

② 冯洁语:《债权双重属性视角下的债权让与结构——评朱虎〈道是无晴却有晴:债权转让规则的体系连接〉》,载王洪亮等主编:《中德私法研究》(第 23 卷),北京大学出版社 2023 年版,第 69 页。

③ 最高人民法院民事审判第二庭、研究室编著:《最高人民法院民法典合同编通则司法解释理解与适用》,人民法院出版社 2023 年版,第 538 页。

明知通知中的受让人并非债权人,债务人的清偿均发生效力。这样更有利于三方当事人的利益平衡,避免为单纯保护让与人(原债权人)利益而使债务人和受让人均处于风险之中,且从风险控制的角度看,原债权人比债务人更有能力防范控制债权转让合同存在效力瑕疵的风险。① 将债权让与合同无效的带来的风险加之于债务人头上是不公平的,应当由债权让与的当事人来承担。②

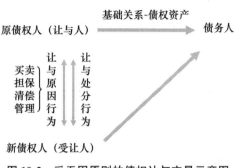

图 10-2 采无因原则的债权让与交易示意图

(四)债权让与的原因行为

1. 债权买卖

债权让与行为是一种处分行为,欲观察其经济上的意义,须结合原因行为进行。最为常见的原因行为为有偿行为,即债权买卖行为,而且大都是金钱债权的买卖。

在不良债权买卖情况下,债权人将债权让与给受让人,以实现自己的债权,并将债权收取的成本以及无法获得清偿的风险移转给受让人。

2. 保理

债权人可以让与将来债权,以提前实现债权,比较常见的将来债权让与原因行为是保理合同,其中无追索权的保理合同的核心内容即是债权买卖。

3. 事务管理或信托

债权让与的原因行为还可以是事务管理或者信托关系,保理合同中即含有事务管理的内容,债权处置以及债权证券化过程中则可能含有信托关系。债权让与的原因行为可以是赠与、遗赠以及投资行为。

4. 清偿

债权让与的原因还可以是清偿债务。

案例:甲对乙负有 100 万元的债务,为了清偿此债务,其将自己对丙的尚未到清偿期的 100 万元债权让与给乙。

---

① 最高人民法院民事审判第二庭、研究室编著:《最高人民法院民法典合同编通则司法解释理解与适用》,人民法院出版社 2023 年版,第 540 页。

② Jansen/Zimmermann, *Commentaries on European Contract Laws*, 2018, S. 1701.

此时,当事人约定的是代物清偿还是为清偿而给付,取决于当事人之合意。须考察的是被清偿的债务,根据当事人的意思,其随着另一个给付的提供是消灭了还是与新承担的给付并存,如果被清偿的债务须消灭,即为代物清偿,否则就是为清偿而给付(新债清偿)。在该案例中,乙因受让而取得对丙的债权,但若不能实现,其能否再向甲主张债权,则取决于当事人合意的内容是代物清偿还是为清偿而给付。

5. 担保

债权人可以将自己的债权作为担保而让与给其债权人或者第三人,此时,债权让与的原因行为是担保合同。

6. 贴现

在金融领域,票据债权的转让被称为贴现。如果是记名证券,比如存折,存折中债权的转让并无形式要件要求,但需要移转存折。而依据《公司法》第201条第1款,公司债券持有人以背书方式或者法律、行政法规规定的其他方式转让其债券;转让后由公司将受让人的姓名或者名称及住所记载于债券持有人名册。对于不记名证券,其上的债权让与根据的是证券所有权移转。而对于指示证券(Orderpapiere),如汇票、支票,需要通过背书移转,而且需要加上证券所有权移转,也就是说,让与人必须交付证券。

基于原因行为以及诚实信用原则,还可以产生附随义务。比如让与人不得为任何有损受让人权利的行为,尤其是不得收取债权。

(五) 意定与法定原因行为类型

债权移转的原因可以被区分为如下三种类型。首先,可以基于法律行为而发生债权移转,即债权让与(《民法典》第545条以下)。其次,基于法律规定而发生债权移转,如继承、合同上地位的概括承受以及代位求偿,例如,有代为履行权的第三人履行,而债权人接受第三人履行后,其对债务人的债权转让给第三人(《民法典》第524条)。《民法典》第1181条第1款第2句规定,被侵权人为组织,该组织分立、合并的,承继权利的组织有权请求侵权人承担侵权责任。最后,还可能基于裁判命令(国家行为)而发生债权移转,执行中的如"转付命令",在强制执行中被扣押的债权移转给执行债权人,以替代支付。故债权让与为债权移转的一种,二者并非同一概念。[①]

(六) 特殊类型的债权让与

1. 债权让与担保

债权让与的目的若是担保某一债权的实现,则其就成为一种新的制度,即债权让与担保制度,此种制度仅在德国法系受到承认。首先,其中包含一个债权让与;其次,该债权让与服务于担保的目的,如该目的不存在或不再存在即会影响债权让与的效

[①] 陈自强:《契约之内容与消灭——契约法讲义Ⅱ》(第四版),元照出版有限公司2018年版,第239页。

力;最后,被担保的是债权。① 对于债权让与担保,并无公示要件之要求。

2. 延长型所有权保留

在延长型所有权保留的情况下,买受人将其将来因销售所获得的债权让与给出卖人,作为货物价款的担保。在这种情况下,该将来的债权在其产生那一刻即是可确定的。

3. 概括性债权让与

概括性债权让与(Globalzession)在本质上是一种将来债权的让与担保,其特殊之处在于被让与的债权是统一标识的多个债权或一束债权。概括性债权让与主要用于担保银行的金钱信贷,也可以用于供应商的货物信贷。

在概括性债权让与的情况下,让与的并非单个的债权,而是一束债权。而且,一束债权中大部分是未来的债权,只不过在统一名称之下。在司法实践中,对于概括性让与的债权的确定性要求比较宽松,基于特定交易或者特定时间段内产生的债权均可概括移转。例如在公路收费权的让与中,收费债权即是可确定的,比如从详细描述的交易领域中产生的所有客户债权,也是可确定的。但是概括让与的债权的数量及其数额并不是确定的,这样就很难确定担保数额或者担保范围是否超出了担保利益的需要。在概括让与的债权产生的那一刻,其内容、数额以及债务人均可以确定,此时,亦符合债权可确定性的要求。

4. 保理

保理合同是应收账款债权人将现有的或者将有的应收账款转让给保理人,保理人提供资金融通、应收账款管理或者催收、应收账款债务人付款担保等服务的合同(《民法典》第761条)。

债权人(企业)将其对债务人(客户)的债权让与给保理人(通常是银行),保理人可以以自己名义收取债权,但保理人应立即支付被让与债权的对价,在对价中扣除费用。通过保理,企业可以立即获得资本,并节省借方记账以及催告的成本等。保理本质上是没有证券化的债权的贴现,具有服务功能,而又可用于融资以及履行贷款义务,具有清算功能。保理主要是针对债权还没有到期的情况。

保理中真正保理与非真正保理的区别在于,在真正保理的情况下,当事人约定的是无追索权的保理,保理人应当向应收账款债务人主张应收账款债权,保理人取得超过保理融资款本息和相关费用的部分,无须向应收账款债权人返还(《民法典》第767条)。也就是说,真正保理涉及的是基于债权买卖的概括让与,保理人承担破产风险。在非真正保理的情况下,当事人约定的是有追索权的保理,保理人可以向应收账款债权人主张返还保理融资款本息或者回购应收账款债权,也可以向应收账款债务人主

---

① 〔德〕克里斯托夫·克恩:《普通的债权让与、债权质权及担保性债权让与——比较法角度的若干思考》,张一弛译,张双根校,载张双根等主编:《中德私法研究》(第5卷),北京大学出版社2009年版,第137页。

张应收账款债权。保理人向应收账款债务人主张应收账款债权,在扣除保理融资款本息和相关费用后有剩余的情况下,剩余部分应当返还给应收账款债权人(《民法典》第 766 条)。也就是说,非真正保理的常用情形为:银行发放贷款,为了清偿受让债权(新债清偿)并为了担保该信贷而让与,让与人承担破产风险。值得注意的是,两种类型的保理都含有事务管理因素。

非真正保理与债权让与担保十分类似,二者的区别在于:非真正保理通常不是隐名让与,而且,受让人得自己收取债权,受让人通常负有收取的义务,并从收取债权中获得偿付。在债权让与担保的情况下,让与人是为了特定信贷金额的担保而在该范围内让与债权;而在非真正保理的情况下,首先产生的是债权,作为债权的预付款的信贷授予根据的是债权的数额。①

5. 隐名让与

在隐名让与的情况下,受让人获得完全债权人地位,但授权让与人去收取,并依据信托原因关系,在让与人给付义务发生障碍的情况下,负有义务行使债权人权利(基于担保约定),与禁止之非典型处分行为发生类似的结果。

6. 空白让与

在空白让与(Blankzession)的情况下,让与人要签发一个让与证书,而受让人的姓名空着,主要适用于连续让与债权的情况。按照逻辑,随着最后一个受让人受领证书或者在证书上被标识,债权才从让与人财产中剥离出来,但这正是在空白让与中当事人所不愿意发生的结果。

让与证书的另一方当事人作为还不可知的受让人的、没有被授权的代理人,随着受让人的确认,发生溯及既往的追认处分的效果。因为,另一方也可以指任自己,所以同时也可能是对他自己的附条件让与。在最终取得人受领之前,让与人仍然是债权人,或者基于代理,或者基于其享有处分权。在有书面形式要件的情况下,只有在书面指定受让人,并记载入让与文书之时,才发生效力,也就是说,此时并不发生溯及既往的效力。②

空白让与的目的有两个:一是避免中间取得人的抗辩的产生,二是避免让与人在填充空白证书之前再执行攫取债权。

(七) 债权让与和其他制度的区别

1. 与合同承担的区别

债权让与不同于合同承担,在后者,原债权人让与给新债权人的不仅仅是独立的债权,而且是整个合同地位。新债权人承受的也不仅仅是债权,还包括原债权人的给付义务。也就是说,同时出现了债权人更换以及债务人更换。

---

① MüKoBGB/Kieninger, 9. Aufl., 2022, BGB §398, Rn. 160.
② Jauernig/Stürner, 19. Aufl., 2023, BGB §398, Rn. 6.

在债权让与的情况下,与债之关系中和当事人地位结合在一起的非独立的形成权以及受领权限通常并不一同移转,但这不是与合同承担的区别点,因为在债权让与的情况下,当事人也可以约定一同移转形成权等。在债权让与的情况下,债务人对原债权人的抗辩权仍然还会继续存在,可以向受让人主张,如债务人可以对原债权人的债权与受让人的债权进行抵销。但是合同承担中,三方当事人在合同承担生效后即已经知道当事人的更换,所以通常不得主张抵销(比较《德国民法典》第 406 条)。

2. 与收取授权的区别

以债权收取为目的而委托第三人以自己名义收取债权的,被称为债权收取授权(Einziehungsermächtigung)。在收取授权的情况下,债权并未移转,债权人仍是债权的享有人,只是授权第三人以其名义收取,并为其计算、主张债权。这里的授权是授予处分权。在一定意义上,债务人是强制执行法意义上的执行债务人,而被授权人是执行债权人,但执行债权人仅取得收取授权。

让与人赋予受让人以债权人享有的、持续的、无条件的收取权,而不赋予其完全债权人地位,并非债权让与;或者只是针对让与人进行强制执行的情况,而让与债权人地位,也不是债权让与。

被授权的第三人并不能终局保有所受领的给付,应将该给付返还给让与人,此时,债权让与的原因行为,并非买卖,而是委任。① 由于收取授权中实质上债权并未移转,故让与人与第三人之间并无信托关系。

实践中常见的债权收取授权有:将侵权损害赔偿请求权让与给具有专业背景的第三人收取;或者将消费者损害赔偿请求权让与给具有专业背景的第三人或消费者团体收取;或者银行将自己的不良债权让与给资产管理公司,而资产管理公司又授权银行进行收取。

3. 与托收让与的区别

在托收让与(Inkassozession)中,债权人让与债权的目的在于使得受让人能以自己的名义收取债权,而且只在与债务人的关系上授予其权力。受让人对外行使的权力要大于其在内部关系上期待的权力,所以,让与人与受让人之间是一种信托关系。受让人负担为了让与人利益并为其计算而收取债权的义务,且不得再行转让或者进行其他妨害行为;在让与人要求下,受让人负有返还债权于让与人的义务。但是,在对外关系上,受让人违反信托而让与债权,该让与也是有效的。②

---

① 陈自强:《契约之内容与消灭——契约法讲义Ⅱ》(第四版),元照出版有限公司 2018 年版,第 242 页。
② MüKoBGB/Kieninger, 9. Aufl., 2022, BGB § 398, Rn. 44.

二、债权让与的构成要件

(一) 债权让与合同

有效的债权让与,首先要以原债权人与新债权人之间存在合同为前提。基于该合同,新债权人得享有该债权。债务人的同意或者向债务人通知并非债权移转的必备要件。即使在债务人毫无所知的情况下,债权移转亦为有效。[1] 故此,实有必要对于债务人予以特别保护。

债权让与合同适用法律行为的一般规则。原则上,债权让与并无形式要件要求,例外情况下,如在让与被担保的债权时,需要书面形式。与物权让与相比较,债权让与并不以公示为有效让与之要件。

如果债权被让与给债务人,则债权因混同而消灭。但在票据的情况下,债权被让与给债务人并不导致债权消灭,因为让与人并没有最终将债权让与给债务人的意图。

债权人将其对多个连带债务人中一人的债权让与给第三人,也属于债权让与。

当事人可以约定保留,受让人在特定时间或者在特定前提下才可以行使其债权人的权利义务。这种情况下,当事人大都会约定暂时对债务人保密债权让与。不过,受让人的义务是其对让与人债法上的义务,受让人违反该义务的,应向让与人承担损害赔偿责任。

(二) 债权的存在

有效债权让与的第二个构成要件是债权的存在而且为让与人所享有。让与人要保障其让与的债权是真实的,是基于真实的交易产生的债权。而且,如果债权嗣后通过清偿、抵销等已经消灭,则让与即为落空。但让与人通常不保障债权是否能够被收取或者债务人是否具有履行能力。

1. 不完全债权

值得注意的是,只要债权存在即可,并不要求其具有可实现性,如经过诉讼时效的债权、其上存在抗辩权的债权等均可以成为债权让与的标的物。

2. 虚假债权

在债权让与中并不存在从非权利人处善意取得之可能。因为,在取得债权的情况下,并无诸如占有等可信赖的表象。

> 案例:甲对丙声称其对乙享有10万元价金债权,并将其转让给丙,丙同意;
>
> 变化:甲伪造了其对乙的买卖合同书,出示给丙,并将其中的10万元价金债权让与给丙。

在第一种情况下,对丙而言,甲并无可信赖的权利外观,丙不值得保护;而在第二

---

[1] Brox/Walker, *Allgemeines Schuldrecht*, 46. Aufl., 2022, §34, Rn. 9, S. 453.

种情况下,虽然买卖合同书可以体现甲对乙的价金债权,丙也可能对此产生信赖,但依照事理,丙不能依据合同书即信赖合同书记载的权利确实存在,而且该权利外观是甲伪造的,不可归责于乙,故不能牺牲乙的利益而保护丙。①

在例外情况下,如果在出示债权证书的情况下让与债权的,那么第三人可以善意取得该债权,债权证书造成了权利表象。在债务人、债权人约定禁止让与的情况下,如果在债权证书上并无记载,第三人亦可以善意取得。②

> 案例:甲举债无门,遂恳求乙出具10万元的借据,允许甲以此调头寸。甲向丙出具该借据,并声称对乙享有10万元的价款返还请求权,愿意以8万元出售该债权,丙相信后同意买受该债权。③

在此案中,债权证书并非甲伪造,而是债务人乙出具的。丙得基于其对于债权证书的信赖而善意取得该债权。让与的债权产生于虚伪行为,本来不会发生让与的效力,但是如果债务人作出了因虚伪行为而产生的债权的证书,而且,债权让与是在出示证书的情况下进行的,那么债务人即不得主张虚伪行为无效,也就是说,新债权人可以要求债务人给付不存在的债权。值得注意的是,善意取得规则只适用于依据法律行为而取得债权的情况,而不适用于依据法律或者国家权力而取得债权的情况。

在保理合同中,应收账款债权人与债务人同谋以虚假意思表示制造了虚假应收账款的外观,或者债务人向保理人确认应收账款的真实性,制造了虚假应收账款的外观,而保理人信赖该外观的,保理人即应受到保护④,应收账款债务人不得以应收账款不存在为由对抗保理人,保理人明知虚构的除外(《民法典》第763条)。在"河南奇春石油经销集团有限公司与中国工商银行股份有限公司延安分行及一审被告陕西宝姜石化有限责任公司、刘某某等金融借款合同纠纷案"⑤中,债务人奇春石油经销公司通过出具同意办理国内保理融资确认函、应收账款转让通知书(回执),以及签订国内保理业务合作协议确认了应收账款真实存在。法院认为,债务人向保理人确认应收账款真实存在后,又以不存在真实应收账款为由对抗保理商的索赔请求,违背了诚实信用原则。在债务人不能举证证明保理人对该虚构是明知的情形下,其抗辩不能得到支持。

在"某银行诉某油品公司保理合同纠纷案"⑥中,债权人用已经做完业务的增值

---

① 陈自强:《契约之内容与消灭——契约法讲义Ⅱ》(第四版),元照出版有限公司2018年版,第257页。
② 吴国喆:《债权让与中的受让人保护——以债权善意取得为中心》,载《西北师大学报(社会科学版)》2012年第6期,第23页。
③ 陈自强:《契约之内容与消灭——契约法讲义Ⅱ》(第四版),元照出版有限公司2018年版,第258页。
④ 黄薇主编:《中华人民共和国民法典释义(中)》,法律出版社2020年版,第1409页。
⑤ 最高人民法院(2020)最高法民终155号民事判决书。
⑥ 天津市高级人民法院(2022)津民终1006号民事判决书。

税发票及收据谎称未付货款,让债务人某油品公司在应收账款转让确认书上盖章,此时,债务人也应为此权利外观负责。天津市高级人民法院审理后认为,某银行办理案涉业务时,审查了购销合同、油品销售提货单等,并向某油品公司核实了应收账款真实性。某银行信赖某油品公司确认的上述内容,向鑫汇公司发放了保理融资款,故某油品公司应当向某银行承担付款责任。

《民法典担保制度解释》第 61 条第 1 款也规定,以现有的应收账款出质,应收账款债务人向质权人确认应收账款的真实性后,又以应收账款不存在或者已经消灭为由主张不承担责任的,人民法院不予支持。也就是说,善意的受让人信赖债务人的确认的,自债权让与或者出质发生效力时,受让人即可以善意取得债权或其上的质权。

《民法典合同编通则解释》第 49 条第 2 款增加了一般的虚假债权取得规则:受让人基于债务人对债权真实存在的确认受让债权后,债务人又以该债权不存在为由拒绝向受让人履行的,人民法院不予支持。但是,受让人知道或者应当知道该债权不存在的除外。

3. 将来债权

将来债权有两种,一种是已经存在基础法律关系的将来债权,如附条件、附期限的债权以及产生将来法律关系的债权(如继续性合同);一种是没有基础法律关系的将来债权,如基于尚未订立买卖、租赁合同等所产生的债权。① 这种将来的债权也被称为纯粹的将来债权。将来债权在其产生前亦可被让与,只要其可以被充分确定即可,但在其真正产生后,让与方生效力,此即所谓的预先让与(Vorausabtretung)。②

将来债权的转让要求被转让的将来债权是可充分确定的。而将来债权是否充分确定,是一个解释的问题。所谓被充分确定,是指未来债权的发生原因法律关系客观存在、内容明确,且权利发生盖然性极大时,未来债权才具有可让与性。③ 有观点认为,权利发生的盖然性,或者说可期待性,并不影响将来债权的可让与性,只是当事人之间的商业风险考量。④

在将来债权已经存在基础法律关系的情况下,学理上分析,当债权实际产生时,受让人直接取得(Direkterwerb)债权,而且溯及既往地取得,可以对抗之后让与人的扣押债权人和破产管理人;在将来债权没有基础法律关系的情况下,当债权实际发生时,让与人先取得债权,之后再由受让人取得债权,是间接取得(Durchgangserwerb)。

---

① 朱虎:《债权转让中的受让人地位保障:民法典规则的体系整合》,载《法学家》2020 年第 4 期,第 25 页。
② Medicus/Lorenz, *Schuldrecht AT*, 22. Aufl., 2021, §59, Rn. 17;张谷:《论债权让与契约与债务人保护原则》,载《中外法学》2003 年第 1 期,第 21 页。
③ 韩海光、崔建远:《论债权让与的标的物》,载《河南省政法管理干部学院学报》2003 年第 5 期,第 14 页。
④ 李宇:《保理法的再体系化》,载《法学研究》2022 年第 6 期,第 96—97 页。

受让人不得对抗债权转让合同成立后、债权实际发生前的扣押债权人和破产管理人。① 在德国法实践中,破产法未贯彻该学理逻辑,若破产程序开始前被让与的将来债权在破产程序中产生,应当适用德国《支付不能法》第 91 条的规定,原则上受让人无法取得权利,只有受让人具有受保障的法律地位(gesicherte Rechtsposition)时,才可以获得破产隔离的保护,该种受保障的法律地位是指非经受让人同意,让与人无法单方破坏的法律地位。②

将来债权被让与后,嗣后再次被让与的,不生效力。将来债权让与的效力不会溯及既往,但在当事人之间有约定的可以溯及既往,比如利息的计算。

在让与有限责任公司将来的补偿请求权或者解散债权的情况下,如果股东嗣后立即有效地将股份让与给第三人,而补偿请求权在第三人手里才产生,那么,这就会造成该将来债权让与落空。

4. 打包债权

在实践中,资产管理公司在接受银行的不良债权之后,往往将其做成资产包转让,即所谓打包债权。该债权的移转,也是一种处分行为。此时债权让与客体要特定化,即应将打包的债权拆包,就每一项债权专门成立一个债权让与,分别赋予其法律效力。③

5. 部分债权

根据《民法典》第 545 条,债权人可以部分转让债权。但是,在其第 1 项又规定了"根据债权性质不得转让"的例外。这样一来,在判断部分债权是否可以让与时,要先区分债权是否是可分的,如果债权是不可分的,债权人则不得进行部分债权让与。如果债权是可分的,债权人可以进行部分债权让与。

部分债权的让与,会导致两个独立的债权产生,在没有约定的情况下,二者顺位相同。如果债务人部分支付,则具体由债务人确定清偿顺序。债务人对原债权人的部分支付,对受让人也发生效力。④ 债务人要求减价时,则只能按照比例主张。至于诉讼时效,两个债权单独计算、单独中止或中断。不过,如果部分转让导致债务人产生实体与程序上费用的,债权人应当予以赔偿。⑤

6. 连带债权

如让与的债权属于连带债权,每一个连带债权人都可以自行移转自己的债权,其他连带债权人的债权不受影响。不同观点认为,在此种情况下,任一连带债权人都无

---

① Larenz, *Schuldrecht AT*, 14. Aufl., 1987, §34 Ⅲ, S. 585-586;朱虎:《债权转让中的受让人地位保障:民法典规则的体系整合》,载《法学家》2020 年第 4 期,第 25 页。
② MüKoBGB/Kieninger, 9. Aufl., 2022, BGB §398, Rn. 84.
③ 崔建远:《债权让与续论》,载《中国法学》2008 年第 3 期,第 52 页。
④ MüKoBGB/Kieninger, 9. Aufl., 2022, BGB §398, Rn. 63.
⑤ Art. 11:103 PECL, Art. Ⅲ.-5:107 (3) DCFR:"Where a right is assigned in part the assignor is liable to the debtor for any increased costs which the debtor thereby occurs."

权转让债权,只有当全体债权人都同意让与时,才具有处分权限。①

在债权人让与对多个连带债务人的债权时,通常让与的是所有连带债务人的债权;在存有疑问时,包括对所有连带债务人的债权。② 不过,债权人也可以只让与对一个连带债务人的债权,有疑问的是,此时,是否需要其他连带债务人的同意。③

7. 其他情况

债权人对债权进行有利于第三人的让与,属于一种有利于第三人的处分行为,原则上不发生效力。④

原债权人与新债权人约定构成连带债权体,与原债权人向新债权人让与债权的情况不同。在前者,要通过参与人的法律行为以及债务人的同意才能成立,而不能适用债权让与规则。因为,基于连带债权规则,债务人存在多次诉讼的可能。

在请求权竞合的情况下,如果认为存在多个请求权,则允许单独移转其中一个请求权。在新旧债权人之间应当产生连带债权关系。⑤ 而根据新说,竞合关系被区分为请求权基础竞合与请求权聚合,前者是一体转让,并不会产生连带之债,后者则可以单独让与。⑥ 在逻辑上,新说值得赞同,请求权基础竞合时只是一个存在多个请求权基础的请求权,所以,此种情况下的让与只能是一体让与,而且,独立地、单个请求权的让与是不能的,否则就会在没有债务人的辅助的情况下即产生了连带债权。

(三) 债权的可让与性

原则上,任何权利都是可以移转的,但基于法律或者权利的性质,有可能是不能移转的。如果债权是不可以移转的,那么,让与即为无效,即债权人不发生变化。原因行为的效力根据法律行为效力规则处理。如果原因合同有效,可以根据自始不能处理,原给付义务消灭,但可能会产生损害赔偿责任。

依据《民法典》第545条,不得转让的债权大体有三类:第一类是依照债权性质不得转让的债权;第二类是依照当事人约定不得转让的债权;第三类是依照法律规定不得转让的债权。

1. 根据债权性质不得让与的债权

根据债权性质不得让与的债权主要包括两种情况,其一是债权人变更会导致合同内容变更的情况,其二是债权人变更会导致债权目的不能达到的情况。

---

① 庄加园:《〈合同法〉第79条(债权让与)评注》,载《法学家》2017年第3期,第161页。
② Jauernig/Stürner, 19. Aufl. , 2023, BGB §398, Rn. 2.
③ MüKoBGB/Kieninger, 9. Aufl. , 2022, BGB §398, Rn. 61.
④ Jauernig/Stürner, 19. Aufl. , 2023, BGB §398, Rn. 6.
⑤ Arens, Zur Anspruchskonkurrenz bei mehreren Haftungsgründen, AcP 170 (1970), 392 (406 ff.).
⑥ BeckOGK/Lieder, BGB §398, Rn. 146.

（1）内容变更

如果向原债权人以外的人给付只有在改变内容的情况下才可能,那么就不可以移转该债权,例如,要求医院进行手术、请求制作画像、要求授课的请求权,债权人的变动会引起上述请求权给付内容的改变。

在债权让与可能造成债务人负担的情况下,也不得让与。比如,基于预约的订立合同请求权,不得让与;债务人的免除债务的请求权,也不得让与,但债务人可以将之让与给该债务的债权人。

（2）债权目的不达

在对特定的债权人为给付,债权的目的方能达成的情况下,不得让与该债权,例如精神损害赔偿请求权、人身损害赔偿请求权不得让与。原《人身损害赔偿解释》（2003年）第18条第2款规定,精神损害抚慰金的请求权,不得让与或者继承,但赔偿义务人已经以书面方式承诺给予金钱赔偿,或者赔偿权利人已经向人民法院起诉的除外。

雇员对于其雇主的治疗费用赔偿请求权,原则上也不能让与。雇员的假期请求权也不可以让与,因为依其目的该债权是为了权利人本人之利益。

（3）其他情况下的债权让与禁止

基于特定当事人之间的信赖关系基础,债务人只对该债权人才承担给付义务,不得让与。如对特定人提供服务的请求权,不得让与。委托执行的请求权亦不得让与。租赁合同通常是以信赖为基础的,承租人将标的物使用请求权让与给第三人的,可能会使出租人对承租人的信赖落空。

基于法律关系的特殊性的债权也排除债权让与。具体如高度人身性的债权不得让与,如对父母照料的请求权。医生与律师的报酬请求权,在没有病人或者委托人的同意情况下,亦不得有效让与。因为,根据债权让与原理,在让与报酬请求权时,须向受让人提供必要的信息,如此会违反医生的沉默义务以及律师的保守秘密的义务,还可能违反《个人信息保护法》。

《保险法》第34条第2款规定,按照以死亡为给付保险金条件的合同所签发的保险单,未经被保险人书面同意,不得转让或者抵押。保险请求权不得让与的目的在于保护被保险人的利益,避免发生道德风险。但是,债务人可以书面形式放弃本应获得保护的利益,同意债权让与。①

在交互计算账户关系的情况下,依照约定,债权丧失了独立性,也无法进行让与。所谓交互计算,是指当事人约定以其相互间的交易所发生的债权债务为定期计算,互相抵销而支付差额。

为了另一个法律关系而确立的非独立的请求权,即附随性的从权利以及非独立

---

① 庄加园:《〈合同法〉第79条(债权让与)评注》,载《法学家》2017年第3期,第167页。

的救济权,不能独立被让与,如基于保证、质权、抵押权而产生的请求权(如《民法典》第 407 条)、公布账目请求权以及答询请求权等。

独立的形成权,例如买回权可以被单独让与。但有观点认为,形成权不能被单独让与,比如双务合同情况下的撤销权、解除权或终止权均不可以单独被让与。① 不同观点认为,解除权或终止权可以被单独让与。② 本书赞同第二种观点,解除权与终止权等也具有独立的财产价值。

所有物返还请求权、排除妨害请求权、消除危险请求权以及登记簿更正请求权,既不能单独让与,也不能与所有权一同让与。物上请求权随着所有权的移转强制性地移转给取得人,其实质是物权排他性的权能。③

2. 按照当事人约定不得转让的债权

债权人与债务人可以通过约定排除债权让与(《民法典》第 545 条第 1 款第 2 项),以避免债务人随时面临更换债权人的危险。该约定可以采取口头方式,也可以采取书面方式。

排除债权让与可能性的约定亦可通过默示行为确定,如在银行与顾客之间关于对交易关系保持沉默的约定,可以解释为禁止让与之约定。

禁止让与特约可以针对特定的某人,也可以针对一切其他人。

有疑问的是,债权人与债务人约定禁止或限制债权让与,自然在当事人之间产生效力,但对于受让人的效力如何,存在争议。

在德国法上,移转约定不得转让的债权的让与无效,而且是绝对的无效,即针对任何人均无效,并不存在保护善意的问题,受让人是否知道,亦无关紧要。④ 其理由在于当事人禁止让与的特约剥夺了债权的可让与性,债权在这之后不可流通,故其效力是绝对的。但债务人可以嗣后追认或者同意废止约定的让与之禁止。绝对无效说严格尊重当事人的意思自由,对债务人保护比较周到,可以防止债务人错误给付、避免事务手续繁杂、确保抵销利益、避免受让人住所地不利的法律和税收制度、不面对可能更为苛刻的新债权人等,但没有注意债权的交易价值以及交易安全的利益。⑤ 债务人事后追认的,该无效的让与可以变为有效,此时的追认具有溯及既往的效力,该追认实质是对约定的让与禁止的废止。⑥ 在债权人违反禁止债权让与约定而让与的情

---

① Fikentscher/Heinemann, *Schuldrecht AT & BT*, 12. Aufl., 2022, §59, Rn. 726; Larenz, *Schuldrecht AT*, 14. Aufl., 1987, §34 Ⅱ 3, S. 583.
② MüKoBGB/Kieninger, 9. Aufl., 2022, BGB §398, Rn. 97.
③ Larenz, *Schuldrecht AT*, 14. Aufl., 1987, §34 Ⅱ 3, S. 583.
④ Brox/Walker, *Allgemeines Schuldrecht*, 46. Aufl., 2022, §34, Rn. 12.
⑤ 朱虎:《禁止转让债权的范围和效力研究:以〈民法典〉规则为中心》,载《法律科学(西北政法大学学报)》2020 年第 5 期,第 126 页。
⑥ Larenz, *Schuldrecht AT*, 14. Aufl., 1987, §34 Ⅱ 1, S. 581-582.

况下,债务人可以向债权人主张违约损害赔偿等责任。①

不同观点认为,在受让人善意且无过失的场合,债权让与合同有效,债权人和债务人之间禁止让与的特约不得对抗善意第三人,也即善意受让人可以有效取得债权。② 自信赖保护的角度来看,这种学说值得肯定。这里保护的是受让人对让与合同有效的信赖。③ 在受让人恶意的情况下,并无保护受让人信赖之问题,故债务人得主张债权让与无效。而且,债权因禁止让与特约而不具有可转让性,故在让与人与受让人之间,债权让与也不生效力。④ 值得注意的是,只有在债务人提出受让人恶意的抗辩时,债权让与合同才无效。⑤

《最高人民法院关于当前商事审判工作中的若干具体问题》(2015 年 12 月 24 日)规定,如果保理商明知基础合同约定应收账款债权不得转让,但仍然受让债权的:一方面,前述约定并不当然影响保理合同的效力;另一方面,保理商以保理合同为依据向基础合同债务人主张债权的,并不能以此约束债务人,债务人仍可以此抗辩。

有学者认为,债权让与对第三人生效,除了善意这一要件之外,还应当要求第三人无过失。⑥ 但根据这种观点,第三人或受让人所负担的调查义务更重,不利于债权自由流转,并不合理。

《民法典》采取了区分金钱之债与非金钱之债的策略,在金钱之债的情况下,债务人向特定债权人给付的利益比较小,但债权人对债权流通性的利益价值巨大。⑦ 具体来讲,对金钱之债的债务人的影响可能只是因债权人变化导致的会计财务等系统调整带来的成本,而债务人可以请求让与人或受让人赔偿这些成本。⑧ 所以,《民法典》第 545 条第 2 款规定,当事人约定金钱债权不得转让的,不得对抗第三人。也就是说,在债权人让与金钱债权、当事人约定了禁止让与债权的情况下,无论受让人为善意还是恶意,受让人都能够取得债权。在非金钱之债的情况下,当事人约定非金钱债权不得转让的,不得对抗善意第三人(《民法典》第 545 条第 2 款)。也就是说,在债权人让与非金钱债权、当事人约定了禁止让与债权的情况下,如果受让人是善意的,受让人

---

① Jauernig/Stürner, 19. Aufl., 2023, BGB §398, Rn. 1.
② 崔建远主编:《合同法》(第八版),法律出版社 2024 年版,第 159 页;孙森焱:《民法债编总论(下册)》,法律出版社 2006 年版,第 704 页。
③ 陈自强:《契约之内容与消灭——契约法讲义Ⅱ》(第四版),元照出版有限公司 2018 年版,第 249 页。
④ 同上书,第 250 页。
⑤ 崔建远主编:《新合同法原理与案例评释》,吉林大学出版社 1999 年版,第 394 页;韩世远:《合同法总论》(第四版),法律出版社 2018 年版,第 605 页;杨明刚:《合同转让论》,中国人民大学出版社 2006 年版,第 114 页。
⑥ 韩世远:《合同法总论》(第四版),法律出版社 2018 年版,第 605 页。
⑦ Eidenmüller, Die Dogmatik der Zession vor dem Hintergrund der internationalen Entwicklung, AcP 204 (2004), S. 471.
⑧ 朱虎:《禁止转让债权的范围和效力研究:以〈民法典〉规则为中心》,载《法律科学(西北政法大学学报)》2020 年第 5 期,第 128 页。

可以取得债权,而且,债务人不能以存在禁止债权让与约定为由进行抗辩。如果受让人是恶意的,受让人可以取得债权,但债务人可以存在禁止债权让与约定为由进行抗辩。① 而所谓恶意,是指受让人明知或因重大过失而不知禁止让与约定。

《民法典》第696条规定,保证人与债权人约定禁止债权转让,债权人未经保证人书面同意转让债权的,保证人对受让人不再承担保证责任。也就是说,在保证情况下,保证人与债权人之间的禁止债权让与约定发生绝对效力,并不区分被担保的债权是否为金钱之债。对此,有学者主张引入善意要件,在债权受让人善意的情况下,即使在保证人与债权人之间有禁止让与约定,保证人也需承担保证责任。因为保证人信赖的主要是债务人,在承担保证责任后,其可向债务人求偿,债权让与不会改变债务人财产状况,所以对保证人的地位不产生任何影响,故此,没有必要对受让人与保证人厚此薄彼。②

3. 法律规定不得让与的情况

《民事诉讼法》第254条第1款规定,法院执行债务人收入债权时,应当保留被执行人及其所抚养家属的生活费用。该规定是为了公共利益而保持债权人的最低生存需要,故债权人亦不得有效地放弃该保护。法律规定不得扣押的债权亦不得让与(《民法典》第545条第1款第3项),如工资、社保请求权。但是如果让与不得扣押的债权是有对价的,且以支付该对价为让与生效之条件,则债权人的保护以及公共利益就得以实现,应允许该债权让与。

在"陕西西岳山庄有限公司与中建三局建发工程有限公司、中建三局第三建设工程有限责任公司建设工程施工合同纠纷案"中,法院明确认为:法律、法规并不禁止建设工程施工合同项下的债权转让,只要建设工程施工合同的当事人没有约定合同项下的债权不得转让,债权人向第三人转让债权并通知债务人的,债权转让合法有效,债权人无须就债权转让事项征得债务人同意。③

《信托法》第11条第4项规定,专以诉讼或者讨债为目的设立的信托无效,因此,专以诉讼或者讨债为目的设立信托而进行债权让与不发生效力。

在法律上,还有限制特定债权转让方式以及受让人的规则。《财政部关于进一步规范金融资产管理公司不良债权转让有关问题的通知》(财金〔2005〕74号)规定,下列资产不得对外公开转让:债务人或担保人为国家机关的不良债权;经国务院批准列入全国企业政策性关闭破产计划的国有企业债权;国防、军工等涉及国家安全和敏感信息的债权以及其他限制转让的债权。下列人员不得购买或变相购买不良资产:国

---

① 朱虎:《禁止转让债权的范围和效力研究:以〈民法典〉规则为中心》,载《法律科学(西北政法大学学报)》2020年第5期,第129页。

② 张谷:《论债权让与契约与债务人保护原则》,载《中外法学》2003年第1期,第24页。

③ 最高人民法院(2007)民一终字第10号民事判决书,《中华人民共和国最高人民法院公报》2007年第12期(总第134期),第32—40页。

家公务员、金融监管机构工作人员、政法干警、资产公司工作人员、原债务企业管理层以及参与资产处置工作的律师、会计师等中介机构人员等关联人。《最高人民法院关于审理涉及金融不良债权转让案件工作座谈会纪要》第6条进一步明确规定此类债权转让合同无效。

《文物保护法》第25条规定,非国有不可移动文物不得转让、抵押给外国人。由此,买受人也不得将移转文物的请求权让与给外国人。①

(四) 债权的可确定性

出于法律安定性的考虑,债权在多大范围上为原债权人享有是一个必须明确的问题,故被让与的债权在债权移转那一刻必须被充分地确定,至少是可确定的。对于已经产生的债权的移转,债权移转的时刻即为订立让与合同那一时刻。而对于将来债权的让与的情况下,在让与约定中,最迟在该将来债权产生那一刻必须确定债权的内容、数额以及债务人。② 债权的确定性规则涉及债务人的确定、债权标的与范围的确定,在存在混淆可能性的情况下,还包括债的原因。但是,对于债权的描述不需要漫无边际,只要能够必要、充分地识别被让与的债权即可。

案例:甲出售汽车一辆于乙,价金30万元,约定1月1日交货,2月1日付款。甲在交货前,将其对乙的债权让与给丙。

变化:甲与乙订立买卖合同前,甲确信合同一定能签订,即将其对乙的债权让与给丙。

该案中,债权已经发生,虽然价金债权尚未到期,但也是确定的,故可以为让与。但债权让与的情况下,乙对甲的抗辩权也随之移转,价金未到期的抗辩自然可以对抗丙;而在变化案例中,在买卖合同订立前,甲即将价金债权让与给丙,在让与时,价金债权尚未产生,丙无法取得;但在甲乙买卖合同成立有效、价金债权发生时,即可发生让与之效力。

三、债权让与的效力

(一) 债权的移转

让与合同一旦订立,债权即移转给新的债权人。对于债务人以外的第三人,债权让与因让与合同即生效力。债权让与中只是债权主体发生变更,而债之同一性并不受影响。

1. 一般效力

随着债权让与这一处分行为发生效力,受让人与债务人之间产生了广义的债之

---

① 最高人民法院民事审判第二庭、研究室编著:《最高人民法院民法典合同编通则司法解释理解与适用》,人民法院出版社2023年版,第538页。

② Palandt/Grüneberg, BGB §398, Rn. 14.

关系①,与被让与债权相关的保护义务以及其他附随义务即存在于债务人与受让人之间,与对待给付以及整个法律关系相关的保护义务或其他附随义务则仍保留在债务人与让与人之间。② 值得注意的是,与被转让的债权关联的权利,即服务于债权实现的权利,随着债权让与而移转给受让人,例如,催告或者指定期间的权能。③ 催告或者指定期间等与债权人地位紧密关联的形成之表示,要以其作出时让与有效为前提,嗣后的追认,并不足够,因为其发生的是形成效力。④

随着债权让与,受让人获得完全的债权人地位。受让人可以用被让与的债权主张抵销。债务人不履行或不完全履行合同的,应向受让人承担违约责任,例如,债务人由于拒绝履行、迟延履行或其他债务不履行所引起的违约责任以及费用返还请求权、代位物返还请求权(代偿请求权)。让与之后的迟延损害范围,原则上根据受让人本人来确定,但不得超过让与人损害的数额。⑤

受让人没有正确告知债务人让与的情况下,也可能承担损害赔偿责任。

在有效的让与后,原债权人即不得再向债务人收取债权,而且,原则上,原债权人不可能将(不再属于他的)债权再次让与给他人,因为处分行为以处分人享有处分权为前提。让与人也不得以之进行抵销,因为他已经不再拥有该债权。让与人的债权人对该已经移转的债权扣押的,也会落空。该债权也不属于嗣后让与人破产情况下的破产财产。

案例:甲向乙购买一件古董,价金1000元,甲为清偿对丙的债务,于4月1日让与其对乙的债权。5月1日甲又将其对乙的债权出卖于丁,并即为让与。

在本案中,丙取得对乙的债权,而丁并没有取得对乙的债权。

2. 双务合同情况下的效力

债权让与后,债务人的地位不能受到不利影响。所以,债务人可以向受让人主张其对让与人的抗辩(《民法典》第548条)。在让与人赔偿债务人替代给付损害赔偿时,适用差额理论或者返还给付时,都要涉及受让人的债权,不能影响债务人的权利。⑥

与债权相关的形成权,也就是实现债权的形成权,比如到期终止或者给付指定权,会随着债权让与而移转给受让人。再比如选择权从属于选择之债,选择之债让与的,其亦随同移转⑦,这些权利也不得单独被让与。相反,涉及合同的形成权,比如解

---

① Jauernig/Stürner, 19. Aufl., 2023, BGB §398, Rn. 3.
② MüKoBGB/Kieninger, 9. Aufl., 2022, BGB §398, Rn. 92.
③ 崔建远主编:《合同法》(第八版),法律出版社2024年版,第161页。
④ Jauernig/Stürner, 19. Aufl., 2023, BGB §398, Rn. 3.
⑤ A. a. O.
⑥ MüKoBGB/Kieninger, 9. Aufl., 2022, BGB §398, Rn. 96.
⑦ 崔建远主编:《合同法》(第八版),法律出版社2024年版,第161页。

除、终止、撤销等均具有形成整个债之关系的效力,可以单独移转,但是原则上归属于让与人,除非有特别约定。① 我国学者也多有认为,解除权、撤销权等权利并不随着债权移转而移转。② 也就是说,解除权原则上属于债权让与人,除非另有约定,但让与人行使解除权的,应经过受让人的同意。③ 之所以如此,其目的在于维护形成权的独立性和保护债务人。④

在逻辑上,让与人行使撤销权或者解除权的,被让与的债权即消灭了,债务人不再负有履行义务,那么,债权让与这一处分行为即没有了效力,受让人应没有获得该债权。但是,如果让与人已经将债权让与事件通知给债务人,此时,基于通知与债权让与的抽象性,债务人仍可以对受让人有效清偿,如此,让与人行使撤销权或者解除权,应不影响受让人接受债务人的清偿,只是在受让人获得清偿后,相对于让与人,受让人不享有保有该利益的权利,应当其所获得的利益返还给让与人。

案例:甲对建筑公司乙享有20万元的债权,乙与丙签定建筑施工合同,乙将自己对丙的报酬请求权转让给甲,以抵偿债务,但后来建筑施工合同被丙依法解除。

双务合同被解除的情况下,被让与的债权也随之消灭。所以,乙让与债权给甲的行为并不发生效力。

让与人仍是基础债之关系(如合同)的当事人,还保留一些权利,如拒绝对待给付的权利。

(二) 从权利以及优先权利的移转

《民法典》第547条第1款规定,债权人转让权利的,受让人取得与债权有关的从权利,但是该从权利专属于债权人自身的除外。

与债权有关的从权利是指从属性的担保权利。担保权(抵押权、质权、保证)具有附随性,在债权移转后,其对于原债权人并无价值,因此基于法律规定,其伴随主债权的移转而移转给新的债权人(《民法典》第547条第1款)。但当事人亦可作相反约定,约定担保权利并不伴随主债权移转,而是消灭。

对于最高额抵押权,法律有特别规定,最高额抵押担保的债权确定前,部分债权转让的,最高额抵押权不得转让,但是当事人另有约定的除外(《民法典》第421条)。

---

① MüKoBGB/Kieninger, 9. Aufl. , 2022, BGB §398, Rn. 97.
② 韩世远:《合同法总论》(第四版),法律出版社2018年版,第610页;陈自强:《契约之内容与消灭——契约法讲义Ⅱ》(第四版),元照出版有限公司2018年版,第262页;朱虎:《债权转让中的受让人地位保障:民法典规则的体系整合》,载《法学家》2020年第4期,第15页。
③ Looschelders, Schuldrecht AT, 21. Aufl. , 2023, §52, Rn. 31;庄加园:《〈合同法〉第79条(债权让与)评注》,载《法学家》2017年第3期,第173页。
④ 申海恩:《合同关联性形成权可转让性障碍之克服——在债权让与中考察》,载《政治与法律》2010年第2期,第86—87页。

《民法典》第 696 条第 1 款规定：债权人转让全部或者部分债权，未通知保证人的，该转让对保证人不发生效力。也就是说，被保证的债权随着债权让与而移转给了受让人，但如果未通知保证人的，保证人有权拒绝受让人要求其承担保证责任的请求。不过，保证人也有权选择向受让人承担保证责任，此时发生保证责任消灭的效力。如果债权人通知了保证人，保证人仍向让与人承担保证责任的，保证责任不消灭。若被通知前，保证人已向让与人实际承担保证责任的，保证责任消灭，保证人有权拒绝受让人之后的承担保证责任的请求，但受让人可以依据不当得利请求让与人返还。

基于预告登记产生的权利，系为担保以变动不动产物权为目的的请求权，也必须随着主债权移转而一同移转。债权人在强制执行程序中享有的优先权亦随着债权的移转而移转给新的债权人。

有争议的是，抵押权能否当然随主债权的移转而移转，是否还需要办理抵押登记？一种意见主张当然移转说①，其依据是《最高人民法院关于审理涉及金融资产管理公司收购、管理、处置国有银行不良贷款形成的资产的案件适用法律若干问题的规定》(已失效)第 9 条，该条规定金融资产管理公司受让有抵押担保的债权后，可以依法取得对债权的抵押权，原抵押权继续有效。另根据《民法典担保制度解释》第 39 条第 1 款，主债权被分割或者部分转让的，各债权人可以就其享有的债权份额行使抵押权。

不同意见认为，考虑交易安全因素，应当奉行抵押权不办理移转登记不得对抗善意第三人的原则。② 依照原理，抵押权移转应当完全依照不动产物权变动之规则，不登记即不发生物权变动，至于受让人利益的保护，完全可以通过预告登记的方式保护。当然移转说所根据的司法解释规范的主要内容是抵押权随同主债权移转而移转的规则，并未涉及抵押权移转的规则，并非抵押权当然移转的规范基础。而且，《不动产登记暂行条例实施细则》第 69 条规定了债权让与时抵押权移转的登记规则，让与人和受让人共同申请转移登记，当让与人不履行该义务时，受让人可以起诉并凭借生效的法律文书办理转移登记。

不过，《民法典》第 547 条第 2 款规定，受让人取得从权利不因该从权利未履行转移登记手续或者未转移占有而受到影响。也就是说，《民法典》接受了当然移转说，债权让与后，其上抵押权即移转给受让人，受让人立即取得抵押权。根据《民法典》第 547 条第 2 款，以占有为生效要件的动产质权，债权受让人取得债权时也取得动产质权。

在解释上，我国学者多有认为，《民法典》第 547 条中的从权利还包括利息债权、

---

① 张谷：《论债权让与契约与债务人保护原则》，载《中外法学》2003 年第 1 期，第 26 页。
② 崔建远：《关于债权让与的争论及其评论》，载《广东社会科学》2024 年第 1 期，第 237—238 页。

违约金债权以及损害赔偿请求权等①,然而,若从债权让与这一制度的基本内容出发,这里让与的是一个债权,以买卖合同为例,可以让与的是价金请求权或者货物请求权,如果存在违约行为,则会产生次请求权,诸如损害赔偿请求权或者违约金请求权,这些请求权也可以单独被让与。但无论如何,这些请求权不能说是从权利,只不过与价金请求权之间存在主次关系,有的时候与原给付请求权并存,有的时候代替原给付请求权而存在。既然这些权利与价金请求权等并无主从关系,故并不适用"伴随移转"的规则。债权让与之前产生的损害赔偿请求权等,只有在其与被让与债权一同让与给受让人时,才属于受让人。但在解释上,债权让与后产生的损害赔偿请求权、利息和中奖奖金等孳息的请求权归属于受让人。② 利息债权如果在本金债权让与后发生,自应由受让人取得;而在本金债权让与前,利息之债已经发生的,该利息之债本身具有独立性,是否与本金债权让与一同移转,应通过合同解释予以确定,在无法解释时,应推定利息之债同本金之债一起移转于受让人。③

债权全部或者部分转让的,仲裁协议对受让人有效,但是当事人另有约定、在受让债权债务时受让人明确反对或者不知有单独仲裁协议的除外(《仲裁法解释》第9条)。④

债权全部或者部分转让的,管辖协议对受让人有效,但转让时受让人不知道有管辖协议,或者转让协议另有约定且原合同相对人同意的除外(《民事诉讼法解释》第33条)。

(三) 原债权人的义务

原债权人作为让与人必须提供主张债权必要的信息以及其占有的作为债权证明的证书。欠条、存折等债权证书是债权的从物,受让人取得债权的,即取得这些债权证书的所有权。在受让人的请求下,原债权人得出具债权移转公证证书,但费用由受让人承担。这些义务针对的是债权让与的债权行为,而非针对债权让与本身,债权让与的性质为处分行为,不能作为义务发生的基础。⑤

在债权让与的情况下,尤其是非金钱之债的让与中履行地点改变或者形成部分债权让与的情况下,对于因债权让与而增加的履行费用,由让与人负担(《民法典》第550条)。

债权的出卖人应担保其债权确实存在,如果债权根本不存在,受让人无法根据表

---

① 崔建远主编:《合同法》(第八版),法律出版社2024年版,第161页;韩世远:《合同法总论》(第四版),法律出版社2018年版,第609页。
② 朱虎:《债权转让中的受让人地位保障:民法典规则的体系整合》,载《法学家》2020年第4期,第15页。
③ 陈自强:《契约之内容与消灭——契约法讲义Ⅱ》(第四版),元照出版有限公司2018年版,第262—263页。
④ 韩世远:《合同法总论》(第四版),法律出版社2018年版,第608页。
⑤ 陈自强:《契约之内容与消灭——契约法讲义Ⅱ》(第四版),元照出版有限公司2018年版,第263页。

见让与而对债务人请求给付,只能根据权利瑕疵担保责任的规则向让与人主张违约责任。有学者认为,债权的让与人还应担保其对该债权有处分权、其不会进行任何使得转让债权的价值落空或减损的行为、债务人对转让债权没有抗辩和抵销权、第三人不得向受让人主张任何权利等义务,否则让与人应当对受让人承担违约责任。①

在让与人让与自己的债权后,让与人与受让人对债务人均负有交易上通常的照顾义务。债权让与人还负有必要情形的告知义务,比如向受让人提供其已知道的、表明债务人无履行能力的信息的义务。

至于被让与的债权是否能实现,该风险亦应根据基础关系决定,债权的出卖人对于债务人的支付能力,原则上不负担保责任,但合同另有约定的除外。

四、债务人保护:抗辩与抵销

债务人并非让与合同的当事人,不能保护自己的利益,故在法律上应给予其特别保护:债务人可以通过与债权人的合同中排除非金钱债权的可让与性;在债权让与后,债务人享有的抗辩权继续存在。

(一) 债务人须主张与无须主张的抗辩

1. 原则

债务人的法律地位不应受到债权让与的影响,故债权移转后,对于债务人而言,该债权与在原债权人处应是一样的。所以,债务人对原债权人于让与那一刻享有的须主张与无须主张的抗辩均会继续存在(《民法典》第548条),具体如同时履行抗辩权、不安抗辩权等,也就是说,债务人的地位不会因为债权移转而受到不利影响。债务人对让与人主张抗辩的时点是债务人接到债权转让通知之后。

债务人可以对新债权人主张所有阻碍权利性质的抗辩,例如债权让与合同因形式要件或者悖俗而无效。债务人也可以对新债权人主张权利毁灭型的抗辩,例如已清偿债权或者已经行使了解除权。实际上,如果这两种抗辩权在让与前即存在,那么让与的债权不存在,让与的前提不构成,让与应该不发生效力,但债务人在债权让与后进行抗辩,也是有意义的。同样,债务人也可以主张一般的须主张的抗辩,如债权经过诉讼时效或者经过、让与人延期,而对抗受让人。

案例:甲出售给乙一台机器,交付后付款。合同签订后,甲将对乙的价金请求权让与给丙,并通知乙债权已经让与。在甲交付机器后,发现该机器有重大瑕疵,故乙主张解除合同,并拒绝向丙给付价金。

原则上,债权让与不能对债务人的法律地位产生任何影响,乙自然可以基于瑕疵担保

---

① 朱虎:《债权转让中的受让人地位保障:民法典规则的体系整合》,载《法学家》2020年第4期,第19页。

规则主张解除合同,而价金给付请求权因解除而消灭,故乙可以拒绝丙的给付请求权。

在解释上,只要抗辩权在让与时已经存在基础即可,无须已经实现。例如,解除权与撤销权等形成权在让与时已经存在,但在让与后才行使的,或者在让与后除斥期间才经过的,债务人均可以向新债务人主张。在让与债权后,债务人行使解除权的,新债权人即丧失其受让的债权,不得向债务人请求支付。

如果债权被多次有效让与,那么债务人可以以对所有前手的所有抗辩对抗最后的受让人。

值得注意的是,新债权人对债务人的须主张与无须主张的抗辩是否是善意的,并不重要,无论新债权人是否知道或者应当知道,债务人均享有抗辩权。

债权让与时,债务人承诺放弃诸如债权不成立、成立时有瑕疵、债权消灭等抗辩权的,基于意思自由,应当具有法律效力。①

2. 例外

如果债务人为了表征债权而发出债务证书,而在债权让与时,让与人向新的债权人出示该债务证书,那么即使债权不存在,债务人也不能以此对新的债权人进行抗辩,新的债权人对该债务人作出证书的信赖应该受到保护,这是一种债权善意取得制度。但如果新债权人知道或者因过失而不知道债权不存在等事实,则其不受保护。

同样,债权人与债务人约定禁止让与债权,但在债务证书中并无禁止让与之内容的,则债务人亦不能以此对新的债权人进行抗辩。此时可不适用《民法典》第545条第2款规定,即区分金钱债权与非金钱债权分别处理债务人的抗辩权的规则。

3. 基于让与行为的抗辩

在债权让与本身无效的情况下,例如债权不存在,债务人亦可以之对抗新的债权人②,此时,受让人根本没有成为债权的享有人。

转让人与受让人(新旧债权人)之间的原因行为瑕疵不会产生债务人对债权让与的抗辩。一方面是基于抽象原则,另一方面,因为涉及的是让与人与受让人之间的相对法律关系,从中无法推导出债务人的权利。③

4. 追加第三人

债权转让后,债务人向受让人主张其对让与人的抗辩的,人民法院可以追加让与人为第三人(《民法典合同编通则解释》第47条第1款)。也就是说,人民法院可以追加让与人作为第三人,也可以不追加让与人作为第三人。应当看到,在债务人向受让人主张其对让与人的抗辩的情况下,没有让与人的参加,是很难审理清楚的。所以,在债务人向受让人主张其对让与人的抗辩的情况下,人民法院应当将让与人追加为第三人。

---

① 杨明刚:《合同转让论》,中国人民大学出版社2006年版,第212页。
② 陈自强:《契约之内容与消灭——契约法讲义Ⅱ》(第四版),元照出版有限公司2018年版,第273页。
③ Weiler, *Schuldrecht AT*, 6. Aufl., 2022, §40, Rn. 24.

(二) 抵销

1. 抵销适状对新债权人继续存在

如果在债权让与前,债务人对原债权人享有债权并可以与之抵销,那么债权被让与后,其法律状况不能被恶化,故该抵销适状对新债权人继续有效,尽管在债务人的债权与新债权人债权之间并无相互性,亦应保护债务人的抵销权利。适用该规则的前提有三:其一是债务人接到了债权转让通知;其二是债务人对让与人享有债权;其三是债务人的债权先于转让的债权到期或者同时到期(《民法典》第549条第1项)。

2. 债务人接到了债权转让通知

债务人接到了债权让与通知时,存在抵销适状的,债务人才可以对受让人主张抵销。如果债务人没有接到债权让与通知,则应适用《民法典》第546条,即债权转让对债务人不发生效力。

例如,债权人对债务人享有价金债权10000元,后来债务人又出卖给债权人15000元的货物。两个债权在10000元的范围内可以抵销。在当事人表示抵销前,债权人将债权让与给丙。

根据《民法典》第549条第1项,债务人可以向丙表示抵销,结果是丙对债务人的债权完全消灭,债务人对原债权人仍享有5000元的债权。

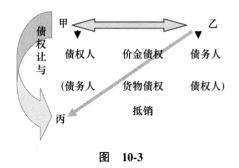

图 10-3

在部分让与债权的情况下,债务人也可以对受让人受让的债权主张抵销,而受让人不能主张债务人应先对让与人保留的部分债权进行抵销;如果债务人对让与人以及受让人均享有债权的,债务人仍可以以其对让与人的债权向受让人主张抵销。①

3. 对新债权人的抵销适状

(1) 让与前抵销适状

如果在债权让与前,债权人与债务人之间已经形成抵销适状,那么在债权让与后,债务人可以向受让人主张抵销。

---

① 申建平:《论债让与中债务人之抵销权》,载《法学》2007年第5期,第90页;朱虎:《债权转让中对债务人的延续性保护》,载《中国法学》2020年第5期,第156页。

现行法更强调"债务人的债权要先于转让的债权到期或者同时到期"。根据《民法典》第549条第1项，债务人接到债权转让通知时，债务人对让与人享有债权，且债务人的债权先于转让的债权到期或者同时到期，债务人可以向受让人主张抵销。

例如，债权人甲对债务人乙享有一个债权，数额为10000元，到期日为2010年5月1日，债务人乙对债权人甲也享有一个同等数额的债权，到期日为2010年1月1日。但甲在2009年10月即将其对乙的债权让与给了丙。对于该债权让与，乙收到了通知。

乙的债权先于甲的债权到期，乙在债权让与前得对抵销适状的形成产生信赖。债权让与不得损及其既有的法律地位，故此时，乙可以对丙主张债权抵销，丙对乙的债权因抵销的行使而全部消灭。

反过来，如果债权人移转的债权先于债务人的债权到期的，在债务人收到债权人移转债权通知的情况下，债务人即不得向受让人主张抵销。

例如，债权人甲对债务人乙享有10000元债权，到期日为2010年5月1日，乙对甲享有一个同等数额的债权，到期日为2010年6月1日。在2009年10月，甲将其债权让与给丙，对此乙不久就收到了通知。

在让与债权到期后，丙即可对乙请求清偿，乙不能主张抵销。此时，债务人并不值得保护，即使没有债权让与，其也不得信赖抵销适状的产生。

(2) 让与后取得债权的情况

如果在债权让与后，债务人对原债权人才取得了一个债权，那么债务人是不能以该债权与被让与的债权进行抵销的。① 因为在债权让与时，债务人并不存在抵销的合理预期。

对债权让与后，债务人对原债权人才取得债权的情况，德国法规定了两个特别规则：第一，在债务人在取得该债权的时候，并不知道该让与，那么基于保护对抵销适状信赖的思想，应允许债务人进行抵销(《德国民法典》第406条但书第一种情况)。第二，当债务人的债权(即主动债权)在债权人的债权(即被动债权)让与后才到期时，随着债权人债权的移转，债务人的债权即到期，此时，债务人即可对新的债权人主张抵销(《德国民法典》第406条但书第二种情况)。② 但是，如果债务人在其相对债权(Gegenforderung)到期前知道该让与，而被让与的主债权(Hauptforderung)是在相对债权之前到期的，则不得进行抵销。无论债务人是在让与前还是在让与后取得的相对债权，均是如此。③

---

① 黄薇主编：《中华人民共和国民法典释义(中)》，法律出版社2020年版，第1052页。
② 申建平：《论债权让与中债务人之抵销权》，载《法学》2007年第5期，第87页。
③ Looschelders, *Schuldrecht AT*, 21. Aufl., 2023, §52, Rn. 50.

如果债务人在接到让与通知后才取得对原债权人的债权,但该债权的产生原因位于债务人接到让与通知前(比如附条件或者期限的合同、承担担保责任后的追偿权),则债务人还是可以以之与受让人受让的债权进行抵销。①

(3) 非独立抵销

针对同一合同或者同一交易所产生债权的抵销,《民法典》第549条第2项新增加了非独立抵销规则。债务人的债权与转让的债权是基于同一合同产生的,比如,甲乙订立货物买卖合同,甲在交付完货物后,将其价款请求权让与给丙,并通知乙。但是,货物质量有瑕疵,乙对甲有损害赔偿请求权。此时,乙可以以损害赔偿请求权抵销被让与的价款请求权。②

五、债务人保护:通知

(一) 未通知债务人的情况

《民法典》第546条第1款规定:"债权人转让债权,未通知债务人的,该转让对债务人不发生效力。"何为"不发生效力",学说上有不同看法。有学者认为,在通知债务人之前,即使债务人知道让与的事情,受让人也不得对债务人主张债权,受让人对债务人所为的时效中断、担保权实行等行为,也不能有效。③ 不同看法认为,通知规则的目的在于使债务人知道让与的事实,以免误向原债权人清偿,也即其本质为债务人保护规则④,所以,这里的"不发生效力"不过是指不通知对于债务人的清偿效力不生影响,如果没有通知债务人,但债务人知悉债权让与事实,则无须予以保护。

根据《民法典》第546条第1款,债权让与在让与人与受让人之间发生效力,但对于债务人而言,不通知不发生效力,对于第三人,该债权让与亦为生效。⑤ 例如,让与人的其他债权人或者同一债权的数个受让人均不得在债权让与后扣押已经让与的债权。

1. 向让与人给付

在原债权人未通知债务人的情况下,债务人可以向原债权人有效地清偿或为清偿替代(如免除、抵销),即新债权人的债权消灭。⑥ 此时,新债权人只能向原债权人请求返还,其基础可以是作为债权让与基础的合同,也可能是基于不当得利之返还。

在债务人向原债权人清偿的情况下,是否仅以通知到达与否作为判断是否发生

---

① 朱虎:《债权转让中对债务人的延续性保护》,载《中国法学》2020年第5期,第156页。
② 黄薇主编:《中华人民共和国民法典释义(中)》,法律出版社2020年版,第1053页。
③ 郑玉波:《民法债编总论》(第15版),三民书局1996年版,第260页。
④ 陈自强:《契约之内容与消灭——契约法讲义Ⅱ》(第四版),元照出版有限公司2018年版,第266—267页。
⑤ 朱虎:《债权转让中对债务人的程序性保护:债权转让通知》,载《当代法学》2020年第6期,第70页。
⑥ 崔建远主编:《合同法》(第八版),法律出版社2024年版,第163页。

清偿效力的依据呢？是否考虑债务人知道与否的因素呢？

有观点认为，依据《民法典》第 546 条第 1 款规定，通知到达债务人处作为债务人保护的基本判断点，并不考虑债务人是否知道或者可以知道，由债务人承担因内部信息不畅等原因导致的不知道债权转让的风险。[①] 最高人民法院生效裁判亦采此观点：债务人对债权的知晓不能替代债权转让的通知。在原债权人与新债权人欠缺通知的表示意思与表示行为的情况下，债务人虽从其他渠道获悉债权转让的事实，仍不能认定案涉债权转让已通知债务人。故案涉债权转让对债务人尚未发生法律效力。[②]

不同观点认为，如果债权让与合同有效成立但未通知，但债务人知道让与情况后主动对受让人给付的，也应发生清偿效力。如果债务人知晓债权让与事实，仍向让与人履行债务的，实在有违诚实信用。对于债务人知道这一事实，受让人负举证责任。[③]

本书赞同第二种观点，如果债务人未经通知而知道了债权让与，还是向原债权人为履行行为，就没有必要保护债务人。也就是说，债务人免责清偿的前提是其是善意的。如果债务人进行给付时明知债权让与的情况，即构成恶意。通常，只有在原债权人通知的情况下，债务人才能知道；而新债权人单方的通知通常并不能使债务人陷入恶意。债务人过失地不知道，并不影响债务人善意的构成，因为债务人并不承担调查义务。

因为通知规则的目的是保护债务人，所以，在债务人已经向原债权人进行给付的情况下，债务人有选择权。债务人可以选择其给付相对于受让人不发生效力，例如在债务人对受让人享有债权，但实现困难（比如受让人陷入破产）的情况下，即可以如此选择，此时，债务人可以基于不当得利请求让与人返还其所得。在债务人对新的债权人可以进行抵销的情况下，债务人也可以放弃该保护，向原债权人基于不当得利请求返还其给付，而对新债权人主张抵销。如果债务人选择其给付对于受让人发生效力，那么，受让人就得向让与人主张权利。[④]

如果让与人明知债权已经被让与，还受领债务人的给付，则应依据不当得利规则将其返还给受让人。同时，让与人的行为已经违反了其与受让人之间的合同，属于一种后合同义务，让与人应对受让人负担损害赔偿责任。如果在让与人处得利已不存在，那么受让人基于合同主张违约请求权，就有了意义。通常这种法律状况无须通过侵权法解决。

在债务人未收到债权让与通知的情况下，债务人与原债权人就该债权所为的法

[①] 朱虎：《债权转让中对债务人的程序性保护：债权转让通知》，载《当代法学》2020 年第 6 期，第 70 页。
[②] "中国农业发展银行南昌支行、江西省万事发粮油有限公司金融借款合同纠纷案"，最高人民法院（2020）最高法民再 13 号民事判决书。
[③] 韩海光、崔建远：《论债权让与和对抗要件》，载《政治与法律》2003 年第 6 期，第 58 页。
[④] Fikentscher/Heinemann, *Schuldrecht AT & BT*, 12. Aufl., 2022, §59, Rn. 729.

律行为,如延期、和解、债权免除等,亦为有效。

在债务人不知道债权让与的情况下,如果原债权人进行了一些对债务人不利的法律行为或法律行动,如解除、催告,或者中止、中断时效的行动等,以及获得了基于其与债务人之间争议而产生的判决,则不会适用《民法典》第 546 条第 1 款的规则,此时,对债务人不利的法律行为不会发生效力,因为通知规则的规范之目的在于保护债务人。

2. 法律效力的延伸

在债权让与之后,债务人与原债权人之间的法律诉讼,发生诉讼系属效力。债务人在诉讼系属发生时并不知道债权让与的,那么债务人与原债权人之间发生诉讼,而债务人并未以原债权人并非是债权人作为理由抗辩,反而以其他理由抗辩,导致原债权人的请求被驳回或者法院作出不利于原债权人的判决的,此时该判决对于新债权人亦生效力。在债权让与前,债务人与让与人(原债权人)之间的争议发生诉讼系属,则不适用上述规则。

3. 给付拒绝权

在原债权人通知债务人以前,债务人可以拒绝新债权人的给付请求(《民法典合同编通则解释》第 48 条第 1 款),也可以拒绝新债权人解除或者催告。

为了保护债务人,在存在让与证书的情况下,只有在新债权人将让与证书交给他后,他才得向新债权人给付,否则,其有给付拒绝权。但是,如果原债权人已经通知债务人债权让与的,则不适用上述规则。

(二) 通知债务人的情况

1. 让与通知

债权让与通知是一种准法律行为,可以类推适用意思表示规则。通知的生效,类推适用第 137 条:如果是以对话方式作出的通知,相对人知道通知内容时生效;以非对话方式作出的意思表示,通知到达相对人时生效。

(1) 通知主体

由于债务人并不参与债权让与,故债务人须得信赖原债权人的通知。所以,让与通知原则上应由原债权人发出。

有疑问的是,可否由受让人发出让与通知。从《民法典》第 546 条文义上看,并没有排斥受让人作为通知的主体。从通知的制度目的来讲,主要是为了保护债务人。不论债权人通知还是受让人通知,均会使债务人产生一定程度的信赖,不过在受让人通知的情况下,只有在受让人提出取得债权的证据,如债权让与合同、让与公证书等时,债务人方得信赖。《民法典》第 764 条规定,保理人向应收账款债务人发出应收账款转让通知的,应当表明保理人身份并附有必要凭证。这里的必要凭证主要是指经过公证的转让通知或者转让合同。所以,受让人可以作为通知的主体,但需要提供必要的凭证,债务人对此可以信赖,从而使其对受让人的履行可具有清偿的法律效果。

《民法典合同编通则解释》征求意见稿第 48 条第 2 款也曾接受这一规则,明确规定,让与人未通知债务人,受让人通知债务人并提供确认债权转让事实的生效法律文书、经公证的债权转让合同等能够确认债权转让事实的证据的,人民法院应当认定受让人的通知发生法律效力。

(2) 通知形式

债权让与通知并无形式要件要求。但通知必须采取个别通知,具体通知到每个债务人,采用公告方式并不妥当。① 已经失效的《最高人民法院关于审理涉及金融资产管理公司收购、管理、处置国有银行不良贷款形成的资产的案件适用法律若干问题的规定》第 6 条规定,金融资产管理公司受让国有银行债权后,原债权银行在全国或省级有影响的报纸上发布债权转让公告或通知的,人民法院可以认定债权人履行了《合同法》第 80 条第 1 款(现《民法典》第 546 条第 1 款)规定的通知义务。《民法典》第 139 条规定,以公告方式作出的意思表示,公告发布时生效。在债权让与公告通知的情况下,债务人未必能够知晓。所以,有学者建议,应将公告通知限定在债务人下落不明的情况,并且需要在国家级或者债务人住所地的省级有影响的媒体上公告。②

司法实践中对于让与通知的形式要求并不严格,如果债务人的工作人员在债权转让协议书上签字,也视为债务人接到债权转让通知。③

债权让与通常采取非诉形式通知,但也可采诉讼方式替代通知。让与人未通知债务人,受让人直接起诉债务人请求履行债务,人民法院经审理确认债权转让事实的,应当认定债权转让自起诉状副本送达时对债务人发生效力。债务人主张因未通知而给其增加的费用或者造成的损失从认定的债权数额中扣除的,人民法院依法予以支持(《民法典合同编通则解释》第 48 条第 2 款)。如果债务人未收到债权让与通知,可能因此需向受让人承担迟延履行义务所要支付的迟延履行利息、迟延履行金以及诉讼费用等。所以,在逻辑上,原债权人因为没有及时通知债务人,导致债务人需赔偿迟延利息、违约金等,最终应由原债权人承担。但是,该条第 2 款只规定了受让人与债务人之间的关系,所以,可以从认定的债权数额中扣除该赔偿等利息或者违约金,在此之后,受让人有权请求让与人承担费用或者损失。④

(3) 通知内容

让与通知的内容是债权已经被让与的事实,需明确受让人是谁,涉及多个受让

---

① 王利明:《合同法研究》(第二卷)(第三版),中国人民大学出版社 2015 年版,第 208—209 页。
② 朱虎:《债权转让中对债务人的程序性保护:债权转让通知》,载《当代法学》2020 年第 6 期,第 72 页。
③ "上海锦策建筑材料有限公司与上海妙鼎建筑安装工程有限公司等债权转让合同纠纷案",上海市第二中级人民法院(2008)沪二中民一(民)终字第 2101 号民事判决书。
④ 最高人民法院民事审判第二庭、研究室编著:《最高人民法院民法典合同编通则司法解释理解与适用》,人民法院出版社 2023 年版,第 528 页。

的,必须将所有受让人的名字通知债务人,没有被明示的受让人不得对抗债务人。①

一般不要求通知与债权让与同时进行,让与后所作的通知也有效,但是债权让与通知的时间不得晚于债务履行的时间。②

债权人可以基于重大误解、欺诈、胁迫等事由请求人民法院撤销债权转让通知。另外,如果受让人同意,债权人也可以撤销让与债权的通知(《民法典》第546条第2款)。

2. 让与通知对债务人的效力

让与通知并非债权让与的生效要件③,而只是具有使得债务人知道让与的效力,自此债务人不得再主张善意而对原债权人清偿。④ 如果债权让与合同成立有效,并且已经通知债务人,债务人向受让人给付的,自然发生清偿效力。但是,债务人接到债权转让通知后仍然向让与人履行的,受让债权未获清偿,仍未消灭,受让人仍得请求债务人履行(《民法典合同编通则解释》第48条第1款第二种情形)。

有学者认为,债务人得信赖通知,即使让与根本没有发生或者无效,债务人向通知中记载的新债权人履行的,亦为有效的清偿。在对《民法典》第546条第1款的解释上可以得出,即使债务人明知让与无效的,其也可以向新债权人清偿,其原因在于,即使债务人明知真实法律状况,也不必与受让人(新债权人)产生冲突,但如果其与受让人合谋的,则不能以通知为据而进行清偿,否则有违诚实信用原则。也有学者认为,其原因在于通知创造出极高之信赖基础,即使债务人知悉让与事实,也保护债务人。⑤

3. 让与通知后对受让人的保护

在保理合同的情况下,应收账款债务人接到应收账款转让通知后,应收账款债权人与债务人无正当理由协商变更或者终止基础交易合同,对保理人产生不利影响的,对保理人不发生效力(《民法典》第765条)。该条针对的是债权人与债务人协商变更或者终止产生被让与债权的基础交易合同,而不是法定解除或者债务人单方行使解除权的情况;而且,协商变更或者终止主要是指延期、和解、协议抵销、协议解除以及免除等情况。另外,债权人与债务人协商变更或者终止基础交易合同须对保理人产生不利影响,并且,债权人与债务人协商变更或者终止基础交易合同并无正当理由。债权人与债务人协商变更或者终止基础交易合同的正当理由可能是:基础交易合同已经约定变更或者终止的情况,或者政府合同或复杂合同安排中,尤其对于数额未最

---

① 韩海光、崔建远:《论债权让与和对抗要件》,载《政治与法律》2003年第6期,第57页。
② 韩世远:《合同法总论》(第四版),法律出版社2018年版,第614页。
③ 不同观点,参见胡康生主编:《中华人民共和国合同法释义》,法律出版社1999年版,第134页。
④ 崔建远主编:《合同法》(第八版),法律出版社2024年版,第163页;王利明:《合同法研究》(第二卷)(第三版),中国人民大学出版社2015年版,第209—210页。
⑤ 陈自强:《契约之内容与消灭——契约法讲义Ⅱ》(第四版),元照出版有限公司2018年版,第270页。

终确定的债权的情况下的变更等。①

在债权让与通知后,债权人与债务人无正当理由协商变更或者终止基础交易合同,对保理人产生不利影响的,保理人仍可以根据协商变更或者终止基础交易合同之前的债权状况请求债务人履行支付应收账款的义务。当然,保理人也可以放弃该保护,而是主张解除保理合同,并要求债权人承担违约责任。②

4. 让与通知中断时效的效力

有学者认为,债权让与通知中当然含有向债务人主张债权的意思,故此,应具有中断诉讼时效的效力。③《诉讼时效规定》第 17 条第 1 款即规定:债权转让的,应当认定诉讼时效从债权让与通知到达债务人之日起中断。但从解释上,无论如何不能解释债权让与通知中含有请求债务人履行义务的内容,所以其不能构成诉讼时效中断的事由。④ 而且,即使债权人于债权让与通知中含有催告的意思,也要区分催告的意思发生在履行期前还是履行期后,期前催告的,并无催告效力,诉讼时效也没有开始,也就不可能中断时效;期后催告的,为中断时效事由,但催告后债务人不为给付,债权人 6 个月未起诉或提请仲裁的,应视为诉讼时效不中断。⑤

六、多重让与

在债权多重让与的情况下,理论上与司法实践中有不同的解决方案。

(一) 根据让与时点确定债权归属

如果债权人进行了多重让与,那么在原债权人让与债权后,原债权人即不再是债权的享有人,第一个债权受让人(取得人)是债权的享有人。如果原债权人再次让与,因其无处分权,而债权让与行为为准物权行为,需要以处分权为构成要件,故此该债权让与行为构成无权处分,后受让人无从取得债权。⑥ 故在债权多重让与的情况下,按照先来后到的时间顺序决定让与的效力,第一个让与导致债权移转,故后面的让与均不发生债权移转效力。在司法实践中,也有法院根据债权转让协议的形成时间确定多重债权让与的顺序。⑦

第二个债权受让人没有取得,但债务人不知道而向第二个债权受让人履行的,也应受到保护,该给付发生消灭债权的效力,此时,第一债权受让人只能向第二债权人

---

① 黄薇主编:《中华人民共和国民法典释义(中)》,法律出版社 2020 年版,第 1412 页。
② 同上。
③ 魏振瀛主编:《民法》(第八版),北京大学出版社 2021 年版,第 216 页;王全弟主编:《债法概论》,复旦大学出版社 2001 年版,第 123 页。
④ 崔建远:《债权让与续论》,载《中国法学》2008 年第 3 期,第 53 页。
⑤ 张谷:《论债权让与契约与债务人保护原则》,载《中外法学》2003 年第 1 期,第 31 页。
⑥ 韩世远:《合同法总论》(第四版),法律出版社 2018 年版,第 623 页。
⑦ "王根旺与宋君、北京畅路桥建设有限公司债权转让合同纠纷",北京市第三中级人民法院(2016)京 03 民终 2737 号民事判决书。

基于不当得利请求返还。基于合同，第一受让人也可以向让与人请求损害赔偿。这一规则也适用于让与后债权被扣押或转付的情况，以及法定债权移转的情况。

(二) 保理情况下根据公示确定债权顺位

在保理合同的情况下，如果债权人多重让与应收账款，可以根据登记、通知等外在公示形式确定多个债权之间的顺位。如果应收账款债权人就同一应收账款订立多个保理合同，致使多个保理人主张权利的，已登记的先于未登记的受偿；均已登记的，按照登记的先后顺序受偿；均未登记的，由最先到达应收账款债务人的转让通知中载明的保理人受偿；既未登记也未通知的，按照保理融资款或者服务报酬的比例清偿（《民法典》第768条）。《民法典担保制度解释》第66条规定，同一应收账款同时存在保理、应收账款质押和债权转让，当事人主张参照《民法典》第768条的规定确定优先顺序的，人民法院应予支持。

有疑问的是，《民法典》第768条的规则能否准用于一般债权让与的情况。有学者认为，《民法典》第768条的规则是债权让与一般规则的反映，在其他债权让与交易中，依据《民法典》第467条，该项规定可类推适用于其他债权让与交易中受让人顺位的确定。[1]

然而，债权让与是一种处分行为，债权的变动动因根据物权合意判断。对于债权让与情况下的债权变动，第545条以下已经规定了一般规则，并没有依据第467条准用保理合同规则的必要。而且，保理合同情况下的顺位规则，本身模糊了债权的归属问题，应收账款被多重让与时，似乎是多个受让人均取得了债权，或者在既没有登记也没有通知的情况下多个受让人按比例取得，逻辑上不通。即使该规则可能是一种解决方案，但其正当性值得怀疑。

2017年修订的中国人民银行《应收账款质押登记办法》增加的第33条规定"权利人在登记公示系统办理以融资为目的的应收账款转让登记，参照本办法的规定"，2019年再次修订后保留该条作为第34条。但是《动产和权利担保统一登记办法》并没有保留该规则，但是该办法第23条规定，担保权人开展动产和权利担保融资业务时，应当严格审核确认担保财产的真实性，并在统一登记系统中查询担保财产的权利负担状况。由此可以推出，在开展融资业务时，应收账款转让也是可以登记的。对于权利担保以及应收账款让与，登记簿采取的是人的编成主义，为担保人设立登记页。当事人自助登记，而且仅在电子登记簿中登记融资声明。声明中含有当事人以及担保财产，对担保财产的描述，主要达到合理识别程度即可；登记内容也不具有公信力，只具有一定的警示功能。[2] 所以，在应收账款多重让与的情况下，登记作为权利取得

---

[1] 朱虎：《债权转让中的受让人地位保障：民法典规则的体系整合》，载《法学家》2020年第4期，第23页。

[2] 高圣平：《统一动产融资登记公示制度的建构》，载《环球法律评论》2017年第6期，第78页；龙俊：《物权变动模式的理想方案与现实选择》，载《法学杂志》2019年第7期，第27页。

的以及顺位的确定根据,并不合理。通过通知确定应收账款让与的顺位,也有问题。通知本身并不具有公示性,即使通过挂号信的方式通知,也无法使第三人知道债权让与。并且,债务人也没有通知第三人的义务,如果要求债务人向每个受让人告知债权是否存在以及债权上的权利负担情况,那么对于债务人的要求就过于苛刻了。至于既未登记也未通知、按照相应比例清偿的规则,也无法在理论上予以正当化。

(三)《民法典合同编通则解释》采取的模式

《民法典合同编通则解释》第 50 条规定的情形限于"在多重转让情形下债权人已经将所有的债权让与通知于债务人,而且债务人已经向最先通知的受让人履行的情况"。如果债务人尚未履行,或者债权人仅通知了多重让与中的部分债权让与事实,那么就不能适用《民法典合同编通则解释》第 50 条。

《民法典合同编通则解释》第 50 条第 1 款具体规定了如下三种情况:

1. 让与人将同一债权转让给两个以上受让人,债务人可以以已经向最先通知的受让人履行为由主张其不再履行债务。也就是说,债务人向谁履行债务,要以最先到达的通知为准。

2. 债务人明知接受履行的受让人不是最先通知的受让人,最先通知的受让人可以请求债务人继续履行债务或者依据债权转让协议请求让与人承担违约责任。

举例说明,债权人甲将其对债务人乙的债权先让与给 A,嗣后又让与给 B,但债权人让与给 B 的通知先于让与给 A 的通知到达。此时,如果乙明知 A 不是最先通知的受让人,还是向 A 履行,则 B 可以请求乙继续履行债务,或者依据债权让与协议请求让与人承担违约责任。在此,债权让与成立的时间并非确定债权归属的依据,反而是通知作为了确定债权归属的依据。① 这就说明债务人知道让与合同订立的时间并非关键,关键的是通知的时间先后。

3. 最先通知的受让人请求接受履行的受让人返还其接受的财产的,人民法院不予支持,但是接受履行的受让人明知该债权在其受让前已经转让给其他受让人的除外。也就是说,最先通知的受让人不能请求善意的受让人返还财产,可以请求恶意的受让人返还财产。

举例说明,债权人甲将其对债务人乙的债权先让与给 A,嗣后又让与给 B,债权人让与给 A 的通知先与让与给 B 的通知到达。此时,无论按照让与时间还是按照通知时间确定债权归属,均是 A 取得债权。尽管如此,乙还是向 B 履行,如果 B 对 A 先受让之事实并非明知,则不必返还给 A。

比较麻烦的是,如果在上述案例下,债权人让与给 B 的通知先于让与给 A 的通知到达,而债务人向 A 履行,此时,在 A 受让债权之前,并无让与债权之事实,A 即不可

---

① 蔡睿:《论债权多重转让的一般确权规则——兼评〈民法典合同编通则解释〉第 50 条》,载《清华法学》2024 年第 2 期,第 184 页。

能明知该债权在其受让前已经转让给其他受让人,所以,在此情况下,A 恒定不负有返还义务。

更麻烦的是,债权让与给三人或三人以上的情况。比如,债权人甲将其对债务人乙的债权先后让与给 A、B、C,但最先通知的是对 C 的让与,而乙向 B 履行,无论按照让与时间还是按照通知时间确定债权归属,债权均不能归属于 B。但只要 B 不是明知其受让前已经转让给其他受让人的事实,B 就受保护,对 C 不负有返还义务。

根据《民法典合同编通则解释》第 50 条第 2 款,最先通知的受让人,是指最先到达债务人的转让通知中载明的受让人。当事人之间对通知到达时间有争议的,人民法院应当结合通知的方式等因素综合判断,而不能仅根据债务人认可的通知时间或者通知记载的时间予以认定。当事人采用邮寄、通讯电子系统等方式发出通知的,人民法院应当以邮戳时间或者通讯电子系统记载的时间等作为认定通知到达时间的依据。也就是说,合同中记载的时间或者通知中记载的时间均不构成证明前款中合同生效时间或者通知到达时间的确切证据。

第二节　债务承担与债务加入

【文献指引】

韩世远:《债务承担解释论问题》,载崔建远主编:《民法九人行》(第 2 卷),金桥文化出版(香港)有限公司 2004 年版;赵培元:《论债务加入与债务转让之定性区分——由一起买卖合同纠纷案谈起》,载《法律适用》2005 年第 8 期;龚兵:《免责的债务承担》,载《法学杂志》2006 年第 2 期;施吉辉:《债务加入研究》,载《南京大学学报(哲学·人文科学·社会科学)》2010 年第 6 期;崔建远:《无权处分合同的效力、不安抗辩、解除及债务承担》,载《法学研究》2013 年第 6 期。

【补充文献】

李光琴:《慎待债务承担无因性理论》,载《法律适用》2015 年第 3 期;肖俊:《〈合同法〉第 84 条(债务承担规则)评注》,载《法学家》2018 年第 2 期;薛军:《合同涉他效力的逻辑基础和模式选择——兼评〈民法典合同编(草案)〉(二审稿)相关规定》,载《法商研究》2019 年第 3 期;夏昊晗:《债务加入与保证之识别——基于裁判分歧的分析和展开》,载《法学家》2019 年第 6 期;肖俊:《债务加入的类型与结构——以民法典第 552 条为出发点》,载《东方法学》2020 年第 6 期;许中缘:《论发起人对公司设立中债务的承担》,载《法学》2021 年第 12 期;蔡少婷:《〈民法典〉第 552 条(债务加入)评注》,载《吉林工商学院学报》2021 年第 5 期;夏昊晗:《债务加入法律适用的体系化思考》,载《法律科学(西北政法大学学报)》2021 年第 3 期;陈兆顺:《论债务加入与连带责任保证的区分——以〈民法典〉第552条为分析对象》,载《中国应用法学》2021年第6期;刘保玉、梁远高:《民法典中债务加入与保证的区分及其规则适用》,载《山东大学学报(哲学社会科学版)》2021年第4期;王利明:《论"存疑推定为保证"——以债务加入与保证的区分为中心》,载《华东政法大学学报》2021年第3期;李伟平:《〈民法典〉第552条(债务加入规则)评注》,载梁慧星主编:《民商法论丛》(第74卷),社会科学文献出版社2022年版;陈国军:《债务加入的独立性辨析》,载《政治与法律》2022年第12期;李伟平:《债务加入对保证合同规则的参照适用》,载《中国政法大学学报》2022年第4期;阙浩波:《保证与债务加入的识别——基于审判实践的展开》,载《东南大学学报(哲学社会科学版)》2022年第24卷增刊;张平华:《意定连带责任的构造与类型》,载《法学》2022年第4期;温晓之:《论债务加入与保证的识别》,载《西南政法大学学报》2023年第3期;陈龙业:《债务加入人追偿权的体系化证成与适用》,载《法学家》2024年第3期;黄彦霈:《债务转移效力的体系化阐释》,载《甘肃政法大学学报》2024年第1期;王利明:《论债务加入人的追偿权——以〈合同编通则司法解释〉第51条为中心》,载《法商研究》2024年第1期;高圣平、陶鑫明:《债务加入法律适用中的争议问题——以《民法典合同编通则解释》第51条为分析对象》,载《法律适用》2024年第1期;杨立新:《第三人债务加入追偿权的基础法律关系与规则——对《民法典合同编通则司法解释》第51条的进一步探讨》,载《河北学刊》2024年第4期;温晓之:《论主合同失败后债务加入人责任之确定》,载《太原学院学报(社会科学版)》2024年第4期。

一、债务承担

(一) 概念

所谓债务承担,是指债务人将合同的义务全部或者部分移转给第三人,债务承担应当经债权人同意。债务人或者第三人可以催告债权人在合理期限内予以同意,债权人未作表示的,视为不同意(《民法典》第551条)。

在实践中,父母子女之间、夫妻之间债务承担的情况比较常见,比如子女申请贷款购买不动产,父母承受贷款返还债务。

在构造可能性上,债务承担可能有如下几种类型:

1. 免责型的债务承担

所谓免责型的债务承担,是指新债务人替代原来的债务人,即债务人更换。原债务人的债务得以免除,而新债务人成为唯一的债务人。

2. 累加型的债务承担

累加型的债务承担,又被称为债务加入、并存债务承担或者共同承担债务,是指原债务人并不被免除债务,而新债务人加入,与原债务人共同成为连带债务人(《民法典》第 552 条)。债务加入的设立既可以通过债权人与新债务人之间的约定实现,也可以通过新旧债务人订立真正的利他合同来实现。① 通过利他合同方式设立的,由于对债权人的法律地位没有不利影响,反而有利,故无须债权人同意,即可设立。第三人与债务人还可以约定加入债务并通知债权人,或者第三人向债权人表示愿意加入债务,债权人未在合理期限内明确拒绝的,债权人可以请求第三人在其愿意承担的债务范围内和债务人承担连带债务(《民法典》第 552 条)。

在债务承担的情况下,债务人的意思是免责型的债务承担还是累加型的债务承担,具体要看债务人是否有退出原债之关系的意思表示,如果有,则为免责型的债务承担,如果没有,通常为累加型的债务承担。在存有疑义时,应解释为累加型的债务承担。②

3. 择一的债务承担

基于当事人的意思自由,当事人可以约定,新债务人加入的,债权人对其中任一债务人均可主张债权,其实质是一种对人的选择之债,其实践意义并不大。《国际商事合同通则》第 9.2.5 条与《欧洲示范民法典草案》第 3-5:207 条规定了一种有先后顺序的债务承担方式,即先由第三人承担责任,在第三人不能完全履行的情况下,原债务人才继续清偿。这种类型的债务加入,也需要债权人同意。③

(二) 与履行承担的区分

在履行承担的情况下,第三人对债务人负有清偿债务人对债权人的债务的义务。在这种情况下,只有债务人对第三人有请求其清偿债务的权利,但债权人不能向第三人请求清偿,而只能向债务人请求(《民法典》第 523 条)。在债务人与第三人内部关系上,第三人负有向债权人履行的义务。如果债务人履行的,第三人对债务人负有补偿义务。

二、免责的债务承担

在免责的债务承担的情况下,新的债务人以及债权人特别值得保护,因为新的债务人负担了债务,故债务承担只能基于其意思发生。而且,由新的债务人替代原债务人,原则上应经过债权人的同意,必须给予债权人判断新债务人清偿能力的机会。

(一) 新债务人与债权人之间的合同

如果通过新债务人与债权人订立合同,约定债务承担的,自合同订立时起,即可以移转债务,此时原债务人的同意并不必要;即使债务人对债务承担合同不同意,也不影响该合同的成立。④ 但有学者主张,对此应设定例外,如在有偿债务承担情况下

---

① Looschelders, *Schuldrecht AT*, 21. Aufl., 2023, §53, Rn. 22.
② 史尚宽:《债法总论》,中国政法大学出版社 2000 年版,第 753—754 页。
③ 肖俊:《债务加入的类型与结构——以民法典第 552 条为出发点》,载《东方法学》2020 年第 6 期,第 130 页。
④ 张广兴:《债法总论》,法律出版社 1997 年版,第 244 页。

须经过债务人同意,债务人事先订有禁止债务移转特约的须经债务人同意,债务承担给债务人增加负担时须经债务人同意。①

债务承担合同不以通知为要件。债务人即使不知道的,债务承担也发生效力。但债务人不知债务承担而进行履行的,由于债务已经移转,故其履行并不具有清偿效力,只是在债务人与债权人之间产生不当得利返还关系。

(二) 新旧债务人之间订立合同

如果通过新旧债务人订立债务承担合同的方式约定债务承担的,除了订立合同外,尚需要债权人的同意,方可产生债务承担的效果(《民法典》第551条第1款)。

> 案例:甲对乙负债100万元,现其出售给丙房屋一套,价金300万元,于是,甲与丙约定,丙承担甲对乙的债务100万元,仅需向甲支付200万元价金即可。

在本案中,甲与丙合意后,债权人乙同意后,债务承担合同即为生效。

1. 同意

债务人的支付能力对于债权的实现至关重要,故在债务承担的情况下,需要经过债权人的同意,以便给予债权人判断新债务人是否具有清偿能力的机会。② 在债权人同意前,债务承担处于效力待定状态。

同意的方式,既可以是明示的,也可以是默示的。如果债权人未明确表示同意,而是向新债务人请求履行或受领新债务人的履行,即为默示同意。③ 债权人向新债务人提起诉讼的,由此可以推定债权人同意债务承担。④

只有在新债务人或者原债务人通知债权人后,债权人才可能为同意的表示。如果没有通知,而债权人通过其他方式知道而表示同意的,该同意并不具有效力,因为,在订立债务承担合同之后到被同意之前,债务承担尚不发生效力,新旧债务人之间还可以就基础合同进行磋商。

为了使效力未定时间不至于过长,新的债务人或原债务人可以催告债权人在合理期限内予以同意。在债权人同意之前,债务承担合同当事人可以变更或者废止债务承担合同,因为在债权人同意以前,债权人的法律地位并未受到影响。债权人逾期未作表示的,即可视为拒绝同意(《民法典》第551条第2款),债务承担合同确定不发生债务人变更的效力⑤,因为债权人同意是债务承担合同的生效要件。

如果债权人作出同意的意思表示,那么债务承担的效力溯及到合同订立之时。

在债权人拒绝同意的情况下,债务承担视为没有发生效力。但在这种情况下,新

---

① 崔建远主编:《合同法》(第八版),法律出版社2024年版,第170页。
② 黄薇主编:《中华人民共和国民法典释义(中)》,法律出版社2020年版,第1054页。
③ 崔建远主编:《合同法》(第八版),法律出版社2024年版,第169页。
④ 肖俊:《第551条:债务承担规则》,载朱庆育主编:《中国民法典评注条文选注(第2册)》,中国民主法制出版社2021年版,第163页。
⑤ 陈自强:《契约之内容与消灭——契约法讲义Ⅱ》(第四版),元照出版有限公司2018年版,第279页;崔建远主编:《合同法》(第八版),法律出版社2024年版,第169页。

旧债务人之间的合同,在有疑义时,解释为新债务人对原债务人负有清偿债权人的义务,也即履行承担(《民法典》第 523 条)。①

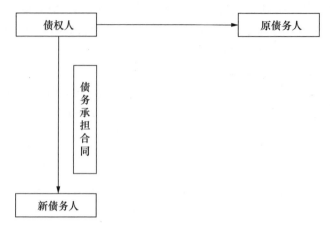

图 10-4　模式一:新债务人与债权人之间的合同

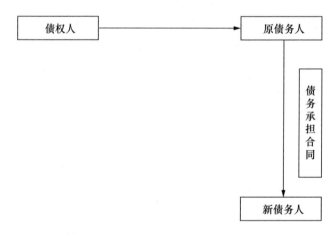

第一步:原债务人与新债务人之间的合同

第二步:通知后的同意

图 10-5　模式二:新旧债务人之间订立合同

---

① 陈自强:《契约之内容与消灭——契约法讲义 Ⅱ》(第四版),元照出版有限公司 2018 年版,第 280 页。

2. 债务承担的法律结构

对于债务承担的法律结构,有不同的学说。处分行为学说认为,免责的债务承担使债务人从原债务中脱离出来,改变债的关系中债务人的结构,因此属于处分行为,但债务人没有处分权,在新旧债务人之间的合同中存在无权处分债权人债权的行为,经过债权人"追认"后,该处分行为获得效力。[1] 而要约或者合同学说认为,通知是对债权人的要约,而债权人的同意则是承诺。[2]

根据上述两种学说,债务本身都没有变化,只是指向有所变化。根据处分行为学说,在原债务人恶意欺诈时,新债务人可以撤销合同,而按照合同理论,此时为第三人欺诈,只有在债权人知道或者应当知道的情况下,新债务人才可以撤销合同。在解释上应从债权人对债务承担有效的信赖角度去分析,不论根据哪一种理论,结果应是一致的。在新旧债务人之间订立合同的情况下,原债务人恶意欺诈,其因债权人的意思表示而获得利益,对于此意思表示,债权人得进行撤销。因此,采处分行为说更为妥当。

(三) 抵押权承担

在德国法上,如果为了担保债权人对债务人的债权而在债务人的不动产上设定抵押权,债务人事后将该不动产让与给取得人,该取得人取得所有权之后,亦成为抵押权的"债务人",而出卖人仍是该债权的债务人。如果当事人约定,取得人取代出卖人成为债权的债务人,并在买卖价格上扣除了该债务价值,此时亦存在债务承担之行为。债权人得于让与人进行债务承担通知时予以同意。此时,债权人仍享有物权性的抵押权的担保,故其无须特别保护。在受领债务承担通知后经过6个月,债权人仍未表示拒绝的,视为同意(《德国民法典》第416条)。

三、免责的债务承担的法律效果

(一) 债务人变更

在免责的债务承担的情况下,新债务人成为唯一的债务人,原债务人完全从债之关系中脱离出来。新债务人负有履行原债务人给付的义务,债务内容以及给付方式没有发生改变。

企业以其部分财产和相应债务与他人组建新公司,对所转移的债务债权人认可的,由新组建的公司承担民事责任;对所转移的债务未通知债权人或者虽通知债权人,而债权人不予认可的,由原企业承担民事责任。原企业无力偿还债务,债权人就此向新设公司主张债权的,新设公司在所接收的财产范围内与原企业承担连带民事

---

[1] 肖俊:《〈合同法〉第84条(债务承担规则)评注》,载《法学家》2018年第2期,第182页。
[2] Fikentscher/Heinemann, *Schuldrecht AT & BT*, 12. Aufl., 2022, § 61 II, Rn. 755;陈自强:《契约之内容与消灭——契约法讲义 II》(第四版),元照出版有限公司2018年版,第278页。

责任(《企业改制民事纠纷规定》第6条)。

(二) 可以主张的抗辩

新的债务人首先可以主张债务承担行为无效,此时并不会产生债务人更换的效果。

债务人更换并不会改变债权人的债权,因此,新的债务人可以对债权人主张原债务人所享有的基于债权人与原债务人之间法律关系而产生的抗辩(《民法典》第553条)。例如产生债的合同存在无效原因的,新债务人可以向债权人主张移转的债务不存在;债务履行期间尚未届满的,新债务人也可以以此抗辩债权人的履行请求权;新债务人还可以主张原债务人对债权人的先履行抗辩权、同时履行抗辩权、时效抗辩权等。但新债务人不得以属于原债务人的债权进行抵销,否则无异于承认新债务人可以处分债务人的权利。① 解除权、撤销权原则上归属于原债务人,除非另有约定。

基于新债务人与债权人之间的关系而产生抗辩亦是可能的,如新债务人可以以其对债权人享有的债权进行抵销,但不得以基于其与原债务人之间的作为债务加入基础的合同所生抗辩对抗债权人。

《民法典合同编通则解释》第47条第2款规定,债务转移后,新债务人主张原债务人对债权人的抗辩的,人民法院可以追加原债务人为第三人。

(三) 债务承担合同瑕疵的效力

债务承担为处分行为,其背后必有原因,该原因行为多发生于新债务人与原债务人之间。如在上述案例中,甲与丙的买卖合同中即约定了丙承担其对乙债务的约定,此即为债务承担的原因。债务承担合同一旦发生效力,承担人即为新债务人,对债权人负有给付义务。

在债务承担合同存有瑕疵的情况下,新债务人仅得以此对抗原债权人,而不得主张基于新旧债务人之间的法律关系产生的抗辩。新旧债务人之间的债务承担合同是债务承担的原因行为,基于抽象原则,该合同的无效、解除等并不影响债务承担行为的效力。②

> 案例:甲购买乙的汽车,而乙的汽车是贷款买来的,尚有部分贷款未还清,银行丙是贷款的债权人。所以,甲乙约定,由甲承担乙对丙的借贷之债,丙表示同意。几周后,因物之瑕疵,甲解除了该合同。

在该案中,甲乙之间的债务承担合同,已经经过债权人同意,甲不得主张甲乙之间的买卖合同被解除来对抗丙的请求权。

基于原因行为与处分行为的一体性,或者瑕疵的一体性,原因行为的效力瑕疵通

---

① 黄薇主编:《中华人民共和国民法典释义(中)》,法律出版社2020年版,第1058页。
② 陈自强:《契约之内容与消灭——契约法讲义Ⅱ》(第四版),元照出版有限公司2018年版,第281—282页。

常会影响到债务承担行为的效力。①

《民法典担保制度解释》第12条规定,法定代表人以公司名义加入债务的,人民法院根据该解释中公司为他人提供担保的有关规定确定债务加入行为的效力。比如,根据第7条,如果法定代表人越权进行债务加入,只有在相对人善意的情况下,债务加入才会发生效力。而在债务加入的情况下,相对人可能是原债务人,也可能是债权人,具体要看谁是缔约主体。但从最终获得利益的角度讲,相对人应该是债权人。

(四) 从权利或优先权利

根据《民法典》第554条,债务人转移债务的,新债务人应当承担与主债务有关的从债务。在解释上,这里的从债务主要是利息债务与违约金债务②,但是,已经具体发生的债务具有独立性,并不当然移转。③

有学者认为,债务移转的,应通过区分提供担保人是谁而确定担保义务是否一同移转。如果是原债务人或新债务人提供担保,即推定当事人有使其继续存在的意思表示,如果是第三人提供,则未经担保人书面同意的,担保义务并不随同移转。④ 担保债权的保证在未经保证人书面同意时,因债务人更换而消灭,除非债权人与保证人另有约定(《民法典》第697条第1款),因为谁是债务人对保证人而言关系重大。

在以物提供担保的情况下,《民法典》区分了担保人是债务人还是第三人,担保债权的担保物权,在担保物由第三人提供的情况下,在未经担保人书面同意时,因债务人更换而消灭(《民法典》第391条),但如果是债务人自己提供物的担保,则担保物权不会因为债务人更换而消灭(《民法典担保制度解释》第39条第2款)。对于该规则,应采否定态度,在债务移转的情况下,从担保物权人是债务人出发即推定当事人有使其继续存在的意思表示,根据不足。而且,该规则亦不符合担保不随同债务移转而移转的原理。

在债务承担的时候,如果担保等从权利继续存在,则设定这些从权利之人的法律地位会受到损害,尤其在新债务人支付能力较弱的情况下,设定从权利者承担责任的可能性会加大。提供担保的根据是债务人的清偿能力,如果让担保人为其不认识的新债务人承担担保责任,则是过分的要求。⑤ 从利益衡量上看,设定从权利者并未参与债务承担行为,故应给予其特殊保护,发生债务承担时,对于相应的债权的担保归于消灭。也就是说,债权人会因债务承担而丧失其担保权,对此,其仅可以通过同意这一机制保护自己。

---

① 肖俊:《第551条:债务承担规则》,载朱庆育主编:《中国民法典评注条文选注(第2册)》,中国民主法制出版社2021年版,第169页。
② 黄薇主编:《中华人民共和国民法典释义(中)》,法律出版社2020年版,第1059页。
③ 韩世远:《合同法总论》(第四版),法律出版社2018年版,第631页。
④ 同上。
⑤ 陈自强:《契约之内容与消灭——契约法讲义Ⅱ》(第四版),元照出版有限公司2018年版,第283页。

相反，如果担保人同意了债务承担，则无须对其保护，担保等权利继续存在。进一步来看，在债务移转时，担保责任即为终结，担保人是否同意，并非关键。如果其愿意继续承担担保责任，则是基于其意思使担保继续存在，与从债务一同移转的规则无关。而且，其同意的意思表示指向的是担保继续存在，而非债务承担，其对于债务承担有效与否并无决定的权利。所以，实际上并不需要保证人或担保人书面同意"这一要件。

在德国法上，质权会因为债务人更换而消灭。但只有在债权人放弃时，抵押权才消灭(《德国民法典》第418条第1款第2句)，不过，该抵押权会转化为所有权人抵押权，以避免后顺位抵押权人因晋升顺位而无理由受益，其规范目的在于保护担保提供人，如果担保提供人同意债务承担，则不会出现该效果(《德国民法典》第418条第1款第3句)。

(五) 诉讼时效中断

债务承担意思到达债权人之日起，诉讼时效中断(《诉讼时效规定》第17条第2款)。

(六) 债务承担人与原债务人之间的法律关系

债务承担人承担责任后，可以依据其与原债务人之间的基础合同，向原债务人请求补偿。如果债务承担人与原债务人之间没有合同关系，则债务承担人可以依据无因管理向原债务人请求补偿。

四、债务加入

(一) 概念

所谓债务加入，又被称为并存的债务承担，指新的债务人加入到债的关系之中，与原债务人共同承担债务的情况(《民法典》第552条)。新债务人与原债务人之间为连带债务关系，并非按份之债关系，因为新债务人加入后，债变为按份之债的，即涉及债的内容的变更，与债务加入仅变更债务人主体的本质不符。

债权人通过合同获得一个与债务人并存的新的债务人，由此加强其法律地位。既有的债之关系扩张为连带债务关系，而所负担的给付内容并没有变化。

(二) 债务加入合同

债务加入既可以通过新加入的债务人与债权人之间订立合同确立，也可以通过新加入债务人与原债务人之间订立合同确立。对于债务加入合同，原则上没有形式要件要求。

> 案例：甲承租乙公寓一套，后甲的好友丙愿意与甲一同承租，成为共同承租人，乙表示同意。

在新债务人与债权人之间订立债务加入合同的情况下，依照债务承担规则，本无须债务人同意。所以,本案中无须乙同意。即使在债务承担违背债务人意思的场合,如债务人与债权人事先订有禁止债务移转特约的,债务承担合同亦为有效,其原因在于债务加入具有加强债权人法律地位的功能,可以类推适用保证的规定[1],提供保证的无须债务人同意,所以,在债务加入的情况下,亦无须债务人同意。

在新加入债务人与原债务人之间订立合同的情况下,并不需要债权人的同意,因为债权人的地位因此得到了改善,并无不利益。有学者认为,不能就此认为存在为第三人利益的合同[2],债权人之所以获得此利益,还是基于其原本的债权。不同观点认为,并存的债务承担为一种第三人利益合同,第三人利益合同的生效不需要债权人同意,而且,债权人可以要求新债务人向其给付。[3] 从利益状况上看,第二种学说值得赞同。

第三人与原债务人约定加入债务时,应通知债权人或者第三人向债权人表示愿意加入债务,如果债权人未在合理期限内明确拒绝的,债权人可以请求第三人在其愿意承担的债务范围内和债务人承担连带债务(《民法典》第552条)。

(三) 与保证的区别

保证人负有义务为特定结果的出现承担责任或者承担将来的、现在尚未产生的损害的担保。保证人负有为他人债务承担责任的义务,保证人的债务的存续根据的是主债务的内容与存续,具有附随性。而在债务加入的情况下,债务加入人的债务是自己的,独立于原债务人的债务,追求的是自己的经济与法律利益,而且原则上不受原债务人债务嗣后变更的影响。但是,加入人可以向债权人主张债务人在让与时已经存在基础的抗辩,原债务人清偿或部分清偿的,对加入人也发生效力。

保证与债务加入(累加型的债务承担)容易混淆,具体可以从如下几个方面考虑:

根据《民法典》第685条,保证合同原则上须以书面作出,违反形式要件要求作出保证的,保证合同无效。原则上不允许将保证合同转化为无形式要件要求的债务加入,否则保证合同形式要件的要求就没有意义了。对于债务加入则没有形式要件的要求,不需要对债务加入人提供过于匆忙的保护,债务加入人自己应该知道承担债务是否值得。如果当事人遵守形式要件,有疑问时,应认为保证是通常采用的法定的担保方式。如果当事人未遵守形式要件,保证合同无效,但此时也不得解释为债务加入。

在当事人意思不清楚的情况下,需进行意思表示解释,原则上同意加入债务一方的经济利益是决定性因素,如有自己的经济利益则可能是债务加入,比如妻子嗣后承担了丈夫的租金债务,以避免出租人要求腾房;再如新加入的合伙人承担了其加入前

---

[1] 韩世远:《合同法总论》(第四版),法律出版社2018年版,第634页。
[2] 同上书,第635页(此并非韩世远教授的观点);崔建远:《合同法总论(中卷)》,中国人民大学出版社2024年版,第759页。
[3] 肖俊:《〈合同法〉第84条(债务承担规则)评注》,载《法学家》2018年第2期,第180页。

的合伙债务,以提高合伙的资信。而某人出于友谊或者亲属关系赶来帮忙成为债务人,此时,通常构成保证。①

在当事人意思不清楚的情况下,可以采取对责任人最轻责任的解释路径。在保证合同的情况下,保证人通常享有先诉抗辩权,而且,债权人与债务人可以约定保证期间;没有约定或者约定不明确的,保证期间为主债务履行期限届满之日起 6 个月(《民法典》第 692 条)。也就是说,根据现行法,相对于债务加入,保证人的责任更轻一些。所以,在当事人意思不清楚的情况下,也即存疑的情况下,可以将第三人应承担的责任解释为保证责任。②

第三人向债权人提供差额补足、流动性支持等类似承诺文件作为增信措施,具有提供担保的意思表示,债权人请求第三人承担保证责任的,人民法院应当依照保证的有关规定处理。第三人向债权人提供的承诺文件,具有加入债务或者与债务人共同承担债务等意思表示的,人民法院应当认定为《民法典》第 552 条规定的债务加入。前两款中第三人提供的承诺文件难以确定是保证还是债务加入的,人民法院应当将其认定为保证(《民法典担保制度解释》第 36 条)。

(四) 法律效果

1. 连带债务关系

通过债务加入,债权人获得了新的债务人,但原债务人并没有因为债务加入而免责,与新加入的债务人之间形成连带债务关系,而且是在第三人愿意承担的债务范围内形成连带债务关系(《民法典》第 552 条),也就是说,原债务人与新加入的债务人作为连带债务人承担责任。③ 不同意见认为,应在现行法框架内承认按份负责的并存的债务承担类型。④ 本书遵循前一见解,债务加入仅带来债务主体变更的效果,并具有加强债权人法律地位之功能,如果改为按份之债,就可能带来减弱原来债权人法律地位之可能,并不符合债务加入的规范目的。但是,新旧债务人以及债权人三方可以共同约定加入债务人承担按份债务、连带之债以及共同体之债。⑤

2. 追偿权

依据《民法典》第 552 条,加入人与原债权人之间形成连带债务,从体系解释角度看,可以适用第 519 条、第 520 条的规则。尤其是加入人清偿后,可以向原债务人追

---

① Fikentscher/Heinemann, *Schuldrecht AT & BT*, 12. Aufl., 2022, §61 Ⅱ, Rn. 754.
② 夏昊晗:《债务加入与保证之识别——基于裁判分歧的分析和展开》,载《法学家》2019 年第 6 期,第 112 页。
③ 王家福主编:《中国民法学·民法债权》,法律出版社 1991 年版,第 87 页;王利明:《合同法研究》(第二卷)(第三版),中国人民大学出版社 2015 年版,第 238 页。
④ 崔建远:《合同法总论(中卷)》,中国人民大学出版社 2024 年版,第 761 页。
⑤ Fikentscher/Heinemann, *Schuldrecht AT & BT*, 12. Aufl., 2022, §61 Ⅳ, Rn. 759.

偿,并相应地享有债权人的权利。① 赋予加入人追偿权,可以鼓励第三人加入债务。

但是,在加入人损害原债务人利益的情况下,比如在债务人认为利息或违约金过高的情况下,加入人还进行清偿,此时赋予加入人追偿权,会有害于债务人。所以,《民法典合同编通则解释》第 51 条第 1 款特别规定了第三人(加入人)和债务人之间的追偿规则。首先,在第三人加入债务并与债务人约定了追偿权的情况下,第三人履行债务后,即可以向债务人追偿。其次,如果第三人与债务人没有约定追偿权,那么第三人可以依照《民法典》关于不当得利、无因管理、第三人代为履行、委托、赠与等基础关系的规定,在其已经向债权人履行债务的范围内请求债务人向其履行。② 但是,如果第三人知道或者应当知道加入债务会损害债务人利益的,原则上第三人不得向债务人追偿。具体如第三人依据无因管理请求债务人补偿的,在第三人恶意的情况下,只有在债务人受益时才应当在其受益范围内对管理人予以补偿(《民法典》第 980 条)。③

其实,加入人与原债务人之间通常存在约定。而且,加入人一般也不会违背原债务人的意思进行清偿。依据《民法典》第 519 条第 1 款,连带债务人之间的份额难以确定的,视为份额相同;对于违背原债务人的意思进行清偿的、确实存在的债务,连带债务人也要承担等额的债务。另外,如果加入人违背约定进行清偿,一方面要确定债务范围,超出债务范围的清偿,对债务人不会发生效力,另一方面,加入人可能会向原债务人承担违约责任。

《民法典合同编通则解释》第 51 条第 2 款还特别规定,债务人可以就其对债权人享有的抗辩向加入债务的第三人主张。其基本逻辑是,加入人与债务人之间是连带债务关系,加入人清偿后向债务人追偿的,根据《民法典》第 519 条第 2 款的规定,其他连带债务人对债权人的抗辩可以向该债务人主张。④

3. 抗辩权的移转

加入人的义务在内容上以已经存在的原债务人的债务为准,所以,加入人可以向债权人主张原债务人对债权人在加入时确立的抗辩(《民法典》第 553 条)。但是,如果原债务人与新加入债务人之间签订债务加入合同,其性质为利他合同,那么在债权人被通知前,二者之间债务加入合同的基础法律关系(补偿关系)中产生的抗辩亦可对抗债权人,但如果已经通知债权人,则加入人不得以之对抗,因为此时债权人享有值得保护的利益。⑤

---

① 夏昊晗:《债务加入法律适用的体系化思考》,载《法律科学(西北政法大学学报)》2021 年第 3 期,第 168 页。
② 最高人民法院民事审判第二庭、研究室编著:《最高人民法院民法典合同编通则司法解释理解与适用》,人民法院出版社 2023 年版,第 564 页以下。
③ 同上书,第 567 页。
④ 同上。
⑤ Larenz, *Schuldrecht AT*, 14. Aufl., 1987, §35 Ⅱ, S. 611.

4. 保证人的保证责任不受影响

第三人加入债务的,保证人的保证责任不受影响(《民法典》第 697 条第 2 款)。

五、法定的债务加入情况

在企业移转的情况下,取得人加入到现存的劳动关系中承担义务,而对劳动关系中的义务,让与人亦承担责任。

第三节 合同承担

✎ 【文献指引】

史尚宽:《论概括的债务承担》,载郑玉波主编:《民法债编论文选辑(中)》,五南图书出版股份有限公司 1984 年版。

一、概述

(一) 概念

所谓合同承担(又被称为合同权利义务概括移转、合同地位的移转),是指合同当事人一方的权利义务一并移转给第三人,但合同本身仍保持其同一性,由该第三人取而代之成为合同当事人的现象(《民法典》第 555 条、第 556 条)。

合同承担既可以基于法律行为而产生,也可以基于法律规定而产生。基于法律行为产生的情况,可能是基于遗嘱,也可能基于合同;基于法律规定而产生的情况,如买卖不破租赁的情况、企业合并分立等。

合同承担与债权让与或债务承担的区别在于,只能由当事人享有的权利,如撤销权、解除权是否移转于受让人或承担人,在合同承担的情况下,一并移转,而在后者,原则上不会一并移转。①

案例:甲预售给乙一套商品房,由于市场供小于求,甲的商品房很快售罄。在丙拟购买时,甲已经无房可售,于是,丙说服乙,出 10 万元取得房屋买卖合同中的权利。

丙取代乙成为买卖合同当事人后,丙即可以取得基于合同产生的所有权能,如撤销权、解除权与抗辩权等。

(二) 基础结构

在实质上,合同承担并非仅仅是权利与义务移转的总和,而是一体的原合同当事

---

① 崔建远主编:《合同法》(第八版),法律出版社 2024 年版,第 175 页;陈自强:《契约之内容与消灭——契约法讲义Ⅱ》(第四版),元照出版有限公司 2018 年版,第 283—284 页。

人和新合同当事人之间的三方合同。合同承担也可以是退出合同一方与受让方之间订立合同,然后通过另一方的同意或者追认而生效,适用《民法典》第555条。如果另一方拒绝同意合同承担,在合同承担当事人之间该合同固然有效,但此时出现了给付不能的情况,得依据给付障碍法或者违约法来处理。

二、意定承担

(一) 构成要件

1. 合同地位的可让与性

原则上合同地位是可以任意让与的,但在特殊情况下,因合同关系的性质、因当事人禁止让与的特约以及因法律规定而不得让与。

2. 让与合同的存在

如果合同当事人与受让人三方签订合同,则无须同意程序;而在由让与人与受让人双方达成让与合同时,则须经债权人的同意(《民法典》第555条)。

如果形式要件的目的在于保护更换的当事人地位,那么,原合同的形式要件要求也适用于合同承担。

原合同的效力瑕疵不会因为合同承担而被排除,因为合同承担与原合同是同一合同。但是,如果效力瑕疵只涉及让与人,而且因为让与人从合同中脱离出来即不存在瑕疵了,则合同承担就不存在效力瑕疵。合同承担是否可撤销,也需要根据原合同判断,但是,如果相对人人同意转让,通常相对人的受保护的撤销合同之利益即随着承担而消灭。[①]

合同承担通常是三方签订的合同,所以,一方当事人撤销合同承担的意思表示,应向其他两方当事人作出。

3. 同意

合同承担涉及变更合同的当事人,对相对人利益影响重大,除了让与人与受让人之间的承担协议之外,还需要相对人的同意。一般自相对人同意时起,受让人取得合同当事人地位。

对于相对人同意原则上无形式要件要求,也可以通过默示行为授予同意。在缺少有效的同意的情况下,在合同承担中所包含的权利移转的意思仍会发生效力。

4. 标的

合同承担的标的是当事人的合同地位。

合同承担的主要用途是使受让人能够面向将来享有合同当事人地位,以及因此而产生的债务、债权以及其他权利和义务。也就是说它多存在于履行还可继续的双

[①] MüKoBGB/Kieninger, 9. Aufl., 2022, BGB § 398, Rn. 188.

务合同中①,对于履行已完毕的合同自无适用之余地。换句话说,其主要存在于履行被推迟的合同和继续性合同的情况。

（二）相对人的保护

根据《民法典》第 556 条,保护债务人的规则(《民法典》第 545 条以下)亦准用于合同承担的情况。不过,由于合同承担通常是三方当事人订立的合同或者是新旧合同当事人订立合同、相对人同意的形式,所以,禁止让与规则、从权利附随规则的构成要件即丧失,不能适用第 545 条第 1 款第 1 项、第 2 项的禁止让与规则以及第 547 条的规则。对于第 548 条的债务人抗辩规则,合同承担的当事人也可以通过约定排除。②

（三）效果

合同概括让与一经订立,并经另一方同意的,新的当事人即替代原当事人之地位,成为合同当事人。原则上,所有基于所承担的合同而产生的权利以及抗辩均归属于新合同当事人。新的合同当事人还可以主张承担合同的瑕疵。

并存的合同承担的情况下,担保物权可以继续存在,但也只针对原债务人发生效力。例如,甲与乙订立买卖合同,甲是出卖人,乙为担保甲的价金债权提供抵押,现乙、丙约定并存的合同承担,则仍由乙承担担保责任。

根据《民法典》第 556 条,涉及合同权利转让的部分,可准用关于债权让与的规定,而涉及债务承担的规则准用债务承担的规定,由此,抗辩权一同移转等规则,亦适用于合同承担的情况。

《民法典合同编通则解释》第 47 条第 3 款规定,当事人一方将合同权利义务一并转让后,对方就合同权利义务向受让人主张抗辩或者受让人就合同权利义务向对方主张抗辩的,人民法院可以追加让与人为第三人。

三、合同加入

所谓合同加入(也被称为并存的合同承担),是指当事人约定,新的合同当事人加入合同,而原合同当事人并不退出。合同加入使一方当事人一侧形成连带债权人结构。不过,新加入合同的当事人也可以作为独立的一方当事人,比如加入合伙合同。对于合同加入,适用合同承担规则。对于合同加入,也需要债权人同意。③

四、法定承担

在当事人(法人或其他组织)合并与分立的情况下,会发生法定的合同承担。当事

---

① O. Deshayes, Th. Genicon, Y-M. Laithier, *Réforme du droit des contrats, du régime général et de la preuve des obligations*, 2e éd., 2018, p. 523.

② MüKoBGB/Kieninger, 9. Aufl., 2022, BGB §398, Rn. 190.

③ 陈自强:《契约之内容与消灭——契约法讲义Ⅱ》(第四版),元照出版有限公司 2018 年版,第 287—288 页;朱广新:《合同法总则研究(下册)》,中国人民大学出版社 2018 年版,第 506 页。

人订立合同后合并的,由合并后的法人或者其他组织行使合同权利、履行合同义务。当事人订立合同后分立的,除债权人和债务人另有约定的以外,由分立的法人或者其他组织对合同的权利和义务享有连带债权,承担连带债务(《民法典》第 67 条)。在企业合并或分立后,原企业的合同法定移转的,虽然不需要另一方当事人的同意,但需进行通知,以保证另一方当事人能够知悉。通知既可以是单独通知,也可以是公告通知。①

对于因继承或者法人合并、分立导致的合同承担,有学者称为"包括承受""概括的承受"②,并认为主要是责任财产的承受,与特定合同承担以及法定合同承担并不相同。责任财产的包括承受,并不需要相对人的同意。

在我国现行法上,法定债务承担主要有如下几种:

根据我国《城市房地产管理法》第 42 条的规定,房地产转让时,土地使用权出让合同载明的权利、义务随之转移。

根据《民法典》第 725 条的规定,租赁物在承租人按照租赁合同占有期限内发生所有权变动的,不影响租赁合同的效力。据此,买卖租赁物时,买受人取得标的物所有权,但需法定承受租赁合同,成为租赁合同的出租人。这里的立法目的是保护以居住为目的的房屋承租人,具有社会化之思想。

旅游者在合理期间内转让包价旅游服务合同(《旅游法》第 64 条)的,也不需要旅行社同意。

---

① 崔建远主编:《合同法》(第八版),法律出版社 2024 年版,第 175 页。
② 史尚宽:《债法总论》,中国政法大学出版社 2000 年版,第 703、737 页。

第十一章　涉他合同

✎ 【文献指引】

尹田:《论涉他契约——兼评合同法第 64 条、第 65 条之规定》,载《法学研究》2001 年第 1 期;叶金强:《第三人利益合同研究》,载《比较法研究》2001 年第 4 期;王利明:《论第三人利益合同》,载南京师范大学法制现代化研究中心编:《法制现代化研究》(第八卷),南京师范大学出版社 2002 年版;王泽鉴:《第三人利益买卖契约之解除及其法律效果》,载《民法学说与判例研究(7)》,中国政法大学出版社 1998 年版;韩世远:《试论向第三人履行的合同——对我国〈合同法〉第 64 条的解释》,载《法律科学(西北政法学院学报)》2004 第 6 期;张民安:《论为第三人利益的合同》,载《中山大学学报(社会科学版)》2004 年第 4 期;朱岩:《利于第三人合同研究》,载《法律科学(西北政法学院学报)》2005 年第 5 期;薛军:《利他合同的基本理论问题》,载《法学研究》2006 年第 4 期;陈任:《第三人利益合同的变更和解除》,载《法律科学(西北政法学院学报)》2007 年第 5 期;张家勇:《为第三人利益的合同的制度构造》,法律出版社 2007 年版;张家勇:《为第三人利益合同的意志论基础》,载《清华法学》2008 年第 3 期;崔建远:《为第三人利益合同的规格论——以我国〈合同法〉第 64 条的规定为中心》,载《政治与法律》2008 年第 1 期;薛军:《"不真正利他合同"研究——以〈合同法〉第 64 条为中心而展开》,载《政治与法律》2008 年第 5 期;吴文嫔:《第三人利益合同原理与制度论》,法律出版社 2009 年版;薛军:《论〈中华人民共和国合同法〉第 64 条的定性与解释——兼与"利他合同论"商榷》,载《法商研究》2010 年第 2 期;吴文嫔:《论第三人合同权利的产生——以第三人利益合同为范式》,载《比较法研究》2011 年第 5 期;葛云松:《意思自治原则的理论限度——评〈论利他法律行为涉他效力的制度建构〉》,载《北大法律评论》第 12 卷第 2 辑,北京大学出版社 2011 年版。

✎ 【补充文献】

吴文嫔:《加拿大合同法之"受益第三人规则"》,载《环球法律评论》2015 年第 2 期;薛军:《合同涉他效力的逻辑基础和模式选择——兼评〈民法典合同编(草案)〉(二审稿)相关规定》,载《法商研究》2019 年第 3 期;潘重阳:《论真正利益第三人合同中第三人的违约救济》,载《东方法学》2020 年第 5 期;陈景善、郜俊辉:《利他合同之法定解除权行使规则研究》,载《社会科学研究》2020 年第 6 期;陆家豪:《民法典第三人清偿代位制度的解释论》,载《华东政法大学学报》2021年第3期;张继承、王浩楠:《利他合同制度的法教义学分析——〈民法典〉第522条的解释论展开》,载《时代法学》2021年第4期;王利明:《论第三人代为履行——以〈民法典〉第524条为中心》,载《法学杂志》2021年第8期;李永军:《〈民法典〉涉他合同中第三人利益的实现途径》,载《苏州大学学报(法学版)》2021年第1期;崔建远:《论为第三人利益的合同》,载《吉林大学社会科学学报》2022年第1期;廖嘉诚:《论真正利益第三人合同中第三人权利的范围与保护——以〈民法典〉第522条第2款为基点》,载《吉林工商学院学报》2022年第3期;吴文嫔:《论〈民法典〉中受益第三人请求权基础》,载《成都理工大学学报》2022年第3期;石佳友、李晶晶:《论真正利益第三人合同中的第三人权利》,载《湖南科技大学学报》2022年第5期;潘运华、洪雨箫:《民法典中第三人利益合同规范的解释论》,载《福州大学学报(哲学社会科学版)》2023年第1期;高圣平、陶鑫明:《论第三人代为清偿的法律适用——以〈民法典合同编通则解释〉第30条为分析对象》,载《社会科学研究》2024年第1期。

第一节 利他合同

一、利他合同概述

基于合同的相对性原理,合同上的给付义务原则上只能涉及合同的当事人,罗马法上就遵循任何人不得为他人缔约(alteri stipulari nemo potest)的原则。但在现代社会,的确存在债务人向债权人之外的第三人给付的现实需要。在一些情况下,未积极参与的人参加给付的交换,对目的的实现有所帮助。①

合同当事人可以约定,由债务人向债权人之外的第三人履行给付义务,此即为利他合同,也被称为利益第三人合同。② 在实践中,最有意义的利他合同情况是人寿保险合同的情况。在父母带儿童看病的情况下,通常父母与医院之间订立的也是利他合同。在二手房买卖中介合同中,买方支付给卖方中介费的义务,也是基于利他合同而向第三人负担的义务。在夫妻离婚的情况下,夫妻可以约定利他合同,将财产移转给孩子。债务加入也利用了利他合同机制。旅游组织者在为旅游者订机票、酒店时,也会使用利他合同机制。厂商与批发商之间的质保承诺,本质上,也是有利于消费者的利他合同。

在法律上,有两种类型的利他合同,一种为真正的利他合同,一种为非真正的利

---

① 黄立:《民法债编总论》(修正三版),元照出版有限公司2006年版,第582页。
② 在术语上,有多种表达,有称之为"为第三人之契约""第三人利益契约""向第三人给付之契约""为第三人利益订立的合同"等。参见张家勇:《为第三人利益的合同的制度构造》,法律出版社2007年版,第13页。

他合同。二者的区别在于第三人对债务人是否享有独自的债权。在第三人不愿意合同债权人干涉的情况下,亦可基于合同当事人的约定取得直接的给付请求权。

二、真正的利他合同与不真正的利他合同

所谓真正的利他合同,是指第三人基于该合同取得对债务人的请求权,又被称为有利于第三人的合同、第三人利益合同或者为第三人的合同。① 而所谓非真正的利他合同,又被称为向第三人履行的合同,是指债务人得向第三人给付,但第三人对债务人没有给付请求权的情况。② 在这里,债务人被授权并负有义务通过向第三人履行而履行自己的义务。

就利他合同而言,法律之所以对其承认和保护,使之具备法律强制执行效力,是为了体现当事人的真实意思,实现当事人的缔约目的。③

(一) 规范基础

《合同法》第 64 条并没有明确规定真正的利他合同,也没有明确排除真正的利他合同,所以学界对于是否规定了真正的利他合同存在争议。④《民法典》第 522 条第 2 款明确规定了真正的利他合同,法律规定或者当事人约定第三人可以直接请求债务人向其履行债务,第三人未在合理期限内明确拒绝,债务人未向第三人履行债务或者履行债务不符合约定的,第三人可以请求债务人承担违约责任。在立法上利他合同采取了拒绝模式,即利他合同的订立不需要第三人的同意,但第三人可以行使拒绝权,从而使利他合同对其产生的法律效果溯及既往地归于无效,这种模式较好地平衡

---

① 韩世远:《合同法总论》(第四版),法律出版社 2018 年版,第 361 页。
② 黄薇主编:《中华人民共和国民法典释义(中)》,法律出版社 2020 年版,第 998 页。
③ 陈任:《第三人利益合同的变更和解除》,载《法律科学(西北政法学院学报)》2007 年第 5 期,第 146 页;黄薇主编:《中华人民共和国民法典释义(中)》,法律出版社 2020 年版,第 1000 页。
④ 否定者认为,既然条文中没有第三人享有给付请求权的规定,而且该条仅规定由债务人向债权人承担违约责任,也就是说,第 64 条中没有规定真正的利他合同。参见尹田:《论涉他契约——兼评合同法第 64 条、第 65 条之规定》,载《法学研究》2001 年第 1 期,第 33 页以下;薛军:《利他合同的基本理论问题》,载《法学研究》2006 年第 4 期,第 116 页以下;叶金强:《第三人利益合同研究》,载《比较法研究》2001 年第 4 期,第 69—79 页。全国人大法工委释义书认为,《合同法》第 64 条规定了真正的利他合同,并认为,此时第三人取得请求权,并以保险合同为例,投保人与保险人订立保险合同,可以约定保险人向作为第三人的被保险人、受益人履行,被保险人、受益人享有保险金请求权。参见胡康生主编:《中华人民共和国合同法释义》,法律出版社 1999 年版,第 112—113 页。最高人民法院经济审判庭编著的释义书也认为第 64 条规定了为第三人利益的合同,突破了合同的相对性,主要包括人身保险合同及运输合同等为第三人利益订立的条款,并认为,虽然法律条文中没有明确第三人是否可以向债务人请求履行,但第三人应当有权向债权人请求履行,否则该法条就会形同虚设。参见最高人民法院经济审判庭编著:《合同法释解与适用(上册)》,新华出版社 1999 年版,第 282—283 页。在体系解释上,第 64 条虽然规定在合同履行一章,但履行也是合同效力的一部分,立法者将其规定在履行一章,不过是注重其履行问题。另外,结合《合同法》第 65 条之规定,第 64 条应为第三人利益合同的规定,参见崔建远:《为第三人利益合同的规格论——以我国〈合同法〉第 64 条的规定为中心》,载《政治与法律》2008 年第 1 期,第 72 页。

了效率性需求与受益人意思自由之尊重的需求。①

《民法典》第 522 条第 1 款明确规定了非真正的利他合同,当事人可以约定债务人向第三人履行债务,债务人未向第三人履行债务或者履行债务不符合约定的,应当向债权人承担违约责任。当事人可以嗣后变更债务履行的对象,第三人无权干涉。②

(二) 真正利他合同与非真正利他合同的区别与解释规则

涉及第三人的合同到底是真正的利他合同还是非真正的利他合同,首先取决于当事人的约定,在当事人没有约定的情况下,须根据合同目的以及具体情况予以判断属于真正利他合同还是非真正利他合同。③

如果利他合同具有供养性质,如在保险合同存在疑问时,将其推定为真正的利他合同,因为这些合同的目的正是供养第三人。

在负担赠与的情况下,如父亲将企业赠与儿子,但儿子应在父亲死后照顾其母亲。在这里,应当解释为母亲享有对儿子的给付请求权,即为真正的利他合同。

在某人通过与债务人的合同而负有满足第三人(债务人的债权人)的义务的情况下,有疑问时,便将其推定为非真正的利他合同,即该第三人没有取得独自的请求权,其实质为履行承担。例如,甲为北京电脑批发商,乙为铁路运输企业,丙为南京电脑零售商。甲将一批电脑,以丙为收货人,让乙自北京运至南京,在没有约定的情况下,推定为非真正的利他合同。

如果合同的目的就是缩短交付链条,则可以直接认定是非真正利他合同。

三、利他合同的理论基础

(一) 利他合同的性质与功能

利他合同与买卖或租赁合同不同,并非独立的合同类型,其实质是债权人与债务人之间的约定,改变了债之关系的内容,赋予第三人独立的债权。在利他合同情况下,给付义务的方向被改变了,与合同的双方关系特性便有所不同。

一方面,利他合同具有缩短给付路径的功能,第三人无须绕道通过允诺受领人的财产取得,而是直接自允诺人处取得。例如甲拟赠与丙房屋一套,后其从乙处购买房屋后,甲乙可以约定,乙直接将房屋移转登记在丙之名下。

另一方面,利他合同还使供养第三人的法律结构成为可能。例如养老金保险合同中,投保人与保险人约定,由第三人(受益人)取得请求保险人给付保险金的权利。

---

① 薛军:《合同涉他效力的逻辑基础和模式选择——兼评〈民法典合同编(草案)〉(二审稿)相关规定》,载《法商研究》2019 年第 3 期,第 24 页。
② 最高人民法院民事审判第二庭、研究室编著:《最高人民法院民法典合同编通则司法解释理解与适用》,人民法院出版社 2023 年版,第 334 页。
③ 尹田:《论涉他契约——兼评合同法第 64 条、第 65 条之规定》,载《法学研究》2001 年第 1 期,第 41 页。

再如父母为孩子买房,与出卖人约定,孩子对出卖人享有请求交付房屋并转移房屋所有权的权利。

(二) 第三人负担合同

利他合同的本质是对合同相对性原则的突破,所以,虽然当事人约定利他合同不需要第三人的同意,但第三人可以在合理期限内明确拒绝,也就是通过赋予拒绝权予以补救(《民法典》第 522 条第 2 款)。但当事人通过约定为第三人设定负担,则是没有正当性的。

所谓第三人负担合同,是指在没有第三人参与的情况下确立一方当事人对第三人请求权的合同,这在法律上并不被允许。

赋予第三人权利地位,也可能同时为第三人带来间接的负担,而这些间接的负担并不属于为第三人设定负担的情况。如果当事人约定,赋予第三人权利取决于义务的承担,则这种约定就不是利他合同,而是一种对财产给付的限制。此时,第三人的债权随着自愿承担义务而产生。如果第三人拒绝承担义务,则第三人的债权根本无从产生。①

(三) 通过利他合同仅能给与第三人债权

原则上通过利他合同仅能给与第三人债权,而不能给与第三人物权。例如,房屋所有权人甲与乙约定,为丙对乙的债务提供房屋设定抵押权,此利他合同不生效力。理由在于,不动产物权变动,原则上不登记则不生效力;动产物权,不经交付则不能变动。如果允许通过利他合同给予第三人物权,则违反了此法律强行规定。②

(四) 利他合同与处分行为

利他合同通常是负义务的法律行为,但也存在处分行为的可能,例如,甲是乙的债权人,现甲乙约定,此债权于未来归属于丙。③ 有利于第三人的债务免除,也是可以的。④ 不同意见认为,不可以约定利他的债权让与和债务免除等处分行为,但当事人可以先约定抛弃,然后再重新约定利他的合同,从而使第三人获得债权。⑤ 在逻辑上,如果允许通过约定利他合同赋予第三人债权,就应该允许直接将债权处分给第三人。出让人(原债权人)单方作出的让与表示,尚需要受让人作出对让与的受领行为,由于利他的债权处分行为是有利于受让人的行为,则只要受让人不拒绝,即可以认为受让人受领了债权。⑥

在实践中,当事人还可以约定有利于第三人的责任免除。

---

① Looschelders, *Schuldrecht AT*, 21. Aufl., 2023, §51, Rn. 8.
② 黄立:《民法债编总论》(修正三版),元照出版有限公司 2006 年版,第 588 页。
③ 同上。
④ Schlechtriem/Schmidt-Kessel, *Schuldrecht AT*, 6. Aufl., 2005, §18, Rn. 737-738.
⑤ Jauernig/Stadler, 19. Aufl., 2023, BGB §328, Rn. 6.
⑥ MüKoBGB/Kieninger, 9. Aufl., 2022, BGB §398, Rn. 17.

四、区别

(一) 与代理的区别

代理与利他合同情况显为不同。在代理的情况下,"第三人"本是合同的当事人,只是在合同订立时,通过他人代理而已。但在现实中,父母为子女出现在交易中的情况下,代理与利他合同不容易被区分。例如,母亲甲为未成年人乙挂号、看病,如果母亲是以自己的名义与医院订立合同的,此时存在利他合同;如果其以法定代理人身份代为订立合同,则为代理。

但在没有明示的情况下,如母亲带女儿乘坐公共汽车,需要从外观上判断行为人是否具有以他人名义交易的意思;如果有则为代理,如果没有则为利他合同。在有疑问的情况下,推定母亲是以自己名义行为的,即为利他合同。①

(二) 与债权让与的区别

债权让与的当事人是新、旧债权人,而债务人不一定参与,新债权人是继受取得。与此不同,在利他合同中,第三人的债权直接产生于债权人与债务人之间的合同,这里涉及原始取得,第三人也不必参与合同。债权人原则上保有独立的债权,但债权人只能要求债务人向第三人给付。

五、利他合同的订立

(一) 订立与当事人

所谓利他合同,是指当事人通过合同约定债务人向第三人为给付,其合同所生债权因而直接归属于该第三人的合同。在合同之债的关系下,债务人只需向合同当事人给付,而在利他合同中,债务人需向第三人给付。此时,债务人是允诺人,债权人是允诺受领人或受约人,而第三人是受益人。债权人与债务人之间的约定,也被称为利他约款。允诺人与允诺受领人之间的关系被称为补偿关系,允诺受领人与第三人之间的关系被称为给与关系或对价关系,允诺受领人与第三人之间的关系被称为执行关系。

当事人通常通过要约、承诺方式订立利他合同。当事人也可以通过改变已经存在的债之关系来设立利他关系,例如,甲与乙订立旅游合同后,甲参加不了旅游,遂找到第三人替代参加旅游,第三人由此获得了请求权。

(二) 形式要件

利他合同是否需要形式要件,根据的是补偿关系。补偿关系是所允诺的对第三人利益的基础。如果补偿关系需要形式要件,则利他合同也需要形式要件。例如,房屋所有权买卖合同,需要书面形式要件,则赋予第三人交付与移转所有权请求权的利

---

① Medicus/Lorenz, *Schuldrecht AT*, 22. Aufl., 2021, §63, Rn. 3.

他合同也需要采用书面形式要件。但是，在对价关系需要形式要件的情况下，则不能认为利他合同本身也需要形式要件。例如，买受人甲拟将所购买之汽车赠与女儿，甲与出卖人乙约定，乙直接将汽车移转给甲的女儿。此时，关于赠与的形式要件要求，并不适用于利他合同。

(三) 构成要件

利他合同需要如下构成要件：

1. 补偿关系中的合同有效

允诺人与允诺受领人之间的合同须有效，利他合同的有效与否取决于该关补偿关系。

2. 第三人受益的约定

要成立利他合同，必须要有第三人受益的约定。通过该约定，第三人直接对债务人取得权利。

第三人作为给付请求权的债权人进入到合同关系之中，无须进行意思表示①，故其在利他合同订立时，是否具有行为能力或权利能力在所不问。第三人是否曾经存在过也不是必备要件，即使未出生的胎儿也可以作为利他合同的第三人，但是胎儿娩出时为死体的，其民事权利能力自始不存在(《民法典》第 16 条)。第三人只要是可确定的即可，如当事人约定某一土地使用权人或者货物的最终受领人或者飞机某座位上的乘客为第三人；再比如甲与酒吧乙约定，请所有在酒吧的客人喝酒。

当事人可以为权利之取得设定额外的限制条件或期间，也可以保留自行变更或者撤销第三人权利的权利。

有疑问的是，债务人与债权人可否变更或解除第三人受益的约款。一般认为，第三人在作出接受利益的意思表示后，合同当事人即不得再变更或撤销该约款，因为此时第三人已经对此产生了信赖。②

有学者认为，第三人享有的给付请求权来自合同当事人的约定，因此只能由第三人享有，不能任意转让和继承。③ 但从第三人获得的请求权来看，与一般请求权无异，并无禁止让与与继承之必要。而且，第三人还可以将其债权与债权人的债权进行抵销。

(四) 意思瑕疵

订立利他合同的意思表示的效力根据法律行为一般规则确定。比如，允诺受领

---

① 对此，不同观点认为，利他合同的当事人在没有取得第三人同意时为其设定权利，可能有害第三人的意志自由，故第三人可以拒绝他人为其设定的权利，第三人行使拒绝权可以使第三人利益约定自始无效，且拒绝的意思表示无须特殊形式。参见张家勇：《为第三人利益合同的意志论基础》，载《清华法学》2008 年第 3 期，第 92—106 页。

② 朱岩：《利于第三人合同研究》，载《法律科学(西北政法学院学报)》2005 年第 5 期，第 60—61 页。

③ 王利明：《合同法研究》(第一卷)(第三版)，中国人民大学出版社 2015 年版，第 141 页。

人是未成年人的,原则上需要法定代理人的同意,除非补偿行为对其而言是纯获利益的或者与其年龄、智力相适应的。如果利他合同是因为受益人欺诈而订立的,或者第四人欺诈而受益人知道或者应当知道该欺诈的,则允诺人可以撤销该利他合同,撤销相对人为受益人(《民法典》第 149 条)。

(五)第三人的拒绝

利他合同赋予了第三人权利,但基于意思自治原则,第三人有权拒绝,但第三人应在合理期限内拒绝。对于合理期限的判断,要考虑当事人是否以及何时通知第三人、第三人何时知道利他合同的存在、意思表示发出与到达的时间等。但第三人在合理期间拒绝的,利他合同也不会消灭,允诺受领人可以再指定另一个第三人作为受益人,也可以指定自己作为受益人。如果第三人没有在合理期间内拒绝的,则第三人即取得了直接请求债务人履行的权利。①

六、当事人间的法律关系

在真正的利他合同情况下,允诺人(债务人)与允诺受领人(债权人)之间的法律关系被称为补偿关系(Deckungsverhältnis),因为允诺人基于该关系,取得其向第三人给付的补偿,即对待给付;允诺受领人与第三人之间的关系被称为给与关系或对价关系(Zuwendungs-oder Valutaverhältnis),基于该关系,允诺受领人通过允诺人向第三人给付,第三人对允诺人享有请求权。此时,允诺受领人仍然享有请求权,但只能向债务人请求向第三人履行,债务人也只有向第三人履行才能消灭自己的债务。允诺人与第三人之间的关系被称为执行关系,一般不产生合同上给付义务。②

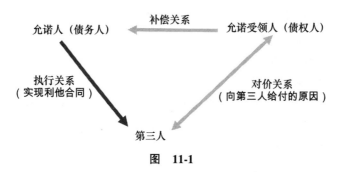

图 11-1

(一)补偿关系

允诺人(债务人)与允诺受领人(债权人)之间的合同关系,并非独立的合同类型,原则上任何有名合同或者任何无名合同都可以作为利他合同。第三人对允诺人

---

① 黄薇主编:《中华人民共和国民法典释义(中)》,法律出版社 2020 年版,第 1000 页。
② 朱岩:《利于第三人合同研究》,载《法律科学(西北政法学院学报)》2005 年第 5 期,第 58 页;张家勇:《为第三人利益的合同的制度构造》,法律出版社 2007 年版,第 17 页。

的请求权,不仅要基于真正的利他合同,而且要基于具体合同类型的请求权。

补偿关系通常是有偿合同,但也可能是无偿合同。例如赠与合同,甲允诺妻子乙,会捐赠给希望工程 1000 元。此时,甲乙之间的合同即为赠与合同,根据《民法典》第 658 条第 2 款、第 660 条,利他性赠与合同一旦订立,比如具有救灾、扶贫、助残等公益、道德义务性质的利他赠与合同,赠与人就不得撤销。

补偿关系是利他合同的基础,在该关系中,规范了所有当事人之间的法律关系,利他合同的有效与否完全取决于该关系。补偿关系如无效或被撤销,则利他合同也归于无效或被撤销。

补偿关系是确定第三人对允诺人法律地位的标准,如第三人是否立即或者嗣后,或者在特定条件下取得该请求权。而且,还需要根据补偿关系决定合同当事人可否重新剥夺第三人已经取得的法律地位。另外,债权人与债务人之间的所有的附属约定,比如管辖约定,对债务人与第三人的关系均发生效力。补偿关系还决定了允诺人对第三人的抗辩权。

除了第三人享有请求权之外,允诺受领人对允诺人是否享有请求权,亦基于补偿关系。有疑问时,允诺受领人享有请求权,但不得请求债务人向自己为给付,仅得请求债务人向第三人为给付。允诺受领人对允诺人的请求权亦延伸至损害赔偿请求权乃至迟延损害赔偿请求权,即可以请求允诺人向第三人进行损害赔偿(《民法典》第 522 条第 2 款)。① 当然,允诺受领人也可以请求赔偿其独自遭受的损害,比如允诺人没有及时向第三人给付,导致第三人基于对价关系向允诺受领人请求损害赔偿。

(二) 对价关系

对价关系指的是债权人与第三人之间的关系。一般来讲,只有允诺受领人对第三人负有义务的情况下,才会使允诺人向第三人给付。也就是说,对价关系是债权人要债务人向第三人给付的原因。允诺受领人对第三人负有的义务可能是基于合同,比如赠与合同,也可能是为了清偿,还可能是基于法律,比如抚养义务。

如果对价关系无效或被撤销,则允诺人对第三人的给付即缺少法律原因,那么允诺受领人即可向第三人基于不当得利法请求让与给付请求权或者返还已经完成的给付。但应注意的是,对价关系对补偿关系不产生影响,二者原则上相互独立。但是,如果在当事人的设想中,对价关系是利他合同的交易基础,或者是利他合同产生的条件,则对价关系对补偿关系就会产生影响。

(三) 执行关系

允诺人与第三人之间的关系,被称为执行关系,其内容是实现利他合同。在允诺人与第三人之间并不存在独立的合同关系,第三人对允诺人享有债权,但并不是合同

---

① Medicus/Lorenz, *Schuldrecht AT*, 22. Aufl., 2021, §63, Rn. 22; Weiler, *Schuldrecht AT*, 6. Aufl., 2022, §37, Rn. 20.

当事人。至少在约定中此二者之间没有债法特别结合关系的存在,即第三人债权以及双方之间附随义务的基础。在性质上,属于与合同类似的关系。① 进而,有观点认为,允诺人也可能基于违反附随义务而对第三人享有损害赔偿请求权,如违反说明义务的情况。②

第三人的过错须归责于允诺受领人,也就是说,允诺受领人会因对第三人的过错向允诺人承担责任,准用的是履行辅助人制度。

基于补偿关系,无须任何行为,第三人即获得了对允诺人的权利,即使第三人不知道该权利取得,也是如此。也就是说,基于利他合同,第三人可以请求债务人向自己履行债务(《民法典合同编通则解释》第 29 条第 1 款第 1 分句)。但原则上第三人可以拒绝该权利,如果其拒绝,则溯及既往地视为权利未被取得,此种模式被称为权利直接发生模式(《民法典》第 522 条第 2 款)。

在不同模式下,第三人得为受益的意思表示。第三人进行意思表示后,方取得权利。此时,合同当事人即不得再变更或撤销该合同(补偿关系),第三人取得的权利便告确定。该意思表示可以向任何一方当事人作出,性质为形成权。在该意思表示作出之前,法律关系仍存在于原合同当事人之间。③

对第三人而言,为第三人设定权利,并无负担。所以,不经过其同意,利他合同亦可生效。但基于合同自由之原理,第三人可以拒绝该权利。而且,如果认为经第三人意思表示后第三人才取得权利,此时的第三人已经并非真正意义上的第三人,类似无权代理情况下的追认制度。④ 故民法典采纳的是权利直接发生模式。

(四)允诺人须主张的抗辩与无须主张的抗辩

由于允诺人对第三人的给付义务产生于补偿关系,所以,允诺人基于补偿关系享有的无须主张的抗辩权均可以针对第三人的请求权(《民法典》第 522 条第 2 款第 2 分句)。⑤ 如合同无效、被撤销或者出现了给付不能,允诺人可以以此对抗第三人。允诺人基于补偿关系享有的须主张的抗辩,如诉讼时效,也可以对抗第三人的请求权。由此,第三人的法律地位有所减弱。如果允诺人与允诺受领人之间的合同无效,允诺人则可对第三人主张合同无效之抗辩。再如,儿子为母亲在敬老院租了一个单间,如果儿子未支付租金,敬老院可以向该儿子行使同时履行抗辩权的情形,亦可针对该母亲行使。

允诺人对第三人享有债权的,可以进行抵销。但允诺人不能以其对允诺受领

---

① Looschelders, *Schuldrecht AT*, 21. Aufl., 2023, §51, Rn. 14.
② Jauernig/Stadler, 19. Aufl., 2023, BGB §328, Rn. 18.
③ 关于各种模式的发展,参见薛军:《利他合同的基本理论问题》,载《法学研究》2006 年第 4 期,第 116 页以下;尹田:《论涉他契约——兼评合同法第 64 条、第 65 条之规定》,载《法学研究》2001 年第 1 期,第 35 页以下。
④ 薛军:《利他合同的基本理论问题》,载《法学研究》2006 年第 4 期,第 120 页。
⑤ 张民安:《论为第三人利益的合同》,载《中山大学学报(社会科学版)》2004 年第 4 期,第 62 页。

的债权与第三人的请求权进行抵销,因为二者之间缺乏相互性,而且该抗辩也并非来自合同。

七、权利取得及其时点

如果第三人没有在合理期间内拒绝,则第三人取得了直接请求债务人履行的权利。第三人可以要求履行允诺给他的请求权(《民法典合同编通则解释》第 29 条第 1 款第 1 分句);允诺受领人也可以请求允诺人向第三人履行。二者均可以单独行使请求权。不过,第三人没有取得撤销权、解除权等权利。①

对于第三人何时取得权利的问题,有两种观点:一种观点认为,第三人对合同承诺时,即取得权利;不同观点认为,第一种观点不足取,因为利他合同成立并不以第三人参与为要件。原则上,应根据当事人的约定或者通过解释,并参考合同之目的予以确定,确定不了的,第三人立即并终局取得权利。② 本书赞同第二种观点,第三人不需要对权利的产生进行辅助;甚至,第三人不知道权利产生的,也可以获得权利。

利他合同的内容,可以是使第三人获得请求权,也可以是获得遗产或者有利于第三人的责任限制。

若对利他给付应在允诺受领人死亡后履行的情况存有疑义,则第三人在允诺受领人死亡后取得请求给付的权利。在允诺受领人死亡之前,该权利仍归属于允诺受领人自己。如果第三人尚未出生,则可以认为此时产生一种期待权。③ 随着第三人的出生,该期待权变为完全权利。值得注意的是,在第三人取得权利之前,第三人的受益是可能被撤销的,允诺受领人也可以指定另一个第三人。也就是说,在允诺受领人死亡前,其法律地位是不确定的。

在保险合同中,保险事故发生后,第三人才取得权利。

八、给付障碍

(一) 允诺受领人造成给付障碍

如果给付障碍是由允诺受领人造成的,那么允诺人可以根据违约责任规则(《民法典》第 577 条以下)对允诺受领人主张权利,允诺人的权利亦可以对抗第三人。

当约定的或法定的解除事由发生时,债务人(允诺人)即可以解除合同,而无须第三人同意。④ 而且,允诺人可以以之对抗第三人。

---

① 黄薇主编:《中华人民共和国民法典释义(中)》,法律出版社 2020 年版,第 1000 页。
② Looschelders, *Schuldrecht AT*, 21 Aufl., 2023, §51, Rn. 18.;崔建远:《论为第三人利益的合同》,载《吉林大学社会科学学报》2022 年第 1 期,第 159 页。
③ 这里是在宽泛意义上使用期待权这一术语的。作为比较,德国法上后位继承可以产生真正的期待权。
④ 王利明:《合同法研究》(第一卷)(第三版),中国人民大学出版社 2015 年版,第 163—164 页。

（二）允诺人造成给付障碍

若给付障碍是由允诺人造成的,第三人与允诺受领人均得根据违约责任规则主张权利。

1. 损害赔偿请求权

在允诺人因违约而负有损害赔偿义务的情况下,通常受损害的第三人以及允诺受领人均可以主张(《民法典》第 522 条第 2 款)。虽然允诺受领人可以主张,但允诺人只能向第三人给付。

催告或指定合理期间的权利归允诺受领人与第三人共同享有。

允诺受领人也可以请求其独自遭受的损害,比如允诺人没有及时向第三人给付,导致第三人基于对价关系向允诺受领人请求损害赔偿。

在允诺人(债务人)违反保护义务造成第三人固有利益损害,或者允诺人履行迟延的情况下,第三人可以请求允诺人赔偿固有利益的损害或者迟延损害。[①]

2. 解除权

允诺受领人作为合同当事人享有替代给付的损害赔偿请求权,可以解除合同。但是,如果第三人产生信赖或者确定最终取得权利,则没有第三人的同意不可以解除合同。[②] 在利他合同不能被废止或者撤回的情况下,第三人即最终取得权利。其他的合同权利,尤其是形成权均为允诺受领人独自享有,如减价权等。

第三人并不享有触及合同整体的权利,比如解除权、撤销权、替代给付赔偿请求权(《民法典合同编通则解释》第 29 条第 1 款第 2 分句),这些权利的行使会变更合同关系,而第三人根本没有参与该合同。只有允诺受领人才可以解除合同,因为他是合同当事人,他们的给付处于相互性关系中。[③] 第三人可以通过放弃权利而从债之关系中脱身。[④]

不同意见认为,第三人可以主张替代给付的损害赔偿,但应当适用代位理论计算损害,而不能适用差额说,因为在对待给付请求权消灭时,差额说与合同清算是一样的。[⑤]

《保险法》第 15 条规定,在非法定或约定的情况下,投保人(即债权人)享有解除权,保险人(即债务人)并无解除权。也就是说,在利他保险合同中,债权人享有任意解除权,其对合同的变更与解除并不受第三人的影响。而且,《保险法》第 16 条规定

[①] Looschelders, *Schuldrecht AT*, 21. Aufl., 2023, §51, Rn. 15.
[②] Staudinger/Jagmann, BGB §335, Rn. 14. 不同观点, vgl. Larenz, *Schuldrecht AT*, 14. Aufl., 1987, §17 I b), S. 221-224;陈景善、邵俊辉:《利他合同之法定解除权行使规则研究》,载《社会科学研究》2020 年第 6 期,第 86 页,该学者主张增加债权人行使解除权时的通知义务。
[③] Looschelders, *Schuldrecht AT*, 21. Aufl., 2023, §51, Rn. 16.
[④] 潘重阳:《论真正利益第三人合同中第三人的违约救济》,载《东方法学》2020 年第 5 期,第 154 页。
[⑤] Jauernig/Stadler, 19. Aufl., 2023, BGB §328, Rn. 8;MüKoBGB/Gottwald, 9. Aufl., 2022, BGB §335, Rn. 19.

了一种保险人享有解除权的情况:如果投保人未履行如实告知义务,保险人可以解除合同;但如果保险人在合同订立时已知该情况的,其解除权消失。此外,《保险法解释(三)》第 17 条对投保人的任意解除权作出了一定限制:如果被保险人或受益人已向投保人支付相当于保险单现金价值的款项,并且受益人已经通知保险人的,投保人则不能在未经被保险人或受益人同意的情况下擅自解除合同。这一条款对受益人作出了一定保护,但仅限于受益人已实质性地付出对价这一情况,保护的情形并不全面,适用的范围也较为狭窄。

补偿关系被撤销或者解除的,如果第三人已经自债务人处取得财产,那么,也不是第三人,而是债权人负有返还财产的义务(《民法典合同编通则解释》第 29 条第 2 款)。因为第三人仅取得权利,不应承担义务。债权人返还财产后,可以基于其与第三人的约定再向第三人请求返还。①

3. 合同变更的权利

在情势变更的情况下,第三人也可以请求变更合同。但对价关系的障碍,对于补偿关系原则上没有影响。

(三) 第三人造成给付障碍

在债务人按照约定向第三人履行债务、第三人拒绝受领的情况下,债权人可以请求债务人向自己履行债务,但是债务人已经采取提存等方式消灭债务的,债权人则不得再主张债务人向自己履行债务。第三人拒绝受领或者受领迟延,债务人请求债权人赔偿因此造成的损失的,人民法院依法予以支持(《民法典合同编通则解释》第 29 条第 2 款)。

如果第三人违反了受领义务或者第三人造成了给付不能,第三人的行为要归责于允诺受领人。所以,允诺人可以主张其由此而产生的对允诺受领人的权利。

允诺人对第三人也可能享有直接请求权,比如,第三人违反注意义务、说明义务的,允诺人可以向第三人主张损害赔偿。

九、债权人的撤回权与更改权

债权人在何时可以撤回、废止或者更改利他合同,取决于当事人的约定、合同的情况以及合同目的,如果依这些要素可以推断出合同当事人保留了撤回或者更改的权利,债权人(允诺受领人)即可不经过第三人同意,撤回或者更改利他合同。如果第三人在利他合同订立后没有直接取得权利,利他合同当事人可以废止该合同。但第三人取得权利后,也未必最终保有该权利。当事人是否可以不经第三人同意而废止合同,还是需要根据合同目的进行解释(《德国民法典》第 328 条第 2 款)。如果解释

---

① 最高人民法院民事审判第二庭、研究室编著:《最高人民法院民法典合同编通则司法解释理解与适用》,人民法院出版社 2023 年版,第 336 页。

的结论是当事人可以废止,则还要解释是双方共同废止,还是单方撤回。存有疑义时,没有第三人同意,当事人不得废止或者改变第三人权利。①

允诺受领人保留不经允诺人同意而以他人取代合同中指定的第三人的权能的,有疑义时,亦可通过死因处分(如遗嘱)行使该指定或者更换权利(《德国民法典》第332条)。其主要适用情形为人寿保险合同。此时,允诺受领人死亡后,才产生权利。在此之前,允诺受领人可以随时废止该合同。但是,如果利他合同中的第三人还未出生,只有在允诺受领人保留撤回、变更权利的时候,才能撤回或变更。因此这种情况下的第三人特别值得保护,因为他在允诺受领人死亡后还未出生,不能取得权利。

第二节 由第三人履行的合同

一、由第三人履行的合同的内涵

由第三人履行的合同,是指以第三人给付为标的的合同(《民法典》第523条)。

《德国民法典》第329条称之为履行承担(Erfüllungsübernahme),主要规定的是实体解释规则,即在合同中,一方负有向另一方债权人偿付的义务,但没有承担债务,有疑义时,不会推定债权人对该方取得直接清偿的目的。德国法规范履行承担的目的主要是区分履行承担与债务承担。

在瑞士以及我国台湾地区,又称之为第三人负担合同(Vertrag zu Lasten eines Dritten)。《瑞士债务法》第111条意义上的第三人负担合同性质上属于担保合同(Garantievertrag),其表述为:向另一方允诺第三人给付者,于第三人未为给付的,负有赔偿因此产生损害的义务。我国台湾地区"民法"第268条继受了这一制度,表述上有所改变:契约当事人之一方,约定由第三人对于他方为给付者,于第三人不为给付时,应承担损害赔偿责任。经过比较可以发现,允诺一词被改为约定,失去了担保的内涵。

《民法典》第523条表述为:当事人约定由第三人向债权人履行债务,第三人不履行债务或者履行债务不符合约定的,债务人应当向债权人承担违约责任。与前两种立法例相比,《民法典》第523条进一步表述为"当事人约定",不仅失去了担保的内涵,也失去了当事人一方担保的内涵。

若从《瑞士债务法》第111条本身的制度内容来看,其性质属于担保合同,规范目的在于确保他人履行②,规范性质上是一种归责条款,比较类似于《德国民法典》第

---

① Staudinger/Jagmann, BGB §328, Rn. 69.
② 可另外参见韩世远:《合同法总论》(第四版),法律出版社2018年版,第375页的观点并与本书观点比较。

276条所规定的担保的承担,其目的是在规定一种无过错责任。也就是说,债务人向债权人允诺,第三人进行给付,但第三人未给付的,债务人向债权人承担无过错责任。

例如,在融资租赁场合,供应商要求出租人确保承租人马上支付价款。① 此时,承租人如果不能马上付款的,不论其是否有过错或者是否有免责事由,出租人均应承担无过错责任。

二、由第三人履行的合同的效力

依据无论何人未得他人承诺、不得以合同使其蒙受不利的原则,第三人不会因此合同而承担任何义务。②

在第三人不为给付的情况下,只有在给付的内容没有专属性的情况下,允诺人方可以代为给付。例如,甲向乙允诺,由丙为乙篆刻两枚印章,而甲并无篆刻技术,如果丙不为篆刻,则甲也无法代为给付,只能承担其他违约责任。

在第三人不为给付或者出现给付不完全的情况下,债务人应承担损害赔偿等违约责任,且为无过错责任。

从允诺担保的性质出发,瑞士法以及我国台湾地区"民法"(第268条)均将责任限定于损害赔偿,而并非一般意义上的违约责任。如果认为由第三人履行的合同是一种双方约定,那么,第三人不给付,就会得出违约的逻辑。如此一来,并无特别规则的必要,因为直接依据当事人双方之间的合同约定内容适用违约责任规则即可。

---

① 韩世远:《合同法总论》(第四版),法律出版社2018年版,第375页。
② 黄立:《民法债编总论》(修正三版),元照出版有限公司2006年版,第582页。

第十二章 多数债权人与多数债务人

【文献指引】

尹田:《论民事连带责任》,载《法学杂志》1986年第4期;寇孟良:《论〈民法通则〉中的连带责任》,载《中国法学》1988年第2期;孔祥俊:《论不真正连带债务》,载《中外法学》1994年第3期;蒋万来、王良珍:《不真正连带债务研究》,载《法学》1997年第2期;张玉敏:《论我国多数人之债制度的完善》,载《现代法学》1999年第4期;刘克毅:《论不真正连带债务——一种方法论的思考》,载《法律科学(西北政法学院学报)》2003年第6期;李锡鹤:《民事共同行为和多数人责任刍议》,载《华东政法大学学报》2007年第6期;邱业伟:《论连带债务与连带责任的关系》,载《河北法学》2007年第6期;齐云:《不可分之债与连带之债关系的历史沿革研究——以不可分之债考察为中心》,载《中外法学》2008年第5期;杨立新:《论产品代言连带责任及法律适用规则——以〈食品安全法〉第55条为中心》,载《政治与法律》2009年第10期;张定军:《论不真正连带债务》,载《中外法学》2010年第4期;姜强:《〈侵权责任法〉中的连带责任、不真正连带责任及其诉讼程序》,载《法律适用》2010年第7期;王竹:《论连带责任分摊请求权——兼论不具有分摊能力连带责任人份额的再分配方案》,载《法律科学(西北政法大学学报)》2010年第3期;齐云:《不可分之债理论流变史考》,载《清华法学》2010年第4期;李中原:《不真正连带债务理论的反思与更新》,载《法学研究》2011年第5期;张平华:《侵权连带责任的现实类型》,载《法学论坛》2012年第2期;齐云:《论我国多数人之债的完善——以不可分之债与连带之债的区别为中心》,载《河北法学》2012年第3期。

【补充文献】

杨立新:《网络平台提供者的附条件不真正连带责任与部分连带责任》,载《法律科学(西北政法大学学报)》2015年第1期;张平华:《论连带责任的追偿权——以侵权连带责任为中心的考察》,载《法学论坛》2015年第5期;税兵:《不真正连带之债的实定法塑造》,载《清华法学》2015年第5期;许德风:《破产中的连带债务》,载《法学》2016年第12期;蔡睿:《民法典中连带债务人之一人事项所生效力的制度设计》,载《河北法学》2018年第12期;李中原:《多数人之债的类型建构》,载《法学研究》2019年第2期;周江洪:《连带债务涉他效力规则的源流与立法选择》,载《法商研究》2019

年第 3 期;陈晓彤:《多数人债务判决对案外债务人的效力》,载《华东政法大学学报》2019 年第 5 期;齐云:《论协同之债》,载《法商研究》2020 年第 1 期;谢鸿飞:《连带债务人追偿权与法定代位权的适用关系——以民法典第 519 条为分析对象》,载《东方法学》2020 年第 4 期;〔德〕彼得·温德尔:《多数债务人与债权人》,李佳盈译,载《交大法学》2020 年第 3 期;王莹莹:《我国〈公司法〉修订中商事连带责任的重构——基于"连带"的历史发展脉络》,载《政治与法律》2021 年第 3 期;杨代雄:《〈民法典〉共同担保人相互追偿权解释论》,载《法学》2021 年第 5 期;崔建远:《〈民法典〉所设连带债务规则的解释论》,载《当代法学》2022 年第 2 期;李中原:《连带债务中免除和时效届满的涉他效力模式——从连带性的规范基础出发》,载《苏州大学学报(法学版)》2022 年第 2 期;李中原:《连带债务人之间追偿权的法教义学构建》,载《法学家》2022 年第 2 期;周江洪:《数人保证中保证债务免除的涉他效力问题》,载《苏州大学学报(法学版)》2022 年第 2 期;潘运华、吴钦松:《个别免除时共同保证人间的追偿权之证成》,载《苏州大学学报(法学版)》2022 年第 2 期;赵童:《论连带债务的涉他效力——〈民法典〉第 520 条的解释论展开》,载《湖南社会科学》2022 年第 2 期;袁琳:《实体与程序双重视角下的连带债务涉他效力》,载《交大法学》2022 年第 3 期;刘坤:《〈民法典〉连带债务适用规则的体系化解释》,载《中国应用法学》2022 年第 3 期;王锋:《论连带式共同保证中保证期间和诉讼时效的效力》,载《河南财经政法大学学报》2022 年第 3 期;齐云:《论多数人之债的类型推定规则》,载《法律科学(西北政法大学学报)》2022 年第 3 期;戴孟勇:《论我国连带债务制度的立法发展与司法完善》,载《吉林大学社会科学学报》2022 年第 4 期;王国庆:《民法典多数人之债实体与程序融贯研究——以不真正连带责任为对象》,载《法律适用》2022 年第 8 期;丁金钰:《〈民法典〉视域下连带债务的诉讼构造与程序规则》,载欧阳本祺主编:《东南法学》(第七辑),东南大学出版社 2023 年版;谷佳杰、刘泠多:《〈民法典〉视野下未参加诉讼的连带债权人之救济研究》,载《法治论坛》2023 年第 1 期;陈思静:《连带责任保证人权利规范体系构建》,载《政法论丛》2023 年第 1 期;张定军:《连带债务发生明定主义之反思》,载《法学研究》2023 年第 2 期;张平华、石文静:《〈民法典〉不真正连带债务追偿权体系释论》,载《北方法学》2023 年第 3 期;石文静:《不真正连带责任追偿权的诉讼实现》,载《私法》2023 年第 4 期;安晨曦:《〈民法典〉视角下公司法中"连带责任"的语义检视》,载《交大法学》2023 年第 5 期;孙鹏、严璐铭:《连带债务部分免除涉他效力规则的解释论展开》,载《北方法学》2023 年第 5 期;李文涛:《连带债务、不真正连带债务与债权人保护的检讨和反思》,载《河北法学》2023 年第 9 期;卜元石:《中国法学对外交流与研究中的概念对接——以多数人之债实体与程序的中德比较研究为例》,载《法学研究》2024 年第 3 期;张芸:《连带债务个别免除效力规则的教义学构造——兼对〈民法典〉第 520 条第 2 款的反思》,载《清华法学》2024 年第 4 期;李宇:《〈民法典〉中共同担保人分担责任之规范体系》,载《法商研究》2024 年第 4 期;钟嘉瑶:《论共同担保内部追偿中的连带责任——兼论〈担保制度解释〉第13条》,载《上海政法学院学报(法治论丛)》2024年第4期;杨立新:《第三人债务加入追偿权的基础法律关系与规则——对〈民法典合同编通则司法解释〉第51条的进一步探讨》,载《河北学刊》2024年第4期;缪因知:《比例连带责任的叠加责任属性与追偿规则设置》,载《政治与法律》2024年第4期。

第一节 概　　述

债权人一方或债务人一方存在多人的,为多数主体的债之关系。债权人与债务人均为一人的,为单数主体之债。《民法典》第177条和第178条分别规定了按份责任与连带责任。《民法典》第517条至第521条规定了按份债权、按份债务与连带债务、连带债权规则。但《民法典》没有规定一般性的共同债权或共同债务(协同之债)规则以及不可分之债情况下的共同债务或者共同债权规则。共同共有(合伙、共同继承关系、夫妻共同财产)情况下产生的共同债权规则分别被规定在合伙法、共有法、继承法以及婚姻家庭法中。

一、多数人之债的个数

在以同一给付为标的且存在多数主体的债中,债之关系为单数还是多数,具体根据各主体的行为能否独立发生其为债权人或债务人一切之效力来判断。如果效力就各主体独立发生的,为多数之债,否则即为单数之债。[①]

二、债权人多数

(一)按份债权

债权人为二人以上的,按照确定的份额分享权利(《民法典》第517条第1款第一种情况),为按份债权。此时债权人的债权是可分的。例如甲、乙、丙将共同所有物出卖给丁,价格为300元。三个债权人对丁享有300元的按份债权,每一个债权人只能向债务人请求支付100元,而债务人只能向每个债权人支付100元。

(二)连带债权

在连带债权的情况下,每一债权人可以就债之关系的全部内容进行请求(《民法典》第518条第1款第1分句),但债务人总共只需给付一次。

例如,三个债权人对于一个债务人享有连带债权300元,则任一债权人均可向债务人请求支付300元,但债务人的支付不会多于300元。在一个债权人收取了全部债

[①] 史尚宽:《债法总论》,中国政法大学出版社2000年版,第634—635页。

权后,债权人在内部可进行追偿。

(三) 共同债权(Mitgläubigerschaft)

所谓共同债权,是指债权人共同享有债权,给付只能向全体债权人进行,如合伙中,共同共有共同体所享有的共同债权,以及按份共有共同体所享有的债权。在给付不可分的情况下,通常每个债权人也只能要求债务人向所有债权人给付,即为共同债权。不过,在给付可分的情况下,也可能是共同债权。在我国《民法典》中,并没有规定独立的不可分债权的类型。

三、债务人多数

对于债务人一侧为多个人的情况,债之关系呈现出多种可能。

(一) 按份债务(Teilschuld)

债务人为二人以上的,按照确定的份额分担义务(《民法典》第 517 条第 1 款第二种情况),为按份债务。这里确定的份额产生于同一的、可分的债务。如果确定的份额不是源自同一的债务,则不能按照按份债务处理。例如,第一个债务人因为合同对债权人负有 10000 元债务,第二个债务人则因为侵权行为而对债权人负有 20000 元债务,这两个债务之间的关系并非按份债务关系,而是一种债务或债务人聚合的关系。相反,如果一个债权人基于合同对三个债务人享有 300 元的债权,债务人之间则是按份债务关系,此时,每个债务人须向债权人各支付 100 元。

(二) 连带债务(Gesamtschuld)

在连带债务的情况下,每一债务人就债之关系的全部内容负有债务(《民法典》第 518 条第 1 款第二种情况),但债权人只能获得一次清偿。例如,一个债权人对三个债务人享有 300 元的债权,债务人之间是连带债务关系,则每一个债务人均负有 300 元的债务,但债权人所得不会超过 300 元。只要一个债务人支付了 300 元,连带之债即获得清偿,但在此债务人与其他债务人之间产生追偿等法律关系。

可以设想的是,连带债务与按份债务并存的情况。例如,有限责任公司对债权人甲负有 100000 元的债务,股东乙与丙在 40000 元范围内加入债务,这样,有限责任公司与乙在 40000 元范围内承担连带债务,有限责任公司与丙也在 40000 元范围内承担连带债务,但乙与丙之间仍是按份之债。

(三) 不真正连带债务(unechte Gesamtschuld)

所谓不真正连带债务是相对于真正连带债务而言的,其与真正连带责任的区别主要在于,债务人所发生的事由不影响其他人,债务人之间不会产生基于内部分担关系的求偿权,而是存在终局责任者,所以债务人之间是追偿关系。[①] 具体来说,不真正连带之债是指债权人对数个债务人享有债权,数个债务人对于债权人须全部地清偿,

---

① 税兵:《不真正连带之债的实定法塑造》,载《清华法学》2015 年第 5 期,第 136—137 页。

而且只清偿一次。其中一个债务人先为清偿时,该债务人需承担其他债务人没有清偿能力的风险。该债务人清偿后,对其他债务人就全部债务数额享有追偿权。

(四) 债务人共同体(Schuldnergemeischaft)

债务人共同体的情况,主要有两类,第一类是所谓的共同协力债务、协同债务或共同体债务(gemeinschaftliche Schuld),是指多个债务人须共同作用才能满足债权的情况,例如甲、乙、丙三人约定为丁庆祝生日,演奏音乐。对具体需要每个债务人共同合作的债务,按照按份债务规则主张。但对于损害赔偿请求权,所有债务人则作为连带债务人。如果这些债务人有共同共有财产(如合伙),则依照共同共有债务处理。①第二类是所谓的共同共有债务(Gesamthandschuld),如果债务人是合伙组织或者合伙企业,债权人首先须从共同共有财产(特别财产)中获得清偿,除此之外,合伙人个人也承担连带责任(《合伙企业法》第 38 条、第 39 条)。在德国法上,夫或妻的债权人可以就共同财产请求清偿,而对于共同财产之债务,夫妻双方每个人均负连带债务人责任(《德国民法典》第 1459 条)。也即,债权人先就共同财产请求清偿,然后再要求夫妻二人承担连带责任。在夫妻相互关系上,如果该债务由夫妻一方承担,那么,在共同财产共同体终结时,另一方的义务消灭(《德国民法典》第 1459 条第 2 款第 2 句)。在遗产分割前,遗产是特别财产,共同继承人之间是共同共有债之关系。遗产的债权人仅能从遗产中获得清偿,而且是向所有共同继承人请求自未分割遗产中获得清偿(《德国民法典》第 2059 条第 2 款)。

第二节　多数债权人

一、意义

多数债权人既可以自始存在,如在合同订立时,夫妻二人共同出租房屋或者在银行开户,也可以嗣后产生,如某人单独出租房屋或者开户,但其死亡后,由数个继承人继承。当然,多数债权人亦可基于法律规定而产生,例如,侵权行为造成了多人损害,多个受害人构成多数债权人。

二、多数债权人的类型

参加债之关系的债权人或债务人可以是多个人,可能是多人请求同一给付,也可能是数人负担同一给付。在多人有权要求同一给付的情况下,债务人为一次给付即可,无须进行多次给付。而债权人在行使其权利时,须考虑其他债权人之利益,或多或少受到限制。据此,多数债权人的情况可以被分为如下几种类型:

① MüKoBGB/Heinemeyer, 9. Aufl., 2022, Vormerkung zu §§420-432, Rn. 7.

（一）按份债权（Teilgläubigerschaft）

所谓按份债权，是指债权人为二人以上，按照确定份额分享债权的情况（《民法典》第 517 条第 1 款第一种情况）。

基于意思自由，当事人可以约定按份债权，按份债权人原则上享有或承担独立的权利与义务。在此，并未形成统一的债之关系，按份债权人也没有义务共同行使权利[①]，整体上的权利被分为多个相互独立的、部分给付上的债权。

按份债权人只能就自己享有的债权份额请求给付，而无权请求债务人为全部给付。

案例：甲与乙向农夫购买一车红薯，约定每人分得一半。

此时，甲与乙均可以向农夫请求交付半车红薯，也可以单独处分其债权，如甲为让与、延期、免除等行为，对乙的债权不发生影响。就甲发生的给付障碍事项，如债务人给付迟延、给付不能等，对乙并不发生效力。

同时应当看到的是，按份债权之间也存在一定关联，即按份债权均产生于同一合同。例如，若甲或乙没有履行其部分支付义务，农夫可以就全部给付享有同时履行抗辩权（《民法典》第 525 条）。在农夫给付迟延或有其他给付障碍行为的情况下，甲与乙须一同行使解除权。对于撤销权、减价权以及替代整个给付的损害赔偿，也需要按份债权人一同行使。而在其他情况下，按份债权人均可独立于其他债权人行使其享有的部分债权，份额难以确定的，视为份额相同。

在适用范围上，通常只有给付可分的情况下，才可能产生按份债权。所谓可分的给付，是指分割给付不影响价值的情况，通常是可替代物或者金钱之债。自反面来看，对于可分之给付，债权人没有通过特别法律关系而使其关联。如果有继承、按份共有共同体债权等特殊规则，即不适用按份债权规则。而所谓不可分给付，主要源于给付的标的，比如一匹马交付给数个债权人，或者数人乘出租车的情况，但不可分给付，也可能来自债权人之间的紧密关系，如夫妻因日常家事代理而承担的义务或者享有的权利，构成的是共同债务人或者共同债权人关系。

在给付可分的情况下，亦可成立连带债之关系。但依照法律或者约定，在可分给付之上成立连带债权的情况，并不常见。反过来，在不可分物上，也可以成立按份债权，例如，坐骑被按比例交付给债权人共同占有，并移转为债权人共同所有；劳务也可以部分提供，如打扫一半房屋，因而成立按份债权。[②] 但在现实生活中，按份之债并不常见，尤其在不可分给付上，往往会成立按份共有之债或者共同共有之债。

按份债权人或者按份债务人的份额难以确定的，视为份额相同（《民法典》第 517

[①] Larenz, *Schuldrecht AT*, 14. Aufl., 1987, § 36 I a), S. 620.

[②] Medicus/Lorenz, *Schuldrecht AT*, 22. Aufl., 2021, § 65, Rn. 11.

条第2款)。在上述案例中,如果当事人没有约定的,则推定甲与乙各享有一半红薯的请求权。在德国法上,对于可分之给付,也确立了推定规则。在给付可分的情况下,如有疑义,则推定其上的数个债权为按份债权,且份额平均(《德国民法典》第420条)。例如,甲乙二人借款给丙10000元,在存有疑义的情况下,推定为按份债权,且份额平均,也就是说,在存有疑义的情况下,甲乙二人对丙均享有返还5000元的请求权。

对于债务人而言,按份债权是不利的。首先,债务人要对多个债权人分别给付,费时费力;其次,债务人须承担分配份额的风险,在可分债权人的份额并非均等的情况下,债务人必须知晓债权人内部关系,正确分配份额。① 不过,"按份债权人或者按份债务人的份额难以确定的,视为份额相同"的规则,可以减轻债务人的负担。

(二) 连带债权(Gesamtgläubigerschaft)

与按份之债不同,在连带之债的情况下,每一个债权人均可以向债务人要求对自己履行全部之给付,然后于内部均衡,债务人仅须为一次给付,对一个债权人进行给付即免除其对所有债权人的义务(《民法典》第518条第1款第1种情况)。

1. 债务人的履行自由

在没有约定的情况下,债务人可以向其中任何一人履行。债务人有选择的权利,即使连带债权人之一提起诉讼,债务人也可以不向其履行,而向其他连带债权人履行,以消灭自己的债务。并且,债务人也可以向多个或每个债权人部分履行,总额为100%即可。

在利益衡量上,上述规则有利于债务人,债务人不必关心每个连带债权人到底享有多少债权。而且,其对某一债权人享有构成抵销适状之债权的,还可以选择该债权人作为清偿对象。对于债权人而言,则承受一定的不利益,因为在债务人选择向连带债权人之一进行清偿后,该债权人就具有优势地位,其他债权人须向其追偿,如果该债权人没有信用,其他债权人就可能面临无法获得清偿的危险。②

2. 适用范围

依据《民法典》第518条第2款之规定,连带债权由法律规定或者当事人约定。将连带债权限定在法律规定或者当事人约定的情况下的规则,主要目的在于限定连带债权的范围,避免适用过于宽泛。但应注意连带债权的适用情况不是很多,另外,连带债权对债务人是有利的,没有必要限制其适用范围。

在出现损害赔偿时,若债务人无法确认多个损害赔偿债权人之间的内部关系,即构成连带债权。

在夫妻已有约定的情况下,亦可产生连带债权。例如,在没有实行夫妻共同财产

---

① Medicus/Lorenz, *Schuldrecht AT*, 22. Aufl., 2021, §65, Rn. 5.
② A. a. O., Rn. 8.

制的情况下,夫妻共同设立一个银行账户(Order-Konton),约定每个人都可以就全部的存款进行支配,此时,银行并无选择履行债权人的权利。夫妻一方购买生活用品而实施民事法律行为的,夫妻二人对出卖人构成连带债权人(《民法典》第1060条第1款)。夫妻二人共同签订买卖合同时,二人也是连带债权人。①

债权人主动约定的情况比较少见,因为连带债权对每个债权人都有一定风险,即在债务人选择一个债权人进行清偿时,其他债权人就会面临一无所获的风险。

3. 连带债权人内部关系

连带债权人之间的份额难以确定的,视为份额相同(《民法典》第521条第1款)。如果债务人向一个连带债权人全部清偿或者超出其应享有的债权份额清偿的,其他债权人得以其份额为限向受偿债权人追偿(《民法典》第521条第2款)。若是给付标的不可分,比如是不可分的物品,则按照金钱价值补偿。如果连带债权人之一收取了部分债权,且不超过其内部份额,则不负有补偿义务。

4. 连带债权的对外效力

每一连带债权人都享有一种相对独立的债权,享有受领权,并可以对其债权进行处分。连带债权人将其债权让与给第三人的,其他连带债权人的权利不受影响。但是这种独立性是暂时的。债务人仅负有一次给付义务,债务人向某一连带债权人履行的,债权即消灭,即使其他连带债权人没有受到清偿也是如此。按照这一逻辑,在一个连带债权人提起诉讼后,甚至进入强制执行时,债务人仍然可以选择向另一个连带债权人给付。②

对于连带债权的对外效力,可以参照适用连带债务的有关规定(《民法典》第521条第3款)。

(1) 全部效力

就债务人给付的角度看,各个连带债权之间是相互依赖的。也就是说,清偿、代物清偿等清偿替代具有全部的效力或绝对效力。

与一个债权人约定的免除,是否针对其他债权人也发生免责的效力,取决于当事人的意思。除此之外,进行免除的债权人要有处分权,才会发生全部效力。一个连带债权人免除债务的,通常对其他连带债权人不发生效力。一方面,他仅能对自己的债权部分处分;另一方面,也不能通过处分为其他连带债权人带来不利益。2019年12月28日公布的《民法典》草案第521条第3款但书部分曾规定不同规则,即部分连带债权人免除债务人债务的,在扣除该连带债权人的份额后,不影响其他连带债权人的债权。另有观点认为,应区分对外关系与对内关系,在对内关系上,进行免除的连带

---

① Looschelders, *Schuldrecht AT*, 21. Aufl., 2023, §54, Rn. 8.
② 对此提出了批评意见,参见〔德〕彼得·温德尔:《多数债务人与债权人》,李佳盈译,载《交大法学》2020年第3期,第115页。

债权人对于其他债权人违反了他们之间的债之关系,应承担损害赔偿责任;在对外关系上,基于法律赋予债权人的处分权,免除产生了有利于债务人的免责效力。①

如果连带债权人之一以放弃整个债之关系的意思免除了债务人的债务,则整个债之关系即为消灭。如果债务人对连带债权人之一为提存的,对其他债权人亦产生效果。

如果债权与债务混同于一个连带债权人,则其他债权人对债务人的权利即为消灭,但在连带债权人内部仍然按照内部份额分享权利。

如果连带债权人之一受领迟延,对其他债权人亦产生效果,如迟延后不可抗力造成的风险应由连带债权人承担。

形成债之关系内容的形成权,亦必须由全体债权人行使。

《诉讼时效规定》第15条第1款规定,对于连带债权人中的一人发生诉讼时效中断效力的事由,应当认定对其他连带债权人也发生诉讼时效中断的效力。

(2) 个别效力

其他的对债之关系有意义的情况,原则上仅对出现该情况的债权人有效力,即仅具有个别效力,如债务人迟延、诉讼时效经过、生效之判决等。另外,对一个连带债权人生效的判决对其他连带债权人没有效力。

(三) 债权人共同体(Gläubigergemeinschaft)

债权属于一个自我封闭的债权人共同体。在连带债权中,债权存在多个受领主管;与连带债权不同,债权人共同体中仅存在一个对债权的受领主管,所有债权人需共同获得给付,但并不需要所有债权人共同主张债权,每个共同债权人均可主张债权,但主张债权者需请求债务人向全体债权人给付,债务人也应该向全体债权人履行给付。② 也就是说,对于给付的受领,需共同为之,对于债权的处分,如让与、免除、解除亦需要共同为之。

在债权人处的权利变化情况,如催告、迟延等,并不具有绝对效力,仅具有个别效力。

这种类型的多数人之债权兼顾了债权人以及债务人的利益,债务人只需要进行一次给付,并且不必关心给付标的份额划分的问题;另一方面,债权人也不必担心给付完全由一个债权人受领。③

1. 共同共有债权人(Gesamthandsgläubigerschaft)

债权产生后可能属于一个特别财产,而该特别财产属于多个人共同共有,合伙、婚姻共同体以及遗产共同体均是共同共有的权利共同体。例如,基于涉及合伙财产

---

① Schlechtriem/Schmidt-Kessel, *Schuldrecht AT*, 6. Aufl., 2005, §20, Rn. 871a.
② Larenz, *Schuldrecht AT*, 14. Aufl., 1987, §36 I b), S. 622.
③ Medicus/Lorenz, *Schuldrecht AT*, 22. Aufl., 2021, §65, Rn. 10.

的法律行为而产生的合伙人债权即为共同共有债权,侵害属于合伙财产标的物的赔偿,亦构成共同共有债权;合伙人不得处分其对该权利的共有权利,也不得向其他合伙人请求分割债权而成立独立的债权。

《民法典》第307条将共同共有债权定性为连带债权,没有考虑共同共有基于共同共有关系(如合伙、婚姻、继承)而产生,其中可能存在特别财产,各共同债权人只能向债务人主张向全体债权人给付。债务人向其中一个债权人清偿,也不应发生消灭债权的效力。

值得注意的是,在合伙的情况下,固然每一个合伙人都可以向合伙债务人请求其向合伙给付,但有合伙代理人或代表人的,应由有代理权或代表权的执行合伙人主张合伙债权。如果承认合伙具有独立的人格,则合伙共同体就不会构成多数人债权共同体,此时只有一个债权人,即合伙本身。德国法上已经通过判例承认了合伙的对外部分的权利能力,所以,合伙已经不存在债权共同体的问题,而是合伙独自享有债权。①

在共同共有债权人关系中,应按照规定具体类型的规则处理多数债权人之间的内部关系,例如在合伙情况下,按照当事人约定的合伙份额享有债权。

在夫妻共同财产制的情况下,共同财产的债权之主张属于共同财产管理行为,依照法律规定,由夫妻双方共同处理(《民法典》第1062条第2款)。

在债权属于遗产的情况下,债务人只能向继承人全体进行给付。各共同继承人也只能要求债务人向全体继承人给付。各共同继承人也可以请求债务人为继承人全体提存给付标的物。

自债务人角度而言,债务人只能向全体债权人同时给付,向一个债权人的全部或部分给付并不具有免责效力。对于共同共有债权,也只能由全体债权人共同处分。

债务人不能以自己对某一共同共有人的债权与共同共有债权抵销。

2. 按份共有债权人(Bruchteilsgläubigerschaft)

债之关系所涉及的标的物为多个人按份共同享有,即为按份共有关系。在此情况下,对于债权实行共同主管的基础是共有标的物的管理,对于债权处分、给付的收取与使用均属于共同管理的内容。在共有人没有约定或者约定不明确的情况下,每个共有人都有管理的权利和义务(《民法典》第300条)。

在按份共同体约定共同管理的情况下,就可以产生共同债权。此时,多人对债权共同享有主管权,但债权之收取属于共同管理之内容。例如,多个房屋共有权人将房屋出租,即可建立按份债权关系,就收取的租金,首先清偿费用与负担,然后再按照份额分配剩余部分,此时债权属于全部共有人共同享有,债务人只能向所有债权人履行或者向共有债权人委托的代理人履行。

---

① Fikentscher/Heinemann, *Schuldrecht AT & BT*, 12. Aufl. , 2022, § 65, Rn. 783.

案例：甲乙二人按份共有房屋一套，共同出租，并共同管理其租金收入，则就该租金形成按份共有债权。

在本案中，承租人只能向甲乙二人履行，方能清偿其债务。

与共同共有债权人的情况不同，在按份共有债权人的情况下，每个共有权人均可以独自处分债之关系涉及的所有权份额，即应有部分，共同管理人之地位亦随同移转，因为与按份共同体相连的管理共同体以对份额的主管为基础。也就是说，债权之上的共有权利是可移转的，但必须连同（债之关系涉及的）物之上的共有份额移转。

就共有人之一请求、起诉而产生的中断时效或者给付迟延的效力，对其他共有人也产生效力。①

在建筑物所有权共同体的情况下，对于侵权人或者妨害人，业主之间也是共有债权关系（《民法典》第286条）。业主可以独自处分其共有债权份额，但对于共同债权这一标的，必须共同处分。建筑人给建筑物区分所有权人建造的共有部分标的物有瑕疵，则建筑物区分所有权人可以独立行使排除瑕疵请求权。

（四）给付不可分情况下的共同债权

在给付依性质不可分的情况下，亦可能存在共同债权（Mitgläubigerschaft）。而给付不可分，是指不减损价值不能分割的情况。

比如，所有权保留标的物被侵害的，所有权人与期待权人都可以主张损害赔偿，二者构成共同债权人。再如甲乙二人共同预定了一辆出租车，如果他们不是连带债权人，则只能是共同债权人，债务人只能向所有债权人共同给付，但此时也免去了债务人区分债权人利益的麻烦。

每一个债权人均可向债务人请求向所有债权人给付。所有债权人可以共同向债务人请求给付。债务人仅向其中一个债权人履行的，不免除其给付义务。

债权属于全体债权人享有，但每一个债权人都可以处分其共有权利。在上述甲乙共同预定出租车案例中，甲可以将自己请求运送的权利让与给第三人。依据这种共有份额思想，仅有一个债权人提存或者免除属于自己份额的债权，对其他债权份额不生影响；仅对一个债权人的解除或者催告，对其他债权人也不生影响。如果债务人仅对一个债权人提供标的物的，并不构成债权人迟延。但是，如果债务人对其中一个债权人提供标的物，该债权人拒绝的，则债务人对所有的债权人给付就受到阻碍，此时就构成了债权人受领迟延。

---

① 黄立：《民法债编总论》（修正三版），元照出版有限公司2006年版，第628页。

第三节　多数债务人

一、概述

与多数债权人的情况类似，多数债务人的法律形式也有三种，即按份债务、连带债务以及债务人共同体。在实践中，多数债务人制度意义更为重大。

二、按份债务

（一）按份债务的意义

所谓按份债务，又被称为分割之债或联合之债，是指债务人为二人以上，按照确定份额分担债务的情况（《民法典》第 517 条第 1 款第 2 分句、第 177 条）。在当事人没有约定或者约定不明的情况下，是否可以推定多数债务人之间为按份之债，并没有一般性规则。只是《民法典》第 308 条规定，共有人对共有的不动产或者动产没有约定为按份共有或者共同共有，或者约定不明确的，除共有人具有家庭关系等外，视为按份共有。而在按份共有情况下，共有人对外负担的通常为按份之债。而且，《民法典》第 178 条第 3 款规定"连带责任，由法律规定或者当事人约定"，第 518 条第 2 款规定"连带债权或者连带债务，由法律规定或者当事人约定"，也就是说，只有法律规定和当事人明确约定为连带之债才成立连带之债。对该规则反面解释，可以认为一般情形下为按份之债。另外，《民法典》将按份债务规定在连带债务之前，目的在于承认按份债务是多数人债务的常态。由此可以推出，在当事人没有约定或者约定不明的情况下，可以推定多数债务人之间为按份之债。

在按份债务的情况下，多数债务人之间份额不明的，视为份额相同（《民法典》第 517 条第 2 款）。《民法典》第 1172 条规定了侵权情况下的特别规则：二人以上分别实施侵权行为造成同一损害，能够确定责任大小的，各自承担相应的责任；难以确定责任大小的，平均承担责任。

在实践中，按份之债的意义远远小于连带之债。按份之债最重要的适用领域是抚养费之债。

在重要的可分给付的情况下，法律上常将多数债务人规定为连带债务人，例如在共同侵权的情况下，多个侵权人对侵权造成的损害作为连带债务人承担责任（《民法典》第 1168 条）。在业主与物业的承租人、借用人或者其他物业使用人约定由物业使用人交纳物业费，而物业服务企业请求业主承担连带责任的情况下，人民法院应予支持（原《物业服务司法解释》第 7 条①）。

---

① 2020 年修正后的《物业服务司法解释》删去该规则。

在德国法上,共同签订合同的情况下,有疑问的,应推定为连带之债(《德国民法典》第 427 条)。除非解释合同可以得出,合同当事人双方都期待每一个债务人按份承担债务。例如,夫妻共同购买衣柜,二者是连带债务人。该规则是按份之债推定规则(《德国民法典》第 420 条)的特别规则,优先适用。

我国并没有一般性的关于共同签订之债推定为连带之债的规则,但在同一债务有两个以上第三人提供担保,而各担保人在同一份合同书上签字、盖章或者按指印的情况下,各担保人承担连带之债,承担了担保责任的担保人可以请求其他担保人按照比例分担向债务人不能追偿的部分(《民法典担保制度解释》第 13 条第 2 款)。

在按份之债的情况下,债权人仅可以向每个债务人请求其所承担的部分债务。在债务人内部之间并没有追偿的问题,按份债务人破产的风险由债权人承担。

在连带之债内部追偿时,按照按份之债模式进行。

(二) 按份债务的成立

首先,债权人的债务人必须为数人或两人以上。

其次,按份之债要求多个债务必须源于同一债之关系,如果是源于各自独立的不同债之关系,则债务人就其各自债务完全承担责任。例如,共同租赁人就租金约定每人承担部分租金义务,那么出租人只能向每一承租人请求其承担的部分租金,也只能就此部分对承租人的债权进行抵销。

最后,同一给付必须是可分的,并用于满足债权人一体的利益。所谓可分给付,即一个给付可分为数个给付,仍无损其性质或价值的。给付是否可分,应根据标的物的物理属性判断,如金钱债务就是可分的,如果标的物是一头牛或其他动物,则就是不可分的。此外还可以根据所负担给付的法律属性确定,如承揽合同中加工物的义务通常不可分,交付物使用的义务也不可分,质权是不可分的,但所有权是可分的,即法律上承认共同所有权。如在一个合同中,所有共同所有权人出卖自己的份额,通常每个共有权人仅负有转让自己所有权份额的义务,反过来,对买受人仅能就自己份额请求支付价款,在这种情况下,共有人之间的义务是并列存在的,并不是按份债务。

如果当事人约定,共同共有人对债权人承担共同移转所有权的义务,则为共同体债务(gemeinschaftliche Schuld)。

(三) 按份债务的效力

1. 对内效力

可分之债以平均分担或分受为原则。除法律另有规定或合同另有约定外,各债务人应平均分担其义务,且各不相涉。

2. 对外效力

债权人对于每一按份债务人的请求权都是独立的,互相不影响。每一按份债务人的清偿单独发生效力,对于给付障碍,也应单独进行判断。

虽然单个的债权是独立的,但毕竟来自同一法律关系,基于导致按份之债产生的债之关系,按份之债彼此关联在一起,故解除权、终止权、减价权、替代给付损害赔偿请求权等权利只能由所有的债务人共同行使或者针对所有债务人行使。在性质上,撤销权、解除权、减价权等形成权不可分,无法由按份债务人分别行使或者向按份债务人分别行使,所以,需由所有的债务人共同行使或者针对所有债务人行使。

三、连带债务(Gesamtschuld)

(一) 连带债务概述

在实务中,最常见的多数债务人形式是连带债务人。数个债务人负担一项给付,债权人可依照其意思向任一债务人请求全部或者部分给付,但只能请求一次(《民法典》第518条第1款第2分句、第178条第1款)。任一债务人对全部债务负有义务,其给付在给付范围内使其他债务人消灭债务。

对于债权人来讲,连带之债是最为有保障的多数债务人形式。只要其中一个债务人有清偿能力,债权人的利益即获得满足,而且债权人还可以选择最具给付能力的债务人。相反,对于债务人而言,连带债务则存有风险,任何债务人都可能被请求就全部债务承担责任,而不是仅就其所应承担的部分承担责任,如果其中一个债务人进行给付,就要承担其他债务人不能进行给付的风险。

案例:甲乙丙向丁承担连带债务10000元。

在该案中,债权人可以向任何一个人请求支付10000元,只要甲乙丙中一个人向丁支付10000元,其他债务人对丁的债务即为消灭。

(二) 一般性连带债务的构成要件

在连带债务上,原则上并没有采用类型法定的策略,而是规定了连带债务构成的最低标准,符合下述条件者均应构成连带债务。

1. 两个或两个以上债务人负担一个给付

数个债务人负担的给付不必完全指向同一给付,只要是满足债权人同一利益即可。给付义务产生于不同债之原因,并不影响连带债务的成立。

例如,由于建筑瑕疵,发包人甲请求承包人乙补救履行,同时请求设计人丙损害赔偿。

乙、丙的义务并非来自同一合同,但是二者指向的是同一给付利益,故此,也可构成连带债务。① 数个债务诉讼时效长短不一致,也不影响连带债务的构成。

如果所负担的给付只能由数个债务人共同提供,则不能构成连带债务,因为债权人不能向每个债务人要求整个给付,如乐团的成员须共同履行举办广场音乐会的义务。

---

① Looschelders, *Schuldrecht AT*, 21. Aufl., 2023, §54, Rn. 21.

2. 该数个债务人必须向同一债权人负有给付义务

如果不是对同一债权人负有给付义务,则就不会构成连带债务。例如,甲乙共同共有一块土地的使用权,委托丙丁建筑房屋,后来出现瑕疵,但甲对丙有瑕疵担保请求权,而乙对丁享有瑕疵担保请求权,即使这一瑕疵担保请求权是同一内容,也不构成连带债务。

3. 每个债务人须均负有履行全部给付的义务

各债务人负有履行全部给付的义务,在债权人请求债务人履行全部债务的情况下,该债务人不得拒绝。

4. 债权人只有权要求一次给付

如果债权人的目的是多次满足其给付利益,且一个债务人的给付没有使得其他债务人的履行成为不可能,此时,即不能构成连带债务。由此可以推知,一个债务人清偿,其他债务人的债务也消灭。例如,债权人从两个供货人购买同样货物,目的是在需要时能够有货物可供使用,此时构成的是叠加的债务(kumulierte Schuld)。[1]

(三) 连带债务的产生

连带债务由法律规定或者当事人约定。也就是说,连带债务可以基于约定产生,也可以基于法律规定产生(《民法典》第518条第2款)。

1. 基于合同产生

债务人与债权人可以通过约定负担连带债务,其将连带债务的效力作为并存义务的内容。在约定中,需要债务人明确地与债务人约定连带债务的效果,具体包括每一个债务人承担全部责任以及内部责任的承担等内容。

两人以上基于合同共同对可分给付负有义务的,有疑义时,解释为连带债务人。例如,两人共同承租房屋,两人共同贷款,两人共同被代理,邻居共同购买色拉油,朋友共同到餐馆就餐,多个建筑物区分所有权人对于基于同一物业合同产生的给付等。之所以作如此解释,是因为:第一,由债权人意思取向所决定,毕竟债务人是为这一债务共同出现的;第二,因为在多个合同债务人共同出现的时候,就会使人有理由期待,每个债务人均在全部范围上承担他们共同承担的义务。[2] 但我国台湾地区"民法"第272条第1款规定,上述推定不能成立,需要明示承担连带债务的,方承担连带债务。[3] 两相比较,第一种方案更为有理。

因共同合同而承担连带责任的义务人,在合同关系无效或者消灭的情况下,是否应对不当得利之债承担连带责任?由于各连带债务人得利状况不同,故应由各连带债务人承担其返还其所得的义务。但是,在向合伙给付、合伙财产得利的情况下,合

---

[1] MüKoBGB/Heinemeyer, 9. Aufl., 2022, BGB §421, Rn. 9.
[2] Larenz, *Schuldrecht AT*, 14. Aufl., 1987, §36 Ⅱ b), S. 629.
[3] 黄立:《民法债编总论》(修正三版),元照出版有限公司2006年版,第601页。

伙人,包括曾经的合伙人,对得利返还承担连带责任。①

2. 基于法律产生

(1) 数人侵权情况下的连带债务

数人对侵权发生的损害承担责任,该数人即构成连带债务人(《民法典》第1168条、第1170条、第1171条)。

在侵权法领域,我国侵权责任法采取了连带责任法定的模式,法律规定承担连带责任的,被侵权人有权请求部分或者全部连带责任人承担责任。数人构成连带债务的原因在于,每个共同侵权人都应对全部损害承担责任,例如,甲乙殴打丙,甲乙均应对全部损害承担责任;在多人承担危险责任的情况下,亦认为每个侵权人均应对全部损害承担责任。②

《民法典》第1252条规定,建筑物、构筑物或者其他设施倒塌、塌陷造成他人损害的,由建设单位与施工单位承担连带责任,但是建设单位与施工单位能够证明不存在质量缺陷的除外。建设单位、施工单位赔偿后,有其他责任人的,有权向其他责任人追偿。因所有人、管理人、使用人或者第三人的原因,建筑物、构筑物或者其他设施倒塌、塌陷造成他人损害的,由所有人、管理人、使用人或者第三人承担侵权责任。

《产品质量法》第43条规定,因产品存在缺陷造成人身、他人财产损害的,受害人可以向产品的生产者要求赔偿,也可以向产品的销售者要求赔偿。属于产品的生产者的责任,产品的销售者赔偿的,产品的销售者有权向产品的生产者追偿。属于产品的销售者的责任,产品的生产者赔偿的,产品的生产者有权向产品的销售者追偿。第57条第3款规定,产品质量认证机构违反同法第21条第2款的规定,对不符合认证标准而使用认证标志的产品,未依法要求其改正或者取消其使用认证标志资格的,对因产品不符合认证标准给消费者造成的损失,与产品的生产者、销售者承担连带责任;情节严重的,撤销其认证资格。第58条规定,社会团体、社会中介机构对产品质量作出承诺、保证,而该产品又不符合其承诺、保证的质量要求,给消费者造成损失的,与产品的生产者、销售者承担连带责任。

在法人委派履行辅助人履行债务的情况下,法人应为其履行辅助人的行为承担责任,而履行辅助人自己并不承担责任,所以,二者之间没有连带关系。但是,在侵权法上,雇员侵害他人权利,比如出租车司机过失违反交通规则导致乘客受伤的,此时,司机要承担侵权损害赔偿责任,而出租车公司基于运输合同对乘客承担损害赔偿责任,二者之间构成连带债务。

(2) 给付不可分情况下的连带债务

数个债务人对不可分的给付作为连带债务人承担责任,不问其法律原因为何。

---

① Schlechtriem/Schmidt-Kessel, *Schuldrecht AT*, 6. Aufl. , 2005, §20, Rn. 840.
② Larenz, *Schuldrecht AT*, 1987, 14. Aufl. , §36 II b), S. 629.

二人以上负担一项不可分给付的,应作为连带债务人负责,例如数个债务人负有返还租赁物的义务,或者数个侵害人负有恢复原状的义务。在不可分之债的情况下,也可能构成协同之债,但不可能构成按份之债。

(3) 在以法律行为负担义务以及在其他法定之债的情况下的连带债务

《民法典》第 699 条规定,同一债务有两个以上保证人的,保证人应当按照保证合同约定的保证份额,承担保证责任;没有约定保证份额的,债权人可以请求任何一个保证人在其保证范围内承担保证责任。也就是说,二人以上约定共同保证的,没有约定保证份额时,承担连带责任,即使二人不是共同承担保证责任,而是先后承担保证责任,也是连带债务人。《民法典》第 700 条规定,保证人承担保证责任后,除当事人另有约定外,有权在其承担保证责任的范围内向债务人追偿,享有债权人对债务人的权利,但是不得损害债权人的利益。

《民法典担保制度解释》第 13 条规定了共同担保,同一债务有两个以上第三人担保,担保人之间约定相互追偿以及追偿份额的,多个担保人之间形成连带担保;担保人之间约定承担连带共同担保,或者约定相互追偿但是未约定分担份额的,也构成连带担保;数个担保人在同一合同书上签字、盖章或者按指印的,也可以认定构成连带共同担保。担保人之间未对承担担保责任后的责任分担问题作出约定,又不构成连带共同担保,承担了担保责任的担保人请求其他担保人分担向债务人不能追偿部分的损失的,人民法院不予支持。

根据《民法典》第 552 条,在加入债务的情况下,加入人与债务人之间也构成连带债务关系。

《民法典》第 791 条第 2 款规定,总承包人或者勘察、设计、施工承包人经发包人同意,可以将自己承包的部分工作交由第三人完成。第三人就其完成的工作成果与总承包人或者勘察、设计、施工承包人向发包人承担连带责任。

《民法典》第 932 条规定,两个以上的受托人共同处理委托事务的,对委托人承担连带责任。多个保障同一利益的保险人之间对被保险人也承担连带责任,票据参加人与其他票据义务对持票人也承担连带责任。

《九民纪要》第 74 条规定,金融产品发行人、销售者未尽适当性义务,导致金融消费者在购买金融产品过程中遭受损失的,金融消费者既可以请求金融产品的发行人承担赔偿责任,也可以请求金融产品的销售者承担赔偿责任,还可以根据《民法典》第 167 条的规定,请求金融产品的发行人、销售者共同承担连带赔偿责任。发行人、销售者请求人民法院明确各自的责任份额的,人民法院可以在判决发行人、销售者对金融消费者承担连带赔偿责任的同时,明确发行人、销售者在实际承担了赔偿责任后,有权向责任方追偿其应当承担的赔偿份额。

《消费者权益保护法》第 44 条第 2 款规定,网络交易平台提供者明知或者应知销售者或者服务者利用其平台侵害消费者合法权益,未采取必要措施的,依法与该销售者或者服务者承担连带责任。第45条第2款规定,广告经营者、发布者设计、制作、发布关系消费者生命健康商品或者服务的虚假广告,造成消费者损害的,应当与提供该商品或者服务的经营者承担连带责任。第45条第3款规定,社会团体或者其他组织、个人在关系消费者生命健康商品或者服务的虚假广告或者其他虚假宣传中向消费者推荐商品或者服务,造成消费者损害的,应当与提供该商品或者服务的经营者承担连带责任。

(4) 在共有情况下的连带债务

因共有的不动产或者动产产生的债务,不论是共同共有,还是按份共有,在对外关系上,共有人承担连带债务,但是法律另有规定或者第三人知道共有人不具有连带债权债务关系的除外;在共有人内部关系上,除共有人另有约定外,按份共有人按照份额承担债务,共同共有人共同承担债务。偿还债务超过自己应当承担份额的按份共有人,有权向其他共有人追偿(《民法典》第307条)。

在对外关系上,该条没有区分按份共有与共同共有,统一规定为承担连带债务,主要目的是保护善意第三人。① 不过,在按份共有的情况下,如果共有人之间存在管理协议,也可能形成债务共同体。形成共同共有关系的情况主要是合伙、婚姻以及继承情况,但在合伙法、婚姻家庭法以及继承法上均有特别规定,且大都规定的是债务共同体,而在合伙人、夫妻一方债务与共同体债务之间形成连带债务。《民法典》第307条规定将共有债务均定性为连带债务,没有考虑对于某一标的物的给付必须由全体共有人共同进行给付的情况。

在对内关系上,不论是按份共有还是共同共有,均按照按份债务模式承担债务,不存在按份共有人按照份额承担债务、共同共有人共同承担债务的可能。

(5) 基于义务的同一层级而产生的连带债务

建筑人与设计人、监工人,对建筑瑕疵连带承担瑕疵补救以及损害赔偿责任。建筑人、标的物所有权人因建筑瑕疵对承租人也承担连带债务。数人的责任不同,但义务是同一层级的,也可能构成连带债务。如建筑瑕疵对邻地造成妨害,建筑人对邻居承担侵权责任,所有权人承担相邻关系的责任。土地买受人基于合同对出卖人、基于占有回复关系对占有人可以请求用益返还。

例如,贪污的雇员将贪污所得物出卖给第三人,第三人再次出卖。此时,所有权人可以向雇员主张侵权责任,向第三人基于不当得利请求返还,雇员与第三人构成连带债务人。②

(四) 对外关系:债务人与债权人的关系

所谓对外关系,是指债权人与连带债务人之间的法律关系,其核心问题是债权人

---

① 黄薇主编:《中华人民共和国民法典释义(上)》,法律出版社2020年版,第594页。
② Schlechtriem/Schmidt-Kessel, *Schuldrecht AT*, 6. Aufl., 2005, §20, Rn. 844.

与连带债务人之一关系的变化是否对其他连带债务人产生效力。对某一债务人生效的事项,其效力及于其他债务人的,被称为具有全部效力的事项;其效力不及于其他债务人的,即仅具有个别效力。前述两种事项亦有称之为涉他效力与无涉他效力事项者,更多地被称为生绝对效力事项与生相对效力事项。① 个别效力规则是原则,而全部效力规则是例外。

1. 任一债务人对全部给付负有义务

债权人有权向连带债务人中的一人、数人或者全体请求履行全部或部分给付。所有个别债之关系通过给付目的的一体性而相互关联在一起,给付目的达到后,整体债之关系即为消灭。整体债之关系只能被全体针对、全体结束,比如通过解除、继续性合同的终止等。②

2. 个别效力(Einzelwirkung)

基于合同或者法律的连带债务,原则上仅在清偿或类似情况下才在存在上相互依赖,除此之外,连带债务中的每个债务都是独立的。所以,原则上,连带债务人之一处发生的事件,不对其他连带债务人发生效力,仅具有个别效力。具体如,请求权到期情况下的终止,该终止只涉及单个债权;继续性合同的终止必须由所有的债务人行使或者向所有债务人行使,否则单个债务人行使而从债之关系中脱离只能导致整体债之关系的变更,而债之关系的变更需要所有当事人的同意。③

债务人迟延,也仅具有个别效力,例如,甲乙对丙承担连带债务 10000 元,未约定履行期限,丙仅对甲催告,甲未在指定期间支付的,即陷入迟延,此时,乙不会因为甲到期不付款而陷入迟延;另外,债权人只能向迟延给付的连带债务人之一请求给付迟延损害赔偿,对于没有陷入迟延的债务人,并无损害赔偿请求权。

债务人过错也仅具有个别效力,债权人只能向具有过错的连带债务人之一请求损害赔偿,对于其他没有过错的债务人,并无损害赔偿请求权。具体如一个连带债务人对主观给付不能没有过错,则只有他免责;如果他对主观不能有过错,则他应承担损害赔偿责任。有过错地不完全履行也是独自承担损害赔偿责任。但是,当事人也可以约定,其他债务人对于某一债务人的过错承担连带责任。有过错地违反保护义务的连带债务人原则上独自承担损害赔偿责任,但是如果无法确定谁违反了保护义务,则所有连带债务人连带承担损害赔偿责任。④

在德国法上,对一位连带债务人的判决之既判力,仅具有个别效力。如果针对一位连带债务人的诉讼被驳回,债权人还可以再次对其他连带债务人提起诉讼;反之,

---

① 黄薇主编:《中华人民共和国民法典释义(中)》,法律出版社 2020 年版,第 993 页;黄立:《民法债编总论》(修正三版),元照出版有限公司 2006 年版,第 603 页。
② Larenz, *Schuldrecht AT*, 14. Aufl., 1987, §37 Ⅱ, S. 638.
③ A. a. O., S. 639.
④ A. a. O., S. 640.

一位被诉连带债务人被判决,其他连带债务人仍可以主张其不负有义务。所以,连带债务人并非必要共同诉讼体。①

个别效力的缺点在于,受益的连带债务人最终还是要被其他债务人追偿,这一结果不符合当事人意思。但问题是,债权人与受益的连带债务人不能通过约定排除其他连带债务人对受益连带债务人的追偿权利,因为这是一种为第三人设定义务的合同,未经第三人同意,不生效力。所以,只能以牺牲债权人的利益为代价才能使受益的连带债务人完全免责。债权人与受益的连带债务人可以以此为目的约定限制的绝对效力或受限制的全体效力。通过该约定,其他债务人对于债权人,就受益连带债务人内部分配的份额也免除责任。②

3. 全部效力(Gesamtwirkung)

(1) 清偿与清偿替代

连带债务人的履行可以清偿债务,连带债务人之一清偿的,其他连带债务人对债权人的债务也即消灭,连带债务人之一代物清偿(Leistung an Erfüllung statt)、提存的,也具有全部的效力(《民法典》第520条第1款第1分句)。

全部效力的原理在于,债权人只能获得一次给付。③ 一旦债权人获得给付,其他债务人的债务即为消灭。履行了义务的债务人,有权要求其他负有连带义务的人偿付他应当承担的份额(《民法典》第520条第1款第2分句)。但问题是,如果债务已经消灭了,履行义务的人怎么还会有权向其他债务人追偿?唯一的解释方法,就是履行了义务的债务人对其他债务人享有法定的追偿权。一个债务人的清偿行为只是使债权人获得清偿,债权人就不能再向其他债务人请求了,而连带债务继续存在,并且部分或全部地移转给了进行清偿的债务人(《民法典》第519条第2款第1句)。

连带债务人只进行部分清偿的,仅消灭部分债务,其他债务人的债务也仅在该部分清偿的范围内消灭。

如果第三人进行清偿的,也具有消灭连带债务的效力,此时,在连带债务人间并不存在追偿权,在逻辑上,应由第三人享有追偿权(《民法典》第524条)。

如果构成连带债务,进行给付的连带债务人不能以单方表示或者通过其与债权人的协议排除给付的全部效力,除非所有当事人(包括其他连带债务人)都同意。但所有当事人都同意的情况下,其实质不是在排除全部的效力,而是在废止连带债务。④

(2) 抵销

连带债务人进行抵销,与其进行清偿的效力是一样的,其他连带债务人的债务应在抵销的范围内消灭。但是,该连带债务人必须以自己享有的债权进行抵销,而不能

---

① Larenz, *Schuldrecht AT*, 14. Aufl., 1987, §37 Ⅱ, S. 640.
② Looschelders, *Schuldrecht AT*, 21. Aufl., 2023, §54, Rn. 25.
③ A. a. O., Rn. 24.
④ MüKoBGB/Heinemeyer, 9. Aufl., 2022, BGB §422, Rn. 12.

以其他连带债务人的债权进行抵销,根据《民法典》第 568 条之规定,抵销的构成要件必须包括相互负有债务。如果以其他连带债务人的债权进行抵销,缺乏相互性,不能发生抵销的效果。

(3) 诉讼时效届满

在德国法上,债权人对于各个连带债务人的请求权的时效,应分别计算,诉讼时效中断或中止事由也应分别发生。①

与德国法不同,我国台湾地区"民法"第 276 条第 2 项规定了诉讼时效的限制绝对效力规则,债权人对部分连带债务人诉讼时效期间届满的,在该部分连带债务人应当承担的份额范围内,其他债务人可以请求减少相应债务。其理由主要在于防止求偿关系循环,比如,债权人对于一位连带债务人的债权诉讼时效已经经过,对于第二位连带债务人的债权诉讼时效没有经过,此时第一位债务人拒绝给付,则仅产生相对效力,债权人可以请求第二位连带债务人清偿全部债务,而第二位债务人全部清偿后,则可以向第一位连带债务人追偿,如此,会导致不公平的结果。② 按照限制绝对效力模式,某一连带债务人放弃诉讼时效抗辩权对其他连带债务人不发生效力,其他连带债务人在该连带债务人因诉讼时效期间届满而取得诉讼时效抗辩权的范围内免责。③

《民法典》并没有明确规定部分连带债务人时效届满具有何种效力。基于个别效力的原则性地位,应推定此时时效届满仅具有个别效力。

《诉讼时效规定》第 15 条第 2 款规定,对于连带债务人中的一人发生诉讼时效中断效力的事由,应当认定对其他连带债务人也发生诉讼时效中断的效力。也就是说,一个连带债务的诉讼时效中断的效力传递到另一个连带债务。该规定的正当性值得怀疑。连带债务是由数个连带债务人对同一债权人分别负担的数个给付义务结合而成的,数个给付义务产生原因产生各异,在条件、期限、担保、时效等方面各有不同。所以,对于一位连带债务人发生诉讼时效中断效力,对其他连带债务人不应当然地发生诉讼时效中断的效力。如果允许诉讼时效中断发生全部效力,即会存在债权人与连带债务人之一恶意串通伪造中断事由的证据的现象,有可能导致不知情的其他连带债务人承受诉讼时效中断的不利后果。④

(4) 债权人迟延

债权人对部分连带债务人的给付受领迟延的,此受领迟延对所有债务人产生效力(《民法典》第 520 条第 4 款),因为该未被受领的给付本来可以使其他债务人免责,

---

① Looschelders, *Schuldrecht AT*, 21. Aufl., 2023, §54, Rn. 26.
② 黄立:《民法债编总论》(修正三版),元照出版有限公司 2006 年版,第 609 页。
③ 戴孟勇:《论我国连带债务制度的立法发展与司法完善》,载《吉林大学社会科学学报》2022 年第 4 期,第 145 页。
④ 同上文,第 141 页。

而这种免责由于来自债权人领域的事由而受阻。如在受领迟延期间,给付标的因不可抗力灭失的,所有债务人均免责。但应注意的是,该免责仅限于对外效力,对内则不发生效力。如在上述情况下,提出该给付的连带债务人得向其他连带债务人追偿,就如同该给付已经发生了清偿效力,然后该债务人向其他连带债务人追偿一样。

4. 限制的全部效力

所谓限制的全部效力,也被称为限制的绝对效力,指就连带债务人之一发生效力的事项,在其于内部关系中应负担的范围内对其他连带债务人发生效力。

(1) 免除

在免除的情况下,须依据债权人与连带债务人之间的约定,解释确定免除的是该个别债务人的债务,还是全部债务人的债务。如果债权人向一个连带债务人表示消灭全部债之关系的,则该免除就全部债务发生效力,对其他债务人也发生免除的效力。① 这是一种有利于第三人的处分行为。

如果债权人对于连带债务人之一免除,而无免除全部债务的意思的,原则上该免除仅具有个别效力。债权人仅免除连带债务人之一的债务,则债权人不得再对其请求,但可以就全额向其他连带债务人请求,其他连带债务人给付后,得在内部关系上,向被免除的连带债务人追偿。最终,在结果上,被免除的连带债务人仍需承担债务。这样的结果通常不符合免除合同当事人的意思。但是,债权人也不能与其欲免除债务的连带债务人约定,排除其他连带债务人的追偿请求权,因为这样的约定是一种为他人设定负担的合同,在法律上是不被允许的。如果债权人想最终确定地使某一连带债务人免责,则只能通过自己负担一定的不利益来达到这一效果,也即在免除合同中约定在该个别债务人应承担的范围内终局免除所有人的债务,因此也没有其他连带债务人向该连带债务人的追偿问题。②

但是,在实践中,债务免除当事人通常不会约定免除的限制全部效力规则。在立法上,不少国家与地区的法律规范直接规定了免除的限制全部效力,比如《意大利民法典》第1301条、《瑞士债法》第147条、我国台湾地区"民法"第276条以及《国际商事合同通则》第11.1.6条第1款、《欧洲合同法原则》第10:108条第1款、《欧洲示范民法典草案》第3-4:109条第1款均规定了限制的全部效力规则,即就该连带债务人所分担部分的免除发生全部的效力。《民法典》第520条第2款接受了这一规则③,规定部分连带债务人的债务被债权人免除的,在该连带债务人应当承担的份额范围内,其他债务人对债权人的债务消灭。该规则也存在可指责之处:一方面,限制全部效力规则未必均符合当事人的意思;另一方面,债权人所能免除的仅是其对连带债务

---

① 黄立:《民法债编总论》(修正三版),元照出版有限公司2006年版,第607页。
② Looschelders, *Schuldrecht AT*, 21. Aufl., 2023, §54, Rn. 25.
③ 黄薇主编:《中华人民共和国民法典释义(中)》,法律出版社2020年版,第994页。

人的请求的权利,至于其他连带债务人对该债务人的追偿权,其并无权处分。最后应当指出的是,该规则是缺省规则,是按照当事人可推定的意思确立的示范规则,如果当事人有不同约定的,还是按照当事人的约定处理。

如果债权人与一个连带债务人约定,债权人负有义务不起诉该连带债务人,其他连带债务人的义务应不受影响。

（2）混同

依据《德国民法典》第425条规定,债权与债务的混同仅具有个别效力。而依据《日本民法典》第440条、我国台湾地区"民法"第274条,债权与债务的混同具有全部效力。《法国民法典》第1349条之一、《欧洲合同法原则》第10:107条第2款、《欧洲示范民法典草案》第3-4:108条第2款采取的则是限制全部效力模式。民法典释义书认为,第一种模式处理程序相对复杂,易产生循环求偿的问题;第二种模式使得连带债务变成了连带债务人之间追偿的按份债务,减弱了对债权实现的保障力度,降低了债权人的地位;而第三种模式避免了循环求偿问题,有利于平衡债权人利益与连带债务人之间的利益。所以,《民法典》第520条第3款采取了第三种模式,即部分连带债务人的债务与债权人的债权同归于一人的,在扣除该债务人应当承担的份额后,债权人对其他债务人的债权继续存在。债权与债务同归于连带债务人中一个债务人所有,并不发生对全部债务的清偿效果,债权不消灭。

（3）保证期间经过

《民法典担保制度解释》第29条第2款规定,同一债务有两个以上保证人,保证人之间相互有追偿权,债权人未在保证期间内依法向部分保证人行使权利,导致其他保证人在承担保证责任后丧失追偿权,其他保证人主张在其不能追偿的范围内免除保证责任的,人民法院应予支持。据此,保证人之一的保证期间经过的,其保证责任即消灭,而其他保证人承担保证责任后,无法向该保证人追偿,所以,在该保证人因保证期间届满而消灭的、该保证人应当承担的份额范围内,其他保证人在该范围内对债权人的保证责任也归于消灭。因此,我国法实质上承认了在保证人连带债务的情况下,债权人对保证人之一保证期间的届满,具有限制性的绝对效力。[①]

依照限制性绝对效力的逻辑,如果某一保证人放弃保证期间届满的抗辩对其他保证人不发生效力,其他保证人在该保证人因保证期间届满而消灭的保证责任范围内免责。

（五）对内关系

1. 连带债务人之间份额的确定

连带债务人之间的份额难以确定的,视为按同等数额承担责任(《民法典》第519

[①] 戴孟勇:《论我国连带债务制度的立法发展与司法完善》,载《吉林大学社会科学学报》2022年第4期,第144页。

条第1款、第178条第2款第1句)。但有些情况下,可以根据用益状况确定连带债务人应承担的责任。例如,甲乙共同租赁五居室房屋,甲使用两间,乙使用三间,则甲需要承担五分之二的债务。在此情况下,也可以根据使用面积比例确定。① 再如,《民法典》第1172条规定,二人以上分别实施侵权行为造成同一损害,能够确定责任大小的,各自承担相应的责任;难以确定责任大小的,平均承担责任。

在当事人另有约定或者存在法律规定的情况下,连带债务人之间的份额即可以依照其约定或法律规定确定。例如,夫妻离婚后,夫妻之间对抚养费份额有约定的,即按照该约定承担责任份额。

如果数人基于不同规范承担损害赔偿责任,则需准用与有过失规则确定连带债务人应当承担的份额,如建筑设计师与施工人承担连带责任,建筑设计师过失更大,即需承担更多的损害赔偿责任。在婚姻的情况下,基于其独特的事务属性,为夫妻共同生活而支出的费用,不存在追偿或补偿请求权的问题。

2. 按照各自份额清偿债务的请求权

只要没有债务人满足债权人的请求权,那么,任一连带债务人都负有义务共同满足债权人的请求权,以避免被请求超出其对内应负担的份额。但是如果被请求的连带债务人必须首先进行预付,然后再向其他连带债务人请求返还,明显不合理,所以,被请求的连带债务人应当自始就对其他连带债务人享有一个请求权,要求其他连带债务人一同偿还债务,按照各自份额清偿债务,或者有权提出使其免于超出其份额的请求。②

按照份额清偿的义务自连带债务产生之时起即已产生,所以,在债权人请求时,连带债务人均有义务按照内部份额进行共同清偿。如果每个连带债务人均履行自己的份额,则不必再进行补偿请求。也就是说,被请求的连带债务人之外的其他连带债务人,也具有按等份清偿债务的义务,未履行该义务者,须向被请求的连带债务人承担赔偿责任。

3. 追偿请求权

如果连带债务人清偿的债务多于其应承担的份额,就此范围,其对其他连带债务人享有追偿请求权(《民法典》第519条第2款第1句、第178条第2款第2句)。该条是一个独立的请求权基础。一旦某个连带债务人对债务人清偿,其对其他连带债务人的追偿请求权即到期。而且,未清偿的连带债务人对于其他连带债务人还享有请求辅助按比例清偿债权人的权利。③

如果被追偿的连带债务人是两人或两人以上的,已经清偿的连带债务人只能根

---

① Fikentscher/Heinemann, *Schuldrecht AT & BT*, 12. Aufl., 2022, § 64, Rn. 776.
② 〔德〕彼得·温德尔:《多数债务人与债权人》,李佳盈译,载《交大法学》2020年第3期,第118页。
③ Medicus/Lorenz, *Schuldrecht AT*, 22. Aufl., 2021, § 66, Rn. 18.

据其他连带债务人具体负担的份额追偿,也就是说,其他连带债务人之间并非连带债务关系,而是按份债务关系。

追偿权的基础存在诸多学说,包括当然存在说、实质上不当得利说、主观共同关系说、相互保证说等。实质上不当得利说认为履行超过自己应分担之部分,即构成为他人履行,基于公平原则,其获得求偿权。①

原则上,追偿权人得就超过其应负担部分的财产给付额,向其他连带债务人追偿。除此以外,还可以请求自其他连带债务人在相应范围内免责时起的利息。对于非因追偿权人个人过错而因免责行为所遭受的损害,追偿权人也可以向其他债务人追偿,如连带债务人之一因受强制执行而支出的强制执行费用。② 最后,追偿的范围还包括因清偿而支付的必要费用,如运费、包装费等。

4. 其他连带债务人的分担

如果某一连带债务人不能获得该追偿(如某一连带债务人不能清偿),那么其他连带债务人对此承担连带责任,其给付义务比例可能会因此提高(《民法典》第519条第3款)。

> 案例:债务人甲乙丙是债权人丁的连带债务人,内部关系上,甲乙各承担四分之一债务,丙承担二分之一债务。丁向甲请求全部债务。如果乙现在丧失了支付能力,那么其应承担的四分之一需要甲与丙共同分担,并按照一比二的比例承担。即甲可以请求丙承担二分之一加上六分之一,等于三分之二的债务,剩余的三分之一由甲承担。

> 案例:甲乙丙三人对偿还贷款承担连带责任,甲全部偿还,可以向乙丙各要求三分之一,但如果乙不能支付,则甲可以向丙请求返还,但不是三分之二,而是二分之一。就乙不能承担的部分,丙实质上承担了该部分的一半,即六分之一。

"其他连带债务人"不仅包括具有履行能力的连带债务人,还应包括享有追偿权的连带债务人、根据《民法典》第520条第2款或者第3款获得免责的连带债务人、因债权人的债权诉讼时效期间届满或者保证期间届满而获得免责的连带债务人。③

5. 法定债权移转

在任一连带债务人清偿后,债权人对其他债务人的相应债权继续存在,并基于法律移转给该进行清偿的连带债务人(《民法典》第519条第2款第1句),债权移转的范围取决于追偿请求权的数额。该进行清偿的连带债务人对其他连带债务人的债权是一种独立的请求权,与追偿请求权并行存在,二者各自适用诉讼时效规则。在法定

---

① 张广兴:《债法总论》,法律出版社1997年版,第153—154页。
② 黄立:《民法债编总论》(修正三版),元照出版有限公司2006年版,第615页。
③ 戴孟勇:《论我国连带债务制度的立法发展与司法完善》,载《吉林大学社会科学学报》2022年第4期,第146页。

移转(让与)前即经过的时效期间部分对追偿权人会产生不利益,因为,对于该被移转的请求权,所适用的时效自始就被缩短。①

需要注意的是,法定债权移转不得损害债权人的利益,在破产程序以及担保物不充足的情况下,该规则尤其具有意义。在进行清偿的连带债务人没有完全清偿的情况下,债权人剩余的债权及其担保物权优先于移转给进行清偿的连带债务人的债权。具体如,甲对乙丙丁享有 1000 万元的债权,乙丙丁内部约定的份额是 5∶3∶2,戊为丙的连带债务提供了抵押担保,乙清偿了 700 万元,乙对丙、丁就其超过自己应承担份额支付的金额(即 200 万元)享有债权,同时乙还取得了抵押权。而丙丁之间是按份之债,就该 200 万元,丙丁按照自己的份额承担债务。本案中,甲还有 300 万元债权未获得清偿,法定债权移转不得损害债权人的利益,所以甲的 300 万元债权及其上的抵押权优先于乙获得的 200 万元债权及其上的抵押权。②

该法定债权移转规则与《民法典》第 545 条以下的债权让与规则的规范目的是一致的,所以可准用《民法典》第 545 条以下的债权让与规则,该连带债务人可以要求担保人支付其超过自己应承担份额清偿的金额。

法定债权移转只是为了加强追偿请求权。如果追偿请求权消灭(比如清偿或者抵销),则法定移转给进行清偿的债务人的债权也消灭。被移转的债权不能被单独让与,只能随着追偿请求权的让与而移转给新的债权人。③

在债权人对其他连带债务人已经获得执行名义,并标记执行条款,已经履行的连带债务人可以要求将该可执行副本可以改写到自己名下,作为权利继受人,不需要再行起诉。④

根据《民法典》第 519 条第 2 款第 2 句,其他连带债务人对债权人的抗辩,可以向该债务人主张,这里的抗辩权包括须主张的抗辩以及无须主张的抗辩,具体如债权存在(数额)的抗辩、时效抗辩等。具体如,一个连带债务人清偿了债务,基于法律规定,该连带债务人取得了债权人对其他连带债务人的债权,而其他连带债务人对债权人享有时效届满的抗辩,那么,此时其他连带债务人即可以对该清偿债务的连带债务人主张时效届满的抗辩。再如承担债务的连带债务人向其他连带债务人追偿,并行使债权人对连带债务人享有的抵押权时,其他连带债务人可以抗辩抵押权未设立或者消灭。⑤

(六) 连带债务人追偿的障碍

在某一连带债务人的债务被通过其与债权人的约定或法律规定排除或者受到限

---

① Medicus/Lorenz, *Schuldrecht AT*, 22. Aufl., 2021, §66, Rn. 21.
② 黄薇主编:《中华人民共和国民法典释义(中)》,法律出版社 2020 年版,第 991 页。
③ Looschelders, *Schuldrecht AT*, 21. Aufl., 2023, §54, Rn. 32.
④ Schlechtriem/Schmidt-Kessel, *Schuldrecht AT*, 6. Aufl., 2005, §20, Rn. 853.
⑤ 黄薇主编:《中华人民共和国民法典释义(中)》,法律出版社 2020 年版,第 991 页。

制的情况下,就不会存在追偿的问题。

  案例:甲搭乘乙的汽车,二人约定责任免除;由于乙的过错,撞上丙的汽车,由此导致甲受伤。

  本案中,甲乙约定了责任免除,则乙与丙即使是共同侵权人,也无法形成连带债务人。如果甲向丙请求全部的损害赔偿,则丙无法向乙追偿,只能承担全部的责任。如此处理,使责任免除约定发生了第三人效力,使第三人利益受损,在利益平衡上并不合理。

  如果反过来,不允许此责任免除约定具有第三人效力,承认丙的追偿权,如此处理在利益上亦不平衡。在乙单独对事故承担责任的情况下,基于免责条款,其无须承担责任,丙无责任,亦不承担责任,更不存在追偿乙的问题;与乙、丙共同对事故负有责任的情况相比,乙的处境更好,由此造成利益衡量不当。而且,该种方案要求拟制乙丙之间为连带债务人。

  比较有说服力的观点认为,甲对于丙的损害赔偿请求权的数额一开始就缩减为没有被免责的丙于内部所应承担的数额。① 该解决方案一方面避免完全由一个侵害人完全承担赔偿责任的不公,另一方面也考虑了免责约定或规定,避免了对被免责者的追偿,转而由进行免责者承担损害。

四、不真正连带债务

(一) 真正连带债务与不真正连带债务的区分

  《民法典》第 518 条规定的连带之债的要件比较少,符合这些要件的多数人债务情况比较多。在连带债务之外还存在很多数人债务,但不适用等份推定规则以及追偿权、法定债权移转规则。在学说上,多有以不真正连带债务的概念予以统一,并将之区别于真正的连带债务的尝试。在上述连带债务构成要件满足后,尚需附加构成要件,以区别于不真正的连带债务。

  第一种学说为统一的债之原因学说(einheitlicher Schuldgrund),根据该学说,基于统一的债之原因产生的债务方为真正的连带之债,数个债务人基于不同的发生原因对债权人负担以同一给付为标的的数个债务,为不真正连带之债。但在共同保证的情况下,数个保证之间并非基于同一原因发生,共同保证人之间亦需承担连带责任,故此说并不周延。连带债务的行使并不限于同一法律原因,抗辩的产生、债之消灭也不相同,有一定的独立性。② 所以,连带债务的构成并不要求基于统一的债之原因,也不能以此区分真正连带债务与不真正连带债务。

---

① Medicus/Lorenz, *Schuldrecht AT*, 22. Aufl., 2021, § 66, Rn. 24; Fikentscher/Heinemann, *Schuldrecht AT & BT*, 12. Aufl., 2022, § 65, Rn. 780.
② 黄立:《民法债编总论》(修正三版),元照出版有限公司 2006 年版,第 600 页。

第二种学说认为，真正的连带债务还需要多个义务之间存在法律目的共同体意义上的内在关联。① 也就是说，义务是否为达到统一目的而互相关联在一起。建筑承包人与设计人承担连带责任的案例即可以通过法律上目的共同体学说予以解释。

此学说用来说明因法律行为而产生的连带债务的情况，尚有一定的道理，但在说明基于侵权或者法定而产生的连带债务的情况，就不甚合理。因为在法定之债的情况下，并不存在目的共同体。但是，如果将目的共同体客观化，又会使得该标准变成空洞的形式。

第三种学说认为，义务是同一层次/等级/阶段或者同一顺位的，即为真正连带债务，目前这一学说最具有说服力。② 所谓同一层次，最常见的情况是多个人造成了损害的情况，如共同侵权人；共同侵权的情况还可以类推适用于一个债务人基于侵权承担损害赔偿责任，另一个债务人基于合同承担损害赔偿责任的情况。在多个承揽人因瑕疵给付而造成了损害时，多个承揽人一同负担赔偿损害的义务，也具有同一层次性。

在承包人就其建筑工作承担瑕疵担保责任，而设计人就其建筑设计承担损害赔偿责任的情况下，根据同一层次理论，二者之间应承担连带债务，即使两个违约责任产生于不同的合同。而且，两个违约责任的内容并不相同，建筑商首要承担的是修理、重作等责任，而建筑师承担的则是损害赔偿责任，但是两个义务并无先后顺位，故为连带债务。③

造成保险事故的侵权人的损害赔偿债务与保险人的赔偿债务也不是一个层次的。因第三者对保险标的的损害而造成保险事故的，保险人自向被保险人赔偿保险金之日起，在赔偿金额范围内代位行使被保险人对第三者请求赔偿的权利（《保险法》第60条第1款）。例如，甲过失毁损了乙的古董，而该古董被丙保险公司保险。甲的赔偿义务与保险公司的保险金支付义务之间不是同一层次的，并非连带债务。侵害人（如继续支付工资的雇主）与社会保险人，二者之间也不是一个层次的。

在保证人享有先诉抗辩权的情况下，其保证义务与债务人的债务之间不具有同一顺位性，故不构成连带债务。其理由在于，保证责任的基础不同于连带债务的基础，而且，保证人享有先诉抗辩权。尤其是保证人与债务人之间不存在基于连带债务内部关系的相互的追偿关系，《民法典》中仅规定了保证人对债务人的追偿权（《民法典》第700条）。

数人之间形成不真正连带债务关系的，还有如下几种情况：

因产品存在缺陷造成损害的，被侵权人可以向产品的生产者请求赔偿，也可以向

---

① Medicus/Lorenz, *Schuldrecht AT*, 22. Aufl., 2021, §66, Rn. 8；张广兴：《债法总论》，法律出版社1997年版，第148—149页。

② Larenz, *Schuldrecht AT*, 14. Aufl., 1987, §37 I, S. 634.

③ 黄立：《民法债编总论》（修正三版），元照出版有限公司2006年版，第599页。

产品的销售者请求赔偿。产品缺陷由生产者造成的,销售者赔偿后,有权向生产者追偿。因销售者的过错使产品存在缺陷的,生产者赔偿后,有权向销售者追偿(《产品质量法》第43条、《消费者权益保护法》第40条、《民法典》第1203条)。

因运输者、仓储者等第三人的过错使产品存在缺陷,造成他人损害的,产品的生产者、销售者赔偿后,有权向第三人追偿(《民法典》第1204条)。

消费者在展销会、租赁柜台购买商品或者接受服务,其合法权益受到损害的,可以向销售者或者服务者要求赔偿。展销会结束或者柜台租赁期满后,也可以向展销会的举办者、柜台的出租者要求赔偿。展销会的举办者、柜台的出租者赔偿后,有权向销售者或者服务者追偿(《消费者权益保护法》第43条)。

消费者通过网络交易平台购买商品或者接受服务,其合法权益受到损害的,可以向销售者或者服务者要求赔偿。网络交易平台提供者不能提供销售者或者服务者的真实名称、地址和有效联系方式的,消费者也可以向网络交易平台提供者要求赔偿;网络交易平台提供者作出更有利于消费者的承诺的,应当履行承诺。网络交易平台提供者赔偿后,有权向销售者或者服务者追偿(《消费者权益保护法》第44条第1款)。

因第三人的过错污染环境、破坏生态的,被侵权人可以向侵权人请求赔偿,也可以向第三人请求赔偿。侵权人赔偿后,有权向第三人追偿(《民法典》第1233条)。

因第三人的过错致使动物造成他人损害的,被侵权人可以向动物饲养人或者管理人请求赔偿,也可以向第三人请求赔偿。动物饲养人或者管理人赔偿后,有权向第三人追偿(《民法典》第1250条)。

(二) 不真正连带债务的内容

依照通说,在具备连带债务的一般要件,但不符合义务同一层次的要件时,学说上称其为不真正连带债务。[①] 具体来讲,数个债务人对于债权人需全部地清偿,而且只清偿一次,但其中一个债务人必须先为清偿,其承担其他债务人没有清偿能力的风险。在法律效果上,不真正连带债务与一般情况下的连带之债也不相同,一般情况下,一个债务人清偿后,对其他债务人就全部债务数额享有追偿权,而不是按照超过其应负担部分的给付额追偿。

不真正连带债务原则上不能适用连带之债的规则,但需借助连带之债基本价值判断以及解释当事人的意思,如保证人与债务人之间并非真正的连带之债的关系,在这种情况下,债权人一般先要求债务人履行债务后,再向保证人要求承担保证责任,

---

[①] 崔建远、韩世远、于敏:《债法》,清华大学出版社2010年版,第32页;张广兴:《债法总论》,法律出版社1997年版,第155—156页;杨立新:《债法总则研究》,中国人民大学出版社2006年版,第209—210页;王利明:《侵害债权与不真正连带债务》,载王利明主编:《中国民法案例与学理研究·侵权行为编、亲属继承编》,法律出版社1998年版,第274—275页;孔祥俊:《论不真正连带债务》,载《中外法学》1994年第3期,第19—20页。

也就是说，先由债务人履行，债务人履行不了的，再由保证人承担责任。

另外，缺乏给付同一性的情况，也属于不真正连带债务。例如，由于保管人的疏忽，保管物被小偷盗走，保管人依据合同应承担损害赔偿责任，但最终承担责任的人不应该是保管人，保管委托人应将对小偷的请求权让与给保管人，这样，保管人承担责任后，可以向小偷追偿。这里的两个债务不仅不在同一层次上，而且在内容上也没有同一性，小偷负有返还原物的义务，而保管人负有给付金钱赔偿的义务。

（三）补充责任

值得注意的是，我国法律上规定有法定补充责任类型。如《民法典》第1198条规定，宾馆、商场、银行、车站、机场、体育场馆、娱乐场所等经营场所、公共场所的经营者、管理人或者群众性活动的组织者，在第三人造成损害的情况下，如果自身未尽到安全保障义务，应承担相应的补充责任。

《电子商务法》第38条规定，电子商务平台经营者知道或者应当知道平台内经营者销售的商品或者提供的服务不符合保障人身、财产安全的要求，或者有其他侵害消费者合法权益行为，未采取必要措施的，依法与该平台内经营者承担连带责任。对关系消费者生命健康的商品或者服务，电子商务平台经营者对平台内经营者的资质资格未尽到审核义务，或者对消费者未尽到安全保障义务，造成消费者损害的，依法承担相应的责任。

《民法典》第1201条规定，无民事行为能力人或者限制民事行为能力人在幼儿园、学校或者其他教育机构学习、生活期间，受到幼儿园、学校或者其他教育机构以外的第三人人身损害的，由第三人承担侵权责任；幼儿园、学校或者其他教育机构未尽到管理职责的，承担相应的补充责任。幼儿园、学校或者其他教育机构承担补充责任后，可以向第三人追偿。

有学者认为，这里规定的是不真正连带责任。① 但对于何为"相应的补充责任"，解释空间比较大，甚至有学者认为，"相应的补充责任"的含义为，在直接责任人有能力承担的情况下，补充责任人不承担赔偿责任；而且，"相应的补充责任"究竟是对与其过错程度相应的部分补充还是对直接责任人无力承担部分的全部补充，需要结合当前的社会实际情况和司法现状作出综合的考量，应当综合考虑过错程度、原因力大小、各方的经济状况。② 如此解释自与侵权责任法基本原理不符，之所以让安全保障人承担补充责任，还是基于其过错侵权行为，如果解释为直接责任人无法赔偿的部分的赔偿责任，无疑是将安全保障义务人等同于保险或社会救济机构看待。进一步而言，这一理论亦不符合连带债务的基本规范目的。

---

① 王利明、周友军、高圣平：《中国侵权责任法教程》，人民法院出版社2010年版，第406—407页（王利明执笔）；杨立新：《论侵权责任的补充责任》，载《法律适用》2003年第6期，第16—17页。
② 张新宝：《我国侵权责任法中的补充责任》，载《法学杂志》2010年第6期，第5页。

故在补充责任的情况下,受害人只能先向直接责任人求偿,在直接责任人不能赔偿或赔偿不足时,赔偿权利人才可以向补充责任人请求。补充责任人承担责任后,参照连带债务规则的基本精神,其有权向直接责任人行使追偿权,但就其过错行为造成的损害部分不享有追偿权;在直接责任人承担的数额超过其应承担数额的,其也有权向补充责任人追偿。①

(四)法律效果

在法律效果上,每种不真正连带债务各有不同,不能一概而论,但都是对连带债务法律效果的部分修正。本书仅对其中的不符合义务同一层次的类型论述法律效果。这种情况不能适用连带责任规则,在具体内部分担责任上,不能推定为各一半或平均一份,而是由一个债务人完全承担责任。如果其中一个债务人给付,即发生清偿效力,债权人不能再向其他债务人请求给付。

任一债务人履行债务后,与其他债务人之间并不当然产生追偿权,双方之间的法律关系要按照法律规定处理。比如,根据《保险法》第 60 条第 1 款的规定,因第三者对保险标的的损害而造成保险事故的,保险人自向被保险人赔偿保险金之日起,在赔偿金额范围内代位行使被保险人对第三者请求赔偿的权利;《民法典》第 1198 条第 2 款、第 1201 条、第 1203 条、第 1233 条、第 1250 条对追偿条件、追偿顺序有特别规定。所以,不真正连带债务不能参照适用《民法典》第 520 条第 1 款第 2 分句和第 519 条的规定。

连带债务个别效力规则通常可以准用于不真正连带债务;连带债务全部效力规则也可以适用于不真正连带债务(《民法典》第 520 条第 1 款第 1 分句和第 4 款),如债权人迟延的全部效力规则,因为如果只适用个别效力规则,在给付灭失的情况下,会对第二层次债务人造成负担。但在上述不真正连带债务中存在着终局债务人和中间债务人,只有中间债务人对终局债务人才享有追偿权,所以不能参照适用第 520 条第 2 款、第 3 款规定。

五、债务人共同体(Schuldnergemeinschaft)

所谓债务人共同体,是指必须由所有债务人共同履行给付的情况,并不是由每一个债务人全部或部分履行所负担的多个给付。

(一)产生

债务人共同体可能基于事实原因产生,如债务只能由一组人完成的,典型如乐队、足球队、啦啦队,在数个债务人负有为债权人奏乐的义务时,数个债务人只能共同履行,这种情况也被称为协同之债。债务人共同体也可能基于法律规定产生,如合

---

① 代晨:《论侵权补充责任之重构》,载梁慧星主编:《民商法论丛》(第 42 卷),法律出版社 2009 年版,第 286 页。

伙、夫妻共同共有财产、共同继承等。

如果数人设立合伙，则会形成有别于成员个人财产的共同共有财产，即特别财产（Sondervermögen）。对于合伙财产，合伙人仅按照各自份额共同享有特别财产，而非共同享有构成特别财产的标的物所有权。比如合伙人负有将属于他们共同共有的房屋移转给买受人的义务，原则上他们需要共同履行该义务（《民法典》第 970 条、第 969 条第 2 款、第 974 条）。此时，给付只能由全体合伙人共同履行，而不能由单个合伙人给付，债权人只能针对所有合伙人提起诉讼并针对所有合伙人获得执行名义，从而进行强制执行。在合伙人承担共同体之债的同时，合伙人还可能承担连带之债，比如对金钱损害赔偿，合伙人承担连带之债①，清偿合伙债务超过自己应当承担份额的合伙人，有权向其他合伙人追偿（《民法典》第 973 条）。

在数人设立合伙企业的情况下，债务人为合伙企业，对于合伙企业的债务，首先以合伙企业全部财产进行清偿（《合伙企业法》第 38 条），合伙企业不能清偿到期债务的，合伙人承担无限连带责任（《合伙企业法》第 39 条），也就是说，相对于合伙企业而言，合伙人的责任是次位的，与合伙企业债务之间是连带债务关系。对于合伙人个人债务，先由其个人财产清偿，不足的，以其从合伙企业中分取的收益清偿，仍然不足的，方由其在特别财产中的份额清偿（《合伙企业法》第 42 条第 1 款）。

基于夫妻双方共同签字或者夫妻一方事后追认等共同意思表示所负的债务，以及夫妻一方在婚姻关系存续期间以个人名义为家庭日常生活需要所负的债务，属于夫妻共同债务。夫妻一方在婚姻关系存续期间以个人名义超出家庭日常生活需要所负的债务，不属于夫妻共同债务；但是，债权人能够证明该债务用于夫妻共同生活、共同生产经营或者基于夫妻双方共同意思表示的除外（《民法典》第 1064 条）。在离婚时，夫妻共同债务应当由双方共同偿还。共同财产不足清偿或者财产归各自所有的，由双方协议清偿；协议不成的，由人民法院判决（《民法典》第 1089 条）。

有学者认为，对于夫妻对外债务，首先区分夫妻连带债务、共同债务以及个人债务，对于夫妻共同债务，准用《合伙企业法》第 38 条和第 39 条规则。② 也就是说，在夫妻共同财产制下，归属于夫妻的共同共有财产也形成特别财产，对于特别财产中的具体标的物必须共同处分。因此，基于共同共有财产而产生的给付义务，只能由夫妻共同履行。

在形成继承共同体的情况下，也存在区别于各个继承人个人财产的特别财产，基于共同共有财产而产生的给付义务，只能由数个继承人共同履行。③

按份共有的多人共同体，对于共同体标的的管理，在没有约定或约定不明确时，

---

① Medicus/Lorenz, *Schuldrecht AT*, 22. Aufl., 2021, §66, Rn. 27.
② 汪洋：《夫妻债务的基本类型、责任基础与责任财产——最高人民法院〈夫妻债务解释〉实体法评析》，载《当代法学》2019 年第 3 期，第 50 页以下。
③ Schlechtriem/Schmidt-Kessel, *Schuldrecht AT*, 6. Aufl., 2005, §20, Rn. 836.

由份额拥有人以共同体形式行使(《民法典》第300条)。共同体份额拥有人对标的的整体处分,只能以共同体形式进行。如果按份共有共同体的份额享有人负有给付共同体所属标的的义务,那么基于该共同体债务,所有按份共有人只能一同进行清偿。①

(二)法律效果

共同体债务人与连带债务人的区别在于,对于不可分给付,数个债务人基于事实或法律原因只能共同合作给付,也就是说,债权人仅能向所有债务人请求共同给付。由于具体给付之间具有紧密的关联,迟延、过错、给付不能等均具有绝对效力,即对全部债务人均发生效力。② 共同体中一人违约,则共同体债务人都违约。任一共同体债务人拒绝共同给付的,就可以阻止整个给付。

例如,甲、乙为丙举办生日晚会,由于甲得病而不能上台表演,则该人身上的不能发生绝对效力,即甲、乙的给付义务消灭(《民法典》第580条)。

对于行使形成权等意思表示的效力,要根据共同体债务人内部约定。比如,甲相对于其他债务人享有代理权,则甲可以为其他债务人作出意思表示,比如享有代理权的甲所作出的解除意思表示,对其他人都有效力③;其也可以为其他债务人受领意思表示。

---

① Schlechtriem/Schmidt-Kessel, *Schuldrecht AT*, 6. Aufl., 2005, § 20, Rn. 837.
② Looschelders, *Schuldrecht AT*, 21. Aufl., 2023, § 54, Rn. 42.
③ Schlechtriem/Schmidt-Kessel, *Schuldrecht AT*, 6. Aufl., 2005, § 20, Rn. 838.

术 语 索 引

A

阿奎利亚法之诉　128
安全保障义务　35,36,137,436,690
按份共有　254,808
按份责任　807
按份之债　16,782,784

B

保留请求返还权利　303,304
伴随移转　761
保存行为　246,250,268
保存型代位权　244,245,253,267—269
保管合同　19,22,31,58,62,91,206,207,210,218,219,350,351,353,354,356,357,427,637
保护目的　135,553,628,642,644,653—656,689
保护义务　15,16,18,26—28,32,34—39,60,117,126,127,132—134,136—139,142,145,166,197,326,377,383,412,427,437—443,447,459,475,476,484,529,530,533,545,573,582,603,705,711,758,801
保理　219,326,490,739,740,743,745,746,749,750,755,768,770—772
保密义务　33,36,40,125,128,134,139—142,699
保险合同　20,38,46,111,112,125,145,149,480,567,568,608,618,652,682,791—793,800,801,803
保证　6,33,104,109,116,117,152,159,168,187,196,198,214,217,248,254,257,278,280,289,292,297,298,307,320,328,331,332,335,343,350,359,362,394,409,453,467,490,491,493,494,499,505,506,522,534,550,558,603,623,662,672,728,754,756,759,760,774,775,781—784,786,789,806
保证合同　104—107,653,695,775,783,784
保证金　155,328,674,703,727,728,730
保证期间　494,573,784,806
保证责任　116,248,257,289,756,760,784,786
报酬请求权　29,51,54—56,58,256,542,572,753,759
背靠背条款　460
被动债权　328,330—332,334—336,340—342,344—349,765
被扶养人生活费　678
本诉　259,274,291,293,347
本约　68,87,88,118—123,316
本质要素　92—95,378,379
比例分担　125,199,686
比例原则　476
必备要素　74—77,92,94,96,121
必然因果关系　653
必要之点　64,74,75,92,93,99
表示意识　71,83
表示主义　92
别除权　24,268,275,335
并存的合同承担　788
并存的债务承担　782—784
补偿功能　631—633

补偿关系 220,785,795—799,802
补充解释 33,37,75,76,93,95,96,99,121,152,163,165,172,173,203,205,208,295,564,594
补充要素 76
补救措施 121,383,394,404,405,412,416,423,440,469—471,487,500,501,505,517,518,522,528,564,590,592,595,596,648,660,709
补救履行 23,222,375,376,380,387,389,395,411,412,446—448,450,457,468,471—473,486,489,490,500—502,506,509,533,539,543,578,579,581
补救履行请求权 222,389,500,502,509,582,589
不安抗辩权 20,209,210,223,225,230—239,250,276,376,441,451,481—483,486,487,550,552,570,576,762
不当得利 3,5—8,15,18,21,26,28,32,48,52,58—60,125,185,189,196,197,221,253,263,294,301—303,306,312,313,316,323,338,341,343,344,361,362,366,370,374,407,453,480,498,532,538,571,590—593,596,597,599—601,610,640,648,667,687,719,731,739,740,742,760,766,767,772,777,785,798
不固定的先给付义务 230,231
不合意 77,92—96,99,155
不可分物 291
不可分债权 362,808
不可分债务 362
不可分之债 805,807
不可抗力 109,144,286,404,408,409,413—421,423,430,435,436,455,459,463,485,528,543,548,549,552—555,558,559,563,565,575,588,609,634,731
不利益 39,42,105,129,176,211,312,340,350,360,394,408,429,456,461,473,500,540,544,553,574,583,593,666,687,691,703,783

不履行 20,23—25,27,33,37,38,46,88,102,120—122,149—153,155,179,198,206,209,211,215,217—220,229—231,236—238,240,249,250,277,288,316,319,324—326,329,343,367,373—376,378,379,382,384,391,398,400,401,404,406,408—413,416,419,423—425,427,428,431,435,440,441,444,448,450,451,453,455,457,460,461,463—465,468,472—474,477,479,481—485,487,490,501,523,527,531,532,538—541,548,566,568,570,574—579,581—583,585,602,603,608,633,650,652,662,670,673,685,695,696,698,703,704,706—709,715,723,728,732,734,758,760,803
不完全给付 32,148,197,208,215,308,374—377,379,411—413,419,427,434,440,441,443—447,468—473,475,490,528,579,581,582,589,702,711,715
不完全债权 47,48,248,335,748
不真正连带债务 805,806
不真正义务 28,39,85,498,533,540,548,629,684,685,687—689,691,692
不作为 15,16,28,30,31,38—40,143,166,213,222,248,253,278,282,299,310,311,313,337,399,425,438,473,485,541,607,645,689,696,702,707
不作为之诉 31,38
部分不能 376,383,388—391,411,419,466—469,528,529,532,533,539,575,731
部分给付 168,194,195,208,211,220,222,226,236,297,376,390,466—469,474,475,507,509,532,533,539,573,579,593,610,719,735
部分债权 261,280,342,362,751,759—761,764,773

C

财产损害 35,128,376,411,424,431,441,446—448,518,521,631,634,638—641,

660,664,667,671,722
财团 18,275,276,296,436,593
参照适用 7,11,14,21,52,116,154,156,375,549,673,720,775
残疾辅助器具费 676,677
残疾赔偿金 674,676—678
差额补足 784
差额假定理论 638,639
差额理论 221,330,469,477—479,580,638,639,660,661,671,681,758
产品责任 4,448,503,510—512,637
长期合同 147,173,176,402,531,560,571,618
撤销之诉 269—271,274
沉默 64,83,97,101,104,125,753,754
成约定金 728,729,735,736
诚实信用 15,18,25,27,29,30,33,36,37,39,40,60,61,63,72,83,91,104,114,120,121,126,134,141,144,145,150,157,159,160,162—166,168—170,172,175,179,182,185,194,210,212,213,220,224—226,231,245,261,283,329,338,374,377,378,389,393,395,397,434,442,453,496,498,499,504,506,534,541,542,544,550,551,554,564,565,571,589,613,614,626,635,636,655,667,686,690,707,717,721,723,724,736,744,749,767,770
承揽合同 75,311,375,396,398,423,427,445,446,468,471,489,502,503,538,542,543,548,567,572
承诺 11,52—54,56—58,64,65,69—73,78—87,89,91,94—103,110,155,163,171,175,204,219,317,325,351,356,455,487,588,605,619,621,740,741,753,763,779,784,791,795,800,804
承诺的迟到 84
承诺能力 78,256
承诺期限 79,81—85,155
惩罚功能 632,708
惩罚性赔偿 10,377,413,509—526,627,628,631,632,637,658
惩罚性违约金 695,698—700,734
迟延风险 201,204
迟延利息 188,191,194,206,228,308,309,342,453,457—460,711,713,769
迟延损害 343,412,413,434,440,445—450,452,454,456—458,460,474,478,509,530,591,636,689,701,710,713,758,798,801
迟延违约金 177,343,449,694,706,711
持续供应合同 22,225
抽象的损害计算 671,672
抽象法律行为 21
除斥期间 291,498,499,568,574,589,719,763
处分合同 362,774
处分权能 47,49,50,360,368
处分行为 21,149,260,273,277,279,280,284,285,289,295,315,348,351,360,361,365,370,371,604,741—743,746,751,752,757—759,761,772,779,780,794
纯粹经济损失 35,130,136,137,628
次义务 31,39,379
从给付义务 28,31—34,38,39,166,219,220,297,303,350,365,438,471,507,529,577,578,581,610,730
从权利 32,242,244,245,248,249,252—255,257,265,268,297,314,315,320,361,405,577,590,591,715,753,759—761,781,788
催告 83,152,175,183,205,206,240,251,252,256,324,326,327,364,411,412,446,447,449—457,470,471,473,483,487,502,507,541,542,544,548,574,576—582,588,589,597,607,671,745,758,768,771,775,777,801
存在效果说 217,218,227,228,234,451
错误 74,77,91—95,105,113,125,127—131,145,146,148,154,175,176,197,232,299,307,309,369,387,425,430,431,433,

446,455,467,497,512,513,515,534,540,550,553,556,557,560,562,601,616,643,657,670,688,689,754

D

答询请求权　145,754

打包债权　751

代偿请求权　46,358,385,426,479—481,531,532,538,635,636,758

代理　26,37,52,53,58,75,87,101,131,132,168,262,294,301,360,438,445,452,496,523,592,746,795

代理人　7,15,19,21,24,54,83,101,115,129,131,132,160,219,249,300,309—311,352,360,435,437—439,442,455,635,636,648,692,693,706,746,795,797

代替权　184,185,187,316,317,321,322,327,712

代位理论　469,477—479,801

代位执行　243,245,246,249

代物清偿　52,184,187,243,261,297,298,306,312—325,348,506,593,744

担保合同　17,19,158,159,289,298,418,434,562,603,604,704—706,728,729,733,744,803

担保物权　7,17,18,24,158,198,199,249,254,255,263,264,268,278,280,288,289,292,297,303,319,361,362,364,367,638,729,781,788

担保允诺　408,415

担保责任　25,159,199,219,248,272,289,293,323,401,408,409,415,419,424,434,443,472,488,494,500,591,603,604,705,706,762,766,781,782,788

单独行为　54,359

单方法律行为　18,52,53,281

单方允诺　51,57,70,705

单数之债　807

单数主体之债　807

单务合同　19,20,75,232,415,477,479,

529,570,577,740

当然移转说　760

等值理论　645,646,653

等值利益　411

抵充　200,298,305—309,312,313,345

抵销　8,16,21,47—49,52,53,114,157,163,193,194,196,198,206,211—213,226,228,255,260,261,263,264,269,297,301,306,323,327—349,375,401,456,477,578,586,708,712,738,747,748,753,754,758,762,764—767,770,780,796,799,800

抵销的溯及效力　331

抵销适状　261,263,328—330,332,335,336,341—345,764,765

抵押权　15,24,45,48,198,239,254,255,264,278,288,289,296,297,338,350,389,596,754,759,760,779,782,794

抵押权承担　779

第三人代为履行　193,198,199,351,785,791

第三人负担合同　794,803

第三人给付　193,195—197,306,326,436,682,791,803

第三人损害清算　481,635—637

第三人责任　65,125,131,159—161

缔约过失　26,27,34,37,39,52,57—61,96,103,122,124—139,141—145,147—151,153—156,158—161,166,197,253,323,377,378,407,437,442,463,488,498,631,640,648,705,731

缔约机会　148,718

典型债之关系　20

电子合同　3,64,65,73,113,206

电子签名　3,77,105

电子商务经营者　73,77,87,117,204,621,625

订立自由　69,100

订约机会　144,148

定金　8,118,123,157,182,255,297,575,

604,613,694,695,697,699,701,703—705,707,709,711,713—715,717,719,721,723,725,727—737,755,760

定金罚则　420,727,730—734,736

定期行为　21,22,389,473,579,580,607

动机错误　387,553,556

动态系统论　146,684

独立的违约金　700,702,703,712

对待给付的风险　398,538,636

对待给付义务　19,20,32,76,115,180,181,209,216,218,220,221,223,225,226,230,233,237,279,372,376,380—382,387,388,391,397,398,407,462,466,473,477,479,526,528—534,536—539,542,544,546,553,570,575,577,578,584,595,597,612

对等理论　645,652,653

对等性利益　447,466,711

对等因果关系　645,651,689

对话方式　79,81,83,84,768

对价关系　560,561,577,795—798,801

对价关系的障碍　560,802

对外关系　747

对外效力　242,245

多方法律行为　18,57

多数人之债　5,8,805—807

多数债权人　13,304,805,807,809,811,813,815,817,819,821,823,825,827,829,831,833,835,837

E

恶意　61,128,135,137,142,144,147,168,233,260,270,273,276,279,281—283,288—290,292,293,295,296,330,387,453,472,490,500,512,513,516,518,523,525,534,613,626,706,720,724,755,756,767,773,779,785

恶意串通　114,269,273,274,288,296

恶意磋商　126,134,143,643,736

恶意抗辩　329

恶意之诉　128

F

法定承担　788

法定的债务加入　786

法定抵销　47,328,333,344,347—349

法定解除权　567,569,570,574,575,585,598,599,603,606,790,801

法定债权移转　772

法定之债　18,21,33,35,52,59,61,162,372,374,407,427,428,434,455,551,578,591

法定孳息　357

法律错误　431,435

法律关系　6,10,11,14,17,26,29,52,58,64,68,88,109,131,137,151,163—165,176,210,212,248,264,271,272,292,294,296,297,302,303,310,319,330,362,367,368,370,452,467,507,530,562,585,592,606,611,660,750,753,758,763,780,782,797—799,808

法律上不能　388,449,710

法律行为　4,5,14,18,19,21,25,26,37,51,52,55,58,60,65,67,83,84,92,95,97,98,103,110,114,117,118,124,129,131,136,137,145,149,154,156,165,166,171,234,255,273,277,286,291,296,300,304,307,309—313,334,349,354,359,363,382,388,429,436,438,452,496,515,542,549,551,571,577,585,615,642,643,686,702,706,739,741,744,748,749,752,768,786,790,794,796

反要约　80,98

防止获利　697,698,700

非本质要素　92,93,95,96

非财产损害　628,639—641,658,667,679,680

非典型债之关系　20

非独立抵销　766

非对话方式　77,79,81,83,84,768

非金钱之债 47,187,248,251,477,529,673,740,755,761
非物质利益 394,639,640,660,725
非真正保理 326,745,746
非真正的利他合同 792,793
废止合同 148,149,297,361,366,442,569,572,604—606,802
分担损害风险功能 632
分期付款买卖 617,618
分期供应合同 225,623
风险负担 19,116,181,201,217,357,382,407,426,480,481,494,527,528,531,536—538,540,551,568,598,599,625
封金 187,188
抚慰功能 632,697
抚养义务 7,15,58,195,798
负担行为 149,279,365,571,741
附保护第三人作用合同 637
附随性 18,158,303,320,332,342,370,702,706,714,731,753,759,783
附随义务 2,16,18,27,28,31—38,40,60,124,134,139,145,148,149,151,166,174,197,234,235,297,303,354,374,377—379,384,399,403,413,419,420,424,428,439—442,445,463,472,498,507,531,541,570,577,581,582,591,601,610,707,711,715,744,758,799
附停止条件 119,695
赴偿之债 180—182,186,201,202,204,537,541,545,546
复利 190—192,309

G

概括性债权让与 745
格式条款 8,66,67,87,93,96—99,107—118,169,434,453,723
格式条款的解释 114
格式条款的内容控制 114
格式条款订入 98,110,113,114
格式之争 97,98

个别财产说 639
给付 2,3,7,8,15—17,19,20,22,23,25—35,39,41—49,53,55,57—60,62,75,76,83,102,119,122,162,163,166,171,173—175,177—188,192—198,200—202,204—207,209—211,213—237,239,240,257,262,263,268,272,277,280,286,294,295,297—325,327,329—335,339,340,342—344,348,350—353,355—358,362,366,374—377,379,380,383—393,396—398,400—402,409,411,412,421,425,427,433—436,439—442,444—457,460—487,489,490,493,500—502,504,507,509,527—536,538—546,548,550,553,555,557—561,564,569,574,575,577—582,589—598,600,602,603,606,607,610,611,616,623,624,626,635,642,662,663,666,670,671,673,682,683,695—697,700,702,703,708—713,715,719,723—725,728—732,734—736,742,744,747,749,753—755,758,759,761—763,766,768,770,771,779,783,791—798,800,801,803,804,807,808
给付不可分 194,195,579,808
给付不能 6,8,19,23,29,32,42,46,172,178—182,184,186,188,201,206,217,225,233,299,326,330,357,358,372,377,379—382,385—394,396—399,401,409,412—414,418,419,424,425,427,435,436,440,444,445,448—451,453,455—457,459—465,467,469,471,473,479—481,483,485,486,502,504,528,530—539,541—543,545,546,552—555,561,562,573,575,578,579,581,584,585,589,612,636,707,708,710,787,799,802
给付迟延 23,32,46,194,202,225,235,247,303,374—377,379,389,391,402,409,411—414,419,427,440,444,448—451,453,455—457,459,460,466,469—474,479,481,483,485,528,531,532,541,

578,579,707,709—711,713
给付地 29,180,181,187,200—204,225, 353,358
给付费用 207,208,355,385,393
给付风险 39,179—181,186,201,202,357, 382,398,462,480,481,527,528,531,536, 538,545,546
给付结果 28—30,179,200,202,203,224, 299,386,387,427,454,473,561
给付拒绝权 216,217,226,332,355, 531,768
给付利益 32,34,342,393,395,397,411, 466,475
给付内容 41,42,170—176,183,194,211, 252,305,390,472,544,606,753,782
给付确定权 175
给付人 25,299,305,307,311,312,735
给付时间 204,205,389,450,541,543
给付受领人 196,300,311
给付效果 29,38,44,201,226,298,299, 309—312,315,386,411,421,454,537,541
给付行为 28,29,43,177,200,202,282, 299,309—311,314,386,388,390,391, 411,444,445,454,473,541,594
给付义务 2,3,15,16,19,20,24,26,28— 35,38—41,46,49,56,58,60,115,118, 124,134,144,166,174,177—179,183, 184,186,195,196,203,208,211,216— 220,223—225,229—237,279,302,304, 305,311,321,326,338,349,355,357,361, 370,374,375,378,380—387,389—391, 396,398—401,403,407,427,428,440, 442,443,446,450,454,462,463,465,466, 472,474,476,478,479,481,483,485,528, 531,532,536,537,539,541,544—547, 561,562,564,570,573,577,580,591— 593,703,729,746,753,780,791,793, 797,799
给付障碍 8,13,29,30,39,43,47,126,136, 138,170,216,217,233,352,373—376,

379—381,389,391—393,396,397,402, 405—407,410,411,417,420—425,428, 431,432,435,439,441,443,444,448,451, 455,463,465,466,468,471,483,485,489, 490,498,506,529,531,533,539,543,553, 570,599,602,645,787,800—802
给与关系 795,797
根本违约 240,241,426,485,505,507,527, 537,566,568,573,574,583,599,670,710, 728,731,733
更换 222,380,447,448,461,471,472,489, 500,502—508,600,660,677,683,709, 712,738,739,741,743,745—747,749, 751,753—755,757,759,761,763,765, 767,769,771,773,775,777,779—783, 785,787,789,803
公开不合意 93,94
公平原则 39,112,117,157,418,549,565, 601,611,614,667,686,721,724
公示催告程序 327
公序良俗 9,162,164—167,176,717
公益诉讼 510,511,526
功能性的双务性 216
共同保证 359,806
共同承担债务 775,782,784
共同共有 281,807,808
共同过错 474,686—689,692,693
共同责任 156,262,307,684—687,689, 691,693,724
共同债权 263,332,333,807,808
共同债务 196,220,275,807
购置风险 410,434
购置之债 178
固定的先给付义务 223,230,231
固有利益 15,34—36,38,40,134,142,377, 439,444,447,448,643,664,715,801
故意 27,38,61,62,69,71,102,104,109, 114,125,126,131,134,135,141,145, 147—149,154,160,161,212,213,243, 274,282,296,338,339,375,403,409,424,

425，429—432，435，483，485，500，512，
513，515，518，520—525，533，535，536，
545—547，580，603，614，616，632，637，
640，645，647，650，651，657，679，681，686，
688，690，691，724

故意悖俗 35，44，102，137，626
故意理论 431
雇主责任 138，439，692
广义债之关系 16，366
归责能力 688
规范目的 102，103，105，107，128，147，182，
218，225，231，235，236，263，271，278，295，
369，375，393，461，470，480，498，505，515，
516，593，613，617，622，654，675，700，703，
717，782，784，803
规范排除的竞合 61
规范损害 638
过错 3，18，26，27，31，32，36，71，92，103，
118，126—135，138，143，144，149—151，
153—159，161，176，184，197，218，221，
230，299，352，358，378，380，381，384，390，
395，396，398，401—410，415，416，420—
425，427—429，431，432，434，435，437—
439，443，446，449，451，454—456，459，
463—467，469，473，476—479，485—487，
491，508，509，524，533—537，540，543，
546，562，570，574，578，580，582，588，597，
598，600—603，607，608，627—630，633，
634，638，641—643，645—647，650—652，
657，659，665，667，669，679—689，691—
693，707，717，721，723，724，726，734，
799，804
过错能力 429，435
过错推定 130，135，406，427，428，490
过错责任 23，30，36，124，135，159，396，
402—410，422，423，427，428，452，463，
465，466，485，627，641，651，686，691

H

好意施惠关系 25

合法的选择性行为 653，656
合乎规律条件说 646
合伙合同 20，22，37，147，219，572，592，
607，608，788
合理期限 81，83，152，175，183，236—240，
324，326，376，380，385，400，420，485—
487，494，497，499，502，506，528，529，555，
563，572—574，576—578，581，582，587—
589，607—609，613，662，673，775—777，
783，792，794，797
合同变更 124，125，152，315，364，365，564，
565，802
合同不成立 77，86，87，90，92—94，98，100，
101，126，127，136，148，154，156，157，159，
720，731，742
合同承担 369，746，747，786—789
合同地位的移转 786
合同订立 1，3，8，15，44，52，60，61，64—66，
70，71，86，89，95，98，100，101，106，107，
110，111，119，120，123，129，131—133，
138，139，141，144，149，150，154，177，197，
205，212，216，232，279，316，364，369，370，
385，389，442，454，460，462—466，480，
509，532，533，554，556，557，562，583，597，
602，620，623，647，649，650，724，728—
730，757，773，776，777，795，796，802
合同加入 788
合同漏洞 75，93，94，163，164，563
合同目的 23，33，38，90，116，117，131，146，
172，173，178，183，195，203，206，219，220，
222，237，239，240，255，303，312，333，338，
377，381，389，391，399，412，462，470，473，
474，476，482，491，503，507，508，528，529，
531，537，539，541，548，553，557，564，567，
571，573—576，578，579，581—583，585，
594，597，598，612，613，649，655，670，703，
713，715，731—734，793，802
合同权利义务概括移转 786
合同书 65，84，97，99，103，104，150，199，
748，749

合同相对性原则　13,14,18,794
合同严守　236,396,397,484,550,564,
　　615,616
合同自由　4,63,64,68—70,83,108,109,
　　143,219,297,362,364,366,405,616,617,
　　721,736,799
合意　19,53,57,58,64,68—71,73—77,
　　89—96,98,110,119,120,156,171,239,
　　281,298,310,311,313,314,316,317,319,
　　321,322,324,331,366,527,552,568,570,
　　572,604,605,727,735,741,744,772,777
合意抵销　347—349
和解　49,50,74,81,260,280,297,306,327,
　　361,363,367—371,389,455,550,723,
　　768,770,790,792
后合同义务　28,39,40,137,297,374,439,
　　442,531,767
互易合同　469,478
护理费　257,662,674—676
恢复原状　23,32,167,184,186,272,320,
　　355,356,371,398,399,409,461,464,528,
　　562,564,590,592—596,602,622,629,
　　641,643,647,658—663,683
婚姻财产协议　52
婚约　49
混合合同　21
混同　297,363,364,375,748
货币贬值　192,193,456,550,558,560
获利返还　667

J

机关责任　23,435
机会丧失　282,664
积极利益　464—466,475,642,722
积极侵害合同　376
积极债务承认　361,362
基础法律关系　750,775,785,807
基因上的双务性　216
技术开发合同　29
既判力　103,121,266,267,294,295,

　　347,356
继续履行　23,44,53,100,120,121,123,
　　151,178,179,181,184,238,240,375,376,
　　380,382—384,394,396,397,400—402,
　　404,405,410,412,418,441,447,461,462,
　　464,468—471,486—488,501—503,506,
　　507,509,528,529,531,534,550,552,554,
　　555,557,559,560,575,576,602,611—
　　613,660,691,699,704,707,709,732—
　　734,773
继续履行请求权　210,221,240,383—385,
　　400,405,461,462,469,470,482,500
继续性合同　13,14,22,192,208,209,224,
　　303,374,470,483,527,529,531,564,567,
　　568,571—573,592,606—610,613,631,
　　673,750,788
继续性债之关系　21,22,37,59,605,
　　606,610
加速到期　209,239—241,253,487
价格制裁　460,547
价金风险　180,201,357,381,398,536—
　　538,546
价值补偿　592,595—603,614,625,626,640
价值利益　660—662
假定的因果关系　656
间接代理　635
间接故意　430,518
间接取得　750
间接受害人　635,677
间接损害　631,642
间接效果说　590,591
监护　7,52,58,256,352,353,429,438,439,
　　680,706
监护协议　52
检验期间　495,499
减价　185,222,320,380,388,391,489,490,
　　494,498,501,502,504,506—509,532,
　　533,538,539,558,575,579,597,751,801
减损不真正义务　691
减损规则　383,665,671,684

简单损害赔偿　379，411，412，439—442，445，447，448，474，530

简化清偿　329

简易回收债权　265

见单付账　224，230

见票付账　224，230

将来债权　360，743，745，750，751，757

交叉要约　85

交换合同　20，314

交换说　217

交通费　133，547，643，662，674，675，722

交往安全义务　35，630，642，686

交易成本　115，156，324，665，718

交易基础丧失　169，232，387，393，428，550，551，555，556，558，560，561，564

交易习惯　25，33，36，40，72，75，76，83—85，94，98，115，121，163—165，172，174，175，183，188，202—205，208，224，236，237，305，377，442，450，453，460，491，495，496，500，564，649，650

结果性损害　633，641，642

结果债务　30，299，400，405，436

解除　8，14，19—22，27，32，33，37，53，70，88，100，122，123，149—153，169，181，185，203，212，221，222，225，232，236—240，255，297，315，320，323，328，334，335，342，343，346，355，366，368—372，375—381，383，385，391，392，394，399，401，412，428，439，442，448，449，451，454，456，462，467，469，470，472，474，475，477—479，482，484—490，494，501—508，514，516，526—533，536—539，542，544，546，548，550，553—555，557，558，561，562，564—615，617，619，621，623—626，628，631，643，645，647，656，658，666，669—674，686，694，695，703，704，714，715，723，729，732—737，759，762，763，768，770，771，774，780，790，796，800—802

解除权　38，50，152，214，228，237—239，246，255，315，370，381，383，398，470，475，490，498，506—508，526，527，529—531，539，546，552，566—582，584—595，597—603，605，606，608—613，619，624，626，669，670，672，673，714，715，735，736，754，759，762，763，770，780，786，800—802

解约定金　704，727—729，736，737

解约金　704，729，735，736

借贷合同　15，19，20，188，191，219，239，281，305，318，366，558，572，604

金钱赔偿　184，464，469，477，629，640，659—663，679，680，683，697，753

金钱之债　8，47，178，181，185—188，191，192，196，201，204，228，248，253，263，306，323，328，333，350，357，366，401，402，435，449，455—459，546，558，559，612，673，719，723，740，755，756

紧急避险　463

禁止获利　633，663

禁止自相矛盾行为　144

经营利润损失　645，650，664

精神利益　394，638，640，660，679，697

精神损害　10，142，257，306，447，448，518，627—629，631，632，639，640，657—659，674，677—681，693，696，697，699，753

警告不真正义务　691，692

镜像规则　64，96，97

举证责任倒置　21，428，429，493，656

举重以明轻　144

拒绝履行　120，121，210—212，215，217，219—222，225—228，231，234，235，237，247，304，326，375，376，392，397，441，453，456，472，483—487，517，541，552，573，576，578，590，607，611，702，708，711，715，758

拒绝受领　54，55，98，168，178，180—182，185，194—196，205，222，225，253，262，263，303，309，317，322，351—353，444，473，487，488，500，506，507，541—546，582，691，802

具体的损害计算　668，669

绝对定期行为　22,339,386,389,541,579
绝对权　43,44,130,137,149,280,441,446,
629,741

K

抗辩　19,21,32,44,46,48,50,55,100,107,
116,168,179,193,205,208,209,211,213,
215—217,223,226,228,229,231,233,
235,237—239,245,246,248,251—253,
260,261,267,275,276,291,303,305,315,
329,332,334,335,341,343,344,346—
348,364,366,367,385,392,397,400,449,
451,455,456,460,469,481,482,502,504,
509,521,529,550,576,585,586,590,646,
656,682,687—689,701,715,719,720,
734,746,749,755—758,762,763,768,
774,780,783,785,788,799,800

抗辩权　46,49,50,158,195,207—217,219,
222—224,226—230,234,235,254,260,
261,322,325,327,328,334,335,343,347,
355,360,364—366,370,384,397,400,
451,456,465,482,502,563,566,590,612,
719,738,747,748,757,762,763,780,785,
786,788,798,799

抗辩权说　217,227

可得利益　602,627—629,631,633,642,
647,649,658,659,664,665,667,668,673,
676,681,716,722

可分给付　220

可归责　32,96,121,123,135,152,184,217,
233,240,301,302,330,379,381,387,390,
397,403,404,407,408,410,424,427,428,
435,443,447,450,455,463,465,467,473,
476,485,493,528,530—535,538,540,
543,544,546,572—575,580,582,584,
594,598,599,601,603,609,613,616,626,
630,633,652,654,657,686,689,690,692,
693,732,736,749

可替代物　178,188,308,661,663,729,732

可预见　136,138,149,161,403,419,421,
428,432,554,555,557—559,563,583,
628,631—633,644,646—652,655,660,
665,689,692,696,697,721

客观不能　382,385,386,390,397,460,
462—464,466

客观交易基础　555,556

客观解释　68,89—91

客观瑕疵　147,488,492

空白让与　746

库存之债　179

框架合同　123,124

扩张解释　75,143,255,308,352,440,
459,609

L

劳动合同　20—22,36,37,40,59,173,195,
224,284,396,428,541,543,566,572,592,
604,606,608,609,656,666

劳务合同　233,366,508,538,542,544,595

类似的交易关系　133

类推　28,54,94,134,145,146,160,175,
208,214,239,265,282,295,306,339,374,
381,388,419,442,458,465,468,472,531,
535,595,597,599,600,610,612,625,629,
684,700,768,772,783

累加型的债务承担　775,776,783

立约定金　118,123,728,729,736

利他合同　8,13,17,46,54,70,124,255,
301,351,360,776,785,790—803

利息之债　177,185,188,192,255,308,
456,761

利益第三人合同　790,791,801

利益同一性　710

连带共同担保　199

连带责任　132,281,437,775,805—807

连带债权　332,751,752,788,789,806,807

连带债务　308,331,359,362,437,776,
782—785,789,805—808

连带债务人　257,331,342,362,363,686,
748,752,775,784,785,805,806

连带之债 16,517,752,784,805,808
留置抗辩权 209—216,219,221,304,334,356,451,601
留置权 49,209—212,214,254
流动性支持 784
漏洞填补 6,96,169
履行承担 423,776,778,793,803
履行迟延 186,208,209,218,227,234,235,251,375,418,419,448—451,455,462,483,501,527,544,699,706,733,801
履行担保 289,696,708
履行费用过高 382—384,386,392—397,449,461,463,466,502,528,612,613
履行辅助人 23,61,124,130,138,149,160,196,197,202,203,299,403,409,414,422—424,426,428,435—439,455,473,492,533,537,633,634,692,693,717,799
履行利益 32,38,40,122,142,148,150,151,153,154,156,196,218,240,393,396,411,416,464,466,477,486,505,565,590,602,642,643,666,710,711,714,715,717
履行期限 74,81,111,146,175,183,186,192,204—207,221,223,230,231,235,237,239,240,247,251,260,270,276,279,281,282,292,293,296,318,319,322,376,418,452,454,482,483,486,548,557,564,576,670,673,784
履行压力功能 696,697
履行障碍 125,138,171,372—374,384,394,396,403,409,415,419,424,445,488,490,549,586
逻辑上的不合意 92,95
落空费用 658,666

M

买卖不破租赁 3,14,45,46,58,786
买卖合同 8,10,13,15—17,19,20,22,30—33,38,44,53,57,58,67,72,73,75,91,92,100,107,108,116—123,127,131,157,171,180,181,188,191,197,202—204,212,215,216,220,221,230,231,235,240,253,255,267,277,279,291,293,303,305,314,318—320,330,347,350,367,375,376,378,382,383,388,389,391,393—395,398,406,407,412,415,417—419,426,440,444,445,454,458,459,464,465,471,480,481,485,488,489,492,494,496—499,501—507,509,514,530—534,536—538,541,548,549,557,562,568,575,578,580,581,583,589,592,593,597,602,604,612,613,620,621,624,627,650,662,664,669,671,672,681,694,697,702,703,708,709,711,714,720,721,726,728,732,736,742,748,749,757,761,766,774,780,786,788,795
买主诉权 128
免责的债务承担 70,774,776,779
免责事由 112,404,405,407—410,413,415,417,418,420—423,425,429,435,463,473,485,634,690,731,804
免责条款 66,97,109—112,114,116,408,418,419,500
免责型的债务承担 775,776
目的达到 299,311,386
目的解释 90,172,629,659
目的消失 386,564
目的障碍 386—388,553,561

N

耐久性担保 494
内心意思 89—91
诺成合同 318

P

拍卖 9,70,72,86,87,89,155,156,240,264,288,306,319,321,344,349,353,358,395,647,669
排除妨碍 23,103,169
赔偿损失 36,100,108,122,153,154,156,158,320,369,394,404,412,413,420,423,

440,461,462,465,469,470,505,511,512, 514,516,519,522,527,528,568,573,575, 590,609,613,659—661,663,668,695, 699,712,717

赔偿性违约金　517,698—700,712

披露义务　131,285

偏颇行为　269,275,284,288

票据行为　21,106

贫困抗辩权　46

平等受偿　24,263—266,275,278,280

破产法上的撤销权　275

破产管理人　244,245,247,265,266,268, 269,275,276,300,436,438,750,751

Q

期待利益　125,153,448,474,483,516,591, 637,647,664,699,715,722

期待权　283,354,636,800

期限代催告原则　452

期限利益　206,207,240,251,308,335,730

欺诈　77,125,134,135,145,148,154,159, 160,163,176,255,309,339,369,377,464, 472,489,511—516,522,585,616,647, 651,770,779,797

企业罚　704

牵连性　19,20,33,208,209,211,212,215, 223,333,347,528,530,532

强制缔约　65,66,69,94,100—103

强制履行力　34

强制性规定　108,164,255,500

强制执行　24,41,45,47,49,50,121,171, 183,198,200,214,216,221,228,229,233, 245,246,249,250,255—257,262—266, 268,272,274,275,288,293—295,300, 306,308,321,326,328—330,336,368, 371,399,401,436,455,456,593,744,747, 760,792

侵害结果　641,642

侵权行为　4—7,26,27,31,32,35,52,107, 124,136—139,186,212,213,338,339,

407,432,448,453,516,523,524,601,627, 630,640,644—646,678,681,693,740,808

轻过失　409,433,438,545,598,599, 641,691

清偿　3,8,13,21,24,25,28,29,31,44,45, 48,116,158,159,171,177—181,183,184, 187,190,192—194,196—203,212,213, 217,218,222,225,229,233,239,240,244, 246—248,250,251,260—267,274—276, 278—280,282,284—286,288,290,294, 296—337,339—359,361,363,365,367, 369,371,372,383,401,408,411,454,456, 473,474,550,569,578,580,647,703,708, 709,716,719,723,729,730,739,742— 744,746,748,751,758,759,762,765— 768,770,772,773,776—778,783—785, 791,798,803,808

清偿能力　231,245,250,269,275,290,776, 777,781

清偿请求权　39

清偿替代　8,198,297,299,301,303,305, 307,309,311,313,315,317,319,321,323, 325,327,329,331,333,335—337,339, 341,343,345,347—349,351,353,355, 357,359,361,363,365,367,369,371, 569,766

清偿原因　21

清算关系说　591

情感价值　671

情感利益　640,660,663

情势变更　8,123,169,193,232,364,369, 372,374,387,393,414,415,417,428,531, 539,548—565,570,598,610,611,802

情谊行为　13,14,25—27,105

请求力　47,49,245

请求权基础　2,13,61,62,102,130,131, 238,370,373,376,398,410,413,435,445, 501,509,511,527,534,538,567,568,594, 602,629,630,659,663,679,680,752,791

请求权基础竞合　61,62,752

请求权竞合　62,439,444,448,752
请求权聚合　61,752
请求权说　272
取回权　268,351,354—356,544
权利表象　749
权利滥用　162,166—169,383,467,626
权利外观　301,302,748—750
权利瑕疵　380,440,444,465,466,488,490,533,762
确认书　70,87,99,104,321,750
确认之诉　211,273,346,452,586,587

R

让与担保　275,313,318,319,338,636,741,745
让与人　220,323,332,740—744,746—748,750,751,755,758—770,772,773,779,786—788
人的编成主义　772
人格权　5,50,256,447,448,518,630,631,640,679—681
人身损害　10,61,114,115,142,256,377,431,438,439,441,517,518,521,525,631,641,643,662,663,674—678,753
任意解除　22,567,568,571,572,594,609
任意性规范　70,195,309
任意之债　177,182,184,185,316,321
容忍　30,175,273,295,430,681
融资租赁合同　10,219,241,407,531,572,592
入库规则　243,262—264

S

"三包"规定　504,505
丧葬费　142,635,674,677
善良风俗　69,103,338,369,389,431,434,607
善意取得　168,295,323,748—750,763
商业风险　549,554,555,559—561,750
商业秘密　61,126,137,139—141,143,147,284,512,641
社团罚　704
涉他效力　359,774,790,793,805,806
身份关系　7,50,52
身份权　282,680
生产利润损失　649,664
失权约款　703,730
失效　168
时间效力　10—12,589
实际损失　155,190,442,512,516,523,574,575,642,643,664,667,698—700,721—723,725,733
实体解释规则　92,95,97,172,173,175,178,803
实物赔偿　659,663
实质拘束力　78,80
实质性变更　81,97
使用可能性　149,638
使用人　27,60,61,67,112,115,116,435,632,646,690,692,693
市场价格　76,79,175,287,358,395,403,487,631,669—673
事实合同　58—60
事实上不能　386,451,613
事实行为　55,310,313,741
事务辅助人　435,439
事务管理人　132,407,442
释明　100,150,293,719,720,735
收取授权　301,747
收取型代位权　244,245,247,252,257,260,262
收养　7,52,105,119,282
手段债务　30,405
受害人的共同责任　684,686
受害人的过错　688,691
受领保持力　47,48
受领迟延　180,181,185,186,194—196,203,205,206,208,214,216,225,226,228,229,231,303,309,317,350—353,357,358,398,414,456,535,536,538—548,

580,802

受领权限　300—302,312,747

受 领 义 务　39,414,539,540,544,548,
  570,802

受领证书　304,746

受 让 人　21,149,150,153,157,198,220,
  274,279,302,331,332,738—744,746,
  751,753—774,786—788,794

书面形式　11,21,65,69,86,103—107,340,
  354,362,365,484,585,605,622,626,728,
  730,746,748,753,795,796

数据电文　77,78,84,99,104,105

双方错误　93,553,554,556,562

双方法律行为　18,68,281,349

双务合同　8,19,20,32,75,100,175,185,
  208,210,214—219,221,227,230—232,
  239,330,337,356,368,376,380,381,392,
  411,450,451,469,475,477—479,528—
  531,544,546,565,568,570,575,577,581,
  723,740,754,758,759,788

说明义务　3,38,57,67,110—113,125,127,
  137,145—149,151,154,158,489,656,
  799,802

司法终止　528,529,573,611,613,614,673

私法自治　13,53,54,313,617,727

私权形成性行政行为　149

死亡赔偿金　635,674,677,678

死因处分　803

死因行为　53

嗣后不能　297,376,385,397,398,418,
  462—464,501,533—535

送付之债　180,201—204,437

诉求力　34,47

诉讼担当　301

诉讼抵销　340,346,347

诉讼请求　34,100,150,167,168,214,223,
  247,266,274,276,295,445,514,521,588

诉讼时效　4,10,12,24,32,48,49,62,138,
  145,158,168,213,220,244,245,248,253,
  261,262,268,276,303,308,334,335,

342—344,346,356,366,371,445,451,
456,499,589,706,715,716,719,748,751,
762,771,782,799,806

诉讼时效届满　48,217

诉讼时效中断　247,342,771,782

诉讼系属　295,308,347,768

溯 及 力　11,12,328,342—344,365,571,
  592,605,606

损 害　4,12,23,25,27,34—36,38,39,44,
  47,56,61,62,97,102,103,107,122,127—
  129,132,133,135—138,142—144,148,
  149,151,153,154,156,157,160,161,
  165—169,176,184,189,194,196,197,
  199,207,212,234,235,237,245,247,
  251,253—255,258,260,271,273,274,
  276,278,279,282,284,286,288,289,321,
  330,332,333,337,350,353,354,357,362,
  363,368,369,376,388,391,394,396,398,
  403,409—412,415,423,424,427—429,
  431—435,437—448,455—459,461—463,
  466,469,471—478,481,482,486—488,
  490,492,496,500,504,507,509—513,
  516—519,521,523—526,530,533,534,
  540,565,576,580,583,598,599,601—
  603,609,610,626—657,659—673,675,
  677,679—693,696—699,701,703,704,
  707,710—713,715,716,718,719,722,
  724—726,731,734,758,781,783,785,
  798,801,803

损害计算方法　669

损害赔偿　2—4,6,8,10,13,15,18,22,23,
  25,26,30,32,34,36—39,41,43,46,49,
  53,58,60—62,76,85,96,101—103,115,
  121—123,125—131,134—140,144,145,
  148,149,152—154,156—158,160,161,
  166,171,179,182,185,186,190,197,212,
  214,221,228,234,235,238,239,248,251,
  253,255,256,277,306,320,323,326,330,
  332,338,343—345,347,358,366,368—
  370,372—381,383—385,390,392,393,

396—413,415—417,419—429,431,432,
439—450,453,456,457,459,461—471,
473—482,485—491,493,498,501,502,
504,506,507,509—511,513—515,517,
518,526,527,529—532,534—536,540,
544,545,548,553—555,560,563,565,
570,572—576,578—580,590—592,594,
595,599,601—603,609,610,616,624,
626—634,636—641,643—645,647,648,
651,653,655—663,665—673,676,679—
687,689—694,696—701,704,705,708,
710—716,719,722,724,725,728,731,
734,737,747,748,752,755,758,761,766,
767,772,798,799,801—804

损害移转　636
损益相抵　330,480,534,629,631,633,658,
659,665,681—684,701
缩短给付　793
缩短交付　793
所失利润　308,412,446,461,498,664
所受损失　512,518,664
所有权　7,10,15—17,19—21,29—33,38,
43—46,48,53,57,58,105,106,152,155,
177,179,199,212,220,224,228,253,254,
268,275,277,283,284,295,296,299,305,
310,312,318,319,321—325,332,333,
335,351,356,357,370,378,379,388,389,
391,398,408,431,441,450,454,464,477,
490,507,536,579,590—593,598,636,
637,640,661,663,683,684,687,727,729,
731,741,744,754,761,779,782,786,789,
794,795
所有权保留　107,199,224,536

T

特别结合关系　18,26,34,126,134,136,
166,799
特别需要抗辩权　46
特定化　179—182,186,201,390,534,751
特定物债权　251,253,269,277

特定之债　177—179,182,186—188
特种货币之债　187
提出给付　83,217,225,314,316,321,339,
352,463,470,487,540—543,545—547,
708,709
提存　58,196,198,240,297,306,323,333,
349—358,375,401,544,547,708,802
体系解释　89,161,162,172,209,407,482,
716,739,784,792
替代给付的损害赔偿　195,225,372,380,
381,385,401,411—413,440—443,445,
446,448,457,460—463,468,470—476,
478,479,501,509,528,530,545,580,582,
642,669—671,713,801
替代交易　394,400,402,403,452,461,474,
476,568,569,629,631,645,659,668—
673,715
替代清偿　184,233,261,263,279,288,297,
313—315,318—320,348,374,708
替代权　172,177,316
天然孳息　357
条件关系　645
条件性的双务性　216
贴现　744,745
停止条件　54,55,334,335,357,695,706
同时履行抗辩权　20,33,38,197,208,209,
211,214—231,236,237,276,304,356,
368,391,414,451,456,581,590—592,
601,706,762,780,799
痛苦金　679,680
托收让与　747

W

外币之债　187,333
外观瑕疵　492,495
完全赔偿　628,632,633,644,660,661
完整性利益　15,34,35,138,377,410,411,
440,442,446,447,643,660,661,711,715
往取之债　180,182,201—204,231,537,542
危险责任　23,434,679,680,685,686,

689,691

为清偿而给付 322—327,744

违法性 161,234,235,379,430,431,627—630,638,656,680,690

违法性认识错误 431

违约 2,23,39,61,62,68,88,120,122,123,136,148,169,191,203,221,222,226,230,233—235,237,239—241,253,326,338,339,343,345,370,372,374,375,378,379,383—385,394,396,398—400,403—405,407,409,410,412—415,417—419,422,423,425,426,429,439,441,446—448,454,458,462—464,468—470,472,481—483,486,488,489,498,507,511,527,529,531,535,537,542,554,555,563,565,567,568,570,571,573—576,579,581—586,594,598,599,601,602,605—608,610—614,627—631,633—635,637,639,640,642—652,655,657—660,664—670,672—674,679,681,684,685,689,691,696,698,699,701—707,709,710,712—717,720—727,729,731—736,755,761,767,787,801,804

违约定金 255,703,727—730,732—734,736

违约金 8,15,49,60,123,140,148,189—191,199,200,251,253,255,303,308,309,325,331,343—345,361,381,401,407,419,457—459,470,498,517,527,540,565,567,568,590,604,614,643,664,674,689,690,694—731,733—737,761,769,781,785

违约救济 68,380,381,383,385,403,405,412,483,486,508,628,658,790,801

违约责任 6,8,39,40,52,53,57,62,68,72—74,81,87,89,94,96,97,121,123,148—150,153,155,179,190,200,220,226,227,232,233,235,237—239,327,372,375—378,381,383,384,403,404,406,407,409,410,414,416—419,422,

425,426,432,436,440,443,444,446—448,451,454,458,460,462,469,470,480,482,485,486,488,489,492,496,498,500,504,506,507,511,527,529,540,548,564,567,573,591,594,595,602,605,606,609,612—614,629,634,637,640,644,649,650,655,658,659,670,679,685,695,699,700,705,707,714,723,728,731,732,758,762,771,773,785,792,793,800,801,803,804

维持利益 142,642,643,660—662,711,715

委托合同 19,20,22,25,42,197,218,323,326,395,427,519,538,566—568,570,572,592,608,609,631

无偿保管 62,637

无偿合同 25,27,119,161,206,410,466,609,798

无偿行为 243,270,271,274—276,279—281,284,286,288—290,294

无过错责任 30,130,138,186,404—407,409,410,413,415,422,423,427,434—436,439,454,455,459,473,485,490,491,493,500,508,641,651,684,685,804

无记名债券 21

无名合同 70,116,219,797

无权处分 300,323,360,440,444,488,771,774,779

无权代理 129,219,360,643,706,799

无效 17,37,41,42,50,54,57,59,61,69,77,87,94,98,100,106,107,109,111,114—118,123—125,127,128,134,136,142,148,150,152—154,156—159,162,168,169,171,176,189,191,192,212,216,221,269,272—274,278,283,288,292,294,302,307,308,316,318,319,338—342,346,361,364,366,368—370,434,451,460,464,472,473,484,485,487,500,531,542,550,552,568,574,578,585,603,613,641,643,669,686,702,703,705,706,717,720,729,731,739,741—743,749,

752,754—757,762,763,770,780,783,
792,796,798,799

无行为能力人　54,60,77,249,300,307,
352,360

无形利益　697,725

无形损害　639,640,663,696,697,700,
716,722

无因管理　3,5—7,15,18,21,32,33,52—
54,58,197,207,253,294,323,327,333,
407,648,679,680,686,782,785

无责任之债务　24,25

无债务之责任　25

无资力　250,251,253,277,284—287

物的瑕疵　6,147,320,380,443,446,465,
466,488,493—495,533,581,597,598

物权合同　52,107,149,150,310,313,348

物权行为　119,280,281,571,593,741,771

物上请求权　8,16,18,50,52,58,80,211,
254,278,333,351,754

物质损害　639,678

误工费　662,675,676

误载无害真意　74,89

X

狭义债之关系　16

瑕疵　6,16,21,32,55,59,65,67,80,93,95,
125,146—148,158,159,168,173,176,
181,195,197,222,224,244,299,301,304,
314,315,320,323,327,334,347,362,367,
376,377,379,380,389,395,406,409—
411,418,419,421,424,425,427,428,434,
440,441,444—448,457,466—468,470—
472,475,488—509,511,520,522,533,
534,537—539,541,549,551,568,575,
579,581,585,589,592—594,597,598,
616,619,621,642,664,685,709,711,731,
733,739,742,743,762,763,766,780,
787,788

瑕疵担保　3,44,116,124,125,135,147,
148,168,179,181,185,197,208,222,297,
304,314,320,323,327,332,374—377,
379,389,406,409,413,439,443,444,448,
465,467,468,488—491,493—500,505—
507,533,552,660,762

瑕疵的一体性　780

瑕疵给付　215,222,376,377,381,445—
447,490,500,507,508,539,582,583,
642,711

瑕疵结果损害　148,376,443,445,446,
509,642

瑕疵损害　443,445

瑕疵异议期间　495,496

先给付义务　198,221—225,227,228,230—
239,304,456,486,487,544

先合同义务　39,133,134,137,160,161,
374,378,465

先履行抗辩权　208,209,215,223,229—
231,780

先诉抗辩权　217,248,257,784

先占　296

衔接适用　12

现物要约　80

限制行为能力人　19,54,60,83,249,300,
311,312,340,352,360,429,706

限制种类之债　179

相当性　135,651,652,654

相当因果关系　138,285,286,457,644,646,
648,651—654,656,657,682

相对定期行为　22,23,392,579

相对权　43

相对债权　328,338,339,341,348,765

向第三人给付　200,300,301,339,791,792,
795,797,798,801

向第三人履行的合同　790,792

消费者　3,7,10,22,57,65—67,74,80,87,
102,107,109—111,113,114,117,123,
124,145—147,160,182,191,204,309,
377,424,447,453,454,489,492,493,495,
499,500,503—506,509—522,526,614—
626,631,632,660,679,747,791

消费者撤回权　614—623,625
消极利益　156,465,467,642,643,666
消极债务承认　361,362
效果意思　14,71
效力待定　19,150—152,340,705,706,777
协同之债　331,806,807
协议解除　58,297,569,570,572,599,604,605,770
协作义务　150,151,153
胁迫　159,160,176,616,770
新诉讼标的说　62
新债清偿　264,298,306,313,319,322—327,744,746
信赖保护　125,170,383,755
信赖关系　22,35,133,165,213,443,483,593,606,753
信赖理论　92
信赖利益　82,122,124,125,135,148,152—156,296,515,516,565,616,637,642,643,658,704,711,714,715
信托　213,326,336,395,418,636,743,746,747,756
信息提供义务　67,125,142,146,160,465,498,619,648
信息义务违反责任　131
行纪合同　427,635
行使诉权说　249,252
行为能力　58,314,429,452,796
行为意思　71
行政批准　149
形成权　53,61,70,82,119,168,174,183,185,211,217,246,255,271,272,301,330,340,341,354,360,364,368,480,490,497,498,508,529,563,569,580,585,587,589,610,622,716,718,719,747,754,758,759,763,799,801
形成之诉　211,240,271
形成自由　69,170
形式拘束力　78—80
形式自由　69,70,103,106,605

凶宅　35,125,147,492
修理　54,148,222,224,311,380,387,388,423,437,441,444,447,471,472,475,489,500—508,596,645,659—663,683,709
虚假磋商　142,143
悬赏广告　15,18,51—57,70,705
选择权合同　79,119
选择性竞合　61,182,185,712
选择之债　8,172,177,182—185,255,364,505,506,712,758,776

Y

延长型所有权保留　745
严格责任　396,402—410,413,415
要物合同　119,121,317,318,353,729
要约　11,41,52,53,57,58,64,65,69—87,89,91,94—103,110,119,133,155,171,282,356,357,605,619,702,705,741,779,795
要约的到达　77,78
要约邀请　57,64,71—74,76,78,133,154,155
耶林　125,128,129,131,136,629,630
一般保证人　257
一时不能　391,392,420
一时性债之关系　21,22,605
一物二卖　43,155,277
医疗费　306,441,635,642,655,662,663,674,675,682
依法自力实现力　47,49
遗产执行人　438
遗失物　52,56,58,442
遗赠　7,8,15,19,52,53,281,282,636,743
遗嘱　7,49,53,281,283,487,786,803
以物抵债　177,286,289,298,316—324,326
以新换旧　683,684
义务违反　7,37,129,134—136,141,144,148,154,233,339,369,372—375,377,381,396,403,405,415,418,419,426—433,435,439,441—444,447,449,463,

465—470,473,475,476,483,489,491,
493,497,500,515,529,530,533,539,544,
548,553,575,579,580,582,591,594,595,
598,599,607,610,630,644,645,654,696,
707,711—713,723,724

意定抵销 47

意定之债 18,52,58,59,61,374

意思表示 5,48,51—55,57,59,60,64,70—
75,77—79,82,83,86,87,89—92,95,97,
100,103—106,118—121,145,160,172—
174,176,183,185,213,216,234,255,278,
292,307,318,322,325,330,334,340—
343,346,349,354,357,359,360,362,363,
401,452,455,479,484,485,496,508,515,
529,531,533,541,553,569,580,585,587,
588,593,605,608,610,613,615—617,
619,622—624,674,709,731,737,742,
749,768,769,776,777,779,781,782,784,
787,796,797,799

意思表示解释 26,90,316,731,783

意思实现 64,85,86

意思通知 56,84,452,485

意思瑕疵 427,616,796

意思自治 63,74,77,92,115,348,551,567,
697,699,790,797

意外事件 30,37,379,390,409,417,420—
424,430,434,435,455,459,463,588,731

意向书 118

因果关系 135,147,176,250,285,286,415,
418,420,444,459,463,474,515,518,598,
616,630,633,642,644—646,650,651,
653,654,656,668,680,682,689,712

隐蔽瑕疵 492,496

隐藏不合意 93—96

隐名让与 746

应收账款债权 745,746,749,755,770,772

盈利性推定 666

营养费 662,674—676

永久不能 389,391,392,420,561

用益可能性 667

用益丧失 447,448,642

用益物权 7,198,286,289,331

优先购买权 3,198,365,608

由第三人履行的合同 803,804

有名合同 797

有形损害 639

逾期罚息 191,458,696,726

逾期付款违约金 191,458,699,702,
709,726

逾期利率 190,191,458,459,718,726

逾期利息 177,188—192,411,458—460,
674,711,726

与给付并存的损害赔偿 372,411—413,
440,509

与有过失 39,156,407,474,534,535,544,
580,629,631,659,660,684,686,690,
701,724

预防费用 667,668

预防功能 631

预防性请求权 443

预告登记 45,395,592,760

预期违约 209,210,232,237—240,253,
376,413,481—488,573,576,670,733

预先让与 306,750

预约 64,67,68,87,88,118—123,136,172,
298,310,316,728,729,736,753

原给付义务 24,31,32,34,35,37,134,153,
179—181,184,185,221,227,236,316,
372,376,379—381,384,385,387,390,
391,395—398,401,405,409,411—413,
440—442,445,446,451,462—465,469,
470,472,475—477,479,528—531,537,
544,545,547,552,569,575,578,591,592,
596,597,601,612,626,670,715,752

原义务 31,32,468

原因力 157,656,685,686,691

原因行为 21,361,365,370,741—744,747,
752,763,780

远程交易 619,620,623,626

约定解除权 551,568—571,581,587—589,

592,603,610,611,714

运输合同　111,210,251,289,290,386,416,425,427,431,535,635,636,671,692,792

运送之债　29,181,182,203,299,454,541

Z

再交涉义务　549,550,563

责任财产　24,242—245,250,253,256,262,265,268,270,271,273,275—278,280—282,284,285,287—289,292,789

责任成立　135,428,432,437,438,629,641,642,644,652,654,668,689

责任成立的损害赔偿　629

责任成立的因果关系　642,644—646,652,653,689

责任范围　96,132,422,432,537,641,642,644—646,689,705,706

责任范围的损害赔偿　629,630,633

责任范围的因果关系　644—646,652,653,691

责任说　136,273

择一的债务承担　776

增信措施　784

赠与合同　19,20,22,25,75,105,281,314,320,361,375,427,550,570,741,742,798

诈害行为　243,254,272—276,278,279,282,284—286,290—295

债的保全　242,243,245,247,249,251,253,255,257,259,261,263,265,267,269,271,273,275,277,279,281,283,285,287,289,291,293,295

债的相对性　17,242,271,635

债的消灭　5,297,314,366

债法总则　1,2,5—8,13,20,23,138,372,375,439,444,448,490,680

债权的可确定性　757

债权的可让与性　752,754,762

债权的可实现性　47,329,334

债权多重让与　739,740,771

债权平等原则　44,263

债权让与　5,16,21,46,47,52,211,292,302,310,326,328,329,332,335,339,370,738—774,786,788,794,795

债权让与担保　636,744—746

债权让与的抽象性　759

债权让与通知　739,742,764,767—771,773

债权人撤销权　46,242—244,260,268—283,285,286,289—293,295,296

债权人迟延　39,183,372,414,539—548,580

债权人代位权　46,242—257,260—266,268,269,271,317

债权人共同体　275,331,332

债权收取授权　747

债权物权化　14,42,43,45,741

债权行为　21,149,281,292,761

债权债务移转　8

债权证书　213,749,761

债务承担　50,220,289,331,705,774—777,779—783,786,788,789,803

债务承认　21,105,361,369,370,604

债务加入　50,774—776,780—785,791,807

债务免除　47,279,280,292,359—362,370,604,794,806

债务人变更　777,779

债务人迟延　23,29,200,201,203,205,206,214,225,227,228,231,343,376,380,412,444,445,449—457,459,471,473,474,540,544,545,548,577—580,582,701,707,710,715

债务允诺　21,187,366

债务证书　305,763

债之保全　13,242,243,253,255,264,265,269,271,272,295

债之更新　317,364—367

债之关系　1—9,11,13—29,31—41,43,45,47,49,51—53,55,57—59,61,63,65,67,69—71,73,75,77,79,81,83,85,87,89,91,93,95,97,99,101,103,105,107,109,111,113,115,117,119,121,123,125,127,

129,131—135,137,139,141,143,145,147,149,151,153,155,157,159,161—163,165—167,169—175,177—179,181—183,185—187,189,191—193,195,197,199,201,203,205,207,209,211—213,215,217,219,221,223,225,227,229,231,233,235,237,239—241,245,258,261—263,272,292,297,299,302,303,305,306,308,311—317,320—323,326,327,350,351,359,361,362,364—366,368,372—375,377—381,383—385,387—389,391—393,395,397,399,401,403,405,407,409,411,413,415,417,419,421,423,425,427,429,431,433—437,439—441,443,445,447,449—451,453,455—457,459,461—463,465,467—471,473,475—477,479,481,483—485,487,489,491,493,495,497,499,501,503,505,507,509,511,513,515,517,519,521,523,525,527,529,531—533,535,537,539—541,543,545,547,549—551,553,555,557,559,561,563,565,569,591—594,602,604,607,692,693,695,703,705,729,740,747,758,759,776,779,782,793,795,801,807,808

债之关系障碍 379,381

占有关系回复 7

招投标 70,87—89

折抵 184,185,324,330,682,712,713,732,735

折价补偿 118,154,156,157,272,274,292,293,568

真正保理 745

真正的利他合同 46,211,776,791—793,797,798

征用行为 418

证约定金 728,729,732

支配权 18,44,359

知假买假 510,514,515,521

执行关系 795,797,798

执行异议之诉 275,325

直接故意 430,518

直接取得 295,750,802

直接受偿说 262

直接受害人 634,635

直接损害 642

直接效果说 590,591,593

指定期间 183,381,392,411,412,447,462,471—475,483,486,501,528,538,539,572—574,576—581,588,606,607,610,758

指定清偿 306,307,309

指示证券 301,744

质量不能 466—469,533,573,575

质权 24,42,50,188,254,268,278,297,305,313,320,332,362,363,730,738,741,745,750,754,759,760,782

中标通知书 87—89

中断磋商 57,125,131,136,137,143,144,148,155

中介合同 219,427,791

中止履行 209,225,231,233—239,482,485,547,563,576

终止权 169,550,569,572,573,587,589,606—610,754

种类物 148,172,178—182,187,201,333,358,364,389,390,398,409,410,434,445,492,495,500—502,504,534,545,546,619,661,670

种类之债 172,177—183,186,201,306,328,390,401,435

仲裁协议 258,761

重大过失 27,62,69,109,114,338,409,410,431—433,438,490,500,535,536,545—547,580,603,637,640,650,651,679,681,686,690,756

重大误解 154,255,464,553,556,770

主动债权 8,228,328,330—336,338,340—342,344—349,765

主给付义务 26,28,30—34,38,39,107,181,203,216,219,220,297,303,365,399,

438,468,471,482,485,489,507,528,530,576,577,581,610,708,709

主观不能 382,385,386,390,392,463,466

主观交易基础 554—556

主观瑕疵 147,488,492

主管 49,108,149,150,258,273,417,435,524,611

主合同 118,121,158,159,289,362,420,603,700,706,729—732,736,775

主债权 17,46,48,104,158,206,255,297,308,328,332,344,345,706,716,759,760,765

注意义务 26,32,33,35,36,44,80,112,129,132,135,369,424,427,432,433,444,455,466,496,540,545,600,603,630,637,655,685,706,802

专属管辖 258,290,291

转得人 295,296

转售利润损失 649,664,665

准占有 302

孳息 309,357,547,595,761

自甘风险 629,684,690

自决 68,70,91,616,640,679

自力救济 47

自然损害 638

自然之债 13,24,42,43,48,189

自始不能 129,130,179,184,376,382,385,418,462,464—467,501,509,532—535,538,752

自书遗嘱 104,106

自助出卖 349,353,358,545,547

租赁合同 10,15,19,22,45,88,91,169,200,215,365,373,375,394,407,427,431,437,465,489,549,557,571—573,592,594—596,600,607—609,611—613,666,715,750,753,789,793

最低损害赔偿额 191,696—698,711—713,716,734

最后言词规则 98,99

最先一击规则 98

罪责理论 431

条 文 索 引

《保险法》
第 15 条　608，801
第 16 条　145，149，801
第 17 条　111，112
第 21 条　39
第 27 条　425
第 34 条　753
第 43 条　425
第 45 条　425
第 60 条　832，835

《保险法解释（二）》
第 10 条　112
第 11 条　112
第 12 条　112
第 13 条　113

《保险法解释（三）》
第 17 条　802

《保障中小企业款项支付条例》
第 6 条　460
第 8 条　205，453，460
第 9 条　205
第 15 条　460

《不动产登记暂行条例实施细则》
第 69 条　760

《产品质量法》
第 43 条　820，833
第 44 条　662
第 46 条　517
第 57 条　820
第 58 条　820

《城市房地产管理法》
第 15 条　107
第 41 条　107
第 42 条　789
第 50 条　107

《电力法》
第 26 条　101

《电信条例》
第 17 条　101

《电子签名法》
第 2 条　105
第 3 条　105
第 11 条　77

《电子商务法》
第 20 条　204
第 38 条　834
第 42 条　512
第 49 条　87

《动产和权利担保统一登记办法》
第 23 条　772

《法官法》
第 6 条　163

《反不正当竞争法》
第 9 条　140
第 17 条　512，523，667

《房屋租赁合同解释》
第 9 条　407，600
第 10 条　600
第 11 条　600

第 13 条　594

《工伤保险条例》
第 39 条　257
第 40 条　257

《公司法》
第 201 条　744
第 265 条　287

《关于推进企业等市场主体法律文书送达地址承诺确认工作的实施意见（试行）》
第 7 条　588

《国有土地使用权合同解释》
第 3 条　487

《海商法》
第 51 条　417
第 215 条　347

《海事诉讼特别程序法》
第 7 条　258

《合伙企业法》
第 38 条　809
第 39 条　809
第 41 条　331
第 42 条　836
第 46 条　608

《环境保护法》
第 29 条　525
第 44 条　525
第 45 条　525

《会计师事务所侵权赔偿规定》
第 4 条　161
第 5 条　161
第 6 条　161

《机动车交通事故责任强制保险条例》
第 10 条　101

《基本养老保险基金投资管理办法》
第 9 条　337

《家用汽车产品修理更换退货责任规定》
第 19 条　505
第 20 条　505
第 21 条　447

《检察公益诉讼解释》
第 13 条　526
第 20 条　526

《建设工程施工合同解释（一）》
第 12 条　407, 489, 508
第 13 条　407
第 14 条　304
第 18 条　407
第 24 条　156
第 25 条　188
第 26 条　188, 458
第 27 条　206
第 44 条　242

《建设工程质量管理条例》
第 40 条　499

《精神损害赔偿解释》
第 1 条　681
第 2 条　680
第 3 条　681
第 4 条　680
第 5 条　681

《九民纪要》
第 32 条　156
第 33 条　157
第 35 条　135
第 36 条　100
第 43 条　341, 342, 346
第 46 条　587
第 47 条　571
第 48 条　612, 613, 673
第 49 条　714, 732
第 50 条　719, 723, 726
第 74 条　159, 821

《矿业权司法解释》
第 6 条 149
第 8 条 150

《劳动法》
第 64 条 69

《劳动合同法》
第 11 条 173
第 18 条 173
第 37 条 21,608
第 39 条 609
第 40 条 609

《立法法》
第 119 条 9

《旅游法》
第 64 条 789
第 67 条 555
第 70 条 517
第 71 条 424
第 74 条 630
第 111 条 437

《旅游纠纷规定》
第 1 条 437
第 19 条 425
第 21 条 407

《律师法》
第 38 条 36

《买卖合同解释》
第 3 条 407
第 4 条 33
第 5 条 305
第 6 条 17
第 7 条 17
第 8 条 202,536,537
第 9 条 537
第 10 条 465,538
第 11 条 180
第 12 条 496,499

第 14 条 497,498
第 16 条 489,506,662
第 17 条 509,532
第 18 条 188,191,458,702,708,709
第 19 条 33,578,581
第 20 条 714
第 22 条 407
第 23 条 407,534,681
第 24 条 407,499

《民法典》
第 7 条 18,163,165
第 8 条 165
第 9 条 3
第 10 条 8,9
第 16 条 796
第 18 条
第 25 条 204
第 26 条 7
第 61 条 435
第 63 条 204
第 67 条 789
第 118 条 5,7,15,16,29,30,52
第 119 条 17
第 121 条 58
第 122 条 58,302
第 132 条 167
第 134 条 52
第 135 条 69,103,104,106
第 137 条 77,84,340
第 139 条 55
第 140 条 83
第 141 条 78,80,84
第 142 条 26,33,41,72,76,90,165,172,324,370,564
第 143 条 171
第 145 条 83
第 147 条 80,553
第 148 条 145
第 149 条 160,797
第 153 条 69,460

第 154 条　273
第 156 条　117
第 157 条　61,118,126,127,145,152,153,
　　154,156,160,161,221,274,515,643,686
第 159 条　168,706
第 161 条　58
第 164 条　168
第 171 条　7,24,219,643
第 173 条　77
第 177 条　807,816
第 178 条　807,816,818,828
第 179 条　23,377,413,513,514,659
第 180 条　415,416,553
第 186 条　61,62,446
第 188 条　48,715,716
第 192 条　715
第 193 条　715
第 199 条　589
第 221 条　45
第 224 条　44
第 225 条　44
第 229 条　321
第 234 条　52,58
第 235 条　44,62
第 237 条　660
第 238 条　659,660
第 286 条　815
第 296 条　58
第 300 条　814,837
第 307 条　58,814,822
第 308 条　816
第 311 条　323
第 317 条　56,58
第 321 条　357
第 322 条　601
第 359 条　101
第 388 条　17,158
第 389 条　706
第 391 条　781
第 393 条　297

第 398 条　158
第 399 条　158
第 406 条　350
第 407 条　754
第 408 条　239
第 410 条　288
第 419 条　48
第 421 条　759
第 433 条　239
第 447 条　210
第 448 条　210
第 458 条　15,58
第 464 条　7,52,89
第 465 条　17,550
第 466 条　41,76
第 467 条　21,772
第 468 条　6,7,138,372,374,375,407,
　　648,695
第 469 条　69,104,105
第 470 条　74
第 471 条　70,89
第 472 条　41,71,74
第 473 条　71,72,154
第 474 条　77
第 475 条　78
第 476 条　78,79,80,155
第 477 条　79
第 478 条　80,81
第 480 条　86
第 481 条　81,83,98
第 483 条　83,84
第 484 条　84
第 485 条　84
第 486 条　84
第 487 条　84
第 488 条　80,81,89,94,96
第 489 条　81,94,96,97
第 490 条　84,99,104,107
第 491 条　83,87,99,104
第 492 条　99

第 493 条　99
第 494 条　100,102
第 495 条　118,121
第 496 条　107,108,110,111,112,117
第 497 条　114,115,117,169,434
第 498 条　109,114
第 499 条　53
第 500 条　26,34,39,52,58,61,126,127,128,133,134,142,143,144,145,146,148,150,154,160,161,166,407,441,643
第 501 条　34,39,52,58,61,126,128,134,139,140,141,166,441
第 506 条　114,115,431,500
第 509 条　3,15,28,33,34,36,126,134,145,160,166,193,377,440,443,475
第 510 条　33,76,96,164,172,173,203,205,206,208,445,491,500,563,564,594,671
第 511 条　76,95,96,162,164,172,173,175,178,186,201,203,204,205,208,491,541,594
第 512 条　206
第 513 条　460,547
第 514 条　8,186
第 515 条　8,175,182,183,326
第 516 条　183,184
第 517 条　8,807,808,810,816
第 518 条　807,808,811,816,818,819,831
第 519 条　784,785,807,824,827,828,829,830,835
第 520 条　342,362,363,784,807,824,825,826,827,829,835
第 521 条　807,812
第 522 条　17,46,53,54,196,200,792,793,794,798,799,801
第 523 条　195,197,302,435,776,778,803
第 524 条　198,279,300,306,323,330,351,744,824
第 525 条　19,38,210,214,215,217,219,221,222,223,226,228,231,356,601,810
第 526 条　223,229,231
第 527 条　225,231,232,233,235,237,239,250,376,485
第 528 条　233,234,235,236,237,238,239,462,483,485,486,487,570,576
第 529 条　352,547
第 530 条　207,208,541
第 531 条　194,195,208
第 533 条　169,369,550,552,554,555,559,560,562,563,564,565,570
第 535 条　46,242,244,247,248,250,251,253,254,256,257,259,260,261,262
第 536 条　242,267,268
第 537 条　242,246,259,264,265,267
第 538 条　46,242,270,271,276,280,282,295
第 539 条　242,270,271,284,286,290,295
第 540 条　242,277,291,294,295
第 541 条　242,291
第 542 条　242,271,292
第 543 条　364
第 544 条　365
第 545 条　8,744,751,752,754,755,756,763,772,788,830
第 546 条　742,764,766,767,768,769,770
第 547 条　278,759,760,788
第 548 条　211,220,758,762,788
第 549 条　332,335,764,765,766
第 550 条　761
第 551 条　775,777
第 552 条　53,776,782,783,784,821
第 553 条　335,780,785
第 554 条　781
第 555 条　786,787
第 556 条　786,788
第 557 条　8,297,298,299,350,375
第 558 条　40,166,442
第 559 条　297,361
第 560 条　305,306,307,308,309,345
第 561 条　308,309,344

第 562 条　297,366,569,570,572,604
第 563 条　21,22,32,33,152,203,237,238,
239,380,381,449,462,467,470,482,487,
507,508,529,530,532,533,538,553,555,
570,572,574,575,576,577,578,581,582,
583,584,608,670
第 564 条　581,585,588,589
第 565 条　585,586,587,608,613,673
第 566 条　320,370,462,468,474,478,528,
529,530,532,533,538,564,576,591,592,
593,594,595,602,603,606,610,714
第 567 条　604
第 568 条　47,206,211,328,329,330,336,
337,340,341,343,825
第 569 条　47,211,348
第 570 条　58,349,351,352,358,544
第 571 条　349,353,355,358
第 572 条　349,353
第 573 条　349,357,358
第 574 条　349,354,355,356,357
第 575 条　53,359,360,361
第 576 条　363
第 577 条　2,6,40,53,121,179,238,240,
370,374,375,376,378,379,380,381,383,
384,398,404,406,407,410,412,413,422,
443,447,448,461,462,463,465,466,467,
469,470,471,475,486,491,502,529,534,
594,595,602,606,630,660,707,713,800
第 578 条　237,238,239,376,413,441,472,
482,483,484,486,630,707
第 579 条　186,384,401,402,455,472
第 580 条　179,376,380,381,384,385,386,
387,388,391,392,396,397,398,399,400,
401,446,459,462,464,465,466,480,529,
530,542,545,573,596,612,613,673,837
第 581 条　398,399,506,660,662
第 582 条　375,377,380,413,445,489,500,
501,502,504,505,506,507,508,509,
539,660
第 583 条　375,380,398,413,440,441,444,
445,447,448,450,489,491,502,509,
529,630
第 584 条　8,136,375,380,398,448,465,
474,489,630,631,633,642,643,647,659,
663,717,721,722
第 585 条　190,401,695,700,702,706,707,
709,713,716,717,718,719,725,736
第 586 条　700,703,728,730,731
第 587 条　297,703,728,732,733,736
第 588 条　713,716,728,734,735,737
第 589 条　546,547
第 590 条　33,405,409,415,416,418,419,
420,459,545,554
第 591 条　39,487,668,670,673,683,687,
691,692
第 592 条　39,535,685,686,687
第 593 条　409,420,422,423,424,480,634
第 595 条　16,31,32,33,53,75,379,
489,507
第 597 条　388,462
第 598 条　16,32,33,379
第 599 条　33
第 603 条　172,202,203
第 604 条　116,381,493,536,597,599
第 605 条　39,536,545,546
第 606 条　202,481,537
第 607 条　202,536,537,538,625,636
第 608 条　536,546
第 610 条　195,222,303,380,448,467,489,
507,508,533,537,539,541,548,570,585,
597,599
第 611 条　32
第 614 条　222,231
第 615 条　6,314,320,375,447,448,467,
471,491,507,552
第 617 条　375,380,447,448,467,471,539
第 620 条　494,495,
第 621 条　491,494,495,496,497,498,
第 622 条　495,499,
第 623 条　491,495,

第 625 条	40	第 723 条	381,528,531
第 629 条	541	第 725 条	3,45,58,789
第 634 条	240,577	第 726 条	3
第 638 条	83	第 729 条	381,427,528,531
第 646 条	116	第 730 条	172,607
第 648 条	101	第 731 条	489
第 651 条	406,427,429	第 733 条	62,573
第 652 条	36,427	第 734 条	3
第 653 条	427	第 740 条	541
第 656 条	101	第 750 条	427
第 658 条	105,570,798	第 752 条	240
第 660 条	427,798	第 754 条	531
第 662 条	314,375,406,427	第 761 条	745
第 663 条	552	第 763 条	749
第 666 条	46,552	第 764 条	768
第 673 条	239	第 765 条	770
第 674 条	205	第 766 条	746
第 675 条	205	第 767 条	745
第 676 条	188,458	第 768 条	772
第 677 条	207	第 773 条	424
第 680 条	188	第 778 条	548
第 683 条	159	第 781 条	375,406,489
第 685 条	104,783	第 784 条	406,427
第 691 条	706	第 785 条	33
第 692 条	784	第 787 条	572
第 696 条	756,760	第 791 条	821
第 697 条	781,786	第 800 条	406,489
第 699 条	821	第 801 条	427,489
第 700 条	248,278,821,832	第 802 条	427
第 702 条	332	第 803 条	231
第 705 条	573	第 804 条	425
第 707 条	106,107,573	第 806 条	582
第 711 条	570	第 810 条	69,101
第 713 条	381,399,528,531,662	第 816 条	528,531
第 714 条	427	第 820 条	381,528,531
第 716 条	424	第 823 条	407,425,686
第 718 条	169	第 825 条	427
第 719 条	199,200,331	第 828 条	427
第 721 条	172,206,230	第 830 条	547
第 722 条	427	第 832 条	420,425,686

第 833 条　631,648,671
第 835 条　381,528,531
第 837 条　544
第 841 条　427
第 881 条　528,531
第 893 条　406,425
第 894 条　406,424,427
第 897 条　27,62,427,637
第 899 条　354
第 904 条　230
第 917 条　427
第 921 条　188,218
第 922 条　33
第 927 条　218
第 928 条　427,528,531,538
第 929 条　27,427
第 932 条　821
第 933 条　572,608,609,610,631,648
第 953 条　427
第 957 条　544
第 962 条　427
第 969 条　836
第 970 条　836
第 973 条　836
第 974 条　836
第 976 条　607
第 979 条　58
第 980 条　785
第 985 条　58,302
第 986 条　592
第 990 条　680
第 996 条　447,631,640
第 1000 条　24
第 1022 条　573,607,609,610
第 1045 条　198,287
第 1060 条　812
第 1062 条　814
第 1064 条　836
第 1089 条　836
第 1165 条　2,3,41,58,171,407,429

第 1168 条　816,820
第 1170 条　820
第 1171 条　820
第 1172 条　816,828
第 1173 条　685,686
第 1174 条　686
第 1175 条　634
第 1176 条　690
第 1177 条　47
第 1179 条　525,630,631,643,662,674,675,677
第 1180 条　678
第 1181 条　635,677,744
第 1182 条　632
第 1183 条　631,639,679,680,681
第 1184 条　41,171,525,631,671
第 1185 条　513,522,523,631,632
第 1188 条　429,689
第 1190 条　429
第 1191 条　435,439,634
第 1192 条　138,634
第 1198 条　35,835
第 1201 条　834,835
第 1202 条　448
第 1203 条　424,448,833,835
第 1204 条　634,833
第 1206 条　517,518
第 1207 条　513,517,518
第 1217 条　27,690
第 1219 条　656
第 1221 条　432
第 1230 条　656
第 1232 条　513,524,525,632
第 1233 条　634,833,835
第 1236 条　434
第 1237 条　434
第 1250 条　634,833,835
第 1252 条　820
第 1254 条　632

《民法典担保制度解释》

第 3 条　705
第 12 条　781
第 13 条　199，817，821
第 14 条　199
第 17 条　158，159，161
第 18 条　199
第 29 条　827
第 36 条　784
第 39 条　760，781
第 61 条　750
第 66 条　772
第 68 条　319

《民法典合同编通则解释》

第 1 条　89，165
第 2 条　164
第 3 条　74，76，93，96，100，171
第 4 条　86，87，88
第 5 条　159，160
第 6 条　118，119，120
第 7 条　120
第 8 条　120，122
第 9 条　108
第 10 条　110，111，113
第 12 条　150，151，152，153，575
第 19 条　323，388
第 24 条　156
第 25 条　127，157
第 26 条　33，471，581
第 27 条　318，320，321，322，323，324，326
第 28 条　318，319
第 29 条　799，800，801，802
第 30 条　198，199，323
第 31 条　219，223，228，229
第 32 条　552，560，565
第 33 条　249
第 34 条　256
第 35 条　258
第 36 条　258
第 37 条　265

第 38 条　259
第 39 条　261
第 40 条　259，266，267
第 41 条　260
第 42 条　286，287
第 43 条　286，289
第 44 条　290，291
第 45 条　262，291，294，295
第 46 条　272，274，275，292，293，294
第 47 条　763，780，788
第 48 条　742，768，769，770
第 49 条　742，750
第 50 条　773
第 51 条　785
第 52 条　605，606
第 53 条　587
第 54 条　588
第 55 条　343，344
第 56 条　344，345
第 57 条　8，338
第 58 条　334，335
第 59 条　613，614
第 60 条　665，668，669，670，672，673
第 61 条　673
第 62 条　667
第 63 条　648，649，650，665
第 64 条　716，717，719，726
第 65 条　721，722，724
第 66 条　720，721
第 67 条　118，123，704，728，729，735，736
第 68 条　731，733，734
第 69 条　12

《民法典会议纪要》

第 11 条　717

《民法典时间效力规定》

第 1 条　11
第 2 条　11
第 3 条　11
第 4 条　12

第 6 条　12
第 19 条　12
第 20 条　12
第 25 条　589
第 27 条　12

《民法典物权编解释（一）》
第 7 条　321

《民法典总则编解释》
第 1 条　5，164
第 2 条　9
第 3 条　167，169
第 18 条　103
第 19 条　553
第 21 条　515
第 23 条　154，156

《民间借贷解释》
第 2 条　303，305
第 15 条　303，305
第 23 条　319
第 25 条　189，718
第 27 条　192
第 28 条　190，458，711
第 29 条　190，459，719，726
第 30 条　207
第 31 条　191

《民商事合同指导意见》
第 1 条　558
第 7 条　721，722
第 8 条　726
第 9 条　664，665
第 10 条　665，681
第 11 条　649，665
第 17 条　240

《民事诉讼法》
第 24 条　201
第 34 条　258
第 36 条　291
第 58 条　526

第 114 条　524
第 207 条　319
第 254 条　257，336，756
第 255 条　257
第 263 条　399
第 264 条　188
第 276 条　258，291
第 279 条　258

《民事诉讼法解释》
第 28 条　258
第 33 条　761
第 93 条　258
第 109 条　273
第 489 条　321
第 491 条　321
第 499 条　246，294
第 506 条　265

《农村土地承包司法解释》
第 17 条　337

《拍卖法》
第 3 条　86
第 51 条　86

《票据法》
第 69 条　364
第 70 条　188
第 71 条　188

《企业改制民事纠纷规定》
第 6 条　780
第 7 条　281

《企业破产法》
第 2 条　275
第 16 条　50
第 17 条　266，300
第 19 条　247，266
第 20 条　266
第 31 条　275
第 32 条　265，266，275
第 40 条　337

《企业破产法规定(二)》
第13条　275
第21条　266
第22条　247
第23条　247
第41条　337
第43条　334
第46条　337

《侵害消费者权益行为处罚办法》
第5条　515
第6条　515

《侵害知识产权惩罚性赔偿解释》
第1条　523
第2条　514
第3条　523
第4条　523
第5条　523

《人民币利率管理规定》
第20条　192
第21条　192

《人身损害赔偿解释》
第6条　675
第7条　676
第8条　675
第9条　675
第10条　675, 676
第11条　675
第12条　676, 677, 678
第13条　677
第14条　677
第15条　677
第16条　678
第17条　678
第18条　677, 678
第19条　678
第22条　677, 678

《融资租赁合同解释》
第3条　407

第6条　407

《商标法》
第63条　523

《商品房买卖合同解释》
第3条　57, 72
第4条　123, 406, 728, 732, 736
第5条　119, 120
第10条　494, 505, 662
第11条　580, 581, 589
第13条　459
第14条　454
第19条　407, 575, 613, 732

《商品房销售管理办法》
第16条　119
第33条　494

《商业银行法》
第6条　36
第38条　189

《社会保险法》
第30条　682

《涉新冠肺炎疫情民事案件指导的意见（一）》
第2条　147
第3条　557, 564

《涉新冠肺炎疫情民事案件指导的意见（二）》
第1条　732
第2条　418, 564

《生态环境纠纷适用惩罚性赔偿解释》
第5条　525
第6条　524
第7条　524
第8条　525
第9条　525
第10条　525
第12条　525

《食品安全法》

第 26 条　520

第 148 条　511, 514, 518, 519, 520, 521, 522

第 150 条　520

《食品安全纠纷解释(一)》

第 6 条　521

第 9 条　522

第 10 条　521

《食品药品惩罚性赔偿解释》

第 1 条　521

第 2 条　522

第 3 条　519

第 4 条　519

第 6 条　520

第 7 条　520

第 8 条　520

第 9 条　522

第 10 条　521

第 11 条　520

第 12 条　521

第 13 条　521

第 14 条　522

《食品药品纠纷规定》

第 15 条　516

《税收征收管理法》

第 50 条　242

《诉讼时效规定》

第 1 条　716

第 2 条　48

第 4 条　715

第 5 条　158

第 9 条　261

第 11 条　342

第 15 条　813, 825

第 16 条　261

第 17 条　771, 782

第 19 条　49

《提存公证规则》

第 3 条　350, 355

第 4 条　353

第 5 条　352

第 6 条　350

第 7 条　352

第 9 条　353

第 10 条　353

第 12 条　353

第 13 条　353

第 14 条　353

第 17 条　353, 355

第 18 条　354

第 22 条　353, 357

第 25 条　358

第 26 条　355, 356

《外商投资企业纠纷规定(一)》

第 5 条　152, 153

第 6 条　151, 153

《网络购买商品七日无理由退货暂行办法》

第 7 条　621

第 8 条　622

第 9 条　622

第 10 条　622

第 11 条　624

第 12 条　625

第 14 条　625

第 15 条　625

第 18 条　625

第 19 条　625

第 20 条　621

第 22 条　623

《网络司法拍卖规定》

第 22 条　87

《网络消费纠纷规定(一)》

第 1 条　117

第 2 条　615, 621

第 3 条　615, 625

《文物保护法》
第 25 条　757
第 36 条　724

《消费民事公益诉讼解释》
第 1 条　526

《消费者权益保护法》
第 2 条　620
第 3 条　517
第 8 条　146
第 18 条　146
第 19 条　146
第 21 条　146
第 23 条　493, 500
第 24 条　495, 503, 506
第 25 条　3, 615, 620, 621, 622, 624, 625, 626
第 26 条　109, 110
第 28 条　146
第 40 条　424, 833
第 43 条　833
第 44 条　821, 833
第 45 条　822
第 47 条　526
第 49 条　518
第 51 条　518
第 52 条　660
第 55 条　377, 512, 513, 514, 515, 516, 517, 518, 522, 631, 632

《消费者权益保护法实施条例》
第 19 条　615, 621, 622, 626

《信托法》
第 11 条　756
第 18 条　336

《刑事诉讼法解释》
第 175 条　679
第 176 条　157

《药品管理法》
第 98 条　520

第 144 条　512, 514, 518, 519, 521, 522

《医疗损害责任解释》
第 23 条　512

《医师法》
第 27 条　101

《以第三方支付款项为付款前提条款效力的批复》
第 1 条　460
第 2 条　460

《邮政法》
第 48 条　420

《招标投标法》
第 45 条　87, 88
第 46 条　87

《证券法》
第 65 条　100
第 70 条　100
第 73 条　100

《证券投资基金法》
第 6 条　336

《执行案件规范》
第 433 条　257

《执行财产调查规定》
第 23 条　56
第 24 条　55

《执行工作规定》
第 55 条　265

《执行异议复议规定》
第 7 条　266

《执行中查封、扣押、冻结财产的规定》
第 2 条　294
第 12 条　254

《职业病防治法》
第 33 条　36

《制裁规避执行行为意见》
第 14 条　274

《中国人民银行法》
第 16 条　186

《中国人民银行关于人民币贷款利率有关问题的通知》
第 3 条　189,458,726

《种子法》
第 72 条　512

《仲裁法解释》
第 9 条　761

《著作权法》
第 54 条　512,667

《专利法》
第 71 条　512,667

《最高人民法院关于案例指导工作的规定》
第 7 条　10

《最高人民法院关于裁判文书引用法律、法规等规范性法律文件的规定》
第 4 条　10

《最高人民法院关于人民法院执行工作若干问题的规定（试行）》
第 47 条　246

《最高人民法院关于认真学习、贯彻〈最高人民法院关于适用《中华人民共和国民法典》合同编通则若干问题的解释〉的通知》（法〔2023〕239 号）
第 2 条　12
第 3 条　560

《最高人民法院关于审理涉及金融不良债权转让案件工作座谈会纪要》
第 6 条　757

《最高人民法院关于在执行工作中如何计算迟延履行期间的债务利息等问题的批复》
第 2 条　306

已失效的部分：

已失效的《担保法》第 8 条　159
已失效的《担保法》第 28 条　116
已失效的《担保法》第 30 条　159
已失效的《担保法》第 84 条　210
已失效的《担保法》第 89 条　728
已失效的《担保法》第 90 条　730
已失效的《担保法》第 91 条　700
已失效的《担保法解释》第 40 条　159
已失效的《担保法解释》第 41 条　159
已失效的《担保法解释》第 57 条　288
已失效的《担保法解释》第 69 条　288
已失效的《担保法解释》第 115 条　728
已失效的《担保法解释》第 117 条　728
已失效的《担保法解释》第 118 条　728
已失效的《担保法解释》第 119 条　728
已失效的《担保法解释》第 120 条　728
已失效的《担保法解释》第 121 条　728,736
已失效的《担保法解释》第 122 条　420,731
已失效的《合同法》第 15 条　71,154
已失效的《合同法》第 16 条　77
已失效的《合同法》第 42 条　126,127,143,144,150,407
已失效的《合同法》第 43 条　139
已失效的《合同法》第 51 条　300
已失效的《合同法》第 52 条　273
已失效的《合同法》第 58 条　126,127,153
已失效的《合同法》第 64 条　792
已失效的《合同法》第 68 条　238
已失效的《合同法》第 69 条　238
已失效的《合同法》第 73 条　249,250,252,253,255
已失效的《合同法》第 74 条　284
已失效的《合同法》第 80 条　769
已失效的《合同法》第 91 条　298
已失效的《合同法》第 92 条　40
已失效的《合同法》第 94 条　238,576
已失效的《合同法》第 97 条　591
已失效的《合同法》第 99 条　345
已失效的《合同法》第 107 条　374,383,404,

405,406,407,422
已失效的《合同法》第 110 条　612
已失效的《合同法》第 111 条　489,491,506
已失效的《合同法》第 113 条　511
已失效的《合同法》第 114 条　699,700,721
已失效的《合同法》第 115 条　728
已失效的《合同法》第 116 条　728
已失效的《合同法》第 117 条　405,417,418
已失效的《合同法》第 121 条　420,422,423
已失效的《合同法》第 204 条　189
已失效的《合同法》第 410 条　609
已失效的《合同法》第 422 条　210
已失效的《合同法解释（二）》第 22 条　442
已失效的《合同法解释（二）》第 24 条　345,346,586
已失效的《合同法解释（二）》第 26 条　554,555,556,560
已失效的《合同法解释（二）》第 29 条　722
已失效的《合同法解释（一）》第 8 条　356
已失效的《合同法解释（一）》第 13 条　252
已失效的《合同法解释（一）》第 20 条　262,263,264
已失效的《合同法解释（一）》第 21 条　259,260
已失效的《技术合同法》第 19 条　422
已失效的《继承法意见》第 46 条　283
已失效的《经济合同法》第 14 条　728
已失效的《经济合同法》第 16 条　127,153
已失效的《民法通则》第 61 条　127,153
已失效的《民法通则》第 84 条　383
已失效的《民法通则》第 85 条　52
已失效的《民法通则》第 89 条　728
已失效的《民法通则》第 106 条　372,374,407,427
已失效的《民法通则》第 107 条　418
已失效的《民法通则》第 108 条　383
已失效的《民法通则》第 111 条　372,374
已失效的《民法通则》第 116 条　422,423
已失效的《民通意见》第 121 条　205
已失效的《民法通则》第 134 条　405

已失效的《民法通则》第 142 条　10,11
已失效的《民通意见》第 71 条　515
已失效的《民通意见》第 86 条　601
已失效的《民通意见》第 125 条　191
已失效的《侵权责任法》第 47 条　511,518
已失效的《物权法》第 195 条　288
已失效的《民法总则诉讼时效解释》第 1 条　12
已失效的《民法总则诉讼时效解释》第 2 条　12
已失效的《民法总则诉讼时效解释》第 3 条　12
已失效的 2003 年《人身损害赔偿解释》第 18 条【现行有效的系 2022 年修正】753
已失效的 2003 年《商品房买卖合同解释》第 15 条【现行有效的系 2020 年修正】589
已失效的 2003 年《商品房买卖合同解释》第 16 条【现行有效的系 2020 年修正】721
已失效的《最高人民法院关于审理涉及金融资产管理公司收购、管理、处置国有银行不良贷款形成的资产的案件适用法律若干问题的规定》第 6 条　769
已失效的《最高人民法院关于审理涉及金融资产管理公司收购、管理、处置国有银行不良贷款形成的资产的案件适用法律若干问题的规定》第 7 条　192
已失效的《最高人民法院关于审理涉及金融资产管理公司收购、管理、处置国有银行不良贷款形成的资产的案件适用法律若干问题的规定》第 9 条　760
已失效的 1991 年《关于人民法院审理借贷案件的若干意见》第 6 条　189
已失效的 1991 年《关于人民法院审理借贷案件的若干意见》第 7 条　192
已失效的 1993 年《消费者权益保护法》第 49 条【现行有效的系 2013 年颁布、2014 年实施】511,517
已失效的 2005 年《直销管理条例》第 25 条【现行有效的系 2017 年修订】615
已失效的 2009 年《房屋租赁合同解释》第 16

条【现行有效的系 2020 年修正】169

已失效的 2009 年《食品安全法》第 96 条【现行有效的系 2021 年修正】511

已失效的 2009 年《物业服务司法解释》第 7 条【现行有效的系 2020 修正】816

已失效的 2009 年《物业服务司法解释》第 10 条【现行有效的系 2020 修正】59

已失效的 2013 年《商标法》第 63 条第 1 款【现行有效的系 2019 年修正】512

已失效的 2015 年《民间借贷解释》第 26 条【现行有效的系 2020 年第二次修正】189

已失效的 2015 年《民间借贷解释》第 29 条【现行有效的系 2020 年第二次修正】190

已失效的 2017 年《应收账款质押登记办法》第 33 条　772

已失效的 2004 年《建设工程施工合同解释》第 8 条　485,487